Frauen in der Mannschaft

Gisela Notz

Frauen in der Mannschaft

Sozialdemokratinnen im Parlamentarischen Rat
und im Deutschen Bundestag 1948/49 bis 1957

Mit 26 Biographien

Bibliogafische Information Der Deutschen Bibliothek

Die Deutsche Bibliothek verzeichnet diese Publikation in der Deutschen Nationalbibliografie; detaillierte bibliografische Daten sind im Internet über http://dnb.ddb.de abrufbar.

ISBN 3-8012-4131-9

Verlag J.H.W. Dietz Nachf. GmbH
Dreizehnmorgenweg 24, 53175 Bonn
Lektorat: Dr. Heiner Lindner
Umschlag: Daniela Müller, Bonn,
unter Verwendung eines Fotos aus dem AdsD
Druck und Verarbeitung: WB-Druck, Rieden

Printed in Germany 2003

Inhalt

Vorwort

Das vorliegende Buch entstand im Rahmen eines Forschungsprojekts in der Abteilung Sozial- und Zeitgeschichte im Historischen Forschungszentrum der Friedrich-Ebert-Stiftung in Bonn. Im Mittelpunkt stehen die 26 Portraits aller sozialdemokratischen Frauen im Parlamentarischen Rat (1948/49) – dem Gremium, welches das Grundgesetz für die Bundesrepublik Deutschland formuliert hat – und in den beiden ersten Bundestagen (1949–1953 und 1953–1957). Eine solche Gesamtschau auf alle SPD-Parlamentarierinnen, gleichgültig ob sie später berühmt geworden sind oder in Vergessenheit versanken, existiert bis jetzt nicht. Anhand der Biographien soll der Frage nachgegangen werden, in welcher Form und an welchen Stellen und Diskussionen frauenpolitisch brisante Politikbereiche – wie zum Beispiel der Kampf um den Gleichberechtigungsparagraphen im Grundgesetz, Wiederaufrüstung der Bundesrepublik und Überarbeitung des Ehe- und Familienrechts, Wohnungsbaupolitik, Jugend-, Sozial- und Gesundheitspolitik – durch sie beeinflusst werden konnten.

Die Konzentration auf SPD-Parlamentarierinnen erschien deshalb interessant, weil die SPD seit der Verabschiedung ihres »Erfurter Programms« (1891) als einzige Partei für die politische Gleichstellung der Frauen und für deren Wahlrecht gekämpft und im Vergleich zu anderen Parteien Frauen auch stärker an der Arbeit beteiligt hat. In der Weimarer Zeit war eine Gruppe Frauen für die SPD im Reichstag und im Preußischen Landtag vertreten. Im Vergleich zu anderen Parteien waren Frauen sogar stärker repräsentiert: 11,5 % der SPD-Abgeordneten in der Nationalversammlung waren Frauen, während der Frauenanteil insgesamt nur 8,7 % betrug.[1] Dennoch kann nicht behauptet werden, dass in der SPD Frauen jemals ebenbürtig am politischen Geschäft beteiligt gewesen wären. Der ständige Kampf, den das Verlangen nach sozialer und geschlechterspezifischer Ebenbürtigkeit erfordert, und die Auseinandersetzungen mit konservativen Parlamentarierinnen und Parlamentariern, aber auch oft mit den Genossen und nicht selten sogar den Genossinnen aus den eigenen Reihen werden aus den Biographien deutlich.

Bedanken möchte ich mich bei meinen Kolleginnen und Kollegen des Instituts für Sozialgeschichte Braunschweig-Bonn und der Abteilung Sozial- und Zeitgeschichte des Historischen Forschungszentrums der Friedrich-Ebert-Stiftung, Bonn. Mein ganz besonderer Dank gilt Christel Nickel-Meyer, bis 2001 Mitglied der Geschäftsführung der Friedrich-Ebert-Stiftung, die mich zu dieser historischen Arbeit ermutigte, und Prof. Dr. Dieter Dowe, dem Leiter des Historischen Forschungszentrums der Friedrich-Ebert-Stiftung, der das Projekt unterstützte und das Manuskript mit großem Interesse gelesen und mit vielen wertvollen Hinweisen für die Überarbeitung versehen hat. Mein Kollege

1 Vgl. *Max Schneider,* Frauen an der Wahlurne. 14 Jahre Frauenwahlrecht in Deutschland, in: Die Gesellschaft 10/1933, H. 1, S. 77.

Dr. Willy Albrecht und meine Kollegin Dr. Christl Wickert waren stets zu Anregungen und Gesprächen bereit und haben etliche Biographien mit Interesse und historischem Sachverstand kommentiert. Dank gilt auch Gaby Lutterbeck, die mich bei der Bildauswahl beraten hat, und Dr. Heiner Lindner, der die Arbeit sorgfältig lektorierte. Ohne die große Bereitschaft der noch lebenden Parlamentarierinnen und der Töchter und Weggefährtinnen und Weggefährten der verstorbenen Parlamentarierinnen, als Interviewpartnerinnen und -partner zur Verfügung zu stehen, hätte ich auf viele Informationen verzichten müssen. Das Wiederausgraben eigener Erinnerungen der Töchter an Kindheit und Jugend und nicht selten an die Entbehrungen, die die politische Arbeit der Mutter für die Kinder mit sich brachte, war sicher nicht immer leicht. Für die Gesprächsbereitschaft gilt diesen Frauen mein ganz besonders herzlicher Dank. Last not least haben Ingrid Grießer, die die Interviews mit großem Engagement getippt hat, und Nicole Klinkhammer, die zwar nur über eine kurze Zeit, aber doch mit großer Neugierde das Projekt als Praktikantin begleiten konnte, Dank verdient. Beide Frauen haben mich für die Weiterarbeit motiviert, indem sie mir signalisiert haben, dass das Buch auch für junge Menschen interessant ist.

Einleitung

Zum Ausgangspunkt der Untersuchung

Das parteipolitische Engagement von Frauen in der Geschichte nach dem Zweiten Weltkrieg ist nur spärlich erforscht. Zunächst waren es vor allem die »Trümmerfrauen«, die in den Mittelpunkt des Forschungsinteresses rückten. Erst Anfang der 1980er Jahre hat das Interesse an biographiegeschichtlichen Aufarbeitungen des Nationalsozialismus und der Vor- und Frühgeschichte der Bundesrepublik zugenommen. Vor allem wurde die Frage nach der Verantwortung und Mitschuld des weiblichen Geschlechts am Aufkommen des Nationalsozialismus gestellt, aber auch die nach dem Widerstand gegen das NS-System[1]. Kontrovers wurde die Frage diskutiert, ob der insgesamt nicht weit verbreitete Widerstand in Deutschland unter Frauen stärker war als unter Männern. Innerhalb der männlich dominierten Widerstandsorganisationen scheinen Frauen eine wichtige, oft unterschätzte Rolle gespielt zu haben. Es war die feministische Forschung, die mit der puren Opferrolle der Frauen aufräumte und ihre Mittäterschaft hervorhob[2], aber auch ihre widerständige Täterinnenschaft gegen das NS-System.[3]

Das Frauenengagement der Zeit nach dem Zweiten Weltkrieg wurde erst viel später entdeckt. Es wurde nicht nur in der Mainstream-Geschichtsschreibung vernachlässigt. Es scheint auch erst seit kurzem als Gegenstand der historischen Frauen- und Geschlechterforschung interessant zu sein.[4] Die Frauen- und Geschlechterforscherinnen unter den Historikerinnen haben sich erst sehr spät den Parlamentarierinnen zugewandt. Seit kurzer Zeit wird das Frauenengagement der Nachkriegszeit als Bindeglied und Brücke zwischen der ersten »alten« und der »neuen« Frauenbewegung der 1970er Jahre deutlich.[5] Es wuchs die Erkenntnis, dass etliche Frauen, die bereits in der »alten« Frauenbewegung aktiv waren, ihre Erfahrungen, Kenntnisse, Ideen und Visionen untergründig weitergelebt oder auch aktiv in die Widerstandsbewegung eingebracht hatten. Nach dem Zweiten Weltkrieg wollten sie daran anknüpfen und an der Gestaltung einer demokratischen, friedli-

---

1 *Ursula Nissen,* »TöchterFragen zum Widerstand«, in: *Lerke Gravenhorst/Carmen Tatschmurat* (Hrsg.), TöchterFragen, NS-FrauenGeschichte, Freiburg 1990, S. 325-330; hier: S. 235.

2 *Christina Thürmer-Rohr,* Der Chor der Opfer ist verstummt, in: beiträge zur feministischen theorie und praxis, H. 11/1984, S. 71-84.

3 Nissen, TöchterFragen.

4 Vgl. ausführlicher: *Gisela Notz,* Als ich noch in der Küchentischschublade wohnte, in: beiträge zur feministischen theorie und praxis, H. 41/1995, S. 63-76.

5 Einen hervorragenden Beitrag hierzu hat die Ausstellung Politeia geleistet, die, vom Bonner Frauenmuseum im Oktober 1998 ausgehend, in zahlreichen Städten der Bundesrepublik zu sehen war. Siehe hierzu den Ausstellungskatalog: *Annette Kuhn/Marianne Pitzen/Marianne Hochgeschurz* (Hrsg.), Politeia, Szenarien aus der deutschen Geschichte nach 1945 aus Frauensicht, Bonn 1998.

chen Gesellschaft mitarbeiten.[6] Zu diesen Frauen gehören auch die in die Untersuchung einbezogenen SPD-Frauen.

Die späte ›Entdeckung‹ der Frauen- und Geschlechterforschung mag daraus resultieren, dass sowohl die historische als auch die sozialwissenschaftliche feministische Forschung lange Zeit politische ›Führungsfrauen‹ ausgeblendet haben.[7] Forschungsgegenstand waren eher die bürgerliche Frauenbewegung und so genannte ›autonome‹ Frauen und Frauenzusammenhänge. Das führte dann dazu, dass Akteurinnen der ›neuen‹ Frauenbewegung mitunter glaubten, das Rad neu erfinden zu müssen, indem sie wichtige Epochen der Geschichte nicht zur Kenntnis nahmen.

Oft wurde das politische Desinteresse der Nachkriegs-Frauengeneration beklagt. Desinteresse und Uninformiertheit lassen sich erklären aus überholten Auffassungen über die politische Rolle der Frauen, aus immer noch oder immer wieder herrschenden Weiblichkeitsideologien, aus unzureichendem Zugang zu Bildung, insbesondere politische Bildung und aus einer Erziehung, die mehr auf Ehe und Familie hin orientiert war, als auf eine verantwortungsvolle Teilnahme am politischen Leben, aber auch aus Mangel an Zeit und wegen Überforderung aufgrund der vielfach doppelten und dreifachen Belastung.

Zur geschlechtergerechten Schreibweise

Über die Notwendigkeit, das Geschlecht der Beforschten durch die Schreibweise sichtbar zu machen, ist viel geschrieben worden.[8] Oft wird in Veröffentlichungen generell das große I verwendet.[9] Eine solche geschlechteregalitäre Schreibweise verschleiert oft, wo tatsächlich ausschließlich Frauen oder Männer agiert haben. In dieser Veröffentlichung wird immer dann die weibliche Schreibweise gewählt, wenn Frauen gemeint sind und immer dann die männliche, wenn Männer gemeint sind. Wenn von Frauen und Männern gleichermaßen gesprochen wird, werden auch beide benannt. Mitunter wird auch die Schreibweise der Zeit, in der die Parlamentarierinnen wirkten, benutzt.[10]

Zur Darstellung der Ergebnisse

Nach einem kurzen Abriss über die methodische Vorgehensweise und die Quellenlage soll in diesem Buch die politische und gesellschaftliche Situation in Westdeutschland bzw. in der Bundesrepublik Deutschland nach dem Zweiten Weltkrieg aufgezeigt werden (Erster Teil). Es geht dabei vor allem um die Situation von Frauen, die die weit überwie-

6 Kuhn/Pitzen/Hochgeschurz, Politeia. S. 51.

7 Vgl. *Birgit Meyer,* Frauen im Männerbund. Politikerinnen in Führungspositionen von der Nachkriegszeit bis heute, Frankfurt a.M./New York 1997.

8 Siehe die Arbeiten von *Luise F. Pusch,* Das Deutsche als Männersprache. Aufsätze und Glossen zur feministischen Linguistik, Frankfurt/M. 1984 und *Senta Trömel-Plötz:* Frauensprache: Sprache der Veränderung, Frankfurt a.M. 1982.

9 Auch Binnen-I oder taz-I genannt, weil die Tageszeitung taz vor vielen Jahren diese Schreibweise einführte.

10 Beispiel: Bürgermeister Louise Schroeder.

gende Mehrheit der Bevölkerung stellten und welche die hauptsächliche Überlebensarbeit zu leisten hatten. Sie bewältigten jedoch sowohl in der Wirtschaft als auch in der Politik wesentliche Aufbauarbeit. Das soll in den folgenden beiden Abschnitten dargestellt werden. Anschließend geht es um den Wiederaufbau der Sozialdemokratischen Partei und der Sozialdemokratischen Frauenarbeit, die in den ersten Nachkriegsjahren eng mit der Arbeit der überparteilichen Frauenausschüsse verknüpft war, bevor die Parteispitze für die Überzeugung warb, dass die ganze Kraft der SPD-Frauen der Parteiarbeit gelten müsse. Die beiden Kapitel dienen der Auseinandersetzung der Bevölkerung in der Bundesrepublik mit der nationalsozialistischen Vergangenheit, die während des Untersuchungszeitraums einen breiten Raum einnahm und die auch für den Neubeginn der Parteiarbeit eine entscheidende Rolle spielte. Schließlich stellt die Vergangenheitsbewältigung für die Sozialdemokratinnen, auch wenn sie nicht selbst im Nationalsozialismus schuldig wurden, eine wichtige Rahmenbedingung für ihre politische Arbeit und die Widerstände, die sie im Parlament erfuhren, dar. Die unterschiedlichen Haltungen, die (auch) Frauen im Nationalsozialismus einnahmen, beeinflussten auch das Anliegen, gleiche Rechte für *alle* zu konstituieren. Dass das Thema Wiederaufrüstung und atomare Aufrüstung im Untersuchungszeitraum eine Rolle spielen sollte, konnten sich zunächst weder Frauen noch Männer vorstellen, nachdem nicht nur nach dem Wunsch aller Parteien, sondern auch nach dem Kontrollratsgesetz Nr. 16 der Alliierten von 1949, Art. 1, die völlige Entmilitarisierung des Landes festgeschrieben war.[11] Es dauerte nicht lange, dann stimmten (ursprüngliche) Worte und Taten nicht mehr überein. Gerade für einige Parlamentarierinnen und Parlamentarier innerhalb der SPD-Fraktion hatte das erhebliche Konsequenzen.

Im Mittelpunkt des Buches stehen die 26 Portraits der SPD-Politikerinnen im Parlamentarischen Rat und im Deutschen Bundestag (Zweiter Teil). Der Schwerpunkt liegt auf ihrem Leben und Arbeiten in den Nachkriegsjahren 1945–1957. Die Portraits der Frauen focussieren ein Stück Zeitgeschichte, denn es geht um Frauen, die in verschiedenen Politikbereichen Hervorragendes geleistet haben, für das »gute Leben« gekämpft und den Mut nicht verloren haben, auch wenn sie es nicht immer leicht hatten. Aufgrund der unterschiedlichen Materiallage zur Lebensgeschichte und politischen Arbeit der Frauen sind die Portraits unterschiedlich umfangreich und auch in ihren inhaltlichen Gewichtungen äußerst heterogen. Durch die Darstellung von Einzelbiographien sollen *alle* SPD-Frauen, die im Parlamentarischen Rat und in der 1. und 2. Wahlperiode Mitglieder des Deutschen Bundestags waren, sichtbar werden, auch diejenigen, über die bis jetzt nichts oder wenig dokumentiert worden ist und die auch keine Autobiographien geschrieben haben.

Die Darstellung erfolgt alphabethisch, nachdem zuerst die beiden Sozialdemokratinnen unter den vier Müttern des Grundgesetzes (Frieda Nadig und Elisabeth Selbert) biographisch behandelt worden sind. Alle Lebensläufe sind vergleichbar gegliedert. Eine

11 Vgl. *Ingeborg Küster/Elly Steinmann,* Die Westdeutsche Frauenfriedensbewegung (WFFB), in: *Florence Hervé* (Hrsg.), Geschichte der deutschen Frauenbewegung, 4. Aufl., Köln 1990, S. 224.

Sortierung der Frauen nach Kategorien wurde nach sorgfältiger Überlegung ebenso verworfen wie eine Typisierung. Eine Gewichtung nach Prominenz ist im Hinblick auf die Quellenlage und der daraus folgenden Länge der Artikel freilich nicht immer auszuschließen. Die Gliederung der einzelnen Lebensläufe folgt einer chronologischen und inhaltlichen Systematik, deren Schwerpunkte in jedem Portrait deutlich werden:

Kindheit, Jugend und Ausbildung
Bildung liegt auch dann vor, wenn diese nicht auf dem ›gewöhnlichen Weg‹ an Gymnasien und Universitäten erworben wurde.

Erste politische Arbeit; Leben im Nationalsozialismus
Dem Leben im NS ist jeweils ein gesondertes, oft aufgrund der Materiallage sehr kleines Kapitel gewidmet. Es soll aber als deutlich sichtbarer Zeitabschnitt bestehen bleiben, denn die NS-Zeit kann aus dem Leben keiner der Frauen ausgeblendet werden. Die Biographien zeigen sowohl Frauen, die Widerstandsarbeit geleistet haben und Verfolgungen ausgesetzt waren (z.B. Maria Ansorge, Jeanette Wolff), als auch solche, die den inneren Rückzug angetreten haben (z.B. Frieda Nadig), oder deren Verhalten im NS umstritten ist, weil sie Anpassungsleistungen vollbracht haben (z.B. Elisabeth Selbert). Faszination für das NS-Regime konnte keine der in die Untersuchung einbezogenen Frauen entwickeln.

Wiederaufbau und Parteiarbeit nach 1945
In diesem Abschnitt wird die politische Arbeit bis zum Eintritt in den Deutschen Bundestag behandelt. Es wird versucht, einen wichtigen thematischen Schwerpunkt aus dem Leben der Frauen herauszuarbeiten, der für die weitere Arbeit der entsprechenden Politikerin eine Rolle spielt.

Arbeit im Parlamentarischen Rat/Deutschen Bundestag
Soweit es die Quellenlage erlaubt, soll auch für diesen Zeitabschnitt ein Schwerpunkt der jeweiligen Arbeit deutlich werden. Es wird versucht, dabei die ersten beiden Bundestagsperioden besonders herauszustellen. Für die Arbeit der Parlamentarierinnen in den Bundestags-Ausschüssen wurden jeweils die Auflistungen des im Jahre 2002 erschienenen Biographischen Handbuches der Mitglieder des Deutschen Bundestages 1949–2002 übernommen.[12] Die anderen Perioden werden jedoch, soweit die Frauen länger im Bundestag verblieben sind, ebenfalls berücksichtigt. Wenn es sinnvoll erscheint, weil sich eine besondere Bedeutung erst später entwickelt hat (z.B. Käte Strobel), wird dieser Werdegang in den Mittelpunkt gestellt.

Weiterarbeit nach dem Ausscheiden aus dem Parlamentarischen Rat/Deutschen Bundestag
Hier wird der weitere Lebensweg und die politische Arbeit nach dem Ausscheiden aus dem Parlamentarischen Rat/Bundestag aufgezeichnet, soweit die Quellen noch Informationen enthalten.

12 *Rudolf Vierhaus/Ludolf Herbst (Hrsg.),* Biographisches Handbuch der Mitglieder des Deutschen Bundestages 1949–2002. Band 1 A – M und Band 2 N – Z, München 2002.

Die unterschiedliche Länge und Gewichtung der einzelnen Portraits ergibt sich, wie gesagt, aus der Quellenlage und der Art und Bedeutung der jeweiligen Politikschwerpunkte, sowie daraus, ob Interviews mit der Dargestellten oder mit Zeitzeuginnen und Zeitzeugen geführt werden konnten. Nur wenige Portraits enthalten (auch) Informationen über das »Privatleben« der Portraitierten. Selbst wenn Zeitzeuginnen und Zeitzeugen befragt werden konnten, sind Schlüsse auf das Leben außerhalb der politischen Arbeit meist nur schwer möglich.

Gemeinsamkeiten und Unterschiede in den Biographien werden in einem Gesamtresümee (Dritter Teil) herausgearbeitet.

Zum methodischen Vorgehen

Für die Erstellung der Biographien wurde mit einem Methodenmix gearbeitet, das heißt, es wurden sowohl biographische, themenzentrierte Interviews mit den noch lebenden ehemaligen Abgeordneten und anderen Zeitzeuginnen und Zeitzeugen (Ehemann, Töchter, Weggefährtinnen und Weggefährten) geführt als auch vorhandenes Archivmaterial aus dem Archiv der sozialen Demokratie und verschiedenen anderen Archiven sowie Manuskripte mit Lebenserinnerungen, Photos, Lebensläufe, Autobiographien und Biographien, Zeitungs- und Zeitschriftenausschnitte und biographische und zeitgenössische Sekundärliteratur sowie vorhandene Nachlässe ausgewertet. Die im Folgenden vorgetragenen Problemstellungen beziehen sich sowohl auf die biographischen Interviews wie auch auf das Erstellen der einzelnen Biographien.

Für die Erhebung der lebensgeschichtlichen Interviews wurde einer Methode gefolgt, die zwischen der des narrativen, erzählenden Interviews, wie sie von Schütze entwickelt wurde[13], und der problemzentrierten Form des qualitativen Interviews vermittelt, indem Elemente des leitfadenorientierten Interviews und des narrativen Interviews verbunden werden.[14] Es wurde darauf geachtet, dass die Erzählerin sich nicht auf eine individuelle Problematik ihres Lebenslaufs beschränkte, sondern auch den politischen Bezug von Ereignissen einbrachte. Zu Beginn und während der Interviews musste die Interviewerin den Kommunikationsfluss des Erzählens in Gang setzen und aufrecht erhalten. Durch eine Eingangsfrage wurde versucht, eine längere Haupterzählung hervorzulocken. Die Strukturierung dieser Haupterzählung nahmen die Interviewten weitestgehend selbst vor. Keine Frau und kein Mann wurde überredet, zu Inhalten Aussagen zu machen, zu denen sie oder er nichts sagen wollte. Bei der Auswertung wurde danach gefragt, welche Rück-

13 *Fritz Schütze,* Die Technik des narrativen Interviews in Interaktionsfeldstudien – dargestellt an einem Projekt zur Erforschung von kommunalen Machtstrukturen, 2. Aufl., Bielefeld 1978, und *Fritz Schütze,* Narrative Repräsentation kollektiver Schicksalsbetroffenheit, in: *Erich Lämmert* (Hrsg.), Erzählforschung. Ein Symposion, Stuttgart 1982.

14 *Andreas Witzel,* Verfahren der qualitativen Sozialforschung, Frankfurt a.M. 1982. Siehe zu diesem Verfahren ausführlich: *Gisela Notz,* »Du bist als Frau um einiges mehr gebunden als der Mann«, Die Auswirkungen der Geburt des ersten Kindes auf die Lebens- und Arbeitsplanung von Müttern und Vätern, Bonn 1991, S. 20-32.

schlüsse sich aus dem Nichterwähnen bestimmter Probleme ziehen lassen. Die Auswertung der Interviews erfolgt nach einem qualitativen, inhaltsanalytischen Verfahren. Dafür gibt es keine Codifizierungen. In diesem Falle wurden die Informationen, die die Interviews enthielten, weitgehend zur Unterfütterung des vorhandenen Materials verwendet.

Die Vorbereitung der Gespräche erfolgte nach dem Studium vorhandener Autobiographien, Biographien und Archivmaterialien. Aus dieser Informationssammlung wurden die jeweils spezifischen Fragestellungen entwickelt. Es sollte vermieden werden, dass die Befragten genau das erzählen, was sie ohnehin schon aufgeschrieben oder Anderen erzählt hatten und was bereits über sie schriftlich festgehalten ist. So wurde es möglich, durch die Gegenüberstellung von Erzähltem und anderen Quellen Verallgemeinerungen vorzunehmen. Dies erschien notwendig, weil die historische Realität durch Retrospektive, Wunschdenken und subjektive Veränderungen vielfach gebrochen ist und die Aussagekraft der Ergebnisse der Interviews erst in Kombination mit anderen schriftlichen Quellen wirksam wird. Manchmal verschmelzen Phantasie und Wirklichkeit in einer solch intensiven Weise, dass die Befragten selbst oft nicht mehr zu unterscheiden vermögen, was Realität, was Erzählungen, die sie von anderen übernommen haben, und was Fiktion ist. Alle Interviewten beteuerten am Ende der Interviews, dass ihnen die Gespräche Anregungen zur Reflexion über ihr Leben und ihre politische Arbeit gegeben haben. Einige der Parlamentarierinnen sprachen nur sehr zögerlich über Dinge, mit denen sie Angehörigen durch sich wiederholende Erzählungen offensichtlich schon »auf die Nerven gefallen« waren und wunderten sich, dass sie in der Autorin eine ermunternde Zuhörerin fanden. Da die Interviewerin aus vergleichbaren familiären Verhältnissen kommt wie die Arbeitertöchter unter den Politikerinnen und die Nachkriegszeit aus Erzählungen und eigenem Erleben kennt und zudem die Bereitschaft mitbrachte, auch sich befragen zu lassen und nicht nur selbst zu fragen, war sie nach einiger Zeit für die Gesprächspartnerinnen keine fremde Person mehr; manchmal stellte sich sogar Nähe her. Schließlich ging es nicht nur um große Erzählungen, sondern es wurden auch Schwierigkeiten und Schwächen der Politikerinnen deutlich. Dass eine solche Interviewmethode nicht ohne Vertrauen funktioniert, versteht sich von selbst. Dennoch soll der Forschungsprozess hier nicht als Austauschbeziehung definiert werden.[15] Ganz abgesehen davon, dass der symmetrische Austausch nicht immer gelingt, wird die Tatsache, dass ein Interview immer »eine wissenschaftliche Ausbeutungsform« ist, durch das Vertrauen nicht vollständig aus dem Weg geräumt. Primär ist die Wissenschaftlerin die Profiteurin, nicht sind es die befragten Frauen.[16]

Die vielfältigen, keinesfalls nur positiven Erfahrungen im Umgang mit Medien, die die meisten befragten Politikerinnen und Politiker hatten, kann allerdings auch zu Vorsicht bei neuerlichen Interviews führen. Der über 90-jährige Hans-Heinz Bauer

---

15 Barbara Böttger bezeichnete ihre Forschung mit und über Elisabeth Selbert als Austauschprozess. *Barbara Böttger,* Das Recht auf Gleichheit und Differenz, Münster 1990.

16 Vgl. auch *Christa Wichterich,* Ganz nah und ganz fern. Bilder – Begegnungen – Bedenkzeit, in: beiträge zur feministischen theorie und praxis, H. 27/1990, S. 9-20; hier: S. 14.

(SPD), das letzte noch lebende Mitglied im Parlamentarischen Rat, verweigert, nach negativen Erfahrungen, die er mit einem Rundfunkinterview gemacht hat, *jede* Art von Interview.

Zur Quellenlage

Die Quellensuche erwies sich als kompliziert und langwierig. Das Material ist äußerst heterogen. Das hängt (nicht nur) mit dem prinzipiellen Problem der »Frauengeschichte« zusammen, die für viele Historikerinnen und Historiker noch immer weniger wichtig erscheint als die »Männergeschichte«. Außerdem sind in der Zeit des Nationalsozialismus viele interessante Materialien durch Konfiszierungen, Zerstörungen, Emigration etc. verloren gegangen,[17] sei es durch nationalsozialistische Vernichtungsmaßnahmen oder durch die Beteiligten und Verfolgten selbst oder aber bei Emigration oder Flucht. Personalakten existierten lediglich für Frieda Nadig (Stadtarchiv Bielefeld). Generell gibt es wenig Nachlässe, weil wenn das Material, wie im Falle von Annemarie Renger, nicht als Depositum an ein Archiv übergeben wurde, Nachkommen die Relevanz vorhandener Unterlagen nicht begriffen und sie vernichteten.[18] Ausgehend von den 26 Namen und groben Lebensdaten der Parlamentarierinnen im Parlamentarischen Rat und im Bundestag (erste und zweite Wahlperiode) wurde nach veröffentlichten und unveröffentlichten Autobiographien, Biographien, biographischen Sammlungen, Nachlässen, Erinnerungen von Einzelnen und über einzelne Frauen gesucht. Zum Teil wurden auf detektivische Art und Weise Materialien gefunden bzw. Zeitzeuginnen ausfindig gemacht.[19]

Vorhandene Quellen, Dokumentationen, Biographien und Autobiographien weichen qualitativ und quantitativ erheblich voneinander ab. Nachschlagewerke vernachlässigen weibliche Parlamentsangehörige mitunter gänzlich. Die Biographien der meisten Frauen sind noch ungenügend erforscht und befragt, sie liegen quasi im Dornröschenschlaf. Es war daher erforderlich, bei einigen Frauen die Dichte der sie einschließenden Hecke zu durchbrechen, wenn auch viele von ihnen nicht wirklich wach geküsst werden konnten.

Veröffentlichte Autobiographien liegen vor von Annemarie Renger, Lucie Kurlbaum-Beyer, Jeanette Wolff. Mehr oder weniger ausführliche Einzelbiographien gibt es zu

---

17 Vgl. auch *Christl Wickert,* Frauen im Parlament: Lebensläufe sozialdemokratischer Parlamentarierinnen in der Weimarer Republik, in: *Wilhelm Heinz Schröder* (Hrsg.), Lebenslauf und Gesellschaft, Stuttgart 1985, S. 210-240; hier: S. 213.

18 *Regine Marquardt,* Das Ja zur Politik. Frauen im Deutschen Bundestag 1949–1961, Opladen 1999, S. 40, macht z.B. die »›proletarische‹ Bescheidenheit« für die »schlechte Nachlasssituation« von Maria Ansorge verantwortlich. Siehe die Biographie über Maria Ansorge in diesem Band, S. 150-161. Auch Christl Wickert stellte im Rahmen ihrer Untersuchung über sozialdemokratische Reichstagsabgeordnete fest, dass schriftliche Äußerungen von Mitgliedern der Arbeiterschicht sehr rar waren. *Christl Wickert,* Biographische Methode und »oral History« in der Frauengeschichte am Beispiel einer Untersuchung über die führenden SPD-Frauen der Weimarer Republik, in: beiträge zur feministischen theorie und praxis, H. 5/1981, S. 50-55; hier: S. 52.

19 Die Tochter von Elinor Hubert wurde durch einen Zeitungsartikel der Verfasserin auf das Forschungsprojekt aufmerksam. In: Täglicher Anzeiger Holzminden vom 2.6.2002.

Louise Schroeder, Alma Kettig, Elisabeth Selbert, Maria Ansorge, Marta Schanzenbach und Käte Strobel. Nachlässe sind von Lisa Albrecht (Archiv der sozialen Demokratie, Bonn), Elisabeth Selbert (Archiv der deutschen Frauenbewegung, Kassel) und Jeanette Wolff (Franz-Neumann-Archiv, Berlin) eingesehen worden. Das gesamte Material war zum Zeitpunkt der Recherche nicht verzeichnet.

Einige Parlamentarierinnen haben eigene Schriften publiziert (z.B. Schroeder, Renger, Selbert, Schanzenbach). Die Schriften wurden für diese Studie zusammengetragen und ausgewertet. Ebenso wurden die Jahrgänge 1948–1957 der Sozialdemokratischen Frauenzeitschrift »Genossin«, ab 1950 »Gleichheit«, ausgewertet, auch einige Tageszeitungen.[20] Darüber hinaus wurden Nachschlagewerke, Handbücher und Sekundärliteratur herangezogen.[21] Dabei konnte auch auf eigene Vorarbeiten zurückgegriffen werden.

Antworten auf Fragen nach dem Leben der Frauen, die sich nicht schriftlich über ihr Leben geäußert haben und denen kaum jemand Beachtung in schriftlichen Äußerungen geschenkt hat, können die durchgeführten Interviews geben. Besonders beeindruckend waren die Gespräche, die die Verfasserin mit den vier während der Interviewphase noch lebenden Frauen der Untersuchungsgruppe geführt hat. Das waren für die erste Wahlperiode Irma Keilhack, die leider am 3.6.2001 gestorben ist; für die zweite Wahlperiode Luise Herklotz, Lucie Kurlbaum-Beyer und Annemarie Renger. Mit den Töchtern von Elinor Hubert, Emmy Meyer-Laule, Luise Peter, Margarete Rudoll, Marta Schanzenbach, Käte Strobel und Jeanette Wolff, dem Ehemann von Franziska Bennemann, Mitgliedern der Familie Kettig und den Weggefährtinnen einiger Abgeordneter (Elfriede Eilers und Hildegard Schimschock) sowie mit der Historikerin und Zeitgenossin Prof. Dr. Susanne Miller wurden unterschiedlich ausführliche Interviews geführt. Dass ausschließlich Töchter befragt wurden, ist dem Zufall geschuldet; entweder hatten die Parlamentarierinnen keine Söhne oder diese standen für Interviews nicht in gleicher Weise zur Verfügung.

Schließlich spiegelt die Heterogenität der dargestellten Biographien nicht nur die Materiallage wider, sondern auch das Ansehen bzw. die Aufmerksamkeit, die die Dargestellten während der Zeit ihrer Aktivität oder darüber hinaus genossen haben. Selbst Frauen, die sich um die Frauenbewegung derart verdient gemacht haben wie Elisabeth Selbert und Frieda Nadig[22], deren unermüdlichen Aktivitäten es zu verdanken ist, dass der Gleichbehandlungsgrundsatz ins Grundgesetz für die Bundesrepublik Deutschland aufgenommen worden ist, sind wie andere namenlose und unentdeckte Frauen in Vergessenheit geraten. Lediglich Elisabeth Selbert wurde durch die Frauenbewegung der 70er Jahre – vor allem durch Barbara Böttger – ›entdeckt‹, weil sie nach dem Anteil der Müt-

---

20 Zum Beispiel einige Jahrgänge der »Freiheit« im Zusammenhang mit Luise Herklotz. Ebenso die ersten Nachkriegs-Jahrgänge der Rheinischen Zeitung in Bonn. Da es keine Register für diese Zeitungen gibt und die Autorinnen oft nur mit den ersten Buchstaben ihrer Namen gekennzeichnet sind, erwies sich dieses Vorhaben als äußerst schwierig.

21 Siehe das Literaturverzeichnis.

22 Siehe die Biographien über Elisabeth Selbert und Frieda Nadig in diesem Band, S. 80-103 und S. 54-79.

ter des Grundgesetzes forschen wollte, wurden doch ständig einseitig die Väter hervorgehoben.[23] Anlässlich der zahlreichen Feiern zum fünfzigsten Jahrestag des Grundgesetzes für die Bundesrepublik Deutschland im Jahre 1999 wurde der für Frauen bahnbrechende Artikel 3 (2) des GG »Männer und Frauen sind gleichberechtigt« kaum erwähnt. Den Veranstaltern fehlte oft der spezifische Blick auf die Auswirkungen des Grundgesetzes für die Rechtsgleichheit der Geschlechter. Es waren vor allem Frauen- und Geschlechterforscherinnen, die Elisabeth Selbert und deren Verdienst erneut ins Blickfeld rückten. Frieda Nadig und die Bundestagsabgeordneten, die für die Durchsetzung der de jure verbrieften Rechte der Frauen kämpften, blieben auch hier weitestgehend unerwähnt.[24] Diese Lücke soll mit dem vorliegenden Band geschlossen werden.

23 Vgl. Böttger, Das Recht auf Gleichheit.

24 Vgl. z.B. die Tagung »50 Jahre Grundgesetz – Menschen- und Bürgerrechte als Frauenrechte«, die der Verein Frauen und Geschichte Baden-Württemberg e.V. vom 14. bis 16. Oktober 1999 in Karlsruhe durchführte, dokumentiert in: *Frauen und Geschichte Baden-Württemberg e.V.* (Hrsg.), 50 Jahre Grundgesetz, Menschen- und Bürgerrechte als Frauenrechte, Königsstein/Taunus 2000.

Teil 1

Die Situation in Westdeutschland und in der Bundesrepublik Deutschland nach dem Zweiten Weltkrieg

»Die Vergangenheit bewältigen.
Dies kann man wahrscheinlich
mit überhaupt keiner Vergangenheit,
sicher aber nicht mit dieser.
Das höchste, was man erreichen kann,
ist zu wissen und auszuhalten,
dass es so und nicht anders gewesen ist.«

(Hannah Arendt zu Auschwitz)

Auseinandersetzung mit der nationalsozialistischen Vergangenheit

In der deutschen Geschichtsschreibung und in veröffentlichten Erinnerungen werden die Jahre nach 1945 oft als »Neuanfang« nach der »Stunde Null« betrachtet. Die Erkenntnis, dass es diese »Stunde Null«, die den Deutschen – unbeschadet der vorangegangenen Schrecken und Verbrechen – einen Neubeginn erlaubte,[1] nicht gegeben hat und gar nicht geben konnte, hat sich erst spät durchgesetzt. Einen solchen Neubeginn konnten auch in den letzten Jahren erschienene Arbeiten, die sich mit der Geschichte der Frauen im Nationalsozialismus beschäftigen, nicht konstatieren.[2] Die Beteiligung von sechs bis neun Millionen Frauen an den nationalsozialistischen Aktivitäten kann nicht hinter dem Bild der sich aufopfernden Trümmerfrauen verschwinden. Frauen hatten, wie Männer auch, nach dem Zweiten Weltkrieg unterschiedliche politische Erfahrungen zu verarbeiten.[3] Die strafrechtliche Aufarbeitung der NS-Vergangenheit durch eine rechtsstaatliche Justiz hat in den westdeutschen NS-Prozessen ihren sichtbarsten Ausdruck gefunden und Fakten geschaffen, die alle anderen, zum Teil nachfolgenden Formen der Vergangenheitsbewältigung wesentlich beeinflussten. Bernd Hey verwies darauf, dass es »naheliegend und vielleicht nicht unbequem war, den Gerichten die Aufgabe zuzuschieben, die sich eigentlich einem gesamten Volk hätte stellen müssen ... vielfaches, von Staats wegen begangenes Unrecht zu sühnen und Recht und Gerechtigkeit wiederherzustellen zu versuchen«.[4] Diese These verliert auch dann nicht an Gewicht, wenn – wie wir heute wissen – sich eine verwirrende Vielfalt von Formen der Auseinandersetzung mit der nationalsozialistischen Vergangenheit herausgebildet hat. Viel zu viele waren bemüht, die NS-Zeit und die Rolle, die sie damals spielten, zu verdrängen.[5] Das galt für Frauen ebenso wie für Männer. Frauen waren während des Nationalsozialismus Opfer und Täterinnen, es gab unzählige Mitläuferinnen und viel zu viele Heldenbewunderinnen. Was Michael Schneider für die Stellung der Arbeiterschaft zum Nationalsozialismus zusammenfasst, gilt auch für Arbeiterinnen und Arbeiterfrauen und für Bürger und Bürgerinnen ebenso: Es »überwiegen die Grau-, die Zwischentöne«. Er verweist auf Berichte, die deutlich belegen, dass sich weite Kreise der Arbeiterschaft des Doppelgesichts des nationalsozialistischen Regimes – Umwerben der Arbeiter einerseits, Gewalt

---

1 *Christa Hoffmann,* Stunden Null? Vergangenheitsbewältigung in Deutschland 1945 und 1989, Bonn 1992, S. 25.

2 Vgl. z.B. *Claudia Koonz,* Mütter im Vaterland, Frauen im Dritten Reich, Freiburg, 1991.

3 Zur unterschiedlichen Verarbeitung und zu unterschiedlichen Prägungen verschiedener kirchlich-religiöser und anderer gesellschaftlicher Gruppen siehe *Martin Broszat/Klaus-Dietmar Henke/Hans Woller,* Von Stalingrad zur Währungsreform. Zur Sozialgeschichte des Umbruchs in Deutschland, München 1988.

4 *Bernd Hey,* Zeitgeschichte und Vergangenheitsbewältigung, in: *Ders./Peter Steinbach* (Hrsg.), Zeitgeschichte und politisches Bewusstsein, Köln 1986, S. 72-87; hier: S. 72.

5 Hoffman, Stunden Null, S. 17.

nach innen und außen andererseits – durchaus bewusst waren. Das kann freilich nicht als Entschuldigung herangezogen werden. Schließlich hätten sich die »Führungen der alten Arbeiterbewegung in Widerstand und Exil« eine entschiedene Ablehnung des NS-Regimes erhofft.[6]

Die Enttäuschung, dass der Widerstand der Arbeiterbewegung eine viel zu schmale Basis aufwies, äußerten auch die in diesem Buch zu Wort kommenden Politikerinnen.

Fast alle Frauen brachten aus ihren Erfahrungen während der NS-Zeit erwachsene Vorstellungen von einer anderen und besseren Welt in die Gestaltung des Nachkriegsdeutschland ein. Andere knüpften an Erfahrungen aus der Weimarer Republik an. Keine der Befragten gehörte zu den Frauen, die bedauerten, dass die Zeit des Nationalsozialismus vorbei sei. Solche Frauen gab es auch, Frauen, die voll in das faschistische System integriert waren und gut damit gelebt hatten. Während für die einen das Ende des Nationalsozialismus (zumindest zunächst) das Ende von Isolation, Zensur und Ausgrenzung hieß, verstärkten sich die Stimmen der anderen, die »von nichts gewusst« haben wollten, und die Opferhaltung solcher Frauen, die an dem Geschehenen scheinbar keinen Anteil gehabt hatten.

Freilich gab es auch Frauen, die dem faschistischen System Widerstand geleistet hatten. Ihre Aktionsformen waren unterschiedlich und vielfältig, ihre Motive waren religiös, weltanschaulich oder politisch. Sie waren aktiv in der »Roten Kapelle«[7], in der »Weißen Rose«[8] oder anderen Widerstandsgruppen. Manche wurden auch einfach deshalb verfolgt, weil sie Sozialdemokratinnen waren,[9] dazu gehörten mehrere der in die Untersuchung einbezogenen Politikerinnen. Einige von ihnen leisteten mit anderen gleichgesinnten Frauen und Männern Widerstand in der Emigration[10], in Rüstungsbetrieben und in Konzentrationslagern. Sie versteckten Verfolgte, halfen ihnen zur Flucht und sorgten für ihr Überleben, und sie schmuggelten antifaschistische Schriften und Flugblätter. Viele haben das mit ihrem Leben bezahlt. Verfolgt und ermordet wurden Kommunistinnen, Anarchistinnen, Sozialistinnen, Sozialdemokratinnen, Jüdinnen und Frauen, die der »Rassenschande« beschuldigt wurden, Sinti und Roma, lesbische Frauen, Russinnen, Polinnen, Bibelforscherinnen und andere, die nicht ins Naziregime passten. Die feministische Erarbeitung von »Her-Story«, also der Geschichte von Frauen, hat ergeben, dass

6 *Michael Schneider,* Unterm Hakenkreuz. Arbeiter und Arbeiterbewegung 1933 bis 1939, Bonn 1999, S. 762 f.

7 *Regina Griebel/Marlies Coburger/Heinrich Scheel,* Erfasst? Das Gestapo-Album zur Roten Kapelle, Halle/S. 1992.

8 *Inge Scholl,* Die weiße Rose, Frankfurt/M. 1974.

9 *Vorstand der Sozialdemokratischen Partei Deutschlands* (Hrsg.), Der Freiheit verpflichtet, Gedenkbuch der deutschen Sozialdemokratie, Marburg 2000.

10 Darauf, dass Frauen – von Ausnahmen abgesehen – in ihren Autobiographien detaillierter auf das unspektakuläre tägliche Leben in der Emigration eingegangen sind, verweist Hiltrud Häntzschel. Sie geht davon aus, dass etwas weniger als die Hälfte aller Emigrierten Frauen waren, mindestens aber 200.000. Vgl. *Hiltrud Häntzschel,* Geschlechtsspezifische Aspekte, in: *Claus-Dieter Krohn/Patrik von zur Mühlen/Gerhard Paul* (Hrsg.), Handbuch der deutschsprachigen Emigration 1933–1945, Spalte 101-117; hier: Sp. 101 f.

widerständige Frauen ebenso wie widerständige Männer einen wichtigen Beitrag zur Bekämpfung des Faschismus und Nationalsozialismus geleistet haben. Tausende Frauen wurden ebenso wie tausende Männer für die Unterstützung des Widerstands hingerichtet oder »verendeten in den Lagern«. Ihre Verfolger machten keinen Unterschied zwischen dem leitenden Funktionär und der »Kofferträgerin«.[11] Viele dieser Frauen versanken in Schweigen, nur wenige hinterließen ihre Geschichte der Nachwelt.[12]

Der Wiederaufbau der SPD und die parteipolitischen Aktivitäten der in die Untersuchung einbezogenen Frauen kann nicht unabhängig von der politischen Situation nach Ende des Zweiten Weltkriegs gesehen werden. Die Deutschen sahen sich unmittelbar nach Kriegsende allenthalben mit der Frage nach Schuld und Buße konfrontiert, gleichgültig, wie sie selbst die Zeit des Nationalsozialismus überlebt haben.[13] Geisteswissenschaftler und Schriftsteller äußerten sich zum Problem der Kollektivschuld der Deutschen.[14] Carl Gustav Jung ging so weit, dass eine »magische Unreinheit« letztlich alle, die an der abendländisch-europäischen Kultur teilhätten, betreffe. Es war »der Deutsche«, der die europäische Kultur und ihre Güter verraten und damit auch die ganze europäische Völkerfamilie mit in Schande und Schuld gezogen habe. Nicht die Siegermächte oder eine andere Macht in der Welt sollten die Instanz sein, vor der es gelte, sich zu rechtfertigen, sondern das eigene Gewissen. Erst aus einem Schuldbewusstsein könne, so gesehen, das Bewusstsein der Solidarität und Mitverantwortung, ohne die Freiheit nicht möglich sei, entstehen.[15]

Solche kollektiven Schuldzuweisungen stießen bei denjenigen, die im Lande oder in der Emigration Widerstand geleistet hatten, aber besonders bei den »inneren Emigranten«, auf Widerspruch. Einige, die sich mit der Aufarbeitung der Vergangenheit auseinander setzten, teilten die Empörung über die geschehenen Gräueltaten, die im Namen des deutschen Volkes verübt worden waren, und fragten nach der Verantwortung, die nunmehr jedem einzelnen Deutschen zukomme.[16] Sie betonten die Notwendigkeit einer Umerziehung der Deutschen nach den Vorstellungen der Alliierten für die Eingliederung Deutschlands in die Ordnung der Völker. Während der Anklagereden, die bei dem Nürnberger Prozess gehalten wurden, konnte bereits festgestellt werden, dass die Ankläger von der unterschiedslosen Schuldzuweisung an das gesamte deutsche Volk abrückten, um nach identifizierbaren einzelnen Verbrechern zu suchen.[17] Mit der Ablehnung der

11 *Ingrid Strobl,* »Sag nie, du gehst den letzten Weg«, Frauen im bewaffneten Widerstand gegen Faschismus und deutsche Besatzung, Frankfurt a.M. 1989, S. 27.

12 Dazu gehört die im Buch biographierte Jeanette Wolff. Siehe S. 502-524.

13 *Ingrid Laurien,* Politisch-kulturelle Zeitschriften in den Westzonen 1945–1949, Frankfurt a.M. 1991, S.136.

14 Vgl. z.B. *Carl Gustav Jung,* »Nach der Katastrophe«, in: *Carl Gustav Jung* (Hrsg.), Aufsätze zur Zeitgeschichte, Zürich 1946, S. 73-166.

15 *Karl Jaspers,* Die Schuldfrage, Heidelberg 1946, S. 104.

16 *Sigrid Undset,* Die Umerziehung der Deutschen, Konstanz 1947, S. 29-31; *Karl Jaspers,* Antwort an Sigrid Undset, in: ebd. S. 5-11.

17 Auch die in diese Untersuchung einbezogene Jeanette Wolff lehnte eine Kollektivschuld ab. Siehe die Biographie über Jeanette Wolff in diesem Band, S. 502-524.

Kollektivbeschuldigungen komme den Deutschen das Recht des Schuldigen zur Erkenntnis seiner Schuld und zur Umkehr zu. Damit war auch der Weg frei zu einer Diskussion des Schuldproblems unter den Deutschen selbst. 1947, ein Jahr nach dem Erscheinen von Jaspers' »Schuldfrage«, war der Höhepunkt der Debatte offensichtlich schon vorüber. Meister[18] beobachtete bereits damals eine Tendenz, über Schuld und Buße nicht mehr zu reflektieren und wiederum lieber zu schweigen. 1948 schrieb Emil Franzel bereits: »Die Deutschen ihrerseits zeigen immer deutlicher die Neigung, in das andere Extrem zu fallen und nun eine Kollektiv-Unschuld in Anspruch zu nehmen«.[19] Offenbar waren die (meisten) Deutschen unfähig, das Thema überhaupt anzugehen.

In der 1949 gegründeten Bundesrepublik wurde über die Gräueltaten, die Nationalsozialismus und Krieg mit sich gebracht hatten, kaum mehr gesprochen. Die Kriegs- und unmittelbaren Nachkriegserfahrungen wurden nicht (mehr) kollektiv bearbeitet. Walter Dirks beschrieb 1950 den »restaurativen Charakter der Epoche«.[20] Erlebnisse von Hunger, Überlebenskampf, Verwundung, Vergewaltigung, Freiheitsberaubung, Vertreibung, Rechtlosigkeit in den vom Deutschen Reich annektierten Ländern waren kein Thema öffentlicher Auseinandersetzungen. Solche Schicksale wurden erst dann wahrgenommen, als sie den Initiatoren des Krieges und deren Angehörigen selbst wiederfuhren. Ein merkwürdiger »Konsens des Schweigens«[21] breitete sich in Deutschland aus. Dennoch kann diese Epoche aus dem Denken und Handeln der Nachkriegsgeneration nicht ausgeblendet werden. Denn schließlich gab und gibt es »nichts im deutschen Leben, was von Auschwitz unberührt geblieben wäre«.[22] Die Schuld ist auch in den Reden präsent, die entschuldigen wollen. Alexander und Margarete Mitscherlich ist zuzustimmen, wenn sie schreiben, dass auch die jüngere Generation das »Joch der Vergangenheit«, das »Joch von geheiligten Traditionen und Vorurteilen«, nicht ohne weiteres abwerfen kann: »Sie wird das Erbe an Verhaltensmustern modifizieren. Das ist eine Chance, mehr nicht«.[23]

Vergangenheitsbewältigung wurde bis Ende der 1960er Jahre kein öffentliches Thema; auch nicht in der historischen Forschung. Frei[24] macht dafür unter anderem die Scheu vor der wissenschaftlichen Behandlung eines Themas verantwortlich, das als unabgeschlossen und politisch aufgeladen erschien. Er vermutet, dass traditionelle Untersuchungsfelder bevorzugt wurden, weil deren Behandlung Schutz vor der politischen

18 *Max Meister,* Noch etwas über die Schuldfrage, in: Merkur, H. 2, 1, 1947, S. 292-294.

19 *Emil Franzel,* Die Kollektiv-Unschuld, in: Der Ruf, H. 18/1948, S. 13.

20 *Walter Dirks,* Der restaurative Charakter der Epoche, in: Frankfurter Hefte, H. 9/1950, S. 942-954.

21 *Silke Wenk,* »Hin-weg-sehen oder: Faschismus, Normalität und Sexismus. Notizen zur Faschismus-Rezeption anlässlich der Ausstellung ›Inszenierung der Macht‹«, in: Neue Gesellschaft für bildende Künste e.V. (Hrsg.), Erbeutete Sinne, Berlin 1988, S. 25.

22 *Demetz,* zit. nach *Ian Buruma,* Erbschaft der Schuld. Vergangenheitsbewältigung in Deutschland und Japan, Reinbek 1996, S. 107.

23 *Alexander und Margarete Mitscherlich,* Die Unfähigkeit zur trauern. Grundlagen kollektiven Verhaltens, München 1987, S. 135.

24 *Norbert Frei,* Vergangenheitspolitik. Die Anfänge der Bundesrepublik und die NS-Vergangenheit, München 1996, S. 7.

Sprengkraft bot, den eine frühzeitig aufgenommene empirisch-kritische Erforschung des Umgangs mit der NS-Vergangenheit entwickelt hätte.

Später wurde in der deutschen Öffentlichkeit die Auffassung vertreten, die NS-Vergangenheit sei vor allem in den ersten beiden Nachkriegsjahrzehnten weitgehend verdrängt worden. Man sprach von einer »unbewältigten Vergangenheit«. Meist wurden die »Bewältigungsdefizite« für kaum vermeidbar befunden. Hermann Lübbe sieht im »Beschweigen der Vergangenheit« in den fünfziger Jahren gar das »sozialpsychologisch und politisch nötige Medium« einer geglückten Verwandlung der ehemaligen NS-Volksgenossen in »Bürger der Bundesrepublik«.[25] Über die Vergangenheit sollte der Mantel des Schweigens ausgebreitet werden. Dieses Schweigen aber beinhaltete nicht nur die eigene Unbelehrbarkeit, sondern auch die Angst davor, sich dem zu stellen, was der Nationalsozialismus mit ihnen gemacht hat bzw. was sie im Nationalsozialismus mitgemacht haben.

Bemerkenswert bei der Auseinandersetzung mit der nationalsozialistischen Vergangenheit ist, dass Frauen meist weder als Täterinnen an den Verbrechen des Nationalsozialismus noch mit ihrer Arbeit im Widerstand sichtbar werden. So drehte sich die durch die Generation der Söhne aufgenommene Auseinandersetzung Ende der 60er Jahre fast ausschließlich um die Schuld der Väter. Die Rolle der Mütter wurde hingegen mit Opfer und Leid verknüpft. Es bedurfte einiger Anstrengungen der historischen Frauen- und Geschlechterforschung, die sich in den 70er Jahren in der Bundesrepublik etablierte, um diese verklärte Sicht mit der Realität deutscher Geschichte zu konfrontieren. Den Auftakt bildete die Demontage des nicht nur in der Wissenschaft verbreiteten Mythos, es seien vor allem Frauen gewesen, die Hitler an die Macht gebracht hätten.[26] Dennoch konzentrierten sich in den 80er Jahren publizierte Überblicksdarstellungen, die sich mit »Frauen und Nationalsozialismus« befassten, vor allem auf das reaktionäre Frauenbild der Nationalsozialisten bzw. auf die reaktionäre Frauenpolitik.[27] Frauen im »Dritten Reich« wurde vor allem ein Opferstatus zugeschrieben,[28] gerade so, als wären Frauen nicht auch handelnde Subjekte. Hinter der Frage nach dem nationalsozialistischen Frauenbild verschwand die Frage nach dem Faschismusbild von Frauen. Das Interesse an biographiegeschichtlichen Aufarbeitungen des Nationalsozialismus und der Vor- und Frühgeschichte der Bundesrepublik hat erst Ende der 80er Jahre zugenommen. Vor allem wurde die Frage nach der Verantwortung und Mitschuld des weiblichen Geschlechts gestellt, aber

25 *Hermann Lübbe,* Der Nationalsozialismus im deutschen Nachkriegsbewusstsein, in: Historische Zeitschrift 236/1983, S. 579-599.

26 *Annemarie Tröger,* Die Dolchstoßlegende der Linken: »Frauen haben Hitler an die Macht gebracht«. Thesen zur Geschichte der Frauen am Vorabend des Dritten Reichs«, in: Frauen und Wissenschaft, Beiträge zur Berliner Sommeruniversität für Frauen, Berlin 1977, S. 324-355.

27 Z.B. *Annette Kuhn/Valentine Rothe,* Frauen im deutschen Faschismus, Bd. 1 und 2, Düsseldorf 1982/1983, sowie *Rita Thalmann,* Frausein im Dritten Reich, München/Wien 1984.

28 Vgl. *Birthe Kundrus,* Frauen und Nationalsozialismus. Überlegungen zum Stand der Forschung, in: Archiv für Sozialgeschichte 36/1996, S. 481-500.

auch die nach dem Widerstand gegen das System[29]. Es war die sich etablierende feministische Forschung, die mit der puren Opferrolle der Frauen aufräumte und ihre Mittäterschaft hervorhob[30], aber auch ihre widerständige Täterinnenschaft gegen das NS-System.[31] Zur letztgenannten Gruppe gehörte freilich nur eine geringe Zahl von Frauen, denn Widerstand gegen die Nationalsozialisten leisteten insgesamt nur wenige Menschen, individuell oder in kleinen Gruppen. Aber in ihnen sahen die Nationalsozialisten eine ernsthafte Bedrohung. Deshalb war das Leben dieser Frauen bedroht, sobald ihre Aktivitäten bekannt wurden.[32] Erst später erschienen einige Forschungsarbeiten, die sich den »Täterinnen« zuwandten.

Die Schuld von Frauen am nationalsozialistischen Terrorsystem sollte nicht länger verharmlost werden. Darüber, ob es geschlechtsspezifische Formen von Beteiligung und Verantwortung an der nationalsozialistischen Diktatur gibt, ob die Rede von einer »spezifisch weiblichen« Schuld sein muss, gehen die Meinungen nach wie vor auseinander. Claudia Koonz vertritt die Überzeugung, dass es nichtjüdische Frauen waren, die das Regime gefestigt und den Genozid gefördert hätten, weil sie die von den Nationalsozialisten bevorzugte Ideologie der Geschlechterpolarität attraktiv fanden und ihre »weibliche Sphäre der Privatheit« intakt gehalten hätten. Sie seien gewissermaßen gerade als Mütter und Hausfrauen »schuldig« geworden, weil sie die Gräueltaten der Männer bewusst durch ihre »emotionale Arbeit« erleichtert hätten.[33] Sie taten dies als Ehefrauen von KZ-Kommandanten ebenso wie in der aktiven Mitwirkung an den nationalsozialistischen Verbrechen in Ausübung ihres Berufs als Pflegerinnen, Ärztinnen, Sozialarbeiterinnen etc. Daran ändert die oft zitierte Tatsache, dass Frauen vor allem in subalternen Positionen zu finden waren, wenig.[34] Zu viele haben sich zur Teilhabe an der Macht entschieden und sind zu Trägerinnen von Gewaltmechanismen geworden. Beispiele sind die Wärterinnen in Konzentrationslagern, aber auch die an der rassenpolitischen Auslese, Erniedrigung und Ermordung beteiligten Fürsorgerinnen, Ärztinnen und Krankenschwestern. Andererseits waren Frauen, die in Konzentrationslager verschleppt worden sind, in erster Linie Opfer eines unmenschlichen Systems.

Zwischen diesen beiden Polen agierten nicht nur die Frauen, die »Mittäterschaft« geübt haben,[35] sondern auch diejenigen, die irgendwie versucht haben, diese Zeit zu überle-

29 *Ursula Nissen,* »TöchterFragen zm Widerstand«, in: *Lerke Gravenhorst/Carmen Tatschmurat* (Hrsg.), TöchterFragen, NS-FrauenGeschichte, Freiburg 1990, S. 325-330; hier: S. 235.

30 *Christina Thürmer-Rohr,* Der Chor der Opfer ist verstummt, in: beiträge zur feministischen theorie und praxis, H. 11/1984, S. 71-84.

31 Nissen, TöchterFragen.

32 Vgl. *Christl Wickert,* Widerstand und Dissens von Frauen – ein Überblick, in: *Christl Wickert* (Hrsg.), Frauen gegen die Diktatur – Widerstand und Verfolgung im nationalsozialistischen Deutschland, Berlin 1995, S. 18-31; hier: S. 18.

33 *Claudia Koonz,* Mütter im Vaterland. Frauen im Dritten Reich, Freiburg 1991.

34 Kundrus, S. 485.

35 Die Frage nah der »Mittäterschaft« von Frauen wurde von Christina Thürmer-Rohr aufgeworfen. Sie geht davon aus, dass sich »Frauen an den von Männern dirigierten Zerstörungsprozessen« betei-

ben oder zwischen Affirmation und Negation gegenüber dem NS-Regime schwankten.[36] Hier liegt die besondere Herausforderung historischer Frauenforschung: Es geht darum, das Wissen um die Vielfalt von Frauenleben im Nationalsozialismus zu vermehren, die Beteiligung von Frauen an der Gewaltherrschaft wie aber auch ihre Demütigung und ihre Leiden sichtbar zu machen. Es geht ferner darum, die Lebensrealitäten von Frauen in ihrer Komplexität aufzuspüren. Die oft praktizierte Einschränkung auf die Konstruktion der Geschlechterdifferenz reicht hierfür keinesfalls aus. Sie muss mit den Kategorien soziale Schicht und ethnische Herkunft in Beziehung gesetzt werden.

Keine der in die vorliegende Untersuchung einbezogenen politisch engagierten Frauen hat versucht, die Vergangenheit von sich abzuschütteln. Aber auch diese Frauen sind mit ihren unterschiedlichen Erfahrungen unterschiedlich umgegangen. Und sie wurden konfrontiert mit Frauen und Männern, die nicht nur in der Vergangenheit unterschiedlich gelebt haben, sondern auch unterschiedlich mit ihren Erfahrungen umgingen. Diejenigen, die widerständig gehandelt haben, waren bestrebt, ihr eigenes Verhalten nicht zu hoch aufzuhängen. Sie seien eigentlich »nur am Rande im Widerstand« gewesen, denn »die Frauen haben sich nicht so aktiv verhalten.«[37] Viele Frauen machten wenig Aufheben von dem, was sie als selbstverständliches Handeln ansahen.[38] Einige stellten sich, so lange sie lebten, die Frage, ob sie genug getan hätten und ob sie vielleicht die herannahende Gefahr des Nationalsozialismus hätten früher realistisch einschätzen können, um das Ungeheuerliche abzuwenden.

---

lig(t)en. *Christina Thürmer-Rohr,* Aus der Täuschung in die Ent-Täuschung, in: beiträge zur feministischen theorie und praxis, H. 8/1983, S. 11-25. Vgl. auch Thürmer-Rohr, Der Chor der Opfer.

36 Wickert, Widerstand und Dissens, S. 18-32.

37 Siehe die Biographie über Lucie Kurlbaum-Beyer in diesem Band, S. 324-338.

38 Wickert, Widerstand und Dissens, S. 18.

Überleben nach dem Kriege

Trotz der unterschiedlichen Ausgangslage waren unmittelbar nach Ende des Zweiten Weltkriegs in allen Besatzungszonen gemeinsame frauenpolitische Aktivitäten nicht zu übersehen. Nicht nur die Trümmerfrauen machten sich ans Werk. In Landwirtschaft, Handwerk und Industrie leisteten viele Frauen »Männerarbeit«. Sie leisteten aber auch den größten Teil der Überlebensarbeit, denn es gab über 7 Millionen Frauen mehr als Männer. Fast vier Millionen Frauen wirtschafteten ohne die Anwesenheit eines Mannes. 2,5 Millionen waren Kriegerwitwen mit Kindern.[39] Die Ideologisierung der Kleinfamilie, als nach wie vor einzige erstrebenswerte Lebensform verhinderte damals wie heute den offensiven Umgang mit anderen Formen des Zusammenlebens. Später wurde der »Nachkriegsfamilie« bescheinigt, sie habe sich in Krisenzeiten bewährt.[40] Dennoch entwickelten gerade ›alleinstehende‹ Frauen offenbar ein neues Bewusstsein. Sie werden als stark und selbstbewusst beschrieben. Sie hätten erkannt, dass Männer auf allen Gebieten versagt hätten und nun die Frauen »an der Reihe seien«.[41] Häufig war nach 1945 sogar davon die Rede, jetzt müssten Frauen, selbstbewusst und verantwortungsvoll, im Zeichen von Frieden und Mütterlichkeit eine bessere Gesellschaft aufbauen.[42] In überparteilichen, überkonfessionellen Frauenausschüssen versuchten Frauen durch vielfältige karitative Aktionen die Not der Nachkriegszeit zu lindern, protestierten gegen die katastrophale Ernährungs- und Wohnungslage und setzten sich für den Neuaufbau einer friedlichen, demokratischen Gesellschaft von Ebenbürtigen ein.

1945 waren in Deutschland 45 % der Wohnungen nicht mehr zu benutzen.[43] Die übrig gebliebenen Wohnungen mussten nach einem von den Besatzungsmächten festgelegten Belegschlüssel verteilt werden. Zum Beispiel ist für Bonn bekannt, dass eine Vier-Zimmer-Wohnung von mindestens fünf Personen bewohnt werden musste. Zwei Kinder oder Jugendliche unter 18 Jahren galten als nur eine Person. Küchen mit mehr als zehn Quadratmetern wurden als Wohnräume angerechnet.[44] Daraus wird deutlich, wie beengt die Wohnverhältnisse bemessen waren.

Da die Zahl der Hilfsbedürftigen (Kranke, Schwache, Unterernährte, Alte, Kriegsversehrte, Waisen) rapide gewachsen war, führte die Zuweisung von Pflege- und Sorgearbeiten an die Familien – notwendige Heim- und Pflegestätten waren im Krieg oft zerstört

39 *Annette Kuhn* (Hrsg.), Die Chronik der Frauen, Dortmund 1992, S. 520.

40 *Helmut Schelsky,* Wandlungen der deutschen Familie in der Gegenwart, Stuttgart 1954.

41 *Annette Kuhn,* 1945 – Versäumte Emanzipationschancen? Feministische Überlegungen zur Refamiliarisierung nach 1945, in: *Friedrich-Ebert-Stiftung, Gesprächskreis Frauenpolitik* (Hrsg.), Frauen in den neuen Bundesländern: Rückzug in die Familie oder Aufbruch zur Gleichstellung in Beruf und Familie, Bonn 1991, S. 17-43; hier: S. 18 f.

42 *Nori Möding,* Die Stunde der Frauen? Frauen und Frauennorganisationen des bürgerlichen Lagers, in: Broszat/Henke/Woller, Von Stalingrad, S. 619-647; hier: S. 619.

43 *Edith Oppens,* Ruhelose Welt, in: *Edith Oppens/Ernst Michel u.a.,* Die Frau in unserer Zeit, Ihre Wandlung und Leistung, Oldenburg 1984, S. 36.

44 Rheinische Zeitung (RZ) vom April 1946.

worden – zur Überforderung von Frauen, die für diese Arbeiten weit überwiegend verantwortlich waren. Sie waren oft diejenigen, die am meisten hungerten. Nicht nur, weil sie ihren Schützlingen vieles zusteckten, sondern auch, weil sie als Hausfrauen schlechte Rationen erhielten.[45] Es spielte keine Rolle, wie viele Menschen sie zu Hause zu versorgen hatten: Frauen, die keiner außerhäuslichen Erwerbsarbeit nachgingen, wie auch ›ehrenamtliche Trümmerfrauen‹ blieben Hausfrauen und bekamen die geringfügigsten Lebensmittelrationen. Pfarrer, Künstler und Schuldirektoren hingegen wurden wie Schwerarbeiter eingestuft und bekamen doppelt soviel Brot und viel mehr Fleisch als die Hausfrauen.

Es war oft gerade die »Überlebensarbeit«, die die psychische und physische Kraft von Frauen überstieg.[46] Nach einer 1947 in Berlin durchgeführten Untersuchung waren 31 % der Männer und 58 % der Frauen in ihrer Arbeitsfähigkeit »erschöpft«. Besonders in den Großstädten litten viele Frauen, die erwerbstätig waren und die volle Verantwortung für die Ernährung der Familie trugen, an Erschöpfungszuständen.[47] Schließlich waren die traditionellen Strukturen der privaten Sphäre weitgehend aufgelöst. Historikerinnen bezeichnen diese Überlebensarbeit nicht nur als ungeheure gesellschaftliche Leistung, sondern als bewusst von Frauen konzipierte und gestaltete Überlebenspolitik.[48] Einige Anhaltspunkte gibt es dafür, dass Hausarbeit, anders als in normalen Zeiten, über den Bereich der Kleinfamilie hinaus gemeinsam organisiert wurde. Küchen wurden gemeinsam genutzt, Küchen- und Gartengeräte ebenso. Angesichts der durch festgelegte »Belegschlüssel« zwangsweisen Zusammenführung der haus- und sorgearbeitenden Frauen ging das nicht immer ohne Konflikte ab, führte aber auch zu neuen Formen der Solidarität. Allerdings wurden alternative Lebensformen der Frauen untereinander oder in Form von »Onkelehen«[49] zwar gelebt, jedoch nicht als Alternative akzeptiert, sondern – unterstützt durch den Kuppelei-Paragraphen – gesellschaftlich diskriminiert. Die Forderungen nach Wohnberechtigungsscheinen für Frauenwohngemeinschaften[50] und der rechtlichen Gleichstellung von verheirateten und unverheirateten Frauen liefen ins Leere, obwohl die traditionellen Familienbeziehungen faktisch für zahlreiche Frauen zur Disposition standen, Frauen für »freie Liebe« eintraten und entsprechend lebten und viele Frauen Kinder außerhalb bürgerlich legitimierter Ehen als »uneheliche Mütter« zur Welt brachten.[51]

---

45 Vgl. auch *Gisela Notz*, Als ich noch in der Küchentischschublade wohnte, in: beiträge zur feministischen theorie und praxis, H. 41/1995, S. 63-76; hier: S. 66 f.

46 Vgl. Möding, Die Stunde der Frauen, S. 620.

47 *Hilde Thurnwald*, Gegenwartsprobleme Berliner Familien. Eine soziologische Untersuchung an 498 Berliner Familien, Berlin 1948, S. 85.

48 Kuhn, 1945 – Versäumte Emanzipationschancen?, S. 18.

49 Frauen, die mit Männern zusammenlebten, aber nicht mit diesen verheiratet waren. Sie wurden so genannt, weil die Kinder aus vorhergehenden Lebenspartnerschaften den »Ersatzvater« Onkel nannten bzw. auf Grund der geltenden Rechte nennen mussten.

50 Ruhl, Unsere verlorenen Jahre, S. 141 und 146.

51 Siehe zur Auseinandersetzung um das Recht für »uneheliche Kinder« vor allem die Biographie über Frieda Nadig in diesem Band, S. 54-79.

Hauptsächlich Frauen waren es, die aufgrund der ihnen zugeteilten Rollen versuchten, auf jede mögliche Art zu Lebensmitteln zu kommen. Wer auf dem Land wohnte, hatte es freilich leichter als die Stadtbevölkerung. Wer keinen eigenen Garten hatte, half sich mit anderen Flächen oder erntete die Früchte des Waldes und die Kräuter der Wiese. Aus Bonn ist z.B. bekannt, dass die Hofgartenwiese und andere Grünanlagen mit Kartoffeln bepflanzt wurden. Tausende zogen »mit Kind und Kegel« durch die Wälder, um Bucheckern zu sammeln, die sie gegen Margarine und Speiseöl eintauschten. Kochbücher mit Rezepten zur Verwendung von wilden Früchten und Kräutern hatten Hochkonjunktur.

Täglich erlebten Frauen Störungen in der Milch-, Mehl- und Brotversorgung. Die zur Existenz notwendige Kleidung und Wäsche fehlte ebenso wie Möbel, Kohlen und Strom. Die mit Lebensmittelkarten rationierte Nahrung deckte meistens nur die Hälfte des täglich notwendigen Kalorienbedarfs oder noch weniger. Die Zeitungen berichteten über Menschen, die verhungert, und über Männer, die an ihren Maschinen zusammengebrochen waren. Dass trotz der chronischen Unterernährung und mangelnden Heizmittelversorgung die meisten Menschen überlebten, ist besonders dem Improvisationsgeschick, der Intelligenz und der Phantasie zahlreicher Frauen zu verdanken. Schlange stehen beim Einkauf von Brot, Fleisch, Fisch und Fett, beim Abholen der Lebensmittelkarten waren noch das geringste Übel. Vielfach gelang es trotz aller Mühen nicht einmal, die auf den Karten verzeichneten Waren zu erhalten. Manchmal gab es keinen gleichwertigen Ersatz, bisweilen auch gar nichts.[52]

Schwarzhandel, Schwarzschlachtung, Schwarzbrennerei, Lebensmittelkarten- und Bezugsscheinschwindel, Diebstahl von Briketts, Möbel und Nahrungsmitteln gehörten zum Alltag. Schwarzmarkt bedeutete Illegalität und Kriminalität, war aber auch eine Bastion der Privatinitiative und des Überlebens.[53] Die Gerichte waren ständig mit Delikten, die sich aus der Alltäglichkeit der illegalen Beschaffungsaktionen ergaben, befasst. Die Schwarzmarktpreise stiegen z.T. ins Astronomische: Heinrich Böll förderte aus alten Notizbüchern »denkwürdige Budgetziffern« zutage. »Zwei Pfund Mehl, ein halbes Pfund Butter: 325 Mark. Das Monatsgehalt einer Lehrerin«.[54] Wie überlebensnotwendig der offiziell verfemte Schwarzhandel damals war, zeigt eine Umfrage, die Ende 1947 unter Freiburger Studentinnen und Studenten durchgeführt worden war: Auf die Frage: »Glauben Sie, dass Menschen, die manchmal etwas im Schwarzhandel kaufen, zu verteidigen oder zu verurteilen sind?«, antworteten 70 % mit »zu verteidigen« und nur 6 % mit »zu verurteilen«.[55]

Der Schwarzmarkt war janusköpfig: auf der einen Seite destruktiv, weil er die Armut der »kleinen Leute« oft mit Mafiamethoden ausnutzte, auf der anderen Seite lebensnot-

52 Vgl. auch *Gisela Notz,* Die Nachkriegsgesellschaft war eine Frauengesellschaft – warum blieb sie es nicht? In: Hypathia. Historische Frauenforschung in der Diskussion, Dezember 1992, S. 4-12.

53 Vgl. hierzu *Willi H. Boelcke,* Der Schwarz-Markt 1945–1948. Vom Überleben nach dem Kriege, Braunschweig 1986.

54 *Heinrich Böll,* Niemandsland. Kindheitserinnerungen an die Jahre 1945–1949, Köln 1985.

55 Boelcke, Der Schwarz-Markt, S. 123.

wendig, weil die kleinen Leute sich selbst und andere auf diesem Markt versorgten. Die Behörden versuchten vergeblich, dem Schwarzmarkt gegenzusteuern. Aus ihrer Sicht waren Schwarzhandel und Hamstern verantwortlich für fehlende Lebensmittel. Sie konfiszierten, was ihnen als illegaler Besitz erschien.

In Presseberichten wurde das Übel anderswo vermutet: »Anstatt Frauen, deren Männer arbeiten, die Handtasche mit Spinat abzunehmen, sollte man dafür sorgen, dass die Bauern abliefern.«[56] Außerdem würden die für die Ernährung verantwortlichen Stellen vollkommen versagen, weil sie weder auf eine gleichmäßige Verteilung der Lebensmittel noch auf eine rigide Erfassung der im Lande erzeugten Nahrung bestanden hätten. Auch die alliierte Wirtschaftspolitik wurde für die schlechte Versorgungslage verantwortlich gemacht, die den Schwerpunkt auf die Ankurbelung der Grundstoff- und Produktionsgüterindustrie legte und die landwirtschaftliche Erzeugung und die Konsumgüterindustrie hintansetzte.[57]

Die wirtschaftliche Situation

Während des Zweiten Weltkrieges waren es vor allem Frauen, die Landwirtschaft, Haushalt, Kindererziehung, Betreuung von Pflegebedürftigen und soziale Arbeit aufrecht hielten. Und sie arbeiteten im Büro und an der Werkbank, vor allem in der Rüstungsindustrie, als die Zeit vorbei war, in der das nationalsozialistische System deutsche Frauen alleine in der Küche und im Kinderzimmer sehen wollte.

Nach Kriegsende nahmen Hunderttausende von Frauen eine Erwerbsarbeit in (fast) allen Wirtschaftsbereichen auf.[58] Die Wirtschaft konnte nicht auf die Beteiligung der Frauen verzichten. Frauen arbeiteten nicht nur in den klassischen weiblichen Berufen: Krankenpflege, Sozialdienst, häusliche Dienste. Auch in der Landwirtschaft, im Handel, im Banken- und Versicherungswesen, als Busfahrerinnen und als Polizistinnen hatten viele eine Beschäftigung gefunden. Frauen standen »ihren Mann«, wie das heute noch oft betont wird. Sie durften sogar, weil Männerarbeitskraft fehlte, in »typisch männlichen Berufen«, vor allem im Wohnungsbau, tätig sein. Überall beim Wiederaufbau wurden sie dringend gebraucht. Frauen arbeiteten als Zimmerin, Tischlerin und Dachdeckerin, als Schriftsetzerin, Drechslerin und Steinmetzin. Bemerkenswert war vor allem der Einzug der Frauen in fast alle technischen Berufe. Vorübergehend durften sie auch dort zeigen, was sie können, wo sie zu »normalen Zeiten« eine Konkurrenz für die Männer darstellten. Frauen leisteten nicht nur an zerstörten Häusern und Wohnungen Aufbauarbeit, sondern auch in Industrie, Handwerk und Verwaltung.

›Berühmt‹ geworden sind dennoch fast ausschließlich »Trümmerfrauen«. Tatsächlich waren es Frauen, die in erster Linie die Trümmer des »Tausendjährigen Reiches« beseitigten. Die Trümmerämter forcierten nach der Befreiung vom Nationalsozialismus die

---

56 Rheinische Zeitung Bonn vom 2.4.1947.

57 *Annette Kuhn/Doris Schubert*, Frauen in der deutschen Nachkriegszeit, Bd. 1, Düsseldorf 1984, S. 122.

58 *Klaus-Jörg Ruhl*, Unsere verlorenen Jahre, Darmstadt, Neuwied 1985, S. 7.

planmäßige Entrümpelung. In vielen Städten bestimmten Trümmerfrauen das Straßenbild. Manche arbeiteten ›ehrenamtlich‹, andere zu Niedriglöhnen, und für wieder andere war es Zwangsarbeit oder Pflichtarbeit,[59] oft unter ›fachmännischer Anleitung‹ von männlichen Vorarbeitern. Von »Trümmermännern« ist in der historischen Überlieferung keine Rede. Teilweise mussten allerdings »schwer belastete Nazis (...) beim Trümmerräumen mithelfen, für deren Entstehung sie mitverantwortlich waren«.[60] Die Trümmerfrauen gingen keinesfalls so strahlend an die Arbeit, wie sie später oft dargestellt wurden. Viele waren körperlich überlastet und psychisch überfordert. Für ihre Schwerstarbeit stand ihnen nicht einmal wetterfeste Arbeitskleidung zur Verfügung. Oft halfen sie sich gegenseitig aus mit Wintermänteln, Holzschuhen, Männersocken und Trainingsanzügen, banden sich Tücher um den Kopf und Lappen um die Hände. Während der Wintermonate waren Erfrierungen an den Händen keine Seltenheit. Unfälle durch einstürzende Mauern und Explosionen von Minen und Blindgängern waren alltäglich.

Natürlich gab es auch hier nicht »die Frauen«; Frauen waren (wie Männer) unterschiedlich betroffen. Diejenigen, welche in den zerbombten Mietshäusern lebten, hatten andere Sorgen als die, welche mit ihren schnell »entnazifizierten« Gatten in ihren Villen am Stadtrand wohnen blieben. Es gab Männer wie Frauen, die »Vergeben und Vergessen« ihrer Nazivergangenheit durch kleinere und größere Geschenke bei den entsprechenden Ämtern bewirken konnten[61] und bald wieder Amt, Würde und Nahrungsmittel hatten. Im Herbst 1945 verschlechterten sich die ohnehin schon schlimmen Lebensbedingungen weiter, denn die Alliierten verschärften die Sozialgesetze; sie führten einen Lohnstopp ein, beschränkten die Möglichkeit zum Arbeitsplatzwechsel, hoben Arbeitsschutzbestimmungen auf und strichen Kriegsversorgungszulagen. Hinter diesen Maßnahmen stand eindeutig die Absicht, Frauen in verstärktem Maße zur Aufnahme von Erwerbsarbeiten, für die Arbeitskräftemangel herrschte, zu zwingen.[62] Im September 1945 wurde in einigen Regionen Deutschlands eine leicht veränderte Version des »Pflichtjahres« für Frauen, wie es im Nationalsozialismus bestand, wieder eingeführt, diesmal als »land- und hauswirtschaftlicher Einsatz der weiblichen Jugend«.[63] Danach durften unverheiratete Frauen unter 21 Jahren nur dann in anderen Betrieben eingestellt

59 Für die Nordrhein-Provinz galt, dass sich Frauen im Alter zwischen 16 und 45 Jahren sowie Männer zwischen 14 und 65 Jahren bei den zuständigen Arbeitsämtern melden mussten. Danach ordnete die Militärregierung diesen Frauen und Männern »die ihnen zumutbare« Pflichtarbeit an. Die Arbeit sollte »gemeinnützigen Charakter« haben und für den Wiederaufbau dringend erforderlich sein. Vgl. Mitteilungs- und Verordnungsblatt des Oberpräsidenten der Nordrhein-Provinz Nr. 1 vom 20.8.1945. Bei Arbeitsverweigerung konnte die ohnehin schon magere Lebensmittelzuweisung gänzlich gesperrt werden.

60 *DGB-Bildungswerk e.V., Kreis Schweinfurt* (Hrsg.), »Nach dem Krieg war keiner Nazi gewesen ...«. Arbeiterbewegung in Schweinfurt 1928–1945, Schweinfurt 1984, S. 154.

61 *Walter Markov,* Neubeginn 1945: Willkommen und Abschied, in: *Josef Matzerath (Hrsg.),* 54 Kapitel Bonner Stadtgeschichte, Bonn 1989, S. 323-328; hier: S. 323.

62 *Klaus-Jörg Ruhl,* Frauen in der Nachkriegszeit, 1945–1963, München 1988, S. 40.

63 Mitteilungs- und Verordnungsblatt des Oberpräsidenten der Nordrhein-Provinz Nr. 2 vom 10.9.1945, S. 17.

werden, wenn sie bereits ein land- oder hauswirtschaftliches Jahr absolviert hatten. Mit diesem Pflichtjahr sollte nicht nur der bereits beginnenden hohen (weiblichen) Jugendarbeitslosigkeit bei gleichzeitigem Arbeitskräftebedarf in Haus- und Forstwirtschaft entgegengewirkt werden, es diente auch der Aufrechterhaltung der geschlechtshierarchischen Arbeitsteilung. Frauen wurden so auf ihre zukünftige Aufgabe als Hausfrau und Mutter vorbereitet.[64]

Gewerkschaftlich organisierte Frauen und Sozialdemokratinnen wehrten sich vor allem mit dem Hinweis auf die Anknüpfung an nationalsozialistische Arbeitspolitik gegen dieses Pflichtjahr. Sie hatten damit keinen Erfolg. Dass ihr Kampf weniger der Zuweisung der Hausarbeit an Frauen qua Geschlecht galt, wurde deutlich, weil sie auf der anderen Seite die Einführung von hauswirtschaftlichem Unterricht in den Schulen und eines hauswirtschaftlichen Lehrjahres »für solche Mädchen, die sich bei der grundlegenden Besserstellung dieses Berufes freiwillig wahrscheinlich zahlreicher als bisher für ihn entscheiden würden«, befürworteten.[65] Die wichtigsten und zugleich schwierigsten Kämpfe, vor allem der Frauen in den Gewerkschaften, waren zweifelsohne die um »gleichen Lohn für gleiche Leistungen« und für bessere Ausbildungen für Frauen. Männer beklagten immer wieder, dass der Kampf deshalb so schwer zu führen sei, weil verhältnismäßig wenig Frauen Mitglieder in den Gewerkschaften waren – hingegen beanstandeten bereits organisierte Frauen, dass Gewerkschaften (mit wenigen Ausnahmen) durchweg von Männern geleitet wurden und in aller erster Linie männliche Interessen vertraten.[66]

Im Zuge des wirtschaftlichen Wiederaufbaus bildeten sich in vielen Betrieben neben (gemischtgeschlechtlichen) antifaschistischen Ausschüssen auch antifaschistische Frauenausschüsse. Demonstrationen von Frauen und Hungerstreiks in den Betrieben waren vor allem Proteste gegen die katastrophale Ernährungslage, beinhalteten aber auch politische Forderungen nach einer anderen Wirtschaftspolitik. Geschichtsschreiber berichten heute, dass der Hunger im Denken und Streben der meisten Menschen *den* zentralen Platz eingenommen habe.[67] Freilich haben Menschen, denen das notwendige Essen fehlt, wenig Kraft, um für anderes als das Überleben zu kämpfen. Das heißt aber nicht, dass diejenigen Frauen, die sich an den »Hungermärschen« beteiligten, und die streikenden Arbeiter und Arbeiterinnen in den Fabriken sich *ausschließlich* um die Beschaffung von Lebensmitteln kümmerten, wie später oft fälschlich behauptet wurde. Gewerkschafterinnen und Politikerinnen gingen mit großer Energie gegen ungerechte Löhne, für die Aufhebung des Lohnstopps, gegen Preiswucher und für die Überführung von Bergwerken, Eisen- und Stahlindustrie, Energiewirtschaft und Verkehrswesen in Gemeineigentum auf die Straße.

64 Kuhn/Schubert, Frauen in der deutschen Nachkriegszeit, S. 163.

65 *Irmgard Enderle*, Frauenüberschuss und Erwerbsarbeit, Köln 1947, S. 11.

66 Vgl. *Deutscher Gewerkschaftsbund* (Hrsg.), »Da haben wir uns alle schrecklich geirrt ...«, Die Geschichte der gewerkschaftlichen Frauenarbeit im Deutschen Gewerkschaftsbund von 1945–1960, Pfaffenweiler 1993.

67 Z.B. *Rainer Gries*, Die Rationen-Gesellschaft, Münster 1991.

Als 1949 die Ausnahmesituation zu Ende ging und sich mit Beginn der 50er Jahre der Alltag schrittweise normalisierte, nahm die Beteiligung von Frauen am öffentlichen und wirtschaftlichen Leben wieder ab. Die Kämpfe der Frauen, die gegen Doppelverdienerverordnungen, gegen Remilitarisierung und für Demokratie, Frieden und Gleichberechtigung demonstriert haben, sind heute weitgehend vergessen. Sie verschwinden hinter den Berichten vom Wirtschaftswunder, vollen Einkaufstüten und glücklichen Familien an den Türen ihrer neuen Eigenheime. Bereits mit der positiven wirtschaftlichen Entwicklung nach der Währungsreform von 1948, der Heimkehr von zahlreichen Kriegsgefangenen sowie dem Abbau von Arbeitsplätzen durch Demontage, Rüstungskonversion und Rationalisierung machten sich Tendenzen breit, durch die berufstätige Frauen wieder zurück an den Herd verwiesen werden sollten. Die Bereitschaft von Betrieben, Behörden und Gewerkschaften nahm zu, Frauen aus ihren Stellen zu drängen, um diese mit erwerbslosen Männern, vor allem zurückgekehrten Kriegsteilnehmern und Kriegsgefangenen zu besetzen. Ihren Erwerbsarbeitsplatz verloren viele Frauen in so genannten »Männerberufen« und solche, die keine Berufsausbildung hatten. Frauen, deren Ehemänner erwerbstätig waren, wurden allzu oft als »Doppelverdiener« diffamiert. »Verheiratete weibliche Beamte«, auch Lehrerinnen, mussten nach § 63 des geltenden Beamtengesetzes grundsätzlich aus dem Beruf ausscheiden, wenn sie heirateten und dadurch wirtschaftlich »versorgt« waren.[68] Vielen Frauen blieb die »freiwillige« Arbeit in der Familie und im »Ehrenamt«, die durch das Auftreten neuer Hilfsbedürftiger erheblich expandierte.[69]

Es gibt viele Belege dafür, dass weite Teile der Bevölkerung große Hoffnungen auf eine »Normalisierung« der wirtschaftlichen Entwicklung innerhalb der »sozialen Marktwirtschaft« durch die Rückkehr der Männer und die damit einhergehende Rückkehr der alten Rollenverteilung richteten. Wahrscheinlich haben manche Frauen den »Platz zu Hause« auch »freiwillig« eingenommen. Sie waren erschöpft, wollten wieder ein »normales Leben führen« und verschwanden von der öffentlichen Bildfläche.[70] Manchmal war es leicht, ihnen einzureden, dass sie unter der Doppelbelastung leiden würden und froh sein können, sich wieder ganz ihren Lieben zu widmen. Vielleicht waren manche auch von der Mütterideologie des Nationalsozialismus und der davor liegenden Zeit geprägt und wurden deshalb wieder das nach Schutz verlangende »Heimchen« am Herd?[71] Dennoch kann nicht behauptet werden, dass alle Frauen »ohne Murren« an den Herd zurückkehrten. Es gibt durchaus Belege dafür, dass Frauen sich nicht mehr in alte Zwänge fügen wollten. Die heimgekehrten Patriarchen wurden noch lange nicht von allen Frauen als »Haupternährer« oder »Familienoberhaupt« anerkannt. Helma Sanders-Brahms hat in

68 Zur Auseinandersetzung um die Änderung des Beamtenrechts im Bundestag siehe die Biographie über Lisa Korspeter in diesem Band, S. 304-323.

69 Zur historischen Entwicklung der »ehrenamtlichen Arbeit« für Frauen vgl. *Gisela Notz,* Frauen im sozialen Ehrenamt, Freiburg 1989.

70 Strobl, Sag nie, du gehst den letzten Weg, S. 30.

71 Vgl. *Birgit Meyer,* Viel bewegt – auch viel erreicht? Frauengeschichte und Frauenbewegung in der Bundesrepublik, in: Blätter für deutsche und internationale Politik, H. 7/1989, S. 832-842; hier: S. 834.

ihrem Film »Deutschland, bleiche Mutter«[72] erschütternd dargestellt, dass viele Frauen nach den Jahren der Selbstständigkeit nicht bereit waren zurückzustecken. Die patriarchale Kleinfamilie war in der Realität schwer erschüttert. Als »gefährdet« galten vor allem »solche Familien, in denen die Frau nach der Rückkehr des Ehepartners aus der Kriegsgefangenschaft nicht ohne weiteres bereit war, ins zweite Glied zurückzutreten.«[73] Der Publizist Walther von Hollander beschrieb die ambivalente Situation von Frauen 1946: »Nun gibt es unzählige Frauen (...), die nur allzu gern die Last des männlichen Lebens wieder an den Mann zurückgeben würden, während nicht alle ebenso bereit sind, die Lust des männlichen Lebens, seine relative Ungebundenheit aufzugeben.«[74] Für die zahlreichen »Mütterfamilien«, in denen Frauen die Rolle der »Ernährerin« übernommen hatten, stellte der propagierte Rückzug in die Familie ohnehin kein Lebensmuster dar. Aber auch viele andere Frauen wollten ihr eigenes Einkommen und ihre Unabhängigkeit behalten. Das galt vor allem für Frauen in hochqualifizierten Berufen[75], aber auch für Arbeiterinnen und kleine Angestellte.

Beispielsweise protestierten in Dortmund Arbeiterinnen gegen drohende Entlassungen. Sie wollten 1949 ihre im Kriegseinsatz eingenommenen Arbeitsplätze mit verhältnismäßig hohen Lohnsätzen behalten und sträubten sich nachdrücklich dagegen, dass die Stellen mit männlichen Arbeitskräften besetzt werden sollten. Die Frauen argumentierten damit, dass sie während der Kriegsjahre trotz schwerer Bombenangriffe und nachfolgender Hungerjahre diese Arbeit verrichtet hätten und sie nun auch weiter verrichten wollten. Das Gewerbeaufsichtsamt räumte lediglich ein, dass, »soweit es sich um Frauen mit besonders schwierigen wirtschaftlichen Verhältnissen handelt, eine gewisse Berechtigung der Einwendungen nicht bestritten werden kann«.[76] Trotz mancher Niederlagen kämpften Gewerkschafterinnen um den Verbleib von Schaffnerinnen, Bauarbeiterinnen und Industriearbeiterinnen, Lehrerinnen prozessierten, weil sie im Schuldienst verbleiben wollten, und DGB-Frauen erkämpften »nach längerer interner« und offenbar aufreibender Diskussion »Richtlinien für die Frauenarbeit«. Sie hatten u.a. die Sicherung der Rechte der Frau auf Arbeit, die Verbesserung der Ausbildungs-, Erwerbs- und Aufstiegsmöglichkeiten und die Bildung von gewerkschaftlichen »Frauen-Ausschüssen« zum Inhalt. Dennoch galten – auf Grund der sich neu formierenden »Mütterideologie« der Adenauer-Regierung – nach 1949 berufstätige Frauen als bemitleidenswerte Geschöpfe, die aufgrund des »Frauenüberschusses« keinen Mann hatten und selbst verdienen mussten.[77]

72 Der Text zum Film findet sich in: *Helma Sanders-Brahms,* Deutschland, Bleiche Mutter. Film-Erzählung, Reinbek 1980.

73 Ruhl, Frauen in der Nachkriegszeit, S. 26.

74 Zit. nach ebd., S. 36.

75 Vgl. Thurnwald, Gegenwartsprobleme Berliner Familien.

76 Gewerbeaufsichtsamt Dortmund: Proteste von Frauen gegen ihre Entlassung vom 31.12.1949, zit. nach Ruhl, Frauen in der Nachkriegszeit, S. 94 f.

77 Das galt freilich nur für die Bundesrepublik, in der DDR war die wirtschaftliche Situation so, dass die meisten Frauen, auch wenn sie Mütter waren, in den Produktionsprozess einbezogen waren. Dafür standen ihnen die entsprechenden Kinderbetreuungsmöglichkeiten zur Verfügung.

Die politische Situation

Die Programme aller politischen Parteien und der Gewerkschaften forderten nach Kriegsende die Sozialisierung der Schlüsselindustrien und die Problematisierung der Verbindung von Nationalsozialismus, Großkapital und Militarisierung. Frauen gingen auch an die politische Aufräumarbeit. Sie markierten die schrittweise Wiedergewinnung der Handlungsfähigkeit des politischen Gemeinwesens. Sie arbeiteten in höheren Verwaltungspositionen, als Stadträtinnen, Bezirksrätinnen und sie prägten die Strukturen von Parteien und Gewerkschaften wesentlich mit. In mehr als 5.000 überparteilichen Frauenausschüssen schlossen sich Frauen zusammen – vor allem in größeren Städten. Diese Frauen wollten eine neue Gesellschaft mit politischer und wirtschaftlicher Gleichberechtigung aufbauen.[78] Sie kamen aus verschiedenen sozialen Schichten, parteipolitischen und weltanschaulichen Richtungen oder waren parteilos. Die Programme einiger Ausschüsse beschränkten sich auf traditionell frauenspezifische Bereiche wie Versorgung mit Lebensmitteln, Kleidern und Möbel, Erziehung und Bildungswesen, Mütterberatung und Kleinkindbetreuung, Fürsorge und Wohlfahrt sowie Wohnraumverteilung.[79] Andere Ausschüsse richteten Forderungen an die Politik nach Abschaffung des § 218, Gleichberechtigung der Frauen auf allen Gebieten des Lebens, Mitwirkung in der öffentlichen Verwaltung, gleiches Recht auf Arbeit, gleiche Aufstiegsmöglichkeiten, gleiche Entlohnung und führende Stellungen im Erziehungswesen.[80] Andere Frauenausschüsse machten es ausdrücklich zu ihrem Programm, »Kampfgemeinschaften gegen den Faschismus« zu sein. »Nie wieder Krieg, nie wieder Faschismus!« waren ihre Parolen. Vom Bremer Frauenausschuss wurde beispielsweise berichtet, dass nur Frauen mitarbeiten konnten, »die nicht Mitglied der NSDAP waren oder das Frauenabzeichen trugen oder aktiv in den Gliederungen der NSDAP tätig waren, sondern in den zwölf Jahren der Naziherrschaft ihre antifaschistische Gesinnung bewahrt haben«.[81] Ebenso gab es Frauenausschüsse mit internationalistischen Ansätzen, die ihr Ziel darin sahen, »mit den Frauen anderer Länder Verbindung zu bekommen, um gemeinsam mitzuhelfen an der Erhaltung des Weltfriedens«.[82]

Einige der in diesem Band biographierten Frauen beteiligten sich – wie andere Frauen auch – sowohl in den überparteilichen Frauenausschüssen als auch am (Wieder)-Aufbau der Sozialdemokratischen Partei.[83] Dennoch waren die Frauenausschüsse den sich neu formierenden Parteien ein Dorn im Auge. Die Parteien argumentierten damit, dass es darauf ankomme, Frauen zu politisieren, damit sie sich den Parteien anschlössen und sich dort einbrächten. Mit dem Wiederaufbau der Parteien und der Rekonstruktion der hierarchisch organisierten Wirtschaft und dem während der fünfziger Jahre beobachteten

78 Vgl. Kuhn, Die Chronik, S. 518.
79 Vgl. Aufbau Nr. 5, Juli 1945, S. 3.
80 Vgl. zum Beispiel Rheinische Zeitung, Bonn, vom 20.4.1946.
81 Aufbau Nr. 5/1945, S. 3.
82 Ebd.
83 Vgl. z.B. die Biographie über Lisa Albrecht in diesem Band, S.130-149.

»Rückzug ins Private« verschwanden die Frauenausschüsse oder schlossen sich dem Demokratischen Frauenbund Deutschlands (DFD) an, der auch weiterhin gegen Faschismus und Militarismus, für Frieden und für die Gleichberechtigung der Frauen kämpfen wollte.[84] Daran, dass es sich bei der Beteiligung am wirtschaftlichen und politischen Prozess nur um eine Übergangsperiode gehandelt hatte, dachte beim Verschwinden der überparteilichen Frauenausschüsse in die Bedeutungslosigkeit (zunächst) keine der aktiven Frauen.

Die in diesem Band versammelten Frauen bauten die Sozialdemokratische Partei und manche gleichzeitig die Gewerkschaften und die Arbeiterwohlfahrt mit auf.[85] Als nach der Bundestagswahl 1949 der erste deutsche Bundestag gebildet wurde, bestand er aus 402 Mitgliedern, davon waren 27 Frauen, also 7 %, und 375 Männer, was einem Männeranteil von 93 % entsprach. In der Bevölkerung war das Verhältnis auch nach der Rückkehr vieler Kriegsgefangener und der Übersiedlung von Flüchtlingen aus den Ostgebieten 1949 immer noch 60 % Frauen zu 40 % Männer.

84 Vgl. *Ingeborg Nödinger,* Frauen gegen Wiederaufrüstung, Frankfurt a.M. 1983.

85 Siehe die Biographien über die Frauen in diesem Band.

Frauen gegen Wiederbewaffnung und atomare Aufrüstung

Die Träume von Krieg und Vertreibung wirkten bei vielen Menschen nach, denn das Gefühl von Hunger, die Angst um das eigene Leben und vielleicht auch die Angst vor dem neuen Leben, von dem man noch nicht wusste, wie es sein wird, waren nicht abzustreifen. Nach dem Zweiten Weltkrieg konnten sich viele Bürgerinnen und Bürger des zerstörten Deutschlands gar nicht vorstellen, dass die unmissverständlichen Äußerungen der Politiker, Deutschland wolle nie wieder Krieg und die deutsche Wehrmacht sollte der Vergangenheit angehören, so schnell vergessen und »Sachzwängen« weichen würden.[86] Sie hatten zunächst nicht die Notwendigkeit einer eigenständigen Friedensbewegung gesehen. Die Meinung, dass ein neuer Krieg nicht drohen könne, weil niemand mehr daran dächte, ihn anzuzetteln, änderte sich mit einem Schlag, als 1950 nach Beginn des Koreakrieges die ersten Gerüchte über eine Gefahr aus dem Osten aufkamen, vor der sich auch die neu gegründete Bundesrepublik schützen müsse.

Unter dem Eindruck der zunehmenden Ost-West-Konfrontation und der Wiederbewaffnungs-Politik der Regierung Adenauer schlossen sich zahlreiche Frauen in der deutschen Friedensbewegung, in der Westdeutschen Frauenfriedensbewegung, in der Weltbewegung der Mütter, im Demokratischen Frauenbund Deutschlands und in anderen Organisationen, deren Programme frauen- und friedenspolitische Anliegen verknüpften, zusammen. Sie organisierten öffentliche Veranstaltungen, sprachen sich gegen die Wiederbewaffnung der Bundesrepublik, für eine friedliche Verständigung der Staaten, für die Aussöhnung mit dem Osten und die Wiedervereinigung der beiden deutschen Staaten aus und warnten vor Bundeskanzler Dr. Konrad Adenauers »Politik der Stärke«.[87]

Erstmals bekannt wurde die neue Position Konrad Adenauers durch die Zusammenfassung eines Adenauer-Interviews in der »New York Times«, worin er von der Möglichkeit, ja sogar »von der Unvermeidlichkeit eines Krieges zwischen den USA und der Sowjetunion sprach, nämlich sobald die Russen auch Bomben hätten und darum ›zu-

86 Konrad Adenauer hatte 1947 – vor Gründung der Bundesrepublik – unmissverständlich geäußert: »Wir sind einverstanden damit, dass unsere reine Kriegsindustrie zerstört wird und dass wir nach beiden Richtungen hin einer langen Kontrolle unterworfen werden. Ja, ich will noch weiter gehen: Ich glaube, dass die Mehrheit des deutschen Volkes damit einverstanden sein würde, wenn wir wie die Schweiz völkerrechtlich neutralisiert würden.« Auch Bundespräsident Heuss hatte in einem Interview mit einer durch die Amerikaner herausgegebenen Zeitung betont, dass er sich »selbst wenn die Alliierten die Schaffung einer deutschen Wehrmacht vorschlagen würden«, dagegen wehren würde. Zit. nach *Ingeborg Küster/Elly Steinmann*, Die Westdeutsche Frauenfriedensbewegung (WFFB), in: *Florence Hervé* (Hrsg.), Geschichte der deutschen Frauenbewegung, Köln 1990, S. 224-234; hier: S. 224 f. Politiker aller Parteien – u.a. auch Franz Josef Strauß (CSU) – sprachen sich gegen die Wiederbewaffnung aus.

87 Vgl. *Gisela Notz*, Unser Fräulein Doktor hat uns immer die Wahrheit gesagt. Klara Marie Faßbinder, in: beiträge zur feministischen theorie und praxis, H. 27/1990, S. 161-171.

rückschlagen‹ würden, wenn die Amis anfingen ... Da sei es wichtig, dass die Bundesrepublik Soldaten hätte«.[88]

Die Bundesregierung unter Bundeskanzler Dr. Konrad Adenauer beabsichtigte also die Wiederaufrüstung der Bundesrepublik Deutschland. Ohne vorherige Diskussion und Beschlussfassung im Kabinett übergab Konrad Adenauer Anfang der 50er Jahre dem amerikanischen Hochkommissar in Deutschland kurz nach Beginn des Korea-Krieges ein »Sicherheitsmemorandum«, in dem er die Aufstellung westdeutscher Einheiten im Rahmen gemeinsamer militärischer Maßnahmen des westlichen Bündnisses zur Abwehr der »Bedrohung aus dem Osten« anbot. Parallel dazu übergab er ein zweites Memorandum, in dem er es für überfällig erklärte, das von den Westmächten erlassene Besatzungsstatut aufzuheben und durch eine mit der Bundesrepublik ausgehandelte Neuregelung ihrer rechtlichen Beziehungen zu den Westmächten zu ersetzen. Nach der offiziellen Übergabe dieser Memoranden erklärte der damalige Innenminister Gustav Heinemann (CDU) seinen Rücktritt vom Amt. Er sah – wie andere Gleichgesinnte – keine Veranlassung, dass die Westdeutschen von sich aus eine aktive Beteiligung an westlichen Aufrüstungsmaßnahmen anbieten. Nach seiner Meinung führe die Aufstellung westdeutscher Truppen zu erheblichen Einschränkungen der »sozialen Gestaltungsmöglichkeiten« und müsse in fast allen europäischen Nachbarländern Besorgnisse wecken.[89] Ferner war er der Meinung, dass die Wiederbewaffnung den Weg zur Wiedervereinigung behindern würde. Er fand mit seinen Vorstellungen weder innerhalb noch außerhalb der CDU Anhänger; auch die SPD verweigerte damals jede Zusammenarbeit.

Viele Frauen schrieben damals leidenschaftliche Protestbriefe an Adenauer, die entweder gar nicht oder durch untergeordnete Stellen beantwortet wurden. Die daraus resultierende Enttäuschung führte offenbar zu der Erkenntnis, dass es nicht genüge, Adenauer und die CDU/CSU nicht zu wählen, sondern dass die Solidarisierung mit anderen Frauen unbedingt notwendig werde. Statt neuer Bomben seien politische Auseinandersetzungen notwendig. Innerhalb der Sozialdemokratischen Partei fanden pazifistisch orientierte Frauen zunächst eine Heimat.[90] Je nach Organisationsebene war die Anzahl der Remilitarisierungsgegner und deren Argumentation recht unterschiedlich. Während die SPD-Spitze unter Leitung des Parteivorsitzenden Dr. Kurt Schumacher einer Wiederbewaffnung unter gewissen Bedingungen durchaus zustimmte[91], lehnten große Teile der Mitglieder dies aus prinzipiellen Gründen ab und beteiligten sich aktiv an den außerparlamentarischen Bewegungen gegen die Wiederbewaffnung.

88 *Klara-Marie Faßbinder,* Begegnungen und Entscheidungen, Darmstadt 1961.

89 *Karl-Ludwig Sommer,* Adenauers Konzeption, Heinemanns Alternative und die Nachwirkungen der gefällten Entscheidungen bis zum heutigen Verhältnis zwischen Ost- und Westdeutschen, in: *Dieter Dowe/Dieter Wunder* (Hrsg.), Verhandlungen über eine Wiedervereinigung statt Aufrüstung! Friedrich-Ebert-Stiftung, Reihe Gesprächskreis Geschichte, H. 39/2000, S. 27-48; hier: S. 32 ff.

90 Siehe die Biographien über Alma Kettig und Lisa Albrecht in diesem Band, S. 264-282 und S. 130-149.

91 Eine Hauptbedingung war, dass kriegerische Auseinandersetzungen möglichst in Gebiete östlich der Grenzen des ehemaligen Deutschen Reiches verlegt werden sollten.

Friedenspolitik spielte während der Zeit des Wiederaufbaus in der SPD-Frauenpolitik eine große Rolle. Herta Gotthelf, die zentrale Frauenreferentin, betonte bereits in einer Rede auf der ersten Nürnberger Landesfrauenkonferenz im März 1947: »Heute rufen wir die Frauen auf, nicht nur für die Idee der Verbundenheit aller Menschen zu kämpfen, sondern auch für die Idee, dass Kriege ein Wahnsinn sind«.[92] Und Lisa Albrecht, ab 1949 SPD-Bundestagsabgeordnete sah die Aufgabe der Sozialistinnen für die Zukunft darin, »den Internationalen Frauentag zu einer Weltfriedenskundgebung zu machen, um die Spekulationen auf einen neuen Krieg zunichte zu machen«.[93] Die Angst vor einem neuen Krieg war unter den SPD-Mitgliedern groß. Schließlich hatten sich einige Frauen gerade deshalb zur Übernahme von politischen Funktionen entschlossen, weil sie verhindern wollten, dass kriegerische Auseinandersetzungen jemals wieder als Mittel der ›Konfliktlösung‹ eingesetzt werden.

Als immer mehr Politikerinnen und Politiker ihre pazifistische Haltung aufgaben und über die Notwendigkeit eines neues bundesdeutschen Heeres, verbunden mit der Forderung nach Wehrpflicht, sprachen, waren pazifistische Menschen aus allen politischen und weltanschaulichen Zusammenhängen alarmiert. Einige Frauen gelangten zu der Überzeugung, dass Frauen aus verschiedenen Schichten und Organisationen und verschiedenen religiösen Bekenntnissen, sowie bisher nicht organisierte Frauen, die aufgrund unterschiedlicher Erfahrungen während der Zeit des Zweiten Weltkrieges zu Gegnerinnen der Wiederaufrüstung geworden waren, gemeinsam für den Frieden kämpfen müssten.[94] Zwei heute fast vergessene Zusammenschlüsse von Frauen spielten damals eine nicht unerhebliche Rolle: Der Demokratische Frauenbund Deutschlands (DFD) und die Westdeutsche Frauenfriedensbewegung (WFFB). Die parteipolitische und konfessionelle Unabhängigkeit der beiden Verbände konnte nicht verhindern, dass sie immer wieder als »durch den Osten gesteuert« und »kommunistisch unterwandert und finanziert« diffamiert wurden.[95] Auch SPD-Mitglieder arbeiteten in den beiden Verbänden mit oder

92 Protokoll der SPD-Frauenkonferenz am 15./16.3.1947 in Nürnberg.

93 Lisa Albrecht in einer Rede vom 8.3.1948 zum Thema: »Die Spekulation mit der Not«. Manuskript, in AdsD, Nachlass August und Lisa Albrecht.

94 *Ingeborg Nödinger,* Für Frieden und Gleichberechtigung. Der demokratische Frauenbund Deutschlands und die Westdeutsche Frauenfriedensbewegung in den 50er und 60er Jahren, in: *Florence Hervé* (Hrsg.), Geschichte der Deutschen Frauenbewegung, Köln 1995, S. 138-154.

95 *Irene Stöhr,* »Phalanx der Frauen? Wiederaufrüstung und Weiblichkeit in Westdeutschland 1950–1957, in: *Christine Eifler/Ruth Seifert (Hrsg.),* Münster 1999, S. 191 ff. Obwohl WFFB-Frauen viereinhalb Jahre lang gegen ein in Rheinland Pfalz ausgesprochenes Verbot als »kommunistische Tarnorganisation« prozessierten und den Prozess gegen die Landesregierung, trotz übelster Methoden der Kontrahenten, gewannen, blieben ihnen die Diffamierungen auch später nicht erspart. Vgl. Küster/Seinmann, Die Westdeutsche Frauenfriedensbewegung, S. 229; vgl. auch *Diether Posser*, Anwalt im kalten Krieg, Gütersloh 1991, S. 60-90. Der DFD hatte im Oktober 1950 5.700 Mitglieder, die Zeitschrift des WFFB »Frau und Frieden« hatte eine Auflage zwischen 5.000 und 7.000. An den Veranstaltungen und Kundgebungen nahmen bis zu 6.000 Frauen teil. Über neun Millionen Bürgerinnen und Bürger hatten in über 70.000 Aktionen gegen die Wiederaufrüstung und für einen Friedensvertrag votiert. Ein unter den Bedingungen von Verfolgung und Diffamierung durchaus beachtliches

hielten zumindest Verbindung. Der wohl schwerste Schlag für inner- und außerparlamentarisch friedenspolitisch tätige Frauen und Männer war die Verabschiedung der Wehrgesetze und die damit verbundene Wiederbewaffnung Deutschlands im März 1956: »Viele haben vorher gesagt, dass sie auch dagegen sind – aber als es zur Abstimmung kam, haben sie sich enthalten«, sagte die SPD-Abgeordnete Alma Kettig später. Sie war unter den 19 SPD-Abgeordneten, die gegen die Remilitarisierung gestimmt hatten,[96] sehr zum Missfallen des Fraktionsvorsitzenden Erich Ollenhauer. Gegen die Remilitarisierung hatten nur noch zwei weitere Frauen gestimmt: Lisa Albrecht und Trudel Meyer.[97] Die übrigen waren von ihrer antimilitaristischen Politik bereits abgerückt.

Als es im Frühjahr 1958 im Bundestag um die atomare Aufrüstung der Bundeswehr ging, bildeten sich sofort Komitees gegen diese Aufrüstung. Die SPD schloss sich dem Widerstand an und konstituierte im März 1958 das Komitee »Kampf dem Atomtod«, dem auch Parlamentarierinnen und Parlamentarier angehörten. Die Bundesregierung wurde durch das Komitee aufgerufen, das atomare Wettrüsten nicht mitzumachen und eine Politik der Entspannung zu betreiben. Hunderttausende von Menschen gingen für die Forderungen der Atomgegner auf die Straße. Die Opposition verlief im Sande. Der Bundestag beschloss die atomare Aufrüstung. Die SPD verlor trotz oder mit ihrer Anti-Atom-Politik die Bundestagswahlen 1957.

Abbild der Ablehnung der Wiederbewaffnung in der Bevölkerung. Vgl. Nödinger, Für Frieden, S. 142 ff.

96 Vgl. die Biographie über Alma Kettig in diesem Band, S. 264-282.

97 *Stefan Appelius*, Als Pazifistin in Bonn. Alma Kettigs Weg in der Sozialdemokratischen Bundestagsfraktion, in: *Stefan Appelius* (Hrsg.), Alma Kettig, Verpflichtung zum Frieden, Oldenburg 1990, S. 125. Siehe auch die Biographie über Lisa Albrecht in diesem Band, S. 130-149.

Sozialdemokratische Frauenpolitik im Nachkriegsdeutschland

Die Sozialdemokratische Partei Deutschlands (SPD) hat seit ihrem Bestehen die politische, wirtschaftliche und soziale Gleichberechtigung der Frauen zu einem ihrer wichtigen Programmpunkte gemacht. Als 1908 durch das Reichsvereinsgesetz den Frauen die gesetzliche »Freiheit« zur politischen Organisation zuteil wurde, waren bereits 11.000 Frauen in Deutschland Mitglieder der SPD. Seit dieser Zeit nahm die sozialistische Frauenbewegung einen stetigen Aufstieg. Als nach dem Ersten Weltkrieg das Frauenwahlrecht durchgesetzt worden war, zogen die ersten Frauen in den Reichstag ein. Elf Prozent der SPD-Abgeordneten waren Frauen. Bei der Auflösung der SPD im Jahre 1933 betrug der Anteil der Frauen innerhalb der SPD 23 %. Freilich klafften Programmatik und Realität zu allen Zeiten auseinander.

Nach der Wiedergründung der SPD 1946 waren nur noch 15,4 % der Parteimitglieder weiblich.[98] Diese Minderheit in der Partei stand einem ›Frauenüberschuss‹ in der Bevölkerung von rund 7 Millionen gegenüber. Um eine sozialistische Bundesrepublik zu schaffen, war die Gewinnung von Frauen für alle Ebenen der Parteiarbeit und als Wählerinnen unabdingbar. Die Sozialdemokratinnen wollten mit den männlichen Genossen Schulter an Schulter dafür arbeiten, dass ein sozialistisches und demokratisches Deutschland geschaffen werde, in dem Unrecht, Ungerechtigkeit, Faschismus und Krieg ein für alle Mal der Boden entzogen werde.[99] In diesem sozialistischen, demokratischen Deutschland sollten Männer und Frauen gleiche Rechte und Pflichten haben.

SPD-Frauen beim Wiederaufbau der Bundesrepublik Deutschland

Auch Sozialdemokratinnen wirkten als Trümmerfrauen und machten sich unmittelbar nach Kriegsende an den Aufbau. Sie organisierten nicht nur die Überlebensarbeit[100], sondern machten sich auch an die politische Aufräumarbeit. Mit viel Energie waren SPD-Frauen mit Politikerinnen aller anderen Parteien und außerparlamentarisch tätigen Frauen in den bereits im Sommer 1945 gegründeten überparteilichen Frauenausschüssen aktiv. Diese Ausschüsse wollten die Not der Nachkriegszeit lindern helfen *und* für den Wiederaufbau einer friedlichen, demokratischen Gesellschaft von Ebenbürtigen arbeiten sowie für mehr »Fraueneinfluss« in Politik, Verwaltung und Wirtschaft sorgen. Damit wurden über- und außerparteiliche Strukturen geschaffen, die es aktiven Frauen ermöglichten, aus den traditionellen weiblichen Rollen in Haus und Familie herauszutre-

98 *Vorstand der SPD* (Hrsg.), Jahrbuch der SPD 1946, o.O. 1946, S. 30.

99 Vgl. zur SPD-Frauenpolitik im Nachkriegsdeutschland auch: *Gisela Notz,* »Ihr seid, wenn ihr wollt, diejenigen, die alle Arbeit in der Partei machen können.« Sozialdemokratische Frauenpolitik im Nachkriegsdeutschland, in: Ariadne. Forum für Frauen- und Geschlechtergeschichte, H. 40, November 2001, S. 58-63.

100 Vgl. z.B. *Sibylle Meyer/Eva Schulze*: Wie wir das alles geschafft haben, München 1984.

ten. Die Frauen, die in den Frauenausschüssen tätig waren, entwickelten nicht nur ein neues politisches Selbstverständnis, sondern wurden auch politisch wirksam, indem sie die schrittweise Wiedergewinnung der Handlungsfähigkeit der politischen Gemeinwesen markierten.

Die Ausschüsse bestanden noch nicht lange, da wurden die SPD-Politikerinnen mit Appellen, dass ihr Platz alleine in der SPD sei[101] und später mit Unvereinbarkeitsbeschlüssen[102] konfrontiert. Selbst manche SPD-Politikerin unterstützte solche Appelle und Beschlüsse. Als bei der ersten interzonalen Frauenkonferenz im Mai 1947 in Bad Boll rund 240 Vertreterinnen von 42 überparteilichen und überkonfessionellen Frauenausschüssen über Perspektiven, Organisationsformen und Ziele ihrer Arbeit diskutierten, nahm unter anderen die spätere SPD-Bundestagsabgeordnete Lisa Albrecht als Vertreterin der SPD in Bayern daran teil und wurde zur Vorsitzenden des Kongresses gewählt.[103] Unter dem Motto »Friedensbewegung, Völkerversöhnung als Aufgabe der Frau«[104] wollten die Frauen sich über eine gemeinsame Friedensarbeit verständigen und einen Zusammenschluss aller Frauenverbände der Westzonen auf überparteilicher und überkonfessioneller Basis bilden. Wie anderen Parteien waren auch der SPD diese pluralistischen Frauenzusammenhänge schon lange ein Dorn im Auge. Schließlich galt es, Parteimitglieder vor allem unter den noch wenig organisierten Frauen zu werben oder zumindest Wählerinnenstimmen für die SPD zu gewinnen. Immer wieder wurde durch Funktionsträger und Funktionsträgerinnen vor der Zusammenarbeit mit bürgerlichen Frauen, die schließlich andere Interessen als Sozialistinnen hätten, gewarnt. Tatsächlich waren die Frauenausschüsse pluralistisch mit Frauen aus allen politischen Richtungen zusammengesetzt.[105] Obwohl »eine politisch einwandfreie Vergangenheit im Hinblick auf den Nationalsozialismus«[106] Voraussetzung für die Teilnahme war, kamen zu einigen Frauenausschüssen nicht nur Frauen, die sich während der NS-Zeit widerständig verhal-

101 So in der »Entschließung zur Frauenfrage«, gemeinsamer Beschluss des Parteivorstandes und des Parteiausschusses vom 22. August 1946 und auf der ersten Reichsfrauenarbeitstagung der SPD am 5. und 6. November 1946 in Frankfurt a.M., in: Vorstand der SPD, Jahrbuch 1946, S. 31 und 77. Vgl. auch den »Appell an die deutschen Frauen« im Protokoll der SPD-Frauenkonferenz Wuppertal vom 7. bis 9.9.1948, in: Archiv der sozialen Demokratie (AdsD), Nachlass August und Lisa Albrecht (unverzeichnet).

102 Vgl. den Beschluss des PV zu gleichzeitiger Mitgliedschaft im Deutschen Demokratischen Frauenbund, in dem es heißt: »Die Mitgliedschaft im Deutschen Demokratischen Frauenbund sowie die Anwesenheit auf Kongressen, die vom Deutschen Demokratischen Frauenbund einberufen sind, ist unvereinbar mit der Mitgliedschaft in der SPD«. Zitiert nach einem Brief der späteren Bundestagsabgeordneten Luise Herklotz an die Mitglieder des Bezirksfrauenausschusses vom 28.2.1948, in: *SPD-Bezirk Pfalz* (Hrsg.): Luise Herklotz, eine pfälzische Sozialdemokratin in der Nachkriegszeit, o.O., o.J., o.S.

103 Vgl. die Welt der Frau vom 1.7.1947, S. 4.

104 »Frauen fordern Frieden. Interzonale Tagung – Gäste aus den USA und England.« In: Neue Zeitung (NZ) vom 26.5.1947.

105 Vgl. das Beispiel des Frankfurter Frauenausschusses in: *Elke Schüller/Kerstin Wolff*, Fini Pfannes. Protagonistin und Paradiesvogel der Nachkriegsfrauenbewegung, Königstein 2000, S. 101 f.

106 Ebd., S. 102.

ten hatten.[107] Im Juni 1947 hatte der Parteivorsitzende Kurt Schumacher zur überparteilichen Frauenarbeit Stellung genommen und warnte vor derartigen »Sonderorganisationen«, in denen »Madames« tätig seien, die »politisch nicht so ohne weiteres formbar« seien, um für die Parteiarbeit nützlich zu sein.[108]

Im Zeichen des Kalten Krieges ging es zunehmend auch um die Mitarbeit von Kommunistinnen, mit denen sich die Sozialdemokratinnen ebenfalls nicht an einen Tisch setzen sollten, auch dann nicht, wenn es, wie bei Aufrufen zu Friedenskundgebungen, um die gemeinsame Zielsetzung der Erhaltung des Friedens ging: »Wir bitten Euch dringend, unsere Genossinnen darauf hinzuweisen, dass sie sich auch durch noch so schön getarnte Friedenskundgebungen nicht für kommunistische Propaganda missbrauchen lassen,«[109] so und ähnlich lauteten die Appelle in den verschiedenen Mitglieder-Rundschreiben. Obwohl auch Sozialdemokratinnen die Parole: »Nie wieder Krieg« ganz oben auf ihren Arbeitsplan geschrieben hatten, betonte Herta Gotthelf, seit 1946 Leiterin des zentralen SPD-Frauenreferates und Mitglied des SPD-Parteivorstandes immer wieder, wie schädlich die Teilnahme an »diesen Friedenskundgebungen« für die Partei sei.[110] Damit folgte sie den politischen Richtlinien aus dem Büro Schumacher, der bereits bei seiner Rede am 6. Mai 1945 eine Zusammenarbeit mit Kommunistinnen und Kommunisten ausgeschlossen hatte. Sozialdemokraten trenne von Kommunisten, so Schumacher, »nicht eine Verschiedenheit in der Radikalität, sondern ein anderer Blickwinkel in der Betrachtung der politischen Welt«.[111]

Als sich nach einigen Auseinandersetzungen im Oktober 1949 die überparteilichen und überkonfessionellen Frauenverbände zum Deutschen Frauenring auf Bundesebene zusammenschlossen, war nur eine SPD-Frau, nämlich die niedersächsische Regierungspräsidentin Theanolte Bähnisch, dabei, die, wie auch einige andere SPD-Frauen, die Meinung vertrat, dass die Majorität der Frauen alleine gelassen würde, wenn man ausschließlich auf Agitation für Parteiarbeit setze.[112] Theanolte Bähnisch wurde Vorsitzende

107 Vgl. Ingrid Langer: »Wir Männer vertreten die politischen Interessen der Frauen viel besser als die Frauen selbst«. Die Situation hessischer Politikerinnen in der ersten Nachkriegszeit, in: Hessische Landesregierung, Ein Glücksfall für die Demokratie, Elisabeth Selbert (1896–1986), Frankfurt a.M. 1999, S. 208.

108 Zit. nach: Der Parteivorstand nimmt Stellung zur überparteilichen Frauenarbeit, in: Genossin Nr. 7/8 vom Juni 1947, S. 2.

109 Mitteilungen der SPD, Bezirk Westliches Westfalen, Nr. 3 vom 1.11.1994, S. 8.

110 Brief Herta Gotthelf an Lisa Albrecht vom 24.10.1949. AdsD, Nachlass August und Lisa Albrecht. Zu Herta Gotthelf (1902–1963) siehe: Als die Frauen ihre Chance verpassten... – Das Wirken der SPD-Frauensekretärin für einen demokratischen Wiederaufbau, in: *Antje Dertinger,* Die bessere Hälfte kämpft um ihr Recht, Köln 1980, S. 203-226.

111 *Kurt Schumacher,* Wir verzweifeln nicht! Rede, gehalten vor sozialdemokratischen Funktionären am 6.5.1945 in Hannover, in: *Ders./Erich Ollenhauer/Willy Brandt,* Der Auftrag des demokratischen Sozialismus, Bonn-Bad Godesberg 1972, S. 15-38.

112 Brief von Theanolte Bähnisch an Herta Gotthelf vom 29.4.1947. AdsD, Nachlass August und Lisa Albrecht.

Gruppenaufnahme mit Erich Ollenhauer anlässlich der SPD-Frauenkonferenz in Fürth 1947

des Frauenrings. Frauen der Ostzone hatten bereits den Demokratischen Frauenbund Deutschlands (DFD) gegründet.[113]

Kritisiert wurde nun vor allem die pluralistische Zusammensetzung des Frauenrings und seine fehlende politische Konzeption sowie seine zentralistische Organisationsform, die die eigenständige staatsbürgerliche Willensbildung behindere.[114] Nicht nur die SPD, sondern auch die anderen Parteien – außer der KPD, die durch eine Unterwanderung die Verstärkung ihrer Wählerbasis erhoffte – drängten darauf, dass sich ihre weiblichen Mitglieder vorrangig bzw. ausschließlich der Parteiarbeit widmen sollten.

Frauen beim Wiederaufbau der SPD

Wie alle anderen Parteien, die sich nach dem Zweiten Weltkrieg (wieder)gründeten, hatte auch die SPD ein großes Interesse daran, Frauen als Mitarbeiterinnen und Wählerinnen zu gewinnen. Sie warb um die Gunst der Frauen, denn Frauen hatten ohne

---

113 Vgl. zu Frauenorganisationen und parteilichen Strategien in der frühen DDR: *Corinne Bouillot,* »Im Osten wird stark um die politische Seele der Frau gerungen«, in: Ariadne, Forum für Frauen- und Geschlechtergeschichte, Nr. 40, November 2001, S. 46-51.

114 Siehe z.B. *Else Reventlow*, »Mittwoch-Kommentar«, gesendet über den Bayerischen Rundfunk am 12.10.1949. Manuskript in AdsD, Nachlass August und Lisa Albrecht.

Zweifel durch die Vielzahl ihrer Stimmen »ein gewisses politisches Übergewicht«[115]. Der damalige Parteivorsitzende Schumacher schob den Frauen selbst die Schuld zu, wenn sie die Gunst der Stunde nicht nutzten, indem er sagte: »Ihr seid, wenn Ihr wollt, diejenigen, die alle Arbeit in der Partei machen können, Ihr seid der Machtfaktor«.[116] Auch der zweite Parteivorsitzende Erich Ollenhauer war für »die gleichberechtigte Einbeziehung der Frau in das gesamte öffentliche, politische und Berufsleben ohne Rücksicht auf eine taktische Situation als sozialistische Verpflichtung für die Befreiung des Menschen und des Menschlichen.«[117]

Weder die Gunst dieser einflussreichen Männer noch das zahlenmäßige Übergewicht von Frauen an der Bevölkerung verhalf den aktiven SPD-Frauen dazu, mehr Einfluss auf politische Entscheidungsprozesse in ihrer Partei zu erlangen. In den meisten Macht- und Entscheidungspositionen saßen, wie in den anderen Parteien auch, schon wieder Männer.

SPD-Frauenpolitikerinnen setzten darauf, mehr Frauen »für unsere sozialistische Gedankenwelt«[118] zu interessieren und sie für die Sozialdemokratische Partei zu gewinnen. Diesem Ziel sollten auch die Frauengruppen dienen, die in allen SPD-Ortsgruppen mit über zehn weiblichen Mitgliedern gegründet werden sollten. Sie hatten die Aufgabe, für ständige Information und Schulung von Frauen zu sorgen, damit diese neue propagandistische Mittel für die aktive Werbung und den Kampf »für unsere Idee« anwenden könnten.[119] Um dieser Aufgabe zum Erfolg zu verhelfen, sollten sie eng mit dem Frauenbüro beim Parteivorstand zusammenarbeiten. Die Liste »dauernder Aufgaben einer Frauengruppe«[120] reichte von der Teilnahme an *allen* Veranstaltungen der Ortsvereine, für die die SPD-Frauen selbstverständlich die »würdige Ausgestaltung des Raumes« und die kulturelle Umrahmung übernehmen sollten, über Erziehungsarbeit in der Sozialistischen Jugend, Vernetzung der Frauengruppen bis hin zur Zusammenarbeit mit den gewerkschaftlichen und genossenschaftlichen Frauengruppen, der Arbeiterwohlfahrt, Jungwählerinnen und weiblichen Arbeitskräften in den Betrieben. Kein Wunder, dass die meisten aktiven Frauen hoffnungslos überlastet waren. Zur Bewältigung der Aufgaben war ein hierarchischer organisatorischer Rahmen mit Vorsitzender, Stellvertreterin, Kassiererin, Schriftführerin sowie Literatursekretärin und Werbe- und Propagandaleiterin

115 *Käte Strobel*, »Aufgaben der Frauen in der Sozialdemokratischen Partei und ihre Durchführung«, in: Protokoll der Bezirksfrauenkonferenz der sozialdemokratischen Partei vom 26./27.10.1946 in Fürth. Zu Käte Strobel siehe die Biographie in diesem Band, S. 483-501.

116 Zit. nach Lisa Albrecht in einer Rede vom 8.3.1948 zum Thema: »Die Spekulation mit der Not«. Manuskript in AdsD, Nachlass August und Lisa Albrecht.

117 Erich Ollenhauer bei der Reichsfrauenkonferenz der SPD am 26. und 27. Juni 1947 in Fürth, an der ca. 200 Vertreterinnen aus den drei westlichen Zonen und Berlin, Vertreter der amerikanischen und britischen Militärregierung und Gäste aus England und Österreich teilnahmen. Protokoll in AdsD, ebd.

118 Käte Strobel, Aufgaben der Frauen.

119 *Herta Gotthelf*, Liebe Genossinnen und Genossen! in: *Vorstand der SPD* (Hrsg.), Handbuch für Frauengruppenleiterinnen, Bonn o.J., S. 5 f.

120 Vorstand der SPD, Handbuch, S. 9.

notwendig. Für alle Funktionen gab es Aufgabenbeschreibungen.[121] Die nach Möglichkeit zweimal im Monat durchzuführenden Frauenveranstaltungen sollten sich an Hausfrauen wie berufstätige Frauen richten und Themen aufgreifen, die für beide Gruppen relevant waren. Die SPD-Frauengruppen sollten für Nicht-Genossinnen offene Türen haben. Um Frauen in kleinem Kreis anzusprechen, wurden zusätzlich »Wohnstubenversammlungen« oder »Gespräche am runden Tisch« empfohlen, die auch die Funktion der sozialen Kontaktpflege haben sollten.[122] Eine größere Außenwirkung auf bisher »unpolitische« Frauen erhoffte man sich auch durch das Organisieren von Kinoveranstaltungen, Modenschauen und Nähstuben, Lichtbildervorträgen, Ausstellungsbesuchen etc. Die Frauengruppenarbeit lief nur zögerlich und wurde von wenigen älteren Frauen getragen. Für die notwendige Frauenschulungsarbeit fehlte oft das Geld. Das Frauenbüro beim Parteivorstand verfolgte die Entwicklung in den Bezirken mit Sorge.[123]

Männliche Genossen beteuerten einerseits immer wieder, dass sie das Engagement der Frauen für eines der wichtigsten Anliegen der Partei hielten, andererseits mochten sie nicht von den traditionellen Vorstellungen über Frauen im Allgemeinen und besonders im politischen Bereich abrücken.[124] Eine Parteigenossin wies in der Sozialistischen Rundschau darauf hin, dass die Meinung des »Durchschnittsgenossen« sei: »Meine Frau wählt sowieso wie ich«,[125] deren Mitgliedschaft erübrige sich daher. Weit verbreitet war noch immer die Meinung, dass »die Frau in erster Linie ihren Kindern beibringen soll, um was es geht«[126] und dass sie vor allem Verständnis für die politische Betätigung des Mannes aufbringen soll, der sich durch sein Engagement weniger der Familie widmen kann.[127] Nicht alle Genossen und nicht einmal alle Genossinnen sahen die Notwendigkeit einer besonderen Frauenarbeit. Sie vertraten den Standpunkt, Frauen sollten sich am Leben der Gesamtpartei beteiligen und ihren Einfluss dort geltend machen. Das zentrale Frauenbüro musste immer wieder rechtfertigen, »dass Frauen, deren politisches Interesse wir erst wachrufen wollen«,[128] nicht ohne weiteres bereit seien, zu allgemeinen politischen Veranstaltungen zu gehen. Sie seien durch besondere Frauenzusammenkünfte leichter zu bewegen, sich an der Parteiarbeit zu beteiligen. Verantwortlich für die Frauenarbeit waren allerdings nicht selten Männer,[129] was dazu führte, dass manche Frauengruppen »zu einer Versammlung der weiblichen Parteimitglieder unter männlicher Leitung«

121 Ebd., S. 10-15.

122 Ebd,, S. 24 f. und S. 52.

123 Vgl. *Hans-Jörg Kühne:* Die SPD in Ostwestfalen-Lippe nach 1945: Der Sieg der Traditionalisten, Regensburg 1995, S. 200.

124 Vgl. ebd., S. 208.

125 *Hedwig Streitbörger*, »Gleichberechtigung der Frau – wie Männer sich dazu stellen«, in: Sozialistische Rundschau vom 1. Februar 1950.

126 »Warum politische Betätigung der Frau?« Artikel in der Sozialistischen Rundschau vom 15.7.1946.

127 Siehe den Abdruck des Gedichtes »Fragen an eine Arbeiterfrau« von Kurt Tucholsky in der Sozialistischen Rundschau vom 1.10.1946.

128 Herta Gotthelf, Liebe Genossinnen, S. 6.

129 Für Ostwestfalen und Lippe war z.B. Erich Deppermann zuständig. Vgl. Kühne, Die SPD in Ostwestfalen-Lippe, S. 203.

verkamen und sich das »echte frauliche Wesen« nicht entfalten konnte.[130] Letztendlich hatten die Frauengruppen trotz des enormen organisatorischen Aufwandes nicht den gewünschten Erfolg. Der Anteil der Frauen in der SPD war zwar von 15,4 % im Jahre 1946 auf 19,1 % im Jahre 1948 gestiegen, schon 1950 jedoch wieder auf 18,8 % zurückgegangen.[131] Herta Gotthelf führte das u.a. darauf zurück, dass, wenn mehrere Familienmitglieder in der Partei seien, die weiblichen Mitglieder das als Grund nahmen, um ihre sowieso schon marginale Mitwirkung einzustellen.[132] In diesem Zusammenhang mögen auch finanzielle Aspekte eine Rolle gespielt haben.

Es gab freilich auch Genossinnen, die darauf hinwiesen, dass es nicht genüge, Frauenversammlungen durchzuführen, sondern dass Fraueneinfluss auch in den parteilichen und parlamentarischen Gremien notwendig werde. Schließlich bräuchten die zu werbenden Frauen auch Vorbilder. Ebenso wichtig sei es, dass bei Versammlungen »überall neben jedem männlichen Referenten auch eine Frau spricht«[133] und dass die Interessen von Frauen auch von Frauen vertreten würden.[134] SPD-Frauen sahen die »gewaltige Aufgabe« vor sich, die »die kleine Schar der Frauen, die als Sozialistinnen in die Reihen der SPD eingetreten sind«, zu bewältigen hatte.[135] Anstatt knallharte Forderungen zu stellen, klagten sie jedoch immer wieder über die mangelhafte Unterstützung durch ›ihre‹ SPD-Männer.

Schulter an Schulter mit den Männern

In der Geschichte der SPD gab es nie eine isolierte ›Frauenfrage‹. Sie war immer eingebettet in den Klassenkampf. Viele SPD-Frauen der Nachkriegszeit verwendeten ihre Kraft darauf, sich gegen ein Image als Suffragetten, Blaustrümpfe oder Emanzen zu wehren. Groß war ihre Angst, mit den bürgerlichen Frauen in eine Schublade gesteckt und als Frauenrechtlerinnen verschrien zu werden. Das mag ein weiterer Grund gewesen sein, weshalb SPD-Frauen sich früh von den überparteilichen (reinen) Frauenzusammenschlüssen distanzierten. Die meisten SPD-Frauen konnten auf positive Erfahrungen mit egalitären Geschlechterverhältnissen in Arbeiterjugendgruppen zurückblicken; zudem sollten SPD-Frauengruppen Bestandteil der gesamten Organisation sein und daher »für

130 *Wilhelm Mellies*, Die Frauen in der SPD, in: Sozialistische Rundschau vom 10. Januar 1948.

131 *Gabriele Bremme*, Die politische Rolle der Frau in Deutschland. Eine Untersuchung über den Einfluss der Frauen bei Wahlen und ihre Teilnahme in Partei und Parlament, Göttingen 1956, S. 176.

132 *Herta Gotthelf*, »Aus der Frauenarbeit«, in: Sozialistische Rundschau vom 1.6.1950.

133 Darauf verwiesen die Genossinnen Horn aus Katzwang und Kropf aus Nürnberg in ihren Diskussionsbeiträgen bei der Reichsfrauenkonferenz der SPD am 26. und 27. Juni 1947 in Fürth, Protokoll AdsD, Nachlass August und Lisa Albrecht.

134 Die Genossin Günter aus Nürnberg verwies bei der gleichen Konferenz darauf: »Es ist von besonderer Wichtigkeit, dass die Frau von der Frau vertreten wird. Jahre sind vergangen, und es geht noch immer bergab in der Lebenshaltung, alle Frauen sagen sich, wie mache ich es nur, dass ich von dem Wenigen, das zu bewirtschaften ist, die Meinigen satt bekomme. Nur die Frau selbst ist Vertreterin ihrer Interessen.«

135 Strobel, Aufgaben der Frauen.

Männer nicht verboten«.[136] Die verantwortlichen Funktionäre der Ortsvereine wurden zu allen Frauenkonferenzen eingeladen. Alle Männer erhielten Einladungen zu Veranstaltungen mit Fragestellungen, von denen erwartet wurde, dass sie Männer und Frauen gleichermaßen interessierten, »wie z.B. Gleichberechtigung in der Familie, Erziehungsfragen, Fragen der Berufsarbeit der verheirateten Frau und Mutter«.[137] Leider ist nicht bekannt, ob Männer in größerer Anzahl diesen Einladungen gefolgt sind.

Immer wieder und zu allen Zeiten betonten SPD-Frauen, dass ihnen nichts wichtiger sei, als an der Seite der Männer zu kämpfen und auf gar keinen Fall gegen sie: »Wenn wir einen Staat aufbauen wollen, können wir das nur, wenn Männer und Frauen Schulter an Schulter aktiv sind. Die Hausarbeit, Kindererziehung sowie die Gesamtordnung des Tagesablaufes setzen organisatorische Fähigkeiten bei der Frau voraus (…). Der politische Einfluss der Frau muss heute ein viel größerer sein als in der Vergangenheit.«[138] Mit der Stärkung der Frauenarbeit in der Partei erhofften diese SPD-Frauen ihren eigenen Forderungen stärkeres Gewicht zu verleihen. Sie wollten »an der Seite der Männer und mit den Männern für die gemeinsamen Ziele der SPD eintreten«,[139] waren aber allein verantwortlich für Haus- und Kinderarbeit. Dieser Widerspruch wurde (noch) wenig problematisiert. Kein Wunder, dass das »letzte Ziel unserer Frauenarbeit«, eine besondere Frauengruppenarbeit überflüssig zu machen und gleichzeitig zu erreichen, »dass nicht nur die Frauen ganz selbstverständlich an der allgemeinen politischen Arbeit teilnehmen, sondern auch die Männer erkennen, dass alle so genannten speziellen Frauenfragen sie genauso angehen wie die Frauen, also nur Teile der großen Gesamtaufgabe sind, eine neue, freiere und gerechtere Gesellschaft zu schaffen,«[140] nicht erreicht wurde und bis heute nicht erreicht ist.

Viele SPD-Männer hatten ohnehin andere Vorstellungen: Während Frauen die Notwendigkeit gemeinsamer Veranstaltungen betonten, wurden Männer nicht müde, darauf hinzuweisen, dass sie die Sache der Frauen schon entsprechend mitvertreten würden. Denn: »Eure Sorgen sind unsere Sorgen«,[141] schließlich sei es »eine alte Forderung und ein unabdingbarer Grundsatz der SPD, die Gleichberechtigung der Frau herbeizuführen«. Freilich gehe das nicht voraussetzungslos. Schließlich müsse »die Frau« erst einmal »im politischen Leben geschult und herangebildet werden, damit sie die Aufgaben, die ihr gestellt werden, auch erfüllen kann.« Das ›letzte Ziel‹ ihrer Arbeit sei schließlich: »auch die letzte Frau für unsere Bewegung zu gewinnen«.[142] ›Unsere Bewegung‹ das war die (männerdominierte) Gesamtpartei.

---

136 Ebd.

137 Ebd.

138 Aus dem Referat der Genossin Richter auf der Frauenkonferenz am 15./16.3.1947 in Nürnberg. Protokoll AdsD, Nachlass August und Lisa Albrecht.

139 Strobel, Aufgaben der Frau.

140 Vorstand der SPD, Handbuch, S. 28.

141 So der Genosse August Meier aus Nürnberg anlässlich der Bezirksfrauenkonferenz der Sozialdemokratischen Partei. Protokoll AdsD, Nachlass August und Lisa Albrecht.

142 Ebd.

»Männer und Frauen sind gleichberechtigt«

Die gleichberechtigte Teilhabe der Frauen in Wirtschaft und Gesellschaft gehörte von Anbeginn an zu den wichtigsten Anliegen der SPD. Dass diese Teilhabe nicht zu haben sein wird, wenn politisch aktive Frauen nicht selbst dafür kämpften, wussten führende SPD-Frauen: »Die Frauen müssen kämpfen um gleichen Lohn [und] um Anerkennung ihrer Gleichwertigkeit im Staatsleben«, sagte Herta Gotthelf bei der ersten Nachkriegs-Frauenkonferenz der SPD im März 1947. Sie forderte gleichen Lohn für gleiche Arbeit, weil man sonst Männer herauswerfen und durch billiger arbeitende Frauen ersetzen würde. Nachdem durch den Krieg das »Weltgeschehen in die Wohnung, in die eigene Küche,« gekommen sei, sollte allerdings auch ein für allemal klar sein, »dass es heute nichts mehr gibt, was die Frauen nicht genauso anginge wie die Männer«.[143] Sie wollte, dass Frauen als wirtschaftlich und sozial unabhängige »freie Menschen« auch die Kinder zu freien Menschen erziehen.

Wie schwierig es war, gleiche Rechte für Frauen und Männer verbindlich durchzusetzen, erfuhren die beiden SPD-Frauen Elisabeth Selbert und Frieda Nadig bei den Verhandlungen im Parlamentarischen Rat, der sich im September 1948 konstituierte, um die neue Verfassung für die Bundesrepublik Deutschland zu erarbeiten und zu beschließen.[144] Sie hatten sich gegen 61 Männer aus allen Parteien und zwei Frauen aus konservativen Parteien durchzusetzen. »In meinen kühnsten Träumen hatte ich (das) nicht erwartet«, sagte Selbert später in einem Interview.[145] Und sie meinte damit, dass sie es nicht erwartet hatte, dass es überhaupt einer Auseinandersetzung bedurft habe, um Frauen die gleichen Rechte zuzubilligen.

Schließlich nutzte sie den »Zipfel der Macht«[146], den sie in der Hand hielt, um in beispielhafter Art und Weise bundesweiten Protest von parlamentarisch und außerparlamentarisch aktiven Frauen aus den verschiedensten Lebens- und Arbeitszusammenhängen zu mobilisieren und die eindeutige Formulierung ›Männer und Frauen sind gleichberechtigt‹ nach harten Kämpfen im Grundgesetz durchzusetzen.[147] Das Ziel der Verwirklichung der Gleichberechtigung von Frauen und Männern war freilich noch lange nicht erreicht. Der Gleichstellungsgrundsatz im Grundgesetz stellte lediglich eine juristische Korrektur der Chancenungleichheit der Frauen dar. Faktisch bestand diese weiter,

143 Protokoll der SPD-Frauenkonferenz am 15./16.3.1947 in Nürnberg.

144 Siehe hierzu: *Die Hessische Landesregierung* (Hrsg.), Ein Glücksfall für die Demokratie. Elisabeth Selbert (1896–1986); *Barbara Böttger*, Das Recht auf Gleichheit und Differenz, Münster 1991; *Michael F. Feldkamp*, Der Parlamentarische Rat 1948–1949, Göttingen 1998; *Michael F. Feldkamp* (Hrsg.), Die Entstehung des Grundgesetzes für die Bundesrepublik Deutschland 1949, Stuttgart 1999; Parlamentarischer Rat, Bonn 1948/49, Schriftlicher Bericht zum Entwurf des Grundgesetzes für die Bundesrepublik Deutschland, Drucksachen Nr. 850, 854; *Wolfgang Benz/Detlev Moos* (Hrsg.), Das Grundgesetz und die Bundesrepublik Deutschland 1949, Gräfelfing und München 1988; sowie die Biographien über Elisabeth Selbert und Frieda Nadig in diesem Band, S. 80-103 und S. 54-79.

145 Böttger, Das Recht auf Gleichheit, S. 164.

146 Ebd., S. 166.

147 Siehe die Biographie über Elisabeth Selbert in diesem Band, S. 80-103.

unterstützt durch das Bürgerliche Gesetzbuch (BGB). Danach hatten verheiratete Frauen bis 1977 nach wie vor den Haushalt in eigener Verantwortung zu führen. Sie durften nur dann erwerbstätig sein, wenn sie ihre Pflicht in Ehe und Familie nicht vernachlässigten. Der 1949 gewählte Deutsche Bundestag ließ die Frist zur Anpassung der dem Grundgesetz widersprechenden Gesetze, die bis Ende März 1953 vorgesehen war, trotz der Proteste der Sozialdemokratinnen, allen voran Frieda Nadig, verstreichen. Und auch in den nächsten Wahlperioden schien man es nicht besonders eilig zu haben. Die Anpassung des Familien-, Ehe- und Erbrechts brachte manchen schweren Kampf im Bundestag. Die damaligen konservativ/liberalen Regierungsparteien blockierten den Prozess der Gleichstellung, indem sie an den patriarchalen christlichen Bestimmungen im Familienrecht festhalten wollten. Ihnen lag daran, die Familie als Rückzugsort für Frauen zu re-etablieren.[148] Elisabeth Selbert war nicht in den Bundestag gewählt worden, konnte also nicht für die Umsetzung der Gleichheitsforderung des Grundgesetzes kämpfen.

Obwohl die Berechtigung und Verpflichtung der Frauen zur Teilung der Verantwortung mit den männlichen Bürgern bereits im Grundgesetz stand, befanden sich im ersten Bundestag von 1949 nur 7 % Frauen und damit weniger als im Reichstag zu Zeiten der Weimarer Republik. Auch wenn die SPD mit 9,6 % weiblichen Abgeordneten am stärksten mit Frauen vertreten war, war das ein Armutszeugnis. Die wenigen Frauen galten in der Männerwelt als Exotinnen. Die NZ-Wochenschau wusste gar zu berichten: »Zu großen Empfängen werden die weiblichen Abgeordneten trotz Protestes nicht geladen. Als Ausgleich werden sie dann von Frau Heuss, der Gattin des Bundespräsidenten, zum Tee gebeten.«[149] Beim SPD-Vorsitzenden Kurt Schumacher war nach der Regierungserklärung des neu gewählten Bundeskanzlers Konrad Adenauer (CDU), der angesichts des immer noch bestehenden ›Frauenüberschusses‹ die berufstätigen Frauen ohne ›Familienglück‹ bedauerte, die Erkenntnis gewachsen, dass es nicht nur an den Frauen selbst lag, ob sie ihre Interessen durchsetzen konnten, sondern zu einem guten Teil auch vom Willen der Regierung abhing.[150] Da der Grund für die große Wahlniederlage der SPD bei der Wahl zum ersten Bundestag wiederum u.a. darin gesehen wurde, dass vor allem Frauen die konservativen Parteien gewählt hatten[151], sollte nach der Wahl erneut um weibliche Wähler geworben werden.[152]

Die SPD-Parlamentarierinnen packten die vielen Probleme, die sich ihnen in den Nachkriegszeiten stellten, mit großer Energie an. Etliche Vorstellungen einer friedlichen Republik von Ebenbürtigen wichen den ›Sachzwängen‹ der Realpolitik. Frauen, die ihren

---

148 Erst die sozialliberale Koalition reformierte in den 1970er Jahren das Ehe- und Familienrecht annähernd. Ein Gleichstellungsgesetz für die Privatwirtschaft steht noch heute aus.

149 NZ-Wochenschau, illustrierte Beilage der Neuen Zeitung, Nr. 11 vom 17./18.3.1951, S. 1.

150 Bericht in der Süddeutschen Zeitung vom 12./13.11.1949.

151 Zeitzeuginnen führen das vor allem auf den Wahlkampf der CDU zurück. Sie werden noch heute ärgerlich, wenn sie erzählen, wie aggressiv die beiden großen christlichen Parteien mit Hilfe der Kirche um die Frauen geworben haben. Siehe z.B. das Interview von Gisela Notz mit der SPD-Bundestagsabgeordneten Luise Herklotz vom 27.10.1998 in Speyer und die Biographie über Luise Herklotz in diesem Band, S. 205-224.

152 Für unsere Frauen! Mitteilungen der SPD Bezirk Westliches Westfalen Nr. 3 vom 1.11.1949.

sozialistischen, antimilitaristischen und antipatriarchalen Vorstellungen treu blieben, kamen nach 1949 mit dem konservativen Adenauerregime und nicht selten auch mit ihrer Partei in Konflikt.[153]

Die SPD-Politikerinnen der ersten Stunde machten Politik für Frauen, weil sie sich eine lebendige Demokratie und eine sozialistische Gesellschaft nicht ohne Gleichberechtigung zwischen den Geschlechtern vorstellen konnten. Gemäß den Traditionen der Arbeiterbewegung sahen sie zwar die Grenzen patriarchaler Gesellschaftsnormen, stellten diese aber nicht grundsätzlich in Frage. Die Frauen waren nach Ende des Zweiten Weltkrieges fest davon überzeugt, dass die traditionellen Geschlechterrollen ausgedient hätten, spätestens dann, wenn Frauen die gleichen Ausbildungen wie Männer hätten. Heute zeigt sich, dass die mühsam erkämpften formalen Rechte allein nicht ausreichen. Die traditionelle Gleichstellungspolitik hat ganz offensichtlich das Ziel der Ebenbürtigkeit zwischen den Geschlechtern nicht annähernd erreicht. Elisabeth Selbert würde das als einen ›permanenten Verfassungsbruch‹ bezeichnen.

153 Vgl. die Biographie über Alma Kettig, die schließlich den Bundestag verlassen hat, weil sie gegen ihre Parteigenossinnen und -genossen eine antimilitaristische Politik verfolgte sowie die Biographie über Trudel Meyer in diesem Band, S. 364-373.

Teil 2

Die Biographien der Parlamentarierinnen

Parlamentarischer Rat 1948/1949

Friederike (Frieda) Nadig

»›Männer und Frauen sind gleichberechtigt‹ verlangt die politische Mitarbeit der Frau.«[1]

Friederike (Frieda) Nadig war als Mitglied des Parlamentarischen Rates 1948/49 eine der »Mütter des Grundgesetzes« der Bundesrepublik Deutschland. Sie war von 1949–1961 Mitglied des Deutschen Bundestages. Von 1947 bis 1950 gehörte sie bereits als SPD-Abgeordnete dem Nordrhein-Westfälischen Landtag an. Sowohl als Landtagsabgeordnete als auch als Mitglied des Parlamentarischen Rates und des Bundestages konnte sie an ihre Erfahrungen in der Weimarer Zeit anknüpfen. Schließlich hatte sie in der Zeit von 1929 bis 1933 dem Westfälischen Provinziallandtag als SPD-Abgeordnete angehört. Diese politische Betätigung war der Hauptgrund, weshalb sie nach der Machtübernahme der Nationalsozialisten 1933 als Jugendfürsorgerin bei der Stadt Bielefeld nicht mehr tragbar war und weshalb der Kampf gegen ihre Entlassung erfolglos blieb. Ziel ihrer Arbeit im Parlamentarischen Rat und im Bundestag war vor allem die Durchsetzung und Verwirklichung des Grundsatzes »Männer und Frauen sind gleichberechtigt.«

Kindheit, Jugend und erste politische Arbeit (1897–1929)

»Schon in meiner Jugend interessierte ich mich für die soziale Arbeit«[2]

Friederike Charlotte Louise Nadig wurde am 11.12.1897 in Herford als Tochter der Näherin Luise Henriette Friederike Nadig, geb. Drewes, und des Tischlers Wilhelm Nadig geboren.[3] Später war ihr Vater Lagerhalter beim Konsum-Verein in Herford. Von 1919 bis 1931 war er für die SPD Mitglied des preußischen Landtages. Das Interesse an Sozialismus und Sozialpolitik verdankte Frieda Nadig der Erziehung in ihrem Elternhaus. Obwohl über ihre Kindheit wenig bekannt ist, wird doch deutlich, dass sie vom »trauten Glück hinter dem Kochtopf« bereits in jungen Jahren wenig zu halten schien. 16-jährig, als andere Mädchen ihrer Generation vielleicht schon ans Heiraten dachten, trat sie in die Sozialistische Arbeiterjugend ein und zwei Jahre später in die SPD. In der Arbeiterjugend fand sie gleichgesinnte junge Menschen. Ihr sozialistisches Bewusstsein, das stark durch den Vater geprägt war, behielt sie ihr Leben lang bei. Die SPD schien für sie die passende Partei, weil die SPD unter August Bebel schon ihr eigenes Anliegen, die Emanzipation der Frau, agitatorisch in den Vordergrund gestellt hatte.

1 *Frieda Nadig,* Postwurfsendung an alle Haushaltungen, o.O., o.J. (wahrscheinlich 1949), AdsD PV I0258.

2 Ebd.

3 Sie wurde Frieda gerufen und behielt diesen Namen auch als Politikerin bei.

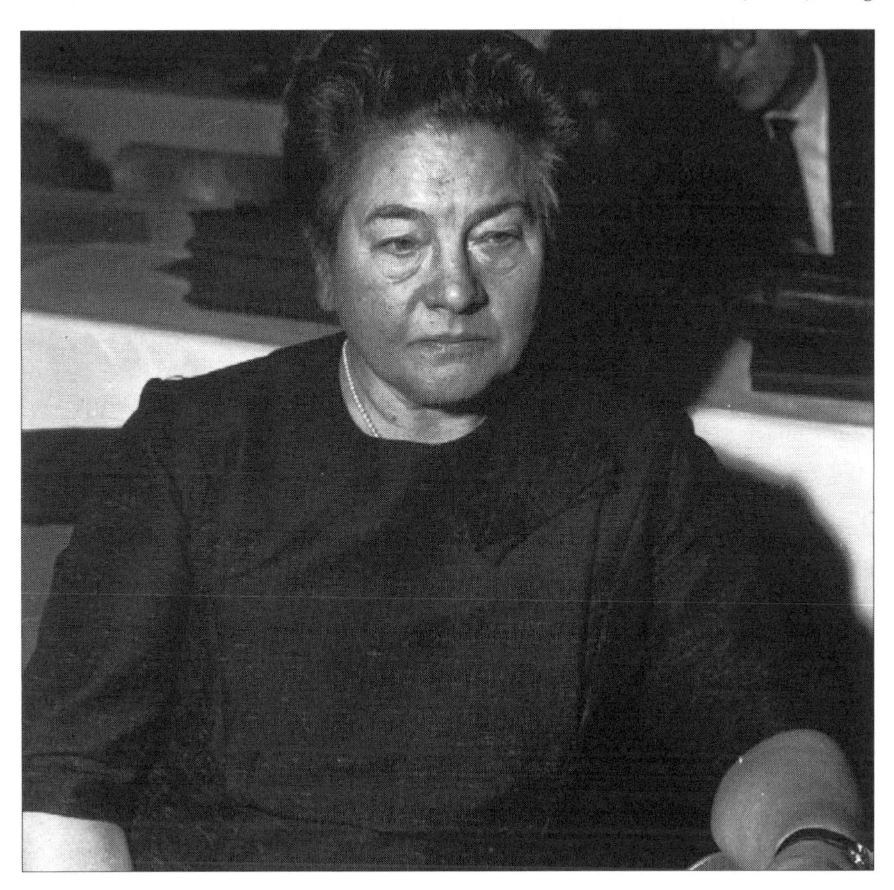

Frieda Nadig (1896–1970), MdB 1949–1961

Frieda Nadig absolvierte, nachdem sie die Volksschule, damals Bürgerschule genannt[4], abgeschlossen hatte, ebenso wie ihre 2 Jahre jüngere Schwester durch die Vermittlung ihres Vaters eine Lehre als Verkäuferin im Konsum-Verein Herford, die sie vom November 1912 bis November 1914 durchlief. Anschließend war sie bis zum 10. Oktober 1920 als Verkäuferin tätig. Während dieser Zeit versuchte sie, Lücken ihrer Volksschulbildung durch Teilnahme an Lehrgängen und Vorträgen auszugleichen.[5] Ihr fürsorgerisches Interesse veranlasste sie bereits 1916, an einer Weiterbildung in der Kranken- und Säuglingspflege teilzunehmen. Mit Stolz verwies sie später darauf, dass es ihr gelang, ihren eigentlichen Berufswunsch aus eigenen Mitteln zu realisieren: Sie besuchte gemeinsam mit einer Freundin aus Minden die Soziale Frauenschule in Berlin, deren Leiterin die

4 Vgl. Stadtarchiv Bielefeld, Personalakten der Stadt Bielefeld von Frieda Nadig.

5 Lebenslauf, ohne Datum, in: Personalakten.

Sozialdemokratin Alice Salomon war.[6] Neben der theoretischen Ausbildung machte sie ein neunmonatiges Praktikum in der Jugendfürsorge und Gerichtshilfe des Berliner Stadtbezirks Charlottenburg und weitere Praktika beim Wohlfahrtsamt der Stadt Herford, wo sie zeitweise die Polizei-Fürsorgerin vertrat.[7] Die Eltern unterstützten sie im Rahmen ihrer Möglichkeiten nicht nur ideell, sondern auch materiell. 1922 absolvierte sie das Staatsexamen als Wohlfahrtspflegerin im Hauptfach Jugendwohlfahrt mit der Note ›gut‹ und bekam gleich anschließend am 1.7.1922 eine Stelle als Jugendfürsorgerin im Wohlfahrtsamt, Abteilung Jugendamt, beim Magistrat der Stadt Bielefeld. Neben ihrer hauptamtlichen Arbeit war sie für die 1919 gegründete Arbeiterwohlfahrt aktiv.[8] Bei den »Sozialistischen Frauentagen«, die der Bezirksvorstand Östliches Westfalen im März 1925 veranstaltete, war sie eine der Referentinnen, die nicht nur als »fachlich geschulte Kraft« galten, sondern zudem aus der Sozialistischen Arbeiterjugend hervorgegangen waren und im öffentlichen Dienst der Wohlfahrtspflege standen.[9] Sieht man sich die Liste der Veranstaltungen im Bezirk Östliches Westfalen zwischen 1925 und 1929 an, so trat sie immer wieder als Referentin auf. Sie sprach zum Kinderschutzgesetz, zur »Schutzaufsicht und Fürsorgeerziehung«, zu »Wohlfahrtspflege und Jugendfürsorge« und über »Die Sozialistische Betätigung der Frau«.[10] So referierte sie zum Beispiel im Rahmen der »Sozialistischen Schule«, die durch den SPD-Bezirk Östliches Westfalen im Oktober 1925 veranstaltet wurde, zum Thema »Soziale Fürsorge«[11] und bei einer Frauenkonferenz im Oktober 1928 zum Thema »Die Frau in der Kommunalpolitik«.[12] Gegen Ende der Weimarer Republik, als Erwerbslosigkeit und Armut zunahmen und sich der Staat aus der Wohlfahrtspolitik zurückzog, trat das Engagement im unmittelbaren »Dienst am Klassengenossen« sowohl in der Arbeiterwohlfahrt als auch in der SPD in den Vordergrund: Das Einrichten von Volksküchen, Nähstuben und ähnlichen Einrichtungen löste die Arbeit an der Revolutionierung der Gesellschaft ab.

---

6 Vgl. *Christel Maria Fuchs,* Sie war mutig, entschlossen und »ein sehr menschlicher Mensch«, Das Leben der Frieda Nadig, in: *Kreisheimatverein Herford e.V.* (Hrsg.), Historisches Jahrbuch für den Kreis Herford 1999, Bielefeld 1998, S. 73-88; hier: S. 75.

7 Lebenslauf, in: Personalakten.

8 Zur Geschichte der Arbeiterwohlfahrt vgl. *Christiane Eifert,* Frauenpolitik und Wohlfahrtspflege. Zur Geschichte der sozialdemokratischen Arbeiterwohlfahrt, Frankfurt a.M./New York 1993.

9 Volkswacht vom 11.2.1926. Viele Referentinnen kamen damals aus der Arbeiterbewegung und hatten diese ›Doppelqualifikation‹. Vgl. auch *Christl Wickert,* Zwischen Familie und Parlament, Sozialdemokratische Frauenarbeit in Südniedersachsen 1919–1950, Göttingen 1985, 2. Aufl.

10 *Ulrich Herzog,* Solidarität in der Not – Kampf für eine soziale Republik. Die Arbeiterwohlfahrt im Bezirk Östliches Westfalen 1919–1933, S. 56, sowie Volkswacht vom 13.9.1929.

11 Herzog, S. 60.

12 Ebd., S. 61.

Arbeit im Westfälischen Provinziallandtag (1929–1933)

»Mein Mandat habe ich im Interesse der Jugend- und Wohlfahrtspflege ausgeführt«[13]

Es waren vor allem die Erfahrungen die sie mit ihrer Arbeit in der Jugendfürsorge machte, die den Wunsch in ihr weckten, ihr politisches sozialistisches Engagement zu verstärken. Sie wollte auf die Sozialgesetzgebung Einfluss gewinnen, um so bessere praktische Möglichkeiten zu haben, das Los der Armen und Benachteiligten nachhaltig zu verbessern.

1929 wurde die junge Wohlfahrtspflegerin als SPD-Abgeordnete in den Westfälischen Provinziallandtag gewählt, dem sie bis zu seiner Auflösung im Jahre 1933 angehörte. Sie war dort vor allem in den Fürsorge- und Wohlfahrtsausschüssen tätig. Während ihrer 10-jährigen Tätigkeit als Jugendfürsorgerin hatte sie sich nach Ansicht ihrer Bielefelder Dienstherren bewährt, und es wurde ihr mit Schreiben vom 11. Januar 1932 zudem bestätigt, dass die Stelle, die sie innehatte, »dauernd notwendig« war.[14] Mit einem Brief vom 19.2.1932 wurde ihr sogar eine Beförderung ausgesprochen.[15] Schon gut ein Jahr später wurde aber ihre Eignung aus politischen Gründen in Frage gestellt: Stein des Anstoßes waren ihre Kandidatur und Wiederwahl für den Westfälischen Provinziallandtag, was für ihren inzwischen braungefärbten Dienstherren ein Dorn im Auge war. Ein ›Fräulein Nadig‹, das sich zum Sozialismus bekannte, war im Jugendamt nicht mehr erwünscht.

Im Schatten des Hakenkreuzes (1933–1945)

»Aus politischen Gründen entlassen«[16]

Es begann mit einer »offenen Anfrage an den Herrn Oberbürgermeister«, die am 23.2.1933 im Bielefelder Beobachter, einem Sprachrohr der Nationalsozialisten, veröffentlicht wurde.[17] Frieda Nadig wurde darin als »bekannte Genossin Nadig« beschuldigt, sie sei während der Dienstzeit »in einer SPD-Versammlung gegen die Regierung Hitler zu Felde« gezogen. »Es ist wirklich ein starkes Stück, dass eine städtische Angestellte, die obendrein noch schwer bezahlt wird, ihre Dienststunden benutzt, um gegen die Regierung und für eine Organisation zu sprechen, die zum Staat von heute in schärfster Opposition steht«, hieß es in der ›Anfrage‹.[18] Noch am Tage der Veröffentlichung wurde der Oberbürgermeister von Bielefeld aktiv. Er stellte richtig, dass ›Fräulein Nadig‹ den

13 Aus einem Brief vom 28.6.1933 von Frieda Nadig an ihren Dienstherren, den Magistrat der Stadt Bielefeld, der die Beschwerde wegen ihrer fristlosen Entlassung enthält. In: Personalakten.

14 Vermerke Geschäftsstelle I und Jugendamtsleitung der Stadt Bielefeld vom 9.1. und 15.1.1932, in: ebd.

15 Brief Magistrat der Stadt Bielefeld an Frieda Nadig vom 19.2.1932, in: ebd.

16 Nadig, Postwurfsendung.

17 Offene Anfrage an den Herrn Oberbürgermeister, in: Bielefelder Beobachter vom 23.2.1933. Der Ausschnitt trägt keine Unterschrift, in: Personalakten.

18 Ebd.

Vortrag »in einer politischen Versammlung außerhalb der Dienstzeit gehalten hat, so dass ein Dienstversäumnis nicht infrage kommt«. Zudem verwies er darauf, dass gemäß der vom Preußischen Staatsministerium erlassenen Verordnung vom 7.2.1933 »über die Neuwahlen der kommunalen Vertretungskörperschaften Beamten, Angestellten und Arbeitern, die sich um einen Sitz in einer Vertretungskörperschaft bewerben, der für die Vorbereitung dieser Wahl erforderliche Urlaub zu erteilen« sei. Da ›Fräulein Nadig‹ als Kandidatin für die Wahl zum Provinziallandtag aufgestellt war, traf die Bestimmung auf sie zu.[19]

In einem Brief vom 7.4.1933 teilte Frieda Nadig ihren Dienstvorgesetzten mit, dass sie wieder zum Mitglied des Westfälischen Provinziallandtag gewählt worden sei und bat darum, für die Teilnahme an der Eröffnungssitzung beurlaubt zu werden.[20] Am 25.4.1933 erhielt sie ein Schreiben, in dem ihr mitgeteilt wurde, dass sie mit sofortiger Wirkung bis auf weiteres beurlaubt sei und die Dienstgeschäfte zu übergeben habe. Gründe für diese Maßnahme wurden nicht angegeben.[21] Der Protest, den sie noch am gleichen Tag schriftlich erhob, blieb unbeantwortet.[22] Stattdessen wurde ihr am 12.5.1933 durch den Magistrat der Stadt Bielefeld mitgeteilt, dass sie »nunmehr auf Grund eines erneuten Beschlusses des Magistrats« wegen »Unzuverlässigkeit im nationalen Sinne« fristlos entlassen war.[23] Die formalrechtliche Grundlage bot das »Gesetz zur Wiederherstellung des Berufsbeamtentums« vom 6. Mai 1933, mit dessen Hilfe die Nationalsozialisten unliebsame Beamte und Angestellte aus politischen und rassischen Gründen aus dem öffentlichen Dienst entließen. Frieda Nadig wollte die Entlassung nicht hinnehmen. Sie war nach wie vor der festen Überzeugung, dass sie sich nichts habe zu Schulden kommen lassen, und dachte, sie könnte sich gegen die Entlassung wehren. In ihrem Einspruch verwies sie darauf, dass sie im Amt weder Politik betrieben, noch sich in irgend einer Weise gegen die »nationale Bewegung« betätigt habe. Ihre Arbeit innerhalb der SPD habe fast ausschließlich Frauen- und Wohlfahrtsfragen betroffen; ihr Mandat im Provinziallandtag sei vor allem für ihre Berufsarbeit als Fürsorgerin außerordentlich wertvoll gewesen. Im Nachgang zu ihrer Beschwerde benannte sie sogar zehn Zeugen, die ihre Unschuld beweisen könnten, darunter waren einige Vorgesetzte.[24] Alle ihre Beschwerden und auch die Briefe und Beteuerungen, dass sie weder im Wahlkampf besonders aktiv gewesen sei, »noch gegen den Führer, Herrn Reichskanzler Adolf Hitler, gehetzt« habe[25], halfen ihr nichts, denn sie blieben ohne Resonanz oder wurden abgewiesen. Der Gaufachberater für Kommunalpolitik der NSDAP teilte dem Magistrat der

19 Brief Der Oberbürgermeister an den Bielefelder Beobachter vom 23.2.1933, in: Personalakten.

20 Brief Frieda Nadig vom 7.4.1933, in: ebd.

21 Brief ›Magistratsbeschluss‹ vom 25.4.1933, in: ebd.

22 Brief Frieda Nadig an den Magistrat der Stadt Bielefeld vom 25.4.1933. Der Brief erhält einen Vermerk vom 27.4.1933, nach dem er »zum Vorgang« zu nehmen war, in: ebd.

23 Brief an Frieda Nadig vom 12.5.1933, in: ebd.

24 Briefe von Frieda Nadig an den Magistrat der Stadt Bielefeld vom 18.5.1933 und vom 23.5.1933, in: ebd.

25 Brief (Beschwerde) von Frieda Nadig an den Magistrat der Stadt Bielefeld vom 28.6.1933, in: ebd.

Stadt Bielefeld stattdessen mit, dass die Entlassung der Fürsorgerin »auf Grund des § 4 der zweiten Vorordnung zur Durchführung des Gesetzes zur Wiederherstellung des Berufsbeamtentums« erfolgt sei. »Fräulein Nadig« habe im letzten Wahlkampf »in außerordentlich aktiver Weise« für die SPD agitiert und in ihren Versammlungen »in schärfster Weise gegen unseren Führer« gesprochen. Durch die Ausübung ihres Mandats im Provinziallandtag habe sie zudem gezeigt, »dass sie auch für die Zukunft für ihre marxistische Einstellung zu kämpfen gedenkt«.[26] Frieda Nadig war aus politischen Gründen entlassen worden. Schließlich wurde ihr sogar mitgeteilt, dass es ihr verboten sei, die Dienstgebäude »aus Anlass von Vorstellungen gegen die Kündigung« zu betreten.[27] Ihrem Anliegen, ihr ein Zwischenzeugnis auszustellen, wurde erst nach längerem Bitten, im August 1934, stattgegeben. Da der Entlassungsgrund auf dem sonst wenig aussagekräftigen Papier stand[28], blieb ihr nichts anderes übrig, als sich aus ihrer beruflichen und politischen Tätigkeit zu verabschieden. Nun hatte sie nicht nur ihren identitätsstiftenden Aufgabenbereich verloren, sondern stand auch ohne jegliches Einkommen da.

Drei Jahre blieb sie trotz intensiver Bemühungen um andere Erwerbsmöglichkeiten erwerbslos. Versuche, sich auf andere Stellen zu bewerben, scheiterten an ihrer politischen Kündigung. Die Gründe für diese Kündigung wurden vom Magistrat auf Anfrage potenzieller Arbeitgeber ausführlich dargestellt. Obwohl ihr bescheinigt wurde, dass ihr »im Bezug auf Leistungen und Verhalten (...) nur das beste Zeugnis ausgestellt werden« könne, zeigt ein in der Personalakte vorhandener Vorgang, dass der Oberbürgermeister anschließend an diese Feststellung sogar mehr über ihre politische Tätigkeit aussagte, als aus dem Kündigungsvorgang hervorgeht. Er fühlte sich nicht nur bemüßigt darzulegen, dass Frieda Nadig der SPD angehörte, Abgeordnete im Westfälischen Provinziallandtag war und »noch vor den Märzwahlen 1933« in Wahlversammlungen der SPD Reden gehalten hatte, sondern machte auch darauf aufmerksam, dass ihr Vater »ein hervorragender Vertreter dieser Partei“ war und sie selbstverständlich in seinem Sinne erzogen worden war.[29]

Ob sie auf Veranlassung der NSDAP oder aus eigenem Antrieb von Juni bis September 1935 an einem Nachschulungskursus der Deutschen Arbeitsfront in Kranken- und Säuglingspflege teilnahm, ist nicht mehr feststellbar. Jedenfalls war sie, nachdem sie den Kurs erfolgreich durchlaufen hatte, ›Gesundheitspflegerin‹. Später wurde sie aufgrund dieser Umschulung zur ›Volkspflegerin‹ mit dem Hauptfach ›Gesundheitsfürsorge‹ ernannt.[30] Bewerbungen bei verschiedenen Gesundheitsämtern blieben aber ohne Erfolg.

26 Schreiben der NSDAP, Gau Westfalen-Nord, Gaufachberater F. E. Irrgang, Bielefeld, an den Magistrat Bielefeld vom 6.6.1933, in: ebd.

27 Schreiben des Preußischen Ministers des Innern an Frieda Nadig vom 9.7.1934, in: ebd.

28 Zeugnis des Oberbügermeisters der Stadt Bielefeld für Friederike Nadig vom 29.8.1934, in: ebd.

29 Schreiben des Oberbürgermeisters der Stadt Bielefeld vom 8.3.1934 an die Herzog-Georg-Stiftung für Krankenpflegerinnen in Meinungen, bei der sich Frieda Nadig um eine Stelle beworben hatte, in: ebd.

30 Bescheinigung der Deutschen Arbeitsfront vom 16.11.1935 und Ausweis des Regierungspräsidenten in Koblenz vom 30.7.1938, in: ebd.

Spätestens nach Einsicht der Arbeitgeber in die Personalakte wurden solche Bewerbungen abgelehnt. Erst im Januar 1936 gelang es Frieda Nadig, eine bezahlte Beschäftigung in ihrem ›neuen‹ Beruf zu bekommen: Sie wurde Gesundheitspflegerin in Ahrweiler.[31] Über diese Zeit gibt es kaum schriftliche Belege. Aus einem Fragebogen, den sie selbst ausgefüllt hat, geht hervor, dass sie von 1936 bis 1945 der NS-Frauenschaft und der Nationalsozialistischen Volkswohlfahrt (NSV) angehörte.[32] Die Zugehörigkeit zu beiden Organisationen war ganz sicher die Bedingung für ihre neue Beschäftigung. Sie füllte während der Zeit des Nationalsozialismus aber keinerlei Ämter aus und ist auch nicht der NSDAP beigetreten. Personalakten in Ahrweiler sind nicht mehr vorhanden. Die Weggefährtin Elfriede Eilers wusste, dass Frieda Nadig ihre berufliche Tätigkeit im Kreis Ahrweiler während der NS-Zeit nutzte, um politisch Verfolgten und Menschen, die von der Euthanasie bedroht waren, zu helfen.[33] Mit ihrer späteren Mitarbeiterin Inge Boegen sprach sie oft und gerne über die armen Eifelbauern und deren Kinder, die sie wegen der großen Entfernungen nur mit dem Fahrrad besuchen konnte.[34]

Wiederaufbau der Bundesrepublik (1945–1948)

»In der Arbeiterwohlfahrt gibt es nur ein Wir – kein Ich!«[35]

Nach Ende des Zweiten Weltkrieges beteiligte sich Frieda Nadig sofort am politischen Wiederaufbau, 1947 zunächst als Mitglied des Zonenbeirates für die Britische Zone und als Mitglied des Flüchtlingsausschusses. Es war für sie unfassbar, dass immer noch deutsche Kriegsgefangene, darunter zahlreiche Frauen, als Zwangsarbeiterinnen und Zwangsarbeiter in russischen Bergwerken beschäftigt wurden. Vehement sprach sie sich im Zonenbeirat gegen diese »Kulturschande« aus.

In den Jahren 1947 bis 1950 war sie zudem Mitglied des Landtages von Nordrhein-Westfalen und Beisitzerin des Bezirksvorstandes der SPD in Ostwestfalen-Lippe. Obwohl sie noch recht jung war, konnte sie ihr bereits in der Weimarer Zeit begonnenes Anliegen, an der Verbesserung der sozialen Gesetzgebung des Landes mitzuwirken, weiterführen – freilich nur in dem eng gesteckten Rahmen, den die wirtschaftliche und soziale Not im Lande ebenso beeinflusste wie die Militärregierung. Diese Aktivitäten waren ausschlaggebend dafür, dass die SPD sie in den Parlamentarischen Rat entsandte.

Nachdem auf Befehl des Alliierten Kontrollrates die Arbeiterwohlfahrt als nicht parteigebundene Organisation wieder gegründet worden war[36], wurde die Wiederbelebung

31 Schreiben von Frieda Nadig an den Oberbürgermeister der Stadt Bielefeld vom 31.1.1936, in: ebd.

32 Fragebogen in ebd.

33 Vgl. *Christel Maria Fuchs,* »Friederike Nadig – Diese Frau hat ihre Chance nicht vertan!« Hausarbeit für das Proseminar: »Einführung in die Neuere Geschichte«, Wintersemester 1996/97, TH Darmstadt, S. 8. Fuchs bezieht sich auf ein Interview, das sie am 6.3.1997 mit Elfriede Eilers geführt hat.

34 Rede anlässlich ihres 100. Geburtstages, Manuskript ohne weitere Angaben, übersandt von AWO-Bezirksverband Ostwestfalen-Lippe.

35 Ausspruch Frieda Nadigs, zit. nach *Erwin Tälkers,* Informationen zum Leben und Wirken von Frieda Nadig anlässlich ihres 100. Geburtstags. Manuskript ohne weitere Angaben.

36 Eifert 159 ff.

des Arbeiterwohlfahrt-Bezirksverbandes Östliches Westfalen zu einem großen Teil ihr Werk. Das trifft auch für die Wiedergründung der Sozialdemokratischen Partei im Bezirk Östliches Westfalen zu, wo sie vor allem als Frauensekretärin aktiv war. An die Stadt Bielefeld, die ihr 1933 so sehr zugesetzt hatte, richtete sie am 15.1.1946 ein Schreiben mit dem Antrag auf Aufhebung ihrer 1933 erfolgten Entlassung und Wiedergutmachung.[37] Zwei Monate danach entschied der Personalausschuss, sie wieder zu übernehmen. Sie trat die Stelle allerdings nicht an und gab auch die Beschäftigung in Ahrweiler auf, um ab 1.7.1946 hauptamtliche Bezirkssekretärin der Arbeiterwohlfahrt Westfalen Ost zu werden.

In einem spärlich ausgestatteten Büro, in dem sie sich Telefon und Schreibmaschine mit den »Falken« und der SPD teilen musste, begann sie ihre neue Aufgabe. Zunächst organisierte sie die ehrenamtlichen Helferinnen und Helfer, verteilte Spenden und Pakete, die aus dem Ausland eintrafen, um die größte Not zu lindern, besorgte Nähmaschinen für die Einrichtung von Nähstuben und organisierte Erholungsaufenthalte für Kinder, Mütter und Kriegsheimkehrer. Später sorgte sie für moderne Altenheime und setzte sich für pädagogisch innovative Kindereinrichtungen, Ferienmaßnahmen für Kinder, Jugendliche und Erwachsene sowie die Aus- und Weiterbildung von haupt- und ehrenamtlichen Kräften ein. Bei Feierstunden überraschte sie ihre Mitarbeiterinnen und Mitarbeiter mit selbstbereiteten Salaten.[38]

Frieda Nadig wollte an der Schaffung eines neuen Menschenbildes, »einer wahrhaft religiösen Persönlichkeit«, mitarbeiten, die – und hier wandelte sie gern ein bekanntes Zitat Rosa Luxemburgs ab – »Achtung vor der Weltanschauung des Andersdenkenden« hatte.[39]

Als Sozialpädagogin setzte sie allerdings nicht allein auf normative Verbesserung. Ebenso wichtig erschien ihr die Erziehung der Jugend für eine andere, bessere Welt. Als geeignete Sozialisationsinstanz, vor allem um gegenseitige Achtung zwischen unterschiedlichen Menschen zu erlernen, erschien ihr eine »christliche Gemeinschaftsschule«.[40] Im Rückblick auf ihre eigene Sozialisation in der Arbeiterjugend sah sie, wie auch einige ihrer Weggefährtinnen, ihre besondere Aufgabe nach 1945 darin, eine »enttäuschte Jugend aufzufangen, die falschen Idealen nachgelaufen war«. Nun galt es, »Kinder aus den elendsten Winkeln aufzusammeln, die keine Chance gehabt hätten«,[41] wenn ihnen nicht durch die wiedergegründete Arbeiterjugend neue Möglichkeiten erschlossen würden. Leider stieß der Wiederaufbau der Arbeiterjugend an viele Grenzen.

Chronistinnen wundern sich heute darüber, dass Frieda Nadig als »alleinstehende« Frau während der damaligen Zeit eine Führungsposition in der Arbeiterwohlfahrt bekommen und zudem kommunalpolitisch tätig sein konnte. Christiane Eifert unterstellt, dass die meisten politisch aktiven Frauen »durch Vermittlung ihrer Ehemänner, Väter

37 Schreiben von Frieda Nadig an die Stadt Bielefeld vom 15.1.1946, in: Personalakten.

38 Rede anlässlich des 100. Geburtstags.

39 Ebd.

40 Ebd.

41 Eilers, S. 119.

oder Brüder über ausgezeichnete Kontakte zu den lokalen Organisationen der Arbeiterbewegung verfügten«.[42] Frieda Nadig gelang der Aufstieg in der Parteipolitik und in der Arbeiterwohlfahrt offensichtlich ohne erkennbare familiäre Unterstützung. Geheiratet hat sie nie.[43]

Immer wieder wurde ihr selbstloses Verhalten hervorgehoben. »In der Arbeiterwohlfahrt gibt es nur ein wir – kein ich!« soll einer ihrer Aussprüche gewesen sein.[44] Von einer Zeitzeugin wurde sie als »ein sehr menschlicher Mensch«, der »spontan und immer für ihre Mitarbeiter da« war, beschrieben.[45] Ob sie wirklich so altruistisch war, ist aus den vorhandenen Quellen nicht zu klären. Ganz sicher war sie eine hervorragende Sozialarbeiterin, die sich in der Nachkriegszeit und darüber hinaus um Flüchtlinge, Obdachlose, hungernde Kinder, alte Menschen, Mütter, die diskriminiert waren, weil sie nicht verheiratet waren, kümmerte und mit ihnen Kontakte aufbaute, und zwar in einem Maße, das weit über ein berufliches Engagement hinausging.[46] Während ihrer langjährigen ehrenamtlichen Tätigkeit in der Frauenarbeit des SPD-Bezirks Östliches Westfalen war sie stets bemüht, Frauen für die parteipolitische Arbeit zu motivieren. Auf Grund der Erfahrungen, die Frauen aus zwei Weltkriegen gewonnen hatten, waren Frauen nach ihrer Meinung verpflichtet, an der Sicherung und Erhaltung des Friedens und der sozialen und wirtschaftlichen Neugestaltung eines demokratischen Deutschland mitzuarbeiten.

Arbeit im Parlamentarischen Rat (1948–1949)

»Im Parlamentarischen Rat ist die deutsche Frau zahlenmäßig viel zu gering vertreten«[47]

Frieda Nadig gehörte wie Elisabeth Selbert zu den »vier Müttern des Grundgesetzes«.[48] Sie konnte nicht verstehen, dass so wenige Frauen in diesem verfassungsgebenden Gremium vertreten waren. »Im Parlamentarischen Rat ist die deutsche Frau zahlenmäßig viel zu gering vertreten. Das Grundgesetz muss aber den Willen der Staatsbürger, die überwiegend Frauen sind, widerspiegeln«, war von Anfang an ihre Meinung.[49] Neben Helene

---

42 Eifert, S. 130.

43 Christel Maria Fuchs führt Frieda Nadigs umfangreiches politisches, berufliches und soziales Engagement darauf zurück, »dass sie nicht verheiratet war und keine Kinder hatte«. Vgl. Fuchs 1996/1997, S. 3. In der Rede anlässlich ihres 100. Geburtstages wird hingegen der Schluss gezogen, dass die Bewältigung ihrer sozialen und politischen Arbeit »den Verzicht auf ein Privatleben« gefordert habe. Der »volle Einsatz für die Erfüllung dieser Aufgaben« sei allerdings auch ihr Leben gewesen.

44 Vgl. Freie Presse vom 18.6.1966 anlässlich Nadigs Verabschiedung aus dem Berufsleben.

45 Lore Meyer, Mitarbeiterin von Frieda Nadig, zit. nach Neue Westfälische Zeitung vom 11.12.1997.

46 Vgl. Fuchs, Sie war mutig, S. 77. Fuchs bezieht sich auf ein Interview mit Elfriede Eilers, das sie am 6.3.1997 in Bielefeld geführt hat.

47 Nadig, »Die neue Zeitung« vom 25.9.1948.

48 Dazu gehörten auch Elisabeth Selbert (SPD), Helene Weber (CDU) und Helene Wessel (Zentrum). Siehe die Biographie über Elisabeth Selbert in diesem Band, S. 80-103.

49 Nadig, »Die neue Zeitung« vom 25.9.1948.

Weber (CDU) gehörte sie als einzige Frau dem Ausschuss für Grundsatzfragen an. Obwohl in diesem Gremium die Elite der Parlamentarier saß und sie zudem als ordentliche Abgeordnete im Organisations- und im Hauptausschuss vertreten war und als stellvertretendes Mitglied im Ausschuss für Zuständigkeitsabgrenzung, geriet sie im Parlamentarischen Rat nicht so ins Blickfeld wie ihre Genossin Elisabeth Selbert. Meist wird das darauf zurückgeführt, dass sie sich in den Ausschüssen, in denen sie tätig war, vor allem mit sozialpolitischen Themen befasste. Andererseits kam ihr die Erfahrung als Sozialarbeiterin offensichtlich zugute, indem sie »die allzu theoretischen Ansätze mancher Parlamentarier widerlegte und der Formulierung eine andere, vielfach realisierbarere, Richtung« gab.[50]

Das Hauptanliegen von Frieda Nadig galt der Herstellung von Gleichberechtigung zwischen Frauen und Männern, die deshalb in das Grundgesetz eingeschrieben werden sollte. Dafür kämpfte sie im Parlamentarischen Rat leidenschaftlich. Nachdem die CDU- und FDP-Vertreter die Formulierung »Der Gesetzgeber muss Gleiches gleich, Verschiedenes nach seiner Eigenart behandeln« eingebracht hatten, war es Frieda Nadig, die darauf aufmerksam machte, »dass man auf Grund des Zusatzes ›verschieden behandeln‹ doch wieder eine ganze Reihe von Ausnahmebestimmungen gegen die Frau bekommt«.[51] Sie brachte den von der Juristin Elisabeth Selbert initiierten Abänderungsantrag der SPD-Fraktion »Männer und Frauen sind gleichberechtigt« in die Sitzung des Grundsatzausschusses ein.[52] Wie manch andere SPD-Genossinnen und Genossen auch, hatte sie zunächst befürchtet, dass ein unmissverständliches Eintreten für die Gleichberechtigung unvorhersehbare Folgen nach sich ziehen würde, da dies die umgehende Reform des veralteten Familienrechts erfordern würde. Sie befürchtete ein »gesetzliches Chaos« gewaltigen Ausmaßes und riet daher zunächst zur Geduld.[53] Nachdem Elisabeth Selbert ihr klar gemacht hatte, dass sie mit der Neuformulierung die Basis für eine eingehende Reform des BGB (Bürgerliches Gesetzbuch) schaffen wollte, stand Frieda Nadig voll hinter dieser Formulierung. Die von ihr und ihren Mitstreitern vorgebrachten Argumente stießen auf Ablehnung bei der CDU/CSU und der FDP. Leider herrschte weder unter den vier Frauen noch innerhalb der Fraktion der SPD eine einheitliche Meinung zur Gleichberechtigung zwischen Männern und Frauen. Helene Weber war im Ausschuss für Grundsatzfragen keine Stütze für Frieda Nadig, weil sie – ebenso wie Helene Wessel – auf keinen Fall eine, wie sie es nannten, ›schematische‹ Gleichstellung und Gleichberechtigung anstrebten, sondern den »Eigenwert« der Frau bewahrt haben wollten. Es war also leicht, dem Antrag zu widersprechen.[54]

50 *Carmen Sitter,* Die Rolle der vier Frauen im Parlamentarischen Rat. Die vergessenen Mütter des Grundgesetzes, Münster 1995, S. 50 f.

51 Stenografisches Protokoll über die 26. Sitzung des Grundsatzausschusses am 30.11.1948, S. 52.

52 *Michael F. Feldkamp,* Der Parlamentarische Rat 1948–1949, S. 65. Siehe auch Grundsatzausschuss, 26. Sitzung.

53 Parlamentarischer Rat, Hauptausschuss, 17. Sitzung, 3.12.1948, S. 206 f.

54 *Antje Späth,* Vielfältige Forderungen nach Gleichberechtigung und »nur« ein Ergebnis: Artikel 3 Absatz 2 GG, in: *Anna-Elisabeth Freier/Annette Kuhn* (Hrsg.), Frauen in der Geschichte V. Das

Die Kritiker waren am stärksten über die damit einhergehenden Implikationen einer Reform des BGB beunruhigt. Mit Hinweis auf Widersprüchlichkeiten zum geltenden Familienrecht des Bürgerlichen Gesetzbuches wurde der SPD-Antrag daher zunächst abgelehnt. Stattdessen wurde der Passus »Niemand darf (...) benachteiligt werden« um die Formulierung »wegen seines Geschlechts« ergänzt.

Frieda Nadig sah das Abstimmungsverhalten der bürgerlichen Parteien einschließlich ihrer weiblichen Abgeordneten, die den sozialdemokratischen Antrag auf Verankerung der Gleichberechtigung von Männern und Frauen im Grundgesetz vehement ablehnten, als einen Ausdruck bürgerlicher Doppelmoral. Sie forderte: »Wir müssen die Frauen revolutionieren und ganz stark die Haltung der bürgerlichen Parteien kennzeichnen.«[55] Nadig argumentierte vor allem, dass das Grundgesetz den Willen der Frauen, die zu dieser Zeit die überwiegende Mehrheit der Staatsbürger stellten, widerspiegeln müsse. Zusammen mit Elisabeth Selbert sorgte sie dafür, dass ein breites Frauenbündnis aus vielen Frauenverbänden und Frauenorganisationen wie auch autonomen Frauen den unmissverständlichen Text ihres Antrages »Männer und Frauen sind gleichberechtigt« unterstützten. Am 18.1.1949 wurde nach heftigen Diskussionen im Hauptausschuss diese Formulierung ausdrücklich ins Grundgesetz aufgenommen. Mit ihrem »Sieg« setzten sie sich also nicht nur gegen die konservativen männlichen Abgeordneten, sondern auch gegen ihre eigenen Geschlechtsgenossinnen durch. Der Neue Vorwärts kommentierte einen Tag später »Endlich volle Gleichberechtigung!«[56]

Mit dem grundgesetzlich verankerten eindeutigen Grundsatz »Männer und Frauen sind gleichberechtigt« wurde gegenüber dem Gleichberechtigungspassus in der Weimarer Verfassung nicht nur ein riesiger Schritt vorwärts markiert; es war auch ein Sieg der SPD, die die öffentliche Meinung – so Frieda Nadig am 8.5.1949 im Parlamentarischen Rat – für »den Kampf um die Gleichberechtigung der Frau« mobilisiert hatte.[57] Innerhalb der CDU warf man den beiden SPD-Abgeordneten vor, dass die Öffentlichkeit mit ihren zahlreichen Eingaben an den Parlamentarischen Rat überreagiert habe.[58]

Später wurde Frieda Nadig vorgehalten, dass sie in ihrer Argumentation nicht radikal genug gewesen sei, zum Beispiel habe sie nicht die Einbeziehung der Männer in die Haus- und Sorgearbeiten gefordert. Mit diesem Vorwurf wird von Vorstellungen ausgegangen, die der historischen Situation und den Möglichkeiten der Frauen in der Nachkriegssituation nicht gerecht werden.[59] Zudem gab es auch andere Notwendigkeiten.

Schicksal Deutschlands liegt in der Hand seiner Frauen. Frauen in der deutschen Nachkriegsgeschichte, Düsseldorf 1984, S. 127.

55 Nadig, Postwurfsendung.

56 Neuer Vorwärts vom 22.1.1949.

57 Parlamentarischer Rat, Stenografischer Bericht, 10. Sitzung, 8.5.1949, S. 225.

58 Feldkamp, S. 65.

59 Im Mitteilungsblatt des Deutschen Akademikerinnenbundes Nr. 55/1979, S. 19-23 wurde ihr vorgeworfen, dass sie »nicht über die im normalen Rahmen der geschlechtsspezifischen Arbeitsteilung akzeptierte Annahme der ökonomischen Notwendigkeit« hinaus gegangen sei. Zudem habe sie »nicht einmal die Konsequenz ihrer Feststellung, die entweder Berufstätigkeit beider Ehepartner oder Über-

Frauen sollten die gleichen Rechte und Pflichten wie Männer haben, und das unabhängig davon, ob sie überhaupt mit einem Mann zusammenlebten oder nicht. Schließlich wirtschafteten Millionen von Frauen ohne Mann und erledigten auch ihre Hausarbeit allein. Viele Kriegerwitwen hatten gar nicht den Wunsch, Arbeitsbereiche mit Männern zu teilen. Aus den Auseinandersetzungen, die um die Gleichstellung der ›unehelichen‹ mit den ›ehelichen‹ Kindern, um die Neugestaltung des Familienrechts und um die Lohngleichheit geführt wurden, wurde deutlich, dass es gerade Frieda Nadig war, die sowohl die Gleichberechtigung in der beruflichen Sphäre, als auch die im ›privaten‹ Zusammenleben im Auge hatte. Sie selbst genügte als freie Frau traditionellen Rollenzuschreibungen in keiner Weise. Es ist also müßig, ihr »rollenkonformen Einsatz« vorzuwerfen.[60]

Im Kampf um die Verankerung des Rechtes auf Lohngleichheit zwischen Frauen und Männern im Grundgesetz wurde Frieda Nadig vor allem durch ihren Genossen Ludwig Bergsträsser unterstützt. In einem Diskussionsbeitrag im Grundsatzausschuss sprach sie die große Bedeutung der Frauenlohnarbeit nach dem Zweiten Weltkrieg an.[61] Sie wies darauf hin, dass eine explizite Zusicherung auf Lohngleichheit für »das Gros der Frauen, die auf den wirtschaftlichen Gebieten nicht zu ihrem Recht kommen, (...) eine wirklich grundsätzliche Änderung bedeuten« würde. Zudem machte sie darauf aufmerksam, dass die Forderung nach Lohngleichheit auch von der SED in die ostdeutsche Verfassung eingebracht worden sei. Die Diskussionen über die Stellung der Frau in der Sowjetischen Besatzungszone ließen unweigerlich das Interesse an entsprechenden Fragen im Westen aufkommen. Dadurch würde die Forderung an Nachdruck gewinnen, »dass das Grundgesetz auch der Gegenwart Rechnung trägt«.[62] In dieser Frage fand Frieda Nadig in Helene Weber (CDU) eine Verbündete. Vielleicht waren es deren Erfahrungen mit Arbeiterfamilien[63], die diese im Blick auf die Forderung nach Lohngleichheit am gleichen Strang ziehen ließ. Allerdings konnte sich Helene Weber im konservativen Parteienbündnis nicht mit ihrem Wunsch nach einer verfassungsmäßigen Garantie der Lohngleichheit durchsetzen. Die bürgerlichen Parteien verwiesen darauf, dass der Parlamentarische Rat nicht in die »Sozialordnung« eingreifen dürfe, was der Fall wäre, wenn das Grundgesetz in die vertragsmäßigen Beziehungen am Arbeitsplatz intervenieren würde. Die SPD-Genossen ließen sich auf diese Logik ein und trösteten sich damit, dass sich die eindeutige Formulierung von gleichen Rechten für Männer und Frauen auf alle Lebens-

nahme der Hausarbeit durch den Mann, während die Frau außerhäuslich arbeitet, bedeutet«, ausgesprochen.

60 *Anna Elisabeth Freier,* Dimensionen weiblichen Erlebens und Handelns innerhalb der proletarischen Frauenbewegung, in: *Annette Kuhn, Jörn Rüsen* (Hrsg.), Frauen in der Geschichte III, Düsseldorf 1983, S. 210 ff.

61 Stenografisches Protokoll über die 6. Sitzung des Grundsatzausschusses am 5.10.1948, S. 55. Siehe hierzu auch Dörte Winkler, Frauenarbeit im »Dritten Reich«, Hamburg 1977.

62 Ebd. sowie 27. Sitzung des Grundsatzausschusses am 1.12.1948, S. 16.

63 Helene Weber war einige Jahre als Volksschullehrerin tätig und leitete später die soziale Frauenschule des »Katholischen Deutschen Frauenbundes«.

bereiche erstrecke, also auch auf die Arbeit im öffentlichen Bereich und in den privaten Unternehmen.[64]

Völlig aussichtslos gestaltete sich Frieda Nadigs Kampf um die rechtliche Verankerung der Gleichstellung des unehelichen mit dem ehelichen Kind. Sie war es, die den Antrag der SPD formulierte und einbrachte. Gegen die konservative Fürsorgepolitik auch der weiblichen Abgeordneten von CDU und Zentrum setzte sie ihre Meinung zur Gefährdung der unehelichen Kinder, die sich aus deren rechtlicher Benachteiligung ergeben würde.[65] Während Frieda Nadig das fortdauernde Unrecht am unehelichen Kind als Ausdruck der doppelten Moral in der bürgerlichen Gesellschaft betrachtete, wurde ihr Einsatz von den bürgerlichen Parteien – auch von den beiden weiblichen Vertreterinnen – als Bedrohung des Familienfriedens gewertet. Ihr Antrag wurde durch die CDU und das Zentrum, unterstützt von der FDP, abgelehnt. Deren christlich-konservative Grundeinstellung ließ verrechtlichte Beziehungen außerhalb von Ehe und Familie als Träger des Staates nicht zu. Nur der Familienverband entsprach der natürlichen Ordnung. »Uneheliche Kinder«, so waren die Ausführungen Helene Wessels, damals Zentrumspartei, »können wir, selbst wenn wir wollten, nicht gleichstellen, weil wir (...) von einem anderen Ordnungsbegriff in dem Aufbau unserer staatlichen und gesellschaftlichen Gemeinschaft ausgehen.« Weil ein uneheliches Kind »nicht in die Familie hineingeboren wird«, ist das Kind zwar »schuldlos, aber tragisch getroffen«, fügte Helene Weber (CDU) hinzu. Das Kind könne nicht den gleichen Rechtsstatus beanspruchen wie ein eheliches Kind, weil es aus der »bestehenden« und »gewünschten Ordnung« herausfalle.[66] Damit widersprachen die beiden konservativen Frauen dem KPD-Abgeordneten Renner, der den beiden »frommen Helenen«[67] vorhielt, dass sie in allen Diskussionen immer für die christlichen Grundwerte eintraten, jedoch in der Frage der Gleichstellung unehelicher Kinder weniger Nächstenliebe als vielmehr Borniertheit zeigten.[68] Dennoch: Die beiden konservativen Politikerinnen bestimmten offensichtlich, was die »gewünschte« Ordnung war oder sein solle.

Frieda Nadig intervenierte mit dem Hinweis, dass diese Sichtweise auf die Familie die gesellschaftliche Wirklichkeit und die veränderten gesellschaftlichen Rahmenbedingungen in Deutschland schlichtweg negiere. »Wir müssen damit rechnen, dass wir in Zukunft eine Mutter-Familie bekommen«, sagte sie im Hinblick darauf, dass im Nachkriegsdeutschland die Zahl der Frauen die der Männer um 7 Millionen überstieg und dass diese Frauen vor allem der Altersgruppe zwischen 22 und 45 Jahren angehörten.

64 Vgl. Anlage zum Stenografischen Bericht der 9. Sitzung des Parlamentarischen Rates am 6. Mai 1949, Parlamentarischer Rat, Bonn 1948/19, Schriftlicher Bericht zum Entwurf des Grundgesetzes für die Bundsrepublik Deutschland (Drucksachen Nr. 850, 854), S. 8. Vgl. zu dieser Auseinandersetzung auch *Robert G. Moeller,* Geschützte Mütter. Frauen und Familien in der westdeutschen Nachkriegspolitik, München 1997, S. 93.

65 Parlamentarischer Rat, 21. Sitzung HA, 7.12.1948, S. 240.

66 Ebd., S. 242.

67 Ein Ausspruch, den das SPD-Mitglied im Parlamentarischen Rat, Hansheinz Bauer in einem späteren Rundfunkinterview gebraucht hat.

68 Parlamentarischer Rat, 21. Sitzung HA, 7. 12. 1948, S. 240 und S. 242.

Auch deshalb trat sie mit Nachdruck für eine den Tatsachen angemessene Definition von Familie sowie für die rechtliche Gleichstellung von ehelichen und außerehelichen Kindern ein. Vehement wandte sie sich gegen eine christliche Weltanschauung, die ledigen Müttern einen zweitklassigen Rechtsstatus einräumte. Die Tatsache, dass es viele Frauen gab, die ihre »natürliche Berufung als Mutter« außerhalb der Ehe verfolgten, machte nach ihrer Meinung deutlich, dass traditionelle Vorstellungen von Familie der Vergangenheit angehörten. Ihr Verweis auf die Widersprüche zum verabschiedeten Art. 3 GG nützte ebenso wenig wie Elisabeth Selberts Mahnung an die Vertreterinnen und Vertreter der christlichen Parteien: »Sehen Sie das Problem nicht unter dem Gesichtspunkt der Heilighaltung der Ehe. Die Grundsätze der Familie und der Ehe sind vom Leben selbst durchbrochen. Das Leben schafft sich seine eigenen Gesetze. Gehen wir an diesen Lebensgesetzen nicht fremd vorüber!«[69] Gemeinsam mit Elisabeth Selbert und Carlo Schmid sowie anderen Vertretern der SPD stritt Frieda Nadig für eine zeitgemäße Auffassung von Familie und für die Anerkennung von neuen Familienformen, vor allem von ›Mutterfamilien‹. Die bürgerlichen Parteien jedoch malten den Untergang der christlich-abendländischen Kulturordnung an die Wand, wenn ›außerehelichen‹ Kindern mehr Rechte zugesprochen würden. Sie zeigten nicht das geringste Interesse, alternative Formen des Zusammenlebens, wie sie von Selbert und Nadig in den Debatten des Parlamentarischen Rates befürwortet worden waren und wie sie in der Realität längst an vielen Orten bestanden, auch nur zur Kenntnis zu nehmen. Im Grundgesetz fanden die Forderungen Selberts und Nadigs keinen Niederschlag, denn der SPD-Antrag wurde mit elf zu zehn Stimmen abgelehnt. Es blieb beim Schutz von Ehe und (traditioneller) bürgerlicher Familie.

In der endgültigen Fassung schrieb das Grundgesetz letztlich vor, dass Frauen im ›neuen Deutschland‹ in die Familie gehörten. Ihnen war die volle Gleichberechtigung mit den Männern garantiert, sie sollten aber Bestandteil von Familien sein. Artikel 6 GG nahm die vom Zentrum schon lange mit Nachdruck vertretene Auffassung von der Familie als dem wichtigsten Baustein einer Gesellschaft auf und verfestigte eine konservative Familienideologie, die Frauen und Männern eindeutige Rollen zuwies und die bis heute wirkt.

Frieda Nadig hatte sich wie einige ihrer SPD-Genossen gegen diese Ideologisierung gewehrt. Dennoch war auch ihr Gleichberechtigungskonzept ambivalent. Zu Beginn der Sitzungen des Parlamentarischen Rates sagte sie im »Bayerischen Frauenfunk« zu den Frauen und Müttern: »Das zu schaffende Grundgesetz stellt den ersten Schritt zu einem neuen deutschen Rechtsstaat dar. Ich hätte gewünscht, dass die Gesamtheit der Frauen und Mütter an den Bonner Beratungen reges Interesse nehmen würde. Die Frau und Mutter ist besonders berufen, den Inhalt dieser Verfassung in der Jugend lebendig werden zu lassen. Sie muss aber auch in ihren Kindern Rechtsbewusstsein und Rechtsgefühl entwickeln. Sie würde dadurch dem inneren Gesundungsprozess unseres Volkes den

69 Ebd., S. 241 und 243 sowie S. 553.

besten Beitrag leisten.«[70] Hier ging auch Frieda Nadig von den besonderen Aufgaben der Frauen und Mütter aus.

An anderer Stelle vertrat sie, wie viele ihrer Mitstreiterinnen, die Meinung, dass Frauen grundsätzlich andere Politik machten als Männer. Die mit »kämpferischem Elan vorgetragenen Auffassungen« der Männer sollten durch die »Ebene des menschlichen Verstehens der Frauen« ergänzt werden. Seite an Seite sollten Männer und Frauen in diesen schweren Zeiten kämpfen: »Gemeinsam muss auch die Not überwunden werden. Nur so lässt sich ein demokratisches Staatsleben gestalten.«[71] Dies trüge zu einer positiven Veränderung der Welt bei.

Eindeutig und unmissverständlich grenzte Frieda Nadig sich allerdings vom Frauenbild des Nationalsozialismus ab, wenn sie die Auffassung vertrat, dass gerade in der Zeit des Nationalsozialismus der »fraulich-mütterliche Einfluss« im politischen Leben gefehlt habe und dass er im neugegründeten Deutschen Bundestag unbedingt verstärkt werden müsse.[72] Schließlich hatte die nationalsozialistische Ikonisierung der Mutterrolle Frauen auf Heim und Herd verwiesen.[73] In einem demokratischen Deutschland sollten Frauen die vollen politischen Rechte und den ungehinderten Zugang zu allen Berufen haben. Dafür wollte sie sich auch weiter einsetzen.

Wirken im Deutschen Bundestag (1949–1961)

»Gleichberechtigung für die Frau bedeutet auch gleiche Verantwortung«[74]

Im Wahlkreis Bielefeld-Stadt wurde die in der Zwischenzeit profilierte Sozialpolitikerin 1949 in den ersten Deutschen Bundestag gewählt. Gemeinsam mit der SPD-Abgeordneten und AWO-Aktivistin Marta Schanzenbach bezog sie in Bonn eine Wohnung.[75] In den ersten beiden Wahlperioden wurde sie Ordentliches Mitglied des Ausschusses für Rechtswesen und Verfassungsrecht und des Ausschusses für Angelegenheiten der inneren Fürsorge sowie Stellvertretendes Mitglied des Ausschusses für Fragen der öffentlichen Fürsorge. In der 1. Wahlperiode gehörte sie außerdem als Ordentliches Mitglied dem Gesundheitsausschuss, als Stellvertretendes Mitglied dem Vermittlungsausschuss und dem Wahlrechtsausschuss an. In der 2. Wahlperiode wurde sie Stellvertretendes Mitglied des Ausschusses für Besatzungsfolgen, in der 3. Wahlperiode Ordentliches Mitglied des Rechtsausschusses und Stellvertretendes Mitglied des Ausschusses für Inneres. Außerdem wurde sie Stellvertretendes Mitglied des Bundesrates. Aus dem Landtag schied sie 1950 aus, um sich ganz ihrem Bundestagsmandat zu widmen.

---

70 Zit. nach: *Maria Feuersenger,* Die garantierte Gleichberechtigung. Ein umstrittener Sieg der Frauen, Freiburg/Basel/Wien 1980, S. 62.

71 Ebd.

72 Nadig, Postwurfsendung, siehe FN 1.

73 Dass Frauen, auch wenn sie Mütter waren, später gleichzeitig als Arbeiterinnen in kriegswichtigen Produktionsbereichen eingesetzt wurden, ist hierzu kein Widerspruch.

74 Nadig, Postwurfsendung.

75 Siehe die Biographie über Marta Schanzenbach in diesem Band, S. 435-459.

Da Elisabeth Selbert nicht dem Deutschen Bundestag angehörte, war es Frieda Nadig, die sich vehement für die Umsetzung des Art. 3 Absatz 2 im Sinne der Interessen der Frauen einsetzte. Sie hatte sich als Vorkämpferin für ein zeitgemäßes Familienrecht, die Verbesserung der Rechtsstellung unehelicher Kinder und als Kämpferin für eine gerechte Sozialordnung bereits einen Namen gemacht und wollte sich weiter für entsprechende Reformen einsetzen. Dazu brauchte sie die Unterstützung anderer Frauen und Männer, denn ihr war bewusst, dass ihre Aufgabe nicht leicht zu erfüllen war. In einer Postwurfsendung, mit der sie sich um die Stimmen der Wählerinnen und Wähler bewarb, wies sie darauf hin, dass die im Grundgesetz festgeschriebene Gleichberechtigung für die Frauen auch bedeutete, gleiche Verantwortung wie die Männer zu übernehmen.[76]

Eigentlich sollte die Angleichung der Gesetze, die dem Gleichberechtigungsgrundsatz nach Art. 3 Abs. 2 widersprachen, eine der dringlichsten Aufgaben sein, die der Erste Bundestag bis Ende der Legislaturperiode zu erledigen hatte. Schließlich war – da dem Gleichberechtigungsgrundsatz eine Vielzahl weitergeltender Bestimmungen, besonders im BGB, widersprachen – in Artikel 117 GG festgelegt, dass bis spätestens 31. März 1953 alle Gesetze angepasst sein müssten. Ein noch zu verabschiedendes Gesetz sollte die Gleichstellung von Mann und Frau verwirklichen und die familienrechtliche Benachteiligung der Frau aufheben. Die Frist für diesen Stichtag lief jedoch ohne jegliche entsprechende Gesetzesänderung ab. Da das Bundesverfassungsgericht im Dezember 1953 feststellte, dass seit dem 1. April Mann und Frau auch im Bereich von Ehe und Familie gleichberechtigt seien, wurde – bis zur Verwirklichung eines Gleichberechtigungsgesetzes – die Entscheidung in Ehe- und Familienangelegenheiten in die Hand der Gerichte gelegt. Erst am 1. Juli 1958 wurde das Gesetz zur Gleichstellung von Mann und Frau schließlich verabschiedet.

Bereits am 2.12.1949 wurde im Bundestag über einen Antrag der SPD beraten, der die Regierung Adenauer verpflichten sollte, baldmöglichst eine Gesetzesvorlage zur Realisierung der Gleichberechtigung der Frau einzubringen. Frieda Nadig begründete diesen Antrag.[77] Als Beispiel für viele Gesetzestexte, die dem Grundsatz auf Gleichberechtigung zwischen Männern und Frauen entgegenstanden, führte sie das Familienrecht an, nach dem der Mann das Oberhaupt der Familie war, dem die alleinige Entscheidung in allen das gemeinschaftliche Eheleben betreffenden Angelegenheiten zustand. Die Frau hingegen hatte sich seinen Entscheidungen zu fügen. Sie konnte nur dann erwerbstätig sein oder ein politisches Mandat wahrnehmen, wenn ihr Mann sein Einverständnis gab. Für die Sozialdemokratin war es selbstverständlich, dass nun – nach Verabschiedung des Grundgesetzes – an die Stelle der Bevormundung der Frau durch den Mann die gemeinsame Entscheidung beider Ehegatten treten musste. Als ganz und gar reformbedürftig bezeichnete sie das eheliche Güterrecht: In diesem Falle wies das BGB – ganz im Gegensatz zum Grundgesetz – den Frauen die Rolle von bevormundeten Kindern zu. Die Verwaltung und Nutznießung des Vermögens der Frau stand dem Manne zu. Er war

76 Nadig, Postwurfsendung.

77 Protokoll Bundestagssitzung vom 2.12.1949.

berechtigt, das Vermögen der Frau in Besitz zu nehmen und mit diesem Vermögen zu arbeiten, ohne seiner Frau Auskunft darüber geben zu müssen. Auch das Elternrecht kritisierte Frieda Nadig in dieser Rede als ein Vaterrecht, das dringend dahingehend revidiert werden müsse, dass die »elterliche Gewalt« auf den Schultern beider Elternteile liege. Ferner erschien ihr das Beamtenrecht reformbedürftig: Die Bestimmung, dass Frauen nur bis zur Vollendung des 35. Lebensjahres ins Beamtenverhältnis überführt werden konnten, widersprach Art. 3 Abs. 2 des Grundgesetzes. Ebenso durfte es keine niedrigeren Frauenlöhne mehr geben, sondern es galt, den Grundsatz »gleicher Lohn für gleichwertige Arbeit« ebenso durchzusetzen wie den Frauen den Weg in die leitenden Stellen und führenden Berufe »wirklich frei zu machen«, also nicht nur für Einzelne.[78] Frieda Nadig appellierte an die Bundestagsabgeordneten, mit einer neuen Gesetzesvorlage ein »lang geübtes Unrecht gegenüber der Frau wieder gutzumachen« und »das Gemeinschaftsleben« durch die wirkliche Gleichbehandlung der Geschlechter auf eine höhere Ebene zu heben.[79]

Der Antrag der SPD wurde angenommen. Die Aufforderung an die Regierung, baldmöglichst Gesetzesvorlagen einzubringen, die notwendig waren, um die Gleichberechtigung der Frau zu verwirklichen, blieb jedoch bis auf weiteres ohne Konsequenzen.

In den folgenden Auseinandersetzungen um die Neuformulierung des Familienrechts ging es den Parlamentarierinnen und Parlamentariern der konservativen Regierungsparteien vor allem darum, die patriarchalischen Bestandteile der deutschen Gesetze mit allen Mitteln aufrecht zu erhalten. Im Arbeitsrecht wurden die Verhandlungen lange Zeit gar nicht aufgenommen. Immer wieder wurde die »natürliche Ordnung« von Ehe und Familie als gefährdet betrachtet, wenn das Entscheidungsrecht des Mannes als Rechtsanspruch entfiele. Eine Einigung war nicht in Sicht, da die Diskussionen zudem quer durch alle Parteien und Fraktionen kontrovers verliefen. Auch wurden die spezifischen Eigenarten der Frau und deren Andersartigkeit, die bereits im Parlamentarischen Rat als Rechtfertigung für eine unterschiedliche gesetzliche Behandlung der Geschlechter herangezogen worden waren, wieder neu diskutiert. Obwohl zunächst einvernehmlich war, dass das Familienrecht dem Grundsatz der Gleichberechtigung im GG widersprach, waren es bald nur noch die Sozialdemokratinnen und Sozialdemokraten, die sich gegen die Vorstellung wandten, der Schutz der Familie könne die Begrenzung der individuellen Grundrechte rechtfertigen.

Bei der ersten Beratung des »Gesetzentwurfs über die Gleichberechtigung von Mann und Frau auf dem Gebiete des Bürgerlichen Rechts und über die Wiederherstellung der Rechtseinheit auf dem Gebiete des Familienrechts« erinnerte Frieda Nadig am 27.11.1952 in einer Rede daran, dass der Parlamentarische Rat es mit der »echten Gleichberechtigung zwischen Mann und Frau« ernst gemeint habe. Der durch die Regierungsparteien vorgelegte Entwurf erfüllte die Aufgabe der Durchführung der Gleichbe-

78 Sozialdemokratische Partei Deutschland, Der Parteivorstand, Frauenbüro, Pressenotiz vom 5.12. 1949, S. 1.

79 Ebd.

rechtigung auf allen Rechtsgebieten keineswegs. Das darin enthaltene Entscheidungsrecht des Ehemannes bezeichnete sie als »familienfeindliche und verfassungswidrige Bestimmung«, die das Recht des Mannes erhalten wolle und damit gegen die Verfassung verstoße. Argumenten der Regierungsparteien, die sich darauf bezogen, dass die männliche Entscheidung in der Ehe der »göttlichen Ordnung« entspreche, mochte sie nicht gelten lassen. Sie konterte, dass in der Bibel geschrieben stehe, dass »Gott dem Mann eine Gefährtin gab und keine Untertanin«.[80] Auch die Auffassung, dass Art. 6 GG, der den Schutz von Ehe und Familie gewährleistet, einschränkende Wirkung auf Art. 3 Abs. 2 GG habe, wies sie zurück. »Nur die Ehe, die auf der Gleichberechtigung der Geschlechter beruht, steht unter Verfassungsschutz«, so ihre Argumentation.[81] Auch weibliche Abgeordnete aus FDP und CDU verwiesen auf Widersprüche, die sie beispielsweise darin sahen, dass es einer Frau gestattet war, den Posten eines Bankdirektors zu versehen, aber dass es nicht möglich war, dass sie ohne Zustimmung ihres Ehemannes ein Bankkonto eröffnete.[82]

Hart geißelte Frieda Nadig die beabsichtigte Regelung der ›elterlichen Gewalt‹. Sie verwies auf die Absurdität, dass den Vätern besondere Rechte zugestanden werden sollten, während viele Mütter schon lange gezwungen waren, die elterlichen Pflichten alleine auszuführen. Dass man nicht bereit war, Vätern und Müttern gleiches Recht über ihre Kinder zu geben, verstoße eindeutig gegen den Grundsatz der Gleichberechtigung. Frieda Nadig machte darauf aufmerksam, dass auch die Pflichten nach der Gesetzesvorlage ungleich zwischen den Geschlechtern verteilt waren. Die Frau sollte nach dem Entwurf nicht nur das gemeinsame Hauswesen leiten, die Hausarbeit verrichten und die Kinder versorgen, sondern auch unter bestimmten Voraussetzungen verpflichtet werden, erwerbstätig zu sein, während dem Ehemann lediglich die Pflicht zukommen sollte, einen Beitrag zum gemeinsamen Unterhalt der Familie zur Verfügung zu stellen. Frieda Nadig forderte, »dass die Frau nicht gesetzlich zu Doppelleistungen verpflichtet wird«, während der Ehemann alleine bestimmen könne, wann die Frau eine Erwerbstätigkeit aufzunehmen habe und wann sie das nicht dürfe.[83]

Die überwiegende Mehrheit der konservativen Opposition gegen die Gleichverteilung der ›elterlichen Gewalt‹ verharrte in ihrer Position der gottgewollten hierarchischen Geschlechterordnung. Spätestens als im Januar 1953 die Fuldaer Bischofskonferenz eindringlich an den Staat appellierte, »die wachsende Gefährdung der christlichen Ehe und Familie abzuwehren«, wurde offensichtlich, dass der Bundestag die Frist für die Festlegung der Reform des BGB nicht einhalten konnte. Die Bischofskonferenz verwies darauf, dass diejenigen, die eine Fortführung der patriarchalischen Autorität im Familienrecht ablehnten, sich nicht nur Adenauers Regierung, sondern auch der Heiligen Schrift und der kirchlichen Lehre widersetzen würden.[84]

---

80 Deutscher Bundestag, 239. Sitzung, 27.11.1952, S. 11062.

81 Ebd.

82 Brief Deutscher Frauenring an Adenauer vom 1.9.1952, zit. nach Moeller, S. 159.

83 Deutscher Bundestag, 239. Sitzung.

84 Moeller, S. 160.

Als dann die Regierungsparteien einen Antrag auf Abänderung des Art. 117 GG einbrachten, um die im Grundgesetz verankerte Frist für die Angleichung der anderen Gesetze hinauszuzögern, wandte sich Frieda Nadig in einer Rede im Februar 1953 mit scharfen Worten dagegen. Sie verwies darauf, dass es gar nicht im Ermessen des Bundestages stehe, diese Frist zu ignorieren. Der Unterstützung durch ihre Fraktion konnte sie sich dabei sicher sein, zumal Kurt Schumacher bereits in der 6. Sitzung des Bundestages am 21.9.1949 angekündigt hatte, dass die SPD-Fraktion sich jeder Revision des Bonner Grundgesetzes widersetzen werde.[85] Durch die Verzögerungen der Bundesregierung in Bezug auf die Angleichung des Familienrechtsgesetzes war Frieda Nadig bereits misstrauisch geworden. Sie bezweifelte, ob eine Umsetzung des Gleichberechtigungsgrundsatzes überhaupt ernsthaft beabsichtigt sei. In den bisherigen Beratungen war für sie eindeutig erkennbar geworden, dass starke Kräfte eine echte Gleichberechtigung nicht wollten. Als Belege führte sie u.a. an, dass die Bundesregierung bereits in ihrer Regierungserklärung vom 20.9.1949 dieses ›Problem‹ mit Stillschweigen übergangen habe. Zudem habe sie den »Kräften aus dem vorparlamentarischen Raum«[86] mehr Zeit zur Verfügung gestellt, als dem Gesetzgeber in der knappen Zeit eigentlich möglich gewesen wäre. Auch machte sie darauf aufmerksam, dass die Bundesregierung durch die Entlassung verheirateter Frauen aus dem öffentlichen Dienst permanent gegen den Grundsatz der Gleichberechtigung verstoße. Den »entscheidenden Grund, warum die Lösung der Aufgabe nicht so vorangetrieben wurde, wie es verfassungsrechtlich nach dem Grundgesetz geboten war,« sah sie in »weltanschaulichen Meinungsverschiedenheiten der Regierungskoalition". Eindeutig sprach sie sich dafür aus, dass an der Entscheidung des Grundgesetzes, an dem sie schließlich mitgearbeitet hatte, »nicht gedeutelt« werden könne. Wörtlich sagte sie, die Entscheidung »ist für die völlige Gleichberechtigung von Mann und Frau gefallen. Unter diesen Umständen soll durch eine Fristverlängerung die Außerkraftsetzung des Grundgesetzes auf eine nicht absehbare Zeit erreicht werden. Dazu bieten wir nicht die Hand. Wir werden daher dem Gesetzentwurf nicht zustimmen.«[87] Der Antrag der Regierungsparteien wurde gemeinsam mit dem Antrag der SPD-Fraktion auf Bildung eines Familienrechtsausschusses[88] am 15.4.1953 im Ausschuss für Rechtswesen und Verfassungsrecht behandelt. Dort wurde von den Vertretern der konservativen Parteien auf den »gesetzlosen Zustand« hingewiesen, die Gerichte seien wegen der seit 1. April 1953 fehlenden familienrechtlichen Grundlagen in ihrer Rechtsprechung, besonders was das eheliche Güterrecht und das Unterhaltsrecht angehe, überfordert. Da es jedoch um die Sicherung des Bestandes von Ehe und Familie gehe, die nach dem GG die Grundlagen des Staates bildeten, müsse die Neuformulierung des Familienrechts sorgfältig überlegt werden und

---

85 Rede der Abgeordneten Frieda Nadig zum Regierungsantrag auf Abänderung des Art. 117 GG., in: AdsD, Sammlung Personalia, Frieda Nadig.

86 Hier spielte sie offensichtlich auf den Einfluss der beiden großen christlichen Kirchen an.

87 Rede der Abgeordneten Nadig, S. 6.

88 Antrag der SPD-Fraktion betr. Bildung eines Familienrechtsausschusses – Drucks. Nr. 4220.

eine Verlängerung sei deshalb unbedingt notwendig, ein spezieller Ausschuss jedoch unnötig.[89] Die Frist für die Umsetzung wurde schließlich bis 1.4.1955 verlängert.

Die Debatte wurde auch in der Sitzung vom 30.4.1953 wieder aufgenommen. Wie sehr den Regierungsparteien der im Grundgesetz verankerte Gleichheitsgrundsatz ein Dorn im Auge war, geht aus dem Redebeitrag des CDU-Abgeordneten Wahl hervor. Er wies darauf hin, dass der vom Öffentlichen Recht kommende Gleichheitsgedanke in das Eherecht hineinplatze und es »tatsächlich in gewissem Sinne aus den Angeln« hebe. Frieda Nadig versicherte daraufhin, dass ihr die Schwierigkeiten der augenblicklichen Situation bewusst seien. In scharfer Form wandte sie sich gegen eine Beibehaltung des alten Familienrechtes, wie es nach einem Vorschlag der CDU/CSU vorgesehen war. Auch ein »Recht für die Zwischenzeit« erschien ihr nicht angemessen. Ihr ging es um eine Reformulierung im Sinne des Art. 3 Abs. 2 des Grundgesetzes, da wollte sie nicht locker lassen.[90]

Als im Februar 1955 ein neuer Unterausschuss »Familienrechtsgesetz« aus acht Abgeordneten der CDU/CSU, fünf der SPD und jeweils einem der FDP, der Deutschen Partei (DP) und dem Bund der Heimatvertriebenen und Entrechteten (BHE) gegründet wurde, gehörte Frieda Nadig zu den insgesamt sechs berufenen Frauen.[91] Mit einem knappen Ergebnis von 8 zu 7 beschlossen die 15 Stimmberechtigten die Streichung des Stichentscheids, nach dem der Mann bei ehelichen Streitigkeiten das letzte Wort haben sollte. Als Anfang Mai 1957 im Bundestag die zweite und dritte Lesung des Gesetzes zur Reform des Ehe- und Familienrechts stattfand, brachte die CDU-Fraktion vergeblich einen Änderungsantrag ein, um den Stichentscheid nach § 1354 BGB doch noch zu retten. Am 24. Mai 1957 wurde schließlich das Gesetz über die Gleichberechtigung von Mann und Frau auf dem Gebiet des bürgerlichen Rechts, kurz Gleichberechtigungsgesetz durch den Bundesrat nach fast achtjährigen Auseinandersetzungen verabschiedet. Am 1. Juli 1958 trat es in Kraft.

Das Gleichberechtigungsgesetz hatte aufgrund der vielen Kompromisse erhebliche Mängel: Die Legislative hatte sich nicht zu einem Ausgleich der während der Ehe erworbenen Versorgungs- und Rentenansprüche entscheiden können, in den Fragen der eigenständigen Berufstätigkeit hatte die Ehefrau noch immer nur eingeschränkte Rechte. Sie durfte eine außerhäusliche Arbeit nur einnehmen, wenn dies sich mit ihren Pflichten in Ehe und Familie vereinbaren ließ. Der Name des Mannes blieb bis 1994 Familienname, wenn die Ehefrau auch seit 1957 berechtigt war, den Mädchennamen hinzuzufügen. Frieda Nadig waren diese Mängel bewusst. Besonders mit der Regelung der »elterlichen

89 Protokoll des Ausschusses für Rechtswesen und Verfassungsrecht, 250. Sitzung vom 15.4.1953, Bundestagsarchiv, Bonn.

90 Protokoll des Ausschusses für Rechtswesen und Verfassungsrecht, 253. Sitzung vom 30.4.1953, Bundestagsarchiv, Bonn.

91 Zu den sechs Frauen gehörten auch Elisabeth Schwarzhaupt und Helene Weber (beide CDU). Vgl. *Heike Drummer/Jutta Zwilling*, Elisabeth Schwarzhaupt. Eine Biographie, in: *Die Hessische Landesregierung* (Hrsg.): Elisabeth Schwarzhaupt, Portrait einer streitbaren Politikerin und Christin, Freiburg u.a. 2001, S. 14-115; hier: S. 83.

Gewalt« war sie nicht einverstanden.[92] Der Letztentscheid (Stichentscheid) des Vaters bei Meinungsverschiedenheiten der Eltern nach § 1628 wurde zwar bei Ehestreitigkeiten aufgehoben, jedoch beibehalten, wenn es um die Erziehung der Kinder ging. Frieda Nadigs Warnung im Frühjahr 1957: »Wollen Sie es wirklich auf eine Verfassungsklage ankommen lassen, haben wir nicht alle Veranlassung, den Verfassungskonflikt zu vermeiden?« verhallte.[93] Sie wusste, dass ein Abstimmungsergebnis zugunsten der Aufrechterhaltung väterlicher Vorrechte die Gerichte beschäftigen werde. Zwei Jahre nach der Entscheidung des Bundestags trat Frieda Nadigs Vorhersage ein. Das Urteil des Bundesverfassungsgerichts vom 29.7.1959 erklärte die letzte Entscheidungsbefugnis über das Wohlergehen der Kinder wegen Verstoßes gegen Art. 6 und Art. 3 Abs. 2 GG für verfassungswidrig.

Frieda Nadig war nicht nur in den Bundesstag gewählt worden, weil sie an der Formulierung des Grundgesetzes beteiligt gewesen war. Sie galt als Kämpferin für eine gerechte Sozialordnung, die vor allem den sozialen Status der Frauen sichern und festigen sollte, die aber auch soziale Ungleichheit auf anderen Gebieten bekämpfte. Sie trat nicht nur für ein zeitgemäßes Familienrecht ein, sondern auch für die Erhaltung der deutschen Staatsangehörigkeit für Frauen, die mit einem Ausländer verheiratet waren. Ihr Engagement galt außerdem den Vertriebenen, der Linderung der ungeheuren Not der Kriegsopfer, der Schaffung einer ausreichenden Alters- und Invalidenversorgung, der Ausgestaltung des Mutterschutzes und der Wochenhilfe. Sie arbeitete an der Novellierung des Jugendschutzgesetzes mit und setzte sich für gesündere Lebensverhältnisse für die heranwachsenden Generationen ein.[94]

Durch ihre politische Arbeit wurden ihr auch Auslandsreisen möglich, von denen sie früher nur geträumt hatte. In der Fraktionssitzung am 2.12.1953 wurde Frieda Nadig zusammen mit vier weiteren Genossen für einen Studienaufenthalt in den USA vorgeschlagen.[95] Sie war beeindruckt von dieser Reise und ließ die Bevölkerung in Ostwestfalen daran teilhaben, indem sie in ihrem Wahlkreis anschließend Lichtbildervorträge darüber hielt.[96] Sie reiste aber nicht nur in die USA. Sie wollte gemeinsam mit anderen Frauen für Frieden und Völkerverständigung eintreten. Das schloss für sie eine »Politik der Verständigung« mit der Sowjetunion ebenso ein. Auf Einladung der Moskauer Zeitschrift »Die Sowjetfrau« war sie Mitglied einer 19-köpfigen Frauendelegation, die am 18. Oktober 1958 für vierzehn Tage in die Sowjetunion fuhr. Die Teilnehmerinnen waren Politikerinnen, Publizistinnen, Ärztinnen und Sozialarbeiterinnen.[97] Ziel der Reise sollte es sein,

---

92 *Frieda Nadig,* Neuordnung des Familienrechts, in: SPD-Pressedienst P/XII/89 vom 16.4.1957, S. 7 ff.

93 Protokoll 2. Deutscher Bundestag, 206. Sitzung, 3.5.1957, S. 11800.

94 Ebd.

95 In der Fraktionssitzung am 10.2.1954 wurde die Reise bewilligt. Vgl. *Petra Weber*, Die SPD-Fraktion im Deutschen Bundestag, Sitzungsprotokolle 1953–1957, Zweiter Halbband, Düsseldorf 1993, S. 22 u. 31.

96 Stadtarchiv Bielefeld, SPD-Ostwestfalen-Lippe, Akte 364.

97 Neben Frieda Nadig fuhren Helene Wessel, damals ebenfalls Bundestagsabgeordnete der SPD, und Herta Gotthelf, Frauenreferentin, Mitglied des Parteivorstandes und Chefredakteurin der SPD-

die unterschiedlichen Kulturen kennen zu lernen und die Verständigung der Frauen aus den beiden Staaten voranzutreiben. Die Delegation wurde von hochkarätigen Politikerinnen empfangen – unter anderem von der Sekretärin des Zentralkomitees der Kommunistischen Partei, der Gesundheitsministerin und der stellvertretenden Ministerin für Sozialfürsorge. Auf dem umfangreichen Programm standen neben kulturellen Begegnungen die Besichtigung von Textil- und Süßwarenbetrieben, von bäuerlichen Genossenschaften, von Schulen, Kindergärten und sozialen wie wissenschaftlichen Einrichtungen unter anderem in Moskau, Leningrad und Tiflis.[98] Von der SPD wurde diese Reise damals begrüßt. In der Frauengruppe der Mindener SPD hielt Frieda Nadig im März 1959 einen Lichtbildervortrag über ihre Erlebnisse in der Sowjetunion. Aus einem Bericht über diese Veranstaltung geht hervor, dass die Zuhörenden nach Frieda Nadigs Ausführungen feststellen mussten, »dass dort manches anders ist, als von unserer Regierung proklamiert«. Frieda Nadig war offensichtlich eine gute Rednerin, der es gelang, ihr Publikum zu begeistern: »Viel zu schnell verging die Zeit, denn Frau Nadig versetzte uns mit ihren Erzählungen mitten hinein in Russland.«[99]

Im SPD-Bezirk Ostwestfalen hat Frieda Nadig freilich nicht nur über ihre Reisen berichtet. 1957/1958 setzte sie ihre Forderung nach Einrichtung einer Stelle für eine Referentin für Frauenfragen für den SPD-Bezirk Ostwestfalen-Lippe durch. Dieser Vorgang wurde für andere Bezirke beispielhaft. Sieht man sich die Veranstaltungs- und Bildungsprogramme des SPD-Bezirks Ostwestfalen an, so fällt die rege Vortragstätigkeit von Frieda Nadig auf. Sie sprach zu allen im Bundestag behandelten Fragen und besuchte große Kongresse ebenso wie Frauengruppen vor Ort.

Durch Bildung gesellschaftsverändernd zu wirken war ein altes Anliegen von ihr. Daher verwundert es nicht, dass sie im Alter von 63 Jahren, am 25.4.1960, mit anderen Genossinnen, unter ihnen Elfriede Eilers, Frieda Kett und Erna Kehde, die Arbeitsgemeinschaft der Frauengruppen für staatsbürgerliche Bildung e.V. gründete und bei der Gründungsversammlung zur Vorsitzenden und Geschäftsführerin gewählt wurde. Zweite Vorsitzende wurde die Jugendfürsorgerin Elfriede Eilers, damals ebenfalls Bundestagsabgeordnete der SPD und AWO-Mitarbeiterin. Der Verein organisierte Bildungsveranstaltungen zur Frauen-, Sozial- und Gesundheitspolitik, zur Erziehung, zu Fragen, die die gesunde Ernährung und Landwirtschaft betrafen, und zu europäischen und internationalen Themen, die Frauen betrafen.

1961 musste Frieda Nadig, als es um die Listenaufstellung für die Bundestagswahl ging, mit der Bielefelderin Elfriede Eilers konkurrieren. Elfriede Eilers bezeichnet das

Frauenzeitschrift »Gleichheit«, eine Redakteurin des Axel-Springer-Verlages, eine Agrarjournalistin, eine Redakteurin der »Werkhefte katholischer Laien« sowie mehrere Ärztinnen und Sozialarbeiterinnen; Teilnehmerliste AdsD, NL Helene Wessel 311 u. 312.

98 Sowjetunion heute, Nr. 33, 3. Jg., 20.11.1958.

99 Stadtarchiv Bielefeld, SPD-Ostwestfalen-Lippe, Akte 364. Als Helene Wessel 1964 eine Folgereise plante, stieß sie bei der Partei auf starke Vorbehalte, weil nach dem Bau der Berliner Mauer 1961 und aufgrund der Erfahrungen mit der Kuba-Krise die bereits vorhandenen Kontakte in die Ostblockstaaten stark gedrosselt wurden. Vgl. *Elisabeth Friese,* Helene Wessel, Essen 1993, S. 273.

Konkurrenzverhältnis später als sehr bitter, denn Frieda Nadig war die Frau gewesen, die ihr die politischen Wege geebnet, sie mit vielen guten Ratschlägen versehen, sie sogar für den Bundestag empfohlen hatte und mit allen ihr zur Verfügung stehenden Mitteln gefördert hatte.[100] Später meinte Elfriede Eilers, dass es in Wirklichkeit um eine Auseinandersetzung zwischen dem wesentlich jüngeren SPD-Abgeordneten Heinz Junker und Frieda Nadig gegangen sei, eine Konkurrenz zwischen Mann und Frau oder zwischen den Generationen, auf jeden Fall eine Auseinandersetzung zwischen verschiedenen Parteiflügeln. Es ging einfach darum, die Genossin Nadig abzulösen. Heinz Junker gehörte dem »linken Flügel« an, während Frieda Nadig eher dem Flügel angehörte, den man früher als »Mehrheitssozialisten« bezeichnet hatte.[101] Frieda Nadig hatte die Situation ganz offensichtlich nicht realistisch eingeschätzt, sonst hätte sie sich eine Niederlage ersparen können. Zweifellos hatte sie erkannt, dass Elfriede Eilers nicht gegen sie agitierte. Auch wenn Frieda Nadig letztendlich nicht wieder für den Bundestag aufgestellt wurde, ließen beide Frauen daraus keinen Konflikt entstehen, sondern blieben gute Freundinnen. Später schrieb Elfriede Eilers, »mit Frieda war man schlecht umgegangen«. Einzugestehen, das sie selbst dabei zur »Manipuliermasse« geworden war, ist ihr, wie sie selbst schrieb, sehr schwer gefallen.[102]

Weiterarbeit (1961–1970)

»Sie war sehr aktiv. Sie hat nie an sich selbst gedacht«[103]

Von der politischen Bühne war Frieda Nadig nicht freiwillig abgetreten. Fünf weitere Jahre, bis 30.6.1966, war sie noch Geschäftsführerin des AWO-Bezirksverbandes Östliches Westfalen, wo sie in der Zwischenzeit Vorgesetzte von über 200 Mitarbeiterinnen und Mitarbeitern war. Menschen, die in Not waren, fanden weiterhin ein offenes Ohr bei ihr. Niemand wurde abgewiesen und vielen hat das Gespräch mit der »warmherzigen, mütterlichen Frau« geholfen.[104] Nach 20-jähriger Tätigkeit schied sie aus ihrem Amt aus, um in den »Ruhestand« zu treten.[105] In zahlreichen Reden anlässlich ihrer Verabschiedung wurden ihre unermüdliche Schaffenskraft, ihre Hilfsbereitschaft und Zuverlässigkeit gelobt. Für die Arbeiterwohlfahrt stand sie weiterhin in Kommissionen und Ausschüssen mit ihrem »bewährten Rat« zur Verfügung.[106] Der Bau von vier Altenwohnheimen, zwei Pflegeheimen, zwei Mütterkurheimen, vierzehn Kindertagesstätten, acht Altentagesstätten und 34 Altenklubs ging auf ihre Initiative zurück.

---

100 Eilers, S. 89 f.

101 Ebd., S. 92.

102 Ebd., S. 93 f.

103 Die langjährige Mitarbeiterin Inge Boegem über ihre Vorgesetzte Frieda Nadig, in: Nordrhein-Westfalen, Menschen in der AW (V): Inge Boegem, Bielefeld, Zeitschriftenausschnitt ohne weitere Angaben, übersandt von AWO Herford.

104 Ebd.

105 Der Bundsverband teilt mit, in: »Unsere Arbeit«, September 1966.

106 Ebd.

Elisabeth Selbert (Mitte) und Frieda Nadig (rechts) im Gespräch auf der Bundesfrauenkonferenz in Frankfurt/M., 1963

Im Dezember 1961 bekam sie durch den Landessozialminister Grundmann im Namen des Bundespräsidenten Heinrich Lübke das Große Verdienstkreuz der Bundesrepublik Deutschland für ihre Verdienste »zur Festigung des demokratischen Gedankens vor allem bei der weiblichen Bevölkerung« überreicht.[107] Für ihr außerordentliches Engagement bei der Arbeiterwohlfahrt wurde sie am 17. Januar 1970 vom Bundesvorstand der AWO mit der Marie-Juchacz-Plakette ausgezeichnet.

Frieda Nadig starb am 14.8.1970 im Alter von 73 Jahren in Bad Oeynhausen. In ihren letzten Lebensjahren litt sie an Diabetes und war nahezu erblindet. Es entsprach ihrer unaufdringlichen Bescheidenheit, dass sich »die bewährte Mitstreiterin für den sozialen Fortschritt« wünschte, dass – wie zu ihren Lebzeiten – auch nach ihrem Tod wenig Aufhebens von ihrer Person gemacht werden sollte. Sie wünschte, »in aller Stille« beigesetzt zu werden.[108] Der SPD-Pressedienst gab ihren Tod erst Wochen später bekannt. Ihr kleines angesammeltes Vermögen und die Kranz- und Blumenspenden sind in die »Frie-

107 »Großes Verdienstkreuz für Frieda Nadig, Soziale und politische Leistung gewürdigt.« Zeitungsausschnitt ohne weitere Angabe, in: Stadtarchiv Bielefeld, SPD-Bezirk Ostwestfalen-Lippe, Akte 364, sowie Kopie der Vorschlagsbegründung zum Großen Verdienstkreuz für Friederike Nadig, ohne nähere Bezeichnung, Nordrhein-Westfälisches Hauptstaatsarchiv Düsseldorf.

108 Frieda Nadig gestorben, in: »Unsere Arbeit« 1970.

da-Nadig-Stiftung« eingegangen: Nach ihrem letzten Willen wird die Stiftung dazu verwendet, den Bewohnerinnen und Bewohnern der Altenheime ihres AWO-Bezirksverbandes die Teilnahme an kulturellen Veranstaltungen zu finanzieren.[109] Eine Straße in Berlin, ein Altersheim in Bielefeld und das Stift der Arbeiterwohlfahrt in Herford wurden nach ihr benannt.

Der britische Verbindungsoffizier Chaput de Saintogne, der neben anderen Parlamentarierinnen und Parlamentariern des Parlamentarischen Rates auch Frieda Nadig charakterisierte, bezeichnete sie später als treue und überzeugte SPD-Anhängerin, die – ebenso wie die CDU-Parlamentarierin Helene Weber – vor allem auf sozialpolitische und »frauenspezifische« Themen konzentriert war. Frieda Nadig sprach er obendrein die Überzeugungskraft ab.[110] Die Beschränkung auf sozial- und frauenpolitische Themen in Sozial- und Wohlfahrtsausschüssen und -Gremien, ihr Eintreten für Flüchtlinge, wirtschaftlich Schwache und Bedürftige wird bei ihr allerdings gelobt, nicht – wie bei Elisabeth Selbert – bedauert.

Mit diesem Urteil wird Saintogne Frieda Nadig nicht gerecht. Ebenso wenig wie die meisten Nachrufe, mit denen ihre »humanitäre Verantwortung« und ihr menschliches Mitgefühl als Qualifikationen, die ihre politischen Aktivitäten kennzeichneten, hervorgehoben werden.[111] Durch diese Fähigkeiten sei sie überhaupt zu politischer Aktivität zugunsten des »Gemeinwohls« animiert worden. Immer wieder werden ihr bescheidenes Auftreten, ihre große Verantwortungsfreude und ihr menschliches Mitgefühl gelobt, und ihre ganz besonderen Verdienste, die sie sich dadurch erworben hätte, dass sie hinter ihrer Fülle von Aufgaben weitestgehend unsichtbar blieb.

Niemand schien die Energie und das Durchhaltevermögen dieser »warmherzigen, mütterlichen Frau mit dem großem Selbstbewusstsein«[112] zur Kenntnis zu nehmen. Ohne diese Fähigkeiten wäre weder die Gleichstellungspolitik vorangetrieben, noch die konservative Familien- und Fürsorgepolitik reformiert worden. Frieda Nadig führte ihr Leben nicht nur im Dienst der Bedürftigen,[113] sondern auch im Dienste derjenigen, die selbstbewusst ihr Leben gestalten wollten.

Im Gegensatz zu Elisabeth Selbert ist Frieda Nadig bis heute von der Frauen- und Geschlechterforschung wenig beachtet worden. Ihre eindeutige Abgrenzung gegenüber bürgerlichen Kreisen könnte ein Grund dafür sein, dass sie auch kaum in frauenpolitische

---

109 Aus einem Bericht der Arbeiterwohlfahrt Bezirksverband Östliches Westfalen, Bielefeld, geht hervor, dass 340 Heimbewohner aus Einrichtungen der AWO mit Hilfe von Geldern der »Frieda-Nadig-Stiftung« an Theater- und Konzertbesuchen teilnehmen konnten, in: Arbeiterwohlfahrt Bezirksverband Östliches Westfalen, Unsere Arbeit 1974–1976, Bielefeld o.J., S. 31.

110 Zit. nach *Rainer Pommerin,* Die Mitglieder des Parlamentarischen Rates. Porträtskizzen des britischen Verbindungsoffiziers Chaput de Saintogne, in: Vierteljahrshefte für Zeitgeschichte, 36. Jg., H. 3, Juli 1988, S. 557-589; hier: S. 278, 586.

111 Z.B. Frieda Nadig gestorben, in: »Unsere Arbeit« 1970.

112 Rede anlässlich 100. Geburtstag.

113 »Es war ein Leben im Dienst der Bedürftigen«, in: Informationen zum Leben und Wirken von Frieda Nadig anlässlich ihres 100. Geburtstages, »In der Arbeiterwohlfahrt gibt es nur ein Wir – kein Ich!« Redaktion Erwin Tälkers.

Diskussionen eingegangen ist. Ihr Engagement bezog sich immer wieder auf eine Verbesserung der sozialen Wirklichkeit, besonders der Frauen, die außerhalb des von bürgerlichen Kreisen verlangten ›normalen‹ Familienmodells lebten. Für eine längst fällige, aber noch immer nicht verwirklichte Gleichbehandlung aller Lebensweisen war sie Vorreiterin. Es waren nicht nur »ungezählte stille Werke tätiger Nächstenliebe, die diese verdienstvolle Frau in aller Bescheidenheit ein Leben lang vollbracht hat«.[114] Sie hätte einen Platz in der Geschichte verdient.

114 Nordrhein-Westfälisches Hauptstaatsarchiv Düsseldorf. Kopie der Vorschlagsbegründung zum Großen Verdienstkreuz für Friederike Nadig, ohne weitere Angaben.

Dr. Elisabeth Selbert

»Wir Frauen wollen, dass im deutschen Recht unsere Gleichstellung erfolgt«[1]

Elisabeth Selbert wäre vielleicht wie andere namenlose und unentdeckte Frauen in Vergessenheit geraten, hätte die Frauenbewegung der 70er Jahre nicht nach dem Anteil der »Mütter« des Grundgesetzes geforscht. Anlässlich der vielen Feiern zum 50sten Jahrestag des Grundgesetzes für die Bundesrepublik Deutschland 1999 wurde zwar immer noch viel von den »Verfassungsvätern« gesprochen. Dennoch rückte auch Elisabeth Selbert ins Blickfeld der Öffentlichkeit. Während der Zeit ihres aktiven Lebens scheint sie weniger gefeiert worden zu sein. Als Mitglied des Parlamentarischen Rates war Elisabeth Selbert eine der »Mütter des Grundgesetzes« der Bundesrepublik Deutschland. Als eine von vier Frauen unter 65 Parlamentariern hat sie während der neun Monate der verfassungsgebenden Beratungen in den Jahren 1948/49 wie eine Löwin für die Durchsetzung von Art. 3 Abs. 2 des Grundgesetzes gekämpft: »Männer und Frauen sind gleichberechtigt«. Darin liegt ihr bleibender Verdienst.

Kindheit, Elternhaus, Begegnung mit Adam Selbert (1896–1918)

»Ich hatte die Besessenheit, mein Wissen zu erweitern«[2]

Martha Elisabeth Rohde wurde am 22. September 1896 geboren. Sie wuchs in einer ganz »normalen«, von ihr selbst als christlich bezeichneten Familie in Kassel auf, als zweite von vier Schwestern. Ihr Vater, Georg Rohde, war gelernter Bäcker und diente dann als Berufssoldat. Nach einem Unfall wurde er Gefangenenaufseher in einer Kasseler Jugendstrafanstalt. Ihre Mutter, Eva Elisabeth Rohde, geb. Sauer, arbeitete als Haushälterin, bevor sie für den eigenen Haushalt und die Kinder sorgte. Wie die meisten Mädchen ihrer Generation bekam Elisabeth Selbert eine typische Mädchenerziehung: Sie lernte sticken, stricken und nähen und hatte wenig Zeit zum Lesen. Es war der Großvater, der sie in ihren intellektuellen Fähigkeiten, in ihrer Besessenheit, mehr wissen zu wollen, förderte und ihr den Zugang zu Naturgeschichte und Philosophie verschaffte. Gegen die Mutter musste sie sich auflehnen, weil sie lieber Bücher geschenkt bekommen wollte als Teile für die Aussteuer. Heiraten wollte sie ohnehin nicht.[3]

Das Oberlyzeum, die Höhere Schule für Mädchen, war für die Familie nicht bezahlbar und so besuchte sie ab 1912 die Kasseler Gewerbe- und Handelsschule des Frauenbildungsvereins. Ihr Ziel, Lehrerin zu werden, ließ sich mangels finanzieller Mittel nicht realisieren. Da sie auf der Amalienschule die englische und französische Sprache erlernt hat, wurde sie Auslandskorrespondentin bei der Import-Exportfirma Salzmann & Co. in

1 *Elisabeth Selbert,* in: Freie Presse vom 8.12.1948, AdsD, Sammlung Personalia, Elisabeth Selbert.

2 Elisabeth Selbert, zit. nach *Ingrid Langer,* Festveranstaltung in der Elisabeth-Selbert-Akademie der Friedrich-Ebert-Stiftung, Saarbrücken, 22.9.1996, Dokumentation, Bonn 1997, S. 7.

3 Vgl. *Hanne Wiedner,* Dr. Elisabeth Selbert, in: Ariadne, H. 5/1986, S. 14-16; hier: S. 14.

Kassel-Bettenhausen.[4] Sie verdiente also fortan ihr eigenes Geld. Auch ihre drei Schwestern konnten, trotz des knappen Familieneinkommens, einen Beruf erlernen.

Der Ausbruch des Ersten Weltkrieges 1914 gab ihrem Leben einen anderen Verlauf. Nachdem sie ihre Stelle verloren hatte, arbeitete sie als Postbeamtenanwärterin im Telegraphendienst der Reichspost, eine Anstellung, die sie durch den kriegsbedingten Mangel an männlichen Arbeitskräften bekommen konnte, die jedoch nur geringe Aufstiegs- und Qualifizierungschancen bot.

Am Postschalter lernte sie 1918, mitten in der Novemberrevolution, ihren späteren Mann, den gelernten Buchdrucker und damaligen Vorsitzenden des Arbeiter- und Soldatenrates in Niederzwehren bei Kassel, Adam Selbert, kennen. Er war der Sohn eines »alten Politikers«,[5] wie sie später sagte, denn sein Vater war bereits für die Unabhängigen Sozialdemokraten in kommunalen Parlamenten tätig. Unter Adam Selberts Einfluss fing sie an, politisch zu denken, und sie besuchte mit ihm politische Versammlungen. Nach dem Besuch einer Kundgebung Ende1918 trat sie auf seinen Fußstapfen in die SPD ein. Die Sozialdemokratie hatte gerade erst das aktive und passive Wahlrecht für Frauen erkämpft.

Der Sozialist Adam Selbert wurde ihr Partner (auch) im Alltag. Er stand ihr stets zur Seite und hat sich nach der Heirat auch um den Haushalt und später um die Kinder gekümmert. Ihre Familie schien von dem Mann nicht besonders begeistert zu sein. Die Großmutter väterlicherseits hatte es sogar abgelehnt, Elisabeths Mann während eines gemeinsamen Besuches zu begrüßen. Er war als »roter Funktionär« verfemt, und auch Elisabeth gehörte nun für die Familie »zu den Roten«, wie sie selbst sagte.[6] Mit den »Roten« wollten damals viele nichts zu tun haben. Schließlich war es die Zeit, als der Pfarrer von der Kanzel vor den »Roten« warnte. Erst später, als sie schon Anwältin war, fand die gesamte Familie den Weg zu ihr zurück.

Erste politische Arbeit (1919–1933)

»Diese Gleichberechtigung ist immer noch eine rein papierne«[7]

Es war Philipp Scheidemann, früher Reichsministerpräsident, damals Oberbürgermeister in Kassel, der sie motivierte, selbst aktiv Politik zu machen. Seitdem Frauen mit der Gründung der Weimarer Republik in den Parlamenten mitmischen konnten, schrieb Elisabeth Selbert viele Artikel und sprach auf zahlreichen Veranstaltungen über die Pflicht der Frauen, sich politisch zu informieren und zu engagieren. Sie wollte fortan viele Frauen motivieren und aktivieren, Aufgaben in der Politik und in den Parlamenten zu übernehmen. Schließlich waren es hauptsächlich ihre Genossinnen und Genossen, die

4 *Heike Drummer/Jutta Zwilling,* Elisabeth Selbert. Eine Biographie, in: *Die Hessische Landesregierung (Hrsg.),* Elisabeth Selbert, die große Anwältin der Gleichberechtigung, Frankfurt a.M. 1999, S. 9-136; hier: S. 22.

5 *Barbara Böttger,* Das Recht auf Gleichheit und Differenz, Münster 1990, S. 129.

6 Ebd., S. 135.

7 *Elisabeth Selbert,* Rede auf der Frauenkonferenz der SPD 1920 in Kassel, zit. nach Langer, S. 8.

Elisabeth Selbert (1896–1986)

bereits den Gleichberechtigungsartikel der Weimarer Verfassung erkämpft hatten. Es galt jetzt, »die Gleichberechtigung in der Praxis bis zur letzten Konsequenz« durchzusetzen, dafür wollte Elisabeth Rohde schon damals hart arbeiten. Und dazu brauchte sie viele verbündete Frauen. Sie hatte schon 1919 erfolgreich für einen Sitz im Gemeindeparlament in Niederzwehren kandidiert, wo sie nach der Wahl vor allem im Steuer- und Finanzausschuss arbeitete, einem Gebiet, von dem sie nach ihren eigenen Aussagen bis dahin nicht übermäßig viel verstanden hatte. Gleichzeitig wurde sie Mitglied des Bezirksvorstandes der SPD und arbeitete weiter im Telefonamt. Die SPD unterstützte ihr frauenpolitisches Engagement und sandte sie im Oktober 1920 als Delegierte zur ersten Reichsfrauenkonferenz in Kassel, wo sie beeindruckt war von den Frauen, die zum größten Teil damals Mitglied der Weimarer Nationalversammlung gewesen waren. In einer frauenpolitisch programmatischen Rede kritisierte sie während der Konferenz, »dass wir zwar heute die Gleichberechtigung für unsere Frauen haben, dass aber diese Gleichberechtigung immer noch eine rein papierne ist«[8]. Im letzten Teil ihrer Rede wies sie darauf hin, dass Sozialdemokratinnen und Sozialdemokraten auf dem Standpunkt stünden, dass »Wohlfahrtspflege eine Aufgabe des Staates ist« und daher endlich Schluss gemacht werden müsse »mit der privaten und öffentlichen Bettelei«.[9]

Trotz der Bedenken ihrer Familie heiratete sie 1920 Adam Selbert. 1921, nach der Geburt des ersten Kindes Gerhard – sie hatte, wie es damals üblich war, bis vier Wochen vor der Niederkunft als Telegraphenbeamtin gearbeitet –, übernahm sie, wie fast alle Frauen ihrer Generation, Haushalt und Kindererziehung, während Adam Selbert, wie fast alle Männer seiner Generation, eine Karriere – in seinem Falle als Gemeindebeamter und stellvertretender Bürgermeister – begann. Vierzehn Monate später kam der zweite Sohn Herbert zur Welt. Elisabeth Selbert sagte später, dass sie die beiden Kinder haben wollte und daher auch die Opfer auf sich genommen habe, die nach ihrer Meinung dazugehör-

8 Ebd.

9 Böttger, Das Recht auf Gleichheit, S. 131.

ten. Kinder, so meinte sie in einem Interview, gehörten nicht unbedingt zum Leben einer Frau, seien aber geeignet, es reicher zu machen.[10] Die kommunalpolitische Arbeit verband die Eheleute weiterhin. Sie beide waren mit politischen Ämtern, wie sie sagte, ausgefüllt. Sie selbst war »daneben mit der Erziehung und Sorge um meine Kinder« beschäftigt.[11] So weit, dass sie die politische Arbeit ganz aufgegeben hätte, ging ihre Opferbereitschaft allerdings nicht. Im Gegenteil, sie stellte fest, dass ihr Grundlagen für ihre politische Arbeit fehlten und bereitete sich deshalb in einem zwölfmonatigen Selbststudium auf die Reifeprüfung vor, mit dem Ziel, ein Jurastudium zu absolvieren. Sie hoffte, dass »die juristische Ausbildung helfen würde, politisch effizienter wirken zu können.«[12]

1925, sie hatte nun zwei drei- und vierjährige Söhne, entschloss sie sich, unterstützt durch Adam Selbert, an der Luisenschule in Kassel als Externe die Mittlere Reife und das Abitur nachzuholen. Danach studierte sie in Marburg als einzige Frau Rechts- und Staatswissenschaften. Sie konnte sich später nicht erinnern, in Marburg je eine andere Frau im Kolleg gesehen zu haben, während sie nach ihrem Wechsel zur Universität Göttingen immerhin eine unter fünf Frauen war. Der »Männerüberschuss« an den Universitäten störte sie nicht sonderlich, eher taten ihr die Professoren leid, die manchmal durch die weibliche Präsenz überfordert schienen. Ihr kamen sowohl im Studium wie auch in ihrer späteren Tätigkeit als Anwältin die Erfahrungen, die sie in der Familie und bei der Erziehung der Kinder gewonnen hatte, zu Gute. Unterstützt wurde sie vor allem durch ihre Familie: Die Kinder versorgte die Großmutter, den Haushalt eine Schwester, und ihr Mann half hin und wieder, vor allem indem er sich nachmittags um die beiden Söhne kümmerte. Später sagte sie, dass ihr das Studium nur »durch die vorbildliche Partnerschaft« ihres Mannes möglich geworden sei: »Er war politischer Beamter und infolgedessen sehr in Anspruch genommen, aber er kümmerte sich daneben noch um die beiden Kinder.«[13] Jedenfalls war es eine für damalige Verhältnisse äußerst ungewöhnliche Ehe. Cornelia Filter schrieb in der EMMA vom Juli/August 1999, Elisabeth Selbert habe sich einen »Softi« zum Manne genommen, einen Buchdrucker, der ihr ermöglicht habe, das Abitur nachzumachen, und obendrein die Studiengebühren für sie bezahlte.[14] So kann man es auch sehen.

Gute Freundinnen, Freunde, Genossinnen und Genossen halfen über manche finanziellen Engpässe hinweg. 1929 hatte sie das Studium nach sechs Semestern absolviert. Sie bestand das juristische Staatsexamen mit Prädikat und Auszeichnung und promovierte vier Monate später zum Dr. jur.[15] In ihrer Dissertation zum Thema »Ehezerrüttung als

---

10 Ebd., S. 130.

11 Ebd.

12 Zit. nach *Margarete Fabricius-Brand u.a.,* Juristinnen: Berichte, Fakten, Interviews, 1982, S. 187.

13 Zit. nach. *Thea Reis,* Die Durchsetzung der Gleichberechtigung – gestern und heute, in: General-Anzeiger Bonn vom 14./15.1.1984, S. XVIII.

14 *Cornelia Filter,* Männer und Frauen sind gleichberechtigt, in: Emma Juli/August 1999, S. 76-81; hier: S. 78.

15 *Ursula Lenkewitz,* Elisabeth Selbert, eine der »Mütter des Grundgesetzes«, wäre jetzt 100 Jahre alt geworden, Einer der wichtigsten Sätze der Verfassung, in: Das Parlament vom 27.9.1996, S. 15.

Scheidungsgrund« kritisierte sie das damals geltende patriarchale Ehe- und Familienrecht des BGB, das Frauen fast rechtlos stellte und deshalb als patriarchalisch entlarvt werden müsse. Sie selbst trat für eine »Entgiftung« des Scheidungsprozesses ein, indem das Zerrüttungsprinzip als alleiniger Scheidungsgrund an die Stelle des Schuldprinzips treten solle. Dadurch solle der Missbrauch des Rechts und die Benachteiligung von Ehepartnern und Kindern vermieden werden. Ganz entschieden setzte sie sich dafür ein, dass in einer Ehe der Frau alleine das Recht auf ihren Körper und damit die Entscheidung darüber, ob sie ein Kind empfangen will oder nicht, zustehen sollte. Damit war sie nicht nur ihrer Zeit weit voraus, sondern sie hatte auch ihre Professoren überfordert, die ihre Doktorarbeit nicht gut bewerten wollten.[16] Erst im Rahmen der Eherechtsreform 1977, also 47 Jahre später, wurden ihre Vorschläge umgesetzt. Der sozial-liberalen Koalition war es gelungen, das Schuldprinzip abzuschaffen.[17]

Nachdem sie im März 1933 auf der hessischen Landesliste der SPD für den Reichstag kandidiert hatte, hätte sie unter Umständen die Gelegenheit bekommen können nachzurücken, wenn der Reichstag weiter bestanden hätte.

Im Schatten des Hakenkreuzes (1933–1945)

»Ich musste dieses Elend ansehen, nachdem die jüdischen Leute in Ghettowohnungen zusammengetrieben worden waren«[18]

Nach der Machtübernahme durch die Nationalsozialisten wurde Adam Selbert als stellvertretender Bürgermeister von Niederzwehren auf Grund des Berufsbeamtengesetzes entlassen und als »Staatsfeind« für einige Monate im KZ in Weidenau in »Schutzhaft« genommen. In der Nähe von Kassel musste er in einem Lager Steine klopfen. Elisabeth Selbert sah mit Entsetzen seine blutigen Hände, als sie ihn besuchte. Sie war es, die ihn mit Hilfe des ihren juristischen Argumenten gegenüber aufgeschlossenen Lagerleiters aus dem KZ herausholte.[19] Danach blieb er bis Kriegsende unter Gestapo-Aufsicht und erwerbslos. Die Erniedrigungen und Demütigungen sowie ein Trauma, das er durch eine beinahe vollzogene Erschießung erlitten hatte, führten dazu, dass er fortan ein kranker und gebrochener Mann war.[20]

Unter schwierigsten Umständen legte Elisabeth Selbert im Frühjahr 1934 die große Staatsprüfung beim preußischen Prüfungsamt in Berlin ab. Auf Drängen ihres Mannes beantragte sie sofort nach bestandener Prüfung die Zulassung als Anwältin. Er hatte bereits die Information, dass die Nationalsozialisten daran arbeiteten, Juristinnen generell

---

16 Ihr Doktorvater war Prof. Oertmann, Universität Göttingen.

17 Obwohl sie immer wieder als bescheidene Frau bezeichnet wird, kränkte es sie sehr, dass auf ihre Arbeit niemals zurückgegriffen wurde.

18 *Elisabeth Selbert,* zit. nach Langer, S. 15.

19 Brief Elisabeth Selbert an den Herrn Polizeipräsidenten in Kassel vom 24.7.1933, in Archiv der dt. Frauenbewegung, Nachlass Elisabeth Selbert.

20 Vgl. Interview mit Elisabeth Selbert, in: Böttger, das Recht auf Gleichheit, S. 141.

von Berufen in der Justiz auszuschließen.[21] Tatsächlich schien ihre berufliche Karriere bereits beendet, denn am 22. Juli 1934 trat die neue Justizausbildungsverordnung und am 20.12.1934 das Gesetz zur Änderung der Rechtsanwaltsordnung in Kraft. Das besagte, dass Frauen als Anwälte nicht mehr zugelassen waren, weil das einen »Einbruch in den altgeheiligten Grundsatz der Männlichkeit des Staates« bedeutet hätte. Tatsächlich wurden ab 1935 nur noch Anträge männlicher Bewerber auf Zulassung zur Rechtsanwaltschaft genehmigt. Auch ihr sollte der Eintritt in den Herrenclub vereitelt werden. Es war nicht das letzte Mal, dass sie diese Erfahrung machen sollte. Elisabeth Selbert hatte Glück. Gegen den Willen des nationalsozialistischen Präsidenten, gegen das Votum der Rechtsanwaltskammer und gegen die Entscheidung des Gauleiters und des NS-Juristenbundes wurde sie am 15.12.1934 am Oberlandesgericht zugelassen.[22] Es waren zwei ältere Senatspräsidenten, die ihren Vater als bewährten Justizbeamten gekannt und sich mutig und aufrecht für sie eingesetzt hatten.[23] Die Senatspräsidenten haben in Vertretung des Oberlandesgerichtspräsidenten ihre Zulassung ausgesprochen.[24] So konnte Elisabeth Selbert 1934 ihre anwaltliche Praxis eröffnen. Da ihr Mann bis 1945 erwerbslos blieb, musste sie nun die Familie ernähren.

Die Geschichte ihrer Zulassung als Rechtsanwältin war nicht die einzige ambivalente Situation in ihrem Leben. Ihr wurde nach dem Zweiten Weltkrieg vorgeworfen, sie habe eine jüdische Anwaltskanzlei unentgeltlich übernommen und sei Mitglied in der Nationalsozialistischen Volkswohlfahrt gewesen. Das wird sogar in Zusammenhang damit

---

21 Drummer/Zwilling, Elisabeth Selbert, S. 51.

22 *Richard Ley,* Elisabeth Selbert gestorben, in: Neue Juristische Wochenschrift, 39. J., hrsg. am 10.9.1986, S. 37. So auch Drummer/Zwilling, Elisabeth Selbert, S. 51. Nach Drummer/Zwilling befand sich der Präsident, Otto Palandt, in Urlaub. Er hatte, nach der Verabschiedung der neuen Gesetze, unmissverständlich formuliert, es sei »Sache des Mannes, das Recht zu wahren«. Vgl. Otto Palandt u.a.: Die Justizausbildungsordnung des Reiches, Berlin 1939, S. 6. Drummer/Zwilling vermuten, dass sie den ehemaligen Kasseler Oberlandesgerichtsrat, der seit 1. Dezember 1933 Präsident des Reichsjustizprüfungsamtes und damit einer der führenden Juristen im »Dritten Reich« war, persönlich kannte, weil sie auf sein Gratulationsschreiben anlässlich ihres bestandenen Examens besonders stolz war. Vgl. zum Gratulationsschreiben *Ingrid Langer u.a.* (Hrsg.), Alibi-Frauen? Hessische Politikerinnen I-III, Frankfurt a.M. 1994, S. 286. Otto Palandt kam – obwohl er im Nationalsozialismus mittat – ab 1949, wie die meisten anderen Juristen auch, wieder in Amt und Würden. Vgl. *Hans Wrobel,* Otto Palandt zum Gedächtnis. 1.5.1877-3.12.1951, in: Redaktion Kritische Justiz (Hrsg.), Der Unrechtsstaat II, S. 153. Elisabeth Selbert enthielt sich, solange sie lebte, jeglichen Urteils über den umstrittenen Richter und Justizbeamten.

23 Auch Drummer/Zwilling, Elisabeth Selbert, S. 51, sprechen von der »Beherztheit der beiden Männer, denen nicht nur der Vater Georg Rhode als Justizbeamter, sondern auch Elisabeth Selbert »seit langem wohlbekannt« war. Später schrieb Elisabeth Selbert selbst: »mit Hilfe einiger älterer, nicht naziverseuchter Juristen« hätte sie die Zulassung erreicht. *Elisabeth Selbert,* Sozialdemokratische Frauen, in: Die Freiheit vom 12.12.1947.

24 Noch hoch in den Achtzigern erinnerte sich Elisabeth Selbert an diese Umstände: »Die Geschichte meiner Zulassung hört sich an wie ein Märchen; sie ist aber wahr.« Zit. nach *Antje Dertinger,* Elisabeth Selbert. Eine Kurzbiographie, Wiesbaden 1986, S. 17. Durch dieses ›Märchen‹ wird aber auch deutlich, dass das NS-System nicht ganz so geschlossen war, wie oft behauptet wird.

gebracht, dass sie nicht von den hessischen, sondern von den niedersächsischen Genossen in den Parlamentarischen Rat geschickt wurde.

Richtig ist, dass Elisabeth Selbert im Dezember 1934 eine Kanzlei am Kasseler Königsplatz bezog. Mit einem Darlehen von Genossen, das sie bald zurückzahlte, übernahm sie die komplette Sozietät der beiden jüdischen Rechtsanwälte Karl Elias und Leon Rossmann. Beide planten zu diesem Zeitpunkt ihre Ausreise nach Palästina bzw. Großbritannien und benötigten das Geld, das Selbert ihnen für die Einrichtungsgegenstände bezahlte, für die Flucht. Vermutlich hat Elisabeth Selbert auch einen Teil der Mandantinnen und Mandanten aus der Sozietät Elias/Rossmann übernommen. Darauf, dass die beiden jüdischen Rechtsanwälte gezwungen waren zu emigrieren, hatte sie keinen Einfluss. Die Praxisübernahme hat sie korrekt abgewickelt und sich auch nicht finanziell bereichert, im Gegensatz zu vielen anderen, die die Notlage der Emigrierenden schamlos ausgenutzt haben. Gesprochen hat Elisabeth Selbert darüber nicht, aber es hat sie offensichtlich auch niemand danach gefragt. Ihr Enkel sprach später von »trauriger Ironie der Geschichte«.[25]

Richtig ist auch, dass sie aus Angst um die Existenz ihrer Familie den Rat von guten Freunden befolgt hat und 1938 in die »Nationalsozialistische Volkswohlfahrt« eingetreten ist. Nach ihren eigenen Angaben ist sie zudem 1934 dem NSRB und 1940 dem »Frauenwerk« beigetreten.[26] Ihre Söhne waren in der Hitler-Jugend.[27] Zeitzeuginnen finden ihre Mitgliedschaften belanglos, weil sie lediglich Mitglied der Organisationen und nie aktiv gewesen sei und zudem während ihrer praktischen Arbeit als Anwältin gegen das NS-System gearbeitet habe. Andere sind der Meinung, dass ihr der Beitritt nicht leicht gefallen sei. Sie selbst schrieb, dass immer »das Damoklesschwert neuer politischer Verfolgungen« über der Familie geschwebt habe. Es sei »ein gütiges Schicksal« gewesen, dass sie überhaupt überlebt habe.[28] Später sagte sie: »Ich habe im Hitlerreich natürlich sehr vorsichtig sein müssen, obwohl ich nie einen Kotau vor dem Nationalsozialismus gemacht habe. Ich bin wiederholt zitiert worden, um mich wegen angeblich staatsfeindlicher Äußerungen zu verantworten. Ich konnte mir keine politischen Eskapaden erlauben, ohne meine Existenz und die meiner Familie aufs Spiel zu setzen.«[29] Immer wieder wurde ihr zugute gehalten, dass sie natürlich eine gewisse Vorsicht walten lassen musste, weil sie »der Ernährer der Familie« war.[30]

Während des Krieges konnte sich die Anwältin Elisabeth Selbert kaum vor Arbeit retten: »Ich war doch damals nur mit zwei, drei Kolleginnen als Anwältin tätig. Viele

---

25 Interview mit Axel und Ruth Selbert am 12.11.1998, zit. nach *Heike Drummer/Jutta Zwilling,* Elisabeth Selbert, S. 53.

26 Verzeichnung des Rechtsanwalts- oder Notariatsbüros: Dr. Elisabeth Selbert, erstellt auf Anordnung der Militärregierung vom 27.2.1945, in Archiv der dt. Frauenbewegung, Nachlass Elisabeth Selbert, unverzeichnet.

27 Elisabeth Selbert, in Politeia.

28 Selbert, Sozialdemokratische Frauen.

29 *Thea Reis,* Die Durchsetzung der Gleichberechtigung – gestern und heute, Elisabeth Selbert – eine der »Mütter des Grundgesetzes«, in: General-Anzeiger, Bonn, S. XVIII.

30 Interview Barbara Böttger mit Elisabeth Selbert, in: Böttger, Das Recht auf Gleichheit, S. 142. Böttger geht nicht auf die Mitgliedschaften ein und auch nicht auf die Praxisübernahme.

männliche Kollegen gingen zum Militär, oder sie wurden einberufen. So hatten die wenigen Alten und wir drei weibliche Anwälte unwahrscheinlich viel zu tun in einem so großen Gerichtsbezirk wie Kassel.«[31] Inhaltlich wollte sie sich vor allem mit ›unpolitischen Sachen‹, wie Fragen des Familienrechts und kleineren Wirtschaftsvergehen beschäftigen.[32] Ihre Plädoyers wurden dennoch von der Gestapo überwacht. Es dauerte nicht lange, da musste sie sich auch mit Fällen der Verweigerung der Arbeitsdienstpflicht sowie mit den vermögensrechtlichen Seiten der Judenverfolgung befassen. Nach dem Progrom setzten die Nationalsozialisten die noch in Deutschland lebenden jüdischen Bürger und Bürgerinnen unter Druck, das Land zu verlassen. Um die Flucht in das Exil bezahlen zu können, versuchten immer mehr Menschen, in letzter Minute ihr Eigentum zu veräußern. Elisabeth Selbert wurde wiederholt gebeten, die Kaufverträge aufzusetzen.[33] Nach Kriegsbeginn wurde sie häufig in die »Judenhäuser« in Kassel gerufen, um weitere Vertragsgeschäfte vorzunehmen.[34] Das machte ihr schwer zu schaffen. In den Wohnungen der Gettohäuser mussten in der Regel vier bis sechs jüdische Familien unter elenden Bedingungen zusammenleben. Wenn auch unfreiwillig, wurde sie doch Mitseherin, Mithörerin und Mitwisserin des verbrecherischen Handelns während der NS-Zeit.[35] Auch als Scheidungsanwältin kam sie direkt mit der nationalsozialistischen Rassenpolitik in Berührung, schließlich diente das Ehe- und Scheidungsrecht im Nationalsozialismus offen bevölkerungspolitischen Zwecken.

Wie viele ihrer linken Zeitgenossinnen und -genossen glaubte sie lange Zeit fest an das baldige Ende der Diktatur. Als sich deren längerer Fortbestand abzeichnete, lebte sie in großer Angst um ihre eigene Existenz und vor allem um die ihrer Familie.[36] Wiederholt musste sie sich wegen angeblich staatsfeindlicher Äußerungen verantworten. Aufgrund ihrer sozialdemokratischen Vergangenheit war sie von politischen Strafsachen vor dem Hochverratssenat ausgeschlossen. In Interviews verwies sie auf einen »Kreis von Anwälten«, die sich in leichten Fällen mit dem zuständigen Strafrichter verabredeten: »Bitte, um Gottes willen keinen Freispruch in der Strafsache, sondern eine milde Strafe,« weil vor dem Gerichtssaal schon die Gestapo-Beamten standen, die die Beschuldigten nach einem Freispruch »sehr oft auf Nimmerwiedersehen« verschwinden ließen.[37]

---

31 Zit. nach Dertinger, Elisabeth Selbert, S. 18.

32 *Antje Dertinger,* »In die Parlamente müssen die Frauen!« Elisabeth Selbert: Hundertster Geburtstag im September, zehnter Todestag im Juni, Frankfurter Rundschau vom Juni 1996, AdsD, Sammlung Personalia Elisabeth Selbert.

33 In der Erinnerung sprach sie von ›Bekundung‹ der Dokumente; ihre Zulassung als Notarin, um solche Geschäfte wahrnehmen zu können, wurde aber erst 1945 ausgesprochen. Vgl. Drummer/Zwilling, Elisabeth Selbert, S.56.

34 Ebd.

35 Vgl. *Annette Kuhn,* Die Täterschaft deutscher Frauen im NS-System – Traditionen, Dimensionen, Wandlungen, in: Polis, H. 7: Frauen im Nationalsozialismus, Wiesbaden 1994, S. 6.

36 Interview Barbara Böttger mit Elisabeth Selbert, in: Böttger, Das Recht auf Gleichheit, S. 142.

37 Ebd. Vgl. auch Dertinger, Elisabeth Selbert, S. 18. Dertinger zitiert aus einem Interview mit Elisabeth Selbert, in dem sie »diese Dinge«, die man tun konnte, als »diese kleinen Widerstandsleistungen« bezeichnet. Drummer/Zwilling übernehmen den Begriff »Widerstandsleistungen«, schränken aber

Ihr Mann, der nur eine kleine Rente erhielt, fungierte eine Zeit lang als Büroleiter der Anwaltspraxis. Obwohl er aufgrund seiner Diabetes nicht ganz gesund war, hätte sie ohne ihn während der Kriegsjahre, in denen die meisten Rechtsanwälte zum Kriegsdienst eingezogen waren, ihre Praxis gar nicht führen können. Offensichtlich sollte er gegen Ende des Krieges trotz seiner Krankheit zum Polizeidienst eingezogen werden, denn im März 1944 bat Elisabeth Selbert in einem Schreiben an das Arbeitsamt um die »Freistellung des Bürovorstehers Adam Selbert, der mehr als zehn Jahre dieses Amt innehatte, vom Polizeidienst.«[38] Später wollte sie ihm die Bürovorstehertätigkeit nicht mehr zumuten, offensichtlich auch, weil die Klientel mit der untergeordneten Rolle ihres Mannes nicht umgehen konnte.[39] Auch Elisabeth Selbert selbst sollte zum Kriegseinsatz eingezogen werden. In ihrer Ablehnung argumentierte sie mit ihrer völligen Überlastung durch ihre Rechtsanwaltspraxis. Schließlich musste sie auch die Kriegsvertretung für einige zum Heeresdienst eingezogene Rechtsanwälte übernehmen.[40]

In zahlreichen Interviews berichtete Elisabeth Selbert von der schwierigen Zeit, die sie und ihre Familie damals durchmachen mussten, aber auch von der gegenseitigen Hilfe, die sie zu dieser Zeit erlebte. Zwölf Jahre lang hielt sie illegalen Kontakt zu ihren politischen Freunden, und, so erinnerte sie sich später, »ab 1943 fingen wir konkret an, uns auf die Stunde Null vorzubereiten«.[41] Bei dem großen alliierten Luftangriff auf Kassel am 22. Oktober 1943 wurde ihre Rechtsanwaltskanzlei vollständig zerstört. Unter vielen Ängsten, verbunden mit unsäglichem Leid und bitterer Not, überstand sie den Krieg, die Bombenangriffe und die Evakuierung. Die beiden Söhne, um die sich das Ehepaar große Sorgen gemacht hatte, kehrten von der Ostfront zurück.

---

ein, dass die »Tricks« nicht immer gelangen. Elisabeth Selbert konnte zum Beispiel nicht verhindern, dass dienstverpflichtete ältere oder kranke Frauen, die als »arbeitsunwillig« galten, zu gesundheitsgefährdenden Tätigkeiten für die Rüstungsproduktion in Fabriken gezwungen wurden. Vgl. Drummer/Zwilling, Elisabeth Selbert, S. 57. In der neueren Widerstandsliteratur wird ein solches Verhalten – in Abgrenzung gegen den politischen Widerstand, der auf Behinderung oder letztlich Zerstörung des Regimes zielt – eher als »Dissens« im Gegensatz zum »Konsens« bezeichnet. Vgl. *Michael Schneider,* Unterm Hakenkreuz. Arbeiter und Arbeiterbewegung 1933 bis 1939, Bonn 1999, S. 684 ff. Zum Dissens von Frauen vgl. *Christl Wickert,* Widerstand und Dissens von Frauen – ein Überblick, in: *Christl Wickert* (Hrsg.), Frauen gegen die Diktatur – Widerstand und Verfolgung im nationalsozialistischen Deutschland, Berlin 1995, S. 18-31. Wickert definiert »Dissens im Sinne offener oder versteckter Nichtübereinstimmung,« gibt aber auch zu bedenken, dass im Nationalsozialismus jeder Ansatz von Kritik verfolgt und ausgeschaltet wurde. Das heißt, dass selbst Dissens wie Meckern, Witze über NS-Führer etc., obwohl sie sich durchaus mit der Anerkennung des Regimes vertrugen, der Verfolgung unterliegen konnten. Dennoch erscheint eine Differenzierung notwendig. Vgl. auch *Christl Wickert,* Frauenwiderstand und Dissens im Kriegsalltag, in: *Peter Steinbach* (Hrsg.), Widerstand gegen den Nationalsozialismus, Berlin/Bonn 1993, S. 411-425.

38 Brief Elisabeth Selbert an das Arbeitsamt in Kassel vom 18.3.1944. Archiv der dt. Frauenbewegung, Kassel, Nachlass Elisabeth Selbert, unverzeichnet. Elisabeth Selbert hat diesen Brief mit »Heil Hitler!« unterschrieben.

39 Böttger, Das Recht auf Gleichheit, S. 142.

40 Brief Elisabeth Selbert an den Herrn Oberlandesgerichtspräsidenten in Kassel vom 21.8.1944, Archiv der dt. Frauenbewegung, Nachlass Selbert.

41 Zit. nach *Antje Dertinger,* »Einfach durchsetzen, was Frauen zusteht«, in Vorwärts vom 17.9.1981

Wiederaufbau der Bundesrepublik Deutschland (1945–1948)

»Ich habe wiederholt sehr scharfe Debatten mit Schumacher gehabt«[42]

Nach Ende des Zweiten Weltkriegs wurde Elisabeth Selbert von der Militärregierung beauftragt, beim Wiederaufbau der Justiz und der Verwaltung mitzuarbeiten. Sie wurde Strafverteidigerin bei amerikanischen Militärgerichten, nahm die kommunalpolitische Arbeit wieder auf und baute von ihrer Kanzlei aus die Arbeiterwohlfahrt und den SPD-Ortsverein mit auf. Ab Mai 1945 arbeitete sie im Ausschuss zur Neuordnung der Justizverwaltung in Kassel mit. Sie war fest davon überzeugt, dass sie sich am demokratischen Aufbau der Bundesrepublik unbedingt beteiligen müsse. Schließlich hatte sie nicht nur reiche Erfahrungen in Beruf und Politik gesammelt, sondern Politik auch gelernt. Und davon, dass Politik gelernt sein will, war sie überzeugt: »Politik ist eine Sache, die man nicht aus dem Gefühl heraus machen kann, sondern die aus reichen Erfahrungen zusammengesetzt ist und aus einem Gespür für den Staat und die Gemeinschaft heraus gemacht werden muss. Nicht alle sind berufen, Politik zu machen. Es muss die innere Verantwortung sein.«[43] Die erneute Berufstätigkeit ihres Mannes erlaubte ihr, der ›inneren Verantwortung‹ zu gehorchen. Ab August 1945 bekam auch Adam Selbert wieder eine berufliche Aufgabe, er wurde Personaldezernent bei der Bezirkskommunalverwaltung. Kurz darauf ernannte ihn der kommissarische Landeshauptmann von Kurhessen zu seinem Stellvertreter und beförderte ihn im April 1946 zum ersten Landesrat.[44]

Im »überparteilichen Ausschuss«, dem Vorläufer des Stadtparlaments, übernahm Elisabeth Selbert ihr erstes politisches Amt nach dem Zweiten Weltkrieg und wurde bei den ersten Kommunalwahlen als Stadtverordnete gewählt, eine Funktion, in der sie von 1946 bis 1950 verblieb. Unzufrieden war sie mit den in den jeweiligen Besatzungszonen unterschiedlichen Entnazifizierungsverfahren. Sie verwies darauf, dass in der amerikanischen Zone die Parteigenossen, die in die NSDAP eingetreten waren, entlassen wurden, während in der britischen Zone noch nicht einmal die frühen Kämpfer der NSDAP in den Verwaltungen der Militärbehörde behelligt wurden.[45] 1946 wurde sie Mitglied im Bezirks- und Parteivorstand der SPD und der Verfassunggebenden Landesversammlung Groß-Hessen, später kamen ihre Mandate als Abgeordnete im Hessischen Landtag und 1948/49 im Parlamentarischen Rat hinzu. Im Parteivorstand war sie Beisitzerin im verfassungspolitischen, rechtspolitischen und im Frauenausschuss. Als der PV in seiner Sitzung vom 19.11.1946 eine Kommission bildete, die er mit der Ausarbeitung der Vorschläge zur Entnazifizierung beauftragte, übernahm Elisabeth Selbert die Leitung dieser achtköpfigen Kommission. Sie wehrte sich zu jeder Zeit ihres politischen Lebens dagegen, eine »Alibifrau« zu sein oder als weibliche Staffage zu dienen. Sie sah sich in den durch Männer dominierten Gremien »völlig integriert«, auch wenn der Frauenanteil fast überall gering war. Offenbar scheute sie sich auch nicht, Kurt Schumacher, dem viele

42 Elisabeth Selbert über ihre Arbeit im Vorstand der SPD, zit. nach Langer, Elisabeth Selbert, S. 19.

43 Zit. nach Lenkewitz, S. 15.

44 Drummer/Zwilling, Elisabeth Selbert, S. 64.

45 Vgl. hierzu *Gunter Lange,* Jeanette Wolff 1888 bis 1976. Eine Biographie, Bonn 1988, S. 85.

Genossinnen und Genossen nicht zu widersprechen wagten, weil er für seinen Zorn berühmt war, ihre Meinung zu sagen. Später berichtete sie von scharfen Debatten zwischen den beiden, weil sie seine Politik nicht immer ganz teilen konnte. »Auch Schumacher war für mich kein Gott ...«.[46]

Gegenüber den überparteilichen Frauenorganisationen der Nachkriegszeit vertrat sie zunächst eine strikt ablehnende Haltung. Sie war der Meinung, »dass in einem demokratischen Staat die politische Willensbildung des Volkes in den und durch die politischen Parteien erfolgt.« Daher bezeichnete sie es als »einen grundlegenden Fehler der überparteilichen Frauenbewegung, sich als Kräftereservoir anzusehen, aus dem die politischen Parteien bei Bedarf an Kandidatinnen für Parlamente und zur Besetzung freiwerdender Stellen schöpfen könnten.« Neutrale Frauengruppen oder gar Frauenparteien hielt sie für gänzlich ungeeignet und sah in ihnen »politische Irrwege der Frauenbewegung«.[47] Diese Meinung sollte sie später relativieren und damit in Konflikt mit der Auffassung des Parteivorsitzenden Kurt Schumacher geraten.

Arbeit im Parlamentarischen Rat (1948–1949)

»Ich saß plötzlich an einem Schalthebel«[48]

Als sich am 1. September 1948 der Parlamentarische Rat im Museum König in Bonn versammelte, fanden sich für neun Monate 61 Männer und vier Frauen zusammen, um die Verfassung für die neue Bundesrepublik Deutschland zu formulieren.[49] Von diesen Parlamentarierinnen und Parlamentariern war es vor allem Elisabeth Selbert, die mit ihrem leidenschaftlichen Einsatz dazu beigetragen hat, unsere Gesellschaft nachhaltig zu verändern. Sie wurde von der SPD-Fraktion des Niedersächsischen Landtages in die Verfassungsversammlung entsandt, weil die drei Sitze, die der hessischen SPD zustanden, schon durch drei Männer besetzt waren.[50] Es war Herta Gotthelf, die leitende Frauense-

46 Zit. nach Böttger, Das Recht auf Gleichheit, S. 157; ebenso Langer, Elisabeth Selbert, S. 19. Beide machen keine Aussagen über die Inhalte der Auseinandersetzung. Drummer/Zwilling bringen die Aussagen in Zusammenhang mit ihrem Ausscheren aus der Parteilinie, als sie überparteiliche Frauenzusammenhänge für die Durchsetzung ihrer Formulierung »Männer und Frauen sind gleichberechtigt« mobilisierte. Drummer/Zwilling, Elisabeth Selbert, S. 98.

47 *Elisabeth Selbert,* Zur Frage der Frauenausschüsse, hektografiertes Papier o.D. und ohne weitere Angaben, in: AdsD, Sammlung Personalia Elisabeth Selbert.

48 Elisabeth Selbert, zitiert nach *Antje Dertinger*, Frauen der ersten Stunde. Aus den Gründerjahren der Bundesrepublik, Bonn 1989, S. 182 f.

49 Die vier Frauen waren Helene Weber (CDU), Helene Wessel (Zentrum), Frieda Nadig und Elisabeth Selbert (beide SPD). Zu Helene Weber siehe *Zentrale des katholischen deutschen Frauenbundes* (Hrsg.), Ernte eines Lebens: Bilder der Erinnerung, zum 80. Geburtstag von Helene Weber, 17. März 1961, Köln 1961; zu Helene Wessel siehe *Elisabeth Friese,* Helene Wessel (1898–1969), Von der Zentrumspartei zur Sozialdemokratie, Essen 1993; zu Frieda Nadig siehe die Biographie in diesem Band, S. 54-79.

50 Das waren der Politologe Prof. Dr. Ludwig Bergsträsser, der Regierungspräsident von Kassel Dr. Fritz Hoch sowie der damalige Justizminister Georg August Zinn.

kretärin beim Parteivorstand[51], die ihr zu diesem Mandat verhalf.[52] Da saß sie nun, »mit den Berlinern 66 Männer und vier Frauen, zwischen den ausgestopften Tieren«.[53] Mit großem Engagement und Sachverstand arbeitete sie an einer demokratischen Verfassung mit, oft unter großen Entbehrungen, mit anstrengenden Bahnfahrten und quälendem Hunger.

Annemarie Renger[54], die spätere Präsidentin des Deutschen Bundestages, lobte 1976 in einem Artikel, dass es Selbert in hervorragender Weise gelungen sei, Familienpflichten und politische Tätigkeit miteinander zu vereinbaren, und das, obwohl es damals noch schwieriger gewesen sei als gegenwärtig, sich gegen traditionelle Rollenvorstellungen und Vorurteile durchzusetzen.[55] Leicht war das ganz offensichtlich nicht immer. Zu ihrem 53. Geburtstag schenkte ihr Sohn Gerhard seiner Mutter eine Postkarte, die seine zwischen ihren Pflichten hin und her gerissene Mutter, wie er sie offenbar niemals anders kennen gelernt hatte, darstellt. Auf der Rückseite beschrieb er – in Form eines Gedichts – die möglichen Folgen dieser vielfältigen Belastung.[56]

Elisabeth Selbert hat sich auch durch die tagtägliche mühselige Kleinarbeit nicht entmutigen lassen. Sie hatte, wie sie in einem Interview sagte, durch ihre Teilnahme am Parlamentarischen Rat einen »Zipfel der Macht« und den wollte sie ausnützen, mit allen ihr zur Verfügung stehenden Mitteln. Sie war wirklich eine der »Mütter des Grundgesetzes«.[57] Gleichzeitig arbeitete sie an der Hessischen Verfassung. In beiden Gremien verteidigte sie den SPD-Antrag zur Gestaltung der Wirtschaft nach sozialistischen Grundsätzen und zur Sozialisierung der Schlüsselindustrien.[58] Es war vor allem ihr Engagement, dem wir den Gleichberechtigungsgrundsatz in der Hessischen Verfassung und im Grundgesetz verdanken. Elisabeth Selbert strebte außerdem die Nicht-Einmischung des Staates in die Rechtspflege, die Unabhängigkeit der Richter, den Schutz der Staatsbürgerinnen und Staatsbürger gegen Übergriffe des Staates an und forderte ein oberstes Gericht zur Normenkontrolle aller politischen Gremien, das spätere Bundesverfassungsgericht. Nie wieder sollten – so wie sie es in jüngster Vergangenheit selbst erfahren hatte – die Gesetze der Menschlichkeit, der Gleichheit vor dem Gesetz und der Menschenwürde mit Füßen

51 Zu Herta Gotthelf (1902–1963) siehe *Antje Dertinger,* Herta Gotthelf. Als die Frauen ihre Chance verpassten ..., in: *Antje Dertinger,* Die bessere Hälfte kämpft um ihr Recht, Köln 1980, S. 203-226.

52 Brief Herta Gotthelf an Elisabeth Selbert vom 5.8.1948, AdsD, Bestand Kurt Schumacher 179.

53 Zit. nach *Antje Dertinger,* Eine Frau für die Gleichheit, in: Vorwärts vom 7.6.1979.

54 Siehe die Biographie über Annemarie Renger in diesem Band, S. 395-420.

55 Vgl. *Annemarie Renger,* Das Grundgesetz der Bundesrepublik hat nicht nur Väter, in Frankfurter Rundschau vom 23.9.1976.

56 Die letzte Strophe des Gedichtes heißt: »Und noch eine Serie von Jahren, dann stirbt Frau Mensch und ist tot. 1000 Kränze werden zum Friedhof gefahren – dann als Engel denkt sie: ich Idiot.« Elisabeth Selbert. Bilder aus ihrem Leben, Ausgewählt von *Heike Drummer und Jutta Zwilling,* in: Die Hessische Landesregierung, Elisabeth Selbert, S. 161-186; hier: S. 180.

57 Darauf, dass das Grundgesetz nicht nur Väter hat, verwies erstmals *Annemarie Renger* in ihrem Artikel Das Grundgesetz hat nicht nur Väter, in: Frankfurter Rundschau vom 23.9.1976. Vgl. auch *Annemarie Renger,* Das Grundgesetz hat nicht nur Väter: zur Erinnerung an Elisabeth Selbert, in: *Antje Huber* (Hrsg.), Die Sozialdemokratinnen, Stuttgart 1984, S. 81-85.

58 In Artikel 41 der Hessischen Verfassung fanden diese Grundsätze ihren Niederschlag.

getreten werden. Vor allem sollte der Schutz des zarten Pflänzchens der Demokratie gesichert werden. Dafür verlangte sie klare Formulierungen. Als es z.B. um die Formulierung zur Freiheit der Person in der Hessischen Verfassung ging, stritt sie unerbittlich für die schlichte und deutliche Formulierung: »Der Mensch ist frei«. Seitdem steht dieses Grundrecht in der Hessischen Landesverfassung.

Sie hat sich keinesfalls ›nur‹ für die Gleichberechtigung zwischen Frauen und Männern eingesetzt. Im Parlamentarischen Rat engagierte sie sich u.a. für die verfassungsrechtliche Verankerung der politischen Parteien, wie sie in Artikel 21 des Grundgesetzes festgehalten ist: »Die Parteien wirken bei der politischen Willensbildung des Volkes mit ...«. Später sagte sie: »Damit nicht der Eindruck entsteht, als ob ich lediglich mein Gewicht auf die Frage der Gleichberechtigung gelegt hätte, muss ich noch darauf hinweisen, dass eines der Themen, die mir besonders am Herzen lagen, die Rechtspflege war. Ich habe in längeren Ausführungen im Hauptausschuss des Parlamentarischen Rates vor allen Dingen auf die Rechtsstaatlichkeit hingewiesen (...) und dass man die Rechtspflege unter dem Gesichtspunkt der Unabhängigkeit des Richters ausstatten müsste (...).«[59]

Mit der Formulierung des Gleichstellungsparagraphen im Grundgesetz hatte sie es allerdings am schwersten. Nach der Verfassung der Weimarer Republik hatten Frauen und Männer lediglich »die gleichen staatsbürgerlichen Rechte und Pflichten«. Elisabeth Selbert wollte eine weitergehende Regelung, denn kaum jemand hatte aus der Weimarer Formulierung die vollständige Geschlechtergleichheit vor dem Gesetz abgeleitet. Nachdem Frauen aus allen Schichten während der Kriegsjahre ihre Kompetenz auf allen Ebenen bewiesen hatten, sollte es eine Selbstverständlichkeit sein, für Frauen einen Gleichberechtigungsgrundsatz in die Verfassung zu bringen, der jede Zweideutigkeit ausschloss. Da hatte sie sich gründlich geirrt. Auch in ihren eigenen Reihen musste sie darum ringen. Besonders enttäuscht schien sie darüber, dass es nicht nur die männliche Übermacht war, die in der verfassungsberatenden Versammlung gegen die von ihr gewünschte Eindeutigkeit votierte, sondern es waren auch die Frauen, die ihren Antrag ablehnten, immer mit den alten Argumenten von den biologischen Unterschieden und »dass die Frau vielleicht Kriegsdienste leisten soll.«[60] Lediglich auf ihre Parteigenossin Frieda Nadig, die heute fast ganz in Vergessenheit geraten ist, schien sie sich stets verlassen zu können; aber auch erst, nachdem sie ihr klar gemacht hatte, wie mit dem befürchteten »Gesetzeschaos« umzugehen war.

Die Konservativen hatten stets damit argumentiert, dass fast alle Bestimmungen über Ehe- und Familienrecht durch den Gleichstellungsgrundsatz über den Haufen geworfen und außer Kraft gesetzt werden würden. Genau das hatte Elisabeth Selbert im Sinne. Als Frieda Nadig das begriffen hatte, stand sie ihrer Kollegin ohne Wenn und Aber zur Seite. Sie schrieb am 8.12.1948 in der »Freien Presse«: »Wir Frauen wollen, dass im deutschen

59 Zit. nach Renger, Das Grundgesetz hat nicht nur Väter, S. 85.

60 *Helene Weber*, CDU, in: Parlamentarischer Rat, Hauptausschuss, 42. Sitzung, Zweite Lesung, am 18.1.1949, S. 539.

Recht unsere Gleichstellung erfolgt und auch das Bürgerliche Gesetzbuch der Wirklichkeit angepasst wird«.[61]

Der Redaktionsausschuss für das Grundgesetz hatte die im Vergleich zur Weimarer Verfassung noch lapidarere Formulierung vorgeschlagen: »Alle Menschen sind vor dem Gesetz gleich. Das Gesetz muss Gleiches gleich, es kann Verschiedenes nach seiner Eigenart behandeln.«[62] Elisabeth Selbert fand, dass das eine gefährliche Formulierung war, die Ausnahmebestimmungen, die sich gegen Frauen richten können, verfassungsrechtlich legitimierte. Als juristische Expertin erkannte sie sofort, dass auf diese Art und Weise Frauen aufgrund ihrer »biologischen Eigenart« nicht auf allen Gebieten gleichgestellt werden konnten. Tatsächlich betonten zahlreiche Männer des Parlamentarischen Rats, dass ihnen lediglich die »besondere Schutzwürdigkeit« der Frauen am Herzen gelegen habe. Die Frau in der Sowjet-Union würde dem Manne gleich gestellt und man nehme dort »keine Rücksicht auf die biologische Grundlage und auf die seelische Haltung der Frau«. Das gelte vor allem für die Einbeziehung der Frauen in den Produktionsprozess.[63]

In Bezug auf Absatz 1 des Art. 4 GG: »Alle Menschen sind vor dem Gesetz gleich« waren sich alle im Parlamentarischen Rat vertretenen Parlamentarier und Parlamentarierinnen einig. Satz 2 sollte diesen Grundsatz durch die vom Redaktionsausschuss vorgetragene Formulierung dann quasi für Frauen relativieren. Elisabeth Selbert kämpfte wie eine Löwin dafür, dass Frauen die Gleichberechtigung auf allen Gebieten erhalten sollten, und dazu bedurfte es des klaren Satzes: »Männer und Frauen sind gleichberechtigt«. Nachdem ihr Antrag am 30.11.1948 durch den Ausschuss für Grundsatzfragen abgelehnt worden war, wurde er am 3.12.1948 im Hauptausschuss behandelt. Nun war es Elisabeth Selbert, die den Antrag begründete. Sie erklärte u.a.: »Die Frau, die während der Kriegsjahre auf den Trümmern gestanden und den Mann an der Arbeitsstelle ersetzt hat, hat heute einen moralischen Anspruch darauf, so wie der Mann bewertet zu werden.«[64] Der Sozialdemokrat Carlo Schmid versuchte ihr beizustehen, indem er psychologisch argumentierte. Er sagte: »Es geht den Frauen letzten Endes um die Ehre und nicht um ›Besserstellung‹.« Und er fügte hinzu, dass er glaube, »dass man nichts zu fürchten braucht, dass man getrost, ohne etwa an Rechtsnachteile oder faktische Nachteile denken zu brauchen, diesem Artikel zustimmen kann«.[65] Aber auch diese unpolitische Untertrei-

61 *Frieda Nadig*, in: Freie Presse vom 8.12.1948, AdsD, Sammlung Personalia Frieda Nadig.

62 Parlamentarischer Rat, Hauptausschuss, 17. Sitzung, 3. Dezember 1948, Erste Lesung, S. 206.

63 Dies brachte das Mitglied des PR Kaufmann (CDU) vor. Aber auch Carlo Schmid (SPD) verwies darauf, dass die Bestimmungen des BGB, die die Frau in ihren Rechtshandlungen an bestimmte Genehmigungen binden, getroffen worden seien, um die Frau zu schützen. Ebd., S. 208. Zur Biographie von Carlo Schmid, Vorsitzender des Parlamentarischen Rates, vgl. *Petra Weber*, Carlo Schmid: 1896-1979. Eine Biographie, Frankfurt a.M. 1998.

64 Parlamentarischer Rat, Hauptausschuss, 17. Sitzung vom 3.12.1948, 1. Lesung, S. 206. Siehe auch: Dr. Elisabeth Selbert, die »Mutter« des Gleichberechtigungsartikels im Grundgesetz, ist tot, in: Emma, H. 8/1986, S. 22.

65 Hauptausschuss vom 3.12.1948, S. 209. Das Mitglied des PR Renner (KPD) verwies Carlo Schmid darauf, dass es eine vollkommen neue Version sei, dass die Bestimmungen des BGB reine Schutzbe-

bung der Ziele der Frauen zog nicht. Am 1.12.1948 wurde der Antrag zum zweiten Mal, diesmal durch den Hauptausschuss, mit 11 gegen 9 Stimmen abgelehnt. Nun wusste Elisabeth Selbert, dass sie eine breite Frauenöffentlichkeit benötigte, um ihr Anliegen durchzusetzen. Sie machte wahr, womit sie schon vorher gedroht hatte: »Sollte der Artikel in dieser Fassung heute wieder abgelehnt werden, so darf ich Ihnen sagen, dass in der gesamten Öffentlichkeit die maßgeblichen Frauen wahrscheinlich dazu Stellung nehmen werden, und zwar derart, dass unter Umständen die Annahme der Verfassung gefährdet ist.«[66] Sie mobilisierte die Frauen in Stadt und Land, indem sie bei unzähligen Veranstaltungen darüber aufklärte, welche Folgen ein solches »Ausnahmegesetz« für Frauen haben werde.[67] Das hat man ihr »dann vielleicht ein bisschen übel genommen«.[68] Obwohl sie früher vor der Kooperation mit überparteilichen Frauenvereinigungen gewarnt hatte, war sie jetzt auf deren Unterstützung angewiesen. Sie bediente sich ihrer Mithilfe und kam so in Konflikt mit dem Parteivorsitzenden Kurt Schumacher, der jegliche Zusammenarbeit mit den überparteilichen Frauenvereinigungen, in denen auch Kommunistinnen mitarbeiteten, ablehnte.

Elisabeth Selbert war durch ihre frühere politische Arbeit gewohnt, Menschen zu mobilisieren, dennoch ist ihre ungeheure Energie bewundernswert, mit der sie es in dieser Angelegenheit tat. Schließlich war sie bereits über fünfzig Jahre alt und hatte schwere Zeiten hinter sich. Aber ihre Erfahrung hatte sie auch gelehrt, dass sie ohne harten Kampf nichts erreichen würde: »Guter Wille reicht nicht, wenn man in der Gesellschaft etwas bewirken will«, sagte sie im Rückblick in einem Interview.[69]

Wie ein »Wanderprediger«, so sagte sie von sich selbst, sei sie durchs Land gezogen.[70] Der Erfolg ihrer Kampagne war sensationell und unübersehbar. Es gelang ihr, unterstützt durch Frieda Nadig und durch viele andere Frauen, breiten Frauen-Widerstand zu provozieren. Auch der zentrale Ausschuss für Frauenfragen der SPD unterstützte ihre Aktion, indem er auf seiner Sitzung am 20.1.1949 eine Resolution verabschiedete, in der er sich voll und ganz hinter den Satz »Männer und Frauen sind gleichberechtigt« stellte.[71]

---

stimmungen für die Frauen seien. Er empfahl ihm die Lektüre von Bebels »Die Frau und der Sozialismus«.

66 PR, Hauptausschuss, 17. Sitzung, S. 206.

67 Auch christliche Religionsgemeinschaften haben versucht, auf den Parlamentarischen Rat einzuwirken. Siehe z.B. das Schreiben des Erzbischofs von Köln an den Parlamentarischen Rat vom 20.11.1948. Darin wird der PR aufgefordert, »Ehe und Familie als die dem Menschen nächstliegenden Lebensgemeinschaften (...) unter den besonderen Schutz des Staates« zu stellen. Archiv der deutschen Frauenbewegung, Nachlass Elisabeth Selbert.

68 Elisabeth Selbert: Manuskript eines Referates vom 15.12.1979 im Zentrum für Gemeinschaftshilfe in Kassel, S. 11 f., Archiv der deutschen Frauenbewegung, Nachlass Elisabeth Selbert.

69 Dertinger, In die Parlamente.

70 Vgl. *Birgit Meyer,* Das Grundgesetz und die Frauen der ersten Stunde, in: *Wolfgang Benz/Detlev Moos* (Hrsg.), Das Grundgesetz und die Bundesrepublik Deutschland, Gräfelfing 1988, S. 37-39, hier: S. 38.

71 Interessant ist, dass in dieser Resolution »Zur Frage des Rechtes der Frau auf Arbeit« Stellung bezogen wurde. Die SPD forderte darin ihre Vertreter in Gemeinde-, Stadt-, und Länderparlamenten und im Wirtschaftsrat sowie die Gewerkschaften auf, »sich energisch gegen alle einseitigen Maßnahmen zu

Es regnete Eingaben der unterschiedlichsten Frauenverbände gegen die Ablehnung ihrer Formulierung durch den Parlamentarischen Rat. Die Frauenöffentlichkeit formierte sich rascher, als Elisabeth Selbert es sich erträumt hatte. Später sagte sie: »Es waren nicht etwa nur die sozialistischen Frauen, nicht nur die Frauen der Gewerkschaften – zum Beispiel 40.000 in der Metallarbeitergewerkschaft organisierte Frauen, sondern auch die Frauenausschüsse und die überparteilichen Frauenverbände. Ich möchte sagen die Frauen auf der ganzen Linie.«[72] Auch Berufsverbände der Frauen, Kommunalpolitikerinnen, weibliche Belegschaften aus unterschiedlichsten Betrieben, Betriebsrätinnen und viele andere Frauen wollten die volle Gleichberechtigung. Am 13. Januar 1949 forderten *alle* weiblichen Abgeordneten des Landtages von Nordrhein-Westfalen, einschließlich derjenigen von CDU und Zentrum, in einem Schreiben an den Parlamentarischen Rat die Annahme der Selbert'schen Formulierung mit dem Zusatz, dass »alle diesen Grundrechten entgegenstehenden Gesetze und Bestimmungen in einer festzulegenden Frist zu ändern sind«.[73] Die Post kam waschkörbeweise und wurde förmlich in die Verhandlungen des Parlamentarischen Rates hineingeschüttet. Dieser massive Protest von Frauen, der über Partei-, Konfessions- und Klassengrenzen hinausging und von autonomen wie organisierten Frauen getragen wurde, war einmalig in der Geschichte, und er musste Erfolg haben. »Und ich wusste, in diesem Augenblick hätte kein Abgeordneter mehr gewagt, gegen diese Fülle von Protesten anzugehen und bei seinem Nein zu bleiben.«[74] Die Frauen hatten verlangt, dass die eindeutige Formulierung akzeptiert werde. Später sagte Elisabeth Selbert: »Das hat natürlich eingeschlagen wie ein revolutionärer Akt.«[75]

Schon bald wurde die überparteiliche Aktion abgewertet, weil sich beim »größten Teil der Eingaben eine überproportionale Beteiligung von Soialdemokratinnen nachwei-

Lasten der Frau zur Wehr zu setzen«. Ebenso wurden die Mandatsträger der SPD aufgefordert, bei Wohnbauplanungen die »berechtigten Forderungen« der »Frauen und berufstätigen Frauen« zu berücksichtigen und Frauen in die Baukommissionen zu entsenden. Resolution zur Tagung des zentralen Ausschusses für Frauenfragen der SPD am 20.1.1949, Archiv der Deutschen Frauenbewegung, Nachlass Selbert.

72 Böttger, das Recht auf Gleichheit, S. 165 f. In diesem Buch finden sich auch Dokumente von Briefen. Ebenfalls in Die Hessische Landesregierung, Elisabeth Selbert, sowie im Bundesarchiv Koblenz (jetzt Berlin) – Eingaben an den PR (Z 5) und im Archiv der deutschen Frauenbewegung, Nachlass Selbert.

73 Diese Frist wurde auf den 31. März 1953 festgelegt. Elisabeth Selbert hatte zunächst eine zweijährige Frist gefordert. Der Abgeordnete Süsterhenn (CDU/CSU) erhob bereits im Parlamentarischen Rat Bedenken gegen die Festlegung der Frist bis 1953. Parlamentarischer Rat, Hauptausschuss, 19. Sitzung vom 6.12.1948, Erste Lesung, S. 237. Vgl. Die Frauen sollen bis 1953 warten, in: Rheinische Zeitung vom 15.1.1949. Der Abgeordnete Renner (KPD) schlug die Formulierung vor: »Alle Gesetze und Bestimmungen, die der Gleichberechtigung der Frau entgegensehen, sind aufgehoben.« Renner befürchtete, dass durch eine so lange Zeitspanne wie eine vierjährige Frist überhaupt keine Änderung eintreten werde. Er verwies auf Erfahrungen mit der Weimarer Verfassung. Siehe die Protokolle des Hauptausschusses vom 3.12.1948, S. 207, und vom 18.1.1949, S. 541. Durch diese Formulierung wäre freilich der Druck zur Reformierung der antiquierten Familiengesetzgebung erheblich verstärkt worden.

74 Böttger, Das Recht auf Gleichheit, S. 165.

75 Zit. nach Reis, Die Durchsetzung.

sen lässt« und zudem »viele Kommunistinnen« am Protest beteiligt waren.[76] Der in der Geschichte einmalige Erfolg der Zusammenarbeit von Parlamentarierinnen und außerparlamentarisch agierenden Frauen kann dennoch nicht geschmälert werden. Die weitaus meisten Frauen sprachen sich in ihren Briefen eindeutig für die Formulierung »Männer und Frauen sind gleichberechtigt« aus, und viele Briefe erinnerten daran, dass die im Parlamentarischen Rat vertretenen Politiker und Politikerinnen gegenüber den Wählerinnen Verantwortung tragen und dass nur durch diese Formulierung der Stellung der Frau in den gewandelten wirtschaftlichen und sozialen Verhältnissen Rechnung getragen werden könne.[77] In einem Brief an die Ministerialrätin im Niedersächsischen Landtag Marta Fuchs (SPD) äußerte Elisabeth Selbert »angesichts der politischen Teilnahmslosigkeit der Frauen« ihre Überraschung über den Erfolg und sie sprach den Wunsch aus, dass das Interesse der außerparlamentarisch aktiven Frauen an der Unterstützung der Arbeit in den Parlamenten auch in Zukunft wach bleiben möge.[78] Die zahlreichen Eingaben bestätigten, dass Elisabeth Selbert Recht hatte mit ihrer Behauptung, dass die Frauen, und sie waren die Mehrheit der Wählerinnen und Wähler, nicht mehr gewillt waren, auf die volle Gleichberechtigung zu verzichten. Tatsächlich hatte sich das Klima im gesamten Land geändert. Die Zeitungen stürzten sich mit Begeisterung auf das Thema und forderten die Umgestaltung des BGB als »eine Aufgabe, die die Frauen fordern müssen«, oder sie drohten gar damit: »den Frauen ist es ernst«.[79]

Nach der öffentlichen Debatte wurde der Gleichheitsgrundsatz am 18.1.1949 in der Sitzung des Hauptausschusses einstimmig gebilligt und als unveräußerliches Grundrecht in das Grundgesetz eingeschrieben. Einige Parlamentarierinnen und Parlamentarier bezeichneten ihre vorangegangene Ablehnung als Missverständnis. Im gesamten Parlamentarischen Rat war ein Sinneswandel eingetreten. Manche Männer waren offensichtlich durch ihre Frauen beeinflusst worden. Zudem waren die Mitglieder des Parlamentarischen Rates um ein harmonisches Bild in der Öffentlichkeit bemüht. Plötzlich wollte keiner und keine mehr dagegen gewesen sein. Anscheinend sahen jetzt alle ein, was sie den Frauen nach dem Zweiten Weltkrieg schuldig waren, warnten aber noch immer vor dem bevorstehenden Rechtschaos, weil die übrigen Gesetze noch von der grundsätzlichen geschlechterspezifischen Ungleichheit und geschlechterhierarchischen Arbeitsteilung ausgingen. Der spätere Bundespräsident Theodor Heuss sprach amüsiert von einem »Quasi-Stürmlein«, das die Frauen initiiert hätten und das quasi völlig unnötig gewesen wäre, weil die Auffassungen der Parlamentarier von Anfang an so gewesen sei, »wie sich die aufgeregten Leute

---

76 *Karin Gille/Heike Meyer-Schoppa*, »Frauenrechtlerei« und Sozialismus. Elisabeth Selbert und die sozialdemokratische Frauenpolitik in den westlichen Besatzungszonen, in: Metis. Zeitschrift für historische Frauenforschung und feministische Praxis, H. 16/1999, S. 22-42; hier: S. 28 f.

77 Vgl. den Abdruck des Briefes der weiblichen Abgeordneten des Niedersächsischen Landtages in: *Die Hessische Landesregierung* (Hrsg.), »Ein Glücksfall für die Demokratie«. Elisabeth Selbert (1896–1986). Die große Anwältin der Gleichberechtigung, Frankfurt a.M. 1999, S. 173.

78 Brief Elisabeth Selbert an Marta Fuchs vom 9.1.1949, Archiv der dt. Frauenbewegung, Nachlass Selbert.

79 Filter, S. 80.

draußen das gewünscht haben.« Auch das Mitglied des PR Dr. Hermann Fecht von der CDU war bemüßigt, darauf hinzuweisen, dass man sich einig sei, »dass der Gedanke der Gleichberechtigung der Frau durchaus angebracht ist und verwirklicht werden soll.«[80]

Helene Wessel (Zentrum) lehnte sich nun frauenpolitisch weit aus dem Fenster. Sie forderte bei der Sitzung des Hauptausschusses am 18.1.1949, einen Wahlmodus zu schaffen, der es Frauen ermöglicht, »Frauen entsprechend ihrer Zahl und auch ihren Fähigkeiten, die sie immerhin seit 1919 im politischen Leben bewiesen haben, zu berücksichtigen.«[81] Das war ein Quotierungsvorschlag, wie er niemals wieder von einer konservativen Abgeordneten in dieser Deutlichkeit eingebracht wurde.

Elisabeth Selbert hatte gesiegt. Sie hatte den »Zipfel der Macht« in ihrer Hand ausgenutzt, »in aller Tiefe, in aller Weite, die mir rhetorisch zur Verfügung stand.« Den Sieg am 18. Januar 1949, als der Hauptausschuss zum dritten Mal über den Gleichberechtigungsartikel beriet und den von ihr formulierten Satz »Männer und Frauen sind gleichberechtigt« einstimmig annahm, beschrieb sie später als »Sternstunde« ihres Lebens.[82]

Am nächsten Tag sagte sie in einer Rundfunkansprache:

»Meine verehrten Hörerinnen und Hörer! Der gestrige Tag, an dem im Hauptausschuss des Parlamentarischen Rates in Bonn, dank der Initiative der Sozialdemokraten, die Gleichberechtigung der Frau in die Verfassung aufgenommen worden ist, dieser Tag war ein geschichtlicher Tag, eine Wende auf dem Wege der deutschen Frauen der Westzonen. Lächeln Sie nicht! Es ist nicht falsches Pathos einer Frauenrechtlerin, das mich so sprechen lässt. Ich bin Jurist und unpathetisch, und ich bin Frau und Mutter und zu frauenrechtlerischen Dingen gar nicht geeignet. Ich hätte frauenrechtlerische Tendenzen auch nicht nötig in meiner Partei, die die Gleichstellung der Frau seit der Zeit eines August Bebel vor Jahrzehnten, und zwar seit den 90er Jahren des vorigen Jahrhunderts, verfochten hat. Ich spreche aus dem Empfinden einer Sozialistin heraus, die nach jahrzehntelangem Kampf um diese Gleichberechtigung nun das Ziel erreicht hat.«[83] Mit diesen Worten hatte sie ihren eigenen Sieg an die Partei weitergegeben.

Tatsächlich dachten damals viele Frauen, das Ziel der Gleichberechtigung sei erreicht. In Wirklichkeit ging mit der Umsetzung des Grundsatzes der Gleichberechtigung der Kampf erst richtig los. Bereits die Diskussionen im Parlamentarischen Rat hatten gezeigt, dass sich die Geister zwischen den beiden Sozialdemokratinnen und den beiden konservativen Frauen immer dann schieden, wenn es um die Änderung des Familienrechts ging.

80 Parlamentarischer Rat, Hauptausschuss, 42. Sitzung vom 18.1.1949, Zweite Lesung, S. 542.

81 Ebd.

82 Böttger, Das Recht auf Gleichheit, S 166. Der Verweis darauf, dass in Art. 7 der Verfassung der DDR fast gleichlautend steht »Mann und Frau sind gleichberechtigt«, wurde von Frieda Nadig in die Debatte des PR gebracht. Das schmälert das Verdienst der beiden SPD-Politikerinnen nicht. Auch »der Umstand, dass die ›Selbertsche Formulierung‹ bereits im SED-Entwurf für eine gesamtdeutsche Verfassung von 1946 stand«, kann nicht herangezogen werden, um Elisabeth Selberts Verdienst und das der Nachkriegsfrauenbewegung in Frage zu stellen, wie dies bei Gille/Meyer-Schoppa 1999, S. 38 f., geschieht.

83 *Elisabeth Selbert,* Die Gleichberechtigung der Frau. Betrachtungen zu den Beschlüssen des Hauptausschusses vom 18.1.1949, deutsches Rundfunkarchiv, 49-8478.

Die SPD wollte in den Artikel 6 des GG, der zum staatlichen Schutz von Ehe und Familie verpflichtet, die Gleichstellung von unehelichen und ehelichen Kindern absichern. Helene Weber und Helene Wessel vertraten jedoch die Position der CDU bzw. des Zentrums. Sie wollten die traditionelle bürgerliche Kleinfamilie mit dem Mann als »Familienernährer« und »Familienoberhaupt« erhalten. Sie billigten zwar die gesellschaftliche Förderung der unehelichen Kinder, durch deren Gleichstellung sahen sie aber den Stellenwert der Familie in unserer Gesellschaft bedroht. Die Sozialdemokratinnen hingegen nehmen die Realität zur Kenntnis: Sie wollten den damals zahlreich vorhandenen, allein mit ihren so genannten unehelichen Kindern lebenden Müttern eine gesicherte Existenz verschaffen. Der Antrag der SPD scheiterte knapp.[84]

Später wurde oft die Konservative Helene Weber als die »Mutter des Grundgesetzes« und damit als die Mutter der erkämpften Gleichstellung gefeiert. Dies geschah, obwohl die beiden konservativen Frauen, Helene Weber und Helene Wessel[85], ursprünglich die Auffassung vertreten hatten, dass die Gleichstellung der Frau bereits durch die Weimarer Verfassung hinreichend abgesichert worden sei. Zudem hatten sie die Befürchtung, die Gesetze, die die Verhältnisse in der Familie bestimmen, würden auf eine Weise verändert werden müssen, die sie aus christlicher Sicht nicht tragen könnten. Hans-Heinz Bauer, der damals für die SPD im Parlamentarischen Rat war, jetzt in Würzburg lebt und mit seinen 90 Jahren das mittlerweile einzige noch lebende Mitglied dieses Gremiums ist, führte es auf den »Katholizismus« der beiden Frauen zurück, dass sie sich so zurückhaltend verhielten. Er sagte in einem Rundfunkinterview:

»Ohne Geschichtsklitterung betreiben zu wollen, muss man festhalten, dass der Motor der Gleichberechtigung nicht etwa die zwei ›keuschen Helenen‹ gewesen sind, nämlich Helene Weber und Helene Wessel, die ja mehr sich engagiert haben für katholisches und Naturrecht. Elternrecht, dass die Eltern über die Erziehung und über die Schule der Kinder befinden sollen, das war deren Hauptanliegen, während die beiden sozialdemokratischen Frauen, Elisabeth Selbert und Frieda Nadig hier mit Hand angelegt haben.«[86]

Die Schwierigkeit der Umsetzung des Gleichstellungsgrundsatzes im Gesetz (1949–1958)

»Zahlreiche Genossen versichern mir seit der Bundestagswahl, wie sehr sie mein Fehlen in der Fraktion bedauern«[87]

Drei der vier weiblichen Mitglieder des Parlamentarischen Rates, Frieda Nadig, Helene Weber und Helene Wessel, erhielten Direktmandate für den Ersten Deutschen Bundestag und sie behielten ihre Mandate fast solange sie lebten.

84 Siehe hierzu die Biographie über Frieda Nadig in diesem Band, S. 54-79.

85 Helene Wessel ist 1957, nach dem Scheitern der Gesamtdeutschen Volkspartei (GVP) in die SPD übergetreten, weil sie die Wiederaufrüstungspolitik Adenauers nicht mit ihrem Gewissen vereinbaren konnte.

86 Redemanuskript Hans-Heinz Bauer, Rundfunkbeitrag WDR 1999, im Besitz der Autorin.

87 *Elisabeth Selbert,* Brief an Kurt Schumacher, Bestand Kurt Schumacher, AdsD, PV, Frauenbüro, 1175.

Elisabeth Selbert erhielt viele Dankesbriefe, und zahlreiche Zeitungen berichteten über ihre großen Verdienste.[88] Auch sie kandidierte für den Ersten Deutschen Bundestag und war sich ihres Mandats so sicher, dass sie sich schon eine Wohnung in Bonn besorgt hatte. Dennoch wurde sie nie Mitglied des Bundestages. Daran änderte auch der Verzicht der (damals ebenfalls) hessischen Sozialdemokratin Lucie Beyer nichts.[89] Diese hatte auf eine Kandidatur für den Ersten Deutschen Bundestag aus zwei Gründen verzichtet: zum einen, weil sie zwei Söhne hatte, und zum anderen aus Frauensolidarität. Sie hielt Elisabeth Selbert für die geeignetere Kandidatin.[90] Vor allem wollte sie, dass Elisabeth Selbert die Möglichkeit erhielt, mit dem gleichen Mut und der gleichen Beharrlichkeit für die Anpassung und Neufassung der gesetzlichen Bestimmungen zur Umsetzung des Gleichstellungsparagraphen zu kämpfen, wie sie das gegen Widerstände bei der Durchsetzung der Formulierung zum Art. 3 GG getan hatte. Dennoch konnte sie Elisabeth Selbert nicht zu einem Mandat verhelfen, denn ihr fehlten 200 Stimmen auf der hessischen Landesliste für den Bundestag 1949.[91] Weil Elisabeth Selbert nicht mehr für den Zweiten Deutschen Bundestag kandidierte, zog Lucie Beyer in den Bundestag ein. Herta Gotthelf nannte es »schon eine sehr dumme Sache«, dass Elisabeth Selbert nicht Mitglied des Bundestags geworden war, weil sie ihre Stimme bei den zukünftigen Aufgaben in Bonn als unbedingt notwendig erachtete. Sie schlug vor, einen »kleinen Ausschuss« zu bilden, der Vorschläge zur Änderung des Eherechts in Übereinstimmung mit dem Grundgesetz ausarbeiten sollte.[92]

Obwohl Elisabeth Selbert später als eine Frau beschrieben wurde, die sich nie in den Vordergrund gestellt und nie nach der Macht gegriffen hat,[93] war sie doch stets da, wenn die Partei sie rief, und stand zur Verfügung, wenn sie gebraucht wurde. Dass sie nicht in den Bundestag kam, hat sie schwer gekränkt, weil sie selbst gerne an der Anpassung der zu reformierenden Gesetze, besonders des Familienrechts, mitgearbeitet hätte.[94] Mit Frauenpolitik war offensichtlich kein Mandat zu erreichen.

Sie wäre auch gerne Bundsverfassungsrichterin geworden, ein Amt, das ihr aufgrund ihres Verdienstes um das Grundgesetz zweifelsohne zugestanden hätte. Schließlich war sie maßgeblich an der Einrichtung des Bundesverfassungsgerichts beteiligt gewesen. Ihre Genossen aber sahen das offenbar anders. Eine Nominierung 1958 scheiterte, da sie als

88 Vgl. Drummer/Zwilling 1999, S. 102.

89 Vgl. die Biographie über Lucie Beyer in diesem Band, S. 324-338.

90 *Lucie Kurlbaum-Beyer,* Erinnerungen aus meinem Leben, o.O. und o.J., S. 53.

91 *Barbara Böttger,* Ihr letztes Interview galt der Menschenwürde. Zum Tode von Elisabeth Selbert – Juristin und »Mutter« des Grundgesetzes, in: Frankfurter Rundschau vom 25.6.1986. In zahlreichen Veröffentlichungen wird es so dargestellt, als habe Elisabeth Selbert nicht in den Bundestag gewollt. Z. B.: »In den Bundestag ging die ›Mutter des Gleichberechtigungsartikels‹ nicht. Sie kehrte in die Landespolitik zurück und trat damit aus dem Bonner Blickfeld.« *Marianne Feuersenger,* Die späte Bekehrung der Patriarchen, in: Süddeutsche Zeitung vom 2.10.1981.

92 Brief Herta Gotthelf an Elisabeth Selbert vom 16.8.1949. Archiv der deutschen Frauenbewegung, Nachlass Selbert.

93 Vgl. Lenkewitz, S. 15.

94 Drummer/Zwilling, Elisabeth Selbert, S. 104.

Elisabeth Selbert (rechts), Louise Schroeder (zweite von rechts), Lore Agnes (links) bei der Bundesfrauenkonferenz der SPD in Fulda, 1951

zu »engagiert politisch« galt.[95] Nicht einmal die eigene Partei hatte sie also für dieses hohe Amt vorgeschlagen. Die erste Frau im Bundesverfassungsgericht wurde die parteilose Juristin Erna Scheffler.[96] »Es gab damals für die Parlamentarier sehr viele und sehr wichtige Aufgaben«, sagte Elisabeth Selbert später, und sie wollte damit die Genossen entschuldigen.[97] Sie wurde nicht einmal hessische Justizministerin. Sie war zwar – wie sie einmal von sich selbst sagte – »ein fleißiger Arbeiter im Weinberg der Partei«[98] gewesen, aber »eben keine Bilderbuchsozialistin«.[99]

Sie arbeitete im Hessischen Landtag. Ihre Schwerpunkte lagen in der Gesetzgebung, besonders der Reform des Familienrechts, der Veränderung des Nichtehelichenrechts, der Bewältigung und Überwindung des Nationalsozialismus, der Humanisierung des Straf-

95 *Katja Koblitz,* Selbert, Elisabeth, geb. Rohde, in: *Manfred Asendorf/Rolf von Bockel* (Hrsg.), Demokratische Wege, deutsche Lebensläufe aus fünf Jahrhunderten, Weimar 1997, S. 583-585; hier: S. 584.

96 Zur Biographie von Erna Scheffler siehe *U. Huffmann,* Frauen in Wissenschaft und Politik, Düsseldorf 1987.

97 Dertinger, In die Parlamente.

98 *Elisabeth Selbert,* Sozialdemokratische Frauen, in: Die Freiheit vom 12.12.1947. Siehe auch: *Elfriede Eilers,* Ein ganzes Leben für die Gerechtigkeit, Zum 80. Geburtstag der Sozialdemokratin Elisabeth Selbert, in: SPD-Pressedienst vom 28.9.1976.

99 Zit. nach: Kritisch gesehen, Kennen Sie Elisabeth Selbert? In: Stuttgarter Zeitung vom 18.3.1981.

vollzugs sowie dem Recht auf Kriegsdienstverweigerung. Auch war sie weiter für die Gewerkschaftsbewegung tätig und sprach auf zahlreichen Gewerkschaftskongressen. 1951 wurde sie Vorsitzende des Rechtspolitischen Ausschusses beim Parteivorstand der SPD. Sie äußerte sich zu vielen politischen Fragen, besonders solchen, die die Gleichberechtigung der Frauen betrafen. In einem Artikel verwies sie im Februar 1954 erneut auf den furchtbaren Widerspruch, dass das Familienrecht immer noch dem Vater die uneingeschränkte Familienautorität durch den Stichentscheid des Mannes bzw. Vaters zusprach. Angesichts von Millionen von Frauen, die Ernährer oder Miternährer der Familien waren, verwies sie nicht nur auf die Absurdität dieses Gesetzes, sondern auch darauf, dass das einseitige Entscheidungsrecht des Mannes gerade in Konfliktfällen geeignet sei, den Streit zu vertiefen, während ein gemeinsames Entscheidungsrecht ohne Stichentscheid des Mannes die Eheleute eher zu einer gütlichen Einigung veranlassen würde. Aus ihrer Rechtsanwaltspraxis wusste sie, dass ein »von der Ehe fortstrebender Mann« ein einseitiges Entscheidungsrecht missbrauchen konnte, »um die Frau ins Unrecht zu setzen und die Scheidung zu ermöglichen.«[100] Sie verwies dabei nicht nur auf die Meinung ihrer Partei, sondern auch auf den Willen der Frauenverbände und Gewerkschaften. Allerdings gab sie in ihrem Artikel der Befürchtung Ausdruck, dass die Frauen diesmal keine Protestnoten nach Bonn richten würden, vielleicht, weil sie dachten, es gehe sie nichts an, da sie gut verheiratet oder unverheiratet, oder weil sie einfach der Auseinandersetzungen müde geworden waren.

In einem anderen Artikel äußerte sie sich zum Hausarbeitstag, für den sie entschieden eintrat. Einen Widerspruch zum gerade verabschiedeten Grundgesetz konnte sie nicht sehen, weil bereits bei den Verhandlungen über das Grundgesetz im Parlamentarischen Rat Bedenken, durch die Gleichstellung von Mann und Frau seien die Schutzgesetze für Frauen gefährdet, ausgeräumt worden waren, denn die Gleichheitsnorm, die von der Gleichbewertung der Geschlechter unter Anerkennung der Andersartigkeit ausgeht, lasse eine unterschiedliche gesetzliche Behandlung zu.[101] Im Juni 1952 präsentierte Elisabeth Selbert als Berichterstatterin dem Rechtsausschuss beim Parteivorstand der SPD »Vorschläge und Vorarbeiten für die Familienrechtsreform«. Die Partei griff selbstverständlich auf ihre Hintergrundarbeit zurück.

Lange sollte es allerdings dauern, bis das dem Gleichheitsgrundsatz widersprechende alte Recht in den verschiedenen Gesetzen angepasst wurde. Die in Art. 117 GG verankerte Übergangsregelung verlangte eine Anpassung bis Ende März 1953. Der Erste Deutsche Bundestag ließ die Frist zur Anpassung der Gesetze tatenlos verstreichen. 1953 wurde der Versuch gemacht, die Frist zu verlängern. Und auch während der zweiten Wahlperiode

---

100 *Elisabeth Selbert,* Patriarchat im Familienrecht in Ewigkeit? In: Zeitungsausschnitt ohne nähere Angaben vom 12.2.1954, in: AdsD, Sammlung Personalia Elisabeth Selbert.

101 *Elisabeth Selbert,* Hausarbeitstag ist nicht verfassungswidrig, in: Pressenotiz SPD Frauenbüro, Nr. 1/1954 vom 8.2.1954; zur Auseinandersetzung um den Hausarbeitstag siehe auch die Biographie über Clara Döhring in diesem Band sowie den Bericht »Gewerkschaftsarbeit«, in: Genossin, Nr. 15/16 vom Oktober 1947, S. 44. Zur Geschichte und Diskussion um den »Hausarbeitstag« siehe die Artikel von Elisabeth Innis und Hermine Berthold, in: Genossin Nr. 5/6, Juli/August 1948.

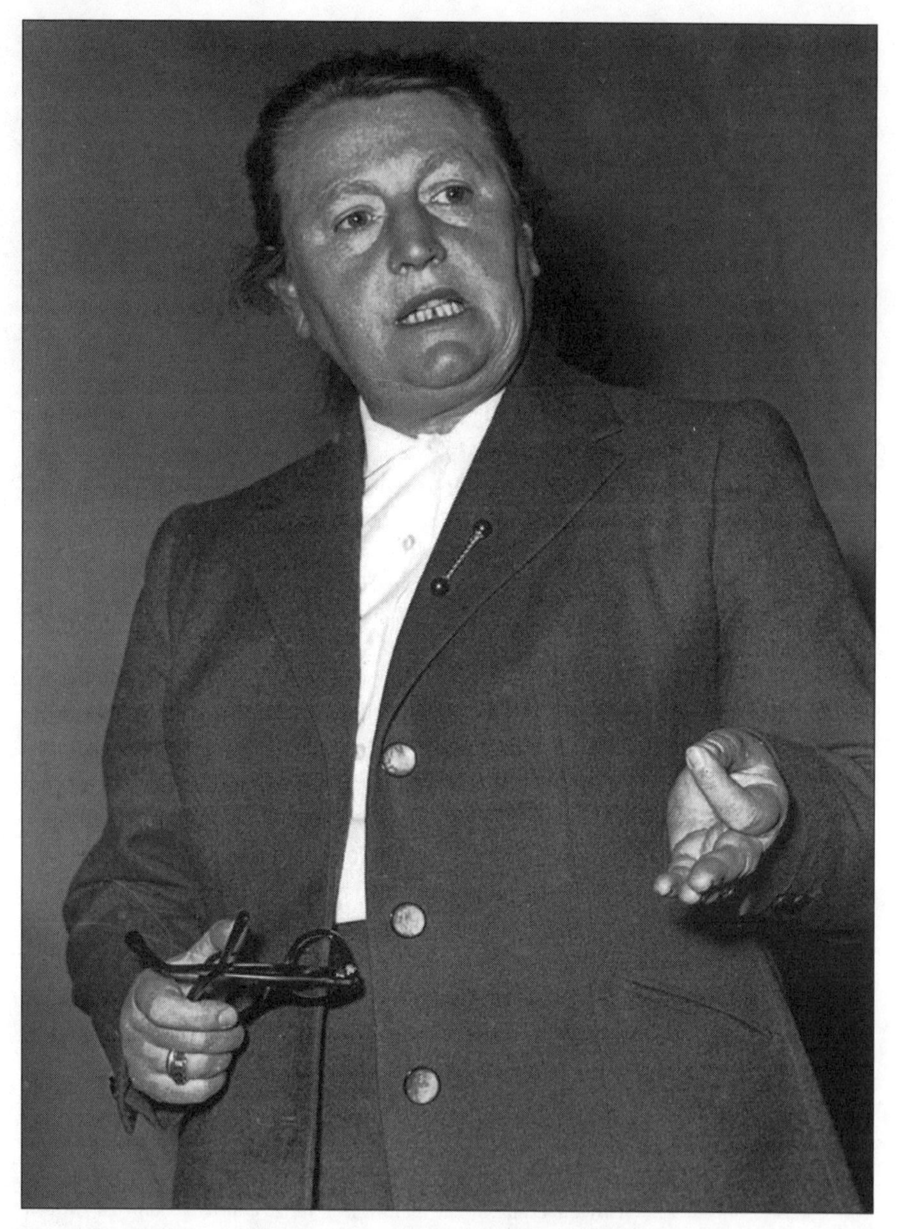

Elisabeth Selbert bei einem Vortrag im Seminar für Politik im Volksbildungsheim in Frankfurt/M., 1956

schien man es nicht besonders eilig zu haben. Elisabeth Selbert schrieb später in einem Artikel, dass sie »mit Schmerz empfunden« habe, wie manche Politiker damals versucht hätten, das Rad der Geschichte zurückzudrehen. Sie lobte ihre Genossin Frieda Nadig, der sie wesentlichen Anteil an den zustande gekommenen Reformen zusprach.[102] Der Stichentscheid des Mannes, sein letztes Entscheidungsrecht in ehelichen Streitfällen, wurde erst zehn Jahre nach der Gründung der Bundesrepublik abgeschafft. In der Realität bedeutete das, dass das patriarchalische Familienrecht bis zur Verabschiedung des so genannten »Gleichberechtigungsgesetzes« 1958 gültig war. Es brachte die rechtliche Anerkennung der Familienarbeit der Frau. Bis dahin hatte de jure der Mann das Entscheidungsrecht, die Frau die »Folgepflicht«, sobald beide eine Ehe eingegangen waren. Der Mann konnte über den Wohnsitz der Frau und der Kinder, den Namen der Kinder, die Berufstätigkeit der Gattin entscheiden und sogar über deren Vermögen verfügen. Bis 1977 dauerte es, bis das Scheidungsrecht im Sinne des Gleichbehandlungsgrundsatzes liberalisiert wurde, und erst 1991 griff das Bundesverfassungsgericht schließlich beim Namensrecht ein. Erst danach konnten auch verheiratete Frauen ihren Geburtsnamen bzw. den ihres Vaters behalten. Auch mit der Änderung im Sozialrecht ließ man sich Zeit, und im Arbeitsrecht ist der Gleichbehandlungsgrundsatz bis heute nicht ganz vollzogen. Elisabeth Selbert bezeichnete das als einen »permanenten Verfassungsbruch«.[103]

Vor allem gegen den Widerstand konservativer Verteidiger und Verteidigerinnen der bürgerlich-patriarchalen Ehe- und Familienordnung konnten sich die sozialdemokratischen Frauen bei ihren männlichen Kollegen nur schwer durchsetzen.[104] Im Parlament wurden Rednerinnen, die sich auf den Verfassungsauftrag bezogen, beständig mit »großer Heiterkeit« und »Gelächter« bedacht.[105] Häufig war der Plenarsaal, wenn es um die

102 Selbert, Mut haben, S. 7.

103 Vgl. zu diesen Auseinandersetzungen auch die Biographie über Frieda Nadig in diesem Band, S. 54-79. Der Abgeordnete Renner (KPD) hatte bereits im Parlamentarischen Rat die Formulierung vorgeschlagen: »Mann und Frau sind gleichberechtigt (...). Männer, Frauen und Jugendliche erhalten bei gleicher Arbeit gleichen Lohn«. Ausdrücklich hatte er betont, dass es ›gleiche Arbeit‹ und nicht ›gleiche Leistung‹ heißen müsse, um zu umgehen, dass es eine strittige Angelegenheit zwischen Unternehmern und Arbeitern würde, abzuschätzen, was die ›Leistung‹ sei. Elisabeth Selbert war der Meinung, dass »der Satz der Gleichberechtigung (...) auch den Anspruch der berufstätigen Frau auf gleichen Lohn bei gleicher Arbeit umfasst.« Siehe die Protokolle des Hauptausschusses vom 3.12.1948, S. 207, und vom 18.1.1949, S. 541. Helene Weber (CDU) verwies darauf, dass sie einen Antrag, »bei gleicher Arbeit müsse auch gleicher Lohn gegeben werden«, habe stellen wollen, ihn aber zurückgestellt hat, weil ihr erklärt worden sei, er sei nicht notwendig. Vgl. Parlamentarischer Rat, Hauptausschuss, 19. Sitzung vom 6.12.1948, S. 237. Gerade dieser Anspruch wird jedoch bis heute umgangen. SPD-Parlamentarierinnen diskutierten deshalb bereits 1950 die Notwendigkeit eines zusätzlichen Gesetzes für die private Wirtschaft. Siehe hierzu die Biographie über Liesel Kipp-Kaule in diesem Band, S. 283-303.

104 *Theresia Degener,* Der Streit um Gleichheit und Differenz in der Bundesrepublik Deutschland seit 1945, in: *Ute Gerhard* (Hrsg.), Frauen in der Geschichte des Rechts. Von der frühen Neuzeit bis zur Gegenwart. München 1997, S. 871-900, hier: S. 872.

105 Ebd., S. 873.

Neuformulierung des BGB ging, leer gefegt.[106] Aber auch die Frauen im Bundestag waren sich durchaus nicht einig. Helene Weber trat immer wieder dafür ein, dass Frauen ihre Berufsarbeit für das Familienleben aufgeben sollten, obwohl sie selbst nie eine Familie gegründet hatte. Sie hätte sich wahrscheinlich nicht aus ihrer parlamentarischen Arbeit zurückgezogen, wenn sie sich familiär gebunden hätte.

Ihre Arbeit im Bezirksvorstand Hessen-Nord gab Elisabeth Selbert im August 1953 aus gesundheitlichen Gründen auf. Aus dem Parteivorstand, dem Rechtspolitischen Ausschuss und dem Frauenausschuss schied sie 1955 aus, aus dem Verfassungspolitischen Ausschuss 1957. Ihr schwindender Einfluss in der SPD zeigte sich vor allem bei der Landtagswahl 1954, als man ihr einen aussichtslosen Listenplatz zuwies. Trotz offenkundiger Kränkung und gleichzeitiger Missachtung ihrer gleichstellungspolitischen Leistungen nahm Elisabeth Selbert die Herausforderung an, zog noch einmal in den Hessischen Landtag ein und blieb bis 1958 in diesem Parlament.

Nach dem Ausscheiden aus dem Landtag wurde es still um Elisabeth Selbert. Die SPD ignorierte schnell ihre Verdienste, und Elisabeth Selbert geriet beinahe in Vergessenheit. Sie widmete sich nun vor allem ihrem auf Familienrecht spezialisierten Anwaltsbüro und ihrer Familie. 1965 starb ihr Mann Adam Selbert. Ihre Anwaltskanzlei betrieb sie bis zu ihrem 85. Lebensjahr. Darüber, dass die Partei ihre Kompetenz nie wirklich gewürdigt hatte, war sie bis zu ihrem Tode enttäuscht. Man fürchtete ganz offensichtlich ihre politische Eigenständigkeit und die Konsequenz, mit der sie für Frauenrechte eintrat. Möglicherweise hat sie sich auch durch die Mobilisierung des breiten Frauenprotestes nicht sehr viele Freunde unter den Männern gemacht. Sie hatte unabhängig von Partei und Fraktion gehandelt und sich über Beschlüsse, die die Zusammenarbeit mit über- und außerparteilichen Frauengruppen betrafen, hinweggesetzt.[107]

Nicht erfüllte Hoffnungen (1958–1986)

»Es ist ganz und gar unbegreiflich, warum sie es nicht tun«[108]

»Frauenrechtlerin« wollte Elisabeth Selbert, die sich um die Rechte der Frauen so außerordentlich verdient gemacht hat, nicht sein. Dennoch, so berichten alle Zeitzeugen, hat sich niemand sonst so zäh und kämpferisch für die Rechte der Frauen eingesetzt. Sicher war sie eine »Anwältin der Frauen«. Unter dem Eindruck der »neuen Frauenbewegung« der 70er Jahre erfuhr Elisabeth Selbert in den 80er Jahren zunehmende Beachtung und öffentliche Ehrung. Seit die feministische Forschung die Frauen der Nachkriegsgeneration und mit ihnen vor allem Elisabeth Selbert »entdeckt« hatte, stellen sich Feministinnen und Frauenforscherinnen die Frage, welches Frauenbild Elisabeth Selbert vertreten hat.

---

106 *Marielouise Janssen-Jurreit,* Sexismus. Über die Abtreibung der Frauenfrage, Wien 1976, S. 315.

107 Zur Auseinandersetzung mit über- und außerparteilichen Frauenausschüssen siehe *Gisela Notz,* »Ihr seid, wenn ihr wollt, diejenigen, die alle Arbeit in der Partei machen können.« Sozialdemokratische Frauenpolitik im Nachkriegsdeutschland, in: Ariadne, H. 40/2001, S. 58-63.

108 Dertinger, In die Parlamente.

War sie Frauenrechtlerin, war sie Feministin, vertrat sie eine Gleichstellungspolitik, eine Politik der Gleichheit oder eine Politik der Differenz?

Oft wurde ihr der Vorwurf gemacht, dass sie am traditionellen Familienbild festgehalten und die besondere Eigenart der Frau betont habe. Durch eine Synthese männlicher und weiblicher Eigenart habe sie mehr Menschlichkeit erreichen wollen. Andererseits trat sie auch dafür ein, den alleinlebenden Frauen, von denen es in der Nachkriegszeit sehr viele gab, das Recht auf ein eigenes Leben, ein eigenes Liebesglück und ein eigenes so genanntes uneheliches Kind zu gewähren. Sie trat für Gleichberechtigung verschiedener Lebensweisen ein. Für die damalige Zeit waren das ungewöhnliche Forderungen. Schließlich war die »Normalfamilie« das Leitbild, das alle Parteien an die Wand malten. Erreichen wollte sie die gleichen Rechte – wie die meisten ihrer sozialdemokratischen Weggefährtinnen – durch den gemeinsamen Kampf mit den Männern und keinesfalls gegen sie. Gleichberechtigung hieß für sie Gleichwertigkeit, die die Andersartigkeit zwischen den Geschlechtern anerkennt. Das wird auch aus ihrem Beitrag im Hauptausschuss des Parlamentarischen Rates deutlich: »Es ist ein grundlegender Irrtum, bei der Gleichberechtigung von der Gleichheit auszugehen. Die Gleichberechtigung baut auf der Gleichwertigkeit auf, die die Andersartigkeit anerkennt. Mann und Frau sind nicht gleich. Ihre Besorgnis, dass die Gleichstellung der Frau Gleichmacherei sei, ist daher gleichfalls unbegründet. (...) Ich bin in den 30 Jahren, in denen ich in der politischen Bewegung stehe, nie Frauenrechtlerin gewesen und werde es nie sein. Ich bin vielmehr der Meinung, dass auch die Mitarbeit der Frau im Politischen nur unter Einsatz ihrer besonderen Eigenart erfolgen soll. Nur in einer Synthese männlicher und weiblicher Eigenart sehe ich einen Fortschritt im Politischen, im Staatspolitischen, im Menschlichen überhaupt.«[109]

Journalistinnen und Journalisten und Politikerinnen und Politiker wurden später nicht müde, immer wieder darauf hinzuweisen, dass sie »keine kämpferische Suffragette« gewesen sei, »sondern nüchtern, maßvoll und mit klugem Sachverstand« gehandelt habe.[110] Herta Gotthelf, die bundesweite SPD-Frauensekretärin, bezeichnete sie anlässlich ihres 60. Geburtstags als »gradlinige und warmherzige Frau«, die nichts vom Typ des geistig hochmütigen Akademikers an sich hatte.[111] Elisabeth Selberts Ziel war eindeutig die »befreite Frau«. Daher plädierte sie auch immer wieder für die Berufstätigkeit der Frauen, auch dann, wenn sie Ehefrauen waren. Anders als andere, die fortwährend über den ›Frauenüberschuss‹ von sieben Millionen klagten, registrierte Elisabeth Selbert in der Tatsache, dass die erwerbstätige Bevölkerung zu zwei Dritteln aus Frauen bestand, einen völligen Strukturwandel, der auch Vorteile für die Frauen brachte. Nur ein geringer Teil der Frauen konnte Aussicht auf eine Ehe haben. Alle übrigen mussten auf eigenen Füßen

109 Hauptausschuss, S. 540.

110 *Rosemarie Bölts,* Keine kämpferische Suffragette? In: Frankfurter Allgemeine vom 18.3.1981. Rosemarie Bölts kritisierte in ihrem Artikel ein Rundfunksendung, die Elisabeth Selbert auf diese Art darstellte und verwies auf die ohne Zweifel kämpferischen Elemente in ihrem Leben.

111 *Herta Gotthelf,* Wir gratulieren, Elisabeth Selbert 60 Jahre alt, in Gleichheit, Oktober 1956, S. 394.

stehen und ihr Leben so einrichten, dass es auch ohne männliche Begleitung einen Inhalt hatte. Die Zeit der Großmütter war nach ihrer Meinung endgültig vorbei.

Aus ihrer Erfahrung als Juristin wusste sie, dass auch die Ehe keine Lebensversicherung ist. Sie kannte die Entwürdigung, die es bedeutete, wenn eine zerrüttete Ehe wegen des bedrohten Lebensunterhalts aufrecht erhalten werden musste. Sie wusste auch, dass die finanzielle Abhängigkeit der Frauen von ihren Männern ohnehin unwürdig ist. Mit dem Gleichberechtigungssatz im Grundgesetz wollte sie eine wichtige Grundlage für die Emanzipation der Frauen schaffen. Sie hat immer fest daran geglaubt, dass die rechtliche Gleichstellung der Frau nicht nur für ihre Menschenwürde, ihr Lebens-, ja auch Liebesglück entscheidend sei, sondern, wie sie es einmal in einem Interview ausdrückte, dazu führen müsse, dass Frauen auch an der Gestaltung der Gemeinschaft teilnehmen und staatspolitische Mitverantwortung übernehmen müssen, um schließlich eine menschlichere, friedfertigere und gerechtere Gesellschaft zu schaffen.[112] Ihre politische Vision war die Ebenbürtigkeit zwischen den Geschlechtern bei gleichzeitiger Anerkennung der »Andersartigkeit«. Von sich selbst sagte sie, dass sie sich »als Frau« ihre »weibliche Eigenartigkeit« bewahrt habe.[113] An den Wurzeln des Patriarchats hat sie mit ihrer Gleichstellungspolitik nicht gerüttelt. Die traditionellen Männerrollen und die gesellschaftlichen wie politischen Machtverhältnisse zwischen den Geschlechtern hat sie nicht grundsätzlich in Frage gestellt. Die Ambivalenzen zwischen der Forderung nach Gleichberechtigung und der Zuweisung der Sorgearbeiten an Frauen waren auch in ihrem Konzept nicht gelöst. Obwohl sie Bitten, die an sie herangetragen wurden, sich für einen ›Familienlohn‹ einzusetzen, abwehrte,[114] sah sie wie viele ihrer Weggefährtinnen den »idealen Zustand« darin, dass »die wirtschaftlichen Verhältnisse es jeder Mutter ermöglichten, sich ihren Kindern und der Familie so lange ausschließlich zu widmen, wie sie ihrer bedürfen, ohne unter wirtschaftlichem Druck einer Erwerbstätigkeit nachgehen zu müssen.« Sie bezweifelte sogar, dass eine Frau, die Kinder hat, die ungewöhnlich große Belastung von Beruf und Familie »freiwillig auf sich nehmen« würde. Die Forderung nach pädagogisch wertvoller, gesellschaftlich organisierter Kinderbetreuung unterbleibt. Von dem Gedanken einer Einbeziehung der Männer in die Familienarbeit auf breiter Ebene, oder einer Veränderung der Strukturen in Beruf und Familie, die eine andere Arbeitsteilung ermöglichten, war auch sie weit entfernt.[115] Dies, obwohl sie im Blick auf ihre eigenen Lebensbedingungen immer wieder auf die gleichberechtigte Arbeitsteilung mit ihrem Mann verwies.

---

112 Böttger, Ihr letztes Interview.

113 Zit. nach *Ulrich Lohmar,* Elisabeth Selbert zum 85. Geburtstag, in: Das Parlament vom 19.9.1981, S. 9.

114 Brief von Elisabeth Selbert an Prof. Dr. Klara-Marie Fassbinder, Mitorganisatorin der deutschen Zentralstelle Weltbewegung der Mütter in Bonn vom 15.8.1949. Fassbinder hatte ihr einen ›Aufruf an die Mütter der Welt‹ geschickt, zudem einen Aufruf ›Rückkehr der Mütter zum häuslichen Herd‹, Archiv der deutschen Frauenbewegung, Nachlass Selbert.

115 Vgl. den Artikel von Selbert, Hausarbeitstag, S. 2.

Die klassische Doppelbelastung vieler Frauen, die in den 60er Jahren dem Leitbild der halbtags beschäftigten Ehefrau und Mutter gefolgt waren, entsprang dem Defizit, dass die Feststellung »Männer und Frauen sind gleichberechtigt« nicht die Forderung der gleichen Verpflichtung der Männer für die Haus- und Sorgearbeiten einschloss.[116] Das hat Elisabeth Selbert freilich nicht alleine zu verantworten.

Aus dem politischen Leben hat sich Elisabeth Selbert mit der Aufgabe ihrer Ämter keinesfalls zurückgezogen. Immer wieder äußerte sie sich zu politischen Themen. »Fest steht: In einer Demokratie ist staatliches Leben, ist ein Gemeinschaftsleben ohne die Gleichberechtigung von Mann und Frau nicht möglich, nicht denkbar und auch nicht vertretbar«, schrieb sie 1980 in einem Artikel zum Verfassungstag.[117] Dass die Lohndifferenzierung und die immer noch ausstehende Gleichberechtigung in Wirtschaft und Gesellschaft verfassungswidrig waren, stand für sie außer Frage. Sie erinnerte daran, dass sowohl der Parlamentarische Rat als auch die Gewerkschaften 1949 die Überzeugung vertraten, dass Art. 3 die Rechtsstellung der Frau im Arbeitsleben umfasse und damit auch für die Tarifpartner gelte und sie verpflichte, die Tarifverträge entsprechend zu ändern; andernfalls würden sie verfassungswidrig handeln.[118]

Bundesweit verdienen Frauen noch immer durchschnittlich ein Drittel weniger als ihre männlichen Kollegen. Bei einem Interview im Jahre 1980 machte die damals 84-jährige Elisabeth Selbert ihre Enttäuschung über diese Diskriminierung deutlich: »Es steht völlig außer Zweifel, dass die Differenzierung der Entlohnung von Frau und Mann grundgesetzwidrig ist, verfassungswidrig! In einer Industriegesellschaft wie der heutigen ist die arbeitende Frau fester Bestandteil. In einer Demokratie muss die Gleichberechtigung auf dem Gebiete des Arbeitslohnes, wie überhaupt in der Wirtschaft und im gesellschaftlichen Leben, völlig anerkannt und durchgeführt werden.«[119]

Dass die Frauenforschung Elisabeth Selbert in den 80er Jahren wieder ans Tageslicht holte, war für sie eine gewisse Genugtuung. Nachdem die Vertreterinnen der autonomen und außerparteilichen Frauenbewegung in den 80er Jahren ihre Abneigung gegenüber organisierten Frauen überwunden und selbst Momente der Zusammenarbeit erfahren hatten, bewunderten sie den Kampfgeist der Parlamentarierin, bedauerten und betrauerten ihre Zurücksetzung durch die männlichen Genossen ihrer Partei und reihten sie wegen ihrer Radikalität in die Gruppe der Ikonen der Frauenbewegung, wie Olympe de

116 Vgl. hierzu *Heike Drummer/Jutta Zwilling,* Elisabeth Schwarzhaupt. Eine Biographie, in: *Die Hessische Landesregierung (Hrsg.),* Elisabeth Schwarzhaupt. Portrait einer streitbaren Politikerin und Christin, Freiburg 2001, S. 14-115; hier: S. 111.

117 *Elisabeth Selbert,* Mut haben, sich Freiraum zu erobern. Kein Gemeinschaftsleben ohne Gleichberechtigung der Frau, in: Sozialdemokratischer Pressedienst vom 23.5.1980, S. 6.

118 Selbert, Mut haben, S. 7.

119 Ein Gleichstellungsgesetz für die Wirtschaft steht noch immer aus. Vgl. *Gisela Notz,* Die unendliche Geschichte von der (nicht verwirklichten) Gleichberechtigung der Frauen in der Wirtschaft, in: *Friedrich-Ebert-Stiftung, Referat Frauenpolitik* (Hrsg.), Zur Vereinbarung zwischen Bundesregierung und Spitzenverbänden der deutschen Wirtschaft zur Förderung der Chancengleichheit von Frauen und Männern in der Privatwirtschaft, Bonn 2002, S. 23-26.

Gouges und Louise Otto, ein.[120] Im Nachhinein wird sogar hervorgehoben, dass die vier Frauen im Parlamentarischen Rat über die Fraktionsgrenzen hinweg Einigung bewiesen hätten.[121] Dass die Überzeugung der beiden konservativen Frauen für Elisabeth Selbert und ihre Mitstreiterin Frieda Nadig ebenso viel, wenn nicht mehr Kraft gekostet hat, wie die Überzeugung der männlichen Verteidiger des status quo, geht dabei ebenso unter wie die grundsätzlichen Interessengegensätze zwischen den beteiligten Frauen im Blick auf das Frauen- und Familienbild. Es wird Elisabeth Selbert gefreut haben, dass die überparteiliche und außerparlamentarische »Fraueninitiative 6. Oktober« ihr zum 85. Geburtstag ein Glückwunschtelegramm geschickt hat, denn diese Initiative hatte sich gegründet, damit Art. 3 Abs. 2 GG endlich Wirklichkeit werde. 32 Jahre waren nach der Verabschiedung des Grundgesetzes bereits vergangen. Weitere 32 Jahre wollten die Frauen, wie sie in ihrem Telegramm an die Jubilarin versicherten, nicht warten.[122]

Reichlich spät wurden ihr auch Ehrungen von offizieller Seite zuteil. 1982, vier Jahre vor ihrem Tod, richtete die Hessische Landesregierung den mit 20.000 DM dotierten »Elisabeth-Selbert-Preis« ein. Wechselweise werden damit verdienstvolle Journalistinnen und Wissenschaftlerinnen ausgezeichnet, die mit ihren Arbeiten in hervorragender Weise die besondere Situation der Frauen behandeln und die Notwendigkeit einer partnerschaftlichen Entwicklung in der Gesellschaft fördern. Der Preis soll dazu beitragen, die Emanzipation der Frau ins Licht publizistischer und wissenschaftlicher Veröffentlichung zu heben. Er wird vom jeweiligen Hessischen Ministerpräsidenten überreicht. Im September 1983 wurde er zum ersten Mal vergeben. Die 87-jährige Elisabeth Selbert war als Ehrengast anwesend.

Die engagierte Demokratin wurde mehrfach hoch geehrt. Sie bekam 1965 das Große Bundesverdienstkreuz des Verdienstordens der Bundesrepublik Deutschland, 1978 wurde sie mit der Wilhelm-Leuschner-Medaille des Landes Hessen ausgezeichnet. 1984 wurde sie Ehrenbürgerin und Trägerin des Wappenringes der Stadt Kassel. 1987, nach ihrem Tode, zierte ihr Portrait eine Briefmarke. Sie reagierte zu ihren Lebzeiten auf die Ehrungen, besonders auf den Elisabeth-Selbert-Preis, mit Stolz, doch auch ein wenig kühl: »Man hat mich hochgesegnet (...), aber mir ging es doch gar nicht um Ehrungen. Ein Mensch wie ich, der der Sache wegen gedient hat, der braucht doch keine Ehrungen. Es war eine nachträgliche Anerkennung, die mich ein bisschen gefreut hat, aber ich habe darauf nicht gewartet.«[123]

Dass die Umsetzung des Gleichheitsparagraphen so große Schwierigkeiten bereitete, machte sie mit zunehmendem Alter ungeduldiger. Anhand eines Beispiels zeigte sie, dass es für diese Schwierigkeiten auch Gründe gab. Sie verwies darauf, dass »die kleine Arbeiterin« nicht so leicht den Mut aufbringt, eine Klage auf gleichen Lohn anzustreben,

120 Vgl. Böttger 1990. Vgl. auch das Vorwort von Ute Gerhard zu diesem Buch.

121 Meyer, das Grundgesetz.

122 Pressenotiz der Fraueninitiative 6. Oktober vom 23.9.1981, in: AdsD, Sammlung Personalia Elisabeth Selbert.

123 Zit. nach Langer, Elisabeth Selbert, S. 30.

obwohl sie ihr Recht erkämpfen könne.[124] Der kleinen Arbeiterin galt stets ihr Verständnis. Die mangelnde Präsenz von Frauen in öffentlichen Ämtern und in den Parlamenten bezeichnete sie als Verfassungsbruch in Permanenz.[125] Äußerst enttäuscht war sie von der Mehrheit der Frauen, die nun – im Gegensatz zu früher – Rechte hatten, auf die sie sich berufen könnten: »Es ist mir ganz und gar unbegreiflich, warum sie es nicht tun – Doppelbelastung hin oder her«, sagte sie in einem Interview.[126] Sie selbst hatte ihr Leben lang um Rechte gekämpft. Ihre eigene Doppelbelastung hin oder her: Sie konnte ihre Augen vor Ungerechtigkeiten nicht verschließen. Auch im Alter nahm sie aktiv am politischen Geschehen teil. Besonders empfindlich reagierte sie auf die Bedrohung durch die Stationierung von Atomraketen, die Erwerbslosigkeit von Jugendlichen und Frauen sowie auf den Erlass und die Durchführung des Extremistenbeschlusses, gegen den sie mit anderen Verfassungsgebern gemeinsam eine Eingabe an den Parteivorstand verfasste.[127]

Von den Frauen der ihr nachfolgenden Generation hatte sie gehofft, sie würden dazu beitragen, ihr Werk zu vollenden. Doch davon sind wir auch heute noch weit entfernt.

Elisabeth Selbert starb am 9.6.1986 im Alter von fast 90 Jahren in Kassel, wo sie wenige Tage später, fast unbemerkt von der Öffentlichkeit, auf dem Hauptfriedhof beigesetzt wurde. Der SPD-Parteivorstand, dessen Mitglied sie einst gewesen war, führte anlässlich ihres 90. Geburtstages eine Expertenanhörung zur innerparteilichen Gleichstellung von Frauen und Männern durch. Elisabeth Selbert konnte daran nicht mehr teilnehmen.[128] Der »Spiegel« schrieb zu ihrem Tod, dass die westdeutschen Frauen »der resoluten Zähigkeit der Kasseler Rechtsanwältin verdanken«, das der »wohl revolutionärste Satz im Grundgesetz« Wirklichkeit wurde.[129] Und die SPD würdigte es als »ihr Verdienst, dass die Gleichberechtigung der Frau als Grundrecht in unser Grundgesetz eingegangen ist. Die Frauen verdanken ihr viel.«[130] Auch der damalige SPD-Vorsitzende Willy Brandt feierte sie als eine der wichtigsten Vorkämpferinnen für die Rechte der Frau.

Elisabeth Selbert blickte auf ein erfülltes Leben zurück, und wenn wir sie heute fragen könnten, würde sie sicher wiederholen, was sie in einem Interview zu Barbara Böttger gesagt hat: »Ich möchte eigentlich die Zeit noch einmal erleben«.[131] Und ganz sicher meinte sie vor allem die Zeit, in der die Frauenproteste noch Waschkörbe füllten und bei den Parlamentarierinnen und Parlamentariern noch Wirkung zeigten.[132]

---

124 Dertinger, In die Parlamente.

125 Ebd.

126 Ebd.

127 Böttger, Ihr letztes Interview.

128 *Antje Dertinger,* Mutter des Grundgesetzes, Elisabeth Selbert politisch ehren, in: Vorwärts Nr. 24 vom 14.6.1986.

129 Elisabeth Selbert, in: Der Spiegel Nr. 25 vom 16.6.1986.

130 Todesanzeige der SPD für Elisabeth Selbert, in: Vorwärts vom 4.6.1986.

131 Dertinger, In die Parlamente.

132 Die Bundesregierung und die Bundestagsabgeordneten überhören heute den Protest der organisierten und nicht organisierten Frauen. Auch im Jahre 2001 gab es ein außerparlamentarisches Frauenbündnis, das ›waschkörbeweise‹ Briefe schrieb, um ein von der Bundesregierung im Koalitionsver-

Im September 1996 versammelte sich eine kleine Gruppe, zu der neben der Familie Selbert und städtischen Repräsentanten der frühere Ministerpräsident Holger Börner, die Hessische Sozialministerin Barbara Stolterfoht, die stellvertretende DGB-Bundesvorsitzende Ursula Engelen-Kefer und der Kasseler Oberbürgermeister Georg Lewandowski gehörten, auf dem Friedhof in Niederzwehren, um mit Kranzniederlegungen den 100. Geburtstag »einer herausragenden Bürgerin Kassels« zu begehen. Der Oberbürgermeister resümierte, dass ihre Arbeit auch im Nachhinein Wirkung gezeigt habe, denn die wachsende Bedeutung der Frauenpolitik in der Gesellschaft gehe auf ihre politischen Anstöße zurück.[133]

12 von 16 weiblichen SPD-Abgeordneten im Bundestag 1951 (von links nach rechts: Lisa Albrecht, Irma Keilhack, Emmy Meyer-Laule, Anni Mellies, Käte Strobel, Frieda Nadig, Liesel Kiep-Kaule, Louise Schroeder, Lisa Korspeter, Elinor Hubert, Clara Döhring, Gertrud Lockmann)

---

trag versprochenes Gleichstellungsgesetz für die Wirtschaft einzuklagen. Das beunruhigte die Politiker anscheinend nicht ernsthaft. Die Enttäuschung der Frauenbewegung konnten sie zwar aushalten, mit den Arbeitgebern wollten sie sich aber nicht anlegen. Vgl. Notz, Die unendliche Geschichte.

133 Zeitungsausschnitt mit Bild ohne weitere Angaben in AdsD, Sammlung Personalia Elisabeth Selbert.

Erste und Zweite Wahlperiode des Bundestages 1949–1957

Luise Albertz

»Wir sollten weniger über die Nachbarin, dafür aber mehr mit der Nachbarin reden.«[1]

Luise Albertz wurde 1946 die erste Oberbürgermeisterin einer westdeutschen Großstadt. Sie war eine Frau, die ihre proletarische Herkunft und ihre Überzeugung, dass Ausgrenzung und Unterdrückung nicht hingenommen werden können, niemals verleugnet hat. Über mehr als drei Jahrzehnte regierte die emanzipierte Sozialistin und Freidenkerin Oberhausen, eine Stadt im Ruhrgebiet, die durch viele Krisen erschüttert wurde. Als langjährige Vorsitzende des Petitionsausschusses des Deutschen Bundestages hatte sie stets ein offenes Ohr für ihre Mitmenschen. Den Beinamen »Mutter Courage des Ruhrgebiets« erwarb sie sich während der Zeit der Kohlekrisen im Ruhrgebiet. Auch sie hat bewiesen, dass Politik nicht nur eine »Männersache« ist.

Kindheit und Jugend (1901–1933)

»Ich bin in die Politik hineingeboren«[2]

Luise Albertz wurde am 22.6.1901 in Duisburg als Kind einer typischen Ruhrgebietsfamilie geboren, in der, wie sie selbst betonte, Politik »immer mit am Tisch saß«.[3] Ihr Vater, der gelernte Schreiner Hermann Albertz, war seit 1900 Mitglied der SPD. Er unterhielt in seiner Buchhandlung die Agentur für die sozialdemokratische »Volksstimme« und war bis 1933 Vorsitzender des Unterbezirks in Duisburg-Wesel, Abgeordneter des Preußischen Landtages während der Weimarer Republik und Vorsitzender der Oberhausener SPD-Ratsfraktion.[4] Luise Albertz trug schon mit neun Jahren für ihren Vater die SPD-Zeitung aus und lernte auf diese Weise kennen, »was in der Gesellschaft

1 Luise Albertz auf der Bezirksfrauenkonferenz des Bezirks Westliches Westfalen in Dortmund-Lütgendortmund am 5.9.1949, zit. nach »Für unsere Frauen!« Mitteilungen der SPD, Bezirk Westliches Westfalen, Nr. 3/1949, S. 2.

2 Luise Albertz am 23.6.1971 bei einer Rede vor dem Oberhausener Handwerk. Zit. nach *SPD-Fraktion des Rates der Stadt Oberhausen* (Hrsg.), Politik für den Menschen. Eine Dokumentation zur Erinnerung an Luise Albertz, Oberhausen 1979, S. 6.

3 Zitiert nach: *Friedhelm van den Mond*, Verpflichtung in ihrem Sinne weiterzuarbeiten, in: *SPD-Unterbezirk Oberhausen und SPD-Fraktion im Rat der Stadt Oberhausen* (Hrsg.), Luise Albertz, zum Gedenken am 10. Todestag, 1. Februar 1989.

4 Über die Mutter von Luise Albertz sind aus den Quellen keine Angaben zu finden. Im Munzinger-Archiv/Internat. Biograph. Archiv vom 20.3.1971-Lieferung 11/71-P-1480 finden sich lediglich Angaben zum Vater. In einem Lebenslauf, den sie am 28.7.1949 an Herta Gotthelf schickte, sind ebenfalls nur Angaben über den Vater enthalten. Vgl. Brief Luise Albertz an Herta Gotthelf vom 28.7.1949, AdsD, Akte PV I0258 52 und 53. Die Personalakte der Oberbürgermeisterin Luise Albertz ist nicht auffindbar. Vgl. Brief des Stadtarchivs Oberhausen vom 2.4.2002.

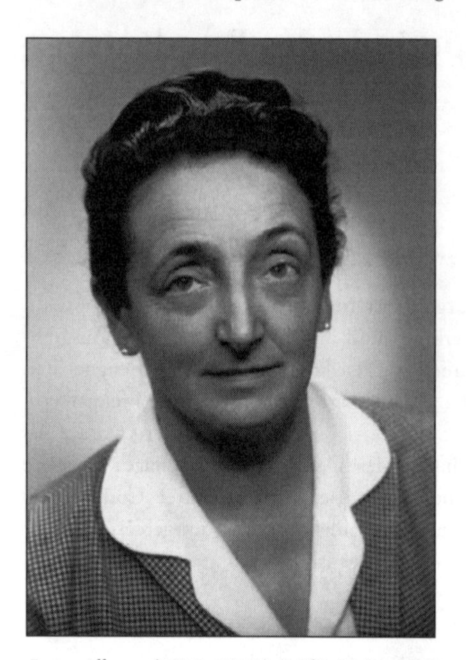

Luise Albertz (1901–1979), MdB 1949–1969

des Kaiserreichs unvollkommen war«.[5] Hermann Albertz sorgte dafür, dass seine beiden Töchter Dine und Luise nicht nur ›typisch weibliche‹ Fähigkeiten lernten. Er war es auch, der Luise Albertz politisierte. 1915 trat sie in die sozialistische Arbeiterjugend ein und wurde 1921 Mitglied der SPD und des Zentralverbands der Angestellten. Seitdem hat sie für ›ihre‹ Partei und damit auch für ihre eigenen Ideale gewirkt. Sie war nicht nur »in die Politik hineingeboren« worden, sondern später auch »mit der Politik verheiratet«, wie sie von sich selbst sagte.[6] Nach der Volksschule besuchte sie von 1915 bis 1916 die höhere Handelsschule und absolvierte bis 1919 eine Lehre als Buchhalterin bei der Stadtverwaltung in Oberhausen. 1920 begann sie eine weitere Lehre als Hotelköchin und Hotelbuchhalterin. Anschließend war sie (1921 bis 1933) in verschiedenen Industrieunternehmungen und Verlagsanstalten als Kontoristin, Stenotypistin und Buchhalterin, stellvertretende Leiterin eines Agenturgeschäftes und schließlich im Sozialamt der Stadtverwaltung Oberhausen tätig. Gleichzeitig half sie ihrem Vater bei seiner Parteiarbeit und übernahm selbst »kleinere Funktionen in der Partei«[7] und in der Arbeitsgemeinschaft der Jungsozialisten.

Im Schatten des Hakenkreuzes (1933–1945)

»Das moralisch Richtige kann niemals das politisch Falsche sein«[8]

Hermann Albertz stand der Eisernen Front in seinem damaligen Unterbezirk (Duisburg, Mülheim, Dinslaken, Oberhausen usw.) vor und kam schnell in Konflikt mit den sich formierenden Nationalsozialisten.[9] Gleich nach der Machtübernahme durch die Natio-

5 *Werner Höfer,* »Luise« im Kampf für Kohle und Kumpel. Gespräch mit der Oberbürgermeisterin von Oberhausen, in: Die Zeit Nr. 21 vom 26.5.1967, S. 10.

6 Aus einer Rede Luise Albertz' am 23.6.1971, in: SPD-Unterbezirk Oberhausen.

7 Brief Albertz an Gotthelf.

8 Luise Albertz Wahlspruch, den sie von ihrem Vater übernommen hat. Zit. nach *Johannes Rau,* Zum Geleit, in: SPD-Fraktion des Rates der Stadt Oberhausen (Hrsg.), Politik für den Menschen, S. 3.

9 Vgl. Geschichte der SPD in Oberhausen, in: *Luise Albertz* u.a. (Hrsg.), Zeichen des Fortschritts, Oberhausen, o.D.; vermutlich 1969, o.S.

nalsozialisten 1933 bekam die gesamte Familie Schwierigkeiten, denn sie machte aus ihrer politischen Überzeugung und der daraus resultierenden Verachtung der neuen Machthaber und der Ideologie des Nationalsozialismus keinen Hehl. Luise Albertz wurde nach dem Gesetz zur Wiederherstellung des Berufsbeamtentums aus dem städtischen Dienst entlassen. Zwölf Jahre lang wurden die Familienmitglieder überwacht, mit Hausdurchsuchungen in Atem gehalten und zu einer Vielzahl von Vernehmungen vorgeladen. Die Familie Albertz unterhielt auch Verbindungen mit Emigranten. Luise Albertz hielt sich zu diesem Zwecke zeitweise im Ausland auf. Ein Oberhausener Journalist, der unter Drohungen von der SS aufgefordert worden war, sie und ihre damaligen Bekannten in Oberhausen zu »überwachen«, hat dieses Anliegen nach wiederholtem Drängen standhaft zurückgewiesen.[10] Dennoch wurde sie nach dem 20. Juli 1944 durch die Geheime Staatspolizei mehrfach verhört. Ihr Vater war bereits am 2. Mai 1933 von den Nationalsozialisten vorübergehend festgenommen worden. Nach dem Attentat auf Hitler 1944 wurde er im Rahmen der »Aktion Gitter« mit anderen ehemaligen Parlamentariern demokratischer Parteien von der Gestapo verhaftet und ins KZ Sachsenhausen gebracht. Dort ist er für seine sozialistischen Ideen umgebracht worden. Luise Albertz Lebensgefährte, der wie sie selbst zur Arbeiterjugend gehörte, starb kurz nach der Rückkehr aus der Emigration. Sie selbst hatte ihm geraten, vor der Gestapo nach Frankreich auszuweichen. Von der Krankheit, die er sich in der Emigration zugezogen hatte, hat er sich nie mehr erholt.[11] Luise Albertz Schwester Dine emigrierte nach Schweden und blieb auch nach Ende des Zweiten Weltkrieges dort.

Beruflich hielt Luise Albertz sich zwischen 1934 und 1939 als Buchhalterin über Wasser. 1939 bis 1945 wurde sie bei der Stadtverwaltung in Oberhausen dienstverpflichtet. Dort wurde sie stellvertretende Leiterin des Wohlfahrtsamtes und war vor allem mit Fragen des Familienunterhalts für Frauen beschäftigt, deren Männer und Söhne im Krieg waren.[12] Damals ahnte sie noch nicht, dass sie später in der Verwaltung dieser Stadt Karriere machen sollte. Das vom Vater übernommene Leitmotiv ihres Handelns »Das moralisch Richtige kann niemals das politisch Falsche sein«,[13] hat sie in dieser schweren Zeit auch zu ihrem eigenen erhoben. Es hat sie bis an ihr Lebensende begleitet.

10 Luise Albertz wird morgen 65 Jahre, in: Ruhrwacht, Oberhausen vom 21.6.1966.

11 Höfer, »Luise« im Kampf.

12 Ebd. Vgl. auch *Ulrich Horn,* Luise Albertz, in: Landtag Nordrhein-Westfalen (Hrsg.): Frauen im Landtag, Düsseldorf 1992, S. 48.

13 Zit. nach *Helmut Schmidt*: Vorbild für den eigenen Weg, in: SPD-Unterbezirk Oberhausen. Luise Albertz sagte in einer Rede nach der Wahl zur Oberbürgermeisterin 1946, dass dieser Spruch über dem Schreibtisch ihres Vaters gehangen habe, zit. nach SPD-Fraktion des Rates, S. 8.

Nach dem Zweiten Weltkrieg (1945–1949)

»Wer sich nicht um Politik kümmert, um den wird sich die Politik kümmern«[14]

Luise Albertz beteiligte sich unmittelbar nach Kriegsende am Wiederaufbau der SPD und am Aufbau der Gewerkschaft Öffentliche Dienste, Transport und Verkehr (ÖTV) in Oberhausen. Sie wollte nun verstärkt dafür arbeiten, dass sich das Los der Kumpel und ihrer Familien im Ruhrgebiet sowie ganz allgemein der armen Menschen verbesserte. Von 1945 bis 1946 war sie Sekretärin des ersten, noch von der Britischen Militärregierung ernannten Oberbürgermeisters in Oberhausen. Im Ortsverein der SPD in Oberhausen bekleidete sie mehrere Funktionen und wurde am 5.11.1946 über die Reserveliste – weil zwei ihrer Genossen die Wahl nicht angenommen hatten – zur Stadtverordneten gewählt. Noch im gleichen Monat wurde sie, nachdem die SPD als stärkste Partei aus der Kommunalwahl hervorgegangen war, als einzige Kandidatin für das Amt des Oberbürgermeisters nominiert und mit 26 Stimmen bei 16 Stimmenthaltungen zur ersten Oberbürgermeisterin einer deutschen Großstadt gewählt. Das war eine Sensation, nicht nur weil sie die einzige Frau unter 2.710 Bürgermeistern war, sondern auch, weil die nationalsozialistische Heim-und-Herd-Ideologie noch in vielen Köpfen steckte. Die Ausübung eines solchermaßen verantwortlichen Amtes in der von der Schwerindustrie geprägten, vom Bombenkrieg lädierten Industriestadt Oberhausen traute man eigentlich nur Männern zu.[15] Die Nominierung hatte sie dem Vorsitzenden der SPD-Ratsfraktion, Willi Meinicke, zu verdanken. Er hat auf die Frage, wen man aufstellen solle, gesagt: »nehmt doch Luise«. Diese schaute sich in der Männerrunde um und versicherte mit fester Stimme: »Ja, ich kandidiere.«[16] Sie wusste, was auf sie zukam, schließlich war sie Sekretärin ihres Vorgängers im Oberbürgermeisteramt gewesen und konnte als SPD-Stadtverordnete einschlägige kommunalpolitische Erfahrungen ansammeln. Der Tag ihrer Nominierung war der Beginn eines langjährigen Bündnisses zwischen ihr und Willi Meinicke. Sie beide wurden von nun an als »Gespann« bezeichnet. Weggefährten berichteten später, sie hätte ohne ihn »kaum so lange und so wirkungsvoll agieren können«.[17] Sicher kommt beiden das Verdienst der solidarischen Zusammenarbeit zu.

Luise Albertz schien ein Beweis dafür zu sein, dass der Kampf der Frauen um Gleichberechtigung nicht erfolglos geblieben war. Die Oberbürgermeisterin selbst teilte diesen Optimismus nicht ganz: »Der Kampf wird wohl nie ganz zu Ende gehen«, sagte sie in einem Interview. »Sobald die Frau zur ernsthaften Konkurrentin wird, lässt die ›Ritterlichkeit‹ der Männer nach und artet in ironische Höflichkeit oder offene Feindseligkeit

---

14 *Luise Albertz*, zit. nach einer Rede von Willi Meinicke am 22.6.1966 zum 65. Geburtstag von Luise Albertz, in: SPD-Fraktion des Rates, S. 7.

15 Vgl. *Antje Dertinger*, Luise Albertz – Mutter Courage des Reviers, in: Demokratische Gemeinde 5/94, S. 40.

16 *Horst-Werner Hartelt*, Wenn die Luise von Rhein-Preußen kommt, in: Die Zeit vom 25.6.1976. Vgl. dazu auch Horn, Luise Albertz, S. 48.

17 Vgl. Horn, Luise Albertz, S. 49.

aus.«[18] Die Tatsache, dass sie das Amt der Oberbürgermeisterin bekam, wurde in der Öffentlichkeit oft weniger ihren eigenen politischen Fähigkeiten zugeschrieben als dem großen Ansehen, das ihr Vater in Oberhausen genossen hatte.[19] Das störte Luise Albertz wenig, galt sie doch bald auf kommunalpolitischem Terrain als »ausgesprochene Führungspersönlichkeit«.[20] Sie fand es gut, mit der Politik ihres Vaters in Zusammenhang gebracht zu werden, denn schließlich verehrte sie ihn. In ihrem politischen Programm bezog sie sich sogar ausdrücklich auf die Erziehung durch ihren sozialistischen Vater, der ihr vermittelt habe, »das Wohl der Schaffenden immer im Auge zu haben« und für die arbeitende Bevölkerung Partei zu ergreifen. Durch ihn habe sie gelernt, die »Ungerechtigkeit der jetzigen Welt, die immer wieder zum Kriege führt, zu erkennen und zu bekämpfen«. Luise Albertz orientierte sich an seinem Vorbild, wie er gelangte sie zu der Überzeugung, dass es galt, Toleranz gegenüber Andersdenkenden zu üben, und »dass der Ärmste zuerst Hilfe zu erhalten hat«.[21] Bald wurden auch Skeptiker davon überzeugt, dass sie »selbst Statur gewann«, schließlich war nicht zu übersehen, dass sie sich »mit ganzer Kraft (...) auf die Probleme ihrer Stadt stürzte«. Über die allein lebenden Frau vermutete manch einer, dass die Arbeit für sie einen Ersatz für die nicht vorhandene eigene Familie darstellte.[22] Daraus machte Luise Albertz sich aber wenig. »Die ganze Stadt – das ist meine Familie«, sagte sie in einem Interview.[23]

Tatsächlich verbrachte sie viel Zeit und Kraft damit, für ihre Stadt, die in Trümmern lag und in der die Menschen hungerten, das Nötigste zum Überleben herbeizuschaffen. Häufig fuhr sie selbst mit dem Lastwagen aufs Land, um Lebensmittel für die Bevölkerung zu besorgen.[24] Keine Mühe war ihr zu viel. Sie fuhr nach Niedersachsen um Ruhr-Kohle gegen Lebensmittel zu tauschen. Sie legte sich mit der Besatzungsmacht an, weil sie sich dagegen wehrte, dass eine der wenigen noch intakten Industrieanlagen Oberhausens demontiert werden oder dass Maschinen aus den Fabriken entfernt werden sollten.[25] Nicht einmal durch Androhung von Haft und Strafe ließ sie sich davon abschrecken, ›ihrer‹ Bevölkerung zu helfen.[26] Trotz ihrer großen Beliebtheit und Popularität dauerte ihre Amtszeit (zunächst) nur zwei Jahre – bis Ende Oktober 1948. Obwohl die SPD immer noch die stärkste Partei in Oberhausen war, wurde nach der Gemeindewahl Ende des Jahres 1948 ein Angehöriger der CDU Oberbürgermeister. Das konnte geschehen, weil die CDU sich mit dem Zentrum vereinigt hatte und nun die stärkste Partei bildete. Luise Albertz wurde in direkter Wahl als Stadtverordnete gewählt. Der Grad ihrer Be-

18 Eine Frau als Oberbürgermeister, in: SPD-Mitteilungsblatt vom 20.12.1946.

19 Ebd.

20 *Dieter Düding*: Zwischen Tradition und Innovation. Die sozialdemokratische Landtagsfraktion in Nordrhein-Westfalen 1946–1966, Bonn 1995, S. 46.

21 *Luise Albertz*: Das politische Programm, Rede am 5.11.1946 nach ihrer Wahl zum Oberbürgermeister, zit. nach: SPD-Fraktion des Rates, S. 8.

22 Horn, Luise Albertz.

23 Höfer, »Luise« im Kampf.

24 Helmut Schmidt, in: SPD-Bezirk Oberhausen.

25 *Willy Brandt* in seiner Grabrede für Luise Albertz, in: ebd.

26 Rau, Zum Geleit.

liebtheit in ›ihrer‹ Stadt ist daran zu erkennen, das sie 58 % aller Stimmen ihres Stimmkreises erhielt.

Erneute Wahl zur Oberbürgermeisterin in Oberhausen (1956–1979)

»Nie werde ich meinen Ursprung und meine Überzeugung jemals verleugnen«[27]

Am 12. November 1956 wurde Luise Albertz in Oberhausen erneut zur Oberbürgermeisterin gewählt. »Die Zeit« – ähnlich viele andere Zeitungen – wusste zu berichten, dass die Meinungen über einen weiblichen Oberbürgermeister durchaus kontrovers waren. Das Für und Wider ging durch alle Parteien und war unabhängig vom Geschlecht der argumentierenden Person. Journalisten machten sich um ihr Äußeres viele Gedanken, ein Thema, das sie bei der Beurteilung von männlichen Politikern eher vernachlässigten. In ihrer grünen Strickjacke, so wurde bemerkt, wirkte sie durchaus charmant: »Man könnte sie für eine Tiroler Studienrätin halten: eine Studienrätin, die sich Autorität nicht durch männliche Forschheit verschafft, sondern durch weibliche Ausstrahlung, Gescheitheit und Humor.«

Man brauchte sich also keine Sorgen zu machen, Oberhausen wurde gut regiert: »Die Zügel sind hier ebenso straff wie anderswo. Nur die Hände, die sie halten, sind sanft und weiblich.«[28] Die FAZ wusste sogar, dass sie sich mit der Gemeindeordnung unter dem Kopfkissen schlafen legte, sich mit den Entwerfern von Siedlungswohnungen um die richtige Ausstattung der Küchen stritt und hartnäckig darum kämpfte, dass die Spülbecken in der richtigen Höhe angebracht würden. Und dies alles, ohne zur Kommunalfanatikerin zu werden.[29] Auch die »Gleichheit« betonte, dass Luise Albertz – trotz des hohen Amtes – betont Frau geblieben sei. Eine Frau, die wisse, was ihr »steht«.[30] Freilich wurde »der einzige weibliche Oberbürgermeister« in diesem Artikel auch gelobt, weil sie stets alle Spielregeln einhielt, die das politische ›Geschäft‹ verlangte, weil sie zwar mit großer Sachlichkeit, aber dennoch undogmatisch Kommunalpolitik betrieb und weil sie stets ein offenes Ohr für die Bürgerinnen und Bürger hatte. Schließlich stand Luise Albertz als Bürgermeister »ihren Mann«, wenn sie nach politischen Versammlungen mit den Kumpels einen echten Korn trank, weil man – wie sie selbst sagte, »in unserer Stadt (...) auch nach den besten politischen Reden bei den Kumpels erst dann voll anerkannt wird«.[31] Sie wurde gelobt, weil sie mit den Waffen der Männer kämpfte, ohne ein Mannweib zu werden, und weil sie auch in den 70er Jahren nichts von der »linken Keulenriege« hielt.[32] Schließlich machte sie Realpolitik. Herta Gotthelf vom SPD-

27 Luise Albertz am Frauentag in Marl, zit. nach: SPD-Fraktion des Rates, S. 44.

28 *Wolfgang Ebert,* »Weiberwirtschaft« in Oberhausen, Deutschlands einziger weiblicher Oberbürgermeister: Luise Albertz, in: Die Zeit vom 17.1.1957. Ähnlich: Straffe Zügel in sanften Händen, in Kölner Stadtanzeiger vom 3.1.1957.

29 *Ingeborg Schader,* Porträt einer Oberbürgermeisterin, in FAZ vom 15.8.1959.

30 Gleichheit Nr. 9/Sept. 1959, S. 343-346; hier: S. 345.

31 Frau Oberbürgermeister, in: Hamburger Abendblatt vom 19.11.1956.

32 *Horst-Werner Hartelt,* Wenn die Luise von Rhein-Preußen kommt, in: Die Zeit vom 25.6.1976.

Luise Albertz während ihrer Zeit als Oberbürgermeisterin in Oberhausen am Schreibtisch, 1956

Frauenbüro hatte schon früher in der Tatsache, dass eine Frau auf einen so wichtigen Posten, wie es der des Oberbürgermeisters einer großen rheinischen Industriestadt war, gewählt wurde, einen bedeutsamen Schritt auf dem langen Weg zur politischen, wirtschaftlichen und sozialen Gleichberechtigung der Frauen gesehen.[33]

In einer Rede machte Luise Albertz engagiert ihr Anliegen deutlich, für die Interessen der Arbeitenden einzutreten: »Sie haben mein Versprechen, dass ich dieses Amt gerecht und unparteiisch ausüben und nach besten Kräften versuchen will, den schwierigen Aufgaben gerecht zu werden. Sie wissen, dass ich ein Kind der Arbeiterstadt Oberhausen bin und Tochter eines Arbeiters. Nie werde ich meinen Ursprung und meine Überzeu-

33 Pressenotiz, SPD-Frauenbüro, Nr. 5/56 vom 14.11.1956.

gungen jemals verleugnen.«[34] Diesem Versprechen blieb sie stets treu. Diesmal dauerte ihre Amtszeit über zwei Jahrzehnte – bis zu ihrem Tod.

Ihre Aufgabe war nicht leicht. Das Revier wurde von der Kohlenkrise erschüttert. Sie setzte sich für die Bergleute ein, wehrte sich gegen Zechenschließungen und den Abbau von Arbeitsplätzen in den großen Metall-, Stahl- und Chemieunternehmen. Noch im Mai 1967 demonstrierte sie an der Spitze von 4.000 Bergarbeitern gegen die Stilllegung der Oberhausener Zeche »Concordia«. Sie rotierte zwischen Bonn und Berlin, Oberhausen und Düsseldorf und zwischen Rathaus und Rednertribüne, um für den Erhalt der Arbeitsplätze zu sorgen. Bei Zechenschließungen betonte sie stets, auf der Seite der Bergarbeiter zu stehen. Kurze Zeit später, im Oktober 1967, spitzten sich die Konflikte im »Hexenkessel von Dortmund-Huckarde« zu.[35] Als eine Demonstration von 15.000 wütenden Bergleuten gegen geplante Zechenstilllegungen an der Ruhr in einen Aufruhr umzuschlagen drohte, appellierte sie an die Bergleute, Ruhe zu bewahren. So gelang es ihr, die anwesenden Politiker, den nordrhein-westfälischen Arbeits- und Sozialminister Werner Figgen, den NRW-Ministerpräsidenten Heinz Kühn und den Bundeswirtschaftsminister Karl Schiller, alle Mitglieder der SPD, vor den aufgebrachten Kumpels zu schützen.[36] Ihr Vorgehen brachte ihr bei den Bergleuten freilich auch Kritik ein. Schließlich waren sie mit roten und schwarzen Fahnen ausgezogen, um ihre Interessen für den Erhalt der Arbeitsplätze durchzusetzen. »Zechenkiller Kühn und Schiller«, lauteten ihre Parolen. Luise Albertz jedoch vertrat die Meinung, dass Proteste nur Sinn machten, wenn sie Kräfte freilegten, um die Krise zu bewältigen. Radikalität und Verweigerung waren Kampfmittel, die sie schwer ertragen konnte. Dennoch wurde Luise Albertz durch diesen Schlichtungserfolg zu einer Symbolfigur, zur »Mutter Courage« des Ruhrgebiets.

Ihren Sachverstand wollte sie einsetzen, um die Zukunft der Kohle zu sichern, aufhalten konnte sie die Entwicklung nicht. Sie musste ebenso wie alle anderen Politiker und die von der Kohlekrise direkt Betroffenen lernen, dass die Zeit der Kohle der Vergangenheit angehörte. Es galt, neue Erwerbsarbeitsplätze zu schaffen. Luise Albertz konnte lediglich versuchen, die sozialen Folgen für die Bergleute und ihre Familien zu mildern. Sie vermittelte den Bergarbeitern das Gefühl, den Krisen nicht taten- und sprachlos ausgeliefert zu sein. »Kumpelinchen« wurde sie zärtlich von der Bevölkerung genannt, weil sie sich stets für die Kumpel an der Ruhr einsetzte und weil sie auch selbst sehr oft in Gruben einfuhr, um sich vor Ort ein Bild von den Arbeitsbedingungen der Bergleute zu machen.[37] Immer wieder wies sie auf die Notwendigkeit kontinuierlicher Strukturverbesserungen im Ruhrgebiet, der Gewinnung neuer krisenfester Industriebetriebe und einer umfassenden Finanzreform durch Bund und Länder hin.[38] Bereits 1970 wurde ein

34 Luise Albertz am Fauentag in Marl, zit. nach SPD-Fraktion des Rates, S. 44.

35 Munzinger-Archiv/Internat. Biograph. Archiv, 31.3.1979 – Lieferung 13/79-P-1480 5.

36 Horn, S. 47.

37 Ebd., S. 50.

38 *Luise Albertz,* Die Sorgen unserer Städte, aktuelle Probleme der Kommunalpolitik am Beispiel Oberhausen, in: SPD-Presssedienst P/XXI/147 vom 5. August 1966. Vgl. auch *Werner Diederichs,* »Mutter Courage von der Ruhr«, in: Die Welt vom 17.12.1970.

Ausschuss für Stadtentwicklung und Wirtschaftsförderung mit Luise Albertz als Vorsitzender gebildet, um den Bestand von Arbeitsplätzen zu sichern und neue zu schaffen.

In Oberhausen setzte sich die Sozialdemokratin unermüdlich für die Rechte der Unterdrückten, für »ein partnerschaftliches Miteinander« zwischen verschiedenen Bevölkerungsgruppen und für bessere Bedingungen für die Alten, für die ausländische Bevölkerung und für die Behinderten ein.[39] Besonders am Herzen lagen ihr die Kinder und Jugendlichen, denn sie waren schließlich die »Zukunft des Staates«.[40] Sie sorgte für Spielmöglichkeiten, Ferienspiele, Kindertagesstätten, Kindergärten, für mehr und bessere Schulen und Gemeinschaftsschulen, richtete eine Gesamtschule, einen Jugendverkehrsgarten, eine mobile Verkehrsschule, eine Malschule, eine Jugendmusikschule, eine Filmothek, ein Stadtkino und Drogenberatungsstellen ein und organisierte einen Vorlesewettbewerb für Kinder. Bereits 1952 sorgte Luise Albertz dafür, dass der Jugendaustausch mit England einen festen Platz im Programm der städtischen Jugendförderung einnahm, und Jugendförderung einnahm, und seit 1971 gehörte der Jugendaustausch mit Israel dazu. Sie hoffte, auf diese Weise Ressentiments aus der Zeit des Nationalsozialismus abbauen und einen Beitrag zum gegen-seitigen Vertrauen mit dem Ziel einer Welt ohne Krieg und Elend leisten zu können.

Mit demselben Engagement setzte sie sich für Sportanlagen, für die Gesundheitsvorsorge und den Ausbau des Gesundheitssystems, für den Wohnungsbau, die Verbesserung des Personennahverkehrs, für Grün-, Ruhe- und Begegnungszonen und für den Umweltschutz ein. Dass Oberhausen als erste Stadt nach dem Kriege ein neues Schauspielhaus baute, ein Symphonieorchester und eine Gemäldegalerie erhielt, ging auf ihre Initiative und Durchsetzungsfähigkeit zurück. Kultur sollte allen Menschen zu Gute kommen und nicht nur einer privilegierten Schicht. ›Bürgernähe‹ war für Luise Albertz als Oberbürgermeisterin kein hohles Wort. In ihrer unkonventionellen Art befürwortete sie Bürgerinitiativen und Bürgergremien, die sich, wie in anderen Städten, auch in Oberhausen Ende der 60er Jahre gründeten. Sie verstand sie als wichtige Plattform für die Aktivitäten der Bürgerinnen und Bürger und als Bindeglied zwischen Rat und Verwaltung und wollte mit ihnen an einem Strang und in eine Richtung ziehen.[41]

Neben ihrer kommunalpolitischen Tätigkeit hatte sie eine Reihe von weiteren Ämtern inne. 1947 wurde sie in direkter Wahl in den Landtag von Nordrhein-Westfalen gewählt und gehörte ihm bis 1950 an. Während ihrer Zeit im Landtag ist sie im Plenarsaal kein einziges Mal ans Rednerpult getreten.[42] Kein Wunder, dass sie in der SPD zunächst lediglich auf der Ebene der kommunalen Politik als Führungspersönlichkeit galt, auf Landesebene jedoch nicht zu den »Spitzenpolitikern der Fraktion« zählte.[43]

---

39 *Luise Albertz,* Rede anlässlich der Einweihung der Erweiterung des Louise-Schroeder-Heimes 1975, in: SPD-Fraktion des Rates, S. 18.

40 *Luise Albertz*: Sorgfalt und Hingabe. Rede anlässlich einer Jungwählertagung 1965, in: ebd., S. 22.

41 *Luise Albertz* 1969 in einer Rede im SPD-Distrikt Sterkrade-Nord, in: ebd., S. 78.

42 Horn, Luise Albertz., S. 50.

43 Vgl. Düding: Zwischen Tradition und Innovation, S. 46.

Sie wurde Vorstandsmitglied des Deutschen Gewerkschaftsbundes (DGB) in Oberhausen und 1948 auf Veranlassung des DGB Mitglied des Verwaltungsrates des NWDR und später des Rundfunkrats des WDR sowie Mitglied des Aufsichtsrates der Hüttenwerke Oberhausen-AG. Außerdem war sie seit 1949 Mitglied des Deutschen Rates der Europäischen Bewegung. Von 1950 bis 1962 gehörte sie zusätzlich dem Parteivorstand der SPD und dem Ausschuss für Frauenfragen an. Neben zahlreichen anderen Ämtern in der Arbeiterwohlfahrt hatte sie das Amt der Ortsvorsitzenden in Oberhausen inne.

Ihre Aufgabe im Rundfunkrat sah sie auch als frauenpolitisches Engagement. Im April 1949 schrieb sie »als weibliches Mitglied im Verwaltungsrat des NWDR« in der »Genossin« einen Artikel über den Frauenfunk im NWDR, indem sie auf die erzieherische Aufgabe des Rundfunks hinwies. Sie appellierte dabei an die Verpflichtung der Hörer, kritisch Radio zu hören und nicht nur hinzuhören, sondern selbst mit Hörerbriefen und Diskussionsbeiträgen gestaltend auf das Programm einzuwirken. Sie beklagte, dass der Frauenfunk zeitlich in die Arbeitszeit der berufstätigen Frauen fiel und sich inhaltlich einseitig an Hausfrauen wandte. Kritische Frauen, so war ihr zu Ohren gekommen, waren mit dem Gehörten nicht immer einverstanden. Luise Albertz stellte schon damals die Frage, ob »die Frau von heute überhaupt einen besonderen Frauenfunk wünscht, wenn sie als gleichberechtigt neben dem Manne der Meinung ist, dass alle Probleme, seien sie rechtlicher, wirtschaftlicher, politischer oder kultureller Natur, Männer und Frauen gleichermaßen angehen müssten«. Sie stellte zur Diskussion, ob Frauenprobleme nicht besser im allgemeinen Programm behandelt werden müssten und dann in einer Zeit gesendet werden sollten, in der alle Frauen, die solche Probleme hören wollten, diese auch hören konnten. Auch das bei den Männern damals so beliebte Gespräch »am runden Tisch« erschien geeignet, allein Frauen oder auch Frauen und Männer diskutieren zu lassen. Außerdem wollte sie wissen: »Was möchten Frauen hören?« und welche Wege sind einzuschlagen, um die Themen interessant und lebhaft zu gestalten und die Interessen der Frauen zu wecken?[44] Dazu wollte sie die Hörer- und Hörerinnenmeinung erforschen, doch leider sind Reaktionen weder in der »Genossin« noch anderswo nachzulesen.

Arbeit im Bundestag (1949–1969)

»Petitionen sind gleichsam die Strohhalme, die zeigen, wie der Wind weht«[45]

Trotz ihres Rufes, lediglich kommunalpolitische Spitzenpolitikerin zu sein, gelang Luise Albertz 1949 der Aufstieg in die Bundespolitik. Sie wurde im Wahlkreis Oberhausen von der SPD einstimmig als Kandidatin zum ersten Deutschen Bundestag aufgestellt und über die Landesliste der SPD in Nordrhein-Westfalen in den Bundestag gewählt. Von 1949 bis 1959 war sie Vorsitzende des Petitionsausschusses. In der 1. und 2. Wahlperi-

44 *Luise Albertz*, Frauenfunk im NWDR, Nordwestdeutscher Rundfunk, in: Genossin, Nr. 3/April 1949, S. 93-94.

45 Rede Luise Albertz, 1. Deutscher Bundestag – 200. Sitzung, 20.3.1952. Luise Albertz verwies darauf, dass diesen Ausspruch bereits 1875 ein bekannter Staatsrechtler gemacht habe.

ode war sie Ordentliches Mitglied des Ausschusses für Fragen der Presse, des Rundfunks und des Films, in der 1. Wahlperiode des Wahlrechtsausschusses, in der 4. Wahlperiode des Ausschusses für Kommunalpolitik und Sozialhilfe. Dem Ausschuss zur Wahrung der Rechte der Volksvertretung gemäß Artikel 15 GG gehörte sie in der 1. bis 4. Wahlperiode an. In der 1. Wahlperiode war sie Stellvertretendes Mitglied des Ausschusses für Geschäftsordnung und Immunität und des Ausschusses für innere Verwaltung, in der 2. Wahlperiode des Ausschusses für Geschäftsordnung und des Ausschusses für Atomfragen, in der 3. Wahlperiode des Ausschusses für Kommunalpolitik und öffentliche Fürsorge, in der 4. Wahlperiode des Ausschusses für Gesundheitswesen und in der 5. Wahlperiode des Ausschusses für Wissenschaft, Kulturpolitik und Publizistik. In der 5. Wahlperiode gehörte sie außerdem der Deutsch-Finnischen Parlamentariergruppe an. Gleich nach der ersten Bundestagswahl wurde Luise Albertz Schriftführerin des Präsidiums des Bundestages, gehörte dem Fraktionsvorstand der SPD und dem Vorstand des Deutschen Bundestags an.

In einem Artikel in der »Genossin« kritisierte sie, dass die christliche Propaganda »Nie wieder rot, darum CDU« ihr Ziel bei den Frauen am Niederrhein nicht verfehlt habe. Vor allem die aggressive Wahlbeeinflussung durch kirchliche Einrichtungen machte sie für die Gewinnung von Wählerinnenstimmen verantwortlich. Eineinhalbmal soviel Frauen wie Männer in den Arbeiterbezirken wählten die so genannten bürgerlichen Parteien, während bei SPD und KPD das Verhältnis eine Männerstimme zu dreiviertel Frauenstimme stand. Für Luise Albertz galt es nun, darauf hinzuwirken, dass der »Frauenüberschuss«, der am 14. August 1949 das politische Gesicht des Bundesparlamentes bestimmt hat, dahingehend gewendet werden musste, dass die SPD die Werbung der Frauen verstärkte.[46]

Während ihrer Arbeit im Bundestag hat sich Luise Albertz als Vorsitzende des Petitionsausschusses besonders hervorgetan. Durch dieses Amt, das sie bis 1958 innehatte, lernte sie Sorgen, Nöte und Verzweiflung der Bürgerinnen und Bürger aus erster Hand kennen. Dass die wirtschaftliche und soziale Not auch nach der Gründung der Bundesrepublik groß war, wird aus der Vielzahl der Hilferufe, die aus allen Bevölkerungsschichten an sie herangetragen wurden, deutlich. Wie wichtig sie die Aufgabe im Petitionsausschuss nahm, geht aus einer Rede hervor, die sie 1952 im Deutschen Bundestag hielt.[47] In dieser Rede ging sie weit zurück in die historische Entwicklung des Petitionsrechts, dessen Ursprung sie in der englischen Petition of Rights vom Jahre 1628 sah, durch die die Macht des damaligen Königs, Karl I., erheblich eingeschränkt worden war. Über England, Nordamerika und Frankreich kam das Petitionsrecht nach ihrer Schilderung mit der revolutionären Erhebung von 1848 schließlich nach Deutschland. In der Weimarer Verfassung war es bereits fest verankert, während des Nationalsozialismus außer Kraft gesetzt und im Grundgesetz der Bundesrepublik Deutschland (Art. 17) wieder festge-

46 *Luise Albertz,* Wahlkampf für weitere Werbearbeit ausgewertet, in: Genossin, Nr. 8/1949, S. 226.

47 Ebd. Luise Albertz hat zwar auf kommunaler Ebene viele Reden gehalten. Im Bundestag brachte sie es im Laufe der 20 Jahre nur auf vier Beiträge, davon waren zwei Berichte des Petitionsausschusses, und zweimal stellte sie eine kleine Anfrage.

schrieben. Der Petitionsausschuss war und ist ein Gremium, an das sich jeder Bürger und jede Bürgerin wenden kann, wenn er oder sie glaubt, in seinen oder ihren politischen oder sozialen Rechten benachteiligt zu werden. Luise Albertz verwies in ihrer Rede darauf, dass unter ihrem Vorsitz jede, auch die kleinste Eingabe mit größter Sorgfalt und Gewissenhaftigkeit bearbeitet worden sei. 15.500 Petitionen waren dem ersten Deutschen Bundestag zwischen seiner Gründung im September 1949 und der ersten Berichterstattung im März 1952 zugeleitet worden. Sie wurden an die verschiedenen Ausschüsse verteilt und konnten zu 67,5 % erledigt werden.[48]

In einer weiteren Rede als Berichterstatterin des Petitionsausschusses am 21. Mai 1954 wies Luise Albertz darauf hin, dass vor allem diejenigen Petitionen, die ernste Anliegen und wertvolle Vorschläge der Petenten enthielten, dem Plenum des Bundestages bekannt zu machen seien und darüber diskutiert werden solle.[49] Sie konnte vermelden, dass den Ausschüssen in der Zeit vom 1. September 1949 bis zum 5. September 1953 27.200 Petitionen zugeleitet worden waren. Zum Abschluss der ersten Wahlperiode konnten 99,9 % der Petitionen erledigt werden. Im ersten Halbjahr der zweiten Wahlperiode waren bereits 4.876 Eingaben eingegangen, das waren rund 1.000 Eingaben mehr als im gleichen Zeitraum der ersten Wahlperiode. Inhaltlich standen nach ihrem Bericht in den ersten vier Jahren Eingaben im Vordergrund, die sich mit Ansprüchen aus dem Gesetz zu Art. 131 GG[50], Pensionen und anderen Beamtenrechtsansprüchen befassten. Weiter gab es häufig Petitionen in Bezug auf Rentenansprüche, Ansprüche nach dem Bundesversorgungsgesetz und Probleme der Kriegsopferversorgung. Relativ viele Petitionen befassten sich mit Gerichtsentscheidungen der Zivil-, Straf-, Verwaltungs-, Sozial- und Arbeitsgerichtsbarkeit. Die Struktur der Petitionen hatte sich im ersten halben Jahr der zweiten Wahlperiode wesentlich verschoben. An erster Stelle standen nun die Ansprüche aus dem Bundesversorgungsgesetz und der Kriegsopferversorgung, an zweiter Stelle die Ansprüche aus der Sozialversicherungsgesetzgebung, Altersversorgung und Arbeitslosenversicherung, an dritter Stelle folgten die Ansprüche aus dem Lastenausgleich, die sich hauptsächlich mit der Hausratentschädigung, Unterhaltshilfe und den Aufbaudarlehen befassten, an vierter Stelle die Eingaben, die Besatzungsschäden, Kriegsfolgelasten und die Wiedergutmachung nationalsozialistischen Unrechts zum Inhalt hatten. Luise Albertz zog daraus den Schluss, dass viele Menschen auf die Verabschiedung des Kriegsfolgeschlussgesetzes warten würden. Weitere Petitionen befassten sich mit dem Lastenausgleich für Saar-Evakuierte, Probleme von älteren Angestellten und Kriegsbeschädigten.

Luise Albertz' Berichte fallen dadurch auf, dass sie nicht nur exemplarische Beispiele und Schicksalsbeschreibungen, die sich aus den Petitionen ablesen lassen, enthielten. Sie bezog auch Stellung zu aktuellen politischen Diskussionen und machte Handlungsvorschläge zur Verbesserung der Situation der Betroffenen. Anhand von Briefauszügen zeigte

48 Albertz, 200. Sitzung.

49 Rede Luise Albertz, 2. Deutscher Bundestag – 30. Sitzung, 21. Mai 1954, S. 1374 ff. (B).

50 Art. 131 GG befasst sich mit Rechtsverhältnissen ehemaliger Angehöriger des öffentlichen Dienstes, die am 8. Mai 1945 im öffentlichen Dienst standen bzw. versorgungsberechtigt waren.

sie die Probleme auf, die mit der zwangsweisen Zurückhaltung von Familienangehörigen deutscher Staatsangehörigkeit in Ostpreußen bzw. in den ehemaligen deutschen Ostgebieten, die nun zu Polen gehörten, verbunden waren. Zusätzlich wies sie darauf hin, dass in der öffentlichen Diskussion und bei den Verhandlungen auf internationaler Ebene das Schicksal aller Menschen in den ehemaligen deutschen Ostgebieten stärker behandelt werden müsse. In anderen Fällen machte sie Vorschläge zur Formulierung bzw. Weiterentwicklung von Gesetzen, wie z.B. eines Gesetzes zur Behebung der Berufsnot der älteren Angestellten.[51]

Für Luise Albertz war das Material, das dem Petitionsausschuss zur Verfügung stand, eine Fundgrube. Sie empfahl dem Gesetzgeber, das Material mehr als bisher auszuwerten und für sich nutzbar zu machen. Für sie waren Petitionen »gleichsam die Strohhalme, die zeigen, wie der Wind weht«.[52] Sie sah es als ihre Aufgabe an, dieses wichtige Grundrecht nicht verkümmern zu lassen, sondern es zu einem Mittel der Verbindung mit dem Volk und zu einem echten und wichtigen Bindeglied zwischen Staatsbürger und Parlament werden zu lassen. Für sie bot das Petitionsrecht die Gelegenheit, »die Hand am Pulsschlag des Volkes zu halten und zugleich die Regierung zu kontrollieren«.[53] Am Ende der Zweiten Wahlperiode hatte sich die Zahl der Eingaben um rund 1.200 gegenüber der Ersten Wahlperiode erhöht, von ihnen konnten 88 % erledigt werden. Neue Probleme, die sich aus der Sozialversicherungsgesetzgebung, der Entlassung aus der Beschäftigung bei den Besatzungsmächten, dem Altsparergesetz, dem Verbot der KPD, der Witwen- und Waisenrentenzahlung, der Vergewaltigung durch russische Offiziere u.a. ergaben, waren hinzugekommen.[54] Es war der langjährige Vorsitz von Luise Albertz im Petitionsausschuss, der ihr den Beinamen »Mutter der Bedrängten« einbrachte.[55]

Neben der Arbeit als Vorsitzende des Petitionsausschusses bezeichnete sie selbst die Frauenpolitik, die Kultur- und Sozialpolitik, den sozialen und genossenschaftlichen Wohnungsbau sowie die Förderung und Pflege der Bildungs- und Kulturarbeit in der Partei als ihre wichtigsten Arbeitsgebiete.[56] 1959 gab sie den Vorsitz im Petitionsausschuss auf, um Mitglied im kommunalpolitischen Ausschuss zu werden. Sie wollte an der neuen Gemeindegesetzgebung mitwirken. Ihr Anliegen, sich für die sozial Schwachen und Bedrängten einzusetzen, nahm sie in allen Politikfeldern ernst. Bis in die 50er Jahre hinein stand der Kampf gegen die Erwerbslosigkeit und Wohnungsnot sowie die Verbesserung der Situation der Jugendlichen, der Familien, der Behinderten und der Alten in der Gesellschaft im Mittelpunkt ihrer politischen Arbeit.[57] Als erstes größeres Projekt für

51 Ebd.

52 Albertz, Petitionen, S. 5.

53 *Dieter Schröder,* Bonns Klagemauer für den kleinen Mann, in: Süddeusche Zeitung vom 25.7.1957.

54 Siehe die Berichterstattung des Mitglieds des Petitionsausschusses Kahn (CDU/CSU), 2. Deutscher Bundestag – 58. Sitzung am Mittwoch, dem 8. Dezember 1954, S. 2909 ff. (B).

55 Munzinger-Archiv.

56 Albertz, Brief an das Frauenbüro.

57 Dertinger, Luise Albertz, S. 40. Vgl. auch van den Mond: Verpflichtung in ihrem Sinne weiterzuarbeiten; Rau: Zum Geleit.

Altenwohnungen schuf sie die Elly-Heuss-Knapp-Stiftung und 1960 die Hermann-Albertz-Stiftung, die betagte Bürger der Stadt Oberhausen betreut und versorgt. Sie erinnerte daran, dass es der Auftrag der Arbeiterbewegung sei, die soziale Lage der Arbeitenden zu verbessern und politische und soziale Freiheitsrechte zu erkämpfen.[58] Sozialpolitisches Engagement erregte wenig Aufsehen im Bundestag, deshalb wurde sie als »Hinterbänkler« bezeichnet, als eine, die bestenfalls hinter den Kulissen für ihren Wahlkreis agierte.[59] Tatsächlich hielt sie nicht viel von der abstrakten politischen Agitation. Der persönliche Kontakt zu den Menschen war ihr wichtiger. Ein Satz aus einer Rede, die sie auf der SPD-Bezirksfrauenkonferenz des Bezirks Westliches Westfalen am 5.9.1949 hielt, ist hierfür exemplarisch: »Wir sollten weniger über die Nachbarin, dafür mehr mit der Nachbarin reden.«[60]

1959 fuhr sie als Mitglied einer Fünfer-Kommission des Deutschen Bundestages in die USA. Sie konnte dort demonstrieren, dass deutsche Frauen nicht mehr durch ihre Verbundenheit mit den drei K's (Kinder, Kirche, Küche) gekennzeichnet waren.[61] Über die »Emanzipation der Frau« hat Luise Albertz, glaubt man den Chronisten, nur wenig Worte verloren. Und es wäre ihr auch nicht eingefallen, für sich selbst »Ansprüche aus ihrem Geschlecht abzuleiten«.[62] Liest man in ihren kommunalpolitischen Reden, so wird deutlich, dass sie ihre Aufgabe darin sah, ihre Geschlechtsgenossinnen zu ermutigen, »sich ihren partnerschaftlichen Platz in der Gesellschaft zu erhalten, ihn zu festigen«.[63] Freilich war es ihr ein Hauptanliegen, mehr Frauen für die Sozialdemokratische Partei zu gewinnen. Frauen sollten sich organisieren und innerhalb der Partei an der Gestaltung der Gesellschaft mitwirken. Dass sie dabei, wie viele ihrer Zeitgenossinnen, die Frauen ermahnte, Ehe und Familie über der politischen Arbeit nicht zu vernachlässigen, und dass sie diese Ermahnung nicht gleichermaßen an Männer richtete, entspricht dem frauenpolitischen Verständnis der Nachkriegszeit.[64] Sie selbst brauchte solche Rücksichten nicht zu nehmen, schließlich war sie eine unabhängige und freie Frau.

1961 wies sie im Rahmen ihrer Bundestagsarbeit bereits auf Umweltprobleme hin. »Reine Luft«, »reines Wasser« und »weniger Lärm« durften nach ihrer Meinung keine »papiernen Forderungen« sein. Sie wollte sich mit ihrer Partei dafür einsetzen, dass die Zahl der Verkehrstoten zurückging und Kinder wegen der Umweltverschmutzung nicht an Rachitis, Leukämie und Krebs erkrankten.[65]

Ihr Sozialismus war »kein Sozialismus der Doktrin, sondern der Tat«, wie Kurt Schumacher es einmal formulierte. Er war einer der Männer, mit denen Luise Albertz

---

58 *Luise Albertz*, 1956. Zit. nach SPD-Fraktion des Rates, S. 10.

59 Horn, S. 50.

60 *Luise Albertz*, 1949, in: SPD-Fraktion des Rates.

61 *Margo H. Wolff*, Eine Frau über Deutschland, Zeitungsausschnitt vom 2.10.1959, ohne weitere Angaben, in: AdsD, Sammlung Personalia Luise Albertz.

62 Luise Albertz, 1949.

63 Luise Albertz am Frauentag in Marl, zit. nach SPD-Fraktion des Rates, S. 44.

64 Ebd.

65 *Luise Albertz*, Rede im Westdeutschen Rundfunk am 21.8.1961, in: SPD pressemitteilungen und informationen vom 21.8.1961, Nr. 267/61.

sich gut verstand: »Sie waren verwandte Naturen«, sagte Willi Meinicke zu ihrem 65. Geburtstag im Juni 1966. Er bezeichnete Luise Albertz als praktischen Menschen; Theorien und Wunschvorstellungen, die sich nicht in Handlungen umsetzen ließen, seien nicht ihr Fall gewesen. Sie galt als eine Frau, die »mit Geschick und Härte, mit Güte und Verständnis« ihre Anliegen durchsetzte, wenn sie diese für richtig und wichtig hielt.[66]

Schwierigkeiten hatte sie mit der Politik der atomaren Aufrüstung, die die SPD schließlich nicht verhindern konnte. »Der Mensch des Atomzeitalters«, so sagte sie in einer Rede, strecke die Hände nach den Sternen und dem Mond aus. Ihm stehe sozusagen das gesamte Universum offen. Das gravierende Problem war nach ihrer Ansicht, dass die moralische Entwicklung offensichtlich nicht mit der technischen habe Schritt halten können. Dennoch hatte sie die Hoffnung, dass alle Menschen an der Gestaltung einer besseren Welt mitarbeiten könnten. Diese Hoffnung war Motor für ihr eigenes Bemühen auf der Suche nach dem guten Leben.[67] Zu ihrem 65. Geburtstag am 22. Juni 1966 wollte sie keine Geschenke, keine Ehrungen und noch nicht einmal das ihr zugedachte Bundesverdienstkreuz.[68] Das lehnte sie 1969 erneut ab, als es ihr nach 20 Jahren Abgeordnetentätigkeit im Deutschen Bundestag verliehen werden sollte.[69] Politische Arbeit war für sie eine selbstverständliche Pflicht, dafür wollte sie keine Orden. Sie kandidierte 1969 nicht mehr für den Bundestag und wandte sich ganz der Kommunalpolitik zu.

Weiterarbeit in der Kommunalpolitik (1969–1979)

»Ich hoffe, dass wir für die Schwächsten unserer Gemeinschaft optimal gesorgt haben werden«[70]

1971, als sie 70 Jahre alt wurde, ›flüchtete‹ sie anlässlich ihres Geburtstages zu ihrer Schwester nach Stockholm. Als der Bezirksverband Niederrhein der AWO sie 1970 für ihre besonderen Verdienste um die Arbeiterwohlfahrt im Rahmen eines Festaktes mit der Marie-Juchacz-Plakette ehren wollte, nahm sie die Ehrung an. Elfriede Eilers, Weggefährtin aus der SPD-Bundestagsfraktion, würdigte anlässlich des 75. Geburtstags von Luise Albertz im Juni 1976 ganz besonders die entscheidenden Impulse, die sie durch ihre Arbeit als Vorsitzende des Petitionsausschusses in den Bundestag eingebracht hatte, und die kommunalpolitischen Themen, mit denen sie die Arbeit im Parteivorstand bereichert habe. Auch für sie war Luise Albertz eine Frau, die ihren »Mann« stehen konnte und die stets eine zuverlässige Freundin gewesen sei, die auch Beziehungen im privaten Bereich nicht vernachlässigt habe.[71]

---

66 Meinicke, in: SPD-Fraktion des Rates, S. 7.

67 *Luise Albertz*: Menschlichkeit. Rede zur Eröffnung des Friedensdorfes 1969, in: ebd., S. 13.

68 Aufruf, in: Ruhrwacht Oberhausen vom 21.6.1966.

69 »Mutter Courage von der Ruhr« wird 70 Jahre alt, in: Die Welt vom 19.6.1971.

70 *Luise Albertz*: Interview 1974 zu »100 Jahre Oberhausen«, in: SPD-Bezirk Oberhausen, S. 68.

71 SPD-Pressedienst P/XXXI/116 vom 22.6.1976.

Bundesweites Aufsehen erregte Luise Albertz 1970, als sie alle Parteiämter in Oberhausen niederlegte. Dadurch wurde deutlich, dass das Verhältnis zu ›ihrer‹ Partei nicht konfliktfrei war. Noch 1969 hatte sie bei einem Parteitag der SPD in Oberhausen die Verdienste ihrer Partei beim Wiederaufbau der Bundesrepublik hervorgehoben und die »fortschrittlichen Ideen« der Partei gelobt. Sie hatte an deren große demokratische Tradition erinnert, freilich auch daran, dass sie trotz ihrer jahrzehntelangen Mitgliedschaft nicht immer mit allem einverstanden gewesen war. Dennoch sei sie sicher, dass es die SPD sein werde, die »die Gegenwart und die Zukunft unseres Volkes positiv« gestalten werde.[72] Schon ein Jahr später konnte und wollte sie – wie viele andere ältere »gestandene Sozialdemokraten« auch – die Zeit des Aufbruchs der Jüngeren, der »68er«, nicht nachvollziehen und schon gar nicht gut heißen. In einem an den Oberhausener Parteivorstand gerichteten Schreiben begründete sie ihren Rücktritt, der »durch Äußerungen und Methoden bestimmter Personen und Gruppierungen innerhalb der Partei« hervorgerufen worden sei.[73] Auf einer Versammlung der Oberhausener Arbeiterwohlfahrt, deren Vorsitzende sie damals war, hatte sie zuvor ihren Schritt mit »zunehmenden Linkstendenzen innerhalb der örtlichen SPD« motiviert.[74] Mit ihrem Rücktritt beabsichtigte sie, »ein Zeichen (zu) setzen gegen die ideologischen Tendenzen und gegen die Methoden der örtlichen Jungsozialisten«. Damit signalisierte die Politikerin nicht nur den schwelenden SPD-Konflikt zwischen »links« und »rechts«, in ihrem Falle zwischen Rathausfraktion und Parteiorganisation, sondern auch einen Generationenkonflikt.[75]

Der Rücktritt überraschte auch deshalb, weil Luise Albertz in einer Rede, die sie 1968 anlässlich der Oberhausener Schultage gehalten hatte, durchaus Verständnis dafür gezeigt hatte, dass die »skeptische Generation« der Nachkriegszeit einer »protestierenden, ja revoltierenden Generation« gewichen war und für sich Mitbestimmung und Mitverantwortung forderte. In dieser Rede hatte sie sich durchaus zum »ernsthaften, vorurteilsfreien Gespräch« bereit erklärt.[76]

Freilich wurden auch strategische Gründe für den Rücktritt vermutet; die Jungsozialistinnen und Jungsozialisten schlossen bei dem Verzicht von Albertz nicht aus, dass sie den Rücktritt des gesamten Vorstandes provozieren wollte, um wieder »erträgliche Zustände« zu schaffen.[77] Ausschlaggebend für den Rücktritt von Luise Albertz waren aber auch Konflikte, die daraus resultierten, dass jüngere Kräfte in der SPD 1969 die Nominierung eines zweiten Bürgermeisters vorschlugen. Sie wollten dem bisherigen stellvertre-

---

72 *Luise Albertz*: Rede beim SPD-Parteitag in Oberhausen 1969, in: SPD-Bezirk Oberhausen, S. 9.

73 Vgl. Bürgermeister, in: Spiegel vom 21.12.1970.

74 Munzinger-Archiv 1971.

75 Dertinger, Luise Albertz, S. 40.

76 *Luise Albertz*: Bereitschaft. Rede anlässlich der Oberhausener Schultage 1968, in: SPD-Fraktion des Rates, S. 22.

77 Vgl. *Hartwig Suhrbier*, Frau Albertz fand's einfach »nicht mehr erträglich«, in: Frankfurter Rundschau vom 16.12.1979; auch: Bürgermeister, in: Spiegel vom 21.12.1970. Ihr Parteifreund, langjähriger Weggefährte und SPD-Fraktionsvorsitzender im Oberhausender Stadtrat, Willi Meinicke, hatte bereits angekündigt, sein Amt im Vorstand des Unterbezirks Oberhausen niederzulegen. Vgl. Luise Albertz legte Parteiamt nieder, in: Rheinische Post vom 15.12.1970.

tenden CDU-Bürgermeister einen zweiten SPD-Bürgermeister beigeben und damit gleichzeitig die Frage der Nachfolge Albertz' für die Wahl des Oberbürgermeisters im Jahre 1974 lösen. Ein entsprechender Beschluss wurde in Abwesenheit von Luise Albertz durch den SPD-Unterbezirksvorstand gefällt. Er wurde unter dem Druck der Rathausfraktion aber nur zu den Akten genommen.[78] Die »Stadt der Kumpel und Stahlkocher« habe sich demonstrativ an die Seite der alten Sozialdemokratin gestellt, hieß es später in der Presse.[79] Schließlich ging die »ungekrönte Königin Luise«, wie Günter Grass sie liebevoll genannt haben soll, als politische Siegerin aus der Kontroverse hervor und nahm alle ihre Ämter wieder auf.[80] Sie wurde auch in den folgenden Jahren, bis zu ihrem Tod, immer wieder als Stadtoberhaupt gewählt.[81] Wegen ihrer »bewusst sachorientierten« Politik wurde sie mit der Zeit sogar mit den Stimmen aus der CDU im Amt bestätigt.[82] Kein Wunder, denn eine selbstlosere Oberbürgermeisterin, die durch ihr politisches und soziales Engagement so viel für ihre Stadt erreichen konnte, wäre ohnehin nicht denkbar gewesen!

Luise Albertz war das, was sie erreicht hatte, offensichtlich dennoch nicht genug. Anlässlich der 100-Jahresfeier der Stadt Oberhausen im Jahre 1974 fragte sie ein Reporter, wie Oberhausen nach ihren Träumen im Jahr 2000 aussehen solle. Die Oberbürgermeisterin wusste, dass die bevorstehenden Jahre große Anstrengungen verlangen würden. Ihr Traum war, dass bis dahin die Armen und Ausgegrenzten in ihrer Stadt besser gestellt seien. Für das Ende des Jahrtausends hoffte sie, »dass wir für die Schwächsten unserer Gemeinschaft, für Kinder, Kranke, Behinderte und auch Betagte, optimal gesorgt haben werden.«[83] Leider hat sie die Jahrtausendwende nicht mehr erlebt, so dass sie nicht prüfen konnte, inwieweit ihr Traum in Erfüllung ging.

Die Arbeiterwohlfahrt Oberhausen brachte anlässlich des hundertsten Geburtstages des Vaters von Luise Albertz im Jahre 1977 eine Gedenkplakette mit einem Konterfei von Hermann und Luise Albertz heraus. Die Plakette wird seitdem Bürgern verliehen, die sich um die Stadt Oberhausen besonders verdient gemacht haben.

Am 1. Februar 1979 starb das dienstälteste bundesdeutsche Stadtoberhaupt Luise Albertz in Oberhausen, »wie sie gelebt hatte – arbeitend und im Amt«, an Herzversagen.[84] Für die Stunde des Abschieds hatte sie sich alle großen Worte und Beileidsbekundungen verbeten. Carlo Schmid – und sinngemäß auch alle anderen Grabredner – würdigte an ihrem Grab die Kompetenzen, die ihr zu ihren Lebzeiten immer wieder nachgesagt wurden. Das war vor allem die »mütterliche Wärme, mit der sie allen zu helfen versuchte und in unzähligen Fällen helfen konnte«. Außerdem betonte er, dass sie als »Sachverwalter des Gemeinwohls« daraus kein Aufheben machte, sondern »mit der Unauffälligkeit

78 Munzinger-Archiv 1971.

79 Hartelt, Wenn die Luise.

80 Der Spiegel vom 21.12.1970, vgl. auch *Antje Dertinger,* Luise Albertz – Mutter Courage des Reviers, in: Demokratische Gemeinde 5/1994, S. 40.

81 Dertinger, Luise Albertz, S. 40.

82 Horn, S. 49.

83 Albertz: Interview 1974 zu »100 Jahre Oberhausen«.

84 Dertinger, Luise Albrtz, S. 40.

eines Naturgeschehens« agierte.[85] Bundeskanzler Helmut Schmidt lobte ihren »praktischen Verstand, ihr Augenmaß und ihre Tatkraft«, die Vorbild für seinen eigenen Weg als sozialdemokratischer Politiker gewesen sei.[86] Willy Brandt wies zu ihrem Abschied auf »die Zielstrebigkeit und Tatkraft« hin, »mit der sie an die ihr übertragenen Aufgaben heranging, (...) wenn es galt, für ihre Stadt etwas herauszuholen«. Sie habe diejenigen eines Besseren belehrt, die Politik immer noch für eine »Männersache« gehalten hatten.[87] Willy Brandt war es auch, der wiederholt betonte, dass der Wiederaufbau der Bundesrepublik nicht »nur durch die vielzitierten ›Männer der ersten Stunde‹, sondern auch durch Frauen wie Louise Schroeder in Berlin, Martha Fuchs in Braunschweig und – ein bisschen später – Luise Albertz in Oberhausen« möglich war.[88]

Nach ihrem Tode 1979

Späte Ehrungen für die »Mutter Courage des Ruhrgebiets«[89]

»Ihr Name ist aus der Nachkriegsgeschichte der Bundesrepublik und dem Wiederaufbau des Landes Nordrhein-Westfalen nicht wegzudenken«, schrieb Johannes Rau 1979, damals Ministerpräsident von Nordrhein-Westfalen, im Geleitwort einer Broschüre zur Erinnerung an Luise Albertz.[90] Am 25.8.1980 hatte der Rat der Stadt Oberhausen einem interfraktionellen Antrag zugestimmt und beschlossen, dass Luise Albertz gewissermaßen eine posthume Ehrung erfahren solle. Die Stadthalle von Oberhausen sollte nach ihr benannt werden. Mit diesem Beschluss wollte das Stadtparlament ihr beispielhaftes Wirken ehren. Anschließend an den Festakt, der zu Beginn des Jahres 1981, wenige Monate vor ihrem 80. Geburtstag während des Jahresempfangs der Stadt abgehalten wurde, enthüllte Ministerpräsident a.D. Heinz Kühn eine Gedenktafel »mit dem Portrait der Stadtmutter«. Sie trägt die Aufschrift »25 Jahre Oberbürgermeister der Stadt Oberhausen«[91] und ziert seitdem den Haupteingang der Stadthalle, »Oberhausens ›guter Stube‹«.[92] Ihr Nachfolger im Amt, Oberbürgermeister Friedhelm van den Mond (SPD), verwies darauf, dass Luise Albertz die »Menschen im Revier in den Mittelpunkt ihres

85 *Carlo Schmid,* Abschied von einem guten Menschen, Rede vom 6.2.1979, in: SPD-Fraktion des Rates, S. 82.

86 *Helmut Schmidt,* Vorbild für den eigenen Weg, in: ebd., S. 84.

87 *Willy Brandt,* Dank an Luise Albertz, in: ebd., S. 83.

88 *Willy Brandt,* Diskussionsbeitrag in: Zeitzeugen des Widerstands. Demokratische Sozialisten gegen Hitler. Über ein Symposium der Friedrich-Ebert-Stiftung berichtet Alexandra Schlingensiepen, Bonn 1983, S. 90. Siehe auch das Portrait über Louise Schroeder in diesem Band. Zu Martha Fuchs siehe *Gisela Notz/Christl Wickert,* Ein neues Politikerinnenbild in Deutschland im Wandel der Zeiten? Sozialdemokratische Parlamentarierinnen von der Weimarer Republik bis in die Bundesrepublik, in: *Helga Grebing/Karin Junker (Hrsg.),* Frau. Macht. Zukunft, Marburg 2001, S. 225-247; hier: S. 235 f.

89 Ein Ehrentitel, den ihr der damalige Ministerpräsident Heinz Kühn in Anerkennung ihres tapferen Eintretens für die Belange der Bergleute in der Kohlenkrise der 60er Jahre »verliehen« hatte.

90 Rau, SPD-Bezirk Oberhausen, S. 3.

91 *Stadt Oberhausen, Büro des Rates* (Hrsg.), Luise Albertz, 1901–1979, 25 Jahre Oberbürgermeister der Stadt Oberhausen, o.J.

92 NRZ, ohne Datum, zitiert nach einem Ausschnitt, in: ebd.

Wirkens gestellt hat«.[93] Kühn würdigte in seiner Rede, wie schon bei der Beerdigung Carlo Schmid, ihr »mütterliches Wesen« und ihr leidenschaftliches Engagement für die Probleme der Bürger des Ruhrgebiets. Nicht umsonst sei sie zu Lebzeiten von den Bewohnern und Bewohnerinnen liebevoll »Mutter Courage« oder »Stadtmutter« genannt worden. Kühn vergaß nicht sein eigenes Engagement hervorzuheben, denn schließlich war er »der Mann«, der viele Jahre freundschaftlich mit Luise Albertz zusammengearbeitet hatte und der seit 1946 oft »Seite an Seite mit ihr stand«,[94] wenn es um die schwierige Situation der Kohleregion ging. Nach seinen Aussagen war sie zudem eine Frau, die ihr Ziel und ihre politische Aufgabe beispielhaft darin gesehen habe, »nicht den Menschen zu verstaatlichen, sondern den Staat zu vermenschlichen«.[95] Sie habe sich dem anspruchsvollen Ziel verschrieben, die Menschen dazu zu befähigen, ihr Leben in Würde, d.h. in Freiheit und in Selbstverantwortung, zu gestalten. Er erinnerte an die »tiefschürfenden und uns alle sehr bewegenden Diskussionen um die Frage der Wiederbewaffnung, der Einzementierung der Teile Deutschlands in die entgegengesetzten Militärbündnisse« und die »Gewissenskonflikte«, die Sozialdemokratinnen und Sozialdemokraten in dieser schweren Frage verband. Luise Albertz sei es gewesen, die mit »Leidenschaftlichkeit« damals Stellung bezogen habe.[96]

Zu ihrem 10. Todestag wurde Luise Albertz durch den SPD-Unterbezirk Oberhausen und durch die SPD-Fraktion im Rat der Stadt Oberhausen als »großartige Frau, die die Entwicklung unserer Heimatstadt nach dem Zweiten Weltkrieg in unvergleichlicher Weise mitgestaltet« hat, geehrt.[97] Oberbürgermeister Friedhelm van den Mond bezeichnete sie als »guten Geist« seiner Stadt und lobte sie vor allem deshalb, weil sie »in all ihrem Tun nicht nur dem Verstand, sondern ganz besonders ihrem Herzen folgte«,[98] während Helmut Schmidt wieder ihren »praktischen Verstand, ihr Augenmaß und ihre Tatkraft« als »Ansporn und Vorbild« für seinen eigenen Weg als sozialdemokratischer Politiker hervorhob.

Ihre Weggefährten und Weggefährtinnen im Ruhrgebiet haben sie vielleicht deshalb »Mutter Courage des Ruhrgebiets« genannt, weil sie die Fähigkeit besaß, unkonventionelle Wege zu gehen und im entscheidenden Augenblick, auch in kritischen Situationen, intuitiv den »richtigen Ton« zu finden,[99] und weil sie, stets solidarisch mit den Zu-kurz-Gekommenen, für soziale Gerechtigkeit, Toleranz und Frieden und gegen Gewalt und Unterdrückung gekämpft hat. Die Neue Ruhrzeitung schrieb zu ihrem Tode: »Sie wird, wenn sie es nicht schon ist, zu einer Legende werden.«[100]

93 Stadt Oberhausen, o.S.

94 NRZ, ebd.

95 Rede von Ministerpräsident a.D. Heinz Kühn, in: Stadt Oberhausen. Kühn nahm damit ein Pestalozzi-Wort auf, auf das sich auch Carlo Schmid bei seiner Grabrede am 6.2.1979 bezog. Siehe Carlo Schmid, Abschied.

96 Ebd.

97 SPD-Unterbezirk Oberhausen und SPD-Fraktion im Rat der Stadt Oberhausen.

98 Van den Mond, Verpflichtung in ihrem Sinne weiterzuarbeiten.

99 Dertinger, Luise Albertz, S. 40.

100 *Arnold Gehlen,* Luise Albertz war ein Kind der Ruhr, in: NRZ vom 3.2.1979.

Lisa Albrecht

»Es ist viel schwerer, ein Held des Friedens zu sein, als ein Held des Krieges«[1]

Lisa Albrecht, geb. Hartjen kam aus einer »soliden Bürgerfamilie«, wandte sich jedoch schon früh der Sozialistischen Arbeiterjugend zu. Dieser Schritt sollte den Rest ihres Lebens prägen. Auch später setzte sie ihren Willen durch. Sie heiratete den Sohn eines Zimmermannes, wurde Sportlehrerin und spann die Fäden illegaler Tätigkeit gegen die NS-Diktatur vom Geigenbauerdorf Mittenwald aus. Unmittelbar nach dem Einmarsch der Amerikaner 1945 wurde sie dort Gemeinderätin und stellvertretende Bürgermeisterin. Lisa Albrecht baute nicht nur die SPD mit auf, sondern gründete auch die über- und außerparteiliche antifaschistische Frauenliga mit. Die überzeugte Pazifistin und Sozialistin appellierte an den Friedenswillen der Frauen auf der ganzen Welt. 1956 erregte sie den Missfallen ihrer Parteiführung, als sie im Bundestag mit 18 weiteren SPD-Abgeordneten gegen die Wiederaufrüstung der Bundesrepublik stimmte. Bis zu ihrem Tod kämpfte sie unerschrocken für die Gleichberechtigung der Frauen und die Erziehung der Jugend zum Frieden.

Kindheit und Jugend (1896–1919)

»Von Jugend an war ich in der sozialistischen Bewegung tätig«[2]

Elisabeth Maria Fanny Hartjen wurde am 27.5.1896 in Hamburg geboren. Sie war das älteste von acht Kindern einer »soliden Bürgerfamilie«. Ihr Vater war Beamter.[3] Lisa Albrecht besuchte die Volks- und Handelsschule und war zunächst Angestellte der Groß-Einkaufs-Genossenschaft der deutschen Konsumgenossenschaften (geg) in Hamburg. Gegen die Intentionen ihrer Eltern widmete sie sich schon als junges Mädchen der sozialistischen Politik und schloss sich 1911, im Alter von 15 Jahren, der Sozialistischen Arbeiterjugend (SAJ) an. 1914 trat sie der SPD und der Angestelltengewerkschaft und 1919 auch der neu gegründeten Arbeiterwohlfahrt bei. In der Arbeiterjugend stand sie bald in vorderster Reihe.

Es war eine Zeit, die Lisa Albrecht für den Rest ihres Lebens geprägt hat. Umgekehrt hat aber auch Lisa Albrecht die Arbeiterjugendbewegung entscheidend mitgeprägt. Bald war »die fröhliche Frau mit der Laute« nicht mehr aus der Jugend- und Frauenbewegung

---

1 Aus einer Rede von Lisa Albrecht bei der Landesfrauenkonferenz der SPD in Fürth am 26./27. Oktober 1945: »Die Stellung der Frau im öffentlichen Leben und ihre große Verantwortung für die Zukunft«; siehe Protokoll über die Veranstaltung, S. 12, in: AdsD, Nachlass August und Lisa Albrecht, Mappe Ehe- und Frauenrecht. Lisa Albrecht bezog sich in dieser Rede auf Bertha von Suttner und ihr Buch »Die Waffen nieder«. Vgl. *Bertha von Suttner,* Die Waffen nieder, Berlin 1919 (Volksausgabe).

2 Selbstdarstellung Lisa Albrecht, Sehr geehrter Wähler und Wählerin! Zur Bundestagswahl 1953, AdsD, Nachlass Lisa Albrecht.

3 Frauenwelt, H.6/1950, S. 10. Weitere Angaben über Lisas Eltern finden sich in den Quellen nicht.

Lisa Albrecht (1896–1970), MdB 1949–1958

hinwegzudenken.[4] Zeitzeuginnen beschrieben, wie sie oft mit ihrer Laute singend vor ihren begeisterten Zuhörerinnen und Zuhörern stand oder wie sie durch ihre Vorträge Frauen und junge Mädchen für die Idee des demokratischen Sozialismus gewann. Freilich blieb der Beamtentochter in ihrer Jugend auch die Not der Menschen aus den unteren Schichten nicht verborgen.[5] Das verstärkte ihren Willen, gegen die soziale Ungleichheit zu kämpfen.

Politische Arbeit (1919–1933)

»Später wuchs sie ganz selbstverständlich in die Parteiarbeit hinein«[6]

1919 heiratete Lisa Hartjen den Transportarbeiter August Albrecht, Sohn eines Zimmermanns aus dem Hamburger Hafenviertel. Sie hatte ihn in der Hamburger Arbeiterjugendbewegung kennen gelernt, als er gerade dabei war, die Organisation der arbeitenden Jugend aufzubauen und die »Arbeiter-Jugend-Bewegung« zu gründen, deren Geschäftsführer er bis 1933 blieb. August und Lisa Albrecht zogen 1920 nach Berlin, wo Lisa die Hochschule für Leibesübungen besuchte, das Examen als Sportlehrerin ablegte und diesen Beruf bis 1928 ausübte. Im Rahmen der Partei- und Gewerkschaftsarbeit gab sie Gymnastikkurse für junge Menschen, vor allem Fabrikarbeiterinnen. Außerdem unterrichtete sie an der im Oktober 1928 gegründeten »Wohlfahrtsschule der Arbeiterwohlfahrt«.[7] Am Kurfürstendamm in Berlin besaß August Albrecht ein großes Antiquariat, das das Ehepaar gemeinsam führte. August Albrecht gab einige Arbeiterzeitschriften und -Liederbücher heraus, von denen das 1921 erschienene »Jugendliederbuch« eine Auflage von 600.000 Exemplaren erreichte. In der SPD arbeitete Lisa zunächst ehrenamtlich, bis sie 1928 zur hauptamtlichen SPD-Frauensekretärin für die Provinz Brandenburg gewählt wurde. Ab 1930 leitete sie am Sitz des Parteivorstandes in Berlin zusammen mit ihrem Mann die SPD-eigene Buchgemeinschaft »Der Bücherkreis«, der sich großen Zuspruchs erfreute. Die etliche Jahre jüngere Annemarie Renger schrieb in ihren Memoiren, dass sie diesen Bücherkreis mit ihrem Vater häufig besuchte und dass Lisa Albrecht damals zu ihrem »Idol« wurde.[8]

Von Lisa Albrechts Tochter Erika ist lediglich bekannt, dass sie als jungverheiratete Frau kurz vor der Geburt ihres ersten Kindes einer tückischen Krankheit erlag. In einem Fragebogen schrieb Lisa Albrecht später, dass sie die Tochter 1946 »durch Kriegseinwirkung« verloren habe.[9]

---

4 *Franz Osterroth,* Biographisches Lexikon des Sozialismus, Bd. I Verstorbene Persönlichkeiten, Hannover 1960.

5 *Herta Gotthelf,* Abschied von Lisa Albrecht, in: Vorwärts vom 23.5.1958.

6 *Herta Gotthelf,* Lisa Albrecht gestorben, in: Berliner Stimme vom 24.5.1958.

7 Vgl. *Ulrich Herzog,* Solidarität in der Not – Kampf für eine soziale Republik. Die Arbeiterwohlfahrt im Bezirk Östliches Westfalen 1919–1933, Bielefeld 1987, S. 47.

8 Siehe *Annemarie Renger,* Ein politisches Leben. Erinnerungen, Stuttgart 1993, S. 32; siehe auch die Biographie über Annemarie Renger in diesem Band, S. 395-420.

9 Fragebogen über die Personalien der zur Bundestagswahl 1957 vorgeschlagenen Kandidaten, 29.7.1957, AdsD Bonn, Sammlung Personalia Elisabeth (Lisa) Albrecht.

Im Schatten des Hakenkreuzes (1933–1945)

»Immer galt meine Arbeit all denen, die Hilfe brauchten«[10]

1933, nach der Machtübernahme durch die Nationalsozialisten, musste Lisa Albrecht ihren Beruf aufgeben. Auch der »Bücherkreis« konnte nur noch in der Illegalität weitergeführt werden. August Albrecht wurde enteignet, seine literarischen Erzeugnisse wurden auf die »schwarze Liste« gesetzt. Lisa Albrecht wurde 1933/1934 mehrmals durch die Gestapo verhaftet, misshandelt und gedemütigt, u.a. wurde sie für etliche Monate ins Moabiter Frauengefängnis gebracht und schließlich wegen Vorbereitung zum Hochverrat verurteilt, für neun Monate ins Gefängnis gesteckt, aber »wie durch ein Wunder« freigesprochen und wieder freigelassen. Auch danach noch wurde sie durch die Gestapo bedroht, bespitzelt und unter Polizeiaufsicht gestellt.[11] Die Buchhandlung in der Wilmersdorfer Straße wurde illegal weiter betrieben: Sie galt als »Heimstätte der Treugebliebenen« und »Fundgrube freiheitlichen Schrifttums«.[12] 1935 und 1939 kam Lisa Albrecht erneut in »Schutzhaft« und wurde danach wieder unter Polizeiaufsicht gestellt. Einer erneuten Verhaftung 1944 hat sie sich, nachdem Buchhandlung und Wohnung durch Bombenangriffe zerstört worden waren, durch die Flucht nach Mittenwald, einem Gebirgsstädtchen in Oberbayern, bekannt als Geigenbauerdorf, entzogen. Ihr Mann kannte den Ort von Kuraufenthalten schon in den 30er Jahren, und Lisa Albrecht hatte August Albrecht dort mit ihrer schwerkranken Tochter besucht. Sie pflegte ihren durch Bomben und Phosphor schwer verwundeten Mann und baute mutig mit den aus Berlin herausgeschickten Bücherresten wieder eine kleine Bücherei auf. Die Fäden ihrer illegalen Tätigkeit, die sie heimlich weiter knüpfte, indem sie jüdischen Freunden half, reichten bis Holland, Belgien und England. Bei der einheimischen Bevölkerung war sie, obwohl sie als Norddeutsche eine »Zugereiste« war, überaus beliebt. Vor allem überzeugten ihre heitere und kluge Ausstrahlung sowie die Tatsache, dass sie trotz ihrer eigenen Probleme ein offenes Ohr für ihre Mitmenschen hatte.[13] Die Zuneigung der Bevölkerung war so groß, dass sie vor einer neuerlichen Verhaftung gewarnt wurde und sich in die Berge flüchten konnte.[14] Während der Zeit des Nationalsozialismus fand sie zu den Quäkern. Sie versuchte bis zum Ende ihres Lebens, die selbstlosen Ideen dieser »Gesellschaft der Freunde« im täglichen Leben zu verwirklichen, Ideale, die sie auch für die Parteiarbeit beibehielt. Später warb sie für sich selbst mit dem Spruch »Immer galt meine Arbeit allen denen, die Hilfe brauchten«.[15]

10 Flugblatt: »Sehr geehrter Wähler und Wählerin!« AdsD Bonn, siehe Anm. 2.

11 *Nora Winkler von Kapp,* Lisa Albrecht, in: Schwäbische Landeszeitung vom 26.11.1946.

12 *Walter G. Oschilewski*: Ein Pionier der Jugendbewegung. August Albrecht wird am 24.7. 80 Jahre alt, in: Berliner Stimme vom 18.7.1970.

13 Selbstdarstellung.

14 Winkler von Kapp, Lisa Albrecht, 1946.

15 Selbstdarstellung.

Nach dem Zweiten Weltkrieg (1945–1949)

»Mit den bescheidenen Mitteln getan, was ich konnte und musste«[16]

Lisa Albrecht arbeitete sofort nach 1946 am politischen Wiederaufbau der SPD und der Gewerkschaften mit. Sie baute die SPD in Mittenwald mit auf und trat der Gewerkschaft Öffentliche Dienste, Transport und Verkehr bei. Ihre Geschlechtsgenossinnen forderte sie auf, nicht der Hoffnungslosigkeit anheim zu fallen. Unmittelbar nach dem Einmarsch der Amerikaner wurde sie in Mittenwald Gemeinderätin und stellvertretende Bürgermeisterin. Sie wurde Mitglied des Spruchkammergerichts, des Kreistages in Garmisch-Partenkirchen und 1948 sogar Bürgermeisterin von Mittenwald. Neben ihrer politischen Arbeit gründete sie die »Mittenwalder Kulturgemeinde« und eine Künstlerhilfe. Zusätzlich widmete sie sich ehrenamtlichen Fürsorge- und Wohlfahrtsarbeiten und hat mit den ihr »zur Verfügung stehenden bescheidenen Mitteln getan, was ich konnte und musste«.[17] Sie gründete mit anderen Frauen des Kreises Werdenfels die antifaschistische Frauenliga, den Süddeutschen Frauen-Arbeitskreis und die Münchener Gruppe der Frauenliga für Frieden und Freiheit,[18] drei parteiübergreifende Frauenorganisationen, durch die sie sich einen ehrenamtlichen Helferinnenstab aufbauen konnte. Auch bemühte sie sich, dass in dem von allen Kriegseinwirkungen verschonten Mittenwald Flüchtlinge aufgenommen wurden.[19] Sie arbeitete an der Errichtung eines »Kinderhostels« für erholungsbedürftige unterernährte Kinder mit. Ihrer Initiative verdankt das Geigenbauerdorf Mittenwald eine neubelebte Heimindustrie, durch die neue Frauenarbeitsplätze geschaffen werden konnten: die Handweberei[20]. Bald war sie eine in ganz Bayern bekannte Politikerin.

Während August Albrecht sich erneut dem Aufbau der sozialistischen Jugendorganisation und Erziehungsbewegung widmete, wurde Lisa 1946 als erste Frau in der Geschichte der deutschen Sozialdemokratie und vermutlich der deutschen Parteien überhaupt für einige Wochen zur Landesvorsitzenden der bayrischen SPD gewählt. 1947 wurde sie stellvertretende Landesvorsitzende und Frauensekretärin der SPD in Bayern und kam noch im gleichen Jahr in den zentralen Vorstand der Sozialdemokratischen Partei. Dort gehörte sie dem zentralen Parteiausschuss für Frauenfragen an.[21] Ihre literarische und verlegerische Arbeit verfolgte sie weiter. Am 15.4.1947 gründete sie zusammen mit sechs anderen bayerischen SPD-Genossen den Verlag »Das Volk« in München. Der Verlag gab u.a. die Schriftenreihe »Sozialistische Hefte«, einen sozialdemokratischen Referentendienst für Funktionäre sowie die Halbmonatsschrift »Das Volk« und ein

16 Aus einem Brief von Lisa Albrecht an den Genossen Rossmann vom 7.2.1946.

17 Ebd.

18 Zur Frauenliga für Frieden und Freiheit vgl. *Sabine Hering/Cornelia Wenzel*, Frauen riefen, aber man hörte sie nicht. Die Rolle der deutschen Frauen in der internationalen Frauenfriedensbewegung, 2 Bände, Kassel 1986.

19 Brief an Rossmann.

20 Die Neue Zeitung vom 28. Oktober 1946.

21 Vgl. Protokolle der SPD Parteitage, Lisa Albrecht war 1948, 1954 und 1956 für den Vorstand der SPD auf dem Parteitag anwesend, siehe Anwesenheitsliste der Delegierten und Gäste der SPD-Parteitage.

Mitteilungsblatt für Neubürger »Die Brücke« als parteieigene Flüchtlingszeitung heraus. Mit ihrer Verlagsarbeit führte sie auch die Friedenspolitik fort. »Das Volk« Nr. II/1 berichtete von einer Tagung der sozialistischen Autoren und Verleger, in deren Rahmen die Anwesenden »vor aller Welt das Bekenntnis für die Ächtung des Krieges« ablegten.[22] Gemeinsam mit Hanna Simon veröffentlichte sie 1947 ein »Frauenbuch«.[23] In den gesammelten Artikeln wird zu allen relevanten gesellschaftspolitischen Fragen der Nachkriegszeit Stellung bezogen.

Als Gast hielt sie auf dem SPD-Parteitag 1946 in Berlin ein Referat über die »bayerische Frau«. Sie bedauerte bei dieser Gelegenheit, dass es den bayerischen Frauen noch immer an politischer Aktivität mangele: Die »Institution Kirche« übe zu großen Druck auf die Frauen aus, weil sie sie lediglich in Kirche, Küche und Kinderzimmer sehen wolle. Einen nicht zu unterschätzenden Anteil daran schrieb sie der »Mentalität des süddeutschen Mannes« zu, der aus purer Gewohnheit in den Frauen die »Nur-Hausfrauen« sehe. Sie setze ihre Hoffnung darauf, dass die bayerischen Frauen sich an den durch sozialdemokratische Parteiarbeit aufgeklärten sudetendeutschen Flüchtlingsfrauen orientierten und wie diese zu »aktiven Kämpferinnen« für die Parteiarbeit werden.[24] Sie kritisierte allerdings auch die Parteistrukturen, die wenig ermutigend auf Frauen wirkten. Weder verstehen, noch akzeptieren wollte sie, dass in der sozialdemokratischen Fraktion des Bayerischen Landtages keine Frau Mitglied war und keine der wichtigen Positionen in den Ministerien durch eine Frau eingenommen wurde. Das verstieß nach ihrer Meinung eindeutig gegen die bayerische Verfassung, die durch ihren Art. 118 Männern und Frauen die gleichen Rechte zusicherte. Die bayerische Landesfrauenkonferenz, die im März 1947 in Nürnberg stattfand, verabschiedete eine Resolution zur Änderung »dieses Zustandes«. Die Frauen sprachen sich gegen die Ablehnung von weiblichen Schulräten an bayerischen Schulen aus und protestierten gegen die Wiedereinführung der Prügelstrafe.[25] Lisa Alberecht kümmerte sich früh um die sozialen und politischen Folgen des Flüchtlingsproblems. Am 12. und 13.4.1947 nahm sie an der Flüchtlingskonferenz in Regensburg teil.

Wie ungewöhnlich Frauen in herausragenden Positionen damals waren, zeigt das Presse-Echo auf ihre Versammlungsleitung anlässlich einer Großkundgebung mit dem Parteivorsitzenden Kurt Schumacher als Referenten zu Beginn des Jahres 1947. Die SPD-Mitteilungen berichteten später, dass die Art und Weise, wie sie diese Versammlung geleitet habe, allgemein imponiert habe. »Mancher männliche Versammlungsleiter hätte sich daran ein Beispiel nehmen können«, hieß es da. Dennoch war es gerade in Bayern noch gewöhnungsbedürftig, dass eine Frau hinter dem Mikrofon stand, um eine so große Kundgebung zu leiten. »Ein urwüchsiger Schnauzbart, ein Bayer von echtem Schrot und Korn« soll herausgeplatzt haben: »Was is denn dös, a Weibsbild hams dahergestellt?«

22 Ächtung des Krieges, in: Das Volk II/1 vom Oktober 1947, S. 16.

23 *Lisa Albrecht/Hanna Simon* (Hrsg.), Frauenbuch, Offenbach/Main 1947.

24 Sozialdemokrat Nr. 99/2 vom 29.4.1947.

25 Furtner: Bericht über die Landesfrauenkonferenz in Nürnberg am 15./16. März 1947 (Manuskript), AdsD, Nachlass August und Lisa Albrecht, Mappe Ehe- und Frauenrecht.

Dennoch soll er Beifall geklatscht haben.[26] Auch später wurden Lisa Albrechts ›vorbildliche, mit versöhnlicher fraulicher Wärme‹ geleiteten Versammlungen immer wieder durch die Presse gelobt.

Als überzeugte Pazifistin war der Kampf gegen Militarismus und Krieg und für die Sicherung des Friedens auf der Welt eines der Hauptanliegen von Lisa Albrecht. Bei der Bezirksfrauenkonferenz der SPD im Oktober 1946 in Fürth erklärte sie mit klarem Bezug auf Bertha von Suttners Buch ›Die Waffen nieder‹: »Es ist viel schwerer, ein Held des Friedens zu sein, als ein Held des Krieges.«[27] Sie wusste, dass es im Zeitalter der Atombombe nicht einfach war, ihre Position durchzusetzen.

Bei der ersten Landesfrauenkonferenz in Nürnberg erklärte sie als Rednerin: »Wir werden keinen Friedensvertrag unterschreiben, dessen Inhalt wir nicht kennen und der nicht das ganze Deutschland meint.«[28] Ihr Friedenskonzept erstreckte sich demnach auf das gesamte Deutschland und sollte darüber hinaus die ganze Welt umspannen. Und »wir« hieß in diesem Falle: Frauen über die Parteigrenzen hinweg. Schließlich war sie Mitbegründerin verschiedener Frauenfriedensinitiativen.

Herta Gotthelf, die SPD-Frauensekretärin, kritisierte Lisa Albrechts Engagement in überparteilichen Frauenzusammenhängen, denn es gelte Parteimitglieder zu werben und Gelder für die Parteiarbeit, der es »an allen Ecken und Enden an Geld« fehle, aufzutreiben, anstatt Geld »in diese völlig sinnlose Bewegung« zu stecken.[29] Gotthelf ließ keine Gelegenheit aus, darauf hinzuweisen, wie schädlich eine Teilnahme an Friedenskundgebungen zusammen mit Kommunisten für die SPD-Frauen sei. In ihrem Brief an Lisa Albrecht wies sie darauf hin, dass viele Frauen nicht einmal das Geld für den Parteibeitrag hätten, so dass eine Werbung unter den Frauen für überparteiliche Frauenorganisationen »direkt parteischädigend«[30] sei.

Lisa Albrecht war der Konflikt bewusst, dennoch versuchte sie, zwischen Partei und überparteilichen Organisationen eine Brücke zu schlagen, als sie bei der Bezirksfrauenkonferenz in Fürth über die Frauenliga für Frieden und Freiheit informierte. Zugleich erklärte sie: »Das sage ich aber nicht deshalb, dass Sie da auch hineingehen müssen.«[31] Ihr eigenes Engagement rechtfertigte sie folgendermaßen: »In der sozialistischen Frauenbewegung erfassen wir nur Frauen, deren Männer Mitglieder der SPD sind. Die Frauen, die von ihren Männern politisch unabhängig sind, erfassen wir schwer. Wenn wir alle diese Frauen, die glauben, sich einer überparteilichen Organisation anschließen zu müssen, dort erfassen, haben wir schon ein großes Stück Arbeit geleistet.«[32] In einem zweiten

---

26 »Männer werden sich daran gewöhnen müssen«, in: Mitteilungen der SPD – Bez. Westl. Westfalen, S. 6.

27 Ebd., S. 12.

28 Protokoll Nürnberg.

29 Brief von Herta Gotthelf an Lisa Albrecht vom 24.10.1949, AdsD, Nachlass August und Lisa Albrecht.

30 Ebd.

31 Protokoll Landesfrauenkonferenz Fürth, S. 17.

32 Ebd.

Schritt gelte es dann, »diese Frauen hereinzuholen, sie für unsere Aufgaben und Arbeitsgebiete zu interessieren, sie einzusetzen als Mitarbeiterinnen für unsere Ideen und unsere Glaubenswelt«.[33]

Ihr Friedenskonzept ging von einer, im Gegensatz zu den Männern, größeren Friedfertigkeit der Frauen aus. Ebenso wie die Vertreterinnen der außerparlamentarischen »Westdeutschen Frauenfriedensbewegung«[34] verwies sie auf die Differenz zwischen Mann und Frau: Mehr noch als ein Mann könne die Frau durch unermüdliche Kleinarbeit und sinnvolle Jugenderziehung zur Eroberung des Friedens beitragen. Sie appellierte immer wieder an den Friedenswillen der Frauen, die die vorhergegangenen Kriege am Schlimmsten zu spüren bekommen hätten, weil sie die meiste Überlebensarbeit zu leisten hatten. Den Müttern komme die Aufgabe zu, den Frieden zu erobern: »Wenn Frauen wollen, dann können sie Berge versetzen und wenn es ihr Wille ist, dann wird nie wieder ein Krieg stattfinden«, sagte sie in einer Rede am 24.4.1950.[35]

Frauen hätten als Trägerinnen und Hüterinnen des Lebens dafür zu sorgen, dass der Ruf »nie wieder Krieg« durchgehalten werde. Die erste Bedingung hierfür sei, mit der politischen Gleichberechtigung Ernst zu machen und den Kampf gegen Hunger und alle anderen Nöte des Volkes aufzunehmen. Freilich ging sie mit dieser Forderung über die nationalen Grenzen hinaus. Wörtlich sagte sie: »Wir sind bereit, Weltbürger zu werden, und so einen wirklichen Frieden für die ganze Welt zu erreichen.«[36]

Auch in ihrem »Frauenbuch« ist die Darstellung der Frau als Mutter, Erzieherin, Bewahrerin des Friedens und Kameradin des Mannes auffällig. Frauen und vor allem den Müttern wird die Verantwortung übertragen, für die Erziehung der Kinder zum Frieden zu sorgen: »Seid Hüterinnen des Lebens, (...) sorgt für den sozialen Fortschritt, für Freiheit und Frieden«[37] oder: »Die Solidarität der Mütter muss künftige Kriege verhindern.«[38] Anders als während der Zeit des Nationalsozialismus war die Mütterlichkeitsrhetorik nicht auf den Nationalstaat bezogen, sondern die Macht der Mütter sollte sich über alle Parteigrenzen hinweg auf die ganze Erde erstrecken.

Lisa Albrecht ließ sich zunächst nicht dadurch abschrecken, dass die Parteispitze die Arbeit in überparteilichen Zusammenhängen nicht befürwortete. Sie nahm im Mai 1947 gemeinsam mit etwa 240 Delegierten verschiedener Frauenorganisationen, davon 42 überparteilichen, sowie konfessionellen und beruflichen Verbänden, parteipolitischen Frauengruppen und Vertreterinnen der Gewerkschaften am Interzonalen Frauentreffen in Bad Boll teil und übernahm am zweiten Tag das Präsidium. In Fragen der Versammlungsleitung war sie durch ihre Parteiarbeit geschult. Der Mannheimer Morgen berichte-

---

33 Ebd.

34 Vgl. *Gisela Notz*, Klara Marie Fassbinder (1890–1974) and Women's Peace Activities in the 1950s and 1960s, in: jhw, summer 2001, S. 98-123.

35 Bericht in »Die Rheinpfalz« vom 24.4.1950, S. 2.

36 Lisa Albrecht bei einer Rede beim Frauenabend der SPD im März 1947 – nach Fränkische Zeitung vom 15.3.1947.

37 *Paula Mendersohn-Becker*, Ewige Mutterliebe, in: Lisa Albrecht/Hanna Simon, S. 87.

38 Ebd.

te: »Unter dem straffen Präsidium der Landtagsabgeordneten Lisa Albrecht bekam am zweiten Tage der Kongress endlich die erwünschte Form.«[39] Tatsächlich gab es, was die frauenpolitischen Anliegen betraf, gemeinsame Zielsetzungen zwischen den SPD-Frauen und überparteilichen Zusammenschlüssen. Aus den Vorträgen und Diskussionen ging eindeutig das Bekenntnis zu Frieden und Völkerversöhnung hervor. »Im Verlauf der vier Tage gab es kaum eine Frage, ob sie das soziale, wirtschaftliche oder politische Leben betraf, die nicht aufgegriffen worden wäre. Die Resolutionen über staatsbürgerliche Betätigung der Frau, Schulreform, Gleichberechtigung der Frau, Jugendgefährdung, Befürwortung des Paneuropagedankens, Beschlagnahmebeschränkung, Heimsendung der Kriegsgefangenen und der internierten Frauen sind hierfür ein sichtbares Zeugnis.«[40] In Bad Boll wurden Gespräche zwischen ost- und westdeutschen, englischen und amerikanischen Frauen begonnen, sie sollten in absehbarer Zeit in Bad Pyrmont fortgesetzt werden.

Lisa Albrecht nahm im Oktober 1949 an dem Gründungskongress des Deutschen Frauenrings in Bad Pyrmont nicht teil. Als sich, nach einigen Auseinandersetzungen zwischen verschiedenen Gruppen, im Anschluss an die Bad Pyrmonter Veranstaltung die überparteilichen und überkonfessionellen Frauen auf Bundesebene zum Deutschen Frauenring zusammenschlossen, war die Niedersächsische Regierungspräsidentin Theanolte Bähnisch die einzige teilnehmende SPD-Frau. Sie vertrat die Meinung, dass die Majorität der Frauen ohne organisatorische Plattform sei, wenn man alleine auf Agitation für Parteiarbeit setzte.[41] Bähnisch wurde Vorsitzende des Deutschen Frauenrings. Die übrigen Mitglieder des Vorstandes gehörten FDP und CDU an oder waren parteilos. Der durch Lisa Albrecht mitbegründete Süddeutsche Frauenarbeitskreis schloss sich dem Frauenring nicht an.[42]

Lisa Albrecht widmete sich verstärkt der Parteiarbeit. In ihrer sozialistischen Grundüberzeugung stand sie fest. Bemerkenswert ist ihr Beitrag zur Diskussion um die Wiedereinführung der Todesstrafe, die von konservativer Seite immer wieder gefordert wurde. Die klare Aussage bei der Landesfrauenkonferenz 1946 in Fürth ist beispielhaft für ihre Kompromisslosigkeit in grundsätzlichen Fragen: »Entweder wir sind Sozialisten und töten nicht, oder aber wir töten und können keine Sozialisten sein.«[43]

Auch im Wirtschaftsleben der neuen Republik sollten Frauen eine wichtige Rolle spielen. Lisa Albrecht unterstützte den Kampf um die eigenständige Existenzsicherung der Frauen. Dazu gehörte nicht nur die gewerkschaftliche Forderung nach gleichem

39 »Frauenkongress behandelt politische Fragen«, in: Der Mannheimer Morgen vom 28.5.1947, S. 2. Lisa Albrecht war allerdings nicht Landtagsabgeordnete, sondern 2. Landesvorsitzende der SPD in Bayern.

40 Mannheimer Morgen.

41 Brief von Theanolte Bähnisch an Herta Gotthelf vom 29.4.1947, AdsD, Nachlass August und Lisa Albrecht.

42 Brief von Else Reventlow vom Bayerischen Rundfunk an Lisa Albrecht vom 15.10.1949, AdsD, Sammlung Personalia Lisa Albrecht. Eine Begründung ist aus den Quellen nicht ersichtlich.

43 Protokoll über die Landesfrauenkonferenz in Fürth 1946, S. 14.

Lohn für gleiche Arbeit, sondern junge Frauen mussten ermutigt werden, sich ebenso wie Männer in Handwerksberufen ausbilden zu lassen.[44] Eine Frau als ebenbürtige Partnerin erschien zudem auch für die SPD geeigneter, denn solche Frauen waren eher geneigt, die Parteiarbeit ihres Mannes zu unterstützen.[45] Wenn erst einmal in allen Berufen und Ämtern Frauen dominierend wären, dann würden, so hoffte sie, die Ansichten bürgerlicher Kreise, die Frau gehöre an den ›Herd und ins Haus‹ und ›eigener Herd ist Goldes Wert‹, bald der Vergangenheit angehören.[46] Mit solchen antiquierten Vorstellungen müsse nun aufgeräumt werden, denn schließlich sei nun ein neues Zeitalter angebrochen: »Es ist das Zeitalter der Frau angebrochen«[47], sagte sie in ihrer Rede anlässlich der Bezirksfrauenkonferenz 1946 in Fürth. Sie verwies auf die Notwendigkeit, dass Frauen an die Positionen von im Krieg getöteten, gefangen gehaltenen und vermissten Männern treten mussten. Sie verwies aber auch auf die zusätzliche Aufgabe, die Frauen nach diesem schrecklichen Krieg zukommen: »Denken Sie an die Blinden, an den Mann ohne Arm, an alle die Krüppel, die sich selbst nicht mehr helfen können. Sie ist dann da die Hilfsbereitschaft in Person, also Frau und Mutter zugleich.«[48]

Die Beteiligung am politischen Gemeinwesen konnte nach ihrer Meinung nicht einseitig durch Männer geschehen, »überall da, wo Männer und Frauen leben«, müssten auch Männer und Frauen Einfluss nehmen können. Zur entsprechenden Aufwertung der politisch arbeitenden Frauen schlug sie vor, den Begriff »Staatsfrau« zu prägen und neben den Begriff »Staatsmann« zu stellen. Durch eine solche verbale Aufwertung könnte ein Zeichen gesetzt werden, die Staatsämter nun endlich auf Männer und Frauen zu verteilen. Es gehe nun darum, Frauen in »diesen Staat« hineinzustellen, »die im Stande sind, auf Grund ihres Könnens, ihres Wissens, ihrer Leistung aktiv mitzuwirken, mitzugestalten und mitzubauen«.[49] Sie hegte keinen Zweifel daran, dass sie SPD-Männer für diese Position gewinnen könnte, denn sie war sich sicher: »Wenn die zehn Jahre um sein werden, werden die Männer sagen, ›hast Recht gehabt, Lisa Albrecht‹.«[50] In Bezug auf den ›Frauenüberschuss‹ bat sie die Genossen, sich nicht so viele Gedanken zu machen. Deutlich formulierte sie: »Die Männer brauchen sich nicht den Kopf [zu] zerbrechen und [zu] sagen, was fangen wir nun mit den vielen Frauen an, wir Frauen haben selbst angefangen.«[51] Das klang kämpferisch. Sie hatte offensichtlich Angst, ungeschickt zu argumentieren und männliche Genossen zu verärgern, deshalb nahm sie in der gleichen Rede die Schärfe ihrer Aussage wieder zurück und sagte: »Damit wir unsere Männer nicht kopfscheu machen«, sollten sie auch »ein ganz klein wenig« bemitleidet werden wegen

44 Ebd., S. 14.
45 Ebd., S. 15.
46 Albrecht, Die Spekulation mit der Not.
47 Rede bei der Bezirksfrauenkonferenz der SPD am 26./27.10.1946 in Fürth: »Die Stellung der Frau im öffentlichen Leben und ihre große Verantwortung für die Zukunft«; siehe Protokoll über die Veranstaltung, S. 8, in: AdsD, Nachlass August und Lisa Albrecht, Mappe Ehe- und Frauenrecht.
48 Ebd., S. 16.
49 Ebd., S. 9.
50 Albrecht, Die Spekulation mit der Not.
51 Protokoll der Landesfrauenkonferenz in Nürnberg, S. 3.

der zahlenmäßigen Überrepräsentanz der Frauen. Allerdings gab sie daran, wie schon oben erwähnt, den Männern, die in den Krieg gezogen waren, die Schuld.[52]

Ganz im Sinne sozialdemokratischer Frauenpolitik vergaß sie nicht zu betonen – wie zum Beispiel am Ende ihrer Rede bei der Bezirksfrauenkonferenz 1947 in Nürnberg –, »dass unsere sozialdemokratischen Frauen absolut keine Frauenrechtlerinnen sind, sondern gute Mütter und Kämpferinnen«. Aber sie fügte hinzu: »Wenn es sein muss, scheuen wir auch keinen Aufstand.« Kämpferisch schloss sie ihre Rede mit den Worten: »Selbstbewusst und stark, kein Hindernis lege man uns in den Weg auf den Straßen, die wir bauen, die zu unserem großen Ziele führen: zum Sozialismus.«[53] Und für den Sozialismus konnte auch nach ihrer Ansicht nur Schulter an Schulter mit den Männern gekämpft werden.

In ihrem Referat zum Internationalen Frauentag am 8. März 1948 legte sie erstmals ihre Ansicht zur Frauenarbeit offen.[54] Sie betonte, dass sie Mitglied einer politischen Partei sei, nämlich der Sozialdemokratischen Partei Deutschlands, und dass innerhalb dieser Partei eine politische Frauenorganisation existiere, die sich nicht als »gesondert« betrachte, sondern innerhalb dieser Partei »eingefügt in die Gesamtorganisation« zu verstehen sei. Sie existiere auch nicht erst seit 1947, sondern sei »eine uralte Einrichtung, (...) gefördert und gestärkt durch unseren Altmeister Bebel«. Nach dem Inkrafttreten des Reichsvereinsgesetzes 1908 – danach konnten sich auch Frauen politisch und gewerkschaftlich organisieren – sei sie eine Organisation innerhalb der großen Organisation geworden und habe ihre bestimmten Aufgaben. »An dem Kampf gegen den Mann haben wir uns nie beteiligt, das war der Kampf der bürgerlichen Frauenbewegungen allein. In unserer Partei stehen wir Seite an Seite mit dem Mann, der unser Bettgenosse und unser Kampfgenosse ist, um all die Dinge zu organisieren, damit ein Menschengeschlecht heranwächst, das die Führung in Volk und Staat übernehmen kann.«[55] Als überzeugte Sozialistin zweifelte Lisa Albrecht nicht daran, dass »ihre Partei« der richtige Ort war, um für ihre sozialistischen Vorstellungen zu kämpfen. Dass ihr umfassendes Konzept vom Sozialismus nicht leicht durchzusetzen sein werde und dass es ohne strukturelle Veränderungen in der Gesellschaft nicht gehen werde, war ihr wohl bewusst, als sie erklärte: »Unsere Bewegung ist trotz des Alters, der Tradition eine junge, moderne Bewegung, sie will den Sozialismus, die Neustruktur der Gesellschaft, sie hat eine weitere schwere Arbeit zu übernehmen, die Struktur der Wirtschaft zu ändern.«[56]

Dennoch übte sie auch Kritik an den Strukturen der patriarchal geprägten Parteiarbeit: Wenn die SPD wirklich mehr Frauen zur Mitarbeit gewinnen wolle, müsste sie sich nach ihrer Meinung generell »mehr auf die Psychologie der Frauen einstellen«. Die

---

52 Albrecht, Die Spekulation mit der Not. Wörtlich sagte sie: »Unsere Stärke ist nicht ihr Untergang. An der zahlenmäßigen Stärke haben wir keine Schuld, sie haben uns den Krieg beschworen.«

53 Protokoll der Landesfrauenkonferenz in Nürnberg.

54 Albrecht, Die Spekulation mit der Not.

55 Ebd.

56 Ebd.

Parteiarbeit empfand sie als »zu rational«[57] und geprägt durch persönliche Auseinandersetzungen der Männer, an denen viele Frauen kein Interesse hätten. Freilich suchte sie die Gründe der Nicht-Beteiligung der Frauen an der Parteiarbeit auch in den Belastungen, die sich für Frauen aus der weitgehenden Alleinzuständigkeit für die Haus- und Sorgearbeiten ergäben. In einer Zeit der Restaurierung des konservativen Familienbildes, verbunden mit der Idealisierung der Frau als Hausfrau und Mutter, waren ihre Vorschläge zur Rationalisierung der Hausarbeit, durch die Frauen mehr Zeit für die politische Arbeit gewinnen könnten, revolutionär. Ihre männlichen Genossen beschwichtigte sie damit, dass Rationalisierung der Hausarbeit auch für sie positive Seiten hätte. Schließlich wollten sie »keine abgearbeitete, zerarbeitete, verarbeitete Frau als Lebenskameradin« haben. Rationalisierung könnte der Hausfrau das Leben erleichtern.[58] Deren Alleinzuständigkeit für die Hausarbeit stellte sie in ihren Reden allerdings nicht in Frage.

1949 war Lisa Albrecht in amerikanischen Zeitungen zu sehen. Sie war Mitglied einer Delegation von sieben Frauen in politisch leitenden Positionen, die im Februar 1949 auf Einladung der amerikanischen Militärregierung zu einem zweimonatigen Besuch in die Vereinigten Staaten von Amerika reisten. Die Frauen waren aufgrund ihres besonderen Interesses an der Förderung der Demokratie ausgewählt worden. Sie sollten das amerikanische Demokratische System kennen lernen, und besonders darin geschult werden, wie man Frauen für die demokratische Partizipation am Gemeinwesen gewinnen kann.[59]

Arbeit im Bundestag (1949–1958)

»Sie wären ja alle nicht so ausgezeichnete, so vorzügliche Parlamentarier, wenn sie nicht so glänzende und kluge Mütter gehabt hätten!«[60]

Über die bayerische Landesliste wurde Lisa Albrecht 1949 in den Ersten Deutschen Bundestag gewählt. Sie wurde Mitglied des Vorstandes des Deutschen Bundestages und Mitglied des Parteivorstandes der SPD.[61] In der 1. Wahlperiode war sie Ordentliches, in der 2. und 3. Wahlperiode Stellvertretendes Mitglied des Ausschusses für Petitionen, in der 1. und 3. Wahlperiode Ordentliches, in der 2. Wahlperiode Stellvertretendes Mitglied des Ausschusses für Fragen des Gesundheitswesens. In der 1. Wahlperiode1951/52 gehörte sie dem Ausschuss für Beamtenrecht als beratendes Mitglied, dann als Stellvertretendes Mitglied, in der 2.Wahlperiode als Ordentliches Mitglied an. In der 1. Wahlperiode war sie auch Stellvertretendes Mitglied des Ausschusses für Wiederaufbau und Wohnungswesen, des Ausschusses für Ernährung, Landwirtschaft und Forsten sowie des

57 Ebd.

58 Protokoll über die Landesfrauenkonferenz in Fürth am 26./27. Oktober 1946, S. 14.

59 Zahlreiche US-Zeitungen und Zeitungen aus der Bundesrepublik berichteten über dieses Ereignis. Siehe z.B. den Artikel: »German women arrive to study Democracy«, in: Harald Tribune 20, February 1949, S. 1, im Nachlass August und Lisa Albrecht.

60 Lisa Albrecht in ihrer Rede anlässlich der Bemühungen um die Modernisierung des Beamtenrechts, zit. nach: »Frauensieg im Bundestag«, in: Welt der Arbeit vom 24.2.1950, S. 3.

61 Vgl. *Willy Albrecht,* PV-Protokoll Bd. 2, Einleitung Kapitel II, 1, c.

Ausschusses für Kriegsopfer- und Kriegsgefangenenfragen, in der 2. Wahlperiode des Ausschusses zum Schutze der Verfassung und in der 3. Wahlperiode des Ausschusses für Verkehr-, Post- und Fernmeldewesen. Sie war Mitglied des Deutschen Rates Europäischer Bewegung und des Europäischen Rates.[62]

Im Zeichen des Kalten Krieges warnte sie im September 1952 bei einer öffentlichen Kundgebung der SPD in München vor »obskuren Friedensbewegungen«, denen es in Wahrheit nur um politische Geschäftemacherei gehe. »Mit dem Frieden macht man aber kein politisches Geschäft«, stellte sie fest und rief der Versammlung zu: »Lassen Sie sich nicht einfangen von diesen Tarnorganisationen, hinter denen immer in irgendeiner Form die Kommunisten stehen.«[63] Ihrer pazifistischen Einstellung blieb sie jedoch treu. Sie wollte sich innerhalb der Partei für Friedenspolitik engagieren. Den Internationalen Frauentag am 8. März wollte sie zu einer »Weltfriedenskundgebung« machen, um die Spekulation auf einen neuen Krieg zunichte zu machen. »Unsere kommende Arbeit muss auf Frieden und Freiheit gerichtet sein, dann werden wir wieder die Anerkennung auf der ganzen Welt finden, wieder die Gleichberechtigung, um unsere Aufgabe zur Erhaltung Deutschlands, unseres Volkes, ganz Europas, der ganzen Welt zu erfüllen, für den Sozialismus.«[64] Sie konnte nicht verstehen, dass Bundeskanzler Adenauer schon wieder von Aufrüstung sprach. Das widersprach ihrer »leidenschaftlichen Überzeugung«, mit der sie »für die Ächtung des Krieges« eintrat.[65]

Starken Beifall erntete sie, als sie bei der gleichen Kundgebung ausrief: »Solange Familien noch in Kellern oder Baracken leben, solange es in Berlin allein 135.000 Arbeitslose gibt, solange Kinder und Frauen noch um das Schicksal ihrer in Kriegsgefangenschaft zurückgehaltenen Väter und Männer bangen, solange ist die Frage eines Verteidigungsbeitrages in Deutschland für die SPD nicht akut.«[66] Es galt, noch mehr Frauen für die Parteiarbeit zu gewinnen. Von den vielen Zeitgenossinnen und Zeitgenossen, die den »Frauenüberschuss« von 7 Millionen beklagten, unterschied sie sich dadurch, dass sie in dieser Tatsache durchaus eine Chance für eine strukturelle Neuordnung der Gesellschaft sah. Sie war davon überzeugt, »diese Frauen werden das Gesicht Deutschlands verändern«[67]. Beispielhaft dafür, Frauenförderung auch in der Partei zu betreiben, ist ihr Beitrag bei der Fraktionssitzung im Bundestag am 12.2.1952. Hier wies Lisa Albrecht darauf hin, dass eine Frau besser für die Plenarrede zur EVG-Debatte geeignet gewesen wäre als der vortragende Mann.[68]

---

62 Zur Arbeit im Ausschuss des Kunstbeirates der Deutschen Bundespost vgl. die Biographie über Luise Herklotz in diesem Band, S. 205-224.

63 Lisa Albrecht warnt vor getarnten Friedens-Organisationen, in: Südost-Kurier vom 9.9.1952.

64 Rede vom 8.3.1948, Manuskript.

65 Vgl. den Bericht in »Die Rheinpfalz« vom 24.4.1950, S. 4.

66 Ebd.

67 Referat der Genossin Albrecht am 8.3.1948, »Die Spekulation mit der Not«, Manuskript, in: AdsD, Nachlass August und Lisa Albrecht, Mappe Ehe- und Frauenrecht.

68 Vgl. Petra Weber, Die SPD-Fraktion im Deutschen Bundestag, Sitzungsprotokolle 1953–1957, Zweiter Halbband, Düsseldorf 1993, S. 336.

Ihre Arbeit im Bundestag galt vor allem der Durchsetzung der Interessen von berufstätigen Frauen und Müttern.[69] Durch eine verstärkte Finanzierung des sozialen Wohnungsbaus wollte sie bessere Wohnbedingungen für die weniger zahlungskräftige Bevölkerung erreichen. Dem Mietwucher, der vor allem einkommensschwache Bevölkerungsgruppen traf, sagte sie den Kampf an.

Konsequente Friedenspolitik war der Schwerpunkt, den sie für ihre Bundestagsarbeit setzte, wenn sie auch von dem eindeutigen: ›nie mehr woll'n wir Waffen tragen‹ langsam abrückte. Der Parteilinie, die sich bereits einer Zustimmung zur Wiederbewaffnung näherte, mochte sie sich aber nicht anpassen. 1954 sagte sie bei einer Versammlung der Bayrischen SPD: »Die SPD lehnt nicht grundsätzlich eine Wehrmacht ab. Aber die vordringlichste Aufgabe unserer Politik muss es sein, die Wiedervereinigung auf dem Verhandlungswege zu erreichen, auch in dieser Zeit der Hochspannungen.«[70] Ein Teil der SPD-Bundestagsabgeordneten, darunter auch Lisa Albrecht, lehnte es nachdrücklich ab, den wehrpolitischen Ergänzungen des Grundgesetzes, an deren Formulierung der SPD-Wehrexperte Fritz Erler mitgearbeitet hatte, zuzustimmen. Lisa Albrecht stimmte mit 18 anderen Fraktionskolleginnen und -kollegen dagegen, sehr zum Missfallen des Fraktionsvorsitzenden Erich Ollenhauer.[71] Die Wiederbewaffnung der Bundeswehr wurde nicht verhindert, nun wandte sie sich verstärkt der Politik der Verhinderung der Bewaffnung der Bundeswehr mit atomaren Waffen zu.

Bei einer Rede zum Internationalen Frauentag 1957 geißelte sie die Politik der konservativen Bundesregierung, die auf »die Verdummung des Volkes« gerichtet war.[72] Die Sozialdemokratin betonte, dass die SPD sich auf keinen Fall gegen eine friedliche Nutzung der Kernenergie sperre, jede militärische Verwendung »um des Lebens Willen« jedoch konsequent ablehne. Lisa Albrecht wollte weiterhin für den Frieden arbeiten, denn »Sicherheit, Frieden und Freiheit für alle!« war ihre Parole. Wörtlich sagte sie: »Wer die Verantwortung für atomare Waffen übernehmen will, der zeigt, dass er in Wirklichkeit mit dem Gedanken des Krieges spielt.« Ein Luftschutzgesetz, wie es damals diskutiert wurde, bezeichnete sie als Unsinn, denn gegen Atomwaffen gebe es keinen Schutz.

Ebenso energisch, wie sie für den Frieden kämpfte, kämpfte Lisa Albrecht für die Gleichberechtigung der Frauen. Es ging ihr um die Anpassung der Gesetze, die einer uneingeschränkten Gleichberechtigung noch im Wege standen. Männlichen Kollegen, die die Auffassung vertraten, dass die Durchsetzung der vollen Gleichberechtigung bedeute, die Frau zu entwürdigen, rief sie zu, man solle es getrost den Frauen überlassen, die volle Gleichberechtigung mit ihrer Würde zu vereinbaren.[73] Sie war von der Notwen-

---

69 Selbstdarstellung.

70 Zeitungsausschnitt ohne nähere Angabe aus ihrem Nachlass.

71 *Stefan Appelius,* Als Pazifistin in Bonn. Alma Kettigs Weg in der Sozialdemokratischen Bundestagsfraktion, in: Stefan Appelius (Hrsg.): Alma Kettig, Verpflichtung zum Frieden, Oldenburg 1990, S. 121-136.

72 Zeitungsausschnitt ohne Titel vom 1.7.1957, Nachlass Albrecht.

73 *Nora von Kapp,* Lisa Albrecht, in: Die Freiheit, Zeitungsausschnitt vom April 1950, Nachlass August und Lisa Albrecht, Mappe 794 a.

digkeit des Kampfes um die eigenständige Existenzsicherung und um ausreichende Löhne überzeugt. Am 6. und 7. Mai 1950 schrieb sie in ihr Notizbuch, dass die wirtschaftliche Gleichberechtigung, die nach dem Grundgesetz gewährleistet war, nur in der Theorie bestünde. Obwohl die Frauenarbeit an Ausmaß und Bedeutung zugenommen habe, seien die Frauenlöhne und -gehälter immer noch niedriger als die Männerlöhne. In Bayern verdienten Frauen sogar noch 10 – 12 % weniger als in anderen Bundesländern, und die Unternehmer würden es ablehnen, überhaupt nur über Frauenlöhne zu diskutieren. Eine Angleichung der Frauenlöhne bis 31.3.1953 sei aber unbedingt notwendig.[74]

Im Kampf um die Stimmen der Wählerinnen kam sie mit ihren eindeutigen Positionen zur beruflichen Unabhängigkeit der Frauen leicht in Konflikt. Schon im Wahlkampf 1953 vertrat sie nämlich die Meinung, »dass keine Mutter vorschulpflichtiger und schulpflichtiger Kinder aus wirtschaftlicher Not gezwungen sein sollte, einem Erwerb nachzugehen«.[75] Damit schloss auch sie sich der Familienideologie der 50er Jahre an, die keine Alternative zur Hausversorgung von Kindern vorsah.

Ihr besonderes Arbeitsfeld im Bundestag war das Beamtenrecht. Sie setzte sich vor allem für die Gleichberechtigung der weiblichen Beamten ein. Maßgeblich war sie an dem »Frauensieg im Bundesparlament«[76] beteiligt, die Regierungsvorlage der CDU/CSU zum neuen Beamtengesetz als verfassungswidrig zu entlarven. Im Vordergrund der Diskussion stand die Frage der Entlassung derjenigen verheirateten Beamtinnen, deren wirtschaftliche Versorgung nach der Höhe des Familieneinkommens auch im Falle ihrer Entlassung dauernd gesichert erschien. Als Eingriff in die persönlichen Rechte der Frau sah sie auch, dass der CDU-Entwurf vorsah, dass Frauen, die mit Beamten verheiratet waren, deren Vorgesetzte um Erlaubnis fragen sollten, wenn sie einen Gewerbebetrieb eröffnen wollten. Das betraf nach ihrer Meinung vor allem die Frauen der kleineren Beamten mit größeren Familien, die mit dem Verdienst ihrer Männer nicht auskommen konnten. Als völlig untragbar bezeichnet die Abgeordnete die vorgesehene Regelung, dass Männer schon mit 27, Frauen aber erst mit 35 Jahren Beamte werden konnten.

Der Antrag der Opposition (SPD), der darauf abzielte, die Gleichstellung der Frau für die im öffentlichen Dienst stehenden Personen zu verankern, wurde durch Lisa Albrecht verteidigt. Die ungeheure Aufregung, die sich während ihrer Rede besonders auf der Regierungsbank breit machte, zeigte, wie emotionalisiert das Thema ›Gleichstellung der Frau im Berufsleben‹ noch immer war. Zunächst rief sie ihren »unruhig werdenden männlichen Kollegen im Bundestag« zu, »falls es die Herren nicht interessiert, können sie ja den Saal verlassen«.[77] Die Herren verließen den Saal nach dieser massiven Mahnung

74 Aus dem Notizbuch von Lisa Albrecht: Notizen zur SPD-Frauenkonferenz am 6. und 7.5.1950. Der 31.3.1953 war das im Grundgesetz verankerte Datum, nach dem alle dem Grundgesetz zuwiderlaufenden Gesetze an das Grundgesetz angepasst sein sollten.

75 Ebd.

76 Die Gewerkschaftszeitung »Welt der Arbeit« berichtet in ihrer Ausgabe vom 24.2.1950 unter dieser Überschrift über die mitreißende Rede von Lisa Albrecht im Bundesparlament, die schließlich dazu geführt habe, dass der Antrag auch von der CDU/CSU als Regierungspartei angenommen wurde.

77 Parlamentarisch-Politischer Pressedienst Bonn, Nr. 12 vom 2.3.1950.

der »unerschrockenen SPD-Abgeordneten« nicht, sondern beteiligten sich mehr als eifrig an der stundenlangen Diskussion für und wider die Gleichberechtigung der Frau. Lisa Albrecht appellierte an die Parlamentarier aus allen Parteien und besonders an die Abgeordneten der CDU/CSU, die bei ihren Wahlreden das »hohe Lied der Frau und Mutter« und der »Gleichberechtigung der Frau« singen würden. Sie verlangte, dass man »den alten Zopf ruhig abschneiden« solle, um der Frau das zu geben, was ihr nach dem Grundgesetz bereits garantiert sei. Der familienpolitische Experte der CDU, Franz-Josef Wuermeling, erklärte hingegen, dass die Gleichstellung von Mann und Frau im Beamtenrecht »nicht im Handumdrehen« vorgenommen werden könne. Die CDU wünsche »eine organische Gleichberechtigung für die Frau und nicht nur eine mechanische«. Die Gleichstellung solle in »christlich-deutscher Frauenrichtung« erfolgen, danach sei der höchste Frauenberuf der Mutterberuf, selbst wenn er vielen Frauen versagt sei.[78]

In ihrer Rede verwies Lisa Albrecht darauf, dass die CDU-Familienpolitik passend gewesen sei in einer Zeit, als man noch Petroleum in der Hängelampe verbrannte und die drei großen K's ausschließlich Privileg der Frauen waren: Kinder, Küche, Kirche. Die prekäre wirtschaftliche Situation dürfe nicht auf dem Rücken der Frauen ausgetragen werden. Der Ignoranz der Männer aller Parteien hielt sie entgegen: »Sie wären ja alle nicht so ausgezeichnete, so vorzügliche Parlamentarier, wenn sie nicht so glänzende und kluge Mütter gehabt hätten!«[79] Starken Widerspruch erregte der Abgeordnete Eugen Huth (CDU) nicht nur in der Opposition, sondern bei einem Teil der Frauen seiner eigenen Fraktion, als er behauptete, die verheirateten Frauen arbeiteten nur, »um sich ihre Zigaretten verdienen zu können«.[80] Sicher war Lisa Albrecht darüber enttäuscht, dass keine einzige der weiblichen Abgeordneten auf den Bänken der Regierungskoalition den Mut hatte, bei der Abstimmung ihre Hand gegen die rückständige Regierungsvorlage zu erheben.[81] Verabschiedet wurde ein Antrag der FDP, der vorsah, dass weibliche Beamte bei ihrer Heirat entlassen werden konnten, jedoch nur, wenn die ausreichende Versorgung der Beamtin auch nach der Eheschließung gesichert erschien oder wenn die Beamtin selbst die Entlassung beantragt habe. Ungeteilte Heiterkeit erntete der FDP-Abgeordnete Dr. Wilhelm Nowack, als er zur Frage der Gleichberechtigung von Mann und Frau sagte: »Zwischen Mann und Frau bestehen seit einigen tausend Jahren gewisse Unterschiede.«[82] Da mochte auch Lisa Albrecht nicht widersprechen.

Das Bundesbeamtengesetz sollte sie noch weiter beschäftigen. Zwei Jahre später, am 13. Mai 1953, wurde genau dieser Passus noch einmal aufgenommen. Lisa Albrecht sprach erneut zur »rechtlichen Stellung der verheirateten Beamtin«.[83] Helene Weber

78 Zit. nach: Opposition: Gleichberechtigung der Frau gefährdet, in: Münchener Merkur vom 17.2.1950, S. 3.

79 »Frauensieg im Bundesparlament«, in: Welt der Arbeit vom 24.2.1950, S. 3.

80 PPP-Bonn vom 2.3.1950.

81 Ebd.

82 Ebd.

83 *Lisa Albrecht*: Rechtliche Stellung der verheirateten Beamtin, in: *Herbert Wehner* (Hrsg.): Frau Abgeordnete, Sie haben das Wort! Bonn 1980, S. 7-10.

Lisa Albrecht während des SPD-Kongresses zur Sozialreform in Köln, 1956

(CDU), die schließlich das Grundgesetz im Parlamentarischen Rat mit verabschiedet hatte, musste sich von ihr vorwerfen lassen, dass der durch sie eingebrachte Antrag Nr. 32 a: »Eine verheiratete Beamtin kann ohne Antrag entlassen werden, wenn ihre wirtschaftliche Versorgung nach der Höhe des Familieneinkommens dauernd gesichert erscheint«, einen eklatanten Verstoß gegen eben dieses Grundgesetz darstellte, weil jede Frau, auch dann wenn sie verheiratet ist, gleichberechtigt ist. In einer engagierten Rede erinnerte sie diesmal an die beiden Weltkriege und daran, dass Frauen während der Kriege und nach Ende der Kriege Wirtschaft und Verwaltung aufrecht erhalten mussten, auch diejenigen Frauen, die vorher für Heim und Herd zuständig erklärt wurden. Frauen, die ihre Erwerbsarbeit für die Familie aufgegeben hätten, hätten immer das Nachsehen. Lisa Albrecht erinnerte in diesem Zusammenhang an die Pflicht, die die Bundesregierung gegenüber den jungen Menschen habe, die erwarteten, dass das Grundgesetz geachtet werde. Keiner Frau dürfe verwehrt werden, »berufstätig zu sein, wenn sie berufstätig sein will«. Die Klarheit dieser Aussagen relativierte sie allerdings, indem sie Helene Weber und den Parlamentarierinnen und Parlamentariern der CDU in der gleichen Bundestagsrede zurief: »Wenn es möglich wäre, mit Ihrer Hilfe eine so gute soziale Basis zu schaffen, dass keine Frau mehr gezwungen ist, *mitzuarbeiten und zusätzlich zum Einkommen ihres Mannes zur Verbesserung des Familienunterhalts beizutragen,* dann wären wir auf einer Linie.«[84]

Lisa Albrecht war eine beliebte Rednerin. Sie beschäftigte sich nicht ausschließlich mit ›Frauenthemen‹. In ihren Reden setzte sie sich für die Heimatvertriebenen ein, die nach jahrelangem Elend immer noch in Turnhallen und Tanzsälen untergebracht waren und ein besseres Leben verdient hätten.[85] Sie engagierte sich für die Kriegsgefangenen, die endlich freigegeben werden sollten. Zum Internationalen Frauentag 1957 sprach sie gegen die Rentenreform der Bundesregierung, die bei den Betroffenen zu Verunsicherungen führte und schon damals ganz offensichtlich eher eine ›Deform‹ darstellte, weil sie manchen Rentner und manche Rentnerin schlechter stellte als vorher. Sie setzte sich für gesunde Nahrungsmittel ein und kritisierte die Regierungsparteien dafür, dass es ihnen offensichtlich nicht möglich war, ein Lebensmittelgesetz zu schaffen, »das den Hausfrauen endlich die Möglichkeit gäbe, ungefärbte Butter, ungefärbte Teigwaren und nicht gespritztes Obst zu kaufen«.[86]

Die Mitarbeit im Kunstbeirat der Deutschen Bundespost war keine leichte Aufgabe.[87] Es galt die Bedürfnisse von Postministerium, Briefmarkenhändlern, Konsumenten, Briefmarkensammlern, Künstlern und anderen Briefmarkeninteressierten zusammenzubringen und im Beirat für die Neuauflage von Briefmarken Konsens zu erzielen. Die Fragen, welche Inhalte oder Personen mit welcher Kunstform, ob moderne Kunst oder lieber nicht, ob Portraits oder abstrakte Zeichen, ob Briefmarken mit Pfefferminzgeschmack oder nicht, ob Industriewerbung oder nicht, waren nicht leicht zu behandeln. Zahlreiche Artikel, die in der Presse erschienen, zeigten die Unzufriedenheit verschiedener Gruppen mit dem Kunstbeirat. Als Beispiel wird an den Einsatz Lisa Albrechts für das Anliegen der Arbeitsgemeinschaft der Spitzenverbände der Freien Wohlfahrtspflege erinnert:[88] Es sollten künstlerisch ansprechende und inhaltlich aussagekräftige Briefmarken mit Wohlfahrtszuschlag aufgelegt werden. Interessanterweise stieß eine Serie zum Thema »Helfer der Menschheit« wegen ihrer angeblich wenig ästhetischen Darstellung auf herbe Kritik im In- und Ausland.[89] Gleichzeitig wurde dieselbe Serie gerade wegen ihrer großen künstlerischen Leistung über alle Maßen gelobt.[90]

84 Ebd., S. 10.
85 Vgl. Die Rheinpfalz vom 24.4.1950, S. 4.
86 Ausschnitt aus einer nicht näher bezeichneten Tageszeitung vom 1.7.1957, Nachlass Albrecht.
87 Zu diesem Beirat siehe auch die Biographie über Luise Herklotz in diesem Band, S. 205-224.
88 Brief Arbeitsgemeinschaft der Spitzenverbände der Freien Wohlfahrtspflege Deutschlands, Abt. Wohlfahrtshölzer, Wohlfahrtsbriefmarken, Unterschrift unleserlich, an Lisa Albrecht vom 19.12.1955, Nachlass Heinrich und Lisa Albrecht, AdsD, Mappe 4.
89 Siehe den Ausschnitt aus »abz. Deutsche Illustrierte«, Nr. 14 vom 6.4.1957: »Die hässlichste Briefmarke«, 1956, ebd.
90 Ausschnitt aus »Nürnberger Nachrichten« vom 15./16. September 1956: Serie der Bundespost, die Lob verdient. Neue »Helfer der Menschheit«, diesmal in verständlicher Symbolik, ebd.

Lisa Albrecht (2. von links) zwischen Elisabeth Selbert und Wilhelm Kaisen

Tod 1958 im Alter von 62 Jahren

»Wir haben einen guten Kameraden verloren«[91]

Lisa Albrecht starb am 16.5.1958 nach längerer schwerer Krankheit während der dritten Wahlperiode des Deutschen Bundestages in Kainzenbad bei Garmisch-Partenkirchen. Sie war noch nicht einmal 62 Jahre alt. Ihre letzte Ruhestätte fand sie auf dem Mittenwalder Friedhof an der Seite ihrer Tochter Erika.

Immer wieder hatte sie beweisen müssen, was umgekehrt nie ein Mann beweisen muss, dass die »Frauen in der Partei August Bebels nicht nur die Gleichberechtigung für sich beanspruchen, sondern dass sie diese Gleichberechtigung auch verdienen«. Dies schrieb ihre Parteigenossin Luise Herklotz, bevor sie 1953 selbst in den Bundestag einzog. Luise Herklotz war vor Lisa Albrechts Wahl in den Bundestag 1949 bereits sicher, diese werde dort »so aktiv sein und ihren Mann stehen wie in der Parteiarbeit«. Dass man in Mittenwald und bei den Sozialdemokraten in ganz Bayern von »unserer Lisa« sprach, betrachtete Luise Herklotz als den besten Beweis dafür, dass Lisa Albrecht »ihre Sache« gut gemacht habe. Für Luise Herklotz jedenfalls war sie schon damals eine der »hervorragendsten Frauen der deutschen Sozialdemokratie«.[92]

91 Herta Gotthelf, in: SPD-Pressedienst P/XIII/110 vom 16.5.1958, S. 7.

92 *Luise Herklotz*: Sozialdemokratische Frauen, in: Die Freiheit vom 19.3.1948.

Herta Gotthelf bestätigte das in ihrem Nachruf, als sie schrieb: »Lisa Albrecht verkörperte den Typ einer politisch tätigen, sich für das Allgemeinwohl verantwortlich fühlenden Frau, den wir am nötigsten brauchen.« Und der SPD-Parteivorsitzende Erich Ollenhauer sagte bei der Eröffnung der SPD-Parteivorstandssitzung in Stuttgart in einem Gedenkwort auf Lisa Albrecht: »Wir haben mit Lisa Albrecht nicht nur eine langjährige Kollegin, sondern einen guten Kameraden verloren.«[93]

93 Gotthelf in SPD-Pressedienst, S. 7.

Maria Ansorge

»Um unsere sozialistischen Ideen zu verwirklichen, dafür sind wir nie zu alt«[1]

Einen weiten Weg hat die aus den Sudeten stammende Textilarbeiterin Maria Ansorge im Laufe ihres 75 Jahre langen Lebens zurückgelegt. Aus der Dorfschule kam sie in die Fabrik, von da zur Parteiarbeit. Unermüdlich bildete sie sich fort, und ebenso unermüdlich kämpfte sie für eine gerechtere Welt und für bessere Arbeitsbedingungen. Ihre sozialdemokratischen Parteigenossen und -genossinnen delegierten sie in den Reichstag der Weimarer Republik, dem sie bis zur Machtübernahme durch die Nationalsozialisten angehörte. Danach wurde sie in Gefängnisse gesteckt und schließlich ins KZ Ravensbrück gebracht. Als eine der wenigen Überlebenden kam die bekannte Sozialistin 1951 als Nachrückerin für die Sozialdemokratische Partei Deutschlands in den Deutschen Bundestag und kämpfte für die Rechte ihrer mitverhafteten und mitvertriebenen Leidensgenossinnen und -genossen für eine bessere Zukunft der Lohnarbeitenden.

Kindheit und Jugend (1880–1905)

»Jeder musste allein mit seinem Elend fertig werden«[2]

Maria Scholz wurde am 15.12.1880 als Tochter des Maurers und Tagelöhners Joachim Scholz und der Handweberin Franziska, geb. Purmann, in Löchau, einem idyllischen Dörfchen in Böhmen geboren. Sie war das älteste von vier Kindern. Als Bauarbeiter war ihr Vater im Winter meist ohne Einkommen und ohne jede Unterstützung. Irgendwie brachte die Mutter die Kinder über die Runden. Maria Scholz besuchte 1886–1893 die Volksschule in Löchau, eine zweiklassige Dorfschule. Oft versäumte sie den Unterricht, weil sie nicht nur bei der Betreuung der Geschwister und im Haushalt mithelfen, sondern darüber hinaus zum Familienunterhalt beitragen musste.[3] Im Sommer war sie als Älteste gezwungen, mit der Mutter gegen einen geringen Lohn und ein karges freies Essen Landarbeit zu verrichten. Die Schulstunden betrachtete sie, wenn sie sie nicht wegen ihrer anderen Verpflichtungen versäumen musste, als Erholung von der schweren Arbeit. Im Unterricht war sie so motiviert, dass sie trotz ihrer ständigen Fehlzeiten alle Fächer mit ›sehr gut‹ absolvierte. Nach einem Winter, in dem ihr Vater erneut erwerbslos war, starb er im Alter von gerade einmal 39 Jahren. Maria Scholz war damals 13 Jahre alt, und die Mutter sorgte nun alleine und ohne jede Unterstützung für ihre vier Kinder zwischen 1 ¼ und 13 Jahren, und außerdem für eine 83-jährige Großmutter. »Damals

1 Muttel Ansorge beschützte Flüchtlinge, in: Rhein-Echo vom 6.8.1949, Zeitungsausschnitt ohne weitere Angaben, in: Archiv der sozialen Demokratie (AdsD), Sammlung Personalia, Maria Ansorge.

2 *Maria Ansorge*: Wie's damals war. Eine alte Sozialistin erzählt, in: Gleichheit, Nr. 9/1955, S. 352-354, hier: S. 352.

3 In dem Artikel in der Gleichheit schrieb Maria Ansorge, dass sie, als sie »kaum vier Jahre alt« war, ihrer Mutter beim Handweben helfen musste. Vgl. auch Regine Marquardt: Das Ja zur Politik. Frauen im Deutschen Bundestag 1949–1961, Opladen 1999, S. 48; Vgl. *Franz Osterroth*: Biographisches Lexikon des Sozialismus, Band 1: Verstorbene Persönlichkeiten, Hannover, S. 343.

Maria Ansorge (1880–1955), MdB 1951–1953

gab es noch keine Wohlfahrt[4], jeder musste allein mit seinem Elend fertig werden (...) Schmalhans war immer Küchenmeister«, schrieb Maria Scholz später.[5] Sie jammerte nicht lange, absolvierte »zur vollsten Zufriedenheit der Herren« eine Sonderprüfung beim Kreisschulinspektor, wurde vorzeitig aus der Schule entlassen und ging als Arbeiterin in eine Textilfabrik, hatte einen Elfstundentag und bekam einen Hungerlohn, mit dem sie zum Unterhalt der Familie beitrug. Den Beruf der Textilarbeiterin konnte sie ohne Ausbildung ausüben, und sie tat dies 22 Jahre lang. Mit 14 Jahren trat sie aus der katholischen Kirche aus, wurde wie viele Sozialistinnen der damaligen Zeit Freidenkerin und bezeichnete sich fortan selbstbewusst als Dissidentin.[6] Um mehr Geld zu verdienen, suchte sie sich ohne das Wissen ihrer Mutter im entfernten Friedland, Kreis Waldenburg (Schlesien), einen Arbeitsplatz und erlernte dort die Weberei. In Friedland lernte sie ihren späteren Ehemann kennen, den zwei Jahre jüngeren Bleicharbeiter Friedrich Ansorge, eines von elf Kindern eines verwitweten Tischlermeisters. Sie heiratete Friedrich Ansorge 1904, als sie 23 Jahre alt war. Im gleichen Jahr bekam sie einen Sohn und zog ihn gemeinsam mit zwei Mädchen aus der Familie ihres Mannes auf. Obwohl sie weiter in die Textilfabrik arbeitete, versorgte sie den Haushalt alleine.[7] Auch die Geschwister ihres Mannes fanden jederzeit Rat und Hilfe bei ihr.[8] Weil ihr Lohn so niedrig war und das Geld nicht ausreichte, bediente sie abends und sonntags zusätzlich im größten Wirtssaal Friedlands die Gäste.[9] Maria Ansorge erinnerte sich, dass sie oft kaum mehr als 15 Stunden in der Woche geschlafen und sich später oft gefragt habe: »Wie bist du nur fertig geworden?«[10].

Gewerkschafts- und Parteiarbeit (1905–1933)

»Politische Arbeit war mein Lebensinhalt und ist es geblieben«[11]

Durch ihre Fabrikarbeit wurde Maria Ansorge früh mit politisch aktiven Arbeitern und Arbeiterinnen konfrontiert. Bald entwickelte sie selbst ein reges Interesse am politischen Geschehen und wurde schnell mit politischen und gewerkschaftlichen Aufgaben betraut. Bereits in der frühen Jugend soll sie durch ihren lebhaften Geist und ihren Wissensdurst

4 Wohlfahrtsunterstützung, heute Sozialhilfe.

5 Ansorge, Wie's damals war, S. 352.

6 Vgl. Marquardt, die sich auf ein Interview mit den Enkelinnen Frau Bender und Frau Zander bezieht.

7 *Maria Ansorge:* Wie's damals war. Eine alte Sozialistin erzählt, in: Gleichheit Nr. 9/September 1955, S. 353.

8 Ebd.; Osterroth schrieb, sie hätte »einen Sohn, zwei Pflegekinder und elf elternlose Geschwister ihres Mannes zu versorgen« gehabt, S. 343.

9 Osterroth, S. 343.

10 Ansorge 1955, S. 353. In einem anderen Artikel heißt es, dass sie auch als Kaffeeleserin und Backmeisterin im Konsum-Verein gearbeitet habe. Siehe hierzu: Muttel Ansorge beschützte Flüchtlinge, in: Rhein-Echo vom 6.8.1949. Auch nach dem Biographischen Handbuch der Mitglieder des Deutschen Bundestages 1949–2002, herausgegeben von Rudolf Vierhaus und Ludolf Herbst, war sie 1911–1918 als Kaffeeleserin in einer Genossenschaft und Expedientin in einer Bäckerei tätig.

11 Ansorge 1955, S.353.

aufgefallen sein.[12] Nachdem sie am 2. Dezember 1905 eine für sie offensichtlich beeindruckende Textilarbeiterinnenversammlung besucht hatte, trat sie in die Gewerkschaft ein.[13] Nun trug sie zusätzlich zu ihrer Arbeit noch Flugblätter aus, kassierte Beiträge, stand Streik- und Boykottposten und wurde nach kurzer Zeit zweite Ortsvorsitzende der Textilarbeiter-Gewerkschaft in Friedland (Niederschlesien). 1906 baute sie in Friedland die Genossenschaftsbewegung mit auf.[14] 1907 wählte man sie zum Vorstandsmitglied des Kartells Friedland des Textilarbeiterverbandes, eine Funktion, die sie bis 1920 behielt. Gleichzeitig wurde sie Frauenleiterin und Mitarbeiterin in der Kinderschutzkommission im Kreis Waldenburg.[15] Ebenfalls 1907 trat sie in die Sozialdemokratische Partei Deutschlands (SPD) ein. Da zu dieser Zeit das preußische Vereinsgesetz noch in Kraft war, das Frauen eine politische Betätigung verbot, war ihre Arbeit mit der Gefahr von Kriminalisierung und existenzieller Gefährdung verbunden. Sie unternahm zunächst für den Textilarbeiterverband und dann für den Fabrikarbeiterverband größere Versammlungstouren durch ganz Schlesien und wurde zur Teilnahme an verschiedenen Tagungen delegiert. Die ›Mängel‹, die ihrer einfachen Volksschulbildung anhafteten, überwand sie durch unermüdliches Selbststudium.[16] Dieser »Bildungshunger« war keineswegs nur durch Entbehrungen gekennzeichnet. Die intensive politische und gewerkschaftliche Arbeit machte ihr Freude und war zugleich Teil ihrer autodidaktische Weiterbildung: »Sie war mein Lebensinhalt und ist es geblieben«, schrieb sie später.[17] Die derart erworbenen Qualifikationen sind freilich andere, als die im ›normalen‹ Schulsystem, für die sozialistische politische Arbeit waren sie sicher ebenso wichtig. Auf jeden Fall gelang Maria Ansorge eine politische Karriere, die für eine ›einfache‹ Textilarbeiterin ungewöhnlich war.

Ihrem Ehemann schien das politische Engagement nicht zu gefallen. Sie ließ sich aber nicht davon abhalten und verließ, um aufwändigen Auseinandersetzungen aus dem Weg zu gehen, mitunter die Wohnung durch das Fenster, wenn sie an politischen Versamm-

12 Kurz-Lebenslauf (verantwortlich Peter Raunau) vom 12.7.1955 in AdsD, Sammlung Personalia Maria Ansorge.

13 In einigen Veröffentlichungen (siehe z.B. Wissenschaftliche Dienste des Deutschen Bundestags, Materialien Nr. 122: Parlamentarierinnen im Deutschen Bundestag 1949–1993, Bonn 1993) wird ihr Eintritt in die »Gewerkschaft Öffentliche Dienste und Verkehr« mit 1905 datiert – die ÖTV wurde jedoch erst 1945 gegründet. Es ist anzunehmen, dass sie – wie sie selbst schrieb – »1905 in die erste Versammlung (Textilarbeiter) kam«, »Mitglied« wurde und blieb (»und bin es heute noch«); vgl. Ansorge 1955, S. 353. Als sie später im Bundestag war, ist sie wahrscheinlich der ÖTV beigetreten, darüber ist in den Quellen nichts ersichtlich.

14 Ansorge, 1955, S. 353. Wahrscheinlich handelte es sich um die Konsumgenossenschaft in Friedland, denn sie schrieb: »So lange wir keine Verkaufsstelle in Friedland hatten, fuhr ich nach Gottesberg oder Fellhammer zum Einkaufen.«

15 Osterroth, S. 344; Ansorge 1955, S. 353.

16 In zahlreichen Veröffentlichungen wird auf ihre unzureichende Bildung hingewiesen und darauf, wie unermüdlich sie bestrebt war, sich selbst weiterzubilden, z.B. Marquardt, S. 48. Sie nennt sie »die bildungshungrige Autodidaktin in der Arbeiterbewegung«.

17 Ansorge 1955.

lungen teilnehmen wollte.[18] Das war freilich nicht lange auszuhalten, und so wurde die Ehe bereits nach etwa einem Jahr geschieden. Nun musste die Frau »allein ihren Mann« stehen.[19] Mit dem geschiedenen Mann schien sie weiter Kontakt zu halten, denn ihre beiden Enkelinnen erinnerten sich an regelmäßige Besuche bei ihm.[20]

Waldenburg war ihr in der Zwischenzeit zur zweiten Heimat geworden. Von 1919 bis 1933 war sie dort Abgeordnete im Kreistag. 1917 beteiligte sie sich, wie viele Sozialdemokratinnen, maßgeblich an Gründung, Aufbau und Entwicklung der regionalen Arbeiterwohlfahrt und wurde in der Zeit von 1930 bis 1933 deren Vorsitzende. Zur gleichen Zeit arbeitete sie als Zeitungskolporteurin bei der »Schlesischen Bergwacht«, der ersten bedeutenden Zeitung der Sozialdemokratischen Arbeiterbewegung in der schlesischen Provinz. Die Zeitung hatte eine Abonnentenzahl von 16.500 und Herausgeber war Nikolaus Osterroth.[21] 1919 nahm sie an der Parteikonferenz in Weimar teil. Als nach dem Sturz des Kaiserreiches 1918 das aktive und passive Frauenwahlrecht erkämpft war, gehörte sie zu den sozialdemokratischen Frauen, die für ein Reichstagsmandat aufgestellt wurden. In einem Lebenslauf hieß es, dass die Bergarbeiter Waldenbergs »der Nimmermüden« durch ein Mandat zum Reichstag für ihr Engagement gedankt hätten.[22] Später wurden ihr »unbeugsamer Gerechtigkeitssinn« und ihre »Selbstlosigkeit« hervorgehoben, durch die sie sich das Vertrauen der Menschen erworben habe.[23] Jedenfalls kam Maria Ansorge im Juni 1920 als Nachrückerin in den Deutschen Reichstag, dem sie, mit einer kurzen Unterbrechung von wenigen Monaten während der zweiten Wahlperiode, bis 1933 angehörte. Im Reichstag ging sie »mit ihrem ganzen Wesen in der öffentlichen Arbeit für die arbeitenden Menschen auf«.[24] Wie die meisten weiblichen Abgeordneten war sie ›alleinstehend‹. Wäre sie noch Ehefrau gewesen, hätte sie nach dem damals gültigen Familienrecht nur mit Zustimmung des Ehemannes ein Mandat annehmen dürfen.

1924 übernahm sie die Position einer festangestellten Parteisekretärin in Waldenburg und wurde zeitgleich Sekretärin der Arbeiterwohlfahrt. 1925 wurde sie zudem Schriftführerin im ›Bureau‹ der Frauenkonferenz. Ganz offensichtlich waren es ihre »stringente Persönlichkeit« und ihre Treue zur mehrheitlichen Parteilinie, die dazu führten, dass sie die Auseinandersetzungen im Reichstag der Weimarer Republik als ständige Vertreterin ihres Wahlkreises überstand.[25] Dass die Politikerin sich aufgrund ihrer eigenen Herkunft

18 Vgl. Marquardt, S. 49.

19 Muttel Ansorge.

20 Marquardt, S. 64.

21 Die »Schlesische Bergwacht«, Organ der Sozialdemokratischen Partei Deutschlands, amtliches Publikationsorgan der Stadt und der Gemeinden des Kreises Waldenburg, erschien vom 29.10.1911 bis 27.2.1933; dann wurde es verboten. Siehe hierzu: *Alfred Eberlein*, Internationale Bibliographie zur deutschsprachigen Presse der Arbeiter- und sozialen Bewegungen von 1830–1982, S. 1298. Lt. Marquardt soll der Reichstagspräsident, Paul Löbe (SPD), Chefredakteur der Zeitung gewesen sein. Eberlein nennt neben dem Herausgeber fünf weitere Redakteure, unter denen Löbe nicht zu finden ist.

22 Kurz-Lebenslauf, ebd., S. 285 f.

23 Zeitung aus Marl, o.D., zum 70. Geburtstag von Maria Ansorge 1950, zit. nach Marquardt, S. 50.

24 Osterroth, S. 344.

25 Vgl. Marquardt, S. 52.

im Reichstag immer wieder für die Verbesserung der Arbeitsbedingungen der arbeitenden Bevölkerung Niederschlesiens, die unter extremer Not litt, eingesetzt hat, war sowohl für ihre kontinuierliche Wiederwahl als auch für ihre Delegierung zu Parteitagen und Frauenkonferenzen ausschlaggebend. In ihren Reden wurde sie nicht müde, immer wieder auf die niedrigen Löhne und schlechten Lebensbedingungen ihrer Landsleute hinzuweisen. Dabei nahm sie kein Blatt vor den Mund, wenn sie zum Beispiel Abgeordnete der Regierungsparteien aufforderte, sich die Elendswohnungen des Waldenburger Reviers einmal vor Ort anzusehen, anstatt »immer bloß in den Wohnungen der (wohlhabenden) Landwirte« Studien zu treiben.[26] Um Unruhen größeren Ausmaßes unter den Arbeitenden zu verhindern, wurden auf ihre Intervention hin vom Reichstag anlässlich von Bergwerksunglücken während der Rezession Gelder zur Verbesserung der Infrastruktur in diesem Gebiet bewilligt.[27] Von 1929 bis 1933 war Maria Ansorge Mitglied des zentralen SPD-Parteiausschusses. Sie war ganz offensichtlich zu dieser Zeit eine der bekanntesten Politikerinnen Niederschlesiens.[28] Bald brach jedoch eine neue Zeit des Leidens und der Entbehrungen für die »mutige Streiterin für die Sache der Unterdrückten und Schwachen« herein.[29]

Im Schatten des Hakenkreuzes (1933–1945)

»Durch Stehen im Freien mit nacktem Körper und durch schlechte Ernährung«[30]

Als die SPD-Fraktion am 23. Mai 1933 im Reichstag geschlossen gegen das Ermächtigungsgesetz stimmte, war Maria Ansorge bereits zum zweiten Male vorübergehend verhaftet. Ihre Genossinnen meldeten sie deshalb offensichtlich als krank.[31] Fortan gehörte Maria Ansorge als ehemalige hauptamtliche Beschäftigte bei SPD und Arbeiterwohlfahrt und SPD-Reichstagsabgeordnete zu den politisch Verdächtigen und war immer wieder Verhören und Inhaftierungen ausgesetzt.[32] Unter anderem wurde sie vom 26. Oktober bis 22. Dezember 1933 – ohne konkreten Anlass – von den Nationalsozialisten in »Schutzhaft« genommen, ins Untersuchungsgefängnis Breslau gebracht und von April bis Juli 1935 ins Gefängnis in Waldenburg gesteckt. Durch das Verbot der Sozialdemokratischen Partei hatte sie nicht nur ihre Existenzgrundlage, sondern auch ihre politische Heimat verloren. Die »braunen Jahre« waren wohl die schwerste Zeit ihres

26 Vgl. Zum Beispiel das Reichstagsprotokoll vom 20.6.1929, S. 2737, 91. Sitzung.

27 Vgl. Marquardt, S. 53.

28 Vgl. *Wilhelm Matull*: Ostdeutschlands Arbeiterbewegung. Abriss ihrer Geschichte, Leistung und Opfer, Würzburg 1973.

29 Kurz-Lebenslauf, a.a.O.

30 Ihre Entschädigungsakte bei der Landesrentenbehörde Nordrhein-Westfalen in Düsseldorf, zit. nach Marquardt, S. 58.

31 Vgl. *Reinold Schattenfroh/Annerose Bennecke* (Hrsg.): 1933. Fünfzig Jahre danach. Das Ermächtigungsgesetz. Berlin 1983, S. 74; ein Abdruck der namentlichen Abstimmungsliste zeigt: »Frau Ansorge krank«; Osterroth, S. 344, schrieb, sie hätte gegen Hitlers Ermächtigungsgesetz gestimmt. Das hätte sie sicher auch getan, wenn sie nicht inhaftiert gewesen wäre.

32 Vgl. Marquardt, S. 56, die sich auf die Aussagen ihrer Enkelinnen bezieht.

Lebens. Maria Ansorge lebte in dieser Zeit in Armut, überwiegend von Arbeitslosenunterstützung und Fürsorge. Ihre geringen Ersparnisse waren schon 1933 durch die Gestapo beschlagnahmt worden. Fürsorgeunterstützung, die sie während der Zeit ihrer Inhaftierung erhielt, musste sie zurückzahlen.[33] Das Haus, das sie besaß, konnte sie nur mit Hilfe der Rentenunterstützung ihres Lebensgefährten, mit dem sie seit ihrer Zeit als Reichstagsabgeordnete zusammenlebte, halten. Wie in vielen Arbeiterfamilien war das Überleben nur mit Hilfe von Gemüseanbau im Garten möglich und äußerst mühsam. Maria Ansorge war aber gewohnt, unermüdlich zu arbeiten, und versorgte sogar noch ihre Genossen mit Obst und Gemüse aus ihrem Gärtchen.[34]

Die neue politische Situation erschien ihr lange unbegreiflich. Es ging gegen ihren Gerechtigkeitssinn, dass man sie monatelang einsperrte, ohne dass sie die Unwahrheit gesagt oder sich auf andere Weise strafbar gemacht hatte.[35] Die ständige Angst vor erneuten Verfolgungen zerrte an ihren Nerven. Als es ihr trotz ihrer politischen Verfolgung 1938 endlich gelungen war, Arbeit in einer Textilfabrik zu finden, wurde sie nach sechs Monaten, angeblich weil sie erkrankt war, schon wieder entlassen. Sie vermutete später, dass dies geschah, »um die lästigen, alle vierzehn Tage stattfindenden Kontrollen der Gestapo zu vermeiden«.[36] Ihre letzte Verhaftung erfolgte im Rahmen der so genannten Aktion Gitter nach dem 20. Juli 1944, die die Verhaftung aller sozialdemokratischen und kommunistischen Funktionäre zum Ziel hatte, die sich noch oder wieder in Freiheit befanden. Maria Ansorge wurde am 3. August 1944 aufgrund einer Denunziation von nationalsozialistischen Mitbewohnern ihres Hauses in das Frauenkonzentrationslager Ravensbrück geschleppt und bis zum 3. November 1944 eingesperrt.[37] Gewohnt, sich Demütigungen nicht einfach gefallen zu lassen, nahm sie auch im Konzentrationslager nicht alles hin und blieb keine Antwort schuldig: Als die gefürchtete Kommandeuse in Ravensbrück ihr befahl, Sand zu schippen, sagte Maria Ansorge: »Haben Sie eine Großmutter? Lassen Sie die Sand schippen, dann gehe ich auch!«[38] Maria Ansorge war bereits 64 Jahre alt. Durch den Einsatz des Parteifreundes Paul Löbe, der die lebensbedrohende KZ-Situation aus eigener Erfahrung kannte, wurde es möglich, dass sie im November 1944 lebend aus dem KZ Ravensbrück frei kommen konnte. Wie es ihm gelungen ist, Maria Ansorge frei zu bekommen, ist aus den Quellen nicht ersichtlich. Die Enkelinnen sagten auf eine entsprechende Frage später bei einem Interview: »Ich weiß nicht, was er alles für Beziehungen hat spielen lassen, Paul Löbe jedenfalls hat alles getan, um sie wieder frei zu bekommen.«[39] Regine Marquardt schreibt, dass Paul Löbe sie gemeinsam

33 Vgl. Entschädigungsakte a.a.O., zit. nach Marquardt, S. 58.

34 *Louise Schroeder*: Maria Ansorge gestorben, in: Berliner Stimme vom 16.7.1955.

35 Vgl. ihre Aussagen in einem Brief, den sie ihrer Schwiegertochter am 13.12.1933 aus dem Gefängnis in Breslau geschrieben hat, zitiert in: Marquardt, S. 57.

36 Entschädigungsakte, a.a.O., zit. nach Marquardt, S. 58.

37 Vgl. auch *Christl Wickert*, Unsere Erwählten. Sozialdemokratische Frauen im Reichstag und im Preußischen Landtag 1919 bis 1933, Bd. 2, S. 153.

38 Muttel Ansorge, a.a.O.

39 Interview mit den Enkelinnen Frau Bender und Frau Zander, zit. nach Marquardt, S. 58.

mit ihrem Sohn vom KZ abholte.[40] Es erscheint jedoch unwahrscheinlich, dass Paul Löbe sie selbst abgeholt hat. Paul Löbe schrieb in seinen Erinnerungen, dass es ihm im Juni 1945 gelang, von seiner Unterkunft in Habelschwerdt, wohin er sich nach seinen KZ-Aufenthalten zurückgezogen hatte, auf einem Waldenburger Kohlenzug in viertägiger Fahrt nach Berlin zurückzukehren.[41] Maria Ansorge ging jedenfalls nach ihrer ›Befreiung‹ nach Waldenburg zurück und war bis 1945 erwerbslos.

Ihre Enkelinnen schrieben ihr Überleben im Konzentrationslager später vor allem den Handarbeitskünsten der Großmutter zu: »Und weil sie Socken und Strümpfe stricken konnte für die Aufseherinnen, die kurz vor Kriegsende keine Strümpfe mehr hatten, durfte sie rein in die Stube für die Aufseherinnen.«[42] Über ihre Inhaftierungen und ihren KZ-Aufenthalt scheint sie ansonsten wenig gesprochen zu haben. Einem Antrag auf Beschädigtenrente vom 23.11.1948 ist zu entnehmen, dass sie infolge ihres KZ-Aufenthaltes Gesundheitsschäden erlitten hat: »durch stundenlanges Stehen im Freien mit nacktem Körper und durch schlechte Ernährung«.[43] Ihr einziger leiblicher Sohn ist am 7. Mai 1945, genau einen Tag vor Kriegsende, als er bereits auf dem Weg in die Heimat war, von einer Kugel aus sowjetischen Gewehren getroffen worden, die eigentlich einem flüchtenden Offizier der Hitlerarmee gegolten hatte.[44] Das musste sie jedoch erst später erfahren.

Nach dem Zweiten Weltkrieg (1945–1951)

»Die Politik ist mein Lebenselixier«[45]

Nach dem Zweiten Weltkrieg wurde ihr, da sie ohne nationalsozialistische Vergangenheit war, von den Sowjets vorübergehend das Amt der Bürgermeisterin von Nieder-Salzbrunn (Niederschlesien) übertragen. Während ihrer sechsmonatigen Amtszeit war Maria Ansorge unter anderem mit der Entnazifizierung betraut. Nach den Aussagen ihrer Enkelinnen hat die damals 65-Jährige trotz der Leiden, die ihr unter dem Hitlerregime durch Inhaftierung und Denunzierung zugefügt worden waren, diese Amtshandlung ohne Hass und verbitterte Vergeltungswünsche vorgenommen und Bescheinigungen zur Entnazifizierung bereitwillig ausgestellt.[46] Während ihrer Amtszeit als Bürgermeisterin wohnten 13 polnische Flüchtlinge mit ihr zusammen in ihrem Haus. Wiederholt soll sie russischen Vergewaltigern mit einem alten Feuerhorn entgegengetreten sein, um ihre weiblichen Schützlinge vor Gewalt zu bewahren. Selbst durch auf sie gerichtete Gewehrmündungen konnte sie nicht gezwungen werden, den Weg zu ihren Schützlingen frei zu geben.[47]

---

40 Ebd.
41 *Paul Löbe,* Erinnerungen eines Reichstagspräsidenten, Berlin 1949, S. 172.
42 Ebd., S. 59.
43 Entschädigungsakte, a.a.O., zit. nach Marquardt, a.a.O.
44 Marquardt, S. 64 f.
45 Muttel Ansorge.
46 Zitiert nach Marquardt, S. 60.
47 Muttel Ansorge. Auch ihre Enkelinnen berichteten, dass sie durch ihre mutige Haltung junge Frauen zumindest vorübergehend vor sexueller Gewalt schützen konnte. Vgl. Marquardt, S. 60.

Die Amtszeit dauerte nicht lange. Am 28.5.1946 wurde Maria Ansorge aus ihrer Heimat in Schlesien vertrieben. Das Angebot zu bleiben und die polnische Staatsbürgerschaft anzunehmen, lehnte sie ab. Gemeinsam mit ihrem Lebensgefährten[48], der ein Jahr später an Magenkrebs starb, ihrer Schwiegertochter und deren drei Töchtern, eine war noch ein Baby, verließ sie Nieder-Salzbrunn. Mit ihrer notwendigsten Habe fuhr die Familie, die nun aus fünf Frauen bestand, in einem Güterzug, der Menschen aus ganz Schlesien aufnahm, gen Westen. Maria Ansorge war auf der Flucht. Es war ihr noch gelungen, die ihr so wertvolle große Bibliothek, die sie im Laufe ihres Lebens angesammelt hatte, an Sozialdemokraten in Polen zu verschenken.[49]

Nach einem kurzen Aufenthalt in einem Flüchtlingslager in Niedersachsen kam sie am 16.7.1946 mit ihren Angehörigen nach Marl bei Recklinghausen in Westfalen erneut in ein Bergbaugebiet mit einer starken Arbeitertradition. Dort wohnten bereits die Eltern ihrer Schwiegertochter, die schon in den frühen zwanziger Jahren – nach der Schließung der erzgebirgischen Kohlegruben – hierher gekommen waren. Maria Ansorge wurde schnell heimisch. Mit den Menschen aus ihrer neuen »fünfköpfigen Frauenfamilie«, deren »Haushaltsvorstand« sie ganz offensichtlich war, fühlte sie sich wohl und so gelang es ihr schnell, ihren Verwandten- und Bekanntenkreis, der ebenso politisch engagiert war wie sie, zu erweitern. Sofort wurde sie in SPD und AWO aktiv und stellte ihre rednerischen und agitatorischen Fähigkeiten der Sozialdemokratischen Partei und der Arbeiterwohlfahrt sowie zusätzlich den Ostvertriebenen zur Verfügung. Die Sorge um ihre Schicksalsgefährten, die Flüchtlinge und Heimatvertriebenen, war fortan ihr Hauptanliegen. Sie hielt engen Kontakt zu alten schlesischen Freunden und besuchte regelmäßig die Schlesiertreffen. Eine »rückwärtsgewandte Ostpolitik«, die auf den Zurückerhalt der Ostgebiete aus war, lehnte sie dennoch ab. Wenn Vertriebenenverbände und der Bund der Heimatvertriebenen und Entrechteten (BHE) sie als Interessenvertreterin gewinnen wollten, stand sie nicht zur Verfügung. Maria Ansorge wollte keine eigene »Flüchtlingspartei«, sie wollte Flüchtlingsinteressen in der SPD vertreten, denn da war ihre politische Heimat. Zudem fühlte sie sich zeitlebens den Ideen eines sozialdemokratischen Internationalismus verpflichtet[50], den sie in den Vertriebenenverbänden nicht finden konnte.

Maria Ansorge stürzte sich regelrecht in die Parteiarbeit.[51] 1946 nahm sie am ersten SPD-Parteitag in Hannover teil, hörte die richtungweisende Rede von Kurt Schumacher und traf bei der ersten großen Frauenkonferenz 1946 in Fürth viele ihrer alten und neuen Genossinnen. Vom 17. Oktober 1948 bis zu ihrem Tode am 11.7.1955 war sie Mitglied des Rates der Stadt Marl und dort im Sozialausschuss vertreten. Seit dem 9. November 1952 war sie auch Mitglied des Rates des Amtes Marl. Vom 17. Oktober 1948 bis 8. November 1952 gehörte sie dem Wohlfahrtsausschuss des Amtes Marl an.[52] Des Weite-

48 Über die Identität ihres Lebensgefährten ist aus den Quellen nichts ersichtlich.

49 Muttel Ansorge.

50 Vgl. Marquardt, S. 67.

51 Vgl. Protokolle der SPD-Parteitage. Ansorge war 1947 als Delegierte für den Bezirk Westliches Westfalen auf dem Parteitag, siehe Anwesenheitslisten der Delegierten und Gäste der SPD-Parteitage.

52 Das Amt Marl ist ein Zusammenschluss mehrerer kleiner Gemeinden zu einer Verwaltungseinheit.

ren arbeitete sie im Ausschuss für Soforthilfe des Kreises Recklinghausen mit. Neben ihren politischen Aktivitäten sorgte sich die Sozialdemokratin ununterbrochen um Bedürftige, Flüchtlinge und Vertriebene, sie war quasi als uneigennützige »ehrenamtliche« Sozialarbeiterin tätig. Diese Tätigkeiten waren es wohl, die ihr die Bezeichnung Muttel Ansorge[53] einbrachten. Als die Politikerin 1949 für den Bundestag kandidierte, war sie mit 68 Jahren die älteste der SPD-Kandidatinnen für dieses Amt. Sie kandidierte, weil die Politik noch immer ihr Lebenselixier war und »Helfenwollen« ihr wichtigstes Anliegen.

Im Deutschen Bundestag (1951–1953)

»Um unsere sozialistische Idee zu verwirklichen sind wir nie zu alt!«[54]

Am 17. November 1951 trat die Sozialdemokratin als Nachrückerin für den plötzlich verstorbenen SPD-Abgeordneten Karl Brunner in den Deutschen Bundestag ein. Sie war nun bereits 71 Jahre alt. Der Eintritt mitten in der Legislaturperiode schien ihr schwergefallen zu sein. Sie war enttäuscht von der neuen Politikergeneration, denn sie klagte in ihrer Familie darüber, dass sie die kameradschaftliche Art, die sie aus der Reichstagsfraktion der SPD gewöhnt war, nicht mehr vorfand.[55] Im Bundestag war sie Ordentliches Mitglied des Ausschusses für Heimatvertriebene und des Ausschusses für Kriegsopfer- und Kriegsgefangenenfragen. Sie nahm also ihre Spezialgebiete, die Versorgung der Kriegsopferfamilien, die Sorge um Hinterbliebenenrenten, denen sie sich bereits im Reichstag gewidmet hatte, wieder auf. Maria Ansorge sorgte weiterhin für ihre Schwiegertochter und deren drei kleine Kinder. Da sie Elend und Armut am eigenen Leib erfahren hatte, sprach aus ihren Vorträgen, die sie immer noch regelmäßig im Rahmen von Versammlungen hielt, die profunde Kenntnis der sozialen Verhältnisse. Wiederholt stellte sie die Problematik der hinterbliebenen Frauen in den Mittelpunkt ihrer Argumentation, weil sie im Gesetz für die Kriegsbeschädigten und Hinterbliebenen ganz offensichtlich zu kurz gekommen waren. Ihr frauenpolitisches Engagement, das sie bereits während ihrer Zeit als Textilarbeiterin entwickelt hatte, konnte sie in ihre Tätigkeit einbringen. Außerdem hatte sie sowohl zu Zeiten der Weimarer Republik als auch in der Bundesrepublik an den meisten Frauenkonferenzen der Partei teilgenommen. Später wurde ihr allerdings vorgeworfen, dass ihre inhaltlichen Positionen zu frauenpolitischen Themen und gleichstellungspolitischen Fragestellungen weitestgehend unklar geblieben seien, weil sie sich dazu nicht geäußert habe.[56]

Ihre erste und einzige Rede im Deutschen Bundestag widerlegt diese Annahme. Sie galt der Kriegsopferversorgung und der Begründung eines Antrags der SPD-Fraktion auf Erhöhung der Elternrente. Maria Ansorge sprach über die Unsinnigkeit von Kriegen und

53 In einem Artikel einer Marler Zeitung, o.D., zum siebzigsten Geburtstag 1950. Muttel ist der liebevolle schlesische Ausdruck für Mutter.

54 Ebd.

55 Vgl. Interview mit Frau Bender und Frau Zander, zitiert nach Marquardt, S. 62.

56 Vgl. ebd.

die Absurdität einer geschlechterhierarchischen Arbeitsteilung, wie sie in fast allen Ländern der Welt vorzufinden war. Einfacher und klarer konnte das niemand ausdrücken als Maria Ansorge, die aus einer armen Arbeiterfamilie stammte, selbst eine arme Arbeiterin war, zwei Weltkriege erlebt und den Sohn sowie den Lebensgefährten verloren hatte: »Die Frauen mussten damals in die Betriebe gehen, um Granaten zu drehen, mit denen sich draußen im Felde ihre Männer gegenseitig niedergeschossen haben.«[57] Nun stünden diese Frauen ohne Männer und Söhne und mit einer völlig unzureichenden Versorgung da. Sie verwies in ihrer Rede auch auf die Absurdität des Spruches, mit dem man die Frauen für dumm verkauft habe: »Der Dank des Vaterlandes ist euch sicher!«[58] Die Debatte um die Wiederaufrüstung der Bundesrepublik, der schließlich auch ihre Partei zustimmte, erlebte Maria Ansorge nicht mehr.

Zeitgenossinnen machten sich Gedanken darüber, dass sich Maria Ansorge – wie viele Frauen ihrer Zeit – vor allem sozialpolitisch betätigt und »die übrige Politik« – typisch weiblich – lieber den Männern überlassen habe. Sie führten das darauf zurück, dass Maria Ansorge gerne den (unmittelbaren) Erfolg ihrer Arbeit sehen wollte, was offenbar in der ›großen Politik‹ nicht so leicht möglich war.[59] Das impliziert, Sozialpolitik nicht zur ›großen Politik‹ zu zählen. Abgesehen davon, dass auch in der Sozialpolitik direkte Erfolge schwer zu erzielen sind, gilt es, den Kritikern die Frage zu stellen, welche Frau oder welcher Mann in sozialpolitischer Hinsicht prädestinierter gewesen wäre als sie. Wie sie sich schon in ihrem früheren Leben für die Unterdrückten und Armen eingesetzt hatte, so stellte sie auch im hohen Alter ihre reichen Erfahrungen und den Einfluss, den sie durch ihre politische Arbeit gewonnen hatte, zu deren Gunsten zur Verfügung. Sie war allerdings nicht der Meinung, dass Almosen ausreichen würden. Ihre großen politischen Ideen hatte sie nicht aufgegeben: »Wir Alten müssen den Jungen den richtigen Weg zeigen und ihnen die Schulung und das Wissen vermitteln, das sie brauchen, um unsere sozialistische Idee zu verwirklichen. Dazu sind wir nie zu alt!«, hatte sie als 71-Jährige in einem Interview gesagt.[60] Noch im Alter von 72 Jahren fuhr sie während einer Besichtigungsfahrt des Kriegsopferausschusses in ein Bergwerk ein, um sich persönlich von den Nöten und Sorgen der Kumpels zu überzeugen.[61] Ihre Diäten als Bundestagsabgeordnete investierte sie, soweit sie sie nicht für die Unterstützung ihrer Familie brauchte, weitgehend in den Aufbau eines Jugendhauses der Arbeiterwohlfahrt in Marl.

57 *Maria Ansorge,* Begründung des Antrags der SPD-Fraktion auf Erhöhung der Elternrente anlässlich der zweiten Beratung des Entwurfs eines Zweiten Gesetzes zur Änderung und Ergänzung des Bundesversorgungsgesetzes, 1. Legislaturperiode, 279. Sitzung, 2. Juli 1953.

58 Ebd.

59 Muttel Ansorge.

60 Ebd.

61 Kurz-Lebenslauf.

Kurzer »Ruhestand« (1953–1955)

»Möge sie der Jugend ein Vorbild sein«[62]

Bis zu ihrem Tode blieb Maria Ansorge Mitglied des Rates der Stadt Marl. Am 11. Juli 1955 verstarb sie im Alter von 74 Jahren nach zweiwöchiger Bewusstlosigkeit im Krankenhaus Dorsten/Westfalen infolge eines Schlaganfalles. Die Entschädigung als Opfer der nationalsozialistischen Verfolgung in Höhe von 20.000 DM wurden ihr erst nach ihrem Tod zugesprochen. Zu spät war das aufwändige und langwierige Verfahren abgeschlossen worden. Das Geld kam zu je einem Drittel ihren Enkelinnen zu Gute.[63]

Nicht nur ihren Enkelinnen ist »diese einfache und großartige Frau« durch ihr persönliches Engagement und ihren politischen Einsatz ein Vorbild geblieben.[64] »Eine Vertriebene aus meiner und unserer schlesischen Heimat wird eingebettet in fremder Erde«, schrieb Paul Löbe in einem Nachruf im »Vorwärts«.[65] Und in der »Gleichheit« schrieb er aus demselben Anlass: »So wie sie diese Armut begleitet hat, so unumstößlich waren ihr Glaube und ihre Hoffnung auf eine Verbesserung der Lebensverhältnisse aller Unterdrückten und Schwachen.«[66] Louise Schroeder, die wie Paul Löbe mit ihr im Reichstag und im Bundestag gesessen hat, schrieb zu ihrem Abschied: »Möge sie der Jugend ein Vorbild sein.«[67]

62 *Louise Schroeder,* Maria Ansorge gestorben, in: Berliner Stimme vom 16.07.1955.
63 Vgl. Marquardt, S. 64.
64 Ebd., S. 65.
65 *Paul Löbe,* Maria Ansorge gestorben, in: Vorwärts vom 15.7.1955.
66 *Paul Löbe,* Maria Ansorge gestorben, in: Gleichheit, Nr. 9/1955, S. 351.
67 Schroeder, Maria Ansorge 1955.

Franziska Bennemann

»Sie hat harte Arbeit geleistet, aber sie hat sich niemals in den Vordergrund gedrängt«[1]

Franziska Stellmacher wuchs in einem Hannoveraner Hinterhofmilieu auf. Sie musste mit 14 Jahren ihr eigenes Geld verdienen und kam über die Sozialistische Jugend zum Internationalen Sozialistischen Kampfbund (ISK). Die sozialistische Philosophie des Begründers Leonard Nelson, der sich auf ein grundlegendes ethisches Gebot berief, nach dem die Interessen anderer nach einem Abwägungsgesetz die gleiche Berücksichtigung finden sollten, wie die eigenen, bestimmten ihr weiteres Leben. Nach Nelsons Lehre sollten gebildete, selbstbestimmte, vernunftgeleitete Menschen nicht nur mit gleichen Rechten ausgestattet werden, sondern auch die gleichen Pflichten erfüllen. Der ISK leistete einen wichtigen Beitrag zum Widerstand gegen den Nationalsozialismus. Franziska Stellmacher setzte – wie viele ISK-Mitglieder – während der Zeit des Nationalsozialismus ihre politische Arbeit in der Emigration fort. Als sie 1946 nach Deutschland zurückgekehrt war, baute sie SPD und Gewerkschaften mit auf und kam 1953 in den Deutschen Bundestag. Dort setzte sie sich im Sinne der ISK-Grundsätze für eine Verbesserung der Situation der unteren Schichten ein und arbeitete vor allem an der Sozialgesetzgebung mit.

Kindheit und Jugend (1905–1925)

»Die Erwerbsquelle bestimmte weitgehend das Leben«[2]

Franziska Stellmacher wurde am 30. Januar 1905 als Tochter von Paul Stellmacher und dessen Ehefrau Marie, geb. Moritz, in Hermsdorf, Kreis Friedeberg, auf einem ostelbischen Gut geboren. Sie war das älteste von drei Kindern einer Landarbeiterfamilie und verbrachte die ersten Jahre ihres Lebens auf dem Landgut. Betreut wurde sie weitgehend von ihrer Großmutter, weil die Mutter bald nach der Geburt wieder auf dem Feld arbeiten musste. Die Großmutter war Hebamme und offensichtlich eine weise Frau, die Franziskas Leben bis ins hohe Alter beeinflusst hat. Die gesamte Familie war mit dem Gut verwachsen und betrachtete es als ihre Heimat, bis Franziska Stellmachers Onkel vom Militärdienst aus Hannover nach Hause kam. Er hatte die weite Welt kennen gelernt, und das Gut war ihm zu eng geworden. Eines Tages sagte er zum Rest der Familie: »Kommt nach Hannover, da kommt Wasser und Licht aus der Wand. Ihr braucht euch nicht mehr so zu quälen.« Die gesamte Großfamilie folgte ihm etwa 1908 mit Hab und Gut nach Hannover-Linden, damals ein Industrie-Vorort von Hannover. Auch die Großmutter kam mit, schließlich war sie das Oberhaupt der Familie. Sie gab manchen guten Rat und schlichtete manchen Streit. Die Großfamilie fand eine Woh-

---

1 Telefongespräch mit Otto Bennemann am 26.4.1999.

2 Alle Informationen, die nicht näher bezeichnet sind, sind aus dem Interview von Gisela Notz mit Otto Bennemann am 11.5.1999 in Braunschweig und aus dem Telefongespräch von Gisela Notz mit Otto Bennemann am 26.4.1999.

Franziska Bennemann (1905–1985), MdB 1953–1961

nung in einer Mietskaserne für Arbeiter und wohnte nun im Hinterhof, ein Milieu, das der Künstler Heinrich Zille für die Stadt Berlin anschaulich gezeichnet, fotografiert und beschrieben hat.[3] Franziska Stellmacher war gerade zwischen drei und vier Jahren alt und spielte mit den anderen Arbeiterkindern. Die unbeschwerte Kindheit war bald vorüber. Dennoch hatte sie offensichtlich auch Freude an der neuen Umgebung, denn das Kind war entdeckungslustig. Während die Eltern noch den Möbelwagen ausräumten, machte sich die kleine Franziska auf, um die große Stadt zu besichtigen. Das gelang ihr offensichtlich nicht. Stattdessen machte sie zum ersten Mal in ihrem Leben Bekanntschaft mit der Polizei, die sie mit zur Wache nahm, wo die Eltern sie abholen mussten. Der Vater war Hilfsarbeiter in der Kesselschmiede, eine schwere und harte Arbeit. Die meisten anderen Familienmitglieder arbeiteten bei der Firma Hanomag, unweit des Wohnortes. Der Großvater wurde als Gärtner bei einem Direktor der Firma beschäftigt und arbeitete ebenfalls in der Nähe der Wohnung. Die Erwerbsquelle bestimmte weitgehend das Leben in diesem Arbeiterwohngebiet.

Paul Stellmacher wurde Gewerkschaftsmitglied und trat der SPD bei. Später war er im Reichsbanner Schwarz-Rot-Gold aktiv. Franziska Stellmacher besuchte von 1911 bis 1919 die Volksschule.[4] Während des Ersten Weltkrieges musste der Vater, ein überzeugter Pazifist, an die Front. Er wurde seelisch krank und kam in eine Heilanstalt. Nach der Entlassung war er für den Wehrdienst untauglich und für den Rest seines Lebens ein kranker Mann. Arbeitslosenunterstützung gab es damals nicht. Die Familie lebte, nachdem auch der Großvater aus dem Erwerbsleben ausgeschieden war, hauptsächlich vom Lohn der Mutter als Waschfrau. Die Großmutter verdiente ein bisschen mit und den Rest steuerten Onkel und Tanten bei. Es war eine harte Zeit, bis Franziska während des Krieges aufs Land verschickt wurde, wo sie reichlich zu essen und zu trinken bekam und nicht nur ein eigenes Bett, sondern ein ganzes Zimmer für sich alleine hatte. Sie fühlte sich wohl, und als ihre Gastgeber, ein kinderloses Ehepaar, sie fragten, ob sie Franziska adoptieren könnten, stimmte sie sofort zu. Sie glaubte, ihrer eigenen Familie damit einen guten Dienst zu erweisen. Schließlich hätte diese dann eine Esserin weniger, und sie könnte dann ihrer Familie noch zusätzlich Lebensmittel schicken. Die Eltern sahen das anders. Als sie ihnen ihr Anliegen in einem Brief mitteilte, kam der Vater sofort und holte sie zurück nach Hannover.

Franziska Stellmacher war eine gute Schülerin und kam deshalb in eine Sonderklasse für Begabte, die Selekta. Die Frage nach einem weiteren Schulbesuch oder einer Berufsausbildung stellte sich für die Familie jedoch nicht, weil Franziska mit 14 Jahren sofort Geld verdienen musste und auch wollte, denn sie fühlte sich für die Eltern und die jüngeren Geschwister verantwortlich. Sie arbeitete zunächst in einer Chemie-Großhandlung, wo sie auf einer altmodischen Briefwaage Chemikalien abwog und in kleine Papiertüten füllte. Die Arbeit war ihr aber nach kurzer Zeit zu langweilig und zu schlecht

3 Vgl. z.B. *Winfried Ranke,* Heinrich Zille, Photographien Berlin 1890–1910, München 1975.

4 In ihrem Lebenslauf (ohne Datum) schrieb sie »Bürgerschule«. Archiv des Bundestags Berlin, Akte Bennemann.

bezahlt. Daher gab sie sie wieder auf und nahm eine neue Beschäftigung in einer kleinen Schokoladenfabrik auf, die von einem katholischen Fabrikherren geführt wurde. Die Vorarbeiterinnen belästigten sie mit ihrem Missionseifer, sie aber wurde, der Familientradition folgend, Freidenkerin und 1919 Mitglied der Gewerkschaft der Nahrungsmittel- und Getränkearbeiter. Die Arbeit machte ihr offensichtlich Spaß und als Arbeitskraft war sie beliebt. Sie war geschickt und durfte bald Pralinen mit der Hand formen, was eine anspruchsvolle handwerkliche Tätigkeit war. Da sie auch ihre Kolleginnen für die Gewerkschaft gewann, bekam sie bald mit ihren Vorgesetzten Schwierigkeiten. Sie wurde zwangsversetzt, und es wurde ihr nahegelegt, einen anderen Arbeitsplatz zu suchen, was sie dann auch tat. Wegen ihrer guten Arbeitsleistungen konnte sie später wieder zurück in die Schokoladenfabrik. Die gewerkschaftliche Agitation hat sie jedoch nie aufgegeben. Zwischen 1921 und 1925 war sie sogar Ortsvorsitzende der Gewerkschaft der Nahrungsmittel- und Getränkearbeiter in Hannover.[5] Zur damaligen Zeit war das für eine Frau eine ganz und gar ungewöhnliche Position. Sie verließ den Betrieb nach einiger Zeit dann erneut und besuchte bis zum 18. Lebensjahr eine Fortbildungsschule in Hannover.[6]

Ein Schlüsselerlebnis sollte ihr Leben beeinflussen. Zwischen 1919 und 1923 besuchte sie eine kirchliche Mädchengruppe im Bund Entschiedenes Christentum. Zu dem Pastor, der die Gruppe leitete, hatte sie ein Vertrauensverhältnis aufgebaut. Er übte für die jungen Mädchen eine Art Vorbildfunktion aus. Um so enttäuschter war Franziska, als er sich eines Tages sehr abfällig über die Arbeiterbewegung äußerte. Sie empfand die Äußerungen als ungerecht und für sie beleidigend und stellte den Pastor zur Rede. Da er ihre Argumente nicht anhören wollte, trat sie umgehend aus der Gruppe aus. Sie besann sich ihrer eigenen Wurzeln und trat 1923 im Alter von 18 Jahren der Sozialistischen Arbeiterjugend (SAJ) und der SPD bei.

Arbeit im Internationalen Jugendbund und im Internationalen Sozialistischen Kampfbund (1925–1933)

»Sie war ein Mensch, dem wirklich das Vertrauen zuwuchs«[7]

Eine Lehrerin, der Franziska Stellmacher in der Fortbildungsschule durch ihre geistige Regsamkeit aufgefallen war, empfahl ihrer Schwester, die in dem Landerziehungsheim Walkemühle unterrichtete, das Anfang der zwanziger Jahre bei Melsungen in der Nähe von Kassel gegründet worden war, Franziska Stellmacher dort aufzunehmen.[8] Die Lehrerin gehörte dem Internationalen Jugendbund (IJB) an, der von Leonard Nelson, einem

5 Franziska Marie Therese Bennemann, in: Handbuch der deutschsprachigen Emigration, S. 51.

6 Otto Bennemann bezeichnete sie im Interview als »Pflichtfortbildungsschule«; er sagte: »das waren 3-jährige Lehrgänge, die man bis zum 18. Lebensjahr zu besuchen hatte«.

7 Otto Bennemann im Interview über seine Frau Franziska.

8 Zur Walkemühle vgl. *Hanna Bertholet*, Gedanken über die Walkemühle, in: *Helmut Becker/Willi Eichler/Gustav Heckmann* (Hrsg.), Erziehung und Politik, Minna Specht zu ihrem 80. Geburtstag, Frankfurt/M. 1960, S. 269-286.

Göttinger Mathematiker und Philosophen, 1917 gegründet worden war.[9] Nelson war auch der Gründer des Landerziehungsheims.

Die Aufnahme in der Walkemühle war der Beginn der politischen Laufbahn von Franziska Stellmacher. Das Erziehungsheim vereinigte Lehrerinnen und Lehrer sowie Schülerinnen und Schüler als Lebensgemeinschaft. Jeder und jede, der oder die dort lebte und studierte, war auch zu praktischer Arbeit verpflichtet. Franziska Stellmacher sagte sofort, sie wolle dorthin. Es war ihre Mutter, die Widerstand leistete, weil sie die Hilfe der Tochter nicht entbehren wollte. Der Vater unterstützte sie jedoch. Er war der Meinung, dass die Tochter ihren Horizont durch einen solchen Aufenthalt erweitern könne. 1925 zog sie mit einem großen weidengeflochtenen Reisekorb, in dem sie ihre Habe verstaut hatte, in die Walkemühle und fühlte sich dort offensichtlich von Anfang an sehr wohl. Sie war zunächst als Helferin im Erziehungsheim tätig: Das hieß früh aufstehen, Küchendienst machen und im Gemüsegarten helfen. Bei ihrer Arbeit fiel sie Minna Specht, der Leiterin der Walkemühle, auf. Diese fragte sie, ob sie nicht an einem dreijährigen Ausbildungskursus teilnehmen wolle. Leonard Nelson hatte diesen Kurs konzipiert. Er war vor allem für junge Arbeiterinnen und Arbeiter gedacht, die vorher keine Möglichkeit gehabt hatten, eine gute Schulbildung zu genießen. So lernte Franziska Stellmacher Nelsons Theorien über einen ethisch fundierten Sozialismus und seine wissenschaftliche Pädagogik mit den Prinzipien einer freien Erziehung, die den Weg zu diesem Sozialismus bereiten sollte, kennen. Sie lernte auch, Handlungsstrategien zu entwickeln, damit die Theorien praktisch umgesetzt werden konnten. Gemeinsam mit anderen jungen Menschen beteiligte sie sich an dieser ernsthaften Erziehungsarbeit, um genügend Rüstzeug zu erwerben, damit sie den Gefahren, die das politische Leben als Sozialistin mit sich brachte, standhalten und sie sich als Sozialistin bewähren konnte.[10] Der Lehrgang war aber auch eine Art Zweiter Bildungsweg. Sie lernte Naturwissenschaften, Mathematik, Philosophie, bekam Geschichtsunterricht und wurde so auf eine spätere praktische politische Arbeit vorbereitet.

Auch in der Walkemühle war sie eine sehr gute Schülerin. Sie unterstützte das Ziel des IJB, eine Staats- und Gesellschaftsverfassung zu erreichen, die es den Individuen ermöglicht, sich frei von materieller Not und Bevormundung zu einer vernunftgeleiteten, selbstbestimmten Persönlichkeit zu entwickeln.[11] Mitte der 1920er Jahre kam Nelson

---

9 Später »Internationaler Sozialistischer Kampfbund« (ISK). Zur Arbeit von IJB und ISK vgl. *Werner Link,* Die Geschichte des Internationalen Jugend-Bundes (IJB) und des Internationalen Sozialistischen Kampfbundes (ISK). Ein Beitrag zur Geschichte der Arbeiterbewegung in der Weimarer Republik und im Dritten Reich, Meisenheim am Glan 1964, sowie *Sabine Lemke-Müller* (Hrsg.), Ethik des Widerstands, Der Kampf des Internationalen Sozialistischen Kampfbundes (ISK) gegen den Nationalsozialismus, Bonn 1997.

10 Vgl. Minna Specht, Pädagogin und Schulreformerin, in: Vorstand der SPD (Hrsg.): Frauen machen Politik, Schriftenreihe für Frauenfragen Nummer 4, S. 5-8; hier: S. 7.

11 *Grabenhorst, Carsten,* Otto Bennemann. Ein Beitrag zu einer politischen Biografie, Braunschweig 1991, S. 73. ISK-Mitglieder waren Nichtraucher, tranken keinen Alkohol, aßen kein Fleisch und schworen der christlichen Kirche ab. Vgl. *Henning Noske,* Kämpfer für eine gerechte Welt, in Braunschweiger Zeitung vom 20.12.1999.

wegen seiner philosophischen Überzeugung und der daraus abgeleiteten politischen Prinzipien mit der SPD in Konflikt. Das praxisgeleitete philosophische Konzept Nelsons verlangte, dass jedes Mitglied des Internationalen Jugendbundes (IJB) auch Mitglied einer politischen Partei sein sollte. Dabei spielte es zunächst keine Rolle, ob das die KPD, die SPD oder – bis 1922 – die USPD war. Schnell schied allerdings die KPD aus, weil Nelson den Kollektivismus nach der Theorie von Franz Oppenheimer und die Stalinisierung der Partei ablehnte. Also musste ein IJB-Mitglied der SPD oder der USPD angehören. Nachdem sich SPD und USPD 1922 wiedervereinigt hatten, blieb nur die SPD, deren Mitglied auch Nelson war. In der SPD gab es jedoch eine breite Basis, die die Meinung vertrat, dass Mitglieder des IJB aus der SPD ausgeschlossen werden sollten. Nachdem der Parteivorstand mit Sorge den zunehmenden Einfluss der IJB-Mitglieder in den sozialdemokratischen Jugendorganisationen registriert hatte, wurde von der Parteispitze beschlossen, dass die Zusammenarbeit mit Nelson nicht mit der Parteiarbeit zu vereinbaren war. Die SPD konnte sich vor allem nicht mit der demokratiekritischen und führerschaftlichen Komponente der Nelson'schen Philosophie einverstanden erklären. Weitere Konfliktpunkte waren der Antiklerikalismus und die tagespolitische Kritik der Nelsonianer an der SPD, die 1925 die Kandidatur von Wilhelm Marx (Zentrum) für das Amt des Reichspräsidenten unterstützte. Im November 1925 kam es zum Unvereinbarkeitsbeschluss des Parteivorstandes. Durch den Ausschluss hatte der IJB sein wichtigstes Tätigkeitsfeld verloren. Leonard Nelson entschloss sich, den Internationalen Sozialistischen Kampfbund (ISK) als selbstständige Partei zu gründen.[12] Während dieser Auseinandersetzung wechselten etliche Jungsozialisten, die diesen Ausschluss nicht befürworten wollten, in den ISK über. Die Gruppe breitete sich, unter dem wachsenden Schatten der Bedrohung durch die Nationalsozialisten, bald über Deutschland aus.[13]

Nach Ende ihrer Studien in der Walkenmühle kam Franziska Stellmacher 1929 nach Braunschweig, um dort die Lehren, die sie theoretisch erarbeitet hatte, in die politische Praxis umzusetzen. In der Braunschweiger Gruppe des ISK lernte sie im gleichen Jahr Otto Bennemann, den Sohn einer sozialdemokratischen Arbeiterfamilie aus Braunschweig, kennen und lieben. Eine Begegnung, die ihren weiteren Lebensweg bestimmte. Beide wurden bald zu Stützen des Ortsvereins. Franziska Stellmacher lebte und arbeitete nun in Braunschweig in einem Haus mit anderen ISK-Mitgliedern zusammen, zu denen auch Otto Bennemann gehörte. In Wolfenbüttel leitete sie von 1929 bis 1931 eine Kinder- und eine Jugendgruppe des ISK. Abends diskutierten sie über Landwirtschaft, alternative Wirtschaftsformen und die Theorien des ISK. Vorübergehend arbeitete Franziska Stellmacher in einem eher konservativen Verlag, um Geld zu verdienen. Aus ihrer politischen Arbeit machte sie aber nie ein Geheimnis. In einer Versammlung der Nationalsozialisten exponierte sie sich vor 1930 zum ersten Mal öffentlich, bekam Schwierigkeiten mit dem Verlag, in dem sie arbeitete, und wurde entlassen. Sie lebte zunächst von

12 Vgl. dazu *Susanne Miller,* Leonard Nelson und die sozialistische Arbeiterbewegung, in: *Walter Grab/Julius H. Schoeps* (Hrsg.), Juden in der Weimarer Republik, Sachsenheim 1986, S. 263-275; hier: S. 269 f.

13 Specht, S. 7.

der Erwerbslosenunterstützung und fand später eine Stelle als Hausangestellte bei einer Lehrerin, die in einer sozialistischen Wohnsiedlung, dem Bebelhof in Braunschweig, lebte. Das war eine Arbeit, die sich mit ihrer politischen Tätigkeit vereinbaren ließ.

Aber auch das ging nur so lange gut, bis 1930 die Nationalsozialisten in das Braunschweiger Rathaus einzogen. Die Lehrerin, bei der Franziska Stellmacher arbeitete, verlor ihre Arbeit, weil sie aus der Kirche ausgetreten war. Danach konnte sie Wohnung und Hausangestellte nicht mehr bezahlen. Franziska übernahm schließlich die Wohnung und richtete eine Gemeinschaftswohnung, ein politisches Zentrum für die ISK-Arbeit, ein, in dem sie auch einen Mittagstisch für erwerbslose Jugendliche unterbrachte. Das Zentrum wurde bald zum Mittelpunkt der ISK-Arbeit, die im Zuge des aufkommenden Nationalsozialismus immer notwendiger wurde und immer weiter ausgedehnt werden sollte. Als 1931 der ISK-Bundestag in Braunschweig stattfand, war es wesentlich die Gruppe um Franziska Stellmacher, die den Kongress organisierte. Das Hakenkreuz warf seine Schatten voraus, Nationalsozialisten verbreiteten bereits 1932, dass in der Gemeinschaftswohnung Vorbereitungen für die illegale Arbeit liefen. Deshalb musste die Wohnung aufgegeben werden. Im November 1932 wurde die ISK-Tageszeitung ›Der Funke‹ zum ersten Mal verboten. Damit wurde die Straßen- und Betriebsagitation des ISK wesentlich erschwert.

Franziska Stellmacher fand dann, wie einige andere ISK-Mitglieder auch, eine Arbeit als Fabrikarbeiterin bei der Firma Foto-Optik Voigtländer. Als Hilfsarbeiterinnen und Hilfsarbeiter wollten die ISK-Leute Kontakt zur Arbeiterbewegung und zu den Gewerkschaften pflegen. Franziska Stellmacher war bald wieder erwerbslos, weil die Firma sich einer Patentverletzung schuldig gemacht hatte und die Kamera, an der sie am Fließband arbeitete, nicht mehr weiter produziert werden durfte. Nachdem die Patentangelegenheit bereinigt worden war, konnte sie wieder in den Betrieb zurück, in dem alle Arbeiter in der Gewerkschaft organisiert, politisch interessiert und zum Teil auch in SPD oder KPD engagiert waren.

Im Schatten des Hakenkreuzes (1933–1945)

»Franziska arbeitete als Haushälterin«[14]

Am 30. Januar 1933 sandten die Arbeiter von Voigtländer eine Delegation ins Braunschweiger Gewerkschaftshaus, an der Franziska Stellmacher führend beteiligt war. Die Delegation ging zum Arbeitersekretär des Allgemeinen Deutschen Gewerkschaftsbundes (ADGB), um ihn zu überzeugen, dass eine Demonstration gegen die Diktatur eingeleitet werden müsse. Der Arbeitersekretär hatte keine entsprechende Weisung aus Berlin und wurde nicht aktiv. Eine kleine Demonstration der ISK-Mitglieder blieb wirkungslos. Die Arbeit wurde in der Illegalität weitergeführt. Da die Nazis in Braunschweig bereits politische Gegner ermordet hatten, ging Franziska 1933 nach Köln und arbeitete dort in

14 Otto Bennemann über Franziska Bennemann und deren Arbeit im Exil, zit. nach: Grabenhorst, S. 56.

einer vegetarischen Gaststätte, die von ISK-Mitgliedern gegründet worden war. Sie arbeitete viele Arbeitsstunden täglich, vertrieb nebenbei illegale Schriften, bis sie aus gesundheitlichen Gründen nicht mehr konnte und Anfang 1934 wieder nach Braunschweig zurückging. Wieder lebte sie ärmlich von Arbeitslosenunterstützung. Im Herbst 1934 heiratete sie den zwei Jahre älteren Otto Bennemann, der inzwischen der Kopf der ISK-Gruppe in Braunschweig war. Mit ihm gemeinsam vertrieb sie illegale ISK-Schriften.[15] Sie bezogen zusammen eine Wohnung, was ihnen, ohne verheiratet zu sein, in der nationalsozialistischen Zeit kaum möglich gewesen wäre. Freilich waren sie der politischen Polizei durch ihre ISK-Arbeit längst bekannt.

1936 folgte Franziska Bennemann ihrem Mann nach Hannover, der dort für ein Elektrizitäts-Versorgungs-Unternehmen arbeitete und in einer Gruppe unabhängiger sozialistischer Gewerkschafter weiter gegen die Herrschaft der Nationalsozialisten aktiv war. Sie selbst hielt die Kontakte zur ISK-Gruppe in Hannover. 1937 wurden alle Organisationen des ISK zerschlagen, zahlreiche Mitglieder wurden verhaftet oder verschwanden spurlos. Als Otto Bennemann erfuhr, dass er mit seiner Verhaftung rechnen musste und seine Frau offensichtlich ebenfalls beschattet wurde, setzten sich beide über Umwege nach Berlin ab und kamen dort bei Freunden unter. 1938 ging Otto Bennemann über die Schweiz nach Großbritannien ins Exil. Franziska Bennemann war zunächst unsicher, ob sie emigrieren wollte, denn sie glaubte sich in Berlin sicher. Um selbstständig leben zu können, studierte sie an einer technischen Privatschule Naturwissenschaft und Volkswirtschaft und lernte technisches Zeichnen. 1939 entschloss auch sie sich zur Emigration und kam mit Hilfe von ISK-Freunden mit einem Hausarbeitsvisum ebenfalls nach England. Dort arbeitete sie in Sandwich bei Dover zunächst als Hausangestellte. Etwas später konnte das Paar bei einem jungen Farmer in Preston/Kent, der der englischen ISK-Organisation MSI (Militant Socialist International) nahe stand, unterkommen. Nun hatten beide Arbeit, Franziska Bennemann als Haushälterin, Otto Bennemann als Farmarbeiter in einem Hühnerzuchtbetrieb. Ihre politische Arbeit konnten sie in der ISK-Gruppe in London fortsetzen.[16] Aber auch das dauerte nicht lange. Ein Kurswechsel in der bisher liberal gehandhabten britischen Flüchtlingspolitik bereitete der politischen Arbeit der Londoner ISK-Gruppe vorerst ein Ende. 1940 wurde Otto Bennemann über Canterbury und Liverpool auf die Isle of Man interniert und im gleichen Jahr nach Australien deportiert.[17] Franziska Bennemann blieb auf der Farm, bis diese nach dem Zusammenbruch Frankreichs militärisches Sperrgebiet wurde und sie den Auftrag bekam, das Gebiet zu verlassen. Frauen wurden, weil man sie als politisch weniger gefährlich einstufte, nicht interniert. Sie ging nach London wo sie die beiden Kinder eines Offiziers der Heilsarmee hütete. Wieder war es der Missionseifer ihrer Gastgeber, die sie zur Heilsarmee bekehren wollten, der sie veranlasste, die Stelle aufzugeben. Sie arbeitete anschließend noch in verschiedenen Haushalten.

15 Handbuch der deutschsprachigen Emigration, S. 51.

16 Grabenhorst, S. 54.

17 Ebd., S. 54 f.

Franziska Bennemann gehörte ab 1941 der Landesgruppe deutscher Gewerkschafter in Großbritannien an.[18] Ab 1943 arbeitete sie in der England-Gruppe des ISK mit und kämpfte in internationalen Zusammenhängen gegen den Nationalsozialismus.[19] Acht Jahre lang arbeitete sie als Hausangestellte, als Arbeiterin und als technische Zeichnerin. Nachdem sie ihr Studium an der technischen Fachschule in Guildford (England) beendet hatte, wurde sie Laborassistentin. Neben ihrer Erwerbsarbeit arbeitete sie in Frauenorganisationen sowie in sozialen und kulturellen Verbänden mit.[20]

Wiederaufbau der Bundesrepublik (1946–1953)

»Jeder siebte gewerkschaftliche Delegierte müsste eine Frau sein«[21]

Nachdem ihr Mann bereits 1945 aus dem Exil zurückgekehrt war, folgte ihm Franziska Bennemann im Oktober 1946 nach Braunschweig. Sie begann sofort mit gewerkschaftspolitischer Arbeit, wurde ordentliches Mitglied im Kreisausschussvorstand Braunschweig-Wolfenbüttel und nebenamtlich für die gewerkschaftliche Frauenarbeit zuständig. Wie die Kolleginnen aus anderen Kreis- und Landesbezirken hatte auch sie gegen die mangelnde Beteiligung der Frauen in den Gremien zu kämpfen. Bei der Kreisausschusskonferenz im April 1948 beklagte sie sich über die Karteileichen: »Wenn unsere gewerkschaftlich organisierten Frauen in dem Verhältnis hier vertreten wären, in dem sie unsere Karteikästen füllen, dann müsste jeder 7. Delegierte eine Frau sein.«[22] Freilich wusste sie, dass dieses Problem nicht auf Braunschweig beschränkt war. Auch bei einer Kreiskonferenz Ende Oktober 1948 bedauerte sie, dass die Frauen in den Ausschüssen und Vorständen zu wenig vertreten waren und machte auch gleich einen Vorschlag zur Verbesserung der Situation. Sie schlug vor, »in jeden Vorstand mindestens zwei Frauen zu wählen, jeweils eine jüngere und eine ältere, die sich gegenseitig unterstützen und beraten können«. Bei denjenigen Industriegewerkschaften, in denen viele Frauen organisiert seien, sollte die Vertretung noch stärker sein. Mit diesem Vorschlag fand sie allgemeine Zustimmung, und es wurde ein entsprechender Beschluss gefasst.[23] Auf der Kreiskonferenz im März 1950 wurde dennoch keine Frau in den Vorstand gewählt.

18 Handbuch der deutschsprachigen Emigration, S. 51.

19 Zur Arbeit des ISK in London vgl. *Sabine Lemke-Müller,* Ehischer Sozialismus und Soziale Demokratie. Der politische Weg Willi Eichlers vom ISK zur SPD, Bonn 1988, S. 140 ff. Zur Arbeit der Frauen im ISK vgl. *Susanne Miller,* »Ich wollte ein anständiger Mensch bleiben«. Frauen des Internationalen Sozialistischen Kampfbundes (ISK), in: *Christl Wickert* (Hrsg.), Frauen gegen die Diktatur – Widerstand und Verfolgung im nationalsozialistischen Deutschland, Berlin 1995, S. 106-117, auch in: Lemke-Müller, Ethik des Widerstandes.

20 Lebenslauf.

21 Franziska Bennemann in einem Bericht der Kreiskonferenz des DGB-Kreisausschusses Baunschweig-Wolfenbüttel vom 30. Oktober 1948, in: AdsD, Arbeiterbewegung in Niedersachsen, Teilprojekt Braunschweig II, Gewerkschaften, B 8.

22 Ebd.

23 Bericht der Kreiskonferenz des DGB-Kreisausschusses Braunschweig-Wolfenbüttel vom 30.10.1948, in: AdsD, Arbeiterbewegung in Niedersachsen, Teilprojekt Braunschweig II, Gewerkschaften, B 7.

Franziska Bennemann gab nun auch selbst Kurse in der gewerkschaftlichen Frauenbildung. Offensichtlich hatte sie, bedingt durch ihre positiven Erfahrungen mit den disziplinierten und anspruchsvollen Schulungen des ISK, einen hohen Anspruch an das Engagement von Teilnehmerinnen der Frauenbildungsarbeit. Auf einer Kreisausschussvorstandssitzung im September 1948 beklagte sie sich über die mangelhafte Disziplin der Teilnehmerinnen eines Frauenkursus, den sie in Bremen geleitet hatte. Die Hälfte der Frauen sei nicht einmal erschienen, während andere die Voraussetzungen für den Kursus nicht mitgebracht hätten. Sie bat für die Zukunft, »strengstens auf Eignung zu sehen«.[24]

Franziska Bennemann schied im Frühjahr 1950 als Vorstandsmitglied des DGB-Kreises Braunschweig-Wolfenbüttel aus. Sie wollte sich ganz ihrer ehrenamtlichen politischen Arbeit vor allem in der wiedergegründeten SPD widmen. Für die gewerkschaftliche Frauenarbeit im DGB-Kreis Braunschweig-Wolfenbüttel bedeutete das offensichtlich eine erhebliche Zäsur, vor allem, weil Franziska Bennemann sich nicht nur zu frauenpolitischen Themen äußerte, sondern immer auch zu allgemein-politischen Fragen der Gewerkschaftsarbeit Stellung nahm, wie zum Beispiel zum Verhältnis zur Deutschen Angestellten Gewerkschaft, zur Arbeitsordnung, zur Gewerbeaufsicht u.a. Ein Blick in die Gewerkschaftsprotokolle zeigt, dass ihren Vorschlägen meist zugestimmt wurde. Aufgrund ihres großen Engagements schien sie auch bei den männlichen Kollegen akzeptiert zu sein. Otto Bennemann verwies darauf, dass sie die Frauenarbeit niemals »im Sinne der Rechthaberei« verstanden habe und niemals der Meinung gewesen sei, dass es nur auf Frauen alleine ankomme. Auf ihre Intervention ist es zurückzuführen, dass die abgelehnte Bestellung einer Kollegin als Beisitzerin beim Arbeitsgericht zurückgenommen wurde.[25] Bis 1955 organisierte sie noch die Frauengruppe der IG Metall und war Mitglied des Ortsvorstandes des DGB. In Braunschweig wurde sie zur ehrenamtlichen Schöffin und Geschworenen bestellt und fungierte als Beisitzerin beim Arbeitsgericht.[26]

Arbeit im Bundestag (1953–1961)

»Die Regelung, die wir heute haben, zeugt weder von Herz, noch von Verstand, geschweige denn Vernunft«[27]

Nach einem Gespräch, das Otto Bennemann und Willi Eichler mit Kurt Schumacher über die Möglichkeiten der Zusammenarbeit zwischen der wiedergegründeten SPD und ISK-Mitgliedern geführt hatten, beschloss der ISK im Dezember 1945 seine Auflösung

Vgl. auch *Susanne Knoblich*, »Mit Frauenbewegung hat das nichts zu tun«. Gewerkschafterinnen in Niedersachsen 1945 bis 1960, Bonn 1999, S. 272.

24 Protokoll der Kreisausschussvorstandssitzung vom 28. September 1948, in: AdsD, Arbeiterbewegung in Niedersachsen, Teilprojekt Braunschweig II, Gewerkschaften, B 7.

25 Vgl. Knoblich, S. 274.

26 Lebenslauf.

27 Deutscher Bundestag, 2. Legislaturperiode, 76. Sitzung, 24.3.1955, Franziska Bennemann zur Begründung des Antrags der SPD-Fraktion betr. Vorlage eines Gesetzes über die Tuberkulosenhilfe durch die Bundesregierung.

und empfahl seinen Mitgliedern, in die SPD einzutreten.[28] Das tat auch Franziska Bennemann nach ihrer Rückkehr aus dem Exil. Da sie es auch weiterhin ablehnte, Karteimitglied einer politischen Vereinigung zu sein, wurde sie zwischen 1950 und 1953 Vorstandsmitglied des Unterbezirks der SPD in Braunschweig.[29] Danach ließ sie sich als Kandidatin für die Wahl zum Bundestag aufstellen.

Über die Landesliste in Niedersachsen kam Franziska Bennemann 1953 in den Deutschen Bundestag. Ihr Wahlkreis war Gandersheim/Salzgitter. Sie war in der 2. Wahlperiode Ordentliches Mitglied im Ausschuss für Fragen der öffentlichen Fürsorge, in der 2. und 3. Wahlperiode im Petitionsausschuss.[30] In der 3. Wahlperiode gehörte sie als Ordentliches Mitglied auch dem Ausschuss für Kommunalpolitik und öffentliche Fürsorge an. In beiden Wahlperioden war sie Stellvertretendes Mitglied des Ausschusses für Wahlprüfung, Immunität und Geschäftsordnung und des Ausschusses für Arbeit. In der 2. Wahlperiode gehörte sie als Stellvertretendes Mitglied außerdem dem Ausschuss für Sonderfragen des Mittelstandes und dem Ausschuss für Wiederaufbau und Wohnungswesen an.

Als ehemaliges ISK-Mitglied sah sie ebenso wie ihr Mann Otto Bennemann nach 1945 ihre Aufgabe darin, »für eine Welt zu streiten, in der Not und Unrecht soweit wie möglich eingeschränkt werden, in der dem Menschen das zuteil wird, was ihn auszeichnet, nämlich seiner Bestimmung gemäß zu leben als denkendes, selbstständig und verantwortungsbewusst handelndes Wesen«.[31] Franziska Bennemann hat sich im Bundestag niemals in den Vordergrund gedrängt. Sie hat schnell das Vertrauen ihrer Fraktionskolleginnen und -kollegen gewonnen und viele Menschen haben sie aufgesucht und ihr Herz ausgeschüttet. Sie hat vielen Menschen geholfen, nicht nur materiell, sondern auch durch ihre guten Ratschläge und ohne nach der Parteizugehörigkeit zu fragen. »Vor allem aber hat sie in der Stille gearbeitet. Sie hat stets für die Unterdrückten gearbeitet und sich besonders für Frauen eingesetzt, ohne rechthaberisch zu sein und ohne Männer jemals auszuschließen.«[32] Auch als die Partei das nicht mehr gerne sah, hat sie sich in über- und

---

28 Vgl. hierzu Lemke-Müller, S. 16.

29 Knoblich führt ihr politisches und gewerkschaftliches Engagement darauf zurück, dass sie keine Kinder hatte und ihr Mann ebenfalls »sehr engagiert politisch tätig« war. Vgl. Knoblich, S. 275. Später wird deutlich, dass sie wegen der Übernahme des niedersächsischen Innenministeriums durch Otto Bennemann ihr Bundestagsmandat aufgab. Die meisten weiblichen SPD-Abgeordneten in den untersuchten Bundestagsperioden waren weder verheiratet, noch hatten sie Kinder.

30 Zur Arbeit des Petitionsausschusses siehe das Portrait von Luise Albertz in diesem Band, S. 111-129.

31 Vgl. Festschrift für Otto Bennemann 1969, S. 20 f.

32 Otto Bennemann sagte das in Bezug auf ihr frauenpolitisches Engagement. Bereits zu Beginn des Interviews verwies er darauf, dass er über die Zeit, in der seine Frau im Bundestag zugebracht hat, wenig weiß. Er war zu dieser Zeit mit seiner eigenen Arbeit beschäftigt: Seit 1945 gehörte er zur Führungsgruppe der niedersächsischen SPD. Von 1948 bis 1952 und nach einer durch die Änderung der Mehrheitsverhältnisse im Rat der Stadt Braunschweig bedingten Unterbrechung von 1954 bis 1959 war er Oberbürgermeister der Stadt Braunschweig. Seit 1954 gehörte er zudem der Programmkommission der SPD an und war wesentlich an der Formulierung des Godesberger Programms beteiligt. Vgl. *Carsten Grabenhorst,* Otto Bennemann, Beitrag zu einer politischen Biographie, Braunschweig

außerparteilichen Frauenzusammenschlüssen engagiert.[33] Wenn sie sich in Bonn aufhielt, wohnte sie mit Jeanette Wolff in einer Wohnung, im gleichen Haus, in dem auch Marta Schanzenbach und Frieda Nadig eine gemeinsame Wohnung hatten.[34]

Franziska Bennemann war wesentlich an der Ausformulierung der Sozialgesetzgebung und des Sozialhilfegesetzes (SHG) sowie des Tuberkulosen-Hilfsgesetzes beteiligt. In diesem Zusammenhang sprach sie im März 1955 im Plenum zur Begründung des Antrags der SPD-Fraktion zur Vorlage eines Gesetzes über die Tuberkulosenhilfe. Von Tuberkulose waren damals immerhin ca. 500.000 Menschen, das war 1 % der Bevölkerung, betroffen. Sie verwies auf die Folgen, die unzureichende wirtschaftliche Unterstützungen für die Erkrankten verursacht hätten: Entweder versuche der Betroffene, frühzeitig eine Arbeit aufzunehmen, um seinen Lebensstandard zu erhöhen, dann bestehe die Gefahr, dass er wieder rückfällig werde; oder aber er nehme keine Arbeit auf, dann bestehe die Gefahr, dass die Lebensmittel nicht ausreichten, um ihn gesund zu halten. Deshalb sagte sie in dieser Rede: »Wenn wir nicht den Tuberkulösen pflegen, dann pflegen wir die Tuberkulose. (...) Die Regelung, die wir heute haben, ist keine Lösung; sie zeugt weder von Herz noch von Verstand, geschweige denn Vernunft.«[35] Vernunft war für ein ehemaliges ISK-Mitglied eine zentrale Kategorie.[36]

Ihre Arbeit im Bundestag hat sie sehr ernst genommen. Sieht man sich die Arbeit in den Ausschüssen an, so fällt auf, dass sie fast auf keiner Anwesenheitsliste fehlte. Gemeinsam mit Elfriede Eilers[37] und Willy Können[38] war sie in der Dritten Wahlperiode Sprecherin im Ausschuss für Kommunalpolitik und öffentliche Fürsorge und hat wesentlich bei der Neuformulierung des Sozialhilferechtes mitgewirkt. Elfriede Eilers verwies in ihren Erinnerungen darauf, wie sehr sie durch die Zusammenarbeit mit Franziska Bennemann profitiert habe.[39] Sie hat auch während ihrer Arbeit im Bundestag die Zielsetzung ihres politischen Handelns weiterhin in Nelson'schen Kategorien definiert: eine Staats- und Gesellschaftsverfassung, die es dem Individuum ermöglicht, sich frei von materieller Not und Bevormundung zu dem von Nelson formulierten Idealbild einer vernunftgeleiteten und selbstbestimmten Persönlichkeit zu entwickeln: »Dass das vernünftige Wesen, das, was es, seinem Begriff zufolge, der Möglichkeit nach ist, auch

---

1991, S. 68 f. Als er 1959 niedersächsischer Innenminister geworden war, erschien ihm die häufige Abwesenheit seiner Frau nicht mehr tragbar.

33 Vgl. ihren Lebenslauf in Archiv des Deutschen Bundestages in Berlin.

34 Vgl. Interview von Gisela Notz mit Elfriede Eilers am 4.5.1999 in Bielefeld.

35 Protokoll Deutscher Bundestag, 2. Legislaturperiode, 76. Sitzung, 24.3.1955.

36 Nelson wollte eine »Partei der Vernunft« aufbauen, vgl. Lemke-Müller, S. 25.

37 Elfriede Eilers (geb. 1921), 1957–1980 MdB der SPD.

38 Willy Können (1908–1980), 1953–1969 MdB der SPD.

39 *Elfriede Eilers,* »Wenn Frauen aktiv sind, sind sie's meistens länger als Männer«, Lebensbilder, aufgezeichnet von Heinz Thörmer, Marburg 1996, S. 30, sowie *Elfriede Eilers,* Im Brennpunkt: Frauenpolitik, in: *Renate Lepsius,* Frauenpolitik als Beruf, Gespräche mit SPD-Parlamentarierinnen, Hamburg 1987, S. 76-99, hier: S. 85 f.

wirklich wird« (Nelson)[40]. Gemäß der Nelson'schen Forderung nach Beachtung des Rechts der Tiere auf Leben hielt sie an der vegetarischen Lebensweise fest. Mit der Auflösung des ISK und der Eingliederung seiner Funktionäre in die SPD entfiel allerdings ein wesentliches Nelson'sches Theorieelement: die Vorstellung, dass der »Kampf ums Recht« mit dem Instrument einer führerschaftlich organisierten »Partei der Vernunft« zu führen sei. Neu hinzu kam statt dessen das Bekenntnis zur Demokratie als innerparteiliches und gesellschaftliches Organisationsprinzip.[41]

Leider geht aus den Quellen nicht hervor, wie Franziska Bennemann die Wiederaufrüstung der Bundesrepublik erlebt hat und wie sie verkraftet hat, dass ihre pazifistische Grundeinstellung nicht mehr mehrheitsfähig war. Für Alma Kettig[42], ihre Mitstreiterin im Bundestag, bedeutete die »Wiederaufrüstung die absolute Absage an die Politik der deutschen Wiedervereinigung«. Alma Kettig war selbst während der Zeit des Nationalsozialsismus im ISK aktiv. Sie war von Franziska Bennemann enttäuscht: »Mir haben damals viele Fraktionsgenossen, darunter Franziska Bennemann und Heinz Kühn, energisch versichert, dass sie diesen Ergänzungsgesetzen keinesfalls zustimmen würden. Bei der Vorabstimmung in der Fraktion verhielten sie sich auch entsprechend, von 164 Fraktionsmitgliedern waren viele noch immer dagegen. Die Mehrheit der Fraktion allerdings entschied sich für die Ergänzung.« Vergeblich sucht man unter den 19 SPD-Abgeordneten, die mit »Nein« stimmten, Franziska Bennemann. Allerdings nahmen etwa 50 SPD-Abgeordnete überhaupt nicht an der Abstimmung teil.[43]

Möglicherweise wurde Franziska Bennemann der Abschied von ihrer Bundestagsarbeit durch die geänderte Wiederaufrüstungspolitik der SPD erleichtert. Sie wollte 1961 nicht mehr für den Bundestag kandidieren. Ihr Ehemann war 1959 Innenminister des Landes Niedersachsen geworden. Eine gleichzeitige Tätigkeit seiner Ehefrau als Bundestagsabgeordnete ließ sich nicht mit seiner Arbeit als Minister vereinbaren.[44]

40 Zitiert nach *Werner Link,* Die Geschichte des Internationalen Jugendbundes (IJB) und des Internationalen Sozialistischen Kampfbundes (ISK). Ein Beitrag zur Geschichte der Arbeiterbewegung in der Weimarer Republik und im 3. Reich, Meisenheim/Glan 1964, S. 11.

41 Vgl. Grabenhorst, S. 74 f.

42 Vgl. die Biographie von Alma Kettig in diesem Band, S. 264-282.

43 Die Zustimmung zur Ergänzung des Grundgesetzes war notwendig, wenn die Wiederaufrüstung der Bundesrepublik geschehen sollte. Vgl. *Stefan Appelius* (Hrsg.), Alma Kettig, Verpflichtung zum Frieden, Biographie einer Bundestagsabgeordneten, Oldenburg 1990, S. 125. Vgl. auch *Alma Kettig,* Die SPD verlassen? Das wäre zu einfach gewesen, in: Ministerium für Frauen, Jugend, Familie und Gesundheit des Landes Nordrhein-Westfalen (Hrsg.), Zeitgenossinnen, Frauengeschichte(n) aus Nordrhein-Westfalen, Düsseldorf 1999, S. 66-69; hier: S. 69.

44 Interview Otto Bennemann.

Weiterarbeit (1961–1986)

»Frau des Oberbürgermeisters und Innenministers«[45]

Das Ende der Abgeordnetentätigkeit bedeutete für Franziska Bennemann nicht das Ende des politischen und sozialen Engagements. 1968 wurde sie Mitglied der Deutsch-Israelischen Gesellschaft und Mitglied der Arbeitsgemeinschaft politisch verfolgter Sozialdemokraten und war in anderen Gremien aktiv.[46] Ihr Mann, Innenminister und Oberbürgermeister Otto Bennemann, wurde 1959 Ehrensenator der Technischen Universität Braunschweig, 1968 Ehrenbürger der Stadt Braunschweig und erhielt 1969 das Niedersächsische Verdienstkreuz.

Franziska Bennemann starb am 26. August 1986 in Braunschweig nach einer schweren Krankheit. Die SPD hatte »eine herausragende Mitstreiterin und engagierte Förderin« ihrer Ideen verloren.[47] Otto Bennemann begründete nach ihrem Tod die Franziska- und Otto-Bennemann-Stiftung innerhalb der Friedrich-Ebert-Stiftung, durch die vorwärtsweisende wirtschaftspraktische Initiativen gefördert werden. Ins Braunschweigische Biographische Lexikon des 19. und 20. Jahrhunderts ist Franziska Bennemann als Frau des SPD-Politikers, Oberbürgermeisters der Stadt Braunschweig und Niedersächsischen Innenministers Otto Bennemann aufgenommen worden.[48] Ihre eigene politische Arbeit, besonders die Arbeit im ISK und IJB, in denen die Hälfte der aktiven Mitglieder Frauen waren und in denen sie, ebenso wie ihr Mann, im Widerstand gegen das nationalsozialistische Regime eine tragende Rolle spielte, ist zu Unrecht beinahe in Vergessenheit geraten.

45 *Horst Rüdiger Jarck/Günter Scheel* (Hrsg.), Braunschweigisches Biographisches Lexikon 19. und 20. Jahrhundert, Hannover 1996, S. 50.

46 Handbuch der deutschsprachigen Emigration, S. 51, sowie Volksfreund, 27. Jg., Nr. 6 vom Oktober 1986.

47 Volksfreund Nr. 6/1986.

48 Jarck/Scheel, S. 50.

Margarete (Gretel) Berger-Heise

»Es muss ein wirklich soziales Mietrecht erarbeitet werden, nicht eines, das sich nur so nennt«[1]

Margarete Berger-Heise kam aus einer politisch aufgeschlossenen Handwerkerfamilie. Sie wurde Blumenbinderin und Verkäuferin. Es waren ihr Aufbegehren gegen die Verschärfung der sozialen Gegensätze und die Bedrohung durch das Hitlerregime, die sie zur Sozialdemokratin werden ließen. Ihr waren die Positionen der Nationalsozialisten ebenso verhasst wie die der Kommunisten. Trotzdem lebte sie bis 1961 im Ostsektor von Berlin. Im Bundestag kämpfte sie 1953–1969 für die Besserstellung der Menschen in der DDR sowie für bessere Wohnmöglichkeiten und ein gerechteres Mietrecht. Ihre Zuneigung galt vor allem denjenigen, die ›mit ihrer Hände Arbeit‹ Geld verdienen mussten.

Kindheit, Jugend und erste politische Arbeit (1911–1933)

»Mein Vater war immer politisch sehr aufgeschlossen, meine Mutter desgleichen«[2]

Margarete Linsner wurde am 11. Januar 1911 in Berlin als Tochter eines Handwerksmeisters geboren. Ihren Vater sowie die Mutter, über die leider aus den Quellen sonst nichts hervorgeht, bezeichnete sie als »politisch sehr aufgeschlossen«[3]. Nach dem Besuch der Volksschule lernte sie den Beruf der Blumenbinderin und besuchte die Victoria-Fachschule in Berlin. 1927 begann sie, 16-jährig, ihre Berufsarbeit als Blumenbinderin und Blumenverkäuferin bei einem sehr konservativen Arbeitgeber in einem Blumengeschäft Unter den Linden in Berlin. Politisiert durch die sozialen Gegensätze, die durch die hohe Erwerbslosigkeit in Berlin besonders deutlich hervortraten, wollte sie politische Handlungsstrategien gegen diese Ungerechtigkeit entwickeln. So wurde sie bereits in jungen Jahren in der Sozialistischen Arbeiterjugend tätig und trat, gerade 21-jährig, 1932 der Sozialdemokratischen Partei bei. Wegen des zunehmend gewalttätigen Auftretens der Nationalsozialisten, die bereits 1932 mit einer großen Anzahl von Abgeordneten im Reichstag vertreten waren, empfand sie die politische Lage immer bedrohlicher. Gretel Linsner beunruhigte aber auch, dass die Kommunisten bei der Reichstagswahl ca. 10 % aller Stimmen bekommen hatten. Sie wollte mit ihrer Mitgliedschaft und ihrer aktiven Arbeit in der SPD dazu beitragen, dass Nationalsozialisten *und* Kommunisten die Weimarer Republik nicht gefährdeten. Ihre Arbeit im Blumenladen gab sie 1932 auf und wurde Büroangestellte. Bis 1934 blieb sie in diesem Beruf.

---

1 *Margarete Berger-Heise,* Um die ›angemessene‹ Miete, SPD-Pressedienst P/XXI/87 vom 6. Mai 1966.

2 Südwestfunk vom 21.9.1953: Gespräch mit der Bundestagsabgeordneten Gretel Heise, MdB der SPD. AdsD, Sammlung Personalia Margarete Berger-Heise.

3 Ebd.

Margarete Berger-Heise (1911–1981), MdB 1953–1969

Im Schatten des Hakenkreuzes (1933–1945)

»Ich habe dann noch eine zeitlang illegal gearbeitet«[4]

Während der Zeit des Nationalsozialismus arbeitete sie mit engen Freunden illegal im Widerstand. Aufgrund ihrer politischen Überzeugung wurde sie für kurze Zeit inhaftiert.[5] Als auch ihre Freunde nach und nach verhaftet und zu hohen Geldstrafen verurteilt wurden, zog sie sich aus Angst um ihr eigenes Leben aus der illegalen Arbeit zurück. Inzwischen hatte sie geheiratet, hieß nun Gretel Heise und hatte einen Sohn namens Jürgen.[6] Sie widmete sich fortan ganz ihrer Familie. Zehn Jahre lang – zwischen 1934 und 1944 – bezeichnete sie sich als Hausfrau.1944 begann sie eine neue Berufstätigkeit als leitende Angestellte eines Verlags, eine Tätigkeit, die sie bis 1947 ausübte.

Wiederaufbau der Sozialdemokratischen Partei im Osten (1945–1953)

»Man sollte eine Sprechstunde für Genossinnen zur Beratung der täglichen Sorgen einrichten«[7]

Unmittelbar nach Ende des Zweiten Weltkrieges wurde Gretel Heise in der SPD im Ostsektor Berlins aktiv. Im Folgenden können nur ihre wichtigsten Funktionen genannt werden: Von April 1946 bis 1949 war sie Kreisfrauenleiterin und wurde im Januar 1947 Mitglied des Kreisvorstandes der SPD im Bezirk Berlin-Weißensee (Ostsektor) und in dieser Funktion Beisitzerin für die Entnazifizierung. Im Oktober 1946 wurde sie Mitglied der Jugendgruppe der SPD in Weißensee. Sie war als entschiedene Gegnerin der Fusion zwischen KPD und SPD bekannt, denn sie wollte eine eigenständige sozialdemokratische Partei. Ein »offensichtlich nicht genehmigter, aber dennoch gedruckter Aufruf«, mit dem sich der Kreisvorstand der SPD Weißensee am 31.5.1946 an die Bevölkerung des Stadtbezirks wandte, um diese für die Ziele der Sozialdemokratie zu gewinnen, wies ihre Privatadresse auf.[8] Ihre Abneigung gegen die Zusammenarbeit mit Kommunisten erstreckte sich auch auf den Demokratischen Frauenbund Deutschlands (DFD).[9] Im Januar 1948 wandte sie sich auf einer Frauenausschusssitzung in Weißensee dezidiert gegen den DFD, da dieser nach ihrer Meinung eine kommunistische Organisation sei,

4 Ebd.

5 Ein genauer Zeitpunkt geht aus den Quellen nicht hervor.

6 Leider sind weder aus Quellen noch über Zeitzeugen Angaben zu Mann und Sohn zu erfahren.

7 Lebenslauf Margarete (»Gretel«) Berger-Heise, Sammlung Berger-Heise, Bundestagsarchiv Berlin.

8 Ebd.

9 Zum Demokratischen Frauenbund Deutschlands (DFD) vgl. *Ingeborg Nödinger,* Für Frieden und Gleichberechtigung. Der Demokratische Frauenbund Deutschlands und die Westdeutsche Frauenfriedensbewegung – die 50er und 60er Jahre, in: *Florence Hervé* (Hrsg.), Geschichte der Deutschen Frauenbewegung, Köln 1995, S. 138-154.

denn Frauen, die gleichzeitig in der Kommunistischen Partei tätig waren, wirkten dort meinungsbildend.[10]

Politisch aktive Frauen – so war ihre Position – sollten in der SPD aktiv werden. Sie konnte als Mitglied der SPD, die auch nach Gründung der DDR bis 1961 durch ein Besatzungsstatut geschützt war, im Ostsektor Berlins tätig sein. Sie nahm an zahlreichen Veranstaltungen der sich neu formierenden Partei teil, von denen einige genannt seien: Am 17. und 18. August 1946 war sie als Kreisfrauenleiterin Delegierte des 3. Landesparteitages der SPD. Auch beim 4. und 5. Landesparteitag (1947 und 1948) war sie Delegierte. Auf der Frauensekretärinnenkonferenz in Weißensee am 21.11.1946 machte sie auf sich aufmerksam, indem sie den Vorschlag einbrachte, angesichts der Nachkriegssituation, die gerade für Frauen mit vielen Überlebensängsten und Nöten verbunden war, eine »Sprechstunde für Genossinnen zur Beratung der täglichen Sorgen« einzurichten.[11] Im Juli 1948 wurde sie zur SPD-Frauenkonferenz nach Wuppertal delegiert. Auch an mehreren Bundesparteitagen der SPD nahm sie als Delegierte teil. Bei der Sitzung der obersten Parteigremien am 10. und 11.10.1948 in Düsseldorf wurde sie neben Käte Strobel[12] als eine der vier Schriftführerinnen für den Parteitag vorgeschlagen.[13] Bei der SPD-Frauenkonferenz am 6. und 7.5.1950 ging sie auf das Schicksal vieler in Ost-Berlin beschäftigter Frauen ein und erwähnte, dass das Nachtarbeitsverbot für Frauen von vielen Betrieben nicht eingehalten werde. Sie drohten damit, die Produktion in den Westen zu verlagern, wenn entsprechende Anforderungen an sie gestellt würden.[14]

Von 1949 bis 1951 war Gretel Heise Organisationssekretärin der SPD für das gesamte Land Berlin. Seit 1951 war sie Kreisvorsitzende der Bezirke Berlin-Weißensee und Berlin-Friedrichshain. Von 1949 bis 1963 gehörte sie als politische Sekretärin und Beisitzerin dem SPD-Landesvorstand Berlin an. 1950 bis 1953 wurde sie für den Ostsektor zum Mitglied des Berliner Abgeordnetenhauses gewählt. Auf Grund des alliierten Status von Berlin zählte die Stadt nicht zur Bundesrepublik. Nach einer Verfügung der Alliierten aus dem Jahre 1946 waren sowohl die SED in Westberlin als auch die SPD in Ostberlin als legale Organisationen zugelassen.[15] Das galt faktisch bis 1990. Allerdings konnte die SPD als politische Kraft in der Ost-Berliner Stadtpolitik nicht mehr

10 Ebd. Zum DFD in Berlin siehe: *Rita Pawlowski,* Der Demokratische Frauenbund Deutschlands (DFD), in: *Renate Genth u.a.*, Frauenpolitik und politisches Wirken von Frauen im Berlin der Nachkriegszeit 1945–1949, Berlin 1996, S. 75-104.

11 Lebenslauf Gretel Berger-Heise.

12 Siehe die Biographie über Käte Strobel in diesem Band, S. 483-501.

13 Prot. SPD-PT 1948, S. 7, vgl. *Willy Albrecht,* Die SPD unter Kurt Schumacher und Erich Ollenhauer 1946 bis 1963, Bd. I: 1946–1948, Bonn 1999, S. 492; zudem ist aus den Protokollen der Parteitage zu entnehmen, dass sie von 1947 bis 1952 und 1956 als Delegierte der Stadt Berlin an den Parteitagen teilgenommen hat, siehe die entsprechenden Listen der Delegierten und Gäste.

14 Notizen zur SPD-Frauenkonferenz am 6. und 7.5.1950 in Düsseldorf. Aus dem Notizbuch von Lisa Albrecht, AdsD, Nachlass August und Lisa Albrecht. Zur Ambivalenz eines besonderen Frauenarbeitsschutzes vgl. *Teresa Kulawik,* Wohlfahrtsstaat und Mutterschaft: Schweden und Deutschland 1870–1912, Frankfurt/M./New York 1999, S. 61 ff.

15 Südwestfunk 1953: Gespräch mit der Bundestagsabgeordneten Gretel Heise.

mitgestalten. Durch die endgültige Spaltung der Stadt in Ost- und Westberlin wurde Ostberlin quasi zum »sechsten Land der Ostzone«. Die Auflösung der Partei in Ost-Berlin kam bis zum Bau der Mauer 1961 nicht in Frage, weil die Ostberliner Parteimitglieder die Organisation trotz Schikanen und Verfolgungen am Leben erhalten wollten.[16] Die Bereitschaft, in einigen kommunalpolitischen Fragen mit der SED zusammenzuarbeiten, wurde mit zunehmenden Schikanen immer geringer. Auch Gretel Heise blieb davon nicht unberührt: Am 9. Mai 1953 wurde ihr Mitarbeiter vom DDR-Regime verhaftet und unter Ausschluss der Öffentlichkeit zu drei Jahren Gefängnis verurteilt. Sie war seine Vorgesetzte und man wollte ihr nicht einmal einen Grund für die Verhaftung nennen. Auch eine Berufung wurde verworfen. Ihre Abneigung gegen das DDR-Regime wuchs zusehends.[17]

Von 1951 bis zur Selbstauflösung der SPD im Ostsektor Berlins nach dem Mauerbau 1961 war sie Vorsitzende des Bezirks Weißensee. Während dieser 10-jährigen Amtszeit war Gretel Heise die einzige Frau in der Position einer Bezirksvorsitzenden.[18] Nach dem Mauerbau zog sie nach Köln und heiratete ein zweites Mal.[19]

Arbeit im Bundestag (1953–1969)

»Wohnungen für Alleinstehende – das ist wirklich mein Steckenpferd«[20]

1953 wurde Gretel Heise als eine von fünf Frauen aus dem Berliner Abgeordnetenhaus in den Bundestag gewählt.[21] Sie war die einzige Frau aus dem Berliner Ostsektor. Sie behielt ihren Wohnsitz weiterhin in Berlin-Weißensee (Ostsektor). Mit ihrer Arbeit im Bundestag verband sie die »besondere Aufgabe, die Nöte unseres Sektors und unserer Menschen nicht vergessen zu lassen«.[22] Immer wieder betonte sie, dass alle Berliner Bürger einer Stadt seien. In der 2. Wahlperiode war sie Ordentliches Mitglied des Auschusses für öffentliche Fürsorge und des Ausschusses für Wiederaufbau und Wohnungswesen, in der 3. Wahlperiode des Ausschusses für Wohnungswesen und Bodenrecht, in der 4. Wahlperiode des Ausschusses für Wohnungswesen, Städtebau und Raumordnung und in der

16 »Die Zeit« beschrieb Ostberlin schon Mitte 1947 so. Siehe hierzu ausführlich *Siegfried Heimann,* Alltag in Trümmern, Wiederbeginn des politischen Lebens in Berlin, in: Grüner Weg 31a, H. 1/1996, S. 26-37.

17 Südwestfunk 1953: Gespräch mit Heise.

18 Vgl. *Bettina Michalski,* Louise Schroeders Schwestern, Berliner Sozialdemokratinnen der Nachkriegszeit, Bonn 1996, S. 122.

19 Siehe hierzu weiter unten, S. 182. Über den Verbleib ihres ersten Ehemannes ist aus den Quellen und über Zeitzeugen nichts zu erfahren.

20 Michalski, S. 122.

21 Die Ost-Berliner Bundestagsmitglieder wurden ebenso wie alle anderen vom Landesparlament gewählt. Sie bekamen für Auslandsreisen einen West-Berliner Ausweis, in dem als ihre Adresse die Zietenstraße 18, also das Gebäude des SPD-Landesvorstandes, verzeichnet war. Vgl. *Manfred Rexin,* Zugelassen 1946 – aufgelöst 1961, Die SPD in Ost-Berlin, in: Heft 5 der Schriftenreihe des Franz-Neumann-Archivs, Berlin 1989, Die SPD in Ost-Berlin 1946–1961, S. 2-30, hier: S. 15 f.

22 Lebenslauf. Um größeren Schikanen bei ihren Reisen zu entgehen, erhielt sie einen westdeutschen Pass.

5. Wahlperiode des Ausschusses für Kommunalpolitik, Raumordnung, Städtebau und Wohnungswesen. Als Stellvertretendes Mitglied gehörte sie in der 2. Wahlperiode dem Beamtenrechtsausschuss, dem Ausschuss für Post- und Fernmeldewesen und dem Heimatvertriebenenausschuss, in der 2. bis 5. Wahlperiode dem Ausschuss zur Wahrung der Rechte der Volksvertretung gem. Art. 45 des GG und in der 2. und 3. Wahlperiode dem Lastenausgleichsausschuss an. In der 3. Wahlperiode war sie auch Stellvertretendes Mitglied des Außenhandelsausschusses, in der 3. und 4. Wahlperiode des Finanzausschusses und des Rechtsausschusses, in der 4. und 5. Wahlperiode des Ausschusses für gesamtdeutsche und Berliner Fragen. In der 4. Wahlperiode gehörte sie dem Parlamentarischen Rat der Europäischen Bewegung an.

Während ihrer Bundestagsarbeit setzte sie sich besonders für die Berliner Bevölkerung ein. Gemeinsam mit ihren Fraktionskolleginnen und -kollegen konnte sie einige gesetzliche Maßnahmen zur Verbesserung der Situation der DDR-Bevölkerung durchsetzen. Im Ausschuss für Städtebau und Raumordnung hat sie sich in enger Zusammenarbeit mit dem Berliner Senat um Sonderregelungen für Berlin bemüht. Ganz besonders am Herzen lag ihr die Bereitstellung von Wohnungen für die vielen alleinstehenden Männer und Frauen.[23] Als Leiterin der für die Vorbereitung der Ausschuss- und Plenarsitzungen zuständigen Arbeitsgruppe Wohnungswesen, Städtebau und Raumordnung der SPD-Fraktion konnte sie an einigen Gesetzen zur Verbesserung des Mietrechtes und des Wohnungsbaus für die sozial schlechter gestellten Menschen erfolgreich mitarbeiten. Ihre Arbeit im Ausschuss für gesamtdeutsche und Berliner Fragen galt vor allem der stärkeren wirtschaftlichen und kulturellen Belebung der Zonenrandgebiete.

Freilich beobachtete man ihre Westaktivitäten im Osten der Stadt argwöhnisch. Das Misstrauen wurde durch ihr vehementes Eintreten für die DDR-Bevölkerung im Bundestag noch geschürt. Anfang Januar 1956 griff man sie in der Ostberliner Wochenzeitung »Freie Presse« scharf an. Eine Leserzuschrift wurde veröffentlicht, in der man ihr vorwarf, sie habe in den Räumen der SPD-Kreisgeschäftsstelle Weißensee ein »Werbebüro für Adenauers Politik« eingerichtet. Sie erhalte zudem »hohe Bundestagsdiäten aus Bonn« und behindere »auftragsgemäß den Aufbau im demokratischen Sektor Berlins und in der DDR«. Die SPD-Landesleitung Berlin vermutete einen Versuch, bei den Ostberliner SPD-Mitgliedern Missstimmung gegen die gewählten Funktionäre zu erreichen.[24]

Von einer Leserbriefschreiberin wurde ihr im November 1956 vorgeworfen, dass sie »sich selbst als Erzieherin ihrer Parteimitglieder nach dem Leitgedanken der Bonner Politik« betrachte. Außerdem wolle sie verhindern, »den 1. Mai als Kampftag der Arbeiter« zu begehen. »Die Gouvernante Heise« habe nämlich am Westberliner Treffpunkt das für einen sozialistischen Kampftag völlig unpassende Lied »Das Wandern ist des Müllers Lust« angestimmt. Zudem habe sie bereits am 13. Oktober 1955 Weißenseer Frauen gegenüber erklärt: »Ich vertrete hier nicht die Interessen der DDR, sondern die der

23 Südwestfunk, Gespräch.

24 Stimmungsmache, in: Telegraf vom 8.1.1956 sowie: Wieder Angriff auf Ost-Berliner SPD, in: Der Tagesspiegel vom 8.1.1956.

Bonner Republik.« Die Schreiberin bezweifelte gar, dass sich die Weißenseer Sozialdemokraten mit den Auffassungen von Frau Heise identifizieren. Als Beleg führte sie an, dass Gretel Heise kurze Zeit nach diesem Vorfall, am 26. November 1955, nach der Rede eines SPD-Referenten aus Westberlin in Malchow erklärt habe, sie sei gegen jede Verhandlung mit dem Osten. Der Referent hingegen habe in seinen Ausführungen die Notwendigkeit der Verständigung und von Verhandlungen zwischen der Bundesrepublik und der DDR betont. Nach Ansicht der Leserbriefschreiberin sei Gretel Heise auf Grund ihrer Ansichten und Aktivitäten »in der SPD fehl am Platze« und müsse für die nächste Wahlperiode dringend abgelöst werden.[25] Leider ist in den Quellen keine Erwiderung der Beschuldigten zu finden. Gretel Heise wurde nicht abgelöst, sie blieb im Bundestag. Freilich gingen die Schikanen weiter.

Sie hatte eine Reihe von Ehrenämtern in der Partei. Zum Beispiel wurde sie 1955 Mitglied des SPD-Landesausschusses und 1957 Beisitzerin im Landesvorstand der SPD in Berlin. Sie war außerdem Vorstandsmitglied der Europa-Union Berlin. Von 1961 bis 1965 wurde sie ferner Mitglied des Parteiausschusses bzw. Parteirats der SPD auf Bundesebene. Am 28.12.1957 rückte die Sozialdemokratin auch privat näher an Bonn: Sie heiratete Friedrich Berger[26], den Kulturredakteur und »hochgeschätzten, aber auch gefürchteten Kritiker« des »Kölner Stadt-Anzeigers«.[27] Willy Brandt, damals Regierender Bürgermeister von Berlin, sandte Glückwünsche und einen Nelkenstrauß.[28] Nun war sie mit einer »ehrfurchtgebietenden Patriarchengestalt«, die sich um das Kölner Kulturleben verdient gemacht hatte[29], verheiratet und hieß Gretel Berger-Heise. Am 11.1.1961 konnte sie ihren 50. Geburtstag feiern, zu dem Willy Brandt Grüße sandte.[30]

Im Bundestag setzte sie sich in den weiteren Wahlperioden verstärkt für eine bessere Verteilung der Chancen auf dem Wohnungsmarkt ein,[31] ein Arbeitsgebiet auf dem sie zur Expertin geworden war. Wie eine Löwin kämpfte sie gegen die Aufhebung des Mieterschutzes und der Mietpreisbindung sowie gegen die Abschaffung der Wohnungsämter. In ihren Artikeln erinnerte sie daran, dass fast 50 % der erwerbstätigen Frauen in Untermiete wohnten, wovon sehr viele über 40 Jahre alt seien.[32] Diese Untermieterinnen seien

---

25 *Gerda L.*, Weißensee, Grete Heise, die Bonner Gouvernante, in: »Freie Presse« vom 7.11.1956, Sammlung Personalia Gretel Berger-Heise, AdsD.

26 Brief Erna Jung an Willy Brandt vom 22.12.1957, in: AdsD, Willy-Brandt-Archiv, beruflicher Werdegang, (Nr. 16 alt), Akten Korrespondenz 1957, G-L.

27 *Joachim Besser*, Lob und Tadel mit Noblesse verteilt. Friedrich Berger zum 65. Geburtstag, in: Kölner Stadtanzeiger vom 3. April 1965.

28 Karte von Gretel Berger-Heise an Willy Brandt vom 6.2.1958, mit der sie sich für die »guten Wünsche« und den »herrlichen Nelkenstrauß« bedankt, in: AdsD, Willy-Brandt-Archiv, Beruflicher Werdegang (Nr. 18), Akten Korrespondenz 1958, A-F.

29 Kavalier alter Schule, in: Kölner Stadtanzeiger vom 21.7.1972.

30 Telegraf vom 12.1.1961.

31 *Margarete Berger-Heise,* Die Chancen sind zu ungleich, in: SPD-Pressedienst P/XVI/126 vom 8.6.1961.

32 *Margarete Berger-Heise,* Es gibt noch Wohnungsnot, in: SPD-Pressedienst P/XVII/295 vom 9.10.1962.

diejenigen, auf die die freigegebenen Mieten zuerst abgewälzt würden. Sie verwies auch auf die prekäre Situation vieler Ehepaare, die auf das Bausparen für ein Eigenheim verwiesen würden, wenn sie eine Wohnung brauchten. Ein bezahlbarer Bauplatz stehe aber gerade in den Großstädten in den meisten Fällen nicht zur Verfügung. Sie wollte sich daher mit ihrer Fraktion für eine Verbesserung der nach den schweren Kriegsschäden immer noch völlig unzureichenden Wohnungsversorgung für junge Familien und für Familien mit geringem Einkommen einsetzen.[33]

Als Antwort auf die durch die Regierungsparteien beabsichtigten Mieterhöhungen hatte Gretel Berger-Heise schon 1955 in einem Artikel auf die prekäre Situation der Menschen hingewiesen, die in völlig unzureichend ausgestatteten Altbauwohnungen oder halb zertrümmerten Wohnungen leben mussten und dennoch dauernden Mieterhöhungen ausgesetzt waren. Ohnehin schon teure »Normalwohnungen« mit WC und Bad wurden nach den Preiserhöhungen so teuer, dass sich viele Menschen eine solche Unterkunft nicht leisten konnten. Da nun bereits wieder »nach dem Willen der Bundesregierung die Aufrüstung anläuft«, so Gretel Berger-Heise, war gar nicht abzusehen, wann nach den Kriegszerstörungen neue Wohnungen gebaut werden sollten. Sie bezeichnete die geplanten Mieterhöhungen als eine unzumutbare Belastung, die »uns alle und besonders uns Frauen angeht«, schließlich seien es zumeist Frauen, die die Miete vom Wirtschaftsgeld zurücklegen müssten.[34]

Immer wieder verwies sie auf die besondere Situation alleinstehender Frauen, die »auf eigenen Verdienst angewiesen« waren oder nur eine bescheidene Rente bezogen. Das zweite Wohnungsbaugesetz enthielt keine wesentlichen Verbesserungen für Frauen. Es war auf die Bevorzugung des Eigenheimes zugeschnitten. Eigenheime kämen aber nur für Familien in Frage, die Eigenkapital hätten oder eine jahrzehntelange Belastung auf sich nehmen könnten. Die heranwachsende junge Frauengeneration, die ohne Männer lebe und selbst im Berufsleben stehe, war nach Gretel Heises Meinung »bevölkerungspolitisch für den Staat nicht interessant«, ja werde durch die Gesetzgebung einfach ignoriert. Scharf kritisierte sie die Frauen selbst, die weitestgehend stumm blieben, obwohl sich die Öffentlichkeit mit diesem Gesetz mehr als mit anderen befasse. Außer einigen bescheidenen Zuschriften an den Wohnungsbauminister – nicht aber an die Abgeordneten – sei nichts von den Frauen zu hören. Dabei sollte es doch das Anliegen *aller* Frauen sein, ihre eigenen Interessen zu vertreten. Gretel Heise verwies darauf, dass die SPD im Rahmen der Bad Hersfelder Frauenkonferenz im Oktober 1955 in sechs Anträgen mehr Wohnungen für Alleinstehende gefordert habe. Die Frauen in den Länderparlamenten forderte sie auf, sich mit dem neuen »Gesetz über eine Statistik der Wohn- und Mietverhältnisse und des Wohnungsbedarfs« vertraut zu machen und sich für die alleinstehenden Frauen einzusetzen. Schließlich appellierte sie auch an »die Frauen, die eine Familie und

33 Berger-Heise, Die Chancen sind zu ungleich.

34 *Gretel Heise,* 5 Millionen Wohnungen sollen teurer werden, in: Gleichheit Nr. 4/April 1955, S. 123-124.

eine anständige Wohnung haben« und forderte sie auf, für die weniger Glücklichen zu sprechen und sich für sie einzusetzen.[35]

Gretel Berger-Heise wollte, dass die Bevölkerung davon erfuhr, dass genug staatliche Mittel für Wohnungen bereitgestellt würden. Dem Wohnungsbau für Bundeswehrbedienstete beispielsweise räume die Bundesregierung »ungewöhnliche Vergünstigungen« ein: Während nach dem neuen Gesetz öffentliche Darlehen im Sozialen Wohnungsbau für 25 Jahre vergeben würden, müssten die Bauherrn von Soldatenwohnungen sie erst in 80 Jahren zurückzahlen. Die »neuen Soldaten« zahlten oft weniger Miete, als sie Mietzuschuss bekämen. Das fand Gretel Berger-Heise ungerecht. Die Bundeswehr solle gegenüber dem »arbeitenden Bürger« nicht mit neuen Vorrechten und Privilegien ausgestattet werden. Ihr Gerechtigkeitssinn brachte sie zu der Forderung: So »wie für die neuen Soldaten müssen [Wohnungen] auch für die Bewohner von Kellern, Notwohnungen, Nissenhütten und Bunkern und auch für die Mieter überalteter Wohnungen, für Untermieter und junge Ehepaare gebaut werden«.[36]

Dem Vorhaben der christlich-liberalen Regierungskoalition, ein soziales Mietrecht und ein Wohnungsbeihilfegesetz einzuführen, stand sie äußerst kritisch gegenüber. Sie schrieb dazu: »Den sozialen Wohnungsbau in die freie Marktwirtschaft eingliedern heißt nichts anderes, als die Freigabe der Mieten, und das ist wiederum nicht sozial.«[37] Mit scharfen Worten wandte sie sich gegen die Aussage des Geschäftsführers der regierungsnahen Aktionsgemeinschaft »Soziale Marktwirtschaft«, der auf einer Tagung dafür plädiert hatte, von der Vorstellung abzukommen, »dass man eine Art selbstverständlichen Rechtsanspruch hätte, vom Staat eine Wohnung für eine kaum noch nennenswerte Benutzungsgebühr geliefert zu bekommen«.[38] Sie hielt dem entgegen, dass die »Benutzungsgebühr« schon damals in einer Großstadt wie Berlin zwischen sechs und 40 % des Familieneinkommens ausmachte. Den niedrigsten Prozentsatz zahlten Großverdiener, den höchsten Geringverdienende, Rentnerinnen und Rentner, für die selbst kleine, bescheidene Wohnungen in Arbeiterbezirken schier unerschwinglich waren. Die Regierungsmehrheit hatte sowohl den Gesetzentwurf der SPD, öffentliche Mittel vordringlich für Wohnungssuchende mit niedrigem Einkommen zu verwenden, als auch den Antrag, die Zuschüsse für den sozialen Wohnungsbau zu erhöhen, wie darüber hinaus eine Forderung nach Festsetzung einer Höchstgrenze für Mieten im sozialen Wohnungsbau abgelehnt. Statt dessen wurde gegen die Stimmen der SPD die Kostenmiete, die dann »zulässige Miete« genannt wurde, im Gesetz festgelegt. Nach Gretel Berger-Heise wurde damit der soziale Wohnungsbau zerschlagen.

---

35 *Gretel Heise,* Sichert das zweite Wohnungsbaugesetz auch Wohnungen für Alleinstehende? In: Gleichheit Nr. 5/Mai 1956, S. 167-168.

36 *Margarete Heise,* Der Skandal um den »sozialen Wohnungsbau«, in: Gleichheit Nr. 12/Dezember 1956, S. 441-442.

37 *Gretel Heise,* Es geht um unsere Wohnungen! In: Gleichheit Nr. 2/Februar 1956, S. 41-42; hier: S. 41.

38 Ebd.

Die Bundesregierung stand auf Seiten der Hausbesitzer. Sie wollte sowohl die Wohnraumbewirtschaftung wie auch die Mietbindung über Bord werfen und das Eigentum von staatlich geregelten Verpflichtungen befreien. Gretel Berger-Heise verwies darauf, dass eine Wohnung mehr ist als eine Unterkunft und dass auch der Mieter soziale Bindungen an seine Wohngegend hat, die »außerhalb des nur wirtschaftlichen Denkens im seelischen Bereich liegen«. Ihr Gerechtigkeitssinn verlangte: »Der Mensch, nicht der Profit ist das Maß aller Dinge.«[39] Deshalb seien Steuergelder als Subventionen zuerst für die Wohnungssuchenden mit niedrigem Einkommen zu vergeben, und Wohnungen für Alleinstehende betrachtete sie als eine besondere Verpflichtung der Nachkriegsgesellschaft.[40]

Gretel Berger-Heise bezeichnete das gesamte Mietrecht als ein »Gesetzeswerk auf Stottern«, das mit einem sozialen Mietrecht wenig zu tun habe. In einer Rede am 7. Juli 1963 wies sie nach, dass der Kündigungsschutz für Mieter verschlechtert worden sei, weil Mieter die Beweislast auferlegt bekommen hätten, dass der durch eine Kündigung erfolgte Eingriff in die Lebensverhältnisse für sie unzumutbar sei. Gleichzeitig kritisierte sie, dass sich die Bundesregierung aus der Förderung durch den sozialen Wohnungsbau immer mehr zurückziehe. Der beste Mieterschutz wäre nach ihrer Meinung jedoch ein ausreichendes Angebot an guten Wohnungen zu erschwinglichen Mieten.[41] Am 12.7.1963 stimmte der Bundesrat einer »Verordnung über angemessen erhöhte Mieten« nach erheblichen Korrekturen zu. Gretel Berger-Heise konnte es als Erfolg verbuchen, dass einigen ihrer Vorbehalte Rechnung getragen wurde und diese in den Beschluss des Bundesrates Eingang gefunden hatten.[42]

Nicht einverstanden war sie allerdings mit einer Broschüre, die die Bundesregierung in den neu geschaffenen »weißen Kreisen« verteilt hatte und in der »das neue Miet- und Wohnrecht« vorgestellt wurde. Hier wurden die Nachteile für die Mieter ebenso verschwiegen wie die Einwürfe der SPD, die die Aufhebung der Schutzgesetze abgelehnt und sich immer dagegen gewehrt hatte, dass »Bruchbuden«, um die Statistiken zu verschönen, als »Normalwohnungen« gezählt wurden.[43] Das Bild der Wohnungspolitik, das Bundeskanzler Ludwig Erhard in seiner Regierungserklärung gezeichnet hatte, gefiel ihr nicht. Zudem hatte der Wohnungsbauminister die Mieter aufgefordert, bei Mieterhöhungen Klagen anzustrengen. Dieses »Abschieben der Mieter an die Gerichte« hielt sie und ihre Fraktion für unerträglich. Gretel Berger-Heise verwies darauf, dass dem »kleinen Mann«, der auf sich selbst gestellt sei, dadurch erhebliche Kosten entstünden. Die SPD-Fraktion brachte daher einen Antrag zur Änderung des Bürgerlichen Gesetzbuches ein, an dem Gretel Berger-Heise wesentlich mitgearbeitet hatte. Danach sollte der Vermieter ein Mietverhältnis nur kündigen können, wenn er ein nachgewiesenes berechtigtes Interesse

39 *Gretel Heise*, Was blüht uns wenn ..., in: Gleichheit Nr. 5/Mai 1957, S. 167-168; hier S. 168.

40 *Gretel Heise*, Neue Wohnungsbaupolitik, in: Gleichheit Nr. 8/August 1957, S. 302

41 *Margarete Berger-Heise*, Ein Mietrecht, das nicht sozial ist. Manuskript vom 3.7.1963, AdsD, Sammlung Personalia Margarete Berger-Heise.

42 »Die SPD-Fraktion teilt mit:« Mitteilungen der SPD-Pressestelle Nr. 192/63 vom 12.7.1963.

43 *Margarete Berger-Heise*, »Das neue Miet- und Wohnrecht«, Bemerkungen zu einer Broschüre des Bundeswohnungsbauministers, in: SPD-Pressedienst P/XVII/184.

Gretel Heise neben Willy Brandt auf dem SPD-Parteitag in Stuttgart, 1958

an der Beendigung des Mietverhältnisses geltend machen konnte. Sie verbuchte es als Erfolg, dass die Ängste von 2,5 Millionen Familien, die in Altbauwohnungen lebten, durch diese Regelung abgebaut werden konnten.[44] Ihr ausdauernder Einsatz für die Verbesserung der Situation von Mietern wurde schließlich belohnt, als in den Gesetzentwurf zur Änderung des Wohnbeihilfengesetzes, das fortan »Wohngeldgesetz« heißen sollte, etliche sozialdemokratische Forderungen zum Schutze der Mieter eingingen. Ganz zufrieden war sie freilich immer noch nicht, aber: »Mehr war bei den gegenwärtigen Mehrheitsverhältnissen nicht zu erreichen«, war ihr Kommentar.[45] Sie und ihre Fraktion wollten sich vorbehalten, zur gegebenen Zeit erneut initiativ zu werden und einen eigenen Entwurf eines neuen Wohngeldgesetzes einbringen, wenn es sich als erforderlich erwies.[46]

Gretel Berger-Heise lagen nicht nur die Probleme der Menschen in den Städten am Herzen. Während ihrer Wahlkampfreisen suchte sie auch kleine Dörfer und »unruhige Bauern« auf, um über die Agrarpolitik der Bundesregierung zu diskutieren. Bei einer Reise durch Baden-Württemberg stellte sie besorgt fest, dass es in den Dörfern, die im Einzugsgebiet einer Industriestadt lagen, bereits mehr Wochenendbauern und Nebenerwerbssiedler und damit mehr Pendler als Bauern gab. Sie hörte sich die Sorgen der Landbevölkerung an, die sich besonders auf den rückständigen Schulbetrieb, der zu einem Bildungsgefälle zwischen Stadt und Land führte, und auf Wohnungssorgen bezo-

44 SPD: pressemitteilungen und informationen Nr. 339/63 vom 25.10.1963.

45 »Die SPD-Fraktion teilt mit:« Mitteilungen der SPD-Pressestelle Nr. 66/65 vom 12. Februar 1965.

46 Ebd.

gen. Sie sah unter den Bauern neue Wähler- und Wählerinnenpotenziale für die SPD, zumal sie erfreut feststellen konnte, dass »der Landwirt ... sich nicht mehr von Wahlstrategen gegen den Industriearbeiter ausspielen« lässt, wie das früher der Fall gewesen wäre. Heute wisse der Bauer, dass nur wenn die Industrie floriere und der Industriearbeiter gut verdiene, auch er für seine Agrarprodukte rentable Preise erwarten könne.[47]

In Reden und Presseartikeln machte Gretel Berger-Heise auf Mietwucher aufmerksam und setzte sich für eine Senkung der Preise für Bauland ein. Hier warf sie der Bundesregierung vor, in ihren Bemühungen, die Baulandpreise auch nur einigermaßen stabil zu halten, hoffnungslos versagt zu haben.[48] In ihrer Stellungnahme zum Entwurf eines Städtebauförderungsgesetzes kritisierte die Berlin/Kölner Politikerin, dass sich Bundeswohnungsbau- und Bundesfinanzministerium drei Jahre lang fruchtlos über die Kosten gestritten hätten. Sie und ihre Fraktion wollten unter allen Umständen vermeiden, dass Länder und Gemeinden allein auf den »unrentierlichen Kosten« dieses Gesetzentwurfes sitzen blieben.[49] Ihrer Mitarbeit war es auch zu verdanken, dass nach jahrzehntelanger Arbeit 1965 ein Raumordnungsgesetz einstimmig verabschiedet werden konnte, das – wie sie schrieb – »von allen ideologischen Entballungstheorien, von Dorfromantik und Großstadtfeindlichkeit« befreit worden war.[50]

An der Einrichtung von »weißen Kreisen«, in denen entweder die Wohnraumbewirtschaftung oder auch die Mietpreisbindung und das Mieterschutzgesetz aufgehoben wurden, kritisierte sie vor allem, dass die gesetzliche Grundlage der Methode zur Berechnung des Wohnungsdefizits fragwürdig sei. In den »weiß gewordenen Kreisen« biete die an Stelle des Mieterschutzgesetzes getretene »Sozialklausel« dem Mieter keinen ausreichenden Schutz vor willkürlicher Kündigung. Mietervereine hatten bereits Widersprüche gegen Kündigungen ihrer Mitglieder erhoben, die vor Gericht allerdings abgelehnt wurden. Es war maßgeblich dem Engagement Gretel Berger-Heises zu verdanken, dass die sozialdemokratische Bundestagsfraktion am 4. Mai 1966 einen »Gesetzentwurf zur Behebung sozialer Notstände auf dem Gebiet des Mietrechts« in den Bundestag einbrachte, durch das die Mieter wirksam vor ungerechtfertigten Kündigungen geschützt werden sollten.[51] Freilich musste auch das Wohngeldgesetz, für das sie sich stark eingesetzt hatte, weiter verbessert werden. Ziel ihrer Arbeit sei ein »wirklich soziales Mietrecht« gewesen, »nicht eines, das sich nur so nennt«.[52]

Die Verbesserung des Mietrechtes war nur die eine Seite der Medaille. Gretel Berger-Heise wies auch darauf hin, dass die Wohnungsnot immer noch so groß war, dass eine Million Menschen in ›Slum-Wohnungen‹ lebten. Sie konnte sich dabei auf Wohnungs-

47 *Margarete Berger-Heise,* »Wir gehen auf die Dörfer«, Wahlkampfeindrücke von Baden-Württemberg, Manuskript vom 20. April 1964.

48 SPD-Pressedienst P/XVII/257 vom 22.12.1962 sowie »Die SPD-Fraktion teilt mit:« Mitteilungen der SPD-Pressestelle Nr. 47/65 vom 5.2.1965.

49 »Die SPD-Fraktion teilt mit:« Mitteilungen der SPD-Pressestelle Nr. 129/65 vom 24.3.1965.

50 Für Städtebau und Raumordnung, in: Berliner Stimme vom 4.9.1965.

51 Berger-Heise, Um die ›angemessene‹ Miete.

52 Für Städtebau und Raumordnung, in: Berliner Stimme.

bauminister Paul Lücke berufen, der im August 1962 im Norddeutschen Rundfunk festgestellt hatte, dass 800.000 Familien in Baracken, Erdlöchern und Notunterkünften lebten und 900.000 Wohnungen überhaupt nicht mehr instand zu setzen seien. Sie kritisierte, dass Paul Lücke daraus den Schluss gezogen hatte, dass 800.000 Wohnungen fehlten; dabei habe er den jährlichen Zuwachsbedarf ebenso außer Acht gelassen, wie die Tatsache, dass viele junge Paare und alleinlebende Frauen bei den Eltern oder »in Untermiete« in völlig beengten Wohnverhältnissen »hausten«. Der Bedarf an Wohnungen war also in Wirklichkeit viel größer: »Es gibt noch viel mehr Wohnungsnot, als die Statistiker sich träumen lassen«, rief sie dem Bundesbauminister zu.[53] Diesen Zustand fand sie untragbar, zumal die Bodenspekulation nicht wirksam bekämpft wurde. Die Aufhebung der immer noch bestehenden Wohnungsnot durch die Fortführung des sozialen Wohnungsbaus und die Erneuerung der Städte durch Sanierung überalterter Wohnungen war für sie mindestens ebenso wichtig wie die Verbesserung des Mietrechtes.

In diesem Zusammenhang verwies Gretel Berger-Heise bereits in den 60er Jahren auf die abnehmende Zahl der Großfamilien zu Gunsten von Klein- und Kleinstfamilien, was dazu führe, dass immer mehr Menschen in Ein- und Zweipersonenhaushalten wohnten. Durch diese Strukturveränderungen in der Familie ergebe sich ein höherer und veränderter Bedarf an Mietwohnungen, mit dem sich die Wohnungsbaupolitik nach ihrer Meinung ebenso beschäftigen müsse wie mit der zunehmenden Lebenserwartung der Menschen, die mehr Altenwohnungen, Alterswohnheime und Altersheime erfordere.[54]

Mitte der 60er Jahre waren bereits 509 von 565 Stadt- und Landkreisen in der Bundesrepublik »weiße Kreise«, in denen die Wohnraumbewirtschaftung oder die Mietpreisbindung und das Mieterschutzgesetz aufgehoben waren. Als gesetzliche Grundlagen für diese Kreise diente eine für Gretel Berger-Heise fragwürdige Methode zur Berechnung des Wohnungsdefizits. Die Mieter hatten durch die an Stelle des Mieterschutzgesetzes getretene »Sozialklausel« keinen ausreichenden Schutz mehr vor willkürlicher Kündigung. Die SPD-Fraktion brachte daher einen »Gesetzentwurf zur Behebung sozialer Notstände auf dem Gebiet des Mietrechts« ein, nach dem Mietwucher und willkürliche Kündigungen erschwert werden sollten. Gleichzeitig wollte sie durch den Ausbau des sozialen Wohnungsbaus der immer noch bestehenden Wohnungsnot begegnen.[55] Für Berlin konnte Gretel Berger-Heise immerhin erreichen, dass die für die Wohnungsbesitzer günstigen Bedingungen des »weißen Kreises« vorerst nicht gelten sollten.[56] Sie kämpfte mit ihrer Fraktion weiter für eine Neuregelung des nach Gretel Berger-Heises Aussagen völlig unzureichenden sozialen Mietrechts.

---

53 Berger-Heise, Es gibt noch Wohnungsnot, S. 4 f.

54 *Margarete Berger-Heise,* Das Recht auf menschliches Wohnen, in: SPD-Pressedienst P/XX/86, vom 6.5.1965. Vgl. auch *Margarete Berger-Heise,* Begründung des von den Abgeordneten Frau Berger-Heise, Borm und Genossen eingebrachten Entwurfs eines Gesetzes zur Änderung des Schlusstermins für den Abbau der Wohnungszwangswirtschaft, 5. Legislaturperiode, 75. Sitzung, 24. November 1966.

55 *Margarete Berger-Heise,* Um die »angemessene« Miete, in: SPD-Pressedienst P/XXI/87 vom 6.5.1966.

56 *Margarete Berger-Heise,* Berlin wird noch nicht »Weißer Kreis«, in: SPD-Pressedienst P/XXII/33 vom 16.2.1967.

Nach der Parlamentsarbeit (1969–1981)

»Eine der treuesten und fleißigsten Mitglieder unserer Fraktion«[57]

1969 kandidierte Gretel Berger-Heise nicht mehr für den Deutschen Bundestag. »Temperamentvoll und getragen von innerer Anteilnahme« habe sie stets zu Sach- und Fachfragen Stellung bezogen, schrieb die Berliner Stimme zu ihrem 60. Geburtstag, den sie am 9.1.1971 feiern konnte.[58]

Ihre Nachfolgerinnen und Nachfolger mussten nun ihre Arbeit weiterführen. Sie richtete sich gemeinsam mit Friedrich Berger in Rheinbach/Wormersdorf in der Eifel ein Heim ein und verbrachte den Ruhestand auf dem Lande.[59] Inzwischen hatte sie zwei Enkelkinder.

Ruhe scheint sie nicht so schnell gegeben zu haben. Schließlich war sie auch weiterhin Expertin für Städtebau und Wohnungswesen. Im Februar 1970 äußerte sie sich noch einmal zum dritten Anlauf des Städtebauförderungsgesetzes. Sie monierte die nach wie vor hohen Mietkosten selbst für subventionierte Sozialwohnungen und das immer noch fehlende moderne Bodenrecht. Letzteres führte sie darauf zurück, dass mit der CDU/CSU ein sinnvoller Ausgleich zwischen den verfassungsmäßig gesicherten Rechten auf Eigentum und der ebenfalls verfassungsmäßig festgelegten sozialen Verpflichtung nicht zu erreichen sei. Sie appellierte an den 6. Deutschen Bundestag mit der SPD/FDP-Regierung, das Städtebauförderungsgesetz, versehen mit einem innovativen Bodenrecht, endlich zu verabschieden.[60] In der Zwischenzeit hatte man in der ›hohen Politik‹ auch erkannt, dass Frauen aufgrund ihrer Lebenszusammenhänge in mancher Hinsicht andere Anforderungen an Städte- und Wohnungsbau stellen als Männer. Bundeswohnungsbauminister Dr. Lauritz Lauritzen erinnerte sich der hohen Kompetenzen, die sich Gretel Berger-Heise im Wohnungswesen erworben hatte, und berief sie im August 1971, gemeinsam mit den SPD-Abgeordneten Annemarie Renger[61] und Hedwig Meermann[62], in einen neukonstituierten Arbeitskreis »Belange der Frau im Städtebau und Wohnungswesen«.[63]

Gute zehn Jahre konnte sie sich ihres »Ruhestandes« erfreuen, dann starb Gretel Berger-Heise, die Spitzenpolitikerin, die als Blumenbinderin begonnen hatte. Am 27.3.1981, nach der Vollendung ihres 70. Lebensjahres, schloss sie in Bonn für immer die Augen. Herbert Wehner, der damalige Fraktionsvorsitzende, bezeichnete sie in einer kleinen Gedenkrede zu Beginn der Fraktionssitzung am 31.3.1981 als »eines der treuesten und fleißigsten Mitglieder unserer Fraktion«.[64]

57 Tagesdienst der Sozialdemokratischen Bundestagsfraktion vom 31.3.1981.
58 Gretel Berger-Heise 60, in: Berliner Stimme vom 9.1.1971.
59 Kölner Kritiker Friedrich Berger wird 80. Leben für die Kunst, in: Kölner Stadt-Anzeiger vom 20.7.1982.
60 SPD-Pressedienst P/XXV/34 vom 20.2.1970, S. 3.
61 Siehe die Biographie von Annemarie Renger in diesem Band, S. 395-420.
62 Hedwig Meermann (1913–2000), 1961–1976 MdB der SPD.
63 Sozialdemokratischer Pressedienst vom 2. April 1971.
64 Tagesdienst vom 31.3.1981.

Clara Döhring

»Der völlig veränderten Lage der Frau muss eine neue Gesellschaftsordnung Rechnung tragen«[1]

Clara Döhring hatte in einem Fabrikbetrieb im Thüringer Wald früh die Sorgen und Nöte der armen Menschen kennen gelernt. Während des Nationalsozialismus wurde sie observiert und schikaniert. Von der Sozialdemokratischen Partei wurde sie als Gewerkschaftlerin 1949 für den Ersten Deutschen Bundestag aufgestellt. Sie war stolz darauf, dass sie mehr Stimmen erringen konnte als der spätere Bundespräsident Theodor Heuss (FDP), der im gleichen Stuttgarter Wahlkreis kandidierte. Im Bundestag setzte sie sich vor allem für die Verbesserung der Situation der berufstätigen Frauen, für gleiche Löhne bei gleicher Arbeit und die Reformierung der Sozial- und Familiengesetzgebung ein. Als Mitglied des Sozialpolitischen Ausschusses hat sie sich große Verdienste bei der Gestaltung und Durchsetzung von Arbeitsschutz- und Sozialgesetzgebung erworben.

Kindheit, Jugend und erste politische Arbeit (1899–1933)

»Ich besuchte daselbst die Mädchen-Bürgerschule und die Handelsschule und machte eine kaufmännische Lehre durch«[2]

Clara Wohlfahrth wurde am 13. März 1899 in Saalfeld (Thüringen) geboren. Sie besuchte acht Jahre lang eine »Mädchen-Bürgerschule«, anschließend die Handelsschule, absolvierte eine kaufmännische Lehre und wurde dann als Kontoristin in einem Fabrikbetrieb im Thüringer Wald ausgebildet.[3] 1917, im Alter von 18 Jahren, trat sie zunächst der USPD und dem Zentralverband der Angestellten bei. Zum Partei- und Gewerkschaftseintritt wurde sie animiert, weil sie durch ihre Ausbildung die miserablen Arbeitsverhältnisse und Lebensbedingungen der Arbeiterinnen und Arbeiter und der kleinen Angestellten kennen gelernt hatte und weil der Wunsch in ihr gereift war, mit anderen gemeinsam gegen die soziale Ungleichheit zu kämpfen. Politisch engagierte sie sich zunächst in der Sozialistischen Arbeiterjugend (SAJ) in Saalfeld. Aber auch in Partei und Gewerkschaften wurde sie sehr bald mit ehrenamtlichen Funktionen betraut, die sie bis zur Machtübernahme durch die Nationalsozialisten 1933 beibehielt. Mit 21 Jahren heiratete sie einen Gewerkschaftssekretär aus Stuttgart und folgte ihm ins ›Schwabenländle‹. Sie war auch in Stuttgart zunächst in der SAJ und später in der Frauenarbeit tätig. Hauptamtlich arbeitete sie von 1921 bis 1931 als Chefsekretärin beim Hauptvorstand des Deutschen Metallarbeiterverbandes in Stuttgart. Sie erkannte früh die herannahende nationalsozialistische

1 Redemanuskript *Clara Döhring* vom 28.7.1949: »Sollen Frauen nur wählen oder auch Einfluss nehmen«, AdsD-PV I 0258.

2 Lebenslauf von Clara Döhring, Bundestagsarchiv Berlin.

3 *Reinhard Bartholomäi u.a.*, Sozialpolitik nach 1945. Geschichte und Analysen, Bonn-Bad Godesberg 1977, S. 585.

Gefahr und engagierte sich bis zu deren Verbot 1933 in der Internationalen Frauenliga für Frieden und Freiheit (IFFF) in Stuttgart.[4]

Im Schatten des Hakenkreuzes (1933–1945)

»Verhandlung vor Sondergericht infolge Einmarsch der Franzosen erspart geblieben«[5]

Nach ihrer Eheschließung war sie einige Jahre nicht berufstätig. Aus den vorhandenen Unterlagen geht hervor, dass sie erst 1936, nachdem Ihr Mann gestorben war, ihren Beruf wieder aufnahm.[6] Sie arbeitete als Sachbearbeiterin bei der Allgemeinen Ortskrankenkasse in Stuttgart, wo man ihr 1945 die Funktion einer Personalreferentin übertrug.[7] Im Februar 1945 wurde sie in Stuttgart vorübergehend von der Gestapo verhaftet, nach einigen Tagen jedoch wieder freigelassen und unter Kontrolle gestellt. Zu der beabsichtigten Verhandlung vor dem Sondergericht kam es infolge des Einmarsches der Alliierten nicht mehr. Ihre Wohnung in Stuttgart wurde durch Bomben zerstört.[8]

Nach dem Zweiten Weltkrieg (1945–1949)

»An den Auswirkungen dieser Männerpolitik haben die Frauen am schwersten zu tragen«[9]

Nach Ende des Zweiten Weltkrieges arbeitete Clara Döhring als Sekretärin bei den Alliierten. Sie nahm die ehrenamtliche Mitarbeit in der SPD wieder auf und wurde 1945 Mitglied der Frauengruppe der SPD in Stuttgart. Gleichzeitig schloss sie sich der durch die SPD-Landtagsabgeordnete Anna Haag wiedergegründeten Gruppe Stuttgart der Internationalen Frauenliga für Frieden und Freiheit (IFFF) an und blieb bis zur Auflö-

4 Die IFFF ist 1919 aus den »Nationalen Ausschüssen für dauernden Frieden«, die im Anschluss an den großen Internationalen Kongress der Pazifistinnen in Den Haag im März 1915 gebildet worden sind, hervorgegangen. Sie verstand sich als über- und außerparteilicher Frauenzusammenhang. 1932 übergab die IFFF der Genfer Abrüstungskonferenz ca. 9 Millionen Unterschriften von Frauen aus aller Welt gegen Militarismus und Aufrüstung. Treffen, internationale Veranstaltungen und Kongresse nutzte die IFFF, um vor Kriegsvorbereitungen und heraufziehendem Faschismus zu warnen. 1933 musste der Deutsche Zweig der IFFF seine Tätigkeiten einstellen. Die exponiertesten Vertreterinnen wie Anita Augspurg, Lida Gustava Heymann, Constanze Hallgaren und Gertrude Baer gingen ins Exil. Zur Arbeit des IFFF siehe: *Lida Gustava Heymann* in Zusammenarbeit mit Anita Augspurg, Erlebtes – Erschautes. Deutsche Frauen kämpfen für Freiheit, Recht und Frieden. 1850–1940, hrsg. von Margrit Twellmann, 2. Aufl., Frankfurt/M. 1992 sowie *Sabine Hering/Cornelia Wenzel,* Frauen riefen, aber man hörte sie nicht. Die Rolle der internationalen Frauenfriedensbewegung, 2 Bände, Kassel 1986.

5 Aus dem Fragebogen für Delegierte von Clara Döhring zum Parteitag der Sozialdemokratischen Partei Deutschlands in Berlin vom 20. bis 24. Juli 1954.

6 Lebenslauf, ohne Datum, Bundestagsarchiv Berlin, Akte Clara Döhring.

7 *Deutscher Gewerkschaftsbund* (Hrsg.): »Da haben wir uns alle schrecklich geirrt ...« Die Geschichte der gewerkschaftlichen Frauenarbeit im Deutschen Gewerkschaftsbund von 1945 bis 1960, Pfaffenweiler 1993, S. 183.

8 Fragebogen.

9 Text der Rundfunkrede »Frauen von Stuttgart, hört zu! Hier spricht die Kandidatin der SPD für Stuttgart-West Clara Döhring«, AdsD-PV I 0258.

Clara Döhring (1899–1987), MdB 1949–1965

sung der Stuttgarter Gruppe deren Mitglied.[10] 1945 bis 1949 war sie Mitglied des Landesbezirksvorstandes der Angestelltengewerkschaft in Baden-Württemberg und des Landesbezirksvorstandes des DGB Baden-Württemberg sowie Vorsitzende des Landesbezirksfrauenausschusses des DGB Baden-Württemberg.

Im Rahmen ihrer Partei- und Gewerkschaftsarbeit setzte sie sich für die Interessen der abhängig Beschäftigten ein, vor allem für die Interessen der durch Haus- und Berufsarbeit doppelt belasteten Frauen. Beim zweiten Bundesverbandstag der Angestellten-Gewerkschaft im August 1948 brachte sie mit fünf weiteren weiblichen Delegierten einen Antrag ein, der die Beibehaltung der freien und nach den Tarifverträgen vergüteten Hausarbeitstage für Frauen mit eigenem Hausstand, die in Baden-Württemberg am 22.10.1943 eingeführt worden waren, forderte.[11] Argumenten, dass eine solche Extra-Regelung den Forderungen nach Gleichberechtigung widerspräche,

10 Siehe Fragebogen. In der Stuttgarter Gruppe engagierten sich vor allem ältere Frauen, die die Weimarer Republik noch bewusst erlebt hatten und – wie Clara Döhring – damals schon der Gruppe bzw. der Frauenbewegung angehört hatten. Die Gruppe Stuttgart des IFFF beteiligte sich an zahlreichen Veranstaltungen und Aktivitäten. Sie betonte die Notwendigkeit der Präsenz von Frauen im aktuellen politischen Geschehen. Die Gruppe war Mitglied eines überparteilichen Zusammenschlusses, des »Stuttgarter Frauenausschusses«, der sich 1946 gegründet hatte. Wann dieser Ausschuss sich genau aufgelöst hat, ist aus den Quellen nicht ersichtlich. Konflikte, die sich zwischen den verschiedenen Frauenorganisationen ergaben, wurden bewusst nicht öffentlich ausgetragen. Offensichtlich stellte die IFFF in Stuttgart ihre Arbeit mit der Gründung des »Frauenparlaments Württemberg«, das sich als Nachfolge des »Stuttgarter Frauenausschusses« verstand, im Januar 1948 ein. Vgl. *Andrea Hauser,* Frauenöffentlichkeit in Stuttgart nach 1945 – Gegenpol oder hilflos im Abseits? in: *Anna-Elisabeth Freier/Annette Kuhn* (Hrsg.), Frauen in der Geschichte V, Düsseldorf 1984, S. 51-89. Zum prekären Verhältnis der SPD zu den überparteilichen Frauenausschüssen siehe die Biographie Lisa Albrecht in diesem Band, S. 130-149, sowie *Gisela Notz,* »Ihr seid, wenn ihr wollt, diejenigen, die alle Arbeit in der Partei machen können«. Sozialdemokratische Frauenpolitik im Nachkriegsdeutschland, in: Ariadne, H. 40/2001, S. 58-63. An anderen Orten existiert die IFFF bis heute weiter. Sie ist die einzige Frauenfriedensorganisation, die seit 1915/1919 bis heute existiert.

11 Siehe den Bericht »Gewerkschaftsarbeit«, in: Genossin, Nr. 15/16 vom Oktober 1947, S. 44. Zur Geschichte und Diskussion um den »Hausarbeitstag« siehe die Artikel von Elisabeth Innis und Hermine Berthold, in: Genossin Nr. 5/6, Juli/August 1948, S. 59-62, sowie *Manfred Gundlach,* Hausarbeitstag-Regelung in bundeseinheitlicher Sicht, Univ. Münster, Diss. 1958.

hielten die Antragstellerinnen entgegen, dass sie darin »lediglich ein Äquivalent für die Mehrleistungen, die Frauen neben ihrer Berufsarbeit noch im Haushalt zusätzlich verrichten«, sähen. Der Verbandstag unterstützte die Forderung und gab sie an den Gewerkschaftsbund weiter. Auf dem gleichen Bundestag brachte Clara Döhring Anträge auf einen besonderen weiblichen Gewerbeaufsichtsdienst zur Überwachung der Arbeitsschutzbestimmungen der »weiblichen Arbeitskraft« in den Betrieben, auf Durchsetzung der Gleichstellung auf lohnpolitischem Gebiet durch Einbeziehung geeigneter Frauen in die Tarifkommissionen und auf Beteiligung von Frauen in allen gewerkschaftlichen Kommissionen zur Vorbereitung von Gesetzesvorlagen ein. Auch diese Anträge wurden zur Behandlung auf dem Bundeskongress weitergeleitet.[12]

Im April 1948 wurde Clara Döhring hauptamtliche Frauensekretärin des Deutschen Gewerkschaftsbundes, Landesbezirk Baden-Württemberg, ein Amt, das man ihr wegen der großen »Wertschätzung, die man ihr entgegenbrachte«[13], übertragen hatte und das sie bis 1962 behielt. Nach 1949 wurde sie Mitglied der Gewerkschaft Handel, Banken und Versicherungen, Vorsitzende des gewerkschaftlichen Landesbezirks-Frauenausschusses, ab 1950 Mitglied des Landesbezirks-Vorstandes der SPD von Baden-Württemberg sowie – als gewerkschaftliche Vertreterin – Mitglied des Deutschen Rates der Europäischen Bewegung und Vorstandsmitglied des Landesverbandes Baden-Württemberg der Deutschen Gesellschaft für die Vereinten Nationen. Sie war auch Mitglied der Liga für Menschenrechte und der Arbeiterwohlfahrt. Die Vielzahl ihrer Ämter ist fast nicht zu überblicken.

Aus den Quellen ist wenig darüber zu erfahren, wie sie lebte. Aus einer Wahlkampfbroschüre geht lediglich hervor, dass sie in einer »Gemeinschaft mit gleichgesinnten Menschen«, die ihr »manche Schwierigkeit besser ertragen« half, Geborgenheit fand. Aus der Broschüre geht auch hervor, dass sie unermüdlich arbeitete und »das Gefühl der Befriedigung und Nützlichkeit im Sinne praktischer Nächstenliebe« vermittele.[14] Wie die für sie so hilfreiche Gemeinschaft zusammengesetzt war, ist nicht zu erfahren.

Während des Wahlkampfes für den ersten Deutschen Bundestag trat sie als »Frau und Gewerkschafterin« auf.[15] Es wurde immer wieder darauf hingewiesen, dass sie »ihren Platz im Bundesparlament im Interesse der schaffenden Frauen ausfüllen wird«.[16] In einer Rundfunkrede, die sie 1947 an die »Frauen von Stuttgart« richtete,[17] hob sie die Errungenschaften des Frauenwahlrechts hervor und die damit verbundene Möglichkeit, weibliche Abgeordnete in die Parlamente zu entsenden. Leider sei die Zeit der Weimarer Republik, in der Frauen politische Rechte wahrnehmen konnten, zu kurz gewesen, um sie an selbstständiges politisches Denken zu gewöhnen.[18] Sie geißelte die Unterbrechung

12 Bericht »Gewerkschaftsarbeit«.

13 Probedruck Clara Döhring: Ihr Lebensweg ... (wahrscheinlich für eine Wahlkampfbroschüre), AdsD, PV I 0258.

14 Ebd.

15 *Clara Döhring*, in: Volkswille Stuttgart vom 6.8.1949.

16 Notiz über Clara Döhring im Neckar-Echo vom 20.8.1949.

17 Rundfunkrede: Frauen von Stuttgart.

18 Redemanuskript Clara Döhring vom 28.7.1949.

dieser heiß erkämpften Frauenrechte durch den Nationalsozialismus, der Frauen zunächst in Haus und Küche verweisen, dann aber ihren Platz in der Rüstungsindustrie sehen wollte. An den Auswirkungen dieser Männerpolitik hatten die Frauen nach ihrer Meinung am schwersten zu tragen. Sie verwies auf Trümmer, Schutt und Ruinen infolge des Krieges, der auch auf »geistigem Gebiet« eine »weitgehende Zerstörung« zur Folge hatte. Es verwunderte sie nicht, dass viele Frauen eine Abneigung dagegen entwickelt hätten, sich politisch zu betätigen.

Dennoch wandte sie sich in einer Wahlkampfrede im Juli 1949 gegen diejenigen, die Politik als ausschließliche Domäne der Männer betrachteten. Dazu zählte sie auch Frauen, die aus Bequemlichkeit keinen Anteil am öffentlichen Leben nähmen und den Slogan: »Politik ist Männersache«, als Ausrede gebrauchten. Die katastrophalen Zustände im Lande konnten nach ihrer Meinung erst behoben werden, wenn mehr Frauen Einfluss auf wichtige Politikbereiche nähmen. Daher wandte sie sich in scharfen Worten dagegen, dass Fraueneinfluss auf »das Gebiet der Fürsorge und der Wohlfahrt« beschränkt bleiben sollte. Schließlich gehe es auch um Einfluss auf die Neuformulierung des Bürgerlichen Gesetzbuches und damit um die »Rechtsstellung der Frau für alle Zukunft«. Und diese Aufgabe »kann und darf nicht mehr von Männern alleine vorgenommen werden«, das war ihre feste Überzeugung.[19] Frauen stellten schließlich die Mehrheit der Bevölkerung. Im Interesse ihrer Kinder und in ihrem eigenen Interesse müssten sie sich verstärkt am politischen Geschehen beteiligen. Sie bezog sich auf die Differenz der Frauen gegenüber den Männern, als sie von den Frauen forderte, »ihr praktischer, lebensnaher und menschlicher Sinn« solle überall dort zum Ausdruck kommen, »wo über die Angelegenheiten von Menschen gesprochen und entschieden wird«.[20] Selbst wollte sie mit ihrem Engagement für andere Frauen Vorbild sein.

Mitarbeit im Deutschen Bundestag (1949–1965)

»Ich kann nur sagen: armes Deutschland. Was wird das wohl werden?«[21]

1949 wurde Clara Döhring im Wahlkreis 163 Baden-Württemberg (Stuttgart I, West) direkt in den Bundestag gewählt. Ihre Partei hatte sie als Kandidatin aufgestellt, weil sie das stille und unermüdliche Schaffen der berufstätigen Frau der Nachkriegszeit verkörperte, deren Arbeitstag abends im Haushalt weiterging. Sie wurde bewundert, weil sie »das Los vieler Tausender teilte, die ohne die Hilfe eines Mannes den vielfachen Widerwärtigkeiten des Alltags gegenüberstehen und damit fertig werden müssen«, und weil sie eine Frau war, die immer bereit war, »zu helfen und sich für den Nächsten einzusetzen«, aber vor allem, weil sie »wie unzählige andere [Frauen] nichts Besonderes daraus machte«, sondern einfach ihre Pflicht tat. Freilich wurden auch ihre profunden Kenntnisse auf sozialpolitischem Gebiet hervorgehoben, die sie befähigten, bei den anstehenden Geset-

19 Ebd.
20 Ebd.
21 Brief von Clara Döhring vom 27.8.1949 an Herta Gotthelf. AdsD PV I 0258.

zesformulierungen im Interesse vieler Menschen Fortschritte zu erzielen.[22] Es wurden große Hoffnungen auf die gerade gewählte Abgeordnete gesetzt, die sie mit viel Engagement einzulösen versuchte.

Nach der Wahl gehörte Clara Döhring in der 1. bis 4. Wahlperiode als Ordentliches Mitglied dem Ausschuss für Sozialpolitik und in der 1. und 2. Wahlperiode als Ordentliches und in der 3. als Stellvertretendes Mitglied dem Ausschuss für Arbeit an. In der 2. Wahlperiode gehörte sie als Stellvertretendes Mitglied dem Ausschuss für Finanz- und Steuerfragen, in der 1. und 2. Wahlperiode dem Ausschuss für Kriegsopfer- und Kriegsgefangenenfragen und in der 3. und 4. Wahlperiode als Stellvertretendes Mitglied dem Ausschuss für gesamtdeutsche und Berliner Fragen sowie dem Ausschuss für Atomenergie und Wasserwirtschaft an. Sie war familienpolitische Sprecherin der SPD-Fraktion. Außerdem war sie Mitglied des Deutschen Rates der Europäischen Bewegung.

Bereits während des Wahlkampfs war sie neben ihrem Genossen Erwin Schöttle dafür eingetreten, dass Frauen und Männer gleichberechtigt ins Parlament ziehen sollten. Als gleichzeitiges Mitglied der Frauenfriedensbewegung bedauerte sie im Nachhinein, dass die SPD nicht als entschiedenere »Kämpferin für den Frieden« in den Wahlkampf gezogen war.[23] Dass sie in ihrem Wahlkreis 2000 Stimmen mehr bekam als Prof. Dr. Heuss (FDP), der später Bundespräsident wurde und schon damals viele bürgerliche Wähler begeistern konnte, erfüllte sie mit Stolz.[24]

Sie war der Meinung, dass sie ihren Wahlsieg vor allem Frauen zu verdanken hatte, die in Bezug auf die Notwendigkeit der Frauenbeteiligung in den Parlamenten offensichtlich »doch etwas gelernt« hatten: Fraueninteressen konnten nämlich, so meinte sie, am besten durch Frauen vertreten werden. Clara Döhring dankte ihren Wählerinnen durch eine »vorbildliche Betreuung ihres Wahlkreises, in dem sie für aller Sorgen und Probleme stets ein offenes Ohr hatte«.[25] In einem Brief an die SPD-Frauensekretärin Herta Gotthelf beschrieb sie ihre Gefühle im Blick auf ihre zukünftige Aufgabe ambivalent: »Wenn ich mir jetzt allerdings den Besitzbürgerblock (CDU/CSU, FDP, DP usw.) vorstelle, dann kann ich nur sagen: armes Deutschland. Was wird das wohl werden?« Dass Elisabeth Selbert nicht ins Parlament gekommen war, bedauerte sie außerordentlich. Denn: »Wir hätten sie doch so notwendig zur Reform des BGB (Bürgerliches Gesetzbuch) gebraucht.« Und sie plädierte dafür, dass »man (...) bei nächster Gelegenheit Elisabeth irgendwie als Kandidatin aufstellen« müsse.[26]

Als Gewerkschafterin wollte sie sich im Bundestag vor allem der Durchsetzung von größerer sozialer Gerechtigkeit und der Überwindung der Benachteiligung von Frauen in der Gesellschaft widmen. Angesichts der zunehmenden Entlassungen bezeichnete sie während der ersten Wahlperiode den »Kampf gegen die Erwerbslosigkeit« und die Förderung des sozialen Wohnungsbaus, durch den wiederum bezahlte Arbeitsplätze geschaffen

22 Probedruck Clara Döhring.
23 Brief Clara Döhring vom 27.8.1949.
24 Ebd.
25 Clara Döhring gestorben, in Amtsblatt der Stadt Stuttgart vom 19.6.1987.
26 Brief Clara Döhring vom 27.8.1949.

werden konnten, als ihre vordringlichste Aufgabe.[27] Nach ihrer Meinung musste es möglich sein, dass alle »arbeitsfähigen und arbeitswilligen Menschen« in dem neu geschaffenen demokratischen Staat eine bezahlte Arbeit bekommen konnten. Auf dieser Grundlage könne »auch die Verbesserung der Sozialversicherung um so entschiedener durchgeführt werden«. Sie setzte sich für gleichen Lohn für gleiche Arbeit, für eine vernünftige Preispolitik, für eine Schulreform, die mehr Chancengleichheit ermöglichte, für einen gerechten Lastenausgleich, für eine fortschrittliche Sozialgesetzgebung und vor allem für bessere Altersrenten ein. Besonders lagen ihr die Probleme der erwerbstätigen Frauen am Herzen und die Sicherung der Rechte der erwerbstätigen Mütter im Rahmen der Arbeitsschutzgesetzgebung. Sie wollte allerdings ebenso die Interessen der Hausfrauen vertreten.

Als Mitglied des sozialpolitischen Ausschusses trat Clara Döhring für eine Sozialpolitik ein, durch die es möglich werden sollte, dass »sowohl dem Familienvater, der sich ein Leben lang geplagt hat, eine größere Sicherung für sein Lebensalter durch eine ausreichende Sozialrente« garantiert würde, als auch den Interessen der großen Zahl alleinstehender Frauen Rechnung getragen würde, »vor denen die bange Frage steht, was wird mit mir im Alter resp. wenn ich nicht mehr arbeitsfähig bin«. Clara Döhring hat sich große Verdienste bei der Gestaltung und Durchsetzung einer Reihe von Gesetzen erworben: Vor allem bei der Neufassung des Mutterschutz-Gesetzes von 1951, das den vollen Kündigungsschutz für erwerbstätige Frauen während der Schwangerschaft und nach der Niederkunft enthielt sowie Wochenhilfe und Stillgeld vorsah; bei der Neuformulierung des Kindergeldgesetzes, das gleiche Lebensrechte für alle Kinder sichern sollte; bei der Reform der Unfallgesetzgebung sowie bei der gesetzlichen Regelung des Pflegegeldes für Zivilblinde. Sie kämpfte weiter für den bezahlten Hausarbeitstag sowie für eine Besserstellung der kinderreichen Familien und der unehelichen Kinder. Die Steuerbegünstigung für »Liebesgabenpakete nach drüben« waren vor allem ihrem Einfluss zu verdanken.[28]

1949 sprach Clara Döhring im Bundestag zu dem Antrag ihrer Fraktion, einen Entwurf für ein Heimarbeitsgesetz vorzulegen. Mit dieser Rede hat sie sich offensichtlich auch die Achtung der Männer erobert.[29] Der Antrag wurde mit der Maßgabe angenommen, bei dem Gesetzentwurf grundsätzlich die Bestimmungen des vom Wirtschaftsrat beschlossenen Heimarbeitsgesetzes zu beachten. Ebenso machte sie sich um die Rentenreform 1956/57 verdient:[30] Es gelang, dass verwitwete Frauen neben der Rente ihres Mannes auch die eigene Rente voll erhielten. Ihre Hauptarbeit galt der erfolgreichen Durchsetzung des auf ihre Initiative im Bundestag eingebrachten Antrags der SPD-Fraktion auf Einführung der vorgezogenen Altersrente für Frauen vom 60. Lebensjahr an. Diese Neuerung in der Rentenreform von 1957 bezeichnete sie als »einen der großen sozialpolitischen Erfolge der sozialdemokratischen Bundestagsfraktion«.[31]

---

27 Ebd. Die in diesem Abschnitt aufgeführten Zitate entstammen dieser Quelle.
28 Lebenslauf, ohne Datum, Bundesarchiv Berlin, Akte Döhring.
29 Vgl. *Louise Schroeder*, SPD-Frauen im Parlament, in: Die Freiheit vom 1.12.1949.
30 Bartholomäi u.a., S. 585.
31 Lebenslauf.

Wie hartnäckig sie für die Anliegen von Bedürftigen kämpfen konnte, zeigt die Auseinandersetzung um das Pflegegeld für Zivilblinde. Drei Jahre lang kämpfte sie mit ihrer Fraktion für dessen Durchsetzung.[32] Sie wollte nicht hinnehmen, dass Zivilblinde in unserer Gesellschaft schlechter gestellt waren als die Kriegsblinden. Gemeinsam mit dem Deutschen Blindenverband sollte ein allgemeines Blindenversorgungsgesetz auf Bundesebene geschaffen werden. Nachdem SPD und Zivilblinde von den Regierungsparteien immer wieder vertröstet worden waren, gingen die Blinden am 19.9.1951 auf die Straße. Clara Döhring begrüßte diese Aktion als Unterstützung für ihren Kampf um ein neues Gesetz. Am 10.10. des gleichen Jahres wurde der Gesetzentwurf im Plenum des Deutschen Bundestages behandelt. Clara Döhring wies auf die schwierige Situation der Blinden hin, die ständig auf fremde Hilfe angewiesen seien, was dazu führe, dass nur etwa 10 % dieser Menschen ihren eigenen Lebensunterhalt selbst verdienen könnten. Pflegegeld sah sie als gerechten Ausgleich für deren soziale Lage. Im Juni 1953 wurde in zweiter und dritter Lesung im Bundestag endlich ein Gesetz verabschiedet. Allerdings entsprach es nicht ihren Vorstellungen, weil erwerbstätigen Blinden ihr überwiegend bescheidenes Einkommen auf die Pflegezulage angerechnet wurde. Sie fühlte sich bestätigt, als sich der Vorstand für die Zivilblinden bei den »besonders aktiv gewesenen« SPD-Abgeordneten für ihren Einsatz bedankte. Sie ließ aber nicht locker, und es war der Initiative ihrer Partei zu verdanken, dass im Bundessozialhilfegesetz (BSHG) weitere wesentliche Verbesserungen für die Zivilblinden gesetzlich verankert werden konnten. Bald wurde, so wie es von Anfang an ihr Wunsch war, allen blinden Menschen ein Blindengeld gewährt – ohne Rücksicht auf Einkommen und Vermögen.[33] Dass seinerzeit die Presse diesen Erfolg als »Lichtblick für die Blinden« feierte und der Vorstand des deutschen Blindenverbandes von einem »großen Schritt vorwärts« sprach, erfüllte sie mit Stolz.[34]

Anlässlich der Auseinandersetzungen um den Antrag der CDU/CSU-Fraktion für die Einrichtung eines Familienreferats im Bundesinnenministerium, zu dem Clara Döhring sprach, wurden die unterschiedlichen familienpolitischen Positionen der im Bundestag vertretenen Parteien deutlich.[35] Während der Abgeordnete Bernhard Winkelheide (CDU) die möglichen Aufgaben eines solchen Referates erörterte, viel von Schutzbedürftigkeit der Familien, besonders der kinderreichen Familien, von Stärkung des Familiengedankens und der »echten Förderung und des Aufbaus der Familie« sprach, verwies Clara Döhring darauf, dass sie und ihre Fraktion ein Familienreferat nicht für notwendig hielten. Sie bezog sich dabei auf das Grundgesetz, in dem zu lesen sei, dass die Familie die Kernzelle des Staates und damit zu schützen sei. Die Sicherung der Familie in der Zukunft sah sie nicht mit der Einrichtung eines Familienreferats gewährleistet, sondern in der besseren ökonomischen Unterstützung finanzschwacher Familien. Nur schwer konnte sie den Vertretern der Regierungsparteien klar machen, dass die soeben erst

32 *Clara Döhring,* Drei Jahre Einsatz für die Einführung eines gesetzlichen Pflegegeldes für Zivilblinde, in: Bartholomäi u.a., S. 207-227; hier: S. 207.

33 Ebd., S. 209 f.

34 Ebd., S. 209.

35 Deutscher Bundestag – 246. Sitzung, Donnerstag, den 22. Januar 1953, S. 11740 ff.

vollzogene Erhöhung der Butterpreise, die abgelehnte Senkung des Zuckerpreises, die Streichung der Subvention für Konsumbrot sowie die niedrigen Renten und das Ansteigen der Erwerbslosigkeit, besonders unter den jungen Menschen, etwas mit Familienpolitik zu tun hatten. Den Zurufen, was das mit Familie zu tun habe, hielt sie entgegen, dass die Bundesregierung mit den genannten Maßnahmen eine familienfeindliche Politik betreibe. Zu dieser familienfeindlichen Politik rechnete sie auch, dass »vaterlose Familien« und »uneheliche Kinder« nach Ansicht der Regierungsparteien nicht in den Genuss einer Kinderzulage kommen sollten.[36]

Für ein »Gesetz über allgemeine Kinderbeihilfen«[37] hatte sie sich bereits anlässlich der SPD-Frauenkonferenz am 6. und 7. Mai 1950 in Düsseldorf eingesetzt. Sie forderte – angesichts der prekären Lage vieler Familien, insbesondere Alleinerziehender, Kinderbeihilfen, die vom Staat gezahlt werden sollten. Die Gewerkschaften stünden geschlossen hinter diesem Antrag. Die Beihilfen sollten monatlich 20 DM für jedes Kind und 30 DM für Waisenkinder betragen, sie sollten an die Mutter ausgezahlt werden, steuerfrei und unpfändbar sein.[38] Erst während der 3. Bundestagsperiode konnte sie mit Genugtuung feststellen, das die Bundesregierung nach einer Großen Anfrage an den Bundeskanzler öffentlich erklärte, dass das Kindergeld für alle zweiten Kinder gewährt werden solle. In ihrer Rede kritisierte sie die fünfmalige Überarbeitung des Kindergeldgesetzes, das immer unübersichtlicher würde. Dass ein Viertel aller Familien mit zwei Kindern ein Bruttoeinkommen bezog, das unterhalb der Höhe der Fürsorgeleistungen lag, wie es aus einer Denkschrift, die das Familienministerium in Auftrag gegeben hatte, hervorging, stellte für Clara Döhring einen Skandal dar. Sie verlangte die Finanzierung des Kindergeldes vom zweiten Kind an aus allgemeinen Steuermitteln und eine Auflösung des »Gesetzeswirrwarrs« nach der schon Jahre andauernden »Kindergeldtragödie«.[39] Clara Döhrings Forderungen gingen im Juni 1962 in einen Gesetzentwurf ein, an dessen Formulierung sie maßgeblich mitwirkte.

Als Gewerkschafterin trat sie für die gleichen Rechte von Frauen im Erwerbsleben ein. In ihrer Rede »Die Frau als Staatsbürger« anlässlich der 1. Bundesfrauenkonferenz der IG Metall, die am 27. und 28. April 1956 in Hamburg durchgeführt wurde, verwies sie auf die ungeheure Bedeutung der Frauenerwerbsarbeit für die Volkswirtschaft. Sie machte auf die zahlreichen Frauen aufmerksam, die für ihre Kinder und ihre Angehörigen den Lebensunterhalt verdienten oder wegen der niedrigen Einkommen der Familienväter ›mitverdienen‹ müssten. Angesichts dieser Tatsache fand sie es wenig sinnvoll,

36 Ebd., S. 11741.

37 Auszug aus der Bundestagsrede von *Clara Döhring* vom 1.4.1954, AdsD: Sammlung Personalia Clara Döhring.

38 Notizen zur SPD-Frauenkonferenz am 6./7.5.1950 in Düsseldorf. Aus dem Notizbuch von Lisa Albrecht in ihrem Nachlass im Archiv der Sozialen Demokratie in Bonn.

39 Die Denkschrift über »die wirtschaftliche Lage der Familien«, die 1959 fertig wurde, durfte nicht veröffentlicht werden, weil sie – so Clara Döhring – nicht in das »wirtschaftswunderliche Konzept« gepasst hätte. *Clara Döhring*, Begründung der Großen Anfrage der SPD-Fraktion betr. Kindergeld, 3. Legislaturperiode, 130. Sitzung, 28. Oktober 1960.

darüber zu klagen, »dass jene Kinder keine Nestwärme haben«.[40] Die Vorstellungen, dass Frauen »den ureigenen Platz an Haus und Herd« einnehmen sollten, verwies sie »in das Gebiet der Romantik«. Frauen sollten ebenso wie Männer selbst entscheiden können, ob sie berufstätig sein wollten oder nicht. Aus der Tatsache, dass es über drei Millionen erwerbstätiger Mütter gebe, ergebe sich die Forderung nach verkürzter Arbeitszeit auf 40 Stunden wöchentlich bei vollem Lohnausgleich und verlängertem Wochenende. In der »Minderentlohnung [der Frau]« sah sie »die Wurzel der Ursache für die Minderbewertung der Frau und damit auch für ihre Hemmungen gegenüber der Mitwirkung im öffentlichen Leben«. Zwar zweifelte sie nicht daran, dass Frauen und Männer unterschiedliche physische und psychische Dispositionen in die Arbeit einbrächten, diese seien aber nicht unterschiedlich zu bewerten. Als Beispiel verwies sie auf Arbeiten, die von Männern, von einigen Ausnahmen abgesehen, nicht gemacht werden könnten, »weil ihnen die Fingerfertigkeit, das Einfühlungsvermögen und die Geduld« fehlten.

Clara Döhring stellte auch die damals noch unübliche Forderung nach der »Schaffung von genügend Kinderhorten und Kindertagesheimen sowie insbesondere Tagesschulheimen, mindestens aber (...) entsprechende Einrichtungen in den Schulen in Form von ergänzenden Arbeits- und Spielräumen«. Außerdem verwies sie darauf, dass die Arbeitszeitverkürzung für Frauen nur dann eine Verbesserung der Lebensbedingungen nach sich zöge, wenn die (Ehe-)Männer in die gleichberechtigte Verantwortung für die Haus- und Sorgearbeiten genommen würden, denn sonst hätte der Mann noch mehr Freizeit als seine Frau, die doppelt- und dreifach belastet bleibe.[41] Diese logisch erscheinende Forderung wurde damals weder von Gewerkschafts- noch von SPD-Frauen ernsthaft diskutiert, so dass aus ihr auch keine Handlungsstrategien abgeleitet wurden.[42]

An die berufstätigen Frauen richtete sie Appelle, in Parteien und Gewerkschaften sowie in den Gemeinderäten, Betriebsräten, Tarifkommissionen und Elternbeiräten mitzuarbeiten und sich für ihre Belange einzusetzen. Frauen sollten sich informieren und weiterbilden, auch zu Zeiten, zu denen sie bisher gewohnt waren, die Wohnung in Ordnung zu bringen, denn man könne auch »an einem anderen Tag die Hausarbeit nachholen«.

Obwohl sie die Meinung vertrat, dass Frauen das gleiche Recht auf Erwerbsarbeit hätten, wie Männer, war ihre Einstellung zur Erwerbstätigkeit von Müttern – wie bei vielen ihrer Zeitgenossinnen – ambivalent. Sie bedauerte, wie sie es schon in früheren Reden getan hatte, dass Mütter kleiner Kinder erwerbstätig sein mussten, weil sie gezwungen waren, außerhalb des Hauses ihren Lebensunterhalt zu verdienen.[43] Schon

40 *Clara Döhring,* Die Frau als Staatsbürgerin, in: Protokoll der 1. Frauenkonferenz der Industriegewerkschaft Metall für die Bundesrepublik Deutschland, Hamburg 1956, S. 62 ff. Die folgenden Zitate beziehen sich auf diese Rede.

41 Ebd.

42 Angesichts der Diskussion um die Verkürzung der Arbeitszeit Ende der 70er Jahre (35-Stunden-Woche) wurde sie durch Gewerkschaftsfrauen vereinzelt wieder aufgenommen. Vgl. *Gisela Notz,* Mehr Zeit zum Schaffen, Träumen, Kämpfen. Für eine feministische Arbeitszeitpolitik, in: *Eckart Hildebrandt/Eberhard Schmidt/Hans Joachim Sperling (Hrsg.),* Arbeit zwischen Gift und Grün. Kritisches Gewerkschaftsjahrbuch 1985, S. 127-136.

43 Döhring, Die Frau als Staatsbürgerin, S. 3.

früher hatte sie einerseits von der »Pflicht zur Mitarbeit« von Frauen in Betrieben und Verwaltungen gesprochen, andererseits beklagt, dass »Millionen Frauen gezwungen« waren, »ein Leben lang zur Arbeit zu gehen«.[44] Für Männer war es zu allen Zeiten selbstverständlich, ein Leben lang zur Arbeit zu gehen.

Im Zusammenhang mit einer vorgesehenen Änderung des Steuerrechts, das die »mitverdienende Ehefrau« steuerlich benachteiligen sollte, sprach sie sich zwar gegen das »Ehegattensplitting« aus, weil es die Hausfrauenehe begünstigt[45], ging jedoch in einem Artikel in der Allgemeinen Zeitung so weit, zu behaupten, dass die meisten Frauen die »doppelte Belastung als Hausfrau und Berufstätige aus sozialer Notwendigkeit« auf sich nähmen, weil das Einkommen oder die Kriegsversehrtenrente vieler Männer nicht ausreichten, um die Familie zu ernähren. Der Grund zum »Mitverdienen« werde besonders dann relevant, wenn Kinder in der Ausbildung seien oder pflegebedürftige Angehörigen unterstützt werden müssten. Ganz im Zeichen der Restauration der Familienpolitik der 50er Jahre betonte sie sogar, dass »in den meisten Fällen, zumal wenn kleine oder schulpflichtige Kinder vorhanden sind«, die Mütter »gerne zu Hause bleiben, wenn der Mann das benötigte Einkommen allein verdient.«[46] Diese Argumentation nahm sie auch in einer Bundestagsrede am 5.12.1955 auf. Sie sagte: »Wir Sozialdemokraten pflichten dem Herrn Familienminister voll und ganz bei, wenn er sagt, dass die Hausfrau die Seele der Familie ist und dass es wesentlich ist, ob die Hausfrau und Mutter ihrer eigentlichen Tätigkeit nachgehen kann oder ob sie gezwungen ist, einer Berufsarbeit nachzugehen.«[47] Mit dieser Rede setzte sie sich voll für die Unterstützung der bürgerlichen Normalfamilie mit Haupternährer und Hausfrau ein, obwohl gerade solche Familienbilder in den unteren Schichten nie funktioniert haben und sie viele Frauen auch gar nicht mehr anstrebten.[48]

Die Inhalte ihrer Arbeit im Bundestag brachte Clara Döhring in ihr gewerkschaftliches Engagement ein. Bei der DGB-Landesfrauenkonferenz für Niedersachsen, die am 7. April 1955 in den Casino-Gaststätten in Hannover stattfand, sprach sie zum Thema »Sozialreform und Einzelschicksal«.[49] In ihrer Rede fasste sie die sozialpolitischen Forderungen der Gewerkschaftsbewegung in Grundzügen zusammen und berichtete über erzielte Teilerfolge. Den Frauen, die aus dem Berufsleben ausschieden, empfahl sie, sich freiwillig weiter zu versichern, um sich eine bessere Altersversorgung zu sichern. Vehement wandte sie sich in einem späteren Referat gegen die Wiedereinführung der Beitrags-

44 Redemanuskript Döhring vom 28.7.1949.

45 Das »Ehegattensplitting« besteht, trotz vieler Einsprüche von Seiten gewerkschaftlich und politisch organisierter Frauen, heute noch.

46 *Clara Döhring*: Dunkle Wolken am Ehe-Himmel. Zum Wunsch des Bundesfinanzministeriums, die mitverdienende Ehefrau steuerlich zu bestrafen, in: Allgemeine Zeitung vom 6.3.1953.

47 2. Deutscher Bundestag, 120. Sitzung, 15.12.1955, S. 6379. Vgl. zur Nachkriegsgeschichte der SPD-Familienpolitik auch: *Elfriede Eilers/Marta Schanzenbach,* Zur Nachkriegsgeschichte der Familienpolitik aus sozialdemokratischer Sicht, in: *Reinhart Bartholomäi u.a.* (Hrsg.), Sozialpolitik nach 1945. Geschichte und Analysen, Bonn 1977, S. 229-238.

48 Vgl. zu dieser Diskussion auch *Robert G. Moeller,* Geschützte Mütter, München 1997.

49 *Susanne Knoblich,* »Mit Frauenbewegung hat das nichts zu tun«, Gewerkschafterinnen in Niedersachsen 1945 bis 1960, Bonn 1999, S. 138.

rückzahlung im Falle der Heirat.[50] Immer wieder verwies sie auf die Notwendigkeit eines erweiterten Mutterschutzes. Sie begründete dessen Notwendigkeit vor allem mit der höheren Zahl von Fehl- und Frühgeburten bei berufstätigen Frauen.[51] Die Tatsache, dass das bundesrepublikanische Mutterschutzgesetz zu einem der vorbildlichsten sozialen Gesetze geworden ist, war vor allem dem Einsatz Clara Döhrings zu verdanken.[52] Einige Jahre später wurde unter Gewerkschafterinnen bereits ein unentgeltlicher Sonderurlaub bis zu sechs Monaten nach der Niederkunft gefordert. Eine Ausdehnung des Sonderurlaubs auf Väter stand (damals noch) nicht zur Debatte.[53]

Als ehemalige Aktivistin der Frauen-Friedens-Bewegung wies sie auf die Gefahr der atomaren Aufrüstung hin, für die sie das »so stolze Männergeschlecht« verantwortlich machte. Denn in Politik, Wissenschaft und Wirtschaft nahmen noch immer fast ausschließlich Männer die verantwortlichen Stellen ein. Indem sie auf ein Zitat von Selma Lagerlöf verwies: »Es wird erst besser in der Welt, wenn die Frau die Möglichkeit hat, Staat und Gesellschaft umzubauen in ein Heim für die Menschen«, hoffte sie darauf, dass Frauen friedfertiger als Männer wären. Sie appellierte aber auch an die Verantwortung der Frauen, aufgrund ihrer Überzahl dafür zu sorgen, dass Menschen in die Parlamente gewählt werden würden, die nicht nur klaren Verstand, sondern auch Vernunft und Herz besäßen. Ausdrücklich wies sie darauf hin, dass es ihr nicht um »Gleichmacherei [gehe], sondern um die Anerkennung der Gleichwertigkeit der Frau in ihrer Andersartigkeit«.

Mit ihren Forderungen nach Lohnfortzahlung im Krankheitsfall auch für Arbeiterinnen und Arbeiter sowie nach einer Haushaltshilfe im Falle der Erkrankung der Hausfrau ging sie ganz davon aus, dass es die Frau ist, die für die Hausarbeiten zuständig ist. In einem Vortrag verwies sie darauf, dass im Falle einer Erkrankung der Mutter die gesamte Ordnung im Haushalt aus dem Gleichgewicht komme und jedem in der Familie mit einem Schlage die Geborgenheit fehle.[54] Dass Männer und Väter ebenso für diese Geborgenheit sorgen könnten, wie sie es an anderer Stelle gefordert hatte, passte nicht in das traditionelle Familienbild der 50er Jahre und hätte anderer Forderungen bedurft.

---

50 *Clara Döhring,* Referat Sozialreform und Einzelschicksal, in: Protokoll der 3. Landesbezirksfrauenkonferenz Niedersachsen, 1956, S. 5.

51 Ebd., S. 7.

52 *Marta Schanzenbach,* Frauen, Mütter, Familien in der heutigen Gesellschaft, in: Protokoll 2. Bundeskonferenz des DGB vom 12. bis 14. Mai 1955 in Dortmund, S. 165-204; hier: S. 175. Freilich spielte in diesem Zusammenhang auch Liesel Kipp-Kaule eine beachtenswerte Rolle. Siehe die Biographie über Liesel Kipp-Kaule in diesem Band, S. 283-303.

53 Vgl. Knoblich, S. 203. Zur Problematik der Auswirkungen des »Erziehungsurlaubes« auf die Lebens- und Arbeitssituation von Frauen, vgl. *Gisela Notz,* Du bist als Frau um einiges mehr gebunden als der Mann, Bonn 1991; ferner *Gisela Notz,* Wi(e)der die Neuauflage der Hausfrauenehe. Die ungleichen Auswirkungen der Geburt eines Kindes auf die Lebens- und Arbeitsplanung von Frauen und Männern, in: *Gesellschaft für Informationstechnologie und Pädagogik am IMBSE* (Hrsg.), Beschäftigungsrisiko Erziehungsurlaub. Die Bedeutung des »Erziehungsurlaubs« für die Entwicklung der Frauenerwerbstätigkeit, Wiesbaden 1998, S. 93-116.

54 Referat Clara Döhring, in: Protokoll 3. Landesfrauenkonferenz 1956, S. 7.

Clara Döhring war wesentlich am Antrag auf Einsetzung einer unabhängigen sozialen Studienkommission beteiligt, den die SPD im Jahre 1952 einbrachte. Danach sollten unabhängige Persönlichkeiten der Wissenschaft und der sozialen Praxis auf der Grundlage einer sorgfältigen Erfassung der sozialen Tatbestände, die zu Krankheiten führten, einen umfassenden Plan der sozialen Sicherung erarbeiten, der Eingang in eine innovative Sozialreform finden sollte. Clara Döhring war prädestiniert für die Vorbereitung dieses Antrages, denn aus ihren eigenen Erfahrungen hatte sie gelernt, dass die Untersuchung der Beziehungen zwischen den Belastungseinflüssen durch die Arbeitswelt und Gesundheitsstörungen die erste Voraussetzung für ein umfassendes System der Gesundheitsvorsorge war. Auf der Grundlage solcher Untersuchungen könnten präventive Maßnahmen zur Abwehr von Frühinvalidität, Mütter- und Säuglingssterblichkeit und vielfältige gesundheitliche Risiken, die am Arbeitsplatz entstehen, eingeleitet werden.

Leider ist diese »Sternstunde der Sozialpolitik«, wie Clara Döhring sie nannte, ungenutzt verstrichen. Der SPD-Antrag wurde von der Mehrheit der Abgeordneten abgelehnt. Schon zu Zeiten Bundeskanzler Ludwig Ehrhard's setzte sich Clara Döhring dafür ein, dass eine Sachverständigenkommission eingerichtet werde, die das Krankheitsgeschehen gründlich erforschen sollte. Dazu rechnete Clara Döhring bereits 1963 die Untersuchung der Beziehungen zwischen Arbeits- und Umweltbedingungen und Gesundheitsstörungen. Sie forderte eine allumfassende Gesundheitsfürsorge und präventive Maßnahmen, vor allem für die berufstätigen Frauen, weil sie durch die doppelte Belastung in Beruf und Haushalt auch besonderen Gesundheitsgefahren ausgesetzt waren.[55]

Als Mitglied des Ausschusses für Gesamtdeutsche Fragen trat sie für Entspannungs- und Friedenspolitik ein, die erst unter Bundeskanzler Brandt von der Bundesregierung verwirklicht werden sollte. Clara Döhring war wesentlich an der 1958 verabschiedeten Änderung des Häftlingshilfegesetzes (HHG) in Zusammenarbeit mit der Arbeitsgemeinschaft ehemaliger politischer Häftlinge beim Landesverband der SPD in Berlin beteiligt. Sie setzte sich gemeinsam mit Lisa Korspeter dafür ein, dass das Bundesentschädigungsgesetz auf die politischen Häftlinge der Sowjetzone angewendet werde.[56] Zeitzeugen berichteten, dass sie mit Hilfe der Arbeiterwohlfahrt inhaftierten Verfolgten des Stalinismus geholfen und ihnen mit Rat und Tat zur Seite gestanden habe.[57]

1965 kandidierte Clara Döhring nicht mehr für den Deutschen Bundestag.[58]

---

55 Protokoll der 3. Landesfrauenkonferenz, S. 10. sowie Rundfunkrede der SPD-Bundestagsabgeordneten Clara Döhring im Süddeutschen Rundfunk, in: SPD-pressemitteilungen und informationen vom 8.11.1963, Nr. 360/63.

56 Zu den politisch Verfolgten in der Sowjetzone siehe auch die Biographie über Lisa Korspeter in diesem Band. Zu kommunistisch verfolgten Sozialdemokraten in der SBZ siehe *Friedhelm Boll,* Sprechen als Last und Befreiung. Holocaust-Überlebende und politisch Verfolgte zweier Diktaturen, Ein Beitrag zur deutsch-deutschen Erinnerungskultur, Bonn 2001, S. 217 ff.

57 Telefongespräch Gisela Notz mit Hermann Kreutzer am 4.4.2002.

58 Lebenslauf.

Clara Döhring (rechts) mit Elfriede Eilers (MdB 1957–1980)

Politische Weiterarbeit (1965–1987)

»Mit 78 Kreisdelegierte in der Stuttgarter SPD«[59]

Mit dem Ende ihrer Arbeit im Bundestag trat Clara Döhring nicht in den Ruhestand. Sie engagierte sich weiter für die Partei: Im Dezember 1977 wurde die ehemalige Parlamentarierin für sechzigjährige Parteizugehörigkeit geehrt. Der damalige SPD-Fraktionsvorsitzende Herbert Wehner ließ es sich nicht nehmen, ein persönliches Geschenk überbringen zu lassen.[60] Sie war nun 78 Jahre alt und noch immer als Kreisdelegierte in der Stuttgarter SPD aktiv. Aus einem Bericht über ihren achtzigsten Geburtstag, den sie am 13. März 1979 feiern konnte, geht hervor, dass sie auch jetzt noch in der SPD aktiv war.[61] Ab dem 81. Lebensjahr verlieren sich ihre Spuren.

Am 7. Juni 1987 starb Clara Döhring nach einer längeren schweren Krankheit im Alter von 88 Jahren. Sie soll ein Herzleiden gehabt haben und drei bis vier Jahre im Krankenhaus verbracht haben. Bevor sie gestorben ist, hat man ihr noch ein Bein amputiert.[62] Ein verdienter Ruhestand schien der aktiven Frau, die sich so sehr für andere und für das Gemeinwohl eingesetzt hat und die »für aller Sorgen und Probleme stets ein

59 Sechzig Jahre in der SPD, in: Stuttgarter Zeitung vom 10.12.1977.

60 Ebd.

61 Clara Döhring 80 Jahre, in: Stuttgarter Zeitung vom 12.3.1979.

62 Telefongespräch Hermann Kreutzer.

Gemeinwohl eingesetzt hat und die »für aller Sorgen und Probleme stets ein offenes Ohr hatte«,[63] nicht vergönnt gewesen zu sein. Der Stuttgarter Oberbürgermeister Rommel schrieb in einem Beileidsschreiben an ihre Schwester: »Durch ihr großes Engagement, insbesondere im sozialpolitischen Bereich, hat sie sich beim Aufbau unseres Gemeinwesens große Verdienste erworben.«[64]

---

63 Amtsblatt der Statt Stuttgart vom 19.6.1987.
64 Ebd.

Luise Herklotz

»Ein politisches Leben endet nicht mit der Pensionierung«[1]

Luise Herklotz war von September 1956 bis 1972 Mitglied des Deutschen Bundestages. Ihre politische Karriere hatte jedoch bereits gleich nach Ende des Zweiten Weltkriegs begonnen. 1946 wurde sie Mitglied der SPD und 1947 in den Bezirksvorstand Pfalz gewählt. Von 1949 bis 1957 war sie Mitglied des Landtages von Rheinland-Pfalz, und 1956 zog sie schließlich als Nachrückerin in den Deutschen Bundestag ein. Nach ihrem Ausscheiden aus dem Bundestag 1972 beschäftigte sie sich vor allem mit Europapolitik, der sie noch heute große Bedeutung beimisst. Gerne denkt sie deshalb an die Zeit von 1979 bis 1984, in der sie Mitglied des Europäischen Parlamentes war. Die 84-Jährige ist nach wie vor in Rheinland-Pfalz und in ihrer Heimatstadt Speyer aktiv. Dass sie sich auch jetzt noch nicht als Pensionärin fühlt, danken ihr die Pfälzerinnen und Pfälzer.

Kindheit, Jugend und erste Berufserfahrungen (1918–1945)

»Wir hatten immer einen großen Garten und brauchten so nicht zu hungern«[2]

Am 20. August 1918 wurde Luise Herklotz als Tochter von Katharina Herklotz, geb. Müller, und Karl Herklotz in Speyer geboren. Ihre Mutter war gelernte Schuhstepperin und später Meisterin in einer Schuhfabrik; ihr Vater war Schiffbauer und Rheinschiffer. Sie lebte mit ihrer sozialdemokratischen Arbeiterfamilie im Hasenpfuhl, dort wo die Speyerer Arbeiterbewegung ihre Wurzeln hat. Schon als Kind war ihr das Lied vertraut: »Der Bahn, der kühnen, folgen wir, die uns geführt Lassalle.« In der Familie wurde es nach der Melodie der Arbeiter-Marseillaise gesungen.[3] Ferdinand Lassalle ist für sie noch heute eine faszinierende Gestalt in der deutschen Geschichte. In einem Aufsatz zitierte sie ein Wort Lassalles, von dem sie schrieb, dass es wohl zu jeder Zeit Gültigkeit habe. Ganz offensichtlich blieb es auch Maxime ihrer eigenen politischen Arbeit: »Ohne Leidenschaft wird in der Geschichte kein Stein vom anderen gerückt. Ohne Leidenschaft ist keine einzige jener gewaltigen Befreiungen ausgeführt worden, deren Aufeinanderfolge die Weltgeschichte bildet.«[4]

Luise Herklotz' Mutter war engagierte Gewerkschafterin und Sozialdemokratin. Sie gehörte von 1917 bis 1922 der USPD an. Nach Inkrafttreten des Betriebsrätegesetzes war sie eine der ersten Betriebsrätinnen in Speyer, bis sie 1933 ihres Amtes enthoben wurde. Ihr Onkel Josef Weber, geboren in Mühldorf am Inn, saß seit 1924 zuerst für die KPD, später für die SPD im Bayerischen Landtag. Er starb 1932, als Luise Herklotz noch ein Kind war. Da der Vater bereits 1930 starb, musste die Mutter für ihre drei Kinder, Luise

1 Interview Gisela Notz mit Luise Herklotz am 8.10.2001 in Speyer.

2 Interview Gisela Notz mit Luise Herklotz am 27.10.1998 in Speyer.

3 *Luise Herklotz,* Begegnungen mit Christian Roßkopf, in: *Carl Böhret/Matthias Nowack* (Hrsg.), Festschrift für Dr. Christian Rosskopf zum 65. Geburtstag, Mainz 1995, S. 375-380, hier: S. 375.

4 Ebd., S. 377.

Luise Herklotz (geb. 1918), MdB 1956–1972

und zwei jüngere Geschwister, alleine sorgen. Die Schwester war beim Tod des Vaters drei Jahre, der jüngere Bruder erst acht Monate alt. Die Mutter, damals 35 Jahre alt, bekam keine Witwenrente. Dennoch kann sich Luise nicht erinnern, dass sie als Kind gehungert hätte: »Wir hatten immer einen großen Garten und brauchten so nicht zu hungern.«[5] Die Großmutter baute Kartoffeln und Gemüse an und sorgte für Hühnereier, Kaninchen- und Schweinebraten. Luise Herklotz bewundert heute noch, wie ihre Mutter und Großmutter das alles geschafft haben.

Dass Luise Herklotz die höhere Schule – das Städtische Mädchenlyzeum – besuchen konnte, verdankt sie vor allem ihrer Mutter, aber auch ihren Lehrern, die sie förderten und sie als talentierte Schülerin für ein Stipendium und damit zur Schulgeldbefreiung vorschlugen. Sie war nicht nur eine gute Schülerin, sondern auch eine gute Sportlerin. Noch heute erzählt sie mit Stolz, dass sie mit acht Jahren ihr Freischwimmerdiplom und als Elfjährige beim Bezirksarbeiterturnfest in der Gruppe der Mädchen den ersten Preis im 50-m-Lauf errang.

1935 begann sie als 17-Jährige eine journalistische Ausbildung bei der »Speyerer Zeitung«, wurde Redaktionssekretärin und später Redakteurin. Als die Speyerer Lokalzeitung der Neuordnung des deutschen Zeitungswesens durch die nationalsozialistische Reichspressekammer zum Opfer fiel, wechselte sie zu einer Abendzeitung nach Ludwigshafen, danach wurde sie Lokalredakteurin in Mühldorf am Inn. Durch ihre Familie hatte sie auch während der Zeit der NS-Herrschaft Kontakt mit Sozialdemokratinnen, Sozialdemokraten und mit Kollegen aus der katholischen Arbeiterbewegung. In dieser Zeit der ersten Berufstätigkeit machte sie die Erfahrung, dass Frauen in der Arbeitswelt oftmals anders zu kämpfen hatten als Männer, und sie schloss daraus, dass es so etwas wie »Frauenfragen« geben musste.[6] Sie selbst konnte sich im Beruf immer durchsetzen und ihre Vorstellungen in die Redaktionsarbeit einbringen. Als 1942 ihr Sohn Klaus geboren wurde, wechselte sie zum »Schwarzwälder Boten«. Ihre Mutter ging nach der Geburt ihres ersten Enkelkindes nicht mehr in die Schuhfabrik. Sie widmete sich nun ganz der Familie und vor allem dem Enkelkind Klaus.

Den Zweiten Weltkrieg bezeichnet Luise Herklotz später als den »mörderischsten Krieg der Weltgeschichte«.[7] Zwar war der Kriegsbeginn für sie nicht überraschend, aber sie erlebte den Krieg doch grausamer, »als die düstersten Pessimisten vorausgesagt hatten«.[8] Ihren Erfolg in der journalistischen Arbeit während dieser Zeit, führt sie heute auch darauf zurück, dass die Kollegen Kriegsdienst leisteten und Frauen deshalb in diesem Metier eine Chance hatten.[9]

---

5 Interview Herklotz 1998.

6 *Else Mutzenbecher,* Aus Arbeiterverhältnissen schaffte sich Luise Herklotz zur Abgeordneten empor, in: Badisches Tagblatt vom 5.5.1985.

7 Herklotz, Begegnungen, S. 375.

8 Ebd.

9 Interview 2001.

Nach dem Zweiten Weltkrieg (1945–1949)

»Der Aufbau einer neuen politischen Ordnung,
die gegründet ist auf Freiheit, Frieden und Sozialismus«[10]

Am 23. März 1945 erlebte Luise Herklotz den Einzug der amerikanischen Truppen in Speyer. Sie erinnert sich, dass diese nach etwa einer Woche wieder abzogen und Teile der Pfalz der französischen Militärverwaltung überließen. Sie erlebte Ausgangssperre, Beschlagnahmungen von Wohnungen, von Möbeln, Fahrrädern, Radios. Am härtesten aber, so ihr Eindruck, war die Bevölkerung von den Beschlagnahmungen bei Kartoffeln, Mehl, Vieh und anderen (über)lebenswichtigen Gütern betroffen. Menschen aus ihrer Umgebung kamen zu ihr mit der Bitte, Gesuche zu schreiben, Einsprüche gegen die Beschlagnahmungen einzulegen oder einen Antrag oder Brief zu schreiben. Da alles in französischer Sprache formuliert werden musste, entwarf sie einen Standardbrief und konnte so ihr »Schulfranzösisch« nützlich einsetzen.[11]

Luise Herklotz, die soziale Ungleichheit in der Gesellschaft von Kindheit an erlebt hatte, befand sich damals, wie viele andere Sozialdemokraten und Sozialdemokratinnen in einer Aufbruchstimmung. Sie war der Überzeugung, dass es nach den Erfahrungen des Zweiten Weltkrieges unbedingt notwendig war, am Aufbau einer demokratischen Gesellschaft mitzuarbeiten. Auf gar keinen Fall durfte sich das, was in der Vergangenheit geschehen war, wiederholen.[12] Am 16. Februar 1946, unmittelbar nach Kriegsende, noch vor der Gründungsversammlung in Speyer, trat sie der SP bei, der Sozialdemokratischen Partei Hessen-Pfalz, wie sie damals hieß, weil sie das D nicht im Namen führen durfte. Sie selbst berichtete in der Tageszeitung »Rheinpfalz« über die Gründungsversammlung.[13] Sie erinnert sich heute noch an das Gefühl, zu dieser Partei gehören zu wollen, das sich durch den Besuch dieser ersten Nachkriegs-Parteiversammlung bei ihr entwickelt hat. Es beeindruckte sie, dass es nicht nur um die »große Politik« ging, wie z.B. um die Entwicklung von politischen Forderungen nach freien Wahlen, die ihr für ein demokratisches Deutschland unerlässlich schienen. Alltägliche Fragen des Überlebens, wie man die katastrophale Ernährungssituation verbessern könnte, wie mehr Kleingärten angemietet werden könnten, um die Selbstversorgung mit Nahrungsmitteln zu ermöglichen, wurden ebenso erörtert wie die großen Fragen der Politik. Auch die Forderung nach der Einrichtung von Suppenküchen brachten SP-Frauen in die Gründungsversammlung ein.[14]

Von da an nahm der politische Weg von Luise Herklotz seinen Lauf. Sie gestaltete die Entwicklung der SPD nach dem Zweiten Weltkrieg weit über die pfälzische Region hinaus verantwortlich mit. Im April 1946 nahm sie als Delegierte am 39. Bezirksparteitag

10 Ebd.

11 *Luise Herklotz,* Eine Sozialdemokratin erinnert sich, in: *Hans-Jürgen Wünschel* (Hrsg.), Rheinland-Pfalz. Beiträge zur Geschichte eines neuen Landes, Landau 1997, S. 126.

12 »Politik geistige Aufgabe«, Interview mit Luise Herklotz anlässlich ihres 80. Geburtstages in der Speyerer Rundschau vom 20.8.1998.

13 Die Rheinpfalz vom 19.2.1946.

14 Herklotz, Eine Sozialdemokratin, S. 128.

der pfälzischen SPD teil. Sie war sich nun sicher, »einer solidarischen Gemeinschaft anzugehören«[15], denn sie erlebte, mit welcher Herzlichkeit sich alte Freunde aus dem Widerstand, aus der Emigration und aus dem Untergrund wiederfanden. Sie wurde 1947 Mitglied des pfälzischen Bezirksvorstandes. Eine Chronistin bezeichnet sie als »zweifellos die engagierteste Verfechterin von Frauenaktivitäten in der rheinland-pfälzischen SPD«.[16] Seit 1947 Vorsitzende des Bezirksfrauenausschusses, organisierte sie jährlich Bezirksfrauenkonferenzen. Luise Herklotz war in dieser Zeit der festen Meinung, dass gerade die Frauen, die den Zweiten Weltkrieg miterlebt hatten, ihre Positionen in die politischen Gremien einbringen sollten. Von seiner Gründung 1946 bis 1969 gehörte sie dem »Ausschuss für Frauenfragen« beim Parteivorstand (später Bundesfrauenausschuss) an.[17] Gelegentlich vertrat sie seit 1947 den Parteibezirk Pfalz im Parteiausschuss,[18] seit 1948 war sie dort festes Mitglied.[19] Daneben gehörte sie seit 1948 auch der Arbeiterwohlfahrt an, zeitweise war sie dort im Bezirksvorstand und in Bundesausschüssen aktiv.

Für sie ging es nach dem Krieg um den sozialen, demokratischen, politischen *und* ökonomischen Wiederaufbau Deutschlands, also »um weit mehr als nur um wirtschaftliche Belange«.[20] Hierfür wurde jeder gebraucht. Vor allem galt es, das Demokratieverständnis in der Bevölkerung zu stärken. Luise Herklotz wollte unter allen Umständen dazu beitragen, dass sich die grauenvolle Vergangenheit nicht wiederholen sollte. Nie wieder sollten Männer und Söhne einem Krieg geopfert werden.[21] Jede Kriegsvorbereitung sollte mit Hilfe der Sozialdemokratischen Partei ausgeschlossen sein, Bodenschätze und Produktionsmittel sollten in die Hand der Arbeiter gegeben werden. Der »Aufbau einer neuen Ordnung, die gegründet ist auf Freiheit, Frieden und Sozialismus«[22], war ihr Ziel, und dafür wollte sie sich einsetzen mit allen ihr zur Verfügung stehenden Kräften.

Später sagte sie, dass die mutigen Reden Kurt Schumachers sie sehr beeinflusst hätten. Sie habe seine Reden zunächst im Radio gehört. Vor allem war es seine Rede beim ersten Parteitag der deutschen Sozialdemokraten vom 9. bis 11. Mai 1946 in Hannover, die sie davon überzeugt habe, dass sie in dieser Partei aktiv sein wollte.[23] Sie konnte damals als Pressevertreterin der »Rheinpfalz« an den Verhandlungen des Parteitages teilnehmen. Unter den etwa 300 Delegierten waren nur 27 Frauen.[24] Aber diese 27 Frauen haben sie beeindruckt. Besonders erinnert sie sich noch heute an Louise Schroe-

15 Ebd., S. 130.

16 *Katrin Kusch,* Die Wiedergründung der SPD in Rheinland-Pfalz nach dem Zweiten Weltkrieg (1945–1951), Nürnberg 1981, S. 78.

17 *Willy Albrecht,* (Hrsg.), Die SPD unter Kurt Schumacher und Erich Ollenhauer 1946–1963, Bd. 2, 1948–1950, Bonn 2003 (im Druck).

18 *Willy Albrecht* (Hrsg.), Die SPD unter Kurt Schumacher und Erich Ollenhauer 1946–1963, Bd. 1, 1946–1948, Bonn 1999, S. 200, 285, 503, 508.

19 Vgl. Albrecht 2003.

20 Interview 1998.

21 *Luise Herklotz,* Frauen in der Entscheidung, in: Die Rheinpfalz vom 31.8.1946.

22 Interview 1998.

23 Herklotz, Eine Sozialdemokratin, S. 131.

24 Ebd.

der, die schon damals »Gleichen Lohn für gleiche Arbeit!« forderte, an Anna Beyer und an Elisabeth Selbert, mit der sie später im Ausschuss für Frauenfragen zusammenarbeiten sollte. An der Seite von Kurt Schumacher begegnete sie Annemarie Renger, die ihr noch heute eine treue und zuverlässige Freundin ist.[25] Ganz unter dem Eindruck des Parteitages schrieb sie einen Artikel zu den Problemen deutscher Frauen nach dem Krieg. Darin appellierte sie an die Frauen, die an der demokratischen Gestaltung der Gesellschaft interessiert waren, sich unbedingt an der politischen Neugestaltung zu beteiligen. Sie machte deutlich, dass eine Demokratie das Engagement von Frauen brauche, die sich »zum Sozialismus bekennen«. Diese Frauen dürften sich nicht länger aus der Gestaltung des »irdischen Lebens« heraushalten.[26]

Im Sommer 1946 war die junge Luise Herklotz bereits Vorsitzende der neu gegründeten SPD-Frauengruppe für Speyer und Umgebung. Bei der ersten öffentlichen Frauen-Kundgebung im vollbesetzten Alten Stadtsaal in Speyer hielt sie ihre erste öffentliche Rede. Damals ging es um Ernährung, Wohnungsversorgung und die Forderung nach Heimkehr der Kriegsgefangenen.[27] Sie besuchte im Herbst 1946 die Bezirksfrauenkonferenz in Neustadt und nahm an der ersten SPD-Reichsfrauenkonferenz nach dem Kriege am 5. und 6.11.1946 in Frankfurt/Main teil. Für sie war die Reichsfrauenkonferenz die erste große Veranstaltung nach dem Parteitag in Hannover. Dort hielt sie ihre erste größere Rede, und zwar zum Thema »Frauen und Sozialismus«.[28] Die Veranstaltung war ein großer Erfolg.

Sie wusste, dass die christlichen Parteien ebenso wie die SPD auf Wählerstimmen und Mitgliedschaft von Frauen angewiesen waren und kritisierte die »katholischen Geistlichen, die von der Kanzel herunter« die Gefühle der Frauen für die christlichen Parteien gewinnen wollten.[29] In ihrer Rede beim 41. Pfälzischen Bezirksparteitag und in ihrem Diskussionsbeitrag während der Sitzung des Ausschusses für Frauenfragen der SPD im September 1949, kurz vor der ersten Bundestagswahl, wies sie auf diesen Missstand hin. Sie verurteilte scharf, dass die katholische Kirche sich massiv in den Wahlkampf einmischte, indem sie die Stimmabgabe für die SPD von den Kanzeln als beichtpflichtige Sünde brandmarkte. Gläubige Katholiken unter den Genossinnen und Genossen hätten aus Angst vor der »Strafe von oben« bereits bekundet, dass sie bedauerlicherweise diesmal die SPD nicht würden wählen können. Luise Herklotz wusste sogar zu berichten, dass ein Priester in der Kirche die Frauen aufgefordert hatte, nicht mit ihren Männern zu schlafen, bis diese aus der SPD ausgetreten seien.[30] Mit Genugtuung stellt sie heute fest, dass die Geschichte über diese Art der politischen Auseinandersetzung hinweggegangen ist.

---

25 Siehe die Biographien über Louise Schroeder, Elisabeth Selbert und Annemarie Renger in diesem Band, S. 435-459, S. 80-103 und S. 395-420. Anna Beyer (1909–1991), 1945 Stadträtin der SPD in Frankfurt/M., 1946 Ministerialbeamtin in Hessen.

26 *Luise Herklotz*, Die politische Frau von heute, in: Die Rheinpfalz vom 20.7.1946.

27 Interview mit Herklotz, in: Speyerer Rundschau vom 20.8.1998.

28 Interview 1998.

29 Interview 1998.

30 Protokoll der Sitzung des Ausschusses für Frauenfragen am 11.9.1949 in Köln, S. 4.

Luise Herklotz begann ihre aktive politische Karriere mit 26 Jahren. Aufgrund ihrer Jugend kannte sie die Auseinandersetzungen, die in ihrer Partei bereits in der Weimarer Republik geführt worden waren, nicht aus eigener Erfahrung. Aber sie hörte die Reden der Sozialdemokratinnen, die von früheren Kämpfen berichteten und auf die Bedeutung des erstrittenen Frauenwahlrechts sowie die Notwendigkeit des Einflusses von Frauen auf die Politik hinwiesen. In der »Rheinpfalz« schrieb sie damals, dass die Sozialdemokratische Partei für sie die Partei der »Befreiung der Frau« sei.[31] Ihr eigenes politisches Leben war Beispiel dafür, dass man sich auch in jungen Jahren – trotz Familienpflichten – in die Politik einmischen konnte. »Sie sehen, auch wenn man jung in der Politik ist, darf man vor nichts zurückschrecken und den Mut haben, sich zu äußern. Wir mussten lang genug still sein,« erklärte sie den jungen Genossinnen.[32]

Noch beherrschten Hunger, Wohnungsnot und Armut das Leben. Die Pfalz gehörte zu den Regionen, in denen die Versorgung mit Lebensmitteln unmittelbar nach dem Kriege besonders prekär war. Luise Herklotz wollte sich für eine gerechtere Welt einsetzen und dafür arbeiten, dass die Menschen »als frei denkende und lebensfrohe Menschen« in einer demokratischen Gesellschaft leben konnten.[33] Das sollte auch Ziel sozialdemokratischer Frauenarbeit sein. »Wir müssen mehr Frauen für unsere Partei gewinnen«, schrieb sie in einem Brief an die Ortsvereine und Frauengruppen in ihrem Bezirk.[34] Sie plädierte in diesem Brief für »Frauenwerbung« durch Genossinnen *und* Genossen. Zusätzlich schlug sie vor, neben dem Bezirksfrauenausschuss Unterbezirksleiterinnen zu wählen, die für die Frauenarbeit in den Unterbezirken verantwortlich sein sollten und die ebenso wie die Ortsvereine Berichte über ihre Veranstaltungen und über die Erfolge in der Mitgliederwerbung ablegen sollten. Sie fand es an der Zeit, dass Frauen, die dem politischen Leben und Wirken immer noch fern gegenüberstanden, einsahen, dass »Politik nicht allein mehr Männersache ist«.[35] Vielleicht gelinge dies durch »reine« Frauenveranstaltungen, bei denen Frauen unter ihresgleichen seien, am besten. Durch Frauenkreise würden auf jeden Fall neue Frauen angezogen, und – wenn sie einmal interessiert seien – sie würden vielleicht sogar Mitglied in der Partei werden. Frauenarbeit in der Partei war demnach gewissermaßen für Frauen auch Nachhilfeunterricht für die allgemeine politische Arbeit in der Gesamtpartei.

Luise Herklotz erinnerte immer wieder daran, dass sich die Bevölkerungsstruktur durch Nationalsozialismus und Krieg deutlich verändert hatte und in Deutschland Frauen nun den bei weitem größten Teil der Bevölkerung stellten. In der Pfalz gab es zu dieser Zeit z.B. 26 % mehr Frauen als Männer. In der zahlenmäßigen Mehrheit sah sie die Chance, Fraueninteressen sowohl in die Neugestaltung der Politik einzubringen als auch die wirtschaftliche Unabhängigkeit der Frauen voranzutreiben. Wie viele ihrer

31 Herklotz, Die politische Frau.

32 Herklotz, Eine Sozialdemokratin, S. 134.

33 *Luise Herklotz*, SPD. Die Aufgabe der Frau in der Politik, in: Die Rheinpfalz vom 20.7.1946.

34 *Luise Herklotz*, Brief vom 13.10.1947 an alle Ortsvereine und an alle Frauengruppen. Der Brief wurde gemeinsam mit dem Bezirkssekretär der SPD verfasst.

35 *Luise Herklotz*, Frauen in der Entscheidung, in: Die Rheinpfalz vom 23.8.1946.

Zeitgenossinnen bedauerte sie einerseits den »Mangel an Männern«, der dazu führte, dass viele Frauen selbst für ihren Unterhalt aufkommen mussten, andererseits sah sie aber auch, dass sich Frauen aus früheren Abhängigkeiten lösten und den Wunsch nach eigenem Verdienst aus eigener Arbeit in Fabrik oder Büro verwirklichen konnten. In einem Artikel, den sie am 16.11.1946 in der »Rheinpfalz« schrieb, lobte sie die Sozialdemokratinnen, die sich nicht in überlieferten Parteidoktrinen erschöpften, sondern versuchten, »aus dem Geist der Tradition die Probleme, die allen auf den Nägeln brennen, zu diskutieren«.[36] Für sie war es weder erstrebenswert noch möglich, das Rad der Zeit zurückzudrehen. Wenn gleiche Rechte und Pflichten für alle Bürgerinnen und Bürger des Staates gelten würden, wären Sonderrechte für Frauen überflüssig. Daran müssten Frauen *und* Männer ein Interesse haben. Daher verlangte sie von ihrer Partei, dass sie Frauenarbeit in ihre gesamte Programmatik einbeziehe und sich für die Durchsetzung der Interessen der Frauen auf allen Gebieten einsetze. Frauen- und Parteipolitik sollten »ein untrennbares und unlösbares Ganzes« sein.[37] Um dies zu erreichen, musste die Arbeit der Frauen allerdings auch eine angemessene Anerkennung finden.

Als sie im Februar 1948 anlässlich des 41. Pfälzischen Bezirksparteitages über die Frauenorganisation der SPD berichtete, erinnerte sie daran, dass die Fülle von Arbeit und die Aufgaben, denen die Frauen in der Partei gegenüberständen, in ihrer Bedeutung für die politische und organisatorische Aktivität der Partei nicht hoch genug eingeschätzt werden könnten. Sie bedauerte, dass es immer noch Genossen gebe, die der Meinung seien, Frauen sollten sich aus dem aktiven politischen Leben fernhalten. Sie erinnerte in ihrer Rede an die historische Aufgabe der Sozialdemokratie, sich dem Ziel der Befreiung aller Menschen aus der Unterdrückung zu widmen. Daher gehöre die »Gleichberechtigung der Frau auf jedem Gebiet des gesellschaftlichen Lebens« zur sozialistischen Überzeugung. Zu verurteilen sei demnach nicht nur die Diskriminierung der Menschen nach Klassen und Schichten, Nationen und Rassen, sondern auch die Diskriminierung von Frauen gegenüber Männern.

Sie bewunderte die Frauen, die trotz der schlimmen Erlebnisse, die hinter ihnen lagen, den Mut nicht verloren hatten, und hoffte, dass die Geschichte ihnen den gebührenden Platz einräumen werde. Sie schrieb, rückblickend auf den letzten Kriegswinter: »Wenn einmal in späteren Jahren objektive Menschen eine Geschichte über das Leiden und die Kämpfe der Deutschen von 1945 bis 1948 schreiben werden, dann werden sie ein Kapitel nicht vergessen, das ist das Kapitel der deutschen Frau und der deutschen Mutter, die in diesem letzten Winter unter Aufbietung ihrer letzten Kraft immer nur das Ziel im Auge gehabt hat, ihre Kinder als anständige und saubere Menschen durch den Krieg hindurch zu bringen.«[38]

---

36 *Luise Herklotz*, in: Die Rheinpfalz vom 16.11.1946, S. 6.

37 Zit. nach *Elisabeth Alschner*, Warum diese Dokumentation? in: *SPD-Bezirk Pfalz* (Hrsg.), Luise Herklotz, eine pfälzische Sozialdemokratin, Neustadt/Weinstraße, o.J., o.S.

38 *Luise Herklotz,* in: Die Rheinpfalz vom 19.2.1946, S. 41. Im Interview 2001 betonte sie, dass sie heute lieber »gesunde und gute Menschen« formulieren würde.

Für sie waren es nicht nur die äußeren Umstände, die Frauen dazu veranlassten, auch in den durch Hunger und Elend gezeichneten Nachkriegsjahren Außergewöhnliches zu leisten. Frauen seien es vor allem gewesen, die während des Krieges und in den Jahren danach »Ströme von Leid und Tränen« vergossen hätten. Diese dürften nicht umsonst vergossen worden sein, sondern müssten »völkerversöhnend den Frieden sichern«. Für Luise Herklotz war die Frau »von Natur aus Pazifistin«, sie müsse für Freiheit, Toleranz, Frieden und Völkerverständigung eintreten, weil es »ihre Bestimmung ist, Leben zu gebären und zu erhalten«, und weil sie deshalb nicht damit einverstanden sein kann, »dass in mörderischen Kriegen sinnlos das Leben vernichtet wird«. Frauen müssten ein besonderes Interesse am Frieden haben, weil ihnen die Zukunft ihrer Kinder nicht einerlei sein könne. Ihnen komme die Aufgabe zu, die Worte ›Nie wieder Krieg‹ in der Menschheit wach zu halten, weil es vor allem Frauen gewesen seien, die »in der ganzen Welt ihr gerüttelt Teil an Lasten getragen« hätten. Für Luise Herklotz war es »ganz natürlich, dass die Frau in allem, was sie unternimmt, ihr Gefühl sprechen lässt«.[39] Dieses Verhalten schrieb sie der weiblichen Wesensart zu, die dazu führe, dass Frauen nicht allein mit dem Verstand, sondern vor allem mit dem Gefühl Entscheidungen treffen und sich von ihrem Herzen leiten lassen würden. Dass Gefühlsbetontheit nicht nur die Stärke der Frauen sei, sondern durchaus auch Schwächen beinhalte, sah sie auch. Darüber hinaus sah sie, dass es neben der Differenz zwischen Frauen und Männern auch Differenzen von Frauen untereinander gab.

Immer wieder verwies sie auf die tiefe Kluft zwischen Hungernden und Satten in der Bevölkerung und darauf, dass die Auswirkungen der kritischen Ernährungslage in der Hauptsache die Arbeiterschaft beträfen, vor allem die Arbeiterfrauen. Sie seien es, die vor den Läden Schlange stehen müssten und oft wegen der Knappheit von Konsumgütern leer ausgingen. Gemeinsam mit ihren pfälzischen Genossen und Genossinnen unterstützte sie die Protestkundgebungen und Streiks der Arbeiterinnen und Arbeiter, die eine gerechte Verteilung der Nahrungsmittel forderten.[40]

Rückblickend sagte sie 1997 bei einer Veranstaltung »Ich wurde in dieser Partei zum ersten Mal konfrontiert mit Frauenfragen, mit der Tatsache, dass es überhaupt Frauenfragen gibt. Man hat seine Arbeit gemacht und man war tätig, aber über den Inhalt, das erfuhr man erst bei diesen Begegnungen.«[41] Was aber waren Frauenfragen? »Das war in erster Linie der Kampf gegen die Wohnungsnot, gegen die Demontage der Industrie sowie für die Verbesserung der Ernährung, für die Verbesserung der Situation der Kriegerwitwen, Heimkehrer und Kriegsversehrten.«[42] Politik begann für sie gewissermaßen im Alltag oder, wie sie es ausdrückte, »am Kochtopf«. Das galt sowohl für die Arbeiterfamilie wie auch für die Bürgerhäuser, aber die Politik der Frauen durfte dort nicht Halt machen. Frauen hatten in den letzten Jahren praktische Erfahrungen gesammelt, die unbedingt in die Politik eingebracht werden mussten: Die Wirtschaft sollte zur Kenntnis

39 Interview 1998.
40 Alschner, S. 9.
41 Herklotz, Eine Sozialdemokratin, S. 132.
42 Herklotz, Interview 1998.

nehmen, dass Frauen ebenso wie Männer erwerbstätig sein wollten, und die Familienpolitik müsse zur Kenntnis nehmen, dass viele Frauen ihre Kinder allein erzogen und ebenso Unterstützung brauchten wie »Normalfamilien«. »Frauen ringen um neue Lebensformen«, das war der Titel eines Aufsatzes, an den sie sich erinnert und in dem sie sich für die Anerkennung unterschiedlicher Familienformen und Formen des Zusammenlebens von Erwachsenen und Kindern einsetzte.[43]

Luise Herklotz ging es dabei nicht nur um die Zukunft der Kinder. Auch wenn es um die Verbesserung der aktuellen Situation der arbeitenden Bevölkerung ging, kam Frauen eine besondere Aufgabe zu. Völlig unverständlich war ihr damals, dass »vom ewigen Frieden, von sozialer Verständigung« gesprochen wurde und im gleichen Atemzug von der Atombombe die Rede war, die nach ihrer Meinung den nächsten Krieg beherrschen werde.[44] In vielen Reden und Artikeln erinnerte sie an die Warnung der SPD, die vor 1933 auf Wahlplakate geschrieben hatte: »Wer Hitler wählt, wählt den Krieg!« Sie erinnerte auch daran, dass viele – zu viele – diese Warnung nicht hätten hören wollen, was dann schließlich dazu geführt habe, »dass aus Millionen von Wahlkreuzen im falschen Feld Millionen von Grabkreuzen auf allen Schlachtfeldern in Europa und in der Welt wurden«.[45] Das sollte sich auf keinen Fall wiederholen, und dafür sollten vor allem Frauen sorgen. Sie sollten auch dafür sorgen, dass der strenge Grundsatz eines »absoluten Miteinanders« zwischen Frauen und Männern praktiziert wird.[46] Luise Herklotz selbst war als Vertreterin der Frauen voll in die Parteiarbeit integriert. Eine Frauenquote hatte sie nie gebraucht, und sie hatte sie auch immer abgelehnt.[47] Für sie, ebenso wie für viele ihrer Mitstreiterinnen, war die SPD erst dann »die Partei aller Männer und Frauen, wenn sie durch ihre Arbeit und ihre Leistungen die Notwendigkeit einer selbstständigen Frauenarbeit überflüssig« machte. Sie war fest davon überzeugt, dass das erreicht werden kann. Schließlich hatte sie während der Jahre nach dem Zweiten Weltkrieg innerhalb ihrer Partei eine gute Gemeinschaft und solidarischen Zusammenhalt zwischen Genossinnen *und* Genossen erlebt, die ihr weiteres Leben geprägt haben und die sie nicht missen möchte. »Zu dieser Zeit musste jeder anpacken«, erinnert sie sich.[48] Und es wurde gemeinsam angepackt! Eine Frau, die sich in diese Gemeinschaft einbrachte, wurde – so hatte sie es erfahren – auch von den Männern anerkannt.

Freilich sah auch sie, dass manchmal »von einer Frau ein bisschen mehr erwartet wurde«. Wichtiger war ihr jedoch die Feststellung, dass man die Arbeit ohnehin nur habe machen können, »weil man gern bei der Arbeit war und mitgeholfen hat, dass ein demo-

---

43 Ebd.

44 *Luise Herklotz,* Frauen in der Entscheidung, in: Die Rheinpfalz vom 21.8.1946.

45 *Luise Herklotz,* Eine Sozialdemokratin erinnert sich, in: Hans-Jürgen Wünschel (Hrsg.): Rheinland-Pfalz, S. 125

46 Interview 2001.

47 Interview 1998.

48 Ebd.

kratisches Staatswesen entstand«.[49] Und das war schließlich das Anliegen der gesamten Sozialdemokratischen Partei.

Als politischer Mensch ging man nach ihrer Meinung nicht in irgend eine Frauengruppe, schon gar nicht in eine, in der die sozialdemokratische politische Richtung verloren ging, weil bürgerliche Frauen und Kommunistinnen dort mitarbeiteten. Immer wieder warnte sie vor der Agitation überparteilicher Frauenorganisationen, vor allem des Demokratischen Frauenbundes (DFD), den sie als »getarnte kommunistische Frauenorganisation« bezeichnete.[50] Priorität hatte für sie immer die Parteiarbeit in der SPD. Während einer Frauenkonferenz in Speyer sagte sie 1957 deutlich: »Wir lehnen die überparteiliche Frauenorganisation ab. Es gibt keine Frauen- und Männerinteressen, die nicht gleichzeitig Allgemeininteressen sind.«[51] Immer wieder verwies sie darauf, dass die rechtliche, politische und berufliche Gleichberechtigung nur über die aktive Mitarbeit in den politischen Parteien zu erreichen sei. Zwar habe die SPD eine Frauenorganisation, diese sei aber in die Gesamtpartei eingebunden. Luise Herklotz formulierte das so: »Die sozialdemokratischen Frauen finden sich zwar in Frauengruppen zusammen, wissen aber, dass hinter ihren Forderungen die gesammelte Kraft der Partei steht.«[52] Damit entsprechende Positionen auch künftig mit Frauen besetzt werden könnten, brauchte man nach ihrer Überzeugung eine spezielle Frauenbildungsarbeit. Mit Stolz verwies sie darauf, dass die SPD-Frauen trotz aller Polemik der bürgerlichen Frauengruppen, die eine Zusammenarbeit mit Männern ablehnten, die stärkste Frauenorganisation in der Region stellten. Diese günstige Position wollte sie gemeinsam mit den Frauen nutzen und zur Stärkung der SPD ausbauen. Unzufrieden war sie damit, dass Frauen selbst einen maßgeblichen Anteil an der Unterrepräsentanz in wichtigen Politikbereichen hatten. Viele Frauen waren zwar Mitglied der SPD, wollten aber kein Amt annehmen. Dies führte Luise Herklotz vor allem darauf zurück, dass diese Frauen der Annahme seien, die Übernahme eines politischen Amtes und die Betreuung von Kindern schlössen sich gegenseitig aus. Sie selbst bewies, dass das nicht der Fall sein musste. Als sie in den Landtag gewählt wurde, war ihr Sohn sieben Jahre alt, und als Bundestagsabgeordnete hatte sie bereits einen vierzehnjährigen Gymnasiasten zu Hause in Speyer. Gerade die persönliche Betroffenheit konnte nach ihrer Meinung die herrschende Politik verändern, »sei es als Stadträ-

49 Ebd.

50 Zur Geschichte des DFD siehe *Ingeborg Nödinger,* Für Frieden und Gleichberechtigung, Der Demokratische Frauenbund Deutschlands und die Westdeutsche Frauenfriedensbewegung – die 50er und 60er Jahre, in: *Florence Hervé* (Hrsg.), Geschichte der Deutschen Frauenbewegung, Köln 1995, S. 138-154. Siehe den Brief vom 13.10.1947, den Luise Herklotz als Leiterin des Bezirksfrauenausschusses an alle Ortsvereine und an alle Frauengruppen geschrieben hat, und den Brief vom 28.1.1948, den sie an die Mitglieder des Bezirksfrauenausschusses und an alle Unterbezirke geschrieben hat. Am 28.1.1948 schrieb sie: »Wie ihr wisst, ist der Demokratische Frauenbund eine Tarnorganisation«, in: Alschner, o.S.

51 Protokoll der Frauenkonferenz in Speyer, 1947, AdsD, Best. Bez. Pfalz, Nr. 840.

52 *Luise Herklotz,* in: Broschüre zur Entwicklung der SPD in der Pfalz, in: AdsD, Best. Bez. Pfalz, Nr. 0671.

tin, Gemeinderätin oder Vertreterin im Bürgerausschuss oder Elternbeirat«.[53] Sowohl in der Kommunalpolitik als auch als Mitwirkende in der »großen Politik« kam Frauen eine wichtige Funktion zu.

1947 übernahm Luise Herklotz die Pfälzische Redaktion und das Feuilleton der Gesamtausgabe der rheinland-pfälzischen SPD-Parteizeitung »Die Freiheit« in Neustadt (Weinstraße). Sie trat 1947 in die Gewerkschaft Druck und Papier ein und wurde 1948 Mitgründerin des Bezirksverbandes Pfalz des heutigen Journalistenverbandes. 1948 gestaltete sie in der »Freiheit« eine Artikelserie mit den Portraits verdienter Sozialdemokratinnen wie Louise Schroeder, Anna Stiegler, Ella Kay, Lisa Albrecht, Herta Gotthelf, Marie Juchacz, Jeanette Wolff und Annedore Leber.[54]

In ihren Artikeln in der »Freiheit« haben Freiheit, Gerechtigkeit und Solidarität einen hohen Stellenwert, ihre Leserinnen und Leser forderte sie auf, »überzogene Moralauffassungen und veraltetes Standesdenken« aufzugeben. Ihr ging es darum, Selbstbestimmung und Selbstverwaltung innerhalb und außerhalb der Betriebe zu erkämpfen. Ihre Forderungen blieben nicht auf den Nationalstaat bezogen. Immer wieder wies sie auf die Notwendigkeit einer großen Internationalen Gemeinschaft hin, mit dem Ziel, für alle Schaffenden ein lebenswertes Dasein im Bunde freier Völker zu erreichen.[55]

Es würde zu weit führen, alle Tagungen und Konferenzen aufzuführen, auf denen Luise Herklotz die Interessen der SPD-Frauen vertreten hat, oder alle Gremien aufzuzählen, in die sie diese Interessen einbrachte. Deshalb sollen hier nur ihre wichtigsten Funktionen genannt werden: 1947 gehörte sie zur Rheinland-Pfälzischen Delegation bei der SPD-Frauenkonferenz in Fürth, war Delegierte beim Parteitag der SPD in Nürnberg und wurde für die erste Landtagswahl in Rheinland-Pfalz nominiert. 1948 wurde sie zur Vorsitzenden der pfälzischen SPD-Frauenorganisation gewählt und behielt das Amt 22 Jahre lang bei. Dem zentralen Frauenausschuss beim Vorstand der SPD, der zunächst in Hannover und dann in Bonn tagte, gehörte sie als Vertreterin der Pfalz an. Auch bei der sozialdemokratischen Frauenkonferenz im September 1948 in Wuppertal vertrat sie die Interessen der »Pfälzerinnen«. Am 6. Juni 1948 gab sie anlässlich der pfälzischen Frauenkonferenz einen Überblick über die sozialdemokratische Frauenarbeit und hob dabei die Unterstützung, die die Frauengruppen der SPD als stärkste Frauenorganisation im Lande durch die »erfahrenen Sozialdemokraten von vor 1933« erhielten, besonders hervor.[56]

53 Mutzenbecher, Aus Arbeiterverhältnissen.

54 Siehe die Biographien über Louise Schroeder, Lisa Albrecht, Jeanette Wolff in diesem Band, S. 460-482, S. 130-149 und S. 502-524. Anna Stiegler (1881–1963), 1919–1933 und 1946–1963 MdL Bremen. Ella Kay (1895–1988), 1929–1933 Stadtverordnete, 1955–1962 Senatorin für Jugend und Sport, Berlin, 1958–1968 MdAbgH, 1965–1972 PV der SPD. Herta Gotthelf (1902–1963), 1946–1958 Leiterin des Frauensekretariats der SPD und Mitglied des PV. Marie Juchacz (1879–1956), 1920–1933 MdR, Mitbegründerin der Arbeiterwohlfahrt. Annedore Leber (1904–1968), Oktober 1945 bis zum Zusammenschluss von SPD und KPD Leiterin des Frauensekretariats und Mitglied des Zentralausschusses der SPD in der SBZ.

55 Ebd.

56 Ebd.

Erste parlamentarische Arbeit im Landtag (1949–1957)

»Ich durfte mich gleich mitwählen«[57]

Als Luise Herklotz im September 1946 das erste Mal wählen durfte, stand sie auch schon auf der Stadtratsliste. »Ich durfte nun nicht nur zum ersten Mal wählen, sondern ich durfte mich gleich mitwählen.«[58] Allerdings ist sie nicht in den Stadtrat eingezogen. Sie wurde 1947 in den Bezirksvorstand der pfälzischen SPD gewählt, dem sie 33 Jahre lang angehörte.

1949 zog sie als Nachrückerin für Adolf Ludwig, der in den Bundestag gewählt worden war, in den Landtag von Rheinland-Pfalz ein, dem sie bis 1957 angehörte. In ihren damaligen Reden und Artikeln beschrieb sie eindrucksvoll die Not der ersten Nachkriegsjahre. Vor allem kritisierte sie die unzureichende Planung bei der Verteilung wichtiger Lebensgüter durch die Besatzungsmächte.

Am 2. März 1950 hielt sie ihre erste Rede im Landtag. Daran, dass sie damals bereits erkannt hatte, dass die »Flüchtlingsfrage Prüfstein der Solidarität des deutschen Volkes« sei, wurde sie anlässlich ihres 70. Geburtstag von ihren Genossinnen und Genossen erinnert, denn dieser Ausspruch hatte nicht an Aktualität verloren.[59] »Seite an Seite« sollte die Bevölkerung mit den Flüchtlingen stehen, das forderte sie auch in späteren Reden im Landtag. Um die Flüchtlinge menschenwürdig eingliedern zu können, verlangte sie, dass man ihnen den nötigen Hausrat, Bekleidung, Wohnungen und vor allem Arbeitsplätze zur Verfügung stelle. Notwendige Voraussetzung hierfür seien die Unterstützung des sozialen Wohnungsbaus und die Planung neuer Industrieanlagen. Sie setzte sich für das Wahlrecht der Flüchtlinge ebenso ein wie dafür, dass die alten und pflegebedürftigen Heimatvertriebenen aus den völlig unzureichenden Flüchtlingsbaracken in menschenwürdigen Pflegeheimen untergebracht und ihre Renten und Pensionen denen der Einheimischen angeglichen würden. In ihren Landtagsreden ergriff sie Partei für Menschen aus allen Schichten der Bevölkerung. So sprach sie z.B. für eine sozial gerechte Gebietsreform, setzte sich für einen Gesetzentwurf zur Zahlung eines Pflegegeldes für Zivilblinde ein und für die Erhöhung der allgemeinen Fürsorgerichtsätze. Sie unterstützte die Einrichtung einer Akademie für Verwaltungswissenschaften in Speyer, an der nicht nur Studenten studieren sollten, die von der Universität kamen, sondern in weit größerem Maße auch Beamte aus dem gehobenen Dienst. Ihnen sollte nicht ausschließlich »die Kenntnis der Paragraphen«, sondern ebenso »die Erkenntnis der soziologischen Struktur eines Volkes« und »die Kenntnis der wirtschaftlichen und politischen Zusammenhänge« vermittelt werden. Außerdem sollten ihnen »gewerkschaftliche Vorlesungen« gehalten werden.[60] Manchmal bekam sie für ihre klaren und engagierten Begründungen den Beifall des gesamten Hauses, so z.B. als sie zum Antrag für die Änderung und Ergänzung

57 Herklotz, Eine Sozialdemokratin, S. 133.

58 Ebd.

59 *Landtag Rheinland-Pfalz*, Luise Herklotz, Reden aus der Zeit vom 2.10.1949 bis zum 5.10.1957, o.J.

60 Ebd., S. 2231.

Luise Herklotz (Mitte) mit Elisabeth Selbert (rechts) und Ursula Scholz (links) bei einer Parteiveranstaltung in Berlin, ca. 1952–1954

des Besoldungsrechts für Lehrer an berufsbildenden Schulen sprach.[61] Schule, Ausbildung und Erziehung der jungen Generation lagen ihr sehr am Herzen. Bereits 1956 erinnerte sie daran, »dass wir in einer Epoche entscheidender, tiefgreifender technisch-industrieller und sozialer Umwälzungen stehen«.[62] Durch die fortschreitende Automatisierung werde der gesamte Produktionsprozess revolutioniert. Darauf müssten Schulen und Ausbildungsstätten vorbereitet sein, um die Lernenden mit dem entsprechenden Wissen ausstatten zu können. Auch einen Ausbau der Ingenieurschulen und des Stipendienwesens für die Ausbildung des technischen Nachwuchses – Studierende aus fernen Ländern eingeschlossen – hielt sie schon damals für unbedingt notwendig.

Während der Arbeit im Landtag hatte sie noch ihren Beruf als Redakteurin auszufüllen. Die spätere Bundestagsarbeit konnte sie jedoch, wie sie sagte, keinem Verlag zumuten. Später ist die »Freiheit«, bei der sie gearbeitet hatte, wie viele SPD-Zeitungen, eingestellt worden. Ihre Arbeit an der Basis hat sie während ihrer gesamten parlamentarischen Amtszeit immer beibehalten, darauf ist sie heute noch stolz.

Luise Herklotz war nicht ausschließlich parteipolitisch aktiv, sondern leistete ebenso ehrenamtliche soziale Arbeit in der Arbeiterwohlfahrt. Sie war u.a. Mitglied des Deutschen Frauenrings, der Industriegewerkschaft Druck und Papier und verschiedener Sportvereine sowie der Naturfreunde, der Vereinigung der Pfälzer Kunstfreunde, des

61 Ebd., S. 2356.
62 Ebd., 20. Sitzung, 9.10.1956, S. 605.

Historischen Vereins der Pfalz, und sie wurde 1970 in den Vorstand des Deutschen Evangelischen Frauenbundes berufen.

Arbeit im Bundestag (1956–1972)

»Unsere Frau in Bonn«[63]

Luise Herklotz wurde 1953 über die Landesliste Kandidatin für die Zweite Wahlperiode des Deutschen Bundestags und konnte im September 1956 als Nachrückerin für den Abgeordneten Hermann Trittelvitz, der das Amt des Leiters des Arbeitsamtes in Saarbrücken übernommen hatte, in den Deutschen Bundestag einziehen. Ihr Landtags-Mandat behielt sie zunächst bei, für die Dauer eines Jahres war sie sowohl im Landtag als auch im Bundestag. Nachdem sie in der Dritten Wahlperiode (1957) wieder in den Bundestag gewählt worden war, gab sie ihr Landtagsmandat zurück. Für die Pfälzerinnen und Pfälzer wurde Luise Herklotz sehr schnell »Unsere Frau in Bonn«.[64] Sie wusste, dass sie es ihren Landsleuten zu verdanken hatte, dass man auf ihre Arbeit aufmerksam geworden war. Für den Bundestag, so sagte sie beim Interview, »wäre man nie vorgeschlagen worden, wenn man nicht schon vorher Parteiarbeit geleistet hätte und dies auch kontinuierlich an der Basis weiter getan hätte«.[65] Im Bundestag gehörte sie während der Zweiten Wahlperiode als Ordentliches Mitglied dem Ausschuss für Fragen der Presse, des Rundfunks und des Films, dem Ausschuss für Finanz- und Steuerfragen und dem Ausschuss für Grenzlandfragen an und gehörte auch in der 2. und 3. Wahlperiode als Stellvertretendes Mitglied dem Ausschuss für Arbeit an. In der 3. und 4. Wahlperiode war sie Ordentliches Mitglied des Ausschusses für Kulturpolitik und Publizistik und des Ausschusses für Atomenergie und Wasserwirtschaft sowie Stellvertretendes Mitglied des Ausschusses für Wiedergutmachung und des Ausschusses für Verkehr, Post- und Fernmeldewesen. In der 5. Wahlperiode war sie Ordentliches Mitglied des Ausschusses für Wissenschaft, Kulturpolitik und Publizistik und des Postausschusses sowie Stellvertretendes Mitglied des Ausschusses für Ernährung, Landwirtschaft und Forsten. In der 6. Wahlperiode gehörte sie als Ordentliches Mitglied dem Ausschuss für wirtschaftliche Zusammenarbeit an. Hilfe für die Entwicklungsländer erachtete sie als außerordentlich notwendiges Politikfeld. Hilfe zur Selbsthilfe stand für sie im Vordergrund. Nicht akzeptieren mochte sie, als sie mitbekommen musste, »dass finanzielle Hilfen auch versickern können«.[66]

Nach ihrer Meinung waren Frauen im Bundestag genauso einflussreich wie ihre männlichen Kollegen. Und sie waren in der Bundestagspolitik an allen relevanten Fragestellungen, dazu gehörten auch wirtschaftspolitische, beteiligt. Als Mitglied des Kunstbeirats der Deutschen Bundespost setzte sie sich für die Gestaltung der Briefmarken ein und sorgte dafür, dass auf den Sonderbriefmarken nicht nur Männer-, sondern auch Frauen-

63 Alschner, o.S.
64 Ebd.
65 Interview 1998.
66 Ebd.

portraits erschienen. Das 50-jährige Jubiläum zum Frauenwahlrecht in Deutschland sah sie als geeigneten Zeitpunkt zur Herausgabe eines Gedenkblocks »50 Jahre Frauenwahlrecht« mit den Portraits von Marie Juchacz, Maria Weber und Marie-Elisabeth Lüders, bewährten Vorkämpferinnen in der deutschen Frauenpolitik. Außerdem erreichte sie Sondermarken für Gedenktage der Sozialdemokratie, zum 100. Todestag des von ihr verehrten Ferdinand Lassalle, für Kurt Schumacher, Karl Marx, Otto Wels. Eine Gedenkbriefmarke zur ersten Wiederkehr des Tages der Ermordung des amerikanischen Präsidenten John F. Kennedy am 22.11.1964 erschien in Berlin. Wie in anderen Arbeitszusammenhängen auch, so setzte sie sich in der Briefmarkengestaltung für »die Pfalz« ein, und so erschienen Briefmarken, die das Hambacher Schloss oder den »Goldenen Hut von Schifferstadt« zeigten.[67]

Gefragt nach den herausragenden Ereignissen während ihrer Arbeit im Deutschen Bundestag, erinnerte sie sich an die Atomdebatte im März 1958. Es waren die Frauen in ihrer Fraktion, die eine Vorlage für einen Antrag der SPD und der FDP mit dem Ziel der Einstellung der atomaren Versuchsexplosionen erarbeitet hatten. Sie waren der Meinung, dass anlässlich der Aussprache über die Antwort der Bundesregierung auf die »Große Anfrage der CDU/CSU-Fraktion betr. die Deutsche Frage auf künftigen Internationalen Konferenzen« und die »Große Anfrage der FDP-Fraktion betr. Gipfelkonferenz und atomwaffenfreie Zone« und zur Vorlage eines Antrags der weiblichen Abgeordneten der SPD und FDP mit der Forderung nach Einstellung der Versuchsexplosionen eine junge Frau reden solle, und das sollte Luise Herklotz sein. Am 25.3.1958 hielt sie im Plenarsaal eine bewegende Rede, und sie freut sich heute noch, daß Herbert Wehner genau diese Ansprache in sein Buch: »Frau Abgeordnete, Sie haben das Wort«[68] aufgenommen hat. In ihrer Rede sprach sie über die schrecklichen Auswirkungen, die nach ihrer Meinung den nächsten Krieg beherrschen würden. Sie appellierte an die Verantwortung, die ihrer Generation zukam, weil sie Krieg und Elend kannte. Aus dieser Verantwortung konnte nach ihrer Meinung keiner entlassen werden, der in der Nachkriegszeit Entscheidungen mit zu fällen hatte. Die Abgeordneten forderte sie auf, die vielen Briefe, Telegramme und Bittschriften ernst zu nehmen, die den SPD-Abgeordneten im Bundestag aus ganz verschiedenen Bevölkerungsschichten zugegangen waren und in denen sie beschworen wurden, der Stimme der Vernunft im allgemeinen Wettrüsten Raum zu geben. Sie erinnerte auch an die Meinungsumfragen, nach denen sich der überwiegende Teil der Bevölkerung gegen die Atomrüstungspläne und gegen Raketenbasen und Versuchsexplosionen ausgesprochen hatte. Aus eigener Überzeugung und weil sie die Meinung an der Basis ernst nahmen, forderten die weiblichen Abgeordneten die Einstellung der Wasserstoffbombenversuche als ersten Schritt auf dem Weg zur Abrüstung. Sie bedauerte in ihrer Rede, dass die »Kolleginnen der CDU« den Antrag nicht unterschreiben wollten.

---

67 Zur Arbeit im Kunstbeirat der Deutschen Bundespost siehe auch die Biographie über Lisa Albrecht in diesem Band, S. 130-149.

68 Protokoll 3. Legislaturperiode, 137. Sitzung, 16.12.1960, abgedruckt in *Herbert Wehner* (Hrsg.), Frau Abgeordnete, Sie haben das Wort!, Bonn 1980.

Deutlich forderte sie die Bundesregierung auf, sich aus dem Atomwettrüsten herauszuhalten, denn nur dann habe die Bevölkerung eine Chance zum Überleben.

Ihre absolute Ablehnung jeglicher atomaren Aufrüstung verstärkte sich anlässlich des Besuchs einer internationalen Konferenz 1960 in Japan. Bei dieser Gelegenheit stattete sie auch Hiroshima und einem Hospital, in dem noch viele Atombombenopfer gepflegt wurden, einen Besuch ab. Das erschütternde Erlebnis hat sie dazu bewogen, fortan im Ausschuss für Atomfragen des Bundestages mitzuarbeiten.

1958 wurde Luise Herklotz als eine der wenigen Frauen zusammen mit Luise Albertz, Ella Kay, Irma Keilhack, Marta Schanzenbach und Käte Strobel in den Parteivorstand der SPD gewählt, dem sie vier Jahre angehörte.[69] Von 1970 bis 1980 arbeitete sie in der Kontrollkommission der SPD mit. Schlagzeilen machte Luise Herklotz, als sie 1969 die Annahme des ihr vom Bundespräsidenten Heinrich Lübke verliehenen Bundesverdienstkreuzes ablehnte. »Für mich als Bundestagsabgeordnete, die ich kraft Wählerauftrag verpflichtet bin, dem Wohl des Volkes zu dienen, bedarf es keiner Anerkennung als der des Wählers,«[70] begründete sie ihre Entscheidung damals. Zugleich kritisierte sie die Praxis der Verleihung dieses Ordens an Politiker aus Staaten, in denen die Meinungsfreiheit unterdrückt wurde. 1973, als Bundespräsident Heinemann ihr die Ehrung noch einmal antrug, nahm sie diese dann an.

Europapolitik (1966–1984)

»Kein Land in Europa kann die Schwächung eines anderen europäischen Lands ertragen«[71]

Europafragen hatten Luise Herklotz schon sehr früh auf Parteitagen und Konferenzen bewegt. Das mag auch damit zusammenhängen, dass ihr ein Wort, das Kurt Schumacher unmittelbar nach dem Zweiten Weltkrieg geäußert hatte, stets gegenwärtig war. Er hatte in einer Rede darauf hingewiesen, dass kein Land in Europa die Schwächung eines anderen europäischen Landes ertragen könne und keines durch Ausbeutung eines anderen erfolgreich sein könne.[72] Die Einbindung der Bundesrepublik in die Europäische Gemeinschaft und in die Weltorganisation erscheint ihr nach wie vor von außerordentlicher Wichtigkeit.

Von 1966 bis 1973 war Luise Herklotz Mitglied der Beratenden Versammlung des Europarates in Straßburg sowie der Versammlung der Westeuropäischen Union (WEU). Auch in der Europapolitik hatte Luise Herklotz Frauen-, Sozial- und Verbraucherfragen als Schwerpunkte. Sie war Vorsitzende des Unterausschusses für Beziehungen zur Welternahrungsorganisation der Vereinten Nationen. An einer Reihe von gesetzlichen Verbes-

69 Siehe die Biographien von Luise Albertz, Irma Keilhack und Marta Schanzenbach in diesem Band, S. 111-129, S. 244-263 und S. 435-459; zu Ella Kay siehe FN 54.

70 *Der Seniorenrat der SPD* (Hrsg.), Zeitgenossen. Frauen und Männer der ersten Stunde, Bonn, o.J., S. 23.

71 Herklotz, Eine Sozialdemokratin, S. 127.

72 Ebd.

serungen war Luise Herklotz beteiligt. Auch im Europarat vergaß sie die Pfalz nicht. Sie half mit, dass der heimische Weinbau, die Sonderkulturen in den Tabak-, Obst- und Gemüseanbaugebieten »auf eine gesunde Grundlage gestellt« wurden und dass das gesamte Gebiet für den Fremdenverkehr weiter erschlossen wurde.[73] Auch für die Hochwassergeschädigten in ihrer Region konnte sie im Mai 1983 einen Entschließungsantrag durchsetzen, damit die Betroffenen Soforthilfe durch die Europäische Gemeinschaft bekamen.[74] Ebenso setzte sie sich entschieden dafür ein, dass alle Tiertransporte in Europa nach entsprechenden Schutzbestimmungen durchgeführt werden sollten.

Auf ihren Antrag hin erhielt der 1907 gegründete Internationale Rat der Sozialdemokratischen Frauen, der in 32 Staaten vertreten ist, den Konsultativstatus beim Europarat.[75] Im Herbst 1973 gehörte Luise Herklotz auf Vorschlag des Fraktionsvorsitzenden Herbert Wehner der deutschen Delegation bei der Vollversammlung der Vereinten Nationen in New York an. Aufgrund ihrer internationalen Erfahrungen, die sie auch im Rahmen von Konferenzen der Interparlamentarischen Union sammelte, wurde sie 1979 in das erste direkt gewählte Europäische Parlament entsandt, dem sie bis 1984 angehörte. Sie setzte sich dort besonders für die Öffnung aller Grenzen in Europa ein. An diese Zeit denkt sie gerne zurück, vor allem auch deshalb, weil sie die Bekanntschaft von interessanten ausländischen Kolleginnen und Kollegen machen konnte. Aus dieser Arbeit entstanden Freundschaften, die noch bis heute anhalten.

Die politische Arbeit geht weiter (1984 bis heute)

»Ich habe immer die Nähe zur Bevölkerung gehalten«[76]

Nachdem sie 1972 nicht wieder für den Bundestag und 1984 auch nicht wieder zum Europäischen Parlament kandidiert hatte, war ihre politische Arbeit noch lange nicht zu Ende – und sie ist es auch bis heute nicht. 1974 wurde sie Vorsitzende der SPD in Speyer. Im gleichen Jahr hielt sie in der Volkshochschule in Speyer eine viel beachtete Rede über die 100-jährige Geschichte der Pfälzischen und der Speyerer Arbeiterbewegung. Den Posten der Ortsvereinsvorsitzenden füllte sie bis 1978 gerne aus: »Ich habe immer die Nähe zur Bevölkerung gehalten.«[77] Das war wohl der Grund dafür, dass sie später den Vorsitz der Speyerer Arbeiterwohlfahrt übernahm. Ihr Haus war immer Anlaufstelle für Menschen, die Hilfe suchten. Auch einige Ämter nahm Luise Herklotz weiter wahr. So gehörte sie noch lange dem Aufsichtsrat der Gemeinnützigen Baugenossenschaft Speyer an. Und sie arbeitet im Seniorenrat der SPD mit, in den sie der Parteivorstand berufen hat. 1984 war sie Mitbegründerin der Kurt-Schumacher-Gesellschaft.

73 Wahlkampfbroschüre zur Bundestagswahl 1969, in: AdsD, Sammlung Personalia Luise Herklotz.
74 Interview 1998.
75 Brief von Heinz-Dieter Bücken, Pers. Assistent von Annemarie Renger, MdB, an den Parlamentarisch-Politischen Pressedienst in Bonn vom 15.1.1970, in: AdsD, Sammlung Personalia Luise Herklotz.
76 Interview 1998.
77 Ebd.

Außerdem ist sie Mitglied der Friedrich-Ebert-Stiftung. Neben dem Bundesverdienstkreuz erster Klasse und dem Großen Bundesverdienstkreuz, das ihr 1984 überreicht worden ist, wurde sie 1987 mit der Marie-Juchacz-Plakette, der höchsten Auszeichnung der Arbeiterwohlfahrt, geehrt. Elfriede Eilers, damals stellvertretende Bundesvorsitzende der Arbeiterwohlfahrt, die mit ihr seit 1957 im Bundestag war, überreichte ihr die Plakette im Beisein ihrer Freundin Annemerie Renger, zu diesem Zeitpunkt Vizepräsidentin des Bundestages. Der Speyerer Oberbürgermeister Dr. Christian Rosskopf (SPD) unterstrich bei dieser Gelegenheit einmal mehr ihr Engagement im politischen und sozialen Bereich und die Tatsache, dass sie sich »mit Kopf, Intelligenz, Organisationstalent und nicht zuletzt mit Herz (...) als Frau für Frauen engagiert« habe«.[78] Dass der Bau des Arbeiterwohlfahrt-Heimes am Russenweiher, in dem die Feier stattfand, hauptsächlich auf die Initiative von Luise Herklotz zurückzuführen war, wurde mehrmals hervorgehoben.[79] Der Deutsche Journalisten-Verband ehrte sie zunächst mit der Silbernen und an ihrem 80. Geburtstag mit der Goldenen Ehrennadel als Gründungsmitglied des Bezirks Pfalz. Anlässlich ihres 70. Geburtstages am 20. August 1988 würdigte »Die Rheinpfalz« das frauenpolitische Engagement der Jubilarin. In der Zeitung wurde darauf hingewiesen, dass es noch immer die Grundüberzeugung von Luise Herklotz sei, dass der Frauenanteil in der Politik zu gering sei. Am 20. August 1988 erhielt sie auch die Goldene Nadel der Europa-Union.

1990 wurde sie mit der Verdienstmedaille ihrer Heimatstadt Speyer ausgezeichnet. Der pfälzische SPD-Vorsitzende und Vorsitzende des pfälzischen Bezirkstages Winfried Hirschberger würdigte sie angesichts ihres 80. Geburtstags 1998 als »herausragende Persönlichkeit« und als »überzeugende Vertreterin einer demokratischen Gesinnung«[80]. Es gab ein großes Fest im AWO-Haus am Russenweiher mit vielen Gästen, unter denen auch ihre alte Freundin Annemarie Renger war. Oberbürgermeister a.D. Rosskopf kennzeichnete die ehemalige Parlamentarierin als »Vorbild für die Menschlichkeit in der Politik«. Er hob hervor, dass sie stets »global gedacht, aber auch lokal gehandelt« habe. Er war es auch, der darauf hinwies, dass Luise Herklotz bereits 1946 Frauenpolitik betrieben habe und dass dies für sie stets hieß: Politik »für alle, nicht nur für Frauen«.[81] Innenminister Walter Zuber, gleichzeitig Landesvorsitzender der Arbeiterwohlfahrt, hat wohl an den »Kleinen Prinzen« gedacht, als er darauf hinwies, dass das Geheimnis ihres Erfolges sei, dass sie sich immer darum bemühe, »mit dem Herzen zu sehen«.[82] Die Südwestdeutsche Zeitung[83] und »Die Rheinpfalz«[84] berichteten über »die große alte Dame der pfälzischen Sozialdemokratie«. »Die Rheinpfalz« fragte sie in einem Interview nach der schönsten und nach

78 Die Rheinpfalz vom 27.1.1986.

79 Tagespost vom 27.1.1986.

80 »Die Rheinpfalz« vom 21.8.1998.

81 Ebd.

82 Zit. nach Ebd. *Antoine de Saint-Exupéry* schreibt in seiner Geschichte »Der kleine Prinz« über Menschen, die mit dem Herzen sehen. Düsseldorf 1965.

83 Südwestdeutsche Zeitung vom 20.8.1998.

84 Interview in: »Die Rheinpfalz« vom 20.8.1998.

der schlimmsten Erfahrung in den letzten Jahrzehnten: Sie antwortete, dass sie »die Wiedervereinigung Deutschlands« erleben durfte und »dass Berlin wieder die deutsche Hauptstadt wurde«, sei ihre schönste Erfahrung. Ein schlimmes Erlebnis war für sie der Einmarsch der Sowjetpanzer in die CSSR am 20. August 1968.[85] Der Oberbürgermeister der Stadt Speyer, Werner Schineller, bewunderte sie an ihrem 80. Geburtstag dafür, dass sie »nie an Bodenhaftigkeit verloren« habe. Er erinnerte daran, dass es in der Stadt schon lange ein geflügeltes Wort sei: »Nicht verzagen, die Luis' fragen.«[86] Luise Herklotz hat auch heute noch ein offenes Ohr für die Bedrückten und Beladenen und für alle anderen, die zu ihr kommen.

85 Ebd.

86 Der Seniorenrat der SPD, S. 23.

Dr. Elinor Hubert

»Dass der Grundsatz von der Gleichheit aller Menschen wirklich ein fundamentaler ist«[1]

Elinor Höhnen war die Tochter eines preußischen Regierungspräsidenten. Als ›höhere Tochter‹ durfte sie die Oberstudienanstalt für Mädchen in Breslau besuchen und an der Universität in Greifswald Medizin studieren. Während des Zweiten Weltkriegs übernahm sie die ärztliche Praxis ihres verstorbenen Mannes und holte, obwohl sie in der Zwischenzeit zwei Töchter hatte, ihre Promotion nach. 1949 war sie im ersten Deutschen Bundestag die einzige sozialdemokratische Akademikerin. »Die klavierspielende Tochter« hatte sich gleich nach dem Zweiten Weltkrieg aus innerer Überzeugung der Parole der Sozialdemokratischen Frauen »Nie wieder Krieg, nie wieder Faschismus« angeschlossen. Schon früh setzte sie sich kritisch mit der Entwicklung der Technik im Gesundheitswesen auseinander. Sie wurde der »Arzt und Gesundheitsexperte der SPD«.

Kindheit, Jugend und Studium der Medizin (1900–1927)

»In der Schule war Geschichte von früh auf mein Lieblingsfach«[2]

Elinor Höhnen wurde am 11.5.1900 als einziges Kind des preußischen Beamten und späteren Regierungspräsidenten Dr. jur. Leopold Höhnen und seiner Frau Katharina, geb. Schindler, in Breslau, der Heimat ihrer Mutter, geboren. Das privilegierte preußische Elternhaus unterschied sich nach ihren eigenen Angaben in vieler Hinsicht von der üblichen Welt preußischer Beamten- und Offizierskreise. Künstler und Gelehrte waren dort »häufigere und willkommenere Gäste als irgendwelche Minister, die vielleicht mehr dem Zufall ihrer Geburt als ihren geistigen Fähigkeiten dieses hohe Amt verdankten«.[3] Ihr Vater, der die Monarchie für die »wenigst schlechte Staatsform« hielt, »schockierte manchmal seine Vorgesetzten, weil er lieber mit jungen Arbeitern Schach spielte, statt auf die Jagd zu gehen, und er schockierte seine Kollegen, weil er sie zusammen mit diesen Arbeitern oder mit seinen Streichquartettfreunden, die oft kleine Angestellte oder auch Soldaten der Militärkapelle waren, zum Essen einlud«.[4] Kein Wunder, dass er die Revolution von 1918 insofern begrüßte, als sie mit einer verstaubten Gesellschaftsord-

1 *Dr. Elinor Hubert,* Über Probleme der Rassendiskriminierung, BPA, Abt. Nachrichten, Rundfunkaufnahme West, Deutsche Gruppe, WDR vom 17.9.1963, in: AdsD, Sammlung Personalia Elinor Hubert.

2 *Elinor Hubert*, Preußische Beamtentochter und Ärztin, in: *Vorstand der SPD* (Hrsg.): Frauen machen Politik, Schriftenreihe für Frauenfragen, Nr. 4/1958, S. 9-18. Diese und die nächsten Hinweise, soweit nicht anders ausgewiesen, stammen aus der genannten, vom Parteivorstand der SPD herausgegebenen Schrift sowie aus den schriftlichen Mitteilungen der Tochter von Elinor Hubert, Alix Hubert-Fehler, vom 13.8.2002. Sie hat gemeinsam mit ihrer Schwester Sibylle Trumm, geborene Hubert, einige Erinnerungen aufgeschrieben, die vor allem die Zeit vor 1948 betreffen.

3 Hubert, Preußische Beamtentochter, S. 14.

4 Ebd.

Elinor Hubert (1900–1973), MdB 1949–1969

nung aufräumen sollte. Er gehörte zu den Mitgründern der Deutschen Volkspartei in Allenstein in Ostpreußen, wo die Familie ihren Wohnsitz hatte, und zog als erster Stadtverordnetenvorsteher in das neu erbaute Rathaus ein. In ihrem Elternhaus bekam Elinor Höhnen die ersten politischen Anregungen. Bald kam sie auch mit führenden Sozialdemokraten in Berührung. Sie beobachtete die große menschliche und politische Hochachtung, die der von ihr so sehr verehrte Vater diesen Menschen entgegenbrachte.

Elinor Höhnen besuchte die Volksschule und das Lyzeum in Allenstein (Ostpreußen) und anschließend zwischen 1917 und 1919 die Oberstudienanstalt für Mädchen in Breslau, weil es in Allenstein keine Oberstudienanstalt gab. In Breslau legte sie auch ihr Abitur ab. Vom Vater lernte sie das Schachspielen, und er las mit ihr Goethebiographien und andere klassische sowie historische Schriften. Der Einfluss des Vaters mag dazu beigetragen haben, dass Geschichte ihr Lieblingsfach wurde. Sie wollte deshalb Deutsch und Geschichte studieren und Bibliothekarin werden, einer der wenigen Berufe, die abgesehen vom Lehrerinnenberuf, damals für bürgerliche Frauen opportun waren. 1921 ging sie mit diesem Berufsziel zur Universität nach Greifswald. Elinor Höhnen war enttäuscht, weil ihr die Universität nach einem hervorragenden Geschichtsunterricht am Breslauer Gymnasium und dem Selbststudium mit ihrem Vater nichts Neues bieten konnte. Nachdem sie versucht hatte, sich zu Hause in Geschichtsbücher und in andere Literatur zu vertiefen und immer noch keine Befriedigung in diesem Studium gefunden hatte, wechselte sie 1921 das Studienfach und studierte an derselben Universität Medizin. Sie lobte später die »vorbildliche Kameradschaft« zwischen Studentinnen und Studenten, erinnerte sich aber auch an Dozenten, die sich immer wieder bemühten, »durch entsprechende Bemerkungen und Witze« anwesende junge Frauen aus den Vorlesungen herauszugraulen. Auch im Medizinstudium schienen Elinor Höhnen einzelne Fächer nicht besonders zu interessieren. Sie kritisierte, dass sie in den Physikvorlesungen fast nichts verstand. Chemie betrachteten sie und ihre Kommilitonen als »Gaudi«, wo es knallen und stinken musste, und den Botanik-Unterricht besuchte sie erst gar nicht. Die junge Studentin hielt sich während der ersten Semester mehr im Reitstall und auf dem Segelboot auf als an der Universität. Dennoch schaffte sie nach furchtbarem Pauken das Physikum und hat es später offensichtlich nie bereut, ein medizinisches Studium absolviert zu haben. Sie legte 1926 das Staatsexamen ab und erlangte 1927 die Approbation als praktische Ärztin. Ihren Berufswunsch stellte sie zunächst allerdings zurück, weil sie im gleichen Jahr den damaligen Assistenten, späteren Oberarzt der Universitätsfrauenklinik in Greifswald und Universitätsprofessor Dr. Rudolf Hubert heiratete. Sie hatte ihn während ihres Studiums an der Universität in Greifswald kennen gelernt. Er kam ebenfalls aus einer Beamtenfamilie, sein Vater war der Geheime Regierungsrat Dr. phil. Bernhard Hubert, und seine Mutter war Elsbeth Hubert, geb. Burckas. Die Heirat zwischen Elinor und Rudolf Hubert fand in Hildesheim statt. Dorthin war Dr. Leopold Höhnen in der Zwischenzeit versetzt worden.

Erste politische Arbeit und Eintritt in die Deutsche Volkspartei (1927–1933)

»Es war wie ein unaufhaltsamer Sog«[5]

Sie war nun Ehefrau und besuchte als Hobby, wie sie später schrieb, staatsrechtliche und völkerrechtliche Vorlesungen an der Universität in Greifswald. Die Schatten, die der Nationalsozialismus warf, machten sich in ihrem Elternhaus bereits während der 20er Jahre bemerkbar. Die Künstler, die dort ein- und ausgegangen waren, wurden immer mehr von Politikern verdrängt. Stresemann, Severing und Noske waren unter ihnen. Auch ihre eigene kleine Familie, Elinor Hubert hatte in der Zwischenzeit zwei Mädchen geboren – 1928 Sibylle und 1931 Alix –, blieb nicht von der Wirtschaftskrise der beginnenden 30er Jahre verschont. 1930 trat Elinor Hubert zusammen mit ihrem Mann der Deutschen Volkspartei bei und wurde Mitglied des Greifswalder Ortsvereinsvorstandes und einer Arbeitsgemeinschaft junger Volksparteiler. Bald bemerkte das Paar, dass sich die Volkspartei mehr und mehr auf die Nationalsozialisten zubewegte.[6] Sie lasen Hitlers »Mein Kampf« und beobachteten mit wachsender Angst, dass täglich neue Mitbürgerinnen und Mitbürger zu den Nationalsozialisten übertraten. Ihr erschien das wie ein unaufhaltsamer Sog, dem sich zu wenige Menschen ohnmächtig entgegenzuwerfen versuchten.

Im Schatten des Hakenkreuzes (1933–1945)

»Die bürgerlichen Parteien hatten völlig versagt«[7]

Noch hatte Elinor Hubert keine Ahnung, dass der Nationalsozialismus auch in ihr persönliches Leben eingreifen könnte. Das änderte sich schlagartig. 1933 wurde ihr Vater zur Disposition gestellt.[8] Auch ihrem Mann wurde 1933 die fristlose Entlassung mitgeteilt, weil er bei der Hindenburgwahl 1932 mit auf einem Wahlplakat der Deutschen Volkspartei gestanden hatte, das sich gegen die Wahl Hitlers wandte. Die Studenten ihres

5 Ebd., S. 16.
6 Munzinger-Archiv, Lieferung 27/65 vom 3.7.1965.
7 Hubert, Preußische Beamtentochter, S. 17.
8 Munzinger-Archiv 1965.

Mannes wollten sich das nicht gefallen lassen. Sie beriefen eine Klinikversammlung ein und erklärten, dass sie nicht auf einen ihrer beliebtesten Dozenten verzichten wollten. Damit hatten sie zunächst Erfolg. Da Rudolf Hubert seine politische Einstellung nicht ändern wollte, dauerte es aber nicht lange, bis er wieder Schwierigkeiten bekam. Als der Reiterverein Greifswald 1935 in die SA-Reiterstaffel übernommen werden sollte und er sich weigerte mitzumachen, war dies einer der letzten Gründe, die zu seiner fristlosen Entlassung führten. Er galt als nicht zuverlässig im Sinne des Regimes. Ein Mitglied der SA nahm seinen Platz als Oberarzt ein. Dr. Rudolf Hubert erhielt durch die Hilfe des Göttinger Professors Dr. med. Martius eine außerplanmäßige Professur in Göttingen. Die Familie zog nach Kassel, wo Dr. Hubert bis zum Kriegsanfang im September 1939 in einem Krankenhaus des Deutschen Roten Kreuzes neben seiner Professur ambulante Operationen durchführen konnte. Elinor Hubert versorgte den Haushalt und die beiden Kinder, die sich später an ein friedliches und harmonisches Familienleben in Kassel erinnern. Freilich blieben auch den Kindern die Schatten des Hakenkreuzes nicht verborgen.

Zu Beginn des Zweiten Weltkrieges wurde Rudolf Hubert sofort eingezogen. Elinor Hubert blieb mit den Kindern allein, denn er war als Stabsarzt in Frankreich stationiert. Die Töchter erlebten einen uniformierten Vater, der nur kurze Heimatbesuche abstatten konnte, und sie bekamen Feldpostbriefe. Eine Flüchtlingsfamilie aus dem Saarland teilte mit ihnen Wohnung und Küche. Elinor Hubert versuchte, den Lebensstandard für die Töchter aufrecht zu erhalten, fuhr mit ihnen weiter zu den Reitstunden nach Göttingen und führte den Haushalt notfalls auch ohne Haushaltshilfen. Rudolf Hubert hatte Glück und wurde Anfang 1940 zum Heimatheer nach Brandenburg an der Havel versetzt. In dieser expandierenden Industriestadt konnte er die Gynäkologische Abteilung und die Chefarztposition des städtischen Krankenhauses übernehmen. Im Sommer 1940 zog auch Elinor mit den beiden Kindern in die Industrie- und Arbeiterstadt. Die Familie bewohnte nun ein großes altes Haus in einem riesigen Park an der Havel. Da es früher als Wohnhaus des Direktors der städtischen Justizvollzugsanstalt fungierte, war das Haus von hohen Mauern umgeben. Für Elinor begann ein neues Leben, sie lebte im Grünen und züchtete Blumen, Gemüse und Obst auf einem 2000 qm großen Grundstück. Mitten im Krieg führten sie ein »fast normales« Familienleben. Die Töchter erinnern sich an die schöne Wohnung, die großen Kachelöfen und das Hausmädchen. Sie besuchten als »Chefarzttöchter« den Vater in der Klinik, wo sie sich an den Scheiben zum Säuglingszimmer die Nasen platt drücken durften. Sie gingen zur Schule, zu Fuß oder mit dem Fahrrad und manchmal über die zugefrorene Havel. Wenn Elinor Hubert im Garten war, sah sie die Flugzeuge aus den Wolken auftauchen und verschwinden, fühlte sich jedoch zunächst nicht bedroht. Sie pflegte den gesellschaftlichen Kontakt mit anderen Arztfamilien, organisierte Hausmusikabende und Musikunterricht und Reitstunden für die Töchter. Das ›Glück‹ dauerte dennoch nicht lange. Im Oktober 1941 starb ihr innig geliebter Vater an einem Schlaganfall, im Januar 1942 verlor sie ihren Mann während eines Ski-Urlaubs der Familie am Arlberg in Tirol durch einen Herzinfarkt. Elinor Hubert stand »von einem Tag auf den anderen« mit ihren 10- und 13-jährigen Mädchen alleine da.

Sie fand keine Ruhe mehr, die Luftangriffe auf Berlin und Brandenburg begannen, die Trauer um den toten Mann und die Sorge um das Überleben raubten ihr den Schlaf. Gewissermaßen als Therapie begann sie, die Briefe eines englischen Schriftstellers zu übersetzen. Den Kindern erschien es, als habe sie Tag und Nacht an ihrem Biedermeierschreibtisch gesessen. Sie hatte Angst, dass sie – wie andere Frauen auch – zur Erwerbsarbeit verpflichtet wird. Wenn das passieren sollte, wollte sie zumindest in ihrem Beruf als Ärztin arbeiten.

Deshalb wollte sie ihre ärztlichen Kenntnisse auffrischen, denn die Approbation lag lange zurück. Eigentlich hätte sie gern ihre Facharztausbildung nachgeholt, gab das jedoch auf, weil ihre Kinder sie brauchten. Sie hospitierte für ein knappes Jahr an der Kinderpoliklinik und der Medizinischen Poliklinik der Charité in Berlin und fuhr täglich von Brandenburg nach Berlin. 1943 ließ sie sich in Brandenburg als praktische Ärztin nieder, belegte zwei Räume im Haus als Praxis und Warteraum und stellte eine Sprechstundenhilfe ein. Da sie zu Hause arbeitete, war sie immer für die Kinder erreichbar. Der große Patientenandrang raubte ihr dennoch fast die gesamte Freizeit. Trotzdem betreute sie zusätzlich die Müttervorsorgestelle in einem Außenbezirk Brandenburgs, und zwar einmal wöchentlich. Die schwierige Ernährungslage führte dazu, dass sie den großen Garten nun gänzlich in einen Nutzgarten mit Gemüse und vielen Obststräuchern umfunktionierte. Davon ernährte sich die Familie hauptsächlich.

1944 entschloss sich Elinor Hubert zur nachträglichen Promotion an der Universität Göttingen. Die beiden Töchter führen das heute darauf zurück, dass sie sich als Ärztin nicht als »Frau Doktor« anreden lassen wollte, ohne es wirklich zu sein. Ihre Dissertation schrieb sie »Zur Differentialdiagnose zwischen Ovarialtumoren und extragenitalen Tumoren des Abdomen«. Sie war nun Dr. med. Als sich die Luftangriffe auf Berlin verstärkten, lagerten Freunde ihre Wertsachen bei Elinor Hubert, und auch deren Kinder fanden zeitweise Unterschlupf. Sie verbrachte die Nächte im Keller des Hauses und die Tage in der Praxis und sorgte sich um ihre heranwachsenden Töchter, die als Oberschülerinnen in »Jungvolk« und BDM eingetreten waren. Am Ostersonnabend legte der erste große Fliegerangriff auf Brandenburg die hinter ihrem Haus befindliche Polizeikaserne (das alte Zuchthaus) in Trümmer, zerstörte die Gas- und Wasserleitungen in ihrem Haus und machte aus ihrem Obst- und Gemüsegarten einen gewaltigen Bombentrichter. Zehn Tage blieb sie mit den Kindern in dem verwüsteten Haus und schöpfte Wasser aus dem alten Brunnen im Garten. Dann siedelte sie mit ihrer Mutter, die in der Zwischenzeit nach Brandenburg gekommen war, und mit ihren Kindern in den Krankenhausbunker und arbeitete während der Belagerung der Stadt in der Inneren Abteilung des Krankenhauses.[9] Die nun 16jährige Tochter Sibylle wurde im überfüllten Krankenhaus als Schwesternhelferin eingesetzt, die drei Jahre jüngere Alix half auf der Kinderstation.

Elinor Hubert war überzeugte Ärztin. Während der Kriegstage hatte sie jedoch das Gefühl, dass es sinnlos war, gegen die allgemeine Vernichtung kämpfen zu wollen. Sie musste zuckerkranke Menschen sterben sehen, weil es kein Insulin gab, und Herzkranke,

9 Ebd.

weil das Strophanthin ausgegangen war. Am schlimmsten litt die Ärztin darunter, dass sie so viele Kinder sterben sehen musste. Einige wurden mit Kopfschuss und mit zertrümmerten Kiefern bei ihr eingeliefert, weil sie von der Artillerie getroffen worden waren. Bereits während der Zeit des Nationalsozialismus reifte in ihr der Gedanke, dass, wenn sie überleben sollte und in Deutschland wieder eine politische Betätigung möglich sein würde, sie sich einer politischen Partei anschließen wollte, von der sie annehmen konnte, dass sie Kriege in Zukunft verhindern würde. Die »so genannten bürgerlichen Parteien« hatten nach ihrer Meinung seit Stresemanns Tod völlig versagt.[10] Niemals vergessen wollte Elinor Hubert das letzte Rundschreiben des Vorsitzenden der Deutschen Volkspartei, Dr. Dingeldey, die Mitglieder dieser Partei sollten sich »einer der beiden nationalen Parteien anschließen«, also den Nationalsozialisten oder der DNVP.

Die Ärztin entfernte sich nicht nur politisch von den bürgerlichen Parteien, sondern fühlte sich auch zu den Menschen der unteren Schichten mehr und mehr hingezogen. Jedenfalls machte sie die Erfahrung, dass ihre ›Arbeiterpatienten‹ die allgemeine politische Lage viel klarer durchschauten als die ›bürgerlichen Patienten‹, und sie hatte den Eindruck, dass etliche dieser Patienten infolge ihrer sozialistischen Herkunft gegenüber der Propaganda der Nationalsozialisten weniger anfällig waren. Freilich konnte sie Gespräche nur unter vier Augen führen, wenn sie sich nicht selbst und die Patienten in Gefahr bringen wollte. Im Krankenhaus erlebte die Familie den Einzug der Russen mit Plünderungen, Verwüstungen und Ängsten um die Töchter. Kurz danach starb ihre Mutter an einer Infektion im Krankenhaus.

Wiederaufbau nach dem Zweiten Weltkrieg (1945–1949)

»Eines Tages las ich von der Rede eines Dr. Kurt Schumacher«[11]

Elinor Hubert wohnte mit ihren beiden Töchtern weiter im Krankenhaus. Sofort nach der Kapitulation sprach die Ärztin mit Freunden über den Beitritt zur Sozialdemokratischen Partei. In Brandenburg konnte sie sich dazu noch nicht entschließen, zumal ihr die Nähe zu den Kommunisten und deren agitatorische Dominanz bei gemeinsamen Veranstaltungen nicht gefielen. Sie hatte daher zunächst auch Kontakte zur CDU in Brandenburg und Berlin aufgenommen. Da inzwischen etliche Ärzte aus der Gefangenschaft zurückgekehrt waren und sie ihre Patienten versorgt sah, ging sie im Oktober 1945 mit einem englischen Flüchtlingstransport in plombieren Zügen nach Westen und wohnte mit ihren Töchtern zunächst »unter Einschluss jedweder negativer hygienischer Zustände (...) im Massenlager«. In Göttingen angekommen, fanden sie die vom Krieg ›verschonte‹ Wohnung ihrer Mutter als Studentenwohngemeinschaft vor. Gezwungenermaßen arrangierten sie sich mit den neuen Bewohnern. Elinor Hubert richtete ein kleines Zimmer als Praxis ein. Nach wenigen Wochen erhielt sie die Niederlassungsgenehmigung als Ärztin, denn schließlich war sie politisch völlig unbelastet. Wie viele andere Mütter ernährte sie

10 Hubert, Preußische Beamtentochter, S. 17.
11 Ebd., S. 18.

ihre Kinder phantasiereich mit »grauen Nudeln und Steckrüben mit Kartoffeln oder Kartoffeln mit Steckrüben«, wie sich die Tochter Alix Hubert erinnert. Sie versuchte, Schmuck gegen Gemüse zu tauschen. Handeln und Feilschen fiel ihr schwer. Die Töchter gingen in die Schule, erhielten Schulspeisung und von einer norwegischen Hilfsaktion Trainingsanzüge. Elinor Hubert nähte ihnen Kleider aus rot-weißkarierter Bettwäsche und sorgte dafür, dass sie am kulturellen Leben teilhaben konnten.

Bald hatte die junge Ärztin ihr politisches Schlüsselerlebnis. Im »Hannoverschen Kurier« las sie im Sommer 1945 von einer Rede Kurt Schumachers.[12] Sie war beeindruckt von der klaren Sprache des Sozialdemokraten, der nach der Neugründung der SPD im Mai 1946 die Parteiführung übernahm. Die Rede unterschied sich wohltuend von allem, was sie bis dahin von Politikern gehört hatte. Elinor Hubert erkundigte sich sogleich nach der SPD in Göttingen und erfuhr, dass diese vor kurzem gegründet worden war. Noch einmal war es Kurt Schumacher, der sie begeisterte, als er im überfüllten Saal des Göttinger Reichsbahnausbesserungswerks sprach. Am 1. Dezember 1945 trat sie dann der wiedergegründeten SPD bei. Elinor Hubert wollte mit ihrem Parteieintritt eine Partei unterstützen, die vor 1933 als einzige der deutschen Parteien erkannt hatte, welche Gefahr mit einer Machtübernahme Hitlers verbunden war, und die Hitler im März 1933 als einzige Partei des Reichstags die Zustimmung zum Ermächtigungsgesetz versagt hatte.[13]

Parallel zu ihren parteipolitischen Aktivitäten war Elinor Hubert außerparlamentarisch in der Frauenbewegung tätig. Sie wurde erste Vorsitzende des Göttinger Frauenrings, einer parteiunabhängigen und parteiübergreifenden Frauenorganisation, zu deren Mitgründerinnen sie gehörte.[14] Dass ihre Tochter Alix im Jugendring der Stadt Göttingen mitwirkte, hat sie sicher als Bestätigung ihrer eigenen politischen Arbeit empfunden. Bei Parteiaktionen halfen nicht nur die Töchter, sondern auch die Studierenden, die sie in der Wohnung vorgefunden hatte, mit. Die Töchter lernten sehr früh, selbstständig und eigenverantwortlich zu sein. 1947 und 1949 machten sie Abitur. Für die ältere Tochter Sibylle wurde Musik und Theater zum Beruf, die Tochter Alix studierte Jura und wurde Rechtsanwältin. Die Göttinger Wohnung schien in diesen Nachkriegsjahren eine gute Adresse für Freunde und Verwandte, die vorübergehend keine Bleibe hatten, weil sie ihre Wohnungen durch Krieg und Besatzung verloren hatten. Die Töchter lebten als »ganz normale Backfische«. Das Engagement der Mutter in der Politik war »nicht unbedingt unvereinbar« mit ihrem Leben. Heute wissen sie nicht mehr, ob es die Überzeugung der Mutter war, die sie ansteckte, selbst politisches Interesse zu entwickeln oder die »unglaublich spürbare politisch notwendige Erneuerung«. Elinor Hubert empfing viele interessante Menschen in ihrer Wohnung. Als Gutachterin und Vorstandsmitglied der Studienstiftung des Deutschen Volkes hatte sie Kontakte mit jungen Menschen aus der ganzen Welt.

---

12 Abgedruckt ist die Rede in: *Willy Albrecht* (Hrsg.), Kurt Schumacher, Reden – Schriften – Korrespondenzen 1945–1952, Bonn 1985, S. 203-235.

13 Abgeordnete aus Verantwortung, in: Hannoversche Presse vom 18.9.1965.

14 Interview Gisela Notz mit Irma Keilhack am 20.5.1999 in Hamburg. Zu den überparteilichen Frauenausschüssen und deren Verhältnis zur SPD siehe auch die Biographie über Lisa Albrecht in diesem Band, S. 130-149.

An eine politische Karriere dachte Elinor Hubert zunächst überhaupt nicht, als sie im Frühjahr 1946 gefragt wurde, ob sie in den ernannten Rat der Stadt Göttingen eintreten wolle. Sie bat zunächst um einige Tage Bedenkzeit. Da sie keinen rechten Grund für eine Ablehnung fand, zumal sich die Ratstätigkeit gut mit ihrer Privatpraxis als Ärztin vereinbarten ließ, stimmte sie zu. 1947 wurde die Sozialdemokratin in den Rat der Stadt Göttingen gewählt, dessen Mitglied sie bis 1950 war. Zudem wurde sie zweite Vorsitzende des Unterbezirks Göttingen der SPD und Vorsitzende des Wohlfahrts- und Gesundheitsausschusses.

1947 nahm Elinor Hubert an einem von den Engländern in Wilton Park in England arrangierten Treffen zwischen Parlamentariern und Kriegsgefangenen teil. Für sie zeichnete sich ganz offensichtlich ab, dass sie tiefer in das politische Leben einsteigen wollte. Sie hatte den Eindruck, dass ihr dabei juristische Kenntnisse nützlich waren. Deshalb belegte sie bis zur Währungsreform Vorlesungen in Jura an der Göttinger Universität. Im Gegensatz zum ›Hobby-Studium‹ während ihrer Greifswalder Familienzeit begann sie nun systematisch zu studieren. Sie wollte den »juristischen Doktor« machen, hielt das Studium aber nur vier Semester durch und ging dann zur Medizin zurück.[15] Sie arbeitete nun wieder als praktische Ärztin in Göttingen.1947/1948 wurde Elinor Hubert stellvertretendes Mitglied im Zonenbeirat der Britischen Besatzungszone. Der Zonenbeirat tagte in Hamburg und machte tagelange Abwesenheiten von zu Hause notwendig. Das ließ sich schwer mit ihrer in der Zwischenzeit expandierenden Praxis und ihren Familienpflichten, die sie wahrnehmen wollte, vereinbaren, zumal ihre Familie durch die vorübergehend anwesenden »Pflegekinder« vergrößert wurde. Nun kam die frisch gebackene Politikerin doch in erhebliche Zeitnot.

Arbeit im Deutschen Bundestag (1949–1969)

»In den ersten Jahren hatte ich oft ein bedrückendes Gefühl«[16]

Sie trug sich gerade mit dem Gedanken, ihre politische Betätigung einzuschränken, als der Parteivorstand sie aufforderte, im Wahlkreis Alfeld-Holzminden für den Ersten Bundestag zu kandidieren. Zunächst rechnete sie sich keine Chancen für eine Wahl aus. Wäre der Wahlkampf überstanden, würde sie sich wieder ganz ihrer Arbeit im Rat und in der ärztlichen Praxis widmen. Es kam anders: Zu ihrer eigenen Überraschung wurde Elinor Hubert 1949 in direkter Wahl als Kandidatin der SPD im Wahlkreis 25 (Niedersachsen) in den Bundestag gewählt. Sie war die einzige Akademikerin in der SPD-Fraktion.[17] Obwohl sie gewohnt war, ihr Leben selbst in die Hand zu nehmen, beschrieb

15 Elinor Hubert schreibt das in ihrem Artikel »Preußische Beamtentochter«. Die Töchter waren im Erlebnisbericht, den Alix Hubert-Fehler aufgeschrieben hat, nicht sicher, ob die Mutter überhaupt einen juristischen Abschluss anstrebte, sie vermuten eher eigene »Nachhol-Interessen«.

16 Interview Keilhack, S. 19.

17 Hubert saß 1954 u.a. mit Clara Döhring in der Bundestagsfraktion, und 1958 war sie außer Käte Strobel einziges weibliches Mitglied im Parteiausschuss, siehe Anwesenheitsliste der Delegierten und

sie »die ersten Schritte, die man als Abgeordneter tut«, als nicht einfach. Später erinnerte sich die Politikerin, dass sie ihre Aufregung mitunter nur schwer bändigen konnte. Es war für sie »besonders als Frau« zunächst sehr ungewohnt, von einem Podest auf dem Marktplatz in Holzminden zu einer Menschenmenge zu sprechen.[18] Dennoch waren nun die Würfel für ihre zukünftige politische Arbeit gefallen. Ihr Ratsmandat und ihre ärztliche Praxis gab sie auf.[19] Ihr ärztliches Gewissen beruhigte sie damit, dass sie sich sagte, Ärzte gebe es genug in der Bundesrepublik. »Man war nicht mehr unentbehrlich wie in den Zeiten des Krieges.«[20]

In allen fünf Wahlperioden ihrer Bundestagsarbeit war sie Ordentliches Mitglied und in der fünften Wahlperiode Vorsitzende des Ausschusses für Gesundheitswesen. In der 1. bis 3. Wahlperiode gehörte sie als Ordentliches Mitglied dem Haushaltsausschuss an und in der 1. Wahlperiode dem Organisationsausschuss, dem Ausschuss für Kriegsopfer- und Kriegsgefangene und dem Ausschuss für Bücherei. In der 2. Wahlperiode gehörte sie dem Büchereibeirat an, in der 2. und 3. war sie Stellvertretendes Mitglied im Ausschuss für Kriegsopfer- und Heimkehrerfragen. In der 3. und 4. Wahlperiode war sie Stellvertretendes Mitglied des Ausschusses für Sozialpolitik und in der 4. und 5. Wahlperiode Ordentliches Mitglied des Sonderausschusses »Strafrecht«, in der 5. Wahlperiode des Ältestenrates und Stellvertretendes Mitglied des Auswärtigen Ausschusses. Seit 1957 war sie Mitglied der Beratenden Versammlung des Europarates und der Westeuropäischen Union. Neben ihrer Arbeit im Bundestag hatte sie eine Reihe anderer Funktionen. Die Tätigkeit für die ›Studienstiftung‹ führte sie an den Wochenenden weiter. 1956 wurde sie zudem Vorsitzende der Deutsch-Englischen Gesellschaft.

Dem Ausschuss für Kriegsopfer und Kriegsgefangene wollte die Sozialdemokratin vor allem angehören, weil sie bereits während ihrer Arbeit im Göttinger Frauenring stark mit den Problemen der Heimkehrer und besonders der Heimkehrerinnen beschäftigt war. Schließlich lag Göttingen in der Nähe des Grenzdurchgangslagers Friedland. Sie wollte durch ihre Kompetenz auf die Gesetzgebung Einfluss nehmen.[21] Bereits bei ihren Wahlkampfveranstaltungen hatte sie sich stark beunruhigt gezeigt über zunehmende rechtsradikale und nationale Tendenzen in der neuen Bundesrepublik, die sie vor allem unter den unzufriedenen Flüchtlingen vermutete. Auch das war ein Grund, weshalb sie die dringende Notwendigkeit sah, bessere Lebensmöglichkeiten für die neuen Bürger zu schaffen.[22] Maßgeblich wirkte sie am Gesetz für Kriegsopferversorgung und am Heimkehrergesetz mit. In einem Unterausschuss des Rechtsausschusses befasste Elinor Hubert sich mit der großen Strafrechtsreform.

Gäste der SPD-Parteitage sowie Protokolle der Parteitage, und die Biographien über Käte Strobel und Clara Döhring in diesem Band, S. 483-501 und S. 190-204.

18 Abgeordnete aus Verantwortung, 1965.

19 Ebd.

20 Hubert 1958, S. 19.

21 Ebd.

22 Brief Dr. Elinor Hubert an Herta Gotthelf vom 19.8.1949, Akte AdsD, PVI 0258.

Mit einem alten DKW und später mit einem Volkswagen fuhr sie montags nach Bonn und freitags zurück nach Göttingen. Da sie selbst nicht mehr gerne Auto fuhr, chauffierte sie zunächst einer ihrer Mitbewohner der Göttinger ›Wohngemeinschaft‹ und später ihre Tochter Alix. In Bonn wohnte sie mit der SPD-Abgeordneten Lisa Albrecht zusammen in einer Wohnung.[23] 1953 schaffte sie sich in ihrem Wahlkreis in Neuhaus im Solling ein neues Domizil, in dem die Töchter, später auch mit ihren Familien, oft zu Gast waren.

Die Tochter Alix Hubert war fasziniert, als Fahrerin ihrer Mutter den Ersten Deutschen Bundestag von Beginn an erleben zu können. 1950/1951 studierte sie in Bonn und lebte mit der Mutter und Lisa Albrecht zusammen. Immer noch tief beeindruckt schrieb die Tochter im August 2002: »Es ging würdig, wichtig und feierlich, aber auch lebendig, tumultig und konträr mit vehementen Temperamenten der unterschiedlichen Abgeordneten zu.« Sie traf die Abgeordneten aller Fraktionen im Bundestagsrestaurant und in der Parlamentarischen Gesellschaft und bewunderte den kollegialen Umgang, den sie über die Parteigrenzen hinweg pflegten.

Ihrer Absicht, aktiv dafür zu arbeiten, dass Frieden und Gerechtigkeit in der neuen Bundesrepublik gesichert würden, blieb Elinor Hubert auch während ihrer Arbeit zum Deutschen Bundestag treu. Schließlich war sie deshalb in die Politik gegangen. Sie wollte dafür sorgen, dass alle Kräfte für eine Wiedervereinigung in Freiheit eingesetzt und nicht neue deutsche Divisionen aufgestellt werden, denn darüber diskutierten die Politiker der konservativen Regierungsparteien 1950 schon wieder. Sie konnte sich damals auf ihre Partei berufen, denn die SPD lehnte einen deutschen Wehrbeitrag zunächst ab.

Elinor Hubert bezeichnete schon damals den »inneren Frieden, die soziale Sicherheit« als ebenso notwendig wie den »äußeren Frieden«. Mehr Mitbestimmung in den Betrieben, wie sie damals von den Gewerkschaften angestrebt wurde, war für sie ein wesentlicher Schritt auf dem Weg zum sozialen Frieden. Dem deutschen Volk, vor allem den Frauen, die die Nöte und Sorgen des Zweiten Weltkriegs erlitten hatten, unterstellte sie eine »tiefe Friedenssehnsucht«, die in der deutschen Politik ihre Entsprechung finden müsse.[24]

1951 reiste sie für mehrere Wochen gemeinsam mit den Abgeordneten Dr. Hertha Ilk (FDP) und Dr. Anna Marie Heiler (CDU) durch die Vereinigten Staaten. Die Politikerinnen hoben in einem Bericht positiv hervor, dass es in den US-Parlamenten keinen Fraktionszwang gebe und die Diskussionen quer durch die Parteien liefen. Beeindruckt zeigten sie sich von der Arbeit der amerikanischen Wählerinnenliga. Die drei Parlamentarierinnen relativierten den Eindruck, der damals offensichtlich in der Bundesrepublik entstanden war, dass die Amerikanerinnen vor allem durch ihre Frauenorganisationen Einfluss auf die Politik nehmen würden. Nach ihrer Beobachtung hätten die amerikanischen Frauen sehr wohl erkannt, »dass sie wirklichen politischen Einfluss nur auf dem

23 Vgl. die Biographie von Lisa Albrecht in diesem Band, S. 130-149.

24 SPD-Versammlung mit Dr. Elinor Hubert, Durch Wiedervereinigung zum Frieden, in: Osnabrücker Tageblatt vom 11.6.1952.

Wege über die Parteien gewinnen können«.[25] Daran sollten sich die deutschen Frauen ein Beispiel nehmen. Die drei Frauen besuchten in den USA nicht nur das Parlament, sondern auch Einrichtungen des öffentlichen Lebens, wie Kinderheime, Schulen, Colleges. Weitere Reisen führten sie mit anderen Politikerinnen und Politikern nach Rom, Persien, Indien und Moskau. Jedes Jahr im Frühjahr fuhr Elinor Hubert mit der Interparlamentarischen Union nach Monacko und einmal im Jahr in eine der weltweit beteiligten Staaten.

Als Ärztin und Mitglied des Gesundheitsausschusses wurde Elinor Hubert schnell »der Arzt- und Gesundheitsexperte der SPD«.[26] Anlässlich ihres Referates über »Die Stellung des praktizierenden Arztes in der Gesundheitssicherung« beim V. Deutschen Sozialistischen Ärztekongress am 4. Juli 1953 wies die Sozialdemokratin auf die Wichtigkeit der freien ärztlichen Entscheidung durch eine vom Patienten unabhängige Existenzsicherung des Arztes hin. Sie führte aus, dass dem Arzt neben dem eigentlichen ärztlichen Honorar für seine Leistung eine Grundvergütung für die Mitarbeit in der präventiven Medizin und eine Pauschalabgeltung für Praxisunkosten gewährt werden solle. Von einer freien ärztlichen Wahl durch den Patienten erhoffte sie sich ein besseres Zusammenwirken zwischen Arzt und Patient und von der Einschaltung des praktizierenden Arztes in die präventive Medizin eine Erweiterung des ärztlichen Aufgabenkreises im Sinne der Gesundheitssicherung.[27] Immer wieder war sie frustriert, weil die Möglichkeiten des Bundestages, Einfluss auf die Gesundheitspolitik nehmen zu können, sehr eingeschränkt waren. Einer der Gründe war, dass die Entscheidungen größtenteils in die Kompetenz der Länder fielen.

Andere wichtige Politikfelder, in die sie ihre Erfahrungen als Ärztin einbringen konnte, waren Fragen der Rassendiskriminierung und der sexuellen Aufklärung. [28] Sie wirkte bei der Verabschiedung des Lebensmittelgesetzes und des Arzneimittelgesetzes mit, bei der Novelle zum Krankenpflegegesetz, am Entwurf zur Änderung des Mutterschutzgesetzes, an der Verabschiedung des Jugendarbeitsschutzgesetzes und an einer Gewerbeordnung, die die Verminderung der Luftverschmutzung festschreibt. Mit Besorgnis beobachtete sie die Zunahme von krankmachenden Arbeitsbedingungen durch Rationalisierung und Technisierung in der Erwerbsarbeit. Sie verwies darauf, dass es die Erkrankungen des Herzens und des Kreislaufs seien, die an der Spitze der Volkskrankheiten rangierten, und dass Unterbeanspruchung am Arbeitsplatz ebenso gesundheitsschädlich sein könne wie Überbeanspruchung. Unfallverhütung allein erschien ihr nicht als ausreichend. Sie erkannte die Gefahren ›moderner‹ fensterloser Arbeitsräume mit künstlicher Belüftung und Belichtung bereits, als sie noch als Errungenschaft gefeiert wurden.[29] Sie machte auf die Gefahren monotoner Fließbandarbeit und deren Auswirkungen auf das »empfindsa-

---

25 Eindrücke weiblicher Bundestagsabgeordneter in den USA, Pressemitteilung vom 18. Juli 1951, ohne weitere Angaben, in: AdsD, Sammlung Personalia Elinor Hubert.

26 Henkels, Walter, Von der Studienstiftung bis zu den Krankenschwestern, Bonner Köpfe: Elinor Hubert, in: Frankfurter Allgemeine Zeitung, 4.7.1963.

27 Sozialistischer Medizinischer Pressedienst, Jahrgang III, 2. Kongressausgabe (7 b) vom 4. Juli 1953.

28 *Key L. Ulrich,* Eine Ärztin im Bundestag, in: Hannoversche Zeitung vom 23.7.1965.

29 *Elinor Hubert,* Vorbeugende Gesundheitsfürsorge, in: Gleichheit, Nr. 9/1953, S. 292-294.

mere Nervensystem der Frau« ebenso aufmerksam wie auf die negativen Auswirkungen von Akkord- und Fließbandarbeit für Jugendliche, die noch in der geistigen und körperlichen Entwicklung begriffen sind. Ihre Analysen beschränkte sie nicht auf die Industriearbeit alleine. Sie verwies ebenso auf die zahlreichen Angestelltentätigkeiten, die sich bereits in den 50er Jahren durch den Einzug neuer Techniken stark veränderten. Als Beispiele nannte sie die Tätigkeiten von Telefonistinnen und Stenotypistinnen. Dabei beließ sie es nicht bei der Analyse krankmachender Arbeitsbedingungen, sondern machte auch Vorschläge für mehr und bessere Pausenregelungen, verkürzte Arbeitszeiten und persönlichkeitsfördernde Arbeitsbedingungen.[30] Ihre Vorstellungen von einer Neuordnung des Gesundheitswesens bezogen sich auf einen Gesundheitsschutz, der den »ganzen Lebensweg vom Säugling über das Kleinkind- und Schulzeitalter bis ins Arbeitsleben« und alle Bevölkerungsgruppen betraf.[31]

Immer wieder verwies sie auf die Notwendigkeit der Gesundheitsvorsorge und auf den Zusammenhang zwischen den Anforderungen des Arbeitslebens und der gesundheitlichen Verfassung der Menschen. Einen Ausbau der betriebsärztlichen Dienste sah die Gesundheitsexpertin in diesem Zusammenhang als unabdingbar an. Vorsorgeuntersuchungen zur Frühbehandlung von Krebs, eine stärker praxisbezogene Ausbildung von Ärzten und Maßnahmen gegen den Mangel an Krankenschwestern waren ihre Forderungen. Ihr unermüdliches Eintreten für die Gesundheit anderer bewahrte sie offensichtlich nicht davor, sich selbst nicht selten zu überfordern. Im Februar 1958 erlitt sie einen schweren Herzinfarkt und musste in ein Bonner Krankenhaus gebracht werden.[32] Zwei weitere Infarkte sollten später folgen.

Enttäuscht war Elinor Hubert von dem 1961 eingerichteten Ministerium für Gesundheit und von der Gesundheitspolitik der ersten Ministerin Elisabeth Schwarzhaupt (CDU). Sie hatte sich von Elisabeth Schwarzhaupt eine aktivere Gesundheitspolitik erhofft, die angesichts der Bedrohung durch zunehmende Krebs- und Kreislaufkrankheiten unbedingt notwendig erschien. Die »Aufgabe eines Gesundheitsministers, auf alle Bereiche der Gesetzgebung einzuwirken und Hüter gesundheitlicher Forderungen zu sein«, sei nicht erfüllt worden. Statt dessen blieb das Bundesgesundheitsministerium in all den Jahren »das Stiefkind der Regierung«. Für Elinor Hubert hatte der Staat den eindeutigen Auftrag, »die Lebensbedingungen so zu gestalten, dass der Mensch gesund leben und bleiben kann«. Das heiße aber auch, eine Gesundheitspolitik zu betreiben, die den Menschen in ihren Mittelpunkt stellt. Auch den mit dem Bundesgesundheitsamt verbundenen Auftrag, Forschungsvorhaben zu ihrem Arbeitsbereich zu vergeben, hatte die Ministerin nach Elinor Huberts Meinung nicht erfüllt.[33] Gesetzgeberische Maßnahmen, auf die sich Elisabeth Schwarzhaupt bezog, seien ausnahmslos durch Anträge und Geset-

30 *Elinor Hubert,* 40-Stunden-Woche und Erhaltung der Gesundheit, in: Gleichheit, Nr. 1/1955, S. 1 f.
31 Hubert, Vorbeugende Gesundheitsfürsorge, S. 293.
32 Mitteilung vom 21.2.1958, ohne weitere Angabe, in: AdsD, Sammlung Personalia Elinor Hubert.
33 *Pressestelle im Bundeshaus,* Die SPD-Fraktion teilt mit: Betr.: Bundestagssitzung, vom 16.4.1964 und Betr.: Gesundheitshaushalt, vom 18.2.1965. SPD-Pressemitteilungen und Informationen vom 29.1.1965.

zesvorschläge der SPD zustande gekommen. Hinsichtlich der Unterlassungen der damaligen Gesundheitspolitik verwies Elinor Hubert auf die Rechtsverordnungen zum Arzneimittelgesetz, die die Bundesregierung immer noch nicht erlassen hatte, und auf das nach ihrer Meinung völlig unzureichende Krankenpflegegesetz. Eine rechtlich gesicherte Berufsausübung für Krankenschwestern und ihre Helferinnen konnte sie ebenso wenig gegen die CDU-Gesundheitsministerin und ihre Fraktion durchsetzen wie ein Gesetz für Krankenhäuser. Elinor Hubert ging es einerseits um eine Entlastung der Krankenschwestern von nicht-pflegerischen Arbeiten. Andererseits sprach sie sich dagegen aus, dass Kranke »durch unausgebildete Hilfskräfte« gepflegt würden. Die Bundesregierung habe zudem nichts oder zu wenig dafür getan, in Gemeinschaft mit den Ländern und Gemeinden die finanzielle Grundlage der Krankenhäuser auf die Dauer sicherzustellen, die Verbesserung der Aus- und Weiterbildung der Ärzte voranzutreiben, die Zulassung zu den Heil- und Heilhilfsberufen zu regeln. Auch Vorschläge für Gesetze zur verstärkten Reinhaltung der Luft scheiterten an der konservativen Ministerin. Die notwendige Mutterschutzgesetzgebung wurde durch Nichtbehandlung des vorliegenden Gesetzentwurfes der SPD in einer für Elinor Hubert unverantwortlichen Weise verzögert. Mit klaren Worten forderte sie das Gesundheitsministerium auf, auf diesen Gebieten endlich tätig zu werden.[34]

Mit ebenso klaren Worten forderte Elinor Hubert auch eine Erforschung der Beziehungen zwischen Krankheiten und den Lebensbedingungen, durch die Krankheiten verursacht werden. Dazu reichte die damalige Ausstattung des Bundesgesundheitsamtes und seiner Forschungsstätten nach ihrer Meinung weder materiell noch personell aus. Für eine neue Leitung des Bundesgesundheitsamtes, die damals anstand, forderte sie nachdrücklich einen »Wissenschaftler von Rang«.[35] Ganz und gar nicht hinnehmen wollte sie die Appelle der Ministerin Elisabeth Schwarzhaupt, die diese an die Bevölkerung richtete, »sich gesundheitsmäßig zu verhalten« und damit die Begrenzung staatlicher Aufgaben zu rechtfertigen. Nach ihrer Meinung war es nicht die Aufgabe des Staates, lediglich »Hilfe zu geben für gesundheitliches Verhalten«. Er habe die Lebensbedingungen so zu gestalten, dass der Mensch gesund leben und gesund bleiben könne.[36] Von einer Mobilisierung der durch die fatalen Zustände Betroffenen hielt sie offenbar nicht viel. Auf die Frage eines Journalisten, ob die deutschen Ärzte nach dem Beispiel anderer Länder (Schweden, Belgien) streiken sollten, bezog sie trotz ihrer Enttäuschung über die Politik der Bundesregierung, keine eindeutige Position, sie sagte: »Eigentlich nicht«.[37] Chronisten lobten die Rednerin, die zu vielen Fragen des öffentlichen Lebens Position bezogen hat. Besonderes Lob verdiente sie offensichtlich, weil sie dies »nie (...) in dem sentimentalen Ton, in den Politikerinnen gern verfallen, wenn sie zu sozialen Fragen sprechen«, getan habe. Im Gegenteil: Elinor Hubert war »ganz und gar eine Dame«.[38]

34 SPD: Pressemitteilungen zu Informationen vom 29.1.1965, Nr. 44/65.
35 Rede zur Gesundheitspolitik, 4. Legislaturperiode, 123. Sitzung, 16.4.1964.
36 Ebd.
37 SPD: Pressemitteilungen vom 29.1.1965.
38 Henkels 1963.

Elinor Hubert (2. von links) mit Gesundheitsministerin Elisabeth Schwarzhaupt (CDU – 2. von rechts) und Willy Brandt (rechts), Paul Meyers (3. von rechts), Gerhard Habenicht (4. von rechts) während der Eröffnungssitzung einer Tagung des Gesundheitsausschusses des Europarates in Berlin, 1966

Der Wahlkreis Alfeld-Holzminden schickte Elinor Hubert fünfmal in den Bundestag, so dass sie dort schließlich 20 Jahre – immer direkt gewählt – wirken konnte. Bei der Bevölkerung ihres Wahlkreises war sie überaus beliebt. Ihre Sprechstunden waren stets überfüllt. Wenn es ihre Zeit erlaubte, besuchte sie Industrieanlagen, Schulen, Altenheime und Krankenhäuser, um sich »vor Ort« über das Wohlergehen der Menschen zu erkundigen. Sie setzte sich für Mittelpunktschulen, Ausbau der Universitäten und Fachhochschulen, mehr Einrichtungen für die Betreuung von Kindern und Jugendlichen und bessere Möglichkeiten zur Versorgung der älteren Mitbürger ein.[39] Sie kümmerte sich um Gesundheitsprobleme, die durch krankmachende Arbeitsbedingungen in Industrie und Landwirtschaft entstanden. Besonders am Herzen lagen ihr ganz offensichtlich die »Sorgen und Probleme der arbeitenden Frauen«. Deren Recht auf eigenständige Existenzsicherung stand für sie außer Frage.[40] Natürlich beteiligte sie sich auch an vielen Festlich-

39 *Vorstand der Sozialdemokratischen Partei Deutschlands* (Hrsg.), Vorn. Sicher ist Sicher, SPD 1965, Broschüre, Postwurfsendung, Kopie in: AdsD, Sammlung Personalia Elinor Hubert.

40 Vgl. zum Beispiel Hannoversche Presse vom 23.8. o.J., in: AdsD.

keiten (nicht nur) während des Wahlkampfes und freute sich an den für das Weserbergland typischen regionalen Genüssen, wie in Holzkohle gebackenen Jägerrouladen.[41]

Als Vizepräsidentin der Sozialpolitischen Kommission gehörte sie auch dem Straßburger Europarat und der Westeuropäischen Union an. Fragen der europäischen Zusammenarbeit interessierten die Sozialdemokratin sehr, da sie über die Probleme der Außenpolitik zur Politik gekommen war.[42] Sie erhoffte sich von der EWG eine größere Gemeinschaft, die über ein »Europa der Vaterländer«, Ziel des »großen Franzosen« General de Gaulle, weit hinaus gehen sollte.[43] Einen wichtigen Beitrag leistete sie zum »Sozialplan für Deutschland« der SPD, für den sie den gesundheitspolitischen Teil erarbeitete.[44]

Als sie zum fünften Mal als Kandidatin aufgestellt wurde, hielt sie eine Rede über »Die innen- und außenpolitische Situation der Bundesrepublik im Hinblick auf die Wahlen«. Darin fächerte sie ihr in der Zwischenzeit erworbenes breites Politikwissen auf. Sie ging auf das Regierungsprogramm der SPD ein, behandelte die Bildungspolitik, die Gesundheitspolitik, den sozialen Wohnungsbau und die Notwendigkeit der verstärkten Fürsorge für die jungen und alten Menschen.[45] Als Ziele für ihre zukünftige Arbeit nannte Elinor Hubert weiterhin: »Bewahrung des Friedens, Sicherung der Freiheit und die friedliche Durchsetzung des Selbstbestimmungsrechts für das ganze deutsche Volk, das nur mit der Wiedervereinigung Deutschlands in gesicherter Freiheit verwirklicht werden kann.«[46]

In ihren Reden im Plenum des Bundestages sprach Elinor Hubert zu den Haushaltsplänen, außerdem zu allen Fragen, die Krankenpflege, ärztliche Versorgung, Kriegsopferversorgung, Apothekenwesen und Hochschulen betrafen. Sie setzte sich auch mit den Auswirkungen der Technik auf die Lebens- und Arbeitsbedingungen der Menschen auseinander und engagierte sich für verstärkten Lärmschutz am Arbeitsplatz und in Wohngebieten.[47] Zu einer Zeit, zu der Umweltschutz und Umweltpolitik noch kaum Thema waren, forderte sie bereits mehr Schutz gegen Umwelt-Gefahren, wies auf die Bedrohung durch Luft- und Wasserverschmutzung, durch Lärm, Straßenverkehr und gesundheitsgefährdende Arbeitsbedingungen hin und forderte immer wieder wirkungsvolle Gesetze, um gesundheitsschädliche Umweltbedingungen kontrollierbar zu machen.[48] Die systematische Erforschung der Umwelteinflüsse und des Zusammenhangs von Umwelt und aktuellen Volks- und Zivilisationskrankheiten müsse ihrer Meinung nach ebenso betrie-

41 Hannoversche Presse vom 9.9.1965.

42 Abgeordnete aus Verantwortung.

43 »Wir brauchen die größere Gemeinschaft«, SPD-Abgeordnete Dr. Elinor Hubert für Englands Beitritt zur EWG, in: Deister- und Weserzeitung vom 25.2.1963.

44 Hubert 1958, S. 19.

45 Frau Dr. Elinor Hubert Direktkandidatin der SPD, Bericht über die Rede, in: TAH vom 9.3.1965, in: AdsD, Sammlung Personalia Elinor Hubert.

46 Flugblatt SPD 1965, Liebe Wählerinnen und Wähler, unterzeichnet von Dr. Elinor Hubert, in: AdsD, Sammlung Personalia Elinor Hubert.

47 Z.B. *Elinor Hubert,* »Aktuelle Beiträge für die Frau«, in: *SPD* (Hrsg.), pressemitteilungen und informationen vom 26.5.1967.

48 *Elinor Hubert,* SPD: Mehr Schutz gegen Umwelt-Gefahren, in: Das Parlament, vom 31.8.1966.

ben werden wie die Erforschung von Infektionskrankheiten.[49] Eine »zentrale Stelle zur Erforschung der Volkskrankheiten« erschien ihr eine dafür geeignete Institution.[50] Ihr ging es immer darum, die Wurzeln von gesundheitlichen Gefahren zu erkennen und zu bekämpfen. In einem Schreiben an den Bundesverteidigungsminister von Hassel wandte die Politikerin sich zum Beispiel ausdrücklich dagegen, dass er versuchte, bei der Bevölkerung Verständnis für den Fluglärm zu wecken. Fluglärm sei keine »Belästigung«, sondern eine Gefährdung der Gesundheit, gegen die die Bevölkerung geschützt werden müsse.[51]

Hubert kämpfte für »Gesundheit um jeden Preis«.[52] In ihrem Engagement berief sie sich auf das Grundgesetz für die Bundesrepublik Deutschland, wonach »jeder das Recht auf die freie Entfaltung seiner Persönlichkeit« habe. Und die Entfaltung der Persönlichkeit war nach ihrer Meinung nur möglich, wenn für das körperliche, geistige und soziale Wohlbefinden, wie es auch die Weltgesundheitsorganisation fordere, gesorgt sei.[53] Für sie war Gesundheitspolitik kein isoliert stehender Politikbereich, sondern immer im Zusammenhang mit wirtschaftlichen Belangen, der Verkehrspolitik und der menschlichen Mit- und Umwelt zu sehen.[54]

Elinor Hubert appellierte auch an die Notwendigkeit der Partizipation der betroffenen Menschen, insbesondere der Frauen, in allen Fragen der Gesundheit und der Gesundheitsvorsorge. Denn nur mit Unterstützung der Betroffenen sei der Gesetzgeber in der Lage, wirksame Maßnahmen zu ergreifen. Andererseits sollte sich der Staat seiner Aufklärungspflicht nicht entziehen. Über die Gefahren, die den Menschen in der modernen Zivilisation drohen, besonders auch im Straßenverkehr, wollte sie schon im Schulunterricht aufklären.[55]

1959 hielt sie vor der Interparlamentarischen Union in Warschau eine Rede in englischer Sprache. Dort sprach Elinor Hubert über die Teilung Deutschlands, durch die Angst, Missverständnisse und Misstrauen entstehen könnten. Für die Erhaltung des Friedens sei das Recht der Selbstbestimmung und der Freiheit für jedes Volk wichtig. »Was die Beziehungen zwischen unserem Volk und Polen betrifft«, sagte sie damals, »bin ich fest überzeugt, dass unser Besuch hier der erste Schritt sein wird zu einem friedlichen Bestehen der beiden Völker«.[56] 1966 machte Elinor Hubert noch einmal eine Reise in die polnische Hauptstadt und wurde Presseberichten zufolge mit sehr großer Aufmerksamkeit und Freundlichkeit empfangen.[57] Im Zusammenhang mit dieser Reise machte sie mit ihrer Tochter Sibylle eine Reise in die eigene Vergangenheit nach Allenstein und Breslau.

49 Ulrich 1966.

50 *Dr. Elinor Hubert*, in: SPD: pressemitteilungen und informationen vom 6.8.1964.

51 *Dr. Elinor Hubert*, in: Die SPD-Fraktion teilt mit vom 22.9.1964.

52 *Dr. Elinor Hubert*, Gesundheit um jeden Preis – Mensch und Verkehr, Referat anlässlich einer Veranstaltung vom 28.2. bis 1.3.1964 in der Jahnhalle in Pforzheim, in: SPD: pressemitteilungen und informationen vom 28.2.1964.

53 Ebd., S. 2.

54 Ebd., S. 3.

55 Ebd., S. 7.

56 Henkels 1963.

57 Westfälische Rundschau vom 15.9.1966.

Elinor Hubert 1964 während einer Rede auf dem SPD-Parteitag in Karlsruhe

Als ihre Genossin Käte Strobel 1966 in der Großen Koalition Gesundheitsministerin wurde, wusste diese sofort, dass sie sich auf Elinor Hubert verlassen konnte.[58] Schon als sie gefragt wurde, ob sie das Amt übernehmen wolle, ging es ihr blitzschnell durch den Kopf: »Gesundheitsminister, das sollte eigentlich Elinor Hubert werden.« Käte Strobel nahm das Amt aber an, weil sie meinte, »wenn also schon ein Ministeramt einer Frau angeboten wird, dann darfst du nicht nein sagen«.[59] Drei Ärzte waren damals in der SPD-Fraktion, aber Elinor Hubert war die einzige Ärztin, und sie war nach Käte Strobels Meinung »führend in der Gesundheitspolitik der SPD«. Tatsächlich unterstützte Elinor Hubert Käte Strobel während deren Amtszeit mit ihrer Kompetenz, wo immer sie konnte.[60]

Wie viele Politikerinnen bedauerte Elinor Hubert, dass sie so wenig Zeit für ihre Familie hatte. In den ersten Jahren hatte sie oft ein bedrückendes Gefühl, obgleich ihre Töchter nicht mehr so jung waren. Als sie zum dritten, vierten und fünften Mal für den Bundestag kandidierte, waren die beiden Töchter verheiratet. Elinor Hubert kannte keine bessere Erholung für eine »Abgeordneten-Mutter« als einen Abend oder einen Sonntag in der Familie einer der Töchter zu verbringen. »Selbst Geschirrspülen wird dann zu einem Vergnügen.«[61] Oft musste sie sich allerdings auf die Parlamentsferien vertrösten, um solchen Lieblingsbeschäftigungen nachzugehen. Wie viele Bundestagsabgeordnete las Elinor Hubert gerne, wenn es sie interessierte, »sogar die ganze Nacht hindurch«.[62]

Auch einige Ehrungen wurden ihr zuteil: 1964 wurde sie auf dem Deutschen Apothekertag in Hamburg für ihre Verdienste um das Deutsche Arzneimittelgesetz mit der Ehrengabe der deutschen Apothekerschaft ausgezeichnet. 1965 erhielt sie auf dem 68. Deutschen Ärztetag für ihre Leistungen auf dem Gebiet des Gesundheitswesens die Paracelsus-Medaille, eine ganz besondere Ehre, denn nur drei bis vier Ärzte erhalten jährlich eine solche Auszeichnung. Im Juni des gleichen Jahres verlieh ihr der Bundespräsident das Große Verdienstkreuz.[63]

»Ruhestand« (1969–1973)

»20 Jahre Bundestag sind genug«[64]

Für die Bundestagswahl 1969 wollte Elinor Hubert zunächst wieder kandidieren, aber ihr Gesundheitszustand ließ das nicht zu. Schweren Herzens gab sie die Tätigkeit im Bundestag auf. Zwanzig Jahre war sie dort Mitglied gewesen. Nach den Aussagen ihrer

58 Siehe die Biographie über Käte Strobel in diesem Band, S. 483-501.

59 *Käte Strobel*, Tabubrecherin in Fragen der Sexualität, in: *Renate Lepsius*, Frauenpolitik als Beruf. Gespräche mit SPD-Parlamentarierinnen, Hamburg 1987, S. 33-51; hier: S. 43.

60 Ebd., S. 44 ff.

61 Hubert 1958, S. 19.

62 Abgeordnete aus Verantwortung.

63 Pharmazeutische Zeitung, Nr. 22 v. 3.6.1965, S. 705; Abschrift in AdsD, Sammlung Personalia Elinor Hubert.

64 *Elinor Hubert*, zit. nach Hannoversche Presse vom 11.2.1969.

Töchter hatte sie immer alles mit 100 %igem Engagement gemacht, und sie war mit Leib und Seele Politikerin. Nun sah sie ein, dass es galt, den Platz für Jüngere zu räumen. Vier Jahre verbrachte sie noch »im Ruhestand«, erfreute sich an ihren Töchtern und den Enkelkindern und genoss ihr Haus in Neuhaus. Sie pflegte viele persönliche Kontakte, führte weiter gerne politische Diskussionen, besuchte alte Freunde und hatte stets ein offenes Haus.

Elinor Hubert starb am 25.1.1973 in Köln, der Stadt, in der ihre Tochter Alix heute noch lebt und arbeitet, im Alter von beinahe 73 Jahren. Fragt man ihre Töchter danach, was für ein Mensch Elinor Hubert gewesen ist, so erfährt man, dass sie immer zur Stelle war, wenn man sie brauchte, dass sie im politischen und persönlichen Freundeskreis absolut verlässlich war. Wenn sie es selbst hören könnte, würde sie wohl am meisten freuen, dass sie im Urteil der Töchter »letzten Endes ein ganz normaler Mensch mit Vor- und Nachteilen war.« Der damalige Vorsitzende der Sozialdemokratischen Bundestagsfraktion, Herbert Wehner, würdigte Elinor Hubert in einem Beileidsschreiben: »In den zwanzig Jahren, die wir zusammengewesen sind im Bundestag, hat sie vorbildlich gewirkt und vieles bewirkt. Und sie war ein guter Freund, wenn es darauf ankam. Für unsere Bundestagsfraktion ist Elinor eine Zierde gewesen.«[65]

65 Informationen der Sozialdemokratischen Fraktion im Deutschen Bundestag vom 26.1.1973, in: AdsD, Sammlung Personalia Elinor Hubert.

Irma Keilhack

»Sich in der Politik zu bestätigen ist eine ungeheuer spannungsreiche und interessante Sache«[1]

Irma Keilhack war Tochter aus einer armen Arbeiterfamilie und eine geborene Sozialdemokratin. Ihren heißersehnten Wunsch, Lehrerin zu werden, konnte sie sich nie erfüllen, zuerst, weil das Geld nicht reichte, und dann, weil ihre kranke Mutter und ihr kleiner Sohn sie brauchten. Durch die Arbeiterbewegung erwarb sie sich einen Fundus an fachlichen, politischen und sozialen Kompetenzen, der sie für ihre Arbeit in der SPD, in politischen und sozialen Gremien, im ersten Deutschen Bundestag und als Senatorin der Freien und Hansestadt Hamburg besser qualifizierte, als jeder formale Bildungsabschluss es vermocht hätte. Sie war bereits in der Weimarer Republik parteipolitisch aktiv, während des Nationalsozialismus wurde sie wegen ihres Engagements verfolgt, verhört, gedemütigt und verhaftet. Sie konnte stets der Solidarität ihrer Genossinnen und Genossen sicher sein, weil sie selbst solidarisch handelte. Sie kämpfte bis zu ihrem Tode – oft über die Grenzen von Generationen und Parteien hinweg – für eine gerechte und soziale Republik.

Kindheit und Jugend (1908–1929)

»Eine andere Entscheidung stand für mich überhaupt nicht zur Wahl«[2]

Irma Schweder wurde am 25.1.1908 in Hamburg als einziges Kind einer Landarbeiterfamilie geboren. Ihr Vater wollte um die Jahrhundertwende, zur Zeit der Landflucht, der Ausbeutung durch seinen Gutsherrn in Mecklenburg entkommen und suchte sein Glück in der Stadt. In Hamburg wurde er Hafenarbeiter. Auch die Mutter kam aus einer ärmlichen Familie aus Mecklenburg und arbeitete in Hamburg als so genanntes Kleinmädchen. Ihr besonderer Stolz war es, zur Köchin aufgestiegen zu sein. Das erste und prägende politische Erlebnis des Vaters war der Hamburger Hafenarbeiterstreik von 1896/1897.[3] Hier kam er mit der selbstbewussten, damals schon gut organisierten Hamburger Hafenarbeiterschaft in Kontakt. Obwohl die Arbeiter unterlagen, bewirkte der Streik ein großes Erstarken der Gewerkschaften. Von da an waren Irma Schweders Eltern leidenschaftliche Anhänger der Gewerkschaftsbewegung und der Sozialdemokratischen Partei. Die Mutter war eher passives Mitglied, beteiligte sich aber an Versammlungen

1 Interview Gisela Notz mit Irma Keilhack am 20.5.1999 in Hamburg.

2 *Irma Keilhack*, Bericht, in: *AsF Hamburg* (Hrsg.), Frauen im Faschismus, Frauen im Widerstand. Hamburger Sozialdemokratinnen berichten, Hamburg o.J., S. 31-33.

3 Zum Hamburger Hafenarbeiterstreik siehe *Helga Kutz-Bauer*, Arbeiterschaft und Sozialdemokratie in Hamburg, vom Gründerkrach bis zum Ende des Sozialistengesetzes, in: *Arno Herzig/Dieter Langewiesche/Arnold Sywottek* (Hrsg.), Arbeiter in Hamburg, Hamburg 1983.

Irma Keilhack (1908–2001), MdB 1949–1969

und auch Frauenveranstaltungen.[4] Der Vater wurde später als begeisterter Verfechter der sozialistischen Sache bezeichnet.[5]

Es verwundert also nicht, dass die junge Irma früh mit gewerkschaftlichen und politischen Fragen vertraut wurde.[6] Als sie noch ein kleines Kind war, erzählte der Vater ihr schon mit Stolz von der Solidarität und Kampfbereitschaft der Arbeiter.[7] Als älteres Kind erlebte sie bereits die Eindrücke des gesellschaftlichen Umbruchs und den Übergang vom Kaiserreich in die erste Deutsche Republik. Die Probleme, die aus der Haltung der Sozialdemokratie zu den Kriegskrediten, zum Verlauf des Ersten Weltkrieges, zur Novemberrevolution 1918 (die keine wirkliche Revolution wurde) und zur Ausrufung der Republik entstanden, wurden zu Hause heiß und oft auch kontrovers diskutiert. Schließlich war der Vater »bornierter Sozialdemokrat«, wie sie selbst sagte, während seine Schwester, die ebenfalls in Hamburg wohnte, überzeugte Kommunistin war, so dass ihre Mutter die Vermittlerrolle spielen musste. Nicht selten saß Irma mit ihren Vettern unter dem Tisch und hörte zu, »was die Erwachsenen sich wieder alles an den Kopf schmissen«.[8] Es war vor allem die Zeit nach dem Ersten Weltkrieg, die ihre Jugend prägte und in der sich ihr linkes politisches Bewusstsein herausbildete. Sie erinnert sich 1999 an die Ereignisse des Kapp-Putsches, des Kommunisten-Aufstandes von 1923 und an die wirtschaftlichen Nöte der Inflationszeit. Die Sorgen der arbeitenden Menschen um das tägliche Brot trieben Irma Schweder genauso um wie ihre Eltern.

Von 1914–1922 besuchte sie die Volksschule in Hamburg. Obwohl sie eine »gute Schülerin«[9] war, konnte sie keine weiterführende Schule besuchen, weil das mit zu vielen Kosten verbunden war. Ihre Lehrerin hatte sie 1918/19 für eine höhere Schule vorgeschlagen, zu einer Zeit, als der Vater gerade aus dem Krieg zurückkehrte und seine Existenz völlig unsicher war.[10] Nachdem Irma Schweder mitten in der Inflation die Volksschule beendet hatte, begann sie 1922 14-jährig eine kaufmännische Lehre, die sie 1925 abschloss. Selbstverständlich trat sie mit Beginn der Lehre der Gewerkschaft (Zentralverband der Angestellten) bei. Während der Lehre hatte sie oft harte Auseinandersetzungen mit den Lehrherren, die zum großen Teil aus »rechtsbürgerlichen Kreisen« kamen und ihre Qualifikationen nicht anerkennen[11] bzw. ihre Anschauungen nicht teilen wollten.

Der Übergang in eine Aufbauschule scheiterte aus Kostengründen, zumal der Vater lange erwerbslos war. Irma Schweder musste den Wunsch, Lehrerin zu werden, aufgeben und arbeitete als Kontoristin und Buchhalterin in Privat- und Genossenschaftsbetrieben.

---

4 *Ingrid Fischer*, Gespräch mit Irma Keilhack, in: Der alltägliche Faschismus: Frauen im Dritten Reich. Berlin/Bonn 1981, S. 116-142; hier: S. 117.

5 Weckruf, SPD-Hamburg, Nr. 12 vom 25.7.1949.

6 *Irma Keilhack*: Geprägt von der Haltung der Eltern, in: Vorstand der SPD, Bonn (Hrsg.), Frauen machen Politik, Schriftenreihe für Frauenfragen, Nr. 4, 1958, S. 33-37.

7 Fischer, Gespräch mit Irma Keilhack, S. 117.

8 Interview mit Irma Keilhack am 20.5.1999, S. 2.

9 Keilhack, Geprägt von der Haltung, S. 34.

10 Fischer, Gespräch mit Irma Keilhack, S. 117.

11 Ebd., S. 118.

Im Genossenschaftsbetrieb (GEG) machte ihr die Arbeit am meisten Freude, weil das wirtschaftliche Prinzip der Genossenschaften mit ihren eigenen politischen Vorstellungen übereinstimmte. In der Jugendgruppe der Gewerkschaft lernte Irma Schweder die Zusammenhänge zwischen ihrem eigenen Arbeitsleben und den politischen sowie wirtschaftlichen Kräften in der Gesellschaft kennen. Notwendigkeit und Auftrag der Arbeiterbewegung wurden ihr deutlich. Sie wuchs wie selbstverständlich in die Sozialistische Arbeiterjugendbewegung (SAJ) hinein. »Eine andere Entscheidung stand für mich auch überhaupt nicht zur Wahl. Dort gehörte ich hin ...«, schrieb sie später.[12]

Mit 15 Jahren wurde sie Helferin in der sozialistischen Kinderarbeit bei den »Kinderfreunden«. In ihrem Wohnviertel holte die junge Irma Kinder von der Straße weg, um mit ihnen zu basteln und zu spielen. Sie gab ihnen Zuwendung, die sie zu Hause nicht bekommen konnten, las mit ihnen Bücher und führte sie an politische Diskussionen heran.[13] Bei den Jungsozialisten setzte sie sich mit den Genossinnen und Genossen über aktuelle politische Fragen auseinander und beschäftigte sich erstmals mit marxistischen Theorien. Irma Schweder erlebte die Solidarität der Gruppe und genoss Spaß und jugendliche Heiterkeit beim Volkstanz, beim gemeinsamen Singen, Wandern und Übernachten im Strohlager. In dieser Zeit erlebte sie den ebenbürtigen Umgang zwischen Jungen und Mädchen, den sie nie mehr missen mochte. Ihre emotional enge Bindung an die Sozialdemokratische Partei, der sie sich 1925, nun 17-jährig, anschloss, wuchs damals und dauerte bis zu ihrem Tode an.

In der Arbeiterbewegung stärkte Irma Schweder ihr Selbstbewusstsein, entwickelte ihre geistigen und sozialen Fähigkeiten und erlebte Anerkennung. Für sie war »die ganze Bewegung ein ›Arbeiterbildungsverein‹«.[14] Dennoch war ihr Wissensdurst so groß, dass die Jungsozialistin sich zusätzlich in Abendkursen weiterbildete. Dieser Weg ersetzte für sie eine höhere Schulbildung und vielleicht sogar eine akademische Ausbildung, die ihr zeitlebens verwehrt war.[15] Denn die Erfahrungen, die sie in dieser ›kombinierten Bildungsarbeit‹ und im Umgang mit anderen Menschen machte, waren wie kein anderes Training geeignet, politische und soziale Kompetenzen zu vermitteln, die ihre Arbeit und ihr Bewusstsein bis ins hohe Alter prägten.[16]

12 Keilhack, Bericht, S. 31.

13 Fischer, Gespräch mit Irma Keilhack, S. 118.

14 Keilhack, Bericht, S. 31.

15 Davon war sie später überzeugt. Auffällig ist, dass sie in allen verfügbaren Interviews darauf hinwies, wie anspruchsvoll diese Art von Arbeiterbildung war. Vgl. *Fischer*, Gespräch mit Irma Keilhack, S. 118, Interview vom 20.5.1999, S. 6.

16 Vgl., Interview, S. 7.

Arbeit in der Sozialdemokratischen Partei (1929–1933)

»Wir wussten, es kommt die Zeit der Freiheit, der sozialen Gerechtigkeit, der Menschlichkeit«[17]

1929 nahm Irma Schweder für fünf Monate an der Heimvolkshochschule in Tinz bei Gera in Thüringen an einem Frauenlehrgang teil.[18] Sie erhielt dort Unterricht in Kulturgeschichte, Nationalökonomie und Gesellschaftslehre sowie in marxistischer Theorie. Ihre Lehrer waren »hervorragende Sozialdemokraten mit internationalem Ruf«.[19] Wie »ausgetrocknete Schwämme« schluckten die 50 Frauen, die an dem Kurs teilnahmen, das Dargebotene. Sie diskutierten und arbeiteten bis tief in die Nacht. Irma Schweder schloss Freundschaften, die bis an ihr Lebensende bestanden.[20] Im Anschluss an diese für sie wertvolle und erlebnisreiche Zeit, in der Irma die Überzeugung gewann, dass »die Zeit der Freiheit, der sozialen Gerechtigkeit, der Menschlichkeit« kommt, in der der Traum vom schöneren Leben Wirklichkeit werde,[21] wurde sie hauptberuflich im Büro der SPD in Hamburg tätig. Gleichzeitig schrieb sie sich als Hörerin der Volkshochschule Hamburg ein. Bis 1933 war sie Sekretärin des Hamburger Parteivorsitzenden Karl Meitmann. Sie war glücklich, denn nun konnte sie aus ihrer ehrenamtlichen Arbeit, die sie sonst in ihrer Freizeit ausgeübt hatte, einen bezahlten Beruf machen. »Nie wieder Krieg« und »Republik ist nicht viel, Sozialismus ist das Ziel«, das waren damals, nach ihren späteren Erinnerungen, ihre Parolen.[22] Sie und ihre Weggefährtinnen und Weggefährten waren überzeugt von der Idee des Sozialismus und davon, dass es sich lohne, dafür zu kämpfen.[23]

Doch mit dem großen Erfolg der Nazis bei den Reichstagswahlen 1930, der sich ständig verschlechternden wirtschaftlichen Lage und dem gewaltigen Anwachsen des Arbeitslosenheeres wurde ihre Hoffnung auf eine bessere Welt immer kleiner. Und bald spürte die Sozialdemokratin mit ihren Genossinnen und Genossen »die Feuerzeichen« des Nationalsozialismus. Spätestens als 1932 die sozialdemokratisch geführte Preußische Regierung Braun/Severing durch Papen und die Reaktion gestürzt wurde, erkannte sie, dass weder die preußische Polizei noch die Reichswehr zur Abwehr reaktionärer und faschistischer Gewaltaktionen zu gebrauchen waren.[24] Sie erlebte die Zusammenstöße zwischen Nazigegnern und Nazis, die zum Teil blutigen Schlägereien, und fühlte sich hilflos. Im Gegensatz zu anderen, die dachten der »Spuk« sei bald vorbei, sagte sie später:

17 Fischer, Gespräch, S. 119 f.

18 Zu den Frauenkursen in der Heimvolkshochschule Tinz vgl. *Maike Eggemann,* Frauenbildung in den Volkshochschulen zwischen 1919 und 1933. Fünf Thesen zur Entwicklung und Bedeutung, in: *Paul Ciupke/Karin Derichs-Kunstmann* (Hrsg.), Zwischen Emanzipation und ›besonderer Kulturaufgabe der Frau‹, Frauenbildung in der Geschichte der Erwachsenenbildung, S. 15-24.

19 Fischer, S. 119.

20 Ebd.

21 Ebd., S. 120.

22 Ebd.

23 Interview mit Keilhack, S. 9.

24 Keilhack, Bericht, S. 31.

»Über die Nazis haben wir uns überhaupt keine Illusionen gemacht, vielleicht über ihre Möglichkeiten des Zugriffs«.[25]

Im Schatten des Hakenkreuzes (1933–1945)

»So ging ich mit meinem Koffer von Wohnung zu Wohnung und konnte auch Nachrichtenbote sein«[26]

Dass Faschismus Krieg bedeutet, war für sie vor 1933 dennoch eher eine Wahlkampfparole, die auf den SPD-Plakaten stand. Sie konnte sich damals nicht vorstellen, dass die Naziherrschaft zwölf Jahre dauern und Krieg bald bittere Wahrheit sein sollte. Irma Schweder hatte die Nazis schon lange gefürchtet. Umso mehr war sie enttäuscht, dass Hitler 1933 ohne Widerstand der organisierten Arbeiterschaft, ohne Einsatz des »Reichsbanners«[27] und ohne die Ausrufung des Generalstreiks durch die Gewerkschaften an die Macht kam und die Weimarer Republik einfach auflösen konnte.

Nach der Besetzung des Gewerkschaftshauses in Hamburg am 2. Mai 1933 und der ersten Verhaftung führender Sozialdemokraten und Gewerkschafter wurde auch das Hamburger SPD-Büro, in dem sie, wie mit den Genossen verabredet, alleine saß, durch die SA gestürmt. Die gezückten Revolver, mit denen man sie zwingen wollte, Parteidokumente und Geld herauszugeben, wird sie nie vergessen. Freilich hatten sie und ihre Mitarbeiterinnen und Mitarbeiter Geld und Papiere vorher in Sicherheit gebracht. Aus Wut darüber hausten die SA-Männer wie die Barbaren, zerfetzten und zerstörten, was ihnen in den Weg geriet und schlossen das Büro, noch bevor am 22. Juni die SPD im ganzen Reich verboten wurde.[28] Irma Schweder war nun erwerbslos. Aber auch nach Schließung des Parteibüros gab sie die Arbeit in der SPD nicht auf. Sie versuchte, noch einmal alle Spitzenfunktionäre zusammenzubringen, um Verabredungen für die illegale Weiterarbeit zu treffen. Das Treffen dauerte nicht lange, dann stürmten SA-Männer in die Versammlung, bedrohten und schlugen die Anwesenden und fuhren sie mit Polizeiwagen in das »Kommando zur besonderen Verwendung«. Gemeinsam mit ihrem späteren Ehemann Adolf Keilhack und etlichen Vertrauensleuten der SPD wurde Irma Schweder von der Gestapo verhört und die ganze Nacht traktiert. Mit besonderer Wut denkt sie noch heute an die Sprüche, mit denen die Frauen von den SA-Männern angegriffen wurden. Sprüche, von denen die Sozialdemokratin dachte, sie gehören der Vergangenheit an: »Was machen Sie denn hier in der Politik? Sie hätten lieber zu Hause Erbsensuppe kochen lernen sollen, als sich in der Politik herumzutreiben«.[29] Adressenma-

25 Fischer, Gespräch, S. 121.

26 Keilhack, Bericht, S. 33.

27 Überparteilicher Republikanischer Kampfverband mit einem hohen Anteil an SPD-Mitgliedern. Vgl. *Karl Rohe,* Das Reichsbanner Schwarz-Rot-Gold: Ein Beitrag zur Geschichte und Struktur der politischen Kampfverbände zur Zeit der Weimarer Republik, Kommission für Geschichte des Parlamentarismus und der politischen Parteien, Düsseldorf 1966, S. 475-488.

28 Keilhack, Bericht, S. 32.

29 Fischer, Gespräch, S. 123.

terial von SPD-Genossen, das sie bei sich trug, weil sie es beim Überfall schnell unter ihrem Hemd versteckt hatte, aß Irma Schweder vor der körperlichen Untersuchung in ihrer Verzweiflung auf, um zu verhindern, dass weitere Genossen verhaftet wurden. Andere in Gefahr zu bringen hätte sie nicht ausgehalten.[30] Sie landete mit ihren Genossinnen und Genossen, getrennt nach Männern und Frauen, im Hamburger Untersuchungsgefängnis und war weiteren Verhören ausgesetzt. Vor allem wurde versucht, ihr und den anderen Genossinnen und Genossen Aussagen abzupressen, durch die sie sich gegenseitig belasten sollten. Damit hatte die Gestapo jedoch kein Glück. Nach einer Woche wurden die Frauen und nach sechs Wochen die Männer frei gelassen. Allerdings wurde ihnen ein Hochverratsprozess angedroht, und sie wurden für einige Zeit unter Polizeiaufsicht gestellt, weiter beobachtet und in Abständen zur Geheimen Staatspolizei zum Verhör zitiert. Irma Schweder nahm sofort Verbindung zu Genossinnen und Genossen auf, die noch in Freiheit waren, um sie über die Aussagen der Inhaftierten zu informieren. Später führte sie es auf ihre frühe Verhaftung zurück, dass sie nicht, wie andere, im Konzentrationslager oder Zuchthaus gelandet ist.

Sie versuchte nun, Gelder, die sich noch bei den Parteikassierern befanden, zusammenzubringen, um sie für die illegale Arbeit verfügbar zu machen. Das war dringend notwendig, denn es mussten Anwälte für verhaftete Genossen und Genossinnen bezahlt werden, Gefährdete mussten ins Ausland geschafft und zurückgebliebene Familien versorgt werden. Die Solidarität mit den Verfolgten und Verhafteten war nun eine ihrer wichtigsten Aufgaben.

1935 heiratete sie Adolf Keilhack (1907–1974), von Beruf Zimmermann, der sich zum Ingenieur qualifiziert hatte. Er kam wie sie aus der Arbeiterjugend und war von 1930 bis 1933 und von 1945 bis 1957 Parteisekretär der Hamburger SPD. Lange Zeit konnten beide keine bezahlte Arbeit finden. Erst durch die Heirat wurde das Arbeitsverbot Adolf Keilhacks für Hamburg aufgehoben, und er konnte eine Stelle suchen. Vorher musste er in fernab gelegenen Munitionsfabriken oder an Militärbauten arbeiten. Heiraten war für sie und viele Genossinnen und Genossen damals »nicht so wichtig«.[31] Später sagte sie: »Das war in erster Linie eine Sachentscheidung.«[32] Für Irma Keilhack war die Erwerbslosigkeit auch deshalb schwer, weil sie ihre Eltern unterstützen musste. Sie fing an, Verwandten, Bekannten und Freunden Haushaltswäsche zu verkaufen. Mit ihrem Koffer ging sie von Wohnung zu Wohnung und konnte auf diese Weise eine unverdächtige Nachrichtenbotin sein und sich um Genossinnen und Genossen kümmern, die in Not waren.[33] In einer englisch-jüdischen Niederlassung für Büromaschinen bekam sie schließlich bezahlte Arbeit und traf auf Kollegen, die zum großen Teil Antinazis waren. Später wechselte Irma Keilhack, um sich finanziell zu verbessern, zu einer ebenfalls jüdischen Firma für Autozubehör. Beim Interview sagte sie, sie glaube, dass sie diese

30 Ebd.
31 Zahlreiche Sozialisten lebten in der Weimarer Zeit unverheiratet in ›Gefährtenehen‹ zusammen.
32 Fischer, Gespräch, S. 132.
33 Keilhack, Bericht, S. 33.

Beschäftigungen der »stillschweigenden Hilfe unter Antinazis« zu verdanken hatte.[34] Sie musste aber auch erleben, wie viele Genossinnen und Genossen, die illegal gegen die Nazis gearbeitet hatten, gefasst, zu Zuchthaus verurteilt oder ins Konzentrationslager gesteckt wurden. Beim Interview war sie der Meinung, dass die Widerstandsarbeit systematischer hätte angegangen werden können, wenn die Partei Vorbilder für illegales Verhalten gehabt hätte.[35]

Unverständlich war ihr allerdings, dass so viele Menschen und gerade auch Frauen mit Begeisterung an Kundgebungen und Massenveranstaltungen der Nationalsozialisten teilnahmen. Bis zu ihrem Tode machte die Sozialdemokratin vor allem Mitglieder der »egoistischen Mittelschicht« dafür verantwortlich, als »Kerngruppen der Nazis« nicht über ihren Tellerrand hinweg geguckt zu haben, weil sie hofften, der individuellen Armut durch die NS-Politik zu entgehen.[36]

Nachdem ihr Mann 1940 in den Krieg ziehen musste, führte Irma Keilhack das inzwischen aufgebaute Geschäft – die Verwaltung eines größeren jüdischen Hausbesitzes, der ihnen nach der »Reichspogromnacht« durch Juden übertragen worden war – alleine weiter, bis 1943 Wohnung und Büro den Bombenangriffen zum Opfer fielen, so dass sie existenz- und obdachlos wurde. Als den größten Verlust bezeichnete sie die Vernichtung ihrer Bücher, die sie von Jugend an gesammelt hatte. Im gleichen Jahr wurde ihr Sohn Nils geboren. Wie viele Mütter in dieser Zeit, versuchte sie in ihrer »Kriegsbehausung« die »Furie des Krieges und der Not soweit von der Familie wegzuhalten, wie es möglich war«.[37]

Trotz des Parteiverbots fanden regelmäßige Treffen mit den noch in Hamburg verweilenden Genossinnen und Genossen statt. Der Zusammenhalt war ihnen wichtig, und sie wollten sich auf keinen Fall von den Nazis auseinanderbringen lassen. Die Jungsozialistengruppe, in der sie früher tätig gewesen war, lebte unter dem Namen »Hamburger Wanderfreunde« weiter. Im ersten Jahr der Naziherrschaft gelang es ihnen sogar, eine Zeitung, die sie »Die Schnauze« nannten, herzustellen. Erwerbslose Genossinnen und Genossen halfen sich während der Wirtschaftskrise gegenseitig. Sie pachteten Schrebergärten, um Gemüse und Obst anzubauen, und bauten mit ihren letzten Spargroschen Holzlauben, um ein Dach über dem Kopf zu haben, den politischen Pressionen und Bedrohungen besser entgehen zu können und Bedrohte untertauchen zu lassen. Irma Keilhack, ihre Mutter und ihr Mann halfen bei diesen Aktionen kräftig mit. An die Kameradschaft und Solidarität, sie selbst nannte das »gesinnungsmäßige Bindungen«, die ihr und ihren Lieben über die schwere Nazizeit hinweghalfen, erinnerte sie sich zeitlebens.[38]

---

34 Ebd.

35 Fischer, Gespräch, S. 125.

36 Vgl. Landesverband Hamburger Frauenring e.V. Arbeitskreis »Frau und Arbeit« (Hrsg.), Lebensbilder von Frauen in Hamburg nach 45, S. 78.

37 Keilhack, Geprägt von der Haltung der Eltern, S. 35.

38 Keilhack, Bericht, S. 33 f.

Als die meisten Männer verhaftet oder ins KZ verschleppt waren, versammelten sich die allein gebliebenen Frauen in Gruppen, die sich – wie in Irma Keilhacks Fall – als Gymnastikgruppe tarnten. Da die Mitglieder dieser Gruppen »immer auf der Hut« waren, konnten die eingeschleusten Spitzel ihnen ebenso wenig wie der Wandergruppe, der sie ebenfalls angehörte, illegale Tätigkeiten nachweisen.[39] Natürlich bestand auch die Schrebergartensiedlung nach 1939 aus Frauen und Kindern. Obwohl aus Irma Keilhack bei den Gestapo-Verhören nichts herauszupressen war und sie sich manchmal sogar einen Spaß daraus machte, bei polizeilichen Vernehmungen nicht die Wahrheit zu sagen, die Befrager also auf falsche Wege zu bringen, fühlte sie sich »immer mit einem Bein im Zuchthaus«. Vor allem machte ihr zu schaffen, dass man nur noch seinen eigenen Bekannten trauen konnte. »Alles andere war viel zu gefährlich«.[40] Die Vorsicht war nicht übertrieben, denn auch die Unterstützung von Familien Verhafteter oder das Beschaffen von Geldern für Prozesse waren illegale Arbeiten und wurden verfolgt. Nach dem Zusammenbruch des NS-Regimes hatte sie sich geschworen, nie wieder in die Politik zu gehen.[41] Den Schwur hat Irma Keilhack aber sehr schnell gebrochen.

Nach dem Zweiten Weltkrieg (1945–1949)

»Der Beginn der von uns herbeigesehnten neuen politischen Zeit«[42]

Sofort nach dem ›Tag der Kapitulation‹ am 8.5.1945 begann die Sozialdemokratin in ihrem Behelfsheim, in dem sie mit ihrer Familie sowie vier weiteren Paaren der Siedlung bis weit nach Kriegsende wohnte, gemeinsam mit Adolf Keilhack und etlichen Gesinnungsgenossinnen und -Genossen Pläne zur Neugründung der sozialistischen Organisationen zu schmieden. Die durch harte Zeiten durchgehaltene Solidarität war für sie der Hauptgrund dafür, dass der organisatorische Aufbau der SPD in Hamburg in sehr kurzer Zeit erfolgen konnte. Für Irma Keilhack war es »der Beginn der von uns herbeigesehnten neuen politischen Zeit«.[43] Als »überzeugte Sozialistin« hatte sie sich sofort »wieder in die Reihen gestellt«, um am Aufbau einer sozialen Republik mitzuarbeiten.[44] Sie war der Überzeugung, dass alle, die noch bei Kräften waren, ihre Erfahrungen in den Neuaufbau einbringen mussten. Für Irma Keilhack war es das wichtigste Anliegen, »alles zu tun, was den Frieden bringen und ihn erhalten konnte«.[45] Vor allem über eine Erziehung zur Demokratie und zur Menschlichkeit wollte sie das Ziel einer »wirklich reformierten Gesellschaft« erreichen.[46] 1946/1947 wurde sie Mitglied des Landesvorstandes der SPD in Hamburg. Wie selbstverständlich arbeiteten sie zu dieser Zeit mit Kommunisten und

39 Fischer, Gespräch, S. 128.
40 Interview mit Irma Keilhack am 20.5.1999, S. 12.
41 Fischer, Gespräch, S. 140.
42 Keilhack, Bericht, S. 34.
43 Ebd. Zum Wiederaufbau der ersten Hamburger SPD vgl. *Walter Tormin*, Die Geschichte der SPD in Hamburg 1945 bis 1950, Hamburg 1994.
44 Weckruf Nr. 12, SPD-Hamburg vom 25.7.1949.
45 Fischer, Gespräch, S. 141.
46 Ebd.

Kommunistinnen zusammen. Für sie war die Spaltung der dadurch kraftlosen Arbeiterbewegung ein Lehrstück dafür, dass nur gemeinsames Handeln der linken Kräfte totalitäre Tendenzen wie den Nationalsozialismus abwenden können. Nun wünschte sie sich »eine Arbeiterpartei, freiheitlich, demokratisch und sozial.«[47] Enttäuscht war sie, als die aus der russischen Emigration zurückgekehrten Funktionäre zunächst die KPD aufbauten, um erst danach in Verhandlungen mit der SPD zu treten. Durch Kurt Schumacher, der in der Zwischenzeit die zentrale Führung der SPD in den drei westlichen Besatzungszonen übernommen hatte, erfuhr sie, dass auch die SPD eine »Einheitspartei« mit den Kommunisten verhindern wollte.[48]

Nach der Wiedergründung der SPD ging ihr Mann sofort wieder in die hauptamtliche Parteiarbeit. Irma Keilhack übernahm ehrenamtliche Tätigkeiten in der Partei. 1946/1947 wurde sie Mitglied des Landesvorstandes der SPD in Hamburg und später Mitglied des Aufsichtsrates der Hamburger Gaswerke GmbH. Sie zog mit ihrer Familie in eine Arbeitersiedlung, wo ihr im Zuge der Entnazifizierung eine freigewordene Wohnung zugeteilt wurde. Ein zweiter Versuch, Lehrerin zu werden, scheiterte kurz vor der Beendigung des Sonderausbildungslehrganges, weil ihre Mutter sehr krank wurde und sie nun auch ihr vierjähriges Kind selbst versorgen musste. Dass Irma Keilhack eine solche Ausbildung abbrechen musste, hat sie ihr Leben lang bedauert, weil sie immer gerne Lehrerin werden wollte.[49] Allzu gerne hätte sie an der Heranbildung »der Staatsbürger von morgen«, die schließlich »die Träger der neuen Demokratie sein sollten«, mitgewirkt.[50]

Obwohl sie oft ein schlechtes Gewissen hatte, weil sie ihr Kind alleine lassen musste und ihr Mann, »wenn er nachts nach Hause kam, mindestens Essen vorfinden« sollte, und obwohl sie wegen ihrer Familienpflichten die eigenen Interessen zurückgestellt hatte, sagte sie später, dass »Gleichberechtigung« damals »kein aktuelles Problem« gewesen sei, weil Frauen überall dabei sein konnten und mussten und Verantwortung übernehmen konnten, »soweit sie es wollten«.[51]

Arbeit im Bundestag (1949–1961)

»Wir sind ein selbstzufriedenes Volk geworden«[52]

Als Hausfrau und Mutter eines kleinen Jungen, die verbunden war mit all denen, »die die Nöte der Kriegs- und Nachkriegszeit als Frauen so hart geprägt haben« und die nach dem Zweiten Weltkrieg zu den »hoffnungsvollen Kräften der neuen Frauengeneration« gehörten, kandidierte sie 1949 für den Deutschen Bundestag.[53] Sie wurde als Kandidatin der

47 Landesverband Hamburger Frauenring, Lebensbilder, S. 81.

48 Ebd., S. 82.

49 Interview, S. 15.

50 Keilhack, Geprägt von der Haltung, S. 36.

51 Landesverband Hamburger Frauenring, Lebensbilder, S. 82.

52 Keilhack, Geprägt von der Haltung, S. 37.

53 Weckruf Nr. 23, SPD-Hamburg vom 25.7.1949.

SPD im Hamburger Wahlkreis 5 in den Bundestag gewählt.[54] Damit gehörte sie neben Margarethe Gröwel (CDU) zu den ersten beiden Hamburger Parlamentarierinnen, die in den Bundestag einzogen.[55] Da sie bereits vor 1933 in der SPD aktiv war, war sie eine der wenigen Abgeordneten, die noch Erfahrungen aus der Weimarer Republik einbringen konnten. Das war auch ein Grund dafür, dass sie es als ihre Verpflichtung ansah, die ihr angetragene Kandidatur und die Wahl anzunehmen. Vielleicht hat bei ihrer Entscheidung auch eine Rolle gespielt, dass sie, als sie für den Bundestag vorgeschlagen wurde, feststellte, dass einige Männer an ihrer Eignung zweifelten. Zum Beispiel wurden ihr Fragen gestellt wie: »Du hast einen Haushalt, du hast ein Kind und dein Mann ist eigentlich nie da«, wie sie das denn schaffen wolle. Darüber ärgerte sich die Sozialdemokratin, und sie erklärte: »Wenn ich schon zusage, dann sorge ich dafür, dass ich das leiste«. Später gab Irma Keilhack zu, dass sie sich gleichwohl »ein bisschen vor dem fürchtete, was auf mich zukam.«[56] Aber sie wollte nicht klein beigeben.

Schließlich ging es gut und sie schaffte alles. Ihre Schwägerin, die zwölf Jahre jüngere Schwester ihres Mannes, war Kinderpflegerin, gerade erwerbslos und wohnte in ihrer Wohnung. Die Schwägerin bekam eine »volle Stelle mit vollen Bezügen« und kümmerte sich um den Sohn. Heute weiß Irma Keilhack nicht, ob sie die Aufgabe überhaupt übernommen hätte, wenn sie nicht diese »ideale Lösung« gefunden hätte.[57]

In der 1. Wahlperiode engagierte sie sich als Ordentliches Mitglied im Ausschuss für Fragen der Jugendfürsorge, in der 2. Wahlperiode im Ausschuss für Jugendfragen, in der 3. und 4. Wahlperiode im Ausschuss für Familien- und Jugendfragen. Im Ausschuss für Ernährung, Landwirtschaft und Forsten arbeitete sie als Ordentliches Mitglied in der 1. bis 4. Wahlperiode mit. In der 1. und 3. Wahlperiode war sie Stellvertretendes Mitglied des Gesundheitsausschusses, in der 2. Wahlperiode des Haushaltsausschusses und in der 3. Wahlperiode gehörte sie als Stellvertretendes Mitglied dem Vermittlungsausschuss an. In der 4. Wahlperiode war sie Mitglied des Parlamentarischen Rates der Europäischen Bewegung. Sie war im Fraktionsvorstand der SPD-Fraktion und 1952 wurde sie als erste weibliche SPD-Abgeordnete Mitglied im Ältestenrat des Bundestages. Für sie war das »schon ein Stück Machtposition«, die sie gerne ausübte, weil diese Posten mit Einfluss verbunden waren.[58]

Irma Keilhack setzte sich gemeinsam mit Käte Strobel und Marta Schanzenbach für die Zusammenarbeit mit den überparteilichen Frauenorganisationen, die sich in der Nachkriegszeit gebildet hatten, ein. Diese drei Frauen vertraten, anders als die zentrale Frauensekretärin Herta Gotthelf und der Parteivorsitzende Kurt Schumacher, die Meinung, dass eine Zusammenarbeit mit diesen Gruppen notwendig sei, weil auf diese Weise

54 Vgl. Protokolle der Parteitage, Keilhack war ab 1950 Delegierte für den Bezirk Hamburg-Nordwest, Schleswig-Holstein, siehe Anwesenheitsliste der Delegierten und Gäste der SPD-Parteitage.

55 Vgl. *Inge Grolle und Rita Bake,* »Ich habe Jonglieren mit drei Bällen geübt«, Frauen in der Hamburgischen Bürgerschaft, 1946–1993, Hamburg 1995, S. 355.

56 *Landesverband Hamburger Frauenring*, Lebensbilder, S. 83.

57 Interview, S. 13.

58 Interview, S. 22.

mehr Frauen politisch interessiert werden könnten, als wenn man alleine auf deren Organisation in der SPD hofft.[59]

Sie ging mit Elan an die Arbeit im Bundestag, denn sie versprach sich viel von der Aufgabe, einen neuen sozialistischen, freiheitlichen, demokratischen und wiedervereinigten Staat mit aufzubauen und an der entsprechenden Gesetzgebung mitzuwirken. »Sich in der Politik zu bestätigen ist eine ungeheuer spannungsreiche und interessante Sache«, sagte Irma Keilhack später.[60] Zwölf Jahre ist sie im Bundestag geblieben, weil die Sozialdemokratin das, was sie angefangen hatte, auch gerne zu Ende machen wollte. Aber nach zwölf Jahren in der Opposition hatte sie auch irgendwie genug. Viele ihrer auf Frieden, Gerechtigkeit und Ebenbürtigkeit gerichteten Hoffnungen und Illusionen wurden im Laufe der parlamentarischen Tätigkeit zerstört. »Wir sind ein selbstzufriedenes Volk geworden«, schrieb sie 1958, inzwischen zum dritten Mal in den Bundestag gewählt.[61] Sie verurteilte damit nicht den Anspruch der Bevölkerung, endlich genug zu Essen zu haben, sah jedoch die Gefahr, dass die deutsche Bevölkerung dabei war, die Vorstellungen von einer neuen wirtschaftlichen und gesellschaftlichen Ordnung innerhalb eines wiedervereinigten Deutschlands »für ein Linsengericht« aufzugeben und »den Elan zu verlieren«, weiter für die Wiedervereinigung zu kämpfen. Sie sah auch die Gefahr, dass »im Zeitalter des Atoms« die Deutschen sich der besonderen Verantwortung, die ihnen für den Erhalt des Friedens zukommt, entziehen könnten.[62] Dass der Bundestag mit den Stimmen der CDU/CSU-Fraktion beschloss, die Bundeswehr mit atomaren Waffen auszurüsten und die SPD die »Kampf dem Atomtod«-Bewegung beerdigte, bedauerte Irma Keilhack zwar, dennoch erschien es ihr ganz offensichtlich notwendig: »Man lässt sich überzeugen, das haben wir auch gemacht«, war später ihr Kommentar.[63] Für die Begrenztheit sozialdemokratischer Politik machte sie allerdings nicht nur die Politiker, sondern auch die Bürger selbst verantwortlich, die schließlich die konservative Regierung gewählt hatten.[64]

Ihr Anliegen im Bundestag war es vor allem, die Nachkriegssorgen der Bevölkerung in der Zeit des Wiederaufbaues zu lindern und den berufs-, arbeits- und heimatlosen Jugendlichen aus der größten Not zu helfen. Einer ihrer wichtigsten Erfolge war die Mitwirkung an der Gesetzgebung und die Neuordnung einer modernen Jugend- und Familienpolitik. Die Not der Millionen Flüchtlinge aus dem Osten und der DDR bezeichnete sie als unglaublich. Viele Kinder und Jugendliche streunten elternlos umher. Für sie mussten Unterkünfte, Schulmöglichkeiten und Ausbildungsstellen geschaffen werden, wenn man vermeiden wollte, eine Generation von »ungelernten, unzufriedenen

59 Interview mit Irma Keilhack am 20.5.1999, S. 4. Zu den überparteilichen Frauenausschüssen in Hamburg vgl. *Karen Hagemann/Jan Kolossa,* Gleiche Rechte – Gleiche Pflichten? Ein Bilder-Lese-Buch zu Frauenalltag und Frauenbewegung in Hamburg, Hamburg 1990, S. 204 ff. Zur Auseinandersetzung in der Gesamtpartei vgl. die Biographie von Lisa Albrecht in diesem Band, S. 130-149.

60 Interview, S. 13.

61 Keilhack, Geprägt von der Haltung, S. 37.

62 Ebd.

63 Interview mit Irma Keilhack am 20.5.1999, S. 8.

64 Vgl. Interview mit Irma Keilhack, S. 2.

und skandalbereiten Jugendlichen« heranzuziehen.[65] Da sie selbst aus der Jugendbewegung kam, sah sie es als ihre Aufgabe an, den Jugendlichen zu helfen. Bei diesem Anliegen scheute sie nicht vor Allianzen mit CDU-Abgeordneten, die aus der katholischen Jugendbewegung kamen und ähnliche Erfahrungen wie sie gesammelt hatten, zurück. Kein Wunder, dass vor allem sie es war, die »in sachverständiger Weise über den Schutz der Jugend« sprechen konnte.[66] Sie setzte sich für eine umfassende Jugendförderung ein, die die besonderen Probleme der weiblichen Jugend berücksichtigte und vor allem geeignet war, die Jugendlichen zur Verantwortung zu erziehen, die sie als Staatsbürger in einem Staat tragen müssen. Kritik übte sie am Bundesjugendplan der Bundesregierung 1951/52, in dem die Behebung der Berufsnot und die Behebung der Erwerbslosigkeit nicht in den Mittelpunkt gestellt seien. Das aber sollte für sie und ihre gesamte Fraktion im Mittelpunkt stehen. Sozialpädagogische Maßnahmen allein, die nur einen Bruchteil der Jugendlichen erreichten, waren für sie nicht ausreichend. Die lebensnotwendige Grundlage für jeden jungen Menschen sah sie in einer guten Berufsausbildung. Diese sollte geeignet sein, »ihn für sein späteres Alter krisenfest« zu machen und »ihm vor allen Dingen auch eine Familienbildung« zu ermöglichen.[67] Schon damals wandte sie sich dagegen, die Ausbildungssituation alleine als »Sache der Länder« abzutun: Auch die Bundespolitik sei gefragt. Sie plädierte deshalb dafür, die Beihilfen des Bundes auf Ländermaßnahmen auszudehnen. Mit scharfen Worten wandte sie sich gegen jede Art des »freiwilligen Arbeitsdienstes« für junge Menschen.[68] Sie verwies darauf, dass jeglicher Arbeitsdienst für die SPD zu diesem Zeitpunkt völlig undiskutabel sei. Zu sehr waren die Erinnerungen an solche Dienste in der Vergangenheit wach. Außerdem schienen sie nicht geeignet, Grundlage einer eigenständigen Existenzsicherung zu sein, dafür bedürfe es nach ihrer Meinung qualifizierter Ausbildungsstellen. Sie forderte auch die Stärkung der kommunalen Einrichtungen für die Jugend, den Bau von Heimen der offenen Tür, Baukostenzuschüsse für Jugendwohnheime, Jugendbibliotheken und ein Gesetz zur Bekämpfung jugendgefährdender Schriften, ein Jugendarbeitsschutzgesetz, ein Berufsausbildungsgesetz und Arbeitslosengeld für nach der Berufausbildung entlassene Lehrlinge. Von den verantwortlichen Politikerinnen und Politikern forderte sie eine »wirklich soziale Grundhaltung, (...) bei der man nicht mit Pflästerchen zu heilen versucht, sondern durch eine Beseitigung der Krankheitsursachen, der Ursachen der Not, die Gesundung betreibt«.[69]

Obwohl sie selbst ein solches Gesetz gefordert hatte, stimmte sie mit der sozialdemokratischen Fraktion gegen ein »Gesetz zur Verbreitung jugendgefährdender Schriften«, das von der CDU/CSU-Fraktion vorgelegt worden war. Es wurde vom Bundestag mit knapper Mehrheit verabschiedet. Sie betonte in einem Artikel, dass das »Nein« zu diesem

65 Ebd., S. 14.

66 Vgl. *Louise Schroeder,* SPD-Frauen im Parlament, in: Die Freiheit vom 1.12.1949.

67 Bundestagsrede zum Bundesjugendplan 1951/1952, 1. Legislaturperiode, 180. Sitzung, 12. Dezember 1951.

68 Solche Vorschläge wurden bis in die Gegenwart immer wieder diskutiert. 1951 hatte die FDP im Lande Niedersachsen einen Antrag für einen »freiwilligen Arbeitsdienst« gestellt.

69 Bundestagsrede zum Bundesjugendplan.

Gesetz kein »Ja« für die Schundliteratur bedeute, sondern ein »Ja« zu allen Maßnahmen, »die, nachhaltiger als ein Verbot schlechten Lesestoffes, gute Jugendliteratur schaffen und sie auf alle erdenkliche Art an unsere Kinder und Jugendlichen heranbringen« konnte. Sie verwies darauf, dass die SPD eine Gesetzesvorlage eingebracht hatte, wonach gute Jugendbücher und Jugendbuchautoren gefördert und Bücher für Schul- und Jugendbüchereien angekauft werden sollten. »Literarischer Schund«, so ihre Argumentation, könne durch positive Maßnahmen besser beseitigt werden als durch Verbote. Außerdem waren ihr Bedenken hinsichtlich der Auslegung des Gesetzes gekommen. Sie verwies auf die Gefährlichkeit in der Auslegungsmöglichkeit des verabschiedeten Gesetzes, weil es auch geeignet sei, »unliebsame Literatur« aus dem Büchermarkt zu entfernen. Das komme nicht nur einer Einengung der Meinungsfreiheit gleich, sondern könne auch dazu führen, dass besondere Gruppen ihre Vorstellung von »sittlich gefährdet« durchsetzten.[70]

Für das Anliegen von Gewerkschaften, Jugendorganisationen und der SPD-Bundestagsfraktion, den Arbeitsminister zur Vorlage eines modernen Jugendarbeitsschutzgesetzes zu bringen, setzte sie sich mit ihrer ganzen Kraft ein. Sie verwies auf die verheerenden Resultate, die eine Untersuchung des DGB über die Lage der arbeitenden Jugend offenbart hatte und unterstrich damit die Dringlichkeit eines solchen Gesetzes. Den Gesetzentwurf »Zum Schutz der arbeitenden Jugend« legte schließlich die SPD-Fraktion 1956 vor. Er enthielt u.a. die Forderungen nach 40-Stunden-Woche, Regelungen für den Berufsschulunterricht, Verbot von Überstunden, Urlaubs- und Arbeitszeitregelungen.[71] Für die Verzögerung der Behandlung des Entwurfes machte Irma Keilhack die Regierungskoalition verantwortlich, die »es für wichtiger hielt, ihr Wehrpflichtgesetz durchzupeitschen.«[72] Dass die SPD-Fraktion – wie sie meinte – dem Durchpeitschen hilflos gegenübergestanden habe, ärgerte sie bis ins hohe Alter.

Während der ersten Legislaturperiode unterstrich sie in einem Artikel das Anliegen der SPD, vor allem im Interesse alleinstehender und berufstätiger Mütter, Erziehungsberatungsstellen, Beratungsstellen für Eltern und Jugendliche und öffentliche Ehe- und Lebensberatungsstellen als »echte vorbeugende Fürsorge« einzurichten. Sie sah die Notwendigkeit solcher Einrichtungen nicht nur in der Unterstützung der Frauen in erzieherischer Hinsicht, sondern vor allem im Blick auf die notwendige Erziehung zum gleichberechtigten Umgang zwischen Männern und Frauen. Auch sollten Frauen und Mädchen durch solche Beratungsstellen befähigt werden, ihre Rechte im öffentlichen Leben auch auszufüllen. In der Zwischenzeit stellten nicht nur der durch den Krieg verursachte Verlust von Familienvätern, sondern auch die zunehmende Zahl der Ehescheidungen immer höhere Anforderungen an Frauen und Mütter. Hilfebedarf sah Irma Keilhack allerdings nicht nur für »Halbfamilien«, sondern auch für die »noch intakten Familien«, die wegen niedrigen Verdienstes, Erwerbslosigkeit und beengter Wohnverhältnisse

70 Hier verwies sie auf Erfahrungen mit katholischen Kirchenvertretern aus der Weimarer Zeit. *Irma Keilhack,* Schund und Schmutz, in: Gleichheit Nr. 11/1952, S. 325.

71 Drucksache Nr. 2429 vom 6.6.1956.

72 *Irma Keilhack,* Die SPD legt ein modernes Jugendarbeitsschutzgesetz vor, in: Gleichheit Nr. 8/1956, S. 287.

ebenso Rat und Unterstützung brauchten. Schließlich ging es darum, den vorhandenen Rechten und Pflichten »Leben einzuhauchen und sie umzusetzen in die Gestaltung einer neuen Frauenpersönlichkeit«. Koedukation – die gemeinsame Erziehung von Jungen und Mädchen – sah sie wie viele Sozialistinnen und Sozialisten damals als das geeignete Mittel, »dass bereits in der nächsten Generation die völlige Gleichberechtigung von Männern und Frauen so selbstverständlich geworden ist, wie es heute die politische Gleichstellung ist.«[73] Leider sollte weder die Generation ihres Sohnes noch die ihres Enkels die »völlige Gleichberechtigung« wirklich erleben.

Ein weiterer wichtiger Bereich ihrer Arbeit im Bundestag war ihr Engagement für die Verbraucher und den Verbraucherschutz. Sie kritisierte die Einfuhr- und Vorratspolitik der Bundesregierung auf allen Gebieten der Versorgung mit wichtigen Nahrungsmitteln, die in Bedarfszeiten immer wieder zu nicht vertretbaren Engpässen führte. Die »Durchschnittsverbrauch-pro-Kopf«-Berechnung der Bundesregierung war nach ihrer Meinung nicht geeignet, dem »kapitalarmen Verbraucher«, der ohnehin weit unter dem Durchschnitt konsumiere, nur annähernd gerecht zu werden. Der Bundesregierung warf sie vor, dass sie auf Kosten der Konsumenten beweisen wolle, »dass sie es mit Geschick versteht, die von ihr so sehr verabscheuten ›planwirtschaftlichen‹ Überlegungen – diesmal auf Kosten der Konsumenten – aus ihrer Politik herauszuhalten.[74] Immer wieder wandte sich die Sozialdemokratin gegen die Erhöhung der Preise für Grundnahrungsmittel und trat statt dessen für eine Senkung der Steuer auf Lebensmittel ein. Die Steuersenkung sollte allerdings Verbrauchern mit niedrigen und mittleren Einkommen zu Gute kommen und weniger die Unternehmer entlasten.[75]

Gegen Ende der 2. Wahlperiode wandte sie sich in einem Presseartikel gegen die »Preisschraube«, die die CDU/CSU-Regierung nach ihrer Ansicht produziere. Die dauernden Preissteigerungen hatten eine große Unruhe in der Bevölkerung ausgelöst. Die Regierung versuchte jedoch, die Schuld dafür auf die Hausfrauen zu schieben, der sie Wahllosigkeit beim Einkauf oder zu hohe Ansprüche vorwarf. Irma Keilhack führte die Preissteigerungen dagegen auf die Lobbyisten-Wünsche der Industrie zurück, denen die konservative Bundesregierung nachgab. Die Parlamentarierin appellierte an die Wähler, daraus Konsequenzen zu ziehen.[76] Ebenso wandte sie sich dagegen, dass die Unternehmer die Preisbindung, die damals noch auf vielen Waren lag, dazu benutzten, hohe Preise bei den Kunden zu erzwingen. Hier beschuldigte sie die Bundesregierung, »unzulässige Praktiken« und Gesetzesverstöße der Unternehmer nicht ausreichend zu bekämpfen.[77] Schließlich würden durch den Preisauftrieb die mühsam erreichten Lohn- und Rentenverbesserungen des kleinen Mannes zunichte gemacht. Sie forderte eine Preis- und Lohnpolitik zugunsten des »schwächeren Teiles in der Wirtschaft, des Konsumenten«

73 *Irma Keilhack,* Erziehungs- und Eheberatungsstellen, in: Gleichheit Nr. 10/1952, S. 301 f.

74 *Irma Keilhack,* Wieder einmal: Zucker! In: Gleichheit Nr. 7/1951, S. 195 f.

75 *Irma Keilhack,* Zur Erhöhung des Zuckerpreises, in: Gleichheit Nr. 10/1951, S. 289 f.

76 *Irma Keilhack,* Die Preisschraube – ein Warnungszeichen, in: Sozialdemokratischer Pressedienst P/XII/188 vom 19.8.1957.

77 *Irma Keilhack,* Zwangswirtschaft der Unternehmer, in: Gleichheit Nr. 4/1957, S. 124 f.

und Einrichtungen zur Verbraucherunterrichtung, Qualitätsprüfungs- und Kennzeichnungsausschüsse, Forschungsanstalten für Hauswirtschaft und Publikationsstellen sowie von der Wirtschaft unabhängige Verbraucherberatungsstellen und -schulungsstätten, um das Verbraucherbewusstsein zu stärken und eine bessere Einsicht in die Zusammenhänge von Preis- und Marktpolitik zu vermitteln. Vor allem aber hoffte sie auf eine Stärkung der »Front der Verbraucher«, in der auch die Frauengruppen der politischen Parteien, der Gewerkschaften und der Genossenschaften verstärkt mitarbeiten müssten. Fast revolutionär hört sich ihre Hoffnung an, aus einer solch gestärkten »Verbraucherfront« könnte so etwas wie ein »Verbraucherrat« als außerparlamentarisches Gremium entstehen, der als Gegengewicht gegen die gut organisierte Wirtschaft die ernährungs-, versorgungs- und preispolitischen Anliegen des Konsumenten stärker zum Ausdruck bringt.[78] Aus dieser Hoffnung wurde jedoch nichts.

Zwei Anträge, die die SPD-Fraktion 1957 »zur Schaffung von hauswirtschaftlichen Beratungsstellen in Ländern und Kommunen« und »für die Aufklärung über Qualitäts- und Gütemerkmale gewerblicher Erzeugnisse der Hauswirtschaft sowie zur Förderung der Rationalisierung des städtischen Haushaltes« einbrachten, wurden mit der Mehrheit der Regierungsparteien rundweg abgelehnt, obgleich sie den Konsumenten notwendige Hilfestellungen im Wirtschaftsgeschehen hätten geben können. Irma Keilhack bedauerte, dass es für objektive Verbraucherberatung, -erziehung und -aufklärung trotz der »sozialen« Marktwirtschaft kein Geld gab und die Forderungen zum Schutz und zur Aufklärung der Verbraucher immer wieder im Sand verliefen.[79]

Die Sozialdemokratin wirkte auch an der Novellierung des Lebensmittelgesetzes mit. Diese Gesetzesveränderung wurde von einer breiten Öffentlichkeit mit großem Interesse und sehr präzisen Wünschen begleitet. Im Vordergrund des Vorhabens stand der Schutz der Verbraucher vor gesundheitlicher Schädigung und vor Irreführung.[80] Die weiblichen Mitglieder aller Bundestagsfraktionen forderten 1958 von der Bundesregierung, dass der Import von gesundheitlich bedenklichen Lebensmitteln gestoppt werden müsse. Das war eine der wenigen überparteilichen Frauenaktionen im Bundestag und nach ihrer Ansicht »wirklich eine Frauensache«.[81] Auch damals gab es schon eine Serie von Lebensmittelskandalen, die die Empörung der Verbraucher hervorrief.

Gemäß dem Lebensmittelgesetz, das am 23.12.1960 verkündet wurde, durften nur noch als »gesundheitlich unbedenklich« angesehene Lebensmittel veräußert werden, und alle Zusätze mussten demnach für den Käufer kenntlich gemacht werden. Das Gesetz enthält auch Bestimmungen über das Verbot von Schädlingsbekämpfungs-, Vorratsschutz- und Pflanzenschutzmitteln. Das neue Lebensmittelgesetz wurde damals von den Verbrauchern mit Beifall aufgenommen. Die »Wirtschaftskreise« waren allerdings über

78 *Irma Keilhack,* Politik für Verbraucher, in: Gleichheit Nr. 6/1957, S. 203-205.

79 *Irma Keilhack,* Bundesregierung gegen Hausfraueninteressen! In: Gleichheit Nr. 7/1957, S. 244, 267 und 297.

80 *Irma Keilhack,* Mehr Schutz dem Verbraucher, in: Sozialdemokratischer Pressedienst P/IV/292 vom 23.12.1960.

81 Interview, S. 15.

die für sie unbequeme Kennzeichnungspflicht ungehalten.[82] Das störte Irma Keilhack wenig, ihr lag die Gesundheit der Verbraucher am Herzen. Gemeinsam mit der späteren Gesundheitsministerin Käte Strobel war sie es, die über die Ernährungsfragen den Gesundheitsschutz in die Gesundheitspolitik eingebracht hat.[83]

In ihrem eigenen Wahlkreis war sie bemüht, durch Veranstaltungen, Vorträge und Kurse politische Aufbauarbeit zu leisten. Die große Zahl ihrer persönlichen Kontakte leistete wertvolle Hilfe. Durch sie wurde es möglich, ihre sozialdemokratischen Vorstellungen und ihre eigene Überzeugung zu verbreiten. Während der Zeit als Bundestagsabgeordnete arbeitete Irma Keilhack mit einigen Frauen besonders gerne zusammen. Sie erinnerte sich an Lisa Korspeter, Käte Strobel und die Gewerkschafterinnen unter den Abgeordneten. Eine besonders enge Freundschaft verband sie mit Marta Schanzenbach, die 1958 ihre Kandidatur für den Parteivorstand davon abhängig gemacht hatte, dass auch Irma Keilhack kandidiert.[84] Beide Frauen und Käte Strobel wurden auf dem Stuttgarter Parteitag in den Parteivorstand der SPD gewählt und arbeiteten konstruktiv zusammen.[85] Irma Keilhack war bereits seit 1957, gemeinsam mit Marta Schanzenbach, Sprecherin im Ausschuss für Jugend, Familie und Gesundheit. Elfriede Eilers, die 1957 als junge Abgeordnete neu in den Bundestag kam, berichtete später, dass sie sich auf die Hilfe der beiden Frauen jederzeit verlassen konnte.[86] Von ihren Mit-Abgeordneten wurde Irma Keilhack als stets kollegial und hilfsbereit beschrieben. Elfriede Eilers wurde von Irma Keilhacks Großzügigkeit angesteckt, als sie voller Bewunderung bemerkte, dass diese ihr Zimmer anderen Kolleginnen zur Verfügung stellte, wenn sie in Ruhe wichtige Anträge für die parlamentarische Beratung formulieren wollten. Räume waren knapp und personelle Hilfen standen damals nur wenigen zur Verfügung, so dass das Schreiben von Anträgen zum Teil von den Abgeordneten selbst gemacht wurde.[87]

Dass Marta Schanzenbach nicht ohne Irma Keilhack für den Parteivorstand kandidieren wollte, führte die Sozialdemokratin darauf zurück, dass sie wegen ihrer positiven Haltung zur Zusammenarbeit mit überparteilichen Frauenausschüssen nicht allein der zen-tralen Frauensekretärin und ihren Anhängerinnen ausgesetzt sein wollte. Die enge Zusammenarbeit lobte sie auch noch beim Interview. Als Marta Schanzenbach im Pflegeheim lebte, schrieben die beiden sich lange Briefe und führten telefonische Diskussionen.

---

82 Keilhack, Mehr Schutz dem Verbraucher.

83 Vgl. auch *Käte Strobel,* Tabubrecherin in Fragen der Sexualität, in: *Renate Lepsius,* Frauenpolitik als Beruf, Gespräche mit SPD-Parlamentarierinnen, Hamburg 1987, S. 33-52; hier S. 45.

84 Siehe die Biographie Marta Schanzenbach in diesem Band, S. 435-459.

85 Alle drei Frauen kamen aus sozialdemokratischen Arbeiterfamilien und machten ihre ersten politischen Erfahrungen in der Arbeiterjugend. Sie gehörten zu den jüngsten Bundestagsabgeordneten. Alle drei waren der Meinung, dass die SPD-Frauen auch mit überparteilichen Frauenorganisationen zusammenarbeiten müssten. Interview, S. 2 und 4. Vgl. auch: *Marta Schanzenbach,* Das Glück, helfen zu können, in: *Renate Lespsius,* Frauenpolitik als Beruf, Gespräche mit SPD-Parlamentarierinnen, Hamburg 1987, S. 13-32; hier S. 28.

86 *Elfriede Eilers,* »Wenn Frauen aktiv sind, sind sie's meistens länger als Männer«, Lebensbilder, aufgezeichnet von *Heinz Thörmer,* Marburg 1996, S. 29.

87 Ebd., S. 27. f.

Irma Keilhack mit Max Brauer, Erich Ollenhauer und Paul Nevermann (von links nach rechts) bei der Konstituierung der SPD-Fraktion in der Hamburger Bürgerschaft, 1957

Ihren männlichen Kollegen unterstellte sie »vielleicht ein bisschen bessere Ellbogen«. Das spielte für Irma Keilhack keine Rolle, denn sie hatte, wie sie sagte, keinen besonderen Ehrgeiz. Sie vergaß aber auch nicht darauf hinzuweisen, »wie aufgeschlossen und zum Teil hilfreich unsere Männer gewesen sind«, und dass es »Mann/Frau-Gegensätze« in der Fraktion damals eigentlich nicht gegeben habe. Sie führte das vor allem auf die ebenbürtige Sozialisation, die die meisten Parlamentarierinnen und Parlamentarier durch die Arbeiterjugend erlebt hatten, zurück.[88]

Am 19.1.1962 schied Irma Keilhack aus dem Bundestag aus, weil sie in Hamburg zur Senatorin gewählt wurde.

Senatorin der Freien und Hansestadt Hamburg und Mitglied der Bürgerschaft (1962–1974)

»Ich freute mich, dass ich wieder nach Hamburg zurückkam«[89]

Als Nachfolgerin von Paula Karpinski (SPD), der ersten Frau, die in der Bundesrepublik das Amt einer Senatorin ausübte (1946–1961), war Irma Keilhack auch in den folgenden

88 Interview, S. 18.

89 Landesverband Hamburger Frauenring, Lebensbilder, S. 84 f.

Legislaturperioden die einzige Frau unter den 12 Mitgliedern des Hamburger Senats. Sie freute sich vor allem, dass sie nach der anstrengenden, aber dennoch für sie befriedigenden Bundestagsarbeit wieder ganz in ihrer Heimatstadt sein konnte. Im Hamburger Senat führte sie die in Bonn begonnene Arbeit mit entsprechenden politischen Inhalten weiter. Acht Jahre lang leitete sie die Behörde für Jugend und Familie, entwickelte ein neues Kindertagesheimsystem mit, reformierte die Erzieher- und Sozialarbeiterausbildung und sorgte für mehr Jugendwohnheime und Schülergruppen sowie für die Förderung von Jugendorganisationen und Elternbildung.

Zeitgleich leitete sie vier Jahre lang die Behörde für Ernährung, Landwirtschaft und Forsten und setzte sich für Landwirte, Obstbauern und Blumenzüchter ein, indem sie nach dem Vorbild der Bundesregierung einen ›Grünen Plan‹ entwickelte. Der Umgang mit den Landwirten und Obstbauern machte ihr Freude. Probleme mit der »einfachen« Bevölkerung hatte sie ebenso wenig wie mit ihren Mitarbeitern: »Ich bin eine geborene Hamburgerin und kann auch plattdeutsch snacken. Ich bin keine Dame, war es nie und wollte es auch nie sein. Und in dem Ort bin ich einfach gern.«[90] In Hamburg konnte sie die Gründung von Verbraucherinitiativen und Beratungsorganisationen vorantreiben. Viele solcher Einrichtungen waren auf ihre Initiative zurückzuführen. Beide Behörden, für die sie zuständig war, waren stark von der großen Flutkatastrophe, die Hamburg im Februar 1962 zu erleiden hatte, betroffen. Irma Keilhack versuchte, die schlimmsten Auswirkungen für die Bevölkerung zu lindern, und stürzte sich mit aller Kraft in die Arbeit.

Nachdem sie 1970 aus Altersgründen aus dem Hamburger Senat sowie dem Parteivorstand ausgeschieden war, gehörte sie bis 1974 noch der Hamburger Bürgerschaft an.

Im »Ruhestand« (1974–2001)

»Ich denke, dass ich als Bundestagsabgeordnete und als Senatorin etwas erreichen konnte«[91]

1974 legte sie auch ihr Mandat in der Hamburger Bürgerschaft nieder. Nach ihrem Ausscheiden aus der aktiven Politik übernahm sie den ehrenamtlichen Vorsitz der Verbraucherzentrale. Seitdem lebte sie, wie sie später sagte, »privat, mit engen Beziehungen zu meiner Partei«.[92] Sie dachte zufrieden an ihre anstrengende politische Arbeit zurück, über die sie resümierte: »Ich denke heute, dass ich als Bundestagsabgeordnete und als Senatorin auch für Hamburg und seine Bürger etwas erreichen konnte.«[93] Mit einigen ihrer Mitarbeiterinnen und Mitarbeiter hielt sie bis zu ihrem Tod Kontakt. Im Interview wertete sie die lang anhaltenden Freundschaften als »ein Zeichen, dass man das damals wirklich ordentlich gemacht hat und dass sie einen geschätzt haben«.[94] Der SPD fühlte sie

90 Interview, S. 20.

91 Landesverband Hamburger Frauenring, S. 85.

92 Ebd.

93 Ebd.

94 Interview, S. 21.

sich ebenso weiter verbunden wie ihren langjährigen Freunden, die »durch dick und dünn zusammenhielten.«[95] Kein Wunder, dass sie sich, seit auf Anregung von Willy Brandt 1974 der Seniorenrat der SPD gegründet worden war, für die älteren Genossinnen und Genossen in diesem Gremium eingesetzt hat. In ihrem Wohnbezirk hat sie eine Seniorengruppe geleitet, die bis zu ihrem Tode zum »lockeren Kaffeetrinken« zusammenkam.[96] Zuletzt war es zwar ein wenig still geworden um Irma Keilhack, aber einsam war sie durchaus nicht. »Man hält inne bei dem Gedanken, dass Sie einen Großteil von Deutschlands schwerstem Jahrhundert miterlebt und, das muss man nach zwei Weltkriegen und Hungersnöten hinzufügen, überlebt haben ...«, schrieb der erste Bürgermeister von Hamburg, Dr. Henning Voscherau, zum 89. Geburtstag von Irma Keilhack.[97] Als sie 1998 ihren 90. Geburtstag beging, feierte man sie als über die Grenzen der Generationen und Parteien hinweg bekannte und geschätzte »Politikerin der ersten Stunde«.[98]

Das Interesse an der Politik hat Irma Keilhack bis zu ihrem Tode nicht verloren. Mit erstaunlicher Kompetenz diskutierte sie beim Interview im Mai 1999 über Erwerbslosigkeit, geringfügige, damals so genannte 630-DM-Arbeitsverhältnisse, Computerisierung, Rentenreform, Verkehrspolitik, Wirtschaftspolitik, Gen-Technik und vieles andere. Die »unglaublichen Veränderungen« sah sie nicht immer positiv. Leider war ihr der Glaube abhanden gekommen, dass die Generation ihres Enkels keine Kriege mehr erleben müsse. Die Beteiligung deutscher Soldaten am Kosovo-Krieg hat sie daran zweifeln lassen, ob es wirklich so ist, wie sie es noch vor kurzer Zeit ihrem Enkel versichert hatte: »Also, das eine hinterlassen wir euch, ihr braucht keine Kriege mehr zu fürchten«.[99] Resigniert hatte sie in ihrem Leben nie. Sie war realitätsbezogener geworden, hatte die großen Utopien aufgegeben: »Man kann eine Menge tun, dass Menschen menschenwürdig leben. Das sind die Dinge, die wir ändern können, Ausbildungsplatz, Chancengleichheit, aber dass der eine arm bleibt und der andere reich wird, das liegt nicht in der Macht des Staates oder von Parteien«.[100] Sozialismus war kurz vor ihrem Tode nicht mehr das Ziel, das sie einst so überzeugt besungen hatte. In ihren letzten Lebensjahren war ihr jede Art von Ideologie verhasst. Sicher war Irma Keilhack allerdings: »Mit meiner Vorstellung, dass es in der Welt gerechter, besser und friedlicher zugehen muss, bin ich den richtigen Weg gegangen«.[101]

Am 3.6.2001 ist Irma Keilhack in Hamburg gestorben.

95 Landesverband, S. 85.

96 Interview, S. 27.

97 Zitiert nach *SPD* (Hrsg.): Zeitgenossen. Frauen und Männer der ersten Stunde. Mitglieder des Seniorenrats der SPD, Bonn, o.J., S. 27.

98 Ebd.

99 Interview mit Irma Keilhack am 20.5.1999, S. 7.

100 Ebd., S. 9.

101 Ebd., S. 27.

Alma Kettig

*»Wir wollten Verhältnisse in Deutschland schaffen,
die Terror und Krieg künftig ausschließen!«*[1]

Alma Kettigs Lebensgeschichte ist geprägt durch den Besuch der »Freien Schule«, das sozialistische Elternhaus und die Arbeiterjugend in der Weimarer Republik. Sie ist in einer rebellischen Familie aufgewachsen, wurde selbst zur Rebellin und schließlich zur Außenseiterin. In Gewerkschaft, Partei und Friedensbewegung machte sie vor allem Frauenarbeit. Sie war Pazifistin, Antifaschistin und Freidenkerin. Ihr Leben lang kämpfte sie zäh und unbeugsam für Frauenrechte und Frieden. Dabei war sie aber auch eine Frau voller Ambivalenzen, die die Widersprüche des Zusammenpralls zwischen traditioneller und »freier« Gesellschaft verkörperte. Von 1952–1964 war sie für die SPD im Stadtrat von Witten kommunalpolitisch tätig, von 1953–1965 Bundestagsabgeordnete der SPD. Aufgrund ihres beharrlichen Festhaltens an ihren friedenspolitischen Grundsätzen ist sie von ihrer Partei und vielen Weggefährtinnen und Weggefährten alleine gelassen worden. Sie selbst hat der Partei nie den Rücken gekehrt.

Kindheit und Jugend (1915–1933)

*»Die Mutter fragte, was mit ihrer Gleichberechtigung ist,
wenn sie jeden Sonntag kochen muss?«*[2]

Alma Kettig wurde am 5.11.1915, mitten im Ersten Weltkrieg, in (Wuppertal-)Barmen geboren. Sie war gewissermaßen eine geborene Sozialistin und Freidenkerin und eine geborene Kämpferin. Bereits ihr Großvater mütterlicherseits, ein Färber, geriet mit Bismarcks Sozialistengesetz in Konflikt. Ihr Vater, ein gelernter Schneider aus Staßfurt in Sachsen-Anhalt, ging nach der Lehre, wie es damals üblich war, auf Wanderschaft. Er ist in Wuppertal »hängen geblieben«, weil er dort politisch interessierte Freunde fand. Zunächst arbeitete er als Lohnschneider in einer großen Firma und wechselte später zur Konsumgenossenschaft. Er wurde Mitglied der SPD und lernte Alma Kettigs Mutter im Arbeitergesangverein kennen.[3] Sie war Schneiderin für Kinderkleidung. Ihre Erwerbsarbeit gab sie nach der Heirat auf. Ihre handwerklichen Fähigkeiten kamen ihr allerdings auch später zu Gute: Sie konnte die Kinder einigermaßen durch die wirtschaftlich schwierige Zeit des Ersten Weltkrieges bringen.

Von 1922 bis 1930 besuchte Alma Kettig die Volksschule, eine, für damalige Verhältnisse, fortschrittliche »Freie Schule« in Barmen, eine koedukative, nicht religiös

1 *Ministerium für die Gleichstellung von Frau und Mann des Landes Nordrhein-Westfalen* (Hrsg.), Zeitgenossinnen. Frauengeschichte(n) aus Nordrhein-Westfalen, Düsseldorf 1996, S. 67.

2 Ebd., S. 66.

3 Interview, das Helmut Kettig, ein Neffe Alma Kettigs, kurz vor ihrem Tode am 12.6.1997 mit ihr führte. Es befindet sich im Privatbesitz der Familie Kettig. Die folgenden Passagen beziehen sich, soweit nicht anders angegeben, auf dieses Interview.

gebundene Schule mit vorwiegend sozialistischen Lehrern. Sie ging zur Jugendweihe und besuchte von 1930 bis 1932 die städtische Handelsschule in Barmen. Alma Kettigs Mutter gehörte zunächst ebenfalls der SPD an. Als die SPD-Fraktion im Deutschen Reichstag 1931 jedoch dem Bau von Panzerkreuzern zustimmte, trat die Mutter in die neugegründete Sozialistische Arbeiterpartei (SAP) ein. Eines ihrer vier Geschwister, ihr Bruder Otto, wurde Mitglied der Kommunistischen Partei (KPD), nachdem die SPD ihn ausgeschlossen hatte. Der Vater und die Schwester Ilse blieben in der SPD, die Schwester Hertha wollte sich keiner Partei anschließen. Der jüngste Bruder Helmut musste gleich zu Beginn des Krieges zum Militärdienst. Kein Wunder, dass oft heiße Diskussionen am Küchentisch geführt wurden.

Alma Kettig (1915–1997), MdB 1953–1965

Nach dem Schulbesuch, von 1932 bis 1938, war Alma Kettig als Stenotypistin bei der Volksfürsorge und bei verschiedenen Versicherungsgesellschaften in Wuppertal und Essen beschäftigt. Sie trat mit Beginn ihrer beruflichen Tätigkeit dem Zentralverband der Angestellten bei. Von ihrer Mutter, einer energischen Frau, lernte die junge Alma Selbstbewusstsein und Eigenständigkeit. Die Mutter war es vor allem, die ihre Kinder über die Stadtbücherei mit Lesestoff versorgte und sie nicht nur in das politische, sondern auch in das kulturelle Leben einführte, sie zu Parteiversammlungen und zu Theater- und Opernbesuchen mitnahm.[4] Als 80-Jährige erinnerte sich Alma Kettig daran, dass ihre Mutter nicht nur Gleichberechtigung zwischen den Geschlechtern forderte, sondern auch dadurch praktizierte, dass die Familienmitglieder abwechselnd kochen mussten.[5] Das war damals auch für eine sozialistische Familie eine ungewöhnliche Regelung. Denn viele Sozialisten wünschten sich nichts sehnlicher als – nach bürgerlichem Vorbild – eine Frau am eigenen Herd.

Neben Schule und Elternhaus war es, wie für viele der sozialdemokratischen Parlamentarierinnen der ersten Stunde, auch für Alma Kettig die sozialistische Jugendbewegung, die ihr künftiges politisches Leben prägte. Vierzehnjährig trat sie 1929 in die

4 Interview Helmut Kettig, S. 6, und Interview Gisela Notz mit Familie Kettig (Schwägerin Elfriede Kettig, Neffe Helmut Kettig, Nichte Ulla Mühlenheim und Nichte Monika Kuchhäuser) am 23.6.2000 in der Wohnung Elfriede Kettigs in Wuppertal.

5 Ministerium für die Gleichstellung 1966, S. 67.

Sozialistische Arbeiterjugend (SAJ) in Wuppertal ein und wurde Mitglied der »Kinderfreunde«. Mit 16 Jahren war sie bereits stellvertretende Gruppenvorsitzende.[6] In der Arbeiterjugend gefiel Alma Kettig der gleichberechtigte und solidarische Umgang mit den Genossinnen und Genossen, mit denen sie gemeinsam wanderte, auf offenem Feuer kochte, Arbeiterlieder sang und Gitarre spielte. Freilich wurden auch Plakate geklebt und Flugblätter verteilt, in denen sie vor der »braunen Gefahr« warnten. Viele Mitglieder der Gruppe waren damals erwerbslos. Da die Jugendlichen gelernt hatten, sich gegenseitig zu helfen, konnte derjenige, der kein Geld hatte, dennoch an den Wanderfahrten teilnehmen, weil die anderen für Fahrgeld und Verpflegung sorgten. Wie viele ihrer Weggefährtinnen sang Alma Kettig im Arbeitergesangverein und turnte beim Arbeitersportbund »Vorwärts«. Sie war Freidenkerin und trat der Arbeiterwohlfahrt bei. Auf ihre proletarische Herkunft war Alma Kettig, solange sie lebte, stolz.

Dass die Weimarer Republik, die der jungen Frau so viele Möglichkeiten eröffnet hatte, an der Parteienzersplitterung gescheitert sei, betrachtete sie später als Märchen und als »Geschichtsklitterung«. Alma Kettig berief sich darauf, dass im März 1933 alle Parteien außer der SPD dem Ermächtigungsgesetz zugestimmt hätten. Vor allem die Deutschnationale Partei schien ein großes Interesse daran zu haben, die Demokratie, das gleiche Wahlrecht und die Mitwirkungsrechte des Volkes zu zerstören. Den Untergang der Weimarer Republik führte sie vor allem darauf zurück, dass »die schwankenden Gestalten einer verbrauchten und verkommenen Ordnung« nach 1918 wieder in Amt und Würden kamen.[7] Schwankende Gestalten, auch unter den Sozialdemokraten, sollten ihr noch öfter begegnen.

Im Schatten des Hakenkreuzes (1933–1945)

»Ich werde immer sitzen, wenn jemand aufsteht und den Hitlergruß macht«[8]

Bereits in der Schule wollte sich Alma Kettig nicht anpassen. Durch ihr couragiertes Verhalten sollte sie auch später auffallen. »Ich werde immer sitzen, wenn jemand aufsteht und den Hitlergruß macht«,[9] erklärte sie dem maßregelnden Direktor, nachdem sie bei einer Verfassungsfeier in der Schule demonstrativ sitzen geblieben war, obwohl man von ihr erwartete, dass sie beim Absingen des Deutschlandliedes den Hitlergruß zeigen sollte, so wie das ihre Mitschüler taten. Unvergessen blieb ihr die letzte Demonstration der Wuppertaler Antifaschisten, zu der die SPD aufgerufen hatte. »Es war eine machtvolle gemeinsame Demonstration aller Linken, leider viel zu spät. Aber sie gab uns doch das Gefühl von Zusammengehörigkeit und Solidarität«, erinnerte sie sich später.[10] Gemein-

6 *Alma Kettig*, Wissen, dass man sich durchsetzen muss. In: *Edith Ludowitzcz/Doris Pollmann* (Hrsg.), Weil ich das Leben liebe. Persönliches und Politisches aus dem Leben engagierter Frauen, Köln 1981, S. 51-67; hier S. 51.

7 *Alma Kettig*, Mehrheitswahlrecht zerstört Demokratie, in: die tat vom 20.1.1968, S. 16.

8 *Mechtild Jansen*, Alma Kettig, in: Deutsche Volkszeitung vom 5.7.1985.

9 Ebd.

10 Kettig 1981, S. 54.

sam mit ihrem Bruder arbeitete sie nach der Machtübernahme der Nationalsozialisten illegal gegen das Regime. Alma Kettig erinnerte sich in einem Interview daran, dass schon vor der nationalsozialistischen Machtergreifung am heimischen Küchentisch immer heftiger diskutiert wurde. Schließlich gehörten die Mitglieder ihrer Familie, die sie als »starke Gemeinschaft« bezeichnete, verschiedenen linken Parteien an.[11] Bald machte sie die Bekanntschaft von Hitlerjugend und SA-Schlägertruppen.

Es verwundert nicht, dass die gesamte Familie Kettig mit den Nationalsozialisten früh in Konflikt kam. Nach der letzten großen Arbeiterdemonstration am 30. Januar 1933 in Wuppertal stürmte die SA die Wohnung der Eltern und beschlagnahmte Bücher und Schriften. Die parteipolitisch nicht gebundene und von der Familie als »unpolitisch« bezeichnete Schwester hatte die wichtigsten Bücher bereits im Kohlenkeller versteckt. Solche Handlungen waren in der Familie Kettig selbstverständlich und gehörten zur »Familiensolidarität aus privaten Motiven«.[12] Der Vater wurde vorübergehend festgenommen, weil er mit dem jüngsten Bruder SA-Parolen von Schaufensterscheiben entfernt hatte.[13]

Nachdem die Nationalsozialisten Parteien, Vereine und sozialistische Jugendgruppen aufgelöst hatten, verlor der kommunistische Bruder Otto seine Arbeit bei der Ortskrankenkasse. Der sozialdemokratische Vater Kettigs wurde strafversetzt. Das bedeutete nicht nur ökonomische Einbußen, sondern auch einen erheblichen Statusverlust. Trotz der Schwierigkeiten blieben alle Familienmitglieder im Widerstand gegen das NS-Regime. Die junge Alma Kettig beteiligte sich an Botendiensten, um Nachrichten weiterzugeben, schmuggelte Briefe und brachte sich oft in Lebensgefahr. Einmal wurde sie mit der SAJ-Gruppe mit Peitschen und Hunden aus dem städtischen Jugendheim vertrieben. Von da an traf sich die Gruppe illegal. Ihre Schwester Ilse ging 1933 zu Freunden aus der Sozialistischen Internationale nach Belgien ins Exil. Nachdem ihr Bruder 1934 untergetaucht und 1936 wegen Widerstandes gegen das NS-Regime verhaftet und in ein Zuchthaus nach Bremen gebracht worden war, gab sie mit Rücksicht auf ihre inzwischen erkrankte Mutter und aus Angst vor Verhaftung die konspirative Arbeit vorerst auf. Existenzängste und die Notwendigkeit, für sich und andere Verantwortung zu übernehmen, machten sie unsicher und schränkten ihren Widerstand ein. Gemeinsam mit ihrem Vater besuchte sie den Bruder unter großem psychischen, physischen und finanziellen Aufwand regelmäßig im Gefängnis in Bremen. Ihre beiden Schwestern hatten in der Zwischenzeit geheiratet und wollten, obwohl sie gut informiert waren, mit ihren Männern nicht über Otto sprechen, weil sie Angst hatten, diese in Schwierigkeiten zu bringen. »In dieser schwierigen Zeit, in der wir lebten, war es manchmal besser, man sagte zu wenig als zu viel«, so kommentierte Alma Kettig später.[14]

1935 verließ Alma Kettig das Elternhaus, weil ihr Vater erfahren hatte, dass sie in Wuppertal durch die Nationalsozialisten beobachtet wurde. Sie hatte Angst, ebenfalls

---

11 Ministerium für die Gleichstellung 1996, S. 67.

12 Interview mit Familie Kettig.

13 Interview Helmut Kettig, S. 20.

14 Interview mit der Familie Kettig; ausführlicher: Interview Helmut Kettig, S. 39.

verhaftet zu werden. Zunächst ließ sie sich von der Volksfürsorge versetzen und zog nach Essen, wo ihr Chef sie überreden wollte, dem Bund Deutscher Mädchen (BDM) beizutreten. Sie widersetzte sich, indem sie ein ärztliches Zeugnis vorlegte, dass sie aus gesundheitlichen Gründen untauglich für eine solche Gruppe war.[15] Politisch war sie durch den Umzug »aus dem Blickfeld heraus«. Sie konnte zunächst bei einer Tante wohnen und suchte sich dann ein möbliertes Zimmer. Diese Zeit beschrieb sie später als Tor zum eigenständigen Leben: »Ich hab mich nun alleine durchs Leben gebracht, bis zu diesen Tagen.« Darauf war sie nicht wenig stolz.[16] Mit ihrer Kollegin und besten Freundin Hildegard[17] erkundete sie die neue Umgebung. Da die Arbeitersportvereine verboten waren, besuchte sie nun Gymnastikkurse an der Volkshochschule. Auch nachdem Hildegard eine Familie gegründet hatte und in Alma Kettigs Nachbarschaft wohnte, blieb die Freundschaft bestehen.

Aber schon kurze Zeit später wurde Alma Kettig von der Volksfürsorge nach Recklinghausen versetzt. Dort fand sie eine aufgeschlossene Zimmervermieterin, mit der sie eine Art Wohngemeinschaft bildete. Die beiden Frauen warfen ihre Lebensmittelkarten zusammen. »Fräulein D.« kochte mittags, Alma Kettig räumte die Küche auf, und gemeinsam hörten sie heimlich BBC. So konnten sie später auch die ersten Kriegsjahre einigermaßen überstehen. Freilich durchlebten auch sie während der zahlreicher werdenden Fliegeralarme Todesängste. Nie wird sie den Abtransport von jüdischen Familien mit ihren Kindern vergessen, darunter Nachhilfeschülerinnen von »Fräulein D.«, die nie mehr zum Unterricht erschienen. Die beiden Frauen wussten, was mit ihnen passierte.

Die Kollegen der Volksfürsorge verschwanden in den ersten Kriegsjahren in die Schützengräben. Sie sah die traurigen Gesichter der Frauen, die ihre Männer und Söhne verabschiedeten. Alma Kettig wurde von heute auf morgen Leiterin eines Büros, in dem jetzt ausschließlich Frauen arbeiteten. Sie arbeitete sich schnell ein und half nebenbei gelegentlich oder auch regelmäßig in den Zweigstellen der Volksfürsorge in Düsseldorf, Münster und Bochum aus. Politische Kontakte hatte sie während dieser Zeit nicht. Wenn sie irgendwo eingeladen war, war sie vorsichtig; jede Art von politischer Stellungnahme konnte gefährlich sein. Nur in der Familie, vor allem mit ihrem Vater und ihren Schwestern, konnte sie offen diskutieren. Ansonsten wusste man nicht, wer mit den Nationalsozialisten sympathisierte, wer also »umgedreht worden« war.[18]

Das Herzleiden der Mutter wurde immer ernster und die Familie bemühte sich, alle Aufregungen von ihr fern zu halten. Das konnte natürlich nicht gelingen, da die Mutter als politisch links denkende Frau die Entwicklungen mitbekam. Im November 1939, kurze Zeit nach Kriegsausbruch, starb die Mutter. Alma Kettig erlebte noch viele Verluste in diesem Krieg. Den schrecklichen Tod einer Freundin vergaß sie nie: »Auf der

15 Interview Helmut Kettig, S. 21.

16 Ebd., S. 29.

17 Der Nachname der Freundin Hildegard ist der Familie nicht bekannt.

18 Ebd., S. 31.

Straße, da waren alle aufgereiht, und sie lag da, bedeckt mit ihrem Pelzmantel und dem kleinsten Kind. Da hab ich zuviel gekriegt.«[19] Bruder Helmut fiel 1943.

Darüber, wie sie es ausgehalten hat, dass das gewerkschaftlich-genossenschaftliche Versicherungsunternehmen »Volksfürsorge« von den Nationalsozialisten in einen »Wirtschaftsbetrieb der Deutschen Arbeitsfront« verwandelt worden war, gibt es keine Quellen. »Schließlich musste sie irgendwie ihr Brot verdienen«, meinten Familienmitglieder später.[20] Eine andere Überlebensmöglichkeit hat Alma Kettig als allein lebende Frau offensichtlich nicht gesehen. Schließlich hatte sie miterlebt, dass ihr Bruder seine Arbeit wegen seiner politischen Überzeugung verlor und ins Gefängnis musste.

Als 1943 die Wohnung, in der sie lebte, ausgebombt worden war, konnte sie bei der »unpolitischen« Schwester Hertha unterkommen. Nachdem auch ihr Büro einem Bombenangriff zum Opfer gefallen war, rettete Alma Kettig gemeinsam mit fünf anderen Frauen alle Unterlagen und wurde in den letzten Kriegsmonaten mit ihrem Büro zuerst nach Minden und dann nach Stadthagen evakuiert. Wieder fand sie hilfreiche Menschen, bei denen sie Unterschlupf fand. Bei einem Bombenangriff brach sie sich ein Bein und gelangte beim Einmarsch der Amerikaner auf einem Kohlenwagen nach Recklinghausen.

Wiederaufbau Deutschlands (1945–1953)

»Ausrottung des Nazismus, Vernichtung des Militarismus und Aufbau einer sozialistischen Gesellschaft«[21]

Alma Kettig war 30 Jahre alt, als es galt, in Deutschland eine neue Demokratie aufzubauen. Obwohl viele ihrer Freunde im Zweiten Weltkrieg als Soldaten oder Widerstandskämpfer ums Lebens gekommen waren, war sie nicht alleine. »Irgendwie haben wir dann wieder angefangen«, sagte sie später in einem Interview.[22] Zunächst wohnte sie völlig ärmlich in einem möblierten, unbeheizten Zimmer in Recklinghausen und baute das Büro der Volksfürsorge wieder auf. Immer wieder verwies sie während dieser Zeit auf die Notwendigkeit des Wiederaufbaus und auf die historischen proletarischen Wurzeln der Volksfürsorge.[23] Darüber, wie sie es ausgehalten hatte, während der Zeit des Nationalsozialismus in dieser Organisation zu arbeiten, sprach sie immer noch nicht. Der Neuanfang konnte offensichtlich nur um den Preis des Verdrängens dessen, was im Nationalsozialismus geschehen war, gelingen.

Die Familienmitglieder halfen sich in den ersten Nachkriegsjahren gegenseitig, so gut sie konnten. Gut, dass der Vater das Schneiderhandwerk gelernt hatte, denn er schneiderte der Tochter aus Militärdecken den ersten Hosenanzug, den sie in ihrem Leben besaß.

---

19 Interview Helmut Kettig, S. 37.

20 Interview mit Familie Kettig, S. 12.

21 Das waren Alma Kettigs politische Ziele nach 45, zit. nach *Erasmus Schöfer*, Alma Kettig, in: Werkkreis Literatur der Arbeitswelt, *Erasmus Schöfer* (Hrsg.): Die Kinder des roten Großvaters erzählen, Frankfurt/M. 1976, S. 232-245; hier: S. 237.

22 Ministerium für die Gleichstellung 1996, S. 67.

23 Interview Helmut Kettig, S. 47.

In die SPD war Alma Kettig 1945, sofort nach deren Wiedergründung, eingetreten. »Ausrottung des Nazismus, Vernichtung des Militarismus und Aufbau einer sozialistischen Gesellschaft – das waren meine politischen Ziele nach 1945.«[24] Damit sah sie sich in Übereinstimmung mit den damaligen Konzeptionen der Sozialdemokratie. Sogleich engagierte sie sich bei den Jungsozialisten, wo sie 1946 in den Bezirksausschuss gewählt wurde, sowie in der sozialdemokratischen Frauenarbeit, wo sie 1945 Frauenreferentin im Bezirk Recklinghausen wurde. Zugleich arbeitete Alma Kettig im Bezirksfrauenausschuss bei der IG Chemie, Papier, Keramik mit. Ihr politisches Ziel war klar definiert: »Wir wollten Verhältnisse in Deutschland schaffen, die Terror und Krieg künftig ausschließen!«[25] Dass die Großindustrie sozialisiert werden musste, war für sie und ihre Genossinnen und Genossen eine Selbstverständlichkeit.[26] Deshalb war sie in die SPD eingetreten. Am Aufbau einer demokratischen Ordnung sollten vor allem Frauen mitarbeiten, weil viele von ihnen im Krieg mit ihrer Hände Arbeit das Überleben der Gesellschaft ermöglicht hatten. Außerdem war sie der Meinung, dass der NS-Diktatur auch deshalb so wenig Widerstand entgegengesetzt worden war, weil zu viele Frauen mittaten oder zumindest wegsahen und weghörten.[27]

1946 lernte sie Jupp Kappius, den Leiter der SPD-Parteischule in Hemer, kennen. Kappius und seine Frau Aenne waren früher im Internationalen Sozialistischen Kampfbund (ISK) tätig.[28] Sie diskutierten über Sozial-, Kommunal- und Wirtschaftspolitik. Als Alma Kettig bald darauf eine neue Stelle beim Schweizerischen Arbeiterhilfswerk in Bochum antrat, das durch Aenne Kappius betreut wurde, lebte sie bei den Kappius. »Eine schöne und wichtige Zeit«, sagte sie später. »Ich habe gelernt, gelernt, gelernt.«[29] Dennoch verließ sie Bochum wieder, weil das Hilfswerk in finanzielle Schwierigkeiten geriet. Alma Kettig ging nach Witten (Ruhr), wo sie kommunalpolitisch tätig wurde. 1947 wurde sie Chefsekretärin bei der Verkaufsleitung des Chemiewerkes Imhausenwerke GmbH in Witten. Sie hatte Glück: Ihr Vorgesetzter unterstützte ihre politischen Aktivitäten und lieh ihr sogar den Dienstwagen aus, wenn sie zu Veranstaltungen musste.

Die Sozialdemokratin wunderte sich, dass bei den Parteiveranstaltungen immer noch so wenig Frauen anwesend waren. Das musste sich ihrer Meinung nach ändern, und daran wollte sie arbeiten, als sie 1949 in den Bezirksvorstand Westfalen-West[30] und 1950 in den Landesausschuss Nordrhein-Westfalen gewählt wurde. Bei den regelmäßigen

24 Zit. nach Schöfer 1976, S. 237.

25 Ministerium für die Gleichstellung 1996, S. 66.

26 Schöfer, S. 234.

27 Vgl. *Gisela Notz*, Vom Hin-weg-sehen und Hin-weg-hören. Von Menschen, die ihre fünf Sinne beieinander hatten, in: *Gisela Notz/Gisela Engel* (Hrsg.), Sinneslust und Sinneswandel, Beiträge zu einer Geschichte der Sinnlichkeit, Berlin 2001, S. 123-138.

28 Zur Arbeit des ISK siehe *Carsten Grabenhorst*, Otto Bennemann. Beitrag zu einer politischen Biographie, Braunschweig 1991 und die Biographie über Franziska Bennemann in diesem Band, S. 162-175.

29 Ministerium für die Gleichstellung 1996, S. 68.

30 Als Delegierte des Bezirkes Westliches Westfalen nahm Kettig 1952 und 1956 an den SPD-Parteitagen teil. Vgl. Protokolle der Parteitage, siehe Anwesenheitsliste der Delegierten und Gäste der SPD-Parteitage.

Gruppensitzungen übte Alma Kettig mit den anderen Frauen, um zu lernen, sich mit Redebeiträgen an Veranstaltungen zu beteiligen. In ihren eigenen Reden vor Frauenversammlungen forderte sie die Frauen auf, sich nicht alles gefallen zu lassen, weder von den Männern, noch von den Besatzungsmächten.[31]

Alma Kettig setzte große Hoffnung auf die neue Demokratie. Demokratie sollte zudem innerhalb der Parteien verwirklicht werden, damit sich die Willensbildung auch wirklich von unten nach oben vollziehen konnte.[32] Zunächst wurde Alma Kettig 1952 Stadträtin in Witten, ein Amt, das sie auch noch während ihrer Bundestagszeit bis 1964 ausübte. Sie war eine von vier Frauen im Stadtparlament und schilderte später: »Wir waren so richtige Blümchen zwischen all den Männern.«[33] Alma Kettigs Interesse galt – neben der Frauenpolitik – vor allem den Fragen der Außen- und Sicherheitspolitik, der Abrüstung und Entspannung. Sie war der Überzeugung, dass das Verlangen: »Nie wieder Krieg, nie wieder Faschismus!« keine Kompromisse zuließ, wenn es nicht zur Worthülse verkommen sollte. Umso enttäuschter war sie, als die Regierung Adenauer die neue Republik »wieder mit eigenen Soldaten beglücken wollte und dafür sorgte, dass auch die Wirtschaft in die Hände ihrer alten Herren zurückkam«.[34] Mit großer Befriedigung notierte sie, dass Kurt Schumacher entschieden gegen die Restaurationspolitik auftrat und damals mit scharfen Worten die Wiederaufrüstungspolitik Konrad Adenauers rügte. Sie erinnerte sich auch an Carlo Schmids Worte, der sich auf das Grundgesetz und den Willen des Parlamentarischen Rates, dem er selbst angehört hatte, berief und der bei der Forderung nach einem waffenlosen Staat blieb.[35] Der Gedanke, dass Nazigeneräle eine neue deutsche Wehrmacht aufbauen könnten, wäre nach 1945 vielen Menschen als »blanker Wahnsinn« erschienen. Für Alma Kettig blieb diese Vorstellung bis an ihr Lebensende »blanker Wahnsinn«.[36]

Arbeit im Bundestag (1953–1965)

»Ein Sozialdemokrat muss mit der Zeit, aber er darf nie mit der Reaktion gehen«[37]

1953 wurde Alma Kettig zu ihrer eigenen Überraschung, wie sie später sagte, in den Bundestag gewählt. Die Politikerin hatte sich überhaupt nur für eine Kandidatur bereit erklärt, weil sie der Meinung war, es handele sich »schließlich nur um eine Zählkandidatur«.[38] Aber die SPD in Nordrhein-Westfalen hatte fast alle Direktmandate verloren und so kam sie über die Landesliste zum Mandat. Sie war gerade beim Fensterputzen in ihrer

31 Ministerium für die Gleichstellung 1996, S. 67.

32 *Alma Kettig*, Verpflichtung zum Frieden, Oldenburg 1990, S. 12.

33 Ministerium für die Gleichstellung 1996, S. 68.

34 Zit. nach Schöfer, S. 237.

35 Ebd., S. 238.

36 Ebd., S. 242.

37 *Alma Kettig*, Ein Sozialdemokrat muss mit der Zeit, aber er darf nie mit der Reaktion gehen, offener Brief, zit. nach Andere Zeitung, Hamburg vom 22.7.1965.

38 *Alma Kettig*, Gleichberechtigung der Frau, in: Wittener Frauen erzählen, S. 42-43; hier: S. 42.

ersten eigenen Wohnung, einer Einraumwohnung für alleinstehende Frauen[39], als sie ans Telefon des Ladengeschäftes der Hausbesitzer gerufen wurde und die Neuigkeit erfuhr. Lange konnte sie sich nicht auf die Situation vorbereiten, denn die Reporter standen schon vor der Tür. Die »Männerriege« hatte noch versucht, sie zu verhindern, indem sie in etwa sagten: »Ja, wenn schon ein Bundestagsmandat für Witten, warum denn die Alma (gegen die wir zwar nichts haben), doch warum denn kein Mann?« Viele Männer konnten es schwer verkraften, dass eine Frau an ihrer Stelle das Amt bekam. Ihr Entschluss, das Mandat anzunehmen, wurde verstärkt, als sie erfahren musste, dass auf Bonner Ebene Überlegungen angestellt wurden, den beiden gewählten Frauen aus dem Bezirk Westliches Westfalen nahezulegen, auf ihr Mandat zugunsten von nicht wiedergewählten Genossen zu verzichten.[40] Obwohl Alma Kettig wusste, dass die Arbeit für sie nicht leicht sein würde, ließ sie sich nicht beirren, und nach anfänglichen Schwierigkeiten hatte sie sich in die ungewohnte Arbeit eingelebt.

»Alle Parteien bemühen sich um die Stimmen der Frauen«, sagte Alma Kettig in einer Rede. Schließlich machten Frauen die Mehrheit der Wählerschaft aus. In den Gremien der repräsentativen Demokratie, besonders im Bundestag, zeigte sich erneut das »gender gap«. Nur 23 Frauen waren in der 2. Legislaturperiode in der SPD-Fraktion vertreten. Alma Kettig ging es jedoch nicht nur um quantitative Aspekte der Frauenbeteiligung, ihr ging es in erster Linie um die Politisierung der Frauenarbeit. Zu diesem Unterfangen brauchte sie viel Energie, um trotz der Niederlagen und Schläge, die sie einstecken musste, weiterzumachen. Leicht hatte die Sozialdemokratin es von Anfang an als Bundestagsabgeordnete für ihren »erzkatholischen« Wahlkreis Bocholt/Borken-Ahaus nicht. Viele Menschen in den Dörfern machten zur Zeit des kalten Krieges keinen Unterschied zwischen Kommunisten und Sozialdemokraten: Der Ausspruch »Bei uns gibt's keine Roten« traf selbst diejenigen ›Sozis‹, die den Antikommunismus mittrugen.

Auch an die stundenlangen Fraktionssitzungen unter dem Vorsitzenden Erich Ollenhauer musste Alma Kettig sich erst gewöhnen. Die Fraktionskollegin Irma Keilhack, die bereits während der ersten Wahlperiode im Bundestag gewesen war, stellte eine große Hilfe für sie dar. Sie teilte mit Alma Kettig ein Arbeitszimmer und wies sie in die Arbeit ein. Dennoch wurde Alma Kettig zunächst von den Papierbergen erschlagen, die täglich in den Briefkästen zu finden waren. Zwar konnte sie sich später nicht erinnern, dass die Genossen versucht hätten, »die Frauen an die Wand zu drücken«, da sie aber nur wenige Frauen in der Fraktion gewesen seien, standen sie ständig unter Beobachtung und mussten sich viel mehr plagen als die Männer, wie sie selbst später sagte.[41] Ihr Tatendrang wurde bald gezügelt, als sie feststellen musste, dass »die wirklichen politischen Sachen, Justizausschuss, Außenpolitik, Wirtschaft« fest in den Händen der »Herren der Schöpfung« waren. Sie hatte den Eindruck, eine Gesetzesmaschine mit zu bedienen, eine Abstimmungsmaschinerie, ohne dabei als Mitglied der Oppositionspartei wirklich Ent-

39 Ebd.

40 Kettig, Gleichberechtigung, S. 43. Die zweite Frau war Trudel Meyer. Siehe ihre Biographie in diesem Band, S. 364-373.

41 Schöfer, S. 235.

scheidendes bewirken zu können. Sie konnte sich des Eindrucks nicht erwehren, dass viele Dinge bereits abgesprochen waren, zu denen »dann noch große Reden zum Fenster raus« gehalten wurden.[42] Aus dieser Enttäuschung zog Alma Kettig die Konsequenz, sich verstärkt auf ihre Arbeit im Petitionsausschuss zu konzentrieren und vor allem auf die Wahlkreisarbeit. Im Petitionsausschuss war sie in der 2. Wahlperiode Ordentliches, in der 3. Stellvertretendes und in der 4. Wahlperiode erneut Ordentliches Mitglied. Durch diese Aktivitäten erfuhr die Politikerin, wo den Menschen ›der Schuh drückt‹. So konnte sie den Wunsch, Menschen zu helfen, am ehesten umsetzen. In der 2. Wahlperiode war sie zudem Ordentliches Mitglied im kommunalpolitischen und Stellvertretendes Mitglied im Ausschuss für Jugendfragen und im Grenzlandausschuss sowie im Gesundheitsausschuss. In der 3. und 4. Wahlperiode arbeitete sie als Ordentliches Mitglied im Innenausschuss mit und war Stellvertretendes Mitglied des Ausschusses für Wohnungswesen und Bodenrecht, in der 4. Wahlperiode des Ausschusses für Atomkernenergie und Wasserwirtschaft. Ihr Engagement im Ausschuss für Rechtswesen, wo sie sich besonders für Familienrecht engagierte[43], galt vor allem ihrem frauenpolitischen Engagement, denn Frauen waren im Familienrecht, sobald sie heirateten, diskriminiert.

Wie ihre Mutter bereits gegen den Kauf von Panzerkreuzern opponiert hatte, so kämpfte sie nun leidenschaftlich gegen die Wiederaufrüstung der Bundesrepublik. Da Alma Kettig von ihrem politischen Auftrag überzeugt war, brachte sie die Kraft zum Kämpfen auf. Wie ihre Mutter, so fand auch sie – trotz der unterschiedlichen politischen Positionen – in der Familie jederzeit Diskussionspartnerinnen und -partner und konstruktive Unterstützung ihrer Arbeit. Die Neffen und Nichten waren stolz auf die Tante im Bundestag. Und Alma Kettig war stolz darauf, dass auch die junge Generation ihrer Familie in der SPD, in linken Gruppierungen oder bei Protestkundgebungen gegen Remilitarisierung und atomare Aufrüstung aktiv war und in den 60er Jahren an den Ostermärschen teilnahm.[44]

Alma Kettig war eine der wenigen, die ihren antimilitaristischen Auffassungen treu blieb und gegen den Willen der Mehrheit ihrer Partei zu den Fragen der Wiederbewaffnung und der Notstandsgesetze, den wichtigen politischen Streitfragen der 50er und 60er Jahre, eine entschiedene Gegenposition einnahm, von der sie trotz vielfältiger Interventionen, Pressionen, Verdächtigungen und Bespitzelungen nicht abwich. Alma Kettig nahm die ethische Verpflichtung zum friedlichen Miteinander und zur Solidarität mit ihren Mitmenschen, die sie in ihrer Kindheit und Jugend gelernt hatte, ernst. Mit ihrem widerständigen Verhalten wich sie deshalb nicht nur von der konservativen Adenauer-Politik ab, sondern ihre Überzeugung zwang sie auch zur oppositionellen Haltung gegenüber ihrer eigenen Partei, mit der sie bald in Konflikt kam.

Die Abstimmung zur Ergänzung des Grundgesetzes und zur Remilitarisierung am 6.3.1956 wurde für Alma Kettig zum Schlüsselerlebnis. Das Ereignis führte zu einem

42 Zit. nach ebd., S. 242.

43 Vgl. *Petra Weber,* Die SPD-Fraktion im Deutschen Bundestag, Sitzungsprotokolle 1953–1957, Zweiter Halbband, Droste Verlag GmbH, Düsseldorf 1993, S. 262.

44 Interview mit Familie Kettig.

tiefen Riss in der sozialdemokratischen Bundestagsfraktion. Schließlich hatte die SPD-Fraktion noch am 26.3.1954 der Änderung des Grundgesetzes, die zur Wiedereinführung der Wehrpflicht notwendig war, einmütig ihre Zustimmung versagt. Für Alma Kettig bedeutete die Wiederaufrüstung, wie für viele andere SPD-Abgeordnete auch, die absolute Absage an die angestrebte Politik der deutschen Wiedervereinigung. 50 SPD-Abgeordnete waren der entscheidenden Abstimmung fern geblieben. Offensichtlich waren sie der Empfehlung Erich Ollenhauers gefolgt, »wer nicht zustimmen könne, solle wegbleiben und Kaffee trinken«. Alma Kettig kommentierte das Ereignis später wie folgt: »Viele haben vorher gesagt, dass sie auch dagegen sind – aber als es zur Abstimmung kam, haben sie sich enthalten.«[45] Besonders enttäuscht war sie von Franziska Bennemann und Heinz Kühn, die vorher energisch versichert hatten, dass sie den Ergänzungsgesetzen keinesfalls zustimmen würden.[46] Sie war eine der 19 Abgeordneten ihrer Fraktion, die in der entscheidenden Abstimmung gegen die Wehrgesetze mit einem offenen »Nein« stimmten.[47] Dass sich die Meinung vieler Parteifreunde zur Wiederaufrüstung geändert hatte, konnte und wollte Alma Kettig nicht begreifen, auch wenn sich die Genossinnen und Genossen immer wieder auf ›geänderte Umstände‹ beriefen. Später kommentierte sie die Abstimmung: »Für mich war dieser 6. März 1956 ein schwerer Schlag. Denn durch die Zustimmung zur Ergänzung des Grundgesetzes hatte die SPD alle Grundlinien aufgegeben, auf die die sozialdemokratische, die deutsche und die internationale Politik 1945 aufgebaut hatte. Es sollte ja abgerüstet und nicht aufgerüstet werden, es sollte Kooperation geben und nicht Konfrontation.«[48] In zahlreichen Briefen aus der Bevölkerung erhielt Alma Kettig Zustimmung für ihr Abstimmungsverhalten. Auch in weiten Kreisen der SPD-Mitgliederschaft herrschte nach wie vor eine eindeutige Ablehnung der Wiederbewaffnung vor.[49] Ihr Anliegen war es schließlich vor allem, sozialdemokratische Parteigrundsätze aufrecht zu erhalten.[50] Sie sagte auch weiterhin zu allen Aufrüstungs- und Militärausgaben und zum Kauf von Atomwaffen ein klares »Nein«.[51]

1957 wurde Alma Kettig zum zweiten Mal in den Bundestag gewählt und amtierte dann sogar als Schriftführerin und Mitglied des Bundestags-Vorstandes. Sie kämpfte

---

45 Ministerium für die Gleichstellung 1996, S. 69.

46 Schöfer, S. 240.

47 Die anderen Abgeordneten waren Lisa Albrecht, Wilhelm Banse, Valentin Baur, Arno Behrisch, Fritz Corterier, Otto Dannebom, Georg Dewald, Walter Faller, Hans Geiger, Dr. Otto Grewe, Trudel Meyer, Wilhelm Reitz, Josef Scheuren, Georg Stierle, Ferdinand Stürmer, Josef Wagner, Philipp Wehr und Dr. Dr. Fritz Wenzel, vgl. *Stefan Appelius*, Als Pazifistin in Bonn: Alma Kettigs Weg in der Sozialdemokratischen Bundestagsfraktion, in: Kettig 1990, S. 120-147; hier S. 125.

48 Vgl. Schöfer, S. 241.

49 Appelius 1990, S. 126 f.

50 Ohne große Gesten, am 5. November ist Alma Kettig 75 geworden, in: Wupper-Nachrichten vom 3.12.-16.12.1990.

51 Noch am 16.12.1950 hatte Erich Ollenhauer im Bundestag erklärt: »Die sozialdemokratische Fraktion lehnt es ab, eine deutsche Wiederaufrüstung auch nur in Erwägung zu ziehen« (Verhandlungen des Deutschen Bundestages, Stenographische Berichte, 1. Wahlperiode, S. 736). Vgl. auch *Florence Herve/Elly Steinmann/Renate Wurms* (Hrsg.), Kleines Weiberlexikon, Dortmund 1985, S. 360.

weiter, als es im Frühjahr 1958 im Bundestag um die atomare Aufrüstung der Bundesrepublik ging. Im ganzen Lande bildeten sich sofort Komitees gegen die Aufrüstung der neugebildeten Bundeswehr mit Atomwaffen. Die SPD schloss sich dem Widerstand an und konstituierte im März 1958 das Komitee »Kampf dem Atomtod«, dem auch Alma Kettig angehörte. Die Bundesregierung wurde durch das Komitee aufgerufen, das atomare Wettrüsten nicht mitzumachen und eine Politik der Entspannung zu betreiben. Hunderttausende von Menschen gingen für die Forderung »Kampf dem Atomtod« auf die Straße. Alma Kettig hielt leidenschaftliche Reden im Rahmen von großen und kleinen Kundgebungen und auf Parteiversammlungen. Die Opposition verlief aber im Sande. Der Bundestag beschloss die atomare Aufrüstung.

Die SPD verlor trotz oder mit ihrer Anti-Atom-Politik die Bundestagswahlen 1957 und gab nun auf. Exemplarisch für die Resignation war die Aussage der Abgeordneten Annemarie Renger: »Wir haben die Wahlen verloren. Was sollte das noch?«[52] Alma Kettig gab aber nicht auf und kämpfte in der Friedensbewegung weiter. Ihre Arbeit in der SPD-Fraktion im Bundestag setzte sie fort.

Die engagierte Sozialdemokratin musste auch in anderen Punkten Opposition beziehen, wenn sie ihre antikapitalistischen und antimilitaristischen Positionen nicht aufgeben wollte. Dazu gehörte für sie die Kritik am Godesberger Programm der SPD, das 1959 beschlossen wurde. Das Programm bedeutete für Kettig eine endgültige Abkehr von Antimilitarismus und eine Aussöhnung mit dem Kapitalismus. Damit konnte sie sich nicht einverstanden erklären. Dennoch blieb sie weiterhin Mitglied von Partei und Fraktion. Nachdem Herbert Wehner 1960 mit seiner Rede im Bundestag »die große politische Schwenkung« der Partei eingeleitet hat, trat sie weiterhin offen gegen die Wiederbewaffnung und die NATO auf.[53]

Auch der Einschränkung von Grundrechten, wie dem Recht auf Arbeitskampf und Versammlungsfreiheit, wollte sie unter keinen wie auch immer gearteten Umständen zustimmen. Daher stimmte sie 1965 – gemeinsam mit elf Genossinnen und Genossen – gegen die Verabschiedung der Notstandsgesetze. Wie schon bei der Wiederaufrüstung, hatten es auch diesmal viele Genossinnen und Genossen vorgezogen, der Abstimmung fern zu bleiben, weil sie nicht gegenüber ihrer Fraktionsspitze opponieren wollten. Alma Kettig wandte sich gegen das bei ihren Genossinnen und Genossen verbreitete »Denken im Chor«, das sie mit ihrem Verständnis von Demokratie nicht vereinbaren konnte.[54] Vergeblich hatte sie im Vorfeld versucht, ihre Parteigenossinnen und -genossen zu einer gemeinsamen öffentlichen Stellungnahme gegen die Notstandsgesetze zu bewegen. Dieses Gesetzesvorhaben erschien ihr zur Entmündigung des Volkes geeignet und für einen demokratischen Staat unwürdig. »Ein Sozialdemokrat muss mit der Zeit, aber er darf nie mit der Reaktion gehen«, schrieb sie in einem offenen Brief, in dem sie im Nachhinein erklärte, warum sie und elf andere SPD-Abgeordnete gegen die Notstandsgesetze ge-

52 Interview Gisela Notz mit Annemarie Renger am 4.11.1999, S. 19.

53 Schöfer, S. 234.

54 Unser Porträt, Alma Kettig, in: Deutsche Volkszeitung von 1965, Zeitungsausschnitt ohne weitere Angabe, Privatbesitz Peter Weiß.

Alma Kettig während der Bundesfrauenkonferenz der SPD in Frankfurt/M., 1963

stimmt hatten.[55] Die Politikerin schrieb darin auch, dass ihr die »Wesensverwandtschaft zwischen dem Ermächtigungsgesetz und den Notstandsgesetzen«[56] vollkommen klar sei

55 *Alma Kettig*, offener Brief an Herbert Mochalski, zit. nach: Die Andere Zeitung vom 22.7.1965.

56 Durch das Ermächtigungsgesetz vom 23.3.1933 (Gesetz zur Behebung der Not von Volk und Reich) wurde die gesamte Staatsgewalt dem Nationalsozialistischen Regime überantwortet. Die im Reichstag sitzenden SPD-Abgeordneten hatten als einzige geschlossen dagegen gestimmt.

und dass sie erwartet hätte, dass die gesamte Partei in gleicher Einmütigkeit, wie sie 1933 gegen das Ermächtigungsgesetz gestimmt hatte, auch gegen die Notstandsgesetze stimmt. Die »derzeitige Politik der SPD in der Notstandsfrage« könne sie aus Gewissensgründen »weder im Bundestag vertreten noch vor dem Volke rechtfertigen«.[57]

Endgültig verscherzte Alma Kettig es sich mit ihren Parteigenossinnen und -genossen, auch mit denjenigen, die ihre anti-militaristische Gesinnung teilten, als es darum ging, über den Verteidigungsetat abzustimmen, denn sie war das einzige Mitglied der Fraktion, das dagegen stimmte. Darüber war sie maßlos enttäuscht, denn »Prinzipientreue« hielt sie Zeit ihres Lebens für die einzig akzeptable und auch beste Politik.[58] Das erwartete sie nicht nur von den anderen, sondern sie handelte auch selbst danach. Die Genossinnen und Genossen wandten sich aber von ihr ab. Zunehmend kam sie vor allem mit der Parteispitze in Konflikt. Die Sozialdemokratin wurde diffamiert, diskriminiert, bedrängt und unter Druck gesetzt, ihren Sitz im Bundestag aufzugeben. Aber sie gab so schnell nicht auf. Bundesinnenminister Höcherl beschuldigte sie gar, vertrauliche Informationen an Behörden der DDR weitergegeben zu haben. Damals bekam auch Herbert Wehner, stellvertretender Fraktionsvorsitzender und bekannt für seinen mehrmaligen politischen Sinneswandel, zunehmend Magenschmerzen, weil Alma Kettig seit 1957 als Schriftführerin dem Vorstand des Deutschen Bundestages angehörte. Er wollte die Kollegin dort weg haben, weil sie als nicht zuverlässig eingeschätzt wurde und nicht auf Parteilinie lag. Sie wurde gemobbt, wie man heute sagen würde, weil sie den Herrschenden nicht passte und weil sie den politischen Sinneswandel ihrer Partei nicht nachvollziehen wollte. Im Herbst 1963 bekam Alma Kettig mit, dass ihr Telefon überwacht wurde. Auf Anraten ihrer Fraktionskolleginnen und -kollegen, bei denen sie keinen Rückhalt mehr hatte, schied sie daraufhin aus dem Innenausschuss des Bundestags aus. Die Beschuldigungen, sie hätte Informationen an die Deutsche Friedens-Union oder die DDR weitergeleitet, hörten nicht auf. Sie bestritt alle vorgebrachten Anschuldigungen.

Erst kurz vor Ende der Legislaturperiode 1965, als Alma Kettig erkrankte, legte sie alle Ämter im Bundestag nieder, weil sie die Belastungen nicht mehr ertragen konnte. Sie hat »den ganzen Salat hingeworfen«, wie sie später sagte.[59] Sie wollte nicht mehr für den Bundestag kandidieren, dem sie zwölf Jahre lang angehört hatte, weil sie die Politik der SPD nicht mehr mit ihrem Gewissen vereinbaren konnte. Alma Kettig war über die Politik der Nachkriegs-SPD verbittert und verzweifelt und wollte nicht zur ›Mit-Täterin‹ werden. Sie sei nach wie vor bemüht, aus der Geschichte ihres Volkes zu lernen, schrieb sie in einem Brief.[60] Obwohl Alma Kettig sich nun von der Parteipolitik abwandte, gab sie ihre sozialdemokratischen Aktivitäten nicht auf.

57 Kettig, offener Brief.
58 Kettig 1968, S. 16
59 Kettig 1981, S. 65.
60 Kettig 1990. S. 39.

Die politische Arbeit ging weiter (1965–1997)

»Die SPD verlassen, das wäre zu einfach gewesen«[61]

Sie war 50 Jahre alt, als sie 1965 aus dem Bundestag ausschied. Drei Jahre war Alma Kettig zunächst erwerbslos. Pensionen oder andere Gelder für ausgeschiedene Bundestagsabgeordnete gab es damals noch nicht. Alma Kettig lebte bescheiden von ein paar Spargroschen und von dem, was Freunde und Verwandte ihr zusteckten. Schließlich konnte sie durch die Vermittlung eines ihr treu gebliebenen SPD-Genossen eine Stelle im Personalbereich einer Großhandlung übernehmen, die zwar keinesfalls ihrem Qualifikationsprofil entsprach, durch die aber ihre Existenzsicherung einigermaßen gewährleistet war. Später arbeitete sie freiberuflich als Journalistin.

Wenn man Zeitzeuginnen heute befragt, berichten sie, dass Alma Kettig die Arbeit im Bundestag aufgegeben habe, weil sie »dann zu den anderen gegangen ist« und da »ja auch eine Liebesgeschichte« im Spiel war.[62] Sie sei sehr beeinflusst gewesen durch den sozialdemokratischen SPD-Bundestagsabgeordneten Arno Behrisch, mit dem sie über Jahre hinweg durch ein freundschaftliches, sicher auch intimes Verhältnis verbunden war. Weder sie noch Arno Behrisch sprachen in Interviews über ihre Beziehung zueinander. Tagebücher existieren von keinem der beiden. Dokumente über ihr Zusammenleben fehlen.[63] Auch mit den noch lebenden Familienmitgliedern hat sie wenig über ihr privates Leben gesprochen. Die Nichte Ulla durfte die Tante bei einigen Reisen begleiten. Die Diskussionen, die sie mit ihrer Tante geführt hat, drehten sich jedoch, wie die meisten Diskussionen im Familienkreis, um das politische Geschehen.

Die Familie von Alma Kettig besitzt lediglich einen Stapel hinterlassener Photos. Die Photos zeigen Arno Behrisch meist allein. Alma Kettig war wahrscheinlich die Photographin: Arno Behrisch am Hafen, vor einer Burg, vor einer Kirche, auf dem Friedhof – neben einem Grabstein sitzend. Das Paar existiert auf den Photos nicht. »Der lieben Alma, dafür dass sie mir Worpswede zeigte.« Dieser Hinweis vom 30. Juli 1979 ist in einem Buch zu finden über die Maler von Worpswede, das ER (Arno) IHR (der lieben Alma) geschenkt hat. Der einzige erhalten gebliebene Liebesbeweis.[64] Die Familienmitglieder sind sich einig, dass Alma Kettig und Arno Behrisch sich im Geiste sehr nahe gewesen sind und dass sie nicht nur ein persönliches, vertrauensvolles Verhältnis verband, sondern auch eine Liebesbeziehung.[65] Sie wissen von dem Kinderwunsch, den die beiden hegten, aber angesichts ihres in der Zwischenzeit fortgeschrittenen Alters wieder verwarfen. Arno Behrisch war in den Kreis der Familie aufgenommen, wenn er sich in Witten

61 Ministerium für die Gleichstellung 1996, S. 66.

62 Vgl. z.B. das Interview mit Annemarie Renger am 4.11.1999, S. 21.

63 Dokumente dieser Art fehlen nach Aussagen von Peter Weiß, der an einer Biographie über Arno Behrisch arbeitet, auch in dessen Nachlass.

64 Dank an Heike Chen, eine junge Freundin von Alma Kettig aus der Freidenkergruppe in Wuppertal, die das Buch nach deren Tod fand. Sie war überhaupt erst darauf aufmerksam geworden, als die Autorin sie nach Liebesbriefen fragte.

65 Interview mit Familie Kettig, S. 10 f.

bzw. Wuppertal befand. Das war keineswegs selbstverständlich zu einer Zeit, in der »Kuppelei« und Ehebruch strafbar waren.[66]

Die Familienmitglieder sind sich jedoch auch darüber einig, dass Alma Kettig in ihren politischen Überzeugungen und in ihren Reden und Handlungen im Bundestag eigenständig agierte. Anscheinend hatte das Liebespaar für sich festgelegt, dass jeder sein eigenes Leben lebt. Darauf hat Alma Kettig auch bestanden, als Arno Behrisch andere Ansprüche stellte. Als Beispiel führten die Verwandten an, dass Behrisch von ihr erwartet habe, dass sie die SPD verlässt und sich der am 12.12.1960 gegründeten Deutschen Friedens-Union (DFU) anschließt. Das hatte sie aus den oben erwähnten Gründen abgelehnt.

Arno Behrisch war ihr so nahe, weil er in seiner politischen Meinung ebenso unbeugsam war wie sie. Auch er gehörte zu den 19 Abgeordneten, die gegen die Grundgesetzänderung zur Einführung der Wehrpflicht gestimmt hatten. Am 28.5.1958 sprachen Arno Behrisch und Alma Kettig gemeinsam mit Martin Niemöller auf einer Kundgebung zum Thema »Schluss mit dem Atomwahnsinn« in Essen. Arno Behrisch war am 24.2.1961 aus der SPD und aus der Bundestagsfraktion ausgeschlossen worden, weil seine Auffassungen zu Ostpolitik und Friedenspolitik angeblich nicht mit der Partei zu vereinbaren seien. Offensichtlich war es auch der Ausschluss von Arno Behrisch, der dazu führte, dass sie mit ihrer Meinung in der SPD mehr und mehr und schließlich ganz alleine stand. Nun, da er weg war, galt sie als »Abweichlerin«, und ihr wurde unterstellt, unter dem Einfluss des Mannes zu stehen, mit dem die SPD-Fraktion nichts mehr zu tun haben wollte.

Arno Behrisch war ein verheirateter Mann. Alma Kettig war eine freie Frau. Beide beschlossen, das Risiko einer Liebesbeziehung zu wagen. Alma Kettig war Freidenkerin. Freie Liebe und die freie Wahl der Liebesbeziehungen waren für Freidenker während der 20er Jahre, in denen Alma aufwuchs, nichts Außergewöhnliches. Dennoch war es zu allen Zeiten ein Tabu-Bruch, eine Beziehung mit einem verheirateten Mann zu haben, vor allem während der konservativen 50er und frühen 60er Jahre. Der Tabu-Bruch traf Alma Kettig. Lange Zeit musste die Liebesbeziehung geheim bleiben. Das Geheimnis ließ sich aber irgendwann nicht mehr aufrecht erhalten. Die »rechtmäßige« Frau von Behrisch erfuhr davon und drohte mit Selbstmord. Arno Behrisch, dessen erste Frau bereits 1949 Selbstmord begangen hatte, weil er ein Verhältnis mit einer Mitarbeiterin hatte, die seine zweite Frau wurde, bekam Angst. Das Experiment der freien Liebe scheiterte. Die Kontakte zu Alma Kettig wurden spärlicher. 1980 zog Arno Behrisch zurück nach Hof zu seiner Frau. Schließlich war Alma Kettig dann nicht nur von ihren politischen Weggenossinnen und -genossen, sondern auch von ihrem Liebhaber allein gelassen worden. Sie muss unsagbar traurig gewesen sein.

66 »Kuppelei« war bis 1973 strafbar und der »außereheliche Geschlechtsverkehr« eines Ehegatten galt nach § 42 des Ehegesetzes, das erst seit dem 1.7.1977 außer Kraft ist, als Ehebruch und berechtigte den anderen Gatten, die Scheidung einzureichen. Bis 1969 konnte Ehebruch, wenn seinetwegen die Ehe geschieden worden war, sogar bestraft werden.

Eine andere Liebe kam für sie nicht mehr in Frage. Wie sie selbst später sagte, stelle sie zu hohe Ansprüche an Männer.[67] Ihre politische Arbeit hat Alma Kettig trotz ihres Kummers, über den sie offenbar mit niemandem sprach, nach dem Ausscheiden aus dem Bundestag fortgesetzt. In den »Ruhestand« ist sie nicht getreten. Sie wurde wieder in den Bezirksfrauenausschuss der IG Chemie gewählt, ein Amt, dass sie während ihrer Zeit im Bundestag aus Gründen der Arbeitsbelastung aufgegeben hatte. Aber auch dort hatte sie Schwierigkeiten: »Ich war eben als Linke in der SPD abgestempelt.«[68] Viele Jahre konnte sie ihre Erfahrungen als Mitglied des nordrhein-westfälischen Landesvorstandes der Deutschen Friedensgesellschaft einbringen, dem sie seit 1966 angehörte. Sie arbeitete weiter für eine bessere Zukunft und wollte ihre eigene Überzeugung nicht aus Opportunitätsgründen verleugnen.[69]

In der Westdeutschen Frauenfriedensbewegung (WFFB) fand Alma Kettig zwischen 1970 und 1974 ein neues – diesmal außerparlamentarisches – Betätigungsfeld.[70] Sie wurde Mitherausgeberin der Zeitschrift der WFFB »Frau und Frieden« und schrieb für sie. Hier fand sie Gesinnungsgenossinnen für ihre konsequente Antikriegshaltung und baute mit ihnen gemeinsam Kontakte zu ostdeutschen Frauen auf, was ihnen immer wieder den Vorwurf der kommunistischen Unterwanderung einbrachte, einen Vorwurf, den sie immer wieder entkräften konnten.[71] Alma Kettig warb für ein Friedensministerium, reiste nach Schweden zu Alva Myrdal, der dortigen Ministerin für Frieden und Abrüstung, und führte auch ein Gespräch mit ihrem Mann, dem Weltwirtschaftswissenschaftler Gunnar Myrdal, der während seiner Rede in der Frankfurter Paulskirche am 27.9.1970 auf die Wichtigkeit von Maßnahmen gegen die sozialen Katastrophen verwiesen hatte, wenn den nachfolgenden Generationen eine lebenswerte Nachwelt bewahrt bleiben solle.[72] Als sich der WFFB Mitte der 70er Jahre auflöste, wurde Alma Kettig 1976 Mitbegründerin der Demokratischen Frauen-Initiative (DFI), für die sie die Kasse führte und politische Veranstaltungen sowie große Frauenfeste mitorganisierte. Sie hielt weiterhin viele Vorträge und arbeitete an der DFI-Zeitung mit. Ihre Hauptaktivitäten richtete sie auf die Aktion: »Frauen in die Bundeswehr, wir sagen nein«. In anderen Politikbereichen schien die DFI nicht so sehr zu ihren politischen Ansprüchen zu passen. Zeitzeuginnen berichten von Generationskonflikten und den Brüchen, zu denen Alma Kettig aufgrund ihrer eigenen Erfahrungen gestanden habe, weil es ihr wichtig erschien, einer

67 Interview Familie Kettig, S. 9.

68 Kettig 1981, S. 66.

69 Siehe die Trauerrede für Alma Kettig, Manuskript aus dem Privatbesitz der Familie Kettig.

70 *Annette Kuhn/Marianne Pitzen/Marianne Hochgeschurz* (Hrsg.), Politeia. Szenarien aus der deutschen Geschichte nach 1945 aus Frauensicht, Bonn 1998, S. 133; vgl. auch Kettig 1981, S. 66. Zur Westdeutschen Frauenfriedensbewegung siehe *Ingeborg Nödinger,* Für Frieden und Gleichberechtigung. Der Demokratische Frauenbund Deutschlands und die Westdeutsche Frauenfriedensbewegung – die 50er und 60er Jahre, in: *Florence Hervé* (Hrsg.), Geschichte der Deutschen Frauenbewegung, Köln 1995, S. 111-125, sowie *Gisela Notz/Klara Marie Fassbinder*, Women's Peace Activities in the 1950s and 1960s, in: Journal of Women's History, Autumn 2001, S. 98-123.

71 Notz 2001, S. 115.

72 Kettig 1990, S. 59 f.

eigenständigen Frauenbewegung mit auf den Weg zu helfen.[73] 1985 schied sie, fast siebzigjährig, aus der aktiven Arbeit der DFI aus[74], nachdem sie 1983 noch Zweite Vorsitzende des Deutschen Freidenker-Verbandes geworden war. Bis ins hohe Alter arbeitete Alma Kettig in der Vietnamsolidarität, engagierte sich bei antifaschistischen Aktivitäten, beschäftigte sich mit Problemen der Länder des Südens und war bei den Naturfreunden aktiv.

Aber auch in die Parteipolitik mischte sie sich weiter ein. 1968 schrieb sie einen Artikel gegen das Mehrheitswahlrecht, vor allem, weil sie es frauenfeindlich fand. Das Mehrheitswahlrecht schien ihr geeignet, die »Faustkämpfer in der Politik« nach vorne zu bringen und damit die sowieso schon unterrepräsentierten Frauen im Bundestag zu einer Rarität zu machen. Nach wie vor setzte sie auf die Notwendigkeit »tiefgreifender demokratischer Veränderungen in unserer Gesellschaft« und trotz ihrer eigenen negativen Erfahrungen setzte sie auf den parlamentarischen Weg. Dies betonte Alma Kettig immer wieder, obwohl sie auch für die außerparlamentarische Opposition Sympathien hegte und dort mitarbeitete. Freilich wünschte sie sich Frauen und Männer ins Parlament, die bereit und in der Lage waren, für die nach ihrer Meinung notwendigen Veränderungen zu kämpfen.[75] In der beginnenden Demontage des »Sozialklimbims« sah sie schon 1968, so geht es aus einer Rede hervor, Maßnahmen zum Nutzen der Konzerne und des Monopolkapitals.[76]

Zeitzeuginnen berichten, dass Alma Kettig »für Modeerscheinungen nicht zu haben« war, und dass sie im Laufe ihres Lebens Gespür und einen scharfen Blick auf die Menschen und deren politische Verhaltensweisen entwickelt habe.[77] Sie hat sich nie verbiegen lassen und ist immer »geradlinig und direkt« geblieben, wie es ihre Arbeitersozialisation verlangt hatte. Obwohl einige Zeitzeuginnen und Zeitzeugen das in Interviews immer wieder behauptet haben, ist sie bis an ihr Lebensende nicht aus der Sozialdemokratischen Partei ausgetreten. Der »Vorwärts«[78] gratulierte zu ihrem 80sten Geburtstag, den sie am 5. November 1995 bei guter Gesundheit feiern konnte. Und die Beitragsbestätigungen finden sich in den von ihr hinterlassenen Unterlagen ebenso wie die Überweisungen an die Vereinigung ehemaliger Mitglieder des Deutschen Bundestages.[79] »Die SPD verlassen? Das wäre zu einfach gewesen«, sagte Alma Kettig nicht lange vor ihrem Tode in einem Interview.[80] Einfach hat sie es sich ihr Leben lang nicht gemacht, und das wollte sie auch im Alter nicht. Die Partei sollte sich mit der unbequemen Greisin weiter auseinandersetzen müssen. Gerade in den letzten Jahren ihres Lebens wurde sie als streng,

73 Die DFI galt damals als DKP-nahe Frauenorganisation. Alma Kettig wollte die politische Unabhängigkeit der Frauenorganisation. Die Zusammenarbeit mit Kommunistinnen oder mit Frauen, die den Kommunisten nahe standen, scheute sie dennoch nicht.

74 Jansen 1985.

75 Kettig, Mehrheitswahlrecht, S. 16.

76 Ebd.

77 Jansen 1985.

78 Vorwärts 12/1995.

79 Privatbesitz Familie Kettig.

80 Ministerium für die Gleichstellung 1996, S. 66.

unnachgiebig und von höchster Empfindlichkeit gegenüber Unverstand und gegenüber Menschen, die nach ihrer Beobachtung ihr Mäntelchen nach dem gerade wehenden Wind hängten, beschrieben.[81]

Alma Kettig konnte den Weg, für den sie sich entschieden hatte, nur deshalb gehen, weil sie sich selbstbewusst und selbstständig bewegte – in einer Zeit, in der Frauen (wieder) für die Familie zuständig erklärt wurden und die »Kraft der Weiblichkeit« Erlösung für die im Krieg geschundenen Männer bringen sollte. Dass Frauen sich selbst in die Politik*gestaltung* einmischten, war noch ungewöhnlich, dass sie sich über alle Konventionen hinweg ihren Liebespartner wählten, noch ungewöhnlicher. Trotz der vielen Misserfolge in ihrer politischen Arbeit war die Sozialdemokratin nicht verbittert, aber oft enttäuscht. Sie hat das Interesse an der Politik und am öffentlichen Leben bis zu ihrem Tode nicht verloren. Bis an ihr Lebensende war sie stolz, dass sie sich treu geblieben war – und sie war fest davon überzeugt, dass sie im Ganzen richtig gehandelt hatte.[82] Hätte sie diese Überzeugung nicht gehabt, wären die vielen Niederlagen nicht zu ertragen gewesen. Ihre Sehnsucht nach dem ›guten Leben‹ hat sie nie aufgegeben: »Solidarität ist die Zärtlichkeit der Völker«, stand auf dem Flugblatt, mit dem Alma Kettig noch 1995, im Alter von 80 Jahren, um Spenden für russische Kriegsveteraninnen bat.[83]

Am 5. August 1997 ist Alma Kettig beinahe 82-jährig nach einer Krebserkrankung gestorben. Die Familie und gute Freundinnen haben sie während ihrer schweren Krankheit in den letzten Lebensjahren bis zu ihrem Tode besucht und gepflegt. In ihrem Terminkalender von 1997 steht in den Juni- und Juliwochen täglich ein anderer Name.[84] Auf ihre Schwägerin, ihren Neffen und ihre Nichten wie auch auf die ihr verbliebenen Freundinnen und Freunde konnte sie sich ganz offensichtlich bis an ihr Lebensende verlassen.

»Ein Leben für Freiheit und Menschenwürde ist zu Ende gegangen«, so formulierten es ihre Angehörigen, Freundinnen und Freunde in der Todesanzeige. Von den zahlreichen Beileidsbriefen soll der eines Wegbegleiters zitiert werden: »Eine Frau ist von uns gegangen mit Zielen und Idealen. Mir war sie Wegbegleiterin und Orientierung, Teil meines Lebens sicher auch. Wenn der Tod nicht Teil des Lebens wäre, wie sollte ich jetzt diese Leere verstehen?«

---

81 Interview mit Familie Kettig, S. 22 f.
82 Interview mit Familie Kettig, S. 41.
83 Ministerium für die Gleichstellung 1996, S. 66.
84 Terminkalender Alma Kettig 1997, Privatbesitz Familie Kettig.

Liesel Kipp-Kaule

»Frauen sollten die Politik selbst in die Hand nehmen«[1]

Mit 22 Jahren trat Liesel Kipp-Kaule der Gewerkschaft Textil und Bekleidung bei. Von 1949 bis 1963 war sie Mitglied des geschäftsführenden Hauptvorstandes und arbeitete im Referat für Frauen und Jugendfragen. 1949 wurde die energische Bielefelderin auf Vorschlag von Dr. Kurt Schumacher als Gewerkschafterin für den Ersten Deutschen Bundestag vorgeschlagen. 16 Jahre lang arbeitete sie als Mitglied der SPD-Fraktion im Bundestag. Sie setzte sich für die Gleichberechtigung zwischen Frauen und Männern, für gleichen Lohn bei gleicher Arbeit und für die Verwirklichung gewerkschaftlicher Forderungen bei der Verabschiedung des Mutterschutzgesetzes ein. Sie war eine kämpferische Frau und hat als ›Tochter des Volkes‹ ihre proletarische Herkunft nie vergessen.

Kindheit, Jugend und erste politische Arbeit (1906–1933)

»Sie paukte beim Schein der trüben Lampe«[2]

Liesel Kipp-Kaule wurde am 13.2.1906 in Bielefeld geboren. Sie wuchs bei Pflegeeltern auf und konnte sich nicht an ihre eigenen Eltern erinnern. Ihr Pflegevater war Tischler und ihre Pflegemutter Näherin. Sie lebten in Herford, unweit von Bielefeld, in Westfalen. Als 1914 der Erste Weltkrieg begann, war sie acht Jahre alt. Durch die mit dem Weltkrieg verbundenen Hungerjahre und die anschließend folgende Not der Nachkriegszeit erlitt sie schwere Entwicklungsschäden, so dass sie außergewöhnlich klein und zart blieb. Liesel Kipp-Kaule besuchte die Volksschule in Herford. Obwohl sie eine gute Schülerin war, konnte sie keine weiterführende Schule besuchen, sondern musste eine Lehre machen, um eigenes Geld verdienen zu können. Wie ihre Pflegemutter erlernte sie das Schneiderinnenhandwerk. Gleichzeitig bildete sie sich durch den Besuch von Abendkursen an der Volkshochschule in Bielefeld weiter. Dort paukte sie sich »beim Schein der trüben Lampe« nicht nur das Wissen ein, das sie später brauchte, um sich als Betriebsrätin für ihre Kolleginnen einzusetzen, sondern sie erlernte auch Fremdsprachen.

Weil ihre Eltern das wünschten, arbeitete sie nach der dreijährigen Lehrzeit, die 1923 zu Ende ging, als Dienstmädchen und lernte so, einen Haushalt zu führen. Da sie sehr wenig verdiente, entschloss sie sich nach drei Jahren, in einer Fabrik zu arbeiten. Sie wurde Akkordarbeiterin in der Bekleidungsindustrie bei den Seidensticker-Werken und hat auf diese Weise die schweren Arbeitsbedingungen der Textilarbeiterinnen aus eigener Anschauung und am eigenen Leibe erfahren. Zwischen 1927 und 1940 übte sie verschiedene Tätigkeiten in der Wäsche- und Herrenkleiderbranche aus. 1928 trat sie der Ge-

1 Liesel Kipp-Kaule anlässlich der Verleihung des Verdienstkreuzes am Bande der Bundesrepublik Deutschland, zit. nach: »Frauen sollten die Politik selbst in die Hand nehmen«, Zeitungsausschnitt vom 15.1.1975, ohne weitere Angaben, übersandt von Gewerkschaftssekretär Bernd Link.

2 Das politische Porträt, Liesel Kipp-Kaule, in: Sozialistische Rundschau, Nr. 1 vom 1.10.1951. Die folgenden Zitate beziehen sich auf diesen Artikel.

Liesel Kipp-Kaule (1906–1992), MdB 1949–1965

werkschaft Textil und Bekleidung bei und wurde noch im gleichen Jahr Betriebsrätin, eine Funktion, die sie vier Jahre lang ausfüllte. Die Betriebsratsarbeit bot ihr eine hervorragende Gelegenheit, die soziale Situation von Frauen und Männern, die in der Bekleidungsindustrie arbeiteten, zu studieren. Sie musste feststellen, dass Frauen meist schlechtere Arbeitsbedingungen hatten und weniger verdienten als Männer in den gleichen Positionen. Immerhin waren mindestens 50 % der Beschäftigten in der Textilindustrie Frauen. Liesel Kipp-Kaule machte es sich zur Aufgabe, sich für die Verbesserung der Arbeitsbedingungen dieser meist jungen Frauen einsetzen.[3] Ihre Arbeitgeber schätzten diesen Einsatz allerdings nicht so sehr. Sie brachten sie viermal vors Arbeitsgericht und wollten sie immer wieder entlassen. Aber sie wurde weder entlassen noch konnte man sie davon abhalten, sich für die Rechte ihr Kolleginnen und Kollegen einzusetzen.

In den wenigen Presseartikeln, die über sie vorhanden sind, wird immer wieder ihr großer Hunger nach Wissen und Bildung hervorgehoben. Das »harte Selbststudium«[4], mit dem sie sich das Rüstzeug erwarb, um in der Männerwelt nicht nur mitreden, sondern sogar Positionen einnehmen zu können, wurde bewundert, wenn von Liesel Kipp-Kaule die Rede war. »Nach der täglichen Arbeit als Näherin in der Wäschefabrik, nach dem anstrengenden Arbeitstag in der Herrenkleiderfabrik« habe sie jede Bildungsmöglichkeit ergriffen und jede freie Minute genutzt, um zu lernen und zu lesen.[5] Kein Wunder, dass über ihr »Privatleben« kaum Anhaltspunkte zu finden sind. Begeistert war sie auch von einem Kursus der Staatlichen Volkshochschule in Tinz bei Gera, an dem sie 1932 teilnahm.[6] Sie studierte Wirtschaftslehre, Geschichte und Politikwissenschaften und lernte so den Wohlfahrtsstaat der Weimarer Republik und die Politik der Gewerkschaften verstehen. Es waren sechs arbeitsreiche Monate, die ihr sehr viel Spaß machten. Sie absolvierte den Kurs, weil sie so ihr hauptsächlich im Selbststudium erworbenes Wissen sortieren, vertiefen und gemeinsam mit Gesinnungsgenossinnen weiterentwickeln konnte. Einen beruflichen Vorteil erhoffte sie sich davon nicht. Als sie aus Tinz zurückgekehrt war, ging sie an ihren Arbeitsplatz als Hemdennäherin in einer Bielefelder Fabrik zurück und blieb dort weitere sieben Jahre.[7]

3 Kipp-Kaule of Bielefeld, in: British Zone Review, Nr. 12/1946.

4 Liesel Kipp-Kaule, in Freie Presse vom 28.8.1965.

5 Liesel Kipp-Kaule 50 Jahre. In: Welt der Arbeit vom 10.2.1956.

6 Zur Heimvolkshochschule Tinz siehe die Biographie von Grete Rudoll in diesem Band, S. 421-434.

7 Vgl. Kipp-Kaule of Bielefeld. Für diese Zeit gibt es unterschiedliche Informationen. Aus einem Lebenslauf, den der ehemalige Geschäftsführer der Gewerkschaft Textil und Bekleidung (GTB), Bielefeld, übergab, geht hervor, dass sie zwischen 1933 und 1935 als Angestellte im Weserthal-Elektrizitätswerk arbeitete und erst 1935 bis 1940 wieder in der Wäscheindustrie in Bielefeld.

Im Schatten des Hakenkreuzes (1933–1945)

»Sie verwarnten sie und ließen sie gehen«[8]

1933, nach Hitlers Machtübernahme, musste sie die Betriebsratstätigkeit und die Gewerkschaftsarbeit aufgeben. Sie arbeitete nun im Verborgenen und bereitete sich mit ihren Kolleginnen und Kollegen auf die Zeit vor, in der die Nationalsozialisten nicht mehr an der Macht waren. Zwischen 1935 und 1940 lernte sie in ihrer freien Zeit an einer privaten Handelshochschule in Bielefeld in Abendkursen Buchführung, Maschinenschreiben, Kurzschrift und erwarb andere kaufmännische Qualifikationen. Sie finanzierte die Kurse mit ihrem geringen Fabrikarbeiterinnenlohn und erwarb sich ein Wissen, das mit dem der »vielen Theoretiker der Wirtschaft«[9] zumindest mithalten konnte. Freilich blieb ihre politische Arbeit während der Zeit des Nationalsozialismus, wie die der meisten ihrer Mitstreiterinnen, den Machthabern nicht völlig verborgen. Im Frühsommer 1940 wurde sie von der Gestapo vorgeladen. Offenbar war sie denunziert worden. Ihr wurde vorgeworfen, sie habe die Meinung geäußert, dass Deutschland den durch Hitler und seine Komplizen angestifteten Krieg verlieren werde. Aber sie hatte Glück. An dem Tag, als sie zur Gestapo musste, wurde die Neuigkeit der Kapitulation Frankreichs verkündet. Es war nicht überraschend, dass diejenigen, die sie vorgeladen hatten, zwar mit Verachtung auf das Vergehen der kleinen Maschinenarbeiterin reagierten, im übrigen jedoch der Meinung waren, die Fakten würden nun für sich selbst sprechen. Schließlich, so dachten Hitlers Gehilfen, war der Krieg nahezu gewonnen. Und in der herrlichen Zeit, die nun für das siegreiche Deutschland beginnen werde, würden Menschen wie »Fräulein Kipp-Kaule« und andere, die so dachten wie sie, sicher bald glühende Befürworter des Führers werden, der ihnen schließlich die glücklichen Zeiten beschert hatte. Sollte dieser Sinneswandel nicht eintreten, so nahmen sie an, würden Zweifler wie Liesel Kipp-Kaule zu Subjekten öffentlicher Lächerlichkeit werden. – Die junge Arbeiterin jedenfalls wurde von ihnen verwarnt und durfte gehen.[10]

Obwohl sie der unmittelbaren Gefahr entkommen war, wusste sie nun, dass sie von den Nazis beobachtet wurde. Ihre Freunde rieten ihr, die Fabrik, in der sie arbeitete, zu verlassen. Sie wechselte in das Büro der Karlsruher Filiale einer anderen Bielefelder Textilfirma und später in eine neu eröffnete Filiale nach Offenbach.[11] Hier bekam sie eine merkliche Lohnerhöhung und verließ die Fabrik im Sommer 1944 mit einem hervorragenden Zeugnis. Das Kriegsende erlebte sie bei ihren Pflegeeltern in Herford, wohin sie sich wegen einer Krankheit zurückgezogen hatte.

---

8 Kipp-Kaule of Bielefeld.

9 Das politische Porträt.

10 Kipp-Kaule of Bielefeld.

11 Kipp-Kaule of Bielefeld. Im Lebenslauf steht, sie sei durch Vermittlung von Freunden in Karlsruhe und Offenbach im Metallbereich tätig gewesen. Aus einem anderen Bericht geht hervor, sie habe mit der Machtübernahme durch die Nationalsozialisten Bielefeld verlassen und untertauchen müssen. Vgl. Liesel Kipp-Kaule statt Turnvater Jahn, in: Stadt Blatt vom 3.3.1994.

Wiederaufbau (1945–1949)

»Betrachtet Hausgehilfinnen nicht wie Menschen zweiter Klasse«[12]

Unmittelbar nach dem Zweiten Weltkrieg bekam Liesel Kipp-Kaule von der ›Britischen Besatzung‹ in der Stadtverwaltung in Herford eine Arbeit zugewiesen. Anschließend sortierte sie bis Anfang des Jahres 1946 bei der englischen Post Briefe. Sie beteiligte sich am Wiederaufbau der damaligen Gewerkschaft Textil-Bekleidung-Leder in Bielefeld. Von März 1946 bis April 1947 war sie Gewerkschaftssekretärin und Frauenvertreterin der Industriegewerkschaft Bekleidung für die Britische Zone. Sie gehörte von 1946 bis 1949 dem geschäftsführenden Hauptvorstand der Gewerkschaft Textil und Bekleidung für die britische Zone an.[13] Ab 1. Mai 1947 wurde sie Sachbearbeiterin für Frauen- und Jugendfragen der Industriegewerkschaft Textil für die britische Zone.[14]

Gewerkschaftssekretärin zu sein, bedeutete im Jahre 1946, Hunger und Entbehrungen ebenso auf sich zu nehmen wie lange Fahrten in überfüllten Zügen oder Güterwagen, um von einer Versammlung zur anderen zu gelangen. Es bedeutete auch, um jedes Stück Papier und jeden Bleistift kämpfen zu müssen, denn die Ressourcen waren knapp. Trotz der schrecklichen Not gelang es Liesel Kipp-Kaule, müde und misstrauisch gewordene Menschen, die sich resigniert zurückziehen wollten, aufzurütteln und für die Gewerkschaftsarbeit zu gewinnen.[15] Sie war verantwortlich für die Organisation der ersten gewerkschaftlichen Frauenarbeitstagung der britischen Zone, die vom 20. bis 22.11.1946 mit über 30 Delegierten in der Bundesschule »Das Bunte Haus« in Sennestadt bei Bielefeld stattfand.[16] Dort referierte sie über die »Erwerbstätigkeit der Frau«.[17] Während der Konferenz wurden die Grundlagen für die Neuorganisation der gewerkschaftlichen Frauenarbeit auf Zonenebene nach 1945 gelegt. Mit großem Enthusiasmus verabschiedeten die anwesenden Gewerkschafterinnen Resolutionen, die zum Inhalt hatten, dass Frauen bei Entlassungen ihren männlichen Kollegen gegenüber nicht benachteiligt werden dürften, dass sie gleichen Lohn bekommen sollten und dass Frauen, die über 20 Jahre alt sind, Kurzausbildungen machen könnten, um sich bei einem Lohn von 75 % des »Normallohnes« für Berufe zu qualifizieren, die sie während des Krieges übernommen hatten. »Es gibt eine bedeutungsvolle Reihe von Frauen in der ganzen Welt, die den Männern ebenbürtig, verantwortliche Arbeit leisten (...) Wenn eine Frau die gleiche

12 *Liesel Kipp-Kaule,* Hauswirtschaftliches Lehr- oder Anlernverhältnis, in: Genossin Nr. 7/September 1948, S. 92-94; hier S. 94.

13 Vgl. Liesel Kipp-Kaule 50 Jahre. In: Welt der Arbeit vom 19.2.1956. Dort ist zu lesen, dass sie 1946 ihre »gute Position« als kaufmännische Angestellte aufgegeben hatte, um Gewerkschaftssekretärin zu werden.

14 Lebenslauf. Später hieß die Gewerkschaft Textil und Bekleidung (GTB).

15 Ebd.

16 Zur Geschichte des Bunten Hauses vgl. *Gewerkschaft ÖTV, Bezirk NW II,* Ein Ort gewerkschaftlicher Bildung, 75 Jahre Buntes Haus, Bochum 2000.

17 Vgl. Gewerkschaftsbewegung in der britischen Besatzungszone, S. 478, zit. nach *Susanne Knoblich,* »Mit Frauenbewegung hat das nichts zu tun«. Gewerkschafterinnen in Niedersachsen 1945–1960, Bonn 1999, S. 74.

Arbeit und Leistung vollbringt wie der Mann, dann muss ihr auch der gleiche Lohn zugebilligt werden«, schrieb Liesel Kipp-Kaule unmissverständlich in einem Bericht über diese Konferenz.[18] Ebenfalls auf dieser Konferenz wurde der Antrag eingebracht, weibliche Obleute für die Überwachung der Gesundheitsvorsorge der weiblichen Beschäftigten in den Betrieben zu ernennen.

Liesel Kipp-Kaule wurde in den neu gegründeten neunköpfigen gewerkschaftlichen Frauenausschuss für die britische Zone gewählt. Der Ausschuss kam am 9./10.1.1947 zu seiner konstituierenden Sitzung im »Bunten Haus« zusammen. Dort wurde Liesel Kipp-Kaule zur ersten Vorsitzenden gewählt.[19] Inhaltlich beschäftigte sich der Ausschuss vor allem mit praktischen Fragen der Frauenarbeit, wie z.B. den Umschulungsmöglichkeiten von Frauen, Lohnfragen, der Zusammenarbeit mit den Gewerbeaufsichtsämtern, der Mitarbeit der Frauen in den Betriebsvertretungen sowie mit der Hausangestelltenfrage.[20] Auf dem Gründungskongress des DGB für die britische Zone, der vom 22. bis 25. April 1947 in Bielefeld stattfand, wurde Liesel Kipp-Kaule mit Stimmenmehrheit als ehrenamtliche Beisitzerin in den DGB-Bundesvorstand gewählt. Sie bekam 343 Stimmen. Da nur neun Frauen als Delegierte (von insgesamt 373 Delegierten, was einen Frauenanteil von 2,4 % bedeutet) anwesend waren, muss sie viele Männerstimmen bekommen haben. Sie war nun die einzige Frau im 12-köpfigen Gremium des Bundesvorstandes. Von der Konferenzleitung wurde darauf gedrungen, dass eine Frau in den Bundesvorstand kommen sollte.[21] Obwohl Liesel Kipp-Kaule ein ganz ›normales‹ Vorstandsmitglied war, wurde sie fortan als »Vertreterin der Frauen« bezeichnet. Damit erfüllte sie gewiss auch eine Alibifunktion.[22]

Als Mitglied des DGB-Bundesvorstandes reiste sie nun zu Gewerkschafts-, Betriebs- und Frauenversammlungen. Als Hamburger DGB-Frauen 1948 eine Frauenversammlung zum Thema »Gleiche Leistung – gleicher Lohn« durchführten, war es Liesel Kipp-Kaule, die die Hauptrede hielt. Aber sie hielt nicht nur Reden, um die Frauen aufzuklären, sondern sie veranlasste sie immer wieder, auch selbst aktiv zu werden. Ergebnis einer ihrer Veranstaltungen war es, dass der Vorstand des DGB-Ortsausschusses Hamburg ersucht wurde, »sich einzusetzen, dass die Worte ›Frauenlöhne‹ in den Tarifverträgen nicht mehr in Erscheinung treten (...)«.[23]

---

18 *Liesel Kipp-Kaule,* Notwendige Gewerkschafts-Arbeit, Gedanken zur 1. Frauenkonferenz des Deutschen Gewerkschaftsbundes in Bielefeld, Zeitungsausschnitt ohne nähere Angaben, abgedruckt in: *Volkshochschule der Stadt Bielefeld* (Hrsg.), »Wir haben uns so durchgeschlagen ...«, Frauen im Bielefelder Nachkriegsalltag 1945–1950.

19 Protokoll der Zonenfrauenausschusssitzung vom 9./10.1.1947, in: DGB-Archiv im AdsD, Nr. 35/141.

20 Mit den anderen Gewerkschafterinnen lehnte Kipp-Kaule die Einführung einer Lehre im privaten Haushalt sowie ein hauswirtschaftliches Pflichtjahr ab und forderte die Schaffung von Arbeitsverträgen auch für die Hausangestellten auf der Grundlage von Tarifverträgen. Vgl. Protokoll der Frauenarbeitstagung vom 20. bis 22.11.1946, in: DGB-Archiv im AdsD, Nr. 35/141.

21 Protokoll Gründungskongress DGB britische Zone 1947, S. 96.

22 Vgl. Knoblich 1999, S. 83.

23 *Petra Müller,* Uns wurde nichts geschenkt! in: *IG Metall Verwaltungsstelle Hamburg* (Hrsg.), ›Wartet nicht auf andere, packt jetzt selbst mit an‹, Hamburg 1995, S. 171-186; hier S. 174.

Liesel Kipp-Kaule wandte sich in einem Artikel dagegen, »die jungen schulentlassenen Mädchen für eine ein- bis zweijährige Haushaltslehre oder für das hauswirtschaftliche Anlernverhältnis zu gewinnen«, wie es bereits nach dem Ersten Weltkrieg versucht worden war. Kurz nach der Währungsreform hatte sich ein »Anfall von überschüssigen Arbeitskräften« gezeigt und man hoffte, durch hauswirtschaftliche Anlernverhältnisse den »Engpass Arbeitsstelle« überbrücken zu können. Hinter der Forderung nach hauswirtschaftlichen Lehr- und Anlernverhältnissen vermutete Liesel Kipp-Kaule eine Neuauflage des hauswirtschaftlichen Pflichtjahres, das die Nationalsozialisten eingeführt hatten. Sie stellte die Frage, ob es wirklich sinnvoll sei, Mädchen auf diese Art und Weise auf den »Beruf Hausfrau« vorzubereiten? Allerdings wollte sie damit nicht die geschlechtsspezifische Arbeitsteilung zur Disposition stellen, sondern darauf verweisen, dass die Tatsache, »dass das Mädchen schon sehr früh der Mutter im Haushalt zur Hand geht« oder »vom Weihnachtsmann einen kleinen Besen« oder eine »kleine Puppenstube mit allen Einrichtungen« geschenkt bekommt, als erzieherische Maßnahme genügt, um für die spätere Berufung als Hausfrau und Mutter vorbereitet zu sein. Schließlich liege in jedem Mädchen schon von Natur aus die »Veranlagung zur Hausfrau und Mutter«. Mit scharfen Worten wandte sie sich gegen »gewisse Kreise«, die sich diese Einrichtung während der NS-Zeit zunutze gemacht hätten und heute wieder »das stärkste Interesse daran haben«, ein obligatorisches hauswirtschaftliches Anlernverhältnis einzuführen. Als Gewerkschafterin kamen für sie Lehrzeiten nur für wirkliche hauswirtschaftliche bzw. soziale Berufe in Frage. Sie nannte: Fürsorgerinnen, Krankenpflegerinnen, Anstaltsleiterinnen, Heimleiterinnen, Leiterinnen von Großküchen, Internaten und Haushaltsleitung in gewerblichen und landwirtschaftlichen Großbetrieben. Für die Ausbildung dieser Kräfte kämen staatliche Haushaltsschulen und Anstaltshaushalte mit entsprechenden Lehrkräften mit fachlicher Eignung in Frage. Das schloss Lehrverhältnisse in Privathaushalten aus. Ausdrücklich verwies sie darauf, dass man Arbeitsstellen nicht dadurch schaffen könne, dass man Lehrverhältnisse und Anlernverhältnisse konstruiere. Wenn Haushalte Arbeitskräfte beschäftigen wollten, sollten die gleichen Lohn-, Arbeits- und Freizeitbedingungen zu Grunde liegen wie in anderen Arbeitsstätten auch. Hausgehilfinnen dürften nicht »wie Menschen zweiter Klasse behandelt werden«. Solange diese Bedingungen nicht geregelt seien, sollten alle warten müssen, bis »ihr Wunschtraum, ›sich bedienen‹ zu lassen, in Erfüllung geht.«[24]

Bald wurde Liesel Kipp-Kaule eine bekannte Gewerkschaftsfunktionärin. Zeitgenössischen Berichten zufolge hatte sie wohl auch deshalb so viel Erfolg, weil sie »erstens eine gute Gewerkschafterin und nur zweitens eine Feministin« war.[25] Ihr wurde zugute gehalten, dass sie nicht nur für die Interessen der Frauen kämpfen, sondern ebenso ihren Part im gemeinsamen Kampf um bessere Arbeitsbedingungen für Frauen und Männer spielen wollte. Dabei kamen ihr ihre eigenen Erfahrungen zugute, denn sie wusste, dass in dem Industriezweig, in dem sie selbst so viele Jahre gearbeitet hatte, Frauen zumindest ebenso

24 Kipp-Kaule, Hauswirtschaftliches Lehr- und Anlernverhältnis.

25 Kipp-Kaule of Bielefeld.

gute Arbeit leisten wie ihre männlichen Kollegen. Warum sollte dieses Selbstbewusstsein nicht auch in anderen Arbeitsbereichen zu finden sein und für den gemeinsamen Kampf nutzbar gemacht werden können.

Mitte 1947 betonte Liesel Kipp-Kaule anlässlich eines Frauenschulungskurses, bei dem sie über »Die Aufgaben der Frau in der Gewerkschaft« referierte: »Sehr oft erhält die Frau auch heute noch weniger Lohn als der Mann bei gleichgelagerter und gleichgerichteter Arbeitsleistung. Dieser sozialen Ungerechtigkeit, die ein Überbleibsel aus den ersten Tagen der Industrialisierung darstellt, gilt der Kampf der Gewerkschaft. Die Gewerkschaft fordert in dieser Frage die Verwirklichung des Prinzips ›Gleicher Lohn für gleiche Leistung‹ und stellt es als tarifpolitischen Grundsatz auf.«[26] Auf der ersten Zonenfrauenkonferenz, die vom 28. bis 30. Oktober 1947 im »Bunten Haus« stattfand, wurde ein neuer Frauenausschuss für die britische Zone gewählt, der am 12. Februar 1948 zu seiner ersten Sitzung zusammentrat. Liesel Kipp-Kaule wurde einstimmig zur ersten Vorsitzenden des neuen Frauenausschusses für die britische Zone gewählt. Der Ausschuss trat erst am 12.2.1948 zu seiner ersten Sitzung zusammen, tagte dann aber etwa monatlich. Die behandelten Themen galten der innergewerkschaftlichen Frauenarbeit, wie z.B. Frauenschulungskursen, und der Frauenerwerbsarbeit, wie z.B. Mutterschutzgesetz und bezahlter Hausarbeitstag.[27]

Liesel Kipp-Kaule sah mit Besorgnis, dass die Frage der Nachtarbeit für Frauen wieder aktuell wurde, weil aufgrund der schlechten Versorgungslage jede Möglichkeit zur Produktion ausgenutzt werden musste. Die Angst vor Entlassungen war es, die dazu führte, dass Frauen Nachtarbeit oftmals nicht ablehnten. Die Gewerkschafterin sprach sich in einem Positionspapier des Frauensekretariats der Gewerkschaft Textil-Bekleidung-Leder (TBL) für die Beibehaltung des Verbots der Nachtarbeit für Frauen und Jugendliche zwischen 22.00 Uhr und 6.00 Uhr aus, wobei alle Möglichkeiten zur Vermeidung von Nachtarbeit auszuschöpfen seien. Frauen und Jugendlichen, die aus berechtigten Gründen die Nachtarbeit ablehnten, dürften keine Nachteile entstehen.[28]

Auch in der SPD wurde Liesel Kipp-Kaule aktiv. Zwischen 1947 und 1949 war sie Mitglied des zentralen Ausschusses der SPD für Betriebs- und Gewerkschaftsfragen.

Im April 1949 wurde Liesel Kipp-Kaule auf dem trizonalen Vereinigungskongress der Gewerkschaften in Bad Salzuflen in den Geschäftsführenden Hauptvorstand der Gewerkschaft Textil-Bekleidung-Leder für die gesamten Westzonen gewählt. Während ihrer Arbeit im Geschäftsführenden Hauptvorstand setzte sich Liesel Kipp-Kaule vor allem für die Frauen- und Jugendarbeit der Gewerkschaft ein. Sie wurde Leiterin der Abteilung Frauen. 1963 schied sie aus den Diensten der Gewerkschaft Textil und Bekleidung, wie sie nun hieß, aus. Viele Ehrenämter behielt sie bei. Später hieß es, sie sei immer dabei

26 Gewerkschaftsbewegung in der britischen Besatzungszone, S 482.

27 Vgl. Protokolle der Zonenfrauenausschusssitzungen, in: DGB-Archiv im AdsD, Nr. 11/60, 11/434, 24/4398 und 35/141.

28 Vorschlag des Frauensekretariats der IG Textil-Bekleidung-Leder (TBL) für die britische Zone betr. Nachtarbeit von Frauen und Jugendlichen, vorgelegt zur 2. Bezirkskonferenz der IG TBL am 4. Dezember 1948, in: DGB-Archiv im AdsD, 11/255.

gewesen, wenn die Arbeiterbewegung in Aktion getreten sei. Und gerade in Konfliktsituationen waren ihr ausgleichendes Wort und ihre überlegten Handlungsstrategien gefragt.

Beim DGB-Gründungskongress, der vom 12. bis 14. Oktober 1949 in München stattfand, sollte Liesel Kipp-Kaule als hauptamtliches Vorstandsmitglied gewählt werden. Der Vorschlag, die Gewerkschafterin und SPD-Genossin zu wählen, war in der Vorbereitung des Kongresses einstimmig von den Gewerkschaftsfrauen, und zwar sowohl von denjenigen, die der SPD angehörten, als auch von den CDU-Frauen abgesprochen worden. Margarete Traeder und Thea Harmuth, die beide der CDU angehörten, sollten in den erweiterten Ausschuss gewählt werden.[29] Die Leiterin des SPD-Frauenbüros, Herta Gotthelf, sah bereits im Vorfeld die Gefahr, dass die CDU-Gewerkschafter versuchen würden, eine CDU-Frau wählen zu lassen, oder dass man den Frauenvorschlag für den Bundesvorstand ganz unter den Tisch fallen lassen könnte. Sie forderte die Bezirkssekretariate auf, alle Genossinnen und Genossen, von denen bekannt sei, dass sie als Delegierte zu dem Kongress führen, davon zu unterrichten, dass das SPD-Frauenbüro hinter den Vorschlägen stehe und großen Wert darauf lege, dass diese drei Frauen auch gewählt würden. Für die politische Frauenarbeit der SPD sei es wichtig, dass eine Genossin wie Liesel Kipp-Kaule, »auf die man sich wirklich verlassen kann und der die Frauenarbeit am Herzen liegt«, auf einen solchen Vorstandsplatz komme.[30] Marta Sieger vom Freien Gewerkschaftsbund Hessen wies in ihrer Rede beim ersten Bundeskongress darauf hin, dass es den Frauen zugestanden worden sei, »eine Frau in den Bundsvorstand schicken zu dürfen«.[31] Sie plädierte dafür, dass Liesel Kipp-Kaule in den Geschäftsführenden Bundesvorstand des DGB gewählt würde, da sie schließlich der Gewerkschaft angehöre, die die meisten Frauen organisiere. Zudem begründete sie die Kandidatur damit, dass Liesel Kipp-Kaule bereits vor 1933 in der Gewerkschaftsbewegung gestanden habe. Sie appellierte an die Männer, dem Wahlvorschlag der Frauen zu folgen, und wies darauf hin, »dass wir Frauen am besten wissen müssen, wer uns hilft, weiter zu wachsen und zu lernen – auf dass alle Frauen eines Tages einmal selbstständig entscheiden und neben den Männern gleichberechtigt stehen können«.[32] Ihr Plädoyer und auch die nachfolgenden Reden von Josefine Halein, Gewerkschaft HBV, und Anita Winkelmann, DGB der Britischen Zone, die in die gleiche Richtung gingen, nützten nichts. Der mächtigere Hans Böckler, Vorsitzender des DGB für die Britische Zone, setzte sich mit seinem Vorschlag, Thea Harmuth zu wählen, durch. Begründet hat er dies unter anderem damit,

---

29 Vgl. den Brief der Leiterin des SPD-Frauenbüros Herta Gotthelf vom 17.9.1949 an die Bezirkssekretariate, in: AdsD, Sammlung Personalia Liesel Kipp-Kaule.

30 Ebd.

31 Siehe DGB-Bundeskongress 1949, Protokoll, S. 235.

32 DGB-Bundeskongress 1949, Protokoll S. 237. Vgl. hierzu auch *Karin Derichs-Kunstmann*, Frauen in der Männergewerkschaft – Zur Geschichte der Gewerkschaften in der Nachkriegszeit unter dem Gesichtspunkt des Geschlechterverhältnisses. In: *Deutscher Gewerkschaftsbund* (Hrsg.), »Da haben wir uns alle schrecklich geirrt ...« Die Geschichte der gewerkschaftlichen Frauenarbeit im Deutschen Gewerkschaftsbund von 1945 bis 1960. Pfaffenweiler 1993, S. 63-130; hier S. 96 f.

dass Liesel Kipp-Kaule, die gerade in den ersten Deutschen Bundestag gewählt worden war, nicht voll für die Arbeit zur Verfügung stünde – eine Begründung, die für männliche Bundestagsabgeordnete nie verwendet wurde. Ausschlaggebend für seine Empfehlung dürfte daher sein, dass er, wie er in seiner Rede ebenfalls betonte, mit seinem Vorschlag noch einen anderen Zweck verfolgt hatte, nämlich »der christlichen Richtung eine etwas stärkere Position im künftigen größeren Bundesvorstand einzuräumen, als sie bis jetzt innehatte«.[33] Die Wahl ergab 276 Stimmen für Thea Harmuth, die aus den Christlichen Gewerkschaften kam, und 197 für Liesel Kipp-Kaule.

Nachträgliche Kommentare verweisen darauf, dass Hans Böckler seine Autorität und seine vermeintlich höhere Einsicht in Sachzwänge ausgespielt hat und sich damit durchsetzen konnte. Die Absprachen der Frauen waren umsonst gewesen. Mit der Wahl von Thea Harmuth konnten zwei Fliegen mit einer Klappe geschlagen werden: Der Anspruch der Einbeziehung einer Frau in den Bundesvorstand wurde ebenso erfüllt wie gleichzeitig das Prinzip der Berücksichtigung der christlichen Gewerkschafter.[34] Die Zahl der Frauen in diesem Gremium zu erhöhen stand überhaupt nicht zur Diskussion. Bis zum Jahr 1982 gab es immer nur eine Frau im Geschäftsführenden Bundesvorstand des DGB; ähnlich sah es in den meisten Mitgliedsgewerkschaften noch bis in die 90er Jahre aus.[35] Liesel Kipp-Kaule, die zu den aktivsten Gewerkschafterinnen in der Britischen Besatzungszone gezählt wurde,[36] war, so lange sie lebte, über diesen Vorgang verärgert.[37]

Der gewerkschaftlichen Frauenarbeit blieb Liesel Kipp-Kaule freilich treu. Als Mitglied des Bundesfrauenausschusses des DGB war sie als Mitarbeiterin und Beraterin beliebt. Auf dem Bundeskongress ihrer Gewerkschaft GTB im Juli 1955 leitete sie die Versammlung. Das Zentralorgan des DGB, »Welt der Arbeit«, konnte nicht umhin zu kommentieren, dass sie bewiesen habe, dass »auch eine Frau« einen Kongress klug und sicher leiten könne.[38] 58 % der Mitglieder der GTB waren zu dieser Zeit weiblich, und viele hatten durch ihr Engagement am Wiederaufbau bewiesen, dass Frauen (mindestens) ebenso gute Gewerkschafter sein konnten wie Männer.

33 *Deutscher Gewerkschaftsbund, Der Bundesvorstand* (Hrsg.), Gründungskongress des Deutschen Gewerkschaftsbundes, München 12. bis 14. Oktober 1949, Reprint Köln 1949, S. 238.

34 Siehe auch Lucie Kurlbaum-Beyer, damals Frauensekretärin des Landesbezirks Hessen im DGB und ebenfalls SPD-Bundestagsabgeordnete, im Interview mit der Verfasserin am 15.6.1999.

35 Vgl. *Wiebke Buchholz-Will*, Wann wird aus diesem Traum Wirklichkeit? Die gewerkschaftliche Frauenarbeit in der Bundesrepublik, in: *Florence Hervé* (Hrsg.), Geschichte der Deutschen Frauenbewegung, Köln 1995, S. 185-208, hier S. 188.

36 Vgl. Knoblich 1999, S. 74.

37 Bei gewerkschaftlichen Frauenveranstaltungen wird der Vorgang heute noch oft mit Missfallen erzählt.

38 Liesel Kipp-Kaule 50 Jahre.

Arbeit im Bundestag (1949–1965)

*»Können wir von diesen Männern und Frauen erwarten,
dass sie Arbeitnehmerinteressen vertreten?«*[39]

Liesel Kipp-Kaule wurde über die Landesliste Nordrhein-Westfalen in den ersten Deutschen Bundestag gewählt. Sie war als Gewerkschafterin »über einen Sonderstatus als Frau der Gewerkschaften« nominiert worden.[40] Der Parteivorsitzende Kurt Schumacher hatte ihren Namen genannt, als es darum ging, dass eine Repräsentantin der berufstätigen Frauen für die zukünftige SPD-Bundestagsfraktion gesucht wurde. Sie wurde gefragt und stellte sich für den Wahlkampf zur Verfügung.[41] Auffallend ist, dass sie, obwohl sie hauptamtlich im geschäftsführenden Hauptvorstand der Gewerkschaft Textil-Bekleidung-Leder saß, offensichtlich als »Hausfrau« kandidierte.[42] Ihre Partei delegierte sie in der 1. bis 3. Wahlperiode als Ordentliches, in der 4. Wahlperiode bis März 1962 als Stellvertretendes, danach erneut als Ordentliches Mitglied in den Ausschuss für Arbeit. In der 1. Wahlperiode gehörte sie zudem als Ordentliches, in der 2. Wahlperiode als Stellvertretendes Mitglied dem Ausschuss für Finanz- und Steuerfragen an. Als Ordentliches Mitglied arbeitete sie zudem im Untersuchungsausschuss zur Überprüfung der Verhältnisse auf dem Gebiet des Kraftstoffvertriebes mit und war Stellvertretendes Mitglied des Ausschusses für Sozialpolitik, in der 2. Wahlperiode des Ausschusses für Beamtenrecht, in der 3. und 4. Wahlperiode des Ausschusses für Familien- und Jugendfragen. Für den Ausschuss für Familien- und Jugendfragen war sie Stellvertretende Vorsitzende. Neben ihrer Arbeit im Bundestag vertrat sie weiter die Interessen der Kolleginnen und Kollegen in vielen Gremien der Gewerkschaft Textil und Bekleidung und des Deutschen Gewerkschaftsbundes sowie im Verwaltungsrat der Bundesanstalt für Arbeitsvermittlung und Arbeitslosenversicherung.

Die Nöte und Sorgen der arbeitenden Bevölkerung waren ihr vertraut, und die Diskriminierung von Frauen am Arbeitsplatz hatte sie »als blutjunges Mädchen« selbst erfahren.[43] Ihre proletarische Herkunft und die Arbeit an Maschine und Fließband hatten sie geprägt, und das hat sie offensichtlich auch nie verleugnet oder gar vergessen. In ihre Arbeit im Bundestag brachte sie einen reichhaltigen Erfahrungsschatz aus ihrer beruflichen und gewerkschaftspolitischen Arbeit ein. Sie wurde als eine kleine und energische Frau mit blauen Augen und Herrenschnitt, entschlossen in ihrer Art, ohne aggressiv zu sein, bezeichnet.[44] Ihrem ungewöhnlichen Lebenslauf entsprach die Lebensform, die sie

39 Arbeitnehmerfeindliche Haltung der Bundesregierung heftig kritisiert, in: Freie Presse vom 23.11.1959.

40 Eilers, S. 91.

41 Brief von Bernhard Link, Gewerkschaftssekretär, jetzt Industriegewerkschaft Metall, an die Verfasserin, ohne Datum (April 2002).

42 DPD-Brief Inland vom 25.8.1949, Archiv der Sozialen Demokratie, Sammlung Personalia Liesel Kipp-Kaule.

43 »Dem arbeitenden Menschen gilt ihre ganze Kraft«.

44 Kipp-Kaule of Bielefeld.

sich suchte: In Bielefeld lebte sie mit Martha Bölter und Gerda Grube in einer Frauenwohngemeinschaft. Sie hatte einen Pflegesohn, Erwin Hofmeister[45], und wenn sie sich in Bonn aufhielt, wohnte sie mit der Gewerkschaftskollegin Clara Döhring und mit Emmy Meyer-Laule, der Tochter eines Großbauern, gemeinsam in einer Wohnung, in der sie von der älteren Vermieterin liebevoll umsorgt wurden.[46]

Während ihrer Arbeit im Bundestag sah sie ihre Hauptaufgabe in der Verwirklichung der Sozialstaatsgarantie und des Gleichberechtigungsgrundsatzes des Grundgesetzes. Sie kämpfte für die Gleichberechtigung der Frauen in allen Lebensbereichen, für gleichen Lohn bei gleichwertiger Arbeit und für die Verbesserung der Frauenerwerbsarbeit. In der Jugend- und Sozialpolitik richtete sie ihr Hauptaugenmerk auf bessere Ausbildungsbedingungen der weiblichen Lehrlinge. Die Gewerkschaft Textil und Bekleidung sah in der Bundestagsarbeit von Liesel Kipp-Kaule nicht nur eine erhebliche Erweiterung der persönlichen Einwirkungsmöglichkeiten eines herausragenden Mitglieds, sondern auch einen großen Vorteil zur Durchsetzung von Gewerkschaftsinteressen im Bundestag.[47] Liesel Kipp-Kaule konnte jetzt an maßgeblicher Stelle Gesetzesvorlagen sachkundig unterstützen und deren Verabschiedung beeinflussen.

Eine ihrer herausragenden Leistungen im Bundestag war die Durchsetzung wichtiger gewerkschaftlicher Forderungen bei der Formulierung und Verabschiedung des ersten Mutterschutzgesetzes. Im Oktober 1949 begründete sie im Bundestag den SPD-Antrag zur schnellstmöglichen Vorlage eines Gesetzes zum Schutze der Mütter, das den Bedürfnissen und Anforderungen der Zeit Rechnung tragen sollte, um die werdende Mutter und das Kind vor Gefahren an Leben und Gesundheit zu schützen.[48] Sie berief sich dabei auf Art. 6 des Grundgesetzes, in dem es heißt: »Jede Mutter hat Anspruch auf den Schutz und die Fürsorge der Gemeinschaft.« Um die Umsetzung dieses Artikels zu gewährleisten, hielt sie ein Gesetz für notwendig, durch das in Zukunft wirklich für »jede Mutter« der Schutz und die Fürsorge der Gemeinschaft in vollem Umfange gewährleistet ist. Das von den Alliierten wegen seiner nationalsozialistischen Zielsetzung außer Kraft gesetzte Gesetz zum Schutz der erwerbstätigen Mutter vom 17.5.1942 erfüllte diese Voraussetzungen nicht. Liesel Kipp-Kaule hatte bereits 1948 die Entscheidung der Alliierten, die durch das Gesetz von 1942 festgelegten Leistungen einfach auszusetzen, heftig kritisiert und damals ihrer Verärgerung mit den Worten Ausdruck verliehen, »dass wohl Frauen als erste fühlen sollten, dass wir den Krieg verloren haben«.[49] Nun stand der Bundestag nach

45 Mitteilung Stadtarchiv Bielefeld vom 22.3.2002.

46 Die Tochter Emmy Meyer-Laules, Annemie Deboben, bewunderte Liesel Kipp-Kaule, als »Urperson«, die aus dem Arbeitermilieu kam und für sie als Beamtentochter eine andere Welt verkörperte. Interview mit Annemie Deboben am 16.2.2002. Siehe auch die Biographien von Clara Döhring und Emmy Meyer-Laule in diesem Band, S. 190-204 und S. 374-386.

47 Liesel Kipp-Kaule feierte 85. Geburtstag, in: Textil und Bekleidung, H. 3/1991.

48 Protokoll 1. Deutscher Bundestag 1949, Drucksache Nr. 1182.

49 Liesel Kipp-Kaule für die IG Textil-Bekleidung-Leder, Hauptvorstand in der Britischen Zone, an die Schul- und Erziehungsverwaltung, Frauenfragen, Berlin, 21. Jan. 1948, zit. nach *Robert G. Moeller,* Geschützte Mütter, Frauen und Familien in der westdeutschen Nachkriegspolitik, München 1997, S. 249.

ihrer Meinung in der Pflicht, diese Ungerechtigkeit rückgängig zu machen, indem er den Mutterschutz – allerdings in wirksamerer Form – wieder in Kraft setzte. Sie wollte, dass mit einem solchen Gesetz schwangere Frauen vor Kündigung und Entlassung geschützt würden. Diese Frauen sollten von Arbeiten, die zu hohe körperliche Anforderungen stellten, ausgenommen werden, ihre Arbeitszeit sollte reduziert werden. Vor und nach der Niederkunft sollte ihnen ein jeweils sechswöchiger Schwangerschaftsurlaub gegen volle Bezahlung gewährt werden und ihnen sollte nach Ende des Mutterschaftsurlaubs die Rückkehr auf den gleichen Arbeitsplatz garantiert werden. Stillenden Müttern sollten zusätzliche Arbeitspausen gewährt werden. Darüber hinaus forderte sie die Ausweitung des Geltungsbereichs auch auf die in der Hauswirtschaft, der Heimarbeit und in der Landwirtschaft tätigen Frauen. Die Bundesregierung hatte zwar in ihrer Antwort auf diesen Antrag versprochen, »in aller kürzester Zeit« einen Entwurf vorzulegen. Da das aber nach neunmonatelangem Warten nicht geschehen war, legte die SPD-Fraktion einen eigenen Entwurf vor. Danach sollten *alle* schwangeren Frauen, auch die Frauen, die in keinem Arbeitsverhältnis standen, in den Schutzbereich des Gesetzes einbezogen werden.

Sieht man sich den Entwurf heute an, so fällt auf, dass er nicht nur ›Frauenarbeit‹ weit fasste, indem er Frauen aus allen Arbeitsverhältnissen schützen wollte, sondern auch eine für das Bundesgebiet einheitliche Regelung für Kindertagesstätten (§ 9) enthielt, »um eine ausreichende Betreuung von Kindern erwerbstätiger Mütter sicherzustellen«. Danach sollte der Bundesarbeitsminister bestimmen können, dass die Gemeinden Kindertagesstätten errichten oder zu den Kosten der Errichtung beitragen müssen.[50] Als ein solcher Entwurf am 27.7.1950 vorgelegt wurde, war es Liesel Kipp-Kaule, die ihn im Bundestag begründete.[51] Sie zeigte in ihrer Rede die historische Entwicklung von Kinder- und Mutterschutz auf und verwies auf die zu allen Zeiten hohe Säuglingssterblichkeit. Sie schätzte, dass die unzulängliche Fürsorge vor und nach der Niederkunft der Frauen im Kaiserreich dazu geführt habe, dass 17 Millionen Kinder im Säuglingsalter verstorben seien, was die Sozialdemokratie immer angeprangert habe.[52] Offensichtlich wollte sie mit diesem historischen Rückblick aufzeigen, dass der Mutterschutz keine Erfindung der Nationalsozialisten war, sondern dass sich die Nationalsozialisten eine sozialdemokratische Tradition angeeignet und diese pervertiert hatten. Sie machte darauf aufmerksam, dass Forderungen nach Säuglings- und Mutterschutz zu allen Zeiten damit abgetan worden seien, dass angeblich das Geld für die Umsetzung fehle. Das führte sie auf eine nach ihrer Meinung falsche Prioritätensetzung zurück: »Wenn alle Milliarden Steuern, die nicht allein von den Besitzenden, sondern auch von den breiten Massen der arbeitenden Bevölkerung aufgebracht wurden, nur dazu bestimmt waren, Maschinen und Institute zu schaffen, die dem Zweck dienten, Menschen zu töten, so war natürlich kein Geld vorhanden, wenn es sich darum drehte, Institute zu schaffen, die dem Zweck dienen

50 Gesetzentwurf, zit. nach: Antrag zum Mutterschutzgesetz, in: Gleichheit Nr. 9/September 1950, S. 271-272; hier S. 272.

51 Protokoll, 1. Deutscher Bundestag, 80. Sitzung, 27. Juli 1950, Drucksache Nr. 1182, S. 2997 f.

52 Ebd.

sollten, Menschen am Leben zu erhalten.« Während sie das Gesetz erläuterte, kam sie darauf zu sprechen, dass es sich hier um eine ›Frauenfrage‹ handele. Sie erinnerte, dass »die besitzenden Kreise unseres Volkes« zu jeder Zeit bereit gewesen seien, sozialpolitisch tätig zu werden, »wenn es sich darum drehte, ihre Interessen auf den Schlachtfeldern zu vertreten.« Sei es jedoch um die Interessen der lohnabhängigen Frauen und Mütter gegangen, so habe sich wenig Handlungsbereitschaft gefunden.

Die Arbeitgeber distanzierten sich in ihrem offiziellen Organ umgehend von dem Vorwurf, dass die »besitzenden Kreise« die Frauen ausbeuten wollten, statt ihnen zu helfen, und versicherten, dass es sich die »deutschen Arbeitgeber (...) eh und je zu einer Ehrenpflicht gemacht (hätten), den erwerbstätigen Frauen und Müttern ein besonderes Maß an sozialem Schutz angedeihen zu lassen.«[53] Dennoch zeigte sich bereits bei der ersten Lesung, dass die Regierungsparteien nicht gewillt waren, das durch die SPD eingebrachte Gesetz zu verabschieden. Ganz besonders wandten sie sich gegen die Einbeziehung der Hausgehilfinnen in den Mutterschutz. Sie vertraten ganz die Partei der arbeitgebenden ›Hausherrinnen‹, denen die finanzielle Belastung für die Einstellung von Ersatzkräften während des Mutterschutzes »ihrer« Hausangestellten oder »ihres« Kindermädchens nicht zugemutet werden sollte. Andererseits sollten Hausgehilfinnen jederzeit von der Herrschaft gekündigt werden können, auch wenn sie schwanger waren. Konservative Politiker scheuten sich nicht einmal, zu behaupten, dass eine schwangere Haushaltshilfe die moralische Erziehung der Kinder gefährden könne und es daher besser sei, wenn »Heime der caritativen Organisationen die schutzbedürftigen Hausgehilfinnen aufnehmen« würden. Dieses Argument war selbst den »anwesenden Medizinern« aus ihren eigenen Reihen zu viel. Sie stimmten mit der SPD für die Einbeziehung der Hausgehilfinnen.

Interessanterweise sollten zunächst auch Beamtinnen Sonderregelungen erhalten. Hier bezogen sich die Abgeordneten der Regierungsparteien auf das Postministerium, das es für technisch undurchführbar hielt, dass die Nachtarbeit werdender oder stillender Mütter im Telefon- und Telegrafendienst eingeschränkt werde.[54]

Dass sich die SPD-Fraktion in den meisten Fragen durchsetzen konnte und 1952 – trotz einiger Kompromisse – ein ihren Vorstellungen weitgehend entsprechendes Gesetz vom Bundestag verabschiedet wurde, das nicht nur ausreichende Schutzfristen vor und nach der Geburt enthielt, sondern auch ein Verbot der Akkordarbeit für werdende Mütter, war vor allem Liesel Kipp-Kaules persönlichem Einsatz zu verdanken. »Sie wissen, dass Hunderttausende von Frauen seit zwei Jahren auf diese Stunde warten und uns allen dafür dankbar sein werden, dass es nun endlich so weit ist, dass sie nicht den willkürlichen Maßnahmen von Behörden, Krankenkassen und Arbeitgebern ausgesetzt sind«, erklärte sie kurz vor der Verabschiedung des Gesetzes durch den Bundestag.[55] Marta Schanzenbach bezeichnete das Gesetz in einer Rede als »wohl unser vorbildlichstes

53 Der Arbeitgeber vom 15.2.1951, S. 6.

54 *Liesel Kipp-Kaule,* Der Kampf um das Mutterschutzgesetz, in: Gleichheit, Nr. 1/1952, S. 37-43.

55 Protokoll 1. Deutscher Bundestag, 180. Sitzung, 12.12.1951, S. 7529.

soziales Gesetz«.[56] Das sagte sie, obwohl die Forderung, dass *alle* Frauen ein Recht auf die Leistungen des Gesetzes haben sollten, von der SPD aufgegeben worden war. Das ›vorbildliche soziale Gesetz‹ wurde schon fünf Jahre später – die SPD hatte ein neues Frauenprogramm verabschiedet – von Liesel Kipp-Kaule kritisiert, weil es für Hausgehilfinnen und Tagesmädchen noch immer eine kürzere Schonfrist vor der Niederkunft vorsah als für andere Arbeitnehmerinnen. Zudem konnte die Schonfrist für Dienstmädchen durch ›freiwillige Arbeitsleistung‹ der Betroffenen umgangen werden. Liesel Kipp-Kaule sah darin noch immer eine eindeutige Diskriminierung der in fremden Haushalten arbeitenden Frauen. Auch mit dem Verbot nur einiger Arten von Akkordarbeit war sie nicht mehr einverstanden, weil die entsprechende Vorschrift den Nachsatz enthielt: »wenn die durchschnittliche Arbeitsleistung die Kräfte werdender Mütter nicht übersteigt«. Gerade in der Textil- und Bekleidungsindustrie, deren Arbeitsbedingungen ihr nicht nur vertraut waren, sondern deren Produktionssteigerung innerhalb der letzten Jahre sie anhand von Zahlen nachweisen konnte, war die erwartete Arbeitsleistung erheblich gestiegen, so dass es dringend notwendig erschien, die Akkordarbeit für alle Mütter zu verbieten. Ferner sollte bei einer Überarbeitung des Gesetzes der Verdienstausfall bei Schichtarbeiterinnen geregelt und die Anpassung an die damalige Verkürzung der Arbeitszeit gewährleistet werden.[57]

Aus frauenpolitischer Sicht wurde das Mutterschutzgesetz, wie alle besonderen Schutzgesetze für Frauen, immer zwiespältig diskutiert: Einerseits erhielten schwangere Frauen Schutz vor willkürlicher Behandlung durch die Arbeitgeber, und sie wurden besser in die Lage versetzt, beide Aufgaben, Mutterschaft und Beruf, zu vereinbaren. Andererseits wurden erwerbstätige Frauen per se zu besonders schutzbedürftigen Wesen erklärt, und die Probleme erwerbstätiger Frauen konnten auf die Probleme erwerbstätiger Mütter reduziert werden. Die von der SPD eingebrachten Vorschläge, das Mutterschutzgesetz möge auch für Kindertagesstätten Vorkehrungen treffen, wurden zu keinem Zeitpunkt ernsthaft diskutiert, auch nicht in den eigenen Reihen. Zu tief verwurzelt war die Ideologie der tiefgehenden Bindung des Kindes an die (eigene) Mutter, die das Primat der Hausversorgung notwendig machte. An den gelebten Realitäten, besonders der Arbeitermütter, ging dies freilich bereits damals vorbei. Auch Liesel Kipp-Kaule hatte schon bei der ersten Bundesfrauenkonferenz des DGB, die im Mai 1952 in Mainz stattfand, die Frage gestellt: »Wo finden wir heute noch eine echte Mutter?« Und sie bedauerte zugleich: »Die Frauen sind berufstätig, kommen abends müde nach Hause, haben für ihre Kinder kein Lächeln mehr auf den Lippen. Zu Hause wartet dann noch die Hausarbeit.« Daraus leitete sie den mit der Forderung nach dem Recht der Frauen auf Erwerb ganz und gar nicht zu vereinbarenden Wunsch ab: »Ich würde es gerne sehen, (...) wie wir wieder den Menschen bekommen, den wir vermissen.«[58] Mit diesem Wunsch

56 *Marta Schanzenbach:* Frauen, Mütter, Familien in der heutigen Gesellschaft, in: Protokoll zur Bundeskonferenz des DGB vom 12. bis 14. Mai 1955 in Dortmund, S. 165-204; hier S. 175.

57 *Liesel Kipp-Kaule,* Arbeitsschutz, in: Gleichheit Nr. 8/August 1957, S. 301-302.

58 *Deutscher Gewerkschaftsbund, Bundesvorstand, Hauptabteilung »Frauen«* (Hrsg.), 1. Bundesfrauenkonferenz des DGB, Mainz, 27.-29. Mai 1952 – Protokoll – Düsseldorf o.J., S. 185.

nach der »echten Mutter« war sie nicht alleine, viele Frauen – auch berufstätige Mütter, Gewerkschafterinnen und SPD-Politikerinnen – teilten diese Zielsetzungen. Die Leitidee der »Normalfamilie«, die die Grundlage für die Familienpolitik und die Familienrechtsreform abgegeben hatte, war auch in ihren Köpfen.[59]

Dennoch übersah Liesel Kipp-Kaule die Realitäten nicht, und sie wurde nicht müde, für Chancengleichheit der Frauen im Berufsleben, gleiche Entlohnung bei gleicher Arbeit und bessere Arbeitsbedingungen für Frauen zu kämpfen. In Rahmen einer Rede anlässlich der Zentralen Frauenkonferenz der SPD im Mai 1953 in Köln sprach sie zur »Frauenerwerbsarbeit«.[60] In einer technisierten und rationalisierten Wirtschaft mit großem Arbeitstempo und modernen Arbeitsmethoden setzte sie sich für die Durchsetzung der 40-Stunden-Woche ein. Sie forderte eine qualifizierte Berufsausbildung für junge Mädchen und wandte sich gegen die Schaffung von Lehr- und Arbeitsstellen in Privathaushalten, die von konservativen Kreisen immer wieder als Allheilmittel gegen Erwerbslosigkeit angeboten würden.[61] Im Zusammenhang mit ihrem Referat wurden auf der Konferenz Anträge auf »gleichen Lohn für gleiche Arbeit« sowie »gegen die Auswüchse der Rationalisierung und Technisierung« durch mehr Mitbestimmung auf allen betrieblichen Ebenen, Verkürzung der Arbeitszeit, Ausbau von Gewerbeaufsicht und Gewerbemedizin und Anerkennung von weiteren Berufserkrankungen, die durch hochtechnisierte Arbeitsbedingungen entstehen, verabschiedet. Auch die Initiativen »Mutterschutz für alle«, das hieß auch für diejenigen Frauen, die nicht in einem bezahlten Arbeitsverhältnis stehen, »Steuerklasse II für alle über 50-jährigen Alleinstehenden«, »Abschaffung der gemeinsamen Besteuerung berufstätiger Eheleute«, »Mehr Frauen in den öffentlichen Dienst« gingen auf ihr Referat zurück.[62]

An anderer Stelle setzte sich Liesel Kipp-Kaule für die Beibehaltung des Hausarbeitstages in Nordrhein-Westfalen ein, der durch einen Gesetzentwurf der CDU/CSU-Fraktion im Deutschen Bundestag für alle Bundesländer abgeschafft werden sollte.[63] In Bezug auf den Hausarbeitstag vertrat sie klar die Meinung, dass sich die Forderung nach Gleichberechtigung und besonderen Regelungen für Frauen nicht ausschlössen. Bereits bei der gewerkschaftlichen Zonenfrauenausschusssitzung vom 4./5. September 1947

59 Zur weiteren Reformierung des Mutterschutzgesetzes siehe die Biographie von Grete Rudoll in diesem Band, S. 421-434.

60 Vgl. die Ankündigung für diese Konferenz, die vom 29. bis 31.5.1953 in Köln statt fand: Zentrale Frauenkonferenz, in: Gleichheit Nr. 3/März 1953, S. 77, und den Bericht: Zentrale Frauenkonferenz in Köln, in: Gleichheit Nr. 7/Juli 1953, S. 217-225.

61 Damals waren sich der Deutsche Gewerkschaftsbund und die Industriegewerkschaft Nahrung und Genuss einig, indem sie sich gegen die hauswirtschaftliche Lehre in privaten Haushalten aussprachen. Die SPD hatte zu dieser Zeit in ihrem Aktionsprogramm für die erwerbstätige Frau die Forderung aufgestellt: »Die Sozialdemokratische Partei erstrebt auch für die Frau das Recht auf einen Arbeitsplatz und Zugang zu allen Berufen, die ihren Fähigkeiten und Neigungen entsprechen.« Vgl. den Bericht: Zentrale Frauenkonferenz in Köln.

62 Ebd., S. 220 f.

63 Zur Auseinandersetzung um den Hausarbeitstag siehe *Manfred Gundlach*, Hausarbeitstag-Regelung in bundeseinheitlicher Sicht, Universität Münster, Diss. 1958.

hatte sie damit argumentiert, dass es allein volkswirtschaftlich gesehen berechtigt sei, wenigstens einmal im Monat den Frauen mit eigenem Haushalt einen bezahlten Hausarbeitstag zu gewähren, denn ihnen falle die Aufgabe zu, die volkswirtschaftlichen Werte durch pflegliche Behandlung zu erhalten.[64] Der Hausarbeitstag kam nur erwerbstätigen *Frauen* zugute.

Andere Gewerkschafterinnen und Frauen der bürgerlichen Bewegungen kritisierten den Hausarbeitstag, weil er Frauen zu einem Sonderstatus verhelfe und ihnen daher mehr schade als nutze. Zudem zementiere er die geschlechterspezifische Arbeitsteilung und sei mit dem Verfassungsversprechen auf Gleichberechtigung nicht vereinbar. Schließlich gehe es um den gemeinsamen Kampf von Frauen und Männern für kürzere Arbeitszeiten.[65]

Für Liesel Kipp-Kaule war die Ablehnung des Hausarbeitstages ein weiteres Indiz für die arbeitnehmerfeindliche Haltung der Bundesregierung. Als ebenso arbeitnehmerfeindlich geißelte sie die damals beabsichtigte Reform der Krankenversicherung, die »den minderbemittelten Bevölkerungsteil« durch zusätzliche Abgaben für Arztbesuche, Krankenhausaufenthalt und Verschreibung von Medikamenten belasten sollte. Einen solchen Gesetzentwurf bezeichnete sie als unsozial. In anderen Reden äußerte sie sich zur Kohlenmisere und sprach zu den hohen Lebensmittelpreisen. Immer wieder betonte sie, dass alle Arbeitnehmerinnen und Arbeitnehmer in einem Boot säßen und sich nicht gegeneinander ausspielen lassen sollten, wenn es darum gehe, das Ziel des sozialen Fortschritts zu erreichen.[66]

Kein Wunder, dass sie sich auch dafür einsetzte, dass Bildung kein Privileg für »bevorzugte Kreise« bleiben solle, hatte sie doch selbst viele Entbehrungen auf sich genommen, um sich neben ihrer Berufsarbeit weiterzubilden. Bildung war für sie ein wichtiges Vehikel zu einer neuen Welt des Friedens und der Völkerverständigung. Künftige Auseinandersetzungen sollten ohne Waffen und »nur auf geistigem Gebiet ausgetragen werden«.[67] Schon damals befürchtete sie, dass die Kinder, die in der Bundesrepublik aus der Volksschule entlassen würden, in ihrem Bildungsstand rückständig seien. Sie zog Vergleiche mit den »Ostblock- und Satellitenländern« und verwies auf die dringende Notwendigkeit einer Bildungsreform.[68]

Dass die Forderung nach gleichem Lohn für gleiche Arbeit, obwohl in Art. 3 Abs. 2 des Grundgesetzes gleiche Rechte festgelegt waren, nicht eingelöst wurde, war für sie ein Skandal. In einem Beitrag auf der Frauenkonferenz des SPD-Parteivorstandes vom 6. und 7. Mai 1950 machte sie den Vorschlag, wegen der noch nicht erfolgten Gleichstellung der Frau in der Wirtschaft ein zusätzliches Gesetz zum Art. 3 Abs. 2 des Grundge-

64 Bericht: Zentrale Frauenkonferenz, S. 220 f.

65 Zum gewerkschaftlichen Kampf um Arbeitszeitverkürzung nach den Interessen der Frauen vgl. *Gisela Notz,* Mehr Zeit zum Schaffen, Träumen, Kämpfen. Für eine feministische Arbeitszeitpolitik, in: *Eckart Hildebrandt/Eberhard Schmidt/Hans Joachim Sperling* (Hrsg.), Arbeit zwischen Gift und Grün. Kritisches Gewerkschaftsjahrbuch 1985, S. 127-136.

66 Arbeitnehmerfeindliche Haltung der Bundesregierung heftig kritisiert.

67 Bildung – kein Primat für bevorzugte Kreise, in: Freie Presse vom 4.2.1963.

68 Arbeitnehmerfeindliche Haltung der Bundesregierung heftig kritisiert.

setzes zur »Ökonomischen Gleichstellung« zu schaffen, weil die Frauenlöhne immer noch niedriger als die Männerlöhne seien und die Unternehmer eine Diskussion darüber ablehnten. In dieser Ungleichbehandlung sah sie einen Verstoß gegen die Gleichberechtigung, zumal die Wirtschaft ohne die Beteiligung der Frauen nicht existieren könne. So seien die Arbeitsplätze in der Elektroindustrie beinahe ausschließlich durch Frauen besetzt. Auch würden die Unternehmen ständig gegen die Arbeitsschutzbestimmungen für Frauen verstoßen. Besonders prekär seien die Arbeitsbedingungen in der Textil- und Bekleidungsindustrie, ebenfalls eine Frauendomäne, die sie selbst sehr gut kannte. Einzelakkord und Fließbandarbeit, durch die der Mensch seinen eigenen Rhythmus verliere, würden gesundheitliche Schäden verursachen.[69]

Bei der Zentralen Frauenarbeitstagung der SPD, die am 30./31. August 1952 in Berlin stattfand, sprach Liesel Kipp-Kaule neben Lisa Korspeter, Luise Herklotz, Louise Schroeder, Beate Reiser und Herta Gotthelf im Rahmen einer großen öffentlichen Kundgebung im Studentenhaus in Westberlin. An der Veranstaltung unter dem Motto »Das ganze Deutschland soll es sein« waren Sozialdemokratinnen aus Ost- und Westberlin beteiligt. Einen breiten Raum nahm die Diskussion um die Stellung der erwerbstätigen Frau in der DDR ein. In einer verabschiedeten Resolution »an die Frauen der Ostzone« forderten die anwesenden Frauen »die Schaffung eines freien und sozial gerechten Gesamtdeutschlands«. Zugleich warnten sie in einem Appell die Frauen in der Bundesrepublik davor, »den falschen Friedensparolen kommunistischer Tarnorganisationen Gehör und Vertrauen zu schenken«. Das Ziel eines »Deutschland in Einheit und Freiheit« könne nur erreicht werden, indem die Frauen zusammen mit der Sozialdemokratie für eine soziale Neuordnung als beste Sicherheit für den Frieden arbeiteten.[70]

Nicht selten wurde während ihrer Bundestagszeit Liesel Kipp-Kaules »gute rednerische Begabung« gelobt.[71] Vor allem in den Ausschüssen, in denen sie tätig war, setzte sie sich unerbittlich für die Zu-kurz-Gekommenen ein. Bald genoss sie den Ruf einer erfahrenen »einsatzbereiten und kenntnisreichen Frau«[72], die stets bereit war, sich für das Wohl ihrer Mitmenschen einzusetzen, die Auseinandersetzungen auf dem glatten Bonner Parkett aber nicht scheute. Das Einbringen offensiver gewerkschaftspolitischer Anliegen zeichnete sie gegenüber vielen ihrer Kolleginnen im Bonner Bundestag aus. Die »Sozialistische Rundschau« jedenfalls vertrat die Meinung, dass »mehr solcher Politikerinnen der

69 Notizen zur SPD-Frauenkonferenz am 6. und 7. Mai 1950 in Düsseldorf aus dem Notizbuch von Lisa Albrecht, Nachlass August und Lisa Albrecht, Archiv der sozialen Demokratie, Bonn. Ein Gleichstellungsgesetz für die Privatwirtschaft ist bis heute nicht verabschiedet, obwohl es im Koalitionsvertrag der rot-grünen Koalition 1998 vereinbart war. Vgl. *Gisela Notz,* Die unendliche Geschichte von der (nicht verwirklichten) Gleichberechtigung der Frauen in der Wirtschaft, in: *Friedrich-Ebert-Stiftung* (Hrsg.), Zur Vereinbarung zwischen Bundesregierung und Spitzenverbänden der deutschen Wirtschaft zur Förderung der Chancengleichheit von Frauen und Männern in der Privatwirtschaft, Bonn 2002, S. 23-26.

70 Zentrale Frauenarbeitstagung in Berlin, in: Gleichheit Nr. 10/1952, S. 314-316.

71 Liesel Kipp-Kaule, Artikel vom 28.8.1965.

72 Liesel Kipp-Kaule, Bielefeld, in Freie Presse Bielefeld vom 28.8.1965, AdsD, Sammlung Personalia Liesel Kipp-Kaule.

Tatkraft wie Liesel Kipp-Kaule« gebraucht würden, um den Menschen in der Bundesrepublik zu besseren Arbeits- und Lebensbedingungen zu verhelfen.[73] Ihr wurde bescheinigt, dass ihr als Frau der »männliche Schneid« zu handeln nicht abgehe, sie aber auch in der Lage sei, »der schönsten dialektischen Anwandlung eines ihrer Parlamentskollegen zu folgen und ihr in derb-westfälischer Art die ungekünstelte Abfuhr zu erteilen.«[74] Hervorgehoben wurde immer, dass sie nicht nur mit »klarem Verstand«, sondern auch »mit heißem Herzen« für ein besseres Leben der Arbeiterschaft und für ein besseres Leben des ganzen Volkes kämpfe.[75] Jedenfalls war sie bekannt dafür, dass sie in der Lage war, politisch-theoretische Thesen auf ihre praktische Anwendbarkeit hin zu überprüfen und sie erst dann in die politische Debatte einzubringen. Schließlich habe sie »aus der Praxis des Lebens in härtester Zeit« gelernt.[76] Und sie sei in der Lage, die politischen und wirtschaftlichen Zusammenhänge aufzudecken und sie den Menschen nahe zu bringen.[77]

Wenn es darum ging, sich für die Armen und Unterdrückten einzusetzen, nahm sie ganz offensichtlich kein Blatt vor den Mund, sondern drückte aus, was ihr am Herzen lag. Das wurde ihr nicht selten übel genommen. In einem Brief, dessen Empfänger nicht mehr ersichtlich ist, beschwerte sich Herr Curt L. Schmitt am 21.6.1955, dass die SPD-Bundestagsabgeordnete und Gewerkschaftssekretärin Kipp-Kaule in Heidenoldendorf bei Detmold gesagt haben soll: »Wir leben in einer demokratischen Diktatur ..., uns soll später keiner kommen, er habe nicht gewusst, dass die Bundesrepublik diesen Weg gehen werde ...«.[78] Curt L. Schmitt nahm ihr diesen Satz übel und bezeichnete ihre Worte als »Misstöne (aus) einer Partei, die sich durch die (gegenüber Konrad Adenauer ausgesprochene) Moskauer Kanzler-Einladung desavouiert fühlt.«[79] Ihr Gewerkschaftskollege Bernd Link sagte von ihr: »Sie war keine Anhängerin der politischen Harmonie. Liesel war direkt und kämpferisch. Das brachte ihr natürlich nicht immer Freunde ein.«[80]

Immer wieder kritisierte die Gewerkschaftsvertreterin, dass der Bundestag, solange sie ihm angehörte, von Arbeitgebervertretern beherrscht war. Angesichts der konservativen Regierungsmehrheit überraschte sie das freilich nicht, und sie stellte die Frage: »Können wir von diesen Männern und Frauen erwarten, dass sie Arbeitnehmerinteressen vertreten?«[81] Bis 1965 blieb sie Mitglied des »hohen Hauses«, dann kandidierte die »Tochter des Volkes, die sich mühte, aus ihrer Funktion heraus etwas für die so genannten kleinen

73 Das politische Porträt. Liesel Kipp-Kaule, in: Sozialistische Rundschau, Bezirk Ostwestfalen-Lippe vom 1.10.1951.

74 Leider wird nicht deutlich, um welche inhaltliche Auseinandersetzung es sich handelte. Siehe: Das politische Porträt. Liesel Kipp-Kaule. In: Sozialistische Rundschau, Bezirk Ostwestfalen-Lippe vom 1.10.1951

75 Liesel Kipp-Kaule 50 Jahre.

76 Ebd.

77 Ebd.

78 Brief von Curt L. Schmitt vom 21.6.1955, in: AdsD, Sammlung Personalia Liesel Kipp-Kaule.

79 Ebd.

80 Brief von Bernd Link, jetzt IG Metall, an Gisela Notz.

81 Ebd.

Leute zu erreichen«,[82] nicht mehr für den Bundestag. Sie war nun 60 Jahre alt, hatte vier Legislaturperioden im Bundestag zugebracht und wollte jüngeren Menschen Platz machen.

Die Arbeit war noch nicht zu Ende (1965–1992)

»Die Frauen sollten nicht nur ihr eigenes Schicksal, sondern auch die Politik selbst in die Hand nehmen!«[83]

Trotz des wohlverdienten ›Ruhestandes‹ interessierte sie sich weiterhin für alles, was in der Politik passierte. An ihrem 60sten Geburtstag im Februar 1966 wurde sie als »aktive, ideenreiche Frau« bezeichnet, die sicher einen solchen Feiertag nicht zelebrieren werde, ohne einen Blick zurückzuwerfen auf ihren Lebensweg, der an Kämpfen ebenso reich war wie an Erfolgen. Der Chronist wusste auch, dass »noch ein weites Arbeitsfeld« in der Zukunft zu bestellen sein werde.[84] Der Rückblick solle Liesel Kipp-Kaule nach seiner Meinung mit Stolz erfüllen. Die Erfolge, die ihr das Leben habe zukommen lassen, habe sie sich hart erarbeiten müssen. Ihr sei im Leben nie etwas geschenkt worden.

Sie war weiter als Bezirksvorsitzende der Arbeitsgemeinschaft Sozialdemokratischer Frauen in Ostwestfalen-Lippe politisch aktiv, ein Amt, das sie von Frieda Nadig übernommen hatte und in dem ihr Elfriede Eilers folgen sollte. Im Januar 1975 wurde ihr vom damaligen Bielefelder Bürgermeister Herbert Hinnendahl im Namen von Bundespräsident Walter Scheel das Bundesverdienstkreuz am Bande überreicht. Liesel Kipp-Kaule, die tatkräftige, energische Frau, die nie ein Blatt vor den Mund genommen hatte, erhielt die Auszeichnung für ihren »jahrzehntelangen Einsatz für die deutsche Gewerkschaftsbewegung, unser Staatswesen und die in ihm lebenden Menschen«, denen sie mit vorbildlichem Gemeinschaftssinn gedient habe.[85] Sie sagte in ihrer Dankesrede, dass sie, als sie von der bevorstehenden Ordensverleihung erfahren habe, zunächst gesagt habe: »Wer hat denn diesen Quatsch gemacht?« Dann habe sie sich doch entschlossen, den Orden anzunehmen.[86] An alle Frauen richtete sie den Appell, nicht nur ihr Schicksal, sondern auch die Politik in ihre eigenen Hände zu nehmen.[87] Anlässlich des ›Jahrs der Frau‹, das im Januar 1975 gerade begonnen hatte, verwies sie auf die Notwendigkeit, sich nach wie vor für die Gleichberechtigung der Frau in Lohnfragen und in allen anderen Lebensbereichen einzusetzen.[88] Bedauern äußerte sie darüber, dass die Zahl der Bundestagsmandate, die durch Frauen ausgefüllt wurden, zu dieser Zeit rückläufig war.

82 Ebd.

83 Frauen sollten die Politik selbst in die Hand nehmen, Zeitungsausschnitt vom 15.1.1975.

84 »Dem arbeitenden Menschen gilt ihre ganze Kraft«, Artikel in Freie Presse Bielefeld vom 12.2.1944.

85 Liesel Kipp-Kaule gestorben, in: Neue Westfälische vom 11.7.1992.

86 Frauen sollten die Politik selbst in die Hand nehmen, Zeitungsausschnitt vom 15.1.1975.

87 Liesel Kipp-Kaule statt Turnvater Jahn.

88 Siehe zu Auseinandersetzungen zwischen verschiedenen Frauengruppen anlässlich des Jahrs der Frau auch die Biographie über Annemarie Renger in diesem Band, S. 395-420.

Weitere Ehren wurden ihr zuteil, denn am 13.2.1981 gratulierte ihr der damalige Parteivorsitzende Willy Brandt persönlich zu ihrem 75. Geburtstag und dankte ihr für ihr unermüdliches und »engagiertes Wirken im Dienste der Arbeiterbewegung, der Partei und nicht zuletzt der Gewerkschaften«.[89] Mit vielen schönen Reden und Geschenken feierte sie auch noch ihren 80. und weitere fünf Jahre später am 13.2.1991 ihren 85. Geburtstag.

Am 10.7.1992 ist Liesel Kipp-Kaule im Alter von 86 Jahren gestorben. Vier Tage später fand die Trauerfeier für die Einäscherung in der Alten Kapelle auf dem Senne-Friedhof in Bielefeld statt. »Sie hat sich in unserer Fraktion besonders in der Jugend- und Sozialpolitik und für die Gleichberechtigung der Frau eingesetzt«, heißt es im Nachruf der SPD.[90] Der Hauptvorstand der Gewerkschaft Textil-Bekleidung (GTB) hob ihr großes Engagement und ihren Erfolg im Einsatz für die arbeitenden Menschen – insbesondere für die berufstätigen Frauen – hervor.[91]

Späte Ehrung wurde ihr zuteil, als anlässlich des Frauenstreiktages am Internationalen Frauentag am 8. März 1994 der Jahn-Platz in Bielefeld in Liesel-Kipp-Kaule-Platz umgetauft wurde.[92] Nun erst wurde sie – leider nur für einen Tag – als »eine der bedeutendsten Gewerkschafterinnen der Region« gefeiert.[93]

89 Brief von Willy Brandt an Liesel Kipp-Kaule vom 10.2.1981, AdsD, Sammlung Personalia Liesel Kipp-Kaule.

90 Brief von Gudrun Weyel, MdB, vom 3.9.1992 an Herrn Hans-Ulrich Klose, MdB, für die Fraktionssitzung am Montag, 7.9.1992, ebd.

91 Todesanzeige in: Neue Westfälische Zeitung vom 11.7.1992.

92 Zum Frauenstreiktag siehe *Gisela Notz*, Den Aufstand wagen, in: beiträge zur feministischen theorie und praxis, H. 36/1994, S. 23-34.

93 Liesel Kipp-Kaule statt Turnvater Jahn.

Elise (Lisa) Korspeter

»Statt Hilfe mit fürsorgerischem Charakter dieselben Rechte und Vergünstigungen für Flüchtlinge und Heimatvertriebene«[1]

Lisa Korspeter, Tochter aus »gutem Hause«, opponierte früh gegen bürgerliche Saturiertheit. Sie wurde Jugendwohlfahrtspflegerin, lernte das Leben der Armen kennen und fand den Weg in die Gewerkschaften und in die SPD. Sie litt unter den Nationalsozialisten und unter dem Regime der SED, flüchtete in den Westen und widmete sich der SPD-Parteiarbeit. Ihre Hauptanliegen waren die volle Gleichberechtigung der Frauen und die rechtliche Absicherung und Gleichbehandlung von Flüchtlingen, Heimatvertriebenen und politisch Verfolgten. Ohne ihr Zutun wären viele Gesetze, die diesen Menschen zur Integration in die Gesellschaft verhelfen sollten, nicht verabschiedet worden.

Kindheit, Elternhaus und erste politische Arbeit (1900–1933)

»Die konservative Haltung meines Vaters rief meine ganze Opposition dagegen wach«[2]

Lisa Zwanzig wurde am 31.1.1900 als jüngstes von vier Kindern in Groß-Oerner, Kreis Mansfeld in Sachsen-Anhalt geboren. Sie war die Tochter des Direktors der Kaligrube Wefensleben und durchlebte eine »behütete Kindheit«.[3] Die konservative Haltung ihres Elternhauses ging vor allem von ihrem Vater aus. Sie rief schon in frühen Jugendjahren Lisas Opposition hervor. Lisa Zwanzig besuchte die Volksschule und das Lyzeum, das ihr als »höhere Tochter« offen stand. Durch ihren Eintritt in den »Wandervogel« machte sie den ersten Schritt zur inneren Selbstständigkeit und Unabhängigkeit vom Vater. Diese Gemeinschaft gab ihr das Gefühl, Menschen gefunden zu haben, die wie sie gegen erstarrte Lebensnormen aufbegehrten und nach einem neuen eigenen Lebensstil suchten. Das könnte ihr auch die Kraft gegeben haben, ihren eigenen Berufswunsch gegen den Willen ihres Vaters durchzusetzen: Sie absolvierte zunächst eine Berufsausbildung als Kindergärtnerin und studierte dann an der Sozialakademie in Düsseldorf. Durch Jobs in einer Spinnerei und einer Seidenweberei finanzierte sie ihr Studium, lernte den Alltag der Arbeiterinnen und Arbeiter kennen und engagierte sich im Betriebsrat.[4]

Nach Abschluss des Studiums zur Jugendwohlfahrtspflegerin trat sie ihre erste Arbeitsstelle als Fürsorgerin in einem Elendsviertel der Textilindustriestadt Guben an, wo sie mit ganz anderen Nöten und Ängsten konfrontiert wurde, als sie sie von zu Hause kannte. Manchmal war es sehr hart, ihr theoretisches Wissen durch die Praxis, die sie in den Wohnungen der Armen vorfand, bestätigt zu finden. Obwohl Lisa Zwanzig später

---

1 *Lisa Korspeter,* Gleiches Schicksal – gleiches Recht, in: SPD-Pressedienst vom 18.11.1963.

2 Für die folgenden Informationen, soweit nicht anders ausgewiesen, vgl. *Lisa Korspeter,* Opposition gegen bürgerliche Sattheit, in: *Vorstand der SPD* (Hrsg.), Frauen machen Politik, Schriftenreihe für Frauenfragen Nr. 4, Bonn 1958, S. 28-30; Zitat S. 28.

3 Leider finden sich in den Quellen keine Angaben zu ihrer Mutter.

4 Die Politik bestimmte ihr Leben, in: Cellesche Zeitung vom 3.1.1985.

Lisa Korspeter (1900–1992), MdB 1949–1969

sagte, dass sie viele Freunde fand, die ihr das Einleben in ihrem neuen, eigenen Lebensbereich erleichterten, fühlte sie sich oft überfordert, und die Arbeit schien über ihre seelische Kraft zu gehen. Die unfassbare Not, die sie täglich in diesem Elendsviertel erlebte, eröffnete ihr schließlich den Zugang zur Politik. Schnell hatte sie begriffen, dass es nicht allein ausreichte, Einzelfallhilfe zu gewähren und Wunden zu heilen, sondern dass man darüber hinaus auch die Ursachen des Elends erkennen und bekämpfen musste. Die Notwendigkeit der Veränderung der gesellschaftlichen Verhältnisse war für sie keine leere Phrase. Lisa Zwanzig engagierte sich im Deutschen Textilarbeiterverband, wurde Vorsitzende des Ausschusses für Arbeiterinnenfragen im Gau Hannover-Bremen und trat 1928 in die SPD ein, weil sie davon ausging, in dieser Partei könne sie sich am ehesten für diejenigen engagieren, die gesellschaftlich und sozial benachteiligt waren.[5] Sie sagte später, dass ihr konservativer Vater ihren Weg zum Sozialismus niemals gebilligt und ihr auch nicht verziehen habe.

Ihre Hauptarbeit im Bereich der ehrenamtlichen Tätigkeit galt den Problemen von Frauen in Gesellschaft und Politik. Auf Grund ihrer Kenntnis über die Situation der Textilarbeiterinnen lag ihr vor allem die Verbesserung der Arbeitsbedingungen der berufstätigen Frauen am Herzen. Aber auch Frauen, die Familienarbeit leisteten oder Empfängerinnen von Sozialleistungen waren, galt ihre Aufmerksamkeit.

Bis 1929 war Lisa Zwanzig in ihrem Beruf tätig, dann heiratete sie den Sozialisten, unbeirrbaren Demokraten, Humanisten, engagierten linken Journalisten und damaligen SPD-Stadtverordneten in Bielefeld, Wilhelm Korspeter (1897–1967).[6] Lisa Korspeter wurde Hausfrau und folgte ihm nach Bielefeld. Ihre politische Arbeit hat sie nicht aufgegeben, denn bis 1933 arbeitete sie in der Frauenarbeit des SPD-Bezirks Bielefeld mit.[7]

5 Die ehemalige Bundestagsabgeordnete Lisa Korspeter wird heute 90 Jahre alt, in: Cellesche Zeitung vom 31.1.1990.

6 Vgl. den Gedenkartikel »Wilhelm Korspeter gestorben«, in: Hannoversche Presse vom 26.1.1967.

7 Sozialdemokratischer Parteitag Düsseldorf 11. bis 14. September 1948, Fragebogen für Delegierte und Gastdelegierte, Lisa Korspeter, in: AdsD, Sammlung Personalia Lisa Korspeter.

Im Schatten des Hakenkreuzes (1933–1945)

»Inhaberin eines Lebensmittelgeschäftes«[8]

Die Jahre der nationalsozialistischen Herrschaft brachten Lisa Korspeter und ihrem Mann erhebliche Schwierigkeiten. Wilhelm Korspeter wurde aus seiner Arbeit als leitender politischer Redakteur bei der Bielefelder »Volkswacht« herausgedrängt. Nun war er erwerbslos, und beide hatten kein Einkommen. Sie arbeiteten illegal gegen die Diktatur, was dazu führte, dass die Gestapo beide ins Visier nahm. Ihr Mann konnte keinen Verdienst erzielen, weil er sich, wie er später schrieb, »in keinem Augenblick unter Hitler bemüht hat, die Gelegenheit zu bekommen, auch nur eine einzige Zeile zu verkaufen, um damit sein Leben zu fristen«.[9] Lisa handelte zunächst mit Waschmitteln und betrieb dann einen Lebensmittelladen, um die Existenz der beiden zu sichern.[10] Gegen Wilhelm Korspeter leiteten die Nationalsozialisten 1934 ein Verfahren wegen Vorbereitung zum Hochverrat ein.[11] Die 1943 erfolgte Einberufung zur Wehrmacht überschnitt sich mit einer geplanten Verhaftung durch die Geheime Staatspolizei.[12] Er wurde eingezogen und entging der Haft. Dennoch bangte Lisa Korspeter bis 1945 um ihre eigene Freiheit und um das Leben ihres Mannes.

Wiederaufbau Deutschlands (1945–1949)

»Für eine sozialistische Gesellschaft, in der ein Mensch des anderen Menschen Freund sein kann«[13]

1945 machte sich das Ehepaar sofort an den politischen Wiederaufbau. Noch im gleichen Jahr wurde Lisa Korspeter Mitglied des Bezirksausschusses der SPD in Sachsen-Anhalt. Sie lebte jetzt mit ihrem Mann in Magdeburg und wirkte dort beim Aufbau der Frauenorganisation mit. 1946 musste sie mit ihrem Mann, der in Magdeburg Wirtschaftsdezernent war, die SBZ verlassen. Er war in Konflikt mit der Sowjetischen Besat-

8 Fragebogen Lisa Korspeter zur Bundestagswahl 1953. Ebd.

9 Brief Wilhelm Korspeter an Erich (Ollenhauer) vom 3.11.1955, in: AdsD, Sammlung Personalia Wilhelm Korspeter.

10 Die ehemalige Bundestagsabgeordnete Lisa Korspeter wird heute 90 Jahre alt. Vgl. ferner: Sie glaubt nicht an den Storch, Zeitungsausschnitt ohne nähere Angabe, in: AdsD, Sammlung Personalia Lisa Korspeter. In einer anonymen Notiz mit dem Vermerk »in Akte Kriedemann gefunden« wird behauptet, sie sei während der Nazizeit in Magdeburg Sozialbetreuerin bei der großen Rüstungsfirma Schäffer und Budenberg gewesen. Sie habe dort, nach Aussagen von Genossinnen, die mit ihr zusammen arbeiteten, »sehr gut für die Belange des Rüstungsbetriebs gearbeitet.« Zum Beispiel habe sie Urlaub verweigert, »weil wir ja dann den Krieg nicht gewinnen könnten«. Ohne weitere Angaben, in: AdsD, Sammlung Personalia Lisa Korspeter. In dem von ihr selbst ausgefüllten Fragebogen gab sie über ihre berufliche Tätigkeit während der Nazizeit an: »Inhaberin eines Lebensmittelgeschäfts« (1953) und »Ladengeschäft« (1957). Fragebogen, Ebd.

11 Sozialdemokratische Partei Deutschlands, Fragebogen für Redakteure: Korspeter Wilhelm, AdsD, Sammlung Personalia Wilhelm Korspeter.

12 Die ehemalige Bundestagsabgeordnete Lisa Korspeter wird heute 90 Jahre alt.

13 *Lisa Korspeter,* Wählerbrief 1949, S. 1, AdsD, PV I 0298.

zungsmacht geraten und wurde wegen Widerstandes gegen die SED politisch gemaßregelt, Verhören durch die NKWD unterzogen und schließlich seines Amtes enthoben.[14] Da Lisa und Wilhelm Korspeter wegen ihrer engagierten Gegnerschaft zur Zwangsvereinigung von KPD und SPD zur SED beide zu den »Unerwünschten« gehörten, flüchteten sie in den Westen und kamen am 1.2.1946 in Hannover an. Dort kamen sie mit dem späteren Parteivorsitzenden, Dr. Kurt Schumacher, in Kontakt. Wilhelm Korspeter wurde 1946 Chefredakteur der Hannoverschen Presse und machte sich als Leitartikler unter dem Pseudonym Peter Konradin einen Namen. 1947 wurde er Mitglied des Niedersächsischen Landtags. Lisa Korspeter wurde auf Veranlassung von Kurt Schumacher 1947/48 in den Zonenbeirat für die britische Zone und 1948/49 zum Mitglied des Wirtschaftsrates für das Vereinigte Wirtschaftsgebiet und später in den Wirtschaftsrat (Bizone) in Frankfurt berufen.[15] 1948 wurde sie außerdem Ratsmitglied in Hannover. Später war sie langjährige Vorsitzende des Ausschusses für Flüchtlingsfragen des Parteivorstandes der SPD und über 20 Jahre geschäftsführende Bundesvorsitzende und Vizepräsidentin des Gesamtverbandes der Sowjetzonenflüchtlinge.

Frauenarbeit sollte weiter ihr bevorzugter Politikbereich bleiben. Wie viele ihrer Mitstreiterinnen wollte sie möglichst viele Frauen für die SPD gewinnen. Das schloss für sie eine Beteiligung an dem 1947 durch die Abgeordnete des Niedersächsischen Landtags und Regierungspräsidentin Theanolte Bähnisch (SPD) mitgegründeten »Deutschen Frauenrings« als überparteilicher Arbeitsgemeinschaft zur Vertretung der Interessen der Frauen aus.[16] Lisa Korspeter wollte mit diesen »parlamentarischen Waisenkindern«, wie die SPD-Frauensekretärin Herta Gotthelf die über- und außerparlamentarischen Initiatorinnen nannte, nichts zu tun haben. Sie verfolgte damit die durch Gotthelf vorgegebene Parteilinie, alle Kräfte für die SPD-Arbeit zu bündeln.[17]

Dieses Vorgehen passte auch ins Bild der von ihr angestrebten Gesellschaft, in der »ein Mensch des anderen Menschen Freund« sein sollte: Für eine sozialistische Gesellschaft müssten Männer und Frauen gemeinsam kämpfen. An die Mithilfe der Frauen appellierte sie deshalb ganz besonders, weil viele Frauen, im Gegensatz zu den politisch aktiveren Männern, erst begreifen müssten, wie notwendig es sei, Politik zum »Instrument unserer Lebensgestaltung« zu machen.[18] Dieses Defizit leitete sie aus der historisch bedingten gesellschaftlichen Benachteiligung der Frauen ab. Schließlich war diese Benachteiligung auch die Begründung für die Notwendigkeit der SPD-Frauenarbeit.[19] Frauen sollten lernen, sich aus der überlieferten und gewohnten Rolle der Dienerin zu

14 Ebd. Auch Brief Korspeter an Ollenhauer

15 Vermerk von Gudrun Weyel, MdB, an Hans-Ulrich Klose vom 9.10.1992, AdsD, Sammlung Personalia Lisa Korspeter. Vgl. auch *Christoph Stamm*, Die SPD-Fraktion im Frankfurter Wirtschaftsrat, Bonn 1993, S. 345.

16 Zur Auseinandersetzung um den Deutschen Frauenring siehe die Biographie über Lisa Albrecht in diesem Band, S. 130-149.

17 Brief von Herta Gotthelf an Lisbeth Frerichs vom 3.12.1947, AdsD, PV/K. Schumacher, Akte 172.

18 Ebd., S. 2.

19 Korspeter 1958, S. 29.

befreien und sich zu emanzipieren, Partnerschaft einzuklagen und das gesellschaftliche und politische Leben als gleichberechtigte und gleichwertige Mitarbeiterin bewusst mitzugestalten sowie die Umwelt nach ihren Vorstellungen und Erfahrungen zu ordnen. Für Lisa Korspeter bedeutete es eine große Chance, aber auch eine große Gefahr, dass zwei Drittel der Wähler Frauen waren. Eine Chance könne es bedeuten, wenn Frauen Politik »zum Mittel der bewussten Gestaltung des sozialen Lebens« machten. Die Gefahr sah sie darin, dass die Mehrzahl der Frauen sich der politischen Verantwortung entziehe und aus Unkenntnis der politischen und wirtschaftlichen Zusammenhänge »zum verführten Treibholz der Politik« werde. Frauen sollten nicht nur Heldinnen im Dulden und Ertragen sein. Dass sie das könnten, hätten sie lange genug bewiesen, indem sie Schlange vor Läden und Wirtschaftsämtern standen und sich demütigten, um ein paar Pfund Gemüse und Obst zu erhalten. Aufgabe der Frauen sei es jetzt, von ihrer Macht Gebrauch zu machen und dazu beizutragen, dass die politischen Verhältnisse von Grund auf geändert würden.[20]

Wie viele ihrer Mitstreiterinnen war sie von der Differenz der Frauen gegenüber den Männern überzeugt. Frauen waren nach ihrer Meinung »von ihrer Natur her« geeignet, menschliche Wärme in die Politik hineinzutragen. Durch »ihre Liebe und Sorgfalt auch zu den kleinen Dingen des Lebens« würde sich ihre Mitarbeit auf die »Formen des politischen Lebens« insgesamt positiv auswirken (können). Obwohl Lisa Korspeter selbst aus Überzeugung Wohlfahrtspflegerin geworden war, wandte sie sich dagegen, dass Frauen sich allein auf soziale Themen und Berufe eingrenzen ließen. Sie sollten sich ihren Einfluss auch in den so genannten harten Politikbereichen, wie z.B. in der Außenpolitik, sichern, damit »auch in dieser Welt der Drohung und Konflikte« Fraueneinfluss deutlich werde.[21] Wenn SPD-Frauen der Gleichberechtigung einen lebendigen Inhalt geben wollten, durften sie »auch nicht vor dem oft kalten Wind der Verantwortung zurückschrecken«.[22] Diese Maxime hat sie für sich selbst befolgt.

Auch im Wirtschaftsrat setzte sich die »kleine lebhafte Person« vor allem für diejenigen ein, die im Gefüge der sozialen Struktur die letzten und allerletzten Plätze einnahmen.[23] Dazu gehörte zum Beispiel ihr Engagement für ein besseres Mutterschutzgesetz, für gerechtere Grundsätze in der Lohnregelung und für ein Gesetz für Mindestarbeitsbedingungen, das vor allem denjenigen nützen sollte, die als Landarbeiter und Landarbeiterinnen oder als Heimarbeiterinnen und Dienstmädchen unter oft völlig fremdbestimmten und gesundheitsschädlichen Arbeitsbedingungen zu leiden hatten. Als das Gesetz für Mindestarbeitsbedingungen nicht durchgesetzt werden konnte, weil die CDU es nicht mittrug, ging die Sozialdemokratin mit den Kontrahenten hart ins Gericht. Man erinner-

20 *Lisa Korspeter,* Die Frauen und die freien Preise, in: Genossin, Nr.9/1948, 153-155.

21 Ebd., S. 30.

22 Ebd.

23 Dazu schrieb sie regelmäßig Artikel in der »Genossin«, vgl. zum Beispiel *Lisa Korspeter,* Fortschrittliche Neuordnung der Sozialversicherung, in: Genossin, Nr. 1/1949, S. 5-7; *Lisa Korspeter,* Gegen ungerechte Kündigungen, in: Genossin, Nr. 7/1949, S. 217 f., und *Lisa Korspeter,* Gesetz über Grundsätze der Lohnregelung, ebd., S. 218 f.

te sich daran, dass sie schon einmal unerbittlich reagiert hatte, als ein Diskutant bei einer politischen Veranstaltung erklärte: »Wir wollen uns nicht von Frauen regieren lassen.« Damals konnte Lisa Korspeter die Frauen im Saal gegen ihn aufbringen. Seitdem galt sie als eine Person, die sich nicht »ohne weiteres die Butter vom Brot nehmen lässt«, als eine Frau, die mit Leidenschaft die Politik »der sozialen Korrektur« betrieb.[24]

Ihr Mann, ein »bis zur Unbeugsamkeit aufrechter Charakter, der es sich selbst nie, oft aber auch anderen nicht leicht gemacht hat«,[25] bekam wegen seiner sozialistischen Einstellung, aus der er auch in seinen Leitartikeln in der Hannoverschen Presse kein Hehl machte, nicht nur Briefe, die ihm den Tod androhten[26], sondern bald auch Schwierigkeiten mit den sozialdemokratischen Gesellschaftern der Hannoverschen Presse. 1955 erlebte er, dass er wegen bereits länger andauernder politischer Meinungsverschiedenheiten zum dritten Mal in seinem Leben seines Amtes enthoben werden sollte. An Lisa Korspeter, damals bereits im Bundestag, ging dieser Streit nicht spurlos vorbei. Ihre wiederholten Vermittlungsversuche hatten keinen Erfolg. Am 31.12.1955 musste Wilhelm Korspeter als Chefredakteur ausscheiden.[27]

Arbeit im Bundestag (1949–1969)

»Wir wollen, dass den Frauen genau wie den Männern dieselben Chancen gegeben werden«[28]

Lisa Korspeter wurde 1949 erstmals als Kandidatin im Wahlkreis 16 Celle-Burgdorf (Niedersachsen) über die Landesliste in den Bundestag gewählt. In einem Wählerbrief verwies sie auf die große Verzweiflung und Verwirrung, die nach der Gründung der Bundesrepublik allenthalben herrschten. Heimat-, Existenz- und Erwerbslosigkeit trugen zur Unsicherheit des Lebens bei. Lisa Korspeter appellierte an ihre Wähler, nicht die »Flucht in die Vergangenheit« anzutreten und auf die gute alte Zeit zu verweisen, in der alles viel besser gewesen sei, sondern um- und neu zu bauen, um wieder »festen Grund unter den Füßen zu gewinnen«.[29] Vor allem dürfe das ungeheure Elend, das die Menschen mit Kriegen und Atombomben angerichtet hätten, nicht vergessen werden. Sie wolle mit aller Kraft daran mitarbeiten, dass soziale Sicherheit, soziale Gerechtigkeit, Befreiung von wirtschaftlicher und sozialer Abhängigkeit in Deutschland möglich und Frieden auf Erden Wirklichkeit werde.

24 Vor allem war es ein Arbeitsdirektor namens Storch, der ihr widersprach und den sie hart angriff. Siehe den Artikel: Sie glaubt nicht an den Storch, FN 10.

25 Wilhelm Korspeter gestorben.

26 Sozialdemokratischer Pressedienst, P/IV/266 vom 15.11.1951, sowie Zeitungsausschnitt ohne weitere Angabe vom 7.12.1951, in: AdsD, Sammlung Personalia Wilhelm Korspeter.

27 Auszüge aus Protokollen über Gesellschaftersitzungen der Hannoverschen Presse betreffend Angelegenheit Korspeter, Sitzungen vom 6.8., 29.10. und 12.11.1955, AdsD, Sammlung Personalia Lisa Korspeter.

28 *Sozialdemokratische Partei Deutschland*, Der Parteivorstand, Frauenbüro, Pressenotiz vom 5.12.1949, S. 2.

29 Korspeter, Wählerbrief 1949.

In der 1. Wahlperiode engagierte sie sich als Ordentliches Mitglied im Ausschuss für gesamtdeutsche Fragen und als Stellvertretendes Mitglied im Ausschuss für Arbeit. Dem Ausschuss für Sozialpolitik gehörte sie von der 1. bis 4. Wahlperiode als Ordentliches, in der 5. als Stellvertretendes Mitglied an. In der 1., 2. und 4. Wahlperiode war sie Ordentliches, in der 2. Wahlperiode Stellvertretendes Mitglied des Ausschusses für Fragen der öffentlichen Fürsorge. In der 1., 2. und 4. Wahlperiode gehörte sie ferner dem Ausschuss für Lastenausgleich und von der 1. bis 4. Wahlperiode dem Ausschuss für Heimatvertriebene an. Sie engagierte sich von der 2. bis 5. Wahlperiode als Ordentliches Mitglied im Ausschuss für gesamtdeutsche und Berliner Fragen, in der 4. Wahlperiode im Kontrollausschuss beim Bundesausgleichsamt und in der 5. Wahlperiode beim Kontrollamt des Bundesausgleichsamtes. 1967–1969 war sie stellvertretende Vorsitzende des Ausschusses für Kriegs- und Verfolgungsschäden und im Juni 1969 vorübergehend Vorsitzende des Ausschusses für Angelegenheiten der Heimatvertriebenen und Flüchtlinge. Aufgrund ihres Engagements für Flüchtlinge wurde sie für die Zeit vom 1. April 1964 bis 31. März 1966 zum Mitglied des Beirats für Vertriebenen- und Flüchtlingsfragen beim Bundesminister für Vertriebene, Flüchtlinge und Kriegsgeschädigte berufen.

Wie viele ihrer Weggefährtinnen sah auch Lisa Korspeter in der Einbeziehung der Frauen in den Arbeitsmarkt nicht nur Vorteile. Sie bedauerte »die tragische Tatsache des eminenten Frauenüberschusses und die damit verbundene Notwendigkeit für die Frau, ihren Lebensunterhalt für sich und für ihre Familienangehörigen zu verdienen«.[30] Dennoch ging es ihr nicht wie vielen ihrer konservativen Zeitgenossinnen und Zeitgenossen um eine Restauration der ›Haupternährerfamilie‹. Für sie ging es vor allem darum, dass die »neuen Zustände«, damit meinte sie die wirtschaftlichen und gesellschaftlichen Umwälzungen der Nachkriegszeit, »die die Frau in den Lebensbezirk des Mannes hineingeführt haben« und die volle und gleichberechtigte Mitarbeit der Frauen verlangten, auch in der Gesetzgebung berücksichtigt werden. »Nirgends, meine Herren und Damen, ist der Kampf zwischen neuen Tatsachen und alten Gewohnheiten so tiefgehend und so unübersehbar wie auf dem Gebiet der Frauenarbeit und Frauenwertung«, sagte Lisa Korspeter 1949 der Presse.[31] Auf die Frauen, die wie sie im Bundestag Fraueninteressen vertreten wollten, sah sie auch nach der Verabschiedung des Gleichberechtigungsgrundsatzes des Grundgesetzes eine Fülle von Aufgaben zukommen.

Gemeinsam mit Frieda Nadig[32] formulierte die Politikerin zwei Anträge, die dazu beitragen sollten, die Forderungen der Frauen nach gleichen Rechten auf allen Gebieten des Lebens in die dem Gleichstellungsgrundsatz des Art. 3 (2) GG entgegenstehenden Gesetze einzubringen. Die Anträge erstreckten sich auf eine Umgestaltung des Familien- und Erbrechtes und eine Reform des ehelichen Güterrechts sowie auf eine Veränderung des Beamtenrechts. Lisa Korspeter und Frieda Nadig gingen davon aus, dass, wollte man Art. 3 (2) wirklich ernst nehmen, die Bevormundung von Frauen durch Männer in allen

30 Ebd.

31 *Sozialdemokratische Partei Deutschland*, Der Parteivorstand, Frauenbüro, Pressenotiz vom 5.12.1949, S. 3.

32 Vgl. die Biographie über Frieda Nadig in diesem Band, S. 54-79.

gesellschaftlichen Bereichen aufgehoben werden müsse. Die soziale und wirtschaftliche Mündigkeit und die gleiche Behandlung im Beruf, auch im Blick auf »leitende Stellungen und führende Berufe«, wurden in den Anträgen als notwendige Voraussetzungen zur Erreichung der Zielvorstellung angesehen. Die Anträge wurden von sämtlichen 27 weiblichen Abgeordneten aller Fraktionen des Bundestages unterstützt. Das beeindruckte den Bundesjustizminister Dr. Thomas Dehler (FDP) offensichtlich wenig. Er versprach, dass die Bundesregierung die beiden Anträge bei der bis zum März 1953 vorgesehenen Angleichung aller dem Grundgesetz widersprechenden Gesetze als Material heranziehen werde.[33] Da nützte es wenig, dass die Mitstreiterin Louise Schroeder Lisa Korspeter lobte, weil sie »aus ihrer Kenntnis der Materie« bei ihren Reden für die Gleichberechtigung der Frauen die »richtigen Worte« gefunden habe.[34] Auch Herta Gotthelf, Frauensekretärin im Parteivorstand, hielt große Stücke auf Lisa Korspeter. Für sie war Lisa Korspeter eine Frau, »die in ihrem Wahlkreis arbeitet und gut ist« und die »noch besser als ein Mann« bei der zweiten Bundestagswahl 1953 einen Wahlkreis in der DP- und SRP-Hochburg Celle direkt »geholt« habe. Solche Beispiele waren nach ihrer Meinung geeignet, die Frauenarbeit in der Gesamtpartei aufzuwerten.[35]

Hätten sich Lisa Korspeter und ihre Mitstreiterinnen damals durchgesetzt, wären viele Diskussionen, die Frauen heute immer noch führen, überflüssig geworden. In der Begründung Lisa Korspeters zu einem Antrag der SPD-Fraktion »Frauen im öffentlichen Dienst bei der Bundesverwaltung« am 5.12.1949[36] wies sie darauf hin, dass, wenn man den Gleichberechtigungsgrundsatz ernst nähme, in allen Stufen des öffentlichen Dienstes bei der Bundesverwaltung Frauen eingestellt werden müssten, insbesondere auch in leitenden Stellen. In dem Antrag forderte die SPD »die verantwortliche Mitarbeit der Frauen in allen Ministerien entsprechend ihrer gesellschaftlichen Bedeutung sowie auch entsprechend ihrer Bereitschaft zur Mithilfe am Wiederaufbau Deutschlands«. Lisa Korspeter verwies explizit darauf, dass »dieselben Chancen« für Männer und Frauen in

---

33 Zeitungsausschnitt vom 10.12.1949 ohne nähere Bezeichnung, in: AdsD, Akte ZASS IP. Wie hart der Kampf um die Angleichung der Ehe- und Familienbelange an den Gleichberechtigungsgrundsatz im Grundgesetz war, wird darin deutlich, dass in dem Zeitungsausschnitt berichtet wird, dass fast gleichzeitig mit dem Vorgehen der Frauen im Bundestag sich die Bischofskonferenz der Vereinigten Evangelisch-Lutherischen Kirche Deutschlands in Hannover mit dem Ehe- und Familienrecht befasste, soweit es durch den Grundsatz der Gleichberechtigung von Mann und Frau im Grundgesetz berührt werde. Sie vertrat die Auffassung, dass es sich bei Art. 3 Abs. 2 des GG nur um eine Richtlinie handeln könne, die »nicht eine schrankenlose Gleichheit« zur Folge haben darf. Schließlich sei nach Auffassung der Kirche die Ehe kein Vertragsverhältnis, sondern eine Form der Lebensordnung, die nicht mit einer formal-juristischen Durchführung des Grundsatzes der Gleichberechtigung ausgelegt werden könne. Der Bundestag hat die im Grundgesetz zur Angleichung der Gesetze festgesetzte Frist zum 31.3.1953 verstreichen lassen. Vgl. hierzu ebenfalls die Biographie über Frieda Nadig in diesem Band, S. 54-79.

34 Vgl. *Louise Schroeder*, SPD-Frauen im Parlament, in: Die Freiheit vom 1.12.1949. Siehe auch die Biographie über Louise Schroeder in diesem Band, S. 460-482.

35 Brief von Herta Gotthelf an Erich Deppermann, Bielefeld, vom 15.9.1953, Stadtarchiv Bielefeld, Akte 368.

36 Zit. nach Sozialdemokratische Partei, Pressenotiz vom 5.12.1949, S. 2.

der Bundesverwaltung nicht darauf beschränkt bleiben könnten, dass Frauen die Leitung der Abteilungen Jugendwohlfahrt und Wohlfahrtspflege übertragen bekämen, weil man diese für typisch ›weibliche‹ Arbeitsbereiche halte. Es gehe um alle anderen Ministerien, in denen Frauen entscheidend und verantwortlich mitarbeiten wollten. Lisa Korspeter begrüßte die Einrichtung eines Frauenreferats und erhoffte sich, dass es bei der Verabschiedung der anstehenden Gesetze, »die tief in das Leben der Frau eingreifen und die deshalb sorgfältiger Prüfung bedürfen«, nützlich sein könne. Sie wünschte sich, dass es zu einer Art »Forschungsstelle« ausgebaut werden könne, um soziologische Analysen über die rechtliche, bevölkerungspolitische, kulturelle, wirtschaftliche und soziale Situation der Frauen zu erstellen.[37] Bereits vor ihrer Arbeit als Bundestagsabgeordnete und vor der Verabschiedung des Grundgesetzes hatte sie in der »Hannoverschen Presse« darauf hingewiesen, dass, wenn die Forderung erhoben werde, alle nationalsozialistischen Gesetze, die der noch gültigen Weimarer Verfassung widersprächen, außer Kraft gesetzt werden müssten, zuallererst damit aufgeräumt werden müsse, dass »ein verheirateter weiblicher Beamter« zu entlassen sei, wenn die wirtschaftliche Versorgung nach der Höhe des Familieneinkommens gesichert erscheine. So nämlich stand es im deutschen Beamtengesetz von 1937.

Lisa Korspeter wollte sich für diejenigen Menschen einsetzen, »die in ihrer Berufsarbeit Tüchtiges leisten, denn sie gehören zu jenen Menschen, die die Enge des Haushaltes nicht als gottgewollte oder naturgemäße Bestimmung« betrachten. Sie machte auf die ungeheure Ungerechtigkeit aufmerksam, die sich daraus ergab, dass niemand bisher auf den Gedanken gekommen sei, dass Männer bei ihrer Verheiratung aus ihrem Beruf ausscheiden müssten, weil die Frau eine sichere Position habe. Sie wollte neue Wege der Wirtschaftspolitik beschreiten und nicht weiter zulassen, dass »die Entlassung der Frauen« weiterhin »die einfachste Methode der Arbeitsmarktregulierung« sein solle.[38]

Am 30. und 31. August 1952 nahm sie an der Zentralen Arbeitstagung der SPD-Frauen aus Ost- und Westdeutschland in Berlin teil. Neben Louise Schroeder, Liesel Kipp-Kaule, Luise Herklotz, Beate Reiser und Herta Gotthelf sprach sie am Abend des ersten Konferenztages im Rahmen einer öffentlichen Kundgebung.[39]

Frauenpolitik war freilich nicht ihr einziger Politikbereich. Am 22. Januar 1953 sprach sie im Bundestag zu dem durch die SPD-Fraktion eingebrachten Entwurf eines Gesetzes zur Änderung des Sozialversicherungs-Anpassungsgesetzes.[40] Sie verwies auf die Notwendigkeit dieses Gesetzes, durch das die Situation von Rentnern, Witwen und Waisen verbessert werden sollte. Bemerkenswert ist, dass in dem Entwurf bereits die

37 Ebd., S. 3.

38 *Lisa Korspeter,* Sind weibliche Beamte gleichberechtigt? in: Hannoversche Presse vom 18.3.1948, vgl. auch; Genossin Nr. 2/1948, S. 14. Zur Auseinandersetzung um diesen Artikel im Beamtengesetz siehe auch die Biographie über Lisa Albrecht in diesem Band, S. 130-149.

39 Für ausführlichere Informationen über diese Tagung siehe die Biographie über Liesel Kipp-Kaule in diesem Band, S. 283-303.

40 Deutscher Bundestag – 246. Sitzung, Bonn, 22. Januar 1953, S. 11743 f.

»Schaffung von Mindestrenten« verankert war.[41] Auch die völlig antiquierte Trennung zwischen Arbeitern und Angestellten sollte beseitigt werden. Im Zusammenhang mit der Reformierung der Witwenrente wies sie darauf hin, dass man besonders die Kriegerwitwen nicht weiter benachteiligen dürfe.

Als Mitglied des sozialpolitischen Ausschusses referierte sie 1957 anlässlich der 4. DGB-Landesbezirkskonferenz in Niedersachsen zum Thema »Rentenreform«. Damals war sie die einzige Referentin, die zur DGB-Landesbezirksfrauenkonferenz eingeladen war. Normalerweise war es zu dieser Zeit üblich, dass ausschließlich Männer referierten. Inwieweit Lisa Korspeter im Übrigen neben der Bundestagsarbeit weiter gewerkschaftspolitisch tätig war, geht aus den Quellen nicht hervor.[42]

Altenpolitik war ein weiteres Thema, zu dem Lisa Korspeter etwas zu sagen hatte: 1964 ging ein Antrag der SPD-Bundestagsfraktion, der die Bundesregierung ersuchte, einen umfassenden Bricht über die Lebensverhältnisse der älteren Mitbürger vorzulegen, wesentlich auf ihre Initiative zurück.[43] Wie breit ihr Themenspektrum war, zeigte auch ihr Beitrag zum Unfallschutz. Hier orientierte sie sich an einem weiten Arbeitsbegriff, der Reproduktionsarbeiten mit einbezog. Sie fragte: »Wo bleibt dabei die Anerkennung der Hausfrauenarbeit als Berufsarbeit?«[44] Sie setzte sich für den Unfallschutz auch im Privathaushalt ein, in dem weit mehr Unfälle passierten als in gewerblichen Betrieben. Dabei ging es ihr nicht nur um die Einbeziehung der im Haushalt beschäftigten Hausgehilfinnen in die gesetzliche Unfallversicherung, sondern auch um die Hausfrauen selbst. »Unsere Hausfrauen leben gefährlich, sie sind einer hohen Unfallgefahr ausgesetzt und haben keinen Unfallschutz«, argumentierte sie.[45] Sie plädiere dafür, Überlegungen anzustellen, in welcher Weise Unfallverhütungsvorschriften für die rund 16 Millionen Haushaltungen in der Bundesrepublik erlassen und ob bestimmte Kontrollen und Auflagen für die Haushaltungen gemacht werden könnten und sollten. Vier Jahre später nahm sie das Thema noch einmal auf. Jetzt sprach sie sich zusätzlich für intensive Aufklärung aus, um die Unfallgefahren zu reduzieren. Die häusliche Unfallverhütung erachtete sie aus humanitären, familien-, gesundheits- und wirtschaftspolitischen Gründen als gleich förderungsbedürftig und -würdig wie die übrigen Bereiche der Unfallverhütung. In diesem Zusammenhang entstand auf Anregung der weiblichen Bundestagsabgeordneten Änne Brauksiepe (CDU), Lisa Korspeter (SPD) und Lieselotte Funke (FDP) eine fraktionsübergreifende Initiative, an der sich alle Fraktionen beteiligten. Sie brachten eine

41 Vgl. auch: *Lisa Korspeter,* Der Stichtag im Sozialversicherungsanpassungsgesetz (SVAG), in: Gleichheit, Nr. 2/1953, S. 39-41. Die SPD hat die Forderung nach Mindestrente immer wieder aufgenommen. Sie ist bis heute nicht Realität geworden.

42 Vgl. *Susanne Knoblich,* »Mit Frauenbewegung hat das nichts zu tun«, Gewerkschafterinnen in Niedersachsen 1945–1960, Bonn 1999, S. 234.

43 *Lisa Korspeter,* Verpflichtung für uns alle, in: SPD-Pressedienst, P/XIX/31, vom 14.2.1964.

44 *Lisa Korspeter,* Unfallschutz für Hausfrauen, in: Gleichheit Nr. 8/1957, S. 300.

45 Ebd.

kleine Anfrage an die Bundesregierung ein, die eine Intensivierung des Unfallschutzes im häuslichen Bereich zum Ziel haben sollte.[46]

Die Arbeit in Bonn war, wenn auch die wichtigste, so doch nicht die einzige politische Tätigkeit Lisa Korspeters. Die Sozialdemokratin wollte den Kontakt zu den Menschen in ihrem großen Wahlkreis mit über hundert Gemeinden nicht vernachlässigen. Um die Sorgen der Einwohner kennen zu lernen, besuchte sie regelmäßig die Gemeinden ihres Wahlkreises, sprach mit Gemeinderäten und mit Vertretern von Verbänden und Organisationen und hielt regelmäßige Sprechstunden ab. Die Einwohner ihres Wahlkreises kamen mit ihren persönlichen Sorgen zu ihr, und Gemeindevertretungen wandten sich mit der Bitte um Hilfe bei der Finanzierung von Schulneubauten und Siedlungsvorhaben sowie bei der Schaffung und Erhaltung von Arbeitsplätzen durch Kreditbeschaffung an sie. Dankbriefe nahm Lisa Korspeter als Beweis, dass sie durch ihre Arbeit helfen konnte, die Probleme derjenigen zu lösen, die Hilfe und Unterstützung brauchten.[47]

Im Ausschuss für Sozialpolitik und öffentliche Fürsorge, in den sie als Jugendfürsorgerin einschlägige Qualifikationen einbringen konnte, beschäftigte sie sich vor allem mit Problemen der Jugendlichen in der Nachkriegszeit, des Jugendschutzes, der Familie und der öffentlichen Fürsorge.[48] Die Leidenschaftlichkeit, mit der sie sich für die unterprivilegierten Schichten einsetzte, brachte ihr mitunter auch Diffamierungen ihrer konservativen Geschlechtsgenossinnen ein.[49] Nicht immer entsprachen die Vorstellungen von Schutz und Fürsorge, die die Regierungsparteien vertraten, ihren eigenen. Als Beispiel kann die Vorlage für ein Verwahrungsgesetz für Fürsorgezöglinge dienen, mit dem sie sich beschäftigten musste. Die CDU/CSU-Fraktion hatte von der Bundesregierung im Dezember 1949 ein solches Gesetz gefordert. Sinn des Gesetzes war es ganz offensichtlich, die Familie als ›Keimzelle‹ des Staates vor ›sozial Gefährdeten‹ zu schützen. Lisa Korspeter kritisierte es als unerträglich, dass in den Diskussionen, die sich um dieses Gesetz drehten, auf das Vokabular der NS-Zeit zurückgegriffen werde. Ungeniert werde von »Minderwertigkeit«, »abnormaler Veranlagung« und »sittlicher Verwahrlosung« gesprochen. Auch unterblieb nach ihrer Meinung in diesem Zusammenhang die grund-

46 *Lisa Korspeter,* 11.000 tödliche »Haushalts-Unfälle« im Jahr, in: SPD-Pressedienst, P/XXIII/128 vom 11.7.1968.

47 *Lisa Korspeter,* Lieber Wähler! Liebe Wählerin! Redemanuskript, 1953, in: AdsD, Sammlung Personalia Lisa Korspeter.

48 Die Tatsache, dass sie sich ebenso für Flüchtlinge und Heimatvertriebene einsetzte und immer wieder darauf verwies, dass Frauen sich auch um »harte« Politikbereiche kümmern sollten, zeigt, dass sie eben nicht »im Bundestag zumeist spezifische Frauenthemen« aufgriff, wie Petra Weber das in ihrer Bearbeitung der Sitzungsprotokolle 1949–1953 der SPD-Fraktion im Deutschen Bundestag pauschal für alle Frauen, außer Louise Schroeder und Jeanette Wolff, behauptet. Vgl. *Petra Weber* (Bearbeiterin), Die SPD-Fraktion im Deutschen Bundestag, Sitzungsprotokolle 1949–1957, Erster Halbband 1949–1953, Düsseldorf 1993, S. XV.

49 Bei der Beratung der Interpellation der Fraktion der SPD betreffend Gewährung von Winterbeihilfen (Deutscher Bundestag, Protokoll 170, Sitzung vom 24.19.1951, S. 7013 ff.) sagte die Abgeordnete Dr. Else Brökelschen, CDU: »Ich hatte tatsächlich manchmal das beklemmende Gefühl, dass hier nicht eine verantwortungsbewusste Vertreterin der SPD, sondern eine gefühlserregte Kommunistin stand.«

legende Reflexion über Freiheitsbeschränkungen durch den Nationalsozialismus. Nicht hinnehmen mochte sie die Argumentation der Regierungsparteien, dass ein demokratischer Staat gar nicht der Gefahr ausgesetzt sei, die Freiheit eines Menschen unverhältnismäßig stark einzuschränken.[50] Helene Wessel, damals noch Deutsche Zentrumspartei (DZP), stellte am 18. September 1951 im Namen ihrer Fraktion den Antrag, den unter ihrer Leitung erstellten Entwurf eines Verwahrungsgesetzes zu verabschieden.[51] Es war Lisa Korspeter, die die entmündigende Fürsorge des Gesetzentwurfes anprangerte und gegen die Einschränkung der persönlichen Freiheitsrechte derjenigen, die »verwahrt« werden sollten, durch das Gesetz sprach. Sie vermisste in den Formulierungen jegliche Umsetzung der durch Psychologie, Psychotherapie und Sozialpädagogik gewonnenen Erkenntnisse. Damit übte sie auch deutliche Kritik an der bisherigen Praxis der Fürsorge, ihre ›Schützlinge‹ in Anstalten zu isolieren und damit in Abhängigkeit zu halten, anstatt sie zu einem ›normalen‹ sozialen Leben zu befähigen. Sie wollte ein Gesetz, das auf Freiwilligkeit beruhte und die Freiheitsrechte der Fürsorgezöglinge nicht einschränkte.[52] So weit, wie die KPD-Abgeordnete Margarethe Thiele, die den Gesetzentwurf sogar mit dem Euthanasiegesetz der Nazis verglich und zur Verbesserung der Situation der Jugendlichen die Schaffung von Ausbildungs- und Arbeitsplätzen forderte, anstatt das Geld für die Rüstung auszugeben, ging sie allerdings nicht. In ihrer Bundestagsrede[53] wies sie noch einmal darauf hin, dass der Entwurf einen Freiheitsentzug vorsieht. Sie war jedoch der Meinung, dass Menschen, die unfähig seien, sich in der Gesellschaft zurechtzufinden, nicht verwahrt werden müssten, sondern die Hilfe der gesellschaftlichen Organisation benötigten. Die geltende Fürsorgeerziehung habe deshalb, weil sie auf Zwangsmaßnahmen mit rückständigen Methoden beruhe, nicht den Erziehungserfolg gehabt, der für die Jugendlichen wünschenswert sei. Anstelle eines Verwahrungsgesetzes forderte sie eine reformierte Fürsorgeerziehung, die die Isolierung in einer Anstalt möglichst aufhebe und die jungen Menschen auf freiwilliger Basis befähige, Kräfte zu entwickeln, die sie brauchten, um ihr Leben zu bewältigen. Der 1. Deutsche Bundestag verabschiedete kein Verwahrungsgesetz. Lisa Korspeters Einsatz hatte wesentlich dazu beigetragen. Die ›freiwillige‹ bzw. zwangsweise Unterbringung von ›Gefährdeten‹ wurde allerdings später durch das Bundessozialhilfegesetz geregelt.[54]

Ebenso engagiert hatte Lisa Korspeter am Antrag der SPD-Fraktion zur Vorlage eines Gesetzentwurfes zur Verbesserung des Leistungsrechts der Kindergeldgesetze (Kindergeldverbesserungsgesetz) mitgearbeitet. Sie begründete den Antrag am 24.10.1962 im

50 BT, 1. WP 1949, Protokolle der 10. Sitzung des Ausschusses für öffentliche Fürsorge, 25.7.1950, und der 13. Sitzung vom 15.11.1950, Bundestagsarchiv Bonn.

51 Vgl. *Elisabeth Friese,* Helene Wessel, Essen 1993, S. 127.

52 Ebd.

53 Vgl. *Lisa Korspeter,* Brauchen wir ein Bewahrungsgesetz? In: Gleichheit, Nr. 10/1951, S. 290 f.

54 In dem am 4. Mai 1961 verabschiedeten Bundessozialhilfegesetz regelten die Paragraphen 72-74 die freiwillige bzw. zwangsweise Unterbringung von »Gefährdeten«. Erst 1974 hob das Bundesverfassungsgericht diese Bestimmungen wegen des Verstoßes gegen das Grundrecht der persönlichen Freiheit wieder auf.

Deutschen Bundestag und erklärte, dass eine nachträgliche Anpassung des Kindergeldes an die wirtschaftliche Entwicklung dringend geboten sei. Schon damals verwies sie darauf, dass die sozial- und familienpolitischen Leistungen – insbesondere was das Kindergeld betreffe – erheblich hinter denen der anderen Länder der EWG hinterherhinkten. In scharfen Worten verurteilte die Politikerin die von der Bundesregierung festgesetzte Einkommensgrenze für den Bezug von Kindergeld für »Zweitkinder«, weil diese Regelung gerade diejenigen hart treffe, die nicht zu den »gesegneten Einkommensschichten« gehörten. Sie war der Meinung, dass Einkommensgrenzen bei der Kindergeldgewährung beseitigt werden sollten, zumal sie in keinem anderen Nachbarland üblich seien. Den Familienverbänden in der Bundesrepublik sprach die Parlamentarierin damit aus dem Herzen.[55]

Für Lisa Korspeter genügte es nicht, über sozialpolitische Maßnahmen die Lage der Betreuten materiell zu verbessern. Der Mensch solle nicht nur als Arbeitskraft integriert, sondern in das gesamte gesellschaftliche Leben einbezogen werden. Sozialpolitik dürfe ohnehin keine Notstandspolitik sein, obwohl das die damals gängige Definition war. Ihr ging es darum, nach den Ursachen der Notstände zu forschen und diese Ursachen unmittelbar zu bekämpfen, einen Anspruch, den sie schon während ihrer Ausbildung und Fabrikarbeit formuliert hatte. Um das zu erreichen, plädierte sie gerade in ihrer Bundestagspolitik für ein Ineinandergreifen zwischen Hilfe zur Selbsthilfe und Übernahme von Pflichten durch den Sozialstaat. Als Sozialdemokratin forderte sie einen modernen Sozialstaat, in dem Freiheit und soziale Sicherheit keine Gegensätze, sondern unmittelbar miteinander verbunden seien.[56] In einem Artikel sprach sie sich für eine grundlegende Reform der Sozialversicherung aus. Sie kritisierte, dass eine solche Reform, trotz der Ankündigung im ersten Deutschen Bundestag, bislang unterblieben war. Sie müsse den veränderten sozialen Verhältnissen der Nachkriegszeit Rechnung tragen und ein Ausmaß an Leistungen gewährleisten, das den Betroffenen »auch den ethischen Wert einer Demokratie« beweise. Die bislang verabschiedeten Teilreformen betrachtete sie als »Flickwerk«, das zu einer völligen Unübersichtlichkeit führe.[57]

Ihr Haupteinsatz galt der Hilfe für Flüchtlinge, Vertriebene und in der SBZ verfolgte Gegner des SED-Regimes. Um für diesen Personenkreis verbesserte Bedingungen zu erreichen, bedurfte es einer besseren Verständigung zwischen Ost und West. Die Wiedervereinigung der beiden deutschen Staaten, für die sie sich im Ausschuss für Gesamtdeutsche Fragen einsetzte, war für sie nicht nur eine politische, sondern vor allem eine menschliche Notwendigkeit, die »Sache des ganzen Volkes« sein müsse. Frauen kam auch für die »Pflege der Beziehungen zwischen den Menschen in unserem geteilten Vaterland« eine ganz besondere Aufgabe zu. »Nur durch ihren ›warmherzigen Einsatz‹ könnte verhindert werden, dass auf der Seite der westlichen Welt ein zweiter ›Eiserner Vorhang‹ errichtet würde, der aus Gleichgültigkeit, Lässigkeit, Sattheit, aus Kühle, oft aus kaltem

55 Die mutige Rede einer Frau im Bundestag, in: Das Fundament, Die Familie, März 1963.
56 *Lisa Korspeter,* Freiheit und soziale Sicherung, SPD-Pressedienst, P/XVII/186 vom 14.9.1962.
57 *Lisa Korspeter,* Eine bessere Sozialpolitik, in: Gleichheit, Nr. 9/1953, S.289-291.

Herzen gegenüber den Flüchtlingen aus der Zone, auch gegenüber den Besuchern von dort, besteht.«[58] Auch in diesem Politikbereich ging sie selbst mit gutem Beispiel voran: Als Vorsitzende des Vertriebenenausschusses konnte sie gemeinsam mit Herbert Wehner in den 1950er Jahren die Einführung des Besuchergeldes für Gäste aus der DDR erreichen.[59]

Ihr flüchtlingspolitisches Engagement galt der Wiedereingliederung *aller* Vertriebenen, Flüchtlinge, Kriegsgeschädigten, Heimkehrer, politischen Häftlinge und Aussiedler, die zum großen Teil Wohnung und Existenzgrundlage verloren hatten und staatliche Hilfe benötigten.[60] Nach der Gründung der Bundesrepublik sah sie nicht nur die Notwendigkeit für weitere caritative Hilfsmaßnahmen, sondern ebenso müssten einheitliche Rechtsvorschriften erlassen werden. Es gab kaum ein Gesetz in diesem Politikbereich, an dem Lisa Korspeter nicht beteiligt war, kaum eine Verordnung, die nicht ihre Handschrift trug. Sie konnte durch ihre Initiativen und mit Hilfe der SPD-Fraktion wesentlich zur Verbesserung der Leistungen beitragen und damit viele Schicksale erleichtern helfen.

Hier sollen nur die wichtigsten Problembereiche besprochen werden, an denen Korspeter mitgearbeitet hat. Das am 31. August 1952 verabschiedete Lastenausgleichsgesetz, durch welches das im August 1949 erlassene Soforthilfegesetz des Frankfurter Wirtschaftsrats abgelöst wurde, geht wesentlich auf ihre Initiative und ihre Vorschläge zurück. Mit diesem umfangreichen und komplizierten Gesetzgebungswerk wurde durch eine Belastung der erhaltenen Vermögen ein besonderer Fond angesammelt, aus dem die notwendigen sozialen Hilfsmaßnahmen und die Entschädigungsleistungen für die durch Krieg und Kriegsfolgen besonders belasteten Bevölkerungsgruppen finanziert werden sollten. Die unterschiedlichen Auffassungen, die Politikerinnen und Politiker und Betroffene über die Aufgaben des Lastenausgleichs hatten, schlugen sich in den Diskussionen um das Gesetz nieder. Die Meinungen reichten von dem Wunsch nach einer möglichst hohen Entschädigung für die Vermögensverluste – ohne Rücksicht auf die derzeitige wirtschaftliche Situation der Flüchtlinge – bis zur Meinung, die Aufgabe des Lastenausgleichs sei es allein, soziale Nöte zu beheben. Trotz aller Mängel sah Korspeter in dem verabschiedeten Gesetz eine »große Solidaritätsleistung der Deutschen«, für die es keine historischen Beispiele gebe.[61]

Das Lastenausgleichsgesetz ist in der Zeit zwischen 1953 und 1975 28mal durch Novellierungen verbessert und ergänzt worden. Im Dezember 1960 sprach sie erneut zum Entwurf einer Änderung des Lastenausgleichsgesetzes. Wieder setzte sie sich für die

58 Die mutige Rede.

59 Die ehemalige Bundestagsabgeordnete Lisa Korspeter wird heute 90 Jahre alt.

60 *Lisa Korspeter/Walter Haack*, Politik für Vertriebene, Flüchtlinge, Kriegsgeschädigte, Heimkehrer, politische Häftlinge und Aussiedler, in: *Reinhart Barholomäi u.a.* (Hrsg.), Sozialpolitik nach 1945. Geschichte und Analysen, Bonn 1967, S. 275 ff. Vgl. auch *Elfriede Eilers,* »Wenn Frauen aktiv sind, sind sie's meistens länger als Männer«, Lebensbilder, aufgezeichnet von *Heinz Thörmer*, Marburg 1996, S. 73 f.

61 Ebd., S. 281.

Flüchtlinge als Stiefkinder des Lastenausgleichsgesetzes ein und trat dafür ein, die Kluft zwischen den anerkannten und den nicht anerkannten Flüchtlingen zu beseitigen.[62]

Zusätzlich zum Gesetz wurden Hunderte von Weisungen, Richtlinien, Durchführungsbestimmungen und Erlassen notwendig: Ein Bundesausgleichsamt und eine Lastenausgleichsverwaltung mit regionalen Heimatauskunftsstellen wurden eingerichtet. Insgesamt gesehen bedeutete der Lastenausgleich eine Vermögensumschichtung in einer Größenordnung von 140 Milliarden DM oder die Hilfe zur Wiedereingliederung und Entschädigung für rund 20 Millionen Kriegs- und Kriegsfolgengeschädigten.[63] Dass nicht immer diejenigen das Geld bekamen, die die meiste Not litten, wurde von Mitgliedern der SPD-Fraktion oft genug problematisiert.[64]

Lisa Korspeter hat außerdem an den rechtlichen Grundlagen für die Eingliederung nichtdeutscher Flüchtlinge, die bereits 1951 geschaffen wurden, mitgearbeitet. Für diesen Personenkreis sollten aus öffentlichen Mitteln Wohnungen geschaffen und Kredite für den Existenzaufbau gewährt werden. Am 5. Juni 1953 trat das Bundesvertriebenengesetz in Kraft, an dessen Abfassung und Durchsetzung sie als Mitglied des Ausschusses für Heimatvertriebene und Flüchtlinge wesentlichen Anteil hatte. Sie bezeichnete es als eine Art »Grundgesetz der Vertriebenen und Flüchtlinge«.[65] Ihr Wunsch, dass durch dieses Gesetz gewährleistet werde, dass Vertriebene und Flüchtlinge gesetzlich gleich behandelt und gegenüber Einheimischen weder bevorzugt, noch benachteiligt würden, ging nicht in Erfüllung.

Als Vorsitzende des Ausschusses für Heimatvertriebene unterstützte Lisa Korspeter die große Aktion der Bundesregierung im November 1949 zur freiwilligen Umsiedlung von 300.000 Vertriebenen, die die Chance zum Neuaufbau einer Existenz für viele erhöhte. Weitere Aktionen führten dazu, dass bis Ende 1968 1.032.400 Vertriebene von den Aufnahmeländern in Arbeitsplätze vermittelt und mit Wohnungen versorgt werden konnten.[66] Lisa Korspeter kümmerte sich auch um die vielen im Zusammenhang mit den Kriegsereignissen noch vermissten Personen. Sie setzte sich dafür ein, dass verlässliche Registrierungen sowohl für die Kriegsgefangenen als auch für die Zivilverschleppten erstellt wurden und die deutschen Gefangenen mit Hilfe der Wohlfahrtsverbände Lebensmittel, Bekleidung und Gebrauchsartikel übermittelt bekamen. Die Politikerin forderte staatliche Hilfe für die Kriegsgefangenen und politischen Häftlinge, die aus der DDR in die Bundesrepublik kamen.[67]

Zutiefst bedauerte Lisa Korspeter, dass die Sorge für die Opfer der sowjetischen Willkür von der Bundesregierung innenpolitisch nicht als erstrangig anerkannt wurde. Wiederum appellierte sie an die Verantwortung der Frauen, und zwar »über alle Parteien

62 Protokoll, 3. Legislaturperiode, 137. Sitzung, 16.12.1960.
63 Ebd,, S. 282.
64 Siehe die Biographie über Anni Mellies, geb. Krahnstöver, in diesem Band, S. 352-363.
65 Korspeter/Haack, S. 276.
66 Ebd., S. 280.
67 Ebd., S. 287.

hinweg«.[68] Wenn es gelungen wäre, auf diesem Gebiet die Einflussmöglichkeiten der Frauen zu wecken, zu stärken und wirksam zu machen, hätten sich Frauen nach ihrer Meinung einen festen Platz in der Politik sichern und das Vertrauen aller gewinnen können. Eine breite überparteiliche Zusammenarbeit blieb freilich Illusion. Sie wollte, dass die volle und uneingeschränkte Wiedergutmachung all denjenigen zu Gute kommen sollte, »die in der Zone Kerkerhaft und Vernehmungstorturen oder Bespitzelung und Peinigung als Angehörige politisch Verfemter oder Verfolgter haben durchmachen müssen«.[69] Deshalb hatte die Sozialdemokratin am Antrag der SPD-Fraktion mitgearbeitet, in dem am 10. Juli 1954 die Vorlage eines sofortigen Gesetzentwurfes von der Bundesregierung verlangt wurde, der eine Haftentschädigung und andere Hilfen, insbesondere eine Versorgung bei Gesundheitsschäden, zum Inhalt hatte. Die damalige Regierungskoalition konnte sich nicht einigen, durch welche Maßnahmen den Häftlingen Hilfe zuteil werden sollte, und hatte Schwierigkeiten bei der Definition des Begriffs »politischer Häftling«. Das Kriegsgefangenen-Entschädigungsgesetz vom 30. Januar 1954 und das Häftlingshilfegesetz vom 6. August 1955 gaben bald den rechtlichen Rahmen für Entschädigungsleistungen und Eingliederungshilfen, die an Kriegsgefangene und SBZ-Häftlinge gezahlt werden sollten, sowie für die Vergabe von Darlehen zum Aufbau oder zur Sicherung der wirtschaftlichen Existenz, zur Beschaffung von Wohnraum und Hausrat. Beide Gesetze entsprachen nicht den Vorstellungen von Lisa Korspeter, weil sie geeignet seien, Häftlinge in zwei Kategorien aufzuteilen. Lisa Korspeter jedoch wollte, dass die politischen Häftlinge, die Opfer der sowjetischen Verfolgung waren, den Opfern der nationalsozialistischen Verfolgung gleichgestellt würden.[70]

Die Fraktion der SPD brachte im Frühjahr 1952 im Bundestag einen Entschließungsantrag ein, in dem die Bundesregierung aufgefordert wurde, ein Flüchtlingshilfegesetz vorzulegen. Am 16.5.1952 wurde dieser Antrag einstimmig verabschiedet, ohne dass etwas geschah. Lisa Korspeter stand zu dieser Zeit in engem Kontakt mit ehemaligen SBZ-Häftlingen, vor allem der Arbeitsgemeinschaft ehemaliger politischer Häftlinge, die schon lange für eine ausreichende Eingliederungshilfe für die durch Haft verlorenen Jahre und vor allem für die notwendige Anerkennung der erlittenen Gesundheitsschäden – verbunden mit einer menschenwürdigen Versorgung – stritten. In Zusammenarbeit mit der Arbeiterwohlfahrt, deren Mitglied sie war, konnte sie einigen Häftlingen bereits während der Haftzeit behilflich sein. Die Häftlingsorganisationen lehnten ebenso wie Lisa Korspeter jede Differenzierung der politischen Häftlinge ab und auch jede Sortie-

---

68 Korspeter 1958, S. 30.

69 *Lisa Korspeter,* Arbeitsgemeinschaft Häftlingsprobleme – eine gesamtdeutsche Aufgabe. Rede anlässlich des Berlin-Treffens der deutschen Sozialdemokraten vom 20.-23.10.1966, in: SPD-pressemitteilungen und informationen vom 21.10.1966.

70 Ebd. Was sie nicht wollte und was auch im Gegensatz zu den Auffassungen der Organisationen der Verfolgten stand, war die Gleichstellung der ehemaligen Nazis, die nach 1945 interniert worden waren, mit den politischen Häftlingen des SED-Regimes. Vgl. hierzu *Friedhelm Boll,* Sprechen als Last und Befreiung. Holocaust-Überlebende und politisch Verfolgte zweier Diktaturen, Bonn 2001, S. 303 ff.

Lisa Korspeter während ihres Referates »Häftlingsprobleme – eine gesamtdeutsche Aufgabe« anlässlich des zentralen Treffens ehemaliger politischer Häftlinge der SBZ in Berlin, 1966

rung nach parteipolitischer Zugehörigkeit.[71] Ausgenommen werden sollten ausschließlich ›ausgesprochene Nationalsozialisten‹, die als Folge ihrer nationalsozialistischen Tätigkeit in der SBZ/DDR verurteilt und interniert waren. 1962, nach dem Bau der Mauer, wurde durch die SPD-Fraktion im Deutschen Bundestag ein umfassender Gesetzentwurf, der unter dem Namen »Flüchtlingsgesetz« bekannt geworden ist, eingebracht. Lisa Korspeter war auch hieran wesentlich beteiligt. Der Entwurf wurde im Jahre 1965 durch die Mehrheit im Bundestag abgelehnt. An Stelle der notwendigen und nach dem Bau der Mauer regelbaren Lösungen wurden 1965 zwei Gesetzesanträge der CDU/CSU verabschiedet. Das waren das Beweissicherungs- und Feststellungsgesetz, das keine Entschädigung für in der DDR erlittene Schäden vorsah und erst 1971, nach Bildung der sozial-liberalen Koalition, zu Zahlungen an die Geschädigten aus der DDR führte, sowie das »Flüchtlingshilfegesetz«, das nur für wenige Fälle Leistungen mit Sozialcharakter vorsah.[72] Lisa

71 Telefongespräch der Autorin mit Hermann Kreutzer, SBZ-Verfolgter, am 4. April 2002. Vgl. auch den Brief von Hermann Kreutzer an Lisa Korspeter vom 24.3.1961 und den hektografierten Bericht der Arbeitsgemeinschaft ehemaliger politischer Häftlinge vom Dezember 1957, in Ostbüro der SPD, Personalakte Paul Kreutzer, AdsD.

72 Sozialdemokratischer Pressedienst vom 28.1.1980.

Korspeter bemängelte an dem Gesetz vor allem, dass die Forderungen der SPD und der Flüchtlingsorganisationen, Flüchtlinge untereinander und mit den Heimatvertriebenen auf allen Gebieten rechtlich und sozial gleichzustellen, wieder nicht verwirklicht wurde. Die Flüchtlinge wurden weiterhin in zwei Gruppen aufgeteilt.[73] Lisa Korspeters Ziel, Flüchtlingen, Heimatvertriebenen und politisch Verfolgten die gleichen Rechte einzuräumen und ihnen gleichermaßen bei der Integration in die Gesellschaft zu helfen, konnte so nicht verfolgt werden.[74]

Erst nach Beendigung ihrer Amtszeit im Bundestag 1969 wurde es durch Initiativen der sozial-liberalen Bundesregierung im Rahmen von Verträgen möglich, wesentliche Erleichterungen im humanitären Bereich zwischen den beiden deutschen Staaten zu schaffen. Als 1970 aus Bundesmitteln eine Stiftung für Heimkehrer, aus deren Mitteln Darlehen und Unterstützungen zur Wohnraumbeschaffung und zum Existenzaufbau an Heimkehrer bezahlt wurden, sowie eine Stiftung für ehemalige politische Häftlinge aus der DDR errichtet wurden, war Lisa Korspeter schon nicht mehr im Bundestag.

Die politische Arbeit ging weiter (1969–1992)

»Mutter der Flüchtlinge«[75]

Lisa Korspeter arbeitete nach ihrem Ausscheiden aus dem Bundestag in einem Expertenkomitee des Vertriebenen- und Flüchtlingsbeirates beim SPD-Parteivorstand weiter an der Verbesserung des »Leistungsgesetzes« mit.[76] Erst im Mai 1976 wurde ein umfangreiches sozialpolitisches Eingliederungsprogramm verabschiedet, das für Aussiedler und Zuwanderer aus der DDR die Versorgung mit Wohnraum, zinsverbilligte Darlehen zur Beschaffung von Möbel und Hausrat, Gewährung von Eingliederungshilfen nach dem Arbeitsförderungsgesetz, Hilfen zur Existenzgründung, Sprachförderung sowie verstärkte soziale Betreuung von Jugendgemeinschaftswerken, Wohlfahrtsverbänden und Kirchen vorsah.

Mit großem Interesse verfolgte Lisa Korspeter, dass im Dezember 1975 durch die SPD die konzertierte Aktion zugunsten dieser Neubürger eingeleitet wurde. Dabei ging es der sozial-liberalen Koalition darum, neben der materiellen Eingliederung – unter Mithilfe der Bürgerinnen und Bürger in der Bundesrepublik – die gesellschaftliche Integration zu verstärken. Ohne die unermüdlichen Vorarbeiten von Lisa Korspeter und ihr unerschrockenes Eintreten für ihre Leidensgefährten wären alle diese Maßnahmen wohl nicht zu Stande gekommen.

---

73 Die SPD-Fraktion teilt mit, Nr. 17/1965 vom 20.1.1965 und Nr. 43/65 vom 29.1.1965.

74 *Lisa Korspeter,* Von Gleichstellung keine Rede, in: SPD-Pressedienst, 2/XVXII/109 vom 11.6.1963, sowie *Lisa Korspeter,* Gleiches Schicksal – gleiches Recht, Um die Gleichstellung von heimatvertriebenen und Flüchtlingen, in: SPD-Pressedienst, P/XVIII/219 vom 18.11.1963.

75 Lisa Korspeter, Zu ihrem 65. Geburtstag, SPD-Pressedienst vom 29.1.1965.

76 70. Geburtstag von Lisa Korspeter, Pressenotiz vom 27. Januar 1979, AdsD, Sammlung Personalia Lisa Korspeter.

Die politische Arbeit dieser Frau, die von Weggefährtinnen und Weggefährten als »zierlich von Gestalt, doch von starker Willenskraft beseelt«, beschrieben wurde[77], war noch lange nicht zu Ende. Lisa Korspeter übernahm ein neues Amt: 1969 wurde sie Vizepräsidentin und geschäftsführende Bundesvorsitzende des neu gegründeten Bundes der Mitteldeutschen (BMD). Später wurde sie dessen Ehrenvorsitzende. Nach dem Tod ihres Mannes war sie 1967 von Hannover nach Celle, ihrem früheren Bundestagswahlkreis, gezogen, um dort ihren Lebensabend zu verbringen. Sie wirkte von 1969 bis 1976 als Mitglied des Celler Stadtrates. Im Sozialausschuss und Jugendwohlfahrtsausschuss der Stadt Celle arbeitete sie bei der Sicherung, Fortentwicklung und sozialen Ausgestaltung des Gemeinwesens mit. Ihr Ziel galt der Verbesserung der Lebensbedingungen von Mitbürgerinnen und Mitbürgern, vor allem aber trat sie weiterhin für sozial Schwache und Benachteiligte ein. Als Stadträtin konnte sie unter anderem erreichen, dass Celle von der Stationierung von Düsenjägern verschont blieb.[78] Ihre langjährigen Erfahrungen als Sozialpolitikerin brachte sie in den Vorstand des »Allgemeinen Krankenhauses Celle« ein, dem sie von Anfang 1970 bis Ende 1976 zunächst als stellvertretendes Mitglied, dann als Mitglied angehörte. In den Jahren 1970 bis 1976 war sie außerdem Mitglied des Kuratoriums der Stiftung Evangelisches Kinderheim in Celle. Bis ins hohe Alter war sie politisch aktiv, sie engagierte sich weiter im Kreisvorstand der Arbeiterwohlfahrt Celle und verfolgte die politischen Entwicklungen innerhalb der SPD mit großem Interesse. Vielen ostdeutschen Flüchtlingen half sie über die Parteigrenzen hinaus mit Rat und Tat, um ihnen das Einleben zu ermöglichen.

Zahlreiche Ehrungen wurden ihr zuteil. Der Bundespräsident überreichte ihr nach ihrem Ausscheiden aus dem Bundestag den Stern zu dem bereits früher verliehenen Schulterband des Großen Verdienstkreuzes der Bundesrepublik Deutschland. Zu ihrem 75. Geburtstag am 31. Januar 1975 wurde »die Parlamentarierin der ersten Stunde« als unermüdliche, mahnende und beredte Anwältin ihrer Schicksalsgefährten, die gleich ihr »die Heimat« verlassen mussten, gelobt und geehrt. Vertreter des Bundes der Mitteldeutschen, der Landsmannschaft Sachsen-Anhalt und des Reichsbundes der Kriegs- und Zivilbeschädigten überbrachten Glückwünsche. Sie selbst forderte – schließlich war 1975 das UNO-Jahr der Frau – zum wiederholten Male in ihrem Leben alle Frauen auf, »von der noch oft geübten Distanz gegenüber der Politik Abschied zu nehmen und an der Erstellung unserer Gesellschaft mitzuarbeiten«.[79] In einer Dokumentation zu ihrem 80. Geburtstag wurde ihr sogar der Ehrentitel »Mutter der Flüchtlinge« zuteil. Herbert Wehner würdigte sie darin als vorbildliche Sozialdemokratin, sie sei »stets ein verlässlicher Freund und unermüdlicher Helfer gewesen«. Besonders hob er hervor, dass sie »sich niemals in den Vordergrund gedrängt« habe.[80] Bundestagsvizepräsidentin Annemarie

77 Lisa Korspeter, zu ihrem 65. Geburtstag, SPD-Pressedienst vom 29.1.1965.

78 Die ehemalige Bundestagsabgeordnete Lisa Korspeter wird heute 90 Jahre alt.

79 Zitiert nach: In langen Jahren für die sozial Schwachen eingesetzt, in: Cellesche Zeitung vom 1.2.1975, S. 4.

80 Sozialdemokratischer Pressedienst vom 28.1.1980.

Renger hielt die Festrede.[81] Dass von allen gemeinsam das Lied »Wann wir schreiten Seit an Seit« gesungen wurde, mag auch eine Anspielung auf ihre Auffassung von Frauenpolitik gewesen sein. Von Quotenregelungen, wie sie jetzt in ihrer Partei diskutiert wurden, hielt sie nicht viel, bestenfalls sollten sie ein vorübergehendes Hilfsmittel sein, um mehr Frauen für die Politik zu gewinnen, nachdem andere Mittel, die das gleiche Ziel verfolgt hatten, kläglich versagt hatten. Dass die Arbeitsgemeinschaft sozialdemokratischer Frauen (AsF), die sie im Bezirk Hannover mitgegründet hatte, ihr eine dreistöckige Geburtstagstorte mit 80 Kerzen überreichte, hat sie aber trotzdem gefreut.[82]

Zu ihrem 85. Geburtstag erhielt sie von der Celler Zeitung gar den Titel »große alte Dame der Deutschlandpolitik in der Nachkriegszeit«. Und der Landkreis Celle übergab den »Ehrenteller des Landkreises«, den bis dahin erst drei Bürgerinnen bekommen hatten. Eigentlich wollte sie gar keine Geschenke. Sie bat ihre Geburtstagsgesellschaft statt dessen, für die Aktion des Bundes der Mitteldeutschen »Deutsche helfen Deutschen« zu spenden.[83] Nach wie vor wollte sie sich viel lieber für die Flüchtlinge aus der DDR einsetzen, als Blumensträuße empfangen. »Frieden auf Erden und ein gutes Miteinander aller Menschen, Arbeit für alle und die Beseitigung der neuen Armut« – das waren immer noch ihre sehnlichsten Zukunftswünsche, als Journalisten sie danach fragten. Intrigenspiel, Eigennützigkeit und Zynismus gegenüber anderen Menschen waren ihr immer noch verhasst, schließlich hatte sie im Laufe ihres Lebens viel davon ertragen müssen.[84] Fünf Jahre später, zu ihrem 90. Geburtstag, wurde sie dann als »große alte Dame der Celler Sozialdemokratie« gefeiert.[85] Noch mehr als alle Dankesreden dürfte es sie damals gefreut haben, dass sie den Zusammenschluss der beiden deutschen Staaten, für den sie sich immer eingesetzt hatte, noch erleben durfte.

»Die weibliche Gestaltungs- und Führungskraft« verstarb am 8.10.1992 im Alter von 92 Jahren im Allgemeinen Krankenhaus von Celle nach einem langen und schweren Krankenlager.[86] Auf dem Stadtfriedhof wurde sie zur letzten Ruhe gebettet. Ihre Weggefährtin Annemarie Renger hielt die Trauerrede. Oberbürgermeister und Stadtdirektor der Stadt Celle lobten »ihren persönlichen Charme, ihren unermüdlichen Fleiß und ihre Geradlinigkeit«.[87] In einem Nachruf heißt es unter anderem: »Lisa Korspeter war die Verkörperung von sozialer Gerechtigkeit, sie war Ratgeber, Mahner, Kamerad und Vorbild in einem.«[88]

81 Vgl. die Biographie von Annemarie Renger in diesem Band, S. 395-420.

82 Vorbild für die Bürger unserer Gesellschaft, in: Cellesche Zeitung vom 1.2.1980, S. 4.

83 Die Politik bestimmte ihr Leben, in Celler Zeitung vom 31.1.1985 und Hoher Besuch für Lisa Korspeter, in: Cellische Zeitung vom 1.2.1985.

84 Celler Persönlichkeiten ganz privat, in: Cellesche Zeitung vom 2.3.1985.

85 Die ehemalige Bundestagsabgeordnete Lisa Korspeter wird heute 90 Jahre alt und Ihr Engagement galt vor allem den sozialen Fragen, in: Cellesche Zeitung vom 31.1.1990.

86 Die ehemalige Celler SPD-Bundestagsabgeordnete und Ratsherrin Lisa Korspeter ist 92-jährig gestorben, in: Cellesche Zeitung vom 13.10.1992.

87 Todesanzeige in der Cellesche Zeitung vom 12.10.1992.

88 Nachruf Lisa Korspeter ohne weitere Angaben, in: AdsD, Sammlung Personalia Lisa Korspeter.

Lucie Kurlbaum-Beyer

»Nie mehr woll'n wir Waffen tragen, nie wieder Krieg.
Lass die hohen Herrn sich selber schlagen ...«[1]

Lucie Kurlbaum-Beyer ist – wie viele herausragende Politikerinnen der Nachkriegszeit – geborene Sozialdemokratin und Gewerkschafterin. Zeit ihres Lebens hat sie für eine andere, bessere Lebenswelt ohne Unterdrückung und Armut und ohne Krieg gekämpft. Sie hat sich mit den Nationalsozialisten nie eingelassen und hatte deswegen unter ihnen zu leiden. In der Nachkriegszeit trat sie in Gewerkschaften und Partei für die Gleichberechtigung von Männern und Frauen ein. Das wollte sie vor allem durch eine quantitativ und qualitativ verbesserte Frauenbildung erreichen. Im Bundestag machte sie sich einen Namen, indem sie für die Senkung von Tee- und Kaffeesteuern eintrat. Zurück in der Kommunalpolitik, hatte sie stets ein offenes Ohr für ihre Mitmenschen. Bis heute nimmt sie rege am politischen Geschehen teil.[2]

Kindheit, Elternhaus und erste politische Betätigung (1914–1933)

»Eine große Familie, in der sich jeder auf jeden verlassen konnte«[3]

Lucie Fuchs wurde am 17. Juni 1914 in Herdorf (Sieg) geboren. Aufgewachsen ist sie, wie sie später selbst schrieb, in einer großen Familie mit vielen Tanten und Onkeln, »in der sich jeder auf jeden verlassen konnte«[4]. Mit der Notwendigkeit der Partei- und Gewerkschaftsarbeit wurde sie sehr früh konfrontiert. Ihr Vater war Bergarbeiter und gründete bereits 1918, nach seiner Heimkehr aus dem ersten Weltkrieg, in der Heimatgemeinde Herdorf eine Gewerkschaftsgruppe und einen Ortsverein der Sozialdemokratischen Partei (SPD). Von ihrem Vater hat sie viel gelernt. Sie ist in die Partei- und Gewerkschaftsarbeit hineingeboren worden. Schon als Kind war sie dabei, wenn er Flugblätter verteilte und Mitgliedsbeiträge kassierte, und es war ihre Aufgabe, Versammlungen von Partei und Gewerkschaften durch Gedichtvorträge zu verschönern. Ein besonderes Erlebnis erfuhr sie später durch ihre jüngste Tante: Es ging um eine Veranstaltung zum 1. Mai 1920, Lucie war gerade fünf Jahre alt. Sie wurde auf eine Kiste gestellt und sollte ein Gedicht aufsagen, dessen Strophen jeweils endeten: »Durch meine Hose und mein Hemd weht der Wind, ich bin ein Arbeiterkind.« Die 12-jährige Tante ist damals vor

1 Lucie Kurlbaum-Beyer zitierte dieses Lied beim Interview mit Gisela Notz am 15.6.1999 in Schwaig bei Nürnberg.

2 Siehe auch: *Gisela Notz,* Lucie Kurlbaum-Beyer – Frauen(bildungs)arbeit in einer Männergewerkschaft, in: *Paul Ciupke/Karin Derichs-Kunstmann* (Hrsg.), Zwischen Emanzipation und ›besonderer Kulturaufgabe der Frau‹, Frauenbildung in der Geschichte der Erwachsenenbildung, Essen 2001, S. 273-280, sowie: *Gisela Notz,* Biographische Skizze, Frauenengagement in Politik und Gewerkschaften in der BRD nach 1945. Lucie Kurlbaum-Beyer (geb. 1914), in: Beiträge zur Geschichte der Arbeiterbewegung, H. 4/2000, S. 86-100.

3 *Lucie Kurlbaum-Beyer,* Erinnerungen aus meinem Leben, o.O., o.J., S. 3.

4 Ebd.

Scham nach Lucies »Auftritt« weggelaufen. Lucie trug der Verfasserin den Refrain voller Stolz vor.

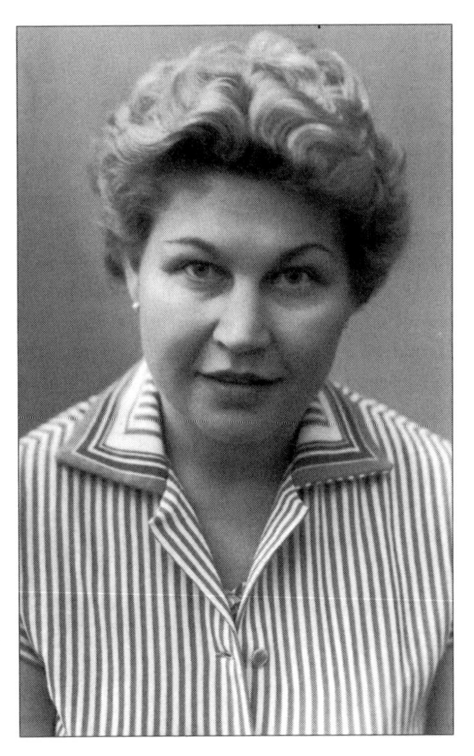

Lucie Kurlbaum-Beyer (geb. 1914), MdB 1953–1969

Nicht nur die Arbeiterfamilien, auch die Arbeiterorganisationen hatten damals wenig Geld und daher oft auch Schwierigkeiten, ein Versammlungslokal zu bekommen. So fanden die Zusammenkünfte im Hause ihrer Eltern statt. Sie berichtete, dass das Wohnzimmer, das als Sitzungszimmer diente, direkt vor dem Schlafzimmer lag, in dem sie und ihr Bruder schliefen. Sie allerdings blieb oft wach, wenn die Erwachsenen wichtige politische Diskussionen führten: »Ich hörte zu, bis alle weg waren.«[5] Leicht waren Partei- und Gewerkschaftsarbeit damals nicht, denn die SPD und deren Repräsentanten wurden oft in der katholischen Kirche während des Gottesdienstes offen angegriffen. Wie viele Sozialisten während dieser Zeit war auch Lucies Vater aus der Kirche ausgetreten. Als Sprecher der Gewerkschaftsgruppe war er beim ersten ausgerufenen Streik entlassen worden, kam offensichtlich auf eine ›Schwarze Liste‹ und wurde nie wieder eingestellt. Wo immer er auch um Erwerbsarbeit nachfragte, erhielt er Absagen.

Es war der Subsistenzarbeit der Frauen in der Großfamilie zu verdanken, dass dennoch täglich Kartoffeln und Gemüse und sonntags sogar Fleisch auf dem Tisch standen.[6] »Es war eine furchtbare Zeit, die wir durchgemacht haben«, sagte sie später im Interview. Damals erlebte sie die Zeit nicht wirklich als furchtbar: »Geld fehlte, aber dieses Schicksal teilten wir mit den meisten Familien des Ortes. Ich war sehr stolz auf meinen Vater, denn er war ja immer für andere unterwegs, gründete Ortsvereine im Kreis. Zuerst war er zu Fuß unterwegs, später hatte er ein Fahrrad.« Die Mutter machte sich oft Sorgen, wenn der Vater am Abend lange unterwegs war.

Die Arbeitslosigkeit des Vaters bedrückte Lucie Fuchs dennoch sehr. Früh lernte sie am eigenen Leibe, was es für ein Kind bedeutete, arm zu sein. Nachdem sie nach dem

5 Dies und die folgenden Zitate entstammen dem Interview Gisela Notz mit Lucie Kurlbaum-Beyer am 15.6.1999.

6 Vgl. hierzu auch: *Gisela Notz,* Überleben nach dem Kriege. In: Barbara Mettler-v. Maibom (Hrsg.), Alltagswelten. Erfahrungen – Sichtwechsel – Reflexionen, Münster 1996, S. 21-42.

Besuch der Volksschule ein Leistungsstipendium für die Realschule erhalten hatte, mussten sich die Eltern das Geld für Schulbücher und Schreibhefte buchstäblich vom Mund absparen. Bei den jährlich stattfindenden Klassenausflügen meldete sie sich krank, um die Eltern nicht um Geld bitten zu müssen und um den Klassenkameradinnen einen plausiblen Grund für ihr Fernbleiben angeben zu können. Dennoch erinnert sie sich später gerne an die Kindheit und an die politischen Diskussionen, die in ihrem Elternhaus geführt wurden. Kein Wunder, dass sie sich auch später unter Arbeiterkindern am wohlsten fühlte und schon als 14-Jährige (1928) in die Sozialistische Arbeiterjugend (SAJ) in Köln-Bayenthal eintrat. Nachdem die langjährige Vorsitzende wegen ihrer Heirat aus der Jugendgruppe ausgeschieden war, wurde Lucie Fuchs ihre Nachfolgerin. Damals war noch keine Rede von »Frauenförderung«. Der Vorstand der Arbeiterjugend hatte jedoch beschlossen, dass ein Mädchen Leiterin sein sollte, und das Mädchen sollte Lucie Fuchs sein.

Etwa zur gleichen Zeit beschloss der Bezirksvorstand der SPD, zwei Vertreter der Arbeiterjugend in den Vorstand der Partei zu berufen. Wieder wurde Lucie Fuchs ausgewählt. 1932 trat sie in die SPD ein. Neben der politischen Prägung durch den Vater war es vor allem die Sozialistische Arbeiterjugend, die sie nachhaltig beeinflusst hat und durch die sie den »aufrechten Gang« gelernt und auch stets beibehalten hat.

Nachdem sie das Realgymnasium verlassen hatte, besuchte sie in Köln während der Abendstunden eine private Handelsschule und absolvierte eine kaufmännische Lehre. 1930, sie war gerade 16 Jahre alt, stellte sie der Bergarbeiterverband in Köln als Volontärin ein. Gleichzeitig wurde Lucie Fuchs Mitglied des Bergarbeiterverbandes. 1932 wurde ihr dort eine Stelle als Sachbearbeiterin in der Unterstützungsabteilung übertragen. Auf die Frage, ob es nicht ungewöhnlich war, als Frau in einer männerdominierten Gewerkschaft eine Stelle zu bekommen, sagte sie: »Erstens war ich für die Arbeit qualifiziert«, denn sie hatte sich in Abendschulen weitergebildet. Zweitens war sie in der Unterstützungsabteilung für die Arbeitslosen tätig. Das war offenbar eine für eine Frau passende soziale Aufgabe, auch oder gerade im Männerbund. Viele Menschen waren damals erwerbslos. Sie machte die Arbeit gerne, denn die Kontakte und die Gespräche mit den erwerbslosen Kolleginnen und Kollegen stärkten ihr Bewusstsein für die notwendige politische Arbeit in Partei und Gewerkschaften.

Leben im Nationalsozialismus (1933–1945)

»Aber die Frauen haben sich so aktiv im Vordergrund nicht verhalten«[7]

1933 wurde Lucie Fuchs aus politischen Gründen entlassen, nachdem die Gewerkschaften und ihre Verbände in die »Deutsche Arbeitsfront« überführt worden waren. In die NS-Frauenschaft wäre sie unter keinen Umständen eingetreten, auch wenn ihr das bei der Job-Suche und auch sonst im Leben geholfen hätte. »Da wäre ich lieber putzen

7 Lucie Kurlbaum-Bayer auf die Frage, ob sie während des NS im Widerstand aktiv gewesen sei. Interview 1999, S. 7.

gegangen«, sagte sie später. Tatsächlich fand sie eine Stelle bei einer kleinen Firma, die in Bonn Putzutensilien herstellte. Sie arbeitete tagsüber als Haushaltshilfe und erledigte abends die Buchführung und den Schriftverkehr. Nach ihrer politischen Einstellung hatten sie die Firmeninhaber nicht gefragt. Das war für Lucie Fuchs eine große Beruhigung. Sie bekam dafür 50,– Mark Gehalt monatlich, bewohnte ein eigenes Dachzimmer und bekam täglich das gute Essen der Geschäftsfrau, die sie als »ausgezeichnete Köchin« beschrieb. Von dieser Frau hat sie viel gelernt. Dass sie heute noch gerne kocht und backt und Rezepte ausprobiert, führt sie auf diese Zeit zurück. Mit dem Lohn konnte sie ihre armen Eltern finanziell unterstützen, was ihr wichtig war. Andererseits war sie nun von ihren Eltern räumlich sehr weit getrennt. Deshalb bewarb sie sich immer wieder um Arbeitsmöglichkeiten in Köln, um näher bei den Eltern zu sein, die in der Zwischenzeit in Köln lebten. 1935 bekam sie eine Stelle bei einer holländischen Polsterwarenfirma in Köln, deren Besitzer sie als »streng katholisch« bezeichnet.

Im Jahre 1939 heiratete sie ihren Schulkameraden Fred Beyer und zog mit ihm nach Berlin. Sie fand dort eine Berufstätigkeit, in deren Rahmen sie technische Kalkulationen erarbeiten sollte. Daneben besuchte sie Abendkurse für Bilanz- und Steuerrecht. Als 1942 ihr erster Sohn Uwe geboren worden war, versuchte sie als »Helferin in Steuersachen« zugelassen zu werden. Nachdem sie beim zuständigen Finanzamt mehrere Anträge gestellt hatte, wurde ihr von einem Angestellten des Finanzamtes empfohlen, wenn nicht in die NSDAP, so doch wenigstens in die NS-Frauenschaft einzutreten. Nachdem sie dies abgelehnt hatte, erhielt sie eine Absage.

Die nationalsozialistischen Machthaber hatten sie nicht nur aus ihrer Beschäftigung entlassen, sie war auch sonst mit ihnen in Konflikt geraten: Im Mai 1933 wurde sie zusammen mit ihren Eltern verhaftet. Sie hatte bei SPD-Genossen Beiträge kassiert und zur Tarnung Spaziergänge vorgetäuscht. Mit dem Geld sollte Familien mit Kindern geholfen werden, deren Männer entweder verhaftet oder aus Angst vor politischen Repressalien auf »Wanderschaft« waren. Ihr Vater wurde durch ihm wohlgesonnene Nachbarn, die ans Fenster der Parterre-Wohnung geklopft hatten, auf die SA-Razzien hingewiesen. So konnte er Geld und Beitragsmarken in den noch nicht bepflanzten Blumenkästen unter trockener Erde sichern. Bei der Razzia wurden alle Bücher der Familie durchgeblättert und viele stark beschädigt. Plastisch schilderte Lucie Beyer später die Situation der Hausdurchsuchung: »Dann haben sie im Keller die Kohlen von einer Seite auf die andere geschaufelt. Nachdem sie noch immer nichts gefunden hatten, nahmen sie meine Eltern mit, kamen aber nach etwa zehn Minuten wieder und schauten in die Öfen. Sie fanden zwar keine Asche, doch nun wurde ich auch verhaftet.« Der Vater und Lucie Beyer mussten noch zwei Tage in der Haft verbleiben. Erst danach erfuhr sie von dem sicheren Versteck des Geldes.

Anfang Januar 1943 erfolgte morgens um sechs Uhr in Berlin die zweite Verhaftung durch die Gestapo. Erst nach tage- und auch nächtelangen Verhören erfuhr sie, warum sie verhaftet worden war: Nach dem Weihnachtsurlaub, auf dem Weg zum Bahnhof, hatte sie einem Soldaten, einem engen Familienangehörigen, der an die atlantische Küste zurückkehren wollte – natürlich streng vertraulich – den tröstenden Satz zugeflüstert:

»Wir werden sicher bald eine Militärdiktatur bekommen – aber der Krieg geht dann zu Ende, und wir werden wieder zu einer Demokratie zurückkehren.« Wie sich später herausstellte, hat der Familienangehörige den Satz noch am Bahnhof an einen »Freund« weitergegeben. Dieser Satz wurde ihr nun beim Verhör vorgelesen. Ihr blieb nichts anderes übrig, als alle Anschuldigungen zu leugnen. Sie musste eine Erklärung unterschreiben, mit der sie sich verpflichtete, über das Vorgefallene zu schweigen, und wurde mangels Beweises freigelassen. Vier Wochen lang musste sie sich wöchentlich bei der Polizei melden.

Mitmachen wollte sie während der Zeit des Nationalsozialismus auf keinen Fall. Im Interview kam sie immer wieder auf die Verhaftungen zu sprechen, auf Hausdurchsuchungen – und darauf, wie schlimm es ihren Eltern dabei erging und wie brutal Kolleginnen und Kollegen sowie Genossinnen und Genossen bei den Verhören geschunden wurden. Sie selbst sei »nur am Rande im Widerstand« gewesen, denn »die Frauen haben so aktiv sich im Vordergrund nicht verhalten«. Sie hat zwar viel Schlimmes erlebt, aber auch immer wieder Glück gehabt, weil sie immer wieder jemanden fand, der ihr geholfen hat. Ohne diese Hilfe wäre sie heute nicht mehr am Leben. Später sagte sie: »Wir können nur eines tun, nämlich dafür arbeiten, dass sich solches Unheil nie mehr wiederholt«.

Wiederaufbau der Republik und der Gewerkschaften (1945–1953)

»So haben wir gemeinsam versucht, diese Aufbauarbeit zu leisten«[8]

Nach 1945 waren der Wiederaufbau und die Hilfe für die Hungernden und Leidenden Lucie Beyers größte Anliegen. Tatkräftig wollte sie am Aufbau der neuen Demokratie mitarbeiten. Ihr Vater war kurz vor Kriegsende – vor den Augen der Mutter – auf offener Straße erschossen worden. Lucie Beyer ging mit Familie und Mutter zunächst zurück nach Herdorf. Nachdem sie im September 1945 ihren zweiten Sohn Knut geboren hatte, nahm sie im November 1945 eine Beschäftigung in der Sozialabteilung des Landratsamtes Wetzlar auf und kümmerte sich besonders um die Betreuung und Eingliederung der Flüchtlinge. Es waren vor allem Frauen mit Kindern und ältere Menschen, die ankamen. Bei dieser Arbeit wurden ihr die sozialen Nöte der Nachkriegszeit deutlich, die zum Teil noch viel schlimmer waren als ihre eigenen. Sie musste erfahren, dass es der alltägliche Überlebenskampf der Frauen war und die Sorgen um Haushalt und Beruf, die dazu führten, dass Frauen die Notwendigkeit zum politischen Denken und Handeln zwar bewusst war, sie letztlich aber zu wenig Zeit und Kraft hatten, um sich damit zu befassen.

Auf der anderen Seite stellte Lucie Beyer bei ihrer Arbeit im Landratsamt Wetzlar auch fest, dass Frauen, die schon früher einer Erwerbsarbeit nachgegangen waren, sei es, dass sie in der Landwirtschaft tätig waren oder irgend eine andere Qualifikation hatten (»und wenn sie nur Klavier spielen konnten«), mit den schwierigen Nachkriegsverhältnissen besser klar kamen. Sie wollten wieder beruflich tätig werden, um ihre Existenz zu sichern und damit wollten sie anfangen, bevor ihre Männer aus der Gefangenschaft

8 Interview S. 11.

zurückkamen. Lucie bewunderte die Flüchtlingsfrauen, die, obwohl sie noch gar nicht lange in der fremden Umgebung lebten, überall anpackten, für gute Stimmung sorgten und das Vertrauen in die Zukunft nicht aufgaben. Umsichtig sorgten sie und die anderen Mitarbeiterinnen und Mitarbeiter des Landratsamtes – in enger Zusammenarbeit mit dem Arbeitsamt – dafür, dass diejenigen Frauen, die einer Erwerbsarbeit nachgehen wollten, dazu die Möglichkeit bekamen, und zwar möglichst in Wohnortnähe.

Sie war davon überzeugt, dass es sehr wichtig sei, dass möglichst viele Frauen an der Neugestaltung Deutschlands mitarbeiteten: »Die Erfahrungen aus zwei furchtbaren Weltkriegen verpflichten uns (...) heute, zur Sicherung und Erhaltung des Friedens an der sozialen und wirtschaftlichen Neugestaltung Deutschlands mitzuarbeiten.«[9] Sie selbst ging mit gutem Beispiel voran und wurde gleich nach dem Ende des Zweiten Weltkrieges Betriebsratsvorsitzende in der Stadtverwaltung Wetzlar, arbeitete in überparteilichen Frauenausschüssen, trat 1946 der neu gegründeten SPD bei und wurde 1946 bis 1950 Stadtverordnete in Wetzlar. Frauenpolitik gehörte seit Kriegsende zu einer ihrer wichtigsten Aufgaben. Mit der Wahl zur Kreisvorsitzenden in Wetzlar gehörte sie auch dem Bezirksvorstand der SPD an. Sie war zuständig für »Mediziner und Juristen und natürlich für Frauenprobleme«. Auch wurde sie in den Aufsichtsrat der Konsumgenossenschaft gewählt. Später gehörte sie noch viele Jahre dem Prüfungsverband des Zentralverbandes der Deutschen Konsumgenossenschaften in Hamburg an.

Im Jahre 1947 wurde sie Mitglied im Spruchkammergericht. Dort wurde ihr die Ambivalenz, die mit dem politischen Neubeginn verbunden war, deutlich. Zu diesem Zeitpunkt musste zum Beispiel noch jeder, der einmal Parteibeiträge der NSDAP kassiert hatte, nach Artikel III des Entnazifizierungsgesetzes eingestuft werden. Das bedeutete Berufsverbot und Zahlung einer Strafe. Lucie Beyer stufte aber Parteikassierer nach Stufe IV (Mitläufer) ein. Als dies öffentlich wurde, brachte ihr das Mahnungen seitens der amerikanischen Militärverwaltung ein. Als sie 1948 erfuhr, dass das Gesetz geändert werde und in Zukunft alle – bis zum SA-Obergruppenführer – als »Mitläufer« eingestuft werden könnten, forderte sie eine Begnadigung der Kassierer, die bereits bestraft waren. Ihrem Statement fügte sie hinzu, dass sie ein anderes Vorgehen als schädlich für den Aufbau der Demokratie erachte. Und diesen Satz wollte sie nicht zurücknehmen, auch nicht, als der Innenminister des Landes Hessen sie darum bat. Sie erklärte ihren Rücktritt aus der Spruchkammer und verlor ihre Stelle im öffentlichen Dienst, weil sie die gültige Regelung nicht mit ihrem Gewissen vereinbaren konnte.

9 Volksstimme vom 29.7.1949.

Wiederaufbau der gewerkschaftlichen Frauenarbeit

»Auf jeden Fall haben wir dann diese ganze Frauenarbeit aufgebaut«[10]

Nach Meinung von Lucie Beyer sollten bei der sozialen und wirtschaftlichen Neugestaltung Deutschlands die Gewerkschaften als Interessenvertretung der abhängig Beschäftigten eine herausragende Rolle spielen. Auch in der Gewerkschaftsarbeit bezog sie Partei für die Frauen. Als 1948/49 Willi Richter, der spätere Vorsitzende des DGB und damalige Vorsitzende des DGB-Hessen, sie bat, sich um die Frauenarbeit im DGB-Landesbezirk Hessen zu kümmern, war das eine Aufgabe, die sie sofort reizte. 1950 wurde sie Landes-Frauensekretärin des DGB in Hessen. Die Frauensekretariate hatte Hans Böckler, Richters Vorgänger, eingerichtet. Sie sollten unter anderem dazu dienen, den Artikel 3 (2) des Grundgesetzes »Männer und Frauen sind gleichberechtigt«, in die (gewerkschaftliche) Realität umzusetzen. Lucie Beyer siedelte nun mit ihrer Familie nach Frankfurt am Main um.

Zwar gibt sie sich heute im Interview immer noch ärgerlich, wenn sie an die Machtkämpfe zurückdenkt, an denen die Frauen zum Teil auch selbst beteiligt waren – insbesondere gilt das für die Besetzung des ersten Frauensekretariats im DGB – Lucie Beyer erlebte aber auch »eine wunderbare Zeit« – wie sie später sagt – eine Zeit des Aufbaus der Gewerkschaften und der neuen Hoffnung. »Ich hatte ja viel Erfahrung, aus der Flüchtlingshilfe und so«, und diese Erfahrungen brachte sie in die Gewerkschafts- und Parteiarbeit ein.

Sie selbst hatte nie Schwierigkeiten, von den Kollegen akzeptiert zu werden. Wenn es Auseinandersetzungen gab, dann ging es um unterschiedliche politische Konzepte. Sie war zum Beispiel eine Vertreterin des Standpunktes, dass die Arbeitenden mehr Mitbestimmung und damit auch mehr Mitverantwortung in den Betrieben erhalten sollten. Das führte zu harten Auseinandersetzungen mit Vertretern der marxistischen Lehre, die in den hessischen Gewerkschaften Führungspositionen inne hatten. Denn: Mitverantwortung hieß zugleich Sozialpartnerschaft und stand im Widerspruch zu einer Politik, die von grundlegenden Interessengegensätzen zwischen Kapital und Arbeit ausging. Auf einer Delegiertenversammlung wurde sogar ein Ausschlussantrag gegen sie gestellt. Im DGB-Vorstand, dem alle Vertreter der Einzelgewerkschaften angehörten, wurde der Antrag aber nie behandelt.

Ihr Engagement für Mitbestimmung und Mitverantwortung war stark beeinflusst durch eine Reise nach Stockholm. Vor allem waren es die Diskussionen um die in Schweden praktizierte Sozialpartnerschaft, die es – so hatte sie es zumindest beobachtet – möglich machten, dass Probleme der Arbeitnehmerinnen und Arbeitnehmer und betriebliche Fragen offen und fair zwischen Arbeitnehmervertretern und Vertretern der Unternehmensleitungen verhandelt werden.

Außerdem war Lucie Beyer von der beginnenden Schulreform in Schweden begeistert. Das bezog sich sowohl auf die ersten Versuche eines technischen Elementarunter-

10 Interview, S. 11.

richts als auch auf die dort praktizierte Koeducation. In Schweden erlebte sie erstmals Jungen, die am Kochunterricht teilnahmen. Für Lucie Beyer war es besonders wichtig, dass Mädchen und Jungen das Gleiche lernten. Denn sie hatte festgestellt, dass auch für Schweden gilt, dass die »Wahlmöglichkeit« zwischen Kochlöffel und Werkbank zur Folge hat, dass 80 bis 90 Prozent der Jungen den Werkunterricht wählen und nur der kleine Rest Nützliches für seine eigene Reproduktion lernt, während die Mädchen sich genau umgekehrt verhalten. Koeducation sollte dem entgegenwirken. Und Koeducation – gemeinsame Erziehung von Mädchen und Jungen und gleiche Lerninhalte – war zu jener Zeit in Deutschland ein sozialistisches politisches Konzept, für das sich Lucie Beyer einsetzte.

In ihren Erinnerungen beschreibt Lucie Beyer die Situation der arbeitenden Frauen, wie sie sie damals vorfand.[11] Die meisten waren ohne Berufsausbildung, wurden nach den untersten Frauenlohngruppen bezahlt, und viele waren psychisch und physisch überfordert. Lucie Beyer beschrieb die Minderwertigkeitskomplexe, die damit oft verbunden waren. Zu fest war es in den Köpfen vieler Menschen – und auch in denen mancher erwerbstätigen Frauen – verankert, dass Frauen an den Herd gehörten, also nicht auf ihre Erwerbsarbeit wirklich stolz sein können. Modellversuche für Frauen in Männerberufen waren damals überflüssig. Frauen standen überall »ihren Mann«, ob in den Werken der Eisen- und Metallindustrie, bei der Eisenbahn oder auf dem Bau. Die Frauen mussten neben ihrer anstrengenden Arbeit oft noch weite Wege zwischen Wohnung und Arbeitsstätte zurücklegen. Das war vor allem deshalb beschwerlich, weil öffentliche Verkehrsverbindungen nach dem Kriege nur äußerst mangelhaft zur Verfügung standen. Selbstverständlich waren es Frauen, die – selbst wenn sie die Haupternährerinnen waren – in den schlecht ausgestatteten Küchen für das Wohl der Familie sorgten, denen sowohl die Erziehung der eigenen Kinder wie auch der Kriegerwaisen oblag und die obendrein die Sorge und Pflege alter und kranker Familienmitglieder oder Nachbarn übernahmen. Mit Unterstützung von Männern oder Gefährten konnten sie kaum rechnen, denn diese waren entweder gefallen, befanden sich in Kriegsgefangenschaft oder waren wegen Unterernährung bzw. Kriegsverletzung nicht einsatzfähig oder sie beteiligten sich einfach nicht an der häuslichen Arbeit.

Lucie Beyer war ihrem Vater dankbar, dass er sie so erzogen hatte, dass es für sie selbstverständlich war, sowohl politisch als auch beruflich zu arbeiten. Da sie für gewerkschaftliche Frauenarbeit zuständig war, fand sie schnell heraus, dass es gerade die erwerbstätigen Frauen waren, die politisch aufgeschlossener waren als diejenigen, die – von den Löhnen ihrer Männer abhängig – »nur für ihren Haushalt und ihre Kinder lebten und sorgten.« Nicht selten war sie während der Zeit, in der sie in der Flüchtlingshilfe tätig war, auf verzweifelte Frauen gestoßen: »Die, die nichts gelernt hatten, die waren schlecht dran. Mir ist bewusst geworden, wie wichtig es ist, eine Berufsausbildung zu haben. Ich habe immer gesagt, eine Heirat ist keine Lebensversicherung.« Ihre Erfahrungen bei der

11 *Lucie Kurlbaum-Beyer*, »Erinnerungen«. In: Wissenschaftlicher Dienst des Deutschen Bundestages (Hrsg.), »Abgeordnete des Deutschen Bundestages«, Boppard/Rhein 1998, S. 138-217.

Flüchtlingseingliederung festigten ihren Willen, sich überall dafür einzusetzen, dass in Zukunft Mädchen ebenso wie Jungen einen Beruf erlernen können. Dieses Bewusstsein brachte sie in die gewerkschaftliche und politische Arbeit ein. Sie setzte sich in Hessen vehement dafür ein, die Schul- und Lernmittelfreiheit in den Schulen einzuführen, um damit auch Mädchen den Zugang zu Bildung zu ermöglichen. Schließlich hatte sie früher am eigenen Leib erfahren, wie wichtig dies für Arbeiterkinder war.

Immer wieder wies Lucie Beyer im Gespräch darauf hin, dass die Gewerkschaften nach Kriegsende kein Geld hatten: Frauen brachten zu den Zusammenkünften Briketts und Lebensmittel mit und zahlten die Kosten für Anfahrt und Unterkunft selbst. Und sie merkte bald, »dass die Männer mit der Frauenarbeit nichts am Hut hatten, das war ganz schlimm.« Die Frauenbildungsarbeit war ihr jedoch außerordentlich wichtig; von der Notwendigkeit »reiner« Frauenkurse ist sie stets überzeugt gewesen. Damals galt es, die zum Teil überforderten und überbeanspruchten Kolleginnen zu stärken. Das konnte man schlecht in ›gemischten‹ Kursen mit ein bis zwei Frauen unter 30 Teilnehmenden. Die ersten gewerkschaftlichen Frauenbildungsveranstaltungen hielt sie im Haus Königstein im Taunus als Wochenendveranstaltungen ab. Das Haus gehörte damals »den Amerikanern« und es konnte für Veranstaltungen gemietet werden. Als es nicht mehr zur Verfügung stand, wurden die Seminare in vom DGB gekauften Zelten durchgeführt. Lucie Beyer meint, die »wunderschöne Zeit«, als die sie die Bildungswochenenden erlebte, werde sie nicht vergessen.

Wie aber sah die inhaltliche Gestaltung der Seminare aus? Lucie Beyer erinnert sich, dass es vor allem um die in den Betrieben wichtigen Themen ging, z.B. »gleicher Lohn für gleiche Arbeit«, Vereinbarkeit von Kind und Beruf, Familienrecht etc. Vor allem aber hebt sie »ihre« Nähstuben hervor. Sie war damals der Meinung, dass die Frauen so wenig Selbstbewusstsein entwickelten, weil sie verwaschene, geflickte, schlecht anzusehende Kleider trugen. Im Rahmen der gewerkschaftlichen Bildungsarbeit richtete sie daher Nähstuben ein. Der Landesbezirk des DGB kaufte die Nähmaschinen. Die Frauen besorgten sich einen billigen Stoff und lernten, unter der Anleitung einer gewerkschaftlich organisierten Schneiderin, für sich und ihre Kinder Kleider zu nähen. Sie sollten im Rahmen der Veranstaltungen auch begreifen lernen, dass ihre mitunter vorhandene Schüchternheit oder gar Unterwürfigkeit gegenüber Vorgesetzten und Arbeitgebern etwas damit zu tun hatte, dass sie aufgrund ihres ärmlichen Auftretens kein Selbstbewusstsein hatten: »Wenn man in so alten Kleidern irgendwo sitzt, dann fühlt man sich unterlegen.« Unterwürfigkeit war und ist Lucie Beyer verhasst. Die Männer hatten längst wieder »Blaumänner« in der Werkstatt an oder weiße Kittel im Büro. Auf Letztere waren viele besonders stolz, denn der »weiße Kittel« bedeutete den sozialen Aufstieg.

Die Nähkurse hatten großen Zulauf und mussten schnell erweitert werden. Es blieb auch nicht bei den Nähstuben: Lucie Beyer organisierte auch Kosmetikkurse und holte Friseurinnen in die Bildungsarbeit. Sie ist noch heute davon überzeugt, dass die Kurse den Frauen enorm viel gegeben haben. Freilich wurden während der Kurse nicht nur die eigenen, sondern auch die gemeinsamen Probleme, denen die Frauen in der Nachkriegszeit begegneten, besprochen: Kindererziehung, Sexualität, Liebe, Frauensolidarität. Auch die politische Situation blieb nicht ausgespart. Lucie Beyer erinnert sich an die Freundschaften, die sich damals zwischen den Frauen entwickelten und die zum Teil bis heute anhalten. Sie selbst bekam durch die Arbeit Anregungen für ihre eigene Arbeit im gewerkschaftlichen und politischen Bereich.

Für ihren »neuen« Frauenbildungsansatz erntete sie nicht nur Lob. Vor allem etliche Männer waren immer noch der Meinung, berufstätige Frauen sollten lieber die Strümpfe (ihrer Männer) stopfen oder Suppe kochen, auf jeden Fall jedoch zu Hause bleiben. Auf vielen Gewerkschaftsveranstaltungen hielt Lucie Beyer Vorträge und musste immer wieder entsprechende Bemerkungen einstecken. Einige »Kollegen« wollten es besonders genau wissen. Nach ihrer Meinung gingen die Frauen überhaupt nur einer Erwerbsarbeit nach, weil sie sich Seidenstrümpfe kaufen wollten. Und die waren damals teuer. Die Ansicht, dass Frauen »zuverdienen« wollten, um sich ›etwas leisten‹ zu können, war jedenfalls weit verbreitet und als Vorwurf gemeint. Der Vorwurf traf auch Frauen, die gar nicht mit Männern zusammenlebten. Bis 1957 konnten Frauen im öffentlichen Dienst der Bundesrepublik überhaupt nur einer Erwerbsarbeit nachgehen, wenn sie nicht verheiratet waren. Bis 1977 konnten Männer die Arbeitsverhältnisse der Frauen kündigen, wenn sie der Meinung waren, dass diese den (gemeinsamen) Haushalt vernachlässigten. Frauen, die zu den Bildungsveranstaltungen kamen, taten dies meist nur, wenn sie für ihre Männer vorgekocht hatten. Das geschah selbst dann, wenn keine Kinder im Haushalt waren.

Man muss die wirtschaftlichen und politischen Rahmenbedingungen berücksichtigen, wenn man heute beurteilen will, ob es sich bei Lucie Beyers Bildungsarbeit um einen »neuen Frauenbildungsansatz«, einen »emanzipatorischen Ansatz« oder gar um die Entwicklung eines »neuen Frauenbildes« für die Gewerkschaftsfrauen der Nachkriegszeit handelt. In der Nachkriegszeit ging es den Frauen schlecht, sie hatten nichts, und sie wollten nicht länger graue Mäuse sein. Dass man psychisch darunter leiden kann, wenn man schlecht angezogen ist, wusste Lucie Beyer nicht aus Büchern, sondern aus eigener Erfahrung. Ihr Ansatz trug dazu bei, dass die Frauen Selbstbewusstsein, Selbstwertgefühl und Solidarität entwickelten. Lucie Beyer hat stets die Interessen der berufstätigen Frauen im DGB vertreten. Und dies war zweifelsohne ein interessenorientierter Ansatz. Mit den Maßstäben, die heute an feministische Bildungsarbeit gestellt werden, sollte ihr Frauenbildungsansatz nicht gemessen werden.[12] Sicher waren es Notprogramme der unmittelbaren Nachkriegszeit, die man heute nicht glorifizieren sollte, Selbsthilfegruppen – so etwas wie die mittelalterlichen Spinnstuben –, in denen auch nicht nur gesponnen, sondern auch Probleme erörtert wurden. Es waren Orte, an denen Frauen soziale Kompetenzen erlernen konnten, pfleglichen Umgang mit sich selbst und mit den anderen üben konnten, und wo sie lernten, dass man gemeinsam Dinge tun kann, die alleine nicht zu schaffen sind. Und vielleicht erkannten die Frauen auch, dass sie lernen konnten, nicht alles hinzunehmen und sich gemeinsam zur Wehr zu setzen.

12 Vgl. *Karin Derichs-Kunstmann/Annette Rehbock* (Hrsg.), Jenseits patriarchaler Lei(d)t-bilder. Zur Theorie und Praxis gewerkschaftlicher Frauenbildungsarbeit, Bielefeld 1995.

Lucie Kurlbaum während einer Versammlung anlässlich des Bundestagswahlkampfes 1953 in Frankfurt/M.

Arbeit im Bundestag (1953–1961)

»Meine ersten Erfolge waren die Abschaffung der Zündwarensteuer und der Kaffeesteuer«[13]

Eigentlich sollte Lucie Beyer schon 1949 für den ersten Deutschen Bundestag kandidieren. Als sie gefragt wurde, sagte sie jedoch spontan »Nein!« In ihren Erinnerungen schrieb sie, dass es für dieses spontane Nein zwei Gründe gegeben habe: Einmal waren das ihre beiden Kinder, die sie nicht vernachlässigen wollte, und zum anderen war es Frauensolidarität. Nach ihrer Meinung sollte Elisabeth Selbert ins erste Nachkriegsparlament entsandt werden, denn sie war es, die durch ihren Mut und ihre Beharrlichkeit im Parlamentarischen Rat den Artikel 3 Absatz 2 des Grundgesetzes durchgesetzt und auch nach Lucie Beyers Meinung für Frauen insgesamt eine entscheidende Wende eingeleitet hatte. Lucie Beyer verehrte Elisabeth Selbert. Im September 1948 schrieb sie an Herta Gotthelf, die damalige Frauensekretärin im Vorstand der SPD, dass »wir mit der Genossin Selbert eine Frau in Bonn haben, die die Interessen der Frauen jederzeit vertreten wird«.[14] Das hätte Elisabeth Selbert sicher auch getan, wenn man sie nicht auf einen aussichtslosen Listenplatz für den Bundestag gesetzt hätte.

1953 wurde Lucie Beyer dann doch über die Landesliste Hessen Mitglied des Deutschen Bundestages. Sie war die einzige sozialdemokratische Abgeordnete aus Hessen. Ganz offensichtlich taten sich die hessischen Sozialdemokraten mit der Nominierung von Frauen schwerer als andere Landesverbände.[15] Auch Lucie Beyers erneuter Verzicht hätte Elisabeth Selbert nicht zu einem Mandat verholfen. Später wurde oft herabspielend gesagt, dass Lucie Beyer als Gewerkschafterin in den Bundestag gewählt worden sei – so als hätte keine weitere Frau als Frauenpolitikerin nominiert werden können. Sie selbst bedauerte immer sehr, dass Elisabeth Selbert, die sie für die geeignetere Kandidatin hielt, nie in den Bundestag gekommen sei. Lucie Beyer betrachtete sich zwar auch selbst als Politikerin, die für Fraueninteressen entschieden eintrat und Anwältin der berufstätigen Frauen war, die entscheidende Wende im Kampf um die Gleichstellung hatte jedoch nach ihrer Meinung Elisabeth Selbert eingeläutet.[16] Deshalb ist es ihr auch heute noch besonders wichtig, darauf hinzuweisen, dass Elisabeth Selbert und sie auch nach Lucie Beyers Eintritt in den Bundestag gute Freundinnen geblieben sind.

In Gesprächen wies Lucie Beyer mit einigem Stolz darauf hin, dass während der ersten Wahlperioden fast alle SPD-Abgeordneten aus der Arbeiterschicht kamen. Diese Abgeordneten waren meist sehr verbunden mit der gewerkschaftlichen Arbeit, denn sie kannten die Nöte der Ausgebeuteten und Unterdrückten. Als Gewerkschafterin war es stets ihr Anliegen, die Probleme der Arbeitnehmer und Arbeitnehmerinnen im Bundestag

13 Lucie Kurlbaum-Beyer bei einer Veranstaltung zum Internationalen Frauentag am 10. März 2000 in der Friedrich-Ebert-Stiftung in Bonn »1000 Pläne – 1000 Ideen. Wir hatten und haben uns viel vorgenommen«.

14 *Die Hessische Landesregierung* (Hrsg.), Elisabeth Selbert. »Ein Glücksfall für die Demokratie«, Frankfurt/Main 1999, S. 95.

15 Vgl. ebd., S. 125.

16 Vgl. *Lucie Kurlbaum-Beyer,* Erinnerungen aus meinem Leben, o.O, o.J., S. 53

mit besonderem Nachdruck zu vertreten. Sie hat sich selbst auch immer als Interessenvertreterin der abhängig Beschäftigten betrachtet, auch wenn ihr vorgeworfen wird, sie habe im Amtlichen Handbuch des Deutschen Bundestages als Beruf »Hausfrau« angegeben.[17] Nach ihrer 1965 erfolgten Heirat mit dem SPD-Bundestagsabgeordneten Georg Kurlbaum waren sie das erste Ehepaar im Deutschen Bundestag.[18] Das war nicht leicht, denn es war vor allem Herbert Wehner, der damals nicht wollte, dass Ehepaare in diesem hohen Gremium gemeinsam vertreten seien.

Im Bundestag war sie in der 2. Wahlperiode Ordentliches Mitglied im Ausschuss für Wiederaufbau und Wohnungswesen und im Ausschuss für gewerblichen Rechtsschutz und Urheberrecht. Dem Außenhandelsausschuss gehörte sie in der 2. Wahlperiode als Stellvertretendes Mitglied, in der 3. Wahlperiode als Ordentliches, in der 4. Wahlperiode wieder als Stellvertretendes Mitglied an. In der 2. Wahlperiode war sie Stellvertretendes Mitglied des Ausschusses für Beamtenrecht, des Ausschusses für Sonderfragen des Mittelstandes und des Ausschusses für Bau- und Bodenrecht. Dem Ausschuss für Finanz- und Steuerfragen gehörte sie bis Oktober 1954 als Stellvertretendes, danach als Ordentliches Mitglied an. Sie setzte sich vor allem für eine familienfreundliche Steuerpolitik ein. In der 3. bis 5. Wahlperiode arbeitete sie als Ordentliches Mitglied im Finanzausschuss mit, in der 4. Wahlperiode im Ausschuss für Entwicklungshilfe. In der 3. und 4. Wahlperiode war sie Stellvertretendes Mitglied des Wirtschaftsausschusses, in der 5. Wahlperiode des Ausschusses für Wirtschafts- und Mittelstandsfragen. 1961 bis 1969 war Lucie Kurlbaum-Beyer Steuerobfrau der SPD-Bundestagsfraktion und widmete sich zunehmend der Verbraucherpolitik.

Es bedurfte eigentlich nicht der in den vorhandenen Zeitungsartikeln immer wieder gebrauchten Rechtfertigung, dass sie als »Hausfrau und Mutter von zwei Jungen« prädestiniert sei, die Interessen »des Verbrauchers« im Parlament zu vertreten. Sie tat das hartnäckig und mit Nachdruck. Besonders setzte sie sich für die Beseitigung der hohen Verbrauchersteuern ein, für mehr Verbraucherinformation und für einen besseren Verbraucherschutz. In Hessen gründete sie eine Verbraucherzentrale, und ihre Konzeption für ein Warentest-Institut war die Grundlage für die spätere »Stiftung Warentest«, deren Verwaltungsrat sie von 1971–1984 vorstand. Lucie Kurlbaum-Beyer wurde 1958 durch eine Rede bekannt, in der sie für die Senkung der Kaffee- und Teesteuer eintrat. Der entsprechende Antrag der SPD, den sie damals vertrat, wurde jedoch abgelehnt.

Zu Beginn des Jahres 1961 musste sich der Finanzausschuss des Bundestags erneut mit ihrem »Kaffee-Antrag« beschäftigen. Als Gewerkschafterin wollte Lucie Kurlbaum-Beyer, dass Zoll- und Steuersenkungen dazu führen, dass sich auch weniger verdienende

---

17 *Sozialdemokratische Partei Deutschlands* (Hrsg.), Der Seniorenrat der SPD: Zeitgenossen. Frauen und Männer der ersten Stunde. Mitglieder des Seniorenrats der SPD, 15 Kurzportraits, o.O., o.J., S. 31.

18 Zur Biographie von Georg Kurlbaum vgl. *Georg Kurlbaum,* Erinnerungen, in: Wissenschaftlicher Dienst des Deutschen Bundestags (Hrsg.), Abgeordnete des Deutschen Bundestages, Boppard/Rhein 1988, S. 132, sowie *Uwe Jens* (Hrsg.), Georg Kurlbaum. Eine sozial und ethisch verpflichtete Unternehmerpersönlichkeit, Bonn 2002.

Menschen den Genuss von Kaffee und Tee leisten könnten. Der Spiegel[19] berichtete unter der Überschrift »Lucies Lebensfreude« über diesen Antrag. »Lucies Lebensfreude« bezog sich auf Punkt vier der Antragsbegründung der SPD gegen die Erhöhung der Kaffeesteuer: »Mehr Lebensfreude für die Kaffeetrinker«. Andererseits wusste der Spiegel zu berichten, dass Lucie Kurlbaum-Beyer neben ihren Erfahrungen mit Kaffee-Verbrauchern auch über Erfahrungen mit Kaffee-Erzeugern verfügte: Ein Stammeshäuptling in Ghana soll einer Bundestagsdelegation, mit der sie das Kaffee erzeugende Land besucht hatte, 20 Kühe »für die Überlassung der blonden Sozialdemokratin« geboten haben. Der Spiegel brachte zu dem Artikel ein Bild der damals 47-jährigen Abgeordneten, mit der Unterschrift »Kaffee-Kämpferin Beyer – Der Häuptling bot 20 Kühe«.

Lucie Kurlbaum-Beyer selbst sagt, dass ihr in Ghana die Frage gestellt worden sei, ob sie nicht dort bleiben und aufgrund ihrer Erfahrungen – schließlich war sie Mitglied des Vorstandes des Deutschen Genossenschafts- und Konsumvereins – den genossenschaftlichen Handel in Ghana leiten könne.

Der Spiegel machte sich über »Lucies Lebensfreude« lustig, obwohl er im Großen und Ganzen ihren Vorschlägen zustimmte und darauf hinwies, dass, selbst vom Standpunkt des Staates aus gesehen, eine massive Steuersenkung ein Gewinn wäre, weil der Kaffeeverbrauch – und damit wiederum die Steuern – drastisch zunehmen würden. Der Spiegel unterstellte auch, dass der Antrag durch die CDU nur deshalb abgelehnt worden sei, weil sie der SPD einen so publikumswirksamen Erfolg, wie ihn diese Steuersenkung bedeutet hätte, nicht habe gönnen wollen, zumal der Zeitpunkt der Abstimmung kurz vor den Bundestagswahlen lag. Der Spiegel berichtete in seinem Artikel ferner über Kampagnen und Aufrufe zur Verbilligung des Genussmittels und zitierte Untersuchungen, die geeignet waren, den zu erwartenden Mehrverbrauch zu belegen. Dennoch musste er sich über die »Kaffee-Kämpferin« in sexistischer und diskriminierender Weise auslassen.

Politische Weiterarbeit (1961 bis heute)

»Streit war das letzte, was ich haben wollte«[20]

Wenn man Zeitzeuginnen befragt, heißt es stets, Lucie Kurlbaum-Beyer sei wegen der Krankheit ihres Mannes 1961 aus dem Bundestag ausgetreten – zu früh, wie sie sagte. Denn sie selbst weiß es besser: Ein Genosse hat sie dazu gedrängt, indem er zu ihr sagte: »Wer sich in die Politik begibt, der muss für sie leben und für sie da sein.«[21] Das hatte er ausgerechnet ihr gesagt, die von Kindes Beinen an für die Politik gelebt hatte, nachdem sie ausnahmsweise einmal einen Termin nicht wahrnehmen konnte, weil die Mutter krank geworden war und ihr Mann sich einer Operation unterziehen musste. Später

19 Vgl. Der Spiegel Nr. 29/1961 vom 12.7.1951.
20 Interview 1999.
21 Zitiert nach Interview 1999.

sollte sie in Franken noch einmal die Chance bekommen, für den Bundestag zu kandidieren. Das hat sie wegen ihres in der Zwischenzeit ernsthaft erkrankten Mannes abgelehnt.

Kurz nach ihrem Ausscheiden aus dem Bundestag schlug Fritz Erler sie für die Nachfolge von Marta Schanzenbach, die damals für die Frauenarbeit in der Partei zuständig war, vor. Nachdem sie gehört hatte, dass Annemarie Renger sich auch für diese Position interessierte, verzichtete sie auf eine Kampfabstimmung: »Streit war das letzte, was ich haben wollte«, sagte sie im Interview. Und dieser Satz kennzeichnet ganz offensichtlich ihren Lebensweg.

Bald darauf übernahm sie von Käte Strobel die Frauenarbeit in Franken und organisierte wieder Frauenseminare. In ihrem Wohnort Schwaig bei Nürnberg engagierte sie sich seit 1976 als Gemeinderätin und war Sprecherin ihrer Fraktion. Es machte ihr Freude, wieder in der kommunalen Politik, in der sie ihre politische Arbeit begonnen hatte, zu arbeiten. Weil jüngere Genossinnen und Genossen sie gedrängt haben und weil sie der Meinung ist, dass sie ihre vielfältigen Erfahrungen und ihr angesammeltes Wissen auch weiterhin in politische Gremien einbringen sollte, gehört sie bis heute noch dem Seniorenrat der SPD an. Dort war zunächst nur ihr 1988 verstorbener Mann Mitglied. Es war ihr Anliegen, Angelegenheiten, die besonders Frauen betreffen, in diesen Rat einzubringen, und so fährt sie heute noch, wenn es ihr voller Terminkalender erlaubt, zu den Sitzungen des Seniorenrats. Bei Veranstaltungen stellt sie sich als Zeitzeugin den Fragen der jungen Generation. Im Ruhestand ist sie auch heute nicht. Aufgeregt diskutierte sie beim Interview über den gerade tobenden Krieg im Kosovo. Sie zitierte aus aktuellen Zeitungsartikeln und erinnerte sich daran, dass ihre Genossinnen und Genossen sowohl 1918, nach dem Ersten Weltkrieg, als auch 1945, nach dem Zweiten Weltkrieg, gesungen haben: »Nie mehr woll'n wir Waffen tragen, nie wieder Krieg. Lass die hohen Herrn sich selber schlagen, wir machen nicht mehr mit«. Davon waren wir im Frühjahr 1999 wieder weiter entfernt als damals.

Gertrud Lockmann

»Der Wille zum Frieden muss so stark sein, dass er alles zu überwinden vermag«[1]

Gertrud Lockmann kam aus einer Arbeiterfamilie und musste sehr früh ihr Leben alleine meistern. Mit 17 Jahren wurde sie Mitglied der SPD und trat nach dem Ersten Weltkrieg in die aktive politische Arbeit ein, aus der sie sich bis zu ihrem Tod nicht verabschiedete. Es war für sie immer wichtig, unabhängig zu sein und ihr eigenes Brot zu verdienen. Zur Zeit des Nationalsozialismus tat sie das als Hausiererin für Blindenwaren. Es ist kein Wunder, dass sie sich in ihren Reden und in ihrer Arbeit als Bundestagsabgeordnete stets für die erwerbstätigen Frauen einsetzte. Wie viele ihrer Mitstreiterinnen wollte sie an der Seite ihrer Genossen nach dem Zweiten Weltkrieg eine friedliche und demokratische Republik aufbauen. Obwohl sie bespitzelt und diskriminiert wurde, gab sie ihre Hoffnung auf eine bessere Zukunft nicht auf.

Kindheit, Jugend und erste politische Arbeit (1895–1933)

»In harter Selbstschulung weitergebildet«[2]

Gertrud Buschow wurde am 29. April 1895 als Tochter des Tischlers Franz Buschow in Hamburg geboren. Über ihre Mutter ist nur bekannt, dass sie Hebamme war. Gertrud Buschow besuchte die Hamburger Volksschule und trat anschließend eine kaufmännische Lehre an. Als sie 16 Jahre alt war, starben beide Eltern, und sie musste sich unter großen Mühen alleine durchs Leben schlagen.[3] Seit ihren jungen Jahren kümmerte sie sich um politische und soziale Probleme und verfolgte das öffentliche Geschehen mit großer Aufmerksamkeit. Bereits 1912, im Alter von 17 Jahren, wurde sie Mitglied der Sozialdemokratischen Partei. 1916 heiratete sie den Genossen Lockmann, den sie durch ihre Tätigkeit bei der SPD kennen gelernt hatte. Er war bei einer Hamburger Behörde angestellt. Aus der Ehe ging eine Tochter hervor, die Gertrud Lockmann nun zu versorgen und zu erziehen hatte.[4]

1918, nach Ende des Ersten Weltkrieges, begann Gertrud Lockmann mit ihrer aktiven politischen Tätigkeit. Wie viele ihrer Weggefährtinnen besuchte sie zunächst Kurse im Arbeiterbildungsverein und an der Volkshochschule, um sich »in harter Selbstschulung«[5] weiterzubilden, und übernahm dann die ersten Funktionen in der Partei. Von

1 Aus ihrem Wählerbrief zur ersten Bundestagswahl im Jahre 1949. Zit. nach: Ihre Kandidatin Gertrud Lockmann, MdB, stellt sich vor. Wählerbrief zur zweiten Bundestagswahl, August 1953, Hamburg.

2 Wahlkreis VI: Gertrud Lockmann, in: Weckruf vom 1.8.1949.

3 Hagemann/Kolossa schreiben, dass sie mit 14 Jahren Waise geworden sei und nach der Volksschule eine Ausbildung als Buchhalterin angetreten habe. *Karen Hagemann/Jan Kolossa,* Gleiche Rechte – Gleiche Pflichten? Ein Bilder-Lese-Buch zu Frauenalltag und Frauenbewegung in Hamburg, Hamburg 1990, S. 239.

4 Wahlkreis VI: Gertrud Lockmann. Leider sind in den Quellen keine weitere Angaben zu Mann und Tochter zu finden.

5 Ebd.

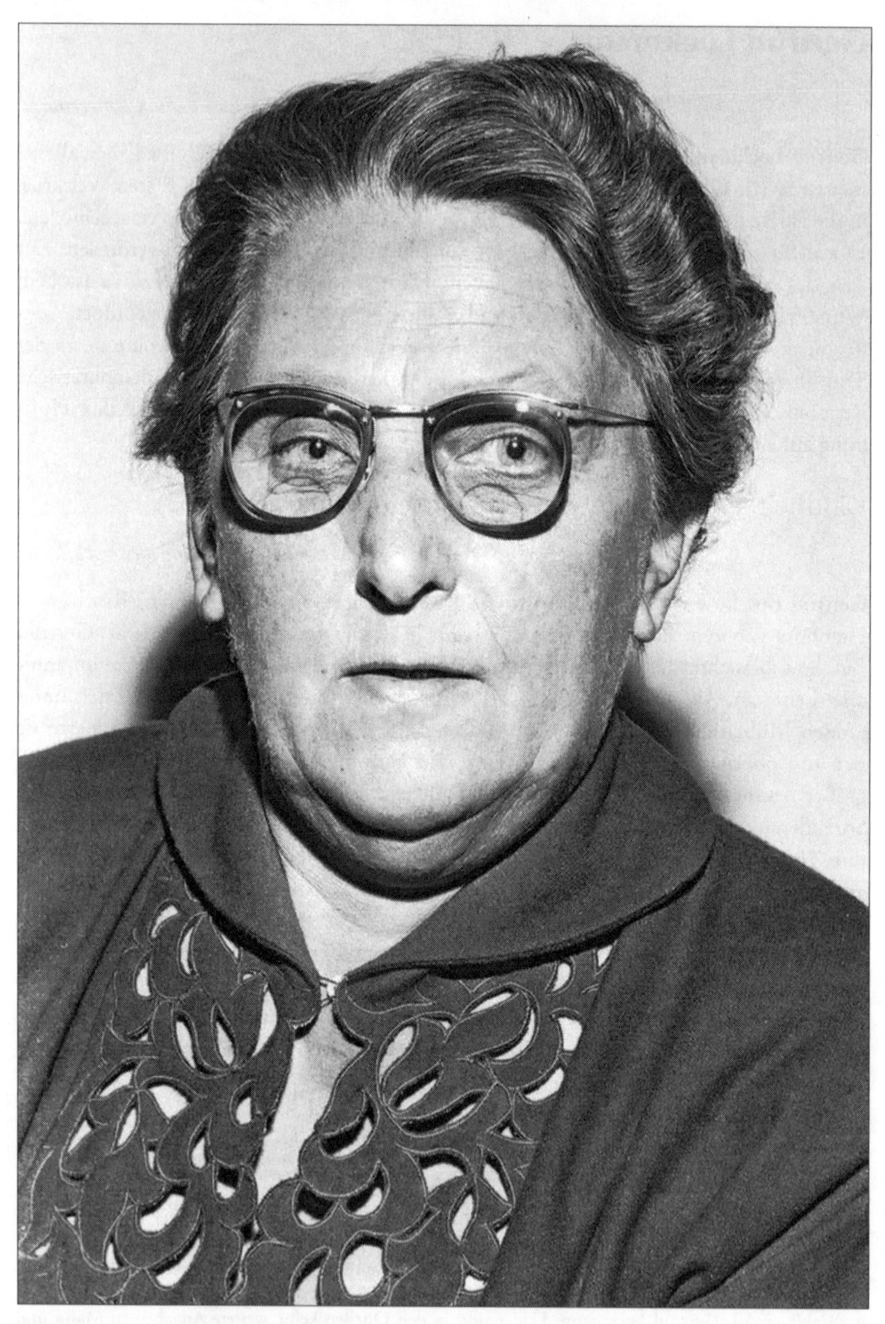

Gertrud Lockmann (1895–1962), MdB 1950–1957

1926 bis 1929 wirkte sie drei Jahre lang als Bezirksführerin der SPD in ihrem Wohnbezirk in Hamburg-Uhlenhorst.[6] 1929 zog sie mit ihrem Ehemann nach Goslar, um gemeinsam die Leitung des Genesungsheims der »Betriebskrankenkasse für staatliche Angestellte« zu übernehmen.[7] Über ihre Ehe ist aus den Quellen wenig ersichtlich. Sie wurde später geschieden.

Durch ihre Arbeit kam sie mit Armen, Erwerbslosen und Arbeitern zusammen und lernte die sozialen Probleme der Mitmenschen aus erster Hand kennen. Bereits ein Jahr nach dem Umzug wurde sie zweite Vorsitzende im SPD-Ortsverein Goslar. Gertrud Lockmann hielt offensichtlich während der Zeit der Weimarer Republik viele Referate zur Parteiarbeit und insbesondere zur Frauenarbeit im Kreis Hildesheim.[8] Leider ist keines davon überliefert. 1931 trat sie der neu gegründeten Sozialistischen Arbeiterpartei (SAP) bei, weil sie den offiziellen Kurs der SPD im Kampf gegen den Nationalsozialismus ablehnte.[9] Der ›offizielle Kurs‹ war ihr angesichts der herannahenden Gefahren zu wenig kämpferisch.

Unter dem Hakenkreuz (1933–1945)

»Als Verkäuferin von Blindenerzeugnissen in Deutschland umhergereist«[10]

1933, nachdem die Nationalsozialisten an die Macht gekommen waren, wurde Gertrud Lockmann die Leitung des Genesungsheimes entzogen, und sie wurde von der Betriebskrankenkasse für staatliche Angestellte in Goslar aus politischen Gründen entlassen. Sie tauchte unter und reiste ein Jahr lang als Verkäuferin von Blindenerzeugnissen in Deutschland umher, um der Verhaftung durch die Gestapo zu entgehen.[11] Anschließend kehrte sie nach Hamburg zurück. Während der Zeit ihres Umherreisens knüpfte sie Kontakte zu Widerstandsgruppen, die sie bis 1945 aufrecht hielt. Es dauerte drei Jahre, ehe es ihr 1936 gelang, eine neue Beschäftigung als Buchhalterin zu finden.

Der Hamburger Widerstandskämpfer Kurt Wand, der ab Sommer 1934 Leiter des Kommunistischen Jugendverbandes Deutschlands (KJVD) St. Pauli war, berichtete, dass Gertrud Lockmann im Jahre 1939 für einige Monate im Büro des Gaststättenbetriebes »Planten un Blomen« beschäftigt war, in dem er als Büroleiter arbeitete. Von dieser Zeit an stand er mit ihr in Verbindung. Er übergab ihr illegales Material, das sie unter ihren Gesinnungsfreunden und Gesinnungsfreundinnen weiterverbreitete.[12] Schließlich schaffte

6 Neue Bundestagsabgeordnete, in: Der Sozialist, Oldenburg vom 1.1.1951.

7 Hagemann/Kolossa, S. 239.

8 Neue Bundestagsabgeordnete.

9 *Walter Tormin,* Die Geschichte der SPD in Hamburg 1945 bis 1950, Hamburg 1994, S. 383. Tormin nennt für den Übertritt keinen Grund. Siehe daher auch Hagemann/Kolossa, S. 239. Zur SAP siehe *Hanno Drechsler,* Die Sozialistische Arbeiterpartei Deutschlands (SAPD), ein Beitrag zur Geschichte der deutschen Arbeiterbewegung am Ende der Weimarer Republik, Meisenheim 1965.

10 Ebd., auch Hamburger Echo vom 24.11.1950.

11 Ebd.

12 *Ursel Hochmuth/Gertrud Meyer,* Streiflichter aus dem Hamburger Widerstand 1933–1945, Frankfurt/Main 1969, S. 359. Kurt Wand gehörte auch zu einer der illegalen Betriebszellen, die mit der

sie sich 1942 ein neues berufliches Tätigkeitsfeld, das sie noch an ihrem 65. Geburtstag ausübte: Sie machte sich als Helferin in Steuersachen selbstständig.[13]

Wiederaufbau und Hamburger Bürgerschaft (1946–1950)

»Die einfache Frau, deren Sorge die Not des einfachen Volkes ist«[14]

Sofort nach Ende des Zweiten Weltkrieges ging Gertrud Lockmann zurück in die parteipolitische Arbeit. Sie wurde 1946 Mitglied im Vorstand der SPD-Landesorganisation Hamburg und unterstützte die SPD-Frauengruppen[15] beim Wahlkampf für die Bürgerschaftswahl. Neben Paula Karpinski wurde sie Vorsitzende des Aktionsausschusses der SPD-Frauengruppen in Hamburg. Gemeinsam mit den Genossinnen befasste sich Gertrud Lockmann vor allem mit Problemen der berufstätigen Frauen, zum Beispiel Frauen-Arbeitsschutz sowie Ausbildung und Umschulung von Frauen. Offensichtlich war die Arbeit der Hamburger SPD-Frauengruppen unter dieser Leitung erfolgreich. Jedenfalls stieg der Frauenanteil unter den Parteimitgliedern bis zum Jahre 1947 von 25 auf fast 28 % an. Damit lag er deutlich über dem Durchschnitt der übrigen Westzonen, in denen der Frauenanteil in der SPD nur 18 % betrug.[16] Gertrud Lockmann war aber nicht nur bei den Frauen der Partei beliebt. Bei der Wahl der Delegierten für den Parteitag der SPD 1947 hatte sie die dritthöchste Stimmenzahl und gehörte damit zu den 18 Delegierten.[17] Bei der Wahl der Delegierten zum Parteitag der SPD 1948 stand sie bei der Stimmenverteilung vor Herbert Wehner an vierter Stelle und war erneut Teilnehmerin des Parteitages.[18]

Im Oktober 1946 wurde Gertrud Lockmann über den Wahlkreis VI in die Hamburger Bürgerschaft gewählt. Sie war eine von 17 weiblichen Abgeordneten, die sich gegenüber 93 Männern durchgesetzt hatten. Von den Frauen kamen 15 aus der SPD und je eine aus FDP und KPD. Gertrud Lockmann leistete der SPD-Fraktion als Mitarbeiterin

---

Bästlein-Organisation, benannt nach dem aus Sachsenhausen entlassenen Widerstandskämpfer Bernhard Bästlein, zusammenarbeiteten und Sabotageakte oder andere illegale Aktionen vorbereiteten und durchführten. Bei Planten un Blomen bestand eine solche Betriebszelle. Vgl. ebd., S. 341 ff.

13 Gertrud Lockmann 65, in: Hamburger Echo vom 29.4.1960.

14 Wahlkreis VI: Gertrud Lockmann, in: Weckruf vom 1.8.1949.

15 Walter Tormin berichtet, dass sich die Arbeitsgemeinschaft sozialdemokratischer Frauen (AsF) bereits mit 70 Frauen-Feierstunden am Wahlkampf zur Bürgerschaftswahl in Hamburg 1946 beteiligt hat, S. 135. Wahrscheinlich meinte er aber die SPD-Frauengruppen. Bundesweit wurde die AsF erst 1973 im Zusammenhang mit der ›Neuen Frauenbewegung‹ gegründet. Vgl. *Gisela Notz/Christl Wickert,* Ein neues Politikerinnenbild im Wandel der Zeiten? Sozialdemokratische Parlamentarierinnen von der Weimarer Republik bis in die Bundesrepublik, in: *Helga Grebing/Karin Junker* (Hrsg.), Frau, Macht, Zukunft, Marburg 2001, S. 225-256; hier: S. 244.

16 Es gab 73 Frauengruppen mit 15.200 Mitgliedern in Hamburg, wobei alle weiblichen SPD-Mitglieder gezählt wurden. Vgl. Tormin, S. 135.

17 Bei dieser Wahl gab es bereits eine »Frauenquote«. Von den 18 Delegierten mussten mindestens vier Frauen sein. Vgl. Tormin, S. 161.

18 Ebd., S. 222.

des Haushaltsausschusses wertvolle Dienste.[19] Schließlich musste damals vor allem die völlig desolate Versorgungslage der Bevölkerung verbessert werden. Gemeinsam mit anderen weiblichen Abgeordneten setzte sich Gertrud Lockmann dafür ein, dass im Kampf gegen den Hunger die Selbstversorgung der Bevölkerung nicht behindert werden durfte. Es waren vor allem Frauen, die zur Versorgung ihrer Familien freigeräumte Trümmergrundstücke, Parkplätze und andere öffentliche Anlagen bepflanzten. Durch ihr Auftreten im Parlament unterstützten die Frauen der Bürgerschaft die bewundernswert geleistete Überlebensarbeit der Hamburgerinnen draußen. Immer wieder setzten sie sich in ihren Reden und Anträgen und besonders bei den Haushaltsberatungen dafür ein, dass die notwendigste Versorgung mit Wohnungen, Brennstoff und Überlebensmitteln sichergestellt wurde.[20]

Gertrud Lockmann wurde 1947 Mitglied des Landesvorstandes der SPD in Hamburg. Auch nahm sie ihre Tätigkeit als Referentin zu verschiedenen, vor allem frauenpolitischen Themen, wieder auf. Offensichtlich war sie eine ausgezeichnete Rednerin, so dass man ihr gerne zuhörte. Aus einigen Unterlagen, die über ihre Referentinnentätigkeit erhalten geblieben sind, geht hervor, dass die »leidenschaftliche Herzenswärme dieser einfachen Frau, deren Sorge die Not des arbeitenden Volkes ist, aus dem sie gekommen und mit dem sie verwachsen ist«,[21] besonders bewundert wurde. Die »Herzenswärme«, verbunden mit ihrem eindeutigen politischen Engagement für die Unterdrückten, war es wohl auch, die im November 1947 600 Besucher und Besucherinnen mobilisierte, als Gertrud Lockmann in Bremen bei einer Frauenfeierstunde ein viel beachtetes Referat zum Thema »Frauensorgen und Frauenleid« hielt.[22] Leider ist von diesem Referat nur der Titel bekannt. Vor allem Fraueninteressen machte sie nach dem Zweiten Weltkrieg zu ihrem Thema, so auch bei der Hamburger Verbrauchertagung am 6.2.1948, zu der sie die SPD entsandt hatte. Am 10. März 1948 sprach sie zum Internationalen Frauentag, veranstaltet von der Frauengruppe der SPD in Stade. Das Thema des Internationalen Frauentages war »Nie wieder Krieg«. Hier ist nicht einmal der Titel des Hauptreferates, das sie gehalten hat, bekannt.[23]

Vor der ersten Bundestagswahl im August 1949 wurde in Hamburg ein ›Arbeitsausschuss der überparteilichen Frauenorganisationen Hamburgs‹ gebildet, der zum Ziel hatte, breite Frauenkreise für die Beteiligung an der Wahl zum ersten Deutschen Bundestag zu mobilisieren. Er führte u.a. eine große Frauenversammlung mit Kandidatinnen der vier in der Bürgerschaft vertretenen Parteien in der Hamburger Universität durch, die von Hamburgs Bürgermeister Max Brauer eröffnet wurde.[24] Im Zentrum des Beitrages

---

19 Schutzpatronin der Lohntüte. Gertrud Lockmann feiert ihren 60. Geburtstag, in: Hamburger Echo vom 28.4.1955.

20 Vgl. *Inge Grolle/Rita Bake,* »Ich habe Jonglieren mit drei Bällen geübt«. Frauen in der Hamburgischen Bürgerschaft. 1946 bis 1993, Hamburg 1995, S. 30 f. sowie S. 50.

21 Weckruf vom 1.8.1949.

22 Jahresbericht der Frauengruppe der SPD Bremen vom 24.1.1948 – AdsD PV/K. Schumacher 172.

23 Ebd.

24 Hagemann/Kolossa, S. 230.

von Gertrud Lockmann, die als SPD-Vertreterin an dieser Veranstaltung teilnahm, stand die wirtschaftliche und soziale Lage der Hamburger Bevölkerung. Im Interesse der Hausfrauen forderte sie die Herstellung von billigen und haltbaren Verbrauchsgütern anstelle von Luxusartikeln.[25] Die Vertreterinnen aller Parteien hoben darauf ab, das Selbstbewusstsein der Frauen zu stärken und sie ihrer Befähigung zur politischen Verantwortung und zur aktiven Mitarbeit zu versichern. Wenn es um politische Forderungen ging, schlossen sie sich freilich der Meinung ihrer Parteimehrheit an.

Bei der Delegiertenversammlung am 18.9.1949 wurde sie »als Repräsentantin bestimmter Bevölkerungsgruppen, wie Frauen«[26], erneut als Kandidatin für die Hamburger Bürgerschaftswahl aufgestellt. Nachdem die Sozialdemokratin 1950 in den Bundestag nachrücken konnte, gab sie im Dezember ihr Mandat in der Hamburger Bürgerschaft auf. Sie entsprach damit den Bestimmungen innerhalb der SPD, wonach kein Mitglied zwei Parlamentsmandate gleichzeitig wahrnehmen durfte.

Arbeit im Bundestag (1950–1957)

»Mitzuarbeiten an der Erlösung der Welt vom Kriege«[27]

Bei der Aufstellung der Kandidaten für die erste Bundestagswahl wurde Gertrud Lockmann als Repräsentantin der Frauen vorgeschlagen und ganz offensichtlich gegen ihre Genossin Irma Keilhack ausgespielt.[28] Irma Keilhack gehörte zu den Vertreterinnen der jüngeren Generation und galt als bescheidene Frau. Gertrud Lockmann wiederum galt als weiter linksstehend. Sie soll Verbindung zu dem ehemaligen Widerstandskämpfer Erich Arp gehabt haben.[29] Bei der Kampfabstimmung zwischen den beiden Frauen erhielt Gertrud Lockmann 147 Stimmen, Irma Keilhack 177 Stimmen. Irma Keilhack kam auf Platz 4 der Liste, Gertrud Lockmann landete schließlich auf Platz 6 und bekam den Wahlkreis Barmbeck-Uhlenhorst-Winterhude. Irma Keilhack zog nach der Wahl in den Bundestag ein, Gertrud Lockmann folgte ihr 1950, nachdem der SPD-Abgeordnete Erich Klabunde plötzlich verstorben war.[30] Sie wurde außerdem Mitglied der Bundesversammlung.

---

25 Grolle/Bake, S. 79.

26 Tormin, S. 281.

27 *Gertrud Lockmann,* Frauen im Parlament, in: Wahl-Presse-Dienst Nr. 12, o.O., o.J., AdsD, Sammlung Personalia Gertrud Lockmann.

28 Vgl. die Biographie über Irma Keilhack in diesem Band, S. 244-263.

29 Vgl. Tormin, S. 261. Erich Arp (geb. 1909) war 1946–1948 Vorstand des Bezirks Schleswig-Holstein der SPD, 1946–1950 MdL, 1946–1948 Landesminister. Er ist 1949 aus der SPD ausgetreten und damit einem Parteiausschluss wegen Kontakten zur SED zuvorgekommen. Erst 1957 ist er wieder in die SPD in Hamburg eingetreten und wurde 1961–1974 Mitglied der Bürgerschaft. Vgl. zu Erich Arp: *Willy Albrecht,* Die SPD unter Kurt Schumacher und Erich Ollenhauer 1946–1963, Bd. 1: 1946–1948, S. LXX.

30 Vgl. Protokolle der Parteitage. Gertrud Lockmann war 1947 und 1950, sowie 1952 und 1956 Delegierte für den Bezirk Hamburg-Nordwest, Schleswig-Holstein. Siehe Anwesenheitsliste der Delegierten und Gäste der SPD-Parteitage.

Gertrud Lockmann war nun bereits 55 Jahre alt. Sie wollte im Bundestag dazu beitragen, dass mit der Wiederaufnahme der politischen und parlamentarischen Arbeit in der neu gegründeten Bundesrepublik die hoffnungsfroh angefangenen und schmerzlich unterbrochenen Arbeiten der Parlamentarierinnen der Weimarer Republik fortgesetzt würden. Freilich war sie sich bewusst, dass sich in der Nachkriegszeit ganz andere politische Aufgaben stellten, als es damals in der Weimarer Republik der Fall gewesen war. Um den neuen politischen Anforderungen gerecht zu werden, war nach ihrer Meinung der »ganze Einsatz tatkräftiger Menschen«[31] erforderlich. Das hieß für Gertrud Lockmann, Frauen und Männer mussten gemeinsam und mit allen Kräften für den Aufbau einer friedlichen Demokratie arbeiten. Von der SPD nahm sie an, dass diese Partei dem Anliegen der gleichberechtigten Zusammenarbeit zwischen Männern und Frauen am ehesten Rechnung tragen würde, weil sie bereits in den 1920er Jahren mehr Frauen als alle anderen Parteien in den Deutschen Reichstag entsandt hatte.[32]

Das traf nach dem Zweiten Weltkrieg für die Arbeit in den Länderparlamenten und im neuen Bundestag ebenfalls zu. Dennoch bedauerte die Parlamentarierin, dass die Bedeutung der parlamentarischen Arbeit, die sich aus den »großen Umwälzungen« nach dem Zweiten Weltkrieg ergab, noch nicht allen Menschen voll zum Bewusstsein gekommen war.[33] Ihr Anliegen im Bundestag war es vor allem, für ein sozialistisches Deutschland einzutreten und die Interessen der werktätigen Frauen zu vertreten.[34] Schließlich konnte die Sozialdemokratin auch von sich selbst sagen, dass sie stets als erwerbstätige Frau »ihren Mann« gestanden hatte.[35] Das wollte sie auch für die parlamentarische Arbeit erreichen. Wie ihre Genossinnen hatte auch sie die Illusion, dass Frauen, wenn sie den Mut aufbrächten, sich überall einzureihen, »auch in die Schlüsselstellungen u.a. in die Spitzen der Behörden« die Gleichberechtigung durchsetzen könnten. Schließlich galten die gemeinsamen Bemühungen keinem geringerem Ziel, als Seite an Seite mit den Männern der »Erlösung der Welt vom Kriege« zu dienen.[36]

In der 1. Wahlperiode war sie Ordentliches Mitglied im Ausschuss für Finanz- und Steuerfragen sowie im Gesundheitsausschuss, dem sie in der 2. Wahlperiode als Stellvertretendes Mitglied angehörte. In der 1. Wahlperiode war sie außerdem Stellvertretendes Mitglied des Wahlprüfungsausschusses und in der 1. und 2. Wahlperiode auch des Haushaltsausschusses. In der 2. Wahlperiode war sie Ordentliches Mitglied im Ausschuss für Besatzungsfragen und im Finanzsteuerausschuss. Im zuletzt genannten Ausschuss konnte sie die Kenntnisse, die sie sich in ihrem Beruf als Steuerberaterin erworben hatte, nutzbringend einsetzen. Sie wirkte bei der Abfassung einer großen Anzahl von Steuerge-

31 Lockmann, Wahl-Presse-Dienst, Nr. 12.

32 Siehe hierzu *Christl Wickert*, Unsere Erwählten. Sozialdemokratische Frauen im Deutschen Reichstag und im Preußischen Landtag 1919 bis 1933, Göttingen 1986.

33 Lockmann, Wahl-Presse-Dienst, Nr. 12.

34 SPD-Kandidat Hamburg vom 13.10.1949, Zeitungsausschnitt ohne weitere Angaben, AdsD, Sammlung Personalia Gertrud Lockmann.

35 Wahlkreis VI: Gertrud Lockmann, in: Weckruf vom 1.8.1949.

36 Lockmann, Frauen im Parlament.

setzen mit. Ziel ihres steuer- und finanzpolitischen Engagements war es, die Ungerechtigkeiten in der Steuerpolitik der konservativen Bundesregierung aufzudecken und dagegen vorzugehen. Schließlich waren es vor allem die unteren sozialen Schichten, die unter diesen Ungerechtigkeiten zu leiden hatten. Gertrud Lockmann fühlte sich stets als Anwältin der notleidenden kleinen Leute, der Flüchtlinge, Rentner, Ausgebombten und Erwerbslosen. Ihr Bestreben war, dass weder bei den direkten noch bei den indirekten Steuern der »Lohntüte des kleinen Mannes unsoziale und ungerechte Lasten aufgebürdet werden«.[37] Nicht immer war sie mit den Ergebnissen zufrieden. So hatte sie sich über mehr als 15 Monate für die Senkung der hohen Kaffeesteuer mit eingesetzt, um zu erreichen, dass auch die »kleinen Leute« sich den morgendlichen oder zumindest den sonntäglichen Kaffee leisten konnten. Denn die Frage des Kaffeekonsums war in der Nachkriegszeit, ebenso wie die des Konsums von schwarzem Tee, eine Frage des Geldbeutels. Die Senkung der Kaffeesteuer betrachtete sie geradezu als soziale Verpflichtung. Ihre Bemühungen waren lange vergebens, weil die SPD für diese Meinung keine Mehrheit im Bundestag fand. Schließlich wurde drei Wochen vor der Neuwahl zum Zweiten Deutschen Bundestag 1953 die Kaffeesteuer dann doch gesenkt. Den Erfolg verbuchten die politischen Gegner.[38]

Auch zu dem Problem einer gemeinsamen Besteuerung von Eheleuten nahm die Politikerin Stellung. Der konservativen Regierung, die eine solche Besteuerung beabsichtigte, machte sie den Vorwurf, Ehe und Familie als neue Steuerquelle ins Visier genommen zu haben.[39] Sie war gegen die gemeinsame steuerliche Veranlagung der Ehegatten, weil damit die Hausfrauenehe begünstigt und berufstätige Ehefrauen bestraft wurden. Dagegen wandte sie sich mit scharfen Worten. Sie vermutete, der Bundesfinanzminister wolle vor den Wahlen ein Wahlgeschenk für die Bezieher von großen Einkommen machen und die »Rechnung hierfür (...) den mitverdienenden Ehefrauen präsentieren«.[40] Ein Vorschlag, den die SPD-Fraktion einbrachte, »Einkünfte aus nichtselbstständiger Arbeit der Ehefrau in einem dem Ehemann fremden Betrieb« bei der Zusammenveranlagung auszugrenzen, war nicht mehrheitsfähig. Gertrud Lockmann kritisierte, dass eine solche Veranlagung für Frauen, die ihren Beruf nach der Verheiratung beibehalten wollten, hieße, dass sie praktisch »nur für die Steuer« arbeiten würden. Erfolg hatte sie lediglich mit dem von der SPD gestellten und sozial begründeten Antrag, die Einkommen der Ehefrauen bis 600 DM monatlich aus der Veranlagung herauszulassen. Für sie war jedoch diese Ungleichbehandlung verfassungswidrig und widersprach ganz eindeutig dem

37 Schutzpatronin der Lohntüte 1955.

38 Vgl. *Gertrud Lockmann,* Um die Senkung der Kaffeesteuer, in: Gleichheit Nr. 12/1952, S. 361 f. Siehe zum Thema Kaffeesteuer auch die Biographie von Lucie Kurlbaum-Beyer in diesem Band, S. 324-338.

39 *Gertrud Lockmann,* Haushaltsbesteuerung unter der Lupe, Manuskript, AdsD, Sammlung Personalia Gertrud Lockmann, o.S.

40 *Gertrud Lockmann,* Zur Haushaltsbesteuerung, in: Gleichheit Nr. 4/53, S. 114 f.

Grundsatz der Gleichberechtigung zwischen Männern und Frauen.[41] Deshalb verwies sie darauf, dass das »Gesetz über die Gleichberechtigung der Frau« bis zum 31.3.1953 verabschiedet sein müsse. Mit diesem Gesetz müsse dann auch die steuerliche Gleichberechtigung der Frau geregelt werden.

Am 19.3.1952 plädierte sie im Bundestag für die Annahme der Anträge der CDU/CSU-Fraktion zur Förderung und Kreditversorgung des Handwerks.[42] Durch die geforderte Freigabe von fünf Millionen DM erwartete sie eine Steigerung der Leistungen des Handwerks. Fünf Millionen DM erschienen ihr zwar nicht viel, waren aber immerhin ein bescheidener Beitrag zur Bewältigung der zukünftigen vielfältigen Aufgaben des Handwerks. Forschungsvorhaben, die dem Handwerk zu Gute kamen, sollten aus diesen Mitteln unterstützt werden, um Rationalisierung und Leistungsfähigkeit in den Betrieben voranzutreiben. Die Finanzierung von Messe- und Ausstellungsbesuchen, vor allem im Ausland, sollte einen Blick über den eigenen Tellerrand ermöglichen. Gertrud Lockmann stammte selbst aus einer Handwerkerfamilie und wusste, dass das Handwerk »die größte und billigste Arbeitsschule der Nation« war, weil dort die meisten Lehrlinge ausgebildet wurden, eine Ausbildung, für die weder Staat noch Eltern zu bezahlen brauchten. Sie verwies darauf, dass 70 % aller Lehrlinge im Handwerk ausgebildet werden und dort im großem Umfang Gesellenprüfungen und Meisterprüfungen abgelegt und bestanden werden. Ein großer Teil dieser ausgebildeten Handwerker ging später als Facharbeiter oder Werkmeister in die Industrie. Eine Unterstützung der Lehrlingsausbildung in handwerklichen Betrieben war daher mehr als recht und billig. Schon damals verwies Gertrud Lockmann angesichts der Erwerbslosigkeit der 50er Jahre auf die Notwendigkeit der Einrichtung neuer Lehrstellen, die allerdings nur Sinn machte, wenn sie mit einer Übernahme auf einen Arbeitsplatz verbunden war. Die prekäre Lehrstellensituation und die Berufsnot der schulentlassenen Jugend veranlasste Gertrud Lockmann dazu, die Notwendigkeit einer steuerlichen Vergünstigung für Handwerksbetriebe zu erwägen. Sie verwies auf die zusätzlichen steuerlichen Belastungen, die für Handwerksbetriebe durch eine unübersichtliche Steuergesetzgebung entstehen. Als Steuerberaterin wusste sie allerdings, dass finanzielle Hilfen allein nicht ausreichten, sondern auch »übersichtliche genormte Geschäftsbücher« bereitgestellt werden müssten, die die buchtechnische und steuerliche Bearbeitung der Geschäftsvorgänge erleichtern sollten. Dadurch könnte das Handwerk in die Lage versetzt werden, seine eigenen geschäftlichen Dinge ordnungsgemäß zu erledigen.

Der enge Kontakt zu ihren Wählerinnen und Wählern war Gertrud Lockmann besonders wichtig. In ihren wöchentlichen Sprechstunden hatte sie ein offenes Ohr für alle. Sie beantwortete die vielen Briefe, die bei ihr eingingen, beriet geduldig alle Telefonanrufer und -anruferinnen und stattete bei vielen Wählerinnen und Wählern persönliche Besuche ab. Auf zahlreichen Wahlversammlungen hielt sie Reden. Um Gelegenheit zu

41 Ebd. Die gemeinsame Besteuerung, das so genannte »Ehegattensplitting«, ist bis heute nicht aufgehoben.

42 Protokoll 1. Legislaturperiode, 199. Sitzung, 19.3.1952.

haben, Gespräche mit den Wählerinnen und Wählern zu führen, trug sie die Wählerbriefe für ihre Kandidatur zur zweiten Wahlperiode in ihrem Wahlkreis zum großen Teil selbst aus. Bei Problemen, die an sie herangetragen wurden, versuchte die Sozialdemokratin zu helfen, wo immer ihr das möglich war.

Dem Motto aus ihrem Wählerbrief zur ersten Bundestagswahl im Jahr 1949 wollte sie auf jeden Fall treu bleiben. Es lautete: »Der Wille zum Frieden muss so stark sein, dass er alles zu überwinden vermag!«[43] Die Politikerin übernahm diesen Slogan daher auch für den zweiten Wählerbrief zur Bundestagswahl 1953, als die Adenauerregierung schon lange von der Notwendigkeit der Remilitarisierung sprach.[44] Für sie galt es, das bewusste »Nein in allen Fragen, die diesem Willen nach einem sicheren Frieden nicht gerecht werden«,[45] auf jeden Fall beizubehalten. Das hieß für Gertrud Lockmann ein klares ›Nein‹ der Sozialdemokratie zum Generalvertrag[46] und zur Europäischen Verteidigungsgemeinschaft. Keine Verleumdung und keine Propaganda sollten je dazu führen, dass sich hier die Grundposition der SPD änderte. Das war ihr Anliegen, und sie war sich sicher, dass es auch das Anliegen der Sozialdemokratischen Partei für die kommenden Jahre war. In ihrem Wählerinnen- und Wählerbrief gab Gertrud Lockmann Rechenschaft über ihre bisher im Bundestag geleistete Arbeit. Sie machte darauf aufmerksam, dass es vier Jahre schwerer Arbeit sowohl im Bundestag in Bonn als auch in ihrem Wahlkreis in Hamburg gewesen seien: 300 Plenarsitzungen mit vielstündigen Debatten, die Beteiligung an Wochenschauen, Radioübertragungen, Abstimmungen, an zahlreichen Ausschusssitzungen und die Verabschiedung von über 500 Gesetzen hatten ihre ganze Aufmerksamkeit erfordert.

In der ersten vierjährigen Amtsperiode hatte sie dafür gekämpft, dass die Menschen, die das nationalsozialistische Regime nicht unterstützt hatten, für ihre erlittenen Belastungen, vor allem während des Zweiten Weltkrieges, entschädigt würden. Nach ihrer Meinung hatte die Regierung Adenauer in dieser Hinsicht kläglich versagt.[47] Sie selbst wollte sich – im Falle einer Wiederwahl – weiter für eine »vernünftige Steuerpolitik« einsetzen, die eine gerechte Verteilung der Lasten sicherte. Auch dieses Anliegen begründete die Politikerin damit, dass die noch »junge deutsche Demokratie« nur dann als krisenfest betrachtet werden könne, wenn die wirtschaftliche Sicherheit all ihrer Bürger gewährleistet sei.[48]

Die Wählerinnen und Wähler brachten ihr Vertrauen entgegen. Sie wurde auch in der zweiten Wahlperiode 1953 in den Deutschen Bundestag gewählt. Warum sie nicht bei ihrer in den beiden Wählerbriefen eindeutig formulierten konsequenten Friedenspolitik blieb, warum sie nicht unter den 19 SPD-Mitgliedern zu finden ist, die gegen die

43 Ihre Kandidatin Gertrud Lockmann, 1953.

44 Ebd., o.S.

45 Ebd., o.S.

46 Der Generalvertrag hatte die Remilitarisierung der Bundesrepublik Deutschland und ihre Einbeziehung in die NATO zum Inhalt.

47 Ihre Kandidatin Gertrud Lockmann, 1953.

48 Ebd.

Grundgesetzänderung, die für die Remilitarisierung der Bundesrepublik notwendig war, gestimmt haben, ist weder aus den Quellen ersichtlich, noch durch Zeitzeuginnen zu erfahren.

Aus den Quellen geht jedoch hervor, dass Gertrud Lockmann während ihrer Zeit im Deutschen Bundestag oft verleumdet worden ist. In ihren Unterlagen finden sich drei anonyme Briefe. Darin ist zu lesen, dass sie mit einem Herrn Thumin sowohl persönliche als auch geschäftliche Beziehungen unterhalten haben soll[49]. Im zweiten Schreiben wird Gertrud Lockmann beschuldigt, in Verbindung mit einem Journalisten Scheehagen, der den »Ostzonen-Funk« vertrat, gestanden zu haben. Er galt als Vertrauensmann des Volkskommissariats des Inneren der Sowjetunion (NKWD).[50] Nach einem dritten Brief soll sie sogar nach 1945 bei der geheimen russischen Feldpolizei und der NKWD in Dresden gearbeitet haben. Bis etwa 1948 sei es ihre Aufgabe gewesen, den Russen politisch verdächtige Personen bekannt zu geben und eine ausführliche Beschreibung über deren Leben zu liefern. Außerdem soll Gertrud Lockmann als »Serviermädchen bei den Zusammenkünften der Alliierten mit den Russen in der Ostzone« gearbeitet haben. 1948 soll sie mit ihrer Mutter in den Westen geflüchtet sein.[51] Angeblich sei die Geschichte ans Tageslicht gekommen, weil sie einen Herrn B. »den Russen« übergeben hätte. Aus dem letzten Brief geht hervor, dass sie sich stets auf ihre Schweigepflicht berufen und keinerlei Angaben über ihre Spionagetätigkeit gemacht habe.

Es ist ziemlich unwahrscheinlich, dass die Beschuldigungen auf Tatsachen beruhen. Zu widersprüchlich sind die Aussagen, die auf ihre Person zum Teil nicht zutreffen. Es ist auch nicht bekannt, ob von Seiten der Partei oder in einem anderen Zusammenhang auf diese anonymen Briefe reagiert wurde oder ob die Anschuldigungen überprüft worden sind. Aus den Quellen und Zeitzeuginnengesprächen ist nicht ersichtlich, ob die Verleumdungen in irgend einem Zusammenhang damit standen, dass sie für die dritte Wahlperiode des Bundestages zwar als Kandidatin benannt, aber auf einen aussichtslosen Listenplatz gesetzt wurde.[52]

Der Nominierung gingen offensichtlich parteiinterne Konflikte voraus. Einem ergänzenden Protokoll der Kreisvorstandssitzung in Trillup vom 9. März 1957 ist zu entnehmen, dass im Rahmen einer Aussprache über die zur Bundestagswahl 1957 vorgeschlagenen Kandidaten einige Genossen Aussagen zu Gertrud Lockmanns fachlicher, politischer und menschlicher Eignung für eine solche Kandidatur gemacht haben. Zwei sprachen sich dezidiert gegen ihre Kandidatur aus, weil Gertrud Lockmann »dem Trunk ergeben«

49 Abschrift einer anonymen Mitteilung aus Hamburg vom 22.5.1951, AdsD.

50 Zur Sache Gertrud Lockemann, anonyme Mitteilung vom 4.8.1950, AdsD. Das ›e‹ in Lockemann ist mit Rotstift gestrichen.

51 Gertrud Lockemann, anonyme Mitteilung, o.O. vom 28.7.1950. Lockmanns Mutter war, wie bereits erwähnt, seit Gertrud Lockmanns 16. Lebensjahr tot. 1948 war sie zudem bereits Mitglied der Hamburger Bürgerschaft.

52 Nach einem Brief vom 12.7.1957 von Karl Vittinghoff an den Parteivorstand der SPD, z. Hd. von Herrn Willi Franke, wurde sie als zehnte von 22 Kandidaten für die Bundestagswahl von 1957 benannt. Akte SPD-LO Hamburg, Mappe 125, AdsD.

und deshalb in ihrer Leistung gemindert sei. Sie begründeten das mit Einzelheiten, die ihnen zu Ohren gekommen waren und die sie zum Teil selbst miterlebt hätten. Ein anderer Genosse empfahl, den bisherigen Wahlkreis Gertrud Lockmanns an Helmut Schmidt zu übergeben, den er für wesentlich geeigneter hielt. Mit der Äußerung, dass sicher Frauen im Bundestag notwendig seien, »aber das müssen dann wirklich schon Persönlichkeiten sein«, brachte ein weiterer Genosse einen Geschlechteraspekt ins Spiel. Es gab aber auch Genossen und Genossinnen, die sich für eine Kandidatur Gertrud Lockmanns aussprachen, u.a. weil sie in Mittelstands- und Steuerfragen hervorragende Arbeit leiste und sich auch beim Aufbau der Parteiarbeit seit 1945 große Verdienste erworben habe. Ein Genosse stellte sogar für einen Fall den er selbst miterlebt hatte, richtig, dass Gertrud Lockmann nicht betrunken gewesen sei, sondern dass ihre Schwiegermutter an dem angegebenen Tag im Sterben lag, was sie verständlicherweise stark berührt habe.[53]

Dem »Hamburger Brief« vom 29. März 1957 ist schließlich zu entnehmen, dass »Gertrud Lockmann nicht wieder kandidieren wird.«[54] Ein anderer Kandidat, der für die Arbeitsgemeinschaft selbstständiger Schaffender in der Landesorganisation Hamburg der SPD an ihrer Stelle kandidieren sollte, hat »wegen seines guten Verhältnisses mit Gertrud Lockmann« davon allerdings Abstand genommen.[55] Im April 1957 gaben die zwei Hamburger Genossen, die kritisiert hatten, dass Gertrud Lockmann des öfteren betrunken in der Öffentlichkeit aufgetreten sei, »persönliche Erklärungen« ab, in denen sie die im März auf der Kreisvorstandssitzung vorgebrachten Ausführungen mit Bedauern zurücknehmen und Gertrud Lockmann bitten, ihre Worte »als nicht gesprochen zu betrachten«.[56] Mit Schreiben vom 11. Mai 1957 bat Herbert Wehner – im Zusammenhang mit einem anderen Anliegen – Karl Vittinghoff, den Vorsitzenden der SPD-Landesorganisation, die Kandidatur von Gertrud Lockmann nicht zu verhindern. Sie habe es nicht verdient, »jetzt beiseite geschoben zu werden, ohne dass dafür, sie nicht wieder kandidieren zu lassen, zwingende Gründe vorlägen.«[57] Aus dem Protokoll der Landesdelegiertenversammlung der Landesorganisation Hamburg vom 27. Mai 1957 geht hervor, dass ein Antrag »der Frauen« vorlag, der sich persönlich auf Gertrud Lockmann bezog. Darin heißt es: »Es wird beantragt, die Landesdelegiertenversammlung möge beschließen, dass Gertrud Lockmann nicht, wie bisher vorgesehen, an neunter Stelle, sondern an achter Stelle in der Landesliste für den Bundestag kandidiert.« Begründet wurde der Antrag damit, dass während der dritten Wahlperiode Steuerreformen anstünden, für die man

---

53 SPD, Landesorganisation Hamburg, Kreis IV – Nord, Schreiben vom 21. März 1957: Ergänzung zum Protokoll der Kreisvorstandssitzung in Trillup am 9. März 1957, Bestand Kreis Nord, 1950–1960, Forschungsstelle für Zeitgeschichte Hamburg.

54 Hamburger Brief (HBf) VII/Nr. 45 vom 29.3.1957, S. 2, in: ebd.

55 Brief des ersten Vorsitzenden der SPD Landesorganisation Hamburg, Karl Vittinghoff, an Paul Franck, Arbeitsgemeinschaft selbständiger Schaffender in der Landesorganisation Hamburg der SPD, vom 17.5.1957, in: ebd.

56 SPD-Landesorganisation Hamburg, Kreis IV – Nord: Protokoll über die Sitzung des Kreisvorstandes am 1. April 1957, S. 1, in: ebd.

57 Brief MdB Herbert Wehner an Karl Vittinghoff vom 11.5.1957, S. 2, in: ebd.

qualifizierte Abgeordnete brauche. Gertrud Lockmann hatte während der ersten beiden Wahlperioden ihre Kompetenz gezeigt und ihre Wiederwahl sei für die Partei unverzichtbar, daher müsse sie einen aussichtsreichen Listenplatz bekommen. Die antragstellenden Frauen argumentierten auch mit dem Grundsatz der Gleichberechtigung im Grundgesetz, der sich in der personellen Besetzung des Bundestages widerspiegeln müsse. Die Hamburger Genossinnen Friedel Fischer und Berta Kröger sprachen sich in der Diskussion nachdrücklich für diesen Antrag aus. Sie beriefen sich auf den SPD-Vorsitzenden Erich Ollenhauer, der Frauen maßgeblich an der Regierung beteiligen wolle und auf den amtierenden Bundeskanzler Konrad Adenauer (CDU), der lancieren würde, dass die künftige deutsche Regierung »einen weiblichen Minister« haben werde.[58] Die SPD, die stets für die Gleichberechtigung zwischen Männern und Frauen gestanden hätte, könne es sich in einem großen Land wie Hamburg überhaupt nicht erlauben, »nicht einmal zwei weibliche Kandidaten an aussichtsreicher Stelle zu nominieren«.[59]

Das alles half nichts. Bei der Neuaufstellung der Kandidatenliste kandidierte Gertrud Lockmann gegen verschiedene Kandidaten und fiel jedes Mal durch. Am 4. Juni 1957 teilte der SPD-Vorsitzende Karl Vittinghoff der Genossin Lockmann in einem Brief mit, dass sie am 27. Mai 1957 in geheimer Wahl an 10. Stelle der Landesliste nominiert wurde.[60] Mit diesem aussichtslosen Listenplatz konnte sie nicht mehr in den Bundestag einziehen.

1957 ging Gertrud Lockmann zurück nach Hamburg und zog von November 1957 bis November 1961 noch einmal in die Hamburger Bürgerschaft ein.[61] Auch die Wiederaufnahme dieses Amtes spricht dagegen, dass sie für den NKWD gearbeitet hat.

Gertrud Lockmann starb am 10. September 1962 im Alter von 67 Jahren in Hamburg. Der Landesverband Hamburg der Freien Demokratischen Partei sprach dem Landesverband Hamburg der SPD sein Beileid aus.[62] Andere Todesanzeigen, Beileidsbezeugungen und Nachrufe sind vom Parteivorstand nicht gesammelt worden. Anscheinend war es still geworden um Gertrud Lockmann.

---

58 Nach dieser Aussage verzeichnet das Protokoll »Heiterkeit«. Protokoll SPD-LO Hamburg, Landesdelegiertenversammlung am 27. Mai 1957, S. 32 ff. In: SPD-LO Hamburg, Signatur 1178, AdsD.

59 Ebd.

60 Brief in SPD-LO Hamburg, Mappe 125, AdsD.

61 Grolle/Bake, S. 366.

62 Brief des Senators Peter-Heinz Müller-Link, FDP, LV Hamburg, vom 13.9.1962 an den Landesvorsitzenden der SPD Hamburg, Karl Vittinghoff, und Danksagung Vittinghoff an Müller-Link vom 24.9.62, in: AdsD, Sammlung Personalia Gertrud Lockmann.

Anni Mellies

»Die Zeit hätte man besser nutzen sollen, um ein Programm für die Wiedervereinigung in Freiheit vorzubereiten«[1]

Anni Leffler war durch den Einfluss ihres sozialdemokratischen Elternhauses wie selbstverständlich zur Sozialdemokratie gekommen. Als junge Frau wuchs sie schnell in die hauptberufliche politische Arbeit hinein, bis die NS-Herrschaft sie von ihrem Posten entfernte. Während der Zeit des Nationalsozialismus hielt sie ihre beiden Töchter als Handelsvertreterin über Wasser, wurde ausgebombt, musste mehrmals ihre »Wahlheimat« Oberschlesien verlassen und hat doch nie aufgegeben. 1946 war sie sofort mit dem Neuaufbau der SPD und der Neugestaltung einer gerechten, friedlichen Republik beschäftigt und kam als Spitzenkandidatin der Landesliste Schleswig-Holstein in den Ersten Deutschen Bundestag. Sie leistete Hervorragendes für die Armen, die Flüchtlinge und andere durch den Krieg Beschädigte. Als sie den stellvertretenden Parteivorsitzenden Willhelm Mellies heiratete, musste sie ihr Bundestagsmandat aufgeben. Der Parteiarbeit blieb sie bis an ihr Lebensende treu.

Kindheit, Jugend und frühe politische Arbeit (1904–1933)

»Mit den Ideen der Arbeiterbewegung wurde ich früh vertraut«[2]

Anni Leffler wurde am 4.6.1904 als Tochter des Maschinenbauers und überzeugten Sozialdemokraten Karl Christian Leffler und dessen Ehefrau Maria Magdalena Johanna Leffler, geb. Witthöft, in Kiel geboren. Nach dem Besuch der Volks- und Mittelschule machte sie eine Ausbildung als Kontoristin und Sekretärin und arbeitete anschließend in verschiedenen kaufmännischen Betrieben. Infolge des Einflusses ihres sozialdemokratischen Vaters war es für Anni selbstverständlich, dass sie im Alter von 16 Jahren in der Sozialistischen Arbeiterjugend (SAJ) aktiv wurde und kurze Zeit später, 1923, auch der SPD beitrat. Sie war der festen Überzeugung, dass sie ihr Anliegen, den Kampf um soziale Gerechtigkeit, Freiheit und Frieden zu führen, in dieser Partei am besten verwirklichen könne.

»Die große schlanke, energische und lustige Kielerin« war nach dem Ersten Weltkrieg eines der aktivsten Mitglieder der Kieler Jungsozialistengruppe.[3] Ihre parteipolitische Arbeit begann sie 1924 als Angestellte im Bezirksvorstand der SPD Schleswig-Holstein, und zwar als Assistentin von Louise Schroeder[4], Mitglied des Reichstages und Leiterin des Frauenreferates. Schnell wuchs die junge Sozialdemokratin in die organisatorische Arbeit hinein. 1928 wurde sie vom Parteivorstand in Berlin als Volontärin übernommen und

1 *Annie Mellies,* Rede gehalten am 13.2.1955 im Stadttheater Bonn, in: AdsD Sammlung Personalia Anni Mellies. Teilweise wird ihr Vorname in den Quellen Annie geschrieben.

2 Sozialdemokratische Frauen, Anni Krahnstöver, Kiel, in: Die Freiheit vom 2.4.1948.

3 *Herta Gotthelf,* Anni Mellies gestorben, Nachruf, in: AdsD, Sammlung Personalia Anni Mellies.

4 Vgl. die Biographie über *Louise Schroeder* in diesem Band, S. 460-482.

nach einjähriger Vorbereitung bis zum Parteiverbot 1933 als Bezirkssekretärin in Oppeln (Oberschlesien) eingesetzt. Im »schwarzen« Oberschlesien, das zu 90 % katholisch war, hatte die junge Genossin, die vor allem für die Frauenarbeit zuständig war, keine leichte Arbeit. Nicht nur die Bevölkerung, auch die eigenen Genossen waren zunächst misstrauisch gegen die junge Frau aus dem Norden. Mit Ausdauer und Fleiß gelang es ihr, das Misstrauen zu überwinden und sich in die schwierige Arbeit einzufügen. Besonders junge Menschen aus den oberschlesischen Industriegebieten, aber auch aus ländlichen Regionen fühlten sich von ihr bald angesprochen.[5] Anni Krahnstöver war damals bereits verheiratet und hatte eine Tochter. Zur Entbindung ihres zweiten Kindes, ebenfalls einer Tochter, fuhr sie direkt vom Parteibüro in die Klinik.[6]

Anni Mellies (1904–1961), MdB 1949–1953

Im Zeichen des Hakenkreuzes (1933–1945)

»Die Hitler-Diktatur brachte mir und meiner Familie viele Sorgen«[7]

Während der Zeit des Nationalsozialismus konnte Anni Krahnstöver ihren Beruf als Parteisekretärin der SPD natürlich nicht mehr ausüben. Wie viele ihrer hauptamtlich in der Parteiarbeit tätigen Genossinnen und Genossen wurde sie erwerbslos. Sie blieb auch nach der Auflösung der SPD 1933 in ihrer Wahlheimat Oberschlesien. Zeitweise wurde die überzeugte Sozialdemokratin in »Schutzhaft« genommen und unter Polizeiaufsicht gestellt.[8] Sie litt aber nicht nur unter der Verfolgung und den Schikanen der Gestapo, sondern bekam auch existenzielle Probleme. Als Handelsvertreterin hielt sie ihre Familie notdürftig am Leben. 1943 war sie das erste Mal auf der Flucht. Sie musste Oppeln verlassen und ging nach Königsberg. Bei einem Luftangriff auf Königsberg verlor sie alles, was sie gerade neu eingerichtet hatte.[9] 1944 flüchtete sie von Ostpreußen zurück nach

5 Wir gratulieren, Anni Mellies 50 Jahre, in: Gleichheit, Jhg. 1954, S. 242.

6 Gotthelf, Anni Mellies gestorben.

7 Sozialdemokratische Frauen, in: Die Freiheit vom 2.4.1948.

8 Anni Krahnstöver (Schleswig-Holstein), Zeitungsausschnitt vom 18.3.1952, AdsD, Sammlung Personalia Anni Mellies.

9 Anni Mellies gestorben, in: Vorwärts vom 2.8.1961.

Oberschlesien. Von der polnischen Besatzungsmacht wurde sie im Januar 1945 erneut vertrieben und kam mit einem großen Flüchtlingstreck zunächst in Mecklenburg und dann in einem Flüchtlingslager in der Lüneburger Heide an.

Wiederaufbau (1945–1949)

»Ich stellte mich gerne wieder in den Dienst der Partei«[10]

Sie und ihre Familie lebten nun »als Flüchtlinge mit allen Schattenseiten dieses Daseins« in Mecklenburg und später in der Lüneburger Heide.[11] Als aktive Sozialistin gab sie sich auch während dieser schweren Zeit nicht ihrem Schicksal hin, sondern organisierte ein Hilfswerk, das vielen ihrer Leidensgefährtinnen und -gefährten über die schlimmsten Entbehrungen ihrer Existenz als Flüchtlinge hinweggeholfen hat.

Es war Louise Schroeder, ihre frühere Vorgesetzte, die sie 1946 wieder für die hauptamtliche SPD-Arbeit gewann. Diesmal sollte Anni Krahnstöver Bezirkssekretärin ihrer Partei und im Juni 1946 zweite Bezirksvorsitzende sowie Landesfrauensekretärin für Schleswig-Holstein werden. Der damalige Bezirksvorsitzende Andreas Gayk holte sie vom Flüchtlingslager ab und brachte sie nach Kiel bzw. Eckernförde, ihre frühere Heimat. Bereits im September des gleichen Jahres organisierte sie die erste Frauenkonferenz der SPD nach dem Zweiten Weltkrieg in Rendsburg[12]. Anni Krahnstöver war eine der wenigen Nachkriegspolitikerinnen, die bereits in der Weimarer Republik aktiv waren und an den Erfahrungen aus dieser Zeit ansetzen konnten. Über die Arbeit als Frauensekretärin wurde sie dann 1946 Mitglied des zweiten ernannten Kieler Landtags und des ersten gewählten Schleswig-Holsteinischen Landtags, in dem nur drei Parlamentarierinnen vertreten waren. Das Amt hatte sie bis zu ihrer Wahl in der Zonenbeirat der britischen Zone 1947/1948 inne.

Als Abgeordnete des Landtages setzte sie sich vor allem für Flüchtlinge ein. Zum Beispiel appellierte sie an die Bevölkerung, freiwillig Haushaltsgegenstände an Flüchtlinge abzugeben. Sie befürchtete eine Verstärkung der Feindseligkeiten zwischen Einheimischen und Flüchtlingen und eine Radikalisierung der Flüchtlinge, wenn diesen nicht geholfen wird.[13] Zwangsmaßnahmen, wie sie damals von CDU-Parlamentarierinnen und -Parlamentariern gefordert wurden, lehnte sie allerdings ab.

Über das Landtagsmandat wurde sie 1948/49 Mitglied des Wirtschaftsrates für das Vereinigte Wirtschaftsgebiet. Außerdem wurde sie stellvertretende Vorsitzende des Flüchtlingsausschusses. Obwohl sie innerhalb der SPD als Gesundheitsministerin vorgeschlagen worden war, bekam ein männlicher Genosse das Amt.[14] 1948 bis 1954 gehörte sie außerdem dem Parteivorstand in Eckernförde an.

---

10 Ebd.

11 Sozialdemokratische Frauen.

12 Brief Anni Krahnstöver an Herta Gotthelf, Mappe 170, Nachlass K. Schumacher, in: AdsD.

13 Vgl. *Thomas Herrmann u.a.*, »Alle Mann an Deck!« – »Und die Frauen in die Kombüse?«, Frauen in der schleswig-holsteinischen Politik 1945–1958, Kiel 1993, S. 76.

14 Ebd.

In ihren Landtagsreden engagierte sie sich vorrangig in den Bereichen Gesundheits-, Flüchtlings- und Schulpolitik.[15] So gelang es mit ihrer Hilfe, das Gesetz über die Wiedereinführung des 9. Schuljahres für Schleswig-Holstein zu verabschieden. An einem Gesetz zur Versorgung Kriegsversehrter und an der Formulierung eines Antrags über einen Gesetzentwurf zum Lastenausgleich, der von der Sozialdemokratischen Landtagsfraktion eingebracht wurde, war sie maßgeblich beteiligt. Das Gesetz konnte in der Sitzung des ersten gewählten Schleswig-Holsteinischen Landtages vom 25.–27.11.1947 verabschiedet werden.[16]

Ihre Arbeit im zentralen Flüchtlingsausschuss der SPD galt der Milderung der Not der Flüchtlinge. Sie mussten sowohl mit Gebrauchsgegenständen versorgt werden als auch in die Gemeinschaft integriert werden. Mit scharfen Worten wandte sie sich im Landtag gegen die von der CDU angestrebte, nach ihrer Meinung sinnlose Bürokratisierung. Dabei verwies sie immer wieder auf ihre eigenen Erfahrungen, z.B. über sinnlose Versuche, per Bezugsschein Ansprüche auf Waren zu erheben, die gar nicht zur Verfügung stünden. An den CDU-Wohlfahrtsminister Ryba gewandt, sagte sie: »Glaubt denn der Minister, dass er dadurch, dass er neue Ämter schafft, den Flüchtlingen auch nur einen Kochtopf mehr besorgen kann«?[17]

Anni Krahnstöver war Abgeordnete des Flüchtlingsrats für die Britische Zone und gehörte seit 1948 zu den Vertretern Schleswig-Holsteins im Frankfurter Zwei-Zonen-Wirtschaftsrat. Außerdem wurde sie zur zweiten Landesvorsitzenden der SPD von Schleswig-Holstein gewählt. Auf dem SPD-Parteitag 1948 in Düsseldorf bekam sie ein weiteres wichtiges Amt: Sie wurde als viertes weibliches Mitglied in den SPD-Parteivorstand gewählt. Bis 1954 gehörte die Politikerin den Spitzengremien der SPD an.[18] Bis zu ihrem Tode war sie Mitglied des zentralen Ausschusses für Frauenfragen beim SPD-Vorstand und des Sozialpolitischen Ausschusses.

Als im August 1949 vom Frankfurter Wirtschaftsrat das Gesetz zur Milderung dringender sozialer Notstände verabschiedet wurde, war sie wesentlich daran beteiligt. Dass ein endgültiges Lastenausgleichsgesetz von der konservativen Bundesregierung immer wieder verzögert wurde, hielt sie für einen Skandal. Lastenausgleich konnte für sie keine verbesserte Soforthilfe sein, sondern nur einen Sinn haben, wenn »wirklich ein Ausgleich der Lasten, die bisher einseitig von den sozial schwachen Kreisen« getragen worden seien, erfolgte.[19]

---

15 Vgl. *Ute Kling,* Anni Krahnstöver und Emmy Lüthje in ihrer politischen Arbeit während der ersten Nachkriegsjahre, Magisterarbeit, Kiel 1994.

16 Wortprotokoll der 6. Sitzung des ersten gewählten Schleswig-Holsteinischen Landtages vom 25.-27.1.1947, S. 194 f.

17 Wortprotokoll der 5. Sitzung des zweiten ernannten Schleswig-Holsteinischen Landtages am 28.2.1947, S. 111.

18 Vgl. Protokolle der Parteitage von 1947 bis 1954: Krahnstöver saß 1947/48 im Parteiausschuss und von 1950 bis 1954 im Parteivorstand, siehe Liste der Delegierten und Gäste.

19 *Anni Krahnstöver,* Von der Soforthilfe zum Lastenausgleich, in: Gleichheit Nr. 9/1950, S. 273.

Viele Betroffene suchten bei ihr Rat und Hilfe, und sie versuchte, ihnen, so gut sie konnte, zu helfen. Die Sozialdemokratin verstand es vorbildlich, die Arbeit in den Gremien mit der helfenden Arbeit vor Ort zu verbinden. Ihr offenes Ohr, das sie für alle Zukurz-Gekommenen und Bedürftigen während ihrer zahlreichen Besuche in den Durchgangslagern für Flüchtlinge in Schleswig-Holstein hatte, brachte ihr schnell den Beinamen »Flüchtlingsmutter« ein.[20]

Anni Krahnstöver hatte sich nach dem Zweiten Weltkrieg gern wieder in den Dienst der Partei gestellt, weil diese Arbeit zu ihrem Leben gehörte. Auch sie wollte mehr Frauen für die parlamentarische Arbeit der Partei gewinnen. Eine ihrer Aufgaben in diesen schwierigen Nachkriegszeiten sah sie deshalb darin, den vielen Frauen, die politisch noch abseits standen, die Wichtigkeit politischen Handelns und Denkens klarzumachen, damit diese Frauen dazu beitragen könnten, die Grundlagen für eine bessere Zukunft zu schaffen. Auch sie glaubte an die besonderen Aufgaben, die Frauen aufgrund ihres ›weiblichen Wesens‹ in der Politik hätten. So war sie der Meinung, dass sich der »frauliche, versöhnende Einfluss« positiv auf die Politikgestaltung auswirken müsse.[21] Es verwundert also nicht, dass sie Frauen dazu aufrief »das Haus der Partei wohnlich zu machen«. Und das war nicht nur symbolisch gemeint. Während einer Sitzung des Ausschusses für Frauenfragen wies sie darauf hin, dass in Schleswig-Holstein besonderer Wert auf die Ausschmückung der Versammlungslokale gelegt werde, eine Aufgabe, die offensichtlich Frauen anging. Freilich brachte sie bei der gleichen Veranstaltung auch ihre Sorge um die 23 % erwerbslosen SPD-Mitglieder in ihrem Land zum Ausdruck, um die vielen Flüchtlinge und Armen, und sie machte Vorschläge für Beitragspatenschaften, um finanzschwache Mitglieder bei der Partei zu halten.[22]

1949, nachdem bei den Gemeinde- und Kreiswahlen in der britischen und französischen Zone eine ganze Reihe neuer Vertreterinnen in die Parlamente gewählt worden waren, schöpfte sie die Hoffnung, dass diese Frauen als Stadtverordnete, Gemeinde- und Kreisrätinnen oder Ratsherrinnen nicht nur ihre Fähigkeiten bewiesen, sondern auch dazu beitrugen, dass sich künftig der Anteil der Frauen in der Politik noch erhöhe. Ganz im Sinne ihrer Auffassung, dass Frauen anders Politik machten, als Männer, appellierte sie an die Frauen, sich nicht zu überfordern. Frauen sollten in Ausschüsse entsandt werden, die ihrer »fraulichen Eigenart« entsprächen. »Wohlfahrtsausschüsse, Sozialausschüsse, Kulturausschüsse, Wohnungskommissionen« nannte die Sozialdemokratin als Ausschüsse, die der »Veranlagung und Neigung« der Frauen entsprächen und die Genossinnen vor Überlastung schützten. Zudem sei durch eine solche Konzentration der Parlamentarierinnen auf bestimmte Aufgaben gewährleistet, dass die in Not geratenen Menschen bei einer »sozialdemokratischen Vertreterin« Zuwendung und ein offenes Ohr fänden. Das meinte sie keinesfalls diskriminierend. Sie selbst sah neben ihrer parlamentarischen Arbeit die unmittelbare soziale Arbeit, die »Hilfe von Mensch zu Mensch«, als die

20 Anni Krahnstöver, in: Rheinische Zeitung vom 3.8.1950.

21 Ebd.

22 Protokoll der Sitzung des Ausschusses für Frauenfragen am 11.9.1949 in Köln, in: AdsD, ZASSI P.

wichtigste politische Aufgabe für eine Sozialdemokratin.[23] Sie mochte es nicht hinnehmen, dass der Krieg dazu geführt hatte, dass die Hälfte des Volkes ohne eigene Schuld in Armut und Elend gekommen war, während »eine kleine Oberschicht lebt, als ob sie die ganze Not nichts anginge«[24]. Dagegen musste nicht nur auf der politischen Ebene, sondern auch durch individuelle Hilfe angegangen werden. Eine solche doppelte Strategie schien ihr geeignet, zu beweisen, »dass die Frau in der Politik ihren ›Mann‹ steht.«[25]

Arbeit im Bundestag (1949–1953)

»Menschen, die als einziges Vermögen ihre Arbeitskraft besaßen, blieben auf der Strecke«[26]

1949 wurde Anni Krahnstöver als Spitzenkandidatin der sozialdemokratischen Landesliste in Schleswig-Holstein im Wahlkreis 12 (Pinneberg) direkt in den Bundestag gewählt. Sie war die einzige Frau, die in einem der 14 Wahlkreise in Schleswig-Holstein für die SPD kandidierte und diesen Wahlkreis direkt gewann. Sie wurde Ordentliches Mitglied des Ausschusses für Lastenausgleich, des Ausschusses für Heimatvertriebene und des Vermittlungsausschusses zwischen Bundestag und Bundesrat. In diesem Ausschuss war sie die einzige Frau. Als Stellvertretendes Mitglied gehörte sie dem Ausschuss für Berlin und dem Haushaltsausschuss an. Im September 1952 wurde sie Mitglied des Kontrollausschusses beim Bundesausgleichsamt und Vorsitzende des Kontroll-Ausschusses beim Amt für Soforthilfe. Nach der Verabschiedung des Lastenausgleichsgesetzes wurde sie auch Vorsitzende des Kontrollausschusses beim Lastenausgleichsamt. Anni Krahnstöver wurde Mitglied des Fraktionsvorstandes der SPD-Bundestagsfraktion. Außerdem gehörte sie der SPD-Fraktion im Wirtschaftsausschuss an, wo sie besonders an den Fragen der Heimatvertriebenen, des Lastenausgleichs und der Soforthilfe mitarbeitete. Neben Louise Schroeder gehörte sie als eine der beiden Sozialdemokratinnen dem Straßburger Europarat an.

Anni Krahnstöver war es völlig unverständlich, dass, obwohl im Wahlkampf alle Parteien um die Gunst der Frauen geworben hatten und die Frau als »einer der wichtigsten politischen Faktoren« von allen Parteien zur Mitarbeit aufgefordert wurde, unter den 400 Abgeordneten des Bundestages nur 30 Frauen waren. Zu Beginn ihrer Tätigkeit äußerte sie die Hoffnung auf eine parteiübergreifende Zusammenarbeit der Frauen: »Wenn die Frauen sich auch nicht zu einer Arbeitsgemeinschaft zusammengeschlossen haben«, bestehe trotz der verschiedenen Parteizugehörigkeiten die Möglichkeit, gemeinsame Lösungen für Probleme, die Frauen besonders beträfen, zu finden. Dass eine solche parteiübergreifende Zusammenarbeit gerade im Hinblick auf die notwendige Änderung

23 Sozialdemokratische Frauen, in: Die Freiheit vom 2.4.1948.

24 Ebd.

25 *Anni Krahnstöver,* Nach den Wahlen, in: Genossin, Nr. 10/1948, S. 194.

26 *Anni Krahnstöver,* Vertriebene sinnvoll eingliedern, in: Sozialdemokratischer Pressedienst, P/VII/138 vom 19.6.1952, S. 1.

des Bürgerlichen Gesetzbuches im Sinne des Artikels 3 (2) GG auf Grund von Interessengegensätzen ziemlich aussichtslos war, musste sie bald feststellen.[27]

Als eine Frau, die das Vertriebenenschicksal selbst hat durchleben müssen, setzte Anni Krahnstöver sich im Bundestag besonders für die Probleme der Heimatvertriebenen ein und arbeitete an Fragen des Lastenausgleichs. Unter ihrer maßgeblichen Mitwirkung entstand ein umfangreiches Gesetzgebungswerk, das die Flüchtlinge in das Gesellschafts- und Wirtschaftsleben der Bundsrepublik eingliedern, ihnen einen neuen Start und ein menschliches Dasein sichern sollte. Bereits im Januar 1950 machte sie darauf aufmerksam, dass in Schleswig-Holstein 65 % der SPD-Mitglieder Flüchtlinge seien. Wenn ihnen nicht unmittelbare soziale Hilfen zuteil würden, bestünde die Gefahr, dass diese Flüchtlinge sich vermehrt den neu gegründeten Flüchtlingsparteien zuwenden würden.[28] Wie schon früher, warnte sie deutlich vor einem »Rutsch in einen neuen Faschismus«.[29] Zwar konnte die Politikerin für die Situation der Vertriebenen einige Erfolge verbuchen, jedoch war sie mit den Eingliederungshilfen, die die konservative Bundesregierung verabschiedet hatte, keinesfalls zufrieden. Sie kritisierte, dass sich die Maßnahmen zur Eingliederung vorwiegend auf die ehemals Selbstständigen aus Handel, Gewerbe und Landwirtschaft erstreckten, während die abhängig beschäftigten Menschen aus Arbeiter- und Angestelltenkreisen, »die als einziges Vermögen ihre Arbeitskraft besaßen« und die die Mehrheit der Geschädigten stellten, »auf der Strecke geblieben« seien und »so gut wie nichts erhalten« würden. Die dringend notwendige Schaffung von Erwerbsarbeitsplätzen für diesen Bevölkerungskreis war nach Ansicht der Regierungskoalition allerdings keine Aufgabe des Lastenausgleichs, denn hier gehe es lediglich um Vermögensausgleich. Dass Arbeitskraft, Kenntnisse und Fähigkeiten nicht als Vermögen gewertet wurden, konnte Anni Krahnstöver nicht nachvollziehen. Für sie war der praktizierte Lastenausgleich eine Maßnahme der »restaurativen Kräfte bei den Regierungsparteien«, die daran interessiert waren, alte Besitzverhältnisse wieder herzustellen, »gleichgültig, ob dabei Zehntausende von Arbeitern und Angestellten auf der Strecke bleiben«.[30]

Die soziale Ungleichheit, die sich durch eine solche Missachtung des Potenzials der Arbeitenden ergab und die sich durch die Nachwirkungen des Zweiten Weltkrieges in Deutschland ohnehin verstärkte, wollte die Sozialdemokratin nicht hinnehmen. Sie war enttäuscht darüber, dass nicht »das ganze Volk die Lasten des Krieges gemeinsam trägt«, sondern dass es schon wieder Menschen gab, die sich das Leben so angenehm machen konnten, als hätte es Krieg und Not nicht gegeben, während daneben Menschen lebten, denen es am Notwendigsten fehlte und die schließlich Hoffnung und Mut verloren. Immer wieder appellierte sie an die Frauen, die in zwei Kriegen viel Leid erlebt und erfahren hatten, wie soziale Spannungen in die Katastrophe führten, dafür zu sorgen, dass

27 Siehe die Biographien über Frieda Nadig und Elisabeth Selbert in diesem Band, S. 54-79 und S. 80-103.

28 Protokoll PV-Sitzung vom 16.1.1950.

29 Notizen zu einer Sitzung aus dem Notizbuch von Lisa Albrecht, AdsD, Nachlass August und Lisa Albrecht.

30 Sozialdemokratischer Pressedienst, H. 138 vom 19.6.1952, S. 1 f.

soziale Gerechtigkeit als notwendige Voraussetzung zur Friedenssicherung hergestellt werde.[31]

Auch für die vielen Evakuierten, die in der Bundesrepublik außerhalb ihrer eigenen Heimat lebten und auf die Stunde ihrer Rückkehr warteten, setzte sie sich immer wieder ein. Ihr ging es »um jedes einzelne Schicksal dieser hart betroffenen Menschen, die um so schwerer daran tragen, je älter sie werden und je länger es dauert, bis die Rückkehr vollzogen wird.«[32] Ihre engagierten Reden waren nicht ohne Erfolg. In anschließenden Diskussionen konnte es passieren, dass die Anwesenden sie baten, Petitionen und Resolutionen mit in den Bundestag zu nehmen, so zum Beispiel im November 1949, als sie gebeten wurde, im Bundestag eine Petition einzubringen, in der gefordert wurde, dass die Herstellung von Kriegsspielzeug für Kinder in der Bundesrepublik Deutschland verboten werde. In diesem Falle kam es sogar zu einer parteiübergreifenden Frauenaktion.[33] Auf der gleichen Veranstaltung wurde ihr eine Resolution für die Landesregierung Schleswig-Holstein und die Bundesregierung übergeben, die u.a. die Forderung enthielt, von Erzeugern und Handel die Einhaltung der gesetzlichen Höchstpreise zu verlangen.[34]

Anni Krahnstöver konnte in politischen Fragen resolut und entschieden sein.[35] Hervorgehoben wurden aber auch ihre »liebenswürdigen fraulichen Eigenschaften«, die sie trotz ihrer langen und intensiven politischen Tätigkeit nicht verkümmern ließ und die beispielhaft für andere Frauen sein sollten. In der Partei war sie dafür bekannt, dass sie nicht sehr viel redete, aber in der Lage war, in knappen und eindeutigen Worten Stellung zu beziehen, wenn sie einmal das Wort ergriff. Sie hatte diese Zurückhaltung in einem »sehr harten Leben« üben gelernt und war dazu in der Lage, ihre Kraft für politisch wichtige Gelegenheiten zu sammeln. Es waren sowohl ihr sozialpolitisches Engagement für die Flüchtlinge und Vertriebenen als auch ihre Kompetenz in einflussreichen Gremien, wie zum Beispiel im Wirtschaftsrat, die sie zur gefragten Diskussionspartnerin werden ließen.[36]

Nachdem sie 1953 – sie war mittlerweile verwitwet – den Fraktionskollegen, ersten Parlamentarischen Geschäftsführer und stellvertretenden SPD-Vorsitzenden Wilhelm Mellies (1899–1958) geheiratet hatte, musste sie auf Wunsch der Partei und offensichtlich vor allem des Parteivorsitzenden Herbert Wehner aus dem Bundestag ausscheiden. Man war der Meinung, ein Ehepaar könne wegen der politischen Handlungsunfreiheit, die sich durch die persönliche Abhängigkeit zumindest für eine der beiden Personen ergäbe, nicht gleichzeitig dem Bundestag angehören. Für die zweite Wahlperiode des Bundestags konnte sie sich daher nicht für eine Wiederwahl aufstellen lassen. Der Sozialdemokratische Pressedienst und die »Gleichheit« wussten anlässlich ihres 50. Geburtsta-

31 *Anni Krahnstöver,* Zum Internationalen Frauentag (1950). Durch soziale Gerechtigkeit zum Frieden, Redemanuskript, in: AdsD, Sammlung Personalia.

32 Bundestag, 1. Legislaturperiode, 187. Sitzung, 23.1.1952.

33 Die Frau im Bundestag, Zeitungsausschnitt vom 17.11.1949, AdsD, ZASS I P.

34 Ebd.

35 Anni Krahnstöver, in: Rheinische Zeitung vom 3.8.1950.

36 Vgl. zum Beispiel *Käte Strobel,* Tabubrecherin in Fragen der Sexualität, in: *Renate Lepsius,* Frauenpolitik als Beruf. Gespräche mit SPD-Parlamentarierinnen, Hamburg 1987, S. 33-51; hier: S. 41.

ges zu berichten, dass sie dem zweiten Bundestag »auf eigenen Wunsch« nicht mehr angehört habe.[37] Später war im Vorwärts ebenfalls zu lesen: »Nach ihrer Verehelichung mit dem damaligen stellvertretenden SPD-Vorsitzenden Wilhelm Mellies gab sie ihre Funktion als Mitglied des Parteivorstandes der SPD auf und verzichtete auch auf die Wiederwahl in den Bundestag.«[38] In einer Veröffentlichung über »Frauen in der schleswig-holsteinischen Politik 1945–1958 ist sogar zu lesen, dass sie verzichtete, »weil es ihr nicht opportun erschien, dass ein Ehepaar dem Bundestag angehörte«.[39] Ihre Nachfolgerin im Bundestag, Annemarie Renger[40], wusste es besser: »Auch diese SPD, die durch Elisabeth Selbert im Parlamentarischen Rat in das Grundgesetz den Artikel 3 Abs. 2 hineingebracht hatte, hielt noch nicht sehr viel von der Gleichberechtigung. (...). Leider haben wir uns alle nicht darüber empört, weder die Männer noch die Frauen. Und eben auch nicht Anni Krahnstöver«.[41] Noch heute ärgert sich Annemarie Renger darüber: »Wir haben das brav hingenommen (...), wir haben nicht gesagt, nun ist es aber genug.«[42] Auf die Frage, warum nicht Wilhelm Mellies gehen musste, antwortete sie: »Keiner wäre auf die Idee gekommen.« Später, davon ist Annemarie Renger heute überzeugt, wäre ein solcher Vorfall nicht mehr möglich gewesen: »Wir hätten uns gewehrt!«[43] Für Anni Mellies, wie sie nun hieß, kam das zu spät.

Annie Mellies unterstützte die Kandidatur von Annemarie Renger nachdrücklich und half ihrer Genossin mit guten Ratschlägen. Da Annemarie Renger nicht wie Anni Mellies aus dem Bereich der Vertriebenen- und Flüchtlingsarbeit kam, erhielt sie den Platz 3, den »berühmten Frauenplatz«, auf der Landesliste Schleswig-Holstein.[44] Anni Mellies war froh, dass ihren Bundestagssessel eine gerade erst 33-jährige Genossin bekam, bei der sie sicher war, dass sie die durch sie begonnene Arbeit fortsetzen werde.

Politische Weiterarbeit (1953–1961)

»Die Wiederherstellung der deutschen Einheit muss das vordringlichste Ziel sein«[45]

Nachdem Anni Mellies aus dem Deutschen Bundestag ausgeschieden war, gab sie die Arbeit in der Sozialdemokratischen Partei keinesfalls auf. Sie war weiterhin Mitglied des Parteivorstandes, des Vertriebenen-, Flüchtlings- und Kriegssachgeschädigten-Ausschus-

---

37 Anni Mellies 50 Jahre, in: Sozialdemokratischer Pressedienst Nr. 126, vom 3.6.1954, S. 6, sowie Wir gratulieren Anni Mellies 50 Jahre, in: Gleichheit Nr. 7/1954, S.242. Der Artikel in der »Gleichheit« ist mit H.G., vermutlich also Hertha Gotthelf, unterschrieben.

38 Vorwärts vom 2.8.1961. Gotthelf hat diese Formulierung in ihrem Nachruf übernommen.

39 Die Autorinnen und Autoren beziehen sich auf ein Gespräch mit Marianne Herzig. Hermann u.a. 1993, S. 68.

40 Siehe die Biographie über Annemarie Renger in diesem Band, S. 395-420.

41 *Annemarie Renger,* Ein politisches Leben, Erinnerungen, Stuttgart 1993, S. 181.

42 Interview Gisela Notz mit Annemarie Renger am 4.11.1999 in der Friedrich-Ebert-Stiftung in Bonn.

43 Ebd., S. 17.

44 *Annemarie Renger,* Die Bundestagspräsidentin, in: Renate Lepsius, Frauenpolitik als Beruf. Gespräche mit SPD-Parlamentarierinnen, Hamburg 1987, S. 52-75; hier: S. 60.

45 Mellies, Rede am 13.2.1955.

Anni Mellies im Gespräch mit dem Oberbürgermeister von Fürth Hans Bornkessel, ca. 1954

ses sowie des Ausschusses für Frauenfragen beim SPD-Parteivorstand. Auch den Vorsitz des Kontrollausschusses beim Bundes-Ausgleichsamt behielt sie bei. Im Januar 1954 konnte sie sich bei der Neuwahl gegen einen CDU-Kandidaten durchsetzen.[46]

Vor allem baute die Sozialdemokratin ihren Ruf als »gute Rednerin, die trotz langjähriger politischer Arbeit nicht zur trockenen Funktionärin geworden ist, sondern es aus ihrem lebendigen mütterlichen Wesen heraus versteht, den Zuhörern das gestellte Thema als Frau und vom menschlichen Standpunkt her näher zu bringen«, weiter aus.[47] Sie hielt Vorträge im Rahmen von Frauentagungen, Bezirksfrauenkonferenzen und anderen öffentlichen politischen Versammlungen.[48]

Für die Wiedervereinigung als »vordringlichstes Ziel sozialdemokratischer Politik« wollte sie auch weiterhin arbeiten. Sie appellierte an die Frauen, »in die Politik die menschliche Note hineinzutragen«, persönliche Opfer an Zeit und Geld zu bringen und zu zeigen, dass es ihnen um die Wiedervereinigung ernst sei, damit auch die Menschen »in der Zone« den Wunsch nach der Wiedervereinigung nicht aufgäben und sich nicht mit einem System abfänden, das sie »von einer Diktatur in die andere« gebracht habe.

46 Frau Mellies-Krahnstöver, in: PPP Info vom 22.1.1954, in: AdsD, Sammlung Personalia Anni Mellies.

47 Anni Krahnstöver, in: Rheinische Zeitung vom 3.8.1950.

48 Vorwärts vom 2.8.1961. Siehe auch die Einladung zur Bezirksfrauenkonferenz Bezirk Rheinland-Hessen-Nassau am 6. Juni 1959 in Bendorf, auf der sie zur Reform der Krankenversicherung sprach, in: AdsD, Sammlung Personalia Anni Mellies.

Das »Päckchen nach drüben«, auch wenn es nur ein Kartengruß oder ein Brief sei, könne wertvolle Hilfe leisten.[49]

Wahrscheinlich hätte es Anni Mellies in der Zweiten Wahlperiode des Deutschen Bundestages mit ihren politischen Positionen nicht leicht gehabt. Ungefähr ein Jahr vor der Abstimmung zur Ergänzung des Grundgesetzes für eine Wiederaufrüstung der Bundesrepublik Deutschland im März 1956 hielt sie im Bonner Stadttheater eine Rede gegen die Remilitarisierung und für die Wiederherstellung der deutschen Einheit mit friedlichen Mitteln. Sie stellte dabei die Frage, wie es zu verantworten sei, dass nach dem Inkrafttreten der Pariser Verträge[50] und der damit verbundenen Einberufung westdeutscher junger Männer zum Militärdienst diese – falls auch in der DDR aufgerüstet werde – ihren eigenen Brüdern feindlich gegenüber stehen müssten. Die Zeit, die für die Beratungen der Wiederaufrüstung verwendet worden war, so sagte sie klipp und klar, hätte die Bundesregierung besser für ein Programm für die Wiedervereinigung in Freiheit nutzen sollen. Sie verwies auf die Gefahr, dass aus dem Aufrüsten schnell ein Wettrüsten werden könne. Ein erneuter Weltkrieg, der angesichts der grauenhaften Wirkung von Atomwaffen den Glauben, man könne »heute mit aufgestellten Divisionen irgend ein Gebiet verteidigen«, ad absurdum führe, war ihre schlimmste Befürchtung. In ihrer Rede verwies Anni Mellies darauf, dass die Probleme, die der Zweite Weltkrieg hinterlassen habe, noch lange nicht gelöst seien. Sie erinnerte an die völlig unzureichende Versorgung der Frauen und Mütter, die ihre Familien ohne männliche Unterstützung ernährten und an die zahlreichen Menschen, die noch in Bunkern, Baracken und Notunterkünften hausten. Statt eines militärischen Aufrüstens plädierte die Politikerin für die soziale Aufrüstung als Werk für den Frieden.[51]

Trotz ihrer für Parteispitze und Fraktion, die schließlich der Wiederbewaffnung zugestimmt hatten, radikalen Auffassungen war es ihr frauenpolitisches Engagement, das von der Partei auch weiter gebraucht wurde. Auf Wunsch von Helene Wessel, die sie wegen dieses friedenspolitischen Engagements sowie der gemeinsamen Arbeit im Zonenbeirat kannte, führte sie im Beisein von Willi Eichler im November 1956 erste Gespräche über ein Bündnis zwischen SPD und der durch Wessel damals mitgegründeten Gesamtdeutschen Volkspartei (GVP). Helene Wessel hatte Anni Mellies während einer schweren Krankheit 1955 auch im Krankenhaus besucht.[52] Die GVP, für die die frühere Zentrumsabgeordnete Helene Wessel kandidiert hatte, erlitt bei der Bundestagswahl 1953 eine katastrophale Niederlage und suchte nun Verbündete. Die SPD-Spitze hatte Vorbehalte gegenüber dieser »Splitterpartei«, an eine Einigung war nicht zu denken.[53] Helene

49 *Anni Mellies*, Dein Päckchen nach drüben, in: Gleichheit Nr. 8/1956, S. 301 f.

50 Die »Pariser Verträge« waren ein am 23.10.1954 in Paris unterzeichnetes und am 5.5.1955 in Kraft getretenes Vertragswerk, das die Aufhebung des Besatzungsregimes und die Gewinnung der Souveränität für die Bundesrepublik beinhaltete, aber auch zu einem westdeutschen Verteidigungsbeitrag im Rahmen des westeuropäisch-amerikanischen Bündnissystems führte.

51 Mellies, Rede am 13.2.1955.

52 Vgl. Briefwechsel Wessel-Mellies, NL Wessel 240, in: AdsD.

53 Vgl. *Elisabeth Friese*, Helene Wessel, Essen 1993, S. 253.

Wessel wechselte 1957 in die SPD über und kandidierte 1957 erfolgreich für den Dritten Deutschen Bundestag.

Aus Einladungen und Dankesbriefen an Anni Mellies geht hervor, dass sie sich auch am Bundestagswahlkampf 1957 aktiv als Rednerin beteiligte.[54] Sie war offensichtlich vor allem deshalb eine beliebte Referentin, weil sie in der Lage war, vor allem Frauen in einer für alle verständlichen Sprache anzusprechen.[55] Im Jahre 1958 kandidierte sie als Landtagskandidatin der SPD Bonn für den Landtag von Nordrhein-Westfalen.[56] Ihr Mann war schon längere Zeit durch ein unheilbares Krebsleiden ans Krankenlager gefesselt. Im gleichen Jahr, am 19.5.1958, starb Wilhelm Mellies. Davon hat sie sich offensichtlich nicht mehr erholt. Zu viele Schicksalsschläge hatte Anni Mellies im Laufe ihres Lebens überwunden, nun konnte sie nicht mehr. Sie wurde krank.

Anni Mellies starb am 27. Juli 1961 im Alter von gerade erst 57 Jahren in ihrer Wohnung in Bonn an einem Herzschlag. Sie wurde in Pivitsheide im Kreis Detmold beigesetzt. Herta Gotthelf schrieb in ihrem Nachruf, ihr Tod sei für alle, die sie gekannt hatten, ein großer Schock gewesen.[57]

54 Siehe z.B. den Brief des SPD-Bezirkssekretariats Bezirk Ostwestfalen-Lippe vom 2.10.1957, in: AdsD, Sammlung Personalia Anni Mellies.

55 Siehe z.B. den Brief des SPD-Unterbezirks Harz vom 11.3.1957, in: ebd.

56 Brief der SPD, Ortsverein Bonn vom 23.4.1958, in: ebd.

57 Gotthelf, Anni Mellies gestorben.

Gertrud (Trudel) Meyer

»Schutzgesetze sind die bessere Sozialpolitik«[1]

Trudel Meyer war während der Zweiten Wahlperiode eine der jüngsten Frauen im Bundestag. Sie war gleich nach dem Zweiten Weltkrieg am Aufbau von SPD und Gewerkschaften beteiligt. Mit viel Eifer und hohem Einsatz stürzte sie sich in die Arbeit, war dauernd unterwegs und versuchte, andere Frauen für die Arbeit zu gewinnen. Im Bundestag hielt sie es nur eine Wahlperiode aus. Ihre pazifistische Einstellung passte nicht mehr in das Parteiprogramm. Bald danach wurde sie schwer krank und spielte in der Parteipolitik keine Rolle mehr. Dennoch setzte sie sich weiterhin besonders für die Belange der berufstätigen Frauen ein. Freundinnen pflegten sie, bis sie in aller Stille starb.

Kindheit und Jugend (1922–1945)

»Die Firma fiel den Bomben zum Opfer«[2]

Gertrud Meyer wurde am 18. Juni 1922 in Dortmund geboren. Sie entstammte einer alten sozialdemokratischen Familie, die zur Zeit des Nationalsozialismus in Widerstandsgruppen arbeitete. Bereits ihr Großvater hatte für seine politische Überzeugung unter dem Sozialistengesetz im Gefängnis gesessen. Trudel Meyer besuchte, wie es damals für viele Mädchen üblich war, für vier Jahre die Volksschule, wechselte dann in die Mittelschule über und absolvierte die mittlere Reife. Sie war, wie ihre Eltern, Freidenkerin.

Aus einem Fragebogen, den sie vor ihrer Kandidatur zur Bundestagswahl 1953 ausfüllte,[3] geht hervor, dass sie 13 Jahre alt war, als sie 1935 in den nationalsozialistischen Bund Deutscher Mädel (BDM) eintrat. Was bzw. wer die Tochter aus sozialdemokratischem Hause dazu bewog, ist nicht bekannt, ebenso wenig, warum sie fünf Jahre später, 1940, als sie 18 Jahre alt war, sich »automatisch« in die Nationalsozialistische Deutsche Arbeiterpartei (NSDAP) überführen ließ, in der sie bis 1943 oder 1944 verblieben ist. Es geht auch nicht aus ihren Unterlagen hervor, warum sie dann ausgetreten ist. Möglicherweise war sie durch die Schule, durch Lehrherren oder einzelne Lehrer überredet worden, einzutreten. Ämter oder Funktionen hat sie weder im BDM noch in der NSDAP ausgeübt. Ein Urteil über ihr Verhalten im Nationalsozialismus kann daher nicht gefällt werden.

Mitten in den Kriegsjahren von 1939 bis 1941 absolvierte sie im Einzelhandel in Dortmund eine kaufmännische Lehre. Anschließend war sie bis März 1945 bei der Lehrfirma als Kontoristin und zuletzt als Buchhalterin beschäftigt. Die Firma fiel im

1 Zeitungsausschnitt, in: AdsD, Sammlung Personalia Gertrud Meyer– ohne weitere Angabe – vermutlich nach der Bundestagswahl 1953.

2 Brief von Trudel Meyer an SPD-PV Abtlg. Organisation in Bonn vom 16. August 1953, S. 2, in: ebd.

3 Fragebogen über die Personalien der zur Bundestagswahl 1953 vorgeschlagenen Kandidaten, in: AdsD, Sammlung Personalia Gertrud Meyer.

Trudel Meyer (1922–1989), MdB 1953–1957

März 1945 den Bomben zum Opfer.[4] Sie selbst kam dabei nicht unbeschadet davon.[5] Für einige Monate war sie als Folge des Bombenangriffs arbeitsunfähig.[6]

Wiederaufbau (1945–1952)

»Verbindungsfrau zwischen DGB und Partei«[7]

Trudel Meyer trat 1945 der SPD bei. Aus dem Fragebogen von 1953 ist zu ersehen, dass sie unmittelbar nach dem Krieg der Industriegewerkschaft Metall angehörte.[8] In einem zusätzlichen Schreiben an den Parteivorstand datiert sie ihren Eintritt in die SPD mit »rückwirkend seit 1.4.1945«.[9] Sie gründete den SPD-Unterbezirk Dortmund-Süd mit und übernahm mehrere Ehrenämter. So gehörte sie dem Frauenausschuss des Bezirks Westliches Westfalen an.

Ganz offensichtlich war es nun ihr Anliegen in Partei und Gewerkschaft dafür zu sorgen, dass sich die Gräueltaten des NS-Regimes in Deutschland nicht wiederholten. Sie arbeitete unermüdlich für Frieden und Demokratie. Im August 1945 – sie war 23 Jahre alt – wurde sie bereits hauptberufliche DGB-Sekretärin, und zwar Mitarbeiterin von Fritz Henssler, dem ersten gewählten Oberbürgermeister Dortmunds nach dem Zweiten Weltkrieg, und dem SPD-Landtagsabgeordneten und späteren Bundestagsabgeordneten Heinrich Sträter, der im Gründungsbüro der Gewerkschaften für den Bezirk Westfalen II arbeitete, das seinen Sitz in Dortmund hatte. Zunächst war sie für Frauen-, Jugend- und Angestelltenfragen zuständig. Zeitzeugenberichten zufolge arbeitete sie in einem »Arbeitskreis für junge Gewerkschafter« mit.[10]

In dem Fragebogen, den sie anlässlich ihrer Kandidatur zum Bundestag ausfüllen musste, bezeichnete sie sich als »Verbindungsfrau zwischen DGB und Partei«.[11] Außerdem war sie in verschiedenen Gremien der Arbeitsverwaltung tätig. Mit der Verabschiedung des Errichtungsgesetzes für eine Bundesanstalt für Arbeit wurde sie Mitglied im Verwaltungsausschuss des Arbeitsamtes Dortmund und in verschiedenen Unterausschüssen sowie stellvertretendes Mitglied im Verwaltungs- und Frauenausschuss des Landesarbeitsamtes NRW, Düsseldorf. Sie kümmerte sich damals besonders um die »Berufsnot der Jugend« und die Schwierigkeiten bei der Unterbringung von jungen Flüchtlingen in Wohn- und Lehrlingsheimen. Mit anderen jungen Gewerkschaftsfunktionären war sie sich in der Ablehnung jeglichen Kriegsspielzeugs einig, und sie waren bestrebt, friedensstiftende Kontakte zu Menschen aus anderen Ländern aufzunehmen. Trudel Meyer

4 Brief, S. 2.
5 Im Fragebogen gab sie an, dass sie durch den Bombenangriff »teilgeschädigt« wurde.
6 Brief, S. 2.
7 Ebd.
8 Fragebogen.
9 Brief, S. 1.
10 Interview mit Helmut Neukirch, dem langjährigen DGB-Vorsitzenden in Dortmund, am 28.1.2002, S. 1.
11 Brief, S. 1.

organisierte in den Nachkriegsjahren auch Lehrgänge der Gewerkschaftsjugend zum Thema Frieden, Völkerverständigung und Demokratie mit. Zu den wichtigsten Themen der Lehrgänge gehörten »Wiederbewaffnung« und »atomare Aufrüstung«. Beides wurde von den jungen Gewerkschaftern und Gewerkschafterinnen um Trudel Meyer vehement abgelehnt.[12]

Offenbar wollte sie sich auch theoretisch für ihre gewerkschaftliche und parteipolitische Arbeit weiterbilden. Sie gehörte einem »Arbeitskreis für gewerkschaftlich-theoretische Grundlagen« an.[13] Und als die Sozialakademie Dortmund 1947 ihren ersten Studiengang ausschrieb, war Trudel Meyer bei den »Frauen und Männern der ersten Stunde der Sozialakademie«. Sie studierte dort vom November 1947 bis Juli 1948 mit namhaften SPD- und Gewerkschaftsfunktionären drei Trimester lang mit großem Eifer.[14]

1948 wurde sie von den Dortmunder Delegierten zur Frauensekretärin des DGB-Ortsausschusses Dortmund gewählt. Als sie am 1. Oktober des gleichen Jahres im Dortmund-Hörder Hüttenverein in den Ortsjugendausschuss des DGB gewählt wurde, gehörte sie als Frauensekretärin mit beratender Stimme dem Ausschuss an.[15] 1950 wurde sie ehrenamtliches Mitglied des DGB-Landesbezirksvorstandes in NRW, Mitglied des Personalausschusses und Bezirksfrauenausschusses der IG Metall in NRW, denn sie war nach wie vor Mitglied der IG Metall. Außerdem wurde sie in den DGB-Bezirksfrauenausschusses in NRW gewählt und war auch in mehreren Unterausschüssen tätig. Zudem wurde sie Delegierte für die Dortmunder Vertreter-Versammlung der IG-Metall, für die sie auch in den Vorstand des Landesbezirks NRW des Deutschen Gewerkschaftsbundes entsandt wurde. Offensichtlich hatte sie noch einige andere Ehrenämter: ihre Bemerkung »und ähnliche mehr« unter der Rubrik »Funktionen« in den Gewerkschaften lässt darauf schließen.

Wie viele Sozialdemokratinnen und Sozialdemokraten sowie Gewerkschafter und Gewerkschafterinnen gehörte sie auch dem Touristen-Verein »Die Naturfreunde« und der Arbeiterwohlfahrt an. Die Gremienarbeit allein reichte ihr offensichtlich nicht. Für die SPD trat die junge Genossin als Referentin in Partei-Frauengruppen auf. Sie scheint eine beliebte Rednerin gewesen zu sein.[16] Maßgeblich war Trudel Meyer außerdem am Aufbau des gewerkschaftlichen Berufsfortbildungswerkes beteiligt.[17] Ihr besonderes Anliegen war, dass sich das Ausbildungsspektrum für junge Frauen erweitern solle und Frauen auch für Frauen »untypische« Berufe ergreifen könnten. Gewerkschaftskollegen erinnern sich, dass sie stets bemüht war, junge Frauen für eine Ausbildung zu motivie-

12 *Ernst Söder,* Dein Leben ist mehr als Arbeit, Von den Anfängen bis ins Jahr 2000. Mehr als 50 Jahre Gewerkschaftsjugend in Dortmund, Essen 2001, S. 177.

13 Interview Neukirch, S. 1.

14 Interview mit Neukirch, der selbst auch an diesem Studiengang teilnahm, und Zeitungsausschnitt vom 6.11.1987, ohne weitere Angaben, aus dem Besitz von Neukirch.

15 Söder 2001, S. 28.

16 Leider sind auch bei den befragten Zeitzeugen keine ihrer Referate zu finden.

17 Das Parlament vom 8.12.1989.

ren.[18] In den Jahren 1951 und 1952 war es ihrem Einsatz zu verdanken, dass die erste junge Frau bei der »Maschinenfabrik Deutschland« einen Ausbildungsvertrag als Dreherin erhielt und die Lehre erfolgreich abschließen konnte.[19]

Es verwundert, dass sie – obwohl sie selbst keiner Kirche angehörte – beim Ausfüllen des »Fragebogens über die Personalien der zur Bundestagswahl 1953 vorgeschlagenen Kandidaten«[20] bemängelte, dass keine Frage nach dem Glaubensbekenntnis gestellt wurde. Sie begründete ihre Intervention damit, dass in der Öffentlichkeit oft behauptet werde, die SPD sei kirchenfeindlich und zumindest katholische Christen hätten darin keinen Platz. In einem zusätzlichen Schreiben unterstellt sie, dass die Frage mit Absicht ausgelassen sei.[21] Sie vermutete, dass die Frage für die SPD, die immer für Toleranz zwischen verschiedenen Glaubensrichtungen eingetreten war, ohne Bedeutung sei, verwies jedoch darauf, dass »diese Dinge« gerade in NRW immer noch eine beachtliche Rolle spielen würden. Ihre Sorge bezog sich offensichtlich auf die durch Kirchenvertreter aggressiv versuchte Wahlbeeinflussung, durch die Christen zur Wahl von CDU- bzw. CSU-Vertretern bewegt werden sollten. Deshalb musste nach ihrer Meinung dem Vorurteil der Feindlichkeit gegenüber Christenmenschen in ihrer Partei entgegengewirkt werden.

Arbeit im Bundestag (1953–1957)

»... das Recht auf Arbeit auch für die Frau zu sichern«[22]

Weil sie sich das Vertrauen sowohl der Gewerkschafts- als auch der Parteimitglieder erworben hatte, sollte Trudel Meyer 1953 als Vertreterin der Gewerkschaften für den Bundestag kandidieren. Über die Landesliste Nordrhein-Westfalen wurde sie in den Deutschen Bundestag gewählt. Neben Alma Kettig war sie die zweite Abgeordnete aus dem Bezirk Westliches Westfalen.[23] Man wollte damals beide Frauen überreden, zugunsten der Männer zurückzutreten. Jedenfalls hatte »ein führender Genosse damals gemeint, die beiden Frauen aus Westfalen könnten doch eigentlich zurücktreten, weil zwei nicht wieder gewählte Männer untergebracht werden sollten, die ihre Wahlkreise verloren hatten!«[24] Da bissen diese Männer bei den beiden Frauen auf Granit. Alma Kettig berichtete, dass vor allem die Frauen sie unterstützt hätten: »Sie haben mich viel mehr ermutigt als die Männer, die zum Teil neidisch waren.« Alma Kettig und Trudel Meyer zogen in

18 Interview mit Ernst Söder am 9.1.2002 in Dortmund-Sozialforschungsstelle, S. 2.

19 Interview Neukirch, S. 3.

20 Brief von Trudel Meyer an SPD-PV, Abtlg. Organisation, in Bonn, vom 16. August 1953, in: AdsD, Sammlung Personalia Trudel Meyer.

21 Ebd.

22 Zeitungsausschnitt, vermutlich nach 1953, in: AdsD, Sammlung Personalia Gertrud Meyer.

23 Siehe die Biographie von Alma Kettig in diesem Band, S. 264-282.

24 *Alma Kettig*, Wissen, dass man sich durchsetzen muss, in: *Dorlies Pollmann/Edith Laudowicz* (Hrsg.), Weil ich das Leben liebe ... Aus dem Leben engagierter Frauen, Köln 1981, S. 51-69; hier: S. 61.

den Bundestag ein: »Da war nichts zu wollen, unsere Leute standen eisern wie ein Kochgeschirr hinter uns Frauen und haben uns unterstützt«, berichtete Alma Kettig später.[25]

Trudel Meyer war Ordentliches Mitglied des Gesundheitsausschusses und des 2. Sonderausschusses (Wasserhaushaltsgesetz) sowie Stellvertretendes Mitglied des Ausschusses für Arbeit. Als ihre »Spezialgebiete« wurden Frauenrecht und Arbeitsrecht bezeichnet.[26] Fragt man die noch lebenden Weggefährtinnen, so ist wenig über Trudel Meyer zu erfahren. Sie lebte zurückgezogen, schien tapfer und bescheiden: »Wir mochten sie alle, aber das war auch alles«, ist eine exemplarische Aussage über sie.[27]

Bei ihrem Eintritt in den Deutschen Bundestag, zu Beginn der Zweiten Wahlperiode, war sie mit gerade einmal 31 Jahren eines der jüngsten Mitglieder. Nur vier Abgeordnete waren jünger als sie, drei davon gehörten der SPD an und einer der CSU. Zudem war sie die jüngste Frau im Bundestag. Ein Altersunterschied von 44 Jahren – und damit von zwei Generationen – lag zwischen der ältesten und der jüngsten Abgeordneten, zwischen Dr. Marie-Elisabeth Lüders (FDP) und Trudel Meyer.

Mit einer Menge Wünschen trat sie ihr Amt an. Ihr besonderes Interesse galt nach wie vor den gewerkschaftspolitischen Fragen.[28] Kein Wunder, schließlich hatte sie sich schon vor Antritt ihres Bundestagsmandats als Bindeglied zwischen Partei und Gewerkschaften bezeichnet. Sie wollte auf jeden Fall das Recht auf Erwerbsarbeit und eine gute Berufsausbildung auch für Frauen sichern. Weggefährten bezeichnete sie als eine »Vorkämpferin der Gleichberechtigung«.[29] In den 50er Jahren war das kein leichtes Unterfangen, denn eine konservative Familienpolitik wollte Frauen an Haus und Herd binden. Mit Nachdruck setzte sie sich für gleichen Lohn für gleiche Arbeit von Frauen und Männern ein, arbeitete an der Formulierung des Berufsbildungsgesetzes mit und wollte auf jeden Fall erreichen, dass das Mutterschutzgesetz auch auf nichterwerbstätige Frauen Anwendung finden müsse, was damals noch nicht der Fall war. Dabei ging sie von dem Standpunkt aus, dass Schutzgesetze bessere sozialpolitische Maßnahmen und letztlich für Staat und Volkswirtschaft ökonomischer seien als die spätere Zahlung von Invalidenrenten.[30]

Als ›gestandene Gewerkschafterin‹ war sie offensichtlich immer auf der Seite der sozial Bedrängten. In einer Rede begründete sie im Oktober 1954 den Antrag ihrer Fraktion auf Gewährung einer Weihnachtsbeihilfe für alle Empfänger von Arbeitslosenfürsorgeunterstützung und Arbeitslosenunterstützung, von Sozialversicherungs- und Kriegsopferversorgungsrenten, von Unterhaltshilfe für ehemalige Kriegsgefangene, die Unterhaltshilfe

25 Ebd., S. 60 f.

26 Zeitungsausschnitt 1953.

27 Interview Gisela Notz mit Annemarie Renger am 4.11.1999 in der Friedrich-Ebert-Stiftung in Bonn.

28 Zeitungsausschnitt vom Oktober 1953 – ohne weitere Angabe – in: AdsD, Sammlung Personalia Gertrud Meyer.

29 Interview Neukirch, S. 3.

30 Zeitungsausschnitt vom Oktober 1953. Zur Problematik von speziellen Frauenarbeitsschutzgesetzen siehe auch: *Teresa Kulawik,* Wohlfahrtsstaat und Mutterschaft, Schweden und Deutschland 1870–1912, Frankfurt/New York 1999.

nach dem Lastenausgleichsgesetz bekamen, und für Heimkehrerunterstützung. Sie machte auf die niedrigen Renten des zu begünstigenden Personenkreises aufmerksam und versuchte, den Parlamentarierinnen und Parlamentariern klar zu machen, wie schwer es für viele sei, sich mit immer teurer werdenden Grundnahrungsmitteln zu versorgen. Besonders setzte sie sich für die Langzeitarbeitslosen und deren Familien ein, und sie wollte erreichen, dass die Zahlungen auch für die Menschen im Land Berlin geleistet wurden. Sie bat aber nicht nur um Hilfe für die Ärmsten in der Bundesrepublik, sondern vergaß auch nicht den Hinweis, dass es die Pflicht der Bundesregierung sei, dafür zu sorgen, dass »die wirtschaftliche Lage der sozial besonders Bedrängten in unserem Volk verbessert wird«. Dazu genügte eine einmalige Weihnachtsbeihilfe freilich nicht. Daher erinnerte sie an die beabsichtigte und dringend notwendige große Sozialreform, auf die sie und die SPD-Fraktion bis zu diesem Zeitpunkt vergeblich gewartet hatten.[31]

Im Rahmen ihrer Gewerkschaftsarbeit setzte sich Trudel Meyer für Aktionen gegen die Wiederbewaffnung der Bundesrepublik Deutschland ein. Über ihre Arbeit in Friedensinitiativen ist wenig bekannt. Zeitzeuginnen weisen immer wieder darauf hin, dass sie mit der Friedensaktivistin Alma Kettig befreundet war. Die beiden Frauen haben sich nicht nur politisch gegenseitig gestützt und unterstützt, sondern nicht selten auch Freizeit und Ferien zusammen verbracht. Von der Familie Kettig wurde sie als enge Freundin Alma Kettigs bezeichnet, die oft auch in der Familie zu Besuch war. Besonders gerne hütete Trudel Meyer die Kinder von Alma Kettigs Nichte. Wenn diese mit ihrem Mann wegfahren wollte, hatte sie in den beiden Politikerinnen fröhliche und zuverlässige Kinderfrauen.[32] Mit Alma Kettig verband Trudel Meyer allerdings nicht nur persönliche Freundschaft, und es waren auch nicht nur die gemeinsamen Ferienaufenthalte, die sie verband. Beide gehörten zu den wenigen Sozialdemokraten und Sozialdemokratinnen, die bis zuletzt ihrer pazifistischen Einstellung treu blieben und gegen die Wiederbewaffnung der Bundesrepublik kämpften.[33] Ein großer Teil der SPD-Bundestagsabgeordneten, darunter auch Trudel Meyer, lehnte die Bereitschaft des SPD-Fraktionsvorstandes, an den wehrpolitischen Ergänzungen des Grundgesetzes mitzuarbeiten, zunächst nachdrücklich ab. Als es zur Abstimmung über die Grundgesetzänderung kam, ging Trudel Meyer mit nur 18 anderen Fraktionskollegen und -kolleginnen durch die Nein-Tür, sehr zum Missfallen des Fraktionsvorsitzenden Erich Ollenhauer.[34]

Nicht nur Alma Kettig, auch Trudel Meyer stieß mit ihrer Ablehnung auf die Kritik ihrer Fraktion. Ob dieses Erlebnis und die fortschreitende Ausgrenzung der pazifistischen Parteigenossen und -genossinnen zu ihrem Ausstieg aus dem Bundestag geführt und zu ihrer späteren Resignation beigetragen haben, kann heute nicht mehr eindeutig festge-

31 Begründung des Antrags der SPD-Fraktion auf Gewährung einer Weihnachtsbeihilfe, 2. Legislaturperiode, 49. Sitzung, 15.10.1954.

32 Interview Gisela Notz mit Familie Kettig am 23.6.2001 in Wuppertal.

33 Interview Neukirch, S. 2. Siehe auch das Interview mit Familie Kettig.

34 *Stefan Appelius,* Als Pazifistin in Bonn. Alma Kettigs Weg in der Sozialdemokratischen Bundestagsfraktion, in: *Stefan Appelius* (Hrsg.), Alma Kettig. Verpflichtung zum Frieden, Oldenburg 1990, S. 121-136.

stellt werden. Ihr Weggefährte, der Gewerkschaftsfunktionär Helmut Neukirch, der als erster Vorsitzender des Verbandes der Kriegsdienstverweigerer ihre Position unterstützte, sieht sehr wohl einen Zusammenhang. Schließlich sei Trudel Meyer »nicht unbedingt ein harter Kämpfertyp [gewesen], sondern eher ein sensibler Mensch. Man hat nicht viele Worte gebraucht, um sie zu überzeugen, dass sie nicht mehr kandidieren soll.« Freilich zeigte sie außerordentliche Stärke in Sachfragen, indem sie bei ihrer Überzeugung blieb, selbst dann, wenn die meisten ihrer Genossinnen und Genossen ihre Meinung änderten.[35] Möglicherweise kandidierte sie auch freiwillig nicht noch einmal, weil sie die Wiederaufrüstungspolitik gar nicht mittragen wollte.

Nach dem Ausscheiden aus dem Deutschen Bundestag (1957–1989)

»Sie war gar nicht so zurückgezogen, wie immer vermutet wurde«[36]

Nach dem Ausscheiden aus dem Deutschen Bundestag nahm sie ihre Arbeit beim DGB als Frauen- und Angestelltensekretärin wieder auf. Ende der 50er Jahre organisierte sie an den Dortmunder Berufsschulen einen Berufsleistungsvergleich, der bei Lehrern, Berufsausbildern und Schülern gleichermaßen Interesse fand. Zwischen 2.000 und 3.000 Lehrlinge haben dabei jährlich ihre Kenntnisse untereinander verglichen. Aus den Ergebnissen konnten wertvolle Hinweise für eine Verbesserung der Berufsbildung gewonnen werden. Die Abschlussveranstaltung dieser Wettbewerbe fand im Goldsaal der Westfalenhalle statt und, als sich immer mehr Menschen beteiligten, sogar in der kleinen Westfalenhalle.[37] Wegen des großen Anklangs wurde der Leistungsvergleich nach der Einstellung von Ernst Söder als Jugendsekretär Anfang der 60er Jahre weitergeführt und auf Berufsschulen in Lünen ausgedehnt.[38]

Beim Weltjugendtreffen der Gewerkschaftsjugend, das vom 8. bis 20. Juli 1963 in Wien stattfand, war sie aktive Teilnehmerin. Ein Photo in Ernst Söders Band über die Dortmunder Gewerkschaftsjugend zeigt sie gemeinsam mit zwei Kollegen bei diesem Treffen.[39] Die Arbeit schien ihr Spaß zu machen, bei ihren Kollegen war sie beliebt.

1968/69 musste sie aus gesundheitlichen Gründen aus dem Beruf aussteigen. Sie hatte Brustkrebs, und nach mehreren Operationen wurden beide Brüste amputiert. Mit einer Freundin lebte sie in ihrem Haus. Trotz ihrer schweren Krankheit war sie auch weiter gewerkschaftlich und politisch aktiv. Mit der Krankheit ging sie offen um.[40] Im Dezember 1986 feierte die Dortmunder Gewerkschaftsjugend ihr vierzigjähriges Bestehen. Mehr als 200 junge Leute und »alte Hasen« trafen sich im Fritz-Henßler-Haus, um den Worten von Trudel Meyer, die gemeinsam mit einer Kollegin und einem Kollegen vom damaligen Jugendsekretär Ernst Söder zu den Anfängen gewerkschaftlicher Jugend-

35 Interview mit Neukirch, S. 2.
36 Ebd., S. 4.
37 Söder 2001, S. 80, vgl. auch Interview Söder, S. 1.
38 Söder 2001, S. 79.
39 Ebd., S. 85 und 88.
40 Interview Söder, S. 2.

arbeit in Dortmund befragt wurde, zu lauschen.[41] Anschaulich schilderte sie, wie sich die Funktionäre und Funktionärinnen in den Nachkriegsjahren um Ernährung und Kleidung der jungen Menschen kümmern mussten und wie sich in den Zeltlagern der Gewerkschaftsjugend junge Menschen zu neuen Gemeinschaften zusammenfanden.[42] Bis 1987 setzte Trudel Meyer ihre gewerkschaftlichen Aktivitäten fort, dann musste sie wegen ihrer fortgeschrittenen Krankheit aufgeben. Auch die Umstellung der Ernährung hatte wenig genutzt, sie bekam zusätzlich Knochenkrebs.

Mehr wissen wir nicht über Trudel Meyer. Nachfragen in verschiedenen Archiven waren ohne Erfolg. Im Archiv der sozialen Demokratie – Sammlung Personalia Gertrud Meyer – findet sich lediglich ein mehrmals kopierter Fragebogen über die Personalien der zur Bundestagswahl 1953 vorgeschlagenen Kandidaten, ein paar kleine Zeitungsausschnitte, aus denen hauptsächlich hervorgeht, dass sie eine der jüngsten Abgeordneten im Bundestag war, die Mitteilung der Fraktion der SPD zu ihrem Tode und einige Todesanzeigen. Einige noch lebende Abgeordnete konnten sich gar nicht an sie erinnern. Diejenigen, die sie gekannt hatten, nahmen an, sie sei nur für sehr kurze Zeit im Bundestag gewesen. Sie beschrieben sie als eine zurückhaltende Frau, die nicht weiter in Erscheinung getreten sei. Ihre Gewerkschaftskollegen wissen es besser. Sie sagen, sie sei recht aktiv gewesen, allerdings habe sie sich nie bewusst in den Vordergrund gedrängt. »Sie war eine Frau, die viel Herz hatte, nicht der übliche Polittyp, der sich so in Szene setzte und kraftvoll war. Sie war mehr nach dem Grundsatz ›mehr sein als scheinen‹, sehr sanft und gütig.«[43] Wenn es darum ging, ihre Meinung zu vertreten, habe sie sich stets »gemeldet« und sei – zum Beispiel wenn sie eine ihrer zahlreichen Reden bei Betriebsversammlungen hielt – nicht zu überhören gewesen. Sie vertrat ihren Standpunkt »ausdrucksstark«, besonders wenn es um soziale Fragen ging, ohne jemals laut zu werden, und sie hatte stets ein offenes Ohr für alle Menschen, die sich an sie wandten.[44]

Trudel Meyer war nicht verheiratet und hatte keine Kinder. Sie lebte – wie ein Zeitzeuge bemerkte – für ihre politische Arbeit.[45] Ein Genosse wusste nach ihrem Tode zu berichten, dass sie sich ganz zurückgezogen und niemand Kontakt zu ihr hatte. Hinterbliebene gebe es nicht.[46] Das verwundert, denn sie war eine Frau, die in vielen politischen und gewerkschaftlichen Gremien aktiv war, die ganz offensichtlich in den Nachkriegsjahren täglich unterwegs war und dauernd neue Menschen kennen lernte. Sie schien von einem Sendungsbewusstsein besessen, die Menschen aufzuklären, sie zu animieren, sich politisch zu betätigen.

---

41 Söder 2001, S. 177 (mit Bild).

42 Ebd. Die Westfälische Rundschau berichtete am 9.12.1986 über diese Veranstaltung.

43 Telefongespräch mit Erich Rüttel, damals Vorsitzender der Gewerkschaft Öffentliche Dienste, Transport und Verkehr in Dortmund, am 17.1.2002.

44 Vgl. die Interviews mit Söder und Neukirch.

45 Telefongespräch Rüttel.

46 Zit. nach *Gudrun Weyel*, MdB: Vermerk für Hans-Jochen Vogel, MdB, vom 16.11.1989 für die Fraktionssitzung am 27. November 1989, in: AdsD, Sammlung Personalia Gertrud Meyer.

Am 12. November 1989 starb Trudel Meyer, wie sie zuletzt gelebt hatte: bescheiden und in aller Stille. Am 16. November 1989 fand die Trauerfeier für die Freidenkerin in der kleinen Trauerhalle des Dortmunder Hauptfriedhofes statt. Ihr bescheidenes Häuschen hat sie an die Frau vererbt, die sie bis zuletzt gepflegt hat.

Dem Fraktionschef Hans-Jochen Vogel wurde nach ihrem Tode mitgeteilt, dass die Bundestagsfraktion »wie üblich« für ihre Trauerfeier einen Kranz bestellt habe.[47] Gudrun Weyel, MdB, 1989 Geschäftsführerin der SPD-Fraktion, wusste zu berichten, dass Trudel Meyer es trotz ihrer Krankheit habe einrichten können, an den Veranstaltungen der Vereinigung der Ehemaligen Bundestagsabgeordneten teilzunehmen. Nachträglich wurde sie dafür gelobt, dass sie sich »aktiv an der Parteiarbeit beteiligt und sich vor allem für mehr Rechte für Frauen eingesetzt«[48] hatte. Umso verwunderlicher ist es, dass sie heute fast vergessen ist.

47 Ebd.
48 Ebd.

Emmy Meyer-Laule

»Gute Sozialpolitik ist die beste Kriminalpolitik«[1]

Emmy Meyer-Laule war eine der wenigen Töchter aus einer wohlhabenden Familie, die die Nachkriegspolitik der SPD-Frauen mit prägten. Bereits während des Ersten Weltkrieges stellte sie die Weichen für ihre Beteiligung an einer sozialistischen Politik. Armut, soziale Ungleichheit und kriegerische Auseinandersetzungen passten nicht zu den christlichen Lehren, die ihr in einer Schweizer Klosterschule vermittelt worden waren. Sie sah und hörte in Berlin Rosa Luxemburg, abonnierte hinter dem Rücken ihrer Familie den »Vorwärts« und trat der SPD bei. Während der Zeit des Nationalsozialismus half sie jüdischen Mitmenschen, ihr Mann wurde aus seinem Beruf entlassen und sie selbst von der Gestapo überwacht. Nach dem Zweiten Weltkrieg kämpfte sie im Bundestag vor allem für die Rechte der Kriegsbeschädigten, Sozialrentner, Erwerbslosen und der durch die Besatzungsmächte zu Schaden Gekommenen. Die Frauen forderte sie auf, politische Verantwortung zu übernehmen. Besondere Verdienste erwarb sie sich durch ihre Reden gegen die Todesstrafe.

Kindheit und Jugendjahre (1899–1918)

»Im August 1914 kam es zum ersten Familienstreit«[2]

Emmy Laule wurde am 20. Februar 1899 als Tochter einer wohlhabenden Bauernfamilie mit Gastwirtschaft und eigener Metzgerei in Wehr (Baden) an der Schweizer Grenze geboren.[3] Ihr Elternhaus kann als liberal-demokratisch bezeichnet werden. Ihr Vater Adolf Laule war für Landwirtschaft und Gewerbe verantwortlich, während die streng katholische Mutter Marie[4] vor allem den Haushalt versorgte. Emmy Laule besuchte zunächst die Volksschule in Wehr und wurde, da es am Ort keine höhere Schule gab, bis zu ihrem 17. Lebensjahr in einer Klosterschule in der Schweiz erzogen. Im August 1914, kurz nach Beginn des Ersten Weltkriegs, kam es in der Bauernfamilie zum großen Familienstreit, weil die Tochter ihre Abscheu gegen den Krieg ausdrückte. Für Emmy Laule wurde dieser Streit zum Wendepunkt ihres Lebens. Sie begann, die christlichen Lehren, die ihr in der Klosterschule vermittelt worden waren, in Frage zu stellen.[5] Sie beobachtete Menschen, die nicht einmal das Nötigste zum Essen hatten, während andere vor Sattheit beinahe platzten. Sie traf erste durch den Krieg verwundete Männer und weinende

1 Gute Sozialpolitik ist die beste Kriminalpolitik. Rede der SPD-Abgeordneten Emmy Meyer-Laule vor dem Bundestag zur Abschaffung der Todesstrafe, in: Die Freiheit vom 5. Mai 1950. Emmy Meyer-Laule bezog sich mit diesem Zitat auf den »großen Rechtslehrer Franz List«.

2 Neckar-Echo vom 20.8.1949.

3 Diese und die folgenden Informationen, soweit sie nicht anders kenntlich gemacht sind, beziehen sich auf ein Interview, das die Autorin mit Frau Annemie Deboben, der Tochter Emmy Meyer-Laules, am 12.6.2002 in ihrer Wohnung in Heidelberg geführt hat.

4 An den Nachnamen der Mutter konnte sich Annemie Deboben nicht erinnern.

5 Annemie Deboben sagte: »Ihre ganze Rebellion kam aus dem Kloster«.

Frauen der Gefallenen und bekam die Folgen hautnah zu spüren. Das alles stand für sie im eklatanten Widerspruch zu den christlichen Idealen in Elternhaus und Schule und entwickelte einen abgrundtiefen Hass gegen den »sturen Katholizismus«.

Emmy Meyer-Laule (1899–1985), MdB 1949–1969

Während ihres Aufenthaltes in der Schweizer Klosterschule wurde sie sehr krank und deshalb in eine Berliner Klinik eingeliefert, wo sie sich einer Operation unterziehen musste. In Berlin hatte sie ihr Schlüsselerlebnis. Im Rahmen ihrer Genesung durfte sich das »Schwarzwaldmädel« mit der Erlaubnis des behandelnden Professors Berlin ansehen und geriet durch einen Zufall in eine Demonstration, auf der Rosa Luxemburg sprach. Emmy Meyer war begeistert von der Rednerin und bekundete fortan Interesse für die Sozialdemokratie. Zum Entsetzen ihrer Eltern abonnierte sie den »Vorwärts« und schloss sich der SPD an. Rosa Luxemburg hatte ganz offensichtlich ihre Gefühle in Richtung Sozialismus gelenkt – wenn auch vielleicht zunächst eher unreflektiert, denn eigentlich hätte sie sich – wie Rosa Luxemburg – der USPD zuwenden müssen. Warum sie das nicht getan hat, muss unklar bleiben.

Erste parteipolitische Arbeit während der Weimarer Republik (1918–1933)

»In der SPD wurde sie zunächst mit kleinen Aufgaben betraut«[6]

1919 heiratete Emmy Laule, gerade 20-jährig, Professor Arthur Meyer. Sie zog mit ihm nach Müllheim bei Neuenburg/Baden, direkt an die französische Grenze, wo er an einer höheren Schule unterrichtete. Sein Großvater war bereits an der 1848er Revolution beteiligt gewesen.[7] Er selbst war ein historisch und politisch außerordentlich gebildeter Mann. Das Ehepaar bekam 1920 die Tochter Annemie. Emmy Meyer-Laule führte nun den Haushalt und erzog die Tochter. Die Ehe bezeichnete sie später als glücklich. In

6 Anwältin der sozial Schwachen, in: Heidelberger Nachrichten vom 3.4.1985.

7 Das Neckar-Echo vom 20.8.1949 schrieb, es seien Emmy Meyer-Laules Vorfahren gewesen, und unterstellten ihr sogleich, dass »revolutionäres Blut auch in ihren Adern spukte«. Ebd.

ihrem Mann hatte sie offenbar einen verständigen Freund gefunden.[8] Er gehörte der linksdemokratischen Deutschen Demokratischen Partei (DDP) an; sie trat 1924 der SPD bei. Beide diskutierten gerne und lebhaft über politische Themen. Zu Zeiten der Wahlkämpfe gingen sie getrennt zu den Veranstaltungen ihrer Parteien und trafen sich abends zum gemeinsamen Diskurs zu Hause. Dabei lernte Emmy Meyer-Laule wichtige Vertreter der DDP, wie Theodor Heuss, kennen. Alle Versuche, sie zum Übertritt zur DDP zu bewegen, waren allerdings vergeblich. Zu sehr war sie von »ihrem Sozialismus« überzeugt. In der SPD fand Emmy Meyer-Laule damals Menschen, die sich wie sie für Mitmenschlichkeit, Frieden und Gerechtigkeit einsetzen wollten. Sie wurde »zunächst mit kleinen Aufgaben betraut«, war im örtlichen Vorstand aktiv und »ewig und immer auf Tour«.

Im Schatten des Hakenkreuzes (1933–1945)

»Das Dritte Reich bedeutete für sie Jahre der Bedrohung«[9]

1932 bekannten sich etliche Schüler ihres Mannes bereits zum Nationalsozialismus und machten dem überzeugten Demokraten das Leben schwer. Nach der Machtübernahme Hitlers musste die Familie verschiedene Hausdurchsuchungen über sich ergehen lassen. Dabei wurde die Familie aus dem Bett gerissen und die Bücher aus dem Regal geworfen, ein Erlebnis, das die Tochter Annemie nie vergessen wird. Einmal hat sie so laut geschrien, dass die NS-Schergen – zwei Schüler ihres Vaters – es mit der Angst zu tun bekamen und fluchtartig das Haus verließen. Professor Arthur Meyer verschwand für drei Monate aufs Land und wurde auf Grund des Gesetzes zur Wiederherstellung des Berufsbeamtentums aus politischen Gründen zunächst aus dem Schuldienst entlassen.[10] Für Emmy Meyer-Laule begannen Jahre der Bedrohung, denn auch sie wurde von der Gestapo überwacht. Wie viele ihrer sozialdemokratischen Weggefährtinnen hatte sie »unter den üblichen Schikanen zu leiden«, die das NS-Regime all denen zumutete, deren politische Vorstellungen nicht in die NS-Ideologie passten. Vor allem war es die Todesangst, dass ihrem Mann etwas passieren könnte, die sie nicht zur Ruhe kommen ließ. Mit Hilfe seiner Schwester, die dem Nationalsozialismus nahe stand, wurde Arthur Meyer Ende 1933 wieder in den Staatsdienst eingestellt. Er wurde allerdings nach Mannheim strafversetzt und weiter überwacht. Dennoch gelang es dem Paar, sich einen neuen Freundeskreis aufzubauen, der fast ausschließlich aus jüdischen Menschen bestand. Es war Emmy Meyer-Laules Intelligenz, ihrem Geschick und ihrer sozialistischen Gesinnung zu verdanken, dass sie, trotz aller Gefahren, Menschen jüdischer Herkunft helfen konnte, sei es die Emigration mit vorzubereiten, sei es deren Hab und Gut und verbotene Bücher in Sicherheit zu bringen. Ziemlich unerschrocken verkleidete sie sich mit einem »wunderbaren uralten Hut« oder steckte sich in der Dunkelheit Zigaretten an, um als Mann und

8 Neckar-Echo. Auch Annemie Deboben sagte, sie hätten eine sehr gute Ehe geführt.

9 Anwältin der sozial Schwachen.

10 Der Tochter wurde lange Zeit nicht gesagt, wo ihr Vater war, damit sie es nicht weitererzählen konnte. Erst viel später hat sie erfahren, dass er bei einem befreundeten Arzt in Bernau im Schwarzwald Unterschlupf gefunden hatte.

nicht als Frau gesehen zu werden. Auch die Tochter brachte bei ihren Besuchen in Mannheim Lebensmittel ins Jüdische Krankenhaus. Mehr und mehr schrumpfte der Freundeskreis allerdings – infolge von Emigration oder Einweisung in eines der Konzentrationslager. Es waren nicht nur die Schikanen, die Emmy Meyer-Laule psychisch belasteten, sondern es kam hinzu, dass Professor Meyer zwangspensioniert wurde und sie Hab und Gut verloren, weil ihre Wohnung in Mannheim 1942/1943 ausgebombt wurde.[11]

Um den Schikanen der Überwachung zu entgehen, lebten sie nun abwechselnd bei Freunden oder Verwandten im Schwarzwald oder bei der Tochter in Heidelberg. Es war ein richtiges Versteckspiel. Für die Tochter Annemie war mit der Machtübernahme der Nationalsozialisten die Jugend beendet. Sie hat noch heute einen ungeheuren Hass auf das Nazi-Regime. Emmy Meyer-Laule schickte sie ins Ausland, damit sie nicht in den Bund Deutscher Mädchen (BDM) eintreten musste. Kurz vor Kriegsbeginn kam sie nach Deutschland zurück und heiratete 1939, 19-jährig, den Arzt Werner Deboben. Sie studierte Musik und bekam 1944 ihre Tochter Sibylle. Emmy Meyer-Laule hatte nun »ein entzückendes (erstes) Enkelkind«.[12]

Wiederaufbau in Politik und Gesellschaft (1945–1949)

»Sie widmete sich vor allem dem Aufbau einer Frauengruppe«[13]

Nach Ende des Zweiten Weltkrieges wurde »die rote Großmutter« sofort wieder als Funktionärin in der SPD tätig.[14] Sie war »am Überspringen vor Energie«. Sie wollte sich am Aufbau einer stabilen demokratischen Republik beteiligen, damit sich das Grauen des Nationalsozialismus nicht wiederhole. Sie trat für ein friedliches, sozial gerechtes Deutschland ein und wollte dazu beitragen, dass nie mehr eine Partei, die Krieg und Verbrechen auf ihre Fahne schreibt, politischen Einfluss erhalten könne. Leider musste sie bald feststellen, dass noch viele ehemalige Nationalsozialisten politisch tätig waren und bald wieder federführend wirkten.

Mit Arthur Meyer, der nach dem Zweiten Weltkrieg keiner Partei mehr beitreten wollte, lebte sie nun in Heidelberg. Theodor Heuss hatte ihn persönlich gebeten, doch an der Neugründung der FDP mitzuarbeiten, er lehnte jedoch ab. In Heidelberg bezogen sie im gleichen Haus, in dem auch ihre Tochter Annemie mit ihrer Familie wohnte, eine Mansardenwohnung. Zunächst wurde Emmy Meyer-Laule 1946 Mitglied des Landes-

11 Neckar-Echo vom 20.8.1949.

12 Neckar-Echo vom 20.8.1949. Während ihrer Zeit im Bundestag sollte sie noch ein zweites Enkelkind bekommen: 1951 wurde Axel geboren. Sie wollte schon immer gerne einen »Buben«, nun hatte sie ein »Herzbubele«, das sie nach Herzenslust verwöhnen konnte. Siehe das Interview mit Annemie Deboben.

13 Anwältin der sozial Schwachen.

14 Ihre Tochter nannte sie beim Interview liebevoll »rote Großmutter«, eine Anspielung auf einen in den 70er Jahren in der Reihe des Werkkreises Literatur der Arbeitswelt erschienenen Sammelband: Werkkreis Literatur der Arbeitswelt, *Erasmus Schöfer* (Hrsg.), Die Kinder des roten Großvaters erzählen, Frankfurt/M. 1976.

vorstandes der SPD in Württemberg-Baden. Vor allem lag ihr der Wiederaufbau der sozialdemokratischen Frauenarbeit am Herzen. Aus diesem Grunde übernahm sie die Leitung der SPD-Frauengruppe in Heidelberg. Tochter und Schwiegersohn unterstützten und bewunderten ihre Aktivitäten und ihre Energie. Es war wesentlich ihr Verdienst, dass während der Berliner Blockade zahlreiche hungernde Westberliner Kinder für einige Wochen im Landkreis Heidelberg Erholung finden konnten.[15]

Arbeit im Deutschen Bundestag (1949–1961)

»(...) wird es die Pflicht dieses Hohen Hauses sein, der Zerstörung von sittlichen Werten (...) entgegenzutreten«[16]

1949 wurde Emmy Meyer-Laule für den Wahlbezirk Stadt und Kreis Heidelberg über die Landesliste Württemberg-Baden in den Bundestag gewählt. Sie war nun schon fünfzig Jahre alt, und ihr 18 Jahre älterer Ehemann war zunächst entsetzt. Seine Tochter beruhigte ihn. Schließlich hatte er in ihr eine Hausfrau, die ihn versorgte, wenn die Mutter in Bonn war. Das war nicht ganz uneigennützig, denn er war nicht nur ein »wunderbarer Großvater«, sondern ein Hauslehrer obendrein und stand als Babysitter zur Verfügung.

Während der 1. Wahlperiode arbeitete Emmy Meyer-Laule als Ordentliches Mitglied im Ausschuss für Rechtswesen und Verfassungsrecht, in der 1. und 2. Wahlperiode im Ausschuss für Wiederaufbau und Wohnungswesen. Als Stellvertretendes Mitglied gehörte sie in der 1. Wahlperiode dem Ausschuss für Fragen der öffentlichen Fürsorge, dem kulturpolitischen Ausschuss und dem Haushaltsausschuss und in der 2. Wahlperiode dem Ausschuss für Besatzungsfragen an. In der 2. und 3. Wahlperiode war sie Ordentliches Mitglied des Gesundheitsausschusses und Stellvertretendes Mitglied des Rechtsausschusses. In der 3. Wahlperiode gehörte sie als Stellvertretendes Mitglied dem Ausschuss für gesamtdeutsche und Berliner Fragen an. Außerdem wurde sie Mitglied des Richterwahlausschusses (1. bis 3. Wahlperiode). Als stellvertretende Delegierte gehörte sie in der 2. Wahlperiode auch dem Europarat an.

Die Tochter kochte nicht nur für den Vater, sondern chauffierte Emmy Meyer-Laule, die selbst nicht mehr Auto fahren wollte, nach Bonn und in die verschiedenen Orte ihres Wahlkreises. Das waren Entfernungen, die sie mit den damals völlig unzureichenden öffentlichen Verkehrsmitteln nicht hätte bewältigen können. Annemie Deboben fand es wunderbar, Land und Leute und vor allem Bonn und die berühmten großen Männer der SPD, wie Paul Löbe und Carlo Schmid, kennen zu lernen. Aber auch an Louise Schroeder und Luise Ebert oder an die Abgeordneten Liesel Kipp-Kaule und Clara Döhring, mit denen die Mutter zusammenwohnte, erinnert sie sich gerne.[17] Liesel Kipp-Kaule,

15 Anwältin der sozial Schwachen.

16 Gute Sozialpolitik.

17 Siehe die Biographien von Louise Schroeder, S. 460-482, Clara Döhring S. 190-204 und Liesel Kipp-Kaule S. 283-303 in diesem Band. Annemie Deboben bewunderte besonders die Arbeitertochter Liesel Kipp-Kaule, die für sie wie »eine Erscheinung aus einer anderen Welt« war.

Emmy Meyer-Laule 1953 nach der Bundestagswahl

Clara Döhring und Emmy Meyer-Laule, denen zur Versorgung des Haushalts und zum Kochen meist die Zeit fehlte, hatten Glück, denn sie wohnten bei einem älteren Ehepaar, und es war vor allem die »reizende alte Dame«, die sich um die drei Abgeordneten kümmerte. In Heidelberg war die Tochter Annemie Hausfrau, Chauffeuse und Assistentin in einem. Sie konnte gut organisieren und gestaltete das gesellige und soziale Leben am Wochenende. Im Jahre 1950 wurde die Drei-Generationen-Familie durch den Bau eines gemeinsamen Hauses in Heidelberg zusätzlich stabilisiert.

Emmy Meyer-Laule arbeitete sich schnell in viele neue Themen ein. Wie keine andere setzte sie sich für die bereits grundgesetzlich verankerte Abschaffung der Todesstrafe ein. Schließlich wussten die Mütter und Väter des Grundgesetzes aus den Erfahrungen unter dem Nationalsozialismus, warum sie keine neuen Richtstätten wollten. Im Grundgesetz für die Bundesrepublik Deutschland heißt es in Artikel 102 ganz eindeutig: »Die Todesstrafe ist abgeschafft.« Emmy Meyer-Laule konnte nicht verstehen, dass die Befürworter der Todesstrafe dieses Regelwerk nicht respektieren wollten. Sie unterhielt persönliche Kontakte mit dem berühmten Rechtsphilosophen Professor Gustav Radbruch in Heidelberg, ebenfalls ein leidenschaftlicher Gegner der Todesstrafe.[18] Sie argumentierte im Oktober 1950 im Deutschen Bundestag gegen einen Antrag der Bayernpartei und erinnerte daran, dass Radbruch früh davor gewarnt hatte, vorübergehenden Volksstimmungen zu folgen und einen Artikel in Frage zu stellen, der uns »durch weitblickende Verfassungsgesetzgeber geschenkt worden ist«.[19] Die Befürworter der Todesstrafe wollten auf das schärfste unter den Strafmitteln nicht verzichten; denn sie führten die in den Jahren nach dem Zweiten Weltkrieg angeblich gestiegene Kriminalität auf die Abschaffung der Todesstrafe zurück. Emmy Meyer-Laule gab zu bedenken, dass eine solche Abschreckungstheorie bei einer Generation, die Liquidationen, Geisel- und Justizmorde zu Tausenden erlebt habe, nicht greife und daher wirkungslos bleiben müsse. Sie sah eine junge Generation heranwachsen, die die Angst vor dem Tode ebenso verloren habe wie die Ehrfurcht vor dem Leben.[20] Sie verwies auf Statistiken, die zeigten, dass die Kriminalität in der Bevölkerung durch eine Wiedereinführung der Todesstrafe nicht gemindert werden könne, und plädierte für eine »Vermenschlichung der Zustände, eine höhere Moral und Gesittung«, anstatt nach Mitteln der Abschreckung zu suchen. »Solange die Moral auf der Demontageliste steht, wird es die Pflicht dieses hohen Hauses sein, der Zerstörung von sittlichen Werten mit allem Nachdruck entgegenzutreten«, war ihre Meinung. Sie verwies darauf, dass ein großer Teil der Kriminalität auf die schlechte wirtschaftliche und soziale Situation zurückzuführen sei und dass eine bessere Sozialpolitik die beste Vorsorge sei. Diejenigen, die am christlichen Glauben festhielten, konfrontierte sie mit der Frage, wie sie die Forderung nach einer Wiedereinführung der Todes-

---

18 Gustav Radbruch (1878–1949) war 1920–1924 SPD-Abgeordneter im Deutschen Reichstag sowie 1922 und 1923 Reichsjustizminister. Als Justizminister verfasste er 1922 einen Reformentwurf für das Strafgesetzbuch der Weimarer Republik.

19 1. Legislaturperiode, 52. Sitzung, 27.3.1950, Emmy Meyer-Laule zum Antrag der Fraktion der Bayernpartei, Drucksache Nr. 619, Gesetzentwurf über die Wiedereinführung der Todesstrafe.

20 Gute Sozialpolitik.

strafe mit ihrem christlichen Gewissen vereinbaren wollten. Schließlich wusste sie durch ihre eigene Erziehung, dass das göttliche Gebot »Du sollst nicht töten« nicht zuließ, dass ein Mensch einem anderen Menschen das Recht auf Leben absprechen kann. Für sie gehörte es zur »Humanität einer neuen Zeit«, sich von der durch Mord und Ausmerzung gezeichneten deutschen Vergangenheit zu distanzieren. Sie verwies auch darauf, dass eine lebenslängliche Freiheitsstrafe, wie sie das Gesetz für Gewaltverbrechen vorsah, dem Verurteilten immerhin die Möglichkeit lasse, seine Tat zu bereuen und zur Humanität zurückzufinden. Dafür wusste sie auch Beispiele anzuführen.

In der 232. Sitzung am 2.10.1952 beschäftigte die Wiedereinführung der Todesstrafe erneut die Gemüter der Abgeordneten. Dem Bundestag lagen zwei Anträge vor, die auf Aufhebung des Grundgesetzartikels 102 zielten.[21] Wieder appellierte Emmy Meyer-Laule an das Gewissen der Abgeordneten, den Antrag aus Ehrfurcht vor dem Leben abzulehnen und sich statt dessen für eine soziale und moralische Neuordnung einzusetzen.[22] Ähnlich argumentierten damals die Abgeordneten Friedrich-Wilhelm Wagner (SPD) und Dr. Thomas Dehler (FDP).[23] Der Antrag wurde nicht einmal an die Ausschüsse überwiesen. In der 2. Lesung der 236. Sitzung am 20. Oktober 1952 sprach sich das Plenum in namentlicher Abstimmung gegen den Antrag aus. Die Befürworter ließen es aber immer noch nicht genug sein. Im Jahre 1958 brachten sie erneut Anträge zur Änderung des Artikels 102 des GG ein.[24] Damals kam es aber nicht einmal zu einer ersten Lesung im Plenum, obgleich die Regierungsmehrheit es ohne weiteres in der Hand gehabt hätte, diese Anträge auf die Tagesordnung setzen zu lassen. Aus der Kriminalstatistik für die Bundesrepublik ging klar hervor, dass sich die Fälle von Mord und Totschlag seit Abschaffung der Todesstrafe erheblich reduziert hatten. Ein internationaler Vergleich bestätigte den Rückgang der Mordkriminalität nach Abschaffung der Todesstrafe.[25]

Die Tagespresse war zu diesem Zeitpunkt voller Artikel und Leserbriefe, die sich zur Todesstrafe äußerten: Ganz besonders wurde mit der Todesstrafe als geeignetem oder ungeeignetem Mittel der Verbrechensbekämpfung argumentiert, aber auch als Forderung der Sittlichkeit, die sich aus der christlichen Religionslehre ableiten ließe. Danach sei die Todesstrafe die einzige mit der Gerechtigkeit in Einklang stehende Sühne für das Verbrechen des Mordes. Für Emmy Meyer-Laule gab es keine vernünftigen Gründe für die

---

21 Antrag der Fraktion der DP – Drucksache Nr. 3679 und Antrag der Abgeordneten Etzel, Horlacher und Genossen – Drucksache Nr. 3702.

22 1. Legislaturperiode, 232. Sitzung, 2.10.1952.

23 Dehlers Grundthesen stimmten mit den ihren überein. Sie waren: Die Abschreckungswirkung ist überaus zweifelhaft, der Sicherheitsgedanke kann die Todesstrafe nicht rechtfertigen, und die Gefahr von Justizirrtümern ist nicht auszuschließen. Ebd.

24 Anträge der Abgeordneten Memmel, Dr. Jäger und Genossen – Drucksache Nr. 133 der 3. Wahlperiode – und Antrag der Fraktion der DP – Drucksache Nr. 389 der 3. Wahlperiode.

25 Abschaffung der Todesstrafe, SPD-Fraktion im Bundestag Arbeitskreis Rechtswesen, 12.10.1964. Vgl. für die Bundesrepublik auch »Wirtschaft und Statistik«, Statistisches Bundesamt Wiesbaden, H. 7/1959.

Todesstrafe, aber emotionale *und* vernünftige Gründe für die Beibehaltung ihrer Abschaffung.[26]

Emmy Meyer-Laule setzte sich vehement und mit ihrer ganzen Persönlichkeit im Bundestag für die sozial Schwachen ein: Das waren die Kriegsbeschädigten, die Sozialrentner, die Erwerbslosen, die Besatzungsgeschädigten und auch schutzlose Taxifahrer.[27] Sie wollte, dass für alle Bürger die Charta der Menschenrechte gilt und ebenso die im Grundgesetz verankerte Rechtssicherheit. In einer Bundestagsrede prangerte sie beispielsweise die Entlassung von ca. 10.000 Arbeitnehmern der IG-Farben als Unrecht an. Da diese Entlassenen jeglichen Rechtsschutzes entbehrten, auch des arbeitsrechtlichen, geißelte sie die Gewerkschaften, die dieses Unrecht zuließen.[28]

Im Juni 1951 begründete sie den Antrag der SPD-Fraktion für deutsche Hilfe bei der Hungerkatastrophe in Indien. Sie erklärte, warum es angesichts der Millionen Deutscher, die die Not der Nachkriegszeit noch nicht überwunden hätten, dennoch notwendig sei, der durch eine Naturkatastrophe geschädigten hungernden Bevölkerung Indiens zu helfen. Auch viele Menschen in Deutschland hätten die Not der Nachkriegszeit nicht überlebt, wenn sich nicht Menschen in aller Welt um sie gekümmert hätten. In ihrer Rede ging sie besonders auf die deutschen Mütter ein, die »die Erhaltung ihrer Kinder der Großzügigkeit und Liebe fremder Mütter, die geholfen haben, diese furchtbare Not zu überwinden«, verdankten.[29] Den zögerlichen Beiträgen einiger anderer Abgeordneter hielt sie entgegen, dass, »wenn die anderen Nationen alle miteinander sich so sehr überlegt hätten, wie sie uns helfen können, dann allerdings wären große Teile der Bevölkerung verhungert!« Es half nichts, der Antrag wurde abgelehnt.[30] Das wird sie auch deshalb enttäuscht haben, weil sie zu Beginn ihrer Bundestagsarbeit große Hoffnung auf eine fraktionsübergreifende Zusammenarbeit bei »Frauen- und Mütterproblemen« gesetzt hatte.[31]

Ein weiteres Hauptanliegen ihrer ersten Zeit als Bundestagsabgeordnete war es, sich mit all ihren Kräften für die durch die »Besatzungsmächte« geschädigten Menschen einzusetzen.[32] Es widersprach ihrem Sinn für Gerechtigkeit, dass Menschen durch die

26 Die Diskussion war mit der Ablehnung des Antrages der Regierungsparteien aber immer noch nicht zu Ende. 1964 lösten einige Gewalttaten und vor allem rund 50 Taximorde eine neue Diskussion über die Todesstrafe aus. Nun wurde deutlich, dass es nicht mehr um die Hinrichtung von Mördern alleine ging. Professor Winfried Martini, der junge Bundeswehroffiziere in Staatsbürgerkunde unterrichtete, forderte zum Beispiel von den Abgeordneten des Bundestages die Todesstrafe für alle politischen Täter und die Möglichkeit der Erschießung von Fahnenflüchtigen, worauf schließlich »keine Armee der Welt in Kriegszeiten verzichten könne«. Vgl. Todesprediger, Zeitungsausschnitt ohne weitere Angaben aus dem Besitz von Luise Herklotz.

27 Anwältin der sozial Schwachen.

28 2. Deutscher Bundstag – 25. Sitzung, 9.4.1954, S. 961.

29 1. Deutscher Bundstag – 149. Sitzung, 8.6.1951, S. 5948.

30 Ebd., S. 5950.

31 *Emmy Meyer-Laule,* Bei der Frau des Bundespräsidenten, in: Gleichheit H. 11/1949, S. 334.

32 1. Deutscher Bundestag – 77. Sitzung, Bonn, 19.7.1950, S. 2776. Freilich war die Wohnungsnot auch eine Folge des Zweiten Weltkrieges, also hauptsächlich durch den Nationalsozialismus verschuldet. Emmy Meyer-Laule berücksichtigt das in ihrer Argumentation zu wenig.

»Besatzungsmächte« aus ihren Wohnungen verdrängt oder ihres Habs und Guts beraubt wurden, wenn sie nicht selbst in der NS-Zeit Täter gewesen sind. Sie setzte sich für den Bau von Wohnungen für die Bevölkerungsgruppen ein, deren Wohnungen beschlagnahmt worden waren, weil sie nicht hinnehmen wollte, dass diese in weitaus ärmeren Verhältnissen leben müssten als die »Besatzungsangehörigen«.[33] Eine solche Ungleichbehandlung stünde nach ihrer Meinung nicht nur einer gleichberechtigten Partnerschaft innerhalb der EWG im Wege, sie berge auch die Gefahr in sich, viele Menschen dem demokratischen Staatsgedanken und dem Rechtsglauben zu entfremden. Schließlich bedeutete Demokratie nach ihrer Meinung auch Schaffung menschenwürdiger Zustände. Die Bevölkerung habe die Alliierten als Befreier erwartet. Diese seien jedoch als Sieger gekommen und hätten bis heute diese Siegermentalität nicht abgelegt. Emmy Meyer-Laule setzte sich dafür ein, dass den Besatzungsverdrängten durch ein Bundesgesetz Rechtsanspruch auf Ersatzleistung gewährt werde. Davon war die herrschende Politik weit entfernt. Statt dessen ging eine neue Angstwelle durch die Bevölkerung, weil wegen der geplanten alliierten Truppenverstärkungen neue »Besatzungsverdrängungen« befürchtet wurden.[34]

Ganz offensichtlich führte die durch die Besatzungsmächte verstärkte Wohnungsnot zu solidarischen Selbsthilfeaktionen der Bevölkerung. In einer Rede bezog Emmy Meyer-Laule sich auf »die verdrängten Frauen aus Kempten«, die sich in ihrer Not an die maßgebenden Frauen und Frauenverbände Amerikas gewandt hätten, um zu erreichen, dass diese die Maßnahmen der Besatzungsmächte verhinderten. Auch hier sah Emmy Meyer-Laule die besondere Verantwortung der amerikanischen Mütter, denn sie sagte: »Diese Frauen hofften auf das Solidaritätsgefühl der Mütter in der Überzeugung, dass nur die Mütter wissen, was es heißt, mit ihrer Familie Haus und Hof verlassen zu müssen.« Sie begrüßte die Initiative der Frauen und wünschte ihnen, dass ihr Glaube an Recht und Gerechtigkeit nicht enttäuscht werde. Die Parlamentarierin ging noch einen Schritt weiter. Sie forderte die Frauenvertreterinnen innerhalb der alliierten Zivilverwaltung, die die Aufgabe hatten, die deutschen Frauen in demokratisches Gedankengut einzuführen, auf, ihre Aufgabe in erster Linie darin zu sehen, die eigenen Landsleute davon zu überzeugen, dass das Problem der Wohnungsnot gelöst werden müsse. Sie erinnerte daran, dass eine demokratische Grundhaltung auch immer einen »guten Willen« voraussetze. Sollte den Frauen diese Überzeugungsarbeit nicht gelingen, dann sollten, so schlug sie vor, die nicht unbeträchtlichen Mittel, die zur demokratischen Umerziehung der deutschen Frauen ausgegeben würden, für die Neubauten der Besatzungsmächte zur Verfügung gestellt werden.[35]

---

33 *Emmy Meyer-Laule,* Gleichberechtigung auch den Besatzungsverdrängten, in: *Vorstand der SPD* (Hrsg.), Generalvertrag und EVG-Abkommen, Kein Weg zu Europa! Die sozialdemokratische Stellungnahme bei der zweiten Lesung der Verträge »Generalvertrag« und »EVG-Abkommen« im Bundestag vom 3. bis 5. Dezember 1952, Bonn 1953, S. 18.

34 1. Deutscher Bundestag, 112. Sitzung, 18.1.1951, S. 4204.

35 Ebd., S. 4206.

Emmy Meyer-Laule sprach sich 1952 vor dem Deutschen Bundestag dafür aus, den »Besatzungsverdrängten« für einen bestimmten, absehbaren Zeitpunkt die Rückgabe ihrer Heime und ihrer Habe zuzusichern.[36] Ihre engagierte Rede ließ sie mit einem Schlag zur »Patronin der Besatzungsgeschädigten« werden.[37] Eine Unmenge von Zuschriften und Informationen aus den Kreisen der Geschädigten, die aus ihren Wohnungen verdrängt worden waren, obwohl sie sich in der NS-Zeit »untadelig verhalten hatten« oder schwerstbeschädigt aus dem Krieg zurückgekehrt waren, war die Antwort auf ihr Engagement. Sie setzte sich für diese Menschen persönlich ein und konnte einigen auch helfen, beschlagnahmte Wohnungen zurückzubekommen. In ihren Reden und Artikeln ergriff sie allerdings auch Partei für diejenigen, die immer noch in Bunkern, Kellern und Baracken wohnen mussten und nur dann Aussicht auf angemessenen Wohnraum hätten, wenn nicht alle Mittel in Neubauten für die Besatzungsmächte gesteckt würden.[38]

Während der Zweiten Wahlperiode arbeitete Emmy Meyer-Laule dann folgerichtig im Ausschuss für Besatzungsfragen mit, dessen stellvertretenden Vorsitz sie übernahm. Noch immer fehlten Ersatzwohnungen, um ausreichenden Wohnraum für die Besatzungsverdrängten zu gewährleisten. In einer Bundestagsrede forderte sie die Freimachung aller beschlagnahmten Objekte einschließlich der Hotels. Außerdem wollte sie erreichen, dass Eigentum ohne angemessene Entschädigung nicht mehr angetastet werden dürfe.[39]

In einem Rundbrief des sozialdemokratischen Bundestagsabgeordneten und früheren Innenminister von Nordrhein-Westfalen Walter Menzel vom 19.2.1955 wurde Emmy Meyer-Laules Vorschlag zu einem Gesetz über die Beendigung des Besatzungsstatuts erwähnt. Der Vorschlag sah die Einführung eines neuen Artikels 2a im Deutschlandvertrag vor. Emmy Meyer-Laule ging es in diesem Artikel vor allem darum, dass die neuen Vereinbarungen, die über den Status der Besatzungsmächte getroffen würden, weder eine Benachteiligung für Deutschland noch für dessen Bewohner beinhalten dürften.[40] Eine gerechte und faire Handhabung der Regelungen bezüglich des besetzten Deutschlands war ihr stets wichtig.

Emmy Meyer-Laule äußerte sich auch immer wieder zum Thema »Frauen in der Politik«. Ihre Tochter Annemie bezeichnete sie als »eine Emanze mit einem Mann«, weil sie im Gegensatz zu vielen anderen Frauenpolitikerinnen verheiratet war. Während ihrer gesamten Wirkungszeit trat sie für die politische Mitverantwortung der Frauen ein. Nach ihrer Überzeugung hatte die männerdominierte Politik durch ihre Einseitigkeit die Welt an den Abgrund geführt.[41] Im Ausschuss für Rechtswesen und Verfassungsrecht arbeitete sie an der Reformierung des Familienrechtsgesetzes mit, das in vielen Teilen dem in

---

36 Meyer-Laule, Gleichberechtigung auch den Besatzungsverdrängten.

37 PPP Information Nr. 20 vom 20.2.1953.

38 *Emmy Meyer-Laule,* Wohnraumbeschlagnahme der Besatzungsmächte, in: Gleichheit Nr. 2/1951, S. 33-35; hier: S. 33.

39 2. Deutscher Bundestag – 25. Sitzung. Bonn, 9. April 1954, S. 961.

40 Vgl. *Petra Weber,* Die SPD-Fraktion im Deutschen Bundestag, Sitzungsprotokolle 1953–1957, Zweiter Halbband, Düsseldorf 1993, S.162.

41 Anwältin der sozial Schwachen.

Artikel 3 (2) des Grundgesetzes verankerten Gleichstellungsparagraphen widersprach.[42] Als im März 1953 ein Zivilrechtsausschuss des Bundestages seine Arbeit aufnahm, um zu versuchen, die Gesetze zusammenzustellen und zu reformieren, die unbedingt nach Art. 3 (2) GG bis zum 31.3.1953 geändert werden mussten, gehörte sie neben den Sozialdemokraten Dr. Adolf Arndt, Dr. Otto Heinrich Greve, Richard Schröter und der Sozialdemokratin Frieda Nadig diesem Ausschuss als Ordentliches Mitglied an. Durch die Verzögerungstaktik der Regierung, die sich erst vier Monate vor dem endgültigen Termin entschloss, einen Gesetzentwurf vorzulegen, und die außerdem noch die Ausschussarbeiten hinzog, war es notwendig geworden, dass dieser Ausschuss täglich zusammenkam, was natürlich nicht ohne Schwierigkeiten durchgeführt werden konnte.[43]

Emmy Meyer-Laule setzte sich dafür ein, dass mehr Frauen in der Politik, im Beruf und im öffentlichen Leben aktiv werden sollten. Wie die meisten ihrer Mitstreiterinnen war auch sie gegenüber der Frauenerwerbsarbeit ambivalent: »Wenn die Gesellschaft die materielle Sicherung der Familie gewährleistet, würden viele Frauen gern zum Mutterberuf als ihrer wesentlichen, wenn nicht einzigen gesellschaftlichen Aufgabe zurückkehren«, sagte sie in einer Rede.[44] Obwohl auch sie wusste, dass viele Frauen und Mütter nicht nur aus materiellen Gründen einer Erwerbsarbeit nachgingen, wollte sie lediglich berufstätige Mütter, die aus ökonomischer Notwendigkeit zur Erwerbsarbeit gezwungen waren, akzeptieren. Auch sie verschrieb sich letztlich der Vorstellung von Mutterschaft und Hausfrauentätigkeit als der eigentlichen Berufung der Frau und distanzierte sich damit von denjenigen Frauen, die darauf hinarbeiteten, dass die Berufstätigkeit und eigenständige Existenzsicherung für Frauen ebenso selbstverständlich wird, wie das für Männer der Fall ist.

Drei Legislaturperioden gehörte Emmy Meyer-Laule dem Deutschen Bundestag an. Aus Rücksicht auf ihren älteren Mann verzichtete sie auf eine weitere Kandidatur. Ihr Nachfolger wurde Dr. Alex Möller.[45]

Weiterarbeit (1961–1985)

»Ein erfülltes, mutiges Leben«[46]

Emmy Meyer-Laule konnte sich noch 24 Jahre an ihrem »Ruhestand« erfreuen. Sie kümmerte sich um die Familie, vor allem um die Enkel, und ermöglichte ihrer Tochter und deren Mann ein »flottes Leben«, weil diese immer die Möglichkeit hatten auszugehen oder zu verreisen und dabei ihre Kinder gut versorgt wussten. Emmy Meyer-Laule nahm nach dem Tod ihres Mannes die Rolle des Familienoberhauptes ein. Sie wurde eine vorbildliche Hausfrau und Großmutter, konnte fabelhaft kochen und sich Zeit

42 Zur Auseinandersetzung in den Verhandlungen um das Familienrechtsgesetz siehe die Biographie von Frieda Nadig in diesem Band, S. 54-79.

43 Zur Eherechtsreform, in: Gleichheit Nr. 3/März 1953, S. 74.

44 1. Deutscher Bundestag, 239. Sitzung, 27.11.1952.

45 Anwältin der sozial Schwachen.

46 Aus der Todesanzeige in der Rhein-Neckar-Zeitung vom 23./24.3.1985.

nehmen für Dinge, für die sie vorher nie Muße gehabt hatte. Einige aus dem Bundestag ausgeschiedene Genossinnen gingen zurück in die Kommunalpolitik. Für Emmy Meyer-Laule kam das nicht in Frage, es wäre »unter ihrer Würde« gewesen. Auch war sie offensichtlich ein bisschen müde und ausgelaugt von der vielen, zum Teil sehr mühsamen und nach ihrer eigenen Anschauung von wenig Erfolg gekrönten Arbeit. Zum Zeitpunkt der Geburt ihres ersten Urenkels Felix war sie schon ziemlich krank.

Ihre Tochter Annemie Deboben ist im Alter von 82 Jahren noch sehr an Politik interessiert. Im Fernsehen sieht sie fast ausschließlich politische Sendungen. Sie bewundert die Mutter heute noch, wenn es auch nicht immer leicht gewesen sei, sich gegen sie abzugrenzen. »Ihr Leben war nicht langweilig, das kann man sagen. Lediglich das blöde ›Dritte Reich‹ hat alles in ein anderes Licht getaucht«, erinnert sie sich heute. Einer Partei wollte Annemie Deboben sich zu keinem Zeitpunkt in ihrem Leben anschließen, weil ihr keine geeignet erschien.

Emmy Meyer-Laule starb am 15. März 1985 im Alter von 86 Jahren in Heidelberg. »Ein erfülltes mutiges Leben war sanft zu Ende gegangen«, schrieben ihre Angehörigen in der Todesanzeige. Die Mitglieder der Fraktion erfuhren erst einen Monat später von ihrem Tod. Es entsprach Emmy Meyer-Laules Bescheidenheit, dass ihre Urne in aller Stille beigesetzt wurde.[47]

47 Brief der Parlamentarischen Geschäftsführerin Helga Timm vom 15.4.1985 »An alle Fraktionsmitglieder«, in: AdsD, Sammlung Personalia Emmy Meyer-Laule.

Luise Peter

»Abgeordnete für einen Tag«[1]

Luise Peter kam gegen Ende der zweiten Wahlperiode in den Deutschen Bundestag und erlebte dort ihre erste und letzte Sitzung. Danach kehrte sie zurück in die Kommunalpolitik und zur ehrenamtlichen Arbeit bei der Arbeiterwohlfahrt. Als Kind einer Bergarbeiterfamilie lag ihr die Hilfe für diejenigen, mit denen das Leben nicht gut umgegangen ist, am Herzen. Sie war die Frau des stellvertretenden Bürgermeisters von Bad Godesberg, der ohne ihre Unterstützung nicht das hätte leisten können, was er leistete. Sie war aber auch eine eigenständige Politikerin, die niemals vergessen hat, wo ihre Wurzeln waren.

Kindheit, Jugend und proletarische Hochzeit (1906–1933)

»Arme heiraten an Samstagen, da versäumen sie nur einen halben Tag Arbeit«[2]

Luise Radtke wurde am 24.7.1906 in Dortmund-Oespel als Tochter einer politisch interessierten Bergarbeiterfamilie geboren. Sie hatte noch drei Geschwister. Die Mutter versorgte, wie es in den Ruhrgebietsfamilien üblich war, den Haushalt. Zusätzlich half sie auf den Bauernhöfen in der Umgebung beim Schlachten und bei der Wurstherstellung und konnte so dazu beitragen, das karge Familieneinkommen ein bisschen aufzubessern.

Luise Radtke besuchte die Volksschule und erlernte in Dortmund das Schneiderhandwerk. 1920 wurde sie, vierzehnjährig, Mitglied der Sozialistischen Arbeiterjugend. Bei gemeinsamen Wanderungen und Fahrten und durch die Teilnahme an großen Arbeiterjugendtagen kam sie mit gleichgesinnten jungen Männern und Frauen zusammen und begeisterte sich für die sozialistische Idee. 1926 wurde sie Mitglied der SPD und der Arbeiterwohlfahrt. Bei der Sozialistischen Arbeiterjugend lernte sie den vier Jahre älteren Bergmann Hubert Peter kennen, der aus einer armen, kinderreichen Fabrikarbeiterfamilie kam und dessen Vater schon vor dem Ersten Weltkrieg »die Ansichten der Sozialdemokraten« vertrat.[3] Auf der Wanderschaft[4] war Hubert Peter in Dortmund »hängen geblieben«, wo der ungelernte Industriearbeiter Bergmann wurde und sofort in den Bergarbeiterverband eintrat. Durch die Familie, bei der er Logis bezog, stieß er schließlich zur Sozialistischen Arbeiterjugend und zur Sozialdemokratie.

Nachdem Hubert Peter in seine Heimatstadt Bad Godesberg zurückgekehrt war, kam auch Luise Radtke dorthin. Sie lebte mit seiner großen Familie zusammen. Im Oktober 1927 heirateten die beiden. Es war eine unvergessliche proletarische Hochzeit, die an

1 Zweiter Bundestag beendete umfangreiche Arbeit, in: Die Glocke Oelde/Westfalen vom 30.8.1957.

2 *Hubert Peter,* Chronik der Familie Hubert Peter, Manuskript vom 2.5.1978, Privatbesitz Else Heinen, geb. Peter. Leider endet die Chronik mit der Hochzeit 1928.

3 Ebd., S. 32.

4 Auf Wanderschaft oder »Walz« gingen vorwiegend Handwerksgesellen. Vor allem zur Zeit der Weimarer Republik jedoch auch Erwerbslose, u.a. ungelernte Industriearbeiter. Zwischen den verschiedenen Gruppen gab es immer wieder Auseinandersetzungen. Vgl. hierzu: *Grit Lemke,* Wir waren hier, wir waren dort. Zur Kulturgeschichte des modernen Gesellenwanderns, Köln 2002.

Luise Peter (1906–1979), MdB 1957

einem Samstag stattfand, weil »Arme- und Arbeitsleute (...) an Samstagen heiraten, da versäumten sie nur einen halben Tag Arbeit.«[5] Ein Jahr später, 1928, wurde die Tochter Else geboren.

Luise Peters Ehemann wollte nun gerne nachholen, was er in der Schule versäumt hatte. Durch Privatunterricht bildete er sich weiter, und mit Hilfe eines Stipendiums, das er von einer Stiftung der Gemeinde Godesberg erhielt, konnte er zwischen 1928 und 1930 die Fachschule für Wirtschaft und Verwaltung, eine gewerkschaftliche Schule, in Düsseldorf besuchen. Was er dort lernte, half ihm, seine politische Arbeit kompetent auszuführen. Er war zunächst Schriftführer im SPD-Ortsverein, dann – während der Zeit der Weimarer Republik – einer der jüngsten Stadtverordneten und schließlich der jüngste Bürgermeister, den die damals selbstständige Stadt Bad Godesberg jemals hatte.

Schon vor Hitlers Machtübernahme war die Familie politischer Verfolgung ausgesetzt. Bereits in der Zeit zwischen 1930–1933 wurde Hubert Peter beim Ankleben von Anti-Naziplakaten zusammengeschlagen. Er musste während der Besuche von Adolf Hitler im Bad Godesberger Hotel Dreesen, das unweit ihrer gemeinsamen Wohnung lag, flüchten, da man seitens der SA und der SS Jagd auf ihn machte. Unter anderem drangen betrunkene SS-Wachmannschaften in seine Wohnung ein, um ihn zu verprügeln.[6] Seine Tochter berichtete später über vorbeiziehende SS-Soldaten, die vor ihrem Fenster riefen »Dich roter Lump kriegen wir« und über Schüsse, die ihr Schlafzimmer trafen.[7] Bis zur ›Machtübernahme‹ war Hubert Peter SPD-Ortsvereinsvorsitzender. Luise Peter hatte es damals nicht leicht, schließlich war auch sie Sozialdemokratin und musste den gehetzten Mann stützen und unterstützen.

Im Schatten des Hakenkreuzes (1933–1945)

»Seine Frau und sein 5-jähriges Töchterchen waren völlig in Ungewissheit«[8]

Nach 1933 wurde Luise Peters Mann als führendes Mitglied der örtlichen SPD politisch verfolgt und während seiner Arbeit bei Straßenbauarbeiten verhaftet. Mit anderen Gesinnungsgenossen wurde er in einem »Schandmarsch« durch Bad Godesberg geführt, wo sie als »Staatsfeinde« durch systemtreue Bürger verprügelt werden konnten. Anschließend wurde er für knapp zwei Monate in Siegburg in »Schutzhaft« genommen. Luise Peter bekam keinerlei Nachricht über ihren Mann. Es kostete sie viel Zeit und Kraft, überhaupt seinen Aufenthaltsort herauszufinden und Besuchserlaubnisse zu bekommen.[9] Mit ihrer 5-jährigen Tochter war sie ohne Unterhalt und in völliger Ungewissheit. Nach der Entlassung im Mai 1933 war ihr Mann erwerbslos. Im August des gleichen Jahres wurde

5 Peter, Chronik.

6 Nervenfachärztliches Gutachten für Hubert Peter vom 25.6.1958, S. 2, Privatbesitz Else Heinen.

7 Interview Gisela Notz mit Else Heinen, Tochter von Luise Peter, am 21.2.2001 in deren Wohnung in Bonn-Bad Godesberg.

8 Nervenfachärztliches Gutachten für Hubert Peter, S. 3.

9 Siehe zum Beispiel eine Bescheinigung zum Besuch des Gefängnisses in Siegburg am 23.4.1933. Privatbesitz Else Heinen.

er erneut verhaftet und für 14 Tage bei der Schutzpolizei in Bad Godesberg in Einzelhaft festgehalten und misshandelt. Danach durfte er sein Haus nicht mehr betreten. Luise Peter war wieder die Alleinversorgerin der Familie. Mit Näharbeiten verdiente sie das tägliche Brot für sich und das Kind. Sie machte sich damals große Sorgen um ihren Mann, der ständig auf der Flucht war, denn sie wusste von seiner illegalen Parteiarbeit.

Nachdem die Gruppe, mit der er politisch arbeitete, verraten worden war, wurde er im Juli 1935, gemeinsam mit den Teilnehmern einer illegalen Versammlung, erneut verhaftet. Nun wurde die Wohnung der Familie Peter zum wiederholten Male durchsucht und Luises Mann als »Haupträdelsführer« nach Köln zur Gauzentrale der Gestapo gebracht. Weil er die Namen der Gruppenmitglieder nicht verraten und auch über die Arbeit der Gruppe keine Auskünfte geben wollte, wurde er bis zur Bewusstlosigkeit geschlagen und misshandelt. Mehr als neun Monate musste er im Klingelpütz in Köln absitzen und kam dann nach Dortmund zur Steinwache. Im April 1936 wurde er entlassen und konnte nach Bad Godesberg zurückkehren. Nach seiner Entlassung arbeitete er bei den Rüngsdorf-Werken und trug zur Aufbesserung des geringen Lohnes nach Feierabend Briketts aus.

Luise Peter war während dieser Zeit dienstverpflichtet und musste in einem Luftschutzhaus putzen. Später wurde sie für die NSV zwangsweise zu Näharbeiten herangezogen. Zusätzlich sorgte sie für das Überleben der Familie und lebte in dauernder Angst, dass die Gestapo erneut vor der Tür stehen könnte, um ihren Mann schließlich ins KZ zu bringen. Tatsächlich wurde er nach dem Hitler-Attentat im Juli 1944 an seinem Arbeitsplatz erneut durch die Gestapo verhaftet und in ein Massenlager in den Deutzer Messehallen gebracht. Danach verfrachtete man ihn in eine Baracke und verpflichtete ihn zur Zwangsarbeit. Schließlich wurde er in ein Sonderlager bei Köln verlegt. Dort wurde er nicht nur selbst erneut misshandelt, sondern musste mit ansehen, wie seine Arbeitskollegen wahllos umgebracht wurden. Wieder war Luise Peter völlig im Unklaren über den Verbleib ihres Mannes. Dieser wurde schließlich nach Teplitz-Schönau gebracht. Nach der Befreiung durch die Rote Armee kam er zu Fuß und völlig entkräftet in Bad Godesberg bei seiner Frau und seiner Tochter an. Luise Peter pflegte ihn liebevoll, dennoch erholte er sich von den körperlichen und psychischen Misshandlungen bis zu seinem Lebensende nicht.[10] Aber auch Luise Peter musste unter den Kriegseinwirkungen sehr leiden. Nachdem der Krieg zu Ende war, wollte sie unter allen Umständen dazu beitragen, dass sich solche Zeiten nie mehr wiederholten.[11]

10 Nervenfachärztliches Gutachten, S. 4.

11 Interview mit Else Heinen.

Wiederaufbau der Bundesrepublik (1945–1957)

»Da wurde aus Alt Neu gemacht, das war die Hauptarbeit der Frauen«[12]

Sofort nach Ende des Krieges entwickelte Luise Peter gemeinsam mit ihrem Mann neue parteipolitische Aktivitäten. Hubert Peter organisierte die erste SPD-Veranstaltung und musste schon wieder für zwei Tage hinter Gitter, weil Parteiarbeit durch die Alliierten noch nicht erlaubt war. Im Sommer 1945 tagte in ihrer kleinen Bad Godesberger Dachwohnung ein überschaubarer politischer Arbeitskreis von SPD-Genossinnen und -genossen. Vor allem war es die gemeinsame frühere Arbeit in der Arbeiterjugend, die sie verband und an die sie durch die neue Parteigründung anknüpfen wollten. Während ihr Mann SPD-Parteisekretär für Bonn-Land und Euskirchen und später stellvertretender Bürgermeister von Bad Godesberg und dann Stadtverordneter, Abgeordneter der Landschaftsversammlung und Kreistagsabgeordneter sowie Mitglied des Bezirksvorstandes der Arbeiterwohlfahrt wurde, hielt sie ihm den Rücken frei, versorgte die Familie mit dem Nötigsten und zog mit ihrer Tochter durch die Wälder, um Brennmaterial zu besorgen.

Daneben war sie »selbstverständlich ehrenamtliche Helferin in der Arbeiterwohlfahrt« und baute dort, da sie das Schneiderhandwerk gelernt hatte, eine Nähstube mit auf. Diese Nähstube hatte nicht nur die Funktion, aus alter Kleidung neue Kleidungsstücke für Kinder und Erwachsene zu nähen und billig zu verkaufen, sie diente auch als Treffpunkt für die zum Teil isoliert in ihren Wohnungen lebenden, zum Teil alleinerziehenden Frauen, ferner als Unterstützungseinrichtung für Bedürftige, die durch die AWO mit Care-Paketen versorgt wurden, und als Selbsthilfeeinrichtung für diejenigen Frauen, die dort lernen konnten, ihre Kleidung selbst zu nähen.[13] Aus dieser Nähstube, in der auch viele politische Diskussionen geführt wurden, entstand der Mitgliederstamm der Arbeiterwohlfahrt. Viele der Frauen arbeiteten auch in der SPD-Frauenarbeit mit. Luise Peter organisierte für die SPD Weihnachtsfeiern für 500 bis 600 Kinder in der Godesberger Stadthalle. Ihre Tochter Else saugte soziales und politisches Engagement quasi mit der Muttermilch ein. Für sie war es selbstverständlich, die Arbeit der Sozialistischen Jugend »Die Falken« in ihrer Region mit aufzubauen.[14] Gemeinsam mit ihrer Mutter begleitete sie den Vater zu Parteiversammlungen, bereitete diese mit vor, verteilte Flugblätter und beteiligte sich an der Arbeit der Frauengruppe. Später nannte sie es »Politik am Mittagstisch«. Diese Politik trug dazu bei, dass die Tochter heute immer noch in der SPD politisch aktiv und – neben anderen Ehrenämtern – Kreisvorsitzende der Arbeiterwohlfahrt ist.[15]

---

12 Ebd.

13 Zur Nähstubenarbeit (in diesem Falle des DGB) siehe auch die Biographie über Lucie Kurlbaum-Beyer, in diesem Band, S. 324-338. Die Nähstuben der Arbeiterwohlfahrt haben eine Tradition, die bis zu ihrer Gründung der AWO zurückgeht. Vgl. *Christiane Eifert,* Frauenpolitik und Wohlfahrtspflege. Zur Geschichte der sozialdemokratischen »Arbeiterwohlfahrt«, Frankfurt/New York 1993, S. 90 ff.

14 Interview mit Else Heinen.

15 Ebd., S. 7.

Luise Peter beließ es allerdings nicht alleine bei der »Politik am Mittagstisch«. 1948 wurde sie Mitglied des Kreistages Bonn-Land, ein Amt, das sie über viele Jahre gerne ausübte, denn in die Kommunalpolitik konnte sie ihre vielfältigen Erfahrungen einbringen. Am 17. Januar 1951 gründete sie gemeinsam mit Hubert Peter und sieben anderen SPD Genossinnen und -genossen die Arbeitsgemeinschaft für Bildung und Kultur (ABK), eine aus der Tradition der Arbeiterbildungsvereine hervorgegangene Organisation. Anlässlich des 25-jährigen Bestehens dieser Arbeitsgemeinschaft konnte das Ehepaar 1976 aus der Hand der damaligen Bundestagspräsidentin Annemarie Renger Urkunden über ihre erfolgreiche Arbeit in Empfang nehmen.[16] Zu Luise Peters 50. Geburtstag gratulierte die NRZ der allzeit hilfsbereiten Frau, die eines der schönsten Gegenbeispiele gegen das Vorurteil sei: »Frauen, die im öffentlichen Leben stehen«, sind »bebrillte, unweibliche Blaustrümpfe«.[17]

Als Nachrückerin im Bundestag (1957)

»Nur für einen Tag saß Frau Peter im Bundestag«[18]

Am 24. Juli 1957 wurde die »Hausfrau aus Bad Godesberg«[19], Schneiderin, ehrenamtliche Sozialarbeiterin und »Godesberger Kommunalpolitikerin«[20] Luise Peter vom Landeswahlleiter Nordrhein-Westfalen über die Reserveliste für den am 18. Juli 1957 an den Folgen eines Verkehrsunfalles verstorbenen SPD-Abgeordneten Böhm aus Düsseldorf in den Zweiten Deutschen Bundestag berufen. Als der Bundstagspräsident Dr. Gerstenmaier sie am 29.8.1957 zur 227. Sitzung herzlich willkommen hieß, war das die erste und letzte Sitzung, an der Luise Peter teilnahm.[21] Es war gegen Ende der Legislaturperiode nicht mehr möglich, sich im Bundestag einzuarbeiten oder gar für die nächste Legislaturperiode zu profilieren. Auch war die Kandidatenliste für die Dritte Wahlperiode längst aufgestellt, auf der Luise Peter nicht zu finden war. Immerhin konnte sie an diesem Tag, ihrer einzigen Bundestagssitzung, 44 Tagesordnungspunkte mit verhandeln: unter anderem wurde das Kriegsfolgenschlussgesetz mit entsprechender Grundgesetzänderung verabschiedet. In der dem Protokoll beigefügten Liste über die namentliche Abstimmung

16 Bundestagspräsidentin ehrte die Mitgründer. Großes Programm zum Silberjubiläum der ABK, in: Generalanzeiger vom 22.3.1976, S. 9.

17 Luise Peter: Hilft, wo sie kann, in: NRZ vom 24.7.1956.

18 Nur für einen Tag, in: Fränkische Tagespost vom 30.8.1957.

19 Zit. nach »Großer Kehraus im Bundestag«, in: Hamburger Abendblatt vom 29.8.1957; die Bonner Rundschau vom 29.8.1957, die Freie Presse in Ostwestfalen-Lippe vom 30.8.1957, die Neue Rheinzeitung vom 29.8.1957, die Ostfriesische Rundschau vom 29.8.1957, die Hannoversche Presse vom 29.8.1957, die Frankfurter Abendpost vom 30.8.1957, die Nordwestdeutsche Rundschau vom 29.8.1957 und die Rhein-Zeitung vom 29.8.1957 bildeten gar verschiedene Versionen von Luise Peter »am häuslichen Küchenherd«, mit ihren Kochtöpfen hantierend, ab.

20 Einige Zeitungen würdigten auch die politische Arbeit Luise Peters und zeigten Bilder von ihrer Beteiligung an den Abstimmungen im Deutschen Bundestag, z.B. WRZ vom 30.8.1957, Zeitungsausschnitt ohne weitere Angaben in: AdsD, Sammlung Personalia Luise Peter.

21 Protokoll 2. Deutscher Bundstag – 227. Sitzung. Bonn, Donnerstag, den 29. August 1957, S. 13510.

zur Grundgesetzänderung und über eine Zollsatzänderung ist Luise Peter mit ihrem Votum ebenso wie alle anderen Abgeordneten vertreten.[22]

An diesem Tag bekam sie auch den Streit um das Atomgesetz mit. Die SPD wollte damals im Grundgesetz verankert wissen, dass die Atomenergie ausschließlich »für friedliche Zwecke« genutzt werden dürfe. Der Abgeordnete Karl Wittrock (SPD) ging bei der Sitzung so weit, zu betonen, wer diese Formulierung ablehne, spiele mit dem Gedanken, »Atomwaffen zu erzeugen, zu besitzen und anzuwenden«.[23] Das freilich wollten die Regierungsparteien nicht auf sich sitzen lassen. Zudem verwiesen sie darauf, dass solche Fragen Gegenstand der Londoner Abrüstungsverhandlungen seien. Der Antrag der SPD auf ein Atomgesetz wurde ebenso abgelehnt, wie ihr Antrag, die Verweigerung der Visa für Sportler aus den Ostgebieten zu behandeln. Luise Peter bekam noch eine Schlussansprache von Bundestagspräsident Gerstenmaier mit, der die Leistung des zweiten Bundestages würdigte, und konnte sich an diesem Tage einen Eindruck über die parlamentarischen Auseinandersetzungen verschaffen.

Einerseits bedauerte sie, dass sie auf die parlamentarische Arbeit keinen weiteren Einfluss mehr hatte, andererseits betonte sie gegenüber Pressevertretern, dass sie als Kommunalpolitikerin ausgelastet sei.[24] Nach den Aussagen ihrer Tochter hatte sie als »bodenständige Politikerin« keinen besonderen Ehrgeiz, sich auf der Ebene des Bundestages weiter zu betätigen. Die Tochter bezeichnete ihre Mutter als »nicht ehrgeizig«, als eine Frau, die »aus ganz kleinen Verhältnissen kam« und der der Bezug zur Basis, der Kontakt zu den Menschen und die Hilfe für andere wichtiger waren als die große Politik.[25]

Weiterarbeit (1957 bis 1979)

»Sie wollte sich mit einem eigenständigen politischen Leben behaupten«[26]

Luise Peter hat bis ins hohe Alter ihre proletarische Herkunft nicht vergessen. Ihre gesamte Arbeit galt der Verbesserung der Lebenslage der sozial Schwächeren. Auch wenn sie nur »Abgeordnete für einen Tag« war, verdient sie aufgrund ihrer politischen und sozialen Arbeit ebenso wenig vergessen zu werden, wie ihre Weggefährtinnen. Sicher war sie mehr als »die Frau des stellvertretenden Bürgermeisters von Bad Godesberg«, als die sie fast die gesamte Presse zitierte.[27] Sie war schon seit vielen Jahren Kommunalpolitikerin und über Bad Godesberg hinaus bekannt und beliebt. Ihr Mann Hubert betonte zudem

22 Ebd., S. 13561 ff.

23 Ebd.

24 MdB für einen Tag, in: Neue Rhein Zeitung vom 29.8.1957. Dass ihr dieser eine Tag doch als so etwas wie die Krönung ihrer sozialen und politischen Arbeit erschien, beweist unter anderem, dass sie alle Zeitungsausschnitte, die über diesen »einen Tag« berichteten, aufgehoben und zu einem Buch zusammengefasst hat.

25 »Wir waren bodenständige Politiker, keine Bundespolitiker«, zit. nach Interview Else Heinen, S. 7.

26 Interview Heinen.

27 Abgeordnete für einen Tag, in: Diethmarscher Landeszeitung vom 27.7.1957, und in: Frankenberger Zeitung vom 29.7.1957 sowie zahlreichen anderen Tageszeitungen und »MdB für eine Sitzung«, in: General-Anzeiger, Bonn vom 27./28.7.1957.

immer wieder, dass er »Überstehen und Bestehen auch weitgehend seiner Frau« verdanke.[28]

Nach der kurzen Episode im Bundestag unterstützte sie weiter als »treusorgende Ehegattin (...) tatkräftig« ihren Mann, der nicht nur das Amt des Parteisekretärs innehatte, sondern auch Mitglied zahlreicher Ausschüsse und Parlamente auf Kommunal- und Landesebene war.[29] Sie selbst ist Hausfrau und Kommunalpolitikerin geblieben und machte weiter ehrenamtliche Arbeit in der Arbeiterwohlfahrt und der SPD-Frauengruppe. Unter anderem beteiligte sie sich an der Kinderbetreuung der örtlichen Stadtranderholung. Bei Kindern schien sie besonders beliebt zu sein, schließlich hatte sie zwei Enkeltöchter und viel Erfahrung, wie man liebevoll »mit so kleinen Geistern« umgeht.[30] Sie sorgte dafür, dass die Nähstubenarbeit weiterlief und betreute viele Hilfsbedürftige, die oft auf Empfehlung ihres Mannes zu ihr kamen.[31] Ihre Enkel und Urenkel konnten sich stets auf sie verlassen. Ihren Haushalt hat sie bis ins hohe Alter ohne fremde Hilfe selbst erledigt. Ihr erschien es fremd, andere Frauen für sich als Putzfrauen arbeiten zu lassen.[32] Die Frauenarbeit in der SPD und in der Arbeiterwohlfahrt waren ihr Zeit ihres Lebens wichtig, offensichtlich auch, um sich mit »einem eigenständigen politischen Leben« neben ihrem sehr aktiven und dominierenden Mann behaupten zu können. Nachdem sie pflegebedürftig geworden war, zog sie in das Hubert-Peter-Altenheim der Arbeiterwohlfahrt, das nach ihrem Mann benannt ist. Er besuchte sie dort täglich. In diesem Haus starb Luise Peter am 16. Juni 1979 nach einem erfüllten Leben.

---

28 Vgl. z.B.: »Es geht um die einfachen Dinge«, Hubert Peter wird 75 Jahre alt, in: General-Anzeiger vom 13.10.1977.

29 MdB für einen Tag, in: NRZ vom 29.8.1957. Zur Bundestagswahl 1949 hatte Hubert Peter erfolglos über die Landesliste kandidiert. Siehe Fragebogen für Bundestags-Kandidaten, in: AdsD, Sammlung Personalia Hubert Peter.

30 NRZ vom 24.7.1956.

31 Interview mit Else Heinen.

32 Ebd.

Dr. h.c. Annemarie Renger

»Ich habe bewiesen, dass eine Frau das kann«[1]

37 Jahre lang hatte Annemarie Renger das Mandat einer Bundestagsabgeordneten inne. Schon als Fünfjährige ist sie in der Arbeitersport- und Kinderfreundebewegung aktiv gewesen. Ihre politischen Lehrjahre hat sie zwischen 1945 und 1952 als Privatsekretärin von Dr. Kurt Schumacher, dem ersten Nachkriegsvorsitzenden der SPD, absolviert. Sie war fasziniert von seiner Persönlichkeit und von seiner Politik und ist das bis heute. Als Vorsitzende des Bundesfrauenausschusses zeichnete sie für die Frauenpolitik der Partei verantwortlich. Von reinen Frauenzusammenschlüssen hielt sie nie etwas. Die Eingliederung von Frauen in die Gesamtpartei war und blieb ihre wichtigste Aufgabe. Politik für Frauen sollte überflüssig werden, wenn Frauen die de jure mit der Verabschiedung des Grundgesetzes durchgesetzte Gleichberechtigung auch de facto erreicht hätten. Heute räumt sie ein, dass sie und ihre Mitstreiterinnen sich damals gründlich geirrt hätten, weil sie dachten, dieser Zustand sei bald erreicht.

Kindheit und Elternhaus (1919–1933)

»Der Vater war für uns der Maßstab aller Dinge, unser Vorbild«[2]

Annemarie Wildung wurde am 7.10.1919 als jüngste Tochter des Tischlers, späteren Geschäftsführers des Arbeiterturn- und Sportbundes (ATSB) und führendem Berliner Sozialdemokraten, Fritz Wildung und dessen Frau Martha in Leipzig geboren. Ihre Mutter stammte aus einer armen, kinderreichen Familie und trat 1908, nachdem das Preußische Vereinsgesetz, das Frauen die Mitgliedschaft in politischen Parteien verboten hatte, aufgehoben worden war, als eine der ersten Frauen der Sozialdemokratischen Partei bei. Fünf ältere Geschwister, vier Brüder und die Schwester Lotte begleiteten Annemarie Wildungs Kindheit. Die Arbeitsteilung im Hause Wildung bezeichnete sie später als traditionell: Der Vater war der »Ernährer«, er wirkte in der weiten Welt der Politik, war eine dominierende Persönlichkeit mit moralischen und politischen Prinzipien, an denen auch die Kinder ihre Entscheidungen und Verhaltensweisen gemessen haben. Die Mutter hütete das Haus, erzog die Kinder und schlug sich mit den familiären Schwierigkeiten herum. Sie war das »Herz der Familie«.[3] Annemarie Renger beschrieb sie später als in gewisser Weise emanzipierte und auch starke Persönlichkeit. Die Mutter ging trotz der vielen Arbeit, die sie zu Hause und mit den Kindern hatte, in der Frauenturngruppe des

1 Annemarie Renger über ihre Arbeit als Präsidentin des Deutschen Bundestages. Hier handelt es sich um einen Ausspruch, der viel zitiert wird – auch von Renger selbst. Vgl. u.a. Bonner Rundschau vom 23.11.2000: »Annemarie Renger zu Gast in Friesdorf«.

2 Annemarie Renger über ihren Vater, in: *Annemarie Renger*, Warum bin ich Sozialdemokrat? Hrsg. vom Vorstand der SPD, Bonn-Bad Godesberg, o.J., o.S.

3 *Renate Lepsius*, Frauenpolitik als Beruf, Gespräche mit SPD-Parlamentarierinnen, Hamburg 1987, S. 52-75; hier: S. 52.

ATSB turnen, lief Schlittschuh und Rollschuh, und beim Rodeln konnte es ihr nicht schnell genug gehen.[4]

Annemarie Renger (geb. 1919), MdB 1953–1990

Annemarie Wildung verlebte ihre ersten vier Kinderjahre in Leipzig, dann zog die Familie nach Berlin um, und Annemarie fühlte sich fortan als Berlinerin. In der Grundschule, die damals Volksschule hieß, fiel sie bereits durch ihr »unruhiges Wesen« auf, aber auch deshalb, weil sie schon lesen konnte, als sie eingeschult wurde. Das Nesthäkchen hatte Lesen von ihren älteren Geschwistern gelernt. Nach dem Besuch der Volksschule durfte Annemarie Wildung das Lyzeum besuchen. Von ihrem Vater inspiriert, der für sie und ihre Geschwister »der Maßstab aller Dinge« und Vorbild war, wuchs sie in die sozialistische Bewegung hinein.[5] Viele bekannte Sozialisten, wie den Reichstagspräsidenten Paul Löbe[6], den Reichsinnenminister Carl Severing[7] und etliche Reichstagsabgeordnete der SPD lernte sie schon als Kind im Büro ihres Vaters kennen.[8] Geprägt durch das sozialdemokratische, freireligiöse Elternhaus war sie bereits als junges Mädchen am politischen Geschehen interessiert. Beeindruckt war sie von Lisa Albrecht[9], die sie im »Bücherkreis« kennen lernte und die später zu ihrem Idol wurde. Den »Bücherkreis«, eine sozialistische Buchgemeinschaft, die aus der Bildungs- und Erziehungsarbeit der Arbeiterbewegung bis 1933 nicht wegzudenken war, leiteten Lisa Albrecht und ihr Mann August Albrecht in Berlin. Kein Wunder, dass Annemarie Renger nach all diesen Begegnungen später sagte, sie sei schon früh »fasziniert von Politik« gewesen.[10]

4 *Annemarie Renger,* Ein politisches Leben, Stuttgart, 1993, S. 14.

5 Renger, Warum bin ich Sozialdemokrat?

6 Paul Löbe, (1875–1967), 1919–1920 Mitglied der Weimarer Nationalversammlung, bis 1933 MdR, 1920–1932 Reichstagspräsident, 1948–1949 Mitglied des Parlamentarischen Rates, 1949–1953 MdB.

7 Carl Severing, (1875–1952), 1907–1933 MdR, 1921–1933 MdL in Preußen, 1920–1926 preußischer Innenminister, 1928–1930 Reichsinnenminister.

8 *Annemarie Renger,* In die Politik hineingeboren, in: *Vorstand der SPD* (Hrsg.), Frauen machen Politik, Schriftenreihe für Frauenfragen, Nummer 4, Bonn 1958, S. 24-27; hier: S. 24.

9 Siehe die Biographie über Lisa Albrecht in diesem Band, S. 130-149.

10 *Annemarie Renger,* Fasziniert von Politik, Stuttgart 1981.

Im Alter von fünf Jahren wurde sie 1924 Mitglied der »Kinderfreunde« und entfaltete bei den »Roten Falken« die ersten politischen Aktivitäten. Mit ihren Mitstreiterinnen und Mitstreitern teilte sie Flugblätter aus, klebte Plakate und führte schon in frühester Jugend heftige politische Diskussionen.[11] Mit sieben Jahren trat sie in den Berliner Arbeiter-Schwimmverein ein. Wie viele sozialdemokratische Kinder kaufte sie im Konsum ein, verbrachte ihre Ferien mit ihrer Familie in Naturfreunde-Häusern[12] und ging mit ihrem Vater zu den Kundgebungen am 1. Mai. Ihre Eltern waren Mitglied der Gewerkschaft, der Arbeiterwohlfahrt und des Arbeiter-Samariter-Bundes und hatten als bildungsbeflissene Sozialisten ein Abonnement bei der »Volksbühne«. Die späteren Erzählungen Annemarie Rengers beschreiben das Bild einer sozialdemokratischen Musterfamilie, in der die Kinder ernst genommen wurden und an den Gesprächen der Erwachsenen partizipierten, eine Familie, die keine Strafen für Dummheiten oder Ungehorsam kannte, sondern in der Meinungsverschiedenheiten mit den Kindern diskutiert wurden. Allerdings beschreibt sie auch, dass die »natürliche Autorität« ihres Vaters weder die Kinder noch die Mutter zum Widerspruch reizte.[13] Jedenfalls wuchs Annemarie Wildung selbstbewusst und stolz auf und lernte früh, dass auch ein Mädchen vor niemandem den Nacken beugen muss. Mit politischen Gegnern, die sie in den 20er Jahren sowohl auf der rechten Seite bei den Anhängern der Stahlhelmjugend als auch auf der linken Seite bei der kommunistischen Jugend fand, hatten sie und ihre Genossinnen und Genossen – manchmal sogar handgreifliche – Auseinandersetzungen.[14] Gerne denkt sie heute noch an die Arbeiter-Turn- und Sportfeste, denn dort fand sie Gleichgesinnte. Eines der wunderbarsten Erlebnisse war für sie damals die Sozialistische Arbeitersport-Internationale 1931 in Wien, die ihr Vater organisiert hatte und an der sie als Zwölfjährige nicht nur teilnehmen, sondern auch an der Seite von Paul Löbe mitmarschieren durfte.

Es war in erster Linie ihr Vater, der 1928 die Kommunisten aus dem ATSB »wegen ihrer ständigen politischen Obstruktion« hinausdrängte.[15] Von ihm hatte sie sehr früh nicht nur die sozialdemokratische Grundeinstellung, sondern auch die Überzeugung übernommen, dass der Traum von der »Einheit der Arbeiterklasse« nicht zu verwirklichen war. Er wollte, ebenso wie später sie, nicht mit Kommunisten zusammenarbeiten. Menschliche Hilfe für Schwache und Unterdrückte waren im Elternhaus selbstverständlich und sowohl auf eine nationale als auch eine internationale Ebene bezogen. In der Sozialistischen Arbeiterjugend fand sie die Ideale der Französischen Revolution – Freiheit, Gleichheit, Brüderlichkeit – verwirklicht. Sie und ihre Gefährtinnen und Gefährten waren stolz, Arbeiterkinder zu sein, und wollten der Mit- und Umwelt zeigen, dass sie für eine bessere Welt kämpften. »Der Mensch ist gut und all diese wunderbaren Gesänge« waren für sie keine leeren Phrasen. Sie wollten die kapitalistischen Verhältnisse ändern,

11 Renger, Warum bin ich Sozialdemokrat?

12 Die Naturfreunde sind eine durch sozialdemokratische Arbeiter zur Pflege des Wanderns und der Touristik gegründete Vereinigung.

13 Renger, Ein politisches Leben, S. 20.

14 Renger, In die Politik hineingeboren, S. 24, sowie Ein politisches Leben, S. 19.

15 Renger, Warum bin ich Sozialdemokrat? Ferner: Ein politisches Leben, S. 23.

am Aufbau einer sozialistischen Welt mitarbeiten, und diese sollte alles umfassen: »Bildung, Kultur, Menschenwürde«.[16] Nach solchen Kindheitserfahrungen war es kein Wunder, dass sie bei der Aufnahmeprüfung für das Lyzeum auf die Frage, was sie einmal werden wolle, zur Antwort gab, Parteisekretärin.[17]

Jugendjahre im Schatten des Hakenkreuzes (1933–1945)

»Ich war überzeugt, dass dieses ›Dritte Reich‹ vorübergehen werde«[18]

Ihr Kindheitstraum, Parteisekretärin zu werden, fand mit dem 30. Januar 1933 zunächst ein jähes Ende. Einige der Lehrer ihrer Berliner Schule erschienen bereits in SA-Uniformen, andere, die sich weigerten, die Hakenkreuzfahne zu hissen oder den Führer zu preisen, verschwanden oder wurden versetzt.[19] Sie ahnte schon, dass es noch schlimmer werden sollte. Das Wetterleuchten, das den Untergang der Demokratie einläutete, hatte sie schon mitbekommen, als sie 1932 Plakate für »Papa Hindenburg« tragen musste.

Die »Zentralkommission für Arbeitersport- und Körperpflege«, deren Geschäftsführer ihr Vater war, wurde von der Gestapo 1933 ebenso aufgelöst wie die Kinderfreunde. Mit einer »ohnmächtigen Wut im Bauch« erlebte sie den 1. Mai 1933. Als sie anschließend in der Schule einen Aufsatz über die Jubelfeier schreiben sollte, hatte sie noch das Dröhnen der Marschschritte der SA-Uniformierten in den Ohren. Anstelle des Jubelaufsatzes über Adolf Hitler beschrieb sie, wie ihre Familie in ihrer Kinderzeit den 1. Mai im Kreise von gleichgesinnten Freunden verbracht hatte. Ihre »wunderbare Lehrerin« schrieb unter den Aufsatz: »Thema verfehlt, aber sehr stimmungsvoll.« Sie war sehr stolz, denn eine sehr gute Note bekam sie obendrein.[20]

Fritz Wildung, der die »Eiserne Front«, ein Kampfbündnis der bürgerlichen und demokratischen Parteien (SPD und Zentrum) zum Schutze der Weimarer Republik mitbegründet hatte, wurde zunächst verhaftet, im Gestapo-Hauptquartier viele Male verhört und stand lange Zeit unter polizeilicher Meldepflicht.[21] Er war erwerbslos und erhielt nur eine geringe Arbeitslosenunterstützung. Auch die beiden Brüder und die Schwestern von Annemarie Wildung wurden erwerbslos. Ein Angebot, das Referat »Sport« im Innenministerium zu übernehmen, lehnte Fritz Wildung ab. Er wollte sich von den Nationalsozialisten nicht »kaufen« lassen. Eine andere Stelle bekam er aber als stadtbekannter Sozialdemokrat nicht. Seiner jüngsten Tochter wurde aus den gleichen Gründen das Stipendium gestrichen, was bedeutete, dass sie die Schule verlassen musste.

---

16 Interview Gisela Notz mit Annemarie Renger am 4.11.1999 in der Friedrich-Ebert-Stiftung in Bonn, S. 1.

17 Diskussionsveranstaltung Annemarie Rengers mit einer Heidelberger Schulklasse am 11.6.2002 in der Friedrich-Ebert-Stiftung, Bonn.

18 Renger, Warum bin ich Sozialdemokrat?

19 *Lore Breuer,* Frauen in der Politik: Annemarie Renger, Liselotte Funcke, Koblenz 1975, S. 42; auch Renger, Ein politisches Leben, S. 34.

20 Eine Geschichte, die Annemarie Renger oft bei Vorträgen und Interviews erzählt. Veröffentlicht in: *Annemarie Renger,* Ohne Grundsätze geht es nicht, in: Frankfurter Rundschau vom 10.9.1988.

21 Renger, Ein politisches Leben, S. 35.

Ihr Vater kaufte von seinen wenigen Ersparnissen ein Lebensmittelgeschäft, das aber schon nach neun Monaten »pleite« war, weil keiner in der Familie wirklich »etwas vom Geschäft verstand« und die Kunden sich ohnehin nur das Allernötigste leisten konnten, häufig kein Geld hatten und ihre Schulden nicht bezahlten. Nun war nicht nur Schmalhans Küchenmeister, sondern auch ein unverfänglicher Treffpunkt für die Genossinnen und Genossen aufgegeben worden. Annemarie Renger begreift heute noch nicht, wie es der Mutter gelang, die Familie mit dem wenigen Geld über die Runden zu bringen und obendrein den Vater zu versorgen, der unter der Erwerbslosigkeit schrecklich litt.[22]

Sie beobachtete, wie sich politische Gegner vor der Haustür des Elternhauses prügelten. Prügel konnte man schon bekommen, wenn man die vorbeimarschierenden Kolonnen nicht mit »Heil Hitler« grüßte. Als 14-Jährige musste Annemarie Wildung erleben, wie jüdische Mitbürger verunglimpft, tyrannisiert und geschlagen wurden und schließlich ebenso verschwanden wie einige ihrer Mitschülerinnen. Sie schwor sich schon in jungen Jahren, mit all ihren Kräften dazu beizutragen, dass die Schrecken dieses Regimes ein Ende nähmen und sich nie mehr wiederholten.

Zunächst begann sie 1934 eine Verlagslehre, die sie mit der Handelskammerprüfung abschloss. Anschließend arbeitete sie als Verlagskaufmann.[23] Noch während der Lehre lernte sie ihren Mann, Emil Renger, kennen. Er war Werbeleiter beim gleichen Verlag. Da er ebenfalls aus der Arbeitersportbewegung kam, war er, trotz des jugendlichen Alters von Annemarie Wildung, bei der Familie schnell als künftiger Schwiegersohn akzeptiert. Nachdem er seine Dienstzeit bei der Wehrmacht abgeleistet hatte, heirateten sie im März 1938. Im Juli des gleichen Jahres brachte sie, sie war nun achtzehn Jahre alt, ihren Sohn Rolf zur Welt. Als ihr Mann am 24. August 1939, kurz vor Ausbruch des Zweiten Weltkrieges, zu einer ›Übung‹ einrücken musste, blieb sie mit ihrem Sohn alleine. Im Sommer 1944 fiel ihr Mann in Frankreich, und auch drei ihrer Brüder und etliche Freunde kamen nicht mehr aus dem Krieg zurück. Den Glauben an die »Genialität des Führers« konnte sie nie nachvollziehen. Nur durch Zufall und durch die Hilfe von beherzten Männern entkam sie dem Bombenhagel und beinahe wäre sie durch ihre Vertrauensseligkeit ins KZ gekommen, als sie mit einem KZ-Aufseher aus Dachau Tennis spielte und im Gespräch auf Hitler, den Krieg und die Nazis schimpfte.[24]

Ihr Brot verdiente sie während der Zeit des Nationalsozialismus als Stenotypistin und Sekretärin in verschiedenen Betrieben. Wie in vielen Arbeiterfamilien bewahrte sie der große Obst- und Gemüsegarten, der zum Genossenschaftshäuschen der Schwiegereltern gehörte, vor dem Verhungern. Kurz vor Kriegsende, als die sowjetischen Panzer 50 Kilometer vor Berlin standen, floh sie mit ihrem Sohn in die Lüneburger Heide nach Visselhovede zu Verwandten und arbeitete in einem Hilfslazarett als Küchenhilfe. Wenige Wochen später erlebte sie dort den Einmarsch der Engländer und das Kriegsende und

22 Renger, Ein politisches Leben, S. 37 f.

23 Annemarie Renger in einem Interview mit Renate Lepsius, in: Lepsius, S. 55.

24 Renger, Ein politisches Leben, S. 51.

zog mit ihrem Sohn, ihrer Schwester und deren beiden Söhnen in eine Baracke, die vorher von polnischen Zwangsarbeitern bewohnt worden war.[25]

Wiederaufbau und Gründung der Bundesrepublik (1945–1952)

»Neben diesem großartigen Menschen ein Stück des Weges mitgehen«[26]

Annemarie Renger lebte nun in bitterer Not auf dem Lande. Da es wenig zu Essen gab und auch das Brennmaterial schwer zu bekommen war, arbeitete sie mit ihrer Schwester für ein paar Kartoffeln beim Bauern und sammelte Pilze, um für sich und die Kinder kochen zu können. Für das Brennmaterial wurden heimlich Bäume gefällt und Torf gestochen.[27] Die Verbindungen nach Berlin waren abgebrochen. Der älteste Bruder, der mit einer Halbjüdin verheiratet war und deshalb Zwangsarbeit leisten musste, starb bald nach Kriegsende an den Schäden, die ihm durch die Zwangsarbeit zugefügt worden waren. Der Hass gegen diejenigen, die dieses Leid verursacht hatten, wurde bei Annemarie Renger bald durch den Wunsch verdrängt, ein anderes demokratisches Deutschland mit aufzubauen und die Menschen zu überzeugen, dass sich eine solche Diktatur nicht wiederholen dürfe. Dass es Menschen gab, die immer noch behaupteten, von den Gräueltaten des Nationalsozialismus nichts gewusst zu haben, mochte sie nicht gelten lassen.

Im Sommer 1945 bekam ihr Leben die entscheidende Wende. Auslöser war die erste Nachkriegszeitung, die in ihre Hände gelangte. Später bezeichnete sie dieses Ereignis als »eine glückliche Fügung«.[28] Es war der »Hannoversche Kurier«, der über eine Rede von Kurt Schumacher berichtete. Es war derselbe Schumacher, den ihr Vater früher bereits als einen der mutigsten und kämpferischsten SPD-Reichstagsabgeordneten geschildert hatte. Sie ließ sich die Rede des Mannes, der gerade dabei war, die SPD wieder aufzubauen, schicken. Die Rede trug den Titel: »Wir verzweifeln nicht!«[29] Schumacher sprach darin von der Verpflichtung und dem Anspruch der demokratischen Kräfte auf Mitgestaltung beim Neuaufbau und forderte die Überlebenschance für das geschlagene Deutschland und eine geeinte Nation unter gleichzeitiger Ausgrenzung der Kommunisten. Annemarie Renger war von der »aufrüttelnden Sprache« tief beeindruckt. Schumachers Aufforderung traf mit ihrem eigenen Wunsch, sich mit allen Kräften an dieser Aufgabe zu beteiligen, zusammen.[30] Sie war dermaßen fasziniert von dem Mann, der nicht vor den Besatzungsmächten buckelte und sich weigerte, Opfer und Täter in einen Topf zu werfen, dass sie »als Tochter eines bekannten Sozialdemokraten« einen Brief an das »Büro Dr. Schuma-

---

25 Renger, In die Politik hineingeboren, S. 25.

26 Renger über Kurt Schumacher, in: ebd., S. 26.

27 Ebd., S. 25, sowie Renger, Ohne Grundsätze.

28 Renger, Warum bin ich Sozialdemokrat?

29 Abgedruckt ist die Rede in: *Willy Albrecht* (Hrsg.), Kurt Schumacher. Reden – Schriften – Korrespondenzen 1945–1952, Bonn 1985, S. 203-235.

30 Annemarie Renger über ihre Begegnung mit Kurt Schumacher. Manuskript, o.O., o.J., in: AdsD, Sammlung Personalia Annemarie Renger.

cher«, wie die vorläufige SPD-Zentrale in Hannover zunächst hieß, schrieb, in dem sie sich als Sekretärin bei ihm bewarb.[31]

Ihre Bewerbung war erfolgreich: Im Oktober 1945 begann die 25-Jährige in Hannover am »Brennpunkt des politischen Geschehens«, im Parteibüro des (bald) ersten Nachkriegsvorsitzenden der SPD in einem kleinen Hinterzimmer in der Jakobstraße in der zertrümmerten Altstadt zu arbeiten.[32] Dort liefen die Fäden der Nachkriegspolitik zusammen. Annemarie Renger wurde Mitglied der Sozialdemokratischen Partei und arbeitete mit Schumacher, aus dessen Büro Briefe in alle Welt gingen, von morgens 8 Uhr bis nachts um 12 Uhr. Die junge Sozialdemokratin, die auch Mitglied der Gewerkschaft Handel, Banken und Versicherungen wurde, war überwältigt, »neben diesem großartigen Menschen und weitblickenden Politiker ein Stück des Weges mitgehen zu können«.[33] Für sie war Schumacher, der als Freiwilliger bereits im Ersten Weltkrieg schwer verwundet worden war und seinen rechten Arm verloren hatte und im Dritten Reich als politischer Gegner der Nationalsozialisten zehn Jahre in verschiedenen Konzentrationslagern eingesperrt war, ein Symbol für das aus allen Wunden blutende Volk und ein großes Vorbild. Von Mai bis Dezember 1946 leitete sie sogar das Büro des Parteivorstandes der SPD in Berlin selbstständig. Es war notwendig geworden, in Berlin eine Verbindungsstelle des Parteivorstandes zu den alliierten Dienststellen, zur Berliner Partei, zum Berliner Parlament, zu Journalisten und anderen Institutionen zu schaffen. Schumacher musste häufig Gesprächstermine und Veranstaltungen in Berlin wahrnehmen und brauchte in Berlin eine Person seines Vertrauens: Das war Annemarie Renger. Schumacher hörte gerne ihre Meinung, die er »Volkesstimme« nannte.[34] Sie hatte die Aufgabe in Berlin aber auch deshalb übernommen, weil sie von Schumacher Abstand gewinnen und entscheiden wollte, ob sie mit ihm zusammenleben wollte oder nicht: »Ich war sechsundzwanzig, und er war fünfzig – da muss man schon gründlich nachdenken.«[35] Sie kehrte nach Hannover zurück. Die Berliner Vertretung des PV übernahm Erich Brost (später Willy Brandt). Der stellvertretende Parteivorsitzende Erich Ollenhauer war froh, dass »das Provisorium vom Vorjahr mit der Genossin Renger« beendet war.[36]

Annemarie Renger bewunderte Schumacher wegen seiner aufrichtigen politischen Haltung, die anscheinend kein Schicksalsschlag brechen konnte. Sie wollte ihm helfen, ihn stützen und unterstützen. Das wurde nach seiner Beinamputation 1948 noch notwendiger. Ihre Schulter wurde gewissermaßen zu seiner ›zweiten Hälfte‹[37]: »Auf Annemarie Renger gestützt betrat Kurt Schumacher den Abgeordneten-Saal im Rathaus zu Hannover. Spontan erhoben sich die Mitglieder des Parteiausschusses und waren sicht-

31 Lore Breuer, S. 42.

32 Renger, In die Politik hineingeboren, S. 26.

33 Ebd.

34 Renger, Manuskript.

35 Zit. nach Lepsius, S. 59.

36 Sitzung des Parteivorstandes am 10. Januar 1947 in München, abgedruckt in: *Willy Albrecht,* Die SPD unter Kurt Schumacher und Erich Ollenhauer 1946 bis 1963, Bd. 1, Bonn 1999, S. 138.

37 Renger, Ein politisches Leben, S. 141.

Kurt Schumacher, gestützt auf Annemarie Renger, während des Bundestagswahlkampfes 1949

lich beeindruckt von der Willensstärke, mit der dieser Mann die körperliche Behinderung meisterte und sofort, nachdem er auf einem Stuhl Platz genommen hatte, in die Auseinandersetzung ging.«[38] Als Figur in diesem Bilde ist Annemarie Renger, lange bevor sie selbst parteipolitisch aktiv wurde, der Öffentlichkeit bekannt geworden. Die beiden Menschen schienen wie miteinander verwachsen. Die Gefährtin half ihm beim Aus- und Ankleiden und bei den einfachsten Verrichtungen. Heinrich Albertz, später Regierender Bürgermeister von Berlin, ging so weit, dass er sagte, ohne sie wäre es für Schumacher nach seiner Beinamputation unmöglich gewesen, bis zu seinem Tod als einer der führenden westlichen Politiker die deutsche Politik mitzubestimmen.[39]

Nicht nur Annemarie Renger, auch alle anderen Mitarbeiter bewunderten den schwer behinderten Schumacher. Von ihm ging eine starke Ausstrahlung aus, die seine Umgebung in ihren Sog zog.[40] Es gelang ihm, die Menschen, die ihm zuhörten, mitzureißen, zu überzeugen und aufzurütteln. Dass er, wenn es darum ging, für die SPD, für den Sozialismus zu arbeiten, von seinen Mitarbeiterinnen und Mitarbeitern ebenso wie von sich selbst den vollen Einsatz verlangte, tat dieser Bewunderung keinen Abbruch. Annemarie Renger wurde nicht nur Kurt Schumachers Sekretärin, sondern auch seine Haushälterin, Krankenpflegerin, Vertraute und Gefährtin. Ihr imponierten die Thesen, die er damals aufstellte, sie »waren von dem Grundgedanken geprägt, dass unser Land mit seinen mehr als 10 Millionen Flüchtlingen sich einen Kapitalismus des Besitzbürgertums nicht mehr leisten könne. Den wenigen Besitzbürgern stand die übergroße Mehrzahl von Entwurzelten aller Schichten gegenüber, für die es nach seiner Überzeugung eine Überlebenschance und eine Zukunft sowie größere Gerechtigkeit nur im demokratischen Sozialismus geben könne«.[41] Annemarie Renger konnte sich voll und ganz seiner Vorstellung von Sozialismus auf der Basis der größtmöglichen Freiheit des Individuums und der Nation anschließen. Sie teilte auch seine Ablehnung des Kommunismus. Beides – die entschiedene Ablehnung des Kommunismus und die Verurteilung der Zwangsvereinigung von Kommunisten und Sozialdemokraten in der Sowjetischen Besatzungszone – waren politische Forderungen, die sie bereits aus den Lehren ihres Vaters ableiten konnte.

Nicht nur die politische Landschaft, auch Annemarie Rengers Leben änderte sich, als Schumacher am 20. August 1952, mitten in den Vorbereitungen für das zweite Nachkriegs-Wahljahr 1953, starb. Die Faszination, die Kurt Schumacher auf sie ausgeübt hatte, ließ sie nie mehr los. Sie hält bis heute an. Zum 90. Geburtstag von Kurt Schumacher gründete sie 1985 mit anderen Genossinnen und Genossen, vor allem mit solchen

38 Am 20. April 1949 berief Schumacher den Parteivorstand und Parteiausschuss der SPD nach Hannover ein. Es war sein erstes und in der Tat spektakulärstes Auftreten in der deutsche Politik nach einer einjährigen Pause. *Arno Scholz,* Kurt Schumacher, Sein Weg durch die Zeit, Berlin-Grunewald 1954, S. 208.

39 Vgl. *Peter Merseburger,* Der schwierige Deutsche. Kurt Schumacher, Stuttgart 1995, S. 414.

40 Renger, Ein politisches Leben, S. 97.

41 Renger, zit. nach Breuer, S. 46.

aus dem »Seeheimer Kreis«[42], in Hannover die Kurt-Schumacher-Gesellschaft, deren Vorsitzende sie bis heute ist.

Arbeit im Bundestag (1953–1990)

»Nun hieß es zu beweisen, dass ich meine politischen Lehrjahre gut genutzt hatte«[43]

Für Annemarie Renger begann nun eine eigene politische Karriere: 1953 kandidierte sie mit der Unterstützung von Schumachers Nachfolger im Parteivorsitz, Erich Ollenhauer, und anderen Parteifreunden als Bundestagsabgeordnete für die SPD in Schleswig-Holstein. Ihr Wahlkreis war Pinneberg-Elmshorn, Anni Krahnstöver hatte hier 1949 als Direktkandidatin die Wahl gewonnen. Anni Krahnstöver kandidierte 1953 nicht mehr, weil ihr Mann, Wilhelm Mellies, ebenfalls MdB war und man in der Parteiführung die Meinung vertrat, ein Ehepaar könne nicht zur gleichen Zeit dem Parlament angehören.[44] Sie unterstützte Annemarie Rengers Kandidatur jedoch nachdrücklich und gab der Nachfolgerin gute Ratschläge mit auf den Weg.[45] Im September 1953 wurde Annemarie Renger, kurz vor ihrem 33. Geburtstag, über den »Frauenplatz« auf der Landesliste Mitglied des Deutschen Bundestages. Sie gehörte zur jüngeren Generation, hatte dennoch die Weimarer Republik erlebt und konnte so eine Brücke zur Nachkriegs-Sozialdemokratie bauen.[46] Im Bundestagsgebäude bekam sie ein Zimmer, das sie später mit ihrer Kollegin und Freundin Luise Herklotz teilte.[47] Sie war kein politischer Neuling, denn schließlich war sie die Tochter von Fritz Wildung, dem führenden Mann der Arbeitersportbewegung und Mitbegründer der Eisernen Front. Ein Jahr nach dem Tod ihres Lehrmeisters Schumacher starb 1954 auch ihr Vater. Fortan war sie auf sich allein gestellt. Kein Wunder, dass sich ihr politisches Konzept eng an das Vermächtnis der beiden Männer, die ihre Lehrmeister waren, anlehnte. Ihre Mutter führte neun Jahre lang – bis zu ihrem Tode – Annemarie Rengers Haus in Bonn und betreute ihre Tochter liebevoll. 37 Jahre lang, bis 1990, hatte Annemarie Renger das Amt einer Bundestagsabgeordneten inne.

Im Bundestag arbeitete Annemarie Renger in der 2. Wahlperiode als Ordentliches Mitglied im Ausschuss für Angelegenheiten der inneren Verwaltung, im Ausschuss für Fragen der Presse, des Rundfunks und des Films und im Ausschuss für Jugendfragen mit. Als Stellvertretendes Mitglied gehörte sie dem Ausschuss für Lastenausgleich und dem Ausschuss für Atomfragen an. In der 2. und 3. Wahlperiode war sie Stellvertretendes

42 Der Seeheimer Kreis war von »Kanalarbeitern« gegründet worden. Vgl. *Norbert Seitz*, Zwischen Toskana-Fraktion und Seeheimer Kreis, in: *Gabriele von Arnim* (Hrsg.), Politlust, München 1994, S. 194-201.

43 Renger, Warum bin ich Sozialdemokrat?

44 Siehe zu ihrem Ausscheiden aus dem Bundestag die Biographie von Anni Mellies, geb. Krahnstöver in diesem Band, S. 352-363.

45 Renger, Ein politisches Leben, S. 181.

46 Renger, Ein politisches Leben, S. 183.

47 Siehe die Biographie von Luise Herklotz in diesem Band, S. 205-224.

Mitglied des Ausschusses für Heimatvertriebene, in der 3. Wahlperiode des Ausschusses für Familien- und Jugendfragen und des Ausschusses für Atomkernenergie und Wasserwirtschaft, in der 3. bis 6. Wahlperiode Ordentliches Mitglied des Innenausschusses. In der 4. Wahlperiode gehörte sie als Ordentliches Mitglied dem Ausschuss für Wahlprüfung, Immunität und Geschäftsordnung, als Stellvertretendes Mitglied dem Sonderausschuss »Strafrecht« an. In der 5. Wahlperiode war Annemarie Renger zunächst Stellvertretendes, danach Ordentliches Mitglied des Ausschusses für Entwicklungshilfe, Stellvertretendes Mitglied des Sonderausschusses für die Strafrechtsreform und Stellvertretendes Mitglied der Fallex-Übung 1966. In der 5. und 6. Wahlperiode gehörte sie dem Kuratorium der Bundeszentrale für politische Bildung, von der 5. bis 7. Wahlperiode dem Rundfunkrat des »Deutschlandfunkes« an. In der 6. Wahlperiode war sie Ordentliches Mitglied des Ausschusses für wirtschaftliche Zusammenarbeit und seit Januar 1970 Stellvertretendes, in der 7. Wahlperiode Ordentliches Mitglied des Ausschusses zur Wahrung der Rechte der Volksvertretung. Im April 1970 wurde sie Stellvertretendes Mitglied des Gemeinsamen Ausschusses nach Art. 53 a des GG, dessen Ordentliches Mitglied sie von der 7. bis 11. Wahlperiode war. Dem Auswärtigen Ausschuss gehörte Annemarie Renger in der 6. Wahlperiode seit April 1970 als Stellvertretendes Mitglied, in der 8.–9. Wahlperiode als Ordentliches Mitglied (bis Juni 1990, danach als Stellvertretendes Mitglied) an. In der 8.–11. Wahlperiode war sie Stellvertretendes Mitglied des Ausschusses für Wahlprüfung, Immunität und Geschäftsordnung, in der 8. Wahlperiode Stellvertretendes Mitglied des Ausschusses für innerdeutsche Beziehungen und in der 11. Wahlperiode Ordentliches Mitglied des Ausschusses Deutsche Einheit.

Kritisch sah Annemarie Renger, dass die »Bürokratisierung der Politik die Kreativität und den Spaß an der Politik« auch lähmen konnte. Sie erkannte, dass sie sich selbst durchboxen musste. Das gelang aber nicht immer. Als Beispiel nannte sie, dass sie in den Jugend- und Familienausschuss delegiert wurde, obwohl sie dort nicht mitarbeiten wollte. Schließlich hatte sie mit dem »Familiendingsbums«, wie sie später sagte, nichts im Sinn.[48]

Von Jahr zu Jahr übernahm sie mehr politische Funktionen. Von April 1959 bis Januar 1966 war sie Mitglied der Beratenden Versammlung des Europarats und der Versammlung der Westeuropäischen Union. Als Nachfolgerin von Marta Schanzenbach[49] wurde sie 1966 vom Parteivorstand der SPD zur Vorsitzenden des Bundesfrauenausschusses bestellt. Sie wurde stellvertretende Vorsitzende des Internationalen Rates Sozialdemokratischer Frauen und gehörte seit 1963 dem Parteivorstand und seit 1970 dem Präsidium der SPD an. Diese Ämter behielt sie bis 1973, als sie auf dem Hannoverschen Parteitag der SPD nicht wieder gewählt wurde. 1969 bis 1972 war sie als erste Frau Parlamentarische Geschäftsführerin der SPD-Bundestagsfraktion. Sie wurde Vorsitzende der deutschen Gesellschaft für die Vereinten Nationen und als Vizepräsidentin des Deutschen Bundestages war sie lange Jahre Vorsitzende der Deutsch-Israelischen Parla-

48 Interview, S. 12.
49 Siehe die Biographie über Marta Schanzenbach in diesem Band, S. 435-459.

mentariergruppe, sie war Mitglied der Deutsch-Israelischen Gesellschaft und der WEU. Ab April 1971 wirkte sie in einem Arbeitskreis »Belange der Frauen in Städtebau und Wohnungswesen« mit.

Unermüdlich versuchte sie, mit der Bevölkerung in einem engen Kontakt zu bleiben und die Menschen von den Zielen der SPD zu überzeugen. Durch Reden, durch Sprechstunden, durch Zeitungsartikel, die sie über ihre Arbeit schrieb, und durch viele Briefe, die sie schrieb, wenn Bürgerinnen und Bürger sich an sie gewandt hatten, sollten die Menschen das Gefühl bekommen, dass sie sich als Abgeordnete auch außerhalb des Wahlkampfes um deren Interessen kümmerte. Besonders der Kontakt zu den jungen Menschen lag ihr am Herzen. Auch warb sie um das Vertrauen der jugendlichen Flüchtlinge aus der Sowjetischen Besatzungszone. Immer wieder versuchte sie, die jungen Menschen für die Wiedervereinigung der beiden deutschen Staaten zu gewinnen.

Annemarie Renger hielt sich stets an die politische Linie, die von der Parteispitze vorgegeben wurde. Als Beispiel gilt die Ablehnung gegen die Wiederaufrüstung, die von der gesamten SPD getragen wurde. Heute sieht sie diese Ablehnung als »rein gefühlsmäßig, zu einer Zeit, als wir gerade eben den schrecklichen Krieg hinter uns hatten«, an.[50] Sie verteidigt nach wie vor, dass die SPD sich später den veränderten Verhältnissen anpasste und die Wiederaufrüstung mittrug.

Aus ihren zahlreichen politischen Funktionen ergab sich ein Arbeitsprogramm, das kaum Zeit für »private« Aktivitäten ließ. Wie viele ihrer Mitstreiterinnen hatte auch Annemarie Renger oft das Gefühl, dass wegen der politischen Tätigkeit das Privatleben zu kurz kam. Wenn sie es schaffte, ging sie dennoch sonntags mit ihrem Sohn zum Fußballplatz oder zu anderen sportlichen Veranstaltungen. Sie spielte selbst Tennis, ging ins Theater oder sah sich einen guten Film an.[51] Dass ihr Sohn seine Schulzeit hauptsächlich im Internat verbringen musste, hat er ihr später wohl vorgeworfen, obwohl die Mutter der Ansicht war, dass es zu Hause nur halb so schön gewesen wäre, weil es »ein prima Internat war«.[52]

Annemarie Renger verstand sich nie als Frauenpolitikerin und machte doch konsequent Politik für Frauen. Einerseits ging es ihr darum, bei Frauen, die nach ihrer Meinung zu wenig politisch aktiv waren, ein parteipolitisches Interesse zu wecken. Über- und außerparteilichen Zusammenschlüssen, die »ihr eigenes Süppchen kochten«, stand sie skeptisch gegenüber. Sie wollte Frauen für die SPD-Arbeit gewinnen, sie »fit machen, dass sie sich selbstbewusst für ihre Rechte einsetzten«. Frauen sollten gemeinsam mit den Männern die nach dem Grundgesetz verbriefte Gleichberechtigung vorantreiben. Wenn Frauen im Berufsleben nach wie vor benachteiligt waren, so musste das in der Öffentlichkeit angeprangert und auf die Aufhebung dieses verfassungswidrigen Zustandes hingearbeitet werden. Mit ihren Fraktionskolleginnen kämpfte sie besonders gegen Lohndiskriminierungen. Darüber hinaus setzte sie sich für die Reform des § 218 StGB

50 Interview, S. 10.
51 Renger, In die Politik hineingeboren, S. 27.
52 Interview, S. 11 f.

im Sinne einer Fristenregelung ein. Bereits 1962, als es noch keine Studentenbewegung und noch keine neue Frauenbewegung gab, schrieb sie einen engagierten Artikel dazu, auf den es allerdings keinerlei Reaktion gab. Im Nachhinein führte sie das darauf zurück, dass »die Männer dieses Thema belanglos« fanden. Für sie war das Missachtung und Hohn.[53]

Andererseits sind Frauenfragen für sie gesellschaftspolitische Fragen, die man nur mit Hilfe der Politik lösen kann und die Männer genauso angehen, wie Frauen. Die SPD-Frauenausschüsse sollten »Teil der Partei mit besonderen Aufgaben und der Betreuung besonderer Zielgruppen sein«.[54] Frauenarbeit innerhalb der Partei war für sie eine »Sonderaufgabe«. Sie berief sich auf August Bebel, der der Frau, abgeleitet aus der zweifachen Unfreiheit durch ihre Zugehörigkeit zu einer unterdrückten Klasse *und* ihre Benachteiligung gegenüber dem Mann, »eine besondere Förderungswürdigkeit innerhalb der Arbeiterbewegung« zuerkannt hatte.[55] »Eine betont feministische Einstellung« hielt Annemarie Renger niemals für sinnvoll: »Wenn wir etwas erreichen wollen«, so ihre Auffassung, »brauchen wir die vernünftigen Männer, die es ja glücklicherweise gibt, denn sonst wären wir nicht einmal dort, wo wir heute sind.«[56] Unter ›betont feministisch‹ versteht sie offensichtlich das Verhalten von Frauen, die es grundsätzlich ablehnen, sich über ›Frauenfragen‹ mit Männern zu verständigen. »Für Sozialdemokraten ist es selbstverständlich, dass es keine spezifische Politik von Frauen für Frauen geben kann«, schrieb Annemarie Renger in den 70er Jahren während der Blütezeit der neuen Frauenbewegung.[57] Solche Positionen schaden nach ihrer Meinung den Interessen der Frauen, weil sie »von der großen Mehrzahl der Frauen mit Misstrauen betrachtet und von den Männern demonstrativ abgelehnt werden.«[58] Immer wieder verweist sie darauf, »dass wir schon so weit sind, dass wir vernünftige Männer haben und dass die Männer begriffen haben«.[59] Das war freilich auch in ihrer Fraktion ein langer Weg, von dem bis heute nur eine Teilstrecke zurückgelegt ist.

Auch Annemarie Renger sah die Notwendigkeit, dass sich bei bestimmten Fragestellungen Frauen aus allen Parteien gemeinsam engagierten. Als Beispiel verwies sie auf die Diskussion um die Neuformulierung des Beamtenrechts im Innenpolitischen Ausschuss im Jahre 1953. Frauen aller drei Bundestagsfraktionen setzten sich dafür ein, dass Beamtinnen nach einer Heirat nicht aus dem Beamtenberuf ausscheiden mussten, sondern sogar Auszeiten und die Möglichkeit von Teilzeitarbeit zugesichert bekamen. Das kam besonders den Frauen mit ›Familienpflichten‹ entgegen. Sie erinnerte sich, dass es auch

53 Vgl. Lepsius, S. 65.

54 Zit. nach Breuer, S. 76.

55 *Annemarie Renger,* Nicht isoliert kämpfen! Frauenpolitik in der Sozialistischen Internationale, in: *Willy Brandt* (Hrsg.), Frauen heute. Jahrhundertthema Gleichberechtigung, Frankfurt/M. 1978, S. 190-201; hier: S. 190 f.

56 Breuer, S. 10.

57 Renger, Nicht isoliert kämpfen!, S. 196.

58 Zit. nach ebd., S. 68.

59 Interview, S. 12.

bei der Neuformulierung des Lebensmittelrechts solche parteiübergreifende Frauen-Initiativen gab.[60]

Wichtig war ihr die Zusammenarbeit mit sozialistischen Fraueninitiativen auf internationaler Ebene. Schon in den 60er Jahren knüpften sie und andere Genossinnen Kontakte zu Frauen in Osteuropa. Als 1969 in Malente eine Zusammenkunft namhafter weiblicher Führungskräfte der Sozialistischen Fraueninternationale stattfand, war sie ebenso dabei wie ein Jahr später bei der internationalen Konferenz der Frauen in Moskau. Die Moskauer Konferenz ist ihr vor allem deshalb noch heute in guter Erinnerung, weil sie Gelegenheit für eine gute Zusammenarbeit mit den Genossinnen Elfriede Eilers, Helga Timm und Lucie Beyer[61] bot, die damals ebenfalls Bundestagsabgeordnete waren und an der Konferenz teilnahmen. Annemarie Renger wurde gebeten, eine Rede über die Situation der Frauen in Westeuropa zu halten, die wegen des Ausfalls eines anderen Referenten kurzfristig ins Programm aufgenommen wurde. Zu viert haben die Frauen die Rede formuliert, eine gemeinsame Arbeit, die ihr noch heute in guter Erinnerung ist.

So wenig sie auf eine isolierte Frauenarbeit zielte, so vehement wandte sie sich dagegen, dass Politik »Männersache« sei, dass die Frau ins Haus und der Mann in die »große weite Welt« gehöre. »Die einseitige Fixierung auf Ehe und Familie macht die Frau zu einem ›Wesen besonderer Art‹, was einfach nicht der Wirklichkeit entspricht«, so ihre Meinung. Ihrer Partei warf sie auf dem SPD-Parteitag in Saarbrücken 1970 vor, dass es nicht ausreiche »davon zu reden, dass man Frauen politisieren und ihr Bewusstsein verändern will, wenn die praktischen Zustände eine Veränderung überhaupt nicht erlauben«. Frauen müssten konkrete Erleichterungen erfahren, um die von ihnen verlangte »Doppel- und Dreifachbelastung überhaupt übernehmen zu können«. Das heißt für sie: »Wir können nicht nur davon reden, dass wir mehr Kindergärten brauchen, sondern wir müssen sie auch wirklich bauen.«[62] Freilich blieb sie damit den gängigen Vorstellungen verhaftet, dass Frauen für die Übernahme familiärer Belastungen zuständig bleiben, von der Forderung nach Einbeziehung der Männer – einzeln und kollektiv – in die Bereiche der so genannten ›privaten‹ Arbeiten, wie sie von der ›Neuen‹ Frauenbewegung bereits gestellt wurde, war sie (noch) weit entfernt.[63] Entschiedener als die ›Autonome‹ Frauenbewegung, die sich über den emanzipatorischen Gehalt des Rechtes der Frauen auf eigenständige Existenzsicherung nie einigen konnte, vertrat sie allerdings das Recht der Frauen auf Erwerbsarbeit. In einem Artikel schrieb sie 1971, dass es nicht angehe, wenn die Berufstätigkeit von Frauen von einem großen Teil der Bevölkerung weiter als anomal empfunden werde, obwohl 9,6 Millionen aller westdeutschen Frauen bereits berufstätig waren und die Mehrzahl der nicht erwerbstätigen Frauen ihre Tätigkeit als unproduktiv

60 Ebd., S. 13.

61 Siehe das Porträt über Lucie Kurlbaum-Beyer in diesem Band, S. 324-338.

62 Zit. nach Breuer, S. 64.

63 Vgl. hierzu *Gisela Notz*, Die Auswirkungen der Studentenbewegung auf die Frauenbewegung, in: Metis H.16/1999, S. 83-105, sowie die Rede Helke Sanders vom »Aktionsrat zur Befreiung der Frauen« im Anhang zu diesem Artikel.

und die wirtschaftliche Abhängigkeit als unerträglich empfanden.[64] Das war mutig, denn sie wusste wohl, dass die meisten Männer, auch in ihrer eigenen Partei, die zu dieser Zeit Abgeordnete in Bonn waren, Frauen zu Hause hatten, die Hausfrauen waren. Allerdings schränkte auch sie in einem Interview ein, dass Frauen die zu Hause Kleinkinder zu betreuen haben, die lange Abwesenheit und den Kraftaufwand – selbst mit der Hilfe von Hausangestellten – nicht aufbringen könnten. Das sei auch der Grund, weshalb »nur die nicht mehr ganz jungen Frauen« wirklich für die Bonner Politik in Frage kämen.[65] Sie selbst hatte einen 6-jährigen Sohn, als sie in die Politik einstieg.

Annemarie Renger hat Willenskraft und Durchsetzungsvermögen bewiesen und sich in die politische Arena begeben, um für ihre Überzeugung zu kämpfen. Vielleicht war sie nie wirklich eine Konkurrenz für die Genossen, weil sie nie »den Drang gehabt hatte, besonders wichtig zu sein«. Sie sagt von sich selbst, dass sie immer erst einmal zugehört und dann geredet habe. Aber sie hat sehr wohl gemerkt, dass ihre Beiträge nicht vom Tisch gewischt worden sind.[66] Ermutigt und gefördert wurde sie durch Männer *und* Frauen. Seit Beginn ihrer Bundestagsarbeit hat sie mit ihren Weggefährtinnen dafür geworben, dass sich die Anzahl der Frauen im Parlament erhöht, aber sie hat auch immer wieder darauf hingewiesen, dass es um Frauen gehe, die sich »nicht als etwas besonderes fühlten« oder die »als Frau Sonderrechte genießen wollten«. Es musste sich um qualifizierte Frauen handeln, die das ›fachliche Handwerkszeug‹ ebenso gut beherrschten wie Männer und sich wie die Männer in die Arbeit und die Diskussionen einzubringen verstanden.[67] Stets war sie stolz darauf, dass ihre harte politische Arbeit sie nicht zu einem »Kürassier in Röcken« hat werden lassen. Ihre Erfahrungen hätten sie zu der Überzeugung gebracht, dass »je weiblicher und natürlicher sich eine Frau auch in der Politik gibt, um so selbstverständlicher wird ihre Rolle als Partnerin auch auf diesem Feld akzeptiert«.[68] Wenn das (gemeinsame) Ziel der Gleichberechtigung der Frauen in Familie, Beruf, Politik und Gesellschaft erreicht sei, werde eine eigene Frauenarbeit automatisch überflüssig, das bedeute, Frauenpolitik könne lediglich eine Aufgabe auf Zeit sein. Heute räumt sie ein, dass das Ziel noch nicht erreicht sei und sie sich mit der zeitlichen Perspektive offensichtlich gründlich geirrt habe.[69]

Die Aussage: »Wir haben immer mit den Männern und nie gegen die Männer Politik gemacht«[70], zieht sich wie ein roter Faden durch Annemarie Rengers Biographie. Dennoch war ihr immer bewusst, dass Frauen »in unserer Gesellschaft noch immer auf vielen Gebieten benachteiligt sind«.[71] Auch verweist sie darauf, dass Frauen aufgrund ihrer

64 Zit. nach Breuer, S. 65.
65 Annemarie Renger: Ein menschliches Element in der Politik. Zeitungsausschnitt ohne weitere Angaben, AdsD, Sammlung Personalia Annemarie Renger.
66 Ebd. Vgl. auch Breuer, S. 16.
67 Interview, S. 7, 13.
68 Renger, Warum bin ich Sozialdemokrat?
69 Interview, S. 8, 14.
70 Interview, S. 14.
71 Annemarie Renger: Ein menschliches Element.

besonderen Lebenssituation oft andere Probleme haben als Männer, wenn sie sagt: »Wir Frauen müssen zusätzlich frauenspezifische und familienpolitische Sachen machen ..., wir fühlen uns einfach verpflichtet, diesen Teil der Politik stark mitzutragen.« Die Tatsache, »dass die Frauen im öffentlichen Leben eigentlich nur die zweite Rolle spielen«, hat sich nach ihrer Meinung von Generation zu Generation verfestigt. Frauen würden sich zwar auflehnen »gegen diese historisch vererbte Rolle, könnten sich aber selbst nur schwer aus alten Denkstrukturen lösen«.[72] Politikerinnen und Politiker benötigten vor allem Sachverstand, um das politische Handwerk kompetent auszufüllen, und dieser Sachverstand hing nach ihrer Meinung nicht von der Geschlechtszuordnung ab. Andererseits ist ihr Frauenbild, wie das vieler ihrer Weggefährtinnen, ambivalent, wenn sie die Differenz der Frauen gegenüber den Männern hervorhebt: »Frauen sind in der Mehrzahl sensibler, wenn sie sich angegriffen fühlen«, sie haben »ein größeres Gerechtigkeitsgefühl, können Bosheiten schwerer ertragen als Männer«[73].

Im Zuge der sich formierenden »Neuen« Frauenbewegung kam sie schnell in Konflikt mit jungen Genossinnen. Bereits 1968 wurden auf der Saarbrücker Frauenkonferenz Stimmen laut, die sich nicht mehr damit abfinden wollten, dass die Vorsitzende der »Arbeitsgruppe Frauenpolitik« nicht durch die Frauen gewählt, sondern durch den Parteivorstand berufen wurde. Bei der Bundesfrauenkonferenz 1970 in Nürnberg wurden die führenden Frauen, und damit vor allem Annemarie Renger, erstmals mit einer ›Neuen Frauenbewegung‹ innerhalb der Partei konfrontiert.[74] Es waren Frauen, die eine Adhoc-Arbeitsgruppe »Selbsterfahrung« einrichten wollten und schließlich auch einrichteten. Annemarie Renger kann sich noch heute darüber aufregen, dass die meisten Frauen sich für diese Arbeitsgruppe entschieden und sich damit über den Beschluss des Bundesfrauenausschusses hinwegsetzten. Ähnliche Auseinandersetzungen bestimmten in den darauffolgenden Jahren nicht nur die Bundesfrauenkonferenzen. Annemarie Renger sind Selbsterfahrungsgruppen nach wie vor ein Gräuel: »Um Gottes willen, das ist ja entsetzlich, es ist wie auf dem Chaiselongue beim Psychiater. Widerlich, ehrlich gesagt.« Sie war irritiert, dass die »Gegnerschaft zu den Männern« nun auch in der SPD Eingang gefunden hatte, zumal sie selbst sich in dieser Partei nie als ›Underdog‹ gefühlt hatte: »Ich bin doch von niemandem weder bedrängt worden noch unterdrückt worden in dem Sinne, dass sie mir keine Chance gaben.«[75] Emanzipiert war sie schließlich schon vor ihrer ersten Ehe gewesen, das betonte sie in Diskussionen mit SPD-Frauengruppen öfter.[76]

Annemarie Renger ließ in ihrem Engagement für Frauen nicht locker: Anfang 1970 richtete sie die »Arbeitsgruppe Frauenpolitik« ein. Sie hatte sich die Aufgabe gestellt, Gesetzesvorhaben auf frauenrelevante Fragen zu überprüfen, ein Unterfangen, das nach

72 Interview, S. 9.

73 Zit. nach Breuer, S. 75.

74 *Wolfgang Pausch*, Die Entwicklung der sozialdemokratischen Frauenorganisationen, Frankfurt 1985, S. 150.

75 Interview, S. 15 f.

76 Vgl. Annemarie Renger im Gespräch mit Ben Witter, »Ich bin ein Stück Sozialdemokratie«, in: *Annemarie Renger*, Fasziniert von Politik, Stuttgart 1981, S. 17-23; hier: S. 21.

den Formulierungen im Grundgesetz längst erledigt sein sollte, 17 Jahre später jedoch nichts an Relevanz verloren hatte.[77] Die Arbeitsgruppe formulierte in der sozialliberalen Ära eine Fülle parlamentarischer Initiativen: Politischer Dauerbrenner war nach wie vor die Forderung nach gleichem Lohn für gleiche und gleichwertige Arbeit und nach Abschaffung der Leichtlohngruppen.

Dass Frauenarbeit immer noch unterbewertet wurde, widersprach nach Annemarie Rengers Meinung nicht nur dem im Grundgesetz verbrieften Gleichberechtigungsgebot, sondern war für eine demokratische Gesellschaft unerträglich. Renger wollte die Bemühungen der Gewerkschaften um gleichen Lohn für gleichwertige Arbeit für Frauen und Männer und die Lösung des Problems der damals noch bestehenden Leichtlohngruppen unterstützen. Deshalb wollte sie zwei große Projekte im Bundestag initiieren, um auf die immer noch vorhandene Lohndiskriminierung der Frauen aufmerksam zu machen: Zum einen regte sie einen 24-stündigen Frauen-Warnstreik an. Zum anderen erklärte sie, sie wolle einen Musterprozess für eine Arbeitnehmerin führen, die bereit war, auf gleiche Bezahlung bei gleicher Leistung zu klagen. Ziel des Prozesses, für den sie die Kosten bis zum Bundesverfassungsgericht tragen wollte, sollte sein, Frauen, die die gleiche Arbeit ausführten wie Männer, grundsätzlich zum gleichen Lohn zu verhelfen. Beide Projekte scheiterten. Der »Warnstreik«, der alle Bereiche von Frauenarbeit einbeziehen sollte, also sowohl Arbeitsniederlegungen in der Erwerbsarbeit als auch unbezahlte Haus- und Sorgearbeiten, fand bei den Frauen nicht das notwendige Echo, obwohl die Zeitschrift »scala international« damals vermutete, Frau Renger könne mit dieser Idee der Zustimmung und Unterstützung nicht nur der Frauen sicher sein.[78] Später bezeichnete Annemarie Renger den Plan als verfrüht und »etwas utopisch«.[79] Der »Musterprozess«, mit dem sie vor allem aufzeigen wollte, dass die traditionsgemäße Unterbewertung und damit geringere Entlohnung der Frauenarbeit immer noch gegeben ist und dass man etwas dagegen unternehmen müsse, scheiterte offensichtlich daran, dass die Kriterien und Maßstäbe für die Bewertung gleichwertiger Arbeit fehlten. Ein entsprechendes Arbeitsbewertungssystem wurde wenig später durch eine Kommission, die aus Vertretern der Bundesregierung und der Tarifvertragspartner gebildet worden war, entwickelt und erprobt.[80]

---

77 Nach Art. 117 GG sollten am 31.3.1953 alle Gesetze daraufhin überarbeitet sein, dass sie dem Art. 3 (Abs. 2) Grundgesetz (Männer und Frauen sind gleichberechtigt) nicht widersprechen. Da dies nicht geschehen war, wurde die Einrichtung dieser Arbeitsgruppe umso wichtiger.

78 Die Präsidentin, in: scala international Nr. 4/1973, S. 10 15.

79 Zit. nach Breuer, S. 60. Im Jahre 1994 wurde, ausgehend von einem Köln-Bonner Frauenstreikkomitee, ein Frauenstreiktag initiiert, der die Verweigerung *aller* Arbeiten umfassen sollte. Er wurde von den Gewerkschaften nur unzureichend unterstützt, so dass es kaum zu Arbeitsniederlegungen kommen konnte. Dagegen fanden viele spektakuläre Aktionen in den Betrieben und Innenstädten statt. Vgl. hierzu: *Gisela Notz,* Den Aufstand wagen, in: beiträge zur feministischen theorie und praxis, H. 36/1994, S. 23-34..

80 Vgl. das Kurzinterview mit Annemarie Renger (MdB), Gleiche Arbeit – gleicher Lohn. Zeitungsausschnitt ohne weitere Angebe, FFBIZ-Archiv, Berlin.

Als Befürworterin der Großen Koalition, die 1966 gebildet wurde, kam Annemarie Renger nicht nur mit der Neuen Frauenbewegung, sondern auch mit der nachwachsenden jungen Generation in der SPD in Konflikt. Für sie war klar, dass die große Koalition notwendig war, wenn die SPD aus der langjährigen Opposition herauskommen wollte, und dass der Zeitpunkt gekommen war, um die Regierungsfähigkeit der Sozialdemokraten zu beweisen. Der Gegensatz zwischen Annemarie Renger und den linken Gruppierungen innerhalb der Partei wuchs, als sie die Verabschiedung der Notstandgesetzgebung in der Debatte am 15. Mai 1968 befürwortete. Für sie waren die Gegner der Notstandsgesetze junge Menschen, die sich »mit der Bundesrepublik als Staat nicht identifizieren« wollten.[81] Annemarie Renger wurde von den Linken und den Jungsozialisten, die sie als »sozusagen identisch« bezeichnete, als »Charaktermaske der bürgerlichen Reaktion« gebrandmarkt.[82] Das wollte sie sich nicht gefallen lassen.

Nachdem 1972 die »Arbeitsgemeinschaft sozialdemokratischer Frauen« (AsF) durch Beschluss des Parteivorstandes gegründet worden war, konnte endlich die Wahl der Vorsitzenden durch die Frauen selbst erfolgen. Die erste Bundesfrauenkonferenz der AsF fand im März 1973 in Ludwigshafen statt. Erstmals in der Parteigeschichte waren auch viele junge Frauen unter den Teilnehmerinnen. Die weiblichen Delegierten für die Bundesfrauenkonferenz waren in den AsF-Bezirken gewählt worden. Dem »Establishment«, wie die älteren Frauen in Anlehnung an eine Formulierung der Studentenbewegung genannt wurden, wurde Ämterhäufung vorgeworfen, durch die »jungen, unverbrauchten Kräften« keine Chance gegeben werde. Außerdem mussten sich die Älteren den Vorwurf gefallen lassen, sie hätten sich ihre Ämter dadurch erkauft, dass sie sich durch die Männer korrumpieren ließen, deren Politik mitzumachen, anstatt wirklich emanzipatorische Frauenarbeit zu leisten. Das war freilich ein bisschen zu viel.

Wolfgang Pausch[83] spricht von drei Gruppierungen, die diese Konferenz prägten: »Einmal die Vertreterinnen des rechten Flügels, zu denen eine Reihe älterer Frauen gehörte, die dem tradierten Rollenverständnis entsprach und deren Wortführerin Annemarie Renger war. Zum anderen die von den JUSOs beeinflussten Vertreterinnen des Arbeitskreises Emanzipation, deren Wortführerinnen Dorothee Vorbeck und Ute Canaris waren. Und drittens eine starke Gruppe von Frauen um Elfriede Eilers, die eine vermittelnde, kompromissbereite Position vertraten.«[84] Die kompromissbereite Elfriede Eilers wurde dann auch zur neuen Bundesvorsitzenden gewählt. Annemarie Renger, die zu den von den ›neuen‹ Frauen in der SPD wenig geachteten »Kanalarbeitern« gehörte, wurde nicht mehr gewählt.[85] Sie selbst rechnete sich zu der »traditionellen Sozialdemokratie, auch aus den Erkenntnissen heraus, die ich schon vor 1933 hatte«.[86]

81 Zit. Nach Breuer, S. 83.

82 Renger, Ein politisches Leben, S. 250.

83 Pausch, S. 173.

84 Auf die Typologie wird auch von Zeitzeuginnen verwiesen: Vgl. *Renate Lepsius,* Frauenpolitik als Beruf, Hamburg 1987, S. 88-99; Eilers, S. 76.

85 Die »Kanalarbeiter« oder »Kanaler« gab es seit Anfang der sechziger Jahre. Später gründeten sie den »Seeheimer Kreis«. Auch Elfriede Eilers rechnete sich seit 1963 zu dieser Gruppe. Obwohl sie nicht

Das war nicht die einzige Niederlage. Auch bei den Vorstandswahlen auf dem SPD-Parteitag 1973, der im April in Hannover stattfand, musste Annemarie Renger erleben, wie rasch eine Abwahl von einem Parteiamt erfolgen konnte. Sie wurde nicht wieder in den Vorstand und ins Präsidium gewählt. Nachdem sie sich in ihrer Rede während des Parteitages klar vom immer stärker werdenden linken Parteiflügel distanziert hatte, wurde sie gemeinsam mit vielen, »die nicht in das linke Schema passten«, aus dem Parteivorstand heraus gewählt. Die Niederlage schmerzte sie sehr. Ihre Sorge galt der Gesamtpartei, die hinter das Godesberger Programm zurückfallen und »die theoretischen Ladenhüter der Parteigeschichte« wieder hervorholen könnte.[87] Schließlich war sie Treuhänderin des Erbes von Kurt Schumacher, und sie wollte sozialdemokratische und keine sozialistische Politik machen. Mit entschiedenen Anfragen zur Sicherheitspolitik, zum Verhältnis zwischen den USA und der Bundesrepublik Deutschland, den Beziehungen zu Israel und der innerparteilichen Abgrenzung zu den Kommunisten wollte sie Politikerinnen und Politikern und der Bevölkerung zeigen, »dass es auch solche Sozialdemokraten noch gibt«.[88]

Präsidentin des Deutschen Bundestages und MdB (1972–1976)

»Ich habe in dieser Zeit erreicht, was ich wollte: Es ist bewiesen, dass eine Frau das kann!«[89]

Von ihren zahlreichen politischen Funktionen in den folgende Wahlperioden soll die prominenteste herausgegriffen werden: Am 13. Dezember 1972 übernahm sie, nachdem die SPD erstmals stärkste Fraktion im Bundestag geworden war, als erste Frau und als erstes Mitglied der SPD das zweithöchste Amt der Bundesrepublik Deutschland, sie wurde mit 438 von 516 abgegebenen Stimmen Präsidentin des Deutschen Bundestages.[90] Auf das Rätselraten um die Motive, warum eine Frau zur ersten Repräsentantin des Parlaments gewählt worden ist, soll hier nicht vertiefend eingegangen werden. Annemarie Renger betrachtete damals ohnehin eher das Ergebnis als Chance und Herausforderung zugleich: »Mich haben die Motive wenig interessiert, die führende Politiker meiner Partei dazu bewogen haben mögen, nach der Wahl 1972 dieses Amt für eine Frau zu reklamieren. Es war und ist meine Auffassung, dass wir Frauen jede Gelegenheit nutzen sollten, um zu zeigen, dass wir in der Politik und im öffentlichen Leben eine notwendige und positive Rolle zu spielen haben.« Gleichzeitig betonte sie ihre Loyalität gegenüber den Männern, durch deren Votum sie das Amt überhaupt hat bekommen können: »Schließ-

---

mit allen Strategien einverstanden war, hatte sie doch mit den »Kanalern, mehr Gemeinsamkeiten ... als mit einigen anderen«. Vgl. Eilers, S. 31.

86 Renger im Gespräch mit Witter, in: Renger, Fasziniert von Politik, S. 22.

87 Renger, Ein politisches Leben, S. 277.

88 Zitiert nach Die Welt vom 9.12.1981.

89 Annemarie Renger sagte dies später, auf ihre Amtszeit als Präsidentin des Deutschen Bundestages zurückblickend. Zit. nah *SPD* (Hrsg.), Zeitgenossen. Bonn o.J.

90 Nach der Verfassung rangiert die Bundestagspräsidentin nach dem Bundespräsidenten, aber vor dem Bundesratspräsidenten und dem Bundeskanzler an zweiter Stelle.

lich ist nicht zu übersehen, dass uns das Amt des Bundestagspräsidenten erst durch die Männer möglich gemacht worden ist. Ich habe nicht gehört, dass zuvor seitens der Frauen überhaupt solche Ansprüche erhoben worden sind – ich meine, nicht einmal im stillen Kämmerlein.«[91] Von einzelnen sozialdemokratischen Frauengruppen ist ihr sogar der Verzicht auf das Amt nahegelegt worden, weil es sich um nicht mehr als ein Alibi-Amt handele und ihre Wahl die Tatsache verschleiere, dass die Frauen im Parlament weiterhin unterrepräsentiert waren. Einen solchen Verzicht lehnte sie ab, indem sie sagte: »Meine Wahl zeigt ja gerade, dass es heutzutage einer Frau möglich ist, auch die höchsten Positionen in Staat und Gesellschaft zu bekleiden. Das ist ein großer Sprung nach vorn im Kampf um die Gleichberechtigung, ein Durchbruch, von dem ich mir eine große Anziehungskraft verspreche.«[92]

Ihre Wahl war auch in der SPD-Fraktion umstritten. Eine Gruppe von linken SPD-Abgeordneten hatte im Vorfeld versucht, die Nominierung zu verhindern. Der damalige Fraktionsvorsitzende Herbert Wehner hatte zunächst Marie Schlei für diese Position vorgeschlagen. Diese hatte jedoch in einem Rundfunkinterview erklärt, sie kandidiere nicht gegen Annemarie Renger, weil sie finde, dass dieser das Amt eher zukomme als ihr.[93] Willy Brandt, dessen Ostpolitik nicht mit Annemarie Rengers Vorstellungen übereinstimmte, wünschte Annemarie Renger nicht als Ministerin in seinem Kabinett. Ihm kam die Wahl zur Bundestagspräsidentin gerade recht. Es waren schließlich Gustav Heinemann und Herbert Wehner, die sie für das Amt vorgeschlagen haben, und es waren vor allem weibliche Mitglieder der Fraktion, die ihre Eignung anzweifelten.[94]

In ihrer Antrittsrede verwies sie darauf, dass sie darauf hoffe, dass »die Tatsache, dass einer Frau zum erstenmal in der deutschen Geschichte das Amt des Parlamentspräsidenten übertragen worden ist, dazu beitragen (möge), Vorurteile abzubauen, die einer unbefangenen Beurteilung der Rolle der Frau in unserer Gesellschaft noch immer entgegenstehen«.[95] Sie wünschte sich, dass ihre Verdienste in diesem Amt nach der »sachlichen Leistung und nicht nach der geschlechtlichen Zugehörigkeit« bewertet würden. Nach ihren Vorstellungen sollte es als »normal« empfunden werden und nicht als Besonderheit, wenn Frauen genauso wie Männer führende Rollen in Politik, Wirtschaft und Wissenschaft bekleideten.[96] Dennoch gestand sie: »Man darf wohl sagen, dass einem weiblichen Parlamentspräsidenten eine außerordentliche Aufmerksamkeit geschenkt wird. Das wirkt sich zwar persönlich nicht immer angenehm aus, weil der Frau gegenüber andere Kriterien angewandt werden als bei einem Mann. Aber das Amt selbst und seine Aufgabe ist für

---

91 Renger schrieb das als Antwort auf einen Fragenkatalog, den Lore Breuer ihr übersandt hatte. In: Breuer, S. 13.

92 *Wolf J. Bell*, »Ein großer Sprung nach vorn«, General-Anzeiger-Interview mit der Bundestagspräsidentin, in: General-Anzeiger, Bonn, Zeitungsausschnitt ohne weitere Angaben, Bundestagsarchiv, Berlin. Vgl. auch Lepsius. S. 68.

93 Lepsius, S. 68.

94 Vgl. »Kein Verständnis für die ›Abstinenz‹ von der Politik«, in: General-Anzeiger vom 28.11.2000.

95 Zit. nach Breuer, S. 16.

96 Ebd.

viele dadurch interessanter geworden.«[97] Wenn Frauen zur Ordnung rufen, ist es etwas anderes, als wenn Männer das gleiche tun. Annemarie Renger wurde gelobt, weil sie »ihren Mann« stand, »sowohl zu repräsentieren wie sich auch durchzusetzen weiß«. Dass Kleidung und Frisuren von Frauen oft eine größere Rolle spielen als die durch sie behandelten Themen, wurde immer wieder bestätigt. Das ging auch Annemarie Renger so, hatte doch bereits im Plenarsaal des Bundestages »ihr Kleid in oft lebhaften Farben die tristen Reihen ihrer benachbarten Parlamentskollegen« belebt.[98] Nun wurde ihr bescheinigt, sie habe ihre Kompetenz auf dem Sessel der Bundestagspräsidentin bewiesen, als sie vom »hohen Stuhl im Bundestag aus, immer tipptopp frisiert, mit heller energischer Stimme präsidierte«.[99] Gelobt wurde sie freilich auch immer wieder, weil sie »trotz ihres unermüdlichen Kampfes (...) nicht der Typ jener klassischen Frauenrechtlerinnen (sei), die selbst engagierte Befürworter der Emanzipation verschrecken«.[100]

Obwohl sie wusste, dass ihr neues politisches Amt eher dienenden als gestaltenden Charakter hatte, nahm sie sich viel vor. Sie wollte jede Gelegenheit nutzen, die Probleme der Frauen stärker in das Bewusstsein der Öffentlichkeit zu rücken. Sie wollte zudem darauf hinarbeiten, dass im Bundestag die Gebote der Fairness beachtet würden. Weiter nannte sie die Fortentwicklung der parlamentarischen Kontrolle über die Regierung, die Stärkung der Oppositionsrechte, den Ausbau der technisch-organisatorischen Hilfsmittel des Parlaments und verfassungsrechtliche Fragen.[101] Bald fanden Genossinnen und Genossen und auch Vertreter und Vertreterinnen der Presse, dass sie dem Amt eine neue Lebendigkeit verliehen habe und es aus dem starren Repräsentativverständnis der Männer herausgelöst hat.

Bereits 1973 war sie nach einer demoskopischen Umfrage die bekannteste Politikerin der Bundesrepublik.[102] 1973 war auch das Jahr, in dem Aleksander Loncarevisch, gerade 52-jährig, an einem Herzanfall gestorben ist. Die Bevölkerung erfuhr erst durch Pressemitteilungen, die im Frühjahr 1973 von dessen plötzlichem Tod berichteten, dass sie den jugoslawischen Handelsattaché am 10.12.1965, nachdem dieser ihr zuliebe sein Land verlassen und die deutsche Staatsangehörigkeit erworben hatte, geheiratet hatte. Wieder hatte sie einen Lebensgefährten verloren. Der Traum, mit ihm zusammen alt zu werden, war vorbei. Später schrieb sie, neben ihrem Sohn, ihrer Schwiegertochter und ihren drei Enkelkindern sei er »der seelische Quell (gewesen), aus dem ich meine ganze Kraft schöpfte und der mich immer wieder gegen Unbill und Ärger in der Politik stark mach-

97 Ebd., S. 17.

98 *Siegfried von Beöczy,* Zur Person Annemarie Renger, in: Stuttgarter Nachrichten vom 7.12.1972.

99 Renger: Scheel-Nachfolgerin? Kandidatin, in: Bunte Illustrierte vom 9.11.1978 und: Wenn Frauen zur Ordnung rufen, in: Augsburger Allgemeine vom 7.2.1976.

100 *Gerd Rauhaus,* Miß Bundestag hat sich durchgesetzt, in: General-Anzeiger Bonn vom 13.12.1972.

101 Bell, Ein großer Sprung. Vgl. auch General-Anzeiger Bonn vom 14.12.1972.

102 *Der Seniorenrat der SPD*: Zeitgenossen. Frauen und Männer der ersten Stunde, Mitglieder des Seniorenrates, Bonn, o.J.

te«.[103] Ihre Schwester Lotte führte nun den Haushalt in der Amtsvilla, die sie im Mai 1973 bezogen hatte.

Das Jahr 1975, von der UNO zum Internationalen Jahr der Frau ausgerufen, fiel in ihre Amtszeit. Annemarie Renger, die die Schirmherrschaft für die Bundesrepublik übernommen hatte, hob in ihrem Grußwort zur konstituierenden Sitzung für das Jahr der Frau hervor, dass sie dieses Jahr nutzen wolle, um die noch bestehenden Benachteiligungen der Frauen immer wieder beim Namen zu nennen und für geeignete Abhilfe zu sorgen. Sie appellierte an die Zusammenarbeit von Parlament und Regierung, Parteien, Gewerkschaften, Kirchen, sonstigen Organisationen und Verbänden, Schulen und Wissenschaft, Betrieben und Familien.[104]

Schwierig gestaltete sich die Zusammenarbeit mit den autonomen Frauen. Während der Eröffnung in der Bonner Beethovenhalle demonstrierten Mitglieder des »Frauenforums« Bonn und andere Frauengruppen aus Nordrhein-Westfalen vor der Halle mit einem Kontrastprogramm: einem Konzert mit Kochtöpfen und Kochlöffeln, Kettengerassel und Sprechchören. Sie riefen den Festgästen ihre Parolen entgegen: »Schöne Reden sprengen unsere Ketten nicht!«, »Wir sind die Mehrheit, aber wir haben sie nicht!«, und drastischer: »Kinder, Küche und Fabrik, wir scheißen auf dies Frauenglück!« Annemarie Renger drückten sie einen Offenen Brief in die Hand, in dem sie auch mit den geladenen Vertreterinnen der Frauenverbände und mit den Parteien streng ins Gericht gingen. Die Bundestagspräsidentin musste sich von den Feministinnen sagen lassen, sie sei in ihrem Amt »ein Symbol der Kapitulation vor einer ausschließlich durch Männer und männliche Normen bestimmten Gesellschaft«.[105]

Die autonomen Frauen wiesen auf die immer noch fortdauernde Diskriminierung der Frauen in der Bundesrepublik hin und auch darauf, dass Politikerinnen zwar schöne Reden halten, ansonsten aber weder an der Situation der auszubildenden Mädchen, der erwerbslosen Frauen, der alleinstehenden Mütter, der durch Leichtlohngruppen und auch sonst unterbezahlten Frauen noch an der männlich-patriarchalen Gesellschaft etwas ändern würden. Von der Regierung, dem zuständigen Ministerium und den Verbänden verlangten sie, Konzeptionen vorzulegen, die das Recht auf Gleichberechtigung endlich Alltags-Wirklichkeit werden lässt.[106] Annemarie Renger prangerte in ihrer Rede vielfältige Diskriminierungen der Frauen durch schlechtere Ausbildung, niedrigere Löhne, geringere Aufstiegschancen und höhere Erwerbslosigkeit sowie miserable Repräsentanz in politischen Gremien an und konstatierte, dass Frauen »noch nicht die partner-

103 Renger, Ein politisches Leben, S. 263.

104 Grußwort, in: Pz, mitteilungen aus dem bundestag vom 19.11.1974, S. 2.

105 *Margret Meyer,* Jubelreden sprengen keine Ketten, Protest zum Auftakt: Gleichberechtigung – nur ein Recht auf dem Papier, in: Vorwärts Nr. 3/1975.

106 Gespräch Gisela Notz mit Dr. Barbelies Wiegmann, Margret Meyer, Agnes Dudler, Franziska Kelz-Blank, Vertreterinnen des damaligen Bonner »Frauenforums« und Teilnehmerinnen an der Aktion 1975 am 6.8.2002 in Bonn. Mit Hilfe sympathisierender Frauen, die zu dem Festakt geladen waren, gelang es etlichen Demonstrantinnen in den Saal zu kommen und die Reden mit anzuhören. Alle Rundfunksender begannen ihre Berichterstattung mit dem Kochgeschirr-Konzert, und 18 überregionale Tageszeitungen berichteten über das Ereignis, zum großen Teil mit Photos.

schaftliche Gesellschaft, wie wir sie uns wünschen«, erreicht hätten. Was viele Frauen ihrer Meinung nach am meisten brauchten, war Aufklärung und Information, damit sie ihre Chancen auch wahrnehmen könnten. Zwar müsse der Staat die Voraussetzungen dafür schaffen, dass sich jeder entwickeln und frei entscheiden könne; aber die Entscheidung selbst könne dem Einzelnen weder vom Staat noch von den Politikern und Politikerinnen abgenommen werden. »Die Kraft, sich zu verwirklichen, muss jeder selbst aufbringen«[107], sagte die Politikerin und gab den ›Schwarzen Peter‹ an die Frauen zurück.

Vier Jahre hatte sie das Amt der Bundestagspräsidentin inne. Dann wurde sie durch den CDU-Abgeordneten Karl Carstens abgelöst, weil die CDU/CSU nach der Bundestagswahl 1976 die größte Bundestagsfraktion stellte. Willy Brandt soll sie mit den Worten getröstet haben: »Kindchen, auch Weihnachten kriegt man nicht immer das, was man will.«[108] Das wusste sie längst, deshalb haderte sie nicht mit den Wählern: »In einer Demokratie muss man die Gesetzlichkeiten respektieren«, sagte sie bereits, als sie das Wahlergebnis erfahren hatte.[109] Nicht ohne Stolz erinnerte sie sich später an ihre Amtszeit: »Ich habe in dieser Zeit erreicht, was ich wollte: Es ist bewiesen, dass eine Frau das kann!«[110] Bis zu ihrem Ausscheiden aus dem Bundestag blieb sie dessen Vizepräsidentin.

Vizepräsidentin des Deutschen Bundestags und MdB (1976–1990)

»Ein Grundübel in unserer demokratischen Ordnung«[111]

1976 war Annemarie Renger mit 22 Abgeordneten-Jahren die »dienstälteste« Volksvertreterin im Parlament. Im gleichen Jahr wurde sie Vorsitzende der Deutsch-Israelischen Parlamentariergruppe. Zweifellos hatte sie etwas erreicht in der Politik. Freilich war es bisher nicht gelungen, ein »Grundübel in unserer demokratischen Ordnung«, wie sie 1977 in ihrem Buch »Gleiche Chancen für Frauen?« die Benachteiligung der Frauen bezeichnete, zu beseitigen.[112] In dem Buch zeigte sie auf, welch verhängnisvolle Folgen es für Frauen hat, in einer Gesellschaft zu leben, die den Frauen Haushalt und Familie als idealtypische Tätigkeitsfelder zuweist. Viele Frauen hätten aber nicht nur die materielle Abhängigkeit als Hausfrauen zu ertragen, sie würden auch im Beruf bestraft, indem ihnen nicht nur der Zugang zum Beruf erschwert werde, sondern sie außerdem noch aufgrund der unterstellten Doppelorientierung weniger verdienten als Männer, in größerem Maße von Erwerbslosigkeit betroffen seien und zusätzlich noch in der Rentenversicherung Nachteile hätten. An den Staat richtete sie die Aufforderung, Frauen gezielter zu fördern, »und zwar auch dann, wenn damit Umverteilungen auf Kosten der Männer

107 Zit. nach Breuer, S. 11.

108 Zit. Nach: Viel SPD-Prominenz verlor Direktmandat, in: »Das Schaufenster«, Wochenblatt von Bonn vom 13.10.1976.

109 Zit. nach: Annemarie Renger scheidet mit Tränen, in: »Das Schaufenster« vom 13.10.1976.

110 SPD, Zeitgenossen.

111 *Annemarie Renger,* Gleiche Chancen für Frauen? Berichte und Erfahrungen in Briefen an die Präsidentin des Deutschen Bundestages, Karlsruhe 1977, S. 17.

112 Renger, Gleiche Chancen für Frauen?, S. 17.

verbunden sind«.[113] In ihrem Buch bleibt allerdings offen, wie sie bei diesen Forderungen ihrem alten Grundsatz, nur mit den Männern gemeinsam Politik zu machen, treu bleiben kann. Mit dem Aufruf an die Gewerkschaften und deren männliche Mitglieder, die Probleme der Frauen zu ihren eigenen zu machen: »Wenn Gewerkschaften den Frauen helfen, sich bei den Arbeitgebern durchsetzen zu können, so ist der Ruf nach dem Gesetzgeber und den daraus folgenden Einschränkungen der Tarifautonomie entbehrlich«, blieb sie allerdings hinter den Forderungen derjenigen Frauen, die Gleichstellungsgesetze (auch) für die Privatwirtschaft notwendig fanden, zurück.

Im Juni 1977 referierte Annemarie Renger bei der Bundeskonferenz der AsF in Siegen über die Vertretung der Frauen in Europa und über die Wahlen zum Europaparlament. Im Forderungskatalog dieser Konferenz standen unter anderem das »Recht auf Arbeit« auch für Frauen sowie die langfristige Zielvorstellung einer Verkürzung der täglichen Arbeitszeit auf sechs Stunden bei vollem Lohnausgleich und die Abschaffung jeglicher Formen der Teilzeitarbeit. Ein Antrag, nach dem die Frauen über ein Quotensystem in die Parteiarbeit einbezogen werden sollten, wurde damals nach einer kontrovers geführten Debatte durch die anwesenden Frauen knapp abgelehnt.[114]

Trotz mancher Kritik blieb Annemarie Renger immer solidarisch mit der SPD-Fraktion und mit der SPD-Führung. Aus diesem Grunde sperrte sie sich auch nicht gegen die Kandidatur für das Amt der Bundespräsidentin im Mai 1979. Ihre Fraktion hatte sie aufgefordert, gegen Bundestagspräsident Carstens zu kandidieren. Sie kam der Bitte ihrer Fraktion nach und stellte sich für eine von vornherein aussichtslose aber durchaus ehrenhafte »Zählkandidatur« zur Verfügung.[115]

Ihr großes Vertrauen in die parlamentarische Demokratie verbot ihr, die Kritik der außerparlamentarisch agierenden Frauenbewegungen an den Parlamenten und Parteien gelten zu lassen. Die Unterrepräsentanz der Frauen war nach ihrer Meinung kein Strukturfehler des parlamentarischen Systems und schon gar kein Grund, sich »in das Abseits der politischen Sekten zu begeben«. Wenn die parlamentarische Repräsentanz der Frauen zu wünschen übrig ließ, so war Reformarbeit zu leisten, um die hoffnungsvollen Ansätze der siebziger Jahre, die in einem Klima der Emanzipation zu einer vermehrten Organisationsbereitschaft der Frauen in Parteien und Verbänden geführt hatten, nicht zu verschütten.[116] Gegen aus ihrer Sicht militante Frauenrechtlerinnen grenzte sie sich weiterhin ab: »Ich bin keine Feministin. Ich bin ein Staatsbürger weiblichen Geschlechts.«[117] 1986 konnte sie dann erleben, dass ihre Genossinnen aus der AsF sich für sie einsetzten, »weil sie eine Frau ist«. Sie hatte die Direktkandidatur für den Wahlkreis Soest für die Bundestagswahl an einen 35-jährigen Mann verloren. Die AsF sah in Annemarie Rengers Niederlage ein Indiz, dass alle Appelle der Parteispitze, verstärkt Frauen zu nominieren, im

113 Ebd.

114 Vgl. SPD-Frauen wählten neue Vorsitzende, in Siegener Zeitung vom 6.6.1977.

115 Frankfurter Rundschau vom 8.10.1979.

116 *Annemarie Renger,* Eva als Zankapfel, in: Das Parlament vom 2.9.1978.

117 *Annemarie Renger,* »Als wenn es die Liebe nicht gäbe!« in: Kölner Stadt-Anzeiger vom 17./18.6.1978.

örtlichen Parteiclinch nichts fruchten. Die AsF wollte sich deshalb bei Johannes Rau für Annemarie Renger stark machen.[118] Annemarie Renger wurde daraufhin für eine weitere Wahlperiode nominiert und erneut in den Bundestag gewählt. Bei den Wahlen im Jahre 1990 kandidierte sie nicht mehr.

Politische Weiterarbeit (1990 bis heute)

»Man darf es ihnen nicht durchgehen lassen«[119]

Annemarie Renger schied 1990 aus dem Bundestag aus. Sie hat sich bis heute nicht zur Ruhe gesetzt. Zahlreiche Ehrungen wurden ihr zuteil. 1990 wurde sie zur Präsidentin des Deutschen Rates der Europäischen Bewegung gewählt.1991 erhielt sie die Ehrendoktorwürde der israelischen Ben-Gurion-Universität. Sie ist auch heute, im Alter von über 80 Jahren, in einer Reihe von namhaften Ehrenämtern tätig, u.a. ist sie Ehrenpräsidentin des Verbandes Demokratischer Widerstandskämpfer, Vorsitzende der Kurt-Schumacher-Gesellschaft, Vorsitzende des Deutschen Helsinki-Menschenrechtskomitees, sie gehört dem Seniorenrat der SPD an, ist Präsidentin beim Arbeitersamariterbund, Vorsitzende des Fördervereins »Kunsthalle Bundeshauptstadt«, Vorsitzende der Deutsch-Israelischen Parlamentariergruppe, und sie ist in zahlreichen Kuratorien vertreten. Nach wie vor ist sie als Rednerin bei Veranstaltungen im In- und Ausland begehrt und – wenn es ihre Zeit erlaubt – erzählt sie vor Schulklassen aus ihrem reichlichen Erfahrungsschatz.

Ihr politisches Ziel, die Wiedervereinigung, hat sich erfüllt. »Die Geschichte hat denen Recht gegeben, die davon ausgingen, dass der Kommunismus an seinem inneren Widerspruch scheitern musste«, sagte sie zum Fall der Mauer, der für sie Symbol war. Für sie war es nicht die große Diplomatie, Taktik und Strategie des Westens, die die Teilung Deutschlands und Europas überwunden hatte, sondern es waren die Menschen selbst, »vor allem die Jungen, denen das Wasser bis zum Hals stand und die ohne Rücksicht auf ihre eigene Sicherheit das morsche System des ›real existierenden Kommunismus‹ in den Ländern Ost- und Südosteuropas hinweggefegt hatten«. Im Dezember 1989 fuhr sie in ihre Geburtsstadt Leipzig. Wieder einmal erinnerte sie sich an ihr großes Vorbild Kurt Schumacher, dessen antikommunistische Haltung mit dem »Niedergang der kommunistischen Herrschaft im östlichen Teil Deutschlands« für sie bestätigt wurde.[120]

Annemarie Renger bekennt sich nach wie vor zum politischen Pragmatismus, weil sie glaubt, dass nur durch ihn etwas erreicht werden kann. Fasziniert von der Politik ist sie auch heute noch. Das Verständnis für »Wahlabstinenz der deutschen Bevölkerung« geht ihr ab. Spendenaffären und Korruption lässt sie nicht als Entschuldigung gelten. Auch Politiker, so ihre Aussage, seien Menschen mit Stärken und Schwächen. Schließlich sei die Mehrzahl der Politiker immerhin ehrlich. Die das nicht sind, so ihre Meinung,

118 Ende der Karriere? In: General-Anzeiger vom 3.2.1986.

119 Annemarie Renger bei einem Vortrag im Erzähl-Cafe der Arbeiterwohlfahrt-Begegnungsstätte in Bonn-Friesdorf am 21.11.2000. Siehe auch Bonner Rundschau vom 23.11.2000 und General-Anzeiger vom 28.11.2000.

120 Renger, Ein politisches Leben, Vorwort, S. 10 sowie S. 347.

müssen wie andere Menschen auch für ihre Taten und Untaten zur Rechenschaft gezogen werden: »Man darf es ihnen nicht durchgehen lassen.«[121] Von der Sozialdemokratie erwartet sie weiterhin wichtige Beiträge für die Zukunft.[122]

Ihre Meinung, dass »Veränderungen in der Gesellschaft nicht isoliert, allein von den Frauen durchgesetzt werden können«, hat sie beibehalten. Stolz ist sie darauf, dass »wir Sozialdemokraten und insbesondere die weiblichen Abgeordneten Politik für die Frauen gemacht haben«.[123] Helmut Schmidt stellte 1981 fest, dass sie während der nahezu 30 Jahre, die sie damals bereits Abgeordnete im Bundestag war, nicht um ihre Emanzipation zu kämpfen brauchte. Sie war »frei und selbstsicher: eine eindrucksstarke politische Frau«.[124] Dass die Männerbünde zählebig sind, Frauenpolitik noch lange nicht überflüssig ist und eine ›gesonderte Frauenpolitik‹ ihre Berechtigung haben kann, hat Annemarie Renger heute eingesehen. Der Arbeitsgemeinschaft sozialdemokratischer Frauen schrieb sie zu ihrem 25-jährigem Bestehen: »Ihr habt Erfolg gehabt, und das allein zählt.«[125]

121 Renger, Vortrag.

122 Renger 1993, S. 10.

123 Zit. nach Lepsius, S. 75.

124 Helmut Schmidt während seiner Zeit als Bundeskanzler über Annemarie Renger, in: Vorwort zu *Annemarie Renger,* Fasziniert von Politik, Stuttgart 1981, S. 11-13; hier: S. 13.

125 Zitiert nach: *Karin Junker*, »25 Jahre AsF – Wir haben die richtigen Frauen«. Rede anlässlich der AsF-Bundeskonferenz am 5. Juni 1998 in Münster (Manuskript), S. 2.

Margarete (Grete) Rudoll

»Die Frage ›kapitalistische oder sozialistische Wirtschaft‹
ist von außerordentlicher Bedeutung«[1]

Margarete Rudoll war die Tochter eines Anstreichers. Mit 14 Jahren kam sie zur Arbeiterjugend und zur Gewerkschaftsarbeit. Sie lernte und arbeitete bei der Volksfürsorge, beim Konsumverein und beim Ruhrsiedlungsverband, bevor sie Frauensekretärin beim DGB wurde. Während der Nazizeit war sie Mitglied in einer Widerstandsgruppe und überlebte auf dem Lande, während ihr Mann verhaftet wurde, ins Konzentrationslager kam und nach seiner Entlassung observiert wurde. Nach dem Zweiten Weltkrieg setzte sie sich für eine Bodenreform nach sozialistischen Grundsätzen und für genossenschaftlich organisierte Betriebe ein. Im Bundestag kämpfte sie für eine gleichberechtigte Gesellschaft, und für mehr Rechte für die berufstätigen Frauen und Mütter.

Kindheit, Jugend und erste politische Arbeit (1906–1933)

»Woselbst mein Vater beim Maler- und Anstreicherverband tätig war«[2]

Margarete Deitrich wurde am 27. Februar 1906 als einziges Kind des Anstreichers Michael Deitrich und seiner Ehefrau Christiane, geb. Sticher, in Frankfurt/Main geboren. Ihre Mutter, 1882 geboren, kam aus einer kinderreichen Familie. Dennoch durfte Christiane Sticher, wie alle ihre zehn Geschwister, einen Beruf erlernen. Es war ihre Mutter, die dafür sorgte, dass sie Büglerin werden konnte. Büglerin war ein qualifizierter Beruf, denn die Kleidung der bürgerlichen Frauen hatte viele Falten und Rüschen und musste gestärkt und sorgfältig bearbeitet werden. Der Großvater mütterlicherseits war Soldat.

Der Vater Michael Deitrich wurde, als Grete noch klein war, in Frankfurt Gewerkschaftssekretär. Als sie fünf Jahre alt war, siedelte sie mit ihren Eltern nach Essen über, weil ihr Vater eine Stelle beim Maler- und Anstreicherverband (Freie Gewerkschaft) bekommen hatte. Sie besuchte dort acht Jahre lang die Volksschule und machte anschließend, ab 1920, eine Ausbildung als Kontoristin bei der »Volksfürsorge«, einer gewerkschaftlich-genossenschaftlichen Versicherung. Eigentlich sollte sie eine höhere Schule besuchen. Da der Vater im Ersten Weltkrieg Soldat war, fiel diese Chance ins Wasser. Er hatte die Kriegsbegeisterung eines großen Teils – auch der sozialdemokratischen – Bevölkerung ohnehin nicht teilen können.[3] Beeinflusst durch den Vater, der sich um die politische Erziehung seiner Tochter kümmerte, und auch durch die Mutter, die

---

1 *Grete Rudoll*, Es geht um die Flüchtlingsinteressen, in: Wahl-Presse-Dienst 11. Abdruck einer Rundfunkrede vom 28.3.1947, S. 6.

2 *Grete Rudoll*, Lebenslauf, Bundestagsarchiv Berlin, Sammlung Rudoll.

3 Diese und die weiteren Informationen und Zitate, soweit sie nicht anders gekennzeichnet sind, entstammen dem Interview, das die Autorin am 23.4.2002 mit der Tochter von Grete Rudoll, Erika Kriwett, in deren Haus in Essen-Werden führen konnte.

Margarete Rudoll (1906–1979), MdB 1953–1969

zwar keine politische Funktion hatte, aber den Vater bei seiner Arbeit unterstützte, wurde Grete mit Beginn ihrer Berufsausbildung, also mit 14 Jahren, Mitglied der Arbeiterjugend (SAJ) und der Freien Gewerkschaften. Zeitweise war sie auch Vorsitzende bei den »Kinderfreunden« in Essen. Das war »eine Verbindung von Erwachsenen, Eltern und sozialdemokratischen Lehrern, die sich das Ziel gesetzt hatten, mehr und bessere Bildung für Arbeiterkinder, Chancengleichheit, mehr Rechte für das Kind, mehr Demokratie in Staat und Gesellschaft bis hinein in die Familie« zu erreichen, schrieb sie später.[4]

Grete Deitrich war eine begeisterte Sozialistin,[5] schließlich hatte sie die linke politische Einstellung »mit der Muttermilch eingesogen«, und sie war zutiefst von der Notwendigkeit überzeugt, dass diese Welt verändert werden müsse. Gewerkschaftlich war sie, unterbrochen durch ihre spätere Hausfrauenzeit, immer organisiert und in verschiedenen Funktionen ehrenamtlich tätig.[6] Nach abgeschlossener Ausbildung arbeitete sie als Kontoristin weiter bei der Volksfürsorge, dann wechselte sie zur Konsumgenossenschaft in Essen, die damals den schönen Namen »Eintracht« trug, und 1929 zum Ruhrsiedlungsverband. 1925, gerade 19-jährig, trat Grete Rudoll auch der SPD bei. Während der Zeit ihrer Berufstätigkeit besuchte sie für fünf Monate die Heimvolkshochschule in Tinz bei Gera. Tinz war eine sozialistische Bildungseinrichtung, die Männer- und Frauenkurse durchführte. Die Lehrpläne für die beiden Kurse, die sie besuchte, sahen die Fächer Wirtschaftslehre, Gesellschaftslehre, Technik der geistigen Arbeit, Kunst und Literatur vor.[7] Bei Frauenkursen kamen Geschichte, Psychologie, Erziehungsfragen, Frauenfragen, Gewerkschaftswesen und Wohlfahrtswesen hinzu. Aufnahme fanden Bewerberinnen im Alter von 18 bis 30 Jahren, die keine höhere als Volkschulbildung genossen hatten. Grete Deitrich musste, wie die anderen Schülerinnen auch, Schulgeld entrichten und daneben regelmäßig sechs Stunden wöchentlich an der Erhaltung der Schule mitarbeiten.[8] Ganz offensichtlich prägte diese Art von Bildungsarbeit die Teilnehmerinnen in ganz besonderer Weise, weil sie an ihrer gesellschaftlichen Realität orientiert war und den Rahmen für ein Gemeinschaftsgefühl unter sozialistischen Frauen bot, den sie anderswo nicht fanden. Um ihren Wissensdrang zu befriedigen, besuchte Grete Deitrich noch einige Fortbildungskurse der Arbeiterjugend, der Gewerkschaft und der Partei.

1929 heiratete sie Wilhelm (Willi) Rudoll, SPD-Mitglied wie sie. Er kassierte die Parteibeiträge als Hauskassierer und arbeitete bei der Firma Krupp als Dreher und später Kesselwärter. Sie hatte ihn in der SAJ kennen gelernt, wo er damals Vorsitzender war. Er kam aus einer sozialistischen Familie aus Oberschlesien. Sein Vater war zunächst Molke-

4 *Grete Rudoll*, Lebenslauf aus dem Privatbesitz der Tochter Erika Kriwett, ohne Datum.

5 *Grete Rudoll*, Lebenslauf, aus dem Privatbesitz der Tochter Erika Kriwett.

6 Lebenslauf, Bundestagsarchiv.

7 Vgl. *Maike Eggemann*, Die Frau in der Volksbildung 1919–1933. Wege zur Emanzipation? Frankfurt/M. 1997, S. 222 f.

8 Aus einer Anzeige der Heimvolkshochschule Tinz, abgedruckt in: *Maike Eggemann*, Frauenbildung in den Volkshochschulen zwischen 1919 und 1933. Fünf Thesen zur Entwicklung und Bedeutung, in: *Paul Ciupke/Karin Derichs-Kunstmann* (Hrsg.), Zwischen Emanzipation und ›besonderer Kulturaufgabe der Frau‹. Frauenbildung in der Geschichte der Erwachsenenbildung, Essen 2001, S. 15-24; hier: S. 21.

reigehilfe und konnte sich in Oberschlesien nur mühsam von seinem Beruf ernähren. Nachdem er Willis Mutter kennen gelernt hatte, ging er mit ihr zunächst ins ›Lippische‹, wo Willi geboren wurde, und dann ins Ruhrgebiet, wo er bei der Firma Krupp Arbeit bekam. Grete Rudoll war nach ihrer Heirat mit Willi Rudoll bis 1950 nicht berufstätig und bezeichnete sich als Hausfrau. Im November 1931 wurde ihre Tochter Erika geboren, die später bei den Falken aktiv war. Ihre politischen Tätigkeiten gab Grete Rudoll nicht auf. Während der Jahre 1929 bis 1933 war sie als Leiterin der Kinderfreundebewegung in Essen tätig. Erika wuchs in eine »durch und durch sozialdemokratische Familie« hinein und hat diese Überzeugung selbst übernommen, obwohl sie sich später für Parteiämter nicht interessierte.

Im Schatten des Hakenkreuzes (1933–1945)

»Während der Nazizeit war mein Mann im KZ«[9]

Wie viele ihrer SPD-Genossinnen musste Grete Rudoll ihre aktive politische Betätigung 1933 unterbrechen. Sie erlebte mit Entsetzen, wie die gerade entstandene Demokratie der Diktatur weichen musste und »wie in der Diktatur die Menschenwürde mit Füßen getreten wurde«.[10] Mit ihrer kleinen Familie lebte sie in einem vorher landwirtschaftlich genutzten Anwesen in Essen-Heidhausen, in dem sie bis ins hohe Alter wohnen blieb. Im Schutze der ländlichen Umgebung konnte sie das NS-Regime überleben.[11] Eine ruhige Zeit war es für sie allerdings nicht. Grete Rudoll gehörte gemeinsam mit ihrem Mann zum Kreis einer Widerstandsgruppe, von der am 1. Mai 1935 rund 50 Personen in der Werdener Gaststätte Kimmeskamp von der Gestapo verhaftet wurden, darunter Willi Rudoll. Die Festgenommenen wurden zunächst in ein Essener Untersuchungsgefängnis gebracht. Willi Rudoll wurde anschließend wegen seiner politischen Überzeugung für über ein Jahr als politischer Häftling in das Konzentrationslager Esterwegen verlegt, obwohl er keine höheren Funktionen in der Partei innegehabt hatte und eher »so für die Arbeit unten« zuständig war. Sein Bruder kam in ein anderes KZ, und einer der festgenommenen Genossen wurde in Duisburg so schwer misshandelt, dass er seinen Verletzungen erlag.

Grete Rudoll versorgte nun Haus und Garten alleine. Trost und Hilfe fand sie während dieser schweren Zeit bei guten Freunden und Parteigenossen. Als ihr Mann zurückkam, musste er sich noch zwei weitere Jahre regelmäßig bei der Gestapo melden. Seinen Arbeitsplatz bei der Firma Krupp konnte er als politisch verdächtiger Mann, der obendrein noch im KZ gesessen hatte, nicht mehr einnehmen. Er bekam eine andere Arbeit in Velbert. Die Angst vor der Gestapo ließ das Ehepaar nicht los, zumal ein Genosse nach dem anderen verschwand und im KZ oder in den Gaskammern umgebracht wurde. Sogar die unbefangene Erika, die fragte: »Mama, warum sagst Du nicht ›Heil Hitler‹?«,

9 Rudoll, Lebenslauf.

10 Zitiert nach: Ihre Arbeit galt dem Menschen, in: Werdener Nachrichten vom 21.9.1979.

11 Grete Rudoll wurde mit 19 Jahren Sozialdemokratin, in: Westdeutsche Allgemeine vom 27.2.1971.

konnte die Familie in Gefahr bringen, zumal sie immer noch illegale Schriften verteilten, oft mit dem Kind an der Hand. Als Willi Rudolls Angst vor der Gestapo immer größer wurde, flüchtete er und hauste sechs oder acht Wochen im Schweinestall der Nachbarin, wo er sich versteckt hielt. Nachts hörte er mit einem Genossen Radio, um herauszubekommen, wie weit die englische Armee noch von Deutschland entfernt war. Schließlich beruhigte die Verfolgten der Gedanke, dass der Krieg nicht mehr lange dauern könne. Erst später erfuhr die Familie, dass ein Nachbar der Rudolls, der zwar bei einer anderen Firma, aber – wie Willi Rudoll – in Velbert arbeitete, von der Gestapo beauftragt worden war auszuhorchen, welche politischen Äußerungen Willi Rudoll auf dem gemeinsamen Arbeitsweg von sich gab. Der Nachbar behielt alles für sich und rettete so vermutlich Grete Rudolls Mann das Leben.

Wiederaufbau (1945–1953)

»Deshalb fordern wir eine Bodenreform nach sozialistischen Grundsätzen«[12]

Nach 1945 kam Grete Rudolls Schwiegervater, nachdem seine Wohnung in Essen-West den Bomben zum Opfer gefallen und die Schwiegermutter umgekommen war, in das Rudoll'sche Haus nach Werden. Tochter Erika besuchte vorübergehend eine Schule im Odenwald, weil im Ruhrgebiet alle Schulen geschlossen waren. Später bezogen auch die Eltern Grete Rudolls, die ebenfalls ausgebombt waren, und ein Parteisekretär das Werdener Fachwerkhäuschen, in dem es nun ganz schön eng wurde. Willi und Margarete Rudoll beteiligten sich sofort am Wiederaufbau der SPD. Willi wurde in der Jugendarbeit aktiv, und Grete wurde noch im gleichen Jahr Vorstandsmitglied des SPD-Unterbezirks Essen.[13] Sie gehörte zu den 1945 ernannten Essener Ratsmitgliedern für die erste Legislaturperiode. Wenig später wurde sie Kandidatin für den Landtag in Nordrhein-Westfalen, bekam jedoch kein Mandat. 1946 wurde sie dann in das Essener Stadtparlament berufen.[14] Als Sozialdemokratin fühlte sie sich vor allem für die Probleme der Notleidenden und durch den Krieg Geschädigten verantwortlich. In ihrer politischen Arbeit widmete sie sich schwerpunktmäßig den Problemen der 14 Millionen Flüchtlinge in Deutschland. Besonders in ihrem Wirkungsbereich, dem dichtbesiedelten Ruhrgebiet, ergaben sich durch die Flüchtlingsströme sowohl in Bezug auf die Ernährungs- als auch die Wohnungslage und die Versorgung mit Gebrauchsgütern erhebliche Schwierigkeiten für einheimische und neu hinzugezogene Menschen. Viele Flüchtlinge und Evakuierte lebten noch in Turnhallen, Bunkern und Kellern. Grete Rudoll versuchte zu helfen, wo sie konnte. »Wo Probleme waren, da war auch unsere Mutter«, sagte ihre Tochter später.

---

12 *Grete Rudoll*, Es geht um die Flüchtlingsinteressen, in: Wahl-Presse-Dienst 11. Abdruck einer Rundfunkrede vom 28.3.1947, S. 6.

13 Vgl. Protokolle der SPD Parteitage. Grete Rudoll war 1948 als Delegierte für den Bezirk Niederrhein und 1954 bis 1958 als Mitglied der Kontrollkomission auf dem Parteitag anwesend. Siehe Anwesenheitsliste der Delegierten und Gäste der SPD-Parteitage.

14 Lebenslauf, Bundestagsarchiv.

Schon damals verwies die Sozialdemokratin darauf, dass es beim Flüchtlingsproblem nicht alleine um das Heilen von Wunden, also um »fürsorgerische und wohlfahrtsmäßige Betreuung«, gehen könne, sondern dass ebenso »eine rein politische Frage« zu lösen sei,[15] denn sie ging davon aus, dass die Flüchtlinge keine vorübergehenden Gäste seien, sondern in »Restdeutschland« verblieben. Deshalb forderte Grete Rudoll die Schaffung von Wohnraum vor allem durch den Neubau von Wohnungen. Sie appellierte aber auch an die Bevölkerung, den Flüchtlingen Wohnraum zur Verfügung zu stellen, den sie nicht unbedingt für sich selbst brauchte. Sie selbst hatte schließlich auch ihre ausgebombte Familie und Freunde aufgenommen. Daher wusste sie, wovon sie sprach, wenn sie die Einheimischen aufforderte, gegebenenfalls auch auf Kosten ihres individuellen Komforts Solidarität mit den Flüchtlingen zu üben; schließlich gehe es um mehr als die »gestörte Behaglichkeit eines bürgerlichen Einzellebens«.[16] Grete Rudoll ging sogar so weit, dass sie sich für die Beschlagnahmung von Bedarfs- und Hausrat bei denjenigen aussprach, »die mehr haben als sie brauchen und durch den Krieg keinen Schaden erlitten haben«. Sie verwies darauf, dass sich die SPD in dieser Frage nicht der Meinung der bürgerlichen Parteien anschließen könne, die in einer solchen Beschlagnahmung einen Eingriff in alte Rechte sähen. Es gehe um einen gerechten Ausgleich der Lasten zwischen solchen, die alles verloren hätten, und denen, die von diesem Unglück verschont geblieben seien.

Freilich wusste Grete Rudoll auch, dass – wollte man den Flüchtlingen längerfristig helfen – vor allem Erwerbsmöglichkeiten geschaffen werden mussten, damit sich die Flüchtlinge eine Lebensgrundlage schaffen könnten. Geeigneter als die Subventionierung individueller Existenzgründungen als kapitalistisch-marktwirtschaftlich organisierte Unternehmen erschien ihr – nach dem Vorbild der Arbeitergenossenschaften der 20er Jahre – die Gründung von genossenschaftlich organisierten Betrieben.[17]

Letztlich ging es für sie darum, den Gegensatz zwischen Flüchtlingen und Einheimischen aufzuheben. »Neubürger«, wie die Flüchtlinge auch genannt wurden, sollten schließlich für alle Ebenen der parlamentarischen Arbeit gewonnen werden. Darum müsse sich die Sozialdemokratische Partei besonders bemühen. Um die Situation der Flüchtlinge nachhaltig zu verbessern, erschien ihr ein Flüchtlingsgesetz dringend notwendig.[18] Das alleine konnte jedoch auch nicht ausreichen! Wollte man dafür sorgen, dass die ländliche Bevölkerung des Ostens wirklich sesshaft werde, müsse eine »Bodenreform nach sozialistischen Grundsätzen« in Gang gesetzt werden. In einer Rundfunkrede zeigte Grete Rudoll auf, dass wenige Großgrundbesitzer in Deutschland über Unmengen von Land verfügten. Durch eine Bodenreform sollte nach ihrer Meinung abgewendet werden, dass »diese Clique« je wieder politische Macht erlangen könnte. Sie seien es doch gewesen, die »von jeher« den Militarismus gestützt und den Nationalsozialismus an die Macht gebracht hätten.[19]

---

15 Rudoll 1947, S. 4.

16 Ebd., S. 5.

17 Ebd.

18 Siehe auch die Biographie über Lisa Korspeter in diesem Band, S. 304-323.

19 Rudoll 1947, S. 6.

Die damals geführte Auseinandersetzung zwischen SPD und bürgerlichen Parteien um die Frage »kapitalistische oder sozialistische Wirtschaft« sah die Sozialdemokratin daher als die dringlichste Frage der Nachkriegszeit an. Nur eine sozialistische Wirtschaft erschien ihr geeignet, die besitzlosen Flüchtlinge aus ihrer Resignation heraus zu reißen und aus ihnen gleichberechtigte und gleichverpflichtete Bürger zu machen. Genossenschaftliche Unternehmen und eine sozialistische Wirtschaftsordnung erschienen ihr geeignet, die Wohn- und Arbeitsmarktprobleme für die Bevölkerung zu lösen. In ihrer Annahme, dass die SPD entschlossen sei, den sozialistischen Weg zu gehen, sollte sich Grete Rudoll allerdings gründlich irren.

Neben dem Flüchtlingsproblem galt ihre Sorge den eltern-, heimatlosen und verwahrlosten jungen Menschen. Sie fand es absurd, diese Menschen selbst für ihr Schicksal verantwortlich zu machen, denn sie seien die Opfer des Krieges und des Nationalsozialismus. Deshalb sei die Reintegration der entwurzelten jungen Menschen eine gesellschaftliche Aufgabe.

1950 nahm Grete Rudoll neben der politischen Arbeit auch ihre Berufstätigkeit wieder auf. Sie war nun hauptberuflich als Sekretärin beim Landesbetriebsgruppensekretariat der SPD in Düsseldorf tätig und arbeitete von 1951 bis 1966 als Frauensekretärin beim Deutschen Gewerkschaftsbund, Bezirk Nordrhein-Westfalen – zunächst ebenfalls in Düsseldorf und später in Essen. Außerdem war sie noch Mitglied des Bezirksvorstands der SPD. Bis 1953 arbeitete sie als Mitglied des Bürgerausschusses und seit 1954 als Mitglied der Kontrollkommission der SPD. Als sie aus dem Bürgerausschuss der Stadt Essen ausschied, um ihr Amt im Bundestag zu übernehmen, ging ihre Tochter Erika als Jugendvertreterin in den Bürgerausschuss. Dass Grete Rudoll bei den sozialdemokratischen Frauen und später bei der Arbeitsgemeinschaft sozialdemokratischer Frauen mitarbeitete, war für sie selbstverständlich.[20]

Arbeit im Bundestag (1953–1969)

»So bleibt das Mutterschutzgesetz unübersichtlich, was der Sache nicht förderlich ist«[21]

Grete Rudoll wurde über den Wahlkreis Essen III in den Deutschen Bundestag gewählt. Wie beliebt sie war, wird dadurch deutlich, dass sie trotz des schwierigen Wahlkreises ihren Stimmenanteil von 29 % bei der ersten Wahl 1953 auf 53 % bei ihrer letzten Kandidatur 1965 ausbaute.[22] Im Bundestag gehörte sie in allen Wahlperioden als Ordentliches Mitglied dem Arbeitsausschuss an. In der 2. Wahlperiode engagierte sie sich zusätzlich als Ordentliches Mitglied im Lastenausgleichsausschuss und als Stellvertretendes Mitglied im Ausschuss für Kulturpolitik, in der 3. Wahlperiode im Ausschuss für Wohnungswesen und Bodenrecht, in der 4. Wahlperiode im Ausschuss für Wohnungswesen, Städtebau und Raumordnung und in der 5. Wahlperiode im Ausschuss für Gesundheit.

20 Rudoll, Lebenslauf, Besitz Kriwett.
21 SPD pressemitteilungen und informationen vom 15.7.1965, Nr. 364/65, S. 3.
22 Grete Rudoll lehnt Bundesverdienstkreuz ab, in: Rhein Ruhr Zeitung vom 5.7.1969.

Grete Rudoll und Mitglieder des Ausschusses für Arbeit auf dem Schiff Bayenstein während der 2. Bundestagswahlperiode (1957)

Das politische Engagement der Gewerkschafterin und Sozialistin galt weiterhin der Verwirklichung sozialer Gerechtigkeit und Chancengleichheit in einer humanen Gesellschaft. Dazu gehörte für sie vor allem, sich für die im Grundgesetz bereits festgeschriebene, aber immer noch nicht umgesetzte Gleichberechtigung der Frauen einzusetzen. Deshalb stritt Grete Rudoll für die Umsetzung der Forderung des Rechtes auf eigenständige Existenzsicherung durch Erwerbsarbeit (auch) für Frauen, für die Verbesserung von Arbeitsschutzgesetzen, für bessere berufliche Bildung, für den Schutz und die Förderung der berufstätigen Frauen, die Verbesserung des Mutterschutzes und für die Forderung nach gleichem Lohn für gleichwertige Arbeit. Sie arbeitete am Jugendarbeitsschutzgesetz mit und setzte sich für verbesserte Urlaubsregelungen und eine Lohnfortzahlung im Krankheitsfall ein. Vieles konnte zunächst nicht verwirklicht werden. Schließlich war – wie sie später erklärte – ihre Partei, die SPD, in der Opposition.

Nachdem Elfriede Eilers (SPD) in den Bundestag eingezogen war, wohnte Grete Rudoll während der Sitzungswochen mit ihr und Clara Döhring zusammen in einer Bonner Wohnung. Jede der Frauen hatte ein eigenes Zimmer, und die Küche benutzten sie gemeinsam. Ihre Wochenenden verbrachte sie zumeist zu Hause in Essen-Werden, wo sie mit ihrem Mann, der sie bei ihrer Arbeit durch Rat und Tat unterstützte, viele Gespräche führte. Das Haus mit dem großen Garten hatte sich schon während der schlimmsten Hungerjahre der Nachkriegszeit hervorragend für die Versorgung der Familie und der vorbeikommenden Parteigenossen mit Obst und Gemüse bewährt. Nun versorgte ihre Tochter Erika Haus und Garten, wusch die Wäsche, bügelte die Blusen der Mutter und sorgte dafür, dass leckeres Essen auf dem Tisch stand. Wenn Grete Rudoll nicht in Essen war, musste sie sich um ihren Mann, ihren Schwiegervater und ihre Eltern keine Sorgen machen: Erika war die Hausfrau. Diese hatte 1953, nach ihrer Heirat mit dem gelernten Weber Alois Kriwett, ihre Erwerbsarbeit als gelernte Tuchstopferin in der gleichen Weberei, in der auch ihr Mann arbeitete, aufgegeben, und es machte ihr Spaß, Haus, Garten und Familie zu versorgen. Wenn der SPD-Frauenausschuss bei ihr zu Hause tagte, musste Grete Rudoll nur rechtzeitig Bescheid sagen, dann sorgte die Tochter Erika auch für Kaffee und selbst gebackenen Pflaumenkuchen – natürlich von Pflaumen aus dem eigenen Garten.[23] Grete Rudolls innigsten Wunsch, dass die Tochter auch politisch in ihre Fußtapfen treten möge, lehnte diese allerdings ab: »Da habe ich gesagt, nein, eins geht nur, entweder hier und bei den alten Leuten, zwei Opas, eine Oma und der Vater, oder in der Politik.« Darüber, dass viele der Bundestagskolleginnen und -kollegen nach Essen oder gar in ihr Häuschen nach Werden kamen, war Erika sehr froh. Sie partizipierte gerne an den politischen Diskussionen. Mit der ehemaligen Bundestagsabgeordneten und AsF-Vorsitzenden Elfriede Eilers (Friedchen) hat sie heute noch Kontakt. Zu großen Parteiveranstaltungen oder Wahlveranstaltungen begleitete sie die Mutter gern, meist gemeinsam mit ihrem Mann.

Grete Rudoll war auch dann, wenn sie sich in Werden aufhielt, oft unterwegs. Irgendwo war immer Versammlung, und sie musste Reden halten und kam erst nachts nach Hause. Nach den Versammlungen führte sie viele Gespräche, denn die Menschen kamen zu ihr, wenn sie etwas auf dem Herzen hatten. »Us Grete« wie sie schon lange von den Essenern genannt wurde, war immer für alle da. Nicht selten spielte der Schwiegersohn für sie Taxifahrer. Mit 52 Jahren machte sie selbst noch den Führerschein, nachdem die Familie ein eigenes Auto gekauft hatte. Größere Strecken mochte sie jedoch nicht mit dem PKW zurücklegen.

Es war vor allem dem Einsatz von Grete Rudoll zu verdanken, dass die Bundestagsfraktion der SPD am 29. Juni 1962 einen erneuten Änderungs- und Ergänzungsvorschlag zum bestehenden »Gesetz zum Schutze der erwerbstätigen Mutter« in den Bundestag einbrachte.[24] Die Absicht des Entwurfes war es, zukünftig wirklich *allen* Müttern, auch den Hausgehilfinnen, Mutterschaftshilfe zu gewähren und das bisher geltende Schutzgesetz für die erwerbstätigen Mütter wesentlich zu verbessern. Die Notwendigkeit dieser längst fälligen Reform unterstrich Grete Rudoll in einem Zeitschriftenartikel vor allem mit dem Hinweis auf die Tatsache, dass sowohl die Mütter- als auch die Säuglingssterblichkeit in der Bundesrepublik höher war als in den weitaus meisten Industrieländern.[25]

23 Interview mit Erika Kriwett am 23.4.2002 in ihrer Wohnung in Essen-Werden.

24 Beteiligt, vor allem aus der Sicht der gewerkschaftlichen Frauenarbeit, war Liesel Kipp-Kaule. Sie hatte sich in den vorangegangenen Wahlperioden für die Reformierung des Gesetzes eingesetzt. Zu den Diskussionen und auch zu den Ambivalenzen, die mit dem Gesetz verbunden sind, siehe die Biographie über Liesel Kipp-Kaule in diesem Band, S. 283-303.

25 *Grete Rudoll,* Gesetz zum Schutze der Mutter, in: Neues Beginnen. Zeitschrift der Arbeiterwohlfahrt, Nr. 10/1962, S. 145-147. In Bezug auf die Häufigkeit der Müttersterblichkeit lag die Bundesrepublik 1959 nach dem Statistischen Jahrbuch von 1961 (Anhang, S. 38) mit 108,4 Sterbefällen je 100.000

Diese traurige Bilanz war für sie der Grund, durch ein neues »Gesetz zum Schutze der Mutter (Mutterschutzgesetz)«[26] Abhilfe zu schaffen. Wesentliche Bestandteile der Neuerungen waren die Vorschrift für ärztliche Vorsorgeuntersuchungen und Beratungen ohne Verdienstausfall für die Schwangere sowie das Recht auf kostenfreie Hausentbindung oder Krankenhausentbindung nach freier Wahl der Schwangeren.[27] Außerdem sollten alle Akkord- und Fließbandarbeiten und andere unter Zeitdruck auszuführenden Arbeiten für Schwangere generell verboten und die Schutzfristen vor und nach der Niederkunft von 6 auf 10 Wochen verlängert werden. Während der Schutzfristen sollte, außer für Hausgehilfinnen und Tagesmädchen, die – wenn sie selbst dazu bereit waren – bis zu vier Wochen vor der Niederkunft beschäftigt werden konnten, ein absolutes Verbot der Beschäftigung gelten. Zudem sollte das Wochengeld erhöht werden.[28] Die Finanzierung der Leistungen nach dem Gesetz sollte vom Staat übernommen werden, weil Schwangerschaft und Geburt nach Ansicht der SPD-Fraktion keine Krankheit im versicherungsrechtlichen Sinne war und deshalb auch nicht von der gesetzlichen Krankenversicherung getragen werden sollte.[29] Ein spezieller Erziehungsurlaub, wie er damals schon in Österreich und Frankreich üblich war, wurde zunächst im Gesetzentwurf nicht vorgesehen. Grete Rudoll begründete dies damit, dass zunächst Erfahrungen mit dem verbesserten Gesetz gesammelt werden sollten und dass das dringend notwendige Mutterschutzgesetz nicht unnötig verzögert werden solle.[30]

Der konservativen Bundesregierung warf Grete Rudoll vor, dass sie die Verabschiedung einer gesetzlichen Maßnahme zum Schutz der erwerbstätigen Mutter bisher sträflich vernachlässigt habe, obwohl Erkenntnisse über die gesundheitlichen Gefahren, denen werdende Mütter ausgesetzt seien, vorlägen. Hier äußerte sie den Verdacht, dass die Berücksichtigung wirtschaftlicher Interessen im Vordergrund stand. Die erste Lesung des Gesetzes und die Sachverständigenanhörung wurden 1963 beendet. Im Oktober 1964 warf Grete Rudoll den Regierungsparteien erneut vor, dass sie die Verabschiedung des Gesetzes verzögerten, obwohl die CDU seit 1962 versichert habe, dass der Mutterschutz zu den vordringlichsten Aufgaben ihrer Gesundheits- und Sozialpolitik zähle. Zudem hatte die neue CDU-Gesundheitsministerin, Frau Schwarzhaupt, eine Reihe von Tagungen und Konferenzen veranstaltet und sich im Rahmen von Rundfunk- und Fernsehsen-

---

Einwohner durch Komplikationen bei Schwangerschaft, Entbindung und im Wochenbett an zweiter Stelle nach Italien mit 114,5 Sterbefällen. In Bezug auf die Säuglingssterblichkeit stand sie an dritter Stelle mit 34,4 Sterbefällen auf 1000 lebendgeborene Kinder, nach Italien mit 44,9 und Österreich mit 39,8 Sterbefällen (Statistisches Jahrbuch 1959 Anhang S. 33).

26 Durch diese Bezeichnung sollte das bestehende »Gesetz zum Schutze der erwerbstätigen Mutter« abgelöst werden.

27 Vorher war die Krankenhausentbindung sowohl für Selbstversicherte als auch für Familienangehörige eines Versicherten eine »Kann-Leistung« der Krankenkassen.

28 Drucksache IV/562 des Deutschen Bundestages.

29 SPD pressemitteilungen und informationen, Nr. 240/64 vom 4.6.1964, S. 2.

30 Rudoll, S. 147. Zur Auseinandersetzung um den ›Erziehungsurlaub‹, der später durch das Erziehungsgeldgesetz geregelt wurde, siehe *Gesellschaft für Informationstechnologie und Pädagogik am IMBSE* (Hrsg.), Beschäftigungsrisiko Erziehungsurlaub, Opladen 1998.

dungen zur Notwendigkeit eines solchen Gesetzes geäußert.[31] Schließlich dauerte es bis Juli 1965, ehe das Mutterschutzgesetz endlich verabschiedet werden konnte. Grete Rudoll war mit dem neuen Gesetz nicht zufrieden. Die Vorstellungen der SPD-Fraktion, *alle* Mütter in die Vorsorgemaßnahmen einzubeziehen, konnten nicht durchgesetzt werden; statt der erwarteten Verlängerung der Schutzfristen auf 10 Wochen konnte nur eine Verlängerung auf acht Wochen erreicht werden. Das generelle Beschäftigungsverbot wurde ebenso wenig akzeptiert wie ein absolutes Verbot von Akkord- und Fließbandarbeit für Schwangere und der Kündigungsschutz für Hausgehilfinnen, Erzieherinnen und Pflegerinnen in Privathaushalten. Dass in Privathaushalten Tätige durch das Gesetz immer noch benachteiligt wurden, bedauerte sie, wie viele ihrer SPD-Genossinnen besonders. Dadurch wurde dieser Personenkreis zu zweitklassigen Arbeitnehmerinnen degradiert und diskriminiert. Zudem bemängelte die Sozialdemokratin die Unübersichtlichkeit des Gesetzes, die nach ihrer Meinung ebenfalls einen Rückschritt bedeutete, weil das Gesetz für die Betroffenen schwer zu durchschauen war.[32] Sie hatte sich dafür stark gemacht, dass Gesetzestexte generell vereinfacht werden sollten. Schließlich wusste sie selbst, wie wichtig es war, dass auch ›einfache Leute‹ mit dem geschriebenen Material etwas anzufangen wissen. Sie selbst hatte sich durch ihre politische Arbeit und Selbststudien ein umfassendes Fachwissen angeeignet, das sie dazu befähigte, sich »mit diesen ganzen studierten Leuten rumzuschlagen«.[33]

Grete Rudoll konnte und wollte sich nicht entmutigen lassen, auch wenn, bedingt durch die damaligen Mehrheitsverhältnisse, viele ihrer Forderungen nicht durchgesetzt werden konnten. Schließlich standen bereits neue Gesetzesreformen an. Während der letzten Periode ihrer Bundestagsarbeit setzte sie sich vehement für ein Ausbildungsförderungsgesetz zur Verbesserung der Situation der arbeitenden Jugend ein.

Als Abgeordnete machte sie mehrere Informationsreisen nach Österreich, England, Dänemark, Schweden und in die Schweiz, um sich über die Situation der Frauen in diesen Ländern zu informieren. 1968 nahm sie als Vertreterin der SPD an der Zentralkonferenz der Frauen der Sozialistischen Partei Österreichs teil. Die Probleme der österreichischen Frauen, so konnte sie feststellen, waren denen in der Bundesrepublik sehr ähnlich. Auffällig war jedoch die Beobachtung, dass die Sozialdemokratische Partei Österreichs (SPÖ) zu dieser Zeit bereits einen sehr viel höheren Frauenanteil an ihrer Mitgliedschaft vorweisen konnte. Auch die hohe Wertschätzung, die der Frauenarbeit von der SPÖ entgegengebracht wurde, fiel ihr auf. Außerdem fiel Grete Rudoll, der – im Gegensatz zur SPD – sehr hohe Anteil aktiver Akademikerinnen in der SPÖ auf, die einen großen Einfluss auf die politischen Forderungen der weiblichen Mitgliedschaft in ihrer Partei ausübten.[34]

31 SPD pressemitteilungen und informationen Nr. 523/64 vom 29.10.1964.

32 SPD pressemitteilungen und informationen vom 15.7.1965, vgl. auch: Rede im Deutschen Bundestag, 4. WP, 125. Sitzung vom 25.03.1965.

33 Ihre Tochter war beim Interview der Meinung, dass man davor nur den Hut ziehen könne.

34 SPD pressemitteilungen und informationen vom 10.10.1968.

Im Januar 1968, ein Jahr vor ihrem Ausscheiden aus dem Bundestag, kam Grete Rudoll zum ersten Mal negativ in die Schlagzeilen. Die »Internationale der Kriegsdienstgegner« und andere antimilitaristische Gruppen sollen behauptet haben, dass Grete Rudoll die Fortsetzung der militärischen Aufrüstung als Voraussetzung für eine Vollbeschäftigung in der Bundesrepublik bezeichnet hätte. Diese Unterstellung wies sie energisch zurück: »Ich bin nach wie vor der Meinung, dass das Ziel unserer Politik die allgemeine, gleichgewichtige und kontrollierte Abrüstung sein muss. Das setzt allerdings auch die Bereitschaft anderer Staaten voraus«, rechtfertigte sie sich.[35] Grete Rudoll räumte allerdings ein, dass »im Zusammenhang mit den Überlegungen, bestimmte Positionen des Verteidigungshaushaltes zu kürzen oder zu streichen, auch darauf hingewiesen werden müsse, dass manche Industriezweige zu einem erheblichen Teil von Forschungs- und Entwicklungsaufträgen des Verteidigungsministeriums abhängig seien«. Die Befürchtungen der Betriebsräte und Gewerkschaftsfunktionäre, die sich an die Fraktionen des Bundestages mit der Bitte gewandt hatten, solche Etatpositionen nicht einfach zu streichen, weil sonst Arbeitsplätze in diesen Industriezweigen gefährdet würden, wollte sie trotz ihres Einsatzes für eine Politik der Abrüstung ernst nehmen.[36]

Im Laufe ihrer Bundestagsarbeit hatte sie sich von manchen ihrer sozialistischen Wunschvorstellungen verabschieden müssen. Statt eines großen Schrittes machte sie nun viele kleine Schritte und überlegte auch da noch oft, ob sie wirklich einen Fuß vor den anderen setzen sollte. Wenn die Parteimehrheit etwas entschieden hatte, fügte Grete Rudoll sich, getreu den demokratischen Spielregeln, wie sie sie im Laufe ihrer Parteiarbeit gelernt hatte: Man konnte anderer Meinung sein, diese auch laut äußern und versuchen, andere zu überzeugen. Gelang es einem nicht, eine Mehrheit zu mobilisieren, so musste man sich der Fraktions- bzw. Parteidisziplin fügen. Das tat sie immer, und sie vertrat dies auch nach außen, ohne Wenn und Aber. Dass sie allerdings 1956 für die Grundgesetzänderung zur Einführung der Wehrpflicht gestimmt hatte, konnte ihre Tochter nicht nachvollziehen. Sie war immer dagegen, dass die Wehrpflicht wieder eingeführt wird. Vielleicht war sie ja gar nicht zur Abstimmung erschienen.[37]

1969 wollte Grete Rudoll nicht mehr für den Bundestag kandidieren. Sie war nun 63 Jahre alt, und nach 16 Jahren parlamentarischer Arbeit fand sie es an der Zeit, Abschied von Bonn zu nehmen und ihren Platz für jüngere Genossinnen zu räumen.[38]

35 Frau Grete Rudoll: »Das habe ich nie gesagt«, in: Westfälische Allgemeine Zeitung vom 17.1.1968.

36 Ebd.

37 Alma Kettig hatte sich maßlos geärgert, dass so viele Sozialdemokraten überhaupt nicht zur Abstimmung erschienen sind. Siehe die Biographie über Alma Kettig in diesem Band, S. 264-282.

38 Grete Rudoll wurde mit 19 Jahren Sozialdemokratin. Vgl. auch das Interview mit Erika Kriwett, die von ihrer Mutter sagte, dass diese der Meinung war, mit 63 Jahren könnten auch berufstätige Frauen ausscheiden und es sei besser, wenn man wisse, wann man aufhören muss.

Weiterarbeit (1969–1979)

»Die Anerkennung per Orden brauche ich nicht«[39]

»Meine Arbeit gilt dem Menschen«, soll Grete Rudoll oft gesagt haben.[40] Das große Bundesverdienstkreuz, das ihr am 4. Juli 1969 verliehen werden sollte, hat sie dankend abgelehnt: »Die Anerkennung per Orden brauche ich nicht«, war ihr Kommentar dazu, denn »für mich liegt die Anerkennung im Vertrauen meiner Wähler.«[41] Zum privaten Abschiedsabend nach ihrem Ausscheiden aus dem Bundestag versammelte Grete Rudoll die SPD-Mitglieder ihres Lieblingsausschusses, des Bundestagsausschusses für Arbeit, zu Roastbeaf, ihrer eigenen Lieblingsspeise, mit Bier und Wein um sich. Wie beliebt sie in diesem Ausschuss war, zeigte, dass der Ausschuss-Assistent Labs, der gerade eine Blinddarm-Operation hinter sich hatte, sich mit einem Schlafanzug bekleidet in ein Taxi setzte, um auf einen Sprung vorbeizukommen.[42]

Auf die Frage, was ihr während der 16 Jahre im Bundestag am meisten Spaß gemacht habe, antwortete Grete Rudoll an diesem Tage, dass dies die Arbeit im Ausschuss für Arbeit gewesen sei. Dass sie auch zukünftig der politischen Arbeit nicht entsagen wolle, ging aus ihrer Antwort auf die Frage, was sie nach ihrem Ausscheiden aus dem Bundestag tun werde, hervor. Rudoll antwortete, dass sie weiterhin »wahlkämpfen« wolle, und zwar diesmal für ihre Nachfolgerin Antje Huber. Sie hatte selbst darauf hingearbeitet, dass eine Frau ihren Platz einnehmen sollte, und wollte ihr nun hilfreich zur Seite stehen. Außerdem freue sie sich natürlich darauf, mehr Zeit zum Spazierengehen und zum Lesen zu haben. Aber erst einmal stehe sie morgens um fünf Uhr, wenn die Zechen Schichtwechsel hätten, an den Werkstoren und verteile Flugblätter für Antje Huber. Damit sie Bonn nicht ganz aus den Augen verliere, wolle sie dort alle Vierteljahre einen Besuch abstatten – schließlich sei sie nach wie vor Mitglied der SPD-Kontrollkommission.[43]

1970 ging sie zurück in die Kommunalpolitik und wurde Vorsitzende des SPD-Stadtbezirks Essen-Werden. Bis 1974 hatte sie das Amt inne. Zeitweise war sie auch Schriftführerin, ein Amt, das keiner gerne übernehmen wollte. Es entsprach ihrer lebenspraktischen, wenig eitlen Einstellung, dass sie das Amt mit den Worten: »einer muss es doch machen«, übernahm. Ihren Lebensabend verbrachte sie gemeinsam mit ihrem Mann, ihrer Tochter und ihrem Schwiegersohn in ihrem Fachwerkhaus in Essen-Heidhausen, wo sie am 27. Februar 1971 mit vielen Gästen ihren 65. Geburtstag feiern konnte. Auch nachdem sie den Vorsitz des Stadtbezirks Werden abgegeben hatte, war sie weiter für ›ihre Partei‹ tätig. Vor allem hatte sie für die Werdener und Heidhauser Bürger, die zu ihr kamen, stets ein offenes Ohr und stand ihnen mit Rat und Tat zur Seite.

39 Margarete Rudoll anlässlich der Anfrage für die Verleihung des Großen Bundesverdienstkreuzes, in: Rhein-Ruhr-Zeitung vom 5. Juli 1969.

40 Ihre Arbeit galt dem Menschen, in: Werdener Nachrichten vom 21.9.1979.

41 *Hilde Purwin,* Grete Rudoll lehnte Bundesverdienstkreuz ab, in: Rhein Ruhr Zeitung vom 5. Juli 1969.

42 Ebd.

43 Ebd.

1974 wurde sie krank, sie hatte Lymphdrüsenkrebs. Dennoch raffte sie sich abends oft auf und besuchte Parteiversammlungen. Ihre Tochter Erika pflegte die Mutter, wenn diese nicht im Krankenhaus sein musste. Am 14.1.1978 starb Wilhelm Rudoll im Alter von 75 Jahren.[44] Eine lange gemeinsame politische Arbeit war zu Ende.

Grete Rudoll lebte nicht mehr lange, obwohl sie noch viel vorhatte. Im Alter von 73 Jahren starb sie am 15. September 1979 in Essen-Werden. Sie wurde auf dem Bergfriedhof Heidhausen begraben. Die SPD hatte eine »aktive Mitkämpferin für soziale Anliegen, Gerechtigkeit und Solidarität, die sich selbst zugunsten des Gemeinwohls nicht schonte und bei allen Bürgern, Freunden und politischen Gegnern gleichermaßen Achtung genoss«, verloren.[45] Herbert Wehner, der damalige Vorsitzende der SPD-Fraktion verwies in seinem Gedenken darauf, dass alle, die sie gekannt hatten, sie geschätzt und geliebt hätten. Während der Jahre ihres Wirkens hätte sie Aufgaben, Funktionen und Pflichten mit einer Hingabe erfüllt, die er als nicht alltäglich bezeichnete.[46]

---

44 Wilhelm Rudoll gestorben, in: Werdener Nachrichten vom 20.1.1978.

45 Todesanzeige der SPD, Ortsverein Werden für Margarete Rudoll, in: Werdener Nachrichten vom 28.9.1979.

46 Informationen der Sozialdemokratischen Bundestagsfraktion, Ausgabe 944 vom 25.9.1979.

Marta Schanzenbach

»Ich war immer auf Parteilinie. Ich war nie bei den Radikalen«[1]

Marta Schanzenbach war Fürsorgerin und Politikerin. Vom einfachen Mädchen aus dem Schwarzwald, das sich gegen Unfreiheit, Not und Missachtung seiner Person, seiner Familie und seiner Mitmenschen auflehnte, wurde sie zur großen alten Dame der baden-württembergischen SPD. Viele Stationen hat sie in ihrem Leben durchlaufen. Die wichtigsten Erfahrungen konnte sie in der Arbeiterjugend sammeln, davon zehrte sie ein Leben lang. In Berlin besuchte sie die Wohlfahrtsschule der Arbeiterwohlfahrt und wurde zur Jugendfürsorgerin ausgebildet. Nachdem ihr Mann im Zweiten Weltkrieg vermisst blieb, hat sie ihre beiden Kinder allein erzogen, ohne den Konflikt zwischen politischer Arbeit und Familie jemals richtig lösen zu können. Als Nachfolgerin der SPD-Frauensekretärin Herta Gotthelf vertrat sie eine Frauenpolitik, die sich stets der herrschenden Parteilinie verpflichtet fühlte. Kein Wunder, dass sie, ebenso wie die Gesamtpartei, Schwierigkeiten mit einer nachwachsenden SPD-Frauengeneration bekam, die von der ›neuen Frauenbewegung‹ und vom Feminismus ›infiziert‹ war. Nachdem sie sich aus der SPD-Frauenarbeit zurückgezogen hatte, arbeitete sie weiter als stellvertretende Vorsitzende der Arbeiterwohlfahrt. Sie empfand es bis an ihr Lebensende als Glück, anderen Menschen helfen zu können.

Frühe Kindheit (1907–1914)

»Also meine Mutter war für die damalige Zeit eine tolle Frau«[2]

Marta Lehmann wurde am 7. Februar 1907 in Gengenbach bei Offenburg (Baden) als älteste von sieben Geschwistern geboren. Sie stammte aus einer katholischen Arbeiterfamilie. Ihr Großvater, Heinrich Lehmann, war Forstarbeiter und hatte mit seiner Frau in Gengenbach, das im Schwarzwald liegt, ein sehr ärmliches eigenes Haus und eine kleine Landwirtschaft.[3] Von ihm hat sie viel über das Leben der einfachen Menschen in der Vergangenheit erfahren. Der Großvater lebte zurückgezogen und las viele Bücher. Zu seiner Enkelin Marta hatte er ein herzliches Verhältnis. Auch Hermann Lehmann, der Vater Marta Lehmanns, war Arbeiter. Er hatte im Jahr 1900 in Gengenbach mit anderen Arbeitern die Sozialdemokratische Partei gegründet und war eine Zeit lang Stadtrat. Marta wusste, dass diese Tätigkeit damals schwer war, denn Sozialdemokraten wurden als Aufrührer angesehen und in der bürgerlichen Gesellschaft nicht besonders geachtet.[4]

1 *Regine Marquardt*, Das Ja zur Politik. Frauen im Deutschen Bundestag 1949–1961, Opladen 1999, S. 209.

2 Ebd., S. 182.

3 Den Namen der Großmutter wusste auch die Tochter Marta Schanzenbachs nicht mehr. Interview Gisela Notz mit Monika Böser am 23.5.2002 im Marta-Schanzenbach-Haus in Gengenbach.

4 Marta Schanzenbach im Gespräch mit Sabine Gieschler: »Ein Kind der Arbeiterbewegung«, in: *C. Wolfgang Müller* (Hrsg.), Erinnerungen für die Zukunft. Beiträge zum 75. Gründungstag der Arbeiterwohlfahrt, Frankfurt/M. 1994, S. 31-49; hier: S. 32.

1911 wurde der Vater, nachdem er bei einem Arbeitskampf Streikposten gestanden hatte und in einen politischen Prozess verwickelt worden war, von seiner Arbeit entlassen. Da er als Sozialdemokrat in Gengenbach keine neue Arbeit finden konnte, zog er mit seiner Familie noch im gleichen Jahr nach Straßburg, um dort eine neue Arbeit aufzunehmen. Marta war damals vier Jahre alt. Sie behielt die Zeit in guter Erinnerung. Der Vater, der sich autodidaktisch in der Arbeiterbewegung wietergebildet hatte, konnte sich offenbar in der neuen Arbeit besser verwirklichen. Von ihm wurde Marta politisch geprägt. Im Rahmen eines Interviews bezeichnete sie sich wiederholt »als Tochter meines Vaters«.[5] Er lehrte sie die Ziele des Sozialismus, der den Arbeitern Recht, Freiheit, Frieden und Wohlstand bringen sollte. So wuchs in ihr der Wille, sich mit allen Kräften für die Verbesserung der Situation der Arbeitenden einzusetzen.

Marta Schanzenbach (1907–1997), MdB 1949–1972

Die Mutter, Emilie, geborene Kern, kam aus einem kleinbürgerlichen, aber ebenfalls ärmlichen Haus. Ihre Eltern hatten eine Bäckerei. Der Großvater mütterlicherseits war als Wilderer ertappt und zu einer Gefängnisstrafe verurteilt worden, weswegen die Ehe der Großeltern scheiterte.[6] Marta Schanzenbachs Mutter war also Scheidungskind und wuchs bei ihrer Großmutter auf. Sie erlernte den Beruf der Modistin (Hutmacherin). Ihre ältere Schwester war als Erzieherin ausgebildet worden und wanderte nach Frankreich aus. Dorthin holte die Schwester auch Martas Mutter nach, die Erzieherin in einer Grafenfamilie wurde, dort einen fünfjährigen Jungen betreute und die französische Lebensart kennenlernte. Offensichtlich zeigte die Mutter stets Verständnis für die emanzipatorischen Bemühungen ihrer Tochter. Marta bewunderte die Mutter, die sieben Kinder durch die wirtschaftlich schweren Zeiten gebracht hatte, obwohl sie oft nicht einmal genug Geld hatte, um Brot zu kaufen. Sie bezeichnete ihre Mutter später als unpolitisch, aber auch als »für die damalige Zeit eine tolle Frau«.[7]

5 Marquardt, S. 182.
6 Ebd., S. 181.
7 Ebd., S. 182. Das bestätigte auch die Enkelin Monika Böser: »Das war eine tolle Frau, ich liebte sie auch sehr«. Interview mit Monika Böser.

Erste politische Eindrücke (1914–1918)

»Ich wurde ohne Voreingenommenheit gegen andere Völker erzogen«[8]

Kurz nach Ausbruch des Ersten Weltkrieges 1914 zog die Familie Lehmann auf Drängen der Mutter, die es in Straßburg nicht aushielt, zurück in den Schwarzwald. Der Vater ging als Soldat in den Krieg. Vielleicht hatte er sich der allgemeinen Kriegsbegeisterung, von der auch viele Sozialdemokraten angesteckt wurden, angeschlossen.[9] Marta Lehmann beteiligte sich im Alter von sieben Jahren an den allabendlich stattfindenden Kriegsgottesdiensten und sang das Lied: »Schenke Jesus uns den Sieg.«[10] Sie sah deutsche Soldaten in geschmückten Zügen durch Gengenbach fahren und hörte sie laut singen: »Siegreich wollen wir Frankreich schlagen, sterben als Held«.[11] Obwohl sie – wie sie später sagte – damals ganz auf der Seite der deutschen Soldaten stand, kamen ihr bald Zweifel. Sie konnte nicht begreifen, warum die deutschen Soldaten Frankreich schlagen wollten, schließlich hatte die Mutter doch nur Gutes über dieses Land erzählt. Das Kind konnte religiöse Gefühle und politische Überzeugungen nicht in Einklang bringen. Dennoch: die Eltern erzogen sie, wie sie erzählte, ohne jede Voreingenommenheit gegen andere Völker, und das gab dem späteren Lebensweg Richtung und Gestalt.

Nach dem Besuch der Volksschule besuchte sie eine »Bürgerschule«[12]. Sie wollte unbedingt aus den ärmlichen Verhältnissen heraus und nicht länger als Arbeiterkind diskriminiert werden. Den Besuch der Bürgerschule konnte ihre Familie nicht finanzieren. Ihre Klassenlehrerin sorgte jedoch dafür, dass Marta eine Freistelle bekam. Obwohl ihr die Sonderstellung, die sie durch die Freistellung hatte, zu schaffen machte, ging sie gerne zur Schule. Da die junge Marta eine gute Schülerin war, durfte sie bei Veranstaltungen Gedichte vortragen und lernte früh, vor großen Versammlungen frei zu sprechen, eine Fähigkeit, die ihr in späteren Jahren sehr zugute kam. Nach Ende des Ersten Weltkrieges hatte sie, nun bereits elfjährig, ihr zweites einschneidendes politisches Erlebnis nach dem Kriegsausbruch von 1914: die Revolution von 1918. Überall wurden Räte gegründet, und auch in ihrer Schule gab es einen Schülerrat. So kam es, dass sie, noch vor der Durchsetzung des Frauenwahlrechtes, schon ihr erstes politisches Amt hatte: Marta Lehmann wurde Schülerrätin in einer koedukativen Schule. Darauf war sie bis zu ihrem Tode stolz. Der Familie ging es wirtschaftlich schlecht, obwohl ihr Vater unverletzt aus dem Krieg zurückgekommen war und zunächst eine Arbeit bei der Eisenbahn in Gen-

8 *Marta Schanzenbach,* Entscheidende Kindheitserlebnisse, in: *Vorstand der SPD* (Hrsg.), Frauen machen Politik, Bonn 1958, S. 9-13; hier: S. 10.

9 Regine Marquardt führt das auch auf die Bewilligung der Kriegskredite durch die SPD zurück. Vgl. ebd., S. 183. Monika Böser konnte später keine Begeisterung bei ihm feststellen. Vgl. Interview mit Monika Böser.

10 Schanzenbach 1958, S. 10.

11 Schanzenbach/Gieschler, S. 33.

12 Schanzenbach selbst benutzt in allen Veröffentlichungen den Ausdruck »Bürgerschule«. In einigen Veröffentlichungen wird die »Bürgerschule« als Mittelschule bezeichnet, z.B. Amtlichen Handbuch des Deutschen Bundestages von 1953. Regine Marquardt spricht von Realschule (S. 185).

genbach gefunden hatte. Ein Versuch des Vaters, sich nach längerer Erwerbslosigkeit im Straßenbau selbstständig zu machen, scheiterte.[13]

Zeit der Jugendbewegung (1918–1928)

»Und dann war es die Arbeiterjugend, die mich geformt hat«[14]

Die Mutter gebar, als Marta Lehmann 14 Jahre alt war, ein viertes Kind. Marta besuchte gerade die letzte Klasse der Bürgerschule und musste die Schule schwänzen, weil sie die Mutter und die jüngeren Kinder versorgen musste. Die Mutter, die in ihrer eigenen Kindheit bessere Zeiten erlebt hatte, wollte, dass es ihren Kindern später besser gehen sollte und sorgte dafür, dass die Brüder in Lehrstellen kamen. Marta hingegen musste ihr Schicksal selbst in die Hand nehmen. Nachdem sie die Schule verlassen hatte, konnte sie zunächst keine Ausbildung beginnen, weil sie die Mutter im Haushalt und bei der Kinderbetreuung unterstützen musste. Später schilderte sie die zweijährige Mithilfe im Haushalt als eine der schwierigsten Zeiten ihres Lebens. Eigentlich wollte sie Lehrerin werden, damals der einzige qualifizierte Beruf, der ihr als Frau hätte offen gestanden, aber sie verfügte nicht über entsprechende Geldmittel. Statt dessen fiel sie in eine Sinnkrise, die Zukunft erschien ihr düster: »Ich habe jeden Tag natürlich gearbeitet, meine Mutter war froh, dass sie mich zu Hause hatte, aber ich war ein ganz unzufriedenes Mädchen.«[15] Den Lebensaussichten, denen sie entgegensah, mochte sie nichts Positives abgewinnen. Sie würde jetzt der Mutter helfen, dann einen Mann kennen lernen, heiraten, Kinder bekommen und ebenso leben wie ihre Mutter. Sie war deshalb sicher, ihren Wunsch, Lehrerin zu werden, nie verwirklichen zu können.

Bevor Marta Lehmann endgültig verzweifelte, hatte sie ein drittes Schlüsselerlebnis, das ihr den eigenen politischen Weg zeigte. Es war die Mutter einer Mitschülerin, die ihr nach einem kindlichen Streit mit der Tochter zurief: »Und das ist der Dank dafür, dass man dich nicht hat spüren lassen, dass du armer Leute Kind bist.«[16] Das traf die junge Marta zutiefst. Nach Meinung dieser Frau hatte Marta sich in die bürgerliche Gesellschaft eingeschlichen. Das hatte man sie so lange nicht merken lassen, wie sie in den Augen der »besser Gestellten« Wohlverhalten zeigte. Später relativierte sie dieses Erlebnis, indem sie den Grund für die Diskriminierung nicht mehr bei der Mutter der Mitschülerin, sondern in den gesellschaftlichen Verhältnissen sah.[17] Fortan wollte sie ihre Wurzeln als Arbeiterkind nicht verleugnen. Sie fragte den Vater, ob es in der SPD einen Jugendverband gebe. Da er keine Auskunft geben konnte, machte Marta sich selbst auf die Suche. Sie hörte von der Sozialistischen Arbeiterjugend, die es in größeren Städten gab,

13 Marquardt, S. 183.

14 Ebd., S. 187.

15 Ebd., S. 186.

16 Schanzenbach/Gieschler, S. 34.

17 Sie sagte später: »Nach der Auffassung der früher das Leben in einer Gemeinde bestimmenden bürgerlichen Gesellschaftsschicht war die wirtschaftliche Armut ein persönliches Versagen, und die betreffenden Menschen wurden als minderwertig angesehen.« Marquardt, S. 183 f.

und gründete im Alter von 16 Jahren mit anderen Jugendlichen ihre erste Organisation: die SAJ in Gengenbach. Mit den Mitgliedern der Gruppe ging sie auf Wanderschaft, führte dabei stundenlange Gespräche, lernte das Gitarrespiel und sang: »Wir sind die junge Garde des Proletariats«. Sie wollten nicht einfach Wandervögel sein, sondern politisch arbeiten, »gegen Not und gegen Unfreiheit und gegen Diskriminierung«.[18] Marta hatte das Gefühl, neue Wurzeln zu schlagen, die sie ihr ganzes Leben lang tragen sollten.[19] Später beschrieb sie ihre eigene politische Haltung zu dieser Zeit: »Ich träumte von einer sozialistischen Welt, von meinen Idealen, jedoch ohne Ahnung für eine realistische Politik.«[20] Ihrem Vater schien ihr Engagement zu gefallen. Er unterstützte es, wo er konnte, nahm an ihren Wanderungen teil und fungierte als kompetenter Berater. Auch die Mutter machte mit, wenn die Gruppenversammlungen zu Hause stattfanden und sich zu den eigenen Kindern zehn oder mehr junge Leute gesellten, um politische Diskussionen zu führen. Marta Schanzenbach erinnerte sich später: »Meine Eltern ließen uns gewähren. Vom Heuboden bis zur guten Stube stellten sie uns das Haus zur Verfügung.«[21] 1923 trat Marta Lehmann in die SPD ein. Bald wurde sie zur Vorsitzenden gewählt und hatte nun ihre zweite politische Funktion. Sehr schnell wurde sie dann Kreisvorsitzende für den gesamten Schwarzwaldkreis und 1926 Mitglied im Landesvorstand.

Wie viele Arbeiterjugendliche in den 20er Jahren erlebte Marta Lehmann in der Sozialistischen Jugend die Solidarität und Geborgenheit in Jugendverband und Partei und bekam geistige Anregungen, die sie noch bis ins hohe Alter begleiteten: »Ich hatte den Eindruck, dass ich die Tür zu einer Welt, die mir böse, eng und verlogen vorkam, zugestoßen habe und in ein Leben hineingeschritten bin, in dem ich ein Streben nach Gerechtigkeit vorfand«, sagte sie später.[22] Die Mitglieder der Gruppe fühlten sich nicht mehr als die Armen oder gar die minderwertigen Arbeiterkinder: »Wir sind durch die Zugehörigkeit zur sozialistischen Arbeiterjugend freie, sich ihres Wertes bewusste, frohe, junge Menschen geworden, die an eine bessere Zukunft glauben.«[23]

Noch einmal stieß Marta Lehmann an die Klassenschranken, als ihre erste große Jugendliebe sie verließ. Obwohl Sohn eines SPD-Genossen, gab ihr der geliebte junge Mann zu verstehen, dass sie ihre Liebe beenden müssten, weil er als Ingenieurstudent an der Fachhochschule in Karlsruhe nach beendetem Studium einer anderen Schicht angehören werde und daher keine arme Arbeiterin zur Frau nehmen könne. Während dieser Zeit (von 1925–1928) arbeitete sie als Verkäuferin im Konsumverein in Gengenbach.[24] Das Erlebnis beschäftigte sie sehr und sie zog daraus Konsequenzen. Fortan wollte sie

18 Schanzenbach 1987, S. 14.
19 Schanzenbach/Gieschler, S. 35.
20 Offenburger Tagblatt vom 11.2.1984.
21 Schanzenbach, 1958, S. 11.
22 Ebd., S. 18.
23 Ebd., S. 11.
24 Nach den Aussagen ihrer Tochter hatte das allerdings den Vorteil, dass sie abends nicht verkauftes Obst und Gemüse für die Familie mitnehmen konnte.

nicht »irgend jemandes Freundin« sein, sondern sie wollte einen Beruf erlernen, von dem sie sich ernähren konnte. Marta Lehmann wollte selbst »etwas werden« und möglichst ohne Männer leben.[25] »Er hat mich sitzen lassen. Das sollte mir nie wieder passieren. Den Männern habe ich Rache geschworen. Ich will etwas lernen und nicht von ihnen abhängig sein.« Das sagte sie später in einem Interview.[26] Auch ihre Tochter war der Meinung, dass es dieses Erlebnis war, das sie zu dem Entschluss brachte »Jetzt zeig ich es mal der ganzen Welt«.[27] Journalisten verweisen immer wieder darauf, dass sie zu dieser Zeit viel las und noch mehr lernte.[28] Noch wusste sie nicht, welcher Beruf in Frage kam. Als Verkäuferin hörte sie sich den Kummer der armen Leute an und ahnte bereits, dass sie für so etwas wie Fürsorgearbeit geschaffen war. Noch wusste sie allerdings nichts vom Beruf der Fürsorgerin. Sie wusste aber, dass sie begreifen wollte, warum es in der Gesellschaft zu dieser himmelschreienden sozialen Ungleichheit komme.

Einige theoretische und politische Vorkenntnisse hatte sie bereits durch ihre Arbeit in der Sozialistischen Arbeiterjugend erworben. Im Kreisvorstand der SAJ hörte sie von der Existenz der Arbeiterwohlfahrt und von der Möglichkeit, eine Schule dieser Organisation zu besuchen und den Beruf der Fürsorgerin zu erlernen. Nachdem sie außerdem erfahren hatte, dass die Arbeiterwohlfahrt Studiendarlehen vergab, bewarb sie sich für ein Studium. Sie war beseelt von dem Gedanken, die Welt zu verändern, für Gleichberechtigung und Abbau von Diskriminierungen zu kämpfen und dafür zu arbeiten, dass zukünftig allen Kindern gleiche Berufschancen eröffnet würden.[29] Ihre Mutter unterstützte sie in ihrem Vorhaben, indem sie sagte: »Mach es. Wenn Du meinst, es ist richtig für Dich, dann mach's.«[30]

Ausbildung und Arbeit als Jugendwohlfahrtspflegerin (1928–1933)

»Ich habe nie so intensiv gelebt wie in den zwei Jahren, die ich auf der Wohlfahrtsschule verbrachte«[31]

Marta Lehmann schrieb an die damalige SPD-Reichtagsabgeordnete, Gründerin und Vorsitzende der AWO, Marie Juchacz, persönlich, um sich für eine Ausbildung zur Fürsorgerin zu bewerben. Bald darauf erhielt sie eine Zusage für die Gewährung eines Darlehens und für einen Studienplatz. 1928 wurde sie Mitglied der Arbeiterwohlfahrt. Zuerst musste sie 1928/29 eine einjährige Ausbildung als Kinderpflegerin im Kinderkrankenhaus in Karlsruhe und eine halbjährige Tätigkeit auf der Wochenpflegestation im

25 Schanzenbach/Gieschler, S. 37.

26 *Marta Schanzenbach,* Das Glück helfen zu können, in: *Renate Lepsius,* Frauenpolitik als Beruf. Gespräche mit SPD-Parlamentarierinnen, Hamburg 1987, S. 18.

27 Interview Monika Böser.

28 *Carl L. Goggomos,* Frauen wissen manches besser. Marta Schanzenbach hält nichts von Theorien, in: Vorwärts vom 23.8.1961.

29 *Gert Reiser,* Die große Dame der Sozialdemokratie, in: Lahrer Zeitung vom 11.2.1984.

30 Schanzenbach/Gieschler, Ebd. S. 35.

31 Schanzenbach 1958, S. 11.

Städtischen Krankenhaus in Mannheim absolvieren. 1929 ging sie dann nach Berlin und besuchte die Wohlfahrtsschule der Arbeiterwohlfahrt, um die Ausbildung zur Jugendwohlfahrtspflegerin zu beginnen. Das Berlin der 20er Jahre war eine andere Welt als die, die sie bisher kannte. Sie erlebte diese Welt durchaus ambivalent: Glanz und Glitzer auf der einen Seite und Erwerbslose, Bettler und Kriegsversehrte auf der anderen. Dennoch fand sie sich in der Welt der Gegensätze zurecht. Die zwei Jahre Wohlfahrtsschule beschrieb Marta später als die glücklichsten Jahre ihres Lebens.[32] Sie habe damals intensiver als jemals sonst im Leben gelebt.[33] Bis ins hohe Alter schwärmte sie von den Mitschülerinnen und Mitschülern. Die meisten waren wie sie Funktionäre und Funktionärinnen der SAJ und kamen aus ganz Deutschland. Sie bewunderte die großartigen Lehrer und Lehrerinnen, zu denen die damalige Reichstagsabgeordnete Louise Schroeder, Walter Friedländer, SPD-Stadtrat am Prenzlauer Berg, Hedwig Wachenheim, Leiterin der Wohlfahrtsschule und preußische Landtagsabgeordnete, Reichstagspräsident Paul Löbe, der Freud-Schüler Siegfried Bernfeld und die AWO-Funktionärin Lotte Lemke gehörten. Durch die Lehrkräfte bekam sie Zugang zu Reichstagssitzungen, großen politischen Veranstaltungen und zu verbilligten Theaterplätzen. Umgekehrt bewunderten die Lehrerinnen und Lehrer die große Lernbegierde des »Schwarzwaldmädels«, das neben der Schule und dem Besuch von politischen Veranstaltungen noch Zeit fand, die geistigen und künstlerischen Angebote der Hauptstadt wahrzunehmen.[34] Marta Lehmann gehörte nun zu einer neuen Elite junger sozialdemokratischer gebildeter Frauen. Dank Darlehen und Platz in einem Wohnheim hatte sie keine wirtschaftlichen Sorgen. Begierig nahm sie neue wissenschaftliche und politische Theorien in sich auf und brachte sie mit ihrer eigenen Praxis in Verbindung: Durch den Einfluss des Lehrers Siegfried Bernfeld revidierte sie zum Beispiel ihre katholisch-geprägten Moralvorstellungen.[35] In ihrer zukünftigen Berufsarbeit sah sie fortan nicht nur eine soziale, sondern auch eine politische Aufgabe.[36] Das veranlasste sie, zusätzlich zu ihrer Ausbildung Vorlesungen an der Hochschule für Politik zu besuchen.[37] Ihre praktisch-politische Tätigkeit als Helferin bei den Kinderfreunden wollte sie trotz der hohen Arbeitsbelastung nicht aufgeben. Sie hatte den Anspruch, theoretisches Wissen an der praktischen Arbeit zu erproben.

Es war vor allem der Einfluss der Lehrerinnen und Lehrer, der dazu führte, dass Marta eine reformistisch-sozialdemokratische Haltung einnahm. Aus einem späteren Interview wurde das deutlich: »Da es an dieser Schule keine Radikalinskis gab, sondern nur solide, gestandene Sozialdemokraten, bin ich ganz auf die Linie der Reformer, der Mehr-

32 Schanzenbach/Gieschler, S. 36.

33 Schanzenbach 1987, S. 16.

34 *Lotte Lemke*, Marta Schanzenbach MdB 60 Jahre alt, in: unsere arbeit, Februar 1967, S. 1. Lotte Lemke war 1967 Vorsitzende des Bundesverbandes der Arbeiterwohlfahrt.

35 In Interviews wies sie immer wieder auf die große Offenbarung hin, die es ihr bedeutete, der »Enge der katholischen Kirche« entgangen zu sein. Dennoch blieb sie bis zu ihrem Tod Mitglied dieser Kirche. Vgl. Marquardt, S. 188.

36 Schanzenbach 1958, S. 11.

37 Ebd.

heitssozialdemokraten gekommen. Alles andere habe ich abgelehnt. Wäre diese Schule radikal gewesen, wär' ich sicher bei der Linken gelandet.«[38] Bei den »Reformern« blieb sie für den Rest ihres Lebens. Ihre Offenheit gegenüber linken Positionen behielt sie jedoch bei. Das wird aus ihrer Bewunderung für Frauen wie Clara Zetkin deutlich. Noch im Alter schwärmte sie von einer Begegnung mit dieser Frau. Obwohl Clara Zetkin, wie Marta Schanzenbach sagte, eine »kommunistische Abgeordnete im Deutschen Reichstag mit Wohnsitz in Moskau« war, war Zetkin für sie eine beeindruckende Frau.[39]

Fast am Ende der Schulzeit verliebte sie sich in Albert Schanzenbach, einen Mitschüler und badischen Landsmann. Obwohl sie den Eindruck hatte, dass sie wegen der Beziehung »in der Schule nachließ«,[40] bestanden sie beide das Staatsexamen als Sozialfürsorger und -fürsorgerin mit der besten Note. Marta bekam 1931 eine Stelle als Fürsorgerin im Jugendamt des Arbeiterviertels am Prenzlauer Berg in Berlin, das von Walter Friedländer, einem ihrer Lehrer, geleitet wurde. Eine Stelle, die ihr im AWO-Bundesverband angeboten wurde, lehnte sie ab, da sie nach dem Studium den Wunsch hatte, praktische soziale Arbeit zu leisten.[41] Elend, Hunger, Unterernährung und Ausweglosigkeit der Armen bestimmten nun ihre fürsorgerische Praxis. In Deutschland war die Zahl der Erwerbslosen bereits auf fünf Millionen gestiegen. Mit ihrem Lebensgefährten, der Fürsorger bei der Winterhilfe geworden war, bewohnte sie eine gemeinsame Wohnung.

Im Schatten des Hakenkreuzes (1933–1945)

»Für mich war Nacht über Deutschland; ich lebte im Dunkeln«[42]

Die Machtübernahme durch die Nationalsozialisten wirkte sich auf die Familie Lehmann unterschiedlich aus. Marta Lehmanns Vater arbeitete bei der »Organisation Todt«, die mit dem Bau der Reichsautobahnen beauftragt war. Ihren Eltern ging es nun finanziell besser. Der Vater, der in Rumänien und anderen von Deutschen besetzten Gebieten tätig wurde, stieg sogar zum Vorarbeiter auf, ohne je der NSDAP beizutreten.[43]

Marta Lehmann selbst wurde 1933 aus politischen Gründen, »wegen staatsfeindlicher Gesinnung«[44] – schließlich war sie aktive Sozialdemokratin –, aus ihrer Arbeitsstelle in Berlin entlassen. Gerade zwei Jahre war sie als Fürsorgerin tätig gewesen, bevor sie Berufsverbot erhielt. Obwohl ihre Arbeit oft sehr schwer war und sie fast nur mit »Fällen« von Not und Elend betraut war, war es ein schwerer Schock für sie, nun ohne Erwerbsar-

38 Marquardt, S. 189.
39 Ebd., S. 190.
40 Schanzenbach/Gieschler, S. 12.
41 Marquardt, S. 191.
42 Schanzenbach 1958, S. 38.
43 Marquardt, S. 183.
44 Ebd., S. 192. Der Seniorenrat der SPD schrieb: »Wegen politischer Unzuverlässigkeit«, vgl. *Der Seniorenrat der SPD* (Hrsg.), Zeitgenossen, Frauen und Männer der ersten Stunde, Mitglieder des Seniorenrats der SPD, Bonn o.J., S. 41. So auch die Lahrer Zeitung vom 14.10.1972.

beit zu sein. »Es war ein hoffnungsvolles, berufliches und politisches Beginnen, dem mit der Machtübernahme durch den Nationalsozialismus ein Ende gesetzt wurde«[45], sagte sie später. Albert Schanzenbach, der ebenfalls entlassen worden war, konnte wenigstens ab und zu Aushilfsarbeiten übernehmen.

Marta und Albert Schanzenbach mussten Hausdurchsuchungen über sich ergehen lassen, wurden wiederholt von der Gestapo verhört und standen unter deren Überwachung. Weil ein Treffen zwischen Marta Schanzenbach und einem observierten Mann bekannt geworden war und gute Freunde bereits verhaftet waren, hatte sie schreckliche Angst, ebenfalls verhaftet zu werden.[46] Sie litt entsetzlich, bekam Depressionen, denn sie hatte keine wirkliche Aufgabe, und fühlte sich fortwährend verfolgt. »Für mich war Nacht über Deutschland; ich lebte im Dunkeln«, erinnerte sie sich, als endlich alles vorbei war.[47]

Im Oktober 1933 heiratete sie: mehr aus Vernunftgründen, wie Marta Schanzenbach später betonte, damit man sich in politisch schwierigen Zeiten besser gegenseitig helfen konnte, aber auch, weil unter dem NS-Regime ein Zusammenleben ohne Trauschein gesetzlich nicht zulässig war. Sie versuchte, sich politisch unauffällig zu verhalten, aber dennoch hatte sich ihr Leben verändert: Gute Freunde waren in die Emigration gegangen oder hatten ihren Wohnort gewechselt – sie war einsam. 1936 bekam Marta Schanzenbach ihr erstes Kind, den Sohn Bernhard. Endlich hatte sie wieder das Gefühl, eine Aufgabe zu haben. 1939 kam das zweite Kind, die Tochter Monika, dennoch ging es ihr wieder schlecht. Die Beziehung zu ihrem Mann, von dem sie finanziell abhängig war, wurde immer schwieriger, zumal gleichgesinnte Freundeskreise fehlten.[48] Ihre Vorstellungen von einem freien Leben und einem gleichberechtigten Lebensentwurf wurden unter dem Druck der nationalsozialistischen Herrschaft, ihrer Erwerbslosigkeit und den Forderungen ihres Ehemannes, der alten Traditionen verhaftet blieb oder diese zumindest wieder aufnahm, zunichte. Bald liefen die Kriegsvorbereitungen an, und die ersten Männer wurden eingezogen. Nun wurden aber auch wieder Fürsorgerinnen gesucht, die an die Stelle der eingezogenen Männer rücken sollten. Gegen den Widerstand ihres Mannes nahm sie 1939, nach sechsjähriger Erwerbslosigkeit, gleich nach der Geburt der Tochter Monika, eine bezahlte Arbeit an und holte ihre jüngste Schwester Dora ins Haus, damit diese die beiden Kinder versorgte, während sie bei der Arbeit war. Dora wurde für die Kinder »Mutterersatz«.[49] Marta Schanzenbach arbeitete nun als Fürsorgerin in einem Bezirk rund um den Alexanderplatz und war glücklich, ihren Beruf wieder

45 Schanzenbach 1958, S. 12.

46 Marquardt, S. 192. Aus den Quellen geht nicht hervor, wer der Mann war.

47 Schanzenbach 1958, S. 12.

48 Sie sagte später in einem Interview: »Ich musste deshalb, was mir sehr schwergefallen ist, meine eigene Persönlichkeit zurücknehmen. Sie können sich so etwas nicht vorstellen, wie das für eine Frau ist, die selber eine Persönlichkeit war und dann dem Mann gehorchen muss, nur alles ihm zuliebe tun, damit man keinen Krach miteinander bekommt, damit man diese schwierige Zeit miteinander übersteht.« Marquardt, S. 192.

49 Vgl. Interview Monika Böser. Alle nicht anders ausgewiesenen Informationen und Zitate beziehen sich auf dieses Interview.

ausführen zu können. Ihr Klientel waren uneheliche Kinder, Prostituierte, Zuhälter, verarmte Juden, Sinti und Roma[50], allesamt durch das NS-Regime ausgegrenzt. Zwar sprach sie später wenig davon, doch erfahren wir aus einem Zeitungsinterview, dass es ihr zu schaffen machte, dass viele der von ihr Betreuten politisch verfolgt wurden: »Mich hatte ein neues Gefühl der Ohnmacht ergriffen, denn ich wusste, dass es Konzentrationslager gibt, weil ich mit ansehen musste, wie jüdische Männer abgeholt und misshandelt wurden und nie mehr zu ihren schreienden Familien zurückgekehrt sind.«[51] Auch sie selbst sah sich als Sozialdemokratin weiterhin als Ausgegrenzte und Gefährdete. Zum Glück war ihre Abteilungsleiterin keine »Nazifrau« und wollte sie auch nicht zur ›Gefolgschaft‹ überreden.[52] Trotz der bedrohlichen Situation hatte sie Spaß an ihrer Arbeit, bis ihr Mann, der 1940 zur Wehrmacht eingezogen wurde, sie 1942 – er hatte eigens zu diesem Zwecke Heimaturlaub genommen – überredete, zum Schutz der Familie mit den Kindern von Berlin nach Gengenbach zu ziehen. In Gengenbach, wo sie früher schon gelebt hatte, war sie beliebt und niemand störte sich daran, dass sie Sozialdemokratin war. Von ihrer Mutter wurde sie mit ihren beiden Kindern herzlich aufgenommen. Aber nun war sie wieder Hausfrau und ohne eigene Existenzsicherung. Die Eltern hatten selbst nicht das Notwendigste zum Leben. Tochter Monika erinnert sich, dass oft »die paar Pfennige fehlten, um Salz zu kaufen«. Erst als 1943 – ihre Wohnung im Stadtteil Neukölln in Berlin war in der Zwischenzeit total ausgebombt – wegen der zunehmenden Evakuierungen und der Flüchtlingsströme im Rathaus zu Gengenbach eine Fürsorgerin gebraucht wurde, bekam sie wieder bezahlte Arbeit. Die verzweifelten Frauen, deren Männer gefallen waren, die Evakuierten, die Wohnung suchten, und die Flüchtlinge und Heimatvertriebenen kamen nun mit ihren Sorgen und Nöten zu ihr, und sie hatte wieder das Gefühl, gebraucht zu werden und »hilfreich zupacken zu können.«[53] Die Kinder wurden nun von der Großmutter versorgt.

Marta Schanzenbach konnte selbstständig arbeiten und wieder hatte sie das Glück, dass niemand sie überreden oder zwingen wollte, in die (Nationalsozialistische) Volkswohlfahrt oder in die NS-Frauenschaft einzutreten. Man hat sie »einfach in Ruhe gelassen«.[54] Freilich war Marta Schanzenbach nie vor Spitzeln sicher, wenn sie mit ihrer Klientel oder ihren Nachbarinnen und Nachbarn Diskussionen führte. Später hat sie es ganz offensichtlich vermieden, sich auf eine tiefergehende Diskussion und Reflexion über ihre Arbeit in der Zeit des Nationalsozialismus einzulassen.[55] In einem Interview sagte sie nur, dass sie »im Rahmen der damaligen Möglichkeiten bestens arbeiten« konnte und für einen großen Teil der Betreuten eine Hilfe war.[56]

---

50 Schanzenbach/Gieschler, S. 39.
51 Offenburger Tagblatt vom 11.2.1984.
52 Schanzenbach/Gieschler, S. 39
53 Schanzenbach 1987, S. 21.
54 Marquardt, S. 194.
55 Ebd.
56 Ebd.

Obwohl sie Albert Schanzenbach später als einen Patriarchen bezeichnete, der bei Auseinandersetzungen immer Recht behalten musste, beschrieb sie ihre Ehe im Nachhinein als gut, räumte aber auch ein: »Ich habe mich völlig zurückgenommen und die Rolle der Hausfrau gespielt. (...) Als Persönlichkeit habe ich völlig abgebaut.«[57] Die Zeit des Nationalsozialismus als politischer Rückschritt hatte auch in der persönlichen Beziehung die Vorstellung von einem freieren, ebenbürtigen Leben zunichte gemacht.[58] Ihr Mann galt seit Sommer 1944 als vermisst. Sie hat alles unternommen, um ihn zu finden – vergeblich. Die Ungewissheit ließ sie nicht zur Ruhe kommen. Obwohl sie 1955, als Adenauer in der Sowjetunion Gefangene frei bekommen konnte und ihr Mann nicht dabei war, »einen Schlussstrich« zog, wartete sie noch viele Jahre auf dessen Heimkehr. Sie hatte aber auch Angst, dass er wieder zurückkommen könnte, weil sie ihre eigene Rolle dann hätte aufgeben müssen.[59] Eine neue Bindung ist sie nie mehr eingegangen; vielleicht auch, weil sie sich nie mehr einem Manne unterordnen wollte.[60]

Nach dem Zweiten Weltkrieg (1945–1949)

»Wir haben gleich mit der politischen Arbeit begonnen«[61]

Als die Franzosen in Gengenbach einzogen, fanden sie die Familie Schanzenbach im Luftschutzkeller. Dank einiger glücklicher Zufälle und der Französisch-Kenntnisse von Marta Schanzenbachs couragierter Mutter überstanden sie die Belagerung. Dennoch musste Marta Schanzenbach ein erneutes Tief durchleben, weil sie nicht verstehen wollte, dass die Soldaten der Besatzungsmächte vergewaltigten und plünderten. Jede Nacht versteckte sie ihre jüngere, hübsche Schwester aus Angst.[62] Sie hatte geglaubt, mit dem Ende der NS-Zeit sei auch die Barbarei zu Ende.

Ihr blieb jedoch nicht viel Zeit, in ihrer Depression zu verharren.[63] Sie half, wie viele ihrer Genossinnen, sofort beim sozialen und politischen Wiederaufbau Deutschlands und beim Wiederaufbau der SPD. Marta Schanzenbach wurde bereits 1945 Mitglied der Sozialistischen Partei Süd-Badens wo sie noch im gleichen Jahr Mitglied des Bezirksvorstandes wurde. Im September 1946 war sie als Delegierte auf dem ersten SPD-Parteitag

57 Schanzenbach/Gieschler, S. 38, auch Schanzenbach 1987, S. 19.

58 Die Tochter Monika berichtete im Interview, dass sie ihren Vater als ziemlich streng in Erinnerung habe: »Meine Mutter hatte es mit ihm schon schwer.«

59 Ihre Tochter ist der Meinung, sie hätte sich dann scheiden lassen, weil sie die Unterordnung nicht mehr hätte ertragen können.

60 Später sagte sie: »Wenn mein Mann zurückgekommen wäre, dann wäre es schwierig geworden. Er hätte die alte Frau nicht mehr angetroffen, in der Zwischenzeit ist sie sich ihrer selbst bewusster geworden (...). Ich hätte nie mehr die Hausfrau spielen können und hätte nie mehr einem Mann Gehorsam entgegenbringen können ...«, zit. nach Marquardt, S. 196.

61 Schanzenbach/Gieschler, S. 41.

62 »Es ging alles korrekt zu, bis Marokkaner die reguläre französische Kampftruppe ablösten – Plünderungen, Vergewaltigungen (...)«. Marta Schanzenbach, zit. nach Reiser, Die große Dame.

63 In einem Interview sagte sie, dass sie daran gedacht habe, wie es wäre, mit ihren beiden Kindern sterben zu können. Schanzenbach 1987, S. 22.

in Hannover, 1946/1947 nahm sie an der Fürther Frauenkonferenz teil und war 1947 an der Gründung des Bundesfrauenausschusses der SPD beteiligt, dessen Vorsitz sie von 1958–1966 inne hatte. Sie schreckte nicht vor langen, beschwerlichen Reisen zurück, denn die Verkehrsverbindungen waren damals noch völlig unzureichend. Marta Schanzenbach gehörte zu den wenigen SPD-Parlamentarierinnen, die in der Parteiarbeit an die Erfahrungen, die sie während der Weimarer Zeit gemacht hatten, anknüpfen konnten. Wer noch nicht auf sie aufmerksam geworden war, wurde es 1948, als sie im Streit um den Namen für die wiedergegründete SPD dafür eintrat, dass der Name sozialdemokratisch statt sozialistisch durchgesetzt wurde. Sicherlich war es den Schlichtungskünsten der moderaten Sozialdemokratin zu verdanken, dass es in der regionalen Partei deshalb nicht zur Spaltung kam. Das SPD-Vorstandsmitglied Carlo Schmid bot ihr aufgrund ihrer Fähigkeiten eine Stelle im Parteivorstand Südbadens an. Das hatte zur Folge, dass sie bei den Vorbereitungen zur Bundestagswahl 1949 auf die Landesliste der SPD gesetzt wurde.[64] Vorher hatte sie 1946 die Wiedergründung der Arbeiterwohlfahrt in Freiburg mit betrieben und war 1946 der Gewerkschaft ÖTV beigetreten.

Die politischen Ämter Marta Schanzenbachs häuften sich: 1946 wurde die engagierte Sozialdemokratin Vorsitzende des Landesvorstandes der SPD Südbaden. Außerdem war sie aktiv in der Arbeiterwohlfahrt tätig, wo sie zunächst Vorsitzende des Ortsausschusses in Gengenbach wurde, an dessen Neugründung sie mitgewirkt hatte. Später wurde sie stellvertretende Vorsitzende, ein Jahr später Vorsitzende des Landesverbandes Baden, ein Amt, das sie 30 Jahre lang ausfüllte. 1949 wurde sie Mitglied des Hauptvorstandes und 1952 stellvertretende AWO-Bundesvorsitzende. Später fragte sie sich oft, woher sie den Mut und die Kraft genommen hat, gleich nach Kriegsende gefährliche Reisen über zerbombte Straßen, zum Teil verbunden mit langen Fußmärschen, zu unternehmen. Die Politikerin führte das darauf zurück, dass ein unglaublicher Wille in ihr gesteckt haben müsse, »endlich in andere Verhältnisse zu kommen«.[65] Sie wusste aber auch, dass sie viel geleistet hatte, um zu erreichen, aus dem herrschenden Nachkriegselend etwas Neues aufzubauen. Neben ihrer Gremienarbeit unternahm sie oft lange Märsche, um Lebensmittel herbeizuschaffen, arrangierte Sammlungen von Äpfeln und Kartoffeln in den Dörfern und richtete in der Gengenbacher Volksschule eine Volksküche für Kinder und alte Menschen ein, die zu Hause kein warmes Essen bekamen. Als die größte Not vorbei war, half sie mit in Gengenbach die Volkshochschule wieder aufzubauen, mit der Absicht, den Zugang zu Bildung auch für die unteren Schichten zu ermöglichen. Sie wollte nicht, »dass das Leben nur aus Essen und Trinken und Kämpfen besteht«, sondern dass auch die schönen Dinge in dieser Welt wieder Platz hätten.[66]

64 Schanzenbach/Gieschler, S. 42. Auf diese Veröffentlichung beziehen sich auch die folgenden Zitate, soweit nicht anders angegeben.
65 Ebd., S. 41.
66 Ebd.

Arbeit im Deutschen Bundestag (1949–1972)

»Da war ich immer im Konflikt:
Was bin ich der Partei schuldig, was bin ich meiner Familie schuldig?«[67]

In den Bundestag wollte Marta Schanzenbach eigentlich gar nicht, zum einen, weil sie schon genug Ämter hatte, zum anderen, weil sie durch die praktische soziale Arbeit, die ihr weiterhin am Herzen lag, ausgefüllt war. »Ich wollte bei den Menschen sein und für sie arbeiten«, sagte sie in einem Interview. Zudem wollte sie nicht nach Bonn, weil sie zwei Kinder zu versorgen hatte. Sie hatte Angst davor, sie bekomme den Konflikt: »Was bin ich der Partei schuldig, was bin ich meiner Familie schuldig?« nicht gelöst. Erst als bei der SPD-Landeskonferenz in Freiburg lediglich Männer auf der Kandidatenliste standen, ließ sie sich überzeugen, dass sie als »die bekannteste Frau im ganzen badischen Ländle« unbedingt dem Wunsch Carlo Schmids und vieler anderer folgen und kandidieren müsse. »Und dann, parteifromm wie ich bin, habe ich also unter Heulen zugesagt, dass ich das machen werde.« Noch hatte sie die Hoffnung, gar nicht gewählt zu werden, obwohl ihr die Genossen sogar versprochen hatten, ihr bei der Erziehung der Kinder behilflich zu sein.[68]

Über die Landesliste Baden wurde Marta Schanzenbach dann 1949 tatsächlich in den Bundestag gewählt. Auch dort fühlte sie sich weiterhin für die Verbesserung der Verhältnisse im badischen Raum verantwortlich. In einem Interview beschrieb sie die schwierigen Verhältnisse, vor allem die völlig unzureichenden Wohnverhältnisse, die sie in Bonn vorfand. Viele Nächte brachte sie auf einer Couch im Lesesaal des Bundeshauses zu. Wie viele andere Abgeordnete litt sie auch oft unter Hunger. Zudem waren die öffentlichen Verkehrsmittel noch völlig unzureichend. Marta Schanzenbach brauchte anfangs einen ganzen Tag, um von Gengenbach nach Bonn zu kommen. Oft fühlte sie sich überfordert, denn die Arbeit war für sie ungewohnt, und das machte sie unsicher. Wenn sie in Bonn war, arbeitete sie vom frühen Morgen bis spät in die Nacht. Oft kamen ihr Zweifel: »Und dann dachte ich immer, am besten, ich lege das Mandat wieder nieder und bleibe bei meinen Kindern zu Hause.«[69] Nach anfänglicher Hilflosigkeit gefiel ihr die neue Aufgabe jedoch immer besser, zumal sie Menschen, die sie aus der Jugendbewegung und aus der Fürsorgerinnenausbildung kannte, als Bundestagsabgeordnete wiedertraf, darunter Erwin Schöttle, Erich Ollenhauer und die einst viel bewunderte Lehrerin Louise Schroeder. Während der Zeit, die sie in Bonn verbrachte, wohnte sie mit Frieda Nadig, ebenfalls Fürsorgerin, in einer Zweizimmerwohnung in der Saarlandstraße.[70]

Immer wieder bedauerte sie, dass ihr die Erfahrungen aus Kommunal- oder Landesparlamenten fehlten, die einige ihrer Kolleginnen und Kollegen bereits mitbrachten. Es waren wohl ihre früheren Erfahrungen aus der Partei- und Berufsarbeit, durch die sie die mangelnden Parlamentserfahrungen ausgleichen konnte und die ihr halfen, die Bundes-

67 Ebd., S. 42.
68 Schanzenbach 1987, S. 26.
69 Marquardt, S. 198 f.
70 Siehe auch die Biographie über Frieda Nadig in diesem Band, S. 54-79.

Marta Schanzenbach (2. von rechts) mit Herta Gotthelf, Erna Hoosemann, Marie Juchacz, Käthe Schaub und Elisabeth Selbert (von links nach rechts) am Vorstandstisch der SPD-Bundesfrauenkonferenz in Fulda, 1951

Marta Schanzenbach (hinter dem Blumengesteck in der ersten Reihe links) während der Trauerfeier für Kurt Schumacher im Plenarsaal des Bundestages, 1952

tagsarbeit schließlich gut zu bewältigen.[71] Während der ersten beiden Bundestagsperioden, die sie als Lernphase verstand, übte sie offensichtlich wenig Einfluss auf die Politik der Fraktion aus: »Ich habe zugehört. Ich habe nicht gewagt, eine Meinung zu sagen, bei so viel fähigen, intelligenten Leuten. (...) Ich habe mich als Lehrling angesehen, in der großen Politik im ersten und zweiten Bundestag.«[72] Sie trennte zwischen den Leitlinien der großen Politik, also parteitaktischen Überlegungen, für die sie die »fähigen, intelligenten Leute« um Kurt Schumacher für kompetenter hielt, und der Politik, die sich um die unmittelbare Verbesserung der Arbeitsbedingungen und der Lebensverhältnisse der Bevölkerung drehte. In diesen Bereichen war die Sozialdemokratin in den Ausschüssen, in denen sie vertreten war, durchaus aktiv: »In den Ausschüssen konnte ich viel zur Entwicklung der Sozialgesetzgebung beitragen, weil ich aus der Praxis kam.«[73] Familienpädagogische Arbeit, offene Altenarbeit, Hauspflege und Müttergenesung zählten zu ihren besonderen Interessen[74], dort konnte sie ihre Vorerfahrungen als Fürsorgerin einbringen. In der Zweiten Wahlperiode von 1953–1959 gehörte sie zusätzlich dem Kreistag und dem Kreisrat an und war bereits ab 1949 Mitglied des Hauptvorstandes, von 1953–1966 war sie außerdem Bezirksvorsitzende in Baden und stellvertretende Bundesvorsitzende der Arbeiterwohlfahrt.

Marta Schanzenbach war von 1949–1957 Stellvertretende Vorsitzende des Ausschusses für Jugendfürsorge bzw. 1957–1969 des Ausschusses für Familien- und Jugendfragen. Außerdem war sie Mitglied des Ausschusses für Kriegsopfer- und Kriegsgefangenenfragen sowie Stellvertretendes Mitglied im Ausschuss für Sozialpolitik und im Ausschuss für Verteidigung. 1949, 1954 und 1959 nahm Marta Schanzenbach für die SPD an der Bundesversammlung teil. Sie wirkte an der Formulierung einer Reihe von Gesetzen mit, u.a. am Jugendwohlfahrtsgesetz und am Bundessozialhilfegesetz sowie am Ausbildungsförderungsgesetz. Immer wieder setzte sie sich für eine ausreichende Kriegsopferrente und für die Versorgung der Kriegerwitwen ein. Was aber waren ihre Interessen im Verteidigungsausschuss, in den sie nach der Gründung der Bundeswehr 1957 einzog? »Ich ging nicht in den Verteidigungsausschuss, um etwas über Kanonen oder Luftschutzkräfte zu hören, sondern ich wollte wissen, wie geht ihr mit den jungen Soldaten um. Aus jugendfürsorgerischen Gesichtspunkten habe ich mich in den Ausschuss wählen lassen«[75], sagte sie später. Obwohl sie seit ihrer Jugend Pazifistin war und sie auch nach dem Zweiten Weltkrieg eine friedliche Republik aufbauen wollte, trug sie die offizielle Parteipolitik in der Remilitarisierungsdebatte mit. Sie orientierte sich an Fritz Erler, der sie von der Notwendigkeit der Wehrhaftigkeit einer Demokratie überzeugen konnte.[76] Allerdings engagierte sie sich, wie ihre Fraktionsgenossinnen und -genossen zunächst auch, in den 50er Jahren gegen die atomare Aufrüstung. 1958 wandte sie sich in einer Rede gegen die

71 Marquardt, S. 199.
72 Marquardt, S. 200.
73 Schanzenbach/Gieschler, S. 43.
74 Lemke, S. 1.
75 Ebd.
76 Reiser, Die große Dame.

Marta Schanzenbach (Mitte) mit Carlo Schmid, Waldemar von Knoeringen, Erich Ollenhauer, Herbert Wehner, Fritz Erler, Heinrich Deist und Alfred Nau (von links nach rechts) während der konstituierenden Sitzung des SPD-Parteipräsidiums in Bonn, 1958

Verwendung von Steuermitteln für die atomare Aufrüstung und forderte eine Umverteilung zu Gunsten des sozialen Bereichs für höheres Kindergeld und Maßnahmen zur Kinderbetreuung.[77]

Im Ausschuss für Familien- und Jugendfragen hatte die SPD-Politikerin hinter dem Ausschussvorsitzenden dem CSU-Politiker Franz-Josef Strauß, den stellvertretenden Vorsitz, ein sicher nicht immer leichtes Amt. Auch war sie familienpolitische Sprecherin der SPD-Bundestagsfraktion. Für beide Positionen brachte sie hervorragende praktische und theoretische Kenntnisse ein, daher genoss sie große Wertschätzung. Das war ihr auch bewusst: »Da ich aus der Arbeiterwohlfahrt große Kenntnisse mitbrachte, konnte ich die Arbeit im Ausschuss mitgestalten, was auch in der Fraktion wahrgenommen wurde.«[78] Sie war von 1956–1966 Mitglied des Fraktionsvorstandes und gehörte als Befürworterin des Godesberger Programms zwischen 1958 und 1966 auch dem SPD-Parteivorstand und -präsidium an. In diesen beiden Gremien war sie für Frauenarbeit und Sozialpolitik zuständig. Die an der Praxis, am Alltag orientierten Erfahrungen in die sozial- und familienpolitische Gesetzgebung umzusetzen, blieb im Bundestag ihr wesentliches Anliegen. »Da wissen Frauen eben manches besser«, sagte sie anlässlich ihres 80. Geburtstages 1987, als man sie danach fragte, warum sie sich auf diese Themen spezialisierte.[79]

77 Vgl. Bundestagsprotokolle, 3. Wahlperiode, 25. Sitzung, 24. April 1958, S. 1371.

78 *Schanzenbach* 1987, S. 27 f.

79 *Antje Dertinger,* Etwas tun gegen die Chancenungleichheit, in: Vorwärts vom 7.2.1987.

Als familienpolitische Sprecherin fühlte sie sich dem SPD-Anliegen, »die Familie zu schützen, zu fördern und zu stärken«,[80] wie es 1959 im Godesberger Programm festgeschrieben wurde, von Anfang an verpflichtet. Sie selbst vertrat dabei einen für die 50er Jahre sehr fortschrittlichen Familienbegriff. »Familien« hießen für die Sozialdemokratin, unterschiedliche Formen des Zusammenlebens mit Kindern, die nicht an die Institution »Ehe« gekoppelt sein mussten.[81] Die Förderung von Familien sollte nach ihren Politikvorstellungen vor allem der Verbesserung der Situation der Kinder und der sozial benachteiligten und diskriminierten Familien dienen. Eine »Einheitsfamilienpolitik«, die sich auf den Schutz und die Förderung von »Normalfamilien« beschränkte, lehnte sie ab.[82]

»Warum reden wir nur immer von einem Teil in unserer Gesellschaft, warum sehen wir nicht auch das Unglück und das Glück des anderen Teils unserer Gesellschaft?«[83], sagte sie in einer Rede. Schließlich war die Anzahl derjenigen, die in anderen Lebensformen als der »Normalehe« lebten, besonders ledige Frauen und alleinerziehende Mütter, groß. Ihr lag daran, für die verschiedensten Formen familiären Zusammenlebens differenzierte Hilfs- und Unterstützungsangebote zu entwickeln. Sicher war es unkonventionell, entsprach aber der von ihr in der sozialen Arbeit bevorzugten Hilfe zur Selbsthilfe, wenn sie die Frauen aufforderte, Frauenwohngemeinschaften zu bilden: »Manche alleinstehende Frau kann einer anderen alleinstehenden Frau oder Witwe mit Kind einen Halt geben, wenn sie eine Wohngemeinschaft bilden.«[84] Solche Gemeinschaften erschienen ihr geeignet, bislang vernachlässigte Beziehungen zu Mit- und Nebenmenschen zu knüpfen und soziale Verhältnisse zu erreichen, in denen alle Menschen akzeptiert werden, unabhängig von ihrer Lebensform. Freilich forderte sie auch eine bessere Infrastruktur durch Kinderbetreuungseinrichtungen und »familienbegleitende Maßnahmen«, denn die Vereinbarkeit von Familie und Beruf (auch für Frauen) war eines ihrer Hauptanliegen.

Bei der Sitzung der SPD-Frauenkonferenz am 6. und 7. Mai 1950 in Düsseldorf wies Marta Schanzenbach in ihrer Rede auf die Bedeutung von »Heimat und Familie« und die geregelten wirtschaftlichen Verhältnisse der Eltern für die störungsfreie Entwicklung des Kindes hin. Sie beklagte dabei weniger die »Krise« der Familie, wie es damals oft üblich war, sondern drückte vielmehr ihre Besorgnis darüber aus, dass es nach dem Zweiten Weltkrieg keine funktionierende Jugendbewegung mehr gab und die Jugendlichen, statt in Feldern und Wiesen zu wandern, in Ruinen spielen und toben mussten. Zerrüttete Eheverhältnisse, Heimatlosigkeit, Flucht, fehlende Ausbildungsmöglichkeiten, Erwerbslosigkeit, Ernährungsmangel, Wohnungselend und schlechte Schulen machte sie zudem dafür verantwortlich, dass junge Menschen körperlich und seelisch Schaden erlitten.

80 Godesberger Grundsatzprogramm von 1959, hrsg. vom SPD-Parteivorstand, S. 20.

81 *Elfriede Eilers/Marta Schanzenbach*, Zur Nachkriegsgeschichte der Familienpolitik aus sozialdemokratischer Sicht, in: *Reinhart Bartholomäi* (Hrsg.), Sozialpolitik nach 1945. Geschichte und Analysen, Bonn-Bad Godesberg 1977, S. 229-238; hier: S. 231. Vgl. auch Frauen, Mütter, Familien in der heutigen Gesellschaft, in: *Deutscher Gewerkschaftsbund* (Hrsg.), Frauen helfen – bauen auf, Köln 1955.

82 Eilers/Schanzenbach, S. 230 f.

83 Ebd., S. 173.

84 Ebd.

Nach ihrer Meinung war es kein Wunder, dass sich die Kriminalitätsrate durch Streunen oder Schwarzhandel erhöhte. Diesem Dilemma könne nur durch die Schaffung von Arbeitsplätzen und Berufsausbildungsmöglichkeiten durch den Staat begegnet werden. Zur Förderung der Allgemeinbildung der Jugendlichen hielt sie die Einrichtung eines neunten Schuljahres für alle Jugendlichen für außerordentlich wichtig und bedauerte, dass diese Forderung auf den Widerstand vieler Eltern stieß.[85] Damals schon machte sie auf die Gefahr der Radikalisierung nach rechts und links aufmerksam, die sie kommen sah, wenn man den jungen Menschen diese Unterstützungen verweigere. Bei der zweiten Bundeskonferenz des DGB 1955 verwies Marta Schanzenbach auf die familienerhaltende und friedenstiftende Kraft, die vor allem von den Frauen ausgehen solle.[86] Die aktive Mitarbeit der Frauen in Partei, Gewerkschaften und Betriebsräten sei deshalb unbedingt notwendig.

In anderen Reden sprach Schanzenbach zu den großen Reformvorhaben der Jugendfürsorge. Dabei ging es um die Novellierung des Reichsjugendwohlfahrtsgesetzes von 1922 und die Änderung des Jugendgerichtsgesetzes. Sie setzte sich für Arbeitsbeschaffungsmaßnahmen und für die Beschaffung von Wohnungen für heimatlose Jungendliche ein, weil sie davon überzeugt war, dass man ihnen nur auf diese Weise Zukunftsperspektiven eröffnen könne.

Wie viele Sozialdemokratinnen ihrer Zeit plädierte sie dafür, dass alle Probleme, die die Familie in unserer Gesellschaft betreffen, von Männern und Frauen gemeinsam wahrgenommen werden sollten, weil die damit verbundenen Aufgaben nur gemeinsam gelöst werden könnten. Frauenprobleme als »Sonderprobleme« lehnte sie ab. Allerdings sah sie, dass Frauen einen hohen Anteil an der Bevölkerung ausmachten und dass ihnen schon deshalb eine besondere Rolle zukam. Alles, was in Wirtschaft, Gesellschaft und Staat geschah, hatte daher nach ihrer Meinung eine unmittelbare Beziehung zu den Lebensverhältnissen von Frauen und Müttern. Daraus resultiere die besondere Verantwortung, die Frauen in der Nachkriegsgesellschaft zukomme. Auch sah sie die besondere Aufgabe der Frauen in der Politik: »die Verpflichtung, die Politik zu vermenschlichen«. Darauf hofften auch manche Männer, die immer wieder Briefe an sie richteten, die an sie »als Frau« appellierten: »Bisher haben alle Männer versagt und haben nicht helfen können. Sie sind eine Frau. Ich bin überzeugt, dass Sie die Dinge menschlich sehen. Sie werden mir bestimmt helfen!« Freilich, sie half stets, so gut sie konnte.

Die Ambivalenz ihrer frauenpolitischen Positionen wird dadurch deutlich, dass sie einerseits die Frauen selbst dafür verantwortlich machte, dass sie einflussreiche Positionen nicht einnahmen, andererseits aber diskriminierende Tatbestände aufzeigte, die dazu führten, dass sie es gar nicht konnten: »Die Frau wird im übrigen viel kritischer beurteilt als der Mann. Man ist bei der Aufstellung von Kandidaten und bei ähnlichen Anlässen

---

85 Referat von Marta Schanzenbach anlässlich der SPD-Frauenkonferenz am 6. und 7. Mai 1950 in Düsseldorf. Aus dem Notizbuch von Lisa Albrecht in ihrem Nachlass im AdsD in Bonn.

86 *Marta Schanzenbach,* Frauen, Mütter, Familien in der heutigen Gesellschaft. Referat bei der zweiten Bundeskonferenz des DGB im Mai 1955 in Dortmund, in: Protokoll 2. Bundeskonferenz des DGB vom 12. bis 14.5.1955 in Dortmund, S. 165-199. Die folgenden Zitate beziehen sich auf diese Rede.

auch geneigt, den Mann zum Zuge kommen zu lassen. Ehe einer Frau die Gnade zuteil wird, auf die Liste zu kommen, muss sie sich zehnfach, zwanzigfach bewährt haben.« An die Frauen richtete sie den Vorwurf, dass sie oft dazu neigten, andere Frauen, die sich mühsam nach oben gearbeitet hätten, nicht zu wählen, weil sie sich aus dem patriarchalischen Denken nicht lösen könnten. »Wen wählt aber die Frau? Einen Mann!«

Freilich sah Schanzenbach auch, dass es für viele Frauen eine Überforderung bedeuten konnte, politische Arbeit zu leisten. Sie fragte: »Hat die Frau in unserer Zeit die Kraft und die Fähigkeit dazu, den Staat wirklich mit umbauen und ausbauen zu helfen?« Dazu fehlten ihr, so Schanzenbach, vielfach die erforderlichen gesetzlichen Regelungen. Frauen bräuchten, nach allem, was sie während der Kriegs- und Nachkriegszeit geleistet hätten, keinen Schutz, wie das von der konservativen Regierung gefordert wurde, sondern Rechte, und die seien trotz Verabschiedung des Art. 3 (2) GG nicht ausreichend. Marta Schanzenbach setzte sich für die gesetzliche Verankerung des Rechts der Frauen auf Erwerbsarbeit ein, für die Vierzig-Stunden- und Fünf-Tage-Woche sowie für gleichen Lohn für gleiche Arbeit. Sie forderte Kinderhorte und Jugendheime mit guten pädagogischen Kräften, eine bessere Arbeitsschutzgesetzgebung, vor allem im Blick auf den Jugendarbeitsschutz, ein Berufsausbildungsgesetz, eine wesentliche Verbesserung des Berufsschulunterrichts und der hauswirtschaftlichen Lehre. Die Durchsetzung des Bundesausbildungsförderungsgesetzes, das besonders den unteren sozialen Schichten und den im Berufsbildungssystem noch benachteiligten Mädchen zu Gute kam, war ihr politisches Werk. Zu ihrem Konzept gehörten auch eine Arbeitsvermittlung »für Frauen von Frauen« sowie die Aufklärung der Eltern über die Wichtigkeit von Bildung und Ausbildung (auch) für Mädchen, der bessere Zugang von Frauen zu qualifizierter Ausbildung und in leitende Positionen. Dezidiert wandte sie sich gegen ein Abdrängen der Frauen auf »Frauenberufe« und gegen eine Pflicht zum »Sozialdienst« für Frauen. Auf keinen Fall wollte sie, dass Frauen jemals wieder Spielball der Wirtschaft würden, die geheuert und gefeuert werden könnten.

Dennoch war auch ihr Emanzipationskonzept ambivalent, wenn sie darauf verwies, dass »natürlich immer die Besonderheit der Frau zu berücksichtigen ist«. Frauen seien nicht nur stärker belastet und hätten mehr Minderwertigkeitsgefühle als Männer, vor allem wenn sie höhere Positionen einnehmen sollten, sondern auch eine höhere Empfindsamkeit und damit verbunden einen größeren Kräfteverbrauch gegenüber dem Mann. Obwohl sie das Recht auf Erwerbsarbeit forderte, hielt auch sie am Ernährerstatus des Mannes fest, wenn sie dazu aufrief, dass Gewerkschaftsfrauen darauf bedacht sein sollten, »dass das Einkommen des Mannes so hoch ist, dass nicht die Frau aus wirtschaftlicher Not gezwungen ist, einer Erwerbsarbeit nachzugehen, wenn sie vorschulpflichtige oder schulpflichtige Kinder hat.« Die Politikerin und Sozialarbeiterin verwies sogar auf wissenschaftliche Untersuchungen, die die Wichtigkeit der mütterlichen (!) Versorgung in den ersten Lebensjahren des Kindes herausstellten. Dass die Forderung nach Familienlohn (für Männer) ebenso gegen das Gleichberechtigungsgesetz verstieß, wie die Forderung nach »Halbtagsarbeit« ... »für bestimmte Frauengruppen ..., die nicht den ganzen Tag arbeiten können ..., also Mütter, die Kinder haben«, muss ihr als alleinerziehender

Mutter bewusst gewesen sein. Es war das überkommene Bild von der Frau als »Mittelpunkt der Familie«, aber auch das Bewusstsein von einer zu großen Belastung als Hausfrau, Mutter und berufstätiger Frau, das immer wieder Anlass zu Forderungen war, die geeignet waren, Frauen zeitweilig oder teilzeitig an den heimischen Herd zu drängen. Für Marta Schanzenbach selbst war das ein Modell, das sie für sich zu keiner Zeit akzeptieren mochte.

Die Rolle als Frau am heimischen Herd mochte Marta Schanzenbach nicht übernehmen, obwohl sie es nach der Aussage ihrer Mitstreiterin Irma Keilhack mit ihren beiden Kindern nicht immer leicht hatte. Ihr ziemlich aggressiver Sohn war 6 Jahre alt und kam gerade in die Schule, die Tochter Monika 11 Jahre, als sie in den Bundestag einzog. Die Kinder hätten viel gestritten. Oft musste sie nach Bonn, während die Kinder zu Hause weinten. Ihre Schwester beaufsichtigte die Kinder, wurde aber mit dem Jungen »nicht fertig«, weil sie, wie Irma Keilhack meinte, sanfter war, »als sie hätte sein dürfen.«[87] Schließlich wurde Marta Schanzenbach, wie viele andere besser verdienende Frauen damals auch, mit der Mehrfachbelastung fertig, indem sie ein junges Mädchen als Erzieherin einstellte, das vierzig Jahre bei ihr blieb. Der Sohn konnte ein Internat besuchen.

Dennoch sagte sie später: »Mit allem, was ich auf der politischen Ebene gemacht habe, kann ich zufrieden sein, aber meinen Kindern gegenüber habe ich ein schlechtes Gewissen. Dieses Problem habe ich nicht gelöst.«[88] Ihre Tochter erinnert sich noch an die Angstzustände, die sie erlebte, wenn ihre Mutter abends wegging. Und Marta Schanzenbach konnte nie vergessen: »Wenn ich zu so einer Veranstaltung ging, hat sie sich meistens ins Klo eingeschlossen und hat geheult, bis ich wieder zurückgekommen bin. Also was ich meiner Tochter zugemutet habe ...«.[89] 1958 schrieb sie: »Heute stehen mein Sohn und meine Tochter in der Berufsausbildung, und ich hoffe, dass es mir gelungen ist, neben meiner außergewöhnlichen beruflichen Arbeit auch meine Aufgabe als Mutter zu erfüllen.«[90] Dennoch fragte sie sich im hohen Alter immer noch, wie das Problem ohne Schuldgefühle zu lösen sei, und es interessierte sie auch, wie es den jungen Frauen heute gelang, ihren beruflichen Anspruch und den Wunsch nach einem Kind verwirklichen. Das Problem beschäftigte sie bis zu ihrem Tod, auch wenn sie 1984 in einem Interview resümieren konnte: »Doch heute sagen meine Kinder zu mir, es war richtig, was du getan hast.«[91] Tochter Monika relativierte das später: »Meine Mutter war die berufstätige Politikerin, die sich unendlich engagierte – Tag und Nacht. Und es blieb ganz wenig Privates für sie übrig. (...) Als Kind habe ich immer gesagt, erst kommt Politik oder erst kommt die SPD oder die Arbeiterwohlfahrt oder umgekehrt. Dann kommt lange nichts, und dann kommen wir. Sie konnte da nicht widersprechen, weil es einfach so war.« Sie

---

87 Vgl. Interview mit Irma Keilhack am 20.5.1999, S. 14.

88 Schanzenbach/Gieschler 1994, S. 47. Die Tochter bezog das Einschließen auf die unmittelbare Nachkriegszeit, in der in Gengenbach Sperrstundenzeit war. Sie habe sich eingeschlossen, bis sie die Schritte der heimkehrenden Mutter gehört habe, dann sei sie schlafen gegangen.

89 Marquardt, S. 196.

90 Schanzenbach 1958, S. 13.

91 Zit. nach Offenburger Tageblatt vom 11.2.1984.

fand, ihre Mutter habe wie ein Mann in der Politik gearbeitet und auch die Politik eines Mannes gemacht. Von »Frauenemanzipation« habe die Mutter sich ohnehin distanziert. Für Marta Schanzenbach sei der Vater nach wie vor das Vorbild gewesen: »Die männliche Rolle. Und so hat sie auch ihr Leben gelebt.« Tochter Monika war abgeschreckt von der Politik, sie wollte »Familie leben (...) einen Bauernhof mit Nussbaum davor und einer Bank«. Aber das ist schief gegangen. Schließlich hat sie Sozialpädagogik studiert.[92]

Die Arbeit als Bundestagsabgeordnete und als Mutter war nicht die einzige Arbeit, die Marta Schanzenbach zu bewältigen hatte. Sie nahm ihre Walkreisarbeit sehr ernst. Die Menschen kamen scharenweise in ihre Sprechstunden, um ihre Anliegen vorzutragen. Als Fürsorgerin konnte sie Einzelfallhilfe ebenso anbieten wie Informationsabende, um breitenwirksame Aufklärungsarbeit über Rechte und Handlungsmöglichkeiten zu leisten. Daneben waren es ihre Ämter in der Arbeiterwohlfahrt, die ihre Zeit in Anspruch nahmen. Außerdem nahm sie an allen Veranstaltungen der Sozialistischen Internationale teil und lernte so fast alle führenden Sozialdemokraten und Sozialdemokratinnen Europas kennen. Von 1956 bis 1966 war sie im Vorstand der Bundestagsfraktion ihrer Partei und zwischen 1958 und 1966 Mitglied des Parteivorstandes und des Parteipräsidiums der SPD.

Parteivorstand und Parteipräsidium (1958–1966)

»Und dann hab' ich ja gesagt, weil ich nicht den Mut hatte, nein zu sagen«[93]

Auch in den Parteivorstand wollte sie eigentlich nicht. Erst als Karl Mommer sie daran erinnerte, dass Frauen nur immer schimpfen würden, nicht genügend Funktionen zu bekommen, aber entsprechende Angebote nicht annehmen würden, hat sie das zutiefst getroffen und sie antwortete: »Gut, ich nehme mein Nein zurück, aber nur, wenn auch Irma Keilhack gefragt wird, ob sie mit kandidiert.«[94] Schließlich kamen beide Frauen in den Vorstand und auch Käte Strobel und Luise Herklotz. Marta Schanzenbach war die erste Frau, die 1958 ins Parteipräsidium, den geschäftsführenden Vorstand der SPD, gewählt worden war. Sie wurde Nachfolgerin von Herta Gotthelf als Frauensekretärin. Erich Ollenhauer hatte ihr als Parteivorsitzender das Amt angeboten und, da sie einstimmig gewählt wurde, nahm sie es an, »weil ich nicht den Mut hatte, nein zu sagen«, wie sie später sagte.[95] Durch die Zugehörigkeit zum Fraktionsvorstand und zum Präsidium wuchsen ihre Einflussmöglichkeiten für die Durchsetzung von Frauenpolitik. Das Offenbacher Tageblatt bezeichnete Marta Schanzenbach deshalb anlässlich ihres 85. Geburtstages als »First Lady« in der Frauenpolitik der SPD.[96]

Freilich musste auch die Arbeit im Frauenausschuss sorgfältig mit der Führung der Partei abgestimmt werden. Marquardt verweist darauf, dass es unter dem stellvertreten-

92 Es musste Sozialpädagogik sein, weil sie auf keinen Fall wie ihre Mutter »Sozialarbeit oder Fürsorge« betreiben wollte.

93 Schanzenbach 1987, S. 29.

94 Ebd., S. 28.

95 Ebd., S. 29.

96 Offenbacher Tageblatt vom 7.2.1992.

den Fraktionsvorsitzenden Herbert Wehner wohl kaum eine eigenständige Frauenpolitik hatte geben können.[97] Für Marta Schanzenbach, die sich stets der herrschenden Parteilinie verpflichtet fühlte und die sich immer auf die Unterstützung ihrer männlichen Genossen verließ, war sicher, dass sie mit Herbert Wehner auf keinen Fall Streit haben wollte. Auf jeden Fall wollte sie »ein Programm entwickeln, das von ihm mitgetragen wurde.«[98] Zehn Jahre lang verfolgte die Realpolitikerin eine Frauenpolitik, die streng in die Parteiarbeit eingebunden war.

Als einzige Frau war sie im Präsidium akzeptiert und angesehen.[99] Das erfüllte sie mit Stolz. Später verwies sie auf ihr gutes Verhältnis zu den Genossen, sie habe ihre »ganze Karriere nur durch die Mithilfe der Männer« gemacht und zu »Frauen nie ein so gutes Verhältnis gehabt wie zu Männern«.[100] Frauen wurden von ihr stets kritisiert. »Das war so Konkurrenzkampf bei ihr«, erinnert sich die Tochter.

Wenn es ihr inhaltlich notwendig erschien, setzte sie sich für die Gleichberechtigung zwischen Frauen und Männern und für frauenpolitische Belange ein. Im SPD-Vorstand thematisierte sie beispielsweise wiederholt die Notwendigkeit der Reform des Paragraphen 218. Aber jedes Mal, wenn sie diesen Punkt auf die Tagesordnung bringen wollte, wurde sie energisch vom Parteivorstand zurückgepfiffen.[101] Auch ist es das Verdienst von Marta Schanzenbach, dass ab 1963 im Bundesfrauenausschuss Vorarbeiten für die Einführung der Frauenquote geleistet wurden.

Nicht nur die Gesamtpartei, auch Marta Schanzenbach hatte Schwierigkeiten mit der neuen Frauengeneration, die sich aus den Studentenprotesten der 68er Bewegung entwickelt hatte. Zunehmend war sie mit jungen Frauen konfrontiert, die »bereits mit dem Feminismus angefangen« hatten, die gut ausgebildet waren oder von der Universität kamen und ganz andere Vorstellungen von Frauenbewegung hatten, als sie das gewohnt war. Diese Frauen wollten, dass die Frauenausschussmitglieder gewählt und nicht von oben berufen wurden. Sie fühlten sich nicht mehr daran gebunden, »an der Seite der Männer und mit den Männern für die gemeinsamen Ziele der SPD einzutreten«.[102] Marta Schanzenbach war diese in ihren Augen separatistische Frauenpolitik fremd. Sie sah ihre eigenen politischen Einflussmöglichkeiten schwinden und trat 1966 als Frauenreferentin zurück. Das hat sie später nicht bereut. »Und das war höchste Zeit für mich«, sagte sie 1994 im Interview, »zum richtigen Zeitpunkt zu gehen, das ist das wichtigste«.[103] Nachdem Berliner Parteigenossinnen 1961 die durch sie mitformulierten familienpoliti-

97 Marquardt, S. 202.

98 Schanzenbach, S. 30.

99 Bis zu ihrem Ausscheiden 1966 blieb sie die einzige Frau.

100 Zit. nach Marquardt, S. 204. Zumindest, was den ersten Teil ihrer Aussage betrifft, hat sie offenbar ihre hervorragenden Lehrerinnen an der Arbeiterwohlfahrtsschule vergessen.

101 Vgl. *Elfriede Eilers,* »Wenn Frauen aktiv sind, sind sie's meistens länger als Männer«, Lebensbilder, aufgezeichnet von Heinz Thörmer, Marburg 1996, S. 77.

102 *Käte Strobel,* Aufgaben der Frauen in der Sozialdemokratischen Partei und ihre Durchführung, in: Protokoll der Bezirksfrauenkonferenz der sozialdemokratischen Partei vom 26./27.10.1946 in Fürth.

103 Schanzenbach/Gieschler, S. 46 f.

schen Forderungen der SPD, die – im Gegensatz zu ihren früheren Positionen – allein die traditionelle Familie in den Mittelpunkt rückten, nicht mehr akzeptieren wollten, weil sie die Akzeptanz anderer Lebensformen für unabdingbar hielten, gab sie 1966 auch das Parteivorstandsmandat ab. Ihre Vorstellungen gingen allerdings in die Ausformulierungen des familienpolitischen Programmentwurfs Mitte der 70er Jahre mit ein.[104]

Zur gleichen Zeit kam die Sozialdemokratin mit ihrer Arbeit als AWO-Bezirksvorsitzende in Baden in Konflikt. Sie hatte sich sehr dafür eingesetzt, dass außer den klassischen Einrichtungen wie Kindergärten, Altenheimen usw. neue Formen der Sozialarbeit, z.B. der internationale Jugendaustausch in Ferienlagern, unterstützt wurde. 1962 wurde auf ihre Veranlassung ein Studentenwohnheim mit Jazzkeller und 1966 eine Tagesstätte für spastisch gelähmte Kinder eingerichtet. Während der Studentenunruhen 1968 musste sie dann erleben, dass Studenten und Studentinnen, für die sie sich immer eingesetzt hatte, damit durch Bafög und preiswerte Plätze in Studentenwohnheimen auch die Kinder der weniger Privilegierten Zugang zu Bildung und Hochschulstudium bekamen, gegen sie demonstrierten. Die Studenten wollten das Heim in Selbstverwaltung übernehmen, ein Anliegen, das Schanzenbach überhaupt nicht nachvollziehen konnte, zumal die AWO weiterhin die Kosten übernehmen sollte. Die Demonstration hat sie bis an ihr Lebensende nicht vergessen.[105]

Weiterarbeit (1972–1997)

»Helfen ist nicht nur eine Belastung, sondern kann auch ein unendliches Glück sein«[106]

1972, Marta Schanzenbach war nun bereits 65 Jahre alt, kandidierte sie nicht mehr für den Deutschen Bundestag. Harald B. Schäfer, ein jüngerer Mann, nahm ihre Stelle ein. Auch ihren stellvertretenden Vorsitz bei der Arbeiterwohlfahrt gab sie auf. Sie wurde nun Ehrenvorsitzende. Anlässlich ihres 65. Geburtstages erinnerte der »Deutsche Verein« daran, dass Marta Schanzenbach ihre Aufgabe einmal in den Satz gekleidet habe: »Helfen ist nicht nur eine Belastung, sondern kann auch ein unendliches Glück sein.«[107] Diesem Motto blieb sie weiterhin treu. Viele ihrer Vorarbeiten gingen in spätere Aktivitäten der SPD mit ein.

In der Sozial- und Altenpolitik der Arbeiterwohlfahrt engagierte sie sich in ihrem früheren Wahlkreis weiter. Seit der Gründung des Seniorenrates der SPD 1973 arbeitete sie auch dort mit. Bis 1977 war sie noch Mitglied des Hauptausschusses des Bundesverbandes der Arbeiterwohlfahrt. Renate Lepsius fragte sie 1986, was wäre, wenn sie noch einmal 18 Jahre alt wäre. »Dann wäre ich vermutlich Feministin!«, antwortete Marta Schanzenbach.[108]

---

104 »Familienpolitik der SPD«, Bonn 1975.

105 Schanzenbach/Gieschler, S. 45 f. Ihre Tochter erinnerte sich im Interview: »Da hatte sie Angst, sie wird vom Dach geworfen.«

106 Vgl. Nachrichten des Deutschen Vereins, Nr. 2/1972, S. 55.

107 Ebd.

108 Der Seniorenrat der SPD, Zeitgenossen, S. 41.

Nachdem sie aus dem Bundestag ausgeschieden war, kam Tochter Monika mit ihren beiden Kindern zurück nach Gengenbach. Diese hatte sich gerade von ihrem Mann getrennt und wollte eine Ausbildung als Sozialpädagogin im 150 km entfernten Mannheim machen. Marta Schanzenbach holte nun als Großmutter das Familienleben, das sie vorher nie erlebt hatte, nach. Sie verwöhnte die Enkel, und ihre Tochter ließ es geschehen. Ganz glücklich war Marta Schanzenbach mit ihrem neuen Leben allerdings auch nicht. Sie wurde depressiv, weil sie »eben nicht mehr im Bundestag war«, damit ihrer Funktionen beraubt war und nicht mehr im Mittelpunkt stand. Sie hatte keinen Freundeskreis und nie gelernt, auch einmal an sich zu denken. Die Schuldgefühle ihrer Tochter gegenüber ist sie offensichtlich nie ganz los geworden. Dennoch hatte sie, so Tochter Monika, »ein hoch interessantes Leben und es sicherlich auch genossen«.[109]

Die Wochenzeitung »Die Welt« bezeichnete Marta Schanzenbach zu ihrem 85. Geburtstag als »Mutter Courage der SPD«.[110] Die 88-Jährige sagte von sich selbst, dass sie eigentlich eine Einzelgängerin gewesen sei. Zwar habe sie immer viele Menschen um sich gehabt, eine Gruppe, in die sie eingebunden war, mit der sie harmonierte, aber, »wenn die Versammlung auseinander gegangen ist, gingen alle weg und ich war allein.«[111] Sie bedauerte das nicht, denn sie blickte auf ein erfülltes Leben zurück. Entscheidungen musste man ohnehin allein treffen und auch Verantwortung allein tragen. Ihr größter Wunsch war, noch einmal 50 Jahre alt und gesund zu sein und mitten im Leben zu stehen. Die politische Welt, das war ihre Welt, denn »in der politischen Welt (...) sah ich die große Freiheit«, sagte sie dem Offenburger Tageblatt später in einem Interview.[112]

Marta Schanzenbach zog 1992 aus ihrer Wohnung aus und verbrachte die letzten Jahre ihres Lebens im Seniorenzentrum der Arbeiterwohlfahrt am Rande Offenburgs, einer Einrichtung, die sie selbst 30 Jahre früher ins Leben gerufen hatte. Am 11. Dezember 1996 erhielt das Haus ihren Namen. Ihre Tochter Monika Böser, inzwischen Leiterin des Heimes, hat sie dort beinahe fünf Jahre lang betreut. Nicht selten wurde sie im Rollstuhl zu Veranstaltungen gefahren.[113] Ihr politisches Interesse hat sie bis zu ihrem Tode nicht verloren. Im Alter konnte sie erfahren, was sie während ihrer politischen Arbeit nicht erlebt hat, weil sie keine Muße dazu hatte: Sie erfreute sich an der Gemeinschaft, und ihre Tochter beobachtete, dass sie sich im Alter noch einmal »richtig verliebt« hat. Die Tochter hat allerdings bis heute nicht vergessen, dass Marta Schanzenbach ihren Anforderungen als Mutter nicht gerecht werden konnte. Dennoch räumt sie heute ein: »Aber sonst war sie eine tolle Frau, das denke ich schon.«

In ihrem 88. Lebensjahr bemerkte Marta Schanzenbach im Rahmen eines Interviews, dass sie auf einen reichen Erfahrungsschatz zurückblicken könne, schließlich habe sie die Lebenshaltung und Lebensweise von sechs Generationen in Deutschland kennen gelernt. Sie wusste, wie ihre Großeltern und ihre Eltern sowie ihre eigene Generation gelebt

109 Interview Monika Böser.
110 Die Welt vom 7.2.1992.
111 Schanzenbach/Gieschler 1994, S. 48.
112 Interview im Offenburger Tageblatt am 11.2.1984.
113 Interview mit Irma Keilhack am 20.5.1999, S. 1 f.

hatten und wie die Kinder, Enkelkinder und Urenkel heranwuchsen.[114] Sie war stolz darauf, dass sie es als »Mädchen aus dem Schwarzwald« geschafft hatte, bei politisch wichtigen Entscheidungen »auf der höchsten Ebene teilzunehmen«.[115] Auch wenn sie nie etwas »Besonderes sein« wollte, gab sie doch zu, dass es ohne ihren Ehrgeiz nicht möglich gewesen wäre, ihre Positionen auszufüllen: »Man kann solche Funktionen nicht ohne Ehrgeiz ausüben, ohne etwas gestalten und Verantwortung tragen zu wollen. Was ich machte, wollte ich gut machen, ein bisschen besser als die anderen«, sagte sie im Interview zu Renate Lepsius.[116] Sie blickte zufrieden auf ein erfülltes Leben zurück, ist durch Höhen und Tiefen des Lebens gegangen, aufgegeben hat sie aber nie.

Zahlreiche Ehrungen wurden der bescheidenen Frau, die immer wieder ihre Konformität mit der Gesamtpartei betonte, zuteil: 1964 wurde sie für ihr politisches und soziales Wirken mit dem Großen Bundesverdienstkreuz ausgezeichnet, 1969 mit dem Großen Bundesverdienstkreuz mit Stern und 1972 mit dem Großen Bundesverdienstkreuz mit Stern und Schulterband. Außerdem erhielt sie das Verdienstkreuz des Landes Baden-Württemberg und 1969 die Marie-Juchacz-Plakette der Arbeiterwohlfahrt. Aber ihr ganz besonderer Stolz war, dass sie die erste Frau in der Geschichte ihrer Heimatgemeinde Gengenbach war, die einem so bedeutenden politischen Gremium wie dem Parlament der Bundesrepublik Deutschland angehörte. Sie wurde Ehrenbürgerin der Stadt, und im Jahre 2001 wurde eine Straße in Gengenbach nach ihr benannt.

Marta Schanzenbach starb 1997 im Alter von 90 Jahren in Offenburg. »Die große alte Dame der Baden-Württembergischen SPD«, wie Helmut Schmidt sie nannte, war tot.[117]

114 Schanzenbach/Gieschler 1994, S. 32.

115 Ebd., S. 47.

116 Schanzenbach 1987, S. 26.

117 Todesanzeige aus dem Vorwärts, 7 und 8 Baden-Württemberg vom Juli 1997.

Louise Schroeder

»Nicht aus frauenrechtlichen Gedanken heraus,
sondern um des Wohles der Allgemeinheit willen«[1]

Louise Schroeder war die erste Bürgermeisterin von Berlin. Durch ihren Vater wurde sie früh in die parteipolitische Arbeit eingeführt. 1910 trat sie der SPD bei. 1919 bis 1933 gehörte sie der Nationalversammlung von Weimar und dann dem Reichstag an, wo sie bereits auf allen Gebieten der Sozialpolitik hervortrat. Im Nationalsozialismus wurden ihr alle Tätigkeitsfelder entzogen, und sie selbst wurde ständig überwacht. Sofort nach Ende des Zweiten Weltkrieges stellte sie sich wieder für die Parteiarbeit zur Verfügung, um das unterbrochene Werk für die Bedrängten fortzusetzen. Bald stand sie an der Spitze der Berliner Stadtverwaltung. Sie hatte für alle ein offenes Ohr und war als glänzende Rednerin bekannt. 1949 zog sie für die Berliner in den Bundestag, dem sie bis zu ihrem Tod im Jahr 1957 angehörte. Auch im Bundestag setzte Louise Schroeder ihr sozialpolitisches Engagement fort – (nicht nur) zum Wohle der Berliner Bevölkerung. Ihr verlässlichster Weggefährte, der ehemalige Reichstagspräsident Paul Löbe, begleitete sie bis zu ihrem Lebensende.

Kindheit und Jugend (1887–1918)

»Ich selbst war immer dankbar dafür, dass ich in einfachen Verhältnissen erzogen wurde«[2]

Louise Dorothea Sophie Schroeder wurde am 2.4.1887 in dem Arbeiterviertel Ottensen in Altona[3] als jüngstes von acht Kindern einer armen sozialistischen Arbeiterfamilie geboren. Vier ihrer Geschwister starben früh. Ihre Mutter Dorothea, die aus einer Bauernfamilie stammte, war bereits 45 Jahre alt, als Louise geboren wurde. Sie betrieb einen Gemüsekeller. Der Vater Wilhelm Schroeder, ein Bauhilfsarbeiter, Gewerkschafter und SPD-Funktionär, der die Härte des Sozialistengesetzes noch zu spüren bekommen hatte, war oft krank und verdiente wenig.[4] Der Tisch der sechsköpfigen Familie war selten üppig gedeckt. Louise besuchte von 1893 bis 1901 die Mädchen-Mittelschule in Altona und von 1901 bis 1902 die Gewerbeschule für Mädchen in Hamburg. Ihr späteres sozialpolitisches Engagement führte sie vor allem darauf zurück, dass sie in ihrer Kindheit Not, Sorgen und soziale Probleme der Arbeiterfamilien kennen gelernt hatte, als sie der Mutter beim Verkaufen half. Mit dem Vater ging sie zu politischen Versammlungen,

---

1 *Louise Schroeder*, SPD-Frauen im Parlament, in: Die Freiheit vom 1.12.1949. Wenn in der Presse eine andere Schreibweise (z.B. Schröder) auftaucht, wird sie so zitiert.

2 *Louise Schroeder*, zitiert nach *Brigitte Bosing:* Drei Frauen der ersten Stunde. Politikerinnen im Vor- und Nachkriegsdeutschland. Manuskript einer Sendung des Hessischen Rundfunks vom 25. und 28.7.1987, Teil II, S. 4.

3 Altona ist heute ein Stadtbezirk von Hamburg.

4 *Franz Osterroth*, Biographisches Lexikon des Sozialismus, Band I: Verstorbene Persönlichkeiten, Hannover 1960, S. 271-273; hier: S. 271.

Parteifesten und Maifeiern. Durch ihn erhielt sie die ersten Belehrungen darüber, wie diesen Menschen zu helfen sei und durch ihn wurde sie in die Arbeiterbewegung eingeführt.[5]

Louise Schroeder (1887–1957), MdB 1949–1957

Vom 16. Lebensjahr an musste sie selbst ihr Geld verdienen. Sie begann ihre Berufstätigkeit 1902 als Stenotypistin bei einer Europäischen Versicherungsgesellschaft, die in einem der großen Handelshäuser an der Binnenalster in Hamburg residierte. Weil sie sich gut bewährt hatte, stieg sie zur Privatsekretärin auf und arbeitete bis 1918 bei der gleichen Firma weiter. Durch ihre Arbeit erfuhr sie viel über die sozialen Verhältnisse der unteren sozialen Schichten, insbesondere über die Sorgen und Nöte berufstätiger Mütter während der Schwangerschaft sowie über Krankheitsursachen und -folgen für Mütter und Kinder.[6] Die Beschäftigung bei der Versicherung eröffnete ihr die Möglichkeit, Fremdsprachen zu erlernen, was ihr später, während ihrer politischen Karriere, zugute kommen sollte. Louise Schroeder besuchte zusätzlich Abendkurse und nutzte die freien Tage und Feierabende zum Selbststudium.[7] Sie muss unheimlich fleißig gewesen sein. Noch vor der Zulassung von Frauen zu Parteiämtern betätigte sie sich in Frauenvereinen. 1910 folgte sie dem Vorbild ihres Vaters und trat der SPD bei, wo sie, nachdem sie sich zunächst in der Frauengruppe engagiert hatte, schon fünf Jahre später dem Vorstand des Ortsvereins Altona-Ottensen angehörte. Dass sie bereits als junge Frau gestaltend in die SPD-Politik eingreifen konnte, betrachtete sie weniger als ihr eigenes Verdienst, sondern schrieb es später den »besonderen Verhältnissen während des Ersten Weltkrieges« zu, durch die ihre Person »in den Vordergrund gedrängt« wurde.[8] Es waren die »männerlosen« Jahre zur Zeit des Ersten

5 Vgl. *Paul Löbe,* Louise Schroeder, ein Frauenleben unserer Zeit, in: Ausstellungskatalog zur Ausstellung Louise Schroeder 1887–1957 in Hamburg, ohne Seitenzahlen, ohne weitere Angaben, AdsD Sammlung Personalia Louise Schroeder.

6 *Regine Marquardt,* Das Ja zur Politik. Frauen im Deutschen Bundestag 1949–1961, Opladen 1999, S. 107.

7 *Hans Erman,* Die Frauen von Berlin, in: Der Tag vom 5.7.1961, S. 9.

8 Marquardt, S. 107.

Weltkrieges. Sie vergaß dabei offenbar, dass sie schon damals den Ruf einer überzeugenden Diskussions- und Versammlungsrednerin und einer bekennenden Pazifistin hatte.[9]

Der Beginn des Ersten Weltkrieges 1914 brachte ihr Ideal vom Völkerfrieden zum Zusammenbruch. Die Haltung der SPD-Parteiführung war für sie unfassbar, und sie mochte nicht verstehen, dass weite SPD-Kreise mit einem Krieg einverstanden zu sein schienen. Ihr Glaube an die SPD wurde schwer erschüttert. Sie engagierte sich entgegen der parteioffiziellen Einstellung für eine sofortige Beendigung des Völkermordens.

Aktiv in der Weimarer Republik (1918–1933)

»Wenn Frauen jetzt ins Parlament eintreten können, dann musst du eine der ersten sein«[10]

Seit 1918 arbeitete Louise Schroeder am Altonaer Fürsorgeamt. Nach der Novemberrevolution von 1918 – Frauen durften nun wählen und gewählt werden – sprach Louise Schroeder zum ersten Mal in einer wirklich großen öffentlichen Versammlung, in der sie für die Wahl der sozialdemokratischen Kandidaten zur Nationalversammlung warb.[11] Ältere Parteimitglieder und auch ihr Vater verfolgten ihre Rede mit bangen Zweifeln und eine betagte Gesinnungsfreundin soll besorgt gesagt haben: »Na – wenn dat man wat ward!«[12] Es wurde der Anfang einer glänzenden Parteikarriere, denn die Versammlung fasste den Entschluss, sie als Kandidatin für die Deutsche Nationalversammlung aufzustellen, nachdem sie 1918 bereits in den Bezirksvorstand der SPD in Schleswig-Holstein, wozu Altona damals gehörte, gewählt worden war und Leiterin und Mitbegründerin der Notgemeinschaft in Altona geworden war. Beide Ämter hatte sie bis 1933 inne. 1919, sie war gerade 32 Jahre alt und seit neun Jahren offizielles SPD-Mitglied, war sie eines der 37 weiblichen Mitglieder der aus 496 Mitgliedern bestehenden Verfassungsgebenden Nationalversammlung und saß von 1920 bis 1933 ohne Unterbrechung als Abgeordnete im Reichstag.[13] Zugleich wurde sie Mitglied der Interparlamentarischen Union, einer Versammlung von Abgeordneten von mehr als 50 Staaten. Sie nahm an Konferenzen in London und Paris, in Wien und Bukarest, in Prag und Kopenhagen, in Bern und Genf, in Washington und Ottawa teil und besuchte die internationalen Sozialistenkongresse von Brüssel, Hamburg und Wien. Sie gewann die Sympathie vieler ausländischer Politiker. 1919 sowie von 1929 bis 1933 war sie zusätzlich Mitglied der SPD-Fraktion in der Stadtverordnetenversammlung in Altona. Für Louise Schroeder war die Arbeit im

9 *Reinhard Appel,* Die Regierenden von Berlin seit 1945, Berlin 1996, S. 55. Siehe auch Munzinger-Archiv, Lieferung 27/52 vom 5.7.1952. Marquardt fand im Rahmen eines Interviews mit Käte Strobel heraus, dass Schroeder bei einer Freundin, die Schauspielerin war, Sprachunterricht genommen hatte und von dieser ihr Redeverhalten zusätzlich schulen ließ. Marquardt, S. 114.

10 Zit. nach Bosing, S. 1.

11 Osterroth, S. 272.

12 Paul Löbe hat diese Geschichte über seine Weggefährtin öfter erzählt. Zit. nach: Abschied von der »Mutter Berlins«, Unsere Louise gestorben, in: Berliner Stimme vom 8.6.1957, S. 1.

13 Zu Louise Schroeders Arbeit im Reichstag vgl. *Christl Wickert,* Unsere Erwählten. Sozialdemokratische Frauen im Deutschen Reichstag und im Preußischen Landtag 1919 bis 1933, Bd. 1, Göttingen 1986.

Reichstag »der Moment, wo mein Leben einen anderen Verlauf nahm, wo ich aus dem Privatleben – dem täglichen Brotverdienen, um den Eltern zu helfen – ausschied und ins politische Leben eintrat«.[14] Mit ihrer politischen Arbeit wollte sie dazu beitragen, dass soziale Sicherheit und Gleichberechtigung der Frau auf allen Ebenen des öffentlichen Lebens verwirklicht wird. Ihr hauptsächliches Politikfeld war der große Bereich der Sozialpolitik.

Die Gestaltung der damals in der ganzen Welt vorbildlichen Sozialgesetzgebung war maßgeblich das Werk von Louise Schroeder. Gemeinsam mit Marie Juchacz und Clara Bohm-Schuch beeinflusste »die junge Abgeordnete mit der zarten Gestalt und der angenehmen Stimme«[15] die Gesetzgebung zum Schutz der weiblichen Arbeitskraft, zum Mutterschutz, Kinderschutz, zur Jugendgerichtsbarkeit, Gesundheitspflege und Säuglingsfürsorge. Nach dem 1919 verabschiedeten Reichswochenhilfegesetz konnten Frauen erstmals vor und nach der Niederkunft von der bezahlten Arbeit freigestellt werden, ein Recht, das die Arbeitgeber allerdings noch nicht zwang, davon Gebrauch zu machen. Als 1927 nach langem Ringen zwischen den Fraktionen das erste Mutterschutzgesetz vom Reichstag verabschiedet wurde, hatte Louise Schroeder jahrelang in Fraktion und Plenum für dieses Anliegen gestritten. Sie arbeitete am Jugendwohlfahrtsgesetz und am ersten Arbeitslosenversicherungsgesetz maßgeblich mit, setzte sich für die Gleichbehandlung lediger Mütter und unehelicher Kinder, die Erhaltung des Achtstundentages, für eine gesicherte Entlohnung der Heimarbeiterinnen, für den Zugang von Frauen zu Betriebsräten, für die Bekämpfung der Erwerbslosigkeit und für die durch den Ersten Weltkrieg in besondere Not geratenen Invaliden-, Unfall- und Altersrentner ein und packte auch damals höchst unpopuläre Themen an, wie die Situation der Prostituierten oder Maßnahmen zur Bekämpfung von Geschlechtskrankheiten.[16]

In Veröffentlichungen wird immer wieder hervorgehoben, dass sie dank ihrer rhetorischen Fähigkeiten stets die Aufmerksamkeit der männlichen und weiblichen Abgeordneten fand.[17] Allerdings schien das im Reichstag weniger der Fall zu sein, wenn es um Belange ging, von denen die zu 90 % männlichen Vertreter der Meinung waren, dass sie in erster Linie Frauen betrafen. Dann pflegte sich im Plenum »gelangweilte Unruhe« auszubreiten.[18] Der Bericht einer Zeitzeugin, die 1929, als Louise Schroeder das Mutterschutzgesetz in den Reichstag einbrachte, anwesend war, spricht noch deutlichere Worte: Die männlichen Abgeordneten aller Parteien verließen geschlossen »wie ein Mann« den Saal, um sich in den Gängen des Reichstages »zu ergehen«. Zurück blieben die weiblichen Abgeordneten aller Parteien. »Sie rückten einmütig zusammen in die vorderen Reihen, ergriffen ihr Schreibzeug, und nun herrschte Ruhe in dem großen Saal.« Alle hörten mit Interesse zu, was Louise Schroeder zum ersten Mal über das Gesetz zum

14 Zit. nach Bosing, S. 1.
15 Munzinger-Archiv.
16 Vgl. Marquardt, S. 111.
17 Vgl. z.B. Löbe o.J.
18 *Antje Dertinger,* Die bessere Hälfte kämpft um ihr Recht. Der Anspruch der Frauen auf Erwerb und andere Selbstverständlichkeiten, Köln 1980, S. 198.

Schutze der Mütter vortrug.[19] Sie setzte sich, wie auch später im Bundestag, für eine Ausdehnung des Mutterschutzes auf alle Mütter ein, egal welcher sozialen Schicht sie angehörten, welches Arbeitsverhältnis sie inne hatten und egal, ob sie Hausfrauen oder erwerbslos waren.

Mit dem Ende des Ersten Weltkrieges konnte nicht nur das lange erstrittene Wahlrecht auch für Frauen durchgesetzt werden. Gleichzeitig war mit Beginn der Weimarer Republik die verfassungsmäßige Gleichstellung von Männern und Frauen, zumindest was die Papierlage betraf, verwirklicht. In den Augen Louise Schroeders war beides ein großer Erfolg. Ihre Position zur Gleichheit zwischen den Geschlechtern lag damals gewissermaßen in der Mitte zwischen den Gleichheitsvorstellungen des radikalen Flügels der Frauenbewegung und der konservativen Haltung der »gemäßigten« bürgerlichen Frauen. Louise Schroeder war sowohl gegen die Forderung »bürgerlicher Kreise auf Ausschluss der Frauen von der Erwerbsarbeit« als auch gegen die der »radikalen Frauenorganisationen auf absolute Gleichstellung im Erwerbsleben«.[20]

Klare Positionen bezog sie in der Auseinandersetzung um die Situation unehelicher Kinder. Die Frauen der konservativen Parteien scheuten sich vor einer direkten öffentlichen Verurteilung lediger Mütter und stellten daher die paradoxe Forderung auf, den unehelichen Vater genau wie die Mutter aus dem Staatsdienst zu entlassen. Nach Louise Schroeders Kenntnis der Dinge konnte die Realisierung dieser Forderung lediglich dazu führen, dass – unter Umständen, indem sie einen Meineid in Kauf nehmen würden – noch mehr Männer als bisher die Vaterschaft verweigerten und noch mehr Frauen als bisher um ihren ohnehin geringen Unterhalt gebracht würden.[21] Für sie gehörte die Ächtung unehelicher Mütter und Kinder schon damals zu den veralteten Vorurteilen. Es gehörte schon Mut dazu, den Abgeordneten, die solche Vorurteile hegten, wie Christus den Pharisäern zuzurufen: »Wer von euch ohne Fehl ist, der werfe den ersten Stein auf sie.«[22] Freilich hieß das, dass auch sie die Tatsache, ein Kind ohne ›rechtmäßige‹ Ehe zu bekommen, als ›Fehl‹verhalten betrachtete, auch wenn es verziehen werden sollte.

Die Ambivalenz ihrer frauenpolitischen Haltung wird auch im Zusammenhang mit dem Recht der Frauen auf Erwerb deutlich. Einerseits trat sie für die Erwerbsarbeit von Frauen ein, andererseits verlangte sie für Frauen als »Trägerinnen der kommenden Generation« besonderen Schutz gegenüber den unmenschlichen Bedingungen in den Fabriken, anstatt die unmenschlichen Bedingungen anzuprangern und Veränderungen für beide Geschlechter zu fordern.

Ungewöhnlich für die damalige Zeit war allerdings, dass Louise Schroeder nicht nur die gleichen Rechte im Erwerbsleben forderte, sondern auch die Gleichstellung der

19 *Else Spilker,* Was wir Louise Schroeder danken, in: Der Tagesspiegel vom 16.6.1957.

20 Schroeder 1930, S. 157.

21 Marquadt, S. 115. Marquardt zieht den Schluss, dass die ungleiche Behandlung beider Geschlechter in dieser Frage für Schroeder existenziell sei, hinter der besonderen Situation unehelicher Mütter müssten Gleichheitspostulate zurücktreten. Offen bleibt, warum es nicht um die Forderung ging, auch Frauen *nicht* aus dem Staatsdienst auszuschließen.

22 Zit. nach *Paul Hertz,* Unsere Louise, in: Die Zeit vom 28.3.1957.

Frauen in Ehe und Familie. Das schloss für sie eine andere Bewertung der »hauswirtschaftlichen Arbeit« ein. Wie das geschehen sollte, blieb weitestgehend offen. Jedenfalls lehnte sie eine völlige Absorption durch häusliche Arbeit – in der sie auch den Grund für viele Eheprobleme sah – ab und trat für die Entlastung der Mütter durch Kindergärten, Kinderhorte und Kinderheime als wichtige Arbeit des Staates ein.[23]

1919 gründete Louise Schroeder gemeinsam mit Marie Juchacz und anderen die Arbeiterwohlfahrt und war bis 1922 deren Vorstandsmitglied in Altona und 1922–1933 Vorsitzende des Ausschusses für Arbeiterwohlfahrt der Provinz Schleswig-Holstein. Hauptberuflich war Louise Schroeder von 1923–1925 Leiterin des Altonaer Pflegeamtes – eines der schwersten Gebiete sozialer Arbeit. Im Jahre 1925 wurde auf ihre Initiative hin in Altona eine Notgemeinschaft gegründet, der alle Wohlfahrtsorganisationen beitraten. Die Notgemeinschaft versorgte bedürftige Kinder mit Nahrung und Kleidung. Die umfassende Sachkenntnis, die sie sich auf dem gesamten Gebiet der Sozialpolitik angeeignet hatte, führte dazu, dass sie 1925 an die durch sie mitgegründete Schule der Arbeiterwohlfahrt in Berlin berufen wurde, wo sie bis 1933 ebenso als Dozentin tätig war wie am Sozialpolitischen Seminar der Hochschule für Politik. Damit verlegte sie auch ihren beruflichen Schwerpunkt nach Berlin. Da sie außerdem zwischen 1929 und 1933 Stadtverordnete in Altona war, verbrachte sie allerdings immer noch viel Zeit im Zug. Daneben fand sie Zeit, in verschiedenen Lehrbüchern, Jahrbüchern und der Zeitschrift der Arbeiterwohlfahrt Artikel zu schreiben. Als gerne gehörte Rednerin reiste sie zudem von Veranstaltung zu Veranstaltung, als Delegierte nahm sie an zahlreichen internationalen Sozialistenkongressen teil und bereiste die Hauptstädte Europas, flog in die USA und nach Kanada, um dort die gesellschaftlichen Verhältnisse zu studieren und Gespräche mit wichtigen Politikern zu führen.

Louise Schroeder konnte ihren sozialpolitischen Auftrag immer schwerer verwirklichen, als die Wirtschaftskrise zu Beginn der 30er Jahre viele Menschen erwerbslos gemacht hatte. Die politischen Auseinandersetzungen mit den Gegnern der Weimarer Republik von rechts und links wurden bei den Veranstaltungen leidenschaftlicher. Louise Schroeder war eine derjenigen, die lange vor der Machtergreifung Hitlers auf die Gefahren, die von seinem Regime ausgehen könnten, gewarnt hatte. Besonders wies sie darauf hin, dass die Auswirkungen einer Hitler-Diktatur bedeuten könnten, »dass das weibliche Geschlecht wieder um jedes Recht im Staate gebracht werden soll.« Nicht begreifen wollte sie, dass viele Frauen ihren eigenen Unterdrückern zujubelten und »dem Banner ihrer Sklaverei – dem Hakenkreuz« nachliefen.[24] Am 23. März 1933 votierte Louise Schroeder mit den 93 SPD-Abgeordneten im Reichstag entschieden gegen Hitlers Ermächtigungsgesetz.[25] Nachdem sie vorher das Zögern einiger Abgeordneter beobachtet hatte, die nicht abstimmen wollten, weil sie zu Recht Repressionen erwarteten, soll sie

23 Marquardt, S. 113.

24 *Louise Schroeder,* Frauenrecht oder Männerdiktat, in: Frauenwelt, H. 8, April 1932.

25 Mit dem Ermächtigungsgesetz vom 23.3.1933 wurde die gesamte Staatsgewalt dem NS-Regime überantwortet. Die restlichen SPD-Abgeordneten waren nicht anwesend; ein Teil saß bereits im Gefängnis.

ihnen zugerufen haben: »Auch du wirst hinübergehen. Wir werden alle mit Nein stimmen. Ich sage Euch, ich gehe hinüber und stimme mit Nein, und wenn sie mich in Stücke reißen.«[26] Kein SPD-Abgeordneter und keine SPD-Abgeordnete verweigerte sich der Abstimmung. Es nützte wenig: Da alle übrigen Fraktionen für das Gesetz votierten, wurde die parlamentarische Demokratie außer Kraft gesetzt.

Im Schatten des Hakenkreuzes (1933–1945)

»Und doch hielt mich immer eines aufrecht: der Glaube an die Menschen«[27]

Nach der Machtübernahme verlor Louise Schroeder mit der Auflösung der SPD alle Ämter, bekam Berufsverbot und wurde zunächst erwerbslos. Nachdem auch die Arbeiterwohlfahrt aufgelöst war, wurde sie ganz ausgeschaltet. Sie ging nach Altona zurück, ohne sich wirklich zurückziehen zu können, denn die Wohnung, in der sie mit ihrer alten Mutter und ihrer Schwester lebte, wurde mehrmals durchsucht, und zweimal am Tag musste sie sich auf dem für sie zuständigen Polizeirevier melden, damit man ihr Verbleiben jederzeit kontrollieren konnte. Arbeitslosenunterstützung bekam sie nicht.[28] Die Repressionen musste sie ertragen, weil sie des Hochverrats verdächtig war, denn sie hatte es abgelehnt, einen »Ariernachweis« zu erbringen. Sie hatte zwar selbst keine jüdischen Vorfahren, sah jedoch in dem Nachweis eine menschenunwürdige Diskriminierung ihrer jüdischen Freundinnen und Freunde und Mitbürgerinnen und Mitbürger.[29] Emigrieren wollte sie nicht, deshalb suchte sie sich ein »unpolitisches« Arbeitsfeld. Im Jahre 1934 eröffnete sie in Hamburg einen kleinen Brotladen, die Filiale einer Großbäckerei, mit dem sie nicht viel verdienen konnte. Sie musste den Laden schon 1938 schließen, weil die Nazikundschaft sich daran störte, dass sie sich weigerte, mit »Heil Hitler« zu grüßen und die Hakenkreuzfahne auszuhängen. Der »rote Brotladen« der früheren SPD-Abgeordneten wurde zunehmend boykottiert, und auch ehemalige Genossinnen und Genossen mieden den von der Gestapo überwachten Laden, weil sie Angst hatten, sich als Staatsfeinde erkennen zu geben.[30] Offensichtlich hatte der Laden auch als Treffpunkt für Gesinnungsgenossinnen und -genossen gedient.[31]

---

26 Rundfunkmanuskript »Die Oberbürgermeisterin«, Rias Berlin vom 2.4.1987, ohne Seitenzahlen, in AdsD, Sammlung Personalia Louise Schroeder.

27 Louise Schroeder über die Zeit des Nationalsozialismus 1955 in einem Artikel der Illustrierten »Kristall«. Zit. nach ebd.

28 Osterroth berichtet, das die »gleichgeschaltete Gewerkschaft« ihr diese widerrechtlich verweigert habe. Paul Löbe spricht von »Ausstoßung« aus dem Zentralverband der Angestellten, für den sie bis dahin hauptamtlich gewirkt hatte.

29 *Joachim F. Kendelbacher,* in: Sozialprisma, Juni 1982.

30 Munziger-Archiv 1952. Auch: Genossin Louise Schroeder, Oberbürgermeisterin von Berlin, in Arbeiter Zeitung vom 16.5.1947.

31 *Paul Hertz,* »Unsere Louise«, in: Die Zeit vom 28.3.1957. Nach einer anderen Quelle wurde der Laden »ein Treffpunkt des stummen Widerstandes« und deshalb auf Betreiben der Gestapo geschlossen. Vgl. *Hans-Peter Herz,* Louise Schroeder, in: *Claus Hinrich Casdorff* (Hrsg.), Demokraten. Profile unserer Republik, Frankfurt/M. 1983, S. 239-246; hier: S. 243.

Später zog Louise Schroeder nach Berlin und arbeitete ab Dezember 1938 zunächst in einer Textilfirma, bei der sie durch Fürsprache des Freundes Paul Löbe als Sekretärin arbeiten konnte.[32] Bei Paul und dessen Frau Klara Löbe konnte sie auch wohnen. Als die Textilgroßhandlung Beschäftigte entlassen musste, gelang es ihr 1939 durch die Vermittlung des Arbeitsamtes, eine Stelle als Sekretärin und Sozialarbeiterin in der Sozialabteilung der Tiefbaufirma Gottfried Tesch und Co. zu finden.[33] Sie betreute nun hilfsbedürftige Arbeiter und Angestellte, unter anderem auch ›Fremdarbeiter‹, denen sie Lebensmittelkarten verschaffte. Chronisten berichteten später, dass sie »in stiller, unangepasster Zurückgezogenheit« das Hitlerregime überlebt habe.[34] Richtig still scheint das nicht gewesen zu sein. 1943 wurde die Wohnung der Löbes ausgebombt, und zwei Monate später zerstörte der Luftkrieg auch ihr neues Heim, das samt Telefon schon wieder als »Verschwörernest« bespitzelt wurde.[35] Als sie wegen neugieriger Fragen zum Kriegsverlauf auffiel und bekannt wurde, wer sie war, fürchtete sie eine erneute Entlassung. Es war ihr Firmenchef, der die Hand über sie hielt.[36] Da sie bei Luftangriffen bereits zweimal ausgebombt war und nun auch ihre Wohnung in der Berliner Uhlandstraße durch einen Bombenangriff verloren hatte, sie zudem nach einem Granateneinschlag aus den Trümmern ihrer Wohnung hervorgeholt werden musste und krank und elend war, schickte die Tiefbaufirma sie zu ihrem Schutz und zur Erholung für einige Monate zu einem Bauprojekt der Firma nach Dänemark. Dort erlebte sie das Kriegsende, immer noch körperlich geschwächt, auf einer Baustelle.[37]

Wiederaufbau Westberlins und Oberbürgermeisterin (1945–1949)

»Meine Hauptaufgabe sehe ich darin, dass der katastrophale Trümmerhaufen fortgeräumt und überwunden wird«[38]

1945 begannen Louise Schroeder und alte Parteifreunde sofort mit der Parteiarbeit in Berlin. Sie nahm am 17. Juni 1945 an der Gründungsversammlung der SPD teil. Da sie immer noch keine Wohnung hatte, wohnte sie zur Untermiete bei einer befreundeten Familie.[39] Auch die Arbeiterwohlfahrt in Berlin entstand unter ihrem Vorsitz neu.

32 Osterroth, S. 272.

33 Bewerbungen und Zeugnisse über die beiden Tätigkeiten in AdsD, Sammlung Personalia Louise Schroeder.

34 Appel, S. 58.

35 Erman, S. 9.

36 Appel, S. 56.

37 Vgl. Genossin Louise Schroeder. Paul Löbe berichtete, dass sie vor Kriegsende nach Berlin zurückgekehrt und in der Wohnung des gemeinsamen Freundes aus dem Reichstag, Alfred Faust, in Friedenau die »Einnahme von Berlin« erlebte, völlig erschöpft, am Ende ihrer Kräfte. Der Antrag auf die Ausstellung eines Passierscheines für den Grenzübertritt nach Dänemark vom 9.3.1944 befindet sich im AdsD, Sammlung Personalia Louise Schroeder.

38 Louise Schröder, die neue Vorsitzende der Berliner SPD, Zeitungsausschnitt »Telegraf-Archiv« vom 23.8.1946, AdsD, Sammlung Personalia Louise Schroeder.

39 *S. S. von Varady,* Porträt der Woche, Louise Schroeder, in: Der Abend vom 14.5.1947.

Auf dem SPD-Parteitag 1946 in Hannover sprach Louise Schroeder zu den Parteitagsdelegierten. Sie begründete eine Frauenresolution, die die weiblichen Parteitagsdelegierten während der Mittagspause formuliert hatten. Die Resolution war richtungweisend für die wiederbegonnene Frauenarbeit. Ihr fast dramatischer Appell richtete sich an die Weltöffentlichkeit: »Wir alle, die wir jetzt hier mit grauen Haaren stehen, wir haben in den 14 Jahren der deutschen Republik immer wieder dem deutschen Volk zugerufen, wer Hitler wählt, wählt den Krieg. (...) Man hat uns nicht hören wollen. (...) Wir sind dankbar, dass man uns wieder die Hand entgegenstreckt, dass die selben Staaten, die noch vor gut einem Jahr sagten, Deutschland kann nicht auf unsere Hilfe hoffen, Deutschland ist der Kriegsverbrecher, (...) heute sagen – wie es unser Genosse und englischer Ministerpräsident Attlee formuliert hat –, ein verhungerndes Volk im Herzen Europas ist die gleiche Gefahr wie ein gerüstetes Volk im Herzen Europas. Wir wollen nicht gerüstet sein, wir wollen darum bitten, dass uns das Ausland dabei hilft, dass wir nicht verhungern, (...) wir wollen (unsere Jugend) lehren: das Heldentum des Friedens, das Heldentum der Ärzte, die kämpfend für die Gesundheit der Völker arbeiten, das Heldentum der Männer, die gerungen haben und dafür gelitten haben, dass dieser Krieg nicht kommen sollte. Wir wollen ihnen sagen, es gibt kein Heldentum des Krieges, es gib nur Kriegsverbrechen und ein Heldentum des Friedens«.[40] Und dieses »Heldentum des Friedens« wollte sie mit ihren SPD-Genossinnen und -Genossen propagieren. Eine Zusammenarbeit mit Kommunistinnen und Kommunisten schloss sie aus. Gemeinsam mit Paul Löbe und anderen führenden SPD-Mitgliedern machte sich Louise Schroeder einen Namen im Kampf gegen die von den Russen auch im Westsektor angestrebte sozialistische Einheitspartei. Sie war leidenschaftliche Gegnerin der Verschmelzung mit der KPD.

Nach der Spaltung der Berliner Sozialdemokraten wurde sie die zweite Vorsitzende des Hauptfrauenausschusses für Berlin. Sie arbeitete dort zusammen mit Frauen aus den verschiedensten Berufen und Schichten, die den vier zugelassenen antifaschistischen Parteien angehörten[41] oder parteilos waren, Frauen, die entschlossen waren, die erste furchtbare Not, die über Berlin hereingebrochen war, zu lindern. Sie organisierten Nähstuben, versorgten Heimkehrer, besorgten Schulspeisungen für die Kinder, halfen Jugendlichen, Alten und Gebrechlichen und arbeiteten ehrenamtlich in Noteinrichtungen von Krankenhäusern. Die Frauenausschüsse waren unermüdlich tätig und halfen trotz der geringen Mittel, die ihnen zur Verfügung standen, wo sie konnten.

In der SPD übernahm Louise Schroeder zahlreiche Ämter, u.a. war sie Mitherausgeberin der Theoriezeitschrift »Das Sozialistische Jahrhundert«. Ab 1. Januar 1946 war sie als Sekretärin bzw. Leiterin des Wohlfahrtsausschusses im Zentralausschuss der SPD tätig, später wurde sie Vorsitzende des Ausschusses für Arbeiterwohlfahrt im Vorstand der SPD. Beim ersten Parteitag nach der Wiederzulassung der SPD durch die Alliierten Ende Mai 1946 wurde Louise Schroeder gemeinsam mit Curt Swolinsky zur stellvertre-

40 Rede Louise Schroeder, zit. nach *SPD-Bezirk Pfalz* (Hrsg.), Luise Herklotz eine pfälzische Sozialdemokratin, Neutadt/Weinstraße, o.J., S. 5.

41 Das waren SPD, KPD, CDUD und LDPD.

tenden Landes-Vorsitzenden der Berliner SPD gewählt. Sie blieb das bis 1948 und wurde auch zweite Vorsitzende des Frauenausschusses der Partei. Lange Jahre stand sie der Arbeiterwohlfahrt in Berlin vor. Ihre Hauptaufgabe für diese Funktion sah sie darin, »dazu beizutragen, dass der katastrophale Trümmerhaufen, den das Naziregime hinterlassen hat, fortgeräumt und überwunden wird.« Außerdem wollte sie dafür sorgen, dass die Gleichberechtigung der Frau, die bisher nur auf dem Papier stand, durchgesetzt wird. Sie wollte sich ferner dafür einsetzen, dass die jungen Menschen wieder hoffen könnten, dass die Grundbedürfnisse nach »Arbeit, Brot, Kleidung, ein Heim« sichergestellt waren und dass sie darüber hinaus ein Ziel vor Augen haben konnten, für das es sich zu leben lohnte: den »Sozialismus in einem demokratisch und pazifistisch eingestellten Staat«.[42] Mit diesem selbsterstellten Arbeitsplan wollte »die schlanke, dunkelgekleidete Sechzigjährige mit dem kurz geschnittenen graublonden Haar und dem klugen Gesicht, dessen Augen auch durch die Brillengläser nichts von ihrer fraulichen Güte verlieren«[43], fortführen, wofür sie bereits seit Jahrzehnten gekämpft hatte. Dass ihr Vorhaben nicht leicht zu verwirklichen sein werde, wusste sie.

Im November 1946 änderte Louise Schroeder ihre Position zu den überparteilichen Frauenausschüssen. In einem Interview schloss sie sich mit ihrer Kritik der Meinung der Parteimehrheit an, der die pluralistischen Frauenzusammenhänge schon lange ein Dorn im Auge waren. Schließlich galt es, Parteimitglieder vor allem unter den noch wenig organisierten Frauen zu werben oder zumindest Wählerinnenstimmen für die SPD zu gewinnen.[44] »Prinzipiell ist es notwendig«, sagte Louise Schroeder in Bezug auf die »reinen« Frauengruppen, »dass Mann und Frau die Dinge gemeinsam zu lösen trachten. Deshalb und um das Nebeneinander, die Kräftevergeudung zu verhindern, erklärten wir, dass die Frauenausschüsse alle nicht caritativen Arbeiten einstellen sollten. Die caritativen Arbeiten werden sich jedoch bald von selbst erledigen, weil sie von den entsprechenden Organisationen übernommen werden.«[45] Außerdem wies sie darauf hin, dass sie die wertvolle Arbeit, die von den Frauenausschüssen geleistet worden sei, nicht verkenne. Aber die vielfältigen Aufgaben der Ausschüsse seien »infolge der geringeren Aktivität und Widerstandskraft der bürgerlichen Frauen« in die unumschränkte Einflusssphäre einer einzigen Partei gerückt worden, die die erstrebte Überparteilichkeit der Ausschüsse fragwürdig mache, weshalb auch die bürgerlichen Frauen die Auflösung begrüßen würden.[46] Der Wunsch der SPD und damit auch ihr Wunsch sei es, dass möglichst viele Frauen in den Magistrat und die Verwaltungen kämen, damit dort den »Frauenfragen«

---

42 Louise Schroeder, die neue Vorsitzende.

43 Korrespondenz Interpress von Beust und Häupler (Hrsg.), Internationaler Biographischer Dienst, Persönlichkeiten im Weltgeschehen: Oberbürgermeister i.V. Louise Schröder, Manuskript, AdsD, Sammlung Personalia Louise Schroeder.

44 Vgl. zu dieser Problematik *Gisela Notz*, »Ihr seid, wenn ihr wollt, diejenigen, die alle Arbeit in der Partei machen können.« Sozialdemokratische Frauenpolitik im Nachkriegsdeutschland, in: Ariadne H. 40/2001, S. 58-63; hier: S. 58.

45 Berlins Bürgermeisterin lehnte einen Ruf nach Hamburg ab, in: DPD vom 29.11.1946.

46 *Else Feldbinder*, Berlins Bürgermeisterin, Gespräch mit Louise Schröder, in: »sie« vom 1.12.1946. Mit der einzigen Partei ist die Kommunistische Partei gemeint.

besondere Aufmerksamkeit gewidmet werde. Als Bürgermeisterin wolle sie dafür sorgen, dass die Arbeiten, die die überparteilichen Frauenausschüsse geleistet hatten, zu Aufgaben des Stadtparlamentes würden. Sie räumte ein, dass es vorkommen könne, dass Frauen aller vier Fraktionen in »besonderen Fragen« gemeinsam agierten. Das hätten die Parlamentarierinnen im Reichstag früher auch schon getan. Prinzipiell wolle sie jedoch, »dass Mann und Frau die Dinge gemeinsam zu lösen trachten.«[47] Daher solle die Arbeit der Frauenausschüsse allmählich eingestellt werden.

1946 wurde Louise Schroeder in die Stadtverordnetenversammlung von Berlin gewählt. Einem Ruf Hamburgs, einen Senatorensitz der Hansestadt zu übernehmen, folgte sie auf Wunsch ihrer Berliner Parteifreunde nicht. Ihre Hamburger Freunde tröstete sie mit dem Hinweis, dass sie zwar in Berlin ihre Pflicht erfüllen wolle, ihr Herz aber an Hamburg hänge.[48] Im Dezember 1946 wurde sie zur Bürgermeisterin und zur 3. Stellvertreterin von Oberbürgermeister Otto Ostrowski (SPD) in Berlin gewählt, damals wahrlich keine leichte Aufgabe, vor allem deshalb nicht, weil sie für alle sozialen Ressorts einschließlich der Flüchtlingsfragen zuständig war und im Hunger- und Kältewinter von 1946/47 Nahrungsmittel und Brennmaterial an allen Ecken fehlte. Denn der bisherige, von der Kommandantur eingesetzte Magistrat hatte keinerlei Vorkehrung zur Bekämpfung der Winternot getroffen. Hilflos musste sie erleben, dass alte Menschen erfroren und Kinder starben, obwohl sie und ihre Parteigenossinnen und -genossen sofort Notmaßnahmen einläuteten und unter ihrem Vorsitz einen Notausschuss einrichteten.[49]

Als »erste Frau, die als Bürgermeister in das Stadthaus Parochialstraße gezogen ist«, erinnerte sie angesichts des »Frauenüberschusses« daran, dass Frauen in einem nie da gewesenen Maße alleine den schwierigen Aufgaben des Wiederaufbaues gegenüberstanden. Damit gewährleistet wurde, dass ihre besonderen Sorgen auch Berücksichtigung fänden, sollten Frauen in alle zu treffenden Entscheidungen einbezogen werden. Louise Schroeder unterstützte die Forderungen der Gewerkschaften nach gleichem Lohn für gleiche Leistung, machte aber auch darauf aufmerksam, dass »noch eine ganze Reihe von Maßnahmen nötig seien, damit die Frau an ihren doppelten Aufgaben (Beruf und Haushalt) nicht in ihrer körperlichen und geistigen Entwicklung« geschädigt wird. Außerdem ging es ihr um die Verbesserung der Situation der einsamen alten Frauen, der »moralisch gefährdeten jungen Mädchen« und der Kinder.[50]

Da Oberbürgermeister Ostrowski wegen zu enger Zusammenarbeit mit der SED von seinem Amt zurücktreten musste und der gewählte Oberbürgermeister Ernst Reuter, der früher selbst Kommunist war, dann aber wieder zur Sozialdemokratie zurückkehrte,

47 Louise Schröder, in: Sopade Informationsdienst Nr. 186 vom 2. Juni 1947.

48 Vgl. *Walter Tormin,* Die Geschichte der SPD in Hamburg 1945 bis 1950, Hamburg 1994, S. 201.

49 Der Notausschuss forderte die Bevölkerung auf, in jedem Haus und jedem Häuserblock in Nachbarschaftshilfe auf Frierende, Kranke und Hungernde zu achten, vorhandene Decken an Hilfsbedürftige zu geben und gemeinschaftlich zu kochen, um mit anderen die Speisen zu teilen. Vgl. die Rede Louise Schroeders vor den Stadtverordneten von Groß-Berlin am 13.2.1947, zit. nach: Manuskript: »Die Oberbürgermeisterin«.

50 Bürgermeister Louise Schröder (SPD), in: Telegraf vom 1.1.1947.

wegen einer sowjetischen Intervention – ihm wurde unterstellt, antisowjetisch zu argumentieren und zu agitieren, was von den Alliierten Behörden allerdings nicht bestätigt wurde, bekam Louise Schroeder das Amt. Sie amtierte vom 8. Mai 1947 bis Dezember 1948 mit den Stimmen der SED und der CDU, und gegen die Stimmen der Freien Demokraten[51] als Oberbürgermeister von Berlin. Die SPD wollte mit der Wahl einer Frau dokumentieren, dass sie Gleichberechtigung und Frauenfragen nach dem Ende des Zweiten Weltkrieges ernst nimmt. Louise Schroeder schrieb an ihre Freundin und Mitgründerin der AWO Marie Juchacz, man habe ihr nach der Oberbürgermeister-Krise mit der Stellvertretung »eine neue schwere Last auferlegt«, von der sie gar nicht wisse, ob sie sie tragen solle. Sie bezeichnete sich selbst als »eigentlich eine alte Frau«, von der man verlange, dass sie wie eine junge arbeite, aber sie wolle sich der Herausforderung stellen: »Und ich probiere es auch!«, waren ihre Worte.[52] Die Zeit als Oberbürgermeister bildete den Höhepunkt ihrer politischen Karriere.

Bei ihrer Rede in der Stadtverordnetenversammlung vom 8.5.1947 sprach sie zwei Gedanken aus: einmal die Hoffnung, dass ihre Tätigkeit nur kurz sein möge, und zum zweiten dankte sie dafür, dass die Stadtverordnetenversammlung ihr als Frau das Vertrauen entgegengebracht habe.[53] Nach ihrer Wahl sagte sie, dass sie sich bewusst sei, dass noch niemals in Deutschland eine Frau mit einer so großen politischen Aufgabe betraut war. Die Tatsache, so Louise Schroeder weiter, dass nun eine Frau auf dem ersten Platz in Berlin stehe, solle für alle Frauen Ansporn sein, ihre Kraft mehr noch als bisher in den Dienst der Allgemeinheit zu stellen.[54] In der gleichen Rede schwächte sie ihr eigenes Verdienst ab, indem sie einräumte, dass sie »nur durch die Zufälligkeit der Oberbürgermeisterkrise« in ihr Amt gekommen und froh sei, »wenn sie diesen verantwortungsvollen Posten bald wieder in andere Hände übergeben könne«. Sie fühlte sich bemüßigt zu betonen, dass sie »nie Frauenrechtlerin gewesen« sei. Sie trete für Frauenrechte ein, weil sie der Meinung sei, dass Mann und Frau sich im politischen Leben ergänzen sollten. Bei grundsätzlicher Gleichberechtigung im politischen Leben gelte es, »den richtigen Mann an die richtige Stelle zu setzen«. Wenn es zweckmäßig sei, könne das auch eine Frau sein, »aber stets nur aus Zweckmäßigkeit, niemals aus Prinzip.«[55] Während ihrer Amtszeit lobte »Frau Oberbürgermeister Schroeder« die Männer, die sie als meistens einzige Frau auf Konferenzen gut, ja mitunter sogar völlig gleichberechtigt behandelt hätten, sie Reden halten ließen und ihren Rat einforderten.[56] Sie schloss daraus, dass Frauen ernsthafte Arbeit leisten müssten, dann würden sie auch von den Männern anerkannt und in ihren Anliegen unterstützt.[57] Sie wurde nicht müde zu betonen, dass sie ihr frauenpoliti-

51 Die LDPD machte nur 10 % der Stimmen aus.

52 *Reinhard Appel,* Die Regierenden von Berlin seit 1945, Berlin 1996, S. 52.

53 *Louise Schroeder,* Eine Frau regiert in Not und Leid, in: Welt der Arbeit vom 13.10.1952.

54 Eine Frau auf dem ersten Platz, in Telegraf vom 9.5.1947.

55 Oberbürgermeister Louise Schroeder.

56 Die Presse bei Frau Oberbürgermeister, in: Volksblatt Spandau vom 12.6.1947.

57 Louise Schroeder sprach zu den Berlinern, in: Volksblatt Spandau vom 8.6.1947.

sches Engagement stets »nicht aus frauenrechtlichen Gedanken heraus, sondern um des Wohles der Allgemeinheit willen« leisten wolle.[58]

Louise Schroeder genoss die Anerkennung der Bevölkerung. Sie wurde für ihre Arbeit als Oberbürgermeister gelobt, weil sie zwar viele Funktionen hatte, aber keine »Funktionärin« war, eine sanft-klingende Stimme hatte und stets maßvolle Freundlichkeit verbreitete, frei von jedem persönlichen Ehrgeiz und eine »vollendete Hausfrau«, ja sogar »die Hausfrau Berlins« war und weil sie stets bemüht war, Gegensätze auszugleichen und mit Schwierigkeiten fertig zu werden, denn sie war eine Frau, die »im würdigsten Sinne ihre Stelle vertritt«.[59] In der Presse wurden vor allem »ihre bescheidene und ruhige Art«[60] oder »ihr gütiges und kluges Gesicht«[61] hervorgehoben.

Natürlich wurde auch ihr Aussehen in Augenschein genommen: Niemand scheint so genau beschrieben worden zu sein wie Frau Oberbürgermeister. Aus vorhandenen Zeitungsausschnitten kann man sich ein genaues Bild von ihrem Äußeren machen: »Sie hat das Aussehen einer geduldigen, verständnisvollen Lehrerin.«[62] Sie wirkte schmal, ein wenig altmodisch[63], war zierlich, von oft durchsichtiger Blässe. Sie hatte weißes, glattes Haar, das sie im Nacken zu einem Knoten zusammengebunden hatte. Sie trug eine in Stahl gefasste Brille, meist ein schlichtes dunkles Kostüm, einfache, strenge, hochgeschlossene Blusen und »eine schmale schwarze Handtasche (...), wie es Hausfrauen tun, lang am ausgestreckten Arm«.[64] Sie war alles andere als ein »Suffragetten-Typ«. Sie war auch keine »regenschirmbewaffnete, zeternde Frauenrechtlerin«, und von einem »Blaustrumpf« hatte sie gar nichts an sich, weil sie »nie aufhörte, eine Frau zu sein und als Frau zu empfinden.« Sie war mit 60 Jahren noch »erstaunlich jung geblieben«, obwohl ihre Stimme manchmal brüchig war. Sie hatte ein mütterliches Lächeln, obwohl sie keine Kinder und angeblich noch nie ein Privatleben gehabt hatte. Verheiratet war sie mit der Politik. Und obwohl sie Politik machte und dabei immer ihren Mann stand, war sie ganz Frau geblieben, und ein schlichter und gütiger Mensch, dem Helfen einfach Herzensbedürfnis ist, war sie obendrein.[65]

Zweifel an ihrer Eignung für das Amt des Oberbürgermeisters äußerte die »Arbeiter Zeitung« aus Basel. Schließlich habe sie das Amt in einer Zeit höchster leiblicher und

58 *Louise Schroeder,* SPD-Frauen im Parlament, in: Die Freiheit vom 1.12.1949.

59 Der Tagesspiegel vom 23.10.1947.

60 Vgl. z.B. Die neue Zeitung vom 17.5.1947.

61 Varady 1947.

62 »Die Oberbürgermeisterin hält die Zügel der gefallenen Nazi-Hauptstadt«, in: The Stars and Stripes vom 18.2.1948.

63 Inhalt ihres Lebens war die Sozialpolitik, in: NRZ vom 6.6.1957.

64 Der Tagesspiegel vom 23.10.1947, Zeitungsausschnitt ohne weitere Angaben, AdsD, Sammlung Personalia Louise Schroeder.

65 Z.B. Oberbürgermeister Louise Schroeder, in: Telegraf vom 29.5.1947; »Ich bin ein Stehaufmännchen«, in: Bild, Hamburg, vom 2.4.1957. Ehrung für Louise Schroeder, in: Berliner Morgenpost vom 2.4.1957; auch: Louise Schroeder, »Meist trägt sie eine strenge, hochgeschlossene Bluse zum grauen Kostüm«. Vermutlich Redemanuskript für eine Rundfunksendung, ohne Autor und ohne weitere Angaben, in: AdsD, Sammlung Personalia Louise Schroeder.

seelischer Not und schwerwiegender Konflikte übernommen, die an das Oberhaupt einer Millionenstadt Anforderungen stellten, »denen der stärkste Mann kaum gewachsen ist«. Die Zeitung wünschte aber der Genossin Schroeder »die Kraft und Ausdauer, alle auf sie einstürmenden Probleme mit männlicher Energie, mit weiblicher Klugheit und fraulicher Güte meistern zu können.«[66]

Ihre erste Bewährungsprobe im Amt bestand sie, als sie im Juni 1947 bei der gesamtdeutschen Ministerpräsidentenkonferenz in München, an der auch die fünf Ministerpräsidenten der Sowjetischen Besatzungszone (Brandenburg, Sachsen, Thüringen, Sachsen-Anhalt, Mecklenburg-Vorpommern) teilnahmen, Berlin vertrat. Zwar konnten die Ministerpräsidenten keine Einigung erzielen, und die SBZ-Vertreter reisten vorzeitig ab, Louise Schroeder gelang es aber bei dieser Konferenz zu erreichen, dass die von Hunger und Wohnungsnot gezeichnete Stadt offiziell zum Notstandsgebiet erklärt wurde.[67]

Trotz ihrer Erfolge hatte sie es nicht immer leicht. Das Verhältnis zwischen dem sowjetisch besetzten, von der SED beherrschten Ost-Berlin und den drei Westberliner Sektoren wurde immer schwieriger. Ihr Parteigenosse und verhinderter Oberbürgermeister Ernst Reuter machte ihr das Leben auch nicht immer gerade einfach, weil er sich selbst als eigentlicher »Regierender« verstand. Er ließ sich Visitenkarten mit der Aufschrift: »Der gewählte, aber nicht bestätigte Oberbürgermeister Berlins« drucken[68] und fühlte sich dazu legitimiert, auf die Politik des Magistrats, dem er als Stadtrat für Verkehr und Versorgungsbetriebe nach wie vor angehörte, hinter den Kulissen als ›heimlicher König von Berlin‹ Einfluss zu nehmen, während er nach außen den Helfer der körperlich schwachen, aber so tapferen Frau spielte.[69] Louise Schroeder fügte sich oder wehrte sich, je nachdem, wie es ihr für richtig erschien.

In der Presse wurde sie auch kritisiert, weil sie nicht energisch genug auftrat, weil sie auf eine einheitliche Berliner Währung drängte oder weil sie zu wenig Verhandlungen mit der sowjetischen Kommandantur führte, die notwendig gewesen wären, um die Lebensmittelversorgung Berlins besser zu regeln.[70] Von der sowjetfreundlichen Presse wurde der gesamte Westberliner Senat als »Operettenmagistrat« diffamiert und Louise Schroeder als »Mutter Berlins«, die mitsamt ihrer Partei, der SPD, Schuld an der materiellen Not Berlins sei. Sie wurde auch dafür verantwortlich gemacht, dass die Arbeitslosenziffern immer höher wurden, weil »die einseitige Orientierung auf Westdeutschland« daran Schuld sei, dass die Westberliner Wirtschaft zusammenbreche.[71]

Es waren auch ihre vielen Reisen, die Louise Schroeder ins Kreuzfeuer der Kritik brachten. Sie fand es wichtig, auch auf internationalem Felde freundschaftliche Verbindungen zu knüpfen: Als die österreichischen Sozialdemokraten und die österreichischen sozialistischen Frauen die deutsche Schwesterpartei eingeladen hatte, eine Delegation zu

66 Genossin Louise Schroeder.

67 Appel, S. 58.

68 Ebd., S. 61.

69 Vgl. *Martina Koerfer,* Louise Schroeder, Berlin 1987, S. 107 ff.

70 Siehe z.B. Neues Deutschland vom 18.7.1948.

71 Berlin, den 18. August, in: Tägliche Rundschau vom 18.8.1949.

schicken, reiste sie am 19. Oktober 1947 nach Wien, um die Grüße der deutschen Sozialistinnen und Sozialisten zu überbringen. Sie gewann die Herzen der Österreicherinnen und Österreicher mit ihren einfachen Worten, so dass die Teilnehmer des österreichischen Parteikongresses spontan aufstanden, um am Ende ihres beeindruckenden Vortrags die Internationale zu singen.[72] Am 5. April 1952 fuhr sie abermals nach Wien, um bei einer großen Kundgebung der sozialistischen Frauen Wiens zu sprechen.[73] Zusammen mit der Jugend müssten die europäischen Frauen um einen dauerhaften Frieden in Freiheit ringen, erklärte sie bei dieser Gelegenheit in ihrer Rede.[74] Im Mai 1948 nahm sie eine Einladung einer amerikanischen Frauenorganisation an, um an einer Tagung in New Orleans teilzunehmen.[75] Im April 1950 folgte sie einer Einladung der weiblichen Mitglieder aller Fraktionen des britischen Unterhauses. Zehn Tage hielt sie sich in London auf und unterrichtete die Parlamentarierinnen und Parlamentarier als »Ambassador of good will« über die Situation in Berlin, bedankte sich bei den englischen Fliegern der Luftbrücke für deren aufopferungsvollen Einsatz und bei den englischen Frauen dafür, dass sie ihre Männer und Söhne als Piloten zur Verfügung gestellt hatten sowie bei den englischen Müttern, dass sie Berliner Kinder aufgenommen hatten. Sie wurde von den Frauen zum Tee eingeladen und besuchte eine Versammlung deutscher Sozialdemokratinnen und Sozialdemokraten in Großbritannien. Hier sprach sie vor Frauen aus allen im Parlament vertretenen Fraktionen, die durch ihre praktische Arbeit »den Frieden erkämpfen« wollten.[76] In der Bundesrepublik Deutschland gab es zu diesem Zeitpunkt kaum mehr überparteiliche Frauenzusammenschlüsse.

Ihre konsequente Westorientierung, die sie mit Ernst Reuter teilte, führte zu einer Reihe von Schikanen der DDR-Regierenden und einem Aufmarsch von SED-Anhängern in das im Ostsektor gelegene Stadthaus. Als die Sowjets als Reaktion auf die Währungsreform in den Westzonen in der Nacht zum 24. Juni 1948 den Schienenverkehr und die Wasserstraßen nach Westberlin sperrten, kam es zur Blockade. Die Stadtverordneten tagten nun im Studentenhaus am Steinplatz im westlichen Bezirk Charlottenburg. Für die Berliner Bevölkerung begann eine schwierige Zeit. Für die mit der Überlebensarbeit hauptsächlich beschäftigten Frauen wuchs die Arbeit ins Unermessliche. Die Westalliierten begannen zwar, West-Berlin über die drei verbliebenen Luftkorridore über Berlin mit Nahrungsmitteln zu versorgen. Angesichts ständiger Gas- und Stromsperren war das Kochen meist nur in den Nachtstunden möglich.

Am 30. November 1948 spaltete sich der Magistrat von Berlin nach monatelangen heftigen Auseinandersetzungen endgültig, nachdem in Ostberlin Friedrich Ebert jun.

72 Louise Schroeder fährt nach Wien, in: Volksblatt Spandau vom 20.10.1947; *Herta Gotthelf,* Louise Schroeder 70 Jahre alt, in: Vorwärts vom 29.3.1957.

73 Berlins Stadtmutter hat Geburtstag, in: Hamburger Echo vom 26.3.1952.

74 Louise Schröder in Wien, in: Nordwestdeutsche Rundschau vom 7.4.1952.

75 Louise Schroeder nach Amerika, in: Die Neue Zeitung vom 6.3.1948.

76 Louise Schroeder – Botschafter Berlins, in: Berliner Stadtblatt vom 28.4.1950; Louise Schroeder in London, in: Telegraf vom 30.4.1950; auch: *Louise Schroeder,* Was ich in England fand, in: Telegraf vom 7.5.1950.

Louise Schroeder während ihrer Zeit als Oberbürgermeisterin von Berlin, 1949

zum »Oberbürgermeister von Groß-Berlin« ernannt worden war. Der Wahlsieg der SPD im Dezember 1948, der der SPD die absolute Mehrheit brachte, überzeugte Louise Schroeder darin, dass sie im Ganzen richtig gehandelt hatte.[77] Das Amt des Oberbürgermeisters von Westberlin konnte sie nun Ernst Reuter übergeben. Sie wurde Bürgermeisterin und gleichzeitig seine Stellvertreterin. Parallel zu diesem Amt war sie 1948 bis 1949 Präsidentin und ab Juli 1949 Ehrenmitglied im Präsidium des Deutschen Städtetages. In dieser Funktion hatte sie wesentlichen Anteil an der Entscheidung des Präsidiums, Hilfsmaßnahmen zur Linderung der Not in Berlin einzuleiten. Von 1948 bis 1950 war sie Stadtverordnete von Berlin, von 1951 bis 1952 Mitglied des Abgeordnetenhauses und von 1948 bis 1956 Mitglied des Parteivorstandes der SPD.

Die Blockade Berlins dauerte bis 12.5.1949. Als Bürgermeisterin hatte Louise Schroeder maßgeblichen Anteil an der Aufhebung der Berliner Blockade. Sie hielt in einem Zeitungsartikel fest, dass die Tatsache, dass die Berliner Bevölkerung die Grausamkeiten der Blockade überlebt habe, in erster Linie der tapferen Haltung der Frauen zu verdanken sei. Nun gelte es, der vollzogenen Spaltung der Stadt und den Folgen des »kalten Krieges« zu begegnen. Zur Lösung dieser schwierigen Aufgabe sei es notwendig, dass »wiederum wir Frauen in vorderster Linie stehen«.[78] Daher rief sie am Internationalen Frauentag 1950 die Frauen auf, dagegen zu arbeiten, »dass die Spannungen zwischen den Mächtigen der Erde eines Tages zu einem dritten Weltkrieg führen könnten, der nicht nur die Bombe, sondern die Atom- und die Wasserstoffbombe auf die Menschheit loslassen würde.« Sie appellierte an die Frauen, sich »innerhalb einer Partei, die nicht nur vom Frieden spricht, sondern den Frieden will«, zusammenzuschließen.[79] Für sie gab es keinen Zweifel, dass diese Partei nur die SPD sein solle. Frauen, die schließlich am stärksten unter dem letzten Kriege gelitten hätten, komme nun die große Aufgabe zu, durch die Erziehung der Jugend zum Frieden ein neues Kriegsunglück zu verhindern.[80] Sie selbst gab die Hoffnung auf eine friedliche Zukunft nie auf.

Arbeit im Bundestag (1949–1957)

»An die Heilung der Wunden müssen Männer und Frauen gemeinsam gehen«[81]

Louise Schroeder gehörte im August 1949 als einzige Frau zu den acht Berliner Abgeordneten, die im Ersten Deutschen Bundestag Berlin vertraten. 1950 wurde sie deutsche Delegierte bei der Beratenden Versammlung des Europarates in Straßburg. Außerdem

77 Zum Wahlsieg der SPD am 5. Dezember 1948 vgl. Historische Kommission beim Landesvorstand der Berliner SPD (Hrsg.), »64 Prozent für die SPD«, Erinnerung an eine Wahl vor 50 Jahren, Berlin 1998.

78 *Louise Schroeder,* Den Berliner Frauen Dank und Glückwunsch! In: Volksblatt vom 31.12.1949.

79 *Louise Schroeder,* Alle Frauen sollten mitarbeiten! In: Der Sozialdemokrat vom 18. März 1950, und: Nicht nur Kirche, Küche, Kinderstube. Gedanken zum 40. Internationalen Frauentag, in: Hannoversche Presse vom 30.3.1950.

80 Louise Schroeder, Bürgermeister machen den Anfang, in: Berliner Stadtblatt vom 9.6.1950.

81 Schroeder, SPD-Frauen im Parlament.

war die Parlamentarierin ab 1950 Vizepräsidentin der Union deutscher und französischer Bürgermeister und – von 1952 bis 1954 – Präsidialmitglied des Deutschen Roten Kreuzes. Vom Beginn ihrer Arbeit im Bundestag an gehörte sie dem Fraktionsvorstand der SPD an. Ihre Berliner Ämter legte sie nieder, setzte sich aber trotz gesundheitlicher Beschwerden mit gleichbleibendem Engagement für die Interessen der Stadt Berlin ein.[82]

In der 1. und 2. Wahlperiode war sie Ordentliches Mitglied des Arbeitsausschusses, in der 1. Wahlperiode bis März 1952 beratendes, danach Ordentliches Mitglied des Ausschusses für Berlin. Dem Ausschuss für Sozialpolitik gehörte sie in der 1. Wahlperiode bis März 1952 als beratendes, danach und in der 2. Wahlperiode als Stellvertretendes Mitglied an. In der 1. Wahlperiode war sie beratendes Mitglied des Ausschusses für Fragen der Jugendfürsorge, in der 2. Wahlperiode Stellvertretendes Mitglied des Ausschusses für Jugendfragen. In der 2. Wahlperiode gehörte sie als Ordentliches Mitglied auch dem Ausschuss für Fragen des Gesundheitswesens, als Stellvertretendes Mitglied dem Ausschuss für Sonderfragen des Mittelstandes an.

Neben ihrem Engagement für Sozialpolitik, in der sie sich auf ihre Erfahrungen im Reichstag stützen konnte, lagen Louise Schroeder die Sorgen der Flüchtlinge am Herzen, die aus Angst um Leben und Freiheit die DDR oder die Länder hinter dem Eisernen Vorhang hatten verlassen müssen, weil sie das dort herrschende Regime ablehnten. Sie wollte die »Regierung der Ostzone und ihre Nachbeter im Westen« so lange nicht achten, wie jenseits des Eisernen Vorhangs Menschen in Zuchthäusern und Konzentrationslagern saßen und Hunderttausende von Kriegsgefangenen nicht freigegeben wurden.[83] Nach ihrer Meinung sollte sich der Ausschuss für Flüchtlingsfragen nicht nur mit sozialen und juristischen Fragen der Flüchtlinge und Heimatvertriebenen beschäftigen, sondern auch mit den politischen Problemen, die dazu führten, dass diese Menschen gefährdet waren.[84] Ihr Hauptanliegen jedoch blieb der Kampf um Berlin. Ihr Schreckgespenst war, dass die Sowjets zunächst ganz Berlin und dann Westdeutschland einnehmen könnten.[85] Leidenschaftlich versuchte sie, ihre Bundestagskolleginnen und -kollegen davon zu überzeugen, dass Berlin deshalb westlich bleiben müsse.

Am 30. September 1949 appellierte sie an die Abgeordneten: »Lassen Sie Berlin nicht zugrunde gehen; es würde sich für ganz Deutschland rächen, denn wir stehen heute nicht nur in einer wirtschaftlichen, sozialen und kulturellen Gefahr. Wie der Kampf gegen die Blockade Berlins nicht nur für Berlin, sondern für ganz Deutschland ausgetragen wurde, so ist auch die Gefahr, in der sich Berlin heute befindet, eine Gefahr für ganz Deutschland. Wir haben hier mit Recht von dem Einheitsstaat Deutschland gesprochen; dieses Wort wird von den verschiedenen Seiten benutzt, aber verschieden aufgefasst. Für uns ist der Einheitsstaat Deutschland der demokratische Staat. Um ihn mit Ihnen zu schaffen,

82 Vgl. *Antje Dertinger,* Frauen der ersten Stunde, Bonn 1989, S. 177.
83 Ein Leben ohne Furcht, in: Fränkische Tagespost vom 17.9.1952.
84 Flüchtlingsfragen im Europarat, in: Telegraf vom 12.12.1951.
85 Sprecherin für Berlin, in: Telegraf vom 5.11.1950.

sind wir zu Ihnen nach Bonn gekommen. Lassen Sie uns dabei zusammenarbeiten, dann retten Sie Berlin und retten Sie Deutschland.«[86]

Im September 1949 kam Louise Schroeder in die Schlagzeilen der deutschen Presse. Sie war die erste Frau, über die lebhaft diskutiert wurde, ob man sie nicht zur Bundespräsidentin machen sollte. Der »überraschende Vorschlag« stammte einer Pressemeldung zufolge »aus dem Ausland«. Man war jedoch auch in Deutschland der Meinung, dass eine Frau von Ansehen und Rang Frau Schroeders auf dem Posten des Bundespräsidenten besonders außenpolitisch große Aussichten eröffne. »Aber auch innenpolitisch werde ihre Wahl beruhigend wirken. Manche der dringendsten Probleme Deutschlands stünden einer Frau menschlich näher und könnten von ihr vorurteilsfreier behandelt werden als von einem Manne.«[87] Dieser Meinung war auch der Nürnberger Oberbürgermeister Dr. Ziebill. Er schlug auf einer Frauenversammlung der SPD vor, Louise Schroeder zum künftigen Bundespräsidenten zu machen. Ziebill begründete das mit der »menschlichen Art, den hervorragenden Eigenschaften und der langen politischen Erfahrung Louise Schroeders«. Für ihn war sie »eine der wenigen Persönlichkeiten in Deutschland, die das notwendige Format für den kommenden Bundespräsidenten« hätten.[88] Die »Weltorganisation der Mütter aller Nationen« nahm den Vorschlag auf und verabschiedete eine Resolution, in der es hieß, dass Louise Schroeder »durch ihre frauliche Persönlichkeit über alle Parteiideologien hinaus die Verwirklichung der humanitären Grundsätze« garantiere. Darunter verstand diese Mütterorganisation, dass kein neuer Krieg mehr zugelassen werden dürfe.[89] Louise Schroeder selbst schrieb in einem Brief an den Chefredakteur des Münchener »Echo der Woche« vom September 1949, der sich für ihre Kandidatur eingesetzt hatte, dass es seit Jahrzehnten ihre feste Überzeugung gewesen sei, dass Männer und Frauen in allen öffentlichen Instanzen gemeinsam arbeiten müssten. Sie bedanke sich bei denjenigen, die sich für sie als Bundespräsidenten-Kandidatin einsetzten, und wolle mit diesen gemeinsam daran arbeiten, dass Frauen zukünftig die Stellung im öffentlichen Leben bekämen, die ihnen zukomme.[90] Louise Schroeder wurde nicht Bundespräsidentin, weil sie nach intensiven Beratungen innerhalb der SPD-Fraktion gar nicht kandidierte.

Louise Schroeder kämpfte weiter für eine friedliche Republik. »Wir wollen ein Leben ohne Furcht, wir wollen Frieden in Freiheit, wir wollen eine Völkerfamilie in nachbarlicher Zusammenarbeit«, sagte sie 1952 in einem Interview.[91] Am 15.11.1951 schrieb sie:

---

86 1. Legislaturperiode, 11. Sitzung, 30. September 1949.

87 Louise Schroeder Bundespräsidentin? In: Der Tagesspiegel vom 17.7.1949. Martina Koerfer berichtet, dass auch von Mitgliedern der CDU/CSU die Bitte an sie herangetragen worden sei, gegen den Liberalen Theodor Heuss anzutreten. Vgl. *Martina Koerfer,* Louise Schroeder, in: Stadtoberhäupter, Biographien Berliner Bürgermeister im 19. und 20. Jahrhundert, Berlin 1992, S. 373-390; hier: S. 390.

88 Die Eignung Louise Schroeders, in: Der Sozialdemokrat vom 9.8.1949.

89 Stimme für Louise Schroeder, in: Telegraf vom 26.8.1949.

90 *Renate Schmidt,* Sie war die prominenteste deutsche Frau, in: sozialpolitischer Pressedienst vom 2.4.1987, S. 2.

91 Ein Leben ohne Furcht.

»Ich bin kein Freund der Wiederbewaffnung«, schränkte aber damals schon ein: »Ich denke, sie sollte nur die letzte Zuflucht sein, wenn alle anderen Möglichkeiten fehlgeschlagen sind.«[92] Im Januar 1952 setzte sie sich dafür ein, den geplanten deutschen Wehrbeitrag ausgiebig zu diskutieren, weil es ihrer Überzeugung nach keine Frage gab, »die ernster und wichtiger sei«.[93] Im gleichen Jahr sprach sie zum Internationalen Frauentag in Nürnberg zum Thema »Weltfrieden«. Bei der Bundesfrauenkonferenz der Deutschen Angestelltengewerkschaft 1954 löste sie starke Bewegung in der Festversammlung aus, als sie mit großem Ernst mahnte: »Die Frauen fordern, dass die Rüstungen eingestellt und endlich auf dem Wege der Verständigung Not und Angst aus der Welt verbannt werden.«[94] Nachdem die SPD-Fraktion den Wehrgesetzen 1956 zugestimmt hatte, verstummte auch Louise Schroeders Stimme gegen die Remilitarisierung.

Ihr Verständnis von Gleichberechtigung passte in das Konzept der Nachkriegs-SPD: »An der Seite des Mannes ist der Platz der Frau.«[95] In einem Artikel, den sie nach der Formierung des Deutschen Bundestags schrieb, bedauerte sie die Tatsache, dass der Prozentsatz der weiblichen Abgeordneten des Bundestages nicht so hoch sei, wie er 30 Jahre zuvor in der Weimarer Nationalversammlung gewesen sei.[96] Sie wies jedoch auch darauf hin, dass – abgesehen von der kleinen Zentrums-Fraktion – die SPD den höchsten Frauenanteil hatte. Louise Schroeder kämpfte für Frauenrechte und für die Gleichberechtigung von Frauen und Männern, sie setzte sich für die Verbesserung der Situation alleinerziehender Mütter und alleinstehender Frauen ein, für mehr und bessere Frauenarbeitsplätze, für Wohn- und Alterswohnheime für Frauen. Schon damals stellte sie eine Forderung, die bis heute nicht erfüllt ist, indem sie eine Revision des Arbeitsrechtes verlangte, die dazu führen sollte, »dass Frauen entsprechend ihren Fähigkeiten und ihrer Zahl« auf allen gesellschaftlichen Ebenen mitarbeiten können. Sie wollte, dass Frauen Rechte bekämen, aber auch Verantwortung übernehmen müssten, und sie war sich bewusst, dass Frauen kämpfen müssten, um ihre Forderungen zu verwirklichen. Aber sie betonte eindringlich, dass dies »nicht aus frauenrechtlichen Gedanken heraus, sondern um des Wohles der Allgemeinheit willen« zu geschehen habe.[97] Sowohl das »zusammengebrochene Haus« der »großen Familie des Staates«, als auch die Familienhäuser müssten von Mann und Frau gemeinsam wieder aufgebaut und die durch den Krieg entstandenen Wunden von ihnen gemeinsam geheilt werden[98]. Solange Louise Schroeder lebte, wurde

---

92 Artikel von Louise Schroeder in News Chronicle, Anfang November 1951, zit. nach Weg zum Frieden, in: Telegraf vom 15.11.1951.

93 Louise an der Grenze, in: Volksblatt vom 30.1.1952.

94 Louise Schroeder gestorben, in: Der Angestellte. Zeitungsausschnitt ohne weitere Angaben, in AdsD, Sammlung Personalia Louise Schroeder.

95 Zit. nach einer Plakatwand der SPD zur Bundestagswahl 1949, hrsg. vom Parteivorstand in Hannover, in: Adriadne, H. 40/2001, S. 60.

96 Vgl. hierzu Wickert 1986.

97 Ariadne, S. 60

98 Ebd.

sie nicht müde, darauf hinzuweisen, dass sie zwar als Frau spreche, »aber nicht als Frauenrechtlerin im üblichen Sinne«[99].

Das freilich schützte sie nicht davor, wegen ihrer Parteilichkeit für Frauen diskriminiert und diffamiert zu werden. Wie schon im Reichstag setzte sie sich auch im Bundestag für die Rechte unehelicher Kinder und Mütter ein. Und immer noch wurden nicht nur die unehelichen Mütter unbesehen diffamiert, sondern auch diejenigen Frauen, die für ihre Würde kämpften. Als sie sich am 1. April 1954 während der Debatte über die Kinderbeihilfen mit »warmen Worten für das Recht der unehelichen Mütter und Kinder« einsetzte und so weit ging zu sagen, sie bewundere Frauen, die »den Mut haben, unehelich Mutter zu werden«, hagelte es Zwischenrufe. Sie blieb beharrlich bei ihrer Meinung, indem sie darauf hinwies, dass in einem Staat, »dem der Krieg, dem die Nazizeit die Männer genommen hat«, noch lange nicht jede Frau ohne Mutterschaft durchs Leben gehen müsse. In einer Schlagzeile der katholischen Zeitschrift »Katholischer Bilderbogen« hieß es daraufhin: »SPD-Louise aus Berlin ist für ›freie Liebe‹!« Dieser Satz allein wäre nicht als diskriminierend zu betrachten. Dass es aber in Wirklichkeit darum ging, die Glaubensbrüder und -schwestern nicht nur gegen Louise Schroeder aufzustacheln, sondern auch Frauen, die mit Kindern ohne deren Vater lebten, in übelster Weise zu diskriminieren, wurde spätestens aus dem Schlusssatz des Artikels deutlich: »Wir wollen doch ein sauberes Volk bleiben!«[100]

Die Freundschaften, die Louise Schroeder unterhielt, gingen über die Parteigrenzen hinaus. Zum Beispiel begründete sie bereits im Reichstagsausschuss für soziale Angelegenheiten eine lebenslange Freundschaft mit der Zentrumsabgeordneten Christine Teusch.[101] Ihr »privates Heim« bewohnte sie zusammen mit einer Altersgefährtin und einem blauen Wellensittich in Berlin-Tempelhof«[102], viel mehr ist über ihr ›Privatleben‹ aus den Quellen nicht ersichtlich. Mit Paul Löbe, der im Bundestag neben ihr saß, verband sie bereits seit der Zeit im Deutschen Reichstag nicht nur die gemeinsame Arbeit, sondern auch eine tiefe Freundschaft, die bis zum Tode dauerte. Sie machten aus dieser Freundschaft nie ein Geheimnis: »Heute sieht man in uns beiden so etwas wie ein politisches Ehepaar«, sagte Paul Löbe bei einem Gespräch mit einem Journalisten.[103]

Zahlreiche Ehrungen wurden ihr zuteil. 1949 bekam sie anlässlich einer deutsch-französischen Bürgermeisterkonferenz die Goldene Plakette der Stadt Paris überreicht. Bundespräsident Heuss verlieh ihr 1952 das »Große Verdienstkreuz mit Stern am Schulterband« und rühmte bei dieser Gelegenheit ihren »sicheren politischen Instinkt und ihre

99 Louise Schröder, in: Tägliche Rundschau vom Juni 1947.

100 Zit. nach: Ein beschämender Angriff, in: Telegraf vom 25.5.1954.

101 Vgl. *Heide-Marie Lauterer*, Teusch, Christine, in: *Manfred Assendorf und Rolf von Bockel* (Hrsg.), Demokratische Wege, deutsche Lebensläufe aus fünf Jahrhunderten, S. 636-637; hier: S. 636.

102 Die Louise von Berlin, in: Die Welt vom 31.3.1957. Nach den Aussagen ihrer ehemaligen Sekretärin Gertrud Loppach wohnte Louise Schroeder bei Friedel Jahn, die sie auf Bitten von Genossen in ihrem kleinen Häuschen in Tempelhof aufgenommen hatte und »später die Hausmutter war«. Dort wohnte sie bis zu ihrem Tod. Zit. nach Manuskript: »Die Oberbürgermeisterin«. Siehe auch: Das Hobby, Louise Schroeder, in: Nachtdepesche vom 28.5.1955

103 Verheiratet – mit der Politik, in: Freie Presse vom 1.4.1952.

unpathetische Tapferkeit.«[104] Louise Schroeder, die sich zunächst gegen die Annahme der Auszeichnung gewehrt hatte, wollte die große Auszeichnung dann auch nicht für sich, sondern für die gesamte Berliner Bevölkerung, vor allem aber für die Berliner Frauen, deren Leistungen in den Nachkriegsjahren beispielhaft gewesen seien, entgegennehmen. Sie hätten nicht nur die Straßen enttrümmert, sondern auch viele kalt gewordene Herzen vom Schutt befreit. Die Frauen des »Ostsektors« schloss sie in ihren Dank mit ein.[105] Ihre Partei überreichte ihr im Februar 1953 eine Ehrenurkunde und die Goldene Ehrennadel für über 40-jährige Mitgliedschaft, und vom Deutschen Roten Kreuz, dessen Präsidiumsmitglied sie 1952–1954 war, bekam sie 1954 das Ehrenzeichen 1. Klasse überreicht.

Im Januar 1957 verschlechterte sich der Gesundheitszustand von Louise Schroeder. Sie hatte während der Beratungen im Bundestag einen Herzanfall erlitten und war in ein Westberliner Krankenhaus eingeliefert worden. Kurz zuvor hatte sie noch erklärt, dass sie auch im neuen Bundestag ihr Berliner Mandat beibehalten wolle.[106] Sie nahm ihre Zusage nach dem Herzanfall zurück, räumte aber ein, dass sie in Berlin noch viele Aufgaben und politische Verpflichtungen habe, die sie auf jeden Fall weiterführen wolle. Auf ihr krankes Herz nahm sie ohnehin nicht allzu viel Rücksicht.

Kurz vor ihrem Tod, am 2. April 1957, ihrem 70. Geburtstag, wurde ihr als erster Frau in der Geschichte der Stadt Berlin die Ehrenbürgerschaft verliehen, ebenfalls als erste Frau wurde sie Ehrenbürgerin der Freien Universität Berlin, und die Wirtschafts- und sozialwissenschaftliche Fakultät der Universität zu Köln zeichnete sie mit der Ehrendoktorwürde für ihre Verdienste, die sie sich um die Grundfragen und Grundsätze der Wohlfahrtspflege erworben hatte, aus. Die Ärzte hatten ihr erlaubt, zu den Feierlichkeiten für ein paar Stunden das Krankenzimmer zu verlassen. In ihren bewegten Dankesworten verwies sie wiederum bescheiden darauf hin, dass sie die Ehrungen nicht für sich annehmen könne. »Ich kann es nur für die Berliner Frauen nehmen«, denn auch sie »haben unendlich viel für unser Berlin getan«.[107] Sie betonte, dass die schweren Nachkriegsjahre auch zugleich ihre glücklichsten gewesen seien. Sie war Umfragen zufolge damals die prominenteste deutsche Frau.

In Berlin wehten die Fahnen auf Halbmast und alle Radiostationen sandten ernste Musik, als Louise Schroeder am 4. Juni 1957 in Berlin gestorben war. Zehntausende Berliner Bürgerinnen und Bürger nahmen an dem Staatsbegräbnis, das in Deutschland zum ersten Mal für eine Frau zelebriert wurde, teil. Im Ehrengeleit wurde die Urne mit ihrer Asche am 20. Juni 1957 durch die DDR nach Hamburg-Altona zum Grab der Eltern gebracht. Die »Mutter Berlins«, wie sie liebevoll genannt wurde, weil sie »wie du und ich« wirkte und die Sorgen und Hoffnungen und gelegentlich auch die Illusionen

---

104 Osterroth, S. 273.

105 Die gesamte Berliner Presse berichtete über dieses Ereignis. Beispielhaft: Bundesverdienstkreuz für Louise Schroeder, in: Nachtdepesche vom 28.1.1952; Verdienstkreuz für Louise Schroeder, in: Telegraf vom 28.1.1952; Volksblatt vom 29.1.1952.

106 Die Welt vom 4.6.1957.

107 Louise Schroeders Ehrentag, in: Berliner Stimme vom 6.4.1957.

der Berliner Bevölkerung teilte[108], konnte nicht mehr ans Rednerpult schreiten. Paul Löbe sprach letzte Worte für die tote Gefährtin und legte ihr weiße Rosen ins Grab, Straßenarbeiter legten auf der Fahrt durch die DDR einen selbstgepflückten Strauß von Feldblumen auf den Kranzwagen, den der Berliner SPD-Vorsitzende Franz Neumann ins offene Grab warf.[109] Das Deutsche Mütter-Genesungswerk hatte gar einen schlichten selbstgeflochtenen Kranz aus Kornblumen und Margeriten gesandt.[110] Der SPD-Vorsitzende Erich Ollenhauer würdigte Louise Schroeder in seiner Grabrede als »Parlamentarierin mit Energie, Fleiß und Sachkenntnis«, die »den neuen Typ der politisch wirkenden Frau, die ebenbürtig und anerkannt neben ihren männlichen Kollegen steht«, verkörpert habe. »Schulter an Schulter«, so wie sie es sich immer gewünscht hatte, standen die Politiker und die wenigen Politikerinnen, die mit ihr den Kampf um die Freiheit geführt hatten, und sagten ein letztes Mal Lebewohl. Tony Sender, Mitstreiterin im Reichstag, die nach dem Exil aus den USA nicht mehr in die Bundesrepublik zurückgekehrt war, sandte ein Telegramm an Paul Löbe: »Betrauere mit Euch Verlust von Louise Schroeder, der treuen Kämpferin für Freiheit und Menschenwürde.«[111] Die SPD-Politikerin Edith Krappe sah in ihr ein leuchtendes Beispiel dafür, dass sich »ein Mensch aus einfachen Kreisen bis zu den höchsten Staatsämtern emporarbeiten kann.«[112] Freilich war das auch für Louise Schroeder nicht immer leicht gewesen.

Zur Erinnerung an diese bemerkenswerte Frau trägt das Müttergenesungsheim des Landesverbandes Schleswig-Holstein der Arbeiterwohlfahrt in Keitum/Sylt ihren Namen. Auch eine Oberschule Praktischen Zweiges im Bezirk Neukölln von Berlin ist nach ihr benannt. Marie Juchacz, langjährige Weggefährtin von Louise Schroeder und Mitbegründerin der Arbeiterwohlfahrt, ist zuzustimmen: »Frauen wie Louise Schroeder haben das heutige Gesellschaftsbild mit geprägt, Frauen, die keine Furcht vor der Verantwortung haben und die mit ruhiger Selbstverständlichkeit den von ihnen als richtig erkannten Weg gehen.«[113] Auch wenn nicht aus ›frauenrechtlicher‹ Intention, so hat Louise Schroeder doch viel dafür getan, dass Vorurteile gegenüber Frauen abgetragen wurden. Jedenfalls ist »der Lebensweg Louise Schroeders ein Stück Geschichte sozialdemokratischer Frauenbewegung«.[114]

---

108 Appel, S. 51.

109 Beide Blumensträuße wurden in zahlreichen Presseartikeln erwähnt. Vgl. z.B. Hamburger Echo vom 21.6.1957.

110 Der letzte Weg, in: BZ vom 8.6.1957.

111 Ungehindert nach Hamburg, in: Telegraf vom 9.6.1957.

112 *Edith Krappe,* Die Frauen Berlins trauern besonders, in: Berliner Stimme vom 8.6.1957, S. 1.

113 *Marie Juchacz,* Louise Schröder zum 65. Geburtstag, in: Neuer Vorwärts vom 28.3.1952.

114 Das Hamburger Echo vom 1.4.1947 hatte das bereits zu ihrem 60. Geburtstag geschrieben.

Käte Strobel

»Politik ist eine viel zu ernste Sache, als dass man sie allein den Männern überlassen könnte«[1]

Nach einer Umfrage des Infas-Instituts aus dem Jahre 1971 war Käte Strobel, die fünf Jahre zuvor unter dem CDU-Kanzler Kurt-Georg Kiesinger in der Großen Koalition als erste Sozialdemokratin mit einem Ministerposten betraut worden war, die bekannteste deutsche Politikerin. Nach fünf Jahren als Gesundheitsministerin hatte sie sich in das Bewusstsein der Bevölkerung eingeschrieben. Heute scheint die »geborene Sozialdemokratin« dennoch beinahe in Vergessenheit geraten zu sein. Weder in Berlin noch in Bonn oder in ihrer Geburtsstadt Nürnberg ist eine Straße nach ihr benannt worden. Obwohl sie als Gesundheitsministerin Aufsehen erregt hat, weil sie sich den Tabuthemen »Familienplanung« und »sexuelle Aufklärung« angenommen hatte. Auch der 1969 erschienene und damals heiß umstrittene Sozialkundeatlas ist längst aus dem Verzeichnis der lieferbaren Bücher gestrichen.

Kindheit und Jugend (1907–1933)

»Die Arbeiter haben so lange gestreikt, bis mein Vater wieder eingestellt wurde«

Käte Müller wurde am 23. Juli 1907 in Nürnberg als viertes von sieben Kindern geboren. Sie wuchs in einem sozialdemokratischen Arbeitermilieu auf und schloss sich früh der sozialistischen Jugend an. Ihr Vater Friedrich Müller war Schuhmachermeister, ihre Mutter Anna Köchin. Bereits vor Kätes Geburt war der Vater Mitglied der Gewerkschaft und der SPD, später wechselte er zur USPD und wurde nach deren Auflösung Stadtrat der Sozialdemokratischen Partei in Nürnberg. Käte Strobel erinnerte sich, dass sie ihm beim Kassieren der Gewerkschaftsbeiträge half.[2] Beide Elternteile waren aktive Mitglieder in der Konsumgenossenschaft, und als Käte Müller fünf Jahre alt war, zog sie mit ihren Eltern in eine genossenschaftlich organisierte Arbeitersiedlung, die »Gartenstadt« in Nürnberg. So wurde sie frühzeitig mit der Arbeiterbewegung konfrontiert, einem Milieu, in dem sie sich Zeit ihres Lebens wohlfühlte. Gemeinsam mit den anderen Arbeiterkindern der Siedlung wuchs sie in bescheidenen Verhältnissen auf. Ihr Vater hatte mit zunehmender Industrialisierung seine eigene Schuhmacherwerkstatt aufgeben müssen. Als Schuhfacharbeiter in der Fränkischen Schuhfabrik bekamen er und mit ihm seine Familie die wirtschaftlichen Notzeiten zu spüren. Oft war »Schmalhans« Küchenmeister. Aufgrund seiner politischen Aktivitäten als gewerkschaftlicher Vertrauensmann wurde der Vater fristlos aus der Schuhfabrik entlassen. Zu dieser Zeit gab es noch keinen Arbeits- und Kündigungsschutz, deshalb streikten seine Kollegen, für die er sich wiederholt eingesetzt hatte, bis zu seiner Wiedereinstellung.

1 Ausspruch Käte Strobels von 1959, in: Das Parlament Nr. 29/30 vom 16./17.7.1992.

2 *Ernst Goyke*: Die 100 von Bonn, Bergisch-Gladbach 1970.

Käte Strobel (1907–1996), MdB 1949–1972

Dieses solidarische Verhalten beeindruckte die junge Käte stark. In späteren Interviews verwies sie immer wieder auf die Wichtigkeit dieser Begebenheit für die eigene sozialistisch geprägte Sozialisation.[3] Obwohl die Eltern dem Christentum sehr kritisch gegenüberstanden und auch ihre Kinder entsprechend erzogen, blieben sie mit Rücksicht auf die Großeltern zunächst Mitglied der evangelischen Kirche, traten jedoch nach deren Tod, als Käte 14 Jahre alt war, aus. Käte Müller wollte noch konfirmiert werden, trat dann aber 16-jährig aus eigener Überzeugung aus der Kirche aus. Für politisch aktive Arbeitereltern war es durchaus üblich, den Kindern solche Entscheidungen selbst zu überlassen. Die Eltern hatte Käte Strobel bis ins hohe Alter in guter Erinnerung, besonders ihren Vater, der der Mutter aus Bebels Buch »Die Frau und der Sozialismus« vorgelesen hatte, während diese Strümpfe stopfte und Kleider flickte.[4] Diese traditionelle geschlechtsspezifische Arbeitsteilung wollte die Mutter jedoch nicht an die Kinder weitergeben. Sie achtete darauf, dass Mädchen und Jungen in die Hausarbeit einbezogen wurden und auch die Mädchen Selbstbewusstsein und politisches Bewusstsein lernten. Für die Brüder führte die für damalige Verhältnisse ungewöhnliche Erziehung nicht selten zu Hänseleien durch ihre Spielgefährten. Käte Strobel bezeichnete ihre Eltern als »erstaunlich aufgeschlossen für die Idee der Gleichberechtigung«.[5] Der Vater besprach alle politischen Probleme, die ihn beschäftigten, mit der Mutter, und Käte selbst lernte im Elternhaus, dass sich gesellschaftliche Veränderungen nur durch eigenes, politisches Engagement realisieren lassen. Später waren die Eltern stolz darauf, dass ihre sechs Kinder Sozialdemokraten geworden waren.[6]

Nachdem Käte Müller die Volksschule besucht hatte, absolvierte sie noch die zweijährige Handelsschule und bildete sich später an der Volkshochschule weiter. 1920 trat sie, beeinflusst durch ihre bereits politisch aktive ältere Schwester, 13-jährig in die Sozialistische Arbeiterjugend ein. Später bezeichnete sie es als großes Glück, dass sie einige Jahre der Blütezeit der deutschen Jugendbewegung erleben durfte.[7] Bereits 1925 wurde sie Helferin bei den »Kinderfreunden«, deren Vorsitz sie bis 1933 in Bayern übernahm. Von 1932 bis 1933 gehörte sie auch dem Reichsvorstand der »Kinderfreunde« an. Mit ihrer Schwester hatte sie früh gemeinsame politische Ziele. Später berichtete sie von Gesprächen über die »grandiose und beispielhafte Frau« Rosa Luxemburg, der sie beide nacheifern wollten.[8] Mit der Schwester wollte sie wie Rosa Luxemburg gegen die soziale Ungleichheit kämpfen. Beide wollten sich durch ihre Arbeit dafür einsetzen, dass alle Menschen an den kulturellen, geistigen und materiellen Gütern des Lebens teilhaben

3 Vgl. *Renate Lepsius*, Frauenpolitik als Beruf. Gespräche mit SPD-Parlamentarierinnen, Hamburg 1987, S. 34, *Regine Marquardt*, Das Ja zur Politik. Frauen im Deutschen Bundestag 1949–1961. Ausgewählte Biographien, Opladen 1999, S. 218.

4 Marquardt, S. 219.

5 *Käte Strobel*, Deshalb bin ich Sozialdemokrat, Bonn, o. J., S. 1.

6 *Käte Strobel*, Geformt durch die sozialistische Jugendbewegung, in: *Vorstand der SPD* (Hrsg.), Frauen machen Politik, Schriftenreihe für Frauenfragen, Nr. 4, Bonn 1958, S. 42-45; hier: S. 42.

7 Ebd.

8 *Birgit Meyer*, Käte Strobel (1907–1996), in: *Hans Sarkowicz* (Hrsg.), Sie prägten Deutschland – eine Geschichte der Bundesrepublik in politischen Portraits, München 1999, S. 170-183, hier: S. 173.

können. Ihren Lebensunterhalt verdiente sie sich seit ihrem 16. Lebensjahr (von 1923–1938) als kaufmännische Angestellte bei der bayerischen Obst- und Gartenbaugenossenschaft.

Die ehrenamtliche Jugendarbeit schien ihr, wie sie später sagte, geeignet, direkte Not lindern zu helfen. Um strukturelle Veränderungen zur Bekämpfung der sozialen Ungleichheit zu erreichen, bedurfte es nach ihrer Erkenntnis der Arbeit in einer politischen Partei. Deshalb schloss sie sich als 18-Jährige 1925 der Sozialdemokratischen Partei (SPD) an. Sie heiratete 1928 den Sozialdemokraten und Buchdrucker Hans Strobel, den sie bei den »Kinderfreunden« kennen gelernt hatte.

Im Schatten des Hakenkreuzes (1933–1945)

»In dieser Zeit konnte ich nie schlafen, aus purer Angst«

Als die Nationalsozialisten die SPD und ihre Jugendorganisationen verboten hatten, war Käte Strobel das politisches Betätigungsfeld entzogen. Sie durchlebte eine Zeit der Verfolgung und der Angst. »In dieser Zeit konnte ich nie schlafen aus purer Angst. Mein Mann sagte immer: ›Ich kann gut schlafen, ich habe ein gutes Gewissen‹.«[9] Sie führte sein gutes Gewissen darauf zurück, dass er im Widerstand aktiv war. Er war führendes Mitglied einer sozialistischen Widerstandsgruppe und wurde bereits 1934 wegen Hochverrats zu zweieinhalb Jahren Gefängnis verurteilt und anschließend für eineinhalb Jahre ins Konzentrationslager Dachau gesperrt. Auch Vater und Schwager von Käte Strobel wurden sofort nach der Machtergreifung Hitlers ins KZ Dachau gebracht.[10] Sie und ihre Schwester konnten nicht begreifen, dass ihre Jugendträume von einer besseren, demokratischen Welt durch die Unmenschlichkeit der »braunen Machthaber« zerstört wurden.[11]

In späteren Berichten über Käte Strobel wird es heißen: »In den Jahren des Nationalsozialistischen Regimes, zwischen 1934 und 1945, war Käte Strobel nicht politisch tätig.« Sie selbst sagte dazu, dass sie »nur indirekt« am Widerstand beteiligt gewesen sei und dass sie die Notwendigkeit der politischen Betätigung, veranlasst durch grausame äußere Anlässe, zeitweise aus ihrem Leben verdrängt habe.[12] Ihr Mann war später stolz darauf, dass seine Frau während seiner KZ-Zeit die Familie ernährt hatte.[13] Offensichtlich war sie über die Widerstandstätigkeiten ihres Mannes voll informiert und leistete wichtige Hintergrundarbeit für ihn und seine Gruppe. Nachdem ihr Mann 1937 aus dem KZ entlassen worden war, weil ihm lediglich das Verteilen von Schriften nachzuweisen war, wurden ihre beiden Töchter Traudl (1938) und Ilse (1941) geboren. Hans Strobel verlor seine Arbeit durch das Verbot der »Fränkischen Tagespost« und so war Käte Strobel wieder die Ernährerin der Familie. Ihr Ehemann hielt auch nach seiner Entlassung Kontakte zum Widerstand und wurde 1943 zum berüchtigten Strafbataillon 999 für

9 Meyer, S. 173.
10 Marquardt, S. 225.
11 Vgl. Strobel, o.J.
12 Ebd.
13 Vgl. den Bericht über Käte Strobel in: »Die Frau in unserer Zeit« vom 31.3.1950.

politisch »Unzuverlässige« eingezogen. Nun stand sie völlig alleine mit ihren beiden Kindern, sie wurde »eine Soldatenfrau«, wie sie später sagte.[14] Wenn sie ihren Mann besuchen wollte, musste sie auf der anderen Seite des Stacheldrahts stehen.

Während des Krieges wurden Käte Strobel und ihre Familie dreimal »ausgebombt« und dann mit ihren Kindern, den Eltern und der Familie ihrer Schwester aufs Land evakuiert. Aber auch dort blieben ihnen Tieffliegerangriffe, abziehende deutsche und anrückende amerikanische Truppen nicht erspart.[15] Sie lernte nun das harte Leben der bäuerlichen Bevölkerung, insbesondere der Bauersfrauen, kennen. Als ihr Mann 1946 aus jugoslawischer Gefangenschaft nach Hause zurückkehrte, war sie bereits Kandidatin für den Bayerischen Landtag. Er begrüßte das sehr, denn die erste Nachricht, die sie von ihm nach Kriegsende bekommen hatte, lautete: »Hoffentlich hast Du trotz unserer beiden Kinder Zeit, Dich der Politik zu widmen, denn Frauen brauchen wir jetzt ganz besonders notwendig.«[16] Sie war »schon mit Leib und Seele dabei«.[17] Dennoch war sie auch später noch und bis ins hohe Alter davon überzeugt, dass, wäre ihr Mann früher nach Hause gekommen, er derjenige gewesen wäre, der in die Politik gegangen wäre. Das sieht auch Tochter Traudl so.[18]

Nach dem Zweiten Weltkrieg (1945–1949)

»Menschen wie wir werden sich nun politisch betätigen müssen«[19]

Unmittelbar nach dem Ende der nationalsozialistischen Diktatur war Käte Strobel glücklich, dass sie ihre berufliche Tätigkeit in der bayerischen Obst- und Gartenbaugenossenschaft wieder aufnehmen konnte. Schließlich musste und wollte sie ihre beiden Kinder versorgen. Sie beendete diese Arbeit jedoch bereits 1947, weil sie sich nun ganz ihrer politischen Arbeit zuwenden wollte. In einem Interview sagte sie später, dass sie damals zu ihrer Schwester gesagt habe: »... wenn die Politik in unserem Lande nicht stockschwarz sein soll, werden sich Menschen wie wir auch politisch betätigen müssen«.[20] Mehrere Ehrenämter in der Genossenschaftsbewegung behielt sie bei. Leidenschaftlich interessiert war Käte Strobel, wie sie später schrieb, an der Entstehung der bayerischen Verfassung. Sie versuchte, innerhalb und außerhalb der SPD ihren Beitrag zur Meinungsbildung zu leisten. Ganz besonders bemühte sie sich, Frauen für die Beteiligung an politischen Entscheidungen zu interessieren. Schließlich sollte der Staat gestaltet werden, in dem die Kinder zukünftig leben sollten.[21]

14 Marquardt, S. 226.
15 Strobel 1958, S. 12.
16 Strobel 1958, S. 43.
17 Ebd.
18 Interview Gisela Notz mit Traudl Vallee, Tochter von Käte Strobel, am 22.6.1999 in ihrer Wohnung in München.
19 Strobel 1958, S. 43.
20 Strobel 1958, S. 43; ebenso Meyer, S. 176.
21 Strobel 1958, S. 43.

Das war auch der Grund dafür, dass Käte Strobel sich maßgeblich am Aufbau der sozialdemokratischen Frauenarbeit in Franken beteiligte. 1946 verlor sie bei der bayerischen Landtagswahl gegen einen männlichen Kandidaten. Für den Stadtrat wollte sie anschließend nicht kandidieren, weil sie der Ansicht war, sie könne dort nie aus dem Schatten ihres Vaters herausspringen. 1947 übernahm sie den Vorsitz der Frauenorganisation in Nürnberg und war zunächst stellvertretende Vorsitzende und später Vorsitzende im Bezirk Franken. Bei der Landesfrauenkonferenz in Nürnberg am 16./17.3.1947 sprach auch sie über den »Überschuss von 7 ¼ Millionen Frauen«. Auch sie sah darin Chancen: »Aus dem Überschuss von 7 ¼ Millionen Frauen sollten wir lauter Sozialistinnen machen. Wir Frauen sollten mehr politisch tätig sein. Besonders die jungen Frauen, die keine Gelegenheit [haben zu heiraten], gehören in unsere Reihen, diesen Kampf müssen wir aufnehmen.«[22] In Bezug auf die Not der Nachkriegszeit sagte sie: »Wir wollen aber nicht nur lindern, wir wollen heilen. Wir wollen nicht nur Wunden schließen, sondern verhindern, dass solche aufgebrochen werden. Wir wollen dafür sorgen, dass die Wurzel all dieses Leides, der Kapitalismus, überwunden wird. Dafür wollen wir unsere sozialdemokratische Partei stark machen. Nicht nur durch unsere Mitarbeit, sondern auch durch die Eingliederung möglichst vieler Frauen in unsere Reihen.«[23] Und diese Frauen sollten die politischen Probleme gemeinsam mit den Männern lösen, wie Käte Strobel das auch immer getan hatte. Auch sie betonte immer wieder, dass die »Frauenarbeit« nicht ihr alleiniges Betätigungsfeld sei.[24]

Als Vertreterin des SPD-Bezirks Ober- und Mittelfranken nahm Käte Strobel seit 1947 an den Sitzungen des Parteiausschusses teil[25], 1949 wurde sie stellvertretende Vorsitzende des Bezirks Franken. 1958 wurde sie gemeinsam mit Irma Keilhack und Marta Schanzenbach in den Parteivorstand der SPD gewählt. Diesem Gremium gehörte die Sozialdemokratin bis 1971 an. Von 1966 bis 1971 war sie auch Mitglied des Parteipräsidiums der SPD.

Arbeit im Deutschen Bundestag (1949–1966)

»Ich habe (...) als Hausfrau gelernt, wie sich eure Gesetze (...) auf uns ausgewirkt haben«[26]

1949 wurde Käte Strobel in den Ersten Deutschen Bundestag gewählt. Gerne und freudig hat sie die Wahl angenommen, schließlich hatten die Genossinnen und Genossen und die Wählerinnen und Wähler ihr das Vertrauen ausgesprochen. Nun hatte sie erst recht keine Zeit für ein »Familienleben«. Die Wochenenden waren meist mit Versamm-

22 Rede von *Käte Strobel*, Aufgaben der Frauen in der Sozialdemokratischen Partei und ihre Durchführung, in: Protokoll der Bezirksfrauenkonferenz der Sozialdemokratischen Partei am 26. und 27.10.1946, S. 5, in: AdsD, Sammlung Personalia Käte Strobel.

23 Ebd., S. 7.

24 Strobel 1958, S. 45.

25 Vgl. Protokolle des Parteitages. Käte Strobel saß von 1947 bis 1958 im Parteiausschuss der SPD, siehe Anwesenheitslisten der Delegierten und Gäste der SPD-Parteitage.

26 Lepsius, S. 42.

lungen und Besprechungen ausgefüllt. Ohne die Unterstützung ihrer Eltern, die sich um die beiden Töchter kümmerten, hätte sie diese Arbeit nicht leisten können. Käte Strobel ließ den Töchtern viel Freiraum für ihre Entwicklung. Daran erinnern sich beide noch heute positiv. Tochter Traudl bezeichnet ihre Mutter als »den liberalsten Menschen, den ich mir vorstellen kann«.[27] Die Töchter bewunderten ihre aktive Mutter nicht nur, sondern eiferten ihr nach und engagierten sich in der Sozialistischen Jugendbewegung »Die Falken«.

Im ersten Deutschen Bundestag war sie als Ordentliches Mitglied im Ausschuss zur Wahrung der Rechte der Volksvertretung, im Wahlprüfungsausschuss, im Untersuchungsausschuss zur Überprüfung der Einfuhren in das Vereinigte Wirtschaftsgebiet und in das Gebiet der Bundesrepublik Deutschland und im Untersuchungsausschuss zur Überprüfung von Missständen in der Bundesverwaltung. In der 1. bis 4. Wahlperiode arbeitete sie als Ordentliches Mitglied im Ausschuss für Außenhandelsfragen mit. Von 1949 bis Mai 1963 war sie Ordentliches Mitglied, danach bis zum Ende der 5. Wahlperiode Stellvertretendes Mitglied des Ausschusses für Ernährung, Landwirtschaft und Forsten. Als Ordentliches Mitglied arbeitete sie in der 2., 3. und 4. Wahlperiode auch im Ausschuss zur Wahrung der Rechte der Volksvertretung gem. Art. 45 des GG mit, dem sie in der 5. Wahlperiode als Stellvertretendes Mitglied angehörte. Sie war in der 2. und 3. Wahlperiode Mitglied des Beirates für handelspolitische Vereinbarungen. In der 4. Wahlperiode engagierte sie sich als Ordentliches Mitglied im Ausschuss für auswärtige Angelegenheiten. In der 5. Wahlperiode gehörte sie bis Januar 1967 als Stellvertretendes Mitglied dem Auswärtigen Ausschuss an. Sie wurde in der 4. Wahlperiode Mitglied des Parlamentarischen Rates der Europäischen Bewegung und in der 5. Wahlperiode des Integrationsältestenrates. In der 1. Wahlperiode war sie Stellvertretendes Mitglied im wirtschaftspolitischen Ausschuss und gehörte dem Ausschuss für Fragen der Jugendfürsorge an, in der 2. Wahlperiode dem Ausschuss für Wiederaufbau und Wohnungswesen und dem 3. Sonderausschuss »Gemeinsamer Markt/Euratom«, in der 2. bis 4. Wahlperiode gehörte sie dem Gesundheitsausschuss an. 1958–1967 war Käte Strobel Mitglied des Europäischen Parlaments, von März 1962 bis März 1974 dessen Vizepräsidentin und von März 1964 – Januar 1967 Fraktionsvorsitzende. Als Parteivorstand und Parteirat im Oktober 1960 eine »Wahlmannschaft« aufstellten, die dem Parteitag in Hannover vorgelegt wurde, war sie als einzige Frau dabei. Sie war »die Frau in der Mannschaft«.[28]

Verbraucherpolitik war Käte Strobel besonders wichtig vor allem deshalb, weil dieses Politikfeld für sie praktische Frauenpolitik bedeutete. Schließlich waren und sind es Frauen, die vor allem einkaufen, mit dem Haushaltsgeld zurechtkommen müssen und darauf bedacht sein müssen, dass diejenigen, für die sie sorgen, gesunde Lebensmittel bekommen. Die Sicherung der Ernährung zu tragbaren Preisen spielte Ende der 40er Jahre, die durch Nahrungsmittelknappheit gekennzeichnet waren, ohnehin eine große

27 Interview mit Traudl Vallee.

28 Die Frau in der Mannschaft, in: »Gleichheit«, Nr. 10, Oktober 1960, S. 364. Die Überschrift wurde von zahlreichen Zeitungen übernommen. Siehe AdsD, Sammlung Personalia Käte Strobel.

Rolle. Auch ihre »Jungfernrede« im Bundestag hielt Käte Strobel im Mai 1950 zur Verbraucherpolitik. Es ging um Ernährungsfragen und Brotpreise. Sie prangerte darin das Auseinanderklaffen der Schere zwischen Lebenshaltungskosten und Einkommen vieler Menschen an und forderte eine Orientierung an dem Zahlungsvermögen der sozial Schwächsten. Dafür trat die Sozialdemokratin unbeirrt ein, selbst dann, wenn ihr, da sie keine Wirtschaftspolitikerin war, der Sachverstand abgesprochen wurde. Ihr Fraktionskollege Herbert Kriedemann warf ihr während einer Debatte um die Butterpreise einmal vor: »Wenn man natürlich vom Tuten und Blasen keine Ahnung hat, kann man leicht für einen niedrigeren Butterpreis eintreten.« Daraufhin antwortete sie ihm schlagfertig: »Ich habe zwar nicht wie du sechs Semester Volkswirtschaft studiert, aber als Hausfrau gelernt, wie sich eure Gesetze aus dem Wirtschaftsrat auf uns ausgewirkt haben.«[29]

Käte Strobel wollte sich auf keinen Fall, wie viele andere politisch tätige Frauen, »vornehmlich den sozialen und kulturellen Aufgaben widmen«.[30] Schließlich fielen viele Entscheidungen, die Hausfrauen und Mütter angingen, im wirtschaftlichen Bereich. Deshalb beteiligte sie sich maßgeblich an der Formulierung der Marktordnungsgesetze, war allerdings später unglücklich darüber, wie »einseitig und ungekonnt« sie von der Bundesregierung gehandhabt wurden.[31] Auch einer fortschrittlichen, weltoffenen, verbraucherfreundlichen Zoll- und Handelspolitik, wie sie sie gerne gesehen hätte, standen die politischen Kräfteverhältnisse im Deutschen Bundestag im Wege. Dass die Zölle für wichtige Nahrungsmittel und Konsumgüter gesenkt und Verbrauchersteuern abgebaut wurden, insbesondere die Zuckersteuer, war vor allem ihr Verdienst. Gemeinsam mit ihren Genossinnen im Ernährungs- und Landwirtschaftsausschuss ist es ihr gelungen, Jahr für Jahr eine Erhöhung der Ausgaben für Verbraucherberatung und Verbraucherpolitik zu erreichen. Als die Zeiten der größten Lebensmittelknappheit zu Ende waren, setzte sie sich dafür ein, dass Gesetze zur Verbesserung der Qualität der Nahrungsmittel (Handelsklassengesetz) verabschiedet wurden.

Sie wusste, dass das Kämpfen und Streben »um gute, menschliche Lebensbedingungen für alle Menschen nur sinnvoll ist, wenn es gelingt, die Völker der Welt für ein friedliches Miteinander- und Nebeneinanderleben zu gewinnen«.[32] Frieden zu gewinnen, die Wiedervereinigung der beiden deutschen Staaten zu erreichen und die Menschen von der Atomangst zu befreien waren Ziele, für die sie sich immer und überall leidenschaftlich eingesetzt hat. Dennoch sucht man Käte Strobel vergeblich auf der Liste der 19 SPD-Abgeordneten, die 1956 gegen das Soldatengesetz und gegen die Änderung des Grundgesetzes stimmten. »Sie hat Mehrheiten immer respektiert«, so erklärt ihre Tochter ihr Verhalten. »Alles, was der Partei hätte schaden können, hat sie unterlassen.«[33] In Bezug auf die Einführung der Bundeswehr und die Grundgesetzänderung waren sich Parteispitze und SPD-Wehrexperten einig: Es sollte zugestimmt werden. Somit hat sie

29 Lepsius, S. 42.
30 Strobel 1958, S. 43.
31 Ebd., S. 44.
32 Strobel 1958, S. 45.
33 Interview mit Traudl Vallee.

die offizielle Parteilinie vertreten. Die Wichtigkeit einer Politik für den Frieden unterstrich die Politikerin, indem sie sich früh für eine Zukunft in einem vereinten Europa einsetzte. Immer wieder verwies Käte Strobel darauf, dass eine der wesentlichen Voraussetzungen für die Sicherung der Freiheit im Rahmen der atlantischen Partnerschaft eine »gesunde wirtschaftliche Entwicklung« sei. Vor allem müssten Armut und Hunger in der Welt bekämpft werden, da komme Europa eine wichtige Rolle zu.[34]

Europapolitik (1958–1966)

»Man muss das Gespräch mit jedermann suchen, auch über die Grenzen hinweg«

Käte Strobel konnte sich durch die Europapolitik neue Bereiche der Politik erschließen und sie lernte Menschen aus anderen Ländern kennen und schätzen. Auch für diesen grenzüberschreitenden Politikbereich galt für sie, dass es nicht um ein theoretisches Konstrukt gehen sollte. Sie versuchte, die Bedürfnisse der Menschen kennen zu lernen. Aus diesem Grunde suchte sie das »Gespräch mit jedermann«, auch und gerade über die Grenzen hinweg.[35] Folgerichtig war Käte Strobel von 1958–1966 neben ihrer Arbeit im Deutschen Bundestag Mitglied des Europäischen Parlaments und von 1962 bis 1964 dessen Vizepräsidentin. Anschließend wurde sie – sie galt nun bereits als Expertin für Fragen, die die Europäische Wirtschaftsgemeinschaft betrafen – Vorsitzende der sozialistischen Fraktion des Europäischen Parlaments. Dieses Amt behielt sie, bis sie Gesundheitsministerin wurde. Sie trat dafür ein, dass so viele Länder wie möglich mit der EWG assoziiert wurden. Besonders wichtig erschienen ihr die Außenbeziehungen der Europäischen Gemeinschaften. In einem Referat anlässlich eines Europa-Kongresses der SPD-Bundestagsfraktion äußerte die Sozialdemokratin sich kritisch darüber, dass es noch kaum ein Konzept für eine gemeinsame Außenhandelspolitik gebe, obgleich die Wirkung der EWG nach außen sehr stark sei.[36] Schon damals sprach Käte Strobel über die Befürchtung des »Ostblocks« und der »Drittländer in aller Welt«, die EWG könnte zu einem »Klub der Reichen« werden.[37] Ihr besonderes Anliegen war es, negative Auswirkungen der EWG auf die »Entwicklungsländer« zu vermeiden, und sie warnte vor einer sturen Embargo-Politik im Blick auf die Ostbeziehungen der EWG.[38] Statt dessen vertrat sie die Meinung, dass eine bessere wirtschaftliche Stellung der Ostblockstaaten auch die Möglichkeiten für die EWG stärken würde. Ihr Anliegen war es, zu einer geschlossenen Außenwirtschaftspolitik der EWG zu kommen.

34 *Käte Strobel*, Beitrag bei einem Podiumsgespräch anlässlich des Europa-Kongresses der SPD-Bundestagsfraktion am 25. und 26. Februar 1964 in Bad Godesberg, in: *SPD-Bundestagsfraktion* (Hrsg.), Sorge um Europa, Bad Godesberg 1964, S. 5.

35 *Bettina Brenner*, Kleine Schritte zum großen Ziel, in: Vorwärts Nr. 21 vom 24.5.1986, S. 20.

36 *Käte Strobel*, Die Außenbeziehungen der Europäischen Gemeinschaften. Rede anlässlich des Europa-Kongresses, 1964, S. 1.

37 Ebd., S. 2.

38 Ebd., S. 17.

Käte Strobel (links) mit Mary Saran (Internationale Frauensekretärin), Tita de Ouboter (Niederlande), Nazhat Katsab (Israel), Elena Gil (Argentinien) und Grete Haekkerup (Dänemark) anlässlich einer internationalen Konferenz, ca. 1958

Gruppenaufnahme mit Käte Strobel sowie Carlo Schmid, Herbert Wehner, Ernst Schellenberg, Karl Schiller, Helmut Schmidt, Willy Brandt, Gustav Heinemann, Fritz Erler, Waldemarr von Knoeringen und Alex Möller (von links) anlässlich des SPD-Parteitages in Karlsruhe, 1964

1958 zog die ältere Tochter Traudl zu Käte Strobel nach Bonn, um dort zu studieren. Mutter und Tochter wohnten gemeinsam in einem Ein-Zimmer-Appartement. Traudl Strobel betätigte sich als Fahrerin der Mutter und half mit in deren Büro. Sie war sehr stolz auf ihre Mutter und bis heute bewundert sie besonders, dass die Mutter auch bei Niederlagen nie den Mut verloren habe. Stets habe Käte Strobel die Meinung anderer respektiert, ohne ihre eigene aufzugeben, und immer habe sie ein offenes Ohr für Menschen gehabt, die sich ratsuchend an sie wandten.

Die Ministerin nimmt Tabuthemen auf (1966–1972)

»... denen (...) beweisen, was ich kann«

Als Nachfolgerin von Elisabeth Schwarzhaupt (CDU), die die erste Bundesministerin der Nachkriegszeit war, wurde Käte Strobel in der Großen Koalition unter Bundeskanzler Kurt-Georg Kiesinger (CDU) und SPD-Vizekanzler Willy Brandt am 1. Dezember 1966 als erste Sozialdemokratin in ein Kabinett der Bundesrepublik gewählt. Elisabeth Schwarzhaupt verlor damit ihr Ressort; denn – so ein nachträgliches Raisonnement – zwei Ministerinnen in einem Kabinett wären der (Männer-)Gesellschaft ganz offensichtlich nicht vermittelbar gewesen.«[39] Käte Strobel wurde Bundesministerin für Gesundheitswesen, ein Amt, das ihr zunächst weder zugedacht war, noch ihren eigenen Vorstellungen entsprach. Drummer und Zwilling[40] berichten, sie habe ursprünglich das Ministerium für Familie und Jugend übernehmen wollen, das ihr Bundeskanzler Kurt Georg Kiesinger angeblich zugesichert habe. Nachdem aber Bruno Heck (CDU) das Ressort habe übernehmen wollen, wäre sie »in das Gesundheitsministerium abgeschoben« worden.[41] Aus einem Interview mit Renate Lepsius geht dagegen hervor, dass sie eigentlich Europaministerin werden *sollte*. Als nach der Wahl der damalige Parteivorsitzende Willy Brandt bei ihr angerufen und mitgeteilt habe: »Wir bekommen keinen Europaminister. Bist du bereit, den Gesundheitsminister zu machen?«, da sei sie bereit gewesen, denn sie habe gedacht: »Wenn also schon ein Ministeramt einer Frau angeboten wird, dann darfst du nicht ›nein‹ sagen.«[42]

Nun sahen ihre Töchter ihre Mutter nur noch bei Familienfeiern. Sie wussten aber, »wenn Not am Mann wäre, wäre die Mutter da«. Das änderte sich auch in der nächsten Wahlperiode nicht. Am 22. Oktober 1969 wurde Käte Strobel in der sozialliberalen

39 Vgl. *Heike Drummer/Jutta Zwilling*, Elisabeth Schwarzhaupt. Eine Biographie, in: *Die Hessische Landesregierung* (Hrsg.), Elisabeth Schwarzhaupt. Portrait einer streitbaren Politikerin und Christin, Freiburg u.a. 2001, S. 14-115; hier: S. 100.

40 Ebd., S. 101. Drummer und Zwilling beziehen sich offensichtlich auf ein Zitat, nach dem Strobels Vorgängerin Schwarzhaupt sagt: »Sie wollte mich nicht verdrängen. Sie hätte lieber das Familienministerium übernommen.« Vgl. *Ursula Salentin*, Elisabeth Schwarzhaupt – Moderne Gesundheits- und Umweltpolitik für die Bundesrepublik Deutschland, in: *Die Hessische Landesregierung* (Hrsg.), Elisabeth Schwarzhaupt, S. 220-226; hier: S. 225.

41 Drummer/Zwilling, S. 100.

42 Lepsius, S. 44.

Koalition unter Bundeskanzler Willy Brandt erneut Bundesministerin, diesmal für Jugend, Familie und Gesundheit.

Während ihrer Amtszeit war Käte Strobel nicht selten Anfeindungen ausgesetzt, weil sie nicht wie ihre Vorgängerin ein Universitätsstudium vorweisen konnte. Einige ihrer Mitarbeiter waren Mediziner und mokierten sich darüber, dass eine Volksschülerin den Ärzten »vor die Nase gesetzt« wurde. Das ließ die Sozialdemokratin nicht auf sich sitzen: Sie werde »... denen ... beweisen, was ich kann«.[43] Aber sie tat dies ganz offensichtlich nicht im Alleingang. Sie hat wiederholt die Frauen aus der Fraktion zusammengerufen, um sie zu fragen: »Was würdet ihr mir raten?«[44] Sie tat dies sowohl bei persönlichen Problemen als auch, wenn es um ihr Ministerium ging. Stets hat sie sich kompetente Mitarbeiter in ihr Ministerium geholt. Als ihr Experten für den Jugend- und Familiensektor fehlten, fragte Käte Strobel die Fraktionsgenossinnen, die aus der Sozialarbeit kamen, und diese konnten ihr nicht nur mit Namen behilflich sein, sondern waren beeindruckt über die kollegiale Zusammenarbeit mit der Ministerin, die sich den Sachverstand dort holte, wo er zu finden war.[45] Und sie waren stolz auf die erste Ministerin, die von ihrer Fraktion gestellt wurde.[46]

In den folgenden Jahren spielte Käte Strobel eine maßgebliche Rolle bei der Vorbereitung des Jugendwohlfahrtsgesetzes (1970/71), des neuen Bundesausbildungsförderungsgesetzes, bei der Verbesserung des Kindergeldes, bei der völlig neu geschaffenen Zollgesetzgebung, der Formulierung des Landwirtschaftsgesetzes und bei der Verabschiedung von gesundheitspolitisch wichtigen Gesetzesnovellierungen (z.B. der Gesamtreform des Lebensmittel- und Arzneimittelrechts, des Gesetzes zum Schutz der Umwelt, des Krankenhausfinanzierungsgesetzes). Sie führte Kampagnen für besseres Essen in bundesdeutschen Kantinen, zur Vorbeugung gegen Umweltschäden und Zivilisationskrankheiten und gegen das Rauchen.

In der Familienpolitik vertrat Käte Strobel eine eher liberale Position, die man als »rationale Familienpolitik«, angesiedelt zwischen »romantischer Ideologie einer deutschen Familie und dem revolutionären Modell der Antifamilie«,[47] wie es Ende der 60er Jahre in linken Kreisen vertreten wurde, bezeichnen könnte. Sie fühlte sich dem Artikel 6 des Grundgesetzes, wonach Ehe und Familie unter den besonderen Schutz der staatlichen Ordnung gestellt werden und dem Godesberger Grundsatzprogramm der SPD von 1959 verpflichtet, worin es heißt, dass auf Staat und Gesellschaft die Aufgabe zukommt, »... die Familie zu schützen, zu fördern und zu stärken. In der materiellen Sicherung der Familie liegt die Anerkennung ihrer Werte.«[48] Politik für Familien hatte demnach die erforderlichen Voraussetzungen zu schaffen, die es den Familien ermöglichen, die an sie gestellten

43 Ebd.

44 *Elfriede Eilers,* »Wenn Frauen aktiv sind, sind sie's meistens länger als Männer«, Lebensbilder, aufgezeichnet von Heinz Thörmer, Marburg 1996, S. 36.

45 Ebd.

46 Ebd., S. 74.

47 Meyer, S. 182.

48 Godesberger Grundsatzprogramm von 1959, hrsg. vom SPD-Parteivorstand, S. 20.

Aufgaben zu erfüllen. Zu Beginn ihrer Amtszeit fand sie eine Familienpolitik vor, die sehr stark von den ideologischen Zielvorstellungen der CDU/CSU bestimmt war. Käte Strobel ging es zunächst nicht darum, die Familie als Institution weiter zu fördern, sondern darum, die Summe ihrer einzelnen Mitglieder und Einzelpersönlichkeiten und ihrer Bedürfnisse zu sehen. Es konnte also weder um Maßnahmen, die auf das »Funktionieren« von Familie schlechthin bezogen waren, noch um rein materielle Unterstützung gehen. Es ging um die Verwirklichung von mehr Chancengerechtigkeit für Kinder jeder sozialen Herkunft, um die Berücksichtigung von Problemen anderer Familienformen, wie etwa »Kinder alleinstehender Elternteile«[49], und es ging darum, bestehende Diskriminierungen abzubauen. Für Strobel war Familienpolitik ein integrierter Bestandteil der Gesellschaftspolitik.[50] Das hieß für sie, dass beispielsweise bei den politischen Entscheidungen im Bereich der Wirtschafts-, Wohnungsbau-, Sozial- und Bildungspolitik die Auswirkungen auf Familien mit berücksichtigt werden mussten. Freilich war das auch unter einer SPD-regierten Bundesregierung nicht immer leicht durchzusetzen.

Käte Strobel trat als Familienministerin schon während ihrer Amtszeit für eine Reform des »Familienlastenausgleichs« ein. Danach sollte das Kindergeld vom ersten Kind an gewährt werden und an den Kosten orientiert sein, die für die Erziehung eines Kindes aufzubringen sind. Eine Zweigleisigkeit von direkten Kindergeldzahlungen und Kinderermäßigungen in der Steuer lehnte die Sozialdemokratin ab, weil Kinderfreibeträge geringer Verdienende benachteiligen. Sie wollte zudem eine bessere Qualität der Elternbildung erreichen, weil sie die »natürliche Fähigkeit«, Kinder zu erziehen, nicht als ausreichend ansah, um Kinder auf ihre zukünftigen Aufgaben in der Gesellschaft vorzubereiten. Ebenso notwendig waren ihr die Förderung der Elementarerziehung in Kindergarten und Vorschule und eine pädagogisch gestaltete Umwelt. Zu diesen zählte sie Kinderspielplätze, Sportanlagen, Freizeitstätten und Erholungsmöglichkeiten.[51] Von Blumensträußen zum einmal jährlich zelebrierten Muttertag hielt Strobel anscheinend wenig. 1969 empfahl sie in einer Rede zum Muttertag, statt in einen neuen Mutterkult zu verfallen, »an diesem Muttertag auf die Friedhöfe (zu) gehen, zu den Massengräbern, wo die Bombenopfer, die verhungerten und erschlagenen Kriegsgefangenen und Deportierten aus dem Osten, vor allem aus Russland, begraben sind, wo die 16- und 17-jährigen Kinder ruhen, die noch in die letzten Schreckensuniformen gesteckt und gnadenlos geopfert wurden«.[52] 1970 trug sie die Überlegung vor, ob »am Muttertag nicht mit allen Beteiligten darüber diskutiert werden könne, wie man die Bedingungen der Mutter

49 Vgl. *Elfriede Eilers/Marta Schanzenbach*, Zur Nachkriegsgeschichte der Familienpolitik aus sozialdemokratischer Sicht, in: *Reinhart Bartholomäi u.a.* (Hrsg.), Sozialpolitik nach 1945. Geschichte und Analysen, Bonn-Bad Godesberg 1977, S. 229-238; hier: S. 237.

50 Ebd., S. 230.

51 *Käte Strobel*, Konzeption und Programm einer rationalen Familienpolitik, in: Jugendwohl, H. 1/1970, S. 358-361, hier: S. 360.

52 Telegraf-Archiv 1969, Zeitungsausschnitt ohne weitere Angabe in AdsD, Sammlung Personalia Käte Strobel.

in der Familie und im Beruf verbessern kann«.[53] Es dauerte immerhin bis 1970, ehe das Gesetz über die rechtliche Stellung der nichtehelichen Kinder und ihrer Mütter verabschiedet werden konnte. Seitdem sind nichteheliche Kinder den ehelichen in ihren Rechten gleichstellt. Die gesellschaftlichen Benachteiligungen der Alleinerziehenden und ihrer Kinder waren freilich dadurch noch keineswegs überall und in allen Bevölkerungsschichten beseitigt. Strobel bedauerte später oft, dass die Mehrheitsverhältnisse im Bundestag wiederholt dazu geführt hatten, dass viele der ihr wichtigen Anliegen nicht durchgesetzt werden konnten.

Die ganz besonderen Anliegen der »Volksschülerin auf dem Ministersessel«[54] waren die Fragen der Familienplanung und der sexuellen Aufklärung. Damals war dies noch ein ausgesprochenes Tabuthema, jedenfalls für die Mehrzahl der Bürgerinnen und Bürger. Für Käte Strobel gehörte Sexualaufklärung und Familienplanung seit ihrer Arbeit in der Sozialistischen Jugend in der Weimarer Republik zur Gesundheitspolitik. Die Errichtung der Bundeszentrale für gesundheitliche Aufklärung ist im Wesentlichen auf ihre Initiative zurückzuführen. Sie scheute nicht vor Auseinandersetzungen zurück, wenn es darum ging, offensiv Themen wie »Familienplanung« oder »Verhütungsmittel auf Krankenschein« in die Öffentlichkeit zu tragen. Wirklich Aufsehen erregte die Politikerin aber erst, als sie 1969 die Erstellung eines Sexualkundeatlasses initiierte. Käte Strobel war durch das Erscheinen des Atlasses und auch durch ihre positive Einstellung zur gerade auf den Markt gekommenen Anti-Baby-Pille ins Kreuzfeuer der Kritik konservativer aber auch linker Kreise geraten. Gleichzeitig wuchs ihre Popularität als Ministerin. Der Sexualkundeatlas sollte für alle 13- bis 15-jährigen Schülerinnen und Schüler als einheitliches Unterrichtsmittel für die Sexualerziehung an deutschen Schulen eingeführt werden. Der Atlas wurde von einem Ausschuss aus bevollmächtigten Sachverständigen sämtlicher Kultusministerien der Länder in Zusammenarbeit mit der Bundszentrale für gesundheitliche Aufklärung erarbeitet. Es handelte sich von Anfang an um ein umstrittenes Projekt, das die Republik tief polarisierte. Während die einen Käte Strobels politische Bemühungen um eine sexuelle Liberalisierung der Gesellschaft als längst überfällig begrüßten, sahen die anderen das Ende der Zivilisation nahen. Wieder andere sahen den Atlas als Instrument der »Erziehung zu geordnetem geschlechtlichen Verhalten«.[55] Die Kultusminister aus verschiedenen Ländern waren überhaupt nicht glücklich mit dem Aufklärungsbuch. Sie beklagten sich, vorher über das Vorhaben nicht informiert worden zu sein. Die erste Auflage (100 000 Exemplare) des Atlasses war dennoch schnell ausverkauft. Mehrere Auflagen folgten und er wurde in sechs Sprachen übersetzt. Aber in Bayerns Schulen durfte er nicht verwendet werden. Darauf hatte Käte Strobels Vorgängerin, Elisabeth Schwarzhaupt, ganz offensichtlich keinen geringen Einfluss genommen.[56] Nach deren

53 *Goyke*, S. 261.

54 *Rosemarie Heckmann*, Frauen der deutschen Geschichte, in: Frauenrat. Informationen für die Frau, H. 4/2001, S. 24.

55 *Reimund Reiche*, Zeugung ist Ordnung, in: Der Spiegel Nr. 28/1969, S. 115.

56 Jedenfalls berichtet Christa Meves von einem gemeinsamen Besuch bei Kultusminister Hans Maier, der dazu führte, dass die drei »gemeinsam die Köpfe (schüttelten) über das wilde Treiben der Revo-

Besuch bei Kultusminister Hans Maier (CSU) bevorzugte man dort für die »Menschenkunde« Schulbücher, die nicht, wie der Atlas, Abbildungen der Geschlechtsorgane enthielten.[57]

»Die Zeit« begrüßte den Atlas vor allem, weil er mit »weit verbreiteten irrigen Meinungen aufräumte«.[58] Einige Gewerkschaftskreise rechneten Käte Strobel den Mut zum Tabubruch hoch an. Vor allem wurde der Versuch, »Aufklärung auf einem Teilbereich der Sexualität zu vermitteln«, als Fortschritt angesehen. Zwar wurde die Ausklammerung der gesellschaftspolitischen Dimensionen der Sexualität kritisiert, jedoch wurde diese Tatsache als »Zugeständnis an die CDU-SPD-Koalition« bewertet.[59] Die Kinder stürzten sich offenbar auf den Atlas – nicht alle waren durch ihre Eltern aufgeklärt worden. Immerhin wurde die Zahl der schwangeren Schülerinnen 1968 auf 10.000 bis 30.000 geschätzt[60], und das war sicher auch ein Grund für die Gesundheitsministerin, die Einführung des Sexualkundeunterrichts voranzutreiben. Denn für diese Mädchen war damals die Schulzeit zu Ende und die Chance, einen Beruf zu erlernen, vorbei. Nicht wenige ruinierten durch unsachgemäße Abtreibungen ihre Gesundheit oder bezahlten gar mit dem Leben. Junge Mädchen und Frauen, die nicht verheiratet waren, hatten damals kaum Zugang zu Verhütungsmitteln.

In dem Atlas wurde in sachlicher und für Jugendliche verständlicher Sprache über die biologischen Grundlagen der Entwicklung der Geschlechtsorgane von Mann und Frau, über Eireifung, Menstruation, Befruchtung, Schwangerschaft und Geburt, über Rhesusfaktor, ein- und zweieiige Zwillinge, Empfängnisregelung und -verhütung, Geschlechtskrankheiten und Körperhygiene informiert. Ganz offensichtlich war dieser erste aufsehenerregende Schritt einer SPD-Ministerin vor den Wahlen 1969 ein ärgerlicher Tatbestand für die CDU. Aus ihren Reihen kamen auch die schärfsten Kritiken an dem Buch. Sie richteten sich keineswegs gegen den Sexualkundeatlas allein, sondern vornehmlich gegen die SPD-Ministerin. So schrieb das Westfalenblatt in einem Kommentar ganz deutlich: »Man verschone uns künftig vor solchen Ministern ... Frau Strobel hat fürwahr eine merkwürdige Auffassung vom Rang der Moral in unserer Gesellschaft.«[61] Die CDU-Bundestagsabgeordnete Helga Wex kritisierte den Atlas, weil er angeblich nur eine Seite der Beziehungen zwischen Mann und Frau ausbreite; nämlich die, die sich mit den körperlichen Vorgängen der Vereinigung und ihrer Folgen befasst.[62] Liebe und Zunei-

luzzer« und dass in Bayern »die Übertreibungen der ›68er‹« aufgehalten werden konnten, so dass »den Schulkindern zu einer angemessenen, nicht verfrühten und traumatisierenden Sexualerziehung« verholfen werden konnte. Vgl. *Christa Meves*, Elisabeth Schwarzhaupt – Eine Momentaufnahme, in: *Die Hessische Landesregierung* (Hrsg.), S. 209-210; hier: S. 210.

57 Vgl. *Ruth Herrmann*, »Aus körperlicher Begeisterung«. Im Sexualkunde-Unterricht stellen Kinder offene Fragen, in: Zeit, Nr. 29 vom 18. Juli 1969, S. 42.

58 *Marion Schreiber*, Aufklärung ohne Scheu, in: Zeit, Nr. 25 vom 20.6.1969, S. 50.

59 *Carola Möller*, Der Sexualkunde-Atlas, in: Gewerkschaftspost IG Chemie Papier Keramik Nr. 9/1969, S. 20.

60 Schreiber, a.a.O.

61 Zit. nach SPD-Pressedienst vom 10. Juli 1969.

62 *Helga Wex*, Grobe und harte Mittel, in: Die Zeit, Nr. 29.

gung zwischen den Geschlechtern kämen zu kurz, und die Zeugung des Menschen würde als technischer Vorgang dargestellt. Die Verhütungsvorschläge läsen sich zudem wie betriebliche Unfallverhütungsvorschriften. Einzelne Teile der Darstellung empfinde sie als abstoßend und verletzend. Der Atlas lasse die Integration der biologischen Vorgänge in die Ganzheit seelischer, personaler und ethischer Bindungen vermissen. So wie der Atlas vorliege, werde er zur Entweihung der engsten menschlichen Beziehungen führen, weil er auf ein bindungs- und verantwortungsloses Sexualverhältnis verkürze. Das könne zu gestörten Entwicklungsprozessen bei jungen Menschen und zu Neurosen führen. Helga Wex forderte die Kultusminister auf, den Atlas »in der vorliegenden Form« nicht für den Unterricht freizugeben. Sie forderte eine Überprüfung durch auf dem Gebiet der Sexualerziehung erfahrene psychotherapeutisch geschulte Ärzte, Psychologen und Pädagogen. Damit sprach sie den Verfasserinnen und Verfassern und der Ministerin den Sachverstand ab.

Die ehemalige Hamburger Schulleiterin Erna Stahl schrieb in der gleichen Ausgabe der Zeit, dass im Atlas die menschliche Sexualität »einseitig von außen her« behandelt, rein physisch, im Hinblick auf »eine Verwertung« beschrieben sei.[63] Sie sah die Gefahr, dass so die »Sexualisierung unserer heutigen Zivilisation« nicht bewältigt, sondern »nach manchen Richtungen hin« gesteigert werde. Die Frankfurter Allgemeine Zeitung[64] mutmaßte einen Kompetenzstreit zwischen Käte Strobel und der Familienministerin Aenne Brauksiepe (CDU) und Weltanschauungskonflikte zwischen Klerikalen und Liberalen. Tatsächlich war Frau Brauksiepe die schärfste Kritikerin des Buches. Ihr fehle im Atlas die »ganzheitliche« und die »sozial-ethische« Betrachtung der Sexualität. Ganz offensichtlich meinte sie damit die von der katholischen Kirche geforderte Beschränkung der Sexualität auf die Institution Ehe und dort wiederum auf den Bereich der Fortpflanzung.

Kritikern aus dem »linken Lager« ging die beabsichtigte Aufklärung hingegen nicht weit genug. Der ehemalige Vorsitzende des SDS, Reimut Reiche, kritisierte im »Spiegel«, dass das Schulbuch lediglich »Informationen über die Biologie der Fortpflanzung und Informationen über die Techniken ihrer Verhinderung« liefere. Für ihn seien die Darstellungen wie »eine Gebrauchsanweisung für ›Jetzt helfe ich mir selbst‹ – Autobastler« konzipiert.[65] Vor allem kritisierte Reiche das Kapitel über Abtreibung, in dem darauf verwiesen worden sei, dass durch Abtreibungen und deren Nachbehandlung ein Ausfall von rund drei Millionen Arbeitstagen entstehe. Was nach seiner Meinung vor allem fehle, sei die Aufklärung darüber, dass die Erkrankungsquote in Ländern, in denen die Abtreibungen überwiegend illegal durchgeführt würden, viel häufiger sei als dort, wo sie dem Selbstbestimmungsrecht der Frauen überlassen bleibe. Nach Reiche, der ein Buch über »Sexualität und Klassenkampf« geschrieben hatte, sei eine Form von Sexualaufklärung, die Sexualität auf Geschlechtsverkehr als Zeugungsakt und damit auf den Bereich

---

63 *Erna Stahl*, Sexualkunde-Atlas im Kreuzfeuer. Eros bleibt auf der Strecke, in: Die Zeit, Nr. 29 vom 18. Juli 1969, S. 42.

64 Frankfurter Allgemeine Zeitung von 1969, Zeitungsausschnitt ohne weitere Angaben in AdsD, Sammlung Personalia Käte Strobel.

65 Reiche, S. 115.

der Fortpflanzung reduziere, nicht geeignet, sexuelle Ängste und Tabus abzubauen, sondern weiter zu zementieren. Studiert man den Atlas[66], so erscheint tatsächlich Sexualität als Möglichkeit zur Lustgewinnung wesentlich ausgeklammert.

Kommentare, die verlangten, die Aufklärung über sexuelle Dinge gehören ins Elternhaus[67], wollten jedoch nichts anderes, als das Rad der Zeit zurückdrehen – auf Kosten vieler Jugendlicher, die weiterhin einer »zufälligen« Aufklärung auf der Straße und in peer-groups ausgesetzt gewesen wären. Tatsächlich konnten sich die zuständigen Kultusminister der Länder letztlich nicht entschließen, den Sexualkundeatlas für die Schulen zu empfehlen.

Käte Strobel ließ jedoch nicht locker. Geprägt durch die Jugendbewegung in der Weimarer Republik, hielt sie daran fest, dass die Pille allein nicht genüge: »Sexualerziehung ist nötig, Familienplanung und Aufklärung.«[68] Die Tabubrüche der Ministerin gingen aber noch weiter. Sie verantwortete nicht nur den umstrittenen Atlas, sondern auch die Aufklärungsreihe um »Helga«. Dies waren Filme, die damals ebenfalls Tabus brachen, indem sie einen Geschlechtsakt und eine Geburt zeigten. »Helga« wurde zum erfolgreichsten deutschen Nachkriegsfilm, den 40 Millionen Menschen in aller Welt sahen. 1968 erhielt Käte Strobel für ihre Unterstützung des Filmprojektes den Filmpreis »Goldene Leinwand« des Bundesverbandes deutscher Filmtheater und den »Bambi« einer Jugendzeitschrift.

1972 erregte Käte Strobel mit ihren »flankierenden Maßnahmen zu § 218« noch einmal die konservativen Gemüter, indem sie für verstärkte Aufklärung über Familienplanung und Erleichterung des Zugangs zu den Schwangerschaftsverhütungsmitteln eintrat. Renate Lepsius stellte später die These auf, dass die viele Jahre später erfolgte Reform des § 218 unmöglich gewesen wäre ohne den Beitrag, den Käte Strobel damals zur Enttabuisierung der Fragen zum Thema Sexualität geleistet hatte.[69]

Weitere politische Tätigkeit (1972–1996)

»Man muss weitermachen, wenn man aufhört, versauert man«

1972 verabschiedete sich Käte Strobel aus dem Bundestag. »Ich habe das gemacht, solange die Leute bei meinem Abschied noch sagen: Das ist aber schade«, soll sie später gesagt haben.[70] Obwohl sie ihrem Mann versprochen hatte, sich mit 65 Jahren aus der politischen Arbeit zurückzuziehen, setzte sie sich nach ihrem Ausscheiden aus dem Bundestag 1972 keinesfalls zur Ruhe. Sie folgte dem Ruf ihrer Nürnberger Genossinnen und Genossen und wurde bis 1978 Mitglied des Nürnberger Stadtrates. Dort unterstütz-

66 *Bundeszentrale für gesundheitliche Aufklärung* (Hrsg.) im Auftrage des Bundesministers für Gesundheitswesen, Sexualkunde-Atlas. Biologische Informationen zur Sexualität des Menschen, Opladen 1969.

67 Vgl. SPD-Pressedienst vom 10. Juli 1969.

68 Lepsius, S. 46.

69 Ebd.

70 *Bernd Siegler,* Das Portrait. Nürnbergs Käddala, in: Die Tageszeitung vom 28.3.1996.

te sie die Jungsozialistinnen und Jungsozialisten, die mit dem Slogan »Ich gehe meilenweit für den Sozialismus« in den Stadtrat eingezogen waren.[71] Nachdem sie die Arbeit im Stadtrat abgegeben hatte, wurde sie vom Landesvorstand ihrer Partei mit der Seniorenarbeit für Bayern beauftragt. Sie übernahm den Vorsitz der Bundesschiedskommission und war bis zu ihrem 82. Geburtstag (von 1986–1990) Vorsitzende des bundesweiten SPD-Seniorenrates, dem sie bereits seit seiner Gründung 1974 angehört hatte. Zu dieser Zeit warb sie besonders für mehr Beteiligungsmöglichkeiten der älteren Genossinnen und Genossen am Parteigeschehen und für eine bessere Zusammenarbeit zwischen älteren und jüngeren Mitgliedern. Für ihre Verdienste zur Erhaltung der Tradition der Arbeiterbewegung und ihren Einsatz für die Ziele des demokratischen Sozialismus erhielt Käte Strobel 1986 den Waldemar-von-Knoeringen-Preis der Georg-von-Vollmar-Akademie in Kochel (Oberbayern). Im gleichen Jahr wurde ihr, gemeinsam mit der Gewerkschafterin Gerda Linde und der damaligen Entwicklungshelferin Karin Schüler, der Gustav-Heinemann-Bürgerpreis verliehen. Käte Strobel erhielt diesen Preis für ihre jahrzehntelange erfolgreiche Tätigkeit als Politikerin beim Aufbau der deutschen parlamentarischen Demokratie. Der Preis wurde 1986 zum ersten Mal an Frauen verliehen. Käte Strobel war 78, als sie ihn erhielt. Nach ihren politischen Perspektiven gefragt, antwortete sie: »Man muss weitermachen, wenn man aufhört, versauert man.«[72] Zusammen mit vielen anderen Nürnbergern und Nürnbergerinnen des Jahrgangs 1907 feierte die einzige Ehrenbürgerin der Stadt 1987 ihren 80. Geburtstag. Herbert Wehner bescheinigte ihr, sie habe zwar immer politische Gegner gehabt, aber niemals Feinde. Und der Vorsitzende der SPD-Franken versicherte, dass ihre Arbeit für jene, die am Rande der Gesellschaft stünden, nicht umsonst gewesen sei. Auch im Alter blieb es ihr Anliegen, für bessere Lebensbedingungen und ein friedliches Mit- und Nebeneinander aller Menschen auf dieser Welt zu kämpfen.

Käte Strobel war nach ihrem Selbstverständnis keine »Frauenpolitikerin« und schon gar keine »Frauenrechtlerin«. Immer wieder betonte sie, dass sie einer Separation von Frauen in der Partei negativ gegenüberstehe, weil die politischen Probleme von Frauen und Männern gemeinsam gelöst werden müssten. Für sie war die SPD eine Partei, in der Frauen schon immer eine wichtige Rolle gespielt hätten, nicht weil sie Frauenvertreterinnen waren, sondern weil sie »das gleiche Wissen, die gleiche Ausdauer und die gleiche politische Zielstrebigkeit mitbrachten wie ihre männlichen Kollegen«.[73] Aus diesem Grunde hatten Frauen nach ihrer Meinung auch keine Quotierung nötig. Dennoch respektierte sie die Haltung jüngerer Frauen, die Quotenregelungen forderten. Sie war davon überzeugt, dass es keine Politik für Frauen oder Männer gibt, sondern nur eine Politik für Menschen, deshalb wollte sie nicht Frauenvertreterin, sondern Sozialdemokratin sein. Aber durch die Themen, die sie erfolgreich bearbeitete, hat sie unzweifelhaft große Verdienste für die Verbesserung der Situation von Frauen in unserer Gesellschaft

71 Ebd.

72 Benner, S. 20.

73 Strobel, o.J.

erworben. Und sie war davon überzeugt, dass Frauen ebenso in der Politik arbeiten sollten wie Männer. Dies war auch einer der Gründe, warum sie während ihrer Amtszeit immer wieder versuchte, jüngere Frauen in der Politik zu fördern, auch über die Parteigrenzen hinaus. Durch ihre Mitarbeit im überparteilichen »Fränkischen Frauenring«, ihr wiederholtes Eintreten für die Zusammenarbeit mit außerparlamentarischen Frauengruppierungen und für sporadische parteiübergreifende Frauenaktionsbündnisse stieß sie nicht nur auf den Widerstand bei männlichen Parteigenossen, sondern machte sich bei Genossinnen, wie zum Beispiel der Leiterin des zentralen Frauensekretariats Herta Gotthelf, manchmal unbeliebt.

Von ihren Weggefährtinnen und Weggefährten wird ihre parlamentarische Arbeit sehr ambivalent eingeschätzt. Manche bezeichneten Käte Strobel als strenge Frau, die im Kleinen viel habe bewirken können. Andere sagten, sie sei ohne allzu große Wirkung stets »Parteisoldatin« geblieben, weil sie zu viel nach der Konsensfähigkeit geschielt habe. In der Literatur wurden ihr »großer Fleiß«, ihr »Einfühlungsvermögen« und ihre »Hingabe« gelobt, mit der sich die »einzige Frau im Bundeskabinett« ausgezeichnet habe, indem sie sich »still und zäh« für wichtige Reformen eingesetzt habe. Diese Tugenden habe »die zarte, aber energische Frau«, die stets mit bemerkenswerter Ausdauer für die Verfolgung ihrer Ziele eintrete, anscheinend bitter notwendig, weil sie doch gar keine »Spezialistin« sei.[74]

Jedenfalls konnte Käte Strobel auf eine Reihe wichtiger politischer Reformen zurückblicken. Manche ihrer Anliegen wurden erst nach ihrer Amtszeit verwirklicht. So gelang es erst Anfang 1975 auf eine erneute Initiative der SPD hin, ein für alle Familien einheitliches Kindergeld, das vom ersten Kind an gezahlt wird, durchzusetzen, ein Anliegen, das ohne die zähen Vorarbeiten von Käte Strobel nicht zu verwirklichen gewesen wäre. Ihre sozialen und sachlichen Kompetenzen machten sie zum Vorbild für viele Politikerinnen und Politiker gleichermaßen. Sie hatte, wie sie von sich selbst sagte, bewiesen, »was Frauen durchsetzen und erreichen können, wenn man ihnen dazu die Chance gibt und sie sich dieser Aufgabe mit fester Überzeugung widmen«.[75]

Die erste sozialdemokratische Ministerin und Europaparlamentarierin hat die Chance genutzt. »Sie machte sich die Anliegen der Frauen stets zu eigen, allerdings mit dem Anspruch, Arbeit auf Gebieten zu leisten, in denen wir den Männern beweisen können, dass wir nicht nur Sozial- und Frauenpolitik machen«, sagte die AsF-Vorsitzende Karin Junker nach Käte Strobels Tod am 26. März 1996.[76] Und die spätere Familienministerin Renate Schmidt behauptete gar, die Verstorbene sei für die fränkischen Sozialdemokratinnen und Sozialdemokraten »wie eine Mutter« gewesen. Für den damaligen SPD-Vorsitzenden Oskar Lafontaine war sie eine Frau, die »Politik nicht um ihrer eigenen Biographie willen, sondern um der Menschen willen gestaltet« hat. Die »exemplarische Genossin«, wie Carlo Schmid sie genannt hat, war tot.[77]

74 Vgl. Goyke, S. 259 f.
75 Ebd., S. 51.
76 Vorkämpferin für die Gleichstellung der Frau, in: Vorwärts, Mai 1996.
77 Zum Tode der »exemplarischen Genossin« Käte Strobel, in: ebd.

Jeanette Wolff

»Zivilcourage ist notwendiger als Heldentum«[1]

Jeanette Wolff war gläubige Jüdin, überzeugte Sozialistin und Kämpferin für die Rechte der Frauen. Mit dem Niederschreiben ihrer Erinnerungen an das, was sie in Konzentrations- und Todeslagern erlebt hat, wollte sie sofort nach dem Zweiten Weltkrieg einen Beitrag zur Erziehung zu einer neuen Menschlichkeit, zur Gleichberechtigung aller Menschen, zur Völkerversöhnung und zum Weltfrieden leisten. Während ihrer Arbeit in der Berliner Stadtverordnetenversammlung und im Deutschen Bundestag setzte sie sich vor allem für die Opfer des Krieges und des Nationalsozialismus, für die Schwachen und Unterdrückten und für alle diejenigen ein, die sonst keine Lobby hatten. Sie war nach 1945 nach Deutschland zurückgekehrt und hatte erheblichen Anteil am Wiederaufbau der SPD und eines neuen, demokratischen Deutschland. Noch im hohen Alter ging sie in Schulklassen, um über »die furchtbare Wahrheit«, die sie in der NS-Zeit erfahren hatte, zu sprechen. Sie wollte alles tun, dass die nachfolgende Generation dafür sorgen werde, dass Ähnliches nie wieder passiert.

Kindheit und Elternhaus (1888–1904)

»Ich habe da lieber Karl-May-Bücher statt Karl Marx gelesen«[2]

Am 22. Juni 1988 wurde Jeanette Cohen als erstes Kind von Dina und Isaac Cohen in Bocholt geboren. Die Zahl ihrer Geschwister ist nicht ganz sicher.[3] Ihr Vater, ein jüdischer Stoffhändler, war überzeugter Sozialist und gläubiger Jude zugleich; 1875 trat er in die Sozialistische Arbeiterpartei Deutschlands ein. Für ihn war das kein Widerspruch, denn er war zu der Erkenntnis gelangt, dass Judentum ebenso wie Sozialismus dem politischen Kampf für eine klassenlose Gesellschaft ohne soziale, nationale und religiöse

1 Dieser Spruch gilt als Lebensmaxime Jeanette Wolffs. Vgl. *Marie Schlei,* Zum Tode von Jeanette Wolff, in: SPD-Pressedienst P/XXXI/96 vom 20.5.1976.

2 *Günter Lange*, Jeanette Wolff. 1888 bis 1976. Eine Biographie, Bonn 1988, S. 15.

3 Die Angaben über die Zahl ihrer Geschwister sind unterschiedlich. Selbst gab sie an, dass sie die älteste von sechzehn Geschwistern sei. *Jeanette Wolff*, Autobiografische Skizzen, in: dies., Mit Bibel und Bebel. Ein Gedenkbuch, hrsg. von *Dr. Hans Lamm*, Bonn 1980, S. 9-70; hier: S. 12. In einem nach 1946 verfassten Lebenslauf gab sie »zweitälteste von 16 Kindern« an. Vgl. *Birgit Seemann*, Jeanette Wolff. Politikerin und engagierte Demokratin (1888–1976), Frankfurt/M. 2000, S. 15. In einem Interview berichtete sie, dass ihr nur zehn Geschwister lebend in der Erinnerung seien, »weil ein Teil der Kinder klein gestorben (ist), wie es in Familien, wo man nicht reich ist, der Fall ist.« *Jeanette Wolff*, Interview, o.O., o.J., in: AdsD, Sammlung Personalia. In den Akten nachweisbar sind nur fünf jüngere Geschwister. Vgl. *Gerhard Schmalstieg*, Jeanette Wolff, geb. Cohen, verw. Fuldauer, in: Westmünsterland. Jahrbuch des Kreises Borken 1997, S. 209-213, hier: S. 212. Ihre Tochter Edith Marx räumt ein, dass damals nicht alle Kinder amtlich eingetragen worden sind. Nach ihrem Wissen hatte die Mutter vierzehn Brüder und Tante Hedwig, die dann in Holland war. Die Großmutter habe im eigens abgeteilten »Gebärzimmer« jedes Jahr ein Kind bekommen. Interview Gisela Notz mit Edith Marx am 29.6.2000 in Dinslaken, S. 7.

Jeanette Wolff (1888–1976), MdB 1952–1961

Benachteiligung galt. Aufgrund dieser Überzeugung war er zu seiner Zeit Diskriminierungen ausgesetzt, die unter anderem dazu führten, dass er seinen Lehrerberuf aufgeben musste. Für den Kaiser und seine Anhänger waren Sozialdemokraten rebellische Gesellen und Vaterlandsfeinde. Schließlich hatte der Kaiser 1889 anlässlich des Bergarbeiterstreiks im Ruhrgebiet erklärt, für ihn sei »jeder Sozialdemokrat gleichbedeutend mit Reichs- und Vaterlandsfeind«.[4]

Beide Eltern reisten nun mit einem Textilsortiment durchs Land, um es auf Bauernhöfen zu verkaufen. Nach der Geburt der Tochter zogen die Cohens in das so genannte »Öwerferde«, das »übrige Viertel«, ein Armenviertel in Bocholt, wo der Vater einen Textilladen eröffnete. Er wurde von Jeanette als Patriarch beschrieben, der jedoch die »verantwortliche Rolle der Frau in der jüdischen Familie« nicht angetastet habe. Jeanettes Mutter hingegen scheint eine »gütige Frau« und »zierliche Person« gewesen zu sein.[5] Offenbar hat Isaac Cohen viel von seiner Zivilcourage und seiner Überzeugungskraft an seine älteste Tochter weitergegeben.[6] An ihm hat sie sich orientiert. Willy Albrecht bezeichnete sie als »geborene Sozialdemokratin«.[7]

Ihr Vater war es auch, der ihr sehr früh das Lesen beibrachte – noch bevor sie zur Schule kam. Ganz nach seiner politischen Überzeugung durfte sie zuerst aus der Bibel lesen und dann aus dem »Kapital« von Karl Marx. Bei einem Besuch des damaligen SPD-Vorsitzenden August Bebel im Hause Cohen las Jeanette dem Vater und dem großen Arbeiterführer im Alter von fünf Jahren aus dem »Kapital« vor. Der Vater schien darauf sehr stolz gewesen zu sein. Jeanette Wolff selbst schränkte in ihren Erinnerungen später ein: »Verstanden habe ich damals nichts davon. Ich habe da lieber Karl-May-Bücher statt Karl Marx gelesen. Das muss ich ehrlicherweise dazu sagen. Später habe ich vielleicht das eine oder das andere verstanden.«[8]

Wenn sie auch Marxens »Kapital« in jungen Jahren noch nicht verstanden hatte, so verstand Jeanette Cohen bald, warum ihre Eltern und die Sozialdemokraten, die in ihrem Haus verkehrten, gegen das soziale Elend, das die zunehmende Industrialisierung und der Kapitalismus mit sich gebracht hatten, kämpfen wollten. Als ältestes Kind wurde sie von der Mutter mit Kaffee, Brühe, Zucker und Zwieback ausgestattet und zu den Wöchnerinnen in der Nachbarschaft geschickt, um deren Not ein wenig zu lindern. Die Diskrepanz zwischen Armen und Reichen schien ihr schon damals unerträglich. Es waren der Einfluss der Eltern *und* ihre eigene Überzeugung, die sie früh zur Sozialistin werden ließen. Solange Jeanette Wolff lebte, behielt sie nach dem Vorbild ihres Vaters ihren

4 Lange, S. 11.

5 Ebd., S. 13.

6 Ebd., S. 8.

7 *Willy Albrecht,* Jeanette Wolff, Jakob Altmaier und Peter Blachstein. Die drei jüdischen Abgeordneten des Bundestags bis zum Beginn der sechziger Jahre, in: *Julius H. Schoeps* (Hrsg.), Leben im Land der Täter. Juden im Nachkriegsdeutschland (1945–1952), Berlin 2001, S. 236-253; hier: S. 237. Edith Marx bezeichnete den Großvater als einen Menschen »mit sehr viel Durchsetzungskraft, aber mit noch viel größerem Humor«, auch sie habe den »Mutterwitz« vom Großvater mitbekommen. Interview Edith Marx, S. 6.

8 Interview, S. 2.

jüdischen Glauben bei. Mit Bibel und Bebel, für Judentum und Sozialismus, das war auch für sie ein Leitspruch, keinesfalls ein Widerspruch.[9]

In der jüdischen Elementarschule schrieb sie gute Noten, so dass sie ein Jahr überspringen durfte, und das, obwohl sie, wie viele ihrer Altersgenossinnen, der Mutter im Haushalt und bei der Aufsicht der Geschwister helfen musste. Mit ihrer schriftstellerischen Arbeit begann sie bereits in jungen Jahren. In der Oberstufe veröffentlichte sie ihre erste Erzählung: »David und Jonathan, die Geschichte einer Freundschaft« in einer Schülerzeitung. Die Geschichte wurde in einem Wettbewerb mit 20 Goldmark prämiert, die sie – nicht ohne Stolz – den Eltern überreichte.[10] Außerdem erhielt sie ein Stipendium des Schulkollegiums des Regierungsbezirks Münster.[11] Als ihr Vater sie nach ihrem Berufswunsch fragte, antwortete sie, sie wolle »am liebsten Mediziner, oder Rechtsanwalt, oder Jurist« werden, weil sie den Menschen helfen wolle, »die für Dinge bestraft werden, für die andere Leute verantwortlich sind.«[12]

Ausbildung als Erzieherin und erste politische Arbeit (1904–1914)

»Alles das brachte mich dann siebzehnjährig zur Sozialdemokratie«[13]

Trotz ihrer guten Leistungen kam ein Studium für Jeanette Cohen nicht in Frage. Bis 1908 konnten Frauen bestenfalls das Lehrfach studieren und das wollte sie auf gar keinen Fall.[14] Die Familie hätte wohl das Geld für ein Studium auch gar nicht aufbringen können. So begann sie 1904 in Brüssel eine Ausbildung zur Kindergärtnerin. Sie lebte dort bei einem Onkel und einer Tante, die selbst keine Kinder hatten. Der Onkel war Vorstandsmitglied der belgischen sozialistischen Partei. Jeanette Cohen hat »geackert wie ein Droschkengaul« und nach einem Jahr das große und das kleine Kindergärtnerinnen-Examen abgelegt. Schnell fand sie in Brüssel eine Stelle als Kindergärtnerin und wurde später Erzieherin für die beiden Kinder des Direktors des Unternehmens »Union Cubane«, einer großen Tabak- und Zigarrengesellschaft.[15]

Schon früh richtete sie ihr Augenmerk auf die besondere Situation der erwerbstätigen Frauen. Während ihrer Arbeit in einer Baumwollweberei kümmerte sie sich um die jungen Spinnerinnen. Für ihren Aufklärungsunterricht über Empfängnisverhütung wollte

9 *Jeanette Wolff*, Mit Bibel und Bebel, Bonn 1980. Dieser Titel war eigentlich geplant für ihre Autobiographie, die leider nur für die Zeit bis 1945 fertig geworden ist und nach ihrem Tode in diesem Auswahlband publiziert wurde.

10 Ebd.

11 Seemann, S. 16.

12 Interview, S. 2.

13 Wolff 1980, S. 13.

14 »Solche Lehrerin zu werden, das wollte ich nicht«, sagte sie später im Interview, S. 3. In einem teilweise handschriftlich geschriebenen Lebenslauf schrieb sie später bedauernd: »Allerdings durfte ich nicht studieren, da ich der Mutter im Haus helfen musste«. *Jeanette Wolff*, Von der Jahrhundertwende zu den 80er Jahren, Ms., S. 3, in: AdsD, Sammlung Personalia Jeanette Wolff.

15 Interview, S. 4.

die ›katholische Geistlichkeit‹ sie vor Gericht bringen, beließ es schließlich aber bei eindringlichen Mahnungen.[16]

Die Unzufriedenheit mit den herrschenden Zuständen war Motor für ihre frühen literarischen Arbeiten. In einem Artikel setzte sich Jeanette Cohen für russische Studentinnen ein, die ihr bei einem Spaziergang mit den Kindern berichtet hatten, dass sie im Zarenreich wie Prostituierte betrachtet und rechtlich behandelt und deshalb nun in Brüssel studieren würden. Die Tageszeitung »Étoile« veröffentlichte den Artikel zwar, beraubte ihn jedoch seiner politischen Schärfen. Es war Emile Vandervelde, der damalige »Patron« der belgischen Sozialisten und wichtige politische Lehrmeister für Jeanette, der dafür sorgte, dass der Artikel dann doch in seiner gesamten Länge in der sozialistischen Tageszeitung »Le Peuple« veröffentlicht wurde.

1905 trat Jeanette Cohen dem belgischen sozialistischen Jugendverband und der Gewerkschaft bei.[17] Durch ihre Mitgliedschaft im sozialistischen Jugendverband war sie gleichzeitig Mitglied der belgischen SPD. Nach dem damals gültigen Vereinsgesetz wäre ihr das in Westfalen als unverheirateter Frau unter 25 Jahren gar nicht möglich gewesen. Im Rahmen ihrer gewerkschaftlichen Arbeit setzte sie sich für gleiche Entlohnung von Frauen und Männern und für die Streichung des § 218 ein. Der Beruf der Erzieherin reichte ihr nun nicht mehr. Jeanette Cohen wollte weiter lernen und nun, nachdem die deutschen Universitäten 1908 auch für Frauen geöffnet worden waren, doch noch studieren.

Dazu kam es nicht. Statt dessen heiratete sie am 7.7.1908 in Bocholt den Gemüsehändler Philip(p) Fuldauer, einen Niederländer jüdischen Glaubens. Sie erwartete ein Kind von ihm. Weil nichteheliche Schwangerschaften in jüdischen Gemeinden damals als ebenso unschicklich galten wie in christlichen, wurde das Paar nur standesamtlich getraut. Die beiden siedelten in die Grenzstadt Dinxpereo über, und Jeanette gebar am 4.12.1908 ihre erste Tochter Margerieta, die am 22.9.1909 bereits starb. Nur zwei Wochen später starb auch ihr Mann, vermutlich an TBC.[18]

1909 absolvierte sie, während ihrer vorbereitenden Arbeit an der Abendschule, die Reifeprüfung. Bald danach lernte sie ihren zweiten Mann, Hermann Wolff, Sohn einer nationalliberalen jüdischen Familie aus Dortmund, kennen. Ihrem Vater versprach sie, dass sie Hermann Wolff erst heiraten werde, wenn dieser Sozialdemokrat geworden sei. Am Polterabend präsentierte ihr Mann tatsächlich sein SPD-Mitgliedsbuch. Dass er »der

---

16 Lange, S. 23.

17 Vgl. Lange, S. 140.

18 Der Frage, warum Jeanette später ihre erste Heirat mit Fuldauer ebenso wenig erwähnte wie die Geburt ihrer ersten Tochter, wird hier nicht nachgegangen. Vgl. hierzu Schmalstieg, S. 211. Edith Marx ist der Meinung, dass diese erste Ehe eine »ganz unwichtige Periode in ihrem Leben war«. Jeanette Wolff habe aber auch mit ihr erst darüber gesprochen, als sie »ein bisschen gebohrt« habe. Edith Marx entschuldigte dieses Schweigen nachträglich, indem sie darauf hinwies, dass sie sich mit ihrem zweiten Mann »nie über das Lager unterhalten« habe. Sie begründete das damit: »Irgendwo hat man so ein kleines Eckchen für sich, so einen kleinen Herrgottswinkel.« Interview Edith Marx, S. 7.

Sozialdemokratie wahrscheinlich vorerst eher aus Liebe« zu ihr denn aus Überzeugung beigetreten war, störte sie offensichtlich damals nicht so sehr.[19]

Hermann Wolff kaufte nach der Hochzeit zusammen mit seinem Bruder Leo eine kleine Putzwollefabrik und wurde zum »roten Fabrikanten«. Jeanette war nun ›mithelfende Familienangehörige‹. 1912, im gleichen Jahr, in dem in der Wolff'schen Textilfabrik der Achtstundentag eingeführt wurde, brachte Jeanette ihre Tochter Juliane zur Welt. Sie dachte jedoch nicht daran, sich ausschließlich um den Haushalt und die Kindererziehung zu kümmern, sondern wollte weiter politisch aktiv sein. Zunächst wurde sie Vorstandsmitglied im Jüdischen Frauenbund.[20]

Der Erste Weltkrieg (1914–1918)

»Im Weltkrieg betätigte ich mich stark sozial«[21]

Der Erste Weltkrieg war mit tiefen Einschnitten in das Leben von Jeanette Wolff verbunden. Ihr Mann und seine beiden Brüder wurden schon zu Beginn des Krieges an die Front geholt. Nun hatte sie die Verantwortung für die Familie und für den Fortbestand der Firma. Trotz dieser Verantwortung setzte Jeanette Wolff ihre soziale und politische Tätigkeit weiter fort. Als besondere Belastung kam hinzu, dass sie sich mit ihrem so sehr verehrten Vater gründlich zerstritt, weil er die Bewilligung der Kriegskredite durch die SPD-Fraktion im Reichstag nicht akzeptieren wollte. Da er die Friedenspolitik verraten sah, wechselte er mit anderen Genossen zur USPD über. Das konnte Jeanette nicht akzeptieren. Sie reagierte offensichtlich so unerbittlich, dass ihr während der Kriegsjahre der Besuch des Elternhauses untersagt blieb.

Nach der Geburt von Tochter Edith im Jahre 1916 wurde Jeanette Wolff in die Armenkommission der Stadt Bocholt gewählt. In ihrem Lebenslauf schrieb sie, dass sie zusätzlich mit der Leitung einer Schreibstube und später einer städtischen Werkstatt, »in der Kriegerfrauen beschäftigt waren«, betraut war.[22] Ihr Mann und dessen Bruder Leo kamen 1919 schwer kriegsbeschädigt aus dem Ersten Weltkrieg nach Hause; der dritte Bruder Walter war bereits 1915 in Frankreich gefallen.

Weimarer Republik (1919–1933)

»Ich habe nichts Unrechtes getan, mir kann nichts passieren«[23]

Jeanette Wolff führte den Betrieb ihres kranken Mannes weiter, erledigte mit viel Elan ihre kommunalpolitische Arbeit, managte den Haushalt und erzog die Kinder, gegen die ständigen Diskriminierungen der katholischen Kirche, für die Sozialdemokraten und

19 Kommentar Jeanette Wolff, zit. nach Lange, S. 22. Die Tochter Edith Marx bezweifelte später, dass ihr Vater erst durch die Mutter Sozialdemokrat geworden sei. Inverview Edith Marx, S. 5.

20 Zum Jüdischen Frauenbund siehe *Marion Kaplan,* Die Jüdische Frauenbewegung in Deutschland: Organisation und Ziele des jüdischen Frauenbundes 1904–1938, Hamburg 1981.

21 Lebenslauf/Fragebogen, zit. nach *Seemann*, S. 24.

22 Ebd.

23 Zit. nach Lange, S. 35.

Sozialdemokratinnen per se Sünder und Sünderinnen waren. Nachdem sie im März 1920 noch hochschwanger an den Haushaltsberatungen im Bocholter Rathaus teilgenommen hatte, wurde ihre Tochter Käthe geboren. Jeanette wollte nach Gründung der Weimarer Republik ihr politisches Engagement verstärken. Schließlich hatten Frauen nun das aktive und passive Wahlrecht erlangt, und es galt, die neu gewonnenen Handlungsräume auch kompetent auszufüllen. Vor allem die Not der arbeitenden Bevölkerung sollte gelindert werden, die durch die Folgen des Ersten Weltkriegs erheblich verstärkt wurde. Sie wollte an der Gestaltung eines neuen, demokratischen Gesellschaftssystems mitarbeiten. Deshalb wurde sie Vorstandsmitglied des Parteibezirks Westliches Westfalen und SPD-Delegierte für den Gesamtparteitag. Sie war nun »als Redner« im gesamten Reich stark gefragt.[24]

Jeanette Wolff war die erste Jüdin, die in den Bochholter Stadtrat einzog. Ihr sozialpolitisches Engagement veranlasste sie dazu, Gründungsmitglied der Arbeiterwohlfahrt in Bocholt zu werden. Durch die AWO, die damals eine Arbeiterselbsthilfeorganisation war, wollte sie erreichen, dass allen armen und bedürftigen Menschen geholfen werde, nicht nur denjenigen, die »bei jeder Gelegenheit Danke oder Bitte sagten«, sondern auch denjenigen, die »es nicht immer übers Herz brachten, die Knie zu beugen.«[25] Jeanette Wolff war fest verankert in der Arbeiterbewegung der Weimarer Republik. Zeitzeugen berichten, dass sie am 1. Mai als Mitglied des Radsportclubs »Solidarität« auf ihrem geschmückten Fahrrad bei der Arbeiterdemonstration mitfuhr.

Die Töchter genossen die freie Erziehung, die sicher auch durch die Kindergärtnerinnenausbildung in Brüssel beeinflusst war. Edith sagte später, dass es die sehr schöne Jugend gewesen sei, die sie für das Schreckliche entschädigt habe, was sie später erleben musste.[26] Nach dem Vorbild ihrer Mutter engagierten sich die Kinder früh bei den Kinderfreunden und später bei der sozialistischen Arbeiterjugend. Die Älteste, Juliane, leitete selbst eine Kindergruppe. Freilich bedauerten die Kinder, dass ihre Mutter wenig zu Hause war, schließlich hatten die meisten Schulfreundinnen Hausfrauenmütter. Aber sie freuten sich über die Geschenke, die die Mutter von ihren Reisen mitbrachte. Ihr Mann schien allerdings unter ihrer oft tagelangen Abwesenheit zu leiden. Ihn plagte nicht selten die Eifersucht. In solchen Situationen ließ er sich von seiner Mutter »das kleine Köfferchen« packen und fuhr hinter ihr her. Jeanette Wolff gefiel das gar nicht, sie fand, er mache sich lächerlich.[27] Sicher sah sie sich auch in ihren Freiräumen eingeengt.

Sehr früh hatte sie in ihren Reden auf die nationalsozialistische Gefahr hingewiesen. Bereits 1925 schloss sie sich als aktives Mitglied dem Centralverein deutscher Staatsbürger jüdischen Glaubens (CV) an, um gegen den wieder aufkommenden Antisemitismus zu kämpfen. Denn sowohl die ›alten‹ Deutschnationalen, als auch die neu aufstrebenden Nationalsozialisten propagierten das Feindbild vom Judentum. Verschiedene Aufforde-

24 Ebd.

25 Jeanette Wolff, zit. nach ebd.

26 Interview mit Edith Marx 2000, S. 14.

27 Ebd.

rungen, zu den Freidenkern zu konvertieren, lehnte Jeanette stets aus religiöser Überzeugung ab.[28]

Die NS-Parolen wollte sie nicht – wie viele Zeitgenossinnen und -genossen – als unbedeutenden Spuk bewerten, der sicher bald vorübergehen werde. Auf den SPD-Parteitagen beschwor sie die Genossen und Genossinnen, die antisemitischen Hetzereien ernst zu nehmen. Allzu oft verhallten ihre Warnungen ungehört, oder es wurde ihr vorgeworfen, sie neige aus ihrer »jüdischen Sicht« zu Übertreibungen.[29] Sie ließ jedoch nicht locker und scheute auch die Auseinandersetzung mit NSDAP-Anführern nicht.

Während des Reichstagswahlkampfes 1932 sah sie, als sie eine Wahlkampfveranstaltung besuchen wollte, ein Plakat, das darauf hinwies, dass Sozialdemokraten und Juden keinen Zutritt hätten. Sie ging nicht nach Hause, sondern organisierte eine Aktion, die viel Ähnlichkeit hatte mit den spektakulären Aktionen der späteren ›neuen‹ Frauenbewegung. Zunächst konstatierte sie, dass sie, da sie biologisch eine Frau sei, somit kein Jude, sondern eine Jüdin sei, gar nicht gemeint sein könne. Dann suchte sie sich 19 andere Frauen, die wie sie in blaue Kittel schlüpften und sich die Haare zu einem Knoten banden. Als Arbeiterinnen verkleidet konnten sie unbehelligt den Saal betreten. Einmal im Saal, meldete sie sich mit einem Zettel zu Wort, auf dem ihr Name bewusst unleserlich geschrieben war. Da der Versammlungsleiter mit der Anwesenheit der Arbeiterinnen renommieren und um die Gunst der Frauen als Anhängerinnen und Wählerinnen werben wollte, gab er ihr 30 Minuten Redezeit, während den anderen Diskutanten nur 10 Minuten zur Verfügung standen. Jeanette Wolff füllte die 30 Minuten Redezeit aus und agitierte die Versammlung mit Tatsachen, die der Versammlungsleitung peinlich waren. Es war wohl einer der wenigen Augenblicke ihres Lebens, in denen die Polizei ihre Partei ergriff: »Sie haben der Frau eine halbe Stunde Redezeit eingeräumt. Jetzt müssen Sie die Frau hier auch reden lassen«, sagte ein Polizist, und unter Polizeischutz konnte Jeanette Wolff den Saal unbeschadet verlassen.[30] Sie gewann sogar den Prozess wegen Verleumdung, den der NS-Funktionär Wagner angestrebt hatte, weil sie ihm kriminelle Verfehlungen vorgeworfen hatte.[31] Die Drohung, die der durch sie Geoutete ihr wutentbrannt entgegenschrie: »Sie sind die erste, die wir uns holen!« sollte keine leere Drohung bleiben.[32]

Der sich ausbreitende Antisemitismus führte dazu, dass sich die Zahlungsmoral der Geschäftspartner von Hermann Wolff rapide verschlechterte. Nachdem die Sparkasse ihm plötzlich alle Geschäftskredite aufgekündigt hatte, verkaufte er 1931 Betrieb und Haus unter erheblichen finanziellen Verlusten. Wer die Familie bedrängte, wird nicht mehr zu erfahren sein. Jedenfalls wurden Anfang 1932 zunächst die Hunde der Familie

28 Lange, S. 25.

29 Ebd., S. 31.

30 Zit. nach ebd., S. 33.

31 Sie hatte Wagner vor Gericht nachgewiesen, dass er nicht aufgrund seiner politischen Gesinnung, sondern wegen sexueller Übergriffe auf Schuljungen als Lehrer aus dem Staatsdienst entlassen worden war. Vgl. Wolff, Autobiografische Skizzen, S. 14.

32 Lange, S. 33.

getötet und dann die Pferde, ganz offensichtlich war Gift im Spiel.[33] Die Familie Wolff zog nun nach Dinslaken, wo sie ein Textilgeschäft aufbaute. Edith Marx erinnerte sich später, dass, obwohl es zu dieser Zeit gefährlich war, sich mit den Freundinnen und Freunden aus der Arbeiterjugend zu treffen, das Haus Wolff dennoch ein beliebter Treffpunkt war.[34]

Bis zum Beginn des Jahres 1932 gehörte Jeanette Wolff der Stadtverordnetenversammlung in Bocholt an. Vor den Reichstagswahlen im März 1933 ging sie für die SPD in den Wahlkampf und kam oft tagelang nicht zur Ruhe. Wegen des Verbots der sozialdemokratischen Presse wurde es noch wichtiger, die Menschen durch Reden zu überzeugen, als es aufgrund der ungeheuren Propaganda der NSDAP, unterstützt durch SA und SS, ohnehin schon war. Dem Ratschlag ihres Mannes, bereits am Tag der Wahl, dem 5. März 1933, zu ihrer Schwester nach Amsterdam zu fliehen, mochte sie nicht folgen. »Ich habe nichts Unrechtes getan, mir kann nichts passieren«, soll sie geantwortet haben.[35] Da hatte sie sich allerdings gründlich geirrt.

Unter dem Hakenkreuz (1933–1945)

»Das Grauen überkam mich manchmal bei all dem, was sich zutrug«[36]

»Es kam, wie es kommen musste – die braunen Scharen marschierten, terrorisierten, misshandelten und gelangten mit Hilfe des Geldes der Schwerindustrie zur Herrschaft«, schrieb sie später.[37] Nachdem sie im März 1933 im Wahllokal ihre Stimme abgegeben hatte, wurde sie von SA-Leuten mit dem Vorwurf, die »nationale Bevölkerung beunruhigt« zu haben[38], zum ersten Mal für zwei Jahre verhaftet. Der Haftbefehl bezog sich auf die »Verordnung zum Schutze von Volk und Staat«. Begründung für die Verhaftung war: »Frau Wolff ist Mitglied und Agitatorin der SPD und hat sich besonders für die Herstellung der Einheitsfront SPD-KPD eingesetzt.«[39] Ihr Mann wurde am 3. April 1933 verhaftet, und nachdem er wütend geworden war, weil man ihm den Aufenthalt seiner Frau nicht mitteilen wollte, für mehrere Wochen nach Duisburg ins Gefängnis gebracht. Die Tochter Edith pendelte zwischen dem Gefängnis der Mutter und dem des Vaters hin und her. Juliane, die älteste Tochter, studierte. Jeanette wurde ins Gerichtsgefängnis nach Hamborn verlegt, wo sie durch die Hilfe eines beherzten Polizisten und eines Gefängnisdirektors nur knapp dem Zugriff der SA entkam. Sie konnte offensichtlich den National-

33 Lange macht den 1932 gegründeten nationalsozialistischen ›Kampfbund des gewerblichen Mittelstandes‹ für diese Attentate verantwortlich. Der ›Kampfbund‹ gehörte später zu den Initiatoren des Boykotts jüdischer Geschäfte am 1. April 1933, vgl. ebd., S. 34.

34 Interview mit Edith Marx, S. 14.

35 Lange, S. 35.

36 *Jeanette Wolff*, Sadismus oder Wahnsinn, Dresden 1947, S 28.

37 Wolff, Von der Jahrhundertwende, S. 5.

38 Lange, S. 35.

39 Ebd., S. 36.

sozialismus nur überleben, weil sie immer wieder »Lebensrettern« begegnete.[40] Einigen hatte Jeanette Wolff früher selbst geholfen. Ihre Tochter Edith bestätigte, dass ihre Mutter und sie immer wieder auf Menschen stießen, durch die sie Unterstützung erfuhr. Obwohl viele Menschen Angst hatten, fanden sie zu Beginn der Verfolgung oft »irgendwann, mitten in der Nacht angehängt, ein Beutelchen mit Lebensmitteln an der Tür.«[41]

Am 17. April 1935 wurde Jeanette Wolff aus dem Gefängnis mit der Auflage entlassen, sich jeden Sonntag bei der Gestapo zu melden. Emigrieren konnte sie als überwachte Gegnerin des Regimes nicht mehr. Zudem hatten sie das zur Auswanderung notwendige Geld nicht, und so blieb die Familie in Deutschland und zog in eine größere Wohnung in Dortmund. Ihr Mann kam nach dem Novemberpogrom 1938, als man alle jüdischen Männer einsperrte, für fünf Monate ins KZ Sachsenhausen.[42] Sie beschrieb ihn nach seiner Rückkehr als »Wrack an Körper und Seele«. Was sich im Lager zugetragen hatte, hat sie nie erfahren, weil er bei Androhung erneuter Verhaftung zum Schweigen gezwungen worden war. Er musste unterschreiben, dass er nichts und niemanden über das Lager erzählen werde, andernfalls werde er sofort dorthin zurückbefördert.[43] Die Töchter Edith und Käthe wurden kurz nach der »Reichskristallnacht« nach Holland zu Verwandten geschickt. Das nützte jedoch wenig. Während eines kurzen Besuches bei den Eltern wurden sie festgenommen, zur Zwangsarbeit verpflichtet und nach einem misslungenen Fluchtversuch für drei Monate inhaftiert. Bis 1938 konnte Jeanette Wolff eine für jüdische Mitbürger und Mitbürgerinnen, denen öffentliche Lokale nicht mehr zugänglich waren, gegründete Privatpension mit Mittags- und Abendtisch in Dortmund halten. 1939 wurde die Familie zwangsweise in ein »Judenhaus« in einem Dortmunder Vorort evakuiert und damit von der übrigen Bevölkerung isoliert.

1942 deportierte man Jeanette Wolff mit ihrem Mann und ihren Töchtern nach Osten, zunächst ins Getto Riga und dann in vier weitere Konzentrationslager.[44] Hermann Wolffs Mutter mussten sie allein zurücklassen. Sie kam später ins KZ Theresienstadt, wo sie verhungerte. Jeanette schrieb über ihren Weg nach Riga: »Das erste, was wir von den Grausamkeiten der Gestapo zu Gesicht bekamen, war, dass man einen Menschen vor unseren Augen erschoss, weil er in der Nacht einen Schreikrampf bekam.«[45] Die Familie musste noch viele Demütigungen erdulden. Sie hungerte und fror mit den anderen. Sie sah Bekannte und Verwandte sterben und entdeckte Leichen, die bis zur Unkenntlichkeit zerschlagen waren, aufgerissene Kiefer, aus denen das Zahngold herausgebrochen war,

40 Eva Fogelmann prägte den Begriff »Lebensretter im Angesicht des Holocaust«, in *Eva Fogelmann,* »Wir waren keine Helden«. Lebensretter im Angesicht des Holocaust. Motive, Geschichten, Hintergründe, Frankfurt/M., New York 1995, S. 19. Der Hamburger Gefängnisdirektor, der ihre Verlegung nach Hamborn erreichte, war ihr bekannt, weil sie sich früher für die Modernisierung des Gefängnisses eingesetzt hatte und bei der Einweihung zugegen gewesen war. Wolff 1980, S. 15.

41 Interview Edith Marx, S. 13.

42 Lange spricht von drei Monaten im KZ Sachsenhausen. Ebd., S. 41.

43 Wolff 1980, S. 17.

44 Ebd., S. 24 ff.

45 *Jeanette Wolff,* Sadismus oder Wahnsinn, Erlebnisse in den deutschen Konzentrationslagern im Osten, Dresden 1947, S. 7. Überarbeitet in *Jeanette Wolff,* Mit Bibel und Bebel, Bonn 1980.

und verstümmelte Hände ohne Finger, von denen die goldenen Ringe abgerissen waren. Und immer wieder neue Abholkommandos, ›Verschickungen‹, Erschießungen, Stock- und Peitschenhiebe, kleine Kinder, die als Zielscheiben dienten, Vergewaltigungen, Nervenzusammenbrüche, Menschen, die plötzlich an Bäumen hingen, und Mithäftlinge – Frauen und Männer – die versuchten, die Grausamkeiten der SS noch zu überbieten. Am schlimmsten erschien ihr jedoch, dass Juden andere Juden hinrichten mussten. Später sah sie Bilder von diesen Hinrichtungen, die mit der Unterschrift versehen waren: »So richten Juden Juden«, denn von allen Exekutionen wurden Fotos gemacht.[46]

Jeanette Wolff war von einem ungeheuren Lebenswillen besessen. Sie hat die Hoffnung nie aufgegeben. Sie wusste, dass, wer sich seinem Schicksal ergab, krank und arbeitsunfähig wurde, verloren war. Sie war fast entschlossen, das Lager zu überleben, »um der Nachwelt vor Augen zu führen, mit welcher Brutalität, ja Bestialität man im Dritten Reich regierte«.[47] Sie tat alles, um gesund und äußerlich attraktiv zu bleiben. »Als Creme benutzten wir einen Teil der zugeteilten Margarine, da uns die Hautpflege wichtiger war, als die winzige Zuteilung aufs Brot zu schmieren.«[48] Sie nutzte jeden Tropfen Wasser zur Körperpflege, Marmeladeneimer ersetzten die Wasch- und Duschräume, sie durchsuchte die Kleidung nach Ungeziefer und motivierte auch andere Lagerinsassen, sich nicht aufzugeben, denn Überlebenschancen hatten nur die Arbeitsfähigen. Leicht war das freilich nicht und durchaus ambivalent. Ihre Tochter Edith berichtete später, dass sich besonders jüngere Frauen hässlich machten, um sexuellen Belästigungen seitens der Aufseher zu entgehen.[49] Jeanette Wolff nähte im Lager Vorhänge, Lazaretthemden und Armeebekleidung, wurde Reinigungskommandos zugeteilt, hörte sich die Klagen von Menschen an, die dieses Leben satt hatten. Die kleine Rahild, die ohne Eltern im Lager lebte und die sie betreut und sich vertraut gemacht hatte, musste sie mit blutendem Herzen mit anderen Kindern zum Appellplatz bringen. Ihrer Tochter Edith macht das noch heute zu schaffen: »Das haben wir alle schlecht verkraftet, denn als das Kinderlachen im Getto erstarb ... das war wohl das Schlimmste. Schlimmer als alles andere. Nachher haben wir von den Anwohnern erfahren, dass sie auf ungeheizten, offenen Waggons weggebracht worden sind, und es war ein eiskalter Winter«.[50] Von Überlebenden wussten sie, dass diejenigen, die lebend am Zielort Auschwitz angekommen waren, vergast worden sind. Mit dem Kinderlachen entfiel auch die Aufgabe, die Kinder zu

46 Ebd., S. 15.

47 Ebd., S. 43.

48 Ebd., S. 51 f. Dass Jeanette Wolff sehr auf ihr Aussehen achtete und auch, dass sie sich im KZ Margarine in ihr Gesicht schmierte, wird aus einigen Aussagen von Zeitzeuginnen deutlich. Z.B. Interview mit Susanne Miller am 7.7.2000 in ihrer Wohnung in Bonn. Vgl. auch *Annemarie Renger,* Ein politisches Leben, Stuttgart 1993, S. 183: »Von Statur war sie nicht gerade schlank, aber sie hatte mit ihren knapp 60 Jahren ein nahezu faltenloses Gesicht. Einmal fragte ich sie, wie sie sich denn diese schöne Haut erhalten habe. Ihre Antwort: ›Jedes Stückchen Fett, das ich sowieso nicht essen konnte, habe ich mir ins Gesicht geschmiert; und das ist das Ergebnis.‹«

49 Interview Edith Marx, 2000, S. 15.

50 Ebd., S. 16.

schützen, und das hieß für viele, dass auch der Grund für ihr Aushalten entfiel. Sie verzweifelten.[51]

Nach der Auflösung des Gettos in Riga wurde die Familie Wolff nach Kaiserwald transportiert, dann nach Mühlgraben, wo Männer und Frauen getrennt untergebracht wurden. Auch von ihrer Tochter Edith, die als Krankenschwester im Häftlingslazarett arbeitete, wurde Jeanette Wolff getrennt. Edith gelang es, »manchen Kranken aus den Fängen der SS-Mörder zu entreißen«.[52] An die Schläge, die es gab, wenn das Krankenpersonal Befehle nicht befolgte, hatte sie sich schon gewöhnt. »Ich bin mit meinem frechen Mund manchmal aufgefallen und habe auch vielleicht mehr Prügel bekommen als andere, aber ich bin immer wieder aufgestanden.«[53] Die Tochter Juliane wurde vom stellvertretenden Lagerkommandanten misshandelt, in einen Wasserbunker gesperrt und zog sich dort ein Lungenleiden zu. Jeanette Wolff erlitt eine Blutvergiftung, die sie beinahe nicht überlebt hätte. Als auch Kaiserwald aufgelöst wurde, wurden die Insassen auf Schiffe verladen, wo sich Mutter und Tochter Edith nach über zweijähriger Trennung wiederfanden. »Nun war mir leichter, hatte ich doch schon ein Kind von dreien wieder«, schrieb sie später in ihren Erinnerungen.[54]

Sie kamen nun nach Stutthof, einem Vernichtungslager mit eigenem Krematorium. Wieder wurden Frauen, die krank und schwach aussahen, aussortiert und ermordet. Jeanette Wolffs älteste Tochter Juliane wurde wegen ihres schlechten Gesundheitszustandes in der Gaskammer in Stutthof getötet. Edith und Jeanette erfuhren erst später davon.[55] Im Stutthof sah Jeanette Wolff ihren Mann in einem endlosen Zug von Männern, die zum Lager kamen, zum letzten Mal. Er wurde gemeinsam mit dem Ehemann der Tochter Edith zum KZ Buchenwald gebracht. Ediths Mann wurde bei einem Fluchtversuch erschossen, Hermann Wolff wurde Anfang April 1945 nach Flossenbürg weitergeschickt, wo er nie ankam, weil er wie viele andere unterwegs von der SS erschossen wurde.[56] Die jüngste Tochter Käthe war schon 1944 wegen »Landesverrats« im KZ Ravensbrück erschossen worden.[57]

Der eiserne Wille zu überleben, um die nationalsozialistischen Menschheitsverbrechen später öffentlich anzuprangern, sowie das Einverständnis mit anderen Frauen, die die gleiche politische Meinung vertraten, sowie die Tatsache, dass sie zumindest eine ihrer Töchter noch bei sich hatte, trugen offensichtlich dazu bei, dass Jeanette Wolff auch die letzte Etappe ihrer NS-Gefangenschaft lebend überstand.[58]

51 Ebd., S. 23.
52 Zitiert nach Lange, S. 54.
53 Interview Edith Marx 2000, S. 15.
54 Wolff 1947, S. 39.
55 Seemann, S. 52, vgl. auch Lange, S. 57.
56 Lange, S. 56.
57 Wolff 1980, S. 18.
58 Edith Marx sagte beim Interview: »Unser Glück war, dass wir uns nach einigen Jahren auf dem Transport auf dem Schiff wiedergetroffen und gesagt haben, wir bleiben zusammen.« Interview mit Edith Marx am 29.6.2000, S. 1.

Im Spätsommer 1944 wurden Jeanette Wolff und ihre Tochter Edith zum Außenlager Argenau gebracht, wo sie Schützengräben ausheben und Unterstände bauen mussten. Danach wurden sie auf einem zehnstündigen Marsch zum Barackenlager Schlüsselmühle geschickt. Dort konnten sie erstmals Wehrmachtssoldaten von ihren KZ-Erlebnissen berichten. Sie wurden dann – wieder zu Fuß – zu einem Lager in Korben bei Thorn gebracht. Jeanette Wolff beschrieb später die strenge Selbstdisziplin, mit der die Frauen in diesem Zeltlager mit katastrophalen sanitären Einrichtungen hygienische Verhältnisse schafften, um Krankheiten fernzuhalten und die Überlebenschancen, trotz des herannahenden Winters, zu erhöhen.[59] Trotz dieser Bemühungen mehrten sich Erkrankungen, viele verloren ihren Lebenswillen und ihren Verstand.

Eines Tages hörten die Frauen aus der Entfernung Fliegerangriffe. Jeanette und Edith kämpften sich mit dem endlosen Zug der Frauen durch verschneite Wälder, viele von ihnen schleppten auch Schwächere mit. Wer nicht mehr laufen konnte, wurde erschossen. Auf abenteuerliche Weise kamen sie im Zuchthaus Kornonowo an, bekamen dort warme Suppe und Brot, und zum ersten Mal war das (polnische) Wachpersonal freundlich zu ihnen. Ein Wachsoldat erzählte Edith Wolff, dass die Frauen am Morgen von der Konitzer SS abgeholt und im Wald erschossen werden sollten. Später schrieb Jeanette Wolff in ihren Erinnerungen: »Die ganze Nacht über schlief er nicht, sondern saß mit einigen Beamten und mit meiner Tochter zusammen, und sie überlegten, wie man unsere 997 Frauen (die anderen waren ja schon fortgelaufen) retten könnte. Aber ein anderer griff ein. Um fünf Uhr früh begann eine heftige Schießerei, einige Bomben fielen, und um 8.47 Uhr öffneten die Russen die Tore unseres Gefängnisses; wir waren frei.«[60] Jeanette und Edith Wolff blieben noch fast ein ganzes Jahr an diesem Ort. Edith wurde vom sowjetischen Kommandanten für den Sanitätsdienst der Haftanstalt verpflichtet. Sie zogen in eines der leerstehenden Häuser ein, und später wurde ihnen eines der Beamtenhäuser der Haftanstalt zugewiesen. Jeanette Wolff versorgte den Haushalt und Edith die verletzten Häftlinge. Ende Dezember 1945 bekamen beide Reisepapiere für ihre Rückkehr nach Deutschland. Alle anderen Familienmitglieder waren ermordet worden.

Wiederaufbau der Bundesrepublik (1945–1952)

»Da ich der Ansicht war, dass ich in Deutschland notwendiger gebraucht würde«[61]

Im Januar 1946 kamen Mutter und Tochter nach Deutschland zurück, und Berlin wurde ihre neue Heimat. Edith schlug die Aussicht auf ein Medizinstudium in Moskau ab. Sie wollte mit ihrer Mutter nach Berlin gehen. Der Anblick der Stadt erschütterte Jeanette Wolff: »Wir sahen ausgemergelte Menschen, die Trümmerlandschaft und die Menschen, die in den Trümmerhaufen herumwühlten.«[62] Berlin bestand – wie andere deutsche Städte auch – im Wesentlichen aus Trümmern. Die beiden Frauen wurden zunächst in

59 Wolff 1947, S. 51.
60 Ebd., S. 63.
61 Jeanette Wolff, zit. nach Lange, S. 67.
62 Zitiert nach Lange, S. 65.

dem einstmals feudalen, jetzt jedoch halb zerstörten Hotel Adlon untergebracht. Beide hatten den gleichen Gedanken: Hier werden wir gebraucht![63] An eine Rückkehr nach Bocholt dachten sie nicht. Gemeinsam zogen sie in eine Wohnung in Neukölln. Edith war zunächst als Krankenschwester im Jüdischen Krankenhaus beschäftigt, dann arbeiteten beide im Entschädigungsamt für rassisch Verfolgte beim Berliner Senat. Erst nach ihrer Heirat mit Erich Marx zog Edith 1954 nach Alsfeld in Hessen. *Wie viele* politische KZ-Überlebende widmete sich Jeanette Wolff mit vollem Einsatz dem politischen Neuaufbau in Deutschland, und w*ie viele* ihrer Genossen und Genossinnen war sie von dem Gedanken einer einigen, starken Arbeiterbewegung beseelt.[64] Sie suchte bald das SPD-Parteibüro auf und begegnete dort Klara Löbe, der Frau des früheren sozialdemokratischen Reichstagspräsidenten Paul Löbe, die sie bereits aus der Weimarer Republik kannte und mit der sie befreundet war. Durch ihre Vermittlung wurde sie Hilfsredakteurin bei der SPD-Zeitung »Der Sozialdemokrat« in Berlin.

Jeanette Wolff begann sogleich nach ihrer Befreiung mit der Abfassung eines autobiographischen Berichts über ihre unvorstellbaren Erlebnisse in den Konzentrationslagern. Dieses Buch verstand sie als eine Form zu handeln, um das Schweigen zu brechen. Sie wollte damit, wie sie im Vorwort schrieb, einen Beitrag zur Erziehung der deutschen Jugend zu einer »neuen Menschlichkeit im Sinne der Gleichberechtigung aller Menschen, zur Völkerversöhnung und zum Weltfrieden« leisten.[65] Unterstützt wurde sie durch ihre Tochter Edith, die ebenso der Ansicht war: »Wir haben überlebt, aber wir haben eine Aufgabe damit auf uns genommen ..., eine Verpflichtung, mit Kindern und Jugendlichen zu sprechen.«[66] Durch das Wahrnehmen dessen, was geschehen war, sollten die kommenden Generationen aus den »Banden Hitler'scher und Goebbel'scher Hypnose« befreit werden.[67] Ausdrücklich wandte sie sich gegen das Vergessen der jüngsten Vergangenheit. Sie wollte nicht zulassen, dass Menschen sich gegen die Aufklärung über die Verbrechen wehrten, indem sie sagten: »Wir wollen das nicht hören, wir haben genug mitgemacht«. »Vergiftete Seelen«, so war ihre Meinung, »können nur mit dem radikalen Gegengift restloser Aufklärung entgiftet werden.« Das Blut der Millionen Menschen in den Konzentrationslagern und im Kriege sollte nicht umsonst vergossen worden sein. Als ihr Ziel formulierte sie: »Ein Deutschland der Demokratie, der Freiheit und des Friedens soll erwachen.«[68] Vielen erschien es unbegreiflich, wo gerade sie, nach all den bitteren Erfahrungen, die Kraft hernahm, sich für ein Volk, das ihr so viel Leid zugefügt hatte, zu engagieren. Jeanette Wolff selbst begründete dies damit: »Wir sind es den Opfern schul-

---

63 Ebd.
64 Ebd.
65 Wolff 1947, S. 3.
66 Interview Edith Marx, S. 3.
67 Wolff 1947, S. 3.
68 Ebd.

dig, dass wir den Hass nicht pflegen wie eine Blume.«[69] Sie arbeitete mit jüdischen und nichtjüdischen Gleichgesinnten zusammen und widmete sich fortan ganz der Politik.[70]

Ihr politisches Handeln galt vor allem den Opfern des Nationalsozialismus und der Entschädigung der Kriegsopfer. Jeanette engagierte sich beim Wiederaufbau der Jüdischen Gemeinde in Berlin, half den zurückgekommenen jüdischen Flüchtlingen, stärkte die SPD in ihren schwierigsten Bewährungsproben und war Andersdenkenden gegenüber stets tolerant.

Vor allem erwartete sie, dass die Menschen aus der jüngsten Vergangenheit lernten und dafür Sorge trugen, dass sich Ähnliches nicht wiederholt. Eine besondere Aufgabe kam nach ihrer Meinung den Frauen zu, denen sie die Erziehung der Kinder zum Frieden und die Bildung von Kindergruppen nahelegte. Sie sprach alle Frauen an, »die guten Willens sind, die einsehen lernten, dass nur Freiheit, Menschlichkeit und Völkerversöhnung Garanten für einen dauerhaften Frieden der Welt und somit für eine glückliche Menschheit sein können.«[71] Ihre Mitstreiterin Marie Schlei sagte einmal über Jeanette: »Mancher von uns erkennt in ihr eine jüdische Antigone: ›Nicht zu hassen, mit zu lieben, bin ich da!‹«[72]

Jeanette Wolff blieb auch dann in Berlin, als im Sommer 1946 Dorothy Thompson aus New York anfragte, ob sie bei der Illustrierten »Life« mitarbeiten wolle. Jeanette Wolff war der Ansicht, dass sie »in Deutschland notwendiger gebraucht würde, als Jüdin, als aufrechter Demokrat und Sozialdemokrat«.[73]

Jeanette Wolff war maßgeblich am Kampf gegen die Fusion von SPD und KPD beteiligt. Als sie sich bei der Urabstimmung am 31.3.1946 gegen eine Zusammenarbeit von SPD und KPD aussprach, wurde sie mit Schreiben vom 3. April 1946 »wegen parteischädigenden Verhaltens durch Fraktionsbildung und Herausgabe von Plakaten und Flugblättern parteizersetzenden Inhalts« nach über 40-jähriger SPD-Mitgliedschaft vom Zentralausschuss der SPD aus der Partei ausgeschlossen.[74] Die Fusionsgegner hatten die Urabstimmung gewonnen, und die in Opposition stehenden Sozialdemokraten beriefen im April 1946 einen Parteitag ein. Unter den 500 Delegierten aus allen vier Sektoren war auch, ihren Parteiausschluss ignorierend, Jeanette Wolff. Bei dem Parteitag rückte der oppositionelle SPD-Flügel von traditionellen Strategien und Inhalten der SPD-Politik ab: »Das alte sozialistische Programm, das die klassenlose Gesellschaft nur über den Weg des Klassenkampfes, des Kampfes der arbeitenden Menschen um die gesellschaftliche Gleichberechtigung, erreichen konnte, ist heute durch die Entwicklung überholt«.[75] So hieß es

69 Ebd., S. 64.

70 Vgl. auch *Gisela Notz*, Vom Hin-weg-sehen und Hin-weg-hören. Von Menschen, die ihre fünf Sinne beieinander hatten, in: *Gisela Notz/Gisela Engel* (Hrsg.), Sinneslust und Sinneswandel. Beiträge zu einer Geschichte der Sinnlichkeit, Berlin 2001, S. 123-138.

71 Lange, S. 138.

72 Zit. nach Lange, S. 66.

73 Zit. nach ebd., S. 67.

74 Brief des SPD-Zentralausschusses an SPD Kreis 14 Berlin-Neukölln vom 3. April 1946, in: Fritz-Neumann-Archiv, Nachlass Jeanette Wolff – NKL Nr. 90.

75 Lange, S. 77 f.

in der pragmatischen Erklärung. Jeanette Wolff wurde als Vertreterin der Sozialdemokratinnen in den neuen Parteivorstand gewählt. Für wenige Wochen gab es in Berlin zwei sozialdemokratische Parteien, bis sich am 21./22. April 1946 SPD und KPD in der sowjetisch besetzten Zone sowie im sowjetischen Sektor Berlins zur Sozialistischen Einheitspartei Deutschlands (SED) zusammenschlossen. Am 20. Oktober 1946 zog Jeanette Wolff in die Groß-Berliner Stadtverordnetenversammlung ein. Die Auseinandersetzungen zwischen SPD und SED waren jedoch nicht ausgestanden. Die mitunter handgreiflichen Konflikte bekam Jeanette hautnah zu spüren.[76] Ihre Abneigung gegen jegliche Zusammenarbeit mit den Kommunisten wurde immer deutlicher.[77]

Die Entschädigung der Kriegsopfer war ihr ein wichtiges Anliegen. Die Arbeit, die man ihr als Mitglied einer Spruchkammer zur Entnazifizierung übertrug, gefiel ihr nicht: »...weil man dort nur die Kleinen bestrafte und die Großen laufen ließ«[78], wie sich Tochter Edith später erinnerte. Jeanette Wolff forderte die Sozialdemokratische Partei auf, an einer wirksamen Entnazifizierung mitzuwirken und ein Entnazifizierungsgesetz, das keine Klassifizierungen kenne, zu schaffen. Nach ihrer Meinung war es kein Unterschied, »ob jemand das Volk mit dem Wort, mit dem Lied oder mit der Schrift vergiftet hat oder ob jemand mit dem Dolch einen Menschen umgebracht hat.« Denn alle diese Menschen »haben die Atmosphäre geschaffen, aus der die menschlichen und baulichen Ruinen entstanden sind.«[79] Die Tätigkeit in der Spruchkammer gab sie auf, als sie 1946 Stadtverordnete wurde.

Gemeinsam mit Ruth Galinski, der Frau des damaligen Vorsitzenden der deutschen Jüdischen Gemeinde, belebte sie den Jüdischen Frauenbund wieder, um den Juden und Jüdinnen zu helfen, die sich in Armut und Not befanden. Eine Kollektivschuld der Deutschen lehnte sie ab. »Wäre das deutsche Volk antisemitisch gewesen, es lebte kein Jude in Deutschland mehr«, war ihre feste Überzeugung, für die sie freilich die Kritik der Jüdischen Gemeinde einstecken musste.[80]

Viele Jahre war Jeanette Wolff Vorsitzende der Repräsentantenversammlung der Jüdischen Gemeinde in Berlin und galt bald als die »Mutter der Gemeinde«, die für ausgleichende Gerechtigkeit und menschliches Verständnis sorgte.[81] Als sich im Januar 1948 die Berliner Vereinigung der Verfolgten des Naziregimes (VVN) konstituierte, wurde

---

76 Der Journalist Rainer Wagner berichtete in der »Berliner Morgenpost« vom 24. und 25.11.1973, wie Jeanette Wolff im Frühsommer 1948 durch SED-Anhänger, die die Berliner Stadtverordnetenversammlung zu sprengen versuchten, verprügelt wurde. Abgedruckt in: Wolff 1980, S. 71-75. Sie selbst berichtete, dass sie wahrscheinlich einer Verwechslung zum Opfer gefallen sei und man sie für die amtierende Oberbürgermeisterin Louise Schroeder gehalten habe.

77 Vgl. auch Albrecht, S. 239.

78 Lange, S. 77 f.

79 Lange, S. 84.

80 Zit. nach Lange, S. 83. Ihre Tochter Edith lehnte beim Interview am 29.6.2000 (S. 13) noch immer »Kollektivschuld« ab, räumte aber ein, dass »eine gewisse Kollektivscham«, wie Theodor Heuss das formuliert habe, schon vorhanden sein sollte.

81 *H. G. Sellenthin*, Geschichte der Juden in Berlin und des Gebäudes Fasanenstraße 79/80, Festschrift anlässlich der Einweihung des Jüdischen Gemeindehauses, Berlin 1959, S. 100.

Jeanette Wolff während einer Sitzung der Jüdischen Gemeinde in Berlin, 1951

Jeanette Wolff neben dem parteilosen Heinz Galinski zur stellvertretenden Vorsitzenden gewählt. Der erste Vorsitzende gehörte der SED an. Nun geriet sie mit ihren Parteigenossen in Konflikt, denn die Berliner SPD hatte vor einer Vereinnahmung der VNN durch die SED gewarnt. Auch Jeanette kehrte der VVN bald den Rücken, weil sie zwar deren Auftrag, gegen den Antisemitismus zu kämpfen, unterstützte, deren Überparteilichkeit jedoch mehr und mehr in Frage stellte.[82] Sie fügte sich den Beschlüssen der Gesamtpartei und des Berliner Parteitages, die die gleichzeitige Mitgliedschaft in der VVN und der SPD für unvereinbar erklärten.[83]

Ihre Hoffnung, ein Deutschland der wahren Demokratie, der Freiheit und des Friedens möge erwachen, war von der Realisierung weit entfernt. Dennoch engagierte sie sich unerschütterlich für dieses Ziel: in der SPD, in der Stadtverordnetenversammlung und deren Ausschüssen, in der jüdischen Frauenbewegung und in den Gewerkschaften. In der UGO (Unabhängige Gewerkschaftsorganisation) und später in der DAG, in der sie zunächst dem Landesvorstand und seit 1951 dem Hauptvorstand angehörte, engagierte sie sich vor allem für die Interessen der Frauen, deren Recht auf Berufstätigkeit und deren Gleichberechtigung. Noch vor der Verabschiedung des Grundgesetzes trat sie im August 1948 auf dem Landesparteitag der SPD in NRW für eine »Frauenquote« ein. Eine Quote sollte nach ihrer Meinung zwar überflüssig sein, war es aber so lange nicht, wie der Genosse nicht »auch der tüchtigen Genossin bei gleicher Tüchtigkeit den Platz vor dem

82 Lange, S. 89.

83 Vgl. Der Kurier vom 28.5.1948.

Mann oder neben dem Mann einräumt«. Deshalb müssten die Frauen »auf der Bestimmung bestehen, dass Frauen mit hineingewählt werden müssen.«[84]

Arbeit im Deutschen Bundestag (1952–1961)

»Demokratie und Gleichberechtigung gehören zusammen«[85]

Als der Bundestag im Dezember 1951 beschloss, die Anzahl der Berliner Bundestagsabgeordneten von acht auf 19 zu erhöhen, fiel eines dieser zusätzlichen Mandate an Jeanette Wolff. In der 1. Wahlperiode engagierte sie sich als Ordentliches Mitglied im Ausschuss für Post- und Fernmeldewesen, im Ausschuss für Fragen der öffentlichen Fürsorge und im Ausschuss für Fragen des Gesundheitswesens, in der 2. und 3. Wahlperiode im Gesundheitsausschuss und im Wiedergutmachungsausschuss. Dem Petitionsausschuss gehörte sie in der 1. Wahlperiode als Stellvertretendes, in der 2. und 3. Wahlperiode als Ordentliches Mitglied an. In der 1. Wahlperiode war sie Stellvertretendes Mitglied des Ausschusses für Ernährung, Landwirtschaft und Forsten und des Ausschusses für Kriegsopfer- und Kriegsgefangenenfragen, in der 1. und 2. Wahlperiode des Ausschusses für Lastenausgleich, in der 2. Wahlperiode des Ausschusses für Beamtenrecht, des Ausschusses für Rechtswesen und Verfassungsrecht, des Ausschusses für Sozialpolitik und des Ausschusses für Post- und Fernmeldewesen und in der 3. Wahlperiode des Rechtsausschusses.

Zeitzeuginnen berichteten, dass ihre Sprechstunden stets überfüllt waren und ihr Telefon auch nachts klingelte. Jeanette Wolff setzte sich für sozial schwächer gestellte Gruppen, Jugendliche, ältere Menschen und Hilfsbedürftige ein. Wenn es um die Verteidigung der Rechte dieser Gruppen ging, nahm sie kein Blatt vor den Mund. »Die ehemalige Stadträtin Frau Dr. Lüders und meine Mutter, ... die beiden waren die Frauen mit der großen Klappe in Bonn, vor denen die Männer Angst hatten ...«, sagte ihre Tochter Edith später.[86] Ihre Redebeiträge präsentieren Jeanette Wolff als kämpferische Demokratin und Antifaschistin, als frauenpolitisch sensibilisierte Jüdin und als Sozialdemokratin.[87] Im Bundestag setzte sie ihr Engagement für eine Verbesserung der sozialen Lage der Opfer des NS-Regimes konsequent fort. Ohne ihre Hartnäckigkeit wäre das Bundesentschädigungsgesetz im Oktober 1953 nicht verabschiedet worden. Sie konnte nicht begreifen, dass die Beamten und Offiziere der Wehrmacht, die dem verbrecherischen Regime treu gedient hatten, sehr viel höhere Pensionen bezogen als die Opfer desselben. Obwohl sie von »wohlmeinenden« Genossen immer wieder dazu aufgefordert wurde, nicht weiter in der Vergangenheit zu »wühlen«, weil sie sich dadurch nur unpopular mache, gab sie es nicht auf, den Finger auf die Wunde zu legen. Für den Bestand der Demokratie hielt sie die Auseinandersetzung mit der Vergangenheit weiterhin für unverzichtbar. Zudem, so sagte sie in ihrer Rede auf dem SPD-Bundesparteitag 1952 in

84 Ebd., S. 102.
85 Aus der Rede von Jeanette Wolff am 5. Gewerkschaftstag der DAG 1954, zit. nach ebd., S. 109.
86 Interview Edith Marx, S. 27 f.
87 Die Bundestagsreden sind teilweise abgedruckt in: Wolff 1980, S. 76 ff.

Dortmund[88], wäre jeder ein schlechter Sozialdemokrat, »der nicht auch einmal das Odium, unpopulär zu werden, auf sich nähme, wenn es um die Wahrheit und um den Bestand der Demokratie geht«.[89]

Sie engagierte sich vehement gegen neo-nazistische Tendenzen. In einer Rede am 22.6.1955 attackierte sie die Bundesregierung, dass sie zur Abwehr der ewig Unbelehrbaren zu wenig tue. Sie verwies darauf, dass sich Treffen von Organisationen der Nazizeit von Tag zu Tag mehrten, und sie warnte vor einer Bagatellisierung dieser Kreise.[90] Immer wieder erzählte sie ihren Zeitgenossinnen und Zeitgenossen und vor allem der jüngeren Generation, dass auch sie einmal ablehnend gelächelt habe, als das erste nationalsozialistische Propagandamaterial erschienen sei. Das Lachen sei ihr aber damals bald vergangen. Im Februar 1959 stellte sie Strafanträge wegen Rassenhetze und Beleidigung des Andenkens Verstorbener gegen den Steuersekretär Tasche aus Aachen, weil er sich für die Wiedereinführung von Konzentrationslagern ausgesprochen und zudem geäußert hatte, dass viel zu wenig Juden in den Lagern umgekommen seien. Außerdem stellte die Sozialdemokratin einen Strafantrag gegen Paul Kümmel aus Feiburg wegen persönlicher Beleidigung, da er ihre im KZ erlittenen Demütigungen nachträglich rechtfertigte.[91]

Trotz ihres immer wieder bestärkten Votums gegen eine Zusammenarbeit mit Kommunisten warnte sie im Zeichen des Kalten Krieges auch vor einem blinden Antikommunismus. Aus eigener Erfahrung wusste sie, dass »viele, die ständig innerhalb der Bundesrepublik von der Bekämpfung des Kommunismus reden, ... wenn sie richtig durchleuchtet werden, weiß Gott keine Garanten für eine wirkliche Demokratie« sind.[92] Exemplarisch war ihre Antwort an einen SPD-Bundestagsabgeordneten, der sich abfällig über Rosa Luxemburg geäußert hatte. Jeanette Wolff fuhr ihm ins Wort: »Rosa war eine aufrechte Sozialistin, die ihre entrechteten Mitmenschen glühend liebte! Und sie war auch eine Demokratin par excellence. Die meisten ihrer Kritiker sind Menschen, die ihr nicht das Wasser reichen können!«[93]

Demokratie und Gleichberechtigung gehörten für sie auch bei ihrer Bundestagsarbeit unbedingt zusammen. Ihr Konzept von Gleichberechtigung bezog sich auf die Aufhebung der sozialen und ökonomischen Abhängigkeit der Frauen von den Männern. Die Durchsetzung dieser Interessen konnte nicht alleine auf der Ebene der individuellen Auseinandersetzung zwischen Männern und Frauen erreicht werden. Dafür waren auch Änderungen in der bestehenden Staats- und Gesellschaftsordnung notwendig. Das implizierte eine Veränderung des Familienrechts gemäß dem Auftrag des Grundgesetzartikels 3, Abs. 2. Schließlich ging es um die Arbeit an einem gemeinsamen Ziel, nämlich:

---

88 Vgl. Protokolle der Parteitage, Jeanette Wolff war ab 1947 Delegierte für den Bezirk Groß-Berlin, siehe Anwesenheitsliste der Delegierten und Gäste der SPD-Parteitage.

89 Rede von Jeanette Wolff auf dem SPD-Bundesparteitag 1952 in Dortmund.

90 Lange, S. 122 f.

91 Die Welt vom 26.2.1959.

92 Rede von Jeanette Wolff auf dem SPD-Parteitag vom 17.6.1953, zit. nach Lange, S. 124.

93 Zit. nach ebd., S. 137.

»nichts für die Vernichtung, alles für das Leben der Menschen und dafür, dass es ihnen wohl ergeht«, zu arbeiten.[94]

Jeanette Wolff setzte auf das besondere »weibliche Wesen«: Die Ambivalenz ihres Gleichberechtigungskonzepts wurde im Blick auf ihre Einstellung zur Frauenerwerbsarbeit deutlich. Einerseits kämpfte sie für die gleichberechtigte Beteiligung der Frauen, andererseits machte sie »die Mitarbeit der Ehefrauen ohne zwingende Notwendigkeit, solange die Kinder noch nicht oder noch schulpflichtig sind«, für die Gefährdung der Jugend und die zunehmende Jugendkriminalität verantwortlich.[95] Als Gewerkschafterin hätte man von ihr erwarten können, dass sie auch für gleiche Chancen auf dem Arbeitsmarkt und für strukturelle Bedingungen, die das ermöglichen, eintrat, zumal sie selbst es immer abgelehnt hatte, hauptberuflich Hausfrau und Mutter zu sein. Andererseits agitierte sie im Bundestag durchaus als Gewerkschafterin, wenn sie beispielsweise schon in den 50er Jahren auf die Gefahren der fortschreitenden Automation aufmerksam machte. Sie forderte, dass Rationalisierung und Technisierung genutzt werden sollten, um den Arbeitenden das Leben zu erleichtern, und wies darauf hin, dass das »Gespenst der Arbeitslosigkeit« nicht die unabwendbare Folge der technischen Entwicklung sein müsse.[96] Auch bei der Diskussion um die Überarbeitung des Ladenschlussgesetzes vertrat sie 1956 im Bundestag die Positionen der Gewerkschaften, indem sie gegen die Absicht der Regierungsparteien, die Ladenöffnungszeiten zu verlängern, eine Lanze für die (meist weiblichen) Beschäftigten im Einzelhandel brach. Sie verwies damals darauf, dass auch die Verkäuferinnen ein Recht auf einen freien Samstagnachmittag hätten.

Als Mitglied des Ausschusses für Gesundheitswesen war Jeanette Wolff an verschiedenen Gesetzentwürfen beteiligt. In einem Tätigkeitsbericht nannte sie u.a. das Körperbehindertengesetz, das Apothekengesetz und das Krankenhausgesetz, das Heilpraktikergesetz, das Berufsordnungsgesetz für Masseure, Krankengymnasten, medizinisch-technische Assistentinnen, die Reform des Lebensmittelrechts u.a.[97] Nicht immer war die Sozialdemokratin mit den Ergebnissen zufrieden, da zu viele Inhalte, die ihr wichtig waren, im Laufe der Auseinandersetzung zwischen den Fraktionen verloren gegangen waren.

---

94 Zit. nach Lange, S. 110.

95 Referat: Gefährdung der Jugend (1974), veröffentlicht im JFB-Periodikum »Die Frau in der Gemeinschaft«, zit. nach Seemann, S. 113. Das ist eine Annahme, die bis heute durch keine Studie belegt ist. Damals lagen bereits Untersuchungen vor, z.B. *Bundesminister für Jugend, Familie und Gesundheit* (Hrsg.), Probleme der Familie und der Familienpolitik in der Bundesrepublik Deutschland (Schriftenreihe des BMJFG, Bd. 7), Bonn 1973, die die Sozialisationsschwächen der modernen Kleinfamilie aufzeigten.

96 Rede auf dem Gewerkschaftstag der DAG 1957, zit. nach ebd., S. 112.

97 Ms. Ausschüsse, zit. nach Seemann, S. 84.

Die politische Arbeit ging weiter (1961–1976)

»Eine Frau ausstrahlender Anmut durch ihre Taten«[98]

Wahrscheinlich war sie es selbst, die durchgesetzt hat, dass – nach ihrem Ausscheiden – sowohl ihr Abgeordnetenhaus- als auch ihr Bundestagsmandat mit einer Frau besetzt wurde. Es war Dora Lösche, die ihr in beiden Funktionen nachfolgte. Das war durchaus keine Selbstverständlichkeit, denn in den 50er Jahren hatten Frauen, die Mandate einnehmen wollten, auch in der SPD (wieder) einen schweren Stand.

Jeanette Wolff beendete 1961, obwohl sie nicht mehr für den Bundestag kandidierte, ihre politischen Aktivitäten nicht. Im Gegenteil: Sie verstärkte ihr Engagement in der Jüdischen Gemeinde und deren Organisationen. Zwischen 1965 und 1975 war sie als erste Frau stellvertretende Vorsitzende des Zentralrats der Juden in Deutschland und Vorsitzende der Zentralwohlfahrtsstelle der deutschen Juden sowie stellvertretende Vorsitzende der Gesellschaft für christlich-jüdische Zusammenarbeit. Sie übernahm Funktionen beim Jüdischen Frauenbund in Deutschland und im International Council of Jewish Women. Als sie 1963 ihren 75. Geburtstag feierte, wunderten sich Journalisten über die außergewöhnliche geistige und körperliche Frische der alten Dame, der man nicht ansah, dass sie in ihrem Leben viel Leid erfahren hatte.[99] Brigitte Seebacher fragte sie 1972, als sie bereits 83 Jahre alt war, in einem Interview, ob sie sich nicht vorstellen könne, sich ein wenig zurückzuziehen. Daran dachte Jeanette Wolff nicht: »Arbeit niederlegen? Nein, so viele Menschen erwarten noch etwas von einem«, war ihre Antwort. Und sie sparte nicht mit Beispielen, um dies zu bekräftigen.[100]

Der außergewöhnlichen Frau wurden viele Ehrungen zuteil: 1961 bekam sie das Große Bundesverdienstkreuz, 1967 wurde sie zur Stadtältesten in Berlin ernannt, an ihrem 85. Geburtstag wurde ihr die Ernst-Reuter-Plakette überreicht, 1975 erhielt sie den Leo-Baeck-Preis. Eine Seniorenwohnanlage in Berlin, eine Straße in Bocholt und eine Realschule in Dinslaken erhielten ihren Namen. Dass sie an ihrem 75. Geburtstag von der Deutschen Angestellten-Gewerkschaft zur »Jugendlichen honoris causa« ernannt wurde, mag Jeanette Wolff mit besonderem Stolz erfüllt haben.[101] Sie bekam diesen Titel vor allem für ihre unermüdliche Aufklärungsarbeit, aber auch für ihre Art und Weise, wie sie zu jungen Gewerkschaftern und Gewerkschafterinnen, zu Studierenden und Schulklassen gesprochen hatte: Ohne erhobenen Zeigefinger und ohne auf einem Podest zu stehen. »Der starke Lebenswille hat sie wohl durch diese schreckliche Zeit gebracht. Was mich wundert ist, dass sie die Deutschen nicht hasst«, das schrieb eine Schülerin nach einem Besuch Jeanette Wolffs in ihrer Schule im Jahre 1960.[102]

---

98 Inschrift auf dem Grabstein für Jeanette Wolff auf dem Jüdischen Friedhof in Berlin.

99 Siehe z.B. den Artikel »Sie half den Verfolgten«, in: Telegraf vom 25.6.1963.

100 *Brigitte Seebacher*, Frau mit Zivilcourage, in: Berliner Stimme vom 29.1.1972, S. 3.

101 »Berliner Mosaik«, in: Telegraf vom 22.6.1963.

102 Briefe von Schülerinnen und Schülern der Hans-Bredow-Schule, in: Berlin-Wedding, übersandt an Frau Wolff zur Jahreswende 1960/1961, in: AdsD, Sammlung Personalia Jeanette Wolff. Teilweise aufgenommen in: Wolff 1980.

Als 1974 der Seniorenrat der SPD gegründet wurde, war Jeanette Wolff mit 87 Jahren das älteste Mitglied dieses Gremiums, das nach ihrem Wunsch unter anderem dazu beitragen sollte, »ein Stück lebendige Parteigeschichte zu gestalten, d.h. aus dem täglichen Leben zu berichten und diese Berichte zu einem lebendigen Geschichtswerk zusammenzufassen«.[103] Das Kämpferische ging ihr auch im Alter nicht ab. Jetzt ging es ihr darum, den Interessen der Älteren Gehör zu verschaffen. »Ihre scharfe Zunge, heute noch im Seniorenrat der SPD in Bonn gefürchtet, machte ihren politischen Freunden das Leben nicht gerade leicht«, kommentierte kurz vor ihrem Tode ein Journalist.[104] Leider konnte sie die Arbeit nur noch zwei Jahre verrichten. 1975 musste sie sich kurz hintereinander zweier schwerer Augenoperationen unterziehen. Wenige Tage vor einer Sitzung des SPD-Seniorenausschusses, auf die Jeanette Wolff sich wie immer gründlich vorbereitet hatte, musste sie im Mai 1976 erneut ins Jüdische Krankenhaus in Berlin-Wedding.

Sie starb am 19. Mai 1976. Die »Bild-Zeitung« würdigte sie in ihrem Nachruf als »die Frau, die noch August Bebel kannte und Helmut Schmidt Kaffee kochte«[105]. Richtig ist, dass sie »aktiv bis zum letzten Atemzug« war.[106] Kurt Neubauer, der gleichzeitig mit Jeanette Wolff als Berliner SPD-Bundestagsabgeordneter nach Bonn gekommen war, charakterisierte sie nachträglich: »Sie gehörte zu den Frauen, die in der Fraktion zu einer Vielzahl von politischen Themen sehr engagiert Stellung nahm. Sie war auch eine der wenigen Frauen, die den Oberen der SPD zu widersprechen wagte, in der ihr eigenen Art. Sie war deswegen nicht überall beliebt, aber in hohem Maße geachtet.«[107] Der Showmaster Hans Rosenthal, wie sie Mitglied der Repräsentantenversammlung der Berliner Jüdischen Gemeinde, beschrieb sie als »eine großartige Frau, eine kluge Politikerin, ... die typische gute ›jiddische Mamme‹.«[108] Heinz Galinski, damals Vorsitzender der Jüdischen Gemeinde in Berlin, nannte sie »eine der großen jüdischen Frauengestalten dieses Jahrhunderts«.[109]

Angesichts der wieder aufkommenden rechtsextremistischen Entwicklungen hat das Vermächtnis von Jeanette Wolff an Aktualität gewonnen. Was sie 1967 schrieb, ist heute wichtiger denn je: »Auch heute ist Zivilcourage wichtiger als Heldentum, und es hat immer mehr Mut dazu gehört, das Rechte zu tun, als mit dem Strom zu schwimmen und den Weg des geringsten Widerstandes zu gehen. Wir müssen zu Mahnern werden für die

---

103 Aus einem Brief Jeanette Wolffs an einen Genossen in Rheinland-Pfalz von 1975. Zit. nach Lange, S. 126.

104 Walter 1975.

105 Bild vom 20.5.1976.

106 Seemann, S. 101.

107 Zit. nach Wolff, S. 119.

108 *Hans Rosenthal,* Jeanette Wolff in der Jüdischen Gemeinde Berlin, in: *Jeanette Wolff,* Mit Bibel und Bebel. Ein Gedenkbuch, Bonn 1980, S. 101. Edith Marx ist auf diesen Ausdruck stolz: »Eine jiddische Mamme ist etwas ganz Besonderes«, sagte sie beim Interview. Marx, Interview, S. 10.

109 Zit. nach Lange, S. 126.

Verantwortlichen in Regierungen, Verwaltungen und Parteien. Wehret den Anfängen, wo Gruppen, Zeitungen und Schriften die Demokratie untergraben wollen!«[110]

Ihr Grabstein auf dem Jüdischen Friedhof am Scholtz-Platz in Berlin trägt die hebräische und deutsche Inschrift: »Eine Frau ausstrahlender Anmut durch ihre Taten«.

Die weiblichen Abgeordneten der SPD-Fraktion im Deutschen Bundestag 1965. Vordere Reihe (von links nach rechts): Elfriede Seppi, Dorothea Lösche, Alma Kettig, Clara Döhring, Käte Strobel, Marta Schanzenbach. Mittlere Reihe (von links nach rechts): Helene Wessel, Hedwig Meermann, Luise Herklotz, Liesel Kipp-Kaule, Lisa Korspeter, Lucie Kurlbaum-Beyer, Ingeborg Kleinert, Brigitte Frey. Hintere Reihe (von links nach rechts): Ilse Elsner, Annemarie Renger, Grete Rudoll, Elfriede Eilers.

110 *Jeanette Wolff,* Wege zum Nächsten. Rückblick auf die Woche der Brüderlichkeit, in: Frau JFB, Nr. 38 (August 1967), S. 1.

Teil 3

Zusammenfassung und Ausblick

Das Leben der in diesem Buch dargestellten Frauen ist vom sozialen und politischen Wandel infolge der Industrialisierung im Kaiserreich, Erstem Weltkrieg, Revolution, Niedergang der ersten demokratischen Republik, Zweitem Weltkrieg und dem Aufbau der Bundesrepublik Deutschland entscheidend geprägt. Ihre ungewöhnlichen Lebenswege spiegeln die gesellschaftlichen Veränderungen und Entwicklungen des vergangenen Jahrhunderts wider. Bei der Sichtung der Biographien fällt auf, dass unterschiedliche Gewichtungen und historische Ereignisse zum Tragen kommen. Dennoch schälen sich bestimmte Ereignisse heraus, die symptomatisch für SPD-Frauenpolitikerinnen der Nachkriegszeit sind: Sozialisation in der Arbeiterfamilie, Benachteiligungen in der Bildung bei gleichzeitig unablässigem Bildungsdrang, Verfolgungen und Schikanen im NS-Staat, kleine und größere Widerstandstätigkeiten, Inhaftierungen, Hunger und Verlust der Wohnung, Tod von geliebten Menschen, politische Niederlagen. Aufgrund struktureller Gemeinsamkeiten wurden bestimmte Ereignisse auch gruppenspezifisch erlebt. Die in die Untersuchung einbezogenen Parlamentarierinnen haben keine »normalen« Lebenswege. Die Biographien dieser Politikerinnengeneration erscheinen voller Brüche und manchmal auch Widersprüche, und sie sind mehr als die jeder anderen Generation im 20. Jahrhundert von historischen Umbrüchen und »Wendezeiten« geprägt.

Es lassen sich Grundzüge der familialen Sozialisation aufzeigen, die verdeutlichen, dass die meisten der in die Forschungsarbeit einbezogenen Frauen aus Arbeiterfamilien stammen, ihre Prägungen, Orientierungen und ersten Politikerfahrungen in der Arbeiterjugend gesammelt haben und fast alle sehr stark durch den Vater beeinflusst waren, der sie zu Mai-Kundgebungen und zu Parteiveranstaltungen mitgenommen hat und ihnen Zugang zu relevanter Literatur beschafft hat, während die Mütter (oft) eher auf einer traditionellen Mädchenerziehung bestanden. Die meisten Mütter wuchsen zu einer Zeit auf, in der es Frauen nach dem Preußischen Vereinsgesetz gar nicht möglich war, Mitglied von politischen Parteien zu werden. Dennoch hat keine der in die Untersuchung einbezogenen Frauen durch Mütter eine traditionelle Sozialisation erfahren, die sie alleine auf ihre spätere Aufgabe als Hausfrau und Mutter vorbereiten sollte. Fast alle haben eine Berufsausbildung durchlaufen, wenn sie auch oft auf einen ›typisch weiblichen‹ Beruf vorbereitet wurden. Diejenigen, die selbst Kinder hatten, haben diesen Kindern – gleichgültig aus welcher Schicht sie kamen – ebenfalls eine Berufsausbildung ermöglicht. Wir wissen von den meisten Müttern der Parlamentarierinnen wenig. Die Väter waren oft nicht nur Sozialisten, sondern auch Atheisten oder Freidenker. Es war die politische Überzeugung der meist aus dem Handwerkermilieu kommenden Väter, die den weiteren Lebensweg der Töchter beeinflusste. Oft wurden die Politikerinnen später als ›geborene Sozialistinnen‹ bezeichnet. Die Sozialisation führte jedenfalls dazu, dass die Arbeitertöchter unter den Politikerinnen auch später keinen so großen Abstand zum Alltag der »einfachen« Menschen hatten wie viele ihrer Bundestagskollegen, aber auch ihrer Kolleginnen aus den eher konservativen Parteien. Für sozialistische Parlamentarierinnen waren die Minderbewertung der Arbeit der unteren Schichten und des Wirkens von Frauen keine isolierbaren Probleme.

Die proletarische Herkunft führte aber auch früh zu Erfahrungen von Exklusion. Der Zugang zu bürgerlichen Bildungsgängen war bestenfalls für vorhandene Brüder gewährleistet. Die meisten Frauen brachten gute Leistungen in der Schule und wollten gerne eine ›weiterführende‹ Schule besuchen, aber den Familien fehlte das Geld, um das zu ermöglichen. Für einige Eltern reichten die finanziellen Mittel nicht einmal, um für die Mädchen das Schulgeld und das Unterrichtsmaterial für das Absolvieren der ›mittleren Reife‹ zu bezahlen. Manche wurden von Lehrerinnen und Lehrern unterstützt und konnten so vom Schulgeld befreit werden oder bekamen Stipendien. Dass Frauen aus dem Arbeitermillieu eine Berufsausbildung absolvierten, war für die damalige Situation noch nicht selbstverständlich. Dennoch durften die meisten eine Berufsausbildung abschließen, wenn auch unterhalb des akademischen Niveaus. Die Frauen haben – von zwei Ausnahmen abgesehen – keine Hochschulreife erlangen können. Von den beiden Ausnahmen kam eine Parlamentarierin aus einer gut situierten Beamtenfamilie. Ihr stand die Universität offen. Sie konnte Ärztin werden und wurde später »der Gesundheitsexperte« der SPD. Die zweite der Frauen studierte, nachdem sie bereits einige Jahre einer Bürotätigkeit nachgegangen war und zwei kleine Kinder bekommen hatte, mit Hilfe ihres Ehemannes über den Zweiten Bildungsweg Rechtswissenschaften und brachte ihre Qualifikation in ihre politische Arbeit ein. Viele der anderen Frauen arbeiteten in sozialen Berufen. Ihre sozialpolitischen Fähigkeiten wollten sie auch in der Politik anwenden.

Durch die Herkunft aus den Arbeiterfamilien fühlten sie sich auch später, als sie bereits mehr oder weniger prominente Politikerinnen waren, den Menschen der unteren Schichten nahe. Die Zugehörigkeit zur Arbeiterjugend stellte für die meisten einen einzigartigen Sozialisationsfaktor dar. Dort erlebten sie nicht nur Gemeinschaft mit Gleichgesinnten, sondern lernten soziale Kompetenzen und Erfahrungen von Egalität und gleichberechtigten Umgang miteinander, die bis ins hohe Alter wirkten. Allerdings hatten die meisten Frauen schon in der Jugend erlebt, dass es, wenn man einer Gruppe von weniger Privilegierten zugehört, gleichzeitig bedeuten kann, von anderen Zusammenhängen ausgegrenzt zu sein. Dieses Gefühl der Nichtzugehörigkeit behielten einige Frauen auch während ihrer Bundestagsarbeit. Einige der biographierten Frauen wurden zu Rebellinnen, weil sie in rebellischen Familien aufgewachsen waren oder weil sie sich aus anderen Gründen mit dem Zustand der Welt nicht zufrieden geben wollten. Andere waren kritisch, auch ihrer Parteispitze gegenüber. Auch sie hatten es nicht leicht. Aber auch diejenigen, die sich stets den Mehrheiten und der Parteimeinung fügten, hatten es oft schwieriger als männliche Genossen, wenn es um die Verteilung der Mandate ging.

Einige der Parlamentarierinnen waren schon vor dem Zweiten Weltkrieg, zur Zeit der Weimarer Republik, politisch aktiv. Sie gehörten zu den wenigen Sozialdemokratinnen aus dem Reichstag oder dem Preußischen Landtag, die den Nationalsozialismus in Deutschland überlebt hatten und nicht durch Alter, Krankheit oder Emigration an der Fortsetzung ihrer politischen Arbeit gehindert waren. Sie knüpften gemeinsam mit den jüngeren Frauen, die noch in den späten 20er Jahren politisch sozialisiert worden waren, an den Erfahrungen der Weimarer Republik bei der Durchsetzung von Frauenrechten an. Aber auch die Erfahrungen der nationalsozialistischen Diktatur bestimmten die

Politikfelder der Frauen. Einige von ihnen haben im Nationalsozialismus nicht nur politische Stellungnahmen bezogen, sondern auch Handlungsstrategien zum praktischen politischen Eingreifen entwickelt und sich am Widerstand beteiligt.

Die Zugehörigkeit zur SPD bewahrte einige Parlamentarierinnen nicht davor, dass sie 1933 vom Sieg der Nationalsozialisten genauso überrascht wurden wie viele andere, die nicht glauben wollten, dass dies in Deutschland geschehen könnte. Andere hatten die Gefahren, die das NS-Regime mit sich brachte, bereits vorausgesehen und waren früh mit dem Nationalsozialismus in Konflikt gekommen. Wieder andere waren aufgewachsen zwischen zwei Weltkriegen, und erlebten Rezession, Herannahen des Faschismus, Diktatur, Vertreibung und Vernichtung als Kinder bzw. Jugendliche. Sie haben die »machtgestützte Sinnenblindheit«[1] am eigenen Leibe erfahren. Viele haben aber auch erfahren, dass sie selbst nur überleben konnten, weil immer wieder Menschen in ihr Leben getreten sind, die nicht mittaten und auch nicht »weg-sehen« oder »weg-hören« wollten.[2] Sie sahen die Geschlagenen, Niedergezwungenen und die Ermordeten. Und was sie sahen, ließ sie nie mehr los.

Die in diesem Buch dargestellten Parlamentarierinnen, nicht nur diejenigen, die aus sozialistischen Familien stammten, hegten für den Nationalsozialismus nie Sympathien, und doch tauchte im Laufe ihres Lebens bei vielen immer wieder die Frage auf, ob sie im Ganzen richtig gehandelt hatten, ob sie genug getan hatten, um gegen das Regime zu arbeiten, oder vielleicht auch zuviel, weil sie sich selbst und andere in Gefahr gebracht hatten. Manchmal wurden sie auch von Schuldgefühlen geplagt. Den industriellen Massenmord an Juden und Jüdinnen, Sinti und Roma bzw. an für ›minderwertig‹ erklärten Menschen leugneten die Parlamentarierinnen nicht. Sie konnten und wollten nicht glauben, das Zeitgenossinnen und Zeitgenossen sich nach dem Kriege überrascht zeigten und über die Gräueltaten nichts gewusst haben wollten. Dennoch haben die Frauen den Nationalsozialismus unterschiedlich erlebt, zum Teil überlebten sie auf abenteuerliche Art und Weise, zum Teil, weil andere sie gedeckt oder versteckt hielten, zum Teil auch, weil das kriminelle NS-System Fluchträume offen ließ. Aus den Biographien werden die Widersprüche und Ambivalenzen deutlich. Manche haben sie ausgehalten, andere haben Anpassungsleistungen vollbracht, über die sie später nicht gerne reden wollten. Und alle sehnten den Tag herbei, an dem sie wieder offen über Recht und Unrecht reden konnten. Viele waren bis an ihr Lebensende getrieben von der Angst, es könnte sich noch einmal wiederholen.

Nach 1945 suchten sie nach neuen Standorten. Die Sozialdemokratinnen zählten zur Aufbaugeneration, die auf den Trümmern des Zweiten Weltkrieges eine neue demokratische und friedliche Gesellschaft errichten wollte. Sie begriffen es als ihre Pflicht, sich mit ganzer Kraft für Demokratie und Frieden einzusetzen. Nie wieder Krieg, nie wieder

---

1 *Oskar Negt,* Die Aufdringlichkeit der Sinne, in: Frankfurter Rundschau vom 28.6.2000, S. 19.

2 Vgl. *Gisela Notz,* Vom Hin-weg-sehen und Hin-weg-hören. Von Menschen, die ihre fünf Sinne beieinander hatten, in: *Gisela Engel/Gisela Notz* (Hrsg.), Sinneslust und Sinneswandel, Zur Geschichte der Sinnlichkeit, Berlin 2001, S. 124-138; hier: S. 132. In jüngster Zeit wurden wiederholt Menschen bekannt, die verfolgten Juden, meist unter Lebensgefahr, halfen.

Faschismus, das waren ihre Hauptanliegen, die auch innerer Antrieb für ihr politisches Handeln wurden. Dieses Anliegen war aufs engste verbunden mit den Forderungen nach einer Zügelung des Kapitalismus, nach einem demokratischen Sozialismus und nach ebenbürtigen Geschlechterverhältnissen. Freilich wurde unter diesen Schlagworten, wie sich schnell herausstellte, Unterschiedliches verstanden.

Auch in der neuen Republik entwickelte sich vieles nicht so, wie einige das ersehnt hatten. Dennoch waren die Frauen nach 1945 »fasziniert von Politik« (Renger). Sie wollten aus den traditionellen weiblichen Rollen ausbrechen. Ein Rollenverständnis, das in den Frauen demütige Haushaltsorganisatorinnen und in den Männern in ihrer Autorität unangreifbare Familienoberhäupter sah, war für sie nicht erstrebenswert. In den Biographien spiegeln sich Frauen, die – unterschiedlich – ausgebrochen sind aus den starren Normen der patriarchalen kleinbürgerlichen Lebensweise, wie sie nach dem Kriege wieder zum Ideal stilisiert wurde, sei es, dass sie – wie viele Frauen in dieser Zeit – alleine lebten, ihr Liebesglück in für damalige Verhältnisse völlig ungewöhnlichen offenen Beziehungen mit gleichgesinnten Gefährten fanden oder partnerschaftliche Ehen eingingen, in denen sie sich der Unterstützung ihres Partners, auch bei der politischen Arbeit, sicher sein konnten. Diejenigen, die jüngere Kinder hatten, fanden weder in ihren politischen Forderungen noch für sich selbst befriedigende Lösungen für die Vereinbarkeit von Kind, Beruf und politischer Arbeit. Ganz und gar ungewöhnlich waren die zahlreichen Frauenwohngemeinschaften, in denen sie während der Anwesenheit in Bonn, aber auch an ihren Heimatorten mit anderen Frauen zusammenlebten. Einige fanden große Unterstützung ihrer Arbeit durch die Mitarbeit ihrer heranwachsenden oder erwachsenen Töchter, von denen allerdings keine selbst den Weg in die große Politik fand. Andere erzählten von der Erleichterung, die sie umfing, wenn sie nach einem arbeitsreichen Tag abends alleine mit einem Buch sein konnten.

Etliche waren über den Weg der Arbeit in über- und außerparteilichen Frauenausschüssen dazu gekommen, sich verstärkt der Parteiarbeit zu widmen, andere bauten überparteiliche Frauenausschüsse und Frauenarbeit in der SPD gleichzeitig mit auf. Kurze Zeit später beugten sich die meisten der Meinung des Parteivorsitzenden Kurt Schumacher und der zentralen Frauensekretärin, Herta Gotthelf, die die Frauen auf jeden Fall in der Partei sehen wollten, und widmeten sich – bis auf wenige Ausnahmen – von da an ganz der Parteiarbeit. Die Hoffnung der Frauen auf überparteiliche Zusammenschlüsse, wenn es um Fraueninteressen ging, übersah die oft nicht zu überwindenden Interessenkonflikte zwischen den Mitgliedern verschiedener parteipolitischer Richtungen.

Später wurden sie als ›gute Arbeiterinnen im Weinberg der Partei‹, als ›pflichtbewusste Parteisoldatinnen‹ oder als unkomplizierte, zuverlässige und geradlinige Genossinnen bezeichnet oder bezeichneten sich selbst so. Sie gehörten einer sozialdemokratischen Generation an, der Parteimitgliedschaft und -zugehörigkeit mehr bedeutete als persönliche Karriere. Für sie war die Partei ein Projekt, in dem die Gemeinschaft die Identität des Einzelnen prägte. Über fast alle, die sich der Aufmerksamkeit der Presse erfreuen konnten, wurde berichtet, dass sie »ihren Mann« standen. Andere verschwanden von der politischen Bühne, weil sie sich als Querdenkerinnen oder gar Querulantinnen parteipolitisch disqualifiziert hatten oder weil sie ihren Wirkungsbereich wieder auf der kommunalen Ebene oder in anderen (Frauen)Zusammenhängen sahen. Für einige gilt, was Lucie Beyer im Interview sagte: »Es macht mir Freude, in meinem letzten Lebensabschnitt wieder so unmittelbar für den Menschen wirken zu können.« Die Nähe zu den Bürgerinnen und Bürgern war ihnen allen immer sehr wichtig. In vielen politischen und sozialen Ehrenämtern gaben sie ihre Erfahrungen und Kompetenzen weiter. Einige haben sich von der unmittelbaren Parteiarbeit abgewandt, aber trotz einiger Enttäuschungen hat keine der Frauen die Partei verlassen; das hätte sicher zu unüberwindbaren Identitätskrisen geführt.

Die Identität aller dargestellten Frauen wurde geprägt von der Vision einer klassenlosen sozialistischen, freiheitlichen und friedlichen Gesellschaft, die auf Militäreinsätze verzichtet. Ihnen ging es um mehr soziale Gerechtigkeit, um Gleichberechtigung zwischen den Geschlechtern, um die Sicherung des sozialen Friedens in der Gesellschaft, um die Einheit Deutschlands, um den Ausbau der Demokratie und um die Politisierung der Frauen. Die Parlamentarierinnen wollten nicht auf bessere Zeiten warten, sondern diese herbeiführen. Dafür arbeiteten sie unermüdlich, nicht nur in den Gremien der Partei und in den Parlamenten, sondern auch in der Arbeiterwohlfahrt und oft auch bei den Freidenkern und Naturfreunden. Die meisten hielten wenig Reden im Plenum des Bundestages, arbeiteten aber bienenfleißig in den Ausschüssen. Bemerkenswert ist die hohe Kompetenz, die sich die Frauen im Laufe ihres Lebens erworben hatten. Nachdem die einzige Juristin unter den Parlamentarierinnen, Elisabeth Selbert, nach ihrem aufsehenerregenden Kampf im Parlamentarischen Rat um die Durchsetzung des Gleichstellungsparagraphen im Grundgesetz nicht in den Bundestag hatte einziehen können, arbeiteten fortan andere Frauen, allen voran die Sozialarbeiterin Frieda Nadig, mit großem Sachverstand für die Reformierung der dem Gleichstellungsartikel des Grundgesetzes widersprechenden Gesetze.

Die 26 Frauen waren darum bemüht, einem Image als Blaustrumpf, Suffragette oder als Frauenrechtlerin entgegenzuwirken. Alle 26 Frauen haben aber dennoch Politik für Frauen gemacht. Den ›Überschuss‹ von mehr als 7 Millionen Frauen nach dem Zweiten Weltkrieg sahen viele als Chance für ein neues Zeitalter, in dem Frauen wirklich mitbestimmen und gestalten konnten. Andere empfanden sich und ihre Altersgenossinnen als Teil einer ›betrogenen Generation‹, die durch die Verluste des Kriegs keinen Partner bekommen konnten und damit auf Liebesglück verzichten mussten. Nicht wenige erfuhren nicht nur die gnadenlose Konkurrenz zu den Männern ihrer eigenen Partei, sondern wurden auch gegen Genossinnen ausgespielt bzw. ließen sich ausspielen. Sicher war das Leid, das ihnen von denen zugefügt wurde, zu denen sie zu gehören glaubten, am schwersten zu verkraften. Oft führte das zu Auseinandersetzungen, die bis zum Lebensende andauerten, oft gelang es aber auch, trotz der Konkurrenzkämpfe ein kollegiales Verhältnis aufzubauen und später mit dieser Erfahrung jüngere Frauen bei der Arbeit zu unterstützen.[3]

---

3 Siehe hierzu die Auseinandersetzung zwischen Frieda Nadig und Elfriede Eilers in der Biographie über Frieda Nadig in diesem Band, S. 54-79.

Darüber, dass es für eine demokratische Gesellschaft mehr als recht und billig ist, Frauen die Gleichberechtigung und Eigenständigkeit zu ermöglichen, herrschte bei den Sozialdemokratinnen Konsens. Dennoch blieb in vielen Politikbereichen die Forderung nach Gleichberechtigung weitgehend ungelöst. Der Anteil der Frauen an der Mitgliedschaft und erst recht an der Funktionärselite war in allen Parteien und auch in der SPD gering. Lange Zeit wurde der Schwerpunkt der Frauenparteiarbeit fast ausschließlich auf die Gewinnung von Wählerinnen und weiblichen Mitgliedern gelegt.

Wenn Frauen im politischen Bereich in Erscheinung traten, dann meist im Wohlfahrtsbereich. Das entsprach dem gängigen Frauenbild, dass es Aufgabe der Frau sei, Not zu lindern und Trost zu spenden. Diese Auffassung wurde auch von vielen Parlamentarierinnen geteilt. Andererseits waren Sozial- und Gesundheitspolitik Politikbereiche, für die viele der Parlamentarierinnen hervorragende Expertinnen waren, weil sie dafür Qualifikationen aus ihrer Berufs- und ehrenamtlichen Arbeit, z.B. bei der Arbeiterwohlfahrt erworben hatten.

Dass die Frauen in der SPD das Schicksal von Frauen in anderen Parteien teilten und den Männern gegenüber eine minderwertige Position einnahmen, sahen sie weniger als Rückschlag gegen die Rechte der Frauen, denn als Versagen der Frauen selbst, die sich zu wenig an der aktiven Parteipolitik beteiligten. Die sozialdemokratischen Parlamentarierinnen waren ernsthaft um die Verbesserung der Lebensverhältnisse von Frauen, Männern und Kindern bemüht. Die meisten SPD-Parlamentarierinnen waren davon überzeugt, dass sich wirkliche Gleichberechtigung nur auf der Grundlage ökonomischer Unabhängigkeit Seite an Seite mit den Männern verwirklichen ließ. Von ökonomischer Unabhängigkeit aber waren die Frauen, die in der traditionellen Kleinfamilie lebten, durch die Familienideologie des Adenauer-Regimes (wieder) weit entfernt. Die Politik der Abkehrung oder Separierung von den Männern, wie sie nach ihrer Meinung von Feministinnen und bürgerlichen Frauenverbänden gefordert wurde, schien ihnen dennoch die falsche Alternative zum status quo zu sein und an der wirklichen Misere der Frauen vorbei zu gehen. Die SPD-Politikerinnen der Nachkriegsgeneration gingen davon aus, dass Frauenausschüsse und Frauenzusammenhänge nur vorübergehend notwendig waren, nämlich so lange, bis die vollständige Gleichstellung der Geschlechter erreicht war und genügend Frauen in die SPD eingetreten waren und dort auch aktiv blieben. Annemarie Renger räumt heute ein, dass sie sich damals geirrt hätten, als sie gemeint hätten, der Zustand der Gleichberechtigung ließe sich schnell erreichen. Trotz dieser Einsicht ist es notwendig, die frauenpolitischen Aktivitäten aus dem zeitgenössischen Verständnis zu betrachten. Das Verständnis der SPD-Frauen der Nachkriegszeit war, »dass Veränderungen in der Gesellschaft nicht isoliert, allein von den Frauen durchgesetzt werden können« (Renger). Als derart isoliert von den Männern verstanden sie die Politik der Feministinnen. Das war nicht ihre Politik: »(Alle) Sozialdemokraten und insbesondere die weiblichen Abgeordneten haben Politik für die Frauen gemacht.«[4]

4 *Annemarie Renger,* Die Bundestagspräsidentin, in: *Renate Lepsius,* Frauenpolitik als Beruf, Gespräche mit SPD-Parlamentarierinnen, Hamburg 1987, S. 52-75; hier: S. 75.

Bei den Auseinandersetzungen im Parlamentarischen Rat und im Bundestag waren es vor allem die Themen »Familie« und »Gleichberechtigung«, die das Konfliktpotenzial boten, das die Anhängerinnen und Anhänger der konservativen Parteien und der Sozialdemokraten immer wieder entzweite. Aber auch in den Köpfen vieler sozialdemokratischer Männer saß die Idee noch immer fest, dass Frauen auf Haus und Familie fixiert und nicht zum Auftreten in der Öffentlichkeit geschaffen seien. Auch den Parlamentarierinnen selbst gelang es nie, das familialistische Modell zu brechen. Das Monopol der Familie in der Betreuung der Kinder, zumindest der Kleinkinder, wurde nie wirklich in Frage gestellt. So argumentierten sie immer wieder einerseits für Gleichberechtigung in Beruf und Gesellschaft sowie das Recht auf Erwerb (auch für Frauen), andererseits für ausreichende Familienlöhne, um den *Müttern* die ›Doppelbelastung‹ in Familie und Beruf zu ersparen.

Die Parlamentarierinnen sahen die Grenzen der patriarchalen Gesellschaftsnormen, stellten die patriarchale Gesellschaft aber nicht grundsätzlich in Frage. Die meisten lehnten es ab, von »Frauenproblemen« zu sprechen. Der Kampf gegen die Verjährung von NS-Verbrechen, gegen die Wiederaufrüstung, für Gleichberechtigung, Besserstellung der alleinerziehenden Mütter, höhere Frauenlöhne – das sind für sie »allgemeine Probleme« (Herklotz). Auch Elisabeth Selbert, die sich engagiert für Frauenrechte einsetzte, sah sich selbst zu keiner Zeit als Frauenrechtlerin. Annemarie Renger ist heute noch stolz darauf, als erste bewiesen zu haben, dass Frauen als Bundestagspräsidentin erfolgreich sein können, bezeichnet sich aber ebenfalls nicht als Frauenpolitikerin.[5]

Die heute noch lebenden Parlamentarierinnen der ersten Stunde haben nicht resigniert, eher sind sie erregt und wütend, wenn andere resignieren. Trotz ihrer oft negativen Erfahrungen sind sie auch nicht verbittert. Sie haben das Interesse an der Politik und am öffentlichen Leben bis heute nicht verloren und wenn man sie danach fragt, sind sie überzeugt davon, dass sie im Ganzen richtig gehandelt haben. Die in diese Forschungsarbeit einbezogenen Parlamentarierinnen konnten den Weg, für den sie sich entschieden haben, nur deshalb gehen, weil sie sich selbstbewusst und selbstständig bewegt und auf ihre Vernunft vertraut haben, und das in einer Zeit, in der Frauen (wieder) zuständig für die Familie erklärt wurden und die »Kraft der Weiblichkeit« Erlösung für die im Krieg geschundenen Männer bringen sollte. Dass Frauen sich selbst in die Politikgestaltung einmischten, war zu dieser Zeit noch ungewöhnlich. Ihr politisches Ziel war »die Aufhebung des Unrechts und die Beendigung der Verarmung«[6] Dafür kämpften sie leidenschaftlich. Wenn dieses Ziel nach wie vor Gültigkeit hat, so ist es heute wichtiger denn je, »dass die Wahl der politischen Seite« mit der ganzen Person bewiesen wird.[7] Mit der ganzen Person, das heißt, alle Sinne zu gebrauchen, um Widerstandspotenziale gegen zunehmende soziale und geschlechterspezifische Ungleichheit im weltweiten Maßstab, gegen die Fortdauer gewaltsamer Konflikte, gegen wieder auftauchenden Faschismus, Rassismus und Sexismus und gegen die Diskriminierung anderer und Fremder zu entwickeln.

---

5 Siehe die Biografien über Luise Herklotz, Elisabeth Selbert und Annemarie Renger in diesem Band, S. 205-224, S. 80-103 und S. 395-420.

6 *Peter Weiss,* Ästhetik des Widerstands 1983, I. Band, S. 13.

7 Ebd., S. 263.

Die in diesem Buch dargestellten Parlamentarierinnen hatten die Vorstellung von zwei nicht nur biologisch, sondern auch in ihrem ›Wesen‹ verschiedenen, aber gleichwertigen Geschlechtern. Es ist richtig, dass sie damit am »dichotomen Bild von der harmonischen Ergänzung der Geschlechter festhielten«. Der eventuell erhobene Vorwurf, dass damit gleichzeitig die Determination der Geschlechterrollen, die Sichtweise von der geschlechtsspezifischen Arbeitsteilung, festgeschrieben wurde[8], heißt zeitgenössische Maßstäbe zu ignorieren. Frauenpolitikerinnen in der SPD stellten dies dichotome Bild – beeinflusst durch die neuen Frauenbewegungen – ohnehin zunehmend in Frage.

Seit Beginn der Industrialisierung kämpften Frauen um politische, ökonomische und gesellschaftliche Gleichstellung in unterschiedlichen Zusammenhängen und mit unterschiedlichem Erfolg. Ende der 1960er Jahre, als die »neue« Frauenbewegung mit dem Slogan »das Private ist politisch« an die Öffentlichkeit trat[9], riss auch bei den SPD-Frauen der Geduldsfaden. Bereits 1971 fanden sich feministisch gesinnte Frauen, auch jenseits des Alters der Jungsozialisten, zum Arbeitskreis Emanzipation (AKE) der Jusos zusammen. Sie wollten die linken Männer lehren, dass die Frauenfrage zentraler Bestandteil der Klassenfrage und kein Nebenwiderspruch ist. Wenn SPD-Frauen auch nicht mit Tomaten schmissen wie die Frauen des Sozialistischen Deutschen Studentenbundes (SDS)[10] und auch weiterhin immer wieder betonten, dass »Geschlechterkampf« nicht ihr Anliegen und lila Latzhosen nicht ihr Outfit sein sollten, so gründeten sie doch 1973 die Arbeitsgemeinschaft sozialdemokratischer Frauen (AsF). Und diese Arbeitsgemeinschaft wurde von Anfang an durch die männlichen Mandatsträger argwöhnisch beobachtet, denn »seit jeher bestand der latente Verdacht, dass Frauen unter sich Böses im Schilde führen und Unheil anrichten«.[11] Für diesen »Verein« galt, was schon lange Ängste schürte: »Der Verein nahm nicht bloß Frauenspersonen als Mitglieder auf, sondern er bestand nur aus Frauenspersonen.«[12] Vorsitzende wurde die damalige Bundestagsabgeordnete Elfriede Eilers. Sie erklärte, ganz in der Tradition der Parlamentarierinnen der ersten (Nachkriegs)stunde, es sei die Aufgabe der AsF, sich selbst überflüssig zu machen. Das ist der AsF bis heute nicht gelungen. Denn überflüssig hieße, dass das Ziel der Gleichstellung von Mann und Frau auf allen Ebenen, in allen Bereichen der Gesellschaft verwirklicht ist.[13] Im Grunde gilt auch heute noch, was Susanne Miller 1978 geschrieben hat: »Weder

8 *Susanne Knoblich,* »Mit Frauenbewegung hat das nichts zu tun«. Gewerkschafterinnen in Niedersachsen 1945 bis 1960, Bonn 1999, S. 22.

9 Vgl. dazu den Überblicksartikel: *Gisela Notz,* Die Auswirkungen der Studentenbewegung auf die Frauenbewegung, in: metis. Zeitschrift für historische Frauenforschung und feministische Praxis, H. 16/1999, S. 105-130.

10 Der SDS war zu dieser Zeit längst aus der SPD ausgeschlossen.

11 *Karin Junker,* »25 Jahre AsF – Wir haben die richtigen Frauen«. Rede anlässlich der AsF-Bundeskonferenz am 5. Juni 1998 in Münster (Manuskript), S. 3.

12 So der Strafrichter Brausewetter 1886 anlässlich des Sozialistengesetzes, zit. nach Karin Junker, ebd. S. 1

13 Vgl. *Gisela Notz/Christl Wickert,* Ein neues Politikerinnenbild in Deutschland im Wandel der Zeiten? In: *Helga Grebing/Karin Junker* (Hrsg.), Frau.Macht.Zukunft, Marburg 2001, S. 225-256; hier: S. 244 ff.

das programmatische Bekenntnis zur Gleichberechtigung der Frauen noch die gesetzgeberischen und gesellschaftspolitischen Initiativen der SPD führten zu einem wachsenden Zustrom von Frauen in die Partei und zu einer zunehmenden Zahl von Frauen, die von ihr mit Mandaten und Führungsaufgaben betraut wurden.«[14]

Bei den AsF-Bundeskonferenzen wurden, ebenso wie vorher im zentralen Frauenausschuss, Beschlüsse gefasst, die bis heute nicht in die Parteiprogramme Eingang fanden, aber nach wie vor politische Bedeutung haben: die Verkürzung der täglichen Arbeitszeit, Vereinbarkeit von Beruf und Familie, Abschaffung des Ehegattensplittings, Streichung des § 218, bedarfsdeckendes Angebot an Kindergartenplätzen und Ganztagsschulen, Erziehungszeiten, die die Vereinbarkeit von Kind und Beruf für beide Elternteile ermöglichen, eigenständiger Rentenanspruch für Frauen, Einführung des 6-Stunden-Tages,[15] um nur einige der Forderungen zu nennen.

Dem Einsatz von Inge Wettig-Danielmeier, seit 1981 AsF-Vorsitzende, war es wesentlich zu danken, dass sich der fraktionsübergreifende Gruppenantrag mit Fristenlösung und Zwangsberatung für die Reformierung des § 218 durchsetzte. Nach langwieriger Quotendiskussion stimmte die AsF bei der Bundeskonferenz 1981 einer Mindestabsicherung von 40 Prozent für jedes Geschlecht zu. Dennoch lag erst 1986 ein dahingehender Satzungsvorschlag vor, der 1988 durch den Beschluss des Parteitages in Münster Satzungskraft erhielt. Durch die Quote ist Bewegung in die Besetzung der Ämter gebracht worden. Nach 27 Jahren AsF waren im Jahre 2000 immerhin 29,35 % der Mitglieder weiblich (1984 waren es nur 24,49 %). Im Parteirat waren 2001 48,1 % Frauen, im Parteivorstand 46,7 % und im Präsidium der Partei 46,2 % Frauen. Die Anzahl der weiblichen Delegierten zu den Bundesparteitagen hat in manchen Bundesländern (Berlin, Baden-Württemberg und Schleswig-Holstein) die 50 % Grenze überschritten und lag 1999 insgesamt bei 45,2 %. 17,3 % der Vorsitzenden der Ortsvereine und 17,5 % der Vorsitzenden der Unterbezirke/Kreisverbände waren weiblich, bei der Gründung der AsF waren es nur 12,9 Prozent. (Fast) paritätische Vorstände auf allen Gliederungsebenen sind inzwischen nicht mehr ganz selten. Es bleibt zu hoffen, dass in Zukunft die Aufhebung der noch immer fortdauernden Benachteiligung von Frauen in Politik, Wirtschaft und Gesellschaft umgesetzt wird und der im Berliner SPD-Programm von 1989 enthaltene Satz: »Wer die menschliche Gesellschaft will, muss die männliche überwinden«, von allen Beteiligten getragen wird. Heute gilt es, so die Vorsitzende der Arbeitsgemeinschaft sozialdemokratischer Frauen, Karin Junker, 1998: »Nicht über Misserfolge zu jammern, sondern sich der Erfolge zu freuen, ... nicht Wunden lecken, sondern Kraft schöpfen für die Zukunft ist angesagt.«[16]

Von der zweiten Reihe in die erste aufzurücken war einfacher, als von der Hinterbank nach vorne zu kommen. Seit der Bundestagswahl 2002 sind 95 von 251 Bundestagsab-

14 *Susanne Miller,* Frauenfrage und Sexismus in der deutschen Sozialdemokratie, in: *Hannelore Horn/Alexander Schwan/Thomas Weingartner* (Hrsg.), Sozialismus in Theorie und Praxis, Festschrift für Richard Löwenthal, Berlin/New York 1978, S. 542-571; hier: S. 547 f.

15 Vgl. zum Beispiel: *Frauenreferat beim SPD-Parteivorstand* (Hrsg.), Frauen machen Politik, Bonn, o.J.

16 Frauenreferat beim SPD-Parteivorstand.

geordneten der SPD weiblich, das sind immerhin 37,84 Prozent, und es gibt seit Januar 2001 fünf Sozialdemokratinnen und eine Grüne als Bundesministerinnen.[17] Der Frauenanteil in den Landtagsfraktionen schwankte 2001 zwischen 18,0 Prozent in Brandenburg und 36,4 Prozent in Nordrhein-Westfalen. Karin Junker bezeichnete das beim Parteitag 2002 in Nürnberg als »bescheiden bis mittelmäßig«.[18] In manchen Landtagsfraktionen sind Frauen nach wie vor unterrepräsentiert. Auch in der SPD gilt noch immer: »Je höher die Hierarchieebene, desto dünner die Luft für Frauen.«[19]

Es waren nicht zuletzt die Kämpfe der Frauen, die dazu verholfen haben, dass vor allem jüngere Frauen heute auch in der SPD Räume und Möglichkeiten vorfinden, die vor 30 Jahren noch hart erkämpft werden mussten. Heute sieht die AsF wie viele andere Organisationen im Zauberwort des Gender-Mainstreaming ein wirkungsvolles Instrument zur Umsetzung der sozialdemokratischen Gleichstellungspolitik. Gender-Mainstreaming bezeichnet ein wichtiges Instrument, das mit dem Ziel eingesetzt werden soll, Frauen und Männer in allen gesellschaftlichen Bereichen gleich zu beteiligen, also eine radikale Gleichstellungspolitik zu betreiben. Übersetzt hieße es: Integration der Gleichstellung von Mann und Frau in alle Politikbereiche. Der Gedanke ist nicht neu. Frauenpolitik als Querschnittsaufgabe in einigen Politikbereichen, Institutionen und Organisationen hatte bereits denselben Anspruch erhoben, ihn allerdings mit nur mäßigem Erfolg in den verschiedenen Politikbereichen umsetzen können. Für die Bundesrepublik heißt Gender-Mainstreaming nichts anderes als ein notwendiger Verweis auf Art. 3 (2) des Grundgesetzes und dessen längst fällige Umsetzung.

Die Überlegungen der Frauen, die mit der sozialen und geschlechterspezifischen Ungleichheit nicht zufrieden sind, werden weiterhin nicht dabei enden, dass sie die Hälfte vom verschimmelten Kuchen wollen oder gar die Hälfte der Fensterplätze auf der untergehenden Titanic. Wer nicht den verschimmelten Kuchen umverteilen will bzw. sich im verseuchten Wasser treiben lassen will, muss gleichstellungspolitische Perspektiven mit Inhalten verbinden. Das hieße dann, genau zu prüfen, wo der »Mainstream« hingeht. Das scheint heute nötiger denn je. Karin Junker ist beizupflichten, dass es mit in der Verantwortung der Frauen liegt, den leider schon ziemlich weit fortgeschrittenen Anfängen zu wehren und Intoleranz, Ausländerfeindlichkeit, Rassismus, Nationalismus, einfach jeder Art von Diskriminierung und Ausgrenzung entschieden entgegenzuwirken.

Für die Zukunft wird es notwendiger denn je, dass Frauen innerhalb der Parlamente und Parteien mit denen, die jenseits von traditionellen Parteistrukturen in die Politik eingreifen wollen, in diesem Sinne an einem Strang ziehen. Was Clara Zetkin im Vorfeld des ersten Internationalen Frauentags 1911 sagte, gilt heute noch: »Ziel ist das Menschenrecht als Frauenrecht« – weltweit.

17 Die Zahl ist nach der Bundestagswahl 2002 gleich geblieben. Quelle für alle Zahlen – SPD-Parteivorstand, Frauenreferat.

18 *Karin Junker*, Gleichstellungsbericht, SPD-Parteitag Nürnberg, 19. bis 22. November 2001, S. 7.

19 *Karin Junker*, Gleichstellungsbericht, SPD-Parteitag Berlin, 7. bis 9. Dezember 1999, S. 6

Anhang

Quellen und Literaturverzeichnis

Interviews und biographische Mitteilungen

Bennemann, Otto: Telefongespräch am 26.4.1999 und Interview vom 11.5.1999 über Franziska Bennemann.
Böser, Monika: Interview über ihre Mutter Marta Schanzenbach vom 23.5.2002.
Deboben, Annemie: Interview über ihre Mutter Emmy Meyer-Laule vom 12.6.2002.
Dudler, Agnes/Kelz-Blank, Franziska/Meyer, Margret/Wiegmann, Barbelies: Gespräch zum Internationalen Jahr der Frau 1975 am 6.8.2002.
Eilers, Elfriede: Interview über verschiedene Parlamentarierinnen vom 4.5.1999.
Heinen, Else: Interview über ihre Mutter Luise Peter vom 21.2.2001.
Herklotz, Luise: Interview am 27.10.1998 und vom 8.10.2001.
Kreutzer, Hermann: Telefongespräch am 4.4.2002.
Hubert-Fehler, Alix/Trumm Sibylle: schriftliche Aufzeichnungen über ihre Mutter Elinor Hubert vom 13.8.2002.
Keilhack, Irma: Interview am 20.5.1999
Kettig, Helmut: Interview mit Alma Kettig am 12.6.1997.
Kettig, Elfriede/Kettig, Helmut/Kuchhäuser, Monika/Mühlenheim, Ulla: Interview über Alma Kettig am 23.6.2000.
Kreutzer, Hermann: Telefoninterview zu Clara Döhring und Lisa Korspeter am 4.4.2002.
Kriwett, Erika: Interview über ihre Mutter Grete Rudoll vom 23.4.2002.
Kurlbaum-Beyer, Lucie: Interview am 15.6.1999.
Marx, Edith: Interview über ihre Mutter Jeanette Wolff vom 29.6.2000.
Miller, Susanne: Interview über verschiedene Parlamentarierinnen vom 7.7.2000.
Neukirch, Helmut: Interview über Trudel Meyer vom 28.1.2002.
Renger, Annemarie: Interview vom 4.11.1999.
Schimschock, Hildegard: Interview über verschiedene Parlamentarierinnen am 17.11.1999
Söder, Ernst: Interview über Trudel Meyer vom 9.1.2002.
Vallee, Traudl: Interview über ihre Mutter Käte Strobel vom 22.6.1999.

Archivalische Quellen

Archiv der sozialen Demokratie der Friedrich-Ebert-Stiftung, Bonn (AdsD)

Nachlass August und Luise Albertz (unverzeichnet)
Nachlass Helene Wessel
Sammlung Personalia: Luise Albertz, Hermann Albertz, Lisa Albrecht, Maria Ansorge, Franziska Bennemann, Otto Bennemann, Friedrich Berger, Margarethe Berger-Heise, Clara Döhring, Luise Herklotz, Elinor Hubert, Irma Keilhack, Alma Kettig, Liesel Kipp-Kaule, Lisa Korspeter, Wilhelm Korspeter, Lucie Kurlbaum-Beyer, Gertrud Lockmann, Anni Mellies, Trudel Meyer, Emmy Meyer-Laule, Frieda Nadig, Hubert Peter, Luise Peter, Annemarie Renger, Margarete Rudoll, Marta Schanzenbach, Louise Schroeder, Elisabeth Selbert, Käte Strobel, Jeanette Wolff
Akte PV 10258 52 und 53
Bestand Kurt Schumacher: Frauenbüro im SPD-Parteivorstand (Herta Gotthelf) – Korrespondenz: Schleswig-Holstein A–Z, 1946–1948, Nr. 170, und Korrespondenz: Bremen Nord-West/Weser-Ems A–Z, 1946–1948, Nr. 172

Arbeiterbewegung in Niedersachsen, Teilprojekt Braunschweig II, Gewerkschaften, B 7
DGB-Archiv im AdsD
Ostbüro der SPD, Personalakte Paul Kreutzer (nach Genehmigung durch Hermann Kreutzer)
Akte SPD-LO Hamburg, Mappe 125

SPD-Parteivorstand, Zeitungsausschnittsammlung (ZASS I und II)

Bibliothek der Friedrich-Ebert-Stiftung, Bonn

SPD-Pressedienste und SPD-Pressemitteilungen
Genossin/ab 1950 Gleichheit 1947–1957
(Zeitungen siehe gesonderte Auflistung)

Stadtarchiv Bielefeld

Akte 368 und Personalakte Frieda Nadig
Sammlung Liesel Kipp-Kaule

Archiv der Deutschen Frauenbewegung, Kassel

Nachlass Elisabeth Selbert (zum Zeitpunkt des Besuchs unverzeichnet)
Sammlung der Kurzbiographien

Bundestagsarchiv Bonn

Akten der Bundestagsausschüsse 1949–1957

Bundestagsarchiv Berlin

Akten und Lebensläufe zu allen in die Untersuchung einbezogenen Parlamentarierinnen (außer Selbert)

Forschungsstelle für Zeitgeschichte Hamburg

Akte SPD, Landesorganisation Hamburg, Kreis Nord 1950–1960

Franz-Neumann-Archiv, Berlin

Nachlass Jeanette Wolff
Zeitungsausschnitte Louise Schroeder

Frauenforschungs- und Bildungszentrum (FFBIZ), Berlin

Zeitungsausschnittsammlung zu allen in die Untersuchung einbezogenen Parlamentarierinnen

Stadtarchiv Bonn

Zeitungsausschnittsammlung und Photosammlung zu allen in die Untersuchung einbezogenen Parlamentarierinnen

Beteiligt waren auch zahlreiche Stadtarchive, die einzelne Zeitungsausschnitte übersandten oder Fehlanzeige erstatten mussten

Pressedienste und Zeitungen

Abz. Deutsche Illustrierte
Allgemeine Zeitung
Amtsblatt der Stadt Stuttgart
Arbeiter Zeitung
Aufbau
Augsburger Allgemeine
Badisches Tagblatt
Berliner Morgenpost
Berliner Stadtblatt
Berliner Stimme
Berliner Zeitung
Bielefelder Beobachter
Bildzeitung
Bonner Rundschau
Braunschweiger Zeitung
British Zone Review
Cellesche Zeitung
Das Parlament
Das Volk
Deister- und Weserzeitung
Der Abend
Der Arbeitgeber
Der Kurier
Der Mannheimer Morgen
Der Sozialdemokrat
Der Sozialist, Oldenburg
Der Spiegel
Der Tag
Der Tagesspiegel, Berlin
Deutsche Volkszeitung
Deutscher Pressedienst
Die Andere Zeitung
Die Frau in unserer Zeit
Die Freiheit
Die Neue Zeitung
Die Rheinpfalz
Die SPD-Fraktion teilt mit
Die Tageszeitung
die tat
Diethmarscher Landeszeitung
Die Welt
Die Zeit
Emma
Fränkische Tagespost
Frankenberger Zeitung
Frankfurter Allgemeine Zeitung
Frankfurter Rundschau
Frau JFB
Frauenwelt
Freie Presse
Freie Presse Bielefeld
Generalanzeiger, Bonn
Hamburger Abendblatt
Hamburger Echo
Hannoversche Presse
Hannoversche Zeitung
Harald Tribune
Informationen der Sozialdemokratischen Bundestagsfraktion
Kölner Stadtanzeiger
Lahrer Zeitung
Mannheimer Morgen
Mitteilungen der SPD, Bezirk Westliches Westfalen
Mitteilungen der SPD-Pressestelle
Mitteilungsblatt des Deutschen Akademikerinnenbundes
Mitteilungs- und Verordnungsblatt der Nordrhein-Provinz
Münchener Merkur
Nachrichten des Deutschen Vereins
Nachtdepesche
Neckar-Echo
Neue Juristische Wochenschrift
Neue Rhein Zeitung
Neue Westfälische Rundschau
Neue Westfälische Zeitung
Neuer Vorwärts
Neues Deutschland
Nordwestdeutsche Rundschau
Nürnberger Nachrichten
Offenbacher Tageblatt
Offenburger Tagblatt
Osnerbrücker Tageblatt
Pharmazeutische Zeitung
Parlamentarisch-Politische Pressedienst Bonn
pressemitteilungen und informationen
Pressenotiz SPD Frauenbüro
Rheinische Post
Rheinische Zeitung
Rhein-Echo
Rhein-Neckar-Zeitung
Rhein-Ruhr-Zeitung
Ruhrwacht Oberhausen
Schwäbische Landeszeitung
Sie

Siegener Zeitung
Sopade Informationsdienst
Sowjetunion heute
Sozialdemokratischer Pressedienst
Sozialistischer Medizinischer Pressedienst
Sozialistische Rundschau
Sozialpolitischer Pressedienst
Sozialprisma
SPD-Mitteilungsblatt
SPD-Pressedienst
Speyerer Rundschau
Stadt Blatt Bielefeld
Stuttgarter Zeitung
Süddeutsche Zeitung
Südost-Kurier
Südwestdeutsche Zeitung
Stadt Blatt
Stuttgarter Nachrichten
Stuttgarter Zeitung
Tägliche Rundschau
Täglicher Anzeiger Holzminden
Telegraf
Textil und Bekleidung
The Stars and Stripes
unsere arbeit
Volksblatt Spandau
Volksfreund
Volksstimme
Volkswacht
Volkswille Stuttgart
Vorwärts
Weckruf, SPD-Hamburg
Welt der Arbeit
Welt der Frau
Werdener Nachrichten
Westdeutsche Allgemeine Zeitung
Westfälische Rundschau
Wupper-Nachrichten

Biographien und Autobiographien

Albrecht, Willy: Jeanette Wolff, Jakob Altmaier und Peter Blachstein. Die drei jüdischen Abgeordneten des Bundestags bis zum Beginn der sechziger Jahre, in: Schoeps, Julius H. (Hrsg.): Leben im Land der Täter. Juden im Nachkriegsdeutschland (1945–1952), Berlin 2001.

Appelius, Stefan: Als Pazifistin in Bonn. Alma Kettigs Weg in der Sozialdemokratischen Bundestagsfraktion, in: Appelius, Stefan (Hrsg.): Alma Kettig, Verpflichtung zum Frieden, Biographie einer Bundestagsabgeordneten, Oldenburg 1990.

Appelius, Stefan (Hrsg.): Alma Kettig, Verpflichtung zum Frieden, Biographie einer Bundestagsabgeordneten, Oldenburg 1990.

Böttger, Barbara: Das Recht auf Gleichheit und Differenz, Münster 1990.

Der Seniorenrat der SPD (Hrsg.): Zeitgenossen, Frauen und Männer der ersten Stunde, Mitglieder des Seniorenrats der SPD, Bonn o.J.

Dertinger, Antje: Die bessere Hälfte kämpft um ihr Recht. Der Anspruch der Frauen auf Erwerb und andere Selbstverständlichkeiten, Köln 1980.

Dertinger, Antje/Gotthelf, Herta: Als die Frauen ihre Chance verpassten ..., in: Dertinger, Antje: Die bessere Hälfte kämpft um ihr Recht, Köln 1980, S. 203-226.

Dertinger, Antje: Elisabeth Selbert. Eine Kurzbiographie, hrsg. von der Bevollmächtigten der Hessischen Landesregierung für Frauenangelegenheiten, Wiesbaden 1986.

Dertinger, Antje: Frauen der ersten Stunde. Aus den Gründerjahren der Bundesrepublik, Bonn 1989.

Dertinger, Antje: Luise Albertz – Mutter Courage des Reviers, in: Demokratische Gemeinde 5/1994, S. 40.

Die Hessische Landesregierung (Hrsg.): Ein Glücksfall für die Demokratie, Elisabeth Selbert (1896–1986), Die große Anwältin der Gleichberechtigung, Frankfurt/M. 1999.

Deutscher Juristinnenbund (Hrsg.): Juristinnen in Deutschland, Neuwied u.a. 1989.

Drummer, Heike/Zwilling, Jutta: Elisabeth Selbert. Eine Biographie, in: Die Hessische Landesregierung (Hrsg.): Elisabeth Selbert, die große Anwältin der Gleichberechtigung, Frankfurt 1999, S. 9-136.

Drummer, Heike/Zwilling, Jutta: Elisabeth Schwarzhaupt. Eine Biographie, in: Die Hessische Landesregierung (Hrsg.): Elisabeth Schwarzhaupt. Portrait einer streitbaren Politikerin und Christin, Freiburg et al. 2001, S. 14-115.

Eilers, Elfriede: Im Brennpunkt: Frauenpolitik, in: Renate Lepsius: Frauenpolitik als Beruf, Gespräche mit SPD-Parlamentarierinnen, Hamburg 1987, S. 76-99.

Eilers, Elfriede: ›Wenn Frauen aktiv sind, sind sie's meistens länger als Männer‹, Lebensbilder, aufgezeichnet von Heinz Thörmer, Marburg 1996.

Faßbinder, Klara-Marie: Begegnungen und Entscheidungen, Darmstadt 1961.

Fischer, Ingrid: Gespräch mit Irma Keilhack, in: Der alltägliche Faschismus: Frauen im Dritten Reich, Berlin/Bonn 1981, S. 116-142.

Friese, Elisabeth: Helene Wessel (1898–1969), Von der Zentrumspartei zur Sozialdemokratie, Essen 1993.

Fuchs, Christel Maria: Friederike Nadig – Diese Frau hat ihre Chance nicht vertan!, Hausarbeit für das Proseminar: Einführung in die Neuere Geschichte, Wintersemester 1996/97, TH Darmstadt.

Fuchs, Christel Maria: Sie war mutig, entschlossen und ›ein sehr menschlicher Mensch‹. Das Leben der Frieda Nadig, in: Kreisheimatverein Herford e. V. (Hrsg.): Historisches Jahrbuch für den Kreis Herford 1999, Bielefeld 1998, S. 73-88.

Gieschler, Sabine/Schanzenbach, Marta: Ein Kind der Arbeiterbewegung, in: Müller, Wolfgang C. (Hrsg.): Erinnerungen für die Zukunft. Beiträge zum 75. Gründungstag der Arbeiterwohlfahrt, Frankfurt/M. 1994, S. 31-49.

Goyke, Ernst: Die 100 von Bonn, Bergisch-Gladbach 1970.

Grabenhorst, Carsten: Otto Bennemann, Beitrag zu einer politischen Biographie, Braunschweig 1991.

Henkels, Walter: Von der Studienstiftung bis zu den Krankenschwestern, Bonner Köpfe: Elinor Hubert, in: Frankfurter Allgemeine Zeitung vom 4.7.1963.

Herz, Hans-Peter: Louise Schroeder, in: Casdorff, Claus Hinrich (Hrsg.): Demokraten. Profile unserer Republik, Frankfurt/M. 1983, S. 239-246.

Horn, Ulrich: Luise Albertz, in: Landtag Nordrhein-Westfalen (Hrsg.): Frauen im Landtag, Düsseldorf 1992.

Hubert, Elinor: Preußische Beamtentochter und Ärztin, in: Vorstand der SPD (Hrsg.): Frauen machen Politik, Schriftenreihe für Frauenfragen, Nr. 4/1958, S. 9-18.

Jarck, Horst Rüdiger/Scheel, Günter (Hrsg.): Braunschweigisches Biographisches Lexikon 19. und 20. Jahrhundert, Hannover 1996.

Jens, Uwe (Hrsg.): Georg Kurlbaum. Eine sozial und ethisch verpflichtete Unternehmerpersönlichkeit, Bonn 2002.

Keilhack, Irma: Bericht, in: ASF Hamburg (Hrsg.): Frauen im Faschismus, Frauen im Widerstand. Hamburger Sozialdemokratinnen berichten, Hamburg o.J., S. 31-33.

Keilhack, Irma: Geprägt von der Haltung der Eltern, in: Vorstand der SPD, Bonn (Hrsg.): Frauen machen Politik, Schriftenreihe für Frauenfragen, Nr. 4, 1958, S. 33-37.

Kettig, Alma: Wissen, dass man sich durchsetzen muss, in: Laudowicz, Edith/Pollmann, Doris (Hrsg.): Weil ich das Leben liebe. Persönliches und Politisches aus dem Leben engagierter Frauen, Köln 1981, S. 51-67.

Kettig, Alma: Wissen, dass man sich durchsetzen muss, in: Pollmann, Dorlies/Laudowicz, Edith (Hrsg.): Weil ich das Leben liebe ... Aus dem Leben engagierter Frauen, Köln 1981, S. 51-69.

Kettig, Alma: Verpflichtung zum Frieden, Oldenburg 1990.

Kettig, Alma: Die SPD verlassen? Das wäre zu einfach gewesen, in: Ministerium für Frauen, Jugend, Familie und Gesundheit des Landes Nordrhein-Westfalen (Hrsg.): Zeitgenossinnen, Frauengeschichte(n) aus Nordrhein-Westfalen, Düsseldorf 1999, S. 66-69.

Kettig, Alma: Gleichberechtigung der Frau, in: Wittener Frauen erzählen, Witten, o.J., S. 42-43.

Kling, Ute: Anni Krahnstöver und Emmy Lüthje in ihrer politischen Arbeit während der ersten Nachkriegsjahre, Magisterarbeit, Kiel 1994.

Koblitz, Katja: Selbert, Elisabeth, geb. Rohde, in: Asendorf, Manfred/Bockel, Rolf von (Hrsg.): Demokratische Wege, deutsche Lebensläufe aus fünf Jahrhunderten, Weimar 1997, S. 583-585.

Koerfer, Martina: Louise Schroeder, Berlin 1987.

Koerfer, Martina: Louise Schroeder, in: Stadtoberhäupter, Biographien Berliner Bürgermeister im 19. und 20. Jahrhundert, Berlin 1992, S. 373-390.

Korspeter, Lisa: Opposition gegen bürgerliche Sattheit, in: Vorstand der SPD (Hrsg.): Frauen machen Politik, Schriftenreihe für Frauenfragen Nr. 4, Bonn 1958, S. 28-30.

Krohn, Claus-Dieter/von zur Mühlen, Patrik/Paul, Gerhard: Handbuch der deutschsprachigen Emigration 1933–1945, Darmstadt 1998.

Kurlbaum, Georg: Erinnerungen, in: Wissenschaftlicher Dienst des Deutschen Bundestags (Hrsg.): Abgeordnete des Deutschen Bundestages, Boppard/Rhein 1988.

Kurlbaum-Beyer, Lucie: Erinnerungen aus meinem Leben, o.O., o.J.

Kurlbaum-Beyer, Lucie: Erinnerungen, in: Wissenschaftlicher Dienst des Deutschen Bundestages (Hrsg.): Abgeordnete des Deutschen Bundestages, Boppard/Rhein 1998, S. 138-217.

Lemke-Müller, Sabine: Ethischer Sozialismus und Soziale Demokratie. Der politische Weg Willi Eichlers vom ISK zur SPD, Bonn 1988.

Langer, Ingrid: Festrede, in: Friedrich-Ebert-Stiftung (Hrsg.): Elisabeth Selbert 1896–1986. Festveranstaltung in der Elisabeth-Selbert-Akademie der Friedrich-Ebert-Stiftung, Saarbrücken, 22.9.1996, Dokumentation, Bonn 1997, S. 5-31.

Lauterer, Heide-Marie: Teusch, Christine, in: Manfred Assendorf und Rolf von Bockel (Hrsg.): Demokratische Wege, deutsche Lebensläufe aus fünf Jahrhunderten, S. 636-637.

Lepsius, Renate: Frauenpolitik als Beruf. Gespräche mit SPD-Parlamentarierinnen, Hamburg 1987.

Marquard, Regine: Das Ja zur Politik. Frauen im Deutschen Bundestag 1949–1961, Opladen 1999.

Meves, Christa: Elisabeth Schwarzhaupt – Eine Momentaufnahme, in: Die Hessische Landesregierung (Hrsg.): Elisabeth Schwarzhaupt, Portrait einer streitbaren Politikerin und Christin, Freiburg u.a. 2001, S. 209-210.

Meyer, Birgit: Das Grundgesetz und die Frauen der ersten Stunde, in: Benz, Wolfgang/Moos, Detlev (Hrsg.): Das Grundgesetz und die Bundesrepublik Deutschland, Gräfelfing 1988, S. 37-39.

Meyer, Birgit: Frauen im Männerbund, Politikerinnen in Führungspositionen von der Nachkriegszeit bis heute, Frankfurt a.M./ New York 1997.

Meyer, Birgit: Käte Strobel (1907–1996), in: Sarkowicz, Hans (Hrsg.): Sie prägten Deutschland – eine Geschichte der Bundesrepublik in politischen Portraits, München 1999, S. 170-183.

Notz, Gisela: Biographische Skizze, Frauenengagement in Politik und Gewerkschaften in der BRD nach 1945. Lucie Kurlbaum-Beyer (geb. 1914), in: Beiträge zur Geschichte der Arbeiterbewegung, H. 4/2000, S. 86-100.

Notz, Gisela: Klara Marie Fassbinder (1890–1974) and Women's Peace Activities in the 1950s and 1960s, in: Journal of Women's History, Autumn 2001, S. 98-123.

Notz, Gisela: Lucie Kurlbaum-Beyer – Frauen(bildungs)arbeit in einer Männergewerkschaft, in: Ciupke, Paul/Derichs-Kunstmann, Karin (Hrsg.): Zwischen Emanzipation und ›besonderer Kulturaufgabe der Frau‹, Frauenbildung in der Geschichte der Erwachsenenbildung, Essen 2001, S. 273-280.

Osterroth, Franz: Biographisches Lexikon des Sozialismus, Bd. I: Verstorbene Persönlichkeiten, Hannover 1960.

Peter, Hubert: Chronik der Familie Hubert Peter, Manuskript vom 2.5.1978.

Pommerin, Rainer: Die Mitglieder des Parlamentarischen Rates. Porträtskizzen des britischen Verbindungsoffiziers Chaput de Saintogne, in: Vierteljahrshefte für Zeitgeschichte, 36. Jg., H. 3, Juli 1988, S. 557-589.

Renger, Annemarie: Das Grundgesetz hat nicht nur Väter: zur Erinnerung an Elisabeth Selbert, in: Huber, Antje (Hrsg.): Verdient die Nachtigall Lob, wenn sie singt? Die Sozialdemokratinnen, Stuttgart 1984, S. 81-85.

Renger, Annemarie: Die Bundestagspräsidentin, in: Lepsius, Renate: Frauenpolitik als Beruf. Gespräche mit SPD-Parlamentarierinnen, Hamburg 1987, S. 52-75.

Renger, Annemarie: Ein politisches Leben, Erinnerungen, Stuttgart 1993.

Rosenthal, Hans: Jeanette Wolff in der Jüdischen Gemeinde Berlin, in: Jeanette Wolff, Mit Bibel und Bebel. Ein Gedenkbuch, Bonn 1980, S. 101.

Salentin, Ursula: Elisabeth Schwarzhaupt – Moderne Gesundheits- und Umweltpolitik für die Bundesrepublik Deutschland, in: Die Hessische Landesregierung (Hrsg.): Elisabeth Schwarzhaupt, S. 220-226.

Schanzenbach, Marta: Entscheidende Kindheitserlebnisse, in: Vorstand der SPD (Hrsg.): Frauen machen Politik, Bonn 1958, S. 9-13.

Schanzenbach, Marta: Das Glück helfen zu können, in: Lepsius, Renate: Frauenpolitik als Beruf. Gespräche mit SPD-Parlamentarierinnen, Hamburg 1987, S. 18.

Schmalstieg, Gerhard: Jeanette Wolff, geb. Cohen, verw. Fuldauer, in: Westmünsterland. Jahrbuch des Kreises Borken 1997, S. 209-213.

Schöfer, Erasmus (Hrsg.): Alma Kettig, in: Werkkreis Literatur der Arbeitswelt. Die Kinder des roten Großvaters erzählen, Frankfurt/M. 1976, S. 232-245.

Specht, Minna: Pädagogin und Schulreformerin, in: Vorstand der SPD (Hrsg.): Frauen machen Politik, Schriftenreihe für Frauenfragen Nummer 4, S. 5-8.

Strobel, Käte: Geformt durch die sozialistische Jugendbewegung, in: Vorstand der SPD (Hrsg.): Frauen machen Politik, Schriftenreihe für Frauenfragen, Nr. 4, Bonn 1958, S. 42-45.

Strobel, Käte: Tabubrecherin in Fragen der Sexualität, in: Lepsius, Renate: Frauenpolitik als Beruf. Gespräche mit SPD-Parlamentarierinnen, Hamburg 1987, S. 33-51.

Vierhaus, Rudolf/Herbst, Ludolf (Hrsg.): Biographisches Handbuch der Mitglieder des Deutschen Bundestages 1949–2002. Band 1 A-M und Band 2 N-Z, München 2002.

Volkshochschule der Stadt Bielefeld (Hrsg.): ›Wir haben uns so durchgeschlagen ...‹, Frauen im Bielefelder Nachkriegsalltag 1945–1950, Bielefeld 1992.

Weber, Petra: Carlo Schmid: 1896–1979; Eine Biographie, Frankfurt/M. 1998.

Wickert, Christl: Frauen im Parlament: Lebensläufe sozialdemokratischer Parlamentarierinnen in der Weimarer Republik, in: Schröder, Wilhelm Heinz: Lebenslauf und Gesellschaft, Stuttgart 1985, S. 210-240.
Wickert, Christl: Unsere Erwählten. Sozialdemokratische Frauen im Reichstag und im Preußischen Landtag 1919 bis 1933, 2 Bände, Göttingen 1986.
Wiedner, Hanne: Dr. Elisabeth Selbert, in: Ariadne, H. 5/1986, S. 14-16.

Zentrale des katholischen deutschen Frauenbundes (Hrsg.): Ernte eines Lebens: Bilder der Erinnerung, zum 80. Geburtstag von Helene Weber, 17. März 1961, Köln 1961.

Verwendete Literatur

Albertz, Luise: Frauenfunk im NWDR, Nordwestdeutscher Rundfunk, in: Genossin, Nr. 3/April 1949, S. 93-94.
Albertz, Luise: Wahlkampf für weitere Werbearbeit ausgewertet, in: Genossin, Nr. 8/1949, S. 226.
Albertz, Luise u.a. (Hrsg.): Zeichen des Fortschritts, Oberhausen, o.J.
Albrecht, Lisa/Simon, Hanna (Hrsg.): Frauenbuch, Offenbach/Main 1947.
Albrecht, Lisa: Rechtliche Stellung der verheirateten Beamtin, in: Wehner, Herbert (Hrsg.): Frau Abgeordnete, Sie haben das Wort!, Bonn 1980, S. 7-10.
Albrecht, Willy (Hrsg.): Kurt Schumacher, Reden – Schriften – Korrespondenzen 1945–1952, Bonn 1985.
Albrecht, Willy: Die SPD unter Kurt Schumacher und Erich Ollenhauer 1946 bis 1963, Bd. I: 1946–1948, Bonn 1999.
Albrecht, Willy: Die SPD unter Kurt Schumacher und Erich Ollenhauer, Bd. 2, 1948–1950, Bonn 2003.
Alschner, Elisabeth: Warum diese Dokumentation?, in: SPD-Bezirk Pfalz (Hrsg.): Luise Herklotz, eine pfälzische Sozialdemokratin, Neustadt/Weinstraße, o.J.
Ansorge, Maria: Wie's damals war. Eine alte Sozialistin erzählt, in: Gleichheit, Nr. 9/1955, S. 352-354.
Appel, Reinhard: Die Regierenden von Berlin seit 1945, Berlin 1996.
Arbeiterwohlfahrt Bezirksverband Östliches Westfalen, Unsere Arbeit 1974–1976, Bielefeld o.J.

Bartholomäi, Reinhard u.a.: Sozialpolitik nach 1945. Geschichte und Analysen, Bonn-Bad Godesberg 1977.
Benz, Wolfgang/Moos, Detlev (Hrsg.): Das Grundgesetz und die Bundesrepublik Deutschland 1949, Gräfelfing und München 1988.
Bertholet, Hanna: Gedanken über die Walkemühle, in: Becker, Helmut/Eichler, Willi/Heckmann, Gustav: Erziehung und Politik, Minna Specht zu ihrem 80. Geburtstag, Frankfurt/M. 1960, S. 269-286.
Boll, Friedhelm: Sprechen als Last und Befreiung. Holocaust-Überlebende und politisch Verfolgte zweier Diktaturen, Ein Beitrag zur deutsch-deutschen Erinnerungskultur, Bonn 2001.
Böll, Heinrich: Niemandsland. Kindheitserinnerungen an die Jahre 1945–1949, Köln 1985.
Boelcke, Willi H.: Der Schwarz-Markt 1945–1948. Vom Überleben nach dem Kriege, Braunschweig 1986.
Bouillot, Corinne: Im Osten wird stark um die politische Seele der Frau gerungen, in: Ariadne, Forum für Frauen- und Geschlechtergeschichte, Nr. 40, November 2001, S. 46-51.
Brandt, Willy: Diskussionsbeitrag, in: Zeitzeugen des Widerstands. Demokratische Sozialisten gegen Hitler. Über ein Symposium der Friedrich-Ebert-Stiftung berichtet Alexandra Schlingensiepen, Bonn 1983.

Bremme, Gabriele: Die politische Rolle der Frau in Deutschland. Eine Untersuchung über den Einfluss der Frauen bei Wahlen und ihre Teilnahme in Partei und Parlament, Göttingen 1956.

Broszat, Martin/Henke, Klaus-Dietmar/Woller, Hans: Von Stalingrad zur Währungsreform. Zur Sozialgeschichte des Umbruchs in Deutschland, München 1988.

Buchholz-Will, Wiebke: Wann wird aus diesem Traum Wirklichkeit? Die gewerkschaftliche Frauenarbeit in der Bundesrepublik, in: Hervé, Florence: Geschichte der Deutschen Frauenbewegung, Köln 1995, S. 185-208.

Bundesminister für Jugend, Familie und Gesundheit (Hrsg.): Probleme der Familie und der Familienpolitik in der Bundesrepublik Deutschland (Schriftenreihe des BMJFG, Bd. 7), Bonn 1973.

Bundeszentrale für gesundheitliche Aufklärung (Hrsg.) im Auftrage des Bundesministers für Gesundheitswesen: Sexualkunde-Atlas. Biologische Informationen zur Sexualität des Menschen, Opladen 1969.

Buruma, Ian: Erbschaft der Schuld. Vergangenheitsbewältigung in Deutschland und Japan, Reinbek 1996.

Ciupke, Paul/Derichs-Kunstmann, Karin (Hrsg.): Zwischen Emanzipation und ›besonderer Kulturaufgabe der Frau‹, Frauenbildung in der Geschichte der Erwachsenenbildung, Essen 2001.

Degener, Theresia: Der Streit um Gleichheit und Differenz in der Bundesrepublik Deutschland seit 1945, in: Gerhard, Ute (Hrsg.): Frauen in der Geschichte des Rechts. Von der Frühen Neuzeit bis zur Gegenwart, München 1997, S. 871-900.

Der Parlamentarische Rat 1948–1949, Akten und Protokolle, Boppard am Rhein 1975, Band 1-13/2.

Derichs-Kunstmann, Karin: Frauen in der Männergewerkschaft – Zur Geschichte der Gewerkschaften in der Nachkriegszeit unter dem Gesichtspunkt des Geschlechterverhältnisses, in: Deutscher Gewerkschaftsbund (Hrsg.): ›Da haben wir uns alle schrecklich geirrt ...‹ Die Geschichte der gewerkschaftlichen Frauenarbeit im Deutschen Gewerkschaftsbund von 1945 bis 1960, Pfaffenweiler 1993, S. 63-130.

Derichs-Kunstmann, Karin/Rehbock, Annette (Hrsg.): Jenseits patriarchaler Lei(d)t-bilder. Zur Theorie und Praxis gewerkschaftlicher Frauenbildungsarbeit, Bielefeld 1995.

Deutscher Gewerkschaftsbund (Hrsg.): Da haben wir uns alle schrecklich geirrt ..., Die Geschichte der gewerkschaftlichen Frauenarbeit im Deutschen Gewerkschaftsbund von 1945–1960, Pfaffenweiler 1993.

Deutscher Gewerkschaftsbund, Der Bundesvorstand (Hrsg.): Gründungskongress des Deutschen Gewerkschaftsbundes, München 12.-14.Oktober 1949, Reprint Köln 1949.

Deutscher Gewerkschaftsbund, Der Bundesvorstand, Hauptabteilung Frauen (Hrsg.): 1. Bundesfrauenkongress des DGB, 27.-29.5.1952, Düsseldorf 1952.

DGB-Bildungswerk e.V., Kreis Schweinfurt (Hrsg.): Nach dem Krieg war keiner Nazi gewesen ..., Arbeiterbewegung in Schweinfurt 1928–1945, Schweinfurt 1984.

Dirks, Walter: Der restaurative Charakter der Epoche, in: Frankfurter Hefte, H. 9/1950, S. 942-954.

Döhring, Clara: Drei Jahre Einsatz für die Einführung eines gesetzlichen Pflegegeldes für Zivilblinde, in: Bartholomäi, Reinhart u.a. (Hrsg.): Sozialpolitik nach 1945. Geschichte und Analysen, Bonn 1977, S. 207-227.

Döhring, Clara: Die Frau als Staatsbürgerin, in: Protokoll der 1. Frauenkonferenz der Industriegewerkschaft Metall für die Bundesrepublik Deutschland, Hamburg 1956.

Döhring, Clara: Referat Sozialreform und Einzelschicksal, in: Protokoll der 3. Landesbezirksfrauenkonferenz Niedersachsen, 1956.

Drechsler, Hanno: Die Sozialistische Arbeiterpartei Deutschlands (SAPD), ein Beitrag zur Geschichte der deutschen Arbeiterbewegung am Ende der Weimarer Republik, Meisenheim 1965.

Düding, Dieter: Zwischen Tradition und Innovation. Die sozialdemokratische Landtagsfraktion in Nordrhein-Westfalen 1946–1966, Bonn 1995.

Eberlein, Alfred: Internationale Bibliographie zur deutschsprachigen Presse der Arbeiter- und sozialen Bewegungen von 1830–1982, München 1996.
Eggemann, Maike: Die Frau in der Volksbildung 1919–1933. Wege zur Emanzipation?, Frankfurt/M. 1997.
Eggemann, Maike: Frauenbildung in den Volkshochschulen zwischen 1919 und 1933. Fünf Thesen zur Entwicklung und Bedeutung, in: Ciupke, Paul/Derichs-Kunstmann, Karin (Hrsg.): Zwischen Emanzipation und ›besonderer Kulturaufgabe der Frau‹. Frauenbildung in der Geschichte der Erwachsenenbildung, Essen 2001, S. 15-24.
Eifert, Christiane: Frauenpolitik und Wohlfahrtspflege. Zur Geschichte der sozialdemokratischen ›Arbeiterwohlfahrt‹, Frankfurt/New York 1993.
Eilers, Elfriede/Schanzenbach, Marta: Zur Nachkriegsgeschichte der Familienpolitik aus sozialdemokratischer Sicht, in: Bartholomäi, Reinhart u.a. (Hrsg.): Sozialpolitik nach 1945. Geschichte und Analysen, Bonn 1977, S. 229-238.
Enderle, Irmgard: Frauenüberschuss und Erwerbsarbeit, Köln 1947.

Feldkamp, Michael F.: Der Parlamentarische Rat 1948–1949, Göttingen 1998.
Feldkamp, Michael F.(Hrsg.): Die Entstehung des Grundgesetzes für die Bundesrepublik Deutschland 1949, Stuttgart 1999.
Feuersenger, Maria: Die garantierte Gleichberechtigung. Ein umstrittener Sieg der Frauen, Freiburg/Basel/Wien 1980.
Filter, Cornelia: Männer und Frauen sind gleichberechtigt, in: Emma, Juli/August 1999, S. 76-81.
Fogelmann, Eva: Wir waren keine Helden. Lebensretter im Angesicht des Holocaust. Motive, Geschichten, Hintergründe, Frankfurt/M., New York 1995.
Franzel, Emil: Die Kollektiv-Unschuld, in: Der Ruf, H.18/1948, S. 13.
Frauenreferat beim SPD-Parteivorstand (Hrsg.): Frauen machen Politik, Bonn, o.J.
Frauen und Geschichte Baden-Württemberg e.V. (Hrsg.): 50 Jahre Grundgesetz, Menschen und Bürgerrechte als Frauenrechte, Königstein/Taunus 2000.
Frei, Norbert: Vergangenheitspolitik. Die Anfänge der Bundesrepublik und die NS-Vergangenheit, München 1996.
Freier, Anna Elisabeth: Dimensionen weiblichen Erlebens und Handelns innerhalb der proletarischen Frauenbewegung, in: Kuhn, Annette/Rüsen, Jörn (Hrsg.): Frauen in der Geschichte III, Düsseldorf 1983.

Gesellschaft für Informationstechnologie und Pädagogik am IMBSE (Hrsg.): Beschäftigungsrisiko Erziehungsurlaub, Opladen 1998.
Gewerkschaft ÖTV, Bezirk NW II: Ein Ort gewerkschaftlicher Bildung, 75 Jahre Buntes Haus, Bochum 2000.
Gille, Karin/Meyer-Schoppa, Heike: ›Frauenrechtlerei‹ und Sozialismus, Elisabeth Selbert und die sozialdemokratische Frauenpolitik in den westlichen Besatzungszonen, in: Metis, Zeitschrift für historische Frauenforschung und feministische Praxis, H. 16/1999, S. 22-42.
Griebel, Regina/Coburger, Marlies/Scheel, Heinrich: Erfasst? Das Gestapo-Album zur Roten Kapelle, Halle 1992.
Gries, Rainer: Die Rationen-Gesellschaft, Münster 1991.
Grolle, Inge/Bake, Rita: Ich habe Jonglieren mit drei Bällen geübt, Frauen in der Hamburgischen Bürgerschaft, 1946–1993, Hamburg 1995.
Gundlach, Manfred: Hausarbeitstag-Regelung in bundeseinheitlicher Sicht, Univ. Münster, Diss. 1958.

Häntzschel, Hiltrud: Geschlechtsspezifische Aspekte, in: Krohn, Claus-Dieter/von zur Mühlen, Patrick/Paul, Gerhard (Hrsg.): Handbuch der deutschsprachigen Emigration 1933–1945, Spalte 101-117.

Hagemann, Karen/Kolossa, Jan: Gleiche Rechte – Gleiche Pflichten? Ein Bilder-Lese-Buch zu Frauenalltag und Frauenbewegung in Hamburg, Hamburg 1990.

Hauser, Andrea: Frauenöffentlichkeit in Stuttgart nach 1945 – Gegenpol oder hilflos im Abseits?, in: Freier, Anna-Elisabeth/Kuhn, Annette (Hrsg.): Frauen in der Geschichte V, Düsseldorf 1984, S. 51-89.

Heckmann, Rosemarie: Frauen der deutschen Geschichte, in: Frauenrat. Informationen für die Frau, H. 4/2001, S. 24.

Heimann, Siegfried: Alltag in Trümmern, Wiederbeginn des politischen Lebens in Berlin, in: Grüner Weg 31 a, H. 1/1996, S. 26-37.

Heise, Gretel: 5 Millionen Wohnungen sollen teurer werden, in: Gleichheit Nr. 4/April 1955, S. 123-124.

Heise, Gretel: Sichert das zweite Wohnungsbaugesetz auch Wohnungen für Alleinstehende?, in: Gleichheit Nr. 5, Mai 1956, S. 167-168.

Heise, Gretel: Es geht um unsere Wohnungen!, in: Gleichheit Nr. 2/Februar 1956, S. 41-42.

Heise, Margarete: Der Skandal um den ›sozialen Wohnungsbau‹, in: Gleichheit Nr. 12, Dezember 1956, S. 441-442.

Heise, Gretel: Was blüht uns wenn ..., in: Gleichheit Nr. 5/Mai 1957, S. 167-168.

Heise, Gretel: Neue Wohnungsbaupolitik, in: Gleichheit Nr. 8/August 1957, S. 302.

Hering, Sabine/Wenzel, Cornelia: Frauen riefen, aber man hörte sie nicht. Die Rolle der deutschen Frauen in der internationalen Frauenfriedensbewegung, 2 Bände, Kassel 1986.

Herklotz, Luise: Begegnungen mit Christian Roßkopf, in: Böhret, Carl/Nowack, Matthias (Hrsg.): Festschrift für Dr. Christian Rosskopf zum 65. Geburtstag, Mainz 1995, S. 375-380.

Herklotz, Luise: Eine Sozialdemokratin erinnert sich, in: Wünschel, Hans-Jürgen (Hrsg.): Rheinland-Pfalz. Beiträge zur Geschichte eines neuen Landes, Landau 1997.

Herrmann, Thomas u.a.: Alle Mann an Deck! – Und die Frauen in die Kombüse?, Frauen in der schleswig-holsteinischen Politik 1945–1958, Kiel 1993.

Hervé, Florence/Steinmann, Elly/Wurms, Renate (Hrsg.): Kleines Weiberlexikon, Dortmund 1985.

Hervé, Florence: Geschichte der deutschen Frauenbewegung, Köln 1990.

Herzog, Ulrich: Solidarität in der Not – Kampf für eine soziale Republik. Die Arbeiterwohlfahrt im Bezirk Östliches Westfalen 1919–1933, Bielefeld 1987.

Hey, Bernd: Zeitgeschichte und Vergangenheitsbewältigung, in: Ders./Steinbach, Peter (Hrsg.): Zeitgeschichte und politisches Bewusstsein, Köln 1986.

Heymann, Lida Gustava in Zusammenarbeit mit Augspurg, Anita: Erlebtes – Erschautes. Deutsche Frauen kämpfen für Freiheit, Recht und Frieden. 1850–1940, hrsg. von Twellmann, Margrit, 2. Aufl., Frankfurt/M. 1992.

Historische Kommission beim Landesvorstand der Berliner SPD (Hrsg.): 64 Prozent für die SPD, Erinnerung an eine Wahl vor 50 Jahren, Berlin 1998.

Hochmuth, Ursel/Meyer, Gertrud: Streiflichter aus dem Hamburger Widerstand 1933–1945, Frankfurt/Main 1969.

Hoffmann, Christa: Stunden Null? Vergangenheitsbewältigung in Deutschland 1945 und 1989, Bonn 1992.

Huffmann, Ute: Frauen in Wissenschaft und Politik, Düsseldorf 1987.

Hubert, Elinor: Vorbeugende Gesundheitsfürsorge, in: Gleichheit, Nr. 9/1953, S. 292-294.

Hubert, Elinor: 40-Stunden-Woche und Erhaltung der Gesundheit, in: Gleichheit, Nr. 1/1955, S. 1 f.

Janssen-Jurreit, Marielouise: Sexismus, Über die Abtreibung der Frauenfrage, Wien 1976.

Jaspers, Karl: Die Schuldfrage, Heidelberg 1946.

Jaspers, Karl: Antwort an Sigrid Undset, in: Undset, Sigrid: Die Umerziehung der Deutschen, Konstanz 1947, S.5-11.
Jung, Carl Gustav: Nach der Katastrophe, in: Ders. (Hrsg.): Aufsätze zur Zeitgeschichte, Zürich 1946.
Junker, Karin: Gleichstellungsbericht, SPD-Parteitag Berlin, 7. bis 9. Dezember 1999.
Junker, Karin: Gleichstellungsbericht, SPD-Parteitag Nürnberg, 19. bis 22. November 2001.

Kaplan, Marion: Die Jüdische Frauenbewegung in Deutschland; Organisation und Ziele des jüdischen Frauenbundes 1904–1938, Hamburg 1981.
Keilhack, Irma: Wieder einmal: Zucker!, in: Gleichheit Nr. 7/1951, S. 195-196.
Keilhack, Irma: Zur Erhöhung des Zuckerpreises, in: Gleichheit Nr. 10/1951, S. 289-290.
Keilhack, Irma: Erziehungs- und Eheberatungsstellen, in: Gleichheit Nr. 10/1952, S. 301-302.
Keilhack, Irma: Schund und Schmutz, in: Gleichheit Nr. 11/1952, S. 325.
Keilhack, Irma: Die SPD legt ein modernes Jugendarbeitsschutzgesetz vor, in: Gleichheit Nr. 8/1956, S. 287.
Keilhack, Irma: Zwangswirtschaft der Unternehmer, in: Gleichheit Nr. 4/1957, S. 124 f.
Keilhack, Irma: Politik für Verbraucher, in: Gleichheit Nr. 6/1957, S. 203-205.
Keilhack, Irma: Bundesregierung gegen Hausfraueninteressen!, in: Gleichheit Nr. 7/1957, S. 244, 267 und 297.
Kipp-Kaule, Liesel: Hauswirtschaftliches Lehr- oder Anlernverhältnis, in: Genossin, Nr. 7/1948, S. 92-94.
Kipp-Kaule, Liesel: Der Kampf um das Mutterschutzgesetz, in: Gleichheit, Nr. 1/1952, S. 37-43.
Kipp-Kaule, Liesel: Arbeitsschutz, in: Gleichheit Nr. 8/August 1957, S. 301-302.
Knoblich, Susanne: Mit Frauenbewegung hat das nichts zu tun, Gewerkschafterinnen in Niedersachsen 1945 bis 1960, Bonn 1999.
Koonz, Claudia: Mütter im Vaterland, Frauen im Dritten Reich, Freiburg, 1991.
Korspeter, Lisa: Sind weibliche Beamte gleichberechtigt?, in: Genossin, Nr.2/1948, S.14.
Korspeter, Lisa: Die Frauen und die freien Preise, in: Genossin, Nr.9/1948, 153-155.
Korspeter, Lisa: Fortschrittliche Neuordnung der Sozialversicherung, in: Genossin, Nr. 1/1949, S. 5-7.
Korspeter, Lisa: Gegen ungerechte Kündigungen, in: Genossin, Nr. 7/1949, S. 217 f.
Korspeter, Lisa: Brauchen wir ein Bewahrungsgesetz?, in: Gleichheit, Nr. 10/1951, S. 290 f.
Korspeter, Lisa: Der Stichtag im Sozialversicherungsanpassungsgesetz (SVAG), in: Gleichheit, Nr. 2/1953, S. 39-41.
Korspeter, Lisa: Eine bessere Sozialpolitik, in: Gleichheit, Nr. 9/1953, S.289-291.
Korspeter, Lisa: Unfallschutz für Hausfrauen, in: Gleichheit Nr. 8/1957, S. 300.
Korspeter, Lisa/Haack, Walter: Politik für Vertriebene, Flüchtlinge, Kriegsgeschädigte, Heimkehrer, politische Häftlinge und Aussiedler, in: Barholomäi, Reinhart u.a. (Hrsg.): Sozialpolitik nach 1945. Geschichte und Analysen, Bonn 1967, S. 275-294.
Krahnstöver, Anni: Nach den Wahlen, in: Genossin, Nr. 10/1948, S. 194.
Krahnstöver, Anni: Von der Soforthilfe zum Lastenausgleich, in: Gleichheit Nr. 9/1950, S. 273.
Kühne, Hans-Jörg: Die SPD in Ostwestfalen-Lippe nach 1945: Der Sieg der Traditionalisten, Regensburg 1995.
Küster, Ingeborg/Steinmann, Elly: Die Westdeutsche Frauenfriedensbewegung (WFFB), in: Hervé, Florence (Hrsg.): Geschichte der deutschen Frauenbewegung, 4. Aufl., Köln 1990.
Kuhn, Annette/Rothe, Valentine: Frauen im deutschen Faschismus, Bd. 1 und 2, Düsseldorf 1982/1983.
Kuhn, Annette/Schubert, Doris: Frauen in der deutschen Nachkriegszeit, Bd. 1, Düsseldorf 1984.
Kuhn, Annette: 1945 – Versäumte Emanzipationschancen? Feministische Überlegungen zur Refamiliarisierung nach 1945, in: Friedrich-Ebert-Stiftung, Gesprächskreis Frauenpolitik

(Hrsg.): Frauen in den neuen Bundesländern: Rückzug in die Familie oder Aufbruch zur Gleichstellung in Beruf und Familie, Bonn 1991, S. 17-43.

Kuhn, Annette (Hrsg.): Die Chronik der Frauen, Dortmund 1992.

Kuhn, Annette: Die Täterschaft deutscher Frauen im NS-System – Traditionen, Dimensionen, Wandlungen, in: Polis, H. 7: Frauen im Nationalsozialismus, Wiesbaden 1994.

Kuhn, Annette/Pitzen, Marianne/Hochgeschurz, Marianne (Hrsg.): Politeia. Szenarien aus der deutschen Geschichte nach 1945 aus Frauensicht, Bonn 1998.

Kühne, Hans-Jörg: Die SPD in Ostwestfalen-Lippe nach 1945: Der Sieg der Traditionalisten, Regensburg 1995.

Kulawik, Teresa: Wohlfahrtsstaat und Mutterschaft: Schweden und Deutschland 1870–1912, Frankfurt/M./New York 1999.

Kundrus, Birthe: Frauen und Nationalsozialismus. Überlegungen zum Stand der Forschung, in: Archiv für Sozialgeschichte 36/1996, S. 481-500.

Kusch, Katrin: Die Wiedergründung der SPD in Rheinland-Pfalz nach dem Zweiten Weltkrieg (1945–1951), Nürnberg 1981.

Küster, Ingeborg/Steinmann, Elly: Die Westdeutsche Frauenfriedensbewegung (WFFB), in: Hervé, Florence (Hrsg.): Geschichte der deutschen Frauenbewegung, Köln 1990.

Kutz-Bauer, Helga: Arbeiterschaft und Sozialdemokratie in Hamburg, vom Gründerkrach bis zum Ende des Sozialistengesetzes, in: Herzig, Arno/Langewiesche, Dieter/Sywottek, Arnold (Hrsg.): Arbeiter in Hamburg, Hamburg 1983.

Landesverband Hamburger Frauenring e.V. Arbeitskreis ›Frau und Arbeit‹ (Hrsg.): Lebensbilder von Frauen in Hamburg nach 45, Hamburg, o.J.

Landtag Rheinland-Pfalz: Luise Herklotz, Reden aus der Zeit vom 2.10.1949 bis zum 5.10.1957, o.J.

Langer, Ingrid u.a. (Hrsg.): Alibi-Frauen? Hessische Politikerinnen I-III, Frankfurt a.M. 1994.

Langer, Ingrid: ›Wir Männer vertreten die politischen Interessen der Frauen viel besser als die Frauen selbst‹. Die Situation hessischer Politikerinnen in der ersten Nachkriegszeit, in: Hessische Landesregierung: Ein Glücksfall für die Demokratie, Elisabeth Selbert (1896–1986), Frankfurt/M. 1999.

Laurien, Ingrid: Politisch-kulturelle Zeitschriften in den Westzonen 1945–1949, Frankfurt a. M. 1991.

Lehrgebiet Frauengeschichte der Universität Bonn (Hrsg.): Politeia, Deutsche Geschichte nach 1945 aus Frauensicht, CD-Rom, Bundeszentrale für politische Bildung, Bonn 2002.

Lemke, Grit: Wir waren hier, wir waren dort. Zur Kulturgeschichte des modernen Gesellenwanderns, Köln 2002.

Lemke, Lotte: Marta Schanzenbach MdB 60 Jahre alt, in: unsere arbeit, Februar 1967, S. 1.

Lemke-Müller, Sabine (Hrsg.): Ethik des Widerstands, Der Kampf des Internationalen Sozialistischen Kampfbundes (ISK) gegen den Nationalsozialismus, Bonn 1997.

Ley, Richard: Elisabeth Selbert gestorben, in: Neue Juristische Wochenschrift, 39. Jhg. vom 10.9.1986, S. 37.

Link, Werner: Die Geschichte des Internationalen Jugend-Bundes (IJB) und des Internationalen Sozialistischen Kampfbundes (ISK). Ein Beitrag zur Geschichte der Arbeiterbewegung in der Weimarer Republik und im Dritten Reich, Meisenheim am Glan 1964.

Löbe, Paul: Erinnerungen eines Reichstagspräsidenten, Berlin 1949.

Löbe, Paul: Maria Ansorge gestorben, in: Gleichheit, Nr. 9/1955, S. 351.

Lockmann, Gertrud: Um die Senkung der Kaffeesteuer, in: Gleichheit Nr. 12/1952, S. 361 f.

Lockmann, Gertrud: Zur Haushaltsbesteuerung, in: Gleichheit Nr. 4/53, S. 114 f.

Lübbe, Hermann: Der Nationalsozialismus im deutschen Nachkriegsbewusstsein, in: Historische Zeitschrift 236/1983, S. 579-599.

Markov, Walter: Neubeginn 1945: Willkommen und Abschied, in: Matzerath, Josef (Hrsg.): 54 Kapitel Bonner Stadtgeschichte, Bonn 1989, S. 323-328.

Matull, Wilhelm: Ostdeutschlands Arbeiterbewegung. Abriss ihrer Geschichte, Leistung und Opfer, Würzburg 1973.

Meister, Max: Noch etwas über die Schuldfrage, in: Merkur, H. 2, 1, 1947, S. 292-294.

Mellies, Anni: Dein Päckchen nach drüben, in: Gleichheit Nr. 8/1956, S. 301 f.

Mendersohn-Becker, Paula: Ewige Mutterliebe, in: Albrecht, Lisa/Simon, Hanna: Frauenbuch, Offenbach/Main 1947, S. 87.

Meyer, Birgit: Viel bewegt – auch viel erreicht? Frauengeschichte und Frauenbewegung in der Bundesrepublik, in: Blätter für deutsche und internationale Politik, H. 7/1989, S. 832-842.

Meyer, Sibylle/Schulze, Eva: Wie wir das alles geschafft haben, München 1984.

Meyer-Laule, Emmy: Bei der Frau des Bundespräsidenten, in: Gleichheit H. 11/1949, S. 334.

Meyer-Laule, Emmy: Wohnraumbeschlagnahme der Besatzungsmächte, in: Gleichheit Nr. 2/1951, S. 33-35.

Meycr-Laule, Emmy: Gleichberechtigung auch den Besatzungsverdrängten, in: Vorstand der SPD (Hrsg.): Generalvertrag und EVG-Abkommen: Kein Weg zu Europa! Die sozialdemokratische Stellungnahme bei der zweiten Lesung der Verträge Generalvertrag und EVG-Abkommen im Bundestag vom 3. bis 5. Dezember 1952, Bonn 1953, S. 18.

Miller, Susanne: Frauenfrage und Sexismus in der deutschen Sozialdemokratie, in: Horn, Hannelore/Schwan, Alexander/Weingartner, Thomas: Sozialismus in Theorie und Praxis, Festschrift für Richard Löwenthal, Berlin/New York 1978, S. 542-571.

Miller, Susanne: Leonard Nelson und die sozialistische Arbeiterbewegung, in: Grab, Walter/Schoeps, Julius H. (Hrsg.): Juden in der Weimarer Republik, Sachsenheim 1986, S. 263-275.

Miller, Susanne: ›Ich wollte ein anständiger Mensch bleiben‹. Frauen des Internationalen Sozialistischen Kampfbundes (ISK), in: Wickert, Christl (Hrsg.): Frauen gegen die Diktatur – Widerstand und Verfolgung im nationalsozialistischen Deutschland, Berlin 1995, S. 196-117.

Ministerium für die Gleichstellung von Frau und Mann des Landes Nordrhein-Westfalen (Hrsg.): Zeitgenossinnen. Frauengeschichte(n) aus Nordrhein-Westfalen, Düsseldorf 1996.

Mitscherlich, Alexander und Margarete: Die Unfähigkeit zur trauern. Grundlagen kollektiven Verhaltens, München 1987.

Möding, Nori: Die Stunde der Frauen? Frauen und Frauenorganisationen des bürgerlichen Lagers, in: Broszat, Martin/Henke, Klaus-Dietmar/Woller, Hans: Von Stalingrad zur Währungsreform. Zur Sozialgeschichte des Umbruchs in Deutschland, München 1988, S. 619-647.

Möller, Carola: Der Sexualkunde-Atlas, in: Gewerkschaftspost IG Chemie Papier Keramik Nr. 9/1969, S. 20.

Moeller, Robert G.: Geschützte Mütter, Frauen und Familien in der westdeutschen Nachkriegspolitik, München 1997.

Müller, Petra: Uns wurde nichts geschenkt!, in: IG Metall Verwaltungsstelle Hamburg (Hrsg.): ›Wartet nicht auf andere, packt jetzt selbst mit an‹, Hamburg 1995, S. 171-186.

Nissen, Ursula: TöchterFragen zum Widerstand, in: Gravenhorst, Lerke/Tatschmurat, Carmen (Hrsg.): TöchterFragen, NS-FrauenGeschichte, Freiburg 1990, S. 325-330.

Nödinger, Ingeborg: Frauen gegen Wiederaufrüstung, Frankfurt a. M. 1983.

Nödinger, Ingeborg: Für Frieden und Gleichberechtigung. Der demokratische Frauenbund Deutschlands und die Westdeutsche Frauenfriedensbewegung in den 50er und 60er Jahren, in: Florence Hervé (Hrsg.): Geschichte der deutschen Frauenbewegung, Köln 1995, S. 138-154.

Notz, Gisela: Mehr Zeit zum Schaffen, Träumen, Kämpfen. Für eine feministische Arbeitszeitpolitik, in: Hildebrandt, Eckart/Schmidt, Eberhard/Sperling, Hans Joachim (Hrsg.): Arbeit zwischen Gift und Grün. Kritisches Gewerkschaftsjahrbuch 1985, S. 127-136.

Notz, Gisela: Frauen im sozialen Ehrenamt, Freiburg 1989.

Notz, Gisela: Unser Fräulein Doktor hat uns immer die Wahrheit gesagt. Klara Marie Faßbinder, in: beiträge zur feministischen theorie und praxis, H. 27/1990, S. 161-171.

Notz, Gisela: Du bist als Frau um einiges mehr gebunden als der Mann. Die Auswirkungen der Geburt des ersten Kindes auf die Lebens- und Arbeitsplanung von Müttern und Vätern, Bonn 1991.

Notz, Gisela: Die Nachkriegsgesellschaft war eine Frauengesellschaft – warum blieb sie es nicht?, in: Hypathia. Historische Frauenforschung in der Diskussion, Dezember 1992, S. 4-12.

Notz, Gisela: Den Aufstand wagen, in: beiträge zur feministischen theorie und praxis, H. 36/1994, S. 23-34.

Notz, Gisela: Als ich noch in der Küchentischschublade wohnte, in: beiträge zur feministischen theorie und praxis, H. 41/1995, S. 63-76.

Notz, Gisela: Überleben nach dem Kriege, in: Mettler-v. Maibom, Barbara (Hrsg.): Alltagswelten. Erfahrungen – Sichtwechsel – Reflexionen, Münster 1996, S. 21-42.

Notz, Gisela: Wi(e)der die Neuauflage der Hausfrauenehe. Die ungleichen Auswirkungen der Geburt eines Kindes auf die Lebens- und Arbeitsplanung von Frauen und Männern, in: Gesellschaft für Informationstechnologie und Pädagogik am IMBSE (Hrsg.): Beschäftigungsrisiko Erziehungsurlaub. Die Bedeutung des ›Erziehungsurlaubs‹ für die Entwicklung der Frauenerwerbstätigkeit, Wiesbaden 1998, S. 93-116.

Notz, Gisela: Die Auswirkungen der Studentenbewegung auf die Frauenbewegung, in: metis. Zeitschrift für historische Frauenforschung und feministische Praxis, H. 16/1999, S. 105-130.

Notz, Gisela: ›Ihr seid, wenn ihr wollt, diejenigen, die alle Arbeit in der Partei machen können.‹ Sozialdemokratische Frauenpolitik im Nachkriegsdeutschland, in: Ariadne. Forum für Frauen- und Geschlechtergeschichte, H. 40, November 2001, S. 58-63.

Notz, Gisela: Vom Hin-weg-sehen und Hin-weg-hören. Von Menschen, die ihre fünf Sinne beieinander hatten, in: Notz, Gisela/Engel, Gisela (Hrsg.): Sinneslust und Sinneswandel, Beiträge zu einer Geschichte der Sinnlichkeit, Berlin 2001, S. 123-138.

Notz, Gisela: Die unendliche Geschichte von der (nicht verwirklichten) Gleichberechtigung der Frauen in der Wirtschaft, in: Friedrich-Ebert-Stiftung (Hrsg.): Zur Vereinbarung zwischen Bundesregierung und Spitzenverbänden der deutschen Wirtschaft zur Förderung der Chancengleichheit von Frauen und Männern in der Privatwirtschaft, Bonn 2002, S. 23-26.

Notz, Gisela/Wickert, Christl: Ein neues Politikerinnenbild in Deutschland im Wandel der Zeiten? Sozialdemokratische Parlamentarierinnen von der Weimarer Republik bis in die Bundesrepublik, in: Grebing, Helga/Junker, Karin (Hrsg.): Frau. Macht. Zukunft, Marburg 2001, S. 225-247.

Oppens, Edith: Ruhelose Welt, in: Dies./Michel, Ernst u.a.: Die Frau in unserer Zeit, Ihre Wandlung und Leistung, Oldenburg 1984.

Pawlowski, Rita: Der Demokratische Frauenbund Deutschlands (DFD), in: Genth, Renate u.a.: Frauenpolitik und politisches Wirken von Frauen im Berlin der Nachkriegszeit 1945–1949, Berlin 1996, S. 75-104.

Posser, Diether: Anwalt im kalten Krieg, Gütersloh 1991.

Pusch, Luise F.: Das deutsche als Männersprache. Aufsätze und Glossen zur feministischen Linguistik, Frankfurt/M. 1984.

Ranke, Winfried: Heinrich Zille, Photographien Berlin 1890–1910, München 1975.

Reiche, Reimund: Zeugung ist Ordnung, in: Der Spiegel Nr. 28/1969, S. 115.

Renger, Annemarie: Gleiche Chancen auch für Frauen. Berichte und Erfahrungen an die Präsidentin des Deutschen Bundestages, Karlsruhe 1977.

Rexin, Manfred: Zugelassen 1946 – aufgelöst 1961, Die SPD in Ost-Berlin, in: Heft 5 der Schriftenreihe des Franz-Neumann-Archivs, Berlin 1989, Die SPD in Ost-Berlin 1946–1961, S. 2-30.

Rohe, Karl: Das Reichsbanner Schwarz-Rot-Gold: Ein Beitrag zur Geschichte und Struktur der politischen Kampfverbände zur Zeit der Weimarer Republik, Kommission für Geschichte des Parlamentarismus und der politischen Parteien, Düsseldorf 1966.

Rudoll, Grete: Gesetz zum Schutze der Mutter, in: Neues Beginnen. Zeitschrift der Arbeiterwohlfahrt, Nr. 10/1962, S. 145-147.

Ruhl, Klaus-Jörg: Unsere verlorenen Jahre, Darmstadt, Neuwied 1985.

Ruhl, Klaus-Jörg: Frauen in der Nachkriegszeit, 1945–1963, München 1988.

Saint-Exupéry, Antoine de: Der kleine Prinz, Düsseldorf 1965.

Sanders-Brahms, Helma: Deutschland, Bleiche Mutter. Film-Erzählung, Reinbek 1980.

Schanzenbach, Marta: Frauen, Mütter, Familien in der heutigen Gesellschaft, in: Protokoll 2. Bundeskonferenz des DGB vom 12. bis 14. Mai 1955 in Dortmund, S. 165-204.

Schattenfroh, Reinold/Bennecke, Annerose (Hrsg.): 1933. Fünfzig Jahre danach. Das Ermächtigungsgesetz. Berlin 1983.

Schelsky, Helmut: Wandlungen der deutschen Familie in der Gegenwart, Stuttgart 1954.

Schneider, Max: Frauen an der Wahlurne. 14 Jahre Frauenwahlrecht in Deutschland, in: Die Gesellschaft, 10/1933, H.1.

Schneider, Michael: Unterm Hakenkreuz. Arbeiter und Arbeiterbewegung 1933 bis 1939, Bonn 1999.

Scholl, Inge: Die weiße Rose, Frankfurt/M. 1974.

Schüller, Elke/Wolff, Kerstin: Fini Pfannes. Protagonistin und Paradiesvogel der Nachkriegsfrauenbewegung, Königstein 2000.

Schütze, Fritz: Die Technik des narrativen Interviews in Interaktionsfeldstudien – dargestellt an einem Projekt zur Erforschung von kommunalen Machtstrukturen, 2. Aufl., Bielefeld 1978.

Schütze, Fritz: Narrative Repräsentation kollektive Schicksalsbetroffenheit, in: Lämmert, Erich (Hrsg.): Erzählforschung. Ein Symposion, Stuttgart 1982.

Schumacher, Kurt: Wir verzweifeln nicht! Rede, gehalten vor sozialdemokratischen Funktionären am 6.5.1945 in Hannover, in: Ders./Ollenhauer, Erich/Brandt, Willy: Der Auftrag des demokratischen Sozialismus, Bonn-Bad Godesberg 1972.

Seemann, Birgit: Jeanette Wolff. Politikerin und engagierte Demokratin (1888–1976), Frankfurt/M. 2000.

Selbert, Elisabeth: Die Gleichberechtigung der Frau. Betrachtungen zu den Beschlüssen des Hauptausschusses vom 18.1.1949, deutsches Rundfunkarchiv, 49-8478.

Sellenthin, H.G.: Geschichte der Juden in Berlin und des Gebäudes der Fasanenstr. 79/80, Festschrift anlässlich der Einweihung des Jüdischen Gemeindehauses, Berlin 1959.

Sitter, Carmen: Die Rolle der vier Frauen im Parlamentarischen Rat. Die vergessenen Mütter des Grundgesetzes, Münster 1995.

Söder, Ernst: Dein Leben ist mehr als Arbeit: Von den Anfängen bis ins Jahr 2000. Mehr als 50 Jahre Gewerkschaftsjugend in Dortmund, Essen 2001.

Sommer, Karl Ludwig: Adenauers Konzeption, Heinemanns Alternative und die Nachwirkungen der gefällten Entscheidungen bis zum heutigen Verhältnis zwischen Ost- und Westdeutschen, in: Dowe, Dieter/Wunder, Dieter (Hrsg.): Verhandlungen über eine Wiedervereinigung statt Aufrüstung! Friedrich-Ebert-Stiftung, Reihe Gesprächskreis Geschichte, H. 39/2000, S. 27-48.

Sozialdemokratische Partei Deutschlands (Hrsg.): Zeitgenossen. Frauen und Männer der ersten Stunde. Mitglieder des Seniorenrats der SPD, Bonn, o.J.

SPD-Bezirk Pfalz (Hrsg.): Luise Herklotz eine pfälzische Sozialdemokratin, Neustadt/Weinstraße, o.J.

SPD-Fraktion des Rates der Stadt Oberhausen (Hrsg.): Politik für den Menschen. Eine Dokumentation zur Erinnerung an Luise Albertz, Oberhausen 1979.

SPD-Unterbezirk Oberhausen und SPD-Fraktion des Rates der Stadt Oberhausen (Hrsg.): Luise Albertz zum Gedenken am 10. Todestag, Oberhausen 1989.

SPD-Parteivorstand (Hrsg.): Godesberger Grundsatzprogramm von 1959.

Späth, Antje: Vielfältige Forderungen nach Gleichberechtigung und ›nur‹ ein Ergebnis: Artikel 3 Absatz 2 GG, in: Freier, Anna-Elisabeth/Kuhn, Annette (Hrsg.): Frauen in der Geschichte V. Das Schicksal Deutschlands liegt in der Hand seiner Frauen. Frauen in der deutschen Nachkriegsgeschichte, Düsseldorf 1984.

Stamm, Christoph: Die SPD-Fraktion im Frankfurter Wirtschaftsrat, Bonn 1993.

Stadt Oberhausen, Büro des Rates (Hrsg.): Luise Albertz, 1901–1979, 25 Jahre Oberbürgermeister der Stadt Oberhausen, o.J.

Stöhr, Irene: Phalanx der Frauen? Wiederaufrüstung und Weiblichkeit in Westdeutschland 1950–1957, in: Eifler, Christine/Seifert, Ruth (Hrsg.): Militär und Geschlechterverhältnis (Forum Frauenforschung Bd. 11), Münster 1999.

Strobl, Ingrid: Sag nie, du gehst den letzten Weg, Frauen im bewaffneten Widerstand gegen Faschismus und deutsche Besatzung, Frankfurt/M. 1989.

Strobel, Käte: Aufgaben der Frauen in der Sozialdemokratischen Partei und ihre Durchführung, in: Protokoll der Bezirksfrauenkonferenz der sozialdemokratischen Partei vom 26./27.10.1946 in Fürth.

Strobel, Käte: Beitrag bei einem Podiumsgespräch anlässlich des Europa-Kongresses der SPD-Bundestagsfraktion am 25./25. Februar 1964 in Bad Godesberg, in: SPD-Bundestagsfraktion (Hrsg.): Sorge um Europa, Bad Godesberg 1964, S. 5.

Strobel, Käte: Konzeption und Programm einer rationalen Familienpolitik, in: Jugendwohl, H. 1/1970, S. 358-361.

Strobel, Käte: Deshalb bin ich Sozialdemokrat, Bonn, o. J.

Suttner, Bertha von: Die Waffen nieder, Berlin 1919.

Tälkers, Erwin: Informationen zum Leben und Wirken von Frieda Nadig anlässlich ihres 100. Geburtstags. Manuskript.

Thalmann, Rita: Frausein im Dritten Reich, München/Wien 1984.

Thürmer-Rohr, Christina: Aus der Täuschung in die Ent-Täuschung, in: beiträge zur feministischen theorie und praxis, H. 8/1983, S. 11-25.

Thürmer-Rohr, Christina: Der Chor der Opfer ist verstummt, in: beiträge zur feministischen theorie und praxis, H. 11/1984, S. 71-84.

Thurnwald, Hilde: Gegenwartsprobleme Berliner Familien. Eine soziologische Untersuchung an 498 Berliner Familien, Berlin 1948.

Tormin, Walter: Die Geschichte der SPD in Hamburg 1945 bis 1950, Hamburg 1994.

Tröger, Annemarie: Die Dolchstoßlegende der Linken: ›Frauen haben Hitler an die Macht gebracht.‹ Thesen zur Geschichte der Frauen am Vorabend des Dritten Reichs, in: Frauen und Wissenschaft, Beiträge zur Berliner Sommeruniversität für Frauen, Berlin 1977, S. 324-355.

Trömel-Plötz, Senta: Frauensprache: Sprache der Veränderung, Frankfurt/M. 1982.

Undset, Sigrid: Die Umerziehung der Deutschen, Konstanz 1947.

Verhandlungen des Deutschen Bundestages, Plenarprotokolle. Stenographische Berichte 1949–1957.

Volkshochschule der Stadt Bielefeld (Hrsg.): ›Wir haben uns so durchgeschlagen...‹, Frauen im Bielefelder Nachkriegsalltag 1945–1950.

Vorstand der Sozialdemokratischen Partei Deutschlands (Hrsg.): Jahrbuch der SPD 1946, o.O. 1946.

Weber, Petra: Die SPD-Fraktion im Deutschen Bundestag, Sitzungsprotokolle 1949–1957, Erster Halbband 1949–1953, Düsseldorf 1993.
Weber, Petra: Die SPD-Fraktion im Deutschen Bundestag, Sitzungsprotokolle 1949–1957, Zweiter Halbband 1953–1957, Düsseldorf 1993.
Weiss, Peter: Ästhetik des Widerstands, Frankfurt/M. 1975.
Wenk, Silke: Hin-weg-sehen oder: Faschismus, Normalität und Sexismus. Notizen zur Faschismus-Rezeption anlässlich der Ausstellung ›Inszenierung der Macht‹, in: Neue Gesellschaft für bildende Künste e.V. (Hrsg.): Erbeutete Sinne, Berlin 1988.
Wichterich, Christa: Ganz nah und ganz fern. Bilder – Begegnungen – Bedenkzeit, in: beiträge zur feministischen theorie und praxis, H.27/1990, S.9-20.
Winkler, Dörte: Frauenarbeit im ›Dritten Reich‹, Hamburg 1977.
Wickert, Christl: Biografische Methode und »oral history« in der Frauengeschichte am Beispiel einer Untersuchung über die führenden SPD-Frauen der Weimarer Republik, in: beiträge zur feministischen theorie und praxis, H.5/1981, S.50-55.
Wickert, Christl: Zwischen Familie und Parlament, Sozialdemokratische Frauenarbeit in Südniedersachsen 1919–1950, 2. Aufl., Göttingen 1985.
Wickert, Christl: Frauenwiderstand und Dissens im Kriegsalltag, in: Steinbach, Peter (Hrsg.): Widerstand gegen den Nationalsozialismus, Berlin/Bonn 1993, S. 411-425.
Wickert, Christl: Widerstand und Dissens von Frauen – ein Überblick, in: Wickert, Christl (Hrsg.): Frauen gegen die Diktatur – Widerstand und Verfolgung im nationalsozialistischen Deutschland, Berlin 1995, S. 18-31.
Wir gratulieren, Anni Mellies 50 Jahre, in: Gleichheit, Jhg./1954, S. 242.
Wirtschaft und Statistik, Statistisches Bundesamt Wiesbaden, H. 7/1959.
Witzel, Andreas: Verfahren der qualitativen Sozialforschung, Frankfurt/M. 1982.
Wolff, Jeanette: Sadismus oder Wahnsinn, Erlebnisse in den deutschen Konzentrationslagern im Osten, Dresden 1947.
Wolff, Jeanette: Wege zum Nächsten. Rückblick auf die Woche der Brüderlichkeit, in: Frau JFB, Nr. 38/ 1967), S. 1.
Wolff, Jeanette: Mit Bibel und Bebel. Ein Gedenkbuch, hrsg. von Lamm, Dr. Hans, Bonn 1980.
Wrobel, Hans: Otto Palandt zum Gedächtnis. 1.5.1877-3.12.1951, in: Redaktion Kritische Justiz (Hrsg.): Der Unrechtsstaat II, o.O., o.J.

Zentrale Frauenkonferenz, in: Gleichheit Nr. 3/März 1953, S. 77.
Zentrale Frauenkonferenz in Köln, in: Gleichheit Nr. 7/Juli 1953, S. 217-225.
Zur Eherechtsreform, in: Gleichheit Nr. 3/März 1953, S. 74.

Abkürzungsverzeichnis

ABK	Arbeitsgemeinschaft für Bildung und Kultur
AdsD	Archiv der sozialen Demokratie der Friedrich-Ebert-Stiftung, Bonn
ADGB	Allgemeiner Deutscher Gewerkschaftsbund
AKE	Arbeitskreis Emanzipation
AsF	Arbeitsgemeinschaft sozialdemokratischer Frauen
ATSB	Arbeiterturn- und Sportbundes
AWO	Arbeiterwohlfahrt
BAFöG	Bundesausbildungsförderungsgesetz
BDM	Bund Deutscher Mädchen
BGB	Bürgerliches Gesetzbuch
BHE	Bund der Heimatvertriebenen und Entrechteten
BMD	Bund der Mitteldeutschen
BMJFG	Bundesministerium für Jugend, Familie und Gesundheit
BSHG	Bundessozialhilfegesetz
BZ	Berliner Zeitung
CDU	Christlich Demokratische Union
CDUD	Christlich Demokratische Union Deutschlands
CSU	Christlich Soziale Union
CV	Centralverein deutscher Staatsbürger jüdischen Glaubens
DAG	Deutsche Angestellten-Gewerkschaft
DDP	Deutsche Demokratische Partei
DDR	Deutsche Demokratische Republik
DFD	Demokratischer Frauenbund Deutschlands
DFI	Demokratische Frauen-Initiative
DFU	Deutsche Friedens-Union
DGB	Deutscher Gewerkschaftsbund
DKW	Deutscher Kraftwagen
DNVP	Deutschnationale Volkspartei
DP	Deutsche Partei
DPD	Deutscher Presse Dienst
DZP	Deutsche Zentrumspartei
EVG	Europäische Verteidigungsgemeinschaft
EWG	Europäische Wirtschaftsgemeinschaft
FAZ	Frankfurter Allgemeine Zeitung
FDP	Freie Demokratische Partei

FFBIZ	Frauenforschungs- und Bildungszentrum
GEG	Grosseinkaufsgesellschaft deutscher Konsumgenossenschaften
GG	Grundgesetz
GTB	Gewerkschaft Textil und Bekleidung
GVP	Gesamtdeutsche Volkspartei
HBV	Gewerkschaft Handel, Banken und Versicherungen
HHG	Häftlingshilfegesetz
IFFF	Internationale Frauenliga für Frieden und Freiheit
IG	Industriegewerkschaft
IJB	Internationaler Jugendbund
IMBSE	Institut zur Förderung der beruflichen und sozialen Eingliederung
ISK	Internationaler Sozialistischer Kampfbund
JFB	Jüdischer Frauenbund
JUSO	Jungsozialisten in der SPD
KJVD	Kommunistischer Jugendverband Deutschlands
KPD	Kommunistische Partei Deutschlands
KZ	Konzentrationslager
LDPD	Liberal-Demokratische Partei Deutschlands
LO	Landesorganisation
MdB	Mitglied des Bundestages
MdR	Mitglied des Reichstages
MSI	Militant Socialist International
NKWD	Narodny komissariat wnutrenych del/Volkskommissariat des Inneren
NRW	Nordrhein-Westfalen
NRZ	Neue Rhein Zeitung
NS	Nationalsozialismus
NSDAP	Nationalsozialistische Deutsche Arbeiterpartei
NSRB	NS-Rechtswahrerbund
NSV	Nationalsozialistische Volkswohlfahrt
NWDR	Nordwestdeutscher Rundfunk
NZ	Neue Zeitung
ÖTV	Gewerkschaft Öffentliche Dienste, Transport und Verkehr

PKW	Personenkraftwagen
ppp	parlamentarisch-politischer Pressedienst
PV	Parteivorstand
RZ	Rheinische Zeitung
SA	Sturmabteilung der NSDAP
SAP	Sozialistische Arbeiterpartei
SAPD	Sozialistische Arbeiterpartei Deutschlands
SAJ	Sozialistische Arbeiterjugend
SBZ	Sowjetische Besatzungszone
SDS	Sozialistischer Deutscher Studentenverbund
SED	Sozialistische Einheitspartei Deutschlands
SHG	Sozialhilfegesetz
SP	Sozialdemokratische Partei
SPD	Sozialdemokratische Partei Deutschlands
SPÖ	Sozialdemokratische Partei Österreichs
SRP	Sozialistische Reichspartei
SS	Schutzstaffel der NSDAP
StGB	Strafgesetzbuch
SVAG	Sozialversicherungsanpassungsgesetz
TAH	Täglicher Anzeiger Holzminden
TBC	Tuberculose
TBL	Gewerkschaft Textil-Bekleidung-Leder
UNO	United Nations Organisation
UGO	Unabhängige Gewerkschaftsorganisation
USPD	Unabhängige Sozialdemokratische Partei Deutschlands
VVN	Vereinigung der Verfolgten des Naziregimes
WEU	Westeuropäische Union
WFFB	Westdeutsche Frauenfriedensbewegung
WP	Wahlperiode
ZASS	Zeitungsausschnittsammlung

Personenregister

Die kursiven Zahlen beziehen sich auf Personen, die in den Fußnoten genannt werden. Aufgenommen wurden auch die Autoren der Sekundärliteratur, nicht jedoch Herausgeber.

Abbildungsnachweis

Bundesbildstelle, Berlin: S. 340, 365

Deutsche Presse-Agentur, Hamburg: S. 238, 245, 442

J.H. Darchinger, Bonn: S. 77, 241, 320, 436, 492 (unten)

Privatbesitz: S. 206, 428, 524

Stadtarchiv Bonn: S. 388, 448 (unten)

Alle übrigen Abbildungen: Archiv der sozialen Demokratie (AdsD) der Friedrich-Ebert-Stiftung

Da es in einigen Fällen nicht möglich war, die Rechteinhaber bzw. -nachfolger zweifelsfrei zu ermitteln, bittet der Verlag, sich ggf. an ihn zu wenden.